湖北省学术著作出版专项资金
Hubei Special Funds for Academic Publications

邢福义文集

第三卷

语法文章（下编）

邢福义 著

华中师范大学出版社

新出图证(鄂)字 10 号

图书在版编目(CIP)数据

邢福义文集　第三卷/邢福义著.—武汉:华中师范大学出版社,2018.12

ISBN 978-7-5622-8398-0

Ⅰ.①邢…　Ⅱ.①邢…　Ⅲ.①语言学—文集　Ⅳ.①H0-53

中国版本图书馆 CIP 数据核字(2018)第 237038 号

邢福义文集　第三卷

©邢福义　著

责任编辑: 古　沁　　**责任校对:** 王　炜

封面设计: 胡　灿

编辑室: 学术出版中心　　**电话:** 027-67863220/7792

出版发行: 华中师范大学出版社　　**社址:** 湖北省武汉市洪山区珞喻路 152 号

电话: 027-67863426(发行部)

网址: http://press.ccnu.edu.cn　　**电子信箱:** press@mail.ccnu.edu.cn

印刷: 湖北新华印务有限公司　　**督印:** 王兴平

开本: 710mm×1000mm　1/16　　**字数:** 570 千字

版次: 2018 年 12 月第 1 版　　**印次:** 2018 年 12 月第 1 次印刷

印张: 39.75　　**定价:** 159.00 元

欢迎上网查询、购书

目　　录

【A 组】

小句中枢说的方言实证 …… 1
语法研究中"两个三角"的验证 …… 18
小句中枢说的方言续证 …… 35
研究观测点的一种选择——写在"小句中枢"问题讨论之前 …… 52
说"句管控" …… 61
在突破口上——邢福义谈建立中国特色的汉语语法学 …… 80
语言学科发展三互补 …… 84
现代汉语语法研究中理论与事实互动 …… 95
"语言事实"的从众观 …… 107

【B 组】

"最"义级层的多个体涵量 …… 110
说"V 一 V" …… 130
拟音词内部的一致性 …… 152
"广数"论略 …… 179
事实终判："来"字概数结构形义辨证 …… 189
词典的词类标注："各"字词性辨 …… 205
"起去"的普方古检视 …… 221
有关"起去"的两点补说 …… 242
"起去"的语法化与相关问题 …… 244
《西游记》中的"起去"与相关问题思辨 …… 260

"起去"：双音趋向动词语法系统的一个成员 …………………… 277
说"生、死"与"前"的组合 ………………………………………… 297
【C 组】
短语问题二论 ……………………………………………………… 308
归总性数量框架与双宾语 ………………………………………… 321
"人定胜天"的古代原本用法与现代通常用法 ………………… 340
从研究成果看方言学者笔下双宾语的描写 ……………………… 351
理论的改善和事实的支撑——关于领属性偏正结构充当远宾语 … 366
测估词语+反义 AA ……………………………………………… 385
"X 以上"格式在现代汉语中的演进 …………………………… 400
说"数量名结构+形容词" ……………………………………… 420
承赐型"被"字句 ………………………………………………… 435
说"S‖V〈得〉有｜NP"句式 …………………………………… 457
"由于"句的语义偏向辨 ………………………………………… 478
连词"为此"论说 ………………………………………………… 492
以单线递进句为论柄点评事实发掘与研究深化 ……………… 504
【D 组】
表述正误与三性原则 ……………………………………………… 521
语法知识在语言问题思辨中的应用 ……………………………… 534
语言表述的正误与可否 …………………………………………… 545
语法研究史志识 …………………………………………………… 556
处理好词典编纂中结论与事实的关系 …………………………… 563
《现代汉语词典》的词性标注推动了现代汉语语法研究 ……… 570
新加坡华语使用中源方言的潜性影响 …………………………… 574
全球华语语法研究的基本构想 …………………………………… 587
汉语方言现象与华人文化风情 …………………………………… 598
关注华语词句的文化蕴含 ………………………………………… 615

【A 组】

小句中枢说的方言实证

0 前言

按笔者《小句中枢说》一文的界定，“小句主要指单句，也包括结构上相当于或大体相当于单句的分句”。汉语语法重句法，而不重词法，对于汉语语法规则的构成和显示来说，小句在各类各级语法实体中居于中枢地位。“小句中枢说”的核心思想，在于强调：研究汉语语法，必须以小句为中轴，以句法机制为重点，注重观察句法规则对各种语法因素的管控作用。

从现代的共时平面看，汉语既包括以北京话的一般说法为突出代表的普通话，又包括极其丰富多彩的方言。笔者赞成张振兴先生提出并在不同场合作过阐述的“整体汉语”。不局限于北京话或普通话，而把视线投向“整体汉语”，对于更好地认识汉语语法的状况，无疑会大有益处。

本文主要利用李荣先生主编《现代汉语方言大词典》的 41 种分卷本所提供的语料，讨论三个方面的问题：1）宾语问题；2）状补问题；3）否定问题。本文意在通过方言事实的考察，证明“小句中枢说”的基本观点，强调必须了解词语入句之后所形成的种种格局。为了节省篇幅，语料出处的标明只用简缩方式。比如“广州 14 页”，代表《广州方言词典·引论》第 14 页。

1 宾语问题

1.1 双宾语

双宾语，包括指人宾语和指物宾语。教科书上通常管指人宾语叫间接宾语，管指物宾语叫直接宾语。同是这么三个词语：

你（人称代词） 十块钱（指物名词语） 还（动词）

用R代表人称代词，用W代表指物名词，用V代表动词，用S代表小句主语，上述三个词语一入句，就会排列组合成为两个格式：

A.（S）V·RW：还你十块钱。

B.（S）V·WR：还十块钱你。

通观“整体汉语”，对两个格式的选用形成三种状况：

第一，采用A格式V·RW：“动词＋指人宾语＋指物宾语。”这是北京话的说法。

第二，采用B格式V·WR：“动词＋指物宾语＋指人宾语。”这是一些南方的或靠南的方言里的说法。据41种方言词典的反映，广州方言、南宁方言是这样，长沙方言“可以”这样，娄底方言“有时”这样。要是句式中出现方言词语，整个说法的方言色彩就更浓。例如：

(1) 寄封信佢（寄一封信给他）｜递杯茶我（递给我一杯茶）（广州23页）

(2) 许本书我（给我一本书）｜借一张凳渠（借给他一张凳子）｜送把菜渠（送他一把菜）（南宁27页）

(3) 把本书我（给我一本书）｜借十块钱你｜派个助手他（长沙17页）

(4) 拿钱我呢？｜拿笔你啊？（娄底14页）

第三，同时采用AB两式V·RW和V·WR。如崇明方言和杭州方言。

在崇明方言里，表示给予意义的一类动词，它们的双宾语位置可有两种：

①V·WR	②V·RW
拨十块钞票我	拨我十块钞票
还三升米你	还你三升米
赔一件衣裳夷（他）	赔夷（他）一件衣裳（崇明21页）

在杭州方言里，也有两种情况：

①V·RW	②V·WR
拨我一本书	拨本书我
借（给）我五十块洋钿	借五十块洋钿我（杭州20页）

《崇明方言词典》把（S）V·WR列为A格式，把（S）V·RW列为B格式；相反，《杭州方言词典》先说（S）V·RW，后说V·WR。这是否表明两个格式在两种方言里还有强势和弱势的不同？需要作进一步的调查研究。然而，无论如何，从语法上说，离开小句格局的规约，只看作为小句构件的词和短语，根本无法讲清楚“整体汉语”中存在的双宾语格式的语法差别。

1.2 宾语的配置

就单个宾语而论，在方言里头，宾语的句法配置有多种多样的表现。择要来说。

1.2.1 “要＋宾语＋动词”

“要＋宾语＋动词”本是寻常句式。比方，北京话里说“要饭吃、要钱用”，表达的是词语的基本涵义。然而，在武汉话里，这个格式却有特殊的作用，它强调某种情况（动作或行为联系的事物）是大量的。例如（武汉14页）：

（5）他力气大，才要饭吃咧！（“要饭吃”，是说要吃很多饭，食量大。）

（6）这样子办事，真是要钱用！（“要钱用”，是要用很多钱，费钱。）

（7）碰倒那个犟人，就要话说了！（“要话说”，是要说很多话，费力。）

（8）衣服带多了，要箱子装！（“要箱子装”，是要用很多或很大的箱子来装。)

这四例的“要饭吃、要钱用”之类的特殊涵义，是进入小句以后显示出来的。它们前头，常加“才、就、真”等副词。

1.2.2 宾语向受事小主语转化

北京话里，说“我吃过晚饭了”，“晚饭”是宾语；若说成“我晚饭吃过了”，“晚饭”便转化成了受事小主语，是表意上的逻辑宾语。方言里也有同样的情况，但句子格局的配置具有程度不同的特殊性，因而显示出程度不同的方言特色。看两个方言。

[甲] 杭州方言

杭州话里，可以说“他吃饭得”。但是，最习惯的说法是改成主谓谓语句，即宾语转化成主谓谓语中的受事小主语。例如(杭州 19 页):

(9) 他饭喫过得。

(10) 他文章写好得。

根据语言环境，全句的主语经常省略，从而使原来的小主语成为全句主语。例如(杭州 19 页):

(11) 饭喫过得。

(12) 文章写好得。

《杭州方言词典》指出：省略全句主语的最自然，没有一点强调主语的意味(杭州 19 页)。另外，观察可知：在句法格局上，句末总要配置一个助词“得”。

[乙] 西宁方言

西宁话里，宾语一般在动词之后。例如(西宁 14 页):

(13) 有的抬机凳让座儿，有的倒水沏茶，有的拿来水烟瓶让烟。

(14) 上山打了个香子(麝鹿)了，下山着吃了肉了。

不过，西宁话宾语有时出现在动词之前，转化成了小主语。例如(西宁 14 页):

(15) 你茶喝，馍馍吃。(你喝茶，吃馒头。)

(16) 叔叔一个洋糖儿给了。(叔叔给了一块水果糖。)

(17) 昨晚夕，我你家里去了。(昨天晚上我去你家了。)

(18) 家里人有哂？(家里有人吗？)(西宁14页)

(19) 你们学校几个老师有哂？(你们学校有几位老师？)

(20) 我阿爸今年六十有哂。(我父亲今年有六十岁了。)

(21) 致个东西我的不是。(这个东西不是我的。)

(22) 小王青海人不是，陕西人是哂。(小王不是青海人，是陕西人。)

《西宁方言词典》指出：这样的说法是受了藏语或其他少数民族语言的影响。(西宁14页）观察上述诸例可知：第一，其句法格局，特别是"有"字句、"是"字句的格局，十分特殊。同是"家里""有""人"，配置成"家里有人"，很普通，一旦配置成"家里人有"，就不大像说汉语了。第二，有的句子，句末用助词"了"或"哂"，有的不用。用不用助词，用什么助词，似乎跟动词语"有""是""不是"有关，也跟动作的已然和未然有关。如说"有""是"时用"哂"，说"不是"时未用；又如一般性动词句用"了"，祈使句不用。这样的表述格局，都是在句中完成的。

1.2.3 宾语和补语的配置

"我吃得进饭"，"饭"是宾语，出现在补语"进"的后边，这是北京话说法；如果补宾易位，说成"我吃得饭进"，便成了方言说法。宾补位次配置，也往往能够体现方言特色。其中的"补"，是单音节结果补语。请看以下三个方言。

[甲] 南昌方言

"动＋得＋宾＋补"和"动＋宾＋不＋补"，这是南昌话的习惯说法。例如（南昌16页）：

(23) 喫得饭进丨睏得觉着丨叫得门开丨打得渠（他）赢丨做得事正（成）

(24) 喫饭不进丨睏觉不着丨叫门不开丨打渠不赢丨做事不正

(23) 是肯定式"动＋得＋宾＋补"，(24) 是否定式"动＋宾＋不＋补"，由于宾语位次特殊，形成了不同于北京话的格局。

[乙] 杭州方言

杭州话的情况，跟南昌话有同有异。当动词带宾语又带补语时，如果是否定式句子，而宾语是人称代词，那么，宾语在前，紧挨动词，补语出现在宾语后面。例如（杭州 20 页）：

(25)（他学过拳头的）我打他不过。

(26)（是我错的）我对你不起！

[丙] 崇明方言

在动、宾、补组成的句子中，补语的位置有两种。例如（崇明 21—22）：

A 台子揩揩夷（它）干	B 台子揩干夷（它）（桌子擦干它）
肉煠夷透	肉煠透夷（肉用水煮透它）
我打你勿过	我打勿过你（我打不过你）
我打你勒过	我打勒过你（我打得过你）
我喫夷勿消	我喫勿消夷（我对付不了她）

观察可知：第一，排除方言词不说，就宾补位次而言，不管补语是肯定形式还是否定形式，崇明方言里都同时存在两种说法。A 说法是方言的，B 说法则跟通行的北京话说法一致。第二，跟双宾语可以有两种位置一样，崇明话里单音结果补语也有两个位置。在对方言说法和通行说法的选用中，崇明话似乎是综合性的，或者说，是兼收并取的。第三，《崇明方言词典》把方言说法列为 A 说法，是否意味着这是优势说法，或者是老年人更常使用的说法，需要进一步证实。

2　状补问题

2.1　状语向补语的转化

假若用“前状后补”的标准来鉴别状语和补语，那么，动词性或形容词性词语前边的修饰成分是状语，动词性或形容词性词语后边的补足成分是补语。比较：

水快开了→水开快嘞

你先走→你走先

天很冷了→天冷很了

上例箭头前边的“快、先、很”是状语，箭头后边则转化成了补语。它们的不同配置，形成了北京话一般说法和方言说法的对立。下面分别描述若干具体事实所反映的具体情况。

2.1.1 形容词的状化补

[事实一] 崇明方言中，形容词“快”只能出现在动词性词语或形容词性词语的后头。例如（崇明 22 页）：

(27) 水开快嘞（水快开了）| 要落雨快嘞（快要下雨了）| 人多来轧杀快嘞（口十特）（人多得挤死了）| 冷来冻杀快嘞（冷得快要冻死了）

(28) 天黑快嘞（天快黑了）

(27)“快”用在动词性词语之后，(28)“快”用在形容词性词语之后。把崇明话跟北京话相比较，有“V 快/A 快”和“快 V/快 A”的对立。

[事实二] 长沙方言中，形容词“好、饱”出现在动宾结构后边。例如（长沙 17 页）：

(29) 睏咖一觉好的（好好地睡了一觉）

(30) 喫咖一餐饱的（饱饱地吃了一餐）

在基本格式上，上例是“VP 好/VP 饱”。其中的 VP 是动宾结构，采用“V 咖一 N”的形式；后边的“好/饱”，带“的”。

[事实三] 柳州方言中，形容词“多、少”出现在动词后面。例如（柳州 15 页）：

(31) 吃多一碗饭。| 穿多两件衣裳。| 带多几个人去。

(32) 喝少一点酒。| 拿少两件行李。

(31) 是“多”字后出现，(32) 是“少”字后出现。把柳州话跟北京话相比较，有“V 多/V 少”和“多 V/少 V”的对立。

[事实四] 广州话中，“多”和“少”也习惯放在动词性词语之后。例如（广州 23 页）：

(33) 买多一只添喇。(再多买一只吧。)

(34) 落少啲糖。(少放点儿糖。)

上例也是“V多/V少”。

2.1.2 时间次第词的状化补

[事实一] 柳州方言中，“先、后”放在动词后面作补语。例如(柳州15页):

(35) 你走先，他走后。

(36) 小王排先，老王排后。

(37) 各个要守先，哪个来守后呢?

上三例都是“先/后”后出现。跟北京话比较，是“V先/V后”和“先V/后V”的对立。

[事实二] 广州话中，“先”多置于动词之后作补语。例如(广州23页):

(38) 你行先喇。(你先走吧。) | 你地坐住先，我马上就返来。

上例也是“V先”。

[事实三] 长沙方言中，“头、二、后、末”等放在动词后面作补语。例如(长沙17页):

(39) 你走头，我走后。(你先走，我后走。)

(40) 我看头，你看二，他看末。(我第一个看，你第二个看，他最后看。)

上例是“V头/二/后/末”。如果将“头/二/后/末”前移，那么，北京话里只有“后V”说法，没有“头V/二V/末V”说法。

2.1.3 副词的状化补

[事实一] 徐州方言中，许多副词，包括时间副词、频率副词、范围副词、语气副词等，可以出现在动词性词语后边。例如(徐州18页):

(41) 他吃饭来(来着)喷(正)。| 这孩子不听话老是。| 走赶紧(赶快走)。

(42) 回家了都。

(43) 你来了又。| 去啵还?

(44) 走了莫须 (大概)。| 得去反是 (反正)。

此外，形容词“快”和数量词“一点儿”也可以出现在动词性词语后边。例如 (徐州 18 页)：钱都花完了快。| 不好吃一点儿。

如果用 X 代表副词、形容词和数量词等，上面的说法跟北京话一般说法形成了“VPX”和“XVP”的对立。

[事实二] 广州话中，副词“晒”(借用同音简化字) 常用在动词后头，表示范围或程度，有“全部、太”等意思。例如 (广州 23 页)：

(45) 食晒嘞 (全吃光了) | 做起晒嘞 (全做完了)

(46) 益晒你嘞 (太便宜你了) | 多谢晒 (太感谢了)

上例的“V 嘞”，跟北京话的“全/太 V”形成对立。

[事实三] 温州方言中，“最、爻、倒、死、甚”等表示程度加深的副词，用到形容词的后边，作补语。例如 (温州 19 页)：

(47) 甜最 | 苦爻 | 臭倒 | 咸死 | 软甚

上例的“A 最”等，跟北京话的“最 A”等形成对立。

温州话的程度副词“显”，不仅可以后置于形容词，表示程度的加深，而且“A 显”可以叠成“A 显 A 显”，还可以说成“A 显 A”，表示程度的极大加强。例如 (温州 19 页)：

(48) 好显 | 热显 | 硬显

(49) 好显好显 | 热显热显 | 硬显硬显

(50) 好显好 | 热显热 | 硬显硬

[事实四] 徐州方言中，程度副词“很”，用到形容词性或动词性词语后边，作补语，表示程度高，句末带“了”。例如 (徐州 18 页)：

(51) 天冷很了 (天非常冷) | 水热很了 (水非常热) | 日子苦很了 (日子非常苦)

(52) 时间拖很了 (时间拖得非常长) | 钱花很了 (钱花得非常多) | 电影有意思很了 (电影非常有意思) | 学习下功夫很了 (学习非常下功夫) | 小孩长高很了 (小孩长高了许多)

(51) 是“A 很了”，跟北京话的“很 A 了”形成对立。(52) 是

“V很了”，北京话里没有相对立的“很V了”说法。

徐州话的“很”，还可以直接用在名词后，占据谓词的位置。句首多出现时地词，句末带“了”。例如（徐州18页）：

（53）街上车很了（街上车非常多）｜他家钱很了（他家钱非常多）｜今天来的人很了（今天来的人非常多）｜河里鱼很了（河里鱼非常多）

上例的“N很了”，似乎是“NA很了”的趋简形式。即：街上车多很了。→街上车很了。｜他家钱多很了。→他家钱很了。其中的N，是跟多的数量相联系的名词。不然，“N很了”不能成立。比如，“天冷很了”不能说成“天很了”。

2.2 特定格局中的补语配置

就不跟状语相对而言的情况来说，方言里某些特定格局中的补语配置也能够显示方言的特色。

2.2.1 “（S）VV补”格局

VV代表动词重叠形式，后边直接带上补语。

文学作品中，这类说法偶尔出现，能否成立，未有定论。比如：我去跟他们说说清楚！（孙春平《古辘吱嘎》，《中篇小说选刊》1996年第6期144页）｜该叫到主子跟前问问明白。（二月河《乾隆皇帝·夕照空山》337页）其实，这类说法得到方言事实的支持。

［事实一］崇明方言中，动词重叠后可带结果补语。其中的动词，可以是单音节的也可以是双音节的。例如（崇明22页）：

（54）衣裳着着好（衣服穿整齐）｜地浪扫扫干净（地上扫干净）｜眼睛看看清爽（眼睛看清楚）

（55）事体交代交代清爽（事情交代清楚）｜小囡教料教料好（小孩教育好）

（54）是单音动词重叠式带补语，（55）是双音动词重叠式带补语。

［事实二］南京方言情况相同。例如（南京27页）：

（56）摆摆正｜放放直｜煮煮烂｜切切碎｜扫扫干净｜听听清楚

(57) 商量商量好。

(56) 是单音动词重叠式带补语，(57) 是双音动词重叠式带补语。

［事实三］上海方言情况相同。但据《上海方言词典》所提供的语料，作补语的词，不仅可以是形容词，还可以是动词。例如（上海23 页）：

(58) 做做好

(59) 侬快点拿房间收捉收捉清爽

(60) 跑跑脱丨拿拿进去

(58) 和 (59) 都是动词重叠式带形容词补语；(58)“跑跑脱、拿拿进去”则是动词重叠式带动词补语。后例的配置很特殊，估计不会为共同语所吸收。

2.2.2 “(S) VV 下 / V 下 /V 到 X / AA 交”格局

这是北京话里没有的配置。

［事实一］建瓯话里，动词重叠式后边可带“下”，表示动作的短暂和尝试。单音动词重叠，用 AA 式；双音动词重叠，用 ABB 式。例如（建瓯 16 页）：

(61) 觑觑下（看一看）丨行行下（走走）

(62) 修理理下（修理修理）丨招呼呼下（招呼招呼）

［事实二］贵阳话里，动词一般不能重叠。北京话动词重叠表示动作的短暂和尝试，这个功能在贵阳话里用动词后加“下”［xa^{34}］来表示。例如（贵阳 15 页）：

(63) 看下（看看）丨走下（走走）丨尝下（尝尝）丨等下（等等）丨说下（说说）

［事实三］萍乡话里，“到”用在动词后边，接着再出现别的词语，形成“V 到 X”。这个“到”，有时看上去很像跟在动词后面的介词，但它的后头还可以另补出介词。比较（萍乡 13 页）：

(64) 歇到店里丨等到天光

(65) 歇到在店里丨等到到天光

如果把这个“到”看成弱化动词，它便是充当补语；如果把这个

“到”看成助词，它仍然起着补语的作用。

[事实四] 杭州话里，单音形容词重叠式后边加“交”，表示程度弱化。例如（杭州 18 页）：

(66) 好好交 | 呆呆交 | 轻轻交 | 慢慢交

这个“交”，是个表示程度的语法成分，从位置看，起着补语的作用。

2.2.3 “(S) A 流了的 / V 流了的 / N 流了的”格局

这也是北京话里没有的说法。

通常是谓词后边加“流”[niou²¹³] 或“流了”或“流了的”，形成“A 流了的 / V 流了的”。例如（武汉 14 页）：

(67) 他快活流（了）（的） | 你么样伤心流（了）（的）

(68) 屋里吼流（了）（的）

“流（了）（的）”强调状态多、盛、极。

有时，名词后边出现“流（了）（的）”，形成“N 流了的”。但是，“N 流了的”整个儿充当谓语，整个儿谓词化，功能相当于“A 流了的 / V 流了的”。例如（武汉 14 页）：

(69) 他脸上汗流（了）（的） | 毛毛口里涎流（了）（的）

3 否定问题

3.1 特定的否定句式

方言里有些特定的否定句式，其格局跟北京话说法有相当明显的对应。

[事实一] “连”字句否定式。比较（长沙 17 页）：

长沙话	北京话
连不做一点事	连一点事也不做
连不能干一点	一点儿都不能干

长沙话里，“连”字后边不出现动作对象 O，它用来对“不 VO”作整体强调，明显是个语气副词。由此推想：北京话里的“连”，可说

“(他)连水也不敢喝”，“连”后边是动作的受事；也可说“(这水)连他也不敢喝”，“连”后边是动作的施事。统观这个词的所有用法，它到底是不是个介词，还需要作进一步的探讨。

[事实二]“给”字句否定式。比较(乌鲁木齐11页)：

乌鲁木齐话	北京话
给你不给	不给你
给人不给	不给人

乌鲁木齐话里，出现两个“给”。前一个“给”是介词，跟表示逻辑宾语的词语一起组成介词短语，做状语；后一个“给”是动词，跟“不”构成否定形式。下面是“给O不给”在上下文中使用的例子(乌鲁木齐11页)：

(70)你和他又莫板(没交情)嘚，他肯定给你不给，我明天给你要去。

(71)你嫑看他喝醉咧，心里头明白底很，腰里头底钱根本给人不给。

(72)那个人财迷底啥一样底，多一分钱给他妈都不给。

朱德熙《包含动词“给”的复杂形式》中说：“……‘我给他一本书’可以看成是‘我给给他一本书’的紧缩形式。”该文未举出实际用例。笔者在文学作品中曾见到这样的例子：“此时，窗外由远及近地响起沙沙的踏雪声，同时传来了轻松的放肆的歌声：姐儿早上去看郎，/三尺白绫包冰糖。/给给小郎郎不用，/转过身儿好凄惶哟——呀啊!”(张贤亮《绿化树》，《十月》1984年第2期28页)现在看到乌鲁木齐方言的说法，笔者更相信朱先生当年的判断是对的。北京话的“不给你”，即“不给给你”；“给你”前移，便成为乌鲁木齐话的“给你不给”。

[事实三]可能补语句否定式。用“否”代表否定词，用C代表补语。比较：

建瓯话	北京话
肯定式：V得C	肯定式：V得C

肯定式：否 V 得 C　　否定式：V 否 C

建瓯话可能补语否定式，是在肯定式前头加否定词“艙”。这不同于北京话在 VC 之间用否定词，说成“V 不 C”。例如（建瓯 16—17 页）：

（73）我艙做得来。（我做不来。）

（74）我艙覷得佢见。（我看不到他。）

（75）牛艙走得过马。（牛跑不过马。）

[事实四]“（S）V 不了地 V”句式。前后两个 V 是同一动词反复使用。比较：

牟平话	北京话
东西吃不了地吃	东西吃不完
好酒喝不了地喝	好酒喝不完

牟平话里，“（S）V 不了地 V”表示“某些东西（或事情）非常多，用（或处理）不完”的意思。例如（牟平 21 页）：

（76）衣裳穿不了地穿 | 些熊事儿管不了地管 | 钱花不了地花 | 好东西我得用不了地用

（77）亲戚多得走动不了地走动 | 活儿忙活不了地忙活

（76）的 V 都是单音节动词，（77）的 V 都是双音节动词。《牟平方言词典》还指出：“此形式适用的动词多为日常生活中吃、穿、住、用等方面的词，使用频率不低。除……例句中的动词外，常见的还有：吃、喝、看、说、住、烧、使唤、养活，等。”（牟平 21 页）

[事实五]“（S）无 V 有”句式。“无……有”相当于“还没有……”。比较（海口 14 页）：

海口话	北京话
花无开有。	花还没有开。
客侬无来有。	客人还没有来。

海口话里，“无……有”[vo^{21}…… /du^{33}] 表示尚未进行某个动作或尚未出现某种情况。这是一种用于时态表达的否定形式。

3.2 否定词的特殊位次和意义

跟北京话相比较，方言里否定词的位次或意义也有好些特殊之处。

[事实一] 跟别的状语同现时，否定词紧靠谓词 V/A。

西宁话里，“不”如果跟时间、情态、程度等状语同现，那么，时间、情态、程度等状语用到“不 V/A”前边，让“不”字紧靠谓词。这样的位次配置，不同于北京话。例如（西宁 15 页）：

(78) 他按时不上班。（他不按时上班。）

(79) 我们就不走。（我们不马上走。）（“就”即“马上、立刻”，不是“坚决”的意思。）

(80) 你阿蒙好好不学习？（你怎么不好好学习？）

(81) 快点不走不行！（不快点走不行！）

(82) 天气胡嘟不热。（天气不特别热。）（“胡嘟”是“很、特别”的意思。）

其他否定词，也紧靠谓词 V/A。例如（西宁 15 页）：

(83) 致个小说我仔细没看过。（这部小说我没仔细看过。）

(84) 你凳子胡嫑拉煞。（你别胡拉凳子。）

[事实二] 否定词可以用到介词结构后边，紧靠谓词 V。

银川话里，否定副词“不、没、罢（不要）”等，尽管可以放在介词结构前边，跟北京话相同；但也可以放到介词结构后边，跟北京话不同。例如（银川 17 页）：

(85) 我不连你说了。(+) →我连你不说了。(+)（我不跟你说了。）

(86) 电视机我还没给你修好呢。(+) →电视机我还给你没修好呢。(+)

(87) 你个话你先罢给他说着！(+) →这个话你先给他罢说着！(+)（这个话你暂时别给他说吧！）

另外，银川话里如果否定词“罢（不要）”和程度副词“甚、太”同现，可以说成“甚（太）罢……”，也可以说成“罢甚（太）……”。例如（银川 17 页）：

(88) 辣子甚罢种得稠了！(+) →辣子罢甚种得稠了！(+)（辣子不要种得太密了！）

(89) 饭太罢舀得满了!(十)→饭罢舀得太满了!(十)(饭不要盛得太满了!)

"甚(太)罢……"的说法,跟西宁话有相似之处。

[事实三] 在"动宾补"结构中,"不"用在"动"和"宾补"之间。例如(长沙 17 页):

(90) 找不衣服到。

(91) 搞不手脚赢。

(92) 打不他赢。(打不过他。)

这是口头表述中的一类凝缩说法。比方,"找衣服,找不到",凝缩成为:"找不衣服到。"北京话没有这一说法。

[事实四] 在"没 V/A"结构中,"没"有"不"义。例如(柳州 15 页):

(93) 没送了,你们回去了。|找没到就没要了。|喊他吃饭他没吃。|剩下一点怕没够。|太多了吃没完。

(94) 肚子没舒服。

(93)"没"出现在动词前头,(94)"没"出现在形容词前头,它们都相当于北京话的"不"。可知,在柳州方言的口语中,"没"的语义扩大化,作状语时往往侵代了"不"。

4 结束语

4.1 汉语语法,只有在词语入句之后,在动态的句管控中,才能充分展示各方面的规则。五彩缤纷的方言事实,可以帮助我们进一步认识和证明这一点。比如,同样的词语,由于北京话和某种方言有不同的句管控,或者说,由于北京话和某种方言接受了不同格局的句法配置,于是才形成不同的句模式。研究汉语语法,如果离开汉语句法的研究,是不可能获得理想的结果的。

4.2 本文讨论的方言事实,只涉及宾语问题、状补问题和否定问题。实际上,作为"方言实证",还有其他许多方面的事实。略举两例：

(95) 妳［mo^{55}］色红红。(颜色很红。)(海口15页)

(96) 明天但不下雨，我们就上山去呢。(乌鲁木齐12页)

(95)，反映海口话里单音形容词的重叠现象。A重叠成AA，在句中用作谓语，有“很A”的意思，前一个音节读成阴去调，表示强调。(96)，反映乌鲁木齐话里复句关系词语的使用情况。连词“但/但是”，相当于北京话里的“要是/如果”，在句中表示假设。这两个例子表明，语法实体小到词的重叠，大到复句的组造，都不能离开语词“在句中”怎么样的考察。

对本文尚未涉及的种种事实的描述，最起码还需要写一篇文章。

4.3 本文讨论的语法现象，共涉及21种方言。按先后出现的次序，为：广州、南宁、长沙、娄底、崇明、杭州、武汉、西宁、南昌、柳州、徐州、温州、南京、上海、建瓯、贵阳、萍乡、乌鲁木齐、牟平、海口和银川。谨向为本文提供了语料的各位学者，表示由衷的感谢。

主要参考文献：

[1] 李荣. 现代汉语方言大词典［M］. 南京：江苏教育出版社，1993-1998.

[2] 张振兴. 方言研究与对外汉语教学［J］. 语言教学与研究，1999 (4)：42-49.

[3] 朱德熙. 包含动词“给”的复杂形式［J］. 中国语文，1983 (3)：161-166.

[4] 李芳杰. 句型主体论［J］. 语言教学与研究，1999 (4)：15-31.

[5] 邢福义. 小句中枢说［J］. 中国语文，1995 (6)：420-428.

[6] 邢福义. 关于“给给”［J］. 中国语文，1984 (5)：347.

(原载《方言》2000年第4期，略有改动。本文写作在《说“句管控”》之前，《说“句管控”》中采用了本文的一些语料。)

语法研究中“两个三角”的验证

研究汉语语法事实，既需要进行静态分析，更需要进行动态分析。“两个三角”的验证，是动态分析的最基本的作法。本文以现代汉语共同语即普通话为基点，对有关问题进行讨论。全文分三个部分展开：1.“小三角”及其事实验证；2.“大三角”及其事实验证；3.“两个三角”相结合的事实验证。

一 “小三角”及其事实验证

（一）“小三角”

“小三角”是两个三角中的第一个三角。任何语法事实都存在语表形式、语里意义和语用价值三个角度，“小三角”指的就是三者所构成的“表—里—值”三角。

1.“表”角

“表”是“语表形式—语表”的简称，指显露在外的可见形式。比方，如果以“V+N”的结构为研究对象，那么，在“表—里—值”三角里，VN是语表；V和N之间，可能是动宾关系，也可能是偏正关系，都属于语里。

任何语法单位，小到语素或词，大到复句或句群，都有其语表形式，都跟特定的语里意义和语用价值相联系。

2.“里”角

“里”是“语里意义—语里”的简称，指隐含在内的不可见的关系或内容。语法单位不同，语里意义的偏重点也有所不同。

如果语法单位是复句和句群，语里意义主要表现为逻辑—语法关系。比如“与其P，不如q”，具有择优性和推断性，这是一种为特定复句句式所规约的“逻辑—语法”关系。

如果语法单位是单句和由单句离析出来的结构，语里意义主要表现为结构关系、施受关系和意向关系。所谓“结构关系”，指主谓、动宾、偏正等等关系；所谓“施受关系”，指动作和相关人物之间的施事、受事、用事、于事等等关系；所谓“意向关系”，指句法结构反映在表意指向类型上的语义关系。结构关系、施受关系容易理解，“意向关系”需要略加解释。比如：“有什么NP吗？”这类问句在表意指向上具有二重性：一方面问是非（“有……吗？”），另一方面又有特指（“什么？”），跟单纯的是非问句和单纯的特指问句都有所不同。对于这类问句，主语、谓语、施事、受事等等的分析不起作用，必须抓住表意指向上的二重性，联系其语表和语值来加以考察。

如果语法单位是词，语里意义主要表现为涵盖意义和特征意义。所谓“涵盖意义”，主要指意义虚灵的词所涵盖的语义内容。比方“刚刚”，有两个涵盖意义：1）表示事件发生的始发点，不一定以“现在”为参照点。2）表示事件发生在说话前不久，一定以“现在”为参照点。所谓“特征意义”，也叫语义特征，指意义实在的词所包含的可以成为区别性特征的意义。比如：“学生”“科长”“春天”“暑假”这几个名词，各有各的词汇意义，但都具有“推移性”语义特征。正因如此，它们在语法上具有某种同一性：都能够带上“了”，构成“NP了”句式。

3．“值”角

“值”是“语用价值—语值”的简称，重视在比较中考究研究对象的语用效应，回答它到底有何价值的问题。举例说：

A．研究“双”。一般以为“双”是量词（一双｜两双），实际上有时是数词（双重压力｜双层岗哨｜双份礼品｜双倍工资）。那么，“数词‘双’＋量词”同“数词‘两’＋量词”和“数词‘二’＋量词”相比较，语用价值有什么不同？

B. 研究“要不是A，就B”复句句式。这一复句句式往往跟“因为A，所以B”相通。(要不是周医生在场，我就没命了。→因为周医生在场，所以我才有命。)那么，“要不是A，就B”的语用价值是什么？

“小三角”理论认为，一个语法单位能够在语言系统中存在，在语言交际中承传，必定有其语用价值上的根据，否则便会被淘汰。语法研究，有必要回答有关语用价值的问题，以便深化对语法事实的认识。

（二）“小三角”的事实验证

包括“表里印证”和“语值验察”两个方面。

1. 表里印证

所谓“表里印证”，是指在表里之间寻找规律性联系，以揭示有关事实的特定规律。这是汉语语法研究的最基本的工作。汉语没有什么形态，一个语表形式的内里，往往隐匿着微妙的语里意义或关系。研究中，如果不进行表里印证的工作，就无法真正解决汉语语法的问题。基本作法是：由表察里，由里究表，表里相互印证。

以“双音节及物动词＋双音节名词”为例。

“双音及物V＋双音N”，这是语表形式。它包含两种语里关系：一为动宾，二为定心。例如：指导＋学生/教师→指导学生（动宾），指导教师（定心）。“教师”和“学生”都表示人，而且相互处在特定的人际关系之中，按说语法性能应该是完全相同的。然而，跟及物动词“指导”组合的结果，却形成了具有不同关系的语法结构。为什么？

把语表和语里联系起来进行考察，可以知道，同类事实大体包括四小类：

A. 领导＋群众/干部→领导群众（动宾），领导干部（定心）｜按摩＋病人/医生→按摩病人（动宾），按摩医生（定心）

B. 纺织＋布匹/姑娘→纺织布匹（动宾），纺织姑娘（定心）｜印刷＋报纸/工人→印刷报纸（动宾），印刷工人（定心）

C. 喂养＋鹦鹉/方法→喂养鹦鹉（动宾），喂养方法（定心）｜批发＋彩电/公司→批发彩电（动宾），批发公司（定心）

D. 救济＋灾民/物资→救济灾民（动宾），救济物资（定心）丨表彰＋功臣/大会→表彰功臣（动宾），表彰大会（定心）

A小类的两个名词都表人。“指导＋学生/教师”也属于这一小类。凡是形成定心结构的，其中的名词在语义上都具有行为施行性，它前边的动词不是一般地表示人物的行为，而是表示人物的职责或作用；在语表上，名词若移到动词前头，都会转化成为施事主语。如：教师指导学生。丨干部领导群众。丨医生按摩病人。

B小类的两个名词，一个表人，一个表物。但B小类和A小类基本相同：凡是形成定心结构的，其中的名词在语义上都具有行为施行性，在语表上都可以转化成为施事主语。如：演员歌唱祖国。丨姑娘纺织布匹。丨工人印刷报纸。

C小类两个名词都表物。凡是形成定心结构的，其中的名词在语义上具有管界性，即划定行为活动的范围，它前边的动词不是一般地表示人物的行为，而是从一个方面表示管界事物的内容或作用；在语表上，动词前后可以补出表示行为对象的名词。如：喂养方法→喂养鹦鹉的方法，鹦鹉喂养方法。丨批发公司→批发彩电的公司，彩电批发公司。

D小类的两个名词，一个表人，一个表物，表人的是宾语，表物的是定语。D小类和C小类基本相同：凡是形成定心结构的，其中的名词在语义上都具有管界性，在语表上都可以补出行为的受事。如：救济物资→救济灾民的物资，灾民救济物资。丨表彰大会→表彰功臣的大会，功臣表彰大会。

综观所有现象，可以看到：不管是哪一小类，凡是形成动宾关系的，名词一定表示行为“及物”之对象，具有受事性。凡是形成定心关系的，必须符合两个条件：首先一个是最起码的条件，这就是，名词和前边的动词能够配搭；其次一个是语里关系上的条件，这就是，名词所表示的人或事物具有施事性或管界性，作定语的动词只表示职责、作用、内容等意义。这样，经过了表里验证，可以知道：现代汉语里，“及物动词＋名词”尽管通常会形成动宾结构，但有的时候，在特定规律制约下，也可以形成定心结构。

2. 语值验察

所谓“语值验察”，是指在“表里印证”之后进一步研究“值”角，弄清特定的语用价值。即：语里同义，语表异形，究其语值。比方，知道了“指导教师”“救济物资”之类现象的存在，还应进一步知道这类结构的作用。

再以转折词“却”进入“既然……那么……”句式的现象来说。

“既然……那么……”表示推论因果的关系，所据理由和推得结果之间通常是顺承的，因此一般不能用转折词。比如：既然小路阴凉，那么，应该走小路。（十）｜既然小路阴凉，那么，却应该走小路。（一）但是，有的时候，“既然……（那么）……”和“却”可以同现。例如：既然小路阴凉，那么，为什么却不走小路？

这类“既然……却……”的复句，成立的条件是什么？规律性的东西何在？这就需要首先在表里之间进行反复的验证。验证过程：

第一，由表察里：语里关系如何？考察可知，凡是“既然……却……”复句，实际上包含三个语义段，假若用abc来代表，那么，关系是：a—b顺承，a—c逆转。即：既然小路阴凉，为什么却不走小路？＝既然小路阴凉，(a)就应该走小路，(b)但实际上却决定了不走小路。(c)显然，在说“既然……却……”时，在语里关系上包含有并且突出了根据和结果之间的逆转性。

第二，由里究表：为了突出a—c之间的逆转性，语表形式有何要求？考察可知，这样的说法不行：“既然小路阴凉，但实际上却决定了不走小路。”这说明，c段不能保持陈述句的形式。换句话说，a—c两段不能都用陈述语气直接组合，后段必须用“为什么”的词语改造成为诘问的句式。

第三，再由表察里：是不是所有的“既然……为什么……”复句都跟“却”有必然的联系？考察可知，“为什么……”有两个意思：第一，反问。指可能发生的情况，相当于b段。用肯定形式问，意在否定形式，但否定形式之所指尚未成为事实；用否定形式问，意在肯定形式，但否定形式之所指尚未成为事实。第二，诘问。指已成事实的情况，相当于 c 段。用肯定形式问，肯定形式之所指已成事实，是对事实的质疑；用否定形式问，否定形式之所指已成事实，也是对事实的质疑。例如：“既然这条路近，为什么不走这条路?”这是歧义句：甲义＝走这条路最合适。（我主张走这条路。走不走，未然。）丨乙义＝不走这条路不合适。（我反对不走这条路。不走，已然。）凡是用于反问的“既然……为什么……”，由于相当于 a—b 段，前后分句之间没有转折性，因而不用“却”。例如：“［甲］你看，我应该送点什么给她?”“［乙］她不是喜欢打扮吗？既然她喜欢打扮，你为什么不送她几件时装呢?”乙的话等于说：“既然她喜欢打扮，你最好送几件时装给她。”因此，“你为什么不送她几件时装呢”里面不用“却”。

第四，再由里究表：“却”的位置如何？“既然”和“为什么”的使用情况如何？考察可知：其一，“却”有两个位置，可以在“为什么”的前后出现。如：既然一点也不好吃，为什么却不断地吃？（金庸《卧龙记》）丨十二岁的马夫，甚至不明白，妈妈既然有过一个开着桂花的美丽的家，却为什么要搬到这破烂拥挤的小杂院来居住。（范小天《桂花掩映的女人》）前一例是“为什么却”，后一例是“却为什么”。其二，“既然”可以说成“既”，“为什么”可以说成“为何”“何以”“怎么”等。用“既”和“为何”“何以”，文言色彩较重，只见于模仿近代白话语体的小说里。例如：既然师父没事，何以却有烦恼？（金庸《卧龙记》）丨你既知我这脑神丹的灵效，却何以大胆吞服？（金庸《笑傲江湖》）丨你自己既不愿意死，却怎么去杀人呢？（金庸《天龙八部》）前一例是“既然……何以却……”，中间一例是“既（然）……却何以……”，后一例是“既（然）……却怎么……”。

经过这样反复地进行表里验证，可以知道：“却”字进入“既然”句的条件，主要表现在两个方面：一方面，语里关系上包含逆转性；另一方面，语表形式上采用以“为什么”为代表的诘问句式。在这个基础上，还有必要知道这类句式的语用价值。

通过进一步的考察，又可以知道：

第一，“为什么”之类，为这类句式造成了对已然事实的无疑而诘问，并为“却”字的插入准备了必要的结构条件；再加“却”，可以特别突出事实之间的逆反性，从而特别强调结果怪异，不合常理。比较：

既然吃饭都成问题，还买衣服!?

既然吃饭都成问题，为什么还买衣服？

既然吃饭都成问题，却为什么还买衣服？

前一例，后项直接提出“还买衣服”的事实。不管是用惊叹语气还是疑问语气，若插入“却”，都给人站得不大稳的感觉。如：既然吃饭都成问题，却还买衣服！（?）丨既然吃饭都成问题，却还买衣服？（?）中间一例，针对“还买衣服”的事实，用“为什么”加以诘问，已经明显带有不以为然的语气。而且，有了“为什么”之类，“却”字就容易插入了。后一例，再加“却”，造成前后项之间的转折语势，更能表明后项所指行为的不合理。

凡是“既然……为什么……”的复句，如果后项是对事实的诘问，那么，在需要借转折语势强调突出逆反关系的时候，都可以加“却”。比如：但是，我既然做了错事，为什么（却）还要错上加错，去欺骗组织，欺骗人们呢？（石国仕《战俘》）丨你既然来这里寻我唱歌，我已唱了四首，你为什么（却）连一首也不回？（孙健忠《醉乡》）

第二，“为什么却”“却为什么”之类强调结果怪异，不合常理，是为了强烈地表示出某种主观情绪：或者有所责怪，或者感到惊奇。例如：既然人家没惹你，你为什么却总是惹人家？（有所责怪）丨既然不是海南人，你为什么却会讲海南话？（感到惊奇）值得注意的是：责怪有心理偏向的不同。例如：既然打人不对，为什么却老是打人？（偏向鄙弃）丨既然还在咳嗽，为什么却又来加班？（偏向爱护）责怪还有口气轻重的不同。例如：既然没有道理，却为什么还要无赖？（口气较重）丨既然写不出来，却为什么还要硬写？（口气较轻）到底是责怪还是惊奇，责怪的心理偏向如何，责怪的口气怎么样，这取决于不同内容和不同语境。

第三，“为什么却”“却为什么”之类强调结果怪异，不合常理，有时还有“反证疑据”的作用，即导致对推论根据的怀疑和否定。这样，在论辩中就容易形成二难推理，使对方处于二难困境。比如：“既然读过大学，为什么却认不得几个字?”要么确实读过大学，作为一个读过大学的人，认不得几个字岂不是莫大讽刺?要么读过大学并非事实，那么，岂不是欺世盗名说假话?

从严格的意义上说，语值的验察也许主要不是语法问题。但是，有必要指出：1）紧扣语法现象考察其语值，所涉及的语值问题肯定跟语法问题有关。2）到底什么才是严格意义上的语法问题，对于汉语语法来说，很难做严格的界定。如果紧扣严格意义的语法，恐怕连语义关系的研究也成问题了。研究问题，不应处处从定义出发，不然，就容易束缚自己的手脚，不利于打开思路，不利于解决实际问题。

二　“大三角”及其事实验证

（一）“大三角”

“大三角”是两个三角中的第二个三角，即“普—方—古”三角。研究现代汉语共同语语法，为了深化对语法事实的认识，有时可以“普”为基角，撑开“方”角和“古”角，形成语法事实验证的一个“大三角”。

1.“普”角

“普”是“普通话”的简称，指现代汉语共同语的语法事实。

一个语法现象，只要在现代通行，能够为全中国东西南北中的人们所理解和接受，它便是普通话的语法现象。对于现代汉语语法研究来说，普通话语法是最基本的研究对象，因此，“大三角”中的“普”角是“基角”。

2.“方”角

“方”是方言的简称，指现代汉语里的方言事实。

方言语法现象相当丰富复杂，并不像通常所说的那么单纯。方言语法研究，有必要在更细的线索上进行，在比较隐蔽的层次上作更深的发掘。在“大三角”的事实验证中，“方”角起着举足轻重的作用。

3.“古”角

“古”是古代近代汉语的简称，指汉语里跟现代相对的古代近代的语法事实。

作为历史概念，可以认为：“现代汉语”的最后形成和确立，是在五四运动时期（1917—1921）。重要标志有二：其一，1920 年 2 月，当时的教育部颁行了新式标点符号。这是文化教育事业史上的一件大事情。因为，标点符号是书面语言的组成部分，而新式标点符号是为适应现代汉语书面语言的需要而制定的。这件事表明，现代汉语已经占据了统治地位。其二，1920 年 1 月，教育部训令全国各国民学校先将一、二年级国文改为语体文；1921 年 3 月，又训令全国各省：凡师范学校及高等师范，相应酌减国文钟点，加授国语。现代汉语书面语的教学，从此在中小学取得了合法的地位。这是一个转折点，是划时代的变化，对现代汉语的最后形成和发展起了十分重要的作用。

在“大三角”的事实验证中，“古”角同样起着举足轻重的作用。进行“大三角”的事实验证时，“古”角所用的语料固然可以是文言文，也可以是《红楼梦》《儿女英雄传》等白话文作品中可以说明问题的现象。当然，从严格意义上说，“文言”和“白话”是有很大的不同的。

（二）“大三角”的事实验证

包括“以方证普”和“以古证今”两个方面。

1. 以方证普

这是“普一方”验证。即立足于普通话，横看方言，考察所研究的对象在方言里有什么样的表现，以方言印证普通话。

首先，以“（S）VV 补”格式来说。

VV 代表动词重叠形式，“补”代表后边的形容词补语。现代文学作品中，这类说法偶尔出现，但能否成立，未有定论。如：我去跟他们说说清楚！（孙春平《古辘吱嘎》）｜该叫到主子跟前问问明白。（二月河《乾隆皇帝·夕照空山》）其实，这类说法可以得到方言事实的支持。比方，崇明方言中，动词重叠式可带结果补语。其中的动词，可以是单音节的也可以是双音节的。如：衣裳着着好（衣服穿整齐）｜地浪扫扫干净（地上扫干净）｜眼睛看看清爽（眼睛看清楚）｜事体交代交代清爽（事情交代清楚）｜小囡教料教料好（小孩教育好）。（见李荣、张惠英《崇明方言词典》）又比方，南京方言中，动词重叠式也可以带结果补语。如：摆摆正｜放放直｜煮煮烂｜切切碎｜扫扫干净｜听听清楚｜商量商量好 。（见李荣、刘丹青《南京方言词典》）再比方，上海方言中，动词重叠式也可以带结果补语。如：做做好｜侬快点拿房间收捉收捉清爽。不仅如此，作补语的词还可以是动词。如：跑跑脱｜拿拿进去。（见李荣、许宝华《上海方言词典》）可知，除了“跑跑脱、拿拿进去”之类估计不会为共同语所吸收，“（S）VV补”格式的使用，是有多种方言的强力支撑的。

其次，再以“给”字句式来说。

比较：（这东西）不给你，（这东西）不给人。（普通话）=（这东西）给你不给 ，（这东西）给人不给。（乌鲁木齐方言）乌鲁木齐方言里，出现两个“给”。前一个“给”是介词，跟表示逻辑宾语的词语一起组成介词短语，做状语；后一个“给”是动词，跟“不”构成否定形式。例如：他肯定给你不给，我明天给你要去。｜腰里头底钱根本给人不给。｜那个人财迷底啥一样底，多一分钱给他妈都不给。（见李荣、周磊《乌鲁木齐方言词典》）朱德熙《包含动词“给”的复杂形式》曾经指出：“……‘我给他一本书’可以看成是‘我给给他一本书’的紧缩形式。”该文未举出实际用例。笔者《关于“给给”》补举了这个例子：“此时，窗外由远及近地响起沙沙的踏雪声，同时传来了轻松的放肆的歌声：姐儿早上去看郎，/三尺白绫包冰糖。/给给小郎郎不用，/转过身儿好凄惶哟——呀啊！”（张贤亮《绿化树》）上举乌鲁木齐方言的说法，更能证明朱德熙先生当年的判断是对的。北京话的“不给你”，即“不给给你”；“给你”前移，便成为乌鲁木齐方言的“给你不给”。

2. 以古证今

这是"普一古"验证。即立足于今，上看古代近代汉语，考察所研究的对象在古代近代汉语里有什么样的表现，以古证今。

以"像X似的"结构来说。

这一结构有三个组成部分：一是"像"，二是"似的"，三是X。分开来看，"像X"是动宾结构，"X似的"是比况结构，这没有什么问题。合起来看，问题就来了：是把"像X似的"分析为动宾结构（"像→X似的"），还是把"像X似的"分析为比况结构（"像X←似的"）？考察表明，把"像X似的"分析为比况结构更合理。

"像"和"似""如"是同义词。"像X似的"有时说成"似X似的"，它们同义、同构。例如：眼看纷纷扰扰，又似从林影中，闪出一两个人似的。（白羽《十二金钱镖》）｜棺中丽人头也不回，竟似没有听到他的话似的，……（古龙《护花铃》）显然，说"似"是动词，"X似的"整个儿充当"似"的宾语，很难成立；相反，说"似X"先构成动宾结构，然后用"似的"再强调一下，一起构成比况结构，则比较顺当。

这一结论，可以从古代、近代汉语的语法事实中找到有力的支持。看这几个同类结构：

第一，"似X也似"（＝像X似的）。例如：你这花子，两耳朵似竹签儿也似，愁听不见。（兰陵笑笑生《金瓶梅词话》，转引自江蓝生文）｜若不用心体验，便似一场闲话也似，这般说过去了便无益。（元·许衡《直说大学要略》，《鲁斋遗书》卷三，同上）前一例，"似"只能以"竹签儿"为宾语，不可能以"竹签儿也似"为宾语；后一例，"似"只能以"一场闲话"为宾语，不可能以"一场闲话也似"为宾语。

第二，"如X也似"（＝像X似的）。例如：滕生……即出门雇马，如飞也似去了。（凌蒙初《初刻拍案惊奇》卷六）｜便如掩着那耳朵了去偷那铃的也似。（元·许衡《直说大学要略》，《鲁斋遗书》卷三）以前一例来说，念起来是"如飞ˇ也似"，而不是"如ˇ飞也似"。从意义关系上看，不能认为"飞也似"整个儿都是"如"的宾语。"如"只管到

“飞”，“也似”是对“如飞”的再强调。后一例情况相同。

第三，“如X相似”（＝像X似的）。例如：他各各气宇如王相似。（释静、释筠《祖堂集》，转引自太田辰夫《中国语历史文法》）丨一庭月色，照满书窗，梅花一枝枝如画在上面相似。（吴敬梓《儒林外史》第十一回）以前一例来说，念起来是“如王ˇ相似”，而不是“如ˇ王相似”。特别是，在意义关系上，不可能是“王相似”整个儿充当“如”的宾语。认为“如王”是动宾，“相似”是对“如王”的再强调，这就很好理解。后一例情况相同。

三　“两个三角”相结合的事实验证

“大三角”验证和“小三角”验证可以结合进行。以对“您们”一词的验证为例。

（一）从事实和理论看“您们”

《中国语文》1982年第2期，发表吕叔湘以吴蒙笔名所写的短文《“您们”、“妳”、“二”和“两”》。主要指出：第一，“您们”在私人信件中相当常见，已经有二三十年的历史；第二，文学作品中有时出现“您们”。《中国语文》1982年第4期，又发表吕叔湘以方若笔名所写的短文《关于“您们”》。主要指出：第一，老舍、王蒙、从维熙等人的作品中，也有“您们”。第二，有的北京市中学教师说，中学生里有人在口头上说“您们”。第三，有些老北京人说，“您们”在口语中确出现过，主要见于三句话：“您们吃了饭吗?”“您们请回吧!”“给您们添麻烦了。”后一篇文章对前一篇文章的论说有所更改和补充。可知，吕氏越来越倾向于肯定“您们”。

一个语法现象能否成立，首先要看事实上是否有根据。事实是：第一，在口语里，“您们”这个形式老北京人证实确有使用，北京市中学教师又证实现在的中学生也说。吕叔湘先生尽管只列出三个例子，但这么三个例子也已至少能够表明“您们”有时上了口。第二，在书面上，著名作家的笔下一再出现。吕先生的文章举了6个文学作品中的例子。实际上，使用“您们”的作家相当多，绝对不是少数人的偶发行为。第三，在电视广播的语言媒介上，已经运用开来。最有力的证据是：中央电视台 1995 年 9 月 10 日晚上黄金时间播出了《综艺大观》节目第 112 期，这是庆祝教师节的专场。节目里一再出现一个大蛋糕，蛋糕上用长方形框格框出五个红色大字“老师您们好”。《综艺大观》是全中国（也许还有世界上许多华人地区）人民都特别爱看的节目。影响之大，不言而喻。

一个语法现象能否成立，还要看理论上能否解释。一方面，“您们”的组造，是遵循语言形式的类化法则的。语法现象的系统性有很强的类化作用。当一个特定系统趋向于匀整，只剩下小块空缺，这小块空缺便可能接受类化的强烈影响而得到填补。现代汉语里，人称代词的“三身”系统十分匀整，“您们”的使用既是表达复数尊称的意义的需要，语言形式上也是系统性的类化结果，具有填补空缺的作用。另一方面，“您们”的使用，是遵循语用需要的价值法则的。凡是能够在语言系统中生存和定根的形式，都是由于它具有特定的难以取代的语用价值。在实际语言运用中，“您们”是难以取代的。比方，给三个长辈或需要表示尊重的先生写一封信，光说“您”，似乎概括不了三个人；若说“您三位”，似乎不大像现代人在说话；若说“你们”，又显得不够尊敬。于是，只好用“您们”。这就是说，“您们”的使用，为现代汉语语用系统的需要所决定，可以给语言增添积极的因素。

上面的论述，实际上已经涉及了“您们”的“表—里—值”，说明了现代汉语代词系统有可能也有必要接纳“您们”。在这个基础上，还可以展开“普—方—古”的“大三角”论证。

（二）从“方”角看“您们”

武汉方言中有个表示尊称的“你家”，念快了，就是［nia^{42}］。书面上，朱建颂《武汉方言研究》写作“你家”，说地道武汉话的著名表演艺术家何祚欢在他的作品里写作“您驾”。“您驾”可以加“们”表示复数。例如：师父师娘<u>您驾们</u>作证，不怪我对不起春泰哥……（何祚欢《失踪的儿子》140 页）｜得好处的还不是<u>您驾们</u>当东家的！（同上 133 页）｜我就不敢妄自尊大给您驾们敬酒了。（同上 106 页）不仅如此，第三人称的尊称还可以说成“他驾”，而且有“他驾们”的复数形式。如：（云香）一杯冷茶首先递向春泰：“走干了吧？先喝两口。你陪他驾们坐，我去杀鸡……”（同上 54 页）

由此可知，普通话中“您们”这一形式不是孤立存在的现象，它可以得到方言中同类现象的支持。据有关文献，湖北宜昌方言和湖北蒲圻方言中也有跟武汉话同类的现象，只是读音稍有不同。书面上，何祚欢把武汉话的“你家们”写成“您驾们”，其中的“您”字明显受到普通话“您”的文字形式的影响，同时也反映了一种潜意识，这就是：把“您家们”和“您们”看成武汉话和普通话可以对译的两个同义形式。

（三）从“古”角看“您们”

向熹《简明汉语史》讲“近代汉语代词的发展”时讨论了“您”。其中有三点意思值得注意：其一，“您”最早见于宋元话本和金元诸宫调里。语音上，“您”是“你们”的合音。宋元时期“您”跟敬称没有必然联系，对“反贼”说话也称“您”。如：黄巢反贼，您若会事之时，束手归降。（《五代史平话·唐史上》）其二，“您”可以用于第二人称复数，相当于“你们”，也可以用于第二人称单数，相当于“你”。如：您文武百官计议，怎生退了番兵？（马致远《汉宫秋》三折）｜母亲，您孩儿来家了也。（无名氏《桃花女》楔子）其三，早期“您”还可以加“每”成为“您每”，“您每”即“您们”，但不一定表示复数。如：朱五看了这诗道：“秀才，您每下第不归故乡？”（《五代史平话·梁史上》）｜您每休把原商量的意思坏了。（《元朝秘史》卷三）

过去有的语言学家否定“您们”，主要论据为“您”是“你们”的合音。“您”是否就是“你们”的合音，有不同说法；即使是，也不能说明“您们”不能成立。语言的运用，决定于多方面的因素，并不是“1＋1＝2”的简单的算术关系。仅从向熹先生所列举的例子，就可以看到，近代汉语的这样那样的语言事实，实际上已经从语表形式、语里意义和语用价值三个角度，为现代汉语里“您们”的成立准备了有利的条件。

首先，从语表形式看，“您”即使是“你们”的合音，包含有“们”，但这并不影响“您”的后边再出现表示复数的语法形式“们”。近代汉语里就已经出现了“您每”，而且有的“您每”是表复数的。这一点，还可以用造字的现象做个类比。比如“采”，本是上“爪”下“木”，“爪”即“手”，但为了更加明确地表示这一用手的行为，又特意加“扌”，成为“採”。尽管这是文字问题，“您们”是语言问题，但在形式上加“扌”和加“们”，其格局是相同的，心理基础也是相同的。

其次，从语里意义看，“您”即使本来是“你们”的复合，本身可以表示复数，但这并不影响“您”的后边再加上一个“们”，借以明显地强调出复数的意义。近代汉语里的事实已经表明，“您”有可单可复的用法。既然可单可复，就允许加“们”来明确地表示复数。比如“学生”可单可复，可以说成“学生们”。又比如“咱”，这个代词本身既可指单数，也可指复数，但并不因为它可指复数而影响后边可以出现“们”，说成“咱们”。这就是说，“咱”可以用于复数，而“咱们”则明确地表示复数。“您们”的语义构造，和“咱们”的语义构造是相同的。

再次，从语用价值看，在近代汉语里，“您”在表示复数的时候，后边往往出现同位成分“二位”“诸位”等等，说成“您二位”“您诸位”“您文武百官”之类。然而，在使用现代汉语的普通场合，这种文绉绉的说法已经消失。这样，就造成“您”的后边留有空位。由于说现代汉语的普通人，已经意识不到“合音”这回事，因此便很自然地以为：既然“您”表示尊敬，那么对方如果不只一个人，就有必要加上一个“们”。这完全是现代人们在交际生活中的语用需要。

可见，“古”角的验证，对肯定现代汉语里已成事实的“您们”也是有利的。“您”由不一定表示尊称到表示尊称，“您们”由不一定表示复数到表示复数，实现了专门化和定型化，这是一种进步。

四 结束语

“小三角”是就某现象本身来研究其“表一里一值”之间的联系，三个角度的研究同时指向同一个研究对象。表里验证是先行性工作，语值验察起补充作用，是延展性工作。作为验证思路和验证办法，对于现代汉语共同语的语法事实来说，“小三角”是内证。

“大三角”是在更大视野里观察乙、丙事物跟甲事物的联系，所用语料不仅有现代汉语共同语的，而且还有方言的和古代近代汉语的。对于现代汉语共同语的语法事实来说，“大三角”是外证。准确点讲，“大三角”的“方”“古”二角对于“普”角起着外证的作用。

两个“三角”，不是“死三角”。研究问题应该从实际需要出发，并非一概需要同时进行“表一里一值”和“普一方一古”的验证。再说，“三角”概念所代表的是多角验证的立体研究思路，并不限定就是那么三个“角”。比如“普一方一古”，并不意味着排斥联系非汉语来研究汉语。

本文在笔者《汉语语法学》第四章“研究论”的基础上压缩改写而成，文中关于事实验证的材料，多处涉及笔者本人的单篇文章。最主要的有：《“却”字和“既然”句》（《汉语学习》1996 年第 6 期），《从“似 X 似的”看“像 X 似的”》（《语言研究》1993 年第 1 期），《说“您们”》（《方言》1996 年第 2 期）。

主要参考文献：

[1] 吴蒙.“您们”、“妳”、“二”和“两”[J]. 中国语文，1982 (2)：152.

[2] 方若. 关于“您们”[J]. 中国语文，1982 (4)：320.

[3] 朱德熙. 包含动词“给”的复杂形式 [J]. 中国语文，1983 (3)：161-166.

[4] 张寿康. 五四运动与现代汉语的最后形成 [J]. 中国语文，1979 (4)：243-246.

[5] 向熹. 简明汉语史 [M]. 北京：高等教育出版社，1993.

[6] 朱建颂. 武汉方言研究 [M]. 武汉：武汉出版社，1992.

[7] 刘兴策. 宜昌方言研究 [M]. 武汉：华中师范大学出版社，1994.

[8] 陈有恒. 蒲圻方言 [M]. 武汉：华中师范大学出版社，1989.

[9] 周磊. 乌鲁木齐方言词典 [M]. 南京：江苏教育出版社，1995.

[10] 张惠英. 崇明方言词典 [M]. 南京：江苏教育出版社，1993.

[11] 刘丹青. 南京方言词典 [M]. 南京：江苏教育出版社，1995.

[12] 许宝华，陶寰. 上海方言词典 [M]. 南京：江苏教育出版社，1997.

[13] 吴趼人. 二十年目睹之怪现状 [M]. 北京：人民文学出版社，1978.

[14] 何祚欢. 失踪的儿子 [M]. 武汉：武汉出版社，1994.

[15] 邢福义. 现代汉语语法研究的两个“三角” [J]. 云梦学刊，1990 (1)：78-84.

[16] 华萍. 现代汉语语法问题的两个“三角”的研究 [J]. 语言教学与研究，1991 (3)：21-37.

[17] 邢福义. 从基本流向综观现代汉语语法研究四十年 [J]. 中国语文，1992 (6)：439-444.

[18] 邢福义. 现代汉语语法研究的“小三角”和“三平面” [J]. 华中师范大学学报，1994 (2)：97-103.

[19] 邢福义. 汉语语法学 [M]. 长春：东北师范大学出版社，1997.

（原载《华中师范大学学报》2000 年第 5 期）

小句中枢说的方言续证

0 前言

本文是笔者《小句中枢说的方言实证》一文的续篇。文章讨论三个方面的问题：1）叠用形式；2）“把”字和“有”字；3）比较和询问。文章的语料，主要引自李荣先生主编的《现代汉语方言大词典》各分卷本，少量也引自其他学者的论著。写作本文，意在通过方言事实的考察，再次验证“小句中枢说”所提出的基本观点。这就是：汉语语法，只有在词语入句之后，在动态的句管控中，才能充分展示各方面的规则；离开句子，很难对语法事实作出准确而全面的描写和解释。

为了节省篇幅，语料出处的标明采用简缩方式。比如，“厦门20页”,代表李荣先生主编《现代汉语方言大词典》的41种分卷本中《厦门方言词典·引论》20页；“《类编》317页”，代表黄伯荣先生主编《汉语方言语法类编》317页。引自其他论著的语料，其出处随文注明。

1 叠用形式

1.1 单音多叠

北京话里，单音词X的重叠采取二叠式：xx。有的方言，却可以采取三叠式或四叠式：xxx/xxxx。如果X分别是A（形容词）、V（动词）或 N（名词或名量词），就分别形成 AAA /VVV /NNN 等形式。这就是说，在相叠次数上，北京话和方言存在差异性。即：

	北京话	方言
单音词重叠	xx	xx /xxx /xxxx

看四个方言。

［甲］厦门方言

单音节形容词有三叠式，表示最高程度。例如：乌乌乌（极黑）丨红红红（极红）丨水水水（很美）丨恶恶恶（糟透了，糟极了）丨长长长（很长）丨绿绿绿（很绿）（厦门 20 页）

［乙］徐州方言

三叠式的运用相当普遍。其 X，既有形容词，也有单音名量词、方位词、副词，甚至还有复音词的一个语素。有的三叠式，表示遍指。如：人人人丨处处处。有的三叠式，表示极高级次，并带生动色彩。如：刚刚刚丨远远远。（李申 314 页）

［丙］南京方言

单音节动词可以采用四叠式。例如：他噢噢噢噢睡着了。丨我走走走走不认得路了。丨英语学学学学，他又学不下去了。（南京 27 页）

［丁］上海方言

情况跟南京方言相同，单音动词也有四叠式。如：走走走走，天就暗勒。（走着走着，天就黑了。）（上海 23 页）

不管是三叠式还是四叠式，都要受到句法的管控。

首先，以徐州方言中表示遍指的三叠式来说。据李申《徐州方言志》的 314—316 页，可以知道：

a. 必须入句。脱离具体句子，孤立地说“人人人”，语义所指不明，作为一种语法形式的身份也不明。

b. 名量词重叠成 xxx 式，大都儿化，而且第二个音节多为高平调。例如：

(1) 这些野孩子天天天在一起瞎打胡闹。

(2) 家家家都有一本难念的经。

(3) 两口子回儿回儿回儿为了一点小事吵架。

(4) 今晚打牌手气不兴，盘儿盘儿盘儿起孬牌。

(5) 一门儿两门儿还好说，门儿门儿门儿不及格咋交待！

(6) 这些书本儿本儿本儿都是破的。

(7) 十八般武艺，他是样儿样儿样儿拿得起来。

此外，有些 xxyy 形式，可以分化为前三叠加后三叠，即：xxx，yyy。例如：

(8) 家家家，户户户没有不议论这件事的。

(9) 上上上，下下下没有一个不夸奖她的。

(10) 你待她的好处，她是时时时，刻刻刻记在心上。

例 (8) 是：家家户户→家家家，户户户。例 (9) 是：上上下下→上上上，下下下。例 (10) 是：时时刻刻→时时时，刻刻刻。

xxx 也好，xxxyyy 也好，在句子中都处于较前的位置，它们要么用作状语，要么用作主语。

c. 只用二叠式，也可以表示周遍意义。但是，从句子的具体语境所反映出来的情味看，二叠式多用于客观反映情况，三叠式则具有明显的主观强调的意味。

其次，再以南京方言中单音动词的四叠式来说。据南京 27 页，观察可知：

a. 必须入句。脱离具体句子，孤立地说“走走走走”，语义所指不明，作为一种语法形式的身份也不明。

b. xxxx 相当于北京话的“x 着 x 着”，表示动作处在持续过程之中。形式上，后边必须接上表示出现新情况的小句；四叠形式和后边的小句之间，用“就/又”，或者可以加上“就/又”。如：

(11) 他噢噢噢噢（就）睡着了。

(12) 我走走走走（就/又）不认得路了。

(13) 英语学学学学，他又学不下去了。

如果脱离上述句管控，就形成不了这种四叠式。比方，电视连续剧《致命邂逅》中有个人物这么说：

(14) 谢谢谢谢，没事了！(第 11 集)

上例的“谢谢谢谢”，后边没接上“就/又……”小句，不表示“x着x着”的意思。即使出自南京、上海人之口，也不成为动词四叠式。

1.2 表里关系

1.2.1 重叠形式带助词

[甲] 南京方言

动词重叠形式带上助词“的”，会由表示动作转化为表示状态，含有悠闲、随意、轻松、漫不经心一类意味。例如（南京 27 页）：

(15) 她在柜台里头生意不做，毛衣打打的，瓜子嗑嗑的。

(16) 大家都急死了，你还在这块二郎腿跷跷的。

(17) 今天什么事情这样子高兴，一路走还小调哼哼的。

这么用的重叠形式，助词“的”出现在句末，这是一种句管控；动词重叠形式前边有受事成分，即逻辑宾语，但不能移到后边，使之成为语法宾语，这是又一种句管控。

[乙] 贵阳方言

形容词各类重叠形式无论出现在句中何种位置，必定要在后边加助词“嘞”。动词性叠用，比如“V倒V倒”，后边也加助词“嘞”。这就是说，助词“嘞”对入句后带有特定附加意义的叠用形式进行规约和管控。

就“V倒V倒”而言，相当于北京话的“V着V着”，也相当于南京话和上海话的“VVVV”(即xxxx)。但是，除了必须加上“嘞”，并且后边必须接上用“就”引出的表示有新情况发生的小句，还另有规约：“就”后常有贵阳方言的助词“把”，句末总有表示变化的“噢”。可见，“V倒V倒”的使用，在贵阳话里受到更为严格的句管控。例如：

(18) 坐倒坐倒嘞就把睡着噢。

(19) 说倒说倒嘞就把走进来噢。

(20) 走倒走倒嘞就把找不到方向噢。(参看涂光禄《贵阳方言的重叠式》)

1.2.2 形容词的 nna 部分重叠式

设 n 为名词语素，a 为形容词语素。“雪白”这一形容词，北京话可以重叠成“雪白雪白”，而有的方言里，却还可以部分重叠，说成“雪雪白”。比方杭州方言，可以说成 nna，nn 表示 a 程度的加强。如：雪雪白丨笔笔直丨石石硬丨血血红丨墨墨黑。以“雪白”来说，《杭州方言词典》描写道：

白：一般的白色。

雪白：比“白”深一层，程度加强了。

雪雪白：比“雪白”更深一层，程度更强。

雪白雪白：白到了顶点，程度最强。(杭州 18 页)

这种形容词的 nna 部分重叠式，并非杭州方言所独有。据《类编》317—319 页，分布面相当广。按该书原来的排列顺序，摘录如下：

[甲] 安徽歙县话：雪雪白，极白。丨雪雪亮，非常明亮。其程度超过“亮”，也超过“雪亮”。丨漆漆黑，非常黑。其程度超过“黑”，也超过“漆黑”。此外，还有“铁铁硬、铁铁紧、屁屁轻、屁屁薄、猫猫软、棒棒脆”等。

[乙] 湖北英山话：冰冰冷，很冷、非常冷。

[丙] 江苏苏州话：雪雪白丨墨墨黑丨蜡蜡黄丨笔笔直

[丁] 江西广丰话：雪雪白

[戊] 上海话：血血红丨墨墨黑丨腊腊黄丨笔笔直

[己] 浙江武义话：雪雪白丨冰冰凉丨墨墨乌丨蜜甜甜

[庚] 湖南酃县客家话：冰冰冷丨墨墨黑

[辛] 福建福州话：冰冰冻 (极冷)

从以上方言涉及的地点看，偏于中南，特别是东南一带。除了普遍强调程度，这一形式有的还表现出特定的意味。比如“冰冰冷”和“冷冰冰”，《类编》317 页的“吴方言形容词‘BBA’式的对应规律”指出：“如果把这两种不同的重叠形式入句，它们的表意功能更为明显。'这个人冰冰冷'，'BB'（冰冰）强调冷的程度，用来形容人体的温热；'这个人冷冰冰'，'BB'（冰冰）形容冷的状态，形容人的性格。两个'冷'的词义不同，在重叠形式上也显示出来。"请注意，这里强调通过"入句"来观察"表意功能"，说明即使是这种词的变化形式，也不能脱离句子来描写其表里关系。另外，顺带指出：考察上述各地资料里所列举的具体用例，可知这一方言形式在句子里总是用作定语、谓语或补语，这也是小句对这种形式的一种管控。

1.3 叠用形式与中嵌衬字

方言里一个叠用形式中间，有时嵌入某个衬字，形成"x 个 x""x 打 x""x 把 x"等说法。看三个方言。

[甲] 上海方言

有"V 个 V"（V 代表动）的形式。即：单音动词叠用形式中间嵌入"个"字，表示强调。如：跑个跑｜听个听｜问个问。（上海 23 页）

[乙] 柳州方言

有"L 搭 L"（L 代表量）的形式。即：单音量词叠用形式中间嵌入"搭"字，泛指数量很多。如：排搭排（一排又一排）｜堆搭堆（很多堆）｜斤搭斤（好多斤）。（柳州 15 页）

[丙] 贵阳方言

有"L 打 L"（L 代表量）形式，也有"S 打 S"（S 代表数）形式。如：

L 打 L：个打个月｜桌打桌人客｜斤打斤糯米｜吨打吨钢筋

S 打 S：a. 两打两个｜三打三盘｜十打十瓶｜百打百挑｜万打万斤（S 的原型单音节，衬字前后的 S 对称）。b. 二打二十八个｜三打三十几斤｜八打八千块｜两打两千万｜五打五十二亿（S 的原型双音节或多音节，衬字前后的 S 不对称）。

不管是"L 打 L"还是"S 打 S"，"打"都渲染数量充足或超过预想。例如：

(21) 年打年噢，他还不想还钱。（"L 打 L"）

(22) 那个喝噢两打两瓶酒还不得醉。（"S 打 S"）

(23) 今年六月要考六打六科。(“S打S”)

跟“L打L”并存并用，还有“L把L”。如果说“L打L”是渲染量大，那么“L把L”便是强调量少。例如：

(24) 个把个人安排得下。

(25) 打字纸张把张值不倒几个钱。

(26) 赢盘把盘扳不倒老本。(涂光禄《贵阳方言的重叠式》)

显然，“x个/打/把x”等说法须要进入特定小句来组造，它们所表达的意思须要依赖特定语境来显示。文学作品中偶尔看到这种说法：

(27) 白狗子是国军、保安队，个打个都是恶鬼投胎，黑白无常转世，比阎王还狠，就是怕驼子婆。(侯大康《蜃影》，《钟山》1998年第2期20页)

(28) 游击队有盐呷（吃），个打个软软沓沓，走起路来直打晃晃。(同上21页)

这两例里用了“L打L”。作者侯大康不知是什么地方人。作品末尾有一句：“狗伢子在一个叫‘皖南’的地方，被白狗子打死的。”这不知跟作者的籍贯是否有关系。无论如何，这种说法是必须在句中完成的，换句话说，是必须接受小句的管控的。不然，单说“个打个”，含义不明，或含有歧义。

2　“把”字和“有”字

2.1 “把”字

方言中，“把”字有许多特殊用法。看三个方言。

[甲] 贵阳方言

有的“把”，用在“X＋谓语中心＋了”的框架之中。这一句法框架，规定了它是副词。例如（贵阳16页）：

(29) 你把来了。

(30) 酒把吃完了。丨她把爱看书了。丨他家哥把去美国了。丨马路把重新修过了。

(31) 小华都把大人了。

例 (29) 的"把",后边出现动词;例 (30) 的"把",后边出现动词短语;例 (31) 的"把",后边虽然出现名词短语,但这个名词短语处于谓语中心的位置。这些"把",都用作状语,基本语义为"已经",同时又表示说话人对新出现的情况的惊喜、感叹等感情。《贵阳方言词典》指出:上述例句也可以不用"把",基本意思相同,但缺乏感情色彩,也缺乏贵阳化的味儿。据说,"把"这种用法只限于贵阳市区及周围很小的范围,可以说是贵阳话的一个区别性特征。(贵阳16页)

上文提到贵阳方言中的"坐倒坐倒嘞就把睡着噢",其中的"把"应该也是副词。至于"打字纸张把张值不倒几个钱",其中的"把"已经出现在另外一种框架之中,也许可以看作助词,或者看作助词性语法成分。

[乙] 丹阳方言

"把"用在"X+NP+VP"的框架之中。这一句法框架,规定了它是介词。在用法上,这个介词侵代了北京话里的"被"。例如 (丹阳22页):

(32) 我弗听话,他就把我打则要死。(主动句)

(33) 他弗听话,就把我打则要死。(被动句)

例 (32) 是主动句,大概等于北京话说"我不听话,他就要把我打死"。例 (33) 是被动句,大概等于北京话说"他不听话,就要被我打死"。

《丹阳方言词典》指出:丹阳话里的"把",相当于北京话中的"把"和"被"两个介词,即北京话把字句和被字句在丹阳话里都是把字句,主动还是被动主要靠上下文区别。(丹阳22页) 所谓"靠上下文区别",也就是要求接受小句语词配置的管控和规约。

不知丹阳话里是否根本没有"被"。如果有时也有,那么,通过句法格局的分析,弄清用"被"的句子和用"把"构成的被动句之间的关系如何,各有什么样的语用价值,肯定是很有意思的。

［丙］柳州方言

“把”也用在“X＋NP＋VP”的介词框架之中。在用法上，这个介词侵代了北京话里的“从/由/到”等介词。

一方面，可以用“把（或跟）”表示起点方位、经过路线，相当于“从”“由”。如：把（或跟）桂林来｜把（或跟）这里开始｜把（或跟）小路去｜把（或跟）桥上走。另一方面，还可以用“把”表示终点方位，相当于“到”。如：把北京为止｜把那圪（那里）落脚。（柳州15页）相当于“从、由”的也好，相当于“到”的也好，一样得接受小句语词配置的规约，一样得靠上下文来区别。

所谓“把”字的方言特殊用法，正是表现在“把”字入句之后受到了不同于北京话的句法结构的管控。

2.2 “有”字

“有”的词性，方言里情况多样。特别值得注意的，有两点。

第一，“有”是动词，但跟相关名词的排列位次不同于北京话。例如，西宁话里“有”的逻辑宾语出现在“有”字前面。例如（西宁14页）：

(34) 家里人有俩？(家里有人吗？)

(35) 你们学校几个老师有俩？(你们学校有几位老师？)

(36) 我阿爸今年六十有俩。(我父亲今年有六十岁了。)

《西宁方言词典》指出：这样的说法是受了藏语或其他少数民族语言的影响。

这种“有”字句十分特殊。笔者《小句中枢说的方言实证》一文已经指出：同是“家里”“有”“人”，配置成“家里有人”，是北京话里的普通说法，一旦配置成“家里人有”，就不大像是说汉语。

顺带提及：有的文学作品里，有的人物是日本军官，说话时模仿日本人口气。所用的动词“有”，由于在小句里接受了特殊配置，即使能听懂，充其量也只能算是别别扭扭的“汉语”。例如：

(37) 鸠山：……统统地讲出来，我这里勋章和奖金大大的有啊！(《红灯记》1970年5月演出本，湖北人民出版社1970年

6月）

如果用北京话，大概会说“我这里勋章和奖金多得很”，而不会说成“勋章和奖金大大的有”。

第二，南方许多方言，把“有”字配置在“X＋VP”的框架之中。这一句法框架，规定了它具有副词的性质。看三个方言。

［甲］厦门方言

“有＋VP”可以表示行为动作的完成状态。例如（厦门20页）：

（38）伊有来。（他来了。）

（39）我有食饱。（我吃饱了。）

“有”还可以用在近似形容词结构的谓语成分前边。例如（厦门20页）：

（40）菜有较饕淡薄。（菜淡了一些。）

［乙］福州方言

“有＋VP”表示动作完成或事情将要发生等。比如（福州28页）：

（41）《青春之歌》我有读过。（我已经读过《青春之歌》。）

（42）有食饭其快洗手。（想要吃饭的快洗手。）

副词“有”和副词“在”可以并用同现，表示已经如此并且正在如此。例如（厦门20页）：

（43）伊有在做作业。（他确实在做作业。）

［丙］梅县方言

“有”可以用在动词或动宾结构前头，形成“有＋VP”的格式，表示“已成”。例如（梅县21页）：

（44）佢有来电话。

（45）你有话佢知无？（你有没有告诉他？）

“有”的副词性质，取决于它用在状语位置之上，表示时间状态的变化。如果“有V O”变为“V有O”，如“有买木瓜”变成“买有木瓜”，“有”字便又显示为动词。梅县话中，也有“V有O”的说法，也表示“已成”。例如（梅县21—22页）：

（46）倨写有信分佢。（写信给他了。）

(47) 佢买有木瓜了。

(48) 你做有衫裤无?(你做了衣服没有?)

这种“有”,被配置名词宾语前头,尽管语义上有些弱化,却是动词。

“V 有 O”的说法,近代白话文作品中并不罕见。例如:

(49) 次日,西门庆起身梳洗,月娘备有羊羔美酒、鸡子腰子补肾之物,与他吃了,打发进衙门去。(《金瓶梅》)

(50) 船上本来备有上好办差的官舱,他不要坐,偏要坐到舵房里,要看管带把舵。(《二十年目睹之怪现状》)

(51) 那八扇帆下,备有两人专管绳脚的事。(《老残游记》)

现代文学作品,如果是写古代的事的,也常用这种说法。例如:

(52) 棚房里还生有火备有茶,……(二月河《雍正皇帝·恨水东逝》)

梅县话里,“有 V O”和“V 有 O”两种格式现在都还活跃使用,它们同义并存,可供选择,这是很值得注意的。

3 比较和询问

3.1 比较

看 A、B 两组例子:

A	走路比坐车舒服。	B	走路舒服过坐车。
	一天比一天热。		一天热起一天。
	兔子比乌龟走得快。		兔仔走得龟过。

二者都表示比较,但一看便知:A 组是北京话说法,B 组是方言说法。

代表方言说法的 B 组三句话,分别见于下面三个方言。

[甲] 柳州方言

有三个关于“比较”的说法,在语词的配置上具有特殊性。

第一,用“形容词+过”表示甲超过乙。例如(柳州 16 页):

(53) 小赵高过老赵。

(54) 吃盒饭好过方便面。

(55) 盒饭好吃过方便面。

(56) 人哏挤，走路舒服过坐车。

从上四例可知，主语甲和宾语乙可以都是体词语，也可以都是谓词语。如果都是谓词语，比如“走路舒服过坐车”，就显得更为特殊。

第二，用“没够”表示甲在某方面不如乙。“没够”后边或者是“名词语＋形容词”，或者是“名词语＋动词”，或者是“动词语＋动词语”。例如（柳州16页）：

(57) 你没够他肥，他三尺的腰围呐。｜他没够那些人狡猾。

(58) 我没够她讲。（我说不过她。）｜后生没够公老走。（青年人走路比不上老头儿。）

(59) 种甘蔗没够种菜得钱快。

例（57）“没够”后边是“名词语＋形容词”，例（58）“没够”后边是“名词语＋动词”，例（59）“没够”后边是“动词语＋动词语”（种菜＋得钱快）。北京话里，看不到这么配置“没够”的比较句。

第三，用“多X点”表示甲甚于乙。甲为比较主体，乙为比较客体，X可以是形容词或动词语。比较客体乙，可以在语表上显现，也可以在小句中隐含。例如（柳州16页）：

(60) 桂林比柳州多好点。（更好一点）

(61) 今天多冷点。（跟昨天相比）

(62) 两个娃崽都蛮好，大的多听讲点（更听话）。

例（60）X是形容词，比较主体为“桂林”，比较客体“柳州”显现；例（61）X是形容词，比较主体为“今天”，比较客体“昨天”隐含；例（62）X是动词语，比较主体为“大的”，比较客体“小的”隐含。这类形式，“多”被配置在特殊的位置之上。

［乙］牟平方言

常用“形容词＋起”表示甲超过乙，或者用“不/没＋形容词＋起”表示甲不如乙。“起”的配置相当特殊。

“形容词+起”是肯定式。例如（牟平20页）：

（63）一天热起一天。

（64）一天短起一天。

（65）你的孩子还多起我的吗？

牟平方言里，越是俚俗说法，越多见这一说法：手儿多起脚儿（责怪人多手多脚）｜人情大起王法｜三月儿的雨贵起油，连下三场天不收（丰收）｜跟儿家（在家）孝父母，强起远烧香。

“不/没+形容词+起”是否定式。例如（牟平20页）：

（66）他不高起我。｜你还不年轻起我。

（67）这些树没高起这上棵。｜学手艺没难学起木匠的。（学手艺没有比木匠再难学的。）

例（66）是“甲不……起乙”，例（67）是“甲没……起乙”。这样的否定说法，进一步加浓了方言的色彩和情味。

［丙］福建永安方言

考察《类编》686页所提供的现象，可以知道福建永安方言的比较句分为两类。

第一，用“比”字的。格式为：甲+比乙+（还）过+形容词。“过”的配置相当特殊。“过”前边的“还”，可用可不用；加上“还”，是为了强调程度。例如：

（68）佢比我还过悬。（他比我还高。）

（69）北方比南方还过寒。（北方比南方还冷。）

第二，不用“比”字的。肯定式为：“甲V得乙过。”否定式为：“甲V乙怀过。”例如：

（70）兔仔走得龟过。（兔子比乌龟走得快。）｜佢嘴咾厉害，话得我过。（他能说会道，说得过我。）

（71）我嘴咾笨，话佢怀过。（我最笨，说不过他。）｜龟走兔仔怀过。（乌龟跑不过兔子。）

例（70）是肯定式，例（71）是否定式。肯定式用“得……过”，配置特殊；否定式加“怀”，不再用“得”，即使如此，听起来也不像通用语的说法。

通观“整体汉语”的比较句式，可以用“五花八门”来形容。比较详尽地刻画，需要进行专题研究。但它们具有共性，这就是，表述中语词的选择及其排列配置，有不同于北京话的句管控。

3.2 询问

看 A、B 两组例子：

A 有多宽？	B 有多宽狭？
你去了没去？	你去来吗没去？
走不走？	走^{5}走？

二者都表示询问，但一看便知：A 组是北京话说法，B 组是方言说法。代表方言说法的 B 组三句话，分别见于下面三个方言。

［甲］淄博方言

“高低”“长短”“粗细”“大小”“宽狭”“重轻”等是单音形容词的反义并列现象。其中，“高”“长”“粗”“大”“宽”“重”是强态形容词，“低”“短”“细”“小”“狭”“轻”是弱态形容词。在特指问句里，若用“多X”来提问，北京话进入X位置的只能是强态形容词，比如只问“这块肉多重”，不说“这块肉多轻”；而在山东淄博话里，进入X位置的却是“强＋弱”的并用形式。例如（《类编》688页）：

（72）你多高低？（你多高？＝身高多少？）

（73）绳子有多长短？（绳子有多长？）

（74）腰有多粗细？（腰有多粗？）

（75）孩子今年多大小？（孩子今年多大？）

（76）这条河多宽狭？（这条河多宽？）

《类编》688页指出：这种“强＋弱”的并用形式，“只是在问句中使用”；回答时，跟北京话一致。可见，“强＋弱”并用的选择，受到严格的句管控。

［乙］西安方言

A. 西安话的“得［tei^{21}］”，对是非问句的构成进行了干预。它可以配置在部分单音节动词前，表示疑问，显示了方言特色。例如（西安 16 页)：

(77) 今儿得是初一？(是初一吗？是不是初一？)

(78) 这事得成？(成吗？成不成？)

(79) 一斤米得够？(够吗？够不够？)

(80) 你明儿得来？(明天来吗？明天来不来？)

(81) 致样儿放得行？(行吗？行不行？)

B. 西安话的“吗”，对列项选择问句和正反选择问句的构成进行了干预。它配置在供选择的前后项之间，一起构成选择问句，形成“X 吗 Y”或“X 吗没 X”的形式。例如（西安 16 页）：

(82) 你穿皮鞋来吗穿布鞋来？(来＝来着)

(83) 你去来吗没去？

例（82）是列项选择问“X 吗 Y”，例（83）是正反选择问“X 吗没 X”。北京话的任何选择问句，都不接纳“吗”字。

［丙］于都方言

于都方言的正反选择问句，采用动词语叠用或形容词叠用的方式，即：“V^{5}V”或“A^{5}A”。前 V/A 读入声［ʔ^{5}］5 短调，后 V/A 读动词、形容词的单字调。例如（于都 17 页）：

走^{5}走［tseuʔ$^{45\ 55}$ tseu^{45}］？（＝走不走？）

食^{5}食饭［ṣeʔ$^{41\ 55}$ ṣe^{41} fã^{41}］？（＝吃饭不吃饭？）

好^{5}好［hɔʔ$^{45\ 55}$ hɔ^{55}］？（＝好不好？）

如果是两个音节的动词语或形容词正反叠用，即 xy 不 xy，那么，前一个 xy 只保留 x，正反选择问的形式是 x^{5}xy。比如上面的“食^{5}食饭”。又如（于都 17 页）：

(84) 你问佢喜^{5}喜欢？(你问他喜欢不喜欢？)

(85) 这件衫缩^{5}缩水？(这件上衣缩水不缩水？)

(86) 那只女子生得标^{5}标致？(那个女孩长得漂亮不漂亮？)

另外，还有两点值得注意（于都 17 页）：

第一，当动词是“系、会、冇”时，有两种形式：①一般形式：系^{5}系 NP？｜会^{5}会 NP？｜冇^{5}冇 NP？②简省形式：系^{5} NP？｜会^{5}

NP? | 冇[5]NP?

下面的例子中，括号里的“系、会”等可说可不说：

(87) 佢系[5]（系）你老弟?（他是不是你弟弟?）

(88) 夜晡会[5]（会）落雨?（晚上会不会下雨?）

(89) 桶里冇[5]（冇）水?（桶里有没有水?）

第二，北京话中“VP（了）没有/VP没VP”，于都方言说“曾[5]曾VP”。“曾[5]曾VP”也可以说成“曾[5]VP”。下面的例子中，括号里的“曾”字可说可不说：

(90) 水曾[5]（曾）烧滚?（水烧开没烧开?）

(91) 你曾[5]（曾）食饭?（你吃饭没吃饭?）

(92) 佢曾[5]（曾）到过北京?（他到过没到过北京?）

从于都方言的情况，可以看到句法格局落实了声调，进而落实了意义。

4 结束语

4.1 应该加强汉语句法机制的研究。在特定的句管控下，形成特定的句格局，语词接受特定的句法配置，这便是一种句法机制。在跟北京话说法相比较的大背景下来观察语言现象，可以看到，本文所讨论的种种方言事实，不管是叠用形式，还是“把”字和“有”字，还是比较和询问，无一不牵涉句法机制的问题。

4.2 “小句中枢说”也好，“句本位”也好，都表明了对汉语句法问题的重视。在这一点上，二者是相通的，但不是一回事。李临定（1992）指出：“如果我们认为语言是交际工具，那么它总是以句子作为基本单位进行交际的，语言的组织规律，即语言的语法，应该以揭示句子的组织规律为目的。……离开‘句本位’来研究词组只是语法的不完全的部分的任务。”黄昌宁（1994）指出：“句本位还是词组本位是我国语言学界有争议的另一个重要问题。笔者赞同句本位说的一个主要原因是它同现代语言学理论中关于动词的论元结构学说（即动词配价理论）一致，因此符合语言分析中形式和意义相结合的总趋势。”李、黄二位先生分别在汉语语法本体研究上和汉语信息处理研究上成就卓著，他们所说的“句本位”各有特定的内涵，都不是当年黎锦熙先生的“句本位”的简单复制。许嘉璐（1999）提到了“小句中枢”语法系统。许先生纵察流变后这么写道：“黎锦熙的‘句本位’说在相当长的一段时间里被‘短语中心’说所代替，但是‘短语中心’说引起的怀疑越来越多。从黎氏到邢氏，恰好盘旋着往上走了一个圆圈。”对于汉语语法研究来说，许先生这段话是具有辩证法思想的。

4.3 本文讨论的语法现象，共涉及22个地方的方言。按先后出现的次序，为：厦门、徐州、南京、上海、贵阳、杭州、歙县、英山、苏州、广丰、武义、鄠县、福州、柳州、丹阳、西宁、梅县、牟平、永安、淄博、西安和于都。谨向为本文提供了宝贵资料的各位学者，表示由衷的感谢和敬意。

主要参考文献：

[1] 李荣. 现代汉语方言大词典［M］. 南京：江苏教育出版社，1993-1998.

[2] 黄伯荣. 汉语方言语法类编［M］. 青岛：青岛出版社，1996.

[3] 李申. 徐州方言志［M］. 北京：语文出版社，1985.

[4] 涂光禄. 贵阳方言的重叠式［J］. 方言，2000（4）：359-363.

[5] 张振兴. 方言研究与对外汉语教学［J］. 语言教学与研究，1999（4）：42-49.

[6] 李临定. “依句辨品，离句无品”及其他［M］//语法研究和探索：五. 北京：语文出版社，1992.

[7] 黄昌宁. 语言串理论——“信息处理用语言理论讲话”第二讲［J］. 语言文字应用，1994（3）：99-104.

[8] 许嘉璐. 语言文字学及其应用研究［M］. 广州：广东教育出版社，1999.

[9] 邢福义. 小句中枢说［J］. 中国语文，1995（6）：420-428.

[10] 邢福义. 小句中枢说的方言实证［J］. 方言，2000（4）：289-298.

（原载《语言研究》2001年第1期，略有改动。本文写作在《说“句管控”》之前，《说“句管控”》中采用了本文的一些语料。）

研究观测点的一种选择
——写在“小句中枢”问题讨论之前

为了深化对汉语语法特点的探讨，《汉语学报》开辟一个专栏，成系列地对“小句中枢”问题进行时间较长的讨论。笔者特撰此文，当作讨论的“引言”。全文包括三个部分：1）“小句中枢”与研究观测点；2）“小句中枢说”的内容与应用；3）“小句中枢”问题讨论的启动。

一 “小句中枢”与研究观测点

汉语的各类各级语法实体共七种：1）语素；2）词；3）短语；4）小句;5）复句；6）句群；7）跟特定句调相联系的句子语气。前六种是音节实体；后一种，即句子语气，是非音节实体。在这七种语法实体中，小句这种语法实体主要指单句，也包括结构上相当于或大体相当于单句的分句。

孤立地看汉语的七种语法实体，语素也好，词也好，短语也好，小句也好，复句也好，句群也好，句子语气也好，没有哪一种不重要，没有哪一种不可以成为强调的重点。因此，人们可以根据自己研究视点的偏向性，各取所需，认定“本位”。从这个意义上说，“语素本位”也好，“词本位”也好，“短语本位”也好，“小句本位”也好，“复句本位”也好，“句群本位”也好，“句子语气本位”也好，都有不可忽视的理据，都有可能成立的理由。

然而，综观汉语语法，不能否认一个最基本的事实，这就是，汉语语法重句法。研究汉语语法，必须注重研究汉语句法机制，着力于揭示汉语句法内在的对各种语法因素起着制约作用的规律性。事实表明，词和短语的语法性质和语法作用，只有在接受了句法机制的管控之后才得以落实；词和短语的语义内容和语用价值，只有在接受了句法机制的管控之后才得以显现；前后小句之间的组合方式和相互关系，只有在接受了句法机制的管控之后才得以确定；一般规律和特殊现象并存，各自存在的条件只有在句法机制的管控之中才得以区别；普通话和方言的语法差异，只有通过句法机制的观察和分析才能够弄清楚。至于句子语气，跟句子更是具有如影随形的关系，没有各种各样的句子，便不会有各种各样的句子语气。

在句法机制的形成和运转中，居于中枢地位的是小句。没有其他任何一种语法实体，可以像小句那样起到“联络中心”和“运转轴心”的作用。因此，对于观察和描写汉语的句法机制来说，小句至关重要。好比一棵树，有根，有干，有枝，有叶。根也好，干也好，枝也好，叶也好，缺了哪一样都不行。如果分别开来只看它们各自的重要性，出于观察事物角度的不同，或者说，由于观察事物时取值的不同，固然可以强调“根本位”或“干本位”，但也不一定不可以强调“枝本位”，甚至“叶本位”。常言“枝繁叶茂”，这正说明，在人们的心目中，枝叶对一株葱茏大树的形象具有十分重要的意义。然而，从总体上观察树，分析树的各个组成部分的关联，便不难认识到，树干处于中轴的地位。它下连根，那些在地下默默劳作、默默奉献的根；它上连枝叶，那些向天空舒示活力、展现风采的枝叶。画家画树，一般先从干的勾勒开始，先定位于干，这是很自然的。

“小句中枢”，实际上是对汉语语法事实进行研究的一种观测点的选择。提“中枢”而不提“本位”，既是为了强调有必要抓住小句这个中轴，从全局的制高点上把汉语语法研究的基本观测点选定在小句，也是为了避免泛泛地认为某一单位比其他单位都重要，从总体把握中凸显出小句的地位。

二 “小句中枢说”的内容与应用

“小句中枢说”最基本的内容有五：其一，认定小句在汉语各类各级语法实体中占据中枢地位。其二，认定小句有“成活律”、“包容律”和“联结律”，了解小句三律，可以加深对汉语语法系统中小句的中枢地位的认识。其三，认定汉语语法重视“句管控”，即小句在中枢地位上对汉语语法规则的方方面面发挥其管束控制的作用。其四，认定汉语句法结构具有兼容性和趋简性。结构形式的趋简，导致结构语义的兼容；语义兼容的可能性，又提供结构趋简的可能性。其五，认定要在研究工作中贯彻和实践“小句中枢说”，主要的思路和方法是“两个三角”，即“表—里—值”小三角和“普—方—古”大三角。此外，关于词的“入句显类”和“入句变类”，关于“动词核心和名词赋格”，关于“复句格式对复句语义关系的反制约”，诸如等等，都是“小句中枢说”的派生论断。

以上各个方面，笔者在书文中皆已论及，不必重复解说。这里，只想强调，对所有这些方面所作的任何阐释，都是为了分析汉语语法事实的实际应用之需要。提出理论不是目的，解决实际问题才是目的。我们主张“事实—理论—事实”的公式，即定位于事实分析，通过事实分析提升出理论，再反转来把新的理论认识进一步运用于事实分析，如此循环往复，螺旋上升；当然，我们也推崇“理论—事实—理论”的公式，即定位于理论框架，通过理论框架去演绎事实，解释实际现象，再反转来把演绎之所得证明框架的合理。事实分析和理论创建二者互助互动，有如鸟之双翼，永远是学术发展相辅相成的两个方面。

能用来说明小句中枢理论的例子俯拾皆是。因为篇幅的关系，这里只讲特别简单的一个。大概是2003年五六月间，上海《咬文嚼字》杂志编辑部发来一信，信中说：“‘诞辰百年’还是‘百年诞辰’，是一个老话题，早在上世纪80年代初《中国语文》等刊物就发专文讨论过，当时的倾向性意见是用‘百年诞辰’。20余年过去了，‘诞辰百年’

仍然常见报端，甚至有压倒‘百年诞辰’的势头。您对这一现象怎么看？到底怎么用规范？”于是，笔者写了一篇短文，寄给了编辑部。《咬文嚼字》2003 年第 8 期设立了一个栏目，刊登出了 8 篇短文。其中，认为“诞辰百年”不能说的，有 2 篇；认为“诞辰百年”和“百年诞辰”都不能说的，有 2 篇；认为“诞辰百年”和“百年诞辰”都能说的，有 4 篇（分别为邢福义《三点意思》、何令祖《不必整齐划一》、邵敬敏《“诞辰百年”逐年增加》和张斌《历史的启示》）。该栏目末尾的“编者附言”写道：“本刊认为这两种说法已经经受了几十年的语言实践的考验，在表达上没有出现什么问题……本刊的态度是赞成两说并存。”

到底应该如何看待“百年诞辰”和“诞辰百年”？首先，不能孤立地“推敲”这两个语言片段，否则，越“推敲”越有可能觉得这也有问题，那也有问题。其次，不能忽视语言运用的客观性原则，即社会认同原则。某个语言表述，一旦为社会人群所认可，所接受，它的存活便成为事实。词典上把“诞辰”解释为“生日”，但“生日”跟“百年诞辰”和“诞辰百年”中的“诞辰”不能简单替换，这说明“诞辰”和“生日”毕竟只是同义词，彼此在语法上存在差异性，并不等同。再次，某个说法能否在语言系统中生存和定根，取决于这个说法是否有它的特定的难以取代的语用价值。“百年诞辰”和“诞辰百年”这两类语言片段总要“入句”，出现在小句之中，它们的使用状况动态地落实于小句，受控于句法。当小句组造出来之后，对具体语言事实进行观察，可以知道，二者都有可以成立的条件和需要，都在相当大的程度上受到特定因素的制约。

所谓“特定因素”，这里主要指的是音节因素。具体点说，当数量词“百年”之类是两个音节的时候，偏向于用在“诞辰”前边；当数量词多于两个音节的时候，偏向于用在“诞辰”后边。比如，穆青等《为了周总理的嘱托——记农民科学家吴吉昌》中有这么一句：“在纪念周恩来总理诞辰八十周年的日子里，吴吉昌这个六十九岁的老人心情十分激动。”此文原载 1978 年 3 月 14 日《人民日报》，后选入高中

《语文》第一册。文里，“诞辰”在前，“八十周年”在后。如果把数量词用到前边，由于有基本倾向为两个音节这一要求，就得说成“八十诞辰”，然而，对于周恩来总理来讲，不出现“周年”这个书面词，便显得不够庄重严肃了。

在“百年诞辰”和“诞辰百年”的结构配置中，“诞辰”是不变项，总是两个音节，“××周年”之类数量词是可变项，比较灵活，可以是三个、四个甚至是更多的音节。“××周年”音节越多，出现在后边的可能性就越大。正因如此，在实际语言运用中，“诞辰＋数量词”的使用频率要大大高于“数量词＋诞辰”。2003 年 12 月 27 日，《人民日报》第 1 版刊登胡锦涛《在纪念毛泽东同志诞辰 110 周年座谈会上的讲话》，开头就是：“今天，我们在这里隆重集会，纪念中国共产党、中国人民解放军、中华人民共和国的……伟大领袖毛泽东同志诞辰一百一十周年。”由于数量词“一百一十周年”的音节已达 6 个之多，念起来，“……诞辰一百一十周年”比“……一百一十周年诞辰”更流畅，更顺耳。前者的语用价值高于后者。“××周年”的音节还可以再延长。比方，假设学术界为孔子的诞辰举行讨论会，如果是 2222 周年，那么，人们一定会把讨论会命名为“孔子诞辰二千二百二十二周年学术讨论会”，而不会说成“孔子二千二百二十二周年诞辰学术讨论会”。这样的选择，反映了句法机制管控着人们遣词造句时的语用取值。就像挑担子，物品搁在哪一头，取决于一个因素，这就是：挑的人挑起来感到顺心舒服，使得旁观者看起来也感到顺眼，不别扭。

诚然，上面对于“百年诞辰”和“诞辰百年”的分析，实际上从词语在句中的有效配置角度运用了“小句中枢”的理论。

三 “小句中枢”问题讨论的启动

缺乏理论的学科，不是坚挺的学科。我们的汉语语言学，缺少形成体系的理论和方法，弱点明显。多年来，学者们不断引进国外理论，促进了学科面貌的不断更新，这个工作今后还须大力加强。然而，不能满足于引进和介绍国外理论，停留在“国外理论＋汉语例子”上面。理论的建树，是学者们针对所研究的对象，深入地进行独立性思考、开拓性思考和群体性思考的结晶。真正适合于我国语言文字的理论，最终只能产生在我国语言文字事实的沃土之上。“研究植根于汉语泥土，理论生发于汉语事实。”这是一种定位。

任何理论的出现都不可能是突兀的，“小句中枢”理论的提出，是对前辈学者种种理论进行学习与钻研之后提炼己见的结果。受到前辈学者研究的启示，从1990年开始，笔者提出了“两个三角”的研究思路，反映了“小句中枢”的理念。1995年，笔者发表《小句中枢说》，正式提出了“小句中枢”的论点。此后，笔者续写了一些文字，并且陆续见到了学者们的一些评论文字。众所周知，任何处于初始阶段的理论或说法都是毛糙的。一方面，笔者相信“小句中枢”的合理性；但是，另一方面，笔者也清楚，这一理论目前还是不完备的，容易引起争议的，距离明晰、充实而完整的要求相当遥远。有关的评论文字，或者赞成肯定，或者客观引述，或者持有保留看法，这是正常现象。是否真正可取，需要时间来检验和证明；如何去粗存精，补缺加固，需要时间来琢磨整合。为了推进汉语语法研究事业的发展，《汉语学报》决定开辟专栏，请求学者们从汉语共同语本体研究、汉语信息处理研究、普通话与方言比较研究、对外汉语教学研究、中外语言互译研究等等不同角度审视这一理论，提出宝贵意见。

本专栏坚持“开放，争鸣，朴实”的六字准则。所谓“开放”，是说：发表文章的范围没有任何限制。不仅发表老专家的文章，而且尽可能多地发表中青年学者的文章；不仅发表刊物主办单位有关人士的文章，而且尽可能多地发表外单位学者和海外、国外学者的文章。所谓“争鸣”，是说：文章个性鲜明，不拘一格。肯定什么、否定什么，选择这个角度、选择那个角度，致力于本体探讨、致力于应用分析，侧重于理论阐释、侧重于事实证明，全都没有框框套套，可以畅所欲言，自由地、充分地发表意见，特别是发表带有学派意识的见解和主张。所谓“朴实”，是说：语言朴素而内容实在。不管是理论解释较强的文章还是以事实描写为主的文章，都在解决实际问题上有比较明确的针对性，其表述简明易懂，其结论能经得起语言事实的检测。

本专栏具有延展性，可能要延展一年半左右的时间。从 2004 年下半年到 2005 年，《汉语学报》每期刊登本专栏的一个论块。每个论块起码包括四篇文章。讨论的具体截止时间，视讨论情况的发展而定。

本专栏的第一论块，由四篇文章组成。第一篇文章是笔者这篇《研究观测点的一种选择——写在“小句中枢”问题讨论之前》，从三个方面概述开辟本专栏的想法，当作问题讨论的“引言”。第二篇文章是山西大学温锁林先生的《从词性标注看小句的中枢地位》。温教授师从胡裕树先生，在复旦大学获得博士学位。据温教授说，攻博期间，胡裕树先生曾跟他提过“小句中枢说”。后来，他出版专著《现代汉语语用平面研究》（北京图书馆出版社 2001 年版），其中有一节讨论了“语法学史上的五种‘本位’观”。第三篇文章是北京语言大学郑贵友教授的《“小句中枢说”与汉语的篇章分析》。郑贵友博士曾出版过《汉语篇章语言学》（外文出版社 2002 年版）、《现代汉语语法研究的基本理论与实践》（[韩国] 新星出版社 2002 年版）等著作。《现代汉语语法研究的基本理论与实践》一书中，有一节讨论了“两个‘三角’的理论”。第四篇文章是湖南师范大学罗昕如教授的《湖南方言中的“在 N”》。罗昕如教授师从饱厚星先生，在湖南师范大学获得博士学位。她曾出版过《新化方言研究》（湖南教育出版社 1998 年版）、《湖南方言与地域文化研究》（湖南师范大学出版社 2001 年版）等著作，《新化方言研究》一书中有一章讨论了语法问题。

本专栏第一论块四篇文章的发表，标志着“小句中枢”问题的讨论正式启动。下一期的第二论块，将发表华中师范大学储泽祥博士、北京大学詹卫东博士、香港理工大学邓思颖博士和湖南师范大学丁加勇博士的文章；从第三论块起到第六论块，将陆续发表美国夏威夷大学李英哲教授等学者的文章。所发表的文章，力求反映个性和各自的特色。等到“小句中枢”问题的讨论告一段落，“动词与宾语”问题的讨论便会立即开始。正如《本刊的愿望》所说：本刊将长期开辟“讨论专栏”。清人魏源《默觚·治篇八》讲得好：“孤举者难起，众行者易趋。”此话极富哲理。揭示汉语语法的客观规律，建立起符合汉语面貌的汉语语法学，这是我们大家都认准的目标。要达到或者接近这一目标，有赖于学者们的共同努力，有赖于一辈辈学者前赴后继地发扬愚公移山的接力精神，不断求索，通过否定之否定、推进再推进的长期努力，求取承故而布新之效果。

欢迎海内外语言学者关注和参与本刊的专栏讨论。

参考文献：

[1] 黄忠廉. 论全译的中枢单位 [J]. 外语学刊，2004 (3)：73-77.

[2] 黄忠廉，李亚舒. 科学翻译学 [M]. 北京：中国对外翻译出版公司，2004.

[3] 李芳杰. 句型主体论 [J]. 语言教学与研究，1999 (4)：15-31.

[4] 李芳杰. 小句中枢说与句型研究和教学 [J]. 世界汉语教学，2001 (3)：69-77.

[5] 李宇明. 汉语语法本位论评 [J]. 世界汉语教学，1997 (1)：16-23.

[6] 李宇明. 语法研究录 [M]. 北京：商务印书馆，2003.

[7] 李凌燕. 从“词组本位”到“小句中枢说” [J]. 娄底师专学报，2000 (1)：54-56.

[8] 陆俭明，郭锐. 汉语语法研究所面临的挑战 [J]. 世界汉语教学，1998 (4)：3-21.

[9] 潘文国. 字本位与汉语研究 [M]. 上海：华东师范大学出版社，2002.

[10] 钱冠连. 学派与学派意识：西方语言哲学研究（之六）[J]. 香港：语言文化教育研究，2002 (2).

[11] 邵敬敏. 八十到九十年代的现代汉语语法研究 [J]. 世界汉语教学，1998 (4)：22-27.

[12] 史有为. 迎接新世纪：语法研究的百年反思 [J]. 语言教学与研究，2000 (1)：10-18.

[13] 孙建强. 试评邢福义先生的语法研究 [J]. 社科纵横，1997 (6)：64-66.

[14] 唐明. 汉语语法研究的创新之作：读《汉语语法学》 [J]. 中国图书评论，1997 (12)：39-41.

[15] 温锁林. 现代汉语语用平面研究 [M]. 北京：北京图书馆出版社，2001.

[16] 萧国政. "句本位""词组本位"和"小句中枢" [J]. 世界汉语教学，1995 (4)：5-13.

[17] 萧国政. 汉语语法研究论 [M]. 武汉：华中师范大学出版社，2001.

[18] 许嘉璐. 语言文字学及其应用研究 [M]. 广州：广东教育出版社，1999.

[19] 易含思. 中国语法学走向成熟的阶段性奠基作 [J]. 江汉大学学报，1997 (2)：70-72.

[20] 于根元，等. 动态：语言的本质（下）[J]. 语文建设，1997 (9)：21-25.

[21] 岳方遂. 跨世纪的中国语法学 [J]. 复旦学报，1998 (5)：95-100；107.

[22] 詹卫东. 80 年代以来汉语信息处理研究述评——作为现代汉语语法研究的应用背景之一 [J]. 当代语言学，2000 (2)：63-73.

[23] 郑贵友. 务实与创新 [J]. 汉语学习，1997 (3)：62-64.

[24] 郑贵友. 状位形容词"系"研究 [M]. 武汉：华中师范大学出版社，2000.

[25] 邢福义. 小句中枢说 [J]. 中国语文，1995 (6)：420-428.

[26] 邢福义. 汉语语法学 [M]. 长春：东北师范大学出版社，1996.

[27] 邢福义. 小句中枢说的方言实证 [J]. 方言，2000 (4)：289-298.

[28] 邢福义. 小句中枢说的方言续证 [J]. 语言研究，2001 (1)：13-22.

[29] 邢福义. 说"句管控"[J]. 方言，2001 (2)：97-106.

[30] 邢福义. 汉语语法三百问 [M]. 北京：商务印书馆，2002.

[31] 邢福义. 邢福义学术论著选 [M]. 武汉：华中师范大学出版社，2003.

[32] 邢福义，刘培玉，曾常年，等. 汉语句法机制验察 [M]. 北京：生活·读书·新知三联书店，2004.

（原载《汉语学报》2004 年第 1 期）

说“句管控”

前言

小句的组词与表意，语句的联结与相依，规律的形成与生效，方言的语法差异，都依存于特定的句法机制，都或大或小、或多或少、或直接或间接地取决于特定的句法机制。可以说，句法机制管控着整个语法面貌的大局。所谓“句管控”，指的便是句法机制对各种语法因素的管控作用。如果说，“小句中枢”是就小句在汉语各类各级语法实体中占据中枢地位而言，那么，“句管控”便是指小句如何在中枢地位上对汉语语法规则的方方面面发挥其管束控制的作用。

本文从五个视角上考察有关事实：(1) 词的语法性质；(2) 词语的表意传情；(3) 语句的联结相依；(4) 规律的一般与特殊；(5) 方言与普通话。第五部分所用方言语料，主要引自李荣先生主编《现代汉语方言大词典》的 41 种分卷本。“长沙 17 页”，代表《长沙方言词典·引论》第 17 页。其他类推。

视角一：词的语法性质

词的语法性质，只有在接受了“句管控”之后，才得以落实。

半个多世纪以来，针对黎锦熙先生“词无定类”的论点，学者们都用“词有定类”去批驳。事实上，如果给出恰如其分的界定，那么，对于汉语来说，“词无定类”和“词有定类”都没错。所谓“词有定类”，是说词的类别在特定范围内是有定的。它往往不是定于一类，而是定于某几类。所谓“词无定类”，是说词的类别在入句之前往往是无定的，或甲或乙的。它不是在所有类别中无定，而是在某两个或几个类别中无定。比方“要”，有四种可能：(1) 动词 (我要衣服)；(2) 助动词 (我要买衣服)；(3) 副词 (这客厅比我家的要宽阔一些)；(4) 连词 (我要真的有钱，就不会买这种衣服了)。一方面，得承认它“有定类”，因为它不可能是有定的四类词以外的别类词；另一方面，又得承认它“无定类”，因为当它进入某一小句之前在四类中是游移不定的。总之，说它有定类也好，说它无定类也好，最后都得看“入句”的结果。这正是句法机制在起管控作用。看这两个例子：

(1) 别管你爱人调不调来，房子你都要要，……(阿宁《无根令》)

(2) 你要还想要我这个弟弟，就不能杀他！……我的心都要裂了！(二月河《康熙大帝·乱起萧墙》)

例 (1)，“要要”是“(主语+) 助动词+动词”。例 (2)，第一个“要”是连词，等于“要是”；第二个“要”是动词，带上了名词宾语；第三个“要”表示“将要/快要”的意思，尽管用在动词前边，但不能像助动词那样可以说成“要不要”，是副词。句法配置，决定了上面两个例子中几个“要”的词性有所不同。离开句，“要”到底是个什么词无法确认。

对于汉语的词类来说，句法格局是一种具有规定性的“框架形态”，是词性判别的“检验场”。人们常说“头”是名词的后缀，是名词的词类标志，然而，同是“滑头”，“这家伙是个滑头”和“这家伙真滑头”里的“滑头”分别是名词和形容词。得出这个结论，根据的是这个词接受了不同的“句管控”，根本没考虑它带有“头”。以下两点，尤其值得注意。

第一，词的超常配置。例如：

(3) 副了多年，想当正职。(李佩甫《羊的门》)

(4) 在特区工作的这几个月里，劳易民通过门诊和手术发现本地人通常都有一双略略有些凹下的美目，眼皮一般都很双，且双得很美，但鼻子就有些不妙了，以塌鼻子居多，……（王海玲《带一笼活鸡来特区》）

例（3），脱离具体句子，人们一般都只会想到“副局长、副处长、副科长”之类跟正职相对的“副”，是个非谓形容词。然而，出现在“X了＋时间补语”的格式里，却被配置为动词。例（4），脱离具体句子，人们一般都只会想到“一双、两双”之类或“双层、双份”之类，它们分别是量词和数词。然而，在“很X，（而且）X得＋度量补语”的格式里，却被配置为形容词。由此可见，划分词类，标明词性，固然可以一个词一个词地标注，但如果同时能给出格式框架，比如动词框架“X＋宾语”、“X了＋时间补语”和形容词框架“很X，（而且）X得＋度量补语”等，不仅可以以简驭繁，而且可以提高判断的准确性。

第二，争议的排解。

争议一：“很绅士”之类说法是不是名词受副词修饰的新发展？从“句管控”的观点看，名词入句之后可以被配置在形容词格局之中，处理成为形容词，也可以被配置在动词格局之中，处理成为动词。比方，可以说“很绅士”，也可以说“绅士了一回”。这不能用来证明名词可以受副词修饰，可以带补语。名词通常不能受副词修饰，任何时候都是一般规律。看这个例子：

（5）老乔笑道：“……你们这领导都太政治，乱想。”李厂长笑：“我要不政治了，还不得让你们把我政治了？……”（谈歌《猴事》）

上例“太X”的格局，规定了“政治”被处理为形容词，“要不X了”和“把O＋X了”的格局，规定了“政治”被处理为动词。

“西藏”是中国的一个省级行政区。作为名词，它可以充当主语和宾语，含义固定。然而，一旦说成“很西藏”，便受到严格的规约，不仅被限定在定语、谓语、补语或状语的位置上活动，其具体含义还会随着语域的不同而变异。比较：

（6）我又见到了昨夜招待我的那位西藏小伙。……他长就一

张很西藏的忠厚的脸。（余纯顺《走出阿里》）

(7) 她一开始就不同我说藏语。十分惊诧，女人的直觉为什么总是如此敏锐，尽管此时我已经很“西藏”。（余纯顺《走出阿里》）

同是“很西藏”，例（6）里指的是西藏人自然流露的西藏特色，例（7）里指的是外地人模仿西藏人的样子。其区别，受到具体句域的管控。

争议二：“必然”是否可以判定为形容词？有人从根本上否定这个词是形容词的可能性，而以下例子所提供的句法格局却支持了可以是形容词的说法：

(8) 对于死亡，我一向能持相当平静的心境予以接受。这好歹是无论什么人在尘世上的既公平又必然的归宿。（余纯顺《走出阿里》）

(9) 他们的结合既偶然又必然。（王石《雁过无痕》）

(10) 社会结构的调整是必然而且无情的。（池莉《致无尽岁月》）

从这三例可知：第一，“必然”跟形容词“公平、偶然、无情”等形成并列结构或递进结构，它应该也是形容词。第二，作为非谓形容词，“必然”很容易向一般形容词转化，而且很自然，看不出有词性转化、词性活用之类问题。“高级、低级、直接、间接”等也是这样。把非谓形容词定为跟名词、动词、形容词等并立的一类，拉大它跟一般形容词的距离，不如把它看作形容词的一个较为特别的小类，以便更加合理地揭示语言事实之间的关系。

视角二：词语的表意传情

词语的表意传情，只有在接受了“句管控”之后，才得以显现。

比方“被”字的使用。“被”字入句，有时后边出现名词语，接着再出现动词语；有时直接用在动词语前边，但可以添加名词语；有时直接用在动词语前边，而且不能添加名词语。所有这些，全都有其句法机制上的归约性。

从情绪传递的角度看，丁声树等（1961）指出：“就传统的用法说，‘被’字句主要是说明主语有所遭受，遭受自然不是自愿的，因此只能表示有损害或不愉快、不愿意一类的行为。……最近几十年来，多少是因为受了外国语的影响，传统的用法渐渐打破了。”（《现代汉语语法讲话》99页）这个论断是正确的。但是，目前却引发成了一个绝对化的结论：“被”字句已经跟愉快、不愉快没有关系，对拂意与称心来说已经一视同仁。这样的结论，掩盖了更深层的事实，不利于人们深入认识“被”字句。

事实是，拂意、称心和中性三种情况都存在，但表示拂意的居多数。随意抽看方方的中篇小说《桃花灿烂》，发现“被”字句共31例，其中表示拂意的21例，表示称心的3例，情绪中性的7例。各举3例(称心的全举)：

（一）拂意：

（11）那人也被另外的人挤得如卡着一般。

（12）咄咄逼人、锐气十足的沈可为被公司除了名。

（13）连水香这样的蠢物都看不起我，我还被谁看得起呢？

（二）称心：

（14）家里被爱整洁的母亲和爱整洁的他收拾得十分雅致。

（15）……几乎每一个现场助理员都无一例外地走上了被提拔的道路。

（16）好像我的生命回到了自己的老家，被包围在无限的温软无限的亲情之中。

（三）情绪中性：

（17）那颜色的印象仿佛被镶嵌在脑际间，永远也难以消散。

（18）他突然地被他的哲学、他的见地以及他说话的腔调所打动。

（19）再后来，我考上了大学，她被招到县招待所当了服务员，……

通过实际用例的分析，可以看到两个倾向：

第一，表示称心的，一方面其谓语动词多用“提、升、选、拔”之类，另一方面谓语部分所表示的意思跟主语有必然的利弊关系。正是这种利弊关系，帮助人们判断称心和拂意。比如“他被降职为科长了”是拂意，“他被提升为处长了”是称心。

第二，如果谓语动词不是“提、升、选、拔”之类，如果谓语部分所表示的意思跟主语没有必然的利弊关系，那么，不用“被”时情况两可，用了“被”便是拂意的。例如：

粮食卖掉了。

家具搬走了。

重要文件全烧毁了。

我们在一起校长知道了。

上例不用“被”，所说的事可能是拂意的，也可能是称心的。换句话说，可能是坏事，也可能是好事。但是，一旦加“被”：

粮食被卖掉了。

家具被搬走了。

重要文件全被烧毁了。

我们在一起被校长知道了。

这样，便一定是拂意的。句子的后头全都隐含着：“糟糕!”再看下面的例子：

(20) 她的婚姻早在她的心里被画上了句号。(百合《哭泣的色彩》)

(21) 不大的小五舱被划动着慢慢离了岸。(冯志《敌后武工队》)

(22) 除了贾正以外，魏强、赵庆田他们十一个人都被冲挤在东面的人群里。(冯志《敌后武工队》)

上三例全都可以不用“被”。不用“被”，不一定拂意；用了“被”，则肯定是拂意的。

归总起来看，要把“被”字句拂意含义的倾向性讲清楚，如果离开具体的句法规约，是根本做不到的。

视角三：语句的联结相依

语句间的关系，只有在接受了篇章的“句管控”之后，才得以确定。

仅以顺序推衍和逆序裁定来说。从前小句到后小句，其含义一般是顺序推衍的。就是说，顺着前小句的词面含义，后小句接下来推衍出相关的意思。或者是因果性推衍，或者是列举性推衍，或者是转折性推衍。例如：

他留下来了，大家都很高兴。（因果性推衍）

他留下来了，因为临时有事。（因果性推衍）

他留下来了，小松也没走成。（列举性推衍）

他留下来了，又照常上班了。（列举性推衍）

他留下来了，但小松没有留。（转折性推衍）

他留下来了，否则会有麻烦。（转折性推衍）

上六例后小句不管如何变化，前小句的含义都是词面含义。

有的时候，从前小句到后小句，其语义是逆序裁定的。就是说，后小句反转来裁定前小句的含义，使前小句改变其词面含义，或者使前小句改变其词面含义的多可状态。例如：

他留下来了，她哪敢这么闹？（假设性逆裁）

他没留下来，她哪敢这么闹？（假设性逆裁）

由于后小句的逆裁，前一例的前小句“他留下来了”不再是词面含义，而是其反面：他实际上没留下来。等于说：正是因为他没留下来，所以她才敢这么闹。（因为，他让她害怕！）后一例的前小句“他没留下来”也不再是词面含义，而是其反面：他实际上留下来了。等于说：正是因为他留下来了，所以她才敢这么闹。（因为，他为她壮了胆！）在这种情况下，人们对语句含义的理解需要在脑子里迅速调整，通过逆序裁定来把握。

逆序裁定主要有两种情况：

第一，通过后小句的干预，使前小句改变其词面含义。一般是无标志假设句。即前小句表示一种假设，但不出现假设标志。光看前小句，以为就是其词面含义；等看到后小句，才纠正原来的理解。看实际用例：

(23) 合资的事情要谈崩了，你我罪孽深重啊！(黄晓廷《陷落》)

(24) 这些人不是出于真心，断不肯轻易做这类文章。只是怎么没见顾炎武的呢？(二月河《康熙大帝·玉宇呈祥》)

(25) 这仗打不赢，我和老马说了，二十五支鸟铳全向我俩开火，把我们打成马蜂窝抬尸见您。（二月河《康熙大帝·玉宇呈祥》)

这三例都可以加上“如果”。前一例，等于说“合资的事情不能谈崩，不然……”；中间一例，等于说“这些人是出于真心，不然……”；后一例，等于说“这仗一定要打赢，不然……”。

第二，通过后小句的干预，使前小句改变其词面含义的多可状态。一般是前小句（或词语）含义多可，或此或彼，等看到后小句（或词语），才获得明确的理解。情况多样，略举几例：

(26) 等人的，给小旅馆拉客的，倒卖高价卧铺票的，开出租车的还有蹬三轮的，一张嘴，又一张嘴在动。（李大位《吉他行》)

上例词语性质多可。“一张嘴”有两解：一为“副词＋动词＋名词”，一为“数量词＋名词”。等看到后边的“又一张嘴在动”，才根据“在动”反转去认定是数量名。

(27) 完了没有？完了没有都答应一声。（二月河《康熙大帝·玉宇呈祥》)

上例词语功用多可。“完了没有”有两用：一为一般的问话，相当于某些方言里的“完了冒”，“没有”有所弱化，整个问话较接近“完了吗”；一为强调选择关系的问话，等于“完了还是没有完”。等看到后边的“完了没有都答应一声”，才根据“都”字反转去认定是选择关系。

(28) 你初入宫，我曾劝主子放你出去，如今你既然有了……这话只当罢论。(二月河《康熙大帝·玉宇呈祥》)

上例是事件时间多可。“你初入宫”有两指：一为“你刚刚入宫不久”，所指时间是说话前不久；一为“你在刚刚入宫的时候”，所指时间是跟现在相对的过去。等看到后边的“如今你既然有了……这话只当罢论”，才根据“如今”反转去认定是指过去的那个时候。

(29) 今老道对老六的前程既不肯点明，父亲也不便多问，愈发觉得六儿子的神秘不可测。(叶广芩《梦也何曾到谢桥》)

上例是关系词作用多可。“既”可以组构并列复句，说成“既……又/也……”，又可以作为“既然”的单音形式，组构推断复句，说成“既(然)……那么……”。等看到后边的“父亲也不便多问”，才根据句意反转去认定是推断关系。

十分明显，顺序推衍与逆序裁定，特别是逆序裁定，涉及语言片段与语言片段的句间联结与相依，已经是语篇问题，它们理所当然地受到明确的“句管控”，更不待言。

视角四：规律的一般与特殊

一般规律和特殊现象并存，各自存在的条件只有在“句管控”中才得以区别。

从这一角度看，“句管控”包容了从一般到特殊的全部规律。越是特殊的现象及其规律，管控越严，要求越具体。比如“肩膀宽”，这是“名词+形容词”的结构，代为“NA”。一般情况下，是“主语+谓语”；有的时候，也可以是“状语+中心语”，即 N 是 A 的状语。比较：

[主谓式]	[状心式]
大伯(不)傻。	—————

大伯肩膀宽。　　　　　　洞口肩膀宽。

观察可知：NA 主谓式和 NA 状心式有不同的“句管控”。

管控 NA 主谓式的句法语义格局，主要有两个：(1)“N（不）A”。NA 中的 A 可以否定。(2)“X 的 N 真 A”之类。N 为 X 所领属，A 是 N 本身的状态，A 的前头可以出现“真、好”之类副词状语。如：大伯肩膀宽。→大伯的肩膀真宽。

管控 NA 状心式的句法语义格局，主要可以概括为：“有 N 这么 A。”表示用 N 估摸 A 的状态，“有”可以换成“像”，“这么”可以换成“那么”。如：洞口肩膀宽。→洞口有肩膀这么宽。｜洞口像肩膀那么宽。

进一步观察，又可以知道：

第一，小句中 NA 状心式主要充当定语。略举几例：

(30) 他再次回到屋子，这才发现，桌上一张巴掌大的纸放得平平整整，是给他瞧哩。(星竹《中西部》)

(31) 他在那里认真地挑选了半斤……筷子长的鲫鱼。(池莉《惊世之作》)

(32) ……二十几根碗口粗的桩木像草节棍儿做的漂在水上是时沉时浮。(二月河《雍正皇帝·恨水东逝》)

这三例的“巴掌大”“筷子长”“碗口粗”，等于说有巴掌这么大，有筷子那么长，有碗口那么粗。

如果 NA 说成“N 来 A”，即 N 带上有估摸意义的助词“来”，便更加凸显 N 的状语地位。例如：

(33) ……水桶来粗长的东西，还在蠕蠕而动。(二月河《雍正皇帝·恨水东逝》)

“水桶来粗长的东西”，也就是“有水桶那么粗长的东西”。

语言运用中，也常见“有 N 这么 A”的说法：

(34) 你记得我们小时候小菜场用的那种打菜筐吗？铁丝编的，有圆桌那么大。(陈丹燕《亡者遗事》)

上例出现“有圆桌那么大”，也可以简为“圆桌大”。

第二，NA状心式中，N和A都有比较明确的选择范围。N是有相对确定体积或度量的事物。A表示可以衡量的状态，只选用强态形容词，而不选用反义的弱态形容词。比如：“大→小，宽→窄，长→短，高→矮，粗→细”，同N组合时只选用“大、宽、长、高、粗”，而不选用“小、窄、短、矮、细”。即使是针对明显的弱态事物，也要选用强态形容词。比如，形容“微末小吏”，也要说“芥菜籽儿大”，而不说“芥菜籽儿小”：

(35) 雍正的耳目也真厉害，……就是有些芥菜籽儿大的微末小吏的政务，也都了如指掌。(二月河《雍正皇帝·恨水东逝》)

第三，NA状心式中，N和A的组合是自由的。同一个A，其状语可以是不同的N；反之，同一个N，其中心语可以是不同的A。例如：

A：厚	N：电线杆
手掌厚	电线杆长
瓦片厚	电线杆高
帆布厚	电线杆粗

N与A的选择都取决于造句中二者相互间的需要。一方面，由于不同的N各自表示相对确定的体积或度量，造句时就可以有所选择，以适应A的实际需求；另一方面，由于A的状态可以衡量，造句时就可以根据状态的不同度量而选用相应的名词来描摹。看作家二月河笔下的几个例子：

(36) 黄豆大的雨点打得院中青砖噼剥作响。(二月河《雍正皇帝·九王夺嫡》)

(37) 芥菜籽大的官，萤火虫儿的前程。(二月河《雍正皇帝·九王夺嫡》)

(38) 说着将一张尺幅大的宣纸递过来。(二月河《雍正皇帝·九王夺嫡》)

(39) 东考区监场书吏拿着豆腐干大一个小本子进来，……(二月河《雕弓天狼》)

(40) 忽见前面棋盘街驿馆前一溜六盏栲栳大的西瓜灯吊在檐前,……(二月河《雕弓天狼》)

(41) 要单买这巴掌大的纸,一个雍正哥儿也不值……(二月河《雕弓天狼》)

同是“大”,分别选择了不同的名词“黄豆”“芥菜籽”“尺幅”“豆腐干”“栲栳(即笆斗)”“巴掌”来充当状语。

第四,NA 状心式中,“NA”是从状态及其度量的角度评价事物。如何评价,带不带情绪,更需要在具体的句法组合中才能准确把握。

从事实与评价的联系来说,有时如实评估,有时偏于夸强,有时偏于说弱。比如:“大腿粗的柱子”,由于受到“柱子”的规约,可知是如实评估;“大腿粗的胳膊”,由于受到“胳膊”的规约,可知是偏于夸强;“胳膊粗的大腿”,由于受到“大腿”的规约,可知是偏于说弱。

从客观事物与评说者主观心态的联系来说,有时不加褒贬,有时偏于褒扬,有时偏于贬抑。比如:“拳头大的苹果,三元钱一斤。”这是如实说明情况,在感情色彩上是中性的。如果这么说:“小伙子个个牯牛壮。”这样,不仅夸强,而且显露了褒扬的情绪。如果这么说:“当了个芝麻大的干部。”这样,不仅说弱,而且显露了贬抑的情绪。粗俗谩骂类名词,用作 A 的状语,都是说弱和贬抑。如:屁大的事,毬大的官,鸡巴大的小孩。

第五,这类“NA”有两个相关形式。相互间的差别和联系,也反映在具体的句法语义格局当中。

1. “LA”状心式。L 代表表物量的数量结构。比较:裤带长(NA)→两尺长(LA)。L 前后可以加“近”或“多”(近两尺长,两尺多长),N 的前后不能。但是,N 也好,L 也好,都表示 A 的度量,二者对 A 的选用范围也基本相同。入句以后,二者有互相转化的可能性。例如:

(42) 这是一间厩房,有两个马槽宽,……(二月河《雍正皇帝·恨水东逝》)

(43) 他把一柄近两指宽的水果刀磨尖磨快，……(王安忆《富萍》)

例 (42) 是 NA，若说成“两槽宽”，便是 LA；例 (43) 是 LA，若说成“两个手指宽”，便是 NA。

2. 合成词“NA”。如：笔直、雪白、火红、冰凉。这类 NA 也是状心式，但是，一方面，它们用于比喻，而不重在估摸度量；另一方面，它们的 NA 组合固定，两个音节，可以重叠成“笔直笔直、雪白雪白、火红火红、冰凉冰凉”，有的方言里还可以叠成“笔笔直、雪雪白、冰冰凉”。从总体上看，这类 NA 不是句法结构上的状心式。

这类纯比喻 NA，偶尔也有多音节的，只是很罕见：

(44) 林海雪原，白茫茫，一望无际。气温总够零下三十来度，哪儿都冰坨子凉。(星竹《中西部》)

上例里，“冰坨子凉”尽管跟“冰凉”意思相同，但它已经成了短语，“冰坨子”和“凉”的状心关系是句法组合。这里的“冰坨子凉”对具体句子有明显的依赖性，如果单独说出来，有可能被理解为主谓关系。

视角五：方言与普通话

方言同以北京话为突出代表的普通话，它们的语法差异只有通过“句管控”的分析，才能弄清楚。

把有关现象归纳成以下三个方面来观察，特别能说明问题。现象的列举中，“京”代表北京话或通常所说的普通话。

(一) 相同的词面，不同的配置，于是产生语法差异。举例：

a. 同是“你”“十块钱”“借”：

[京] 借你十块钱。⇔[方] 借十块钱你。(长沙 17 页)

b. 同是“你”“茶”“喝”：

[京] 你喝茶。⇔[方] 你茶喝。(西宁 14 页)

c. 同是“门”“叫”“开”“得”：

［京］叫得开门。⇔［方］叫得门开。（南昌 16 页）

d. 同是“行李”“两件”“拿”“少”：

［京］少拿两件行李。⇔［方］拿少两件行李。（柳州 15 页）

e. 同是：“你”“他”“走”“先”“后”：

［京］你先走，他后走。⇔［方］你走先，他走后。（柳州 15 页）

f. 同是“天”“水”“冷”“热”“很”“了”：

［京］天很冷了。｜水很热了。⇔［方］天冷很了。｜水热很了。（徐州 18 页）

g. 同是“他”“上班”“不”“按时”：

［京］他不按时上班。⇔［方］他按时不上班。（西宁 15 页）

h. 同是“衣服”“找”“到”“不”：

［京］找不到衣服。⇔［方］找不衣服到。（长沙 17 页）

i. 同是“钱”“人”“给”“不”“根本”：

［京］钱根本不给（给）人。⇔［方］钱根本给人不给。（乌鲁木齐 11 页）

（二）相同的一个形式，占据不同的位置，于是产生语法差异。举例：

a.“连”字：

［方］连不做一点事。（长沙 17 页）

即：连一点事也不做。“连＋动词语”的句法格局，使得“连”更像是表示强调的语气副词，而不像是介词。

b.“有”字：

［方］《青春之歌》我有读过。（福州 28 页）

佢有来电话。（梅县 21 页）

伊有来。（厦门 20 页）

伊有在做作业。（厦门 20 页）

即：我曾经读过《青春之歌》。｜他曾经来过电话。｜他已经来了。｜他确实已经在做作业。“有＋动词语”，特别是“有＋在＋动词语”的句法语义格局，决定了这里的“有”更像是表示时间状态的实现义副词或类副词，而不像动词。

c.“把”字：

［方］我弗听话，他就把我打则要死。

他弗听话，就把我打则要死。(丹阳 22 页)

前一例是主动句，意思是“我不听话，他就要把我打死”；后一例是被动句，意思是“他不听话，就要被我打死”。“把”兼有普通话“把”“被”两个介词的功能，这取决于二者占据了跟不同句法语义格局相联系的位置。

［方］把小路去。

把北京为止。(柳州 15 页)

前一例是说“从小路去”，后一例是说“到北京为止”。其基本句法格局，决定了“把”是介词；其上下文具体的语义格局，又决定了“把”相当于普通话的“从”和“到”。

［方］酒把吃完了。丨马路把重新修过了。

她把爱看书了。丨他家哥把去美国了。(贵阳 16 页)

即：酒已经吃完了。丨马路已经重新修过了。丨她已经爱看书了。丨他家哥已经去美国了。“把＋动词语”的句法语义格局，决定了“把”更像是副词。其中，“酒把吃完了”“马路把重新修过了”是受事主语句，谓语对主语有处置性；“她把爱看书了”“他家哥把去美国了”是施事主语句，谓语对主语没有处置性。

（三）使用特殊的手段，形成特殊的格局，于是产生语法差异。举例：

a. VV 下：

［方言］觑觑下丨行行下

修理理下丨招呼呼下（建瓯 16 页）

“觑觑下”即“看一看”，“行行下”即“走一走”，“修理理下”即“修理修理”，“招呼呼下”即“招呼招呼”。都在动词重叠式 VV 后边加上“下”。双音动词重叠加“下”时，只重叠第二个音节。

b. V 到到（/到在）X：

［方言］等到到天光。

歇到在店里。(萍乡 13 页)

“到”用在动词后边，它的后头还可以出现介词“到”或“在”。紧接动词的“到”，是弱化动词。也可以只用一个“到”：

等到天光。

歇到店里。(萍乡 13 页)

就萍乡方言而言，这个“到”也许是弱化动词和介词的融合。

c. X 流了的：

［方言］他快活流了的。

屋里吼流了的。

他脸上汗流了的。(武汉 14 页)

通常是谓词后边加“流［$niou^{213}$］了的”，形成“A 流了的 / V 流了的”，强调程度极高，情况极盛。有时也说“N 流了的”，但整个儿充当谓语，整个儿谓词化。

d. 多 X 点：

［方言］桂林比柳州多好点。

今天多冷点。

两个娃崽都蛮好，大的多听讲点。(柳州 16 页)

等于说：桂林比柳州更好一点。｜今天比昨天更冷一点。｜大的比小的更听话一点。X 有时是形容词，有时是动词语。作为比较主体的甲事物，必须出现；作为比较客体的乙事物，可以在语表上显现，也可以在小句中隐含。

e. (不 /没) A 起：

［方言］一天热起一天。

你的孩子还多起我的吗？

他不高起我。

学手艺没难学起木匠的。(牟平 20 页)

等于说：一天比一天热。｜你的孩子还比我的多吗？｜他不比我高。｜学手艺没有比木匠更难学的。前两例是肯定式；后两例加上

“不/没”构成否定式，使得方言的色彩和情味更浓。

f. X打X；X把X：

［方言］

年打年噢，他还不想还钱。

那个喝噢两打两瓶酒还不得醉。

今年六月要考六打六科。（涂光禄《贵阳方言的重叠式》）

“打”是衬字，嵌在量词重叠形式或数词重叠形式中间，强调量大。

个把个人安排得下。

打字纸张把张值不倒几个钱。

赢盘把盘扳不倒老本。（同上）

“把”也是衬字，嵌在量词重叠形式中间，强调量少。

g. V^{5}V；A^{5}A：

［方言］你问佢喜^{5}喜欢？

这件衫缩^{5}缩水？

那只女子生得标^{5}标致？（于都17页）

等于说：你问他喜欢不喜欢？｜这件上衣缩水不缩水？｜那个女孩长得漂亮不漂亮？

这种方言说法，采用动词语叠用或形容词叠用的方式，加上声调手段，表达正反选择问的内容。前V/A读入声［ʔ^{5}］5短调，后V/A读动词、形容词的单字调。如：走^{5}走［tseuʔ$^{45\ 55}$ tseu^{45}］？（＝走不走？）｜食^{5}食饭［ʂeʔ$^{41\ 55}$ ʂe^{41} fã^{41}］？（＝吃饭不吃饭？）｜好^{5}好［hɔʔ$^{45\ 55}$ hɔ^{55}］？（＝好不好？）

可见，把视线投向“整体汉语”，在比较中观察方言事实，可以进一步看到，“句管控”决定了北京话和方言、方言和方言的语法差异，因而也决定了现代汉语语法的整体面貌。

结束语

词语进入小句，小句进入语篇，无不被按特定的规约进行配置，形成特定的格局，显示特定的关系，产生特定的规则。汉语语法规则，无论属于哪一方面、哪个层次，都总要直接或间接地在“句管控”的局势之下来完成。正因如此，词的语法性质，只有在接受了“句管控”之后，才得以落实；词语的表意传情，只有在接受了“句管控”之后，才得以显现；语句之间的关系，只有在接受了篇章的“句管控”之后，才得以确定；一般规律和特殊现象各自存在的条件，只有在“句管控”中才得以区别；方言的语法差异，只有通过“句管控”的分析，才能够弄清楚。研究汉语语法，不可忽视汉语语法规则的形成和使用以小句为中轴来进行运转这一事实。

必须着重强调两点：

第一，百家争鸣才能促进学术的繁荣，一花独放绝对打扮不成一个春天。20 世纪的最后 10 年里，汉语语法研究中出现了多种声音，这是一种发展，一种进步。值得特别注意的是，学者们尽管各有不同的着眼点，表明了各自不同的学术主张，但都注意到了句法语义问题的重要性。邵敬敏（1998）指出：“对句法语义的多角度研究必将成为二十一世纪的一个极为重要的课题。”笔者赞同这一判断。事物的发展往往呈现循环往复、螺旋上升的态势，学术研究也不例外。李临定（1992）和黄昌宁（1994）都提到“句本位”的合理性，二位先生所说的“句本位”绝对不是当年黎锦熙先生的“句本位”的简单复制。许嘉璐（1999）纵察流变，提到了“句本位”和“小句中枢”说，不管人们在具体判断上是否接受，许先生的基本思路无疑是富于启迪的。

第二，21 世纪的汉语语法研究，不可忽视“整体汉语”中的方言现象。有的问题，在分析北京话或普通话感到困惑的时候，考察一下方言事实，可能豁然开朗；有的问题，在根据北京话或普通话作出结论之后，考察一下方言事实，甚至可能发现反例，从而促使更改思路或修正结论。

主要参考文献：

[1] 丁声树，等. 现代汉语语法讲话［M］. 北京：商务印书馆，1961.
[2] 李临定. “依句辨品，离句无品”及其他[G]//中国语文杂志社. 语法研

究和探索：五．北京：语文出版社，1992.

[3] 李荣．现代汉语方言大词典［M］．南京：江苏教育出版社，1993-1998.

[4] 黄昌宁．语言串理论——“信息处理用语言理论讲话”第二讲［J］．语言文字应用，1994 (3)：99-104.

[5] 邵敬敏．八十到九十年代的现代汉语语法研究［J］．世界汉语教学，1998 (4)：22-27.

[6] 许嘉璐．语言文字学及其应用研究［M］．广州：广东教育出版社，1999.

[7] 张振兴．方言研究与对外汉语教学［J］．语言教学与研究，1999 (4)：42-49.

[8] 李芳杰．句型主体论［J］．语言教学与研究，1999 (4)：15-31.

[9] 涂光禄．贵阳方言的重叠式［J］．方言，2000 (4)：359-363.

[10] 李宇明．语法研究的方法、理论和治学风格［J］．华中师范大学学报，2000 (5)：46-48.

[11] 邢福义．小句中枢说［J］．中国语文，1995 (6)：420-428.

[12] 邢福义．汉语语法学［M］．长春：东北师范大学出版社，1996.

[13] 邢福义．小句中枢说的方言实证［J］．方言，2000 (4)：289-298.

[14] 邢福义．小句中枢说的方言续证［J］．语言研究，2001 (1)：13-22.

（原载《方言》2001年第2期，略有改动）

在突破口上

——邢福义谈建立中国特色的汉语语法学

教育部重大研究课题“汉语句法机制多层面探究”日前在华中师范大学结题，并以《汉语句法机制验察》为书名由生活·读书·新知三联书店出版。这项历时三年完成的科研课题是我国汉语语法研究领域的最新成果。近日，郭生采访了课题主持人邢福义先生。

问：马建忠于1898年问世的《马氏文通》成就了作为一门科学的汉语语法学的第一个篇章。一百多年来，汉语语法研究经历了不同的发展时期，但研究始终指向一个目标：揭示汉语语法事实的客观规律性。这是汉语语法研究的具有一贯性的优良传统。请问近几年，我国汉语语法研究在哪些方面比较活跃？

答：仅就2000—2004年而言，值得注意的是这么几个方面：其一，在研究思路和研究方法上，有理论化的追求；其二，在问题的论述上，单句句式研究、复句句式研究、词类研究、虚词研究、语法化研究、类型学研究、认知研究和配价研究等，都有相当多的高质量成果；其三，结合共同语语法的研究，方言语法受到了前所未有的关注；其四，汉语语法研究者与中文信息处理研究者的合作研究，开始成为热门话题。

更值得关注的是，我国语法学者的研究，从近五年的研究成果看，大体说已形成了三大倾向：其一，“形义语法”。重视形式与语义的相互验证，注意考察语用对语法的影响，崇尚多角度、多侧面的动态研究思路。其二，“认知功能语法”。借鉴认知语法和功能语法的理论，重视从句法外因素来观察、分析汉语语法的现象，从认知和功能角度来揭示或解释汉语语法的规律。其三，“形式语法”。借鉴乔姆斯基的生成语法理论，研究汉语问题。从一些青年研究者的成果，可以看出前两种倾向有融合的趋势。不过汉语语法学虽然发展速度很快，但至今仍然缺乏显示成熟的鲜明标志，距离真正成熟还十分遥远，这是可以肯定的。

问：学派的形成和中国特色汉语语法学的创立，二者的关系如何？

答：形成汉语语法研究的中国学派，是创立中国特色汉语语法学的基本条件和突出标志。在这一点上，我们有明显的弱点，这就是：原创性理论不多，学派意识不浓，没有真正形成“百家争鸣”的繁荣局面。当前，中国语言学应该以“能够跟国外理论平等对视”作为第一追求。了解和引进国外语言学理论很有必要，但是，不能总是跟着跑。只有努力摆脱附庸地位，在深入研究汉语特点的基础之上，提出能够跟别人平等对话、相互交流的学说，中国的语言研究才能真正做到“同国际接轨”。须知，接轨是双向的。要跟强者接轨，自己必须成为强者。小羊，不可能和狼接轨！

问：学派的形成，应该具备哪些条件？需要多少时间？

答：学派形成的条件，择要地讲，应该是：第一，开辟了富于特色的学术领地，有自己的“特区”。第二，提出了富于个性的学术路数，有标帜性理论和自己成套的研究方法。第三，展示了自成体系的学术成果，有供人罗列称说的代表著作。其四，造就了强势团队，有轴心人物，有核心成员，有上传下承、日益壮大、可以穿越时空的学者队伍。学派形成的时间，起码需要三五十年，需要几代人的接力，绝对不能一蹴而就。从无到有，从小到大，这是事物发展的必由之路。现在，必须大声疾呼，要有一种学派的意识，要有一种形成学派的追求。有没有这个开端，至关重要。正像一部大剧，没有序幕，就不会有剧情的发展。

问：生活·读书·新知三联书店最近出版的《汉语句法机制验察》一书，反映了什么样的研究路数？

答：我们一直在追求形成富于个性的研究路数。我们的研究路数，可以概括为四点：其一，基本主张："研究植根于汉语泥土，理论生发于汉语事实"；其二，基本理论："小句中枢说"；其三，基本视角："句管控"；其四，基本方法："两个三角"（"表一里一值"小三角+"普一方一古"大三角）。《小句中枢说》（1995）、《汉语语法学》（1996）等论著，是这一研究路数的奠基之作。《汉语句法机制验察》一书，既反映这一研究路数，又通过研究实践，使这一研究路数得到了改善与提升。任何理论的出现都不可能是突兀的，以"小句中枢"为代表的理论与方法的提出，是对前辈学者种种理论进行学习与钻研之后提炼己见的结果。目前，我们的研究路数还很不完备。新创刊的《汉语学报》（商务印书馆出版，国内外公开发行），已从2004年第1期起开辟专栏，开展"小句中枢"理论的讨论，这一讨论将延续一年半的时间。这么做，就是希望国内外语言学者都来审视我们的研究路数，提供宝贵的意见，以便不断去粗存精，补缺加固。

问：句法机制的研究，对汉语语法研究的深入有什么重要意义？

答：汉语语法重句法。要深化汉语语法研究，必须从不同角度、不同层面去深入研究汉语的句法机制。举个例子："生前"和"死前"，"生"和"死"是公认的一对反义词，怎么组合成"生前"和"死前"之后变成同义词语了呢？"死前"等于"死之前"，这好理解；"生前"不等于"生之前"，这是怎么回事？再举个例子："心里"和"心中"意思相同，"教室里"和"教室中"意思相同。一般认为"里"和"中"相通，可以互换。但是，"夜里"（夜里做了一个梦）不能说成"夜中"，"途中"（他正在来武汉的途中）不能说成"途里"，为什么？诸如此类的问题，都须要通过句法机制的研究才能得到圆满的解释。《汉语句法机制验察》一书中，就有《"生前"和"死前"》与《"X里"和"X中"》两节，详细地回答了有关问题。从学科发展看，逐步深入地开展汉语句法机制的研究，将成为汉语语法研究趋于成熟的重要突破口。汉语信息处理，"句处理"是特别重要的内容，因此，从这一角度看，汉语句法机制的研究同样具有极为深远的意义。

问：展望未来，中国语言学的发展前景如何？

答：学科的发展，映射伟大的民族精神。尽管需要时日，然而，中国的语言学家，有志气也有能力创建有中国特色的汉语语言学，形成自己的学术流派。提一个发人深省的历史事实：当年，王明从苏联带回来一套一套的理论，但是，不符合中国的国情。毛泽东把马列主义跟中国革命实际结合起来，写出了《论联合政府》、《新民主主义论》等论著，特别是写出了哲学著作《实践论》和《矛盾论》。毛泽东很了不起。在哲学社会科学领域，毛泽东创建了一个特别大的“中国学派”！我们应该总结“毛泽东的启示”，从而得出一个明确的结论：中国人，能够干出令世界震惊的任何事情。现在，中国已经进入了民族复兴的伟大时代，我们应该也可以大有作为。个人深信，中国正在阔步走向世界，中国的语言学，也必将阔步走向世界。

（原载《光明日报》2004年10月21日，略有增补）

语言学科发展三互补

本文包括三个部分。第一部分，讨论“一家之言”和“百花齐放”的互补；第二部分，讨论“现代意识”和“朴学精神”的互补；第三部分，讨论“引进提高”和“自强自立”的互补。学科的发展，无处不存在辩证法。本文讨论的，只是语言学科发展过程中各种辩证互补关系中的三对。

一 “一家之言”和“百花齐放”

中国的语言学，经过二十多年的分分合合，已经形成了一个包括四大分支的基本格局。这就是：1）汉语汉字研究。许多单位，建立有汉语言文字学博士点。2）语言理论与语言应用研究。许多单位，建立有语言学与应用语言学博士点。3）少数民族语言研究。许多单位，建立有相关的博士点，即中国少数民族语言文学博士点。4）外国语言研究。许多单位，建立有相关的博士点，如欧洲语言文学、亚非语言文学、英语语言文学、俄语语言文学、法语语言文学、西班牙语语言文学、德语语言文学、阿拉伯语语言文学、日语语言文学、印度语语言文学等博士点。四大分支内部，又有诸多不同的领域。比如汉语言文字研究，包括现代汉语研究、古代汉语研究、方言研究、汉字研究等领域；现代汉语研究，又包括现代汉语的语音研究、词汇研究、语法研究等领域。

综观中国语言学的各个分支和各个领域，具有共性的突出问题主要表现在两个方面。

其一，创新性理论不多，原创性学说缺乏。这一状况的改变，需要通过大力强调和提倡催生“一家之言”。所谓“一家之言”，是指在某一学科中自成一家的学说。研究问题，不管范围大小，只要提出与众不同的见解，便可认定为一家之言。小到一篇文章，提出与别人有所不同的说法，富于新意，可算一家之言；大到总揽一个学科，另辟蹊径，提出足以影响整体发展的关键性主张和理论，更为一家之言。从前者到后者，往往是量之积累引发质之变化的过程。学科的发展，特别需要后者。这样的“一家之言”，是学术发展的前导，是促成学科昌盛的基石，开始提出来的时候，往往是粗糙的，很不成熟的，但是，无论如何，都应采取由衷欢迎的态度。

其二，学派意识不浓，没有形成“百家争鸣”的繁荣局面。这一状况的改变，需要通过大力强调和提倡，促使“百花齐放”。所谓“百花齐放”，是指某一学科领域同时存在多种一家之言，呈现共同繁荣的景象。学术领域，没有“武林至尊”；“一家之言”，不应“惟我独尊”。任何一个学科领域，没有“一家之言”固然表明其处于低谷状态，如果仅有一种居于垄断地位的“一家之言”，也表明其远离成熟。

如果说，形成“一家之言”是一种学术企求，那么，能够容忍“百花齐放”便是一种学术度量。一个学科领域，应该是一个百花园；百花中，任何色样的花，都是一个品种，都应受到尊重。我国语言学界，其实情况并不单一。以理论创新问题来讲，大体有两条途径。引进国外理论，通过同汉语或少数民族语言相结合的考察验证，从而有所创新，这是一条重要途径；关注国外语言学理论及其影响，强调更多地对汉语和少数民族语言本身特点进行发掘，从而有所创新，这是另一条重要途径。两条途径代表两个倾向，二者往往你中有我，我中有你。当然，所谓“理论创新”，更准确地说，应该添加中心语“思考”，说成“理论创新的思考”。因为，就事实而论，我们基本上只是停留在“思考”的阶段。正因如此，学者间相互尊重，不同学说群体之间相互取长补短，十分重要。钱冠连（2004）说：“所谓学术的繁荣，就是学派、流派之间竞争的果实。”“学者承认自己的局限性才可能有流派。……宽容、尊重异己，是产生学派的必不可少的前提性心态。最能考验学者是否具有大家气质的，是如何面对相反的学术主张。”这话极富哲理。

必须进一步指出的是：“一家之言”和“百花齐放”的互补，不仅是企求和度量的互补，而且还是思路和方针的互补。新时期以来，邓小平多次强调“百花齐放，百家争鸣”。在《目前的形势和任务》一文中，他指出：“我们要永远坚持百花齐放，百家争鸣的方针。”在《社会主义也可以搞市场经济》一文中，他指出：“现在，我们提倡解放思想，重申毛泽东主席提出的‘百花齐放，百家争鸣’的方针，目的就是创造条件调动全民的积极性，使中国人的聪明智慧充分地发挥出来。”（见《邓小平文选》第二卷）

当前，在学科建设中，“一马当先，万马奔腾”是一个可行的思路。基本做法是：选择某“一家”作为“当先”之“一马”，以点带面，促进学术事业的整体繁荣。事实表明，通过重点培养“当先之马”，创造条件使之在“万马”前头领跑，大有好处。2004 年，教育部组织专家组对人文社会科学重点研究基地进行了评估，笔者去过语言文字研究方面的四个基地。总体感觉是：实际成绩，比原来的印象和预想的情况要好得多。然而，如果作长期的考虑，在实施这一有效思路的同时，什么时候都还需要反复强调“百花齐放，百家争鸣”的方针。脱离了“百花齐放，百家争鸣”，“一马当先，万马奔腾”可能会产生这样那样的问题。首先，能否带动“万马奔腾”，决定于“一马”能否真正“当先”。“一马”选不准，反而导致挡路的后果。其次，即使“一马”能“当先”，一个学科领域是否只能有一群马？换句话说，一个学科领域是否只能出现一个模式、一种状态、一种风格的一群马，而不容许出现不同模式、不同状态、不同风格的几群马？再次，“当先”的“一马”，如果老化了，疲软了，怎么办？动物界，猴王、狮王等等的更迭，全凭实力，胜者为王，绝对“公平、公开、公正”。然而，人类社会，情况复杂得多。为了保证有效地替换掉已经落伍的“一马”，必须遵循优胜劣汰的竞争规律，这就是“百花齐放，百家争鸣”方针所反映的竞争规律。

二　“现代意识”和“朴学精神”

换一个角度来讨论。中国语言学的发展，又需要“现代意识”和“朴学精神”的互补。

所谓“现代意识”，也就是“与时俱进”的意识，包括了解世界现状，适应当今需求，关注未来发展，体现时代性和竞争力，推动中华文化更好地走向世界。跟循现代意识的导引，中国语言学的进一步发展，总体上将出现三大线路：其一，在同国外理论的关系上，将越来越明显地出现“双向接轨”的趋势。一方面，继续引进国外语言学理论，不断扩大视野，拓展思路，看清国际语言学发展的走向；另一方面，深化对汉语和少数民族语言的事实发掘，总结出有自己特色的理论与方法，力求逐步形成反映自己风格和成就的学术流派，从而逐步实现跟国外理论的“平等对话”。其二，在同自然科学的关系上，中国语言学的发展将努力跟上时代前进的步伐。自然科学和社会科学的交叉与融合，是21世纪科学发展的总体走向。为了适应现代化的需求，中文信息处理的发展是必然的趋势。这将在很大程度上推动中国语言学的学科更新，改变传统研究的纯人文状况，促进汉语研究特别是汉语语法研究同信息处理的联姻，使之在更广阔的天地里实践研究工作的理论与实际的紧密结合。其三，在研究成果的深度上，中国语言学的各个分支和各个领域，都将围绕着实现中华民族伟大复兴的目标，开展比以往更有理论意义和实用价值的专题研究。

所谓“朴学精神”，也就是“求真务实”的精神，包含有质朴、实在、有根据、求谨严等内涵。“朴学”一词，最早见于《汉书·儒林传第五十八》：“宽（倪宽）有俊材，初见武帝，语经学。上曰：‘吾始以《尚书》为朴学，弗好，及闻宽说，可观。’”《现代汉语词典》解释道：“朴学，朴实的学问，后来特指清代的考据学。”本文提“朴学”，是用其原本的意义。由于清代的考据学跟汉语言文字学渊源很深，反映了我们文化传统中的一种治学精神，因此特地选用到中国的语言研究上面。任何事物都有其负面影响。现代化的浪潮，激发了国家的大发展，但是，急于求成、醉心摩登、浮躁夸诞、弄虚作假也随之而泛滥，成了时弊。一件礼品，包装成一个大箱子，里头有实际内容的却只是巴掌大的一个小盒子。学术界华而不实的风气，越来越严重，令人深感忧虑。因此，在强调“现代意识”的同时，有必要强调“朴学”——这种具有我们民族风格、民族气派的精神。

如果说，“现代意识”指的是一种目标定位，那么，“朴学精神”指的便是一种治学风格。做学问，不管偏重点如何，解决实际问题都是最重要的。举个小例子来说。2004 年，新加坡教育部华文教材编写组一位先生发来了一封邮件，希望解答一个问题。新加坡小学华文教材中，有一篇《小时候的孙中山》的课文，其中有这么一句话：“孙中山看到清兵这样欺压老百姓，心里很生气，所以下定决心，长大后要推翻满清，让人民过好日子。”有一所学校，一位老师提出了意见：“‘满清’是一时间名词，表示了历史上某一特定的时间阶段。动词‘推翻’应该接‘满清政府’或‘满清王朝’才行。‘推翻满清’是不恰当的词语配搭。”邮件中问道：“推翻满清”的配搭到底行不行？

考察可知，“推翻满清”的说法，没有问题。这可以分四层意思来说。第一，语言运用，具有动态性。在特定的“句管控”中，或者说，在特定的句域环境中，“满清”并不总是表示时段时点。有时，说“满清”，就等于说“满清统治、满清王朝”之类意思。罗竹风主编的《汉语大词典》(汉语大词典出版社 2001 年 9 月)：“满清”，清王朝为满人所建，故称“满清”。文芷《曼殊上人诗册》：“（苏曼殊）为我画一《儿童扑满图》。尔时在清季，我辈正竞谈革命，扑满者，隐为扑灭满清之意。……”（第六卷上册 62 页）这里的“扑灭满清”，跟“推翻满清”近义，“满清”并不是指时段时点，不然，怎么能“扑灭”？金庸《鹿鼎记》：“不住颂扬郑氏在台湾独竖义旗，抗拒满清”（第二十七回），“吴三桂在云南一起义，双方就夹攻满清”（第三十六回），这里表示的是指抗拒满清统治、夹攻满清王朝的意思，十分清楚显豁。第二，双音节的“满清”，若说成单音节，便是“清”。“清”，有时也表

示“满清统治、满清王朝”等意思。金庸《鹿鼎记》:“(陈近南)他一心以反清复明大业为重。”(第十四回)“反清复明”,即“推翻满清,光复大明”,而“清”或“满清”都不是指的时段时点。第三,“满清”跟“推翻”配合使用,并不罕见。上网翻看,可以看到许多实例。比如:“我们革命党用了三十年功夫,流了许多热烈的心血,牺牲无数的聪明才力,才推翻满清,变更国体。”[孙中山《中国国民党第一次全国代表大会开幕词》(一九二四年一月二十日),见孙中山纪念馆,见http://www.zsu.edu.cn/sun/YFhall/work_cont.html]|“这个规律在推翻满清的辛亥革命中是如此,……在今天的独立和平民主与卖国内战独裁两条战线的斗争中更是如此。”(朱德《祝高树勋将军起义一周年》,《人民日报》1946年10月31日)|“他是老同盟会员,推翻满清东北起义时他是军政府的领导人。”(刘白羽《鸭绿江边的安东》,《人民日报》1946年8月17日)可知,这种用法,早已有之,成了客观事实。第四,“推翻满清”形成一个四字格。在汉语里,四字格具有大众喜闻乐见的节奏美,因而经常使用,具有很强的容纳力。比如成语“秋高气爽”,形容秋天天空明净高朗,气候凉爽宜人。若死抠字眼,“秋”怎么能“高”?不是成语的,往往也被组造成为四字格。比如“鸡犬相闻”,陶渊明《桃花源记》里用过,郭沫若《屈原》里用过。再看这个例子:“走在丽江的石板小路上,你突然感觉自己犹如东晋武陵人,误入桃花源,只见楼宇错落,屋舍俨然,纳西民风朴素,鸡犬相闻,古意盎然。”(见http://bbs.jiangmen.gov.cn/images/bj008.gif)这里用“鸡犬相闻”,比出现“鸡犬之声相闻”更具有美感。若死抠字眼,“鸡犬”怎么能“相闻”?

目前的中国语言研究,各分支各领域深入程度并不平衡。总的说来,许多事实并未描写详尽,对于大量语言现象的认识还处于懵懂状态,远远不能满足中文信息处理的需求,因而跟不上时代发展的步伐;另一方面,语言研究的理论意识未能贯穿到所有分支或领域的研究之中,有的分支或领域理论意识较强,但理论和实际相脱节的问题还未能解决。把“现代意识”和“朴学精神”作为一对关系提出来,并且就上面这个例子摆了一些语言事实，是想借以强调，解释问题的理论各种各样，有的时髦，有的质朴，有的很“外国”，有的很“中国”，不管是什么样的，只有能够回答实际问题，才是最管用的。学无定法，求变则通；法无定法，适用则灵。当把“现代意识”作为目标定位的时候，千万不能忽略“朴学精神”的务实学风。

吕叔湘先生在将近 90 岁的时候写了“有感”二首，其二为：“文章写就供人读，何事苦营八阵图？洗尽铅华呈本色，梳装莫问入时无。”（《未晚斋语文漫谈》74 页）这诗句，发自肺腑，令人深省。

三 “引进提高”和“自强自立”

再换一个角度来讨论。中国语言学的发展，还需要“引进提高”和“自强自立”的互补。

所谓“引进提高”，是指通过引进国外学术思想、理论和做法，促使本国的研究水平得到理想的提高。没有引进提高，就没有中国的现代语言学，这是历史事实。季羡林（1996）指出：“在中国学术史上，无论哲学史、宗教史、艺术史等等，文化交流起了很大的作用，语言学史何独不然。……从《马氏文通》起到现在整整一百年了。在这一百年内，中国语言学经历了一个‘现代化’的过程。人们现在常说，所谓‘现代化’，其实就是引进西方的‘理’，结合我国的实际进行探索，并不断取得成功的过程。衡之以语言学的发展过程，这话也是适用的。”季先生的话，代表中国学人的共识。

所谓“自强自立”，是指不依成法，自力更生，自我创造。“引进”的目的，是“提高”；“提高”的结果，是创造出自己的模式；自己模式的成熟状态，是中国特色学术流派的形成。笔者（1995）曾指出：一个学科是否成熟，其突出标志应该是这个学科是否形成了特定的学派或流派。从这一点看，科学跟艺术情况相同。比方说，我国的京剧表演艺术已经达到了成熟的高峰，最基本的表现就是形成了这“派”那“派”，只要一提到“梅派”和“程派”，稍有京剧表演艺术知识的人就会知道这是两个具有各自特点的著名流派。又比方说，我国的书法艺术早已达到了成熟的高峰，最基本的表现就是形成了这“体”那“体”，只要一提到“颜体”，稍有书法艺术知识的人就会知道它是不同于“柳体”、“欧体”等的有独特风格的书写体，甚至还会知道颜真卿打破了“书贵瘦硬”的传统书风，开创了二王体系之外的新体。中国语言学，仅就汉语语法学而言，虽然发展速度很快，但至今仍然缺乏显示成熟的鲜明标志，距离真正成熟还十分遥远。钱冠连（2004）说得更有深度，更加富于理论色彩：伟大的思想也只能在学派的争鸣与磨擦中发生。没有学派，就没有该学科的国际地位。没有国际地位，则从根本上取消了我们的国际交流的话语权。一个民族的某一门学术领域里根本没有学派是非常不妙的情形。钱文还提出了学派形成的标准，这就是：有代表人物（领军人物）、有成员（以更入行的话说便是“有核心成员及追随者或支持者”）、有代表作、数得出主要贡献（在理论上解决了什么重大问题）、有主要学术套路及独特的研究风格。

如果说，“引进提高”指的是一种发展途径，那么，“自强自立”指的便是一种原则立场。中国语言学要真正做到“同国际接轨”，必须以“能够跟国外理论平等对视”作为基本出发点，不能引进、引进、再引进，一味跟着跑，永远处于附庸地位。接轨是双向的，要跟强者接轨，自己必须成为强者。弱国无外交，小羊不可能和狼接轨，在学术上也是同样的道理。只有一方面重视“引进提高”，一方面重视“自强自理”，二者相互补足，相互促进，形成良性循环，我们的语言学科才能够真正发展起来。

假若有人质疑：就凭你，能建立学派？我们的回答是：不能这么立论。个人的力量微不足道，世上没有一个可以包打天下的好汉。好像“众”字，需要三个“人”字互相支撑，彼此协作，矗立起铁塔式形象。学科的建设和发展，需要的正是一种“众”字精神和气势。一个学派的形成，起码需要三五十年，需要几代人的接力，绝对不能一蹴而就。从无到有，从小到大，这是事物发展的必由之路。现在，必须大声疾呼，要有一种学派的意识，要有一种形成学派的追求。有没有这个开端，至关重要。正像一部大剧，没有序幕，就不会有剧情的发展。

假若有人质疑：中国语言学家能建立起自己的学派吗？我们要反问：为什么不可以？学科的发展，映射伟大的民族精神。当年，王明从苏联带回来一套一套的理论，但是，不符合中国的国情。毛泽东把马列主义跟中国革命实际结合起来，写出了《论联合政府》、《新民主主义论》等论著，特别是写出了哲学著作《实践论》和《矛盾论》。在哲学社会科学领域，毛泽东创建了一个特别大的“中国学派”。毛泽东很了不起，毛泽东是顶天立地的中国人。我们应该总结“毛泽东的启示”，从而得出一个明确的结论：中国人，能够干出别人可以做到的任何事情，甚至能够干出令世界震惊的任何事情。

需要进一步指出的是：要自强自立，必须正视我们的自身弱点。李宇明（2004）回顾了一段历史。吕叔湘《中国文法要略》是研究句法结构变换的先驱，但是，中国20世纪60年代引进、70年代末80年代初开始广泛应用的变换分析的理论与方法，却来自美国语言学家哈里斯（Z. S. Harris），与《中国文法要略》并无关系；现在流行的“动词中心论”和动词的“价”的概念，是法国语言学家吕西安·泰尼埃尔1959年出版的《句法结构基础》中提出来的，比吕叔湘先生晚了十七年。为什么中国前辈学者的创造，不能在世界上发生其应有影响，甚至也不能在国内发生其应有影响？李文指出：“胡明扬把原因归结为中文的不通用，但我揣测原因恐怕不只于此，最重要的原因也许是：第一，我国的语言学不是国际学术的制高点，‘学术之水’难以倒流；第二，理论提出者表述理论的方式不显豁，影响了理论的传播与继承；第三，我国学术眼光的聚焦点主要在国外，对本国的研究成果缺乏有意识的梳理，缺乏学派式的继承与发展，缺乏科学的学术批评。这些不利于学术发展的因素今天并没有多少变化，若不努力革除，上述‘变换分析’和‘配价语法’的令人酸楚的‘佳话’，肯定还会复现，那将是中国语言学的最大悲哀。”

上述分析都很对，但是，关于“不利于学术发展的因素”，还须注意以下两点。

首先，心理自卑。清朝后期以来，外强入侵，国弱受欺，面对洋人，自卑自贬。这在《官场现形记》、《二十年目睹之怪现状》中，可以看到十分形象的描写。这种状况，影响我们几代人，在学术研究上也是如此。说一件小事。1981 年 6 月，语法学术讨论会在密云举行，这是第一届中年语法学者的学术讨论会，吕叔湘、朱德熙二位先生出席了会议。在密云会议上，在讨论到句子类别问题时，笔者谈及高名凯《语法理论》曾提出“句类”、“句型”、“句模”的三角度分类，话刚出口，一位与会朋友立即打断，说：“那是高先生自己提的!”接着，他转谈别的问题，笔者再也没法开口。这件事，二十多年来一直萦绕笔者心头，挥之不去。无论什么学说，都是某一个人自己先提出来的，为什么外国某人“自己”提出来的就是理论，高先生“自己”提出来的就根本不屑一提？就因为高先生是中国人？这种心理自卑，实际上已经成了一种民族自卑，对于我们的学科建设，妨害极大。

其次，惯性相斥。说白了，就是文人相轻，彼此间习惯性地相互排斥，也就是所谓“同行是冤家”。对于国内同行的成果和说法，或者采取冷漠的态度，不愿关注，或者采取轻视的态度，不愿肯定。正因如此，本国的可以闪光的东西难以发扬推广，形成气候，凸显高处，让世人瞩目。这种状况，要从两个方面来看。一方面，严重程度并不明显，而且并非人人如此，总体来说国内同仁间是相当团结的；但是，另一方面，这种状况却似无实有地隐性存在，从“骨子里”发生着潜性影响。学术研究，应该提倡涵容、包容和宽容。能涵容不同的观点，能包容不同说法的长处，对不同意见能采取宽容的态度，认真考虑不同说法的合理性。学者间相互学习，相互补足，相互推动，才能创造出涵容、包容和宽容的学术氛围。一个人是一条龙，两个人便成了两条虫，这种存在于“骨子里”的劣根性，对于我们的学科建设，同样妨害极大。

中华民族是伟大的民族。不讳疾忌医，敢于正视和革除学术研究中诸如“心理自卑”、“惯性相斥”之类的不利因素，正是一个民族的伟大之所在。现在，中国已经进入大振兴时代，正在阔步走向世界。尽管需要时日，只要坚持不懈，中国的语言学，也定能有所作为，有所建树，以自己的“特色风貌”，展示于世界。

主要参考文献：

[1] 高名凯. 语法理论 [M]. 北京：商务印书馆，1960.

[2] 郭生. 在突破口上——邢福义谈建立中国特色的汉语语法学 [N]. 光明日报，2004-10-21 .

[3] 胡明扬 . 严谨的学风 杰出的贡献 [M]//吕叔湘. 吕叔湘全集：第十九卷. 沈阳：辽宁教育出版社，2002.

[4] 季羡林. “中国现代语言学丛书”序 [M]//邢福义. 汉语语法学. 长春：东北师范大学出版社，1996.

[5] 李宇明. 弘扬吕叔湘学术精神 [J]. 汉语学报，2004 (1)：3-7.

[6] 罗竹风. 汉语大词典 [M]. 上海：汉语大词典出版社，2001.

[7] 吕叔湘. 未晚斋语文漫谈 [M]. 北京：语文出版社，1992.

[8] 钱冠连. 学派与学派意识（西方语言哲学研究之六） [J]. 外国语言文学研究，2002 (1)：1-8.

[9] 钱冠连. 以学派意识看汉语研究 [J]. 汉语学报，2004 (2)：2-8.

[10] 邢福义. 汉语语法研究之走向成熟 [J]. 汉语学习，1995 (1)：2-6.

[11] 中国社会科学院语言研究所词典编辑室. 现代汉语词典（增订本）[M]. 北京：商务印书馆，2002.

（原载《汉语学报》2005 年第 2 期。2004 年 11 月曾在暨南大学“第二届语言学科建设高级专家论坛”上宣读。）

现代汉语语法研究中理论与事实互动

本文讨论现代汉语语法研究中理论与事实的互动。现代汉语语法研究一直是我国语言学界最为热门、最受关注、被公认为起着引领作用的一个领域，讨论这一研究领域中论实互动的问题既有理论意义，也有实践价值意义。全文包括四个部分。第一部分为“理论与事实”；第二部分为“历史脚印：从马建忠到朱德熙”；第三部分为“面向未来：论实互动的几点思考”；第四部分是“结语”。本文认为，加强事实发掘与理论创新的良性互动，这是现代汉语研究走向成熟的必由之路，其结果必能形成“务实创新”的大好局面，必能促进学术流派的形成。

一 理论与事实

当前，中国语言学已展现出一个包括汉语汉字研究、语言理论与语言应用研究、少数民族语言研究和外国语言研究四大分支的基本格局[①]。四大分支都包含有不同类型、不同层面的学科领域。其中，属于第一分支的现代汉语语法研究，则是我国语言学界最为热门、最受关注、被公认为起着引领作用的领域。

对于现代汉语语法研究，吕叔湘先生说过一段极富启示性的话：“从事现代汉语语法研究的人很多，而有成就的却并不多，为什么？有人说，跟象棋比起来，围棋易学而难精。研究现代汉语语法跟研究古代汉语语法比较，好像也有类似的情况。研究现代汉语语法无需通过文字训诂这一关，自然容易着手。可也正因为研究的对象是人人使用的现代汉语，许多语法现象已为人们所熟悉，要是没有一点敏锐的眼光，是不容易写出出色的文章来的。”[②]吕先生这段话，说理浅白而内涵丰富。他是想告诉我们，参与研究现代汉语语法很容易，但要研究好，是有难度的，关键在于是否具有敏锐的眼光。那么，眼光投向何处？如何才能造就眼光的敏锐？理论与事实相互驱动。没有理论的牵引，对事实的描写和解释便无从下手，或者只能盲目进行。反过来说，理论的生命力由事实所赋予，理论或者来自对事实的发掘，或者通过事实的检验得到确认，或者通过事实的不断发掘与检验而越发坚挺。因此，二者的良性互动，是现代汉语语法研究走向成熟的永恒主题。现代汉语语法研究工作者，必须同时把眼光投向理论与事实，通过对理论与事实的研究，培养眼光的敏锐性和透视力。

从源流上看，事实是源，理论是流。同样的事实，可以有这样那样的理论。不管采用什么样的理论，首先都必须面对事实，坚持“实事求是”的态度，以“务实”为基点。对于“实事求是”，吕叔湘先生做过很好的解释。他说：“以研究工作而论，‘实事’就是要掌握材料，材料要可靠，并且要尽可能全面。……‘求是’就是找出规律。……‘求是’还有另一方面的问题。有的同志做工作急于求成，思考一个问题的时候，灵机一动，‘如此这般’，很快就有了结论。遇到不符合他的结论的事实就想方设法把它解释掉，不愿意修改他的结论。这样‘求’出来的‘是’就靠不住了。归总一句话，‘实事求是’四个字看似容易实则艰辛，在实际工作中时刻想到它是有好处的。”[③]

二　历史脚印：从马建忠到朱德熙

我国的汉语语法研究，从来以事实为本。《马氏文通》于 1898 年问世，成就了作为一门科学的汉语语法学的第一个篇章。《马氏文通》之前的汉语语法研究，主要范围是一些虚词和若干句式，立足于学以致用，力求弄清楚相关的规律，以便准确理解古人著述。作出贡献的学者，几部已经问世的汉语语法学史都已有所记录，不再赘述。这里需要特别提出定居于国内的、具有划时代性的五位学者，略加评说，以便承传我们的优良传统。他们是：马建忠，黎锦熙，王力，吕叔湘，朱德熙。

（一）马建忠

马建忠（1844—1900），其《马氏文通》用例引自先秦两汉的古文，但作为中国第一部系统的语法学著作，对现代汉语语法研究具有深远的影响。《后序》中，马氏写道："斯书也，因西文已有之规矩，于经籍中求其所同所不同者，曲证繁引以确知华文义例之所在，而后童蒙入塾能循是而学文焉，其成就之速必无逊于西人。"④《例言》中，马氏写道："是书本旨，专论句读，而句读集字所成者也。惟字之在句读也必有其所，而字字相配必从其类，类别而后进论夫句读焉。"⑤可知，此书的写法，是借用西方的"规矩"；此书的目的，是促进中国的教育；此书的学术观点，则着重强调了"句读"在汉语语法中的重要地位。由于受到时代的限制，马氏不可能达到他的目的，实现他的追求，充分发挥自己的理念，然而，他的"曲证繁引"，他的许多论说，包括句子的分类、特定句式的构成状态、虚字的使用等等，都表明了他是十分务实的，是两只脚站在中华文化的大地之上的。

（二）黎锦熙

黎锦熙（1890—1978），在汉语言文字研究、教学与相关工作上有多方面的突出贡献。其《新著国语文法》（1924），以西方"纳氏文法"为主要蓝本，通过对白话文的深入分析与思考，创建了一个"句本位"的语法系统，产生了巨大的影响。从总体上看，"句本位"系统的厘定与阐述尽管存在严重的缺失，但"句本位"的提出，却说明了黎氏充分重视汉语语法不同于形态丰富的西方语法的特点。这是汉语语法研究的一大飞跃。从具体问题看，黎氏提出了相当多的论断，都是脚踏实地研究汉语的成果。比如关于"双宾语"，黎氏指出："有一种外动词，表示人与人之间（或者人格化的事物之间）交接一种事物的，如'送''寄''赠''给''赏''教授''吩咐'等，带两个名词作宾语，叫做'双宾语'。"⑥他关于"双宾语"的论说，具有强大的生命力。另外，即使是现今已经无人过问的图解法，其实还是存在许多令人得到启示的合理因素，浸透了黎氏的心血。诚然，黎氏是继马建忠之后，努力揭示汉语语法特点的一位大师，他的著作充分显示了他的务实精神。

（三）王力

王力（1900—1986），在多个领域取得过杰出成就的一位语言学大师。就汉语语法研究而论，他在“语法革新”过程中起到了重要的推动作用。他的语法研究，曾接受丹麦语言学家奥托·叶斯珀森（Otto Jesperson）《语法哲学》中所提学说的影响，但是，他所关注的，他所系念的，是要研究汉语的特点。1936 年 1 月，他发表论文《中国文法学初探》，文中旗帜鲜明地指出：“我们对于某一族语的文法的研究，不难把另一族语相比较以证明其相同之点，而难在就本族语里寻求其与世界诸族语相异之点……此后我们最重要的工作，在乎努力寻求中国文法的特点。”[⑦]后来，他相继推出《中国现代语法》（1943）、《中国语法理论》（1944）以及《中国语法纲要》（1946）等著作；他以《红楼梦》为主要研究对象，建构出了富于自我特色的汉语语法体系。王力先生一贯主张语言研究应以占有广博的语言材料为基础，他在黎锦熙先生提出的“例不十，不立法”[⑧]的基础上，进一步提出“例外不十，法不破”的研究原则[⑨]。王力先生不仅毕生探求汉语语法的特点，毕生探索研究方法与研究道路，特别可贵的是，他能够从语言运用的客观实际出发，不断修正自己的观点，不断提升自己的认识高度。其心胸之开阔，令人敬佩。

（四）吕叔湘

吕叔湘（1904—1998），在汉语语法研究上最有威望的一位统帅式巨匠。1942 年初版的《中国文法要略》，是吕先生学术成就的第一个高峰；1979 年出版的《汉语语法分析问题》，是吕先生学术成就的第二个高峰。吕先生早年受过丹麦语言学家奥托·叶斯珀森和法国语言学家勃吕诺（Ferdinand Brunot）的影响，后来，一直到晚年，都不断关注国外理论的发展，但是，不管是他的著作还是论文，始终坚定不移地立足于汉语事实。大半个世纪里，吕先生为我们举起了一面旗帜，上面写着“务实”两个大字。只要有机会，他就讲“务实”。1980 年 10 月，在中国语言学会成立大会上，吕先生作了《把我国语言科学推向前进》的报告，用了相当长的篇幅论述“虚和实”的关系[10]；在大会闭幕词中，吕先生指出：“语言学是一门科学，在科学面前来不得半点虚假。我们要实事求是，脚踏实地地去工作，反对浮夸的学风。”[11] 1981 年 5 月，吕先生在第一次语法学术讨论会的开幕式和闭幕式上都讲了话，后来统成《扎扎实实地做好语法研究》一文[12]。1984 年，吕先生为《语言教学与研究》创刊五周年题词：“务实”[13]。1992 年 11 月在纪念赵元任先生百年诞辰学术座谈会的书面发言中，吕先生说：“元任先生的学问广博，这是无人敢否认的。最叫人佩服的是他写的文章无一篇不实实在在，毫无故弄玄虚的东西。”[14]务实，这是反映吕先生丰富的实践经验和富于远见的论述的优良学风，具有很强的矫风针对性，包含有实与虚合理结合的内核，充分重视研究工作中各个方面的辩证关系，对于我国语法研究的不断发展和走向成熟起着战略性的导向作用[15]。吕叔湘先生晚年把他自己的治学原则总结为：“广搜事例、归纳条理，反对摭拾新奇、游谈无根。”[16]吕先生的治学风范，在大家的心中竖起了一座丰碑。

（五）朱德熙

朱德熙（1920—1992），我国思想最活跃、最富创造精神的语法大家。他的一系列开创性的研究工作，为汉语语法研究开辟了一条贯通共时和历时的路子，使汉语语法研究走上了全方位、多视角的道路[17]。朱先生一方面重视吸取国外新的语法理论和方法，另一方面又善于用汉语语言事实来检验并改进这些理论和方法，从而写出切合汉语实际的高质量著作和论文。举两个相关的例子。一个是，马庆株先生回忆跟朱先生读研究生时，朱先生跟他的一段谈话。在《我的导师朱德熙先生》一文中，马先生写道：“我交的第一篇文章空谈理论，先生说：‘要务实。理论来自实践，你还没有研究的实践，怎么能写得好理论文章？要关心、注意理论问题，但现在不能搞理论。’”[18]另一个是，鲁国尧先生回忆朱先生给他的一封信。朱先生晚年讲学美国，他在写给鲁国尧先生的一封信中说："研究语音史，自然需要有一定的理论基础和方法。但历史比较语言学的根本道理还是那些，近年来虽不乏新著，但都不易读，而且其中如有新理论，亦未经时间和事实的考验，最后能不能成立还很难说。……我看主要精力和时间仍应放在语言事实的搜集和分析上。近年来，美国语言学有重理论轻事实的弊病，而且不独语言学，经济学甚至物理学亦有类似的情形。"[19]可见，说到底，朱先生是把语言事实放在第一位的。朱先生表现出了一位大家的清醒。

三 面向未来：论实互动的几点思考

促进研究工作的论实互动，涉及方方面面的问题。以下几点，特别值得思考。

1. "古为今用，洋为中用"，这是永远正确的一条原则。其中的"今"和"中"，指的是"当今中国"。从古代承传下来的理论也好，从外洋引移而来的理论也好，都必须统一到服务于当今中国的应用实践上面来。二者的靠近、沟通和结合，也许能开启一个新的局面。当今中国的语言应用实践，主要包括三大方面：第一，本国语言教育的应用实践，对象是本国学生和本国人；第二，对外汉语教学的应用实践，对象是外国学生和外国人；第三，计算机信息处理的应用实践，对象是需要学习掌握语言规则的计算机。目前，我国国学中的有关理论也好，我国语言学术刊物上成了主流的理论也好，跟我国语言应用的三大实践都存在衔接不上或者衔接不紧的问题。

2. 必须加强理论建树。缺乏理论的学科，不是坚挺的学科。我们现代汉语语法学，目前严重缺少形成体系的较为成熟的理论，短板十分明显。

理论创新的核心问题，是理论的本土化。理论的本土化包括外来理论的本土化和本土理论的提出与完善两大方面。

一方面，对国外语言学理论我们还要进一步加强引进工作，在引进的同时注意结合汉语事实来进行研究，使外来理论在汉语土壤里生根发芽，不断完善，逐渐成为能真正解决汉语语言事实的本土化理论。从目前的研究状况看，国内汉语研究主要借鉴了国外形式语法、功能语法以及认知语法的一些理论，研究成果看起来很丰硕，但是不少文章像贴标签一样，什么流行就一窝蜂地去做什么，真正有价值的理论构建很少，主要是用时髦新理论重新解释一些已往解释过的东西，对汉语研究没有多少实际意义。因此，如何加强外来理论的本土化工作应该引起整个汉语学界的重视。

另一方面，汉语学界还需要加强理论意识和自信，不断提出和完善本土理论。汉语学界一直以来对语言事实的发掘非常重视，对理论的探索、归纳与升华的工作相对而言做得较差。造成这种现象，与缺乏理论意识和理论勇气有关。和事实描写相比，理论研究要求研究者不仅要对语言事实进行仔细的观察和积累，而且需要进行抽象的概括和统摄大局的规律性抽绎，这就对研究者的研究能力提出了较高的要求。但是，我们不能因此而满足于只引进和介绍国外理论，停留在“国外理论＋汉语例子”上面。

3. 必须处理好事实发掘与理论创新的关系。我们既要反对唯“理”论，也要反对唯“实”论。唯“理”论者片面追求理论创新，不愿花力气发掘事实，在进行理论建树时，对明明同理论相悖的反例听而不闻、视而不见；唯“实”论者认为理论是虚幻的东西，对理论不屑一顾。真正适合于我国语言文字的理论，最终只能产生在我国语言文字事实的沃土之上。研究植根于汉语泥土，理论生发于汉语事实，理论创新与事实发掘是辩证统一的源流关系，不是水火不容的对立关系。在汉语事实的发掘过程中，我们既要注意发掘显性的语言事实，更要注意发掘隐性的语言事实。我们虽然已经弄清楚了一些汉语事实，但是还有许多汉语事实我们还没有认识清楚甚至根本没有注意到。汉语事实的发掘工作不是已经做得很好了，而是还远远不足。这种不足已经受到了来自理论和应用两大方面的严峻挑战。就理论而言，因为事实发掘不够，制约了外来理论与汉语事实的有效结合和本土化的进程；

就应用而言，因为事实发掘不够，目前汉语研究的成果已经远远不能满足语言教学、汉语国际传播、中文信息处理等方面需要。而科学研究的最终目的都是应用，汉语研究也不应例外。因此，现代汉语语法研究不管是现在还是将来，都必须重视事实发掘。深化事实发掘就是要“从众多的事实中发掘出值得研究的事实，从值得研究的事实中发掘出规律性，从所得的规律中发掘出理论问题，总结出研究思路和研究方法。可以认为，汉语事实的发掘，是汉语研究的根基”[20]。

4. 必须处理好外来理论引进与汉化的关系。西方语言学在漫长的发展过程中产生了许多特色鲜明的学派，拥有明确系统的指导思想。百余年来，没有外来理论的引进，便没有中国语言学的今天。对外来理论，我们永远尊重和欢迎。国外理论的“引进”和“汉化”，“引进”是先行阶段，重点在于把国外理论应用于汉语研究，举出若干汉语例子来进行演绎。而“汉化”，就是外来理论的中国化、本土化，是后续阶段，重点在于让国外理论在汉语事实中定根生发，使国外理论融入汉语研究的整体需求，从而建立起适合于汉语研究的理论和方法。这两个阶段都重要，但是最重要的还是要做好外来理论的“汉化”工作，多研究一些汉语的实际问题。如今，现代汉语语法研究已经有了一支庞大的队伍，但是，我们对现代汉语的了解程度还很不够，一些习以为常的语言现象我们常常不知道该如何去分析解说。比如，很简单的“数量词”（或叫“数量结构”和“数量短语”），我们完全弄清楚了没有？请看这样的例子：这一来，已有五七三十五柄长剑脱手。（金庸《神雕侠侣》第3回）伯父能一口气喊出满汉全席八八六十四道菜肴的名字。（尤凤伟《金龟》）如果只说“三十五柄”和“六十四道”，这是“数词+量词”，好解释。然而，上例是“五七三十五柄”和“八八六十四道”，数词部分分别为“五七三十五”和“八八六十四”，已经是数词串了。这样的数词串是先用乘法然后说出总数。可是，从语法上说，它们的结构关系是什么？还有，再看这个例子：杨过毫不容情，着着进逼，片刻之间，已连刺二九一十八剑。（金庸《神雕侠侣》第9回）这里的数词串是“二九一十八（剑）”。为什么不说“二九十八

(剑)”？汉语里常用“四字格”，这类数词串里却必须是“五字格”，那么，有没有什么规律性的东西可以挖掘出来？诚然，对汉语语言事实的追踪和深掘，会从理论上加深对汉语语法的了解。

5. 必须处理好理论传承与推陈出新的关系。任何理论都不可能包打天下，随着语言事实的不断挖掘，一些语言理论的假设很容易被证伪。今天的理论说来还头头是道，明天遇到反证时就会被一套新理论取而代之，让人觉得好像经不起时间的考验。实际上理论的嬗变是一种常态，我们应该采取宽容的态度。理论要传承，但不要固步自封、墨守成规，而是要不断推陈出新，这样才能让理论永葆青春，更加贴近语言事实。比如“永远”这个词，各种词典上都标注为副词。然而，深入发掘语言事实，就可以发现问题并不那么简单。例如：

在地震灾害中，地处深山峡谷地带的北川县城被夷为平地，1万多人不幸遇难。这成为总理心中永远的痛。（《人民日报》2011年5月11日）

远征军广大官兵为捍卫民族尊严与人类和平而舍生忘死的献身精神，更给我们留下了一笔永远的精神财富。（《人民日报》2011年5月13日）

爱心奉献在岗位，诚心服务到永远。（《人民日报》2010年8月11日）

您高尚的情操、亲切的教诲、创立的伟业，是我们最好的遗产。我们儿孙将继承您的遗志，踏着您的足迹，一直走到永远永远。（《人民日报》2011年3月23日）

这里出现的“永远”也是副词吗？应该用什么态度和方法来应对诸如此类的问题呢？

6. 必须自强自立，重视本土理论的建树。自强自立，是指不依成法，自力更生，自我创造。现代汉语研究，仅就语法而言，虽然发展速度很快，但至今仍然没有形成理论流派，距离真正成熟还需要很长一段时间。如果说，引进外来理论是发展的必要过程，那么创建本土理论便是发展的终极目标。中国语言学要真正做到同国际接轨，必须要能够跟国外理论平等对视，不能引进、引进、再引进，一味跟着跑，永远处于附庸地位。我们要有创建理论的学术自信，不能一提到理论就想到国外，一提到本土理论就显得不屑一顾。“只有一方面重视‘引进提高’，一方面重视‘自强自立’，二者相互补足，相互促进，形成良性循环，我们的语言学科才能真正发展起来。”[21]

7. 必须注意借鉴与吸收其他学科的研究理论和方法。我们在理论创新的同时，还要注意研究手段和方法的不断创新，科学发展在很大程度上得益于对研究对象的观察和分析手段的不断改进与提高。语言研究不仅要实现语言学内部各分支学科研究的紧密结合，更要实现语言研究与其他人文社会科学、与自然科学的有机结合，充分利用各个学科的先进成果，为语言研究的发展提供新的思路、新的手段、新的方法。随着时代的发展，学科之间融合的趋势日益明显，哲学、数理逻辑、统计分析、认知学科、心理科学、计算机科学等方面的知识和研究成果现在都已经运用到语言研究中，而学科交叉必然会创建出一些新的研究手段和方法，这些研究手段和方法必将为事实发掘和理论创新开辟广阔的前景。

四 结语

加强事实发掘与理论创新的良性互动，这是现代汉语研究走向成熟的必由之路。其结果，必能形成“务实创新”的大好局面，必能促进学术流派的形成。

学术流派的形成，起码要具备三个条件：其一，开辟了富于特色的学术领地，有自己的“特区”；其二，提出了标帜性的理论，有自己成套的研究方法；其三，显示了鲜明的治学特点，有上传下承并且日益壮大的穿越不同时期的学者队伍[22]。现代汉语研究的深入，特别需要出现不同的学术派别。只要形成这样那样的学术派别，现代汉语研究一定会出现更加繁荣的局面。当然，学派的形成不是一件轻而易举的事情，必须经历一个很长很长的历史阶段，需要一辈接一辈学者作坚持不懈的努力。只要汉语学界能够坚持正确的走向，现代中国语言学流派就一定会出现，现代汉语学也一定会在世界语言学研究中找到自己的一席之地。

近来，有个在汉语语法研究上已经“占领了理论的制高点”的说法。对于这一说法，仍然需要保持清醒的头脑。事情并不那么简单，并不那么轻而易举。到底是不是真正的制高点，要受到具体环境的制约。在甲环境中可以“致胜”，在乙环境中却可能“致败”。请看《三国演义》上的这段描述：

却说马谡、王平二人兵到街亭，看了地势。马谡笑曰：“丞相何故多心也？量此山僻之处，魏兵如何敢来！”王平曰：“虽然魏兵不敢来，可就此五路总口下寨；却令军士伐木为栅，以图久计。”谡曰：“当道岂是下寨之地？此处侧边一山，四面皆不相连，且树木极广，此乃天赐之险也：可就山上屯军。”平曰：“参军差矣。若屯兵当道，筑起城垣，贼兵总有十万，不能偷过；今若弃此要路，屯兵于山上，倘魏兵骤至，四面围定，将何策保之？”谡大笑曰：“汝真女子之见！兵法云：凭高视下，势如劈竹。若魏兵到来，吾教他片甲不回！”平曰：“吾累随丞相经阵，每到之处，丞相尽意指教。今观此山，乃绝地也：若魏兵断我汲水之道，军士不战自乱矣。”（第九十五回）

马谡拒谏失街亭，终于导致了孔明挥泪斩马谡。马谡的悲剧，就在于他自以为是，他所认定的“制高点”恰恰成为他的“致败点”。从这个小故事，我们也许可以得到某种启示！

注释：

①教育部社会科学委员会秘书处组编：《中国高校哲学社会科学发展报告2006》，高等教育出版社2006年版，第285页。

②吕叔湘：《语法问题探讨集·序》，邢福义：《语法问题探讨集》，湖北教育出版社1986年版；吕叔湘：《吕叔湘全集》第十三卷，辽宁教育出版社2002年版，第212页。

③吕叔湘：《在首届青年现代汉语（语法）学术讨论会上的书面发言》，《华中师范大学学报》1986年第6期；吕叔湘：《吕叔湘全集》第十三卷，辽宁教育出版社2002年版，第143页。

④马建忠：《马氏文通》，商务印书馆1983年版，第13页。

⑤马建忠：《马氏文通》，商务印书馆1983年版，第15页。

⑥黎锦熙：《新著国语文法》，商务印书馆1992年版，第35页。

⑦王力：《中国文法学初探》，《清华学报》1936年第1期，第21～77页；王力：《王力语言学论文集》，商务印书馆2000年版，第324～374页。

⑧黎锦熙：《新著国语文法·原序》，《新著国语文法》，商务印书馆1992年版。

⑨王力：《汉语史稿》（重排本），中华书局2004年版，第23页。

⑩吕叔湘：《把我国语言科学推向前进》，《中国语文》1981年第1期，第12～18页；吕叔湘：《吕叔湘全集》第七卷，辽宁教育出版社2002年版，第7～21页。

⑪吕叔湘：《在中国语言学会成立大会上的闭幕词》，《中国语文》1981年第1期,第7页；吕叔湘：《吕叔湘全集》第十三卷，辽宁教育出版社2002年版，第114～115页。

⑫吕叔湘：《扎扎实实做好语法研究》，中国语文杂志社编：《语法研究和探索(1)》，北京大学出版社1983年版，第1～6页。

⑬见《语言教学与研究》1984年第3期。

⑭袁毓林：《纪念赵元任先生百年诞辰学术座谈会在清华大学举行》，《中国语文》1993年第1期，第73页。

⑮邢福义：《治学之道　学风先导》，《世界汉语教学》1993年第4期，第270页；吕叔湘：《吕叔湘全集》第十九卷，辽宁教育出版社2002年版，第568页。

⑯《中国语文》编辑部：《吕叔湘先生生平》，《中国语文》1998年第3期，第170页。

⑰袁毓林：《朱德熙先生评传》，袁毓林编：《朱德熙选集》，东北师范大学出版社2001年版。

⑱马庆株：《我的导师朱德熙先生》，《语文建设》1994年第2期，第43页。

⑲鲁国尧：《重温朱德熙先生的教导——为纪念朱德熙先生逝世十周年而作》，《语文研究》2002年第4期，第2页。

⑳邢福义：《我的治学经历与心迹》，《湖北师范学院学报》（哲学社会科学版）2010年第3期，第63页。

㉑邢福义：《语言学科发展三互补》，《汉语学报》2005年第2期，第6页。

㉒邢福义：《我的治学经历与心迹》，《湖北师范学院学报》（哲学社会科学版）2010年第3期，第63页。

（原载《汉语学报》2013年第3期。与谢晓明合作。）

“语言事实”的从众观

做好语言研究，必须力求穷尽地占有语言事实。

笔者写过《方位结构“X里”和“X中”》一文（《世界汉语教学》1996年第4期）。文章指出，有三种意义，适合用“里”，不适合或不怎么适合用“中”。其一，等同义。比如：四下里＝四下。其二，指代义。比如：“乡里同意了。”（“乡里”指乡干部。）其三，划界义。比如：“张三站在大门里，盯着在外面劈柴的李四。”（“大门”是划界的事物；“大门里”是指以大门为参照物的院子里头或房屋里头。）

关于等同义，文章还列举了这么几个现象：云端里＝云端；内心里＝内心；心底里＝心底；背地里＝背地；私下里＝私下；两下里＝两下；平日里＝平日；整日里＝整日；每日里＝每日；地里＝庄稼地；山里＝山区；夜里＝夜间。

现在，20个年头过去，材料掌握多了，笔者才知道，该文笼统地断定“夜里”不能说成“夜中”，这是仓促概括。因为，不管是现当代作品、近古白话作品还是文言文作品，都能见到“夜中”。例如：夜中比武，自已曾败在他手下。（金庸《射雕英雄传》）｜初时韩生与玉英往来，俱在夜中。（凌濛初《二刻拍案惊奇》）｜夜中闻有女子称冤之声。（范晔《后汉书》）

为此，笔者进行反思，觉得应该缩小范围，将“夜里＝夜间”改成“半夜里＝半夜”。例如：半夜里，西湖大姐被一阵窸窸窣窣的声音吵醒。（陈世旭《将军镇》）｜我是半夜里来的呀！（高晓声《陈奂生上城》）这是现当代的例子。又如：成老爹睡了一夜，半夜里又吐。（吴敬梓《儒林外史》）｜这贴心疼药，太医叫你半夜里吃。（施耐庵《水浒传》)。这是近古白话的例子。“半夜里”,绝对不能说成“半夜中”。当年,由于未掌握足够语料,致使文章出现了疏漏。

朱德熙先生写过《词义和词类》一文(《语法研究和探索》第五集,1911年),批评《现代汉语词典》对“出品”一词的解释。文章指出:“出品”是地地道道的名词,《现代汉语词典》误以为有动词用法,是只从对词义的朦胧的感觉出发,没有考虑它的功能和分布。

朱先生高屋建瓴,引领我们站到更高的基点上研究问题。不过,从客观存在的语言事实看,似乎应该作更多的思考。首先,能进入“不X丨X没有丨已经X了”等格式的词肯定是动词,但并非所有动词都是如此。比如“为谁着想”中的“着想”,“这妹子出落得好漂亮”中的“出落”,都不能进入上面的格式,却都不能否定是动词。其次,实例证明,“出品”有时是名词,有时是动词。比方:这是小号的出品,请各位赏光尝尝。(周而复《上海的早晨》)丨测谎器上的英文商标,被成岗一眼就认出来了:美国通用电气公司制造,1948年出品。(罗广斌、杨益言《红岩》)——前一例,“出品”用作“是”字的宾语,是名词;后一例,“出品”跟上文的“制造”相照应,显然是动词。再比方:通过调查来决定是否值得出品该影片。(网上资料[1])丨2003年吴奇隆……投资出品《完美丈夫》《新白发魔女传》《犀利仁师》《蜀山战纪》等多部戏剧。(网上资料[2])——这两例的“出品”都带上了宾语,无疑是动词。

朱先生是汉语语法学巨擘,他永远受到我们大家的景仰。然而,任何权威的论著都不可能穷尽真理。要不然,研究工作就不能再发展了。

语言具有社会性。说现代汉语的人,每个人所说的话自然都是现代汉语的语言事实。但是,不同的人,语言感觉会有所不同,对于同样的事物或现象,有可能采用不同的语言形式来表达。研究现代汉语的学者,包括语法学者,不管学问多么渊博,知识面多么宽广,都不可避免地受到个人局限性的管束。因此,在断定有没有、对不对之类问题的时候,一定要坚持从众观。不是“唯己”,而是“从众”,多考虑除了自己之外，别人会怎么说。这样，会有利于提高论断的精确度的。我想说一句比喻性的话：跳出“个人泳池”，到“社会大海”中去获取答案！

注释：

①参见 http://baike.baidu.com/link?url=tlDh3E3a3IwoLeDiA0HLx0MNinuryz8BREslVLc3cYUHbP_PTI5WaOjCEYUVKWcp。

②参见 http://news.fznews.com.cn/fuzhou/20160311/56e260908a668.shtml。

（《语言战略研究》2016 年第 4 期卷首语）

【B组】

“最”义级层的多个体涵量

0 引言

0.1 程度副词“最”，《现代汉语词典》的解释是：“表示某种属性超过所有同类的人或事物（‘我国是世界上人口最多的国家’）”；《现代汉语八百词》的解释是：“表示极端，胜过其余。”这两部权威性辞书，讲的是“最”字的最基本含义。

0.2 按照字面意义进行推论，“最X”的事物只能是位居第一的一个事物。正因如此，有些语文老师常常把学生作文中出现的“最……之一”判为病句。还有这么个小故事：1997年，吕叔湘先生还健在。当年，《语文建设》第4期发表笔者所写短文《从吕先生不讲过头话说起》，短文开头有这样的话：“吕叔湘先生是我国语言学界的一代宗师。……在我的心目中，宗师是治学和为人都达到了最高境界并且深刻地影响着整个学术界的人，而吕先生正是这样的人。”文章发表不久，一位先生来信批评说：你的文章就讲了过头话。怎么能用“最”字呢？诸如此类的事例表明，“最”字很值得讨论。

0.3 “最X”形成一个“最”义级层。“最”义级层的涵量，对于所涵容的事物来说，并非僵固不变：可以是单个体的，也可以是多个体的。本文就“最”义级层的多个体涵量问题进行专题探讨。全文包括四个部分：①“最”义级层面面观；② 多个体数量标示式；③ 多个体并列标示式；④多个体隐性总括式。文章末尾有个结束语。

1 “最”义级层面面观

1.0 观察“最”义级层的方方面面，是阐述其多个体涵量的基垫。

1.1 “最X”的客观性表述

“最X”有时是客观性表述。这是一种尊重客观事实的、讲求科学性的数字式认定。其表述的客观性，首先表现为计量测定性，其次表现为定较抉择性。

先说计量测定性。人们常说“世界之最”，或者指人口最多，或者指面积最大，或者指什么山最高，或者指什么河最长，总而言之，是指世界上某一方面排序第一的事物。而这“第一”，是可以通过计量来测定的。各种大小不同的范围里，都存在这种“最”。比如：

(1) 一个作家使用多少个词，据统计，用词最多的是英国作家莎士比亚，总数近12000个。(初中《语文》第六册)

再说定较抉择性。在社会性活动中，人们根据某种标准或条件，通过评比对确定的对象作出抉择，确认其“最”。这种“最”，一旦被确认，便成为客观事实。这是体育、电影电视等界别常见的现象。就用词而言，一般只限于“最佳”二字。例如：

(2) 潘虹……曾获“小百花奖”最佳女主角、优秀女主角奖，……(《中国人民政治协商会议第八届全国委员会委员名录》)

凡是客观性的“最”，都可以证实，可以辨伪，可以经过检测改变结论。如：

(3) 从前有人说天都最高，……据说最近实测，光明顶最高。(高中《语文》第二册)

1.2 “最X”的主观性表述

“最X”有时是主观性表述。这是一种来自主观心态的表述，属于情绪性的认定。其准确性的追求，是感情的真实，而不是计量的真实。比如：

(4) 她留给琼斯的那封信，至今她倒背如流，那是世界上最绝

望的信。(陈染《无处告别》)

这种主观性的“最”，不能证伪，不要死抠字眼。季羡林《牛棚杂忆》一书，封面上有这样的文字：

(5) 这是一本用血换来的/和泪写成的文字/这是一代宗师留给后代的/最佳礼品

这里的“最佳”，跟评比出来的“最佳女主角”之类，不应混为一谈。

在纯属私人交际的场合，比方在情人或好朋友之间，这种主观性的“最”用得更为随意：

(6) 你简直是天底下最笨的小傻瓜。(于晴《红苹果之恋》)

(7) 苏小姐脸红，骂她：“你这人最坏!”(钱锺书《围城》)

1.3 “最X”的主客观表述同X的语词性质

“最X”中，就X的性质而言，有三类：一为形容词，二为动词性词语，三为方位名词。

“最+形容词”，这是最常使用的形式。如果其中的形容词具有可以计量的意义，这一形式通常是客观性表述，比如“最宽、最古老”；反之，如果其中的形容词表示不可计量或难以计量的意义，这一形式通常是主观性表述，比如“最狠毒、最老实”。再比较：

(8) 九龙瀑曲折而下，共九截，第二截最长。(高中《语文》第二册)

(9) 孙玉华呢，最正统，正好让她去做许阳的工作。(白帆《寂寞的太太们》)

“最长”是客观性表述，“最正统”是主观性表述。

“最+动词性词语”，这是有时使用的形式。由于动词性词语表示难以计量的行为或状态，这一形式通常用于主观性表述。比如：

(10) 转学一门自己并不擅长的专业，是她最不愿意做的事，……(白帆《寂寞的太太们》)

“最+方位名词”，这也是有时使用的形式。由于方位可以测定，因而这一形式通常用于客观性表述。例如：

（11）这位文人的墓，坐落在坟地的最东边。（余秋雨《文化苦旅》）

1.4 "最X"的级度位次

孤立地看语义，"最X"处于极度级层；但是，从程度副词所形成的级度序列看，"最X"级度位次的高低却不能一概而论。

一方面，就通常情况而论，"最X"强调达到"极度"，是"程度最高"。正因如此，有人排列程度副词，顺序是：稍微—比较—相当—很—极、最。也正因如此，在主观性表述里，为了强调"最"之不可超越，有人采用了"最……不过"或"最……没有"的形式。如：

（12）这种光最神奇不过。（高中《语文》第二册）

（13）有人爱上建侯，那最好没有。（钱锺书《猫》）

然而，另一方面，"最X"所强调的"极度"是在某种特定范围内相对而言的；其实际度量，有的时候可能反而偏于低或偏于少。这受到特定语境的规约。比如：

（14）县中里学历最高的教师，也只是中师毕业。（余秋雨《文化苦旅》）

（15）怎么办？爷爷得票最多，但不是半数，也不是三分之一。（王蒙《坚硬的稀粥》）

例（14），尽管是"最高"，却也只是中级师范，实际上学历偏低；例（15），尽管是"最多"，却未到半数，实际上票数偏少。这里，"最X"的级度不及"很X"，更别说是"特别X"。可知，单线索地排列程度副词，把"最"排在"很"之上，并不科学。

1.5 "最X"事物的单个体与多个体

从涵量看，"最X"的事物可以是单个体的，也可以是多个体的。看例子：

（16）老刘这人在报社几个副社长中是学历最浅、资格最短、著作最少的一个，……（陈染《无处告别》）

（17）所有的当权派，除了最高层的少数几个天之骄子以外，几乎都是走资本主义道路的。（季羡林《牛棚杂忆》）

例（16）是单个体，所指对象只有老刘一人。例（17）是多个体，所指对象包括 abcd 等天之骄子。

2 多个体数量标示式

2.0 数量标示式，这是“最”义级层多个体涵量的第一种表现形式。如果用 S 代表句子，用 L 代表数量词语，那么采用这一形式时，句子中同时出现“最 X”和 L。即：

S〈最 X+L〉。

2.1 数量词语是“最 X”多个体的语言标志。既有定数标志，又有不定数标志。在定数或不定数标志的基础上，还可以形成指别数量标志。

2.1.1 定数标志：L 为定数词。例如：

这是我们社最了解情况的两位记者。

“两”是定数。再看几个实际用例：

（18）一进屋就见我们系最傲气的两个女生一人面前摊着本您的书，一边看一边互相赞叹……（王朔《你不是一个俗人》）

（19）门生特地从苏州带了几个名厨来，……尤其要他们将吴下三道最负盛名的菜烧好。（唐浩明《曾国藩》第二部）

（20）她接待的客人几乎都有来头，数起来共有八个最贴心的。（方方《过程》）

上三例分别用了“两个”“三道”和“八个”。既然能用“两”“三”“八”，只要是反映实际情况，自然也可以用别的定数词。

2.1.2 不定数标志：L 为概数词。例如：

这是我们社最了解情况的几位记者。

“几”是概数。概数有的偏少，有的偏多，这由具体情况所决定。例如：

（21）……最让我动心的很少几位大师中仍有……黄宗羲和朱舜水。（余秋雨《文明的碎片》）

(22) 中国男子，一度几乎成了最厌恶女性的一群奇怪动物，……(余秋雨《遥远的绝响》)

(23) 许多来自世界各国的最优秀的科学家在这里废寝忘食，没日没夜地辛勤耕耘，……(白帆《那方方的博士帽》)

(24) 一千多年来，岳麓书院的教师中集中了大量海内最高水平的教育家，……(余秋雨《文明的碎片》)

上四例分别用了“很少几位”“一群”“许多”和“大量”。既然能用“一群”“大量”，自然也能用“一批”“大批”或“成千上万”。

2.1.3 指别数量标志：这/那+L。例如：

这两位记者最了解情况。

那几位记者最活跃。

不管是定数还是不定数，为了区别事物，“数+量”的前头都可以出现“这、那”，构成“指示代词+数量词”的结构。又如：

(25) 是美国的一个教授说的，……这两个人最有嬉皮精神。(朱邦复《巴西狂欢节》)

(26) 她……转遍全城也要买回那几根最佳黄瓜。(王朔《浮出海面》)

例(25)是“这+定数(两个)”，例(26)是“那+不定数(几根)”。

L如果是“一些”，跟“这、那”组合之后一般省“一”，说成“这些、那些”。如：

(27) 直到今天，我们都没有资格去轻薄地嘲笑这些天底下最老实、最忠厚的农民。(余秋雨《文明的碎片》)

(28) 这里最早的住户，和那些最早开发它的人们，都已经风流云散了。(礼平《小站的黄昏》)

2.2 “最X”和L没有固定的先后位序。

由于小句结构成分的配置需要，“最X”和L的出现主要有三种情况。比较：

这是我们社最了解情况的几位记者。

这几位记者最了解情况。

最了解情况的是这几位记者。

前一例，代表第一种情况。“最X”和L都作定语，二者位置可先可后：最了解情况的几位记者→几位最了解情况的记者。看两个实际用例：

(29) 几个最大的坟好像还与辛亥革命有关，……(余秋雨《文明的碎片》)

(30) 她站在那里，……重温起自己在夜梦中最常出现的几个景象：……(陈染《无处告别》)

这两个例子里分别出现“几个最大的坟”和“最常出现的几个景象”。给人的感觉是：L在前时更强调L，“最X”在前时更强调“最X”。

“这几位记者最了解情况”，代表第二种情况。“这/那L+NP”用在前边，作主语；“最X”用在后边，作谓语。“最X”也可以出现在“是……的(NP)”之间，为谓语部分所包含。如：这几位记者最了解情况。→这几位记者是最了解情况的(证人)。看个实际用例：

(31) 那些分在大医院的同学最实惠，(现在连做一阑尾手术都得递红包，……)(魏润身《扰攘》)

这个例子也可以说成：那些分在大医院的同学是最实惠的。

“最了解情况的是这几位记者”，代表第三种情况。“最X的”用在前边，作主语；“(这/那)L+NP”用在后边，作“是”字的宾语。同类的例子：

(32) 最小的是一对花生双胞胎，男孩福子和女孩贵子，……(池莉《你是一条河》)

(33) 最说不清楚的是那些文人，……大半搞不清自己的案情。(余秋雨《文明的碎片》)

2.3 数量标示式中的多个体，有主客观的分别，但不一定绝对平级。

一方面，对于L事物来说，“最X”既可以是客观性表述，也可以是主观性表述。比较：

这是我们社最年轻的几位记者。

这是我们社最调皮的几位记者。

“最年轻”是客观性表述，“最调皮”是主观性。看两个实际用例：

(34) 市区两棵最大的白皮松，有一棵就栽植在著名的燕园；……（初中《语文》第六册）

(35) ……只有两支最喧闹的队伍，浩浩荡荡，消失在这么一个不大的园子里。（余秋雨《文化苦旅》）

例（34）是客观性表述。市区白皮松算那两棵最大，为大众所公认，可以测量。例（35）是主观性表述。所谓最喧闹，是说话人的笼统印象和认识，而不是通过定性、定量的评估所得到的结论。

另一方面，就L事物相互间的度量比较而言，不同个体并非绝对平级。

如果是客观性表述，那么有三种情况：

第一，甲、乙个体并列第一。例如：

(36) 他们也派了场里最高级的知识分子一男一女两个农大毕业生来学。（不光《闽西南》）

上例等于说：他们也派了农大毕业生、场里一男一女两个最高级的知识分子来学。由于都是农大毕业生，两人学历相同，因而作为农场里“最高级的知识分子”来说，分不出高低。

第二，甲、乙个体并非并列第一。例如：

(37) 中国和印度是世界上人口最多的两个国家。（中央电视台《新闻联播》）

事实上，世界上人口最多的国家，中国是第一，印度是第二。

第三，情况模糊。这是最常见的情况。例如：

(38) 至于我参加的劳动工种，那还是非常多的。劳动时间最长的有几个地方。（季羡林《牛棚杂忆》）

那“几个地方”的劳动时间长度，也许可以严格地排出一、二、三的次序，但也可能有同有异，连说话人也只有笼笼统统的感觉。

如果是主观性表述，那么，一般情况模糊。比如：

(39) 先后在巨大的社会灾难中迅速开创了“贞观之治”和“康雍乾盛世”的两位中国历史上最杰出帝王都不是汉族，……(余秋雨《文明的碎片》)

(40) ……她不懂英语，只好找一些最苦最累，收入又少的活勉强糊口。(白帆《寂寞的太太们》)

例(39)，到底哪一位更杰出，不知道；例(40)，到底什么样的活更苦更累，说不清。

总起来看，对于“最”义级层中的多个体，说话人只看重它们的级层共性，而不看重它们相互之间的差异性，听话人接受的是共性方面的信息，并不苛求一定得分出第一、第二来。

3 多个体并列标示式

3.0 并列标示式，这是“最”义级层多个体涵量的第二种表现形式。用S代表句子，用B代表并列结构，句子中可以同时出现“最X”和B。即：

S〈最X+B〉。

3.1 并列结构是“最X”多个体的另一种语言标志。看这个例子：

(41) 要在全国排出最富的家庭和个人，最前面的一大串名字大多也是山西人；……(余秋雨《文明的碎片》)

“最富的家庭和个人”，这是多个体并列标示式；“最前面的一大串名字”，这是多个体数量标示式。

在并列标示式中，并列项既有全举的，也有突举的；可以是名词性的，也可以是非名词性的；可以是加合性的，也可以是选择性的。

3.1.1 全举并列

并列项具有穷尽性。二项并列的，事物涵量为二；三项并列的，事物涵量为三。例如：

(42) 我最有名的作品是发在《小说群》上的《东太后传奇》

和发在《作家林》上的《我要说我不想说但还是要说》。（王朔《顽主》）

（43）最好是野史、艳史、秘史，纪实的有爆炸性新闻的也好卖。（张欣《爱又如何》）

例（42），并列的事物为二，它们都是“我最有名的作品”；例（43），并列的事物有三，它们都属“最好（卖的）”。

3.1.2 突举并列

并列项突出地列举若干代表性事物，后边带有“等/等等”，表示未尽。例如：

（44）……其中包括“国家图书奖”“中国图书奖”“茅盾文学奖”、“鲁迅文学奖”等最高奖项。（《小说家》1998年第4期封底）

上例四个并列项加“等”，它们都是“最高奖项”。

3.1.3 非名词性并列

并列项一般用名词性词语，但是，有时也可以用动词性或形容词性词语。如：

（45）神交和默契是最动人的。（张欣《梧桐梧桐》）

（46）女人最重要的是自重，自尊，自强，……（白帆《寂寞的太太们》）

例（45）有两个并列项，用了动词性词语；例（46）有三个并列项，用了形容词性词语。

3.1.4 选择性并列

并列项之间一般是加合关系，常用表示加合的标志“和”，或者可以添加“和”。但是，有时也用表示选择的“或/或者”。如：

（47）最差的是居委会或个体办的，无非是几个老太太合伙领着孩子玩，赚个零用钱花花。（刘震云《一地鸡毛》）

上例等于说：最差的托儿所或者是居委会办的或者是个体办的。

3.2 “最X”和B没有固定的先后位序。

由于小句结构成分的配置需要，“最X”和B的出现主要有三种情况。比较：

这是我们社最年长的老张和老赵。

我们社老张和老赵最年长。

我们社最年长的是老张和老赵。

前一例，代表第一种情况。“最X（的）”在前，作定语；B在后，是中心语。同类例子：

（48）其实我们这些人空有满腔的救国救民热情，却连最起码的柴米油盐都不懂。（白帆《寂寞的太太们》）

“我们社老张和老赵最年长”，代表第二种情况。B用在前边，作主语；“最X”用在后边，作谓语。“最X”也可以出现在“是……的（NP）”之间，为谓语部分所包含。如：我们社老张和老赵最年长。→我们社老张和老赵是最年长的（编审）。同类例子：

（49）房屋、衣服是最具体的代表，……（朱邦复《东尼！东尼！》）

“我们社最年长的是老张和老赵”，代表第三种情况。“最X的”用在前边，作主语；B用在后边，作“是”字的宾语。同类例子：

（50）中国名山间出现过的书院很多，延续状态最好，因此也最有名望的是岳麓书院和庐山的白鹿洞书院。（余秋雨《文明的碎片》）

值得注意的是：

第一，B带上“等”，可以跟“最X的NP”形成同位结构；L和“最X的NP”，不存在这种情况。比如：

我们有张甲赵乙李丙等最优秀的世界级运动员。

第二，B不能同“最X”直接构成递加式定语，这也不同于L和“最X”。但是，B如果用在“像”字后边，说成“像B这样/那样”，表示举例，则可以。比如：

我们有像张甲赵乙李丙那样（的）最优秀的世界级运动员。

我们有最优秀的像张甲赵乙李丙那样的世界级运动员。

再看一例：

(51) 创业的皇帝决不会是知识分子，只有像刘邦、朱元璋等这样一字不识的，不顾身家性命，“厚”而且“黑”的，胆子最大的地痞流氓才能成为开国的“英主”。(季羡林《牛棚杂忆》)

上例可以压缩成为：只有像刘邦、朱元璋这样的胆子最大的流氓地痞才能……｜只有胆子最大的像刘邦、朱元璋这样的流氓地痞才能……

3.3 并列标示式中的多个体，跟数量标示式一样，不管属于客观性表述还是主观性表述，都不一定绝对平级。比较：

我们社，老张和老赵最年长。

我们社，老张和老赵最难缠。

前一例是客观性表述。老张和老赵的年龄可以根据出生记录来确认。无论如何，两人不会同年同月同日同一时辰出生。后一例是主观性表述。老张和老赵谁更难缠，这无法检验，不过程度不会百分之百地等同。只是，“最年长”也好，“最难缠”也好，人们都只看重“最X”的共性，而不想弄清谁“更X”。再看这个例子：

(52) 现在最火的是《股票风云》跟《房地产经营法》，要卖您批点这书没问题。(魏润身《扰攘》)

“最火”是主观性表述。如果说成“标价最高”，便成为客观性表述。不论是主观性的还是客观性的，给人的感觉都是，排在前头的可能被认为“更X”一点。

3.4 并列标示式和数量表示式，可以在一个小句中交合使用。这时，“最X”、数量词语和并列结构三者句中同现，合指相同对象。即：

S〈最X+L+B〉。

比如，“我最长的两部书是《糖史》和《密林弥勒会见记剧本译释》”，既出现了“最长”，又出现了数量词语“两部”，还出现了并列结构“《糖史》和《密林弥勒会见记剧本译释》”。又如：

(53) 中国当代最负盛名的一批作家，如郭沫若、茅盾、巴金、老舍、叶圣陶、冰心、孙犁、萧乾、王蒙等等，都曾欣悦地将他们的力作交由百花文艺出版社出版。(《小说家》1998年

第4期封底）

上例既出现了“最负盛名”，又出现了“一批”，还出现了“郭沫若、茅盾、巴金、老舍、叶圣陶、冰心、孙犁、萧乾、王蒙等等”。

从相互关系看，在这种“三结合”用法中，“最X”和L之所指是上位事物，而B之所指则是下位事物。它们在句子里不管如何配置，B都是对L的解注，或者说，B都是L的具体化。比如：

(54) 这个世界给人弄得混乱颠倒，到处是磨擦冲突，只有两件最和谐的事物总算是人造的：音乐和烹调。（钱锺书《写在人生边上》）

(55) 著名的反清义士函可在东北流放时最要好的那些朋友李裀、魏琯、季开生、李呈祥、郝浴、陈掖臣等几乎都是被贬的清朝官吏，……（余秋雨《文明的碎片》）

这两例，“最X”、L和B的配置情况并不相同，然而，有一点是相同的：“音乐和烹调”是“两件最和谐的事物”的具体化；“李裀、魏琯、季开生、李呈祥、郝浴、陈掖臣等”是“最要好的那些朋友”的具体化。

从实际作用看，这种“三结合”用法双角度地反映了“最”义级层的多个体涵量，同时也更强调了不同个体在“最X”上的共性。这个例子很能说明问题：

(56) 我当时最羡慕、最崇拜的是三种人：老干部、解放军和工人阶级。……在我眼中他们都是“最可爱的人”，是我终生学习也无法赶上的人。（季羡林《牛棚杂忆》）

老干部也好，解放军也好，工人阶级也好，这三种人中的哪一种都是“最羡慕、最崇拜”的对象，都是“最可爱”的人。

4 多个体隐性总括式

4.0 隐性总括式，这是“最”义级层多个体涵量的第三种表现形式。用S代表句子，用M代表总括义名词，句子中同时出现“最X”

和 M。即：

S〈最 X+M〉。

4.1 隐性总括式的构成，是由于在句子里配置了总括义名词。总括义名词泛指一类人物，语义上隐含多个体。从句法配置的不同状况看，隐性总括式主要表现为四种模态。比较：

最敢说话的记者大受欢迎。

群众需要最敢说话的记者。

他是最敢说话的记者。

他们都是最敢说话的记者。

四个例子各代表一种模态。其中的“记者”，泛指一类人物，是总括义名词。

4.1.1 模态 1：最 X 的 M · VP。

“最 X 的 M”用于主语部分，“最 X”和 M 之间隐含“那一部分、那些个”之类意思，可以说成“最 X 的+那一部分+名词”，向数量标示式转化。比如：最敢说话的记者大受欢迎。→最敢说话的那一部分记者大受欢迎。同类的例子：

(57) 直到 20 年前，还只有最勇敢的人才敢冒险飞行。(初中《语文》第六册)

(58) 李亚有观点云：在社交的场合中，最受众人注目和宠爱的女人第一是家庭地位很高的，第二是自身容貌美丽的，第三是才华横溢的。(方方《白雾》)

例 (57) 等于说“最勇敢的那一部分人”，例 (58) 等于说“最受众人注目和宠爱的那一部分女人”。

有时，只出现“最 X 的”，但可以补出 M。比如：

(59) 最不济的当然是上中学上技校，……(魏润身《扰攘》)

上例等于说“最不济的那一部分人”。

4.1.2 模态 2：～VP · 最 X 的 M。

“最 X 的 M”用在 VP 后头，作宾语。可以添加含并列成分的“像”字结构，说成“像 abc 那样的+最 X 的+M”，向并列标示式转化。比如：群众需要最敢说话的记者。→群众需要像孙康、赵民那样的最敢说话的记者。又如：

(60) 老板就愿意聘最好的歌手，……（王金华《走出伊甸园》）

上例可以说成：愿意聘像宋祖英、孙悦那样最好的歌手。同类的例子：我要开最时髦的轿车。|你应该考最著名的大学。|他想去最容易施展才能的单位。

4.1.3 模态3：他是最X的M。

"最X的M"用作"是"字的宾语，断定事物之所属。句子的主语用单数人称代词"他、我、你"，或者用单称名词。等于说：某个人是最X的M之一。比如：他是最敢说话的记者。→他是最敢说话的记者之一。又如：

(61) 那些天，我是《屈原》最忠实的观众。（王朔《浮出海面》）

上例等于说"我是《屈原》最忠实的观众之一"。如果把其中的"我"改写为"张玉珍、李小松"之类，便成为单称名词作主语。

4.1.4 模态4：他们是最X的M。

"最X的M"用作"是"字的宾语，断定事物之互等。句子的主语用复数人称代词，或者群体性名词语。等于说："某类人物之中的任何一个都是最X的M。"比如：他们都是最敢说话的记者。→他们之中任何一个都（是）最敢说话（的记者）。又如：

(62) 他们是我最好的朋友。（王朔《顽主》）

意思是：他们之中的任何一个都是我最好的朋友。"他们"是复数人称代词，假若换成"当地猎人"，便是群体性名词语做主语：当地猎人是我最好的朋友。

这类说法，如果简省"是……的M"，便成为"他们最X"：

(63)（夏天穿的单薄乳晕还很分明呢，我觉得）不戴罩子的女人最性感。（马兰《桂圆干》）

有的句子里两个"最X"应合使用，实际上分属两种模态。如：

(64)往往最不值得捧的人最需要捧,……(王朔《你不是一个俗人》)

"最不值得捧的人",即"最不值得捧的那一部分人",是第一种模态;这一部分人,他们之中的任何一个往往都"最需要捧",这是第四种模态。

4.2 如果说数量标示式和并列标示式是"最"义级层的有标志形式,那么,隐性总括式便是无标志形式。个别隐性总括式,比如"最高学府",已经进入词汇层面,肯定表示多个体;然而,作为无标志形式,就一般情况而言,隐性总括式中的多个体,不管是客观或主观性表述,都具有较大的模糊性。比如:

他是最佳射手。

他是最热情的观众。

前一例是客观性表述,有两解:一是名列第一的最佳射手,二是最佳射手之一。如果脱离语境,很难断定是哪个意思。后一例是主观性表述,也有两解:一是名列第一的热情观众,二是最热情的观众之一。由于主观色彩很浓,人们一般都会将其理解为"之一"。

以下三点,值得注意:

第一,隐性总括式的四种模态,在表意的模糊性上有所不同。

模态4不模糊。这是因为,主语"他们"之类表示复数,句中往往还出现"都",这就规定了相应的宾语"最X的M"自然也是多个体的。这一模式,也许可以认为是准数量标示式。

模糊的是模态1、2、3。比如:最有威望的教授才可以当选。(模态1)|我们拥有最有威望的教授!(模态2)|他就是最有威望的教授!(模态3)前一例,可以当选的,到底是最有威望的那一位教授,还是最有威望的那一部分教授?中间一例,我们拥有的,到底是一位最有威望的教授,还是"像a教授、b教授、c教授那样的"若干位最有威望的教授?后一例,"他"到底是教授中绝对的天字第一号人物,还是最有威望的教授之一?都可以有两种理解。

第二,语境的规约,可以避免涵量的模糊。所谓语境的规约,往往表现为在上下文中使用特定的照应词语。比如："最有威望的教授才可以当选。已当选的张李二位，都是最有威望的教授！"由于下文出现了"张李二位"和"都"，这就确定地表明了是"最有威望的那一部分教授"的意思。又如：

(65) 她们却要长年累月在上面干活，肯定得是最有勇气、最有胆量的女孩才能胜任。(王朔《空中小姐》)

这一例，上文有照应词语"她们"，这决定了指的是"最有勇气最有胆量的那一部分女孩"。

第三，为了适应特定的语用需要，可以有意地利用说法的模糊。看这个例子：

(66) 世界金融杂志点评全球金融机构
交通银行被评为中国最佳银行

这两行字，见于笔者住宅附近一家交通银行门口挂着的一条红色大横幅。有两解：第一，被评为最佳银行的有几家，交通银行是其中的一家；第二，只有交通银行是"最佳"，其他银行如中国人民银行、工商银行、建设银行等等都不是。

乍一看到，笔者就推想：最有可能是第一种含义，该银行是利用模糊说法来加大溢美性宣传的信息量；如果是第二种含义，该银行不会放过独自突出的机会，一定会写成："交通银行被评为中国唯一最佳银行。"果不其然，后来听广播，笔者才知道是："中国人民银行被评为中国第一家最佳银行。"

4.3 跟隐性总括式相关，有三个特殊的表现形式。它们的使用，都取决于"最"义级层具有多个体涵量的逻辑基础。

4.3.1 "最……之一"

实际语言运用中，常见"最……之一"的说法，即"某人或某物是最X的M之一"。一旦出现"之一"，"最X的M"的多个体涵量便显性化了。例如：

(67) 冰心是五四以来最有影响的儿童文学作家之一。(初中《语文》第六册)

(68) 沙漠是人类最顽强的自然敌人之一。(初中《语文》第三册)

显然,"最有影响的儿童文学作家"、"人类最顽强的自然敌人"都有一些,而"冰心"和"沙漠"分别是其中的一个。

凡是说"最……之一"的,肯定不是唯一"最X"的人或事物,即不是唯一的第一名。有的,也许是并列第一中的一个;大多数,肯定不能排名第一。不管是哪一种情况,采用这一说法都是为了极力强调所说的人或事物应属"最"级层次。

4.3.2 "最最"

实际语言运用中,还常见"最最"的说法,即"最最X的M"。一旦说成"最最X",就意味着"最中有最",从而显示出"最X"所涵容的事物可以是多个体的。例如:

(69) ……从永定门往北看一眼望到箭楼的是北京最最热闹的前门大街。(魏润身《扰攘》)

(70) 他们发明创造的天才表现得最最突出的地方,却是晚间训话。(季羡林《牛棚杂忆》)

这两例表明:北京最热闹的大街有好些个,前门大街是最中之最;最突出的天才创造有好些个,晚间训话是最中之最。

"文革"期间常常听到"最最最最"。那种极尽歌颂之能事的话风和文风不值得提倡;但从语用心理看,这正反映了人们的一种潜意识:"最X"可以是多个体的。不然,为什么还要"最最",甚至还要"最最最最"?

4.3.3 "第二最X"

实际语言运用中,还可以见到"第二最X"的说法。这一说法,同样建立在"最X的M"涵容多个体事物的逻辑基础之上。比如:

(71) 这是北京第二座最大的王府,仅比怡亲王允祥的府邸略小一点,……(二月河《雍正皇帝·恨水东逝》)

上例等于说:北京最大的王府有多座,其中怡亲王府邸是第一,而这座廉亲王府邸是第二。

有第二，就有第三、第四。只是，位次越后，采用这一说法的可能性越小，因为可能超出人们期望的评价级度。然而，不管怎样，这类现象都进一步证明了“最X”的事物既可以是多个体的，又可以是非第一的。

5 结束语

5.1 本文管“最X”所涵容的事物数量叫作“最”义级层的涵量。大量语言事实表明，“最”义级层可以有多个体涵量。其表现形式，有三种：

Ⅰ 多个体数量标示式：S〈最X+L〉

Ⅱ 多个体并列标示式：S〈最X+B〉

Ⅲ 多个体隐性概括式：S〈最X+M〉

前两种是有标志形式，后一种是无标志形式。此外，还有几个派生的特殊表现形式，包括“最……之一”形式、“最最”形式和“第二最X”形式。

5.2 自然语言表述系统，不等同于简单的形式逻辑推论系统。在自然语言表述系统中，“最X”可以是客观性表述，也可以是主观性表述。由于主观情绪的干预，又由于有多个体涵量的逻辑基础，这就决定了被形容为“最X”的事物不一定是事实上位居第一的事物，也决定了多个事物可以被共同强调为“最”级事物，在某个时候、某种程度上显示出模糊说法的语用价值。“在我的心目中，宗师是治学和为人都达到了最高境界……的人”这个判断毫无问题。首先，“在我的心目中”表明这是个人看法，不想强加于人；其次，堪称“宗师”的大学者不只一人，当说他们之中哪一位“治学和为人都达到了最高境界”时，绝对没有说他是“天下第一”的意思。

5.3 汉语的词汇词义的分析研究，应该同语法语用的分析与研究结合起来。所谓词汇词义，是指词汇系统中一个一个语词的基本含义；所谓语法语用，是指语词在特定语法组合中的实际运用。孤立的词汇词义层面的分析，只能获得最基本的了解；衔接上语法语用的分析，才有可能获得深入而全面的认识。这种接轨研究，具有普遍意义，并非“最”字如此。比方“没”，从词汇词义的角度说，“没”就是“没”，就是零；但从语法语用的角度说，“没”不一定完全没，可能不是零（参看邢福义《从语言不是数字说起》）。又如“兄弟”，就加合型用法来说，所有词典都解释为“哥哥和弟弟”；然而，在实际运用中，有时则指“哥哥或弟弟”，有选择性：他没有一个兄弟（参看邢福义《说“兄弟”和“弟兄”》）。诚然，在特定的语法环境中，在语言的动态应用中，词语的含义往往比词汇角度的解释要丰富得多。

主要参考文献：

[1] 中国社会科学院语言研究所词典编辑室. 现代汉语词典 [M]. 北京：商务印书馆，1994.

[2] 吕叔湘. 现代汉语八百词 [M]. 北京：商务印书馆，1980.

[3] 萧国政. “类较”和“最……之一”[J]. 语言学通讯，1985 (5).

[4] 舒邦新. “最……之一”的语法结构和语义功能 [J]. 襄阳师专学报，1987 (2).

[5] 王群生. “最最”成因初探 [J]. 语言学通讯，1991 (1-2).

[6] 邢福义. 从语言不是数字说起 [J]. 语言文字应用，1995 (3)：21-23.

[7] 邢福义. 说“兄弟”和“弟兄”[J]. 方言，1999 (4)：241-248.

（原载《中国语文》2000 年第 1 期）

说“V一V”

0 前言

本文重点讨论“V一V”同“VV”的差异。“V一V”是在动词重叠形式中嵌入“一”字的形式。“V”代表动词的原状形式；“VV”代表动词的重叠形式；“VV”中嵌入“一”字，便成为“V一V”。文章分五个部分展开：1）对“VV”的观察；2）从句法格局看“V一V”和“VV”；3）从表意关系看“V一V”和“VV”；4）“V一V”的未然和已然；5）语值因素。

一年前的一个晚上，香港中文大学一位学者打来长途电话，问我“V一V”和“VV”到底有什么不同，能否用最简明的语言迅捷地告诉学生。很惭愧，我没能给出满意的答案。本文为一年多来参阅文献和观察思考之浅见。文章认为：“VV”在时量上表示动作的短摆，在分量上表示动作的轻化，在说话口气上表示动作的随意。“V一V”和“VV”是同义形式，二者从时量和分量上看不出有什么区别。它们的细微差异，除了在句法格局和语义关系两个方面反映出某些倾向性，主要表现为在说话口气上有不同的语用价值：“VV”是自由式，“V一V”是郑重式。

在社会科学院语言研究所建所50周年的喜庆日子里，谨将此文献上。心诚情挚，寄寓敬意。

1 对“VV”的观察

了解从“V”到“VV”所起的变化，是讨论“V一V”的铺垫。

这需要从动作时量、动作分量和说话口气三个角度来观察。

1.1 动作时量

任何动作都跟时间过程相联系，都有一种时量。从这一角度看，“VV”表示V动作的“短摆”，即短暂性摆动。以“笑”来说，从理论上讲，它代表这一动作的全程，而一旦说成“笑笑”，便被短摆化，便从形式上标示出和认定了是笑的短暂性摆动。

短摆是“VV”的时量共性。其中的“摆”，即摆动，其频率多少不能一概而论。

首先，大多数情况下，“VV”表示多次反复，有时则表示迅速完成。比较：

开轿车→开开轿车

请让路→请让让路。

当说“开开轿车”的时候，“开开”摆动频数，多次反复；当说“请让让路”的时候，“让让”摆动简促，迅速完成。所谓迅速完成，是否只是一次，这是模糊的。

其次，摆动频率的多少，取决于具体动作的实际涵量。例如：

(1) 宋先生已经二十有九了，至今仍没结婚，业余时间，读读诗文，看看戏，别的便没有什么了。(石钟山《角儿》)

(2) 你们请坐，我去去就来。(二月河《乾隆皇帝·夕照空山》)

由于动作的涵量有所不同，例(1)的“读读(诗文)”和“看看(戏)”都表示反复多次，而例(2)的“去去”却不是多次反复。即使是同一形式，在不同语境的规约下，动作涵量有所不同，摆动的频率也会不一样。比较：

(3) 我好动，只要在什么地方呆上三年五载，就要想办法挪挪。

(4) 三人中年长一点的……指着乾隆的桌子笑道：“叫他两个挪挪，……”(二月河《乾隆皇帝·夕照空山》)

同是“挪挪”，语境不同，语义有异：例(3)有多次反复的意思，例（4）则只是“叫他两个挪开，让出位置”，而不是反复地挪动。

最后，应该指出：“一下”是跟“VV”的短摆意义最靠近的词汇形式。教科书里常说，动词重叠一般表示“一下”的意思，这种通俗性的概括用于教学比较方便，没有什么不可以。也许有人会以为，动词重叠实际上更多是表示动作的多次反复，因此说表示“一下”不妥。其实，“一下”不是准确计量的单纯数目字，不一定就是“唯一”一次。比方：

（5）哎，你出来帮我扶一下长梯子。我要爬上去油漆招牌哩。（蔡其康《沙葬》）

（6）你去煮点热水，我替你把头好好洗一下，上边沾着油漆呢。（蔡其康《沙葬》）

例（5）相当于“帮我扶扶长梯子”，例（6）相当于“把头好好洗洗”。“扶一下”也好，“洗一下”也好，动作频率都是模糊的，但可以肯定，总要持续反复一个时段，不会一动就戛然而止。

1.2 动作分量

任何动作的施行，都有一定的分量。从这一角度看，“VV”表示V动作的轻化。以“笑”来说，它代表这一动作的全量，而一旦说成“笑笑”，便被轻化，便从形式上标示出和认定了对“笑”的全量的减轻。

动作分量的轻化，受到两方面因素的制约。

第一，主控性。动作为主动者所特意启动、特意控管，“VV”是有意识的行为活动，是主动者对V的一种特意处置。非主控场合，不用“VV”。比较：

（7）我这就回家跟爹妈好好说说，过两天就来回话。（蔡其康《沙葬》）

（8）陈武桥说：你说吧。（池莉《你以为你是谁》）

例（7），“说说”为“我”所特意启动，特意控管。例（8）有两个“说”。第一个“说”是客观上自然发生的行为，不存在特意启动和控管的问题，不能说成“陈武桥说说”；第二个“说”表示全量，由于可以由“你”所特意控管，因此，若有表达的需要，也可以说成“你说说吧”。

第二，轻化场合。轻化是动作的聚合全量被离析减轻；凡不许离析减量的场合，即使存在主控性关系，也不用“VV”。比较：

他呀，有时还写写文章！

别闹，你爸爸在写文章！

前一例，“写写”表明“写”被分解离析为若干个动量单位，并且只选择了其中一部分动量单位，因此，“写写”的动量要比“写”大大减轻。后一例，尽管“爸爸”和“写”之间也存在主控关系，但由于“写”被看成一个不许离析的动量，因此不能说成“别闹，你爸爸在写写文章”。

一般地说，分量的轻化和动量的短摆并发并存。短摆是“VV”重叠式带有的时间义，轻化是“VV”重叠式带有的程度义。

1.3 说话口气

对于动作的施行，说话人表述时在口气上带有某种主观认定的评估值。从这一角度看，“VV”表示动作的随意。比如，当把“笑”的活动表述成“笑笑”的时候，说话人已经赋予了行为随便的评估语气。

关于说话语气的随意性表述，应该强调以下两点：

第一，表述者不一定是动作施行者。例如：

(9) 她跟小谢没法比，……只会教个加减乘除，哄哄孩子。(李佩甫《羊的门》)

表述者是“我”，动作施行者却是“她”。如果说成“我跟小谢没法比，……只会教个加减乘除，哄哄孩子”，表述者和动作施行者才是一致的。然而，不管怎样，说“哄哄”，都是用随便口气叙家常。

第二，所谓“随意”，包括随便、活泛、松散、不经意、不正儿八经，如此等等，不一而足。所有这些，都是在具体的语用环境中显示出来的特定的语用价值。比如：

(10) 我们过的日子简单，大部分时间用于舞蹈，偶尔出门看看专业歌舞团的演出，与陆伟他们打打球泡泡茶，有时逛逛街给

她买新衣服和化妆用品，……（李弘《春江花月夜》）

(11) 偶尔有些闲着无实的官员到这儿下下象棋，打打扑克，跟诸葛小姐献献殷勤开开玩笑什么的。（陈国凯《当官》）

例 (10)，连续使用了四个“VV”，生动地表现了“我们过的日子”多么简单而轻松。例 (11)，连续使用了四个“VV”，形象地摹写出那些“官员”不干实事，清闲无聊混日子的状态。诚然，严肃庄重的场合，沉稳凝重的场合，沉闷压抑的场合，不会采用这类说法。例如：

(12) 尹继善是姨太太生的，不但自己在家里低人一等，也眼见母亲在父亲和大娘面前站班、端茶、递巾、点烟，低眉顺眼地苦熬。……这是他一辈子的隐痛隐恨，火印一般烙在心上。（二月河《乾隆皇帝·夕照空山》）

上例写的是“苦熬”境况，反映的是一种沉闷压抑的心情，“站班、端茶、递巾、点烟”不能说成“站站班、端端茶、递递巾、点点烟”。

由于口气的随便、活泛，“VV”说法有时用来讥讽点什么，这是很自然的。比如：

(13) 什么歌谣这么好笑？……当当小官 / 坐坐小车 / 看看小报 / 卡卡小腰 / 仰仰小脸 / 喝喝小酒 / 收收小礼 / 吹吹牛皮 / 拍拍马屁 / 总结总结经验 / 汇报汇报成绩 / 欢迎欢迎上级 / 批评批评下级（张继《乡选》）

如果说短摆是一种时间义，轻化是一种程度义，那么，随意便是一种语用值。事实表明，“VV”重叠式往往为适应某种语用需要而采用，不完全是一种纯语法形式。

2 从句法格局看“V 一 V”和“VV”

“VV”在小句中使用，受到特定的小句句法格局的规约，有时不大能嵌入“一”，或者倾向于不嵌入“一”。

2.1 “多 VV”的格局，倾向于不嵌入“一”。例如：

应该多听听各种不同风格的演唱!

→ 应该多听一听各种不同风格的演唱！(?)

应该多看看《红楼梦》《水浒》等古典名著！

→ 应该多看一看《红楼梦》《水浒》等古典名著！(?)

上面说过，“一下”也可以涵容“多”。“一”字情况相同。但是，一旦形式上出现“多”字，“一”字便不好再出现。看个实际用例：

(14) 你再多看看还有什么没解决的关键问题？(不光《闯西南》)

上例如果说成“你再多看一看……”，总觉得不如“你再多看看……”自然。

由于“多”和“一”倾向于不同现，跟“多”意义相通的“左右、前后、上下、里外”等，当它们出现在“VV”前头时，也以不再加“一”为更自然的说法。例如：

(15) 高恒左右看看，说道：“这个马头镇我听说过，……”(二月河《乾隆皇帝·夕照空山》)

(16) 她前后望望，见没人注意自己，迅速地从书包里掏出了小镜子，……(梁晓声《婉的大学》)

2.2 “VO”如果是两个音节，小句中的“VVO”三字格局倾向于不嵌入“一”。例如：

我要看看戏！

→ 我要看一看戏！(?)

我还要听听歌！

→ 我还要听一听歌！(?)

同类的例子：做饭｜炒菜｜挑水｜钓鱼｜养花→做做饭｜炒炒菜｜挑挑水｜钓钓鱼｜养养花（＋）→做一做饭｜炒一炒菜｜挑一挑水｜钓一钓鱼｜养一养花（?）。又如：

(17) 吃点点心，我陪你说说话，……(二月河《雍正皇帝·恨水东逝》)

这一例，如果说成“我陪你说一说话”，便十分别扭。

上面列举的“VO”，近似短语词；下面，还可以分别从“词”和

“短语”两个方面来检视：

一方面，“VO”是定型的动宾式动词。它们的“VVO”重叠式，通常排斥“一”。比如：聊天｜帮厨｜讲课→聊聊天｜帮帮厨｜讲讲课（+）→聊一聊天｜帮一帮厨｜讲一讲课（—）。又如：

（18）陪我就在这散散步，用过点心，我们到景陵去瞧十四爷。（二月河《雍正皇帝·恨水东逝》）

（19）睡不着，闭着眼养养神也是好的。（二月河《雍正皇帝·恨水东逝》）

“散步”可以叠成“散散步”，不好进一步说成“散一散步”；“养神”可以叠成“养养神”，不好进一步说成“养一养神”。

另一方面，“VO”是典型的动宾短语，重叠成为“VVO”之后，不一定不能接纳“一”，但仍然以不用“一”为常例。比如：

看海 → 看看海 → 看一看海

这三个形式都能成立。但一进入小句：“我想去三亚看看海。”这就比说“我想去三亚看一看海”要自然得多。

2.3 “VV”后边如果带上形容词补语，形成“VVA”的格局，那么倾向于不接纳“一”。先看A为单音节的例子：

（20）你的头有点乱了，让我替你做做好。（徐卓人《秀发》）

（21）你安排的事他不办，也没有什么大恶意，撇撇清而已。（二月河《乾隆皇帝·夕照空山》）

上例不大能说成“做一做好”“撇一撇清”。再看A为双音节的例子：

（22）他们这是干的什么事嘛！我去跟他们说说清楚！（孙春平《古辘吱嘎》）

（23）现在勒敏已逃往云南，在钱度那里等奴才的信儿，也该叫到主子跟前问问明白。（二月河《乾隆皇帝·夕照空山》）

上例也不大能说成“说一说清楚”、“问一问明白”。

“说说清楚”之类由“说一说，说清楚”之类凝缩而成。保留“一”字，并非绝对不可能；只是凝缩形式尽量求简，因而一般都不再多用个“一”字。1996年七八月间的一个晚上，中央电视台现场直播两位女乒乓球选手的擂台赛，笔者曾听到下面的说法，算是特例：

(24) 桌面上有了汗水，服务员跑上去揩一揩干净。(解说人的口头说法)

2.4 “VV”如果是双音节动词的重叠，偏向于不接纳“一”字。比较：

请你帮我照看照看这几个孩子。

→请你帮我照看一照看这几个孩子。(?)

你要好好回想回想这件事情的经过。

→你要好好回想一回想这件事情的经过。(?)

“照看照看”这种四字重叠式，如果变换为同义说法，更常见的是双音动词带“一下”。例如：

(25) 这件事嘛我还真的说不清楚，其实你们可以自己去县里打听一下，……(杨金远《县长职业班招生》)

(26) 他既不关心他的军队，也不喜欢去看戏，也不喜欢乘着马车去游公园——除非为了去炫耀一下他的新衣服。(初中《语文》第一册)

在双音动词重叠式中加“一”，这种用法不是没有。近代白话文作品里，现代早期文学作品里，偶尔可以见到。比如《红楼梦》：“贾母原没有大病，不过是劳乏了，兼着了些凉，温存了一日，又吃了一剂药疏散一疏散，至晚也就好了。”不过，总的说来，由于汉语语法结构具有趋简性，这就决定了“看看”比“看一下”常用，因为“看看”趋简，少了一个音节；相反，“照看一下”比“照看一照看”常用，因为“照看一下”趋简，少了一个音节。

2.5 在一些特殊格式里，“VV”排斥“一”，或倾向于不用“一”。一种特殊格式是“VV归VV”，前后两个“VV”同形。例如：

(27) 说说归说说，哪里得这五十万呢？(二月河《雍正皇帝·雕弓天狼》)

上例似乎很难说成“说一说归说一说，……”。

另一种特殊格式是“你 VV 我，我 VV 你”，前后两个“VV”同形，前后两个句子主宾互易。例如：

(28) 准备要大闹一通的小伙子们，都被这突如其来的形势给吓得一愣，你看看我，我看看你，僵在那儿了。(浩然《新媳妇》)

上例若说成“你看一看我，我看一看你，僵在那儿了”，没那么顺畅。

3 从表意关系看“V 一 V”和“VV”

在某些情况下，由于表意上的原因，“VV”不大能嵌入“一”，或者倾向于不嵌入“一”；相反，在某种情况下，“V 一 V”能说，“VV”反而不能说。

3.1 有时，“VV”重在表示分量的轻化，而不重在强调时量的短暂。这时，一般不说“V 一 V”。例如：

(29) 谁来看看？别叫猪拱了。开锅后十分钟端下来。(阿城《棋王》)

(30) 至于孩子，可以先送到他奶奶那里，寒暑假再回去看看他。(百帆《寂寞的太太们》)

(31) 张秋明……恶狠狠地盯了尹继善一眼，从牙缝里迸出一句话：“我得好好谢谢制台了。”(二月河《乾隆皇帝·夕照空山》)

例 (29) “看看”跟“看管”同义，例 (30) “看看”跟“看望”同义，例 (31) “谢谢”跟“感谢”同义，这些“VV”都重在 V 的语意轻化，而不重在强调短暂摆动。

3.2 有时，“VV”在小句联结中参与构成“……又/再……”的连贯格局，有“V 了 V”的意思。这时，若要在“VV”之间嵌字，更倾向于嵌“了”，而不大倾向于嵌“一”。例如：

(32) 他看看草顶，又看看在门口转来转去的猪，……半晌才说：“不错，真的不错。……”(阿城《棋王》)

(33) 看看刘哥，再看看照片，我试探着指着周总理边上的那个人说：“这就是你。……”(不光《闽西南》)

这两例连贯前项和连贯后项都用“VV”，前后项之间用“又/再”联结；下例连贯前项用“VV”，连贯后项不用，前后项之间也用“又/再”联结：

(34) 苒青抬头看看他，又垂下头，没有言语……(百合《哭泣的色彩》)

(35) 婉望望父母，再低头瞧着那一纸箱钱，顿时泪流满面。(梁晓声《婉的大学》)

不管情况如何，若把“VV”说成“V了V”，十分自然；若说成“V一V”，并非绝对不行，但不那么顺。如果重叠形式“VV”和原状形式V连贯使用，那么嵌入“一”字的可能性就更小。例如：

(36) 锁子全无主意，慌乱地看看秀秀又看他。(礼平《小站的黄昏》)

这一例，可以说成“慌乱地看了看秀秀又看他”，却不好说成“慌乱地看一看秀秀又看他”。

实际语言运用中，“V了V”用于连贯关系的现象并不罕见。有时，很难再加个“一”字：

(37) 梅二先生……先看了看红孩儿的伤势，又把了把他的脉息才站起来道：……(古龙《多情剑客无情剑》)

这一例，不能说成：“梅二先生先看了一看红孩儿的伤势，又把了一把他的脉息。”

可知，在用“又/再”联结表示连贯关系的时候，“V了V”是强势格式，而“V一V”是弱势格式。

3.3 在用“VV”表示对情势发展有所估测的场合，不大能说成“V一V”。例如：

看看人将衰老，只好勉强让位。

听听他越说越动怒，赶快赔笑递烟。

上例若说成“看一看人将衰老……”、“听一听他越说越动怒……”,都不顺当。

这类“VV”，以“看看”最为常见，后边的语言结构里一般包含有跟时间推移相联系的“将、渐渐、还、越来越”等语词。整个句子的意思是：“V着V着感到X，于是Y。”看两个实际用例：

(38) 大家看看王一生还没有影子，就都相约要回去了。(阿城《棋王》)

(39) 折腾了一天，看看天渐渐黑了，我们给下一站打了电话说我们在这里多呆一天。(不光《闯西南》)

例(38)等于说：看着看着感到王一生还没有影子，于是大家就都相约要回去了。例(39)等于说：看着看着感到天渐渐黑了，于是我们给下一站打了电话……

3.4 有的词本属形容词，表示某种状态，不具主控性，即不为主动者所特意启动。这样的词，一般不能说成“VV”，有时却可以说成“V一V”。例如：

(40) 愁一愁，白了头。

(41)(你就是)善拍各种马屁！……改日闲一闲时再听你拍。……(二月河《乾隆皇帝·天步艰难》)

“愁”和“闲”都不是主控使然的状态。不能说成“愁愁”、“闲闲”，却可以说成“愁一愁”、“闲一闲”。

4 “V一V”的未然和已然

说某种连贯句格局中“V了V”是强势格式，“V一V”是弱势格式，并不等于说：“V了V”和“V一V”的对立，一是表示已然，一是表示未然。

未然、已然问题，实际上还是表意问题。之所以另立一个部分来讨论，是因为曾经听到这么个说法：“V一V”总是表示尚未实现的事。对外汉语教学中，只要这么告诉外国学生，他们就掌握了。事实并非如此。尽管人们一提到“V一V”格式，首先总要想到“让我看一看丨你应该听一听丨他打算学一学”之类，但是，起码在以下几种格式中，“V 一 V”是已然的。

4.1 以往每每“V 一 V”。例如：

(42) 每天总要在上边躺一躺的，说可以包治百病。（李佩甫《羊的门》）

(43) ……吃完饭要当老师，还要检查你们的学习、思想情况，直到晚上全家都睡了，才能拿起书本、报纸看一看。（初中《语文》第五册）

(44) 我在一家政府机构上班，我的具体工作就是为领导送文件，有时打一打字，在走廊上的宣传栏里贴一贴通知，总之属于打杂一类。（残雪《生活中的谜》）

从上下文可知，例（42）“（在绳床上）躺一躺”是以往每天都发生的事，例（43）“看一看（书报）”是以往每天晚上都发生的事，例（44）“打一打（字）”和“贴一贴（通知）”是以往“有时”发生但肯定不只发生一次的事。这样的“V 一 V”，说的是人们的惯常性活动，不能加上“了”。一般地说，以往是这样，以后还会这样；但是，如果生活习惯有改变，工作任务有变动，情况可能不再持续。例如：

(45) 他每天总要在上边躺一躺的，但自从听了潘医生的话，他就把这习惯改变了。

(46) 以往，等到晚上全家都睡了，我总要拿起书本、报纸看一看，可是，自从害了眼病，我就不敢这么做了。

(47) 我原来的工作是为领导送文件，有时也打一打字，在走廊上的宣传栏里贴一贴通知，后来，当了办公室主任，这些事便一股脑儿让别人做去了。

以上三例，在包含“V 一 V”的部分的后边，都续上表示转折的语句，通常用“但是/可是……”之类标出。看个实际用例：

(48) 过去，每到这时，都是清一清锯的：或是这边推一推，那边拉一拉，木头就过去了。……可（这次）刘清河显然是用力猛了一些……那身子一劈两半，倒在了刘小有的面前！（李佩甫

《羊的门》)

4.2 以往即使“V一V”。

这是“以往每每‘V一V’”说法的演变。即把形成惯常性活动的“V一V”，配置在“即使……（也……）”框架之中。例如：

(49) 那时候，即使只是个把月里跟他见一见面，我也会高兴好几天。

上例是“即使”实言句。“只是个把月里跟他见一见面”本是已然事实，只不过这里实事虚说罢了。再看这个例子：

(50) 曾几何时，可馨就是去东方红商场鞋帽柜看一看爱宛，遵母命给她带去一瓶辣椒肉酱什么的，也会令爱宛兴奋莫名，因为在柜台姐妹眼中，她竟有这么体面的密友。（张欣《爱又如何》）

上例用了“就是（即使）……也……”可馨时不时地“去东方红商场鞋帽柜看一看爱宛”，本是已然事实，在这里是实事虚说。

4.3 “V一V”之后却X。

“V一V”是一次性的。实现“V一V”之后，出现某种意外情况。“却”代表转折词，X代表“却”类词引出的语句。例如：

(51) 我朝他笑一笑，他却装作没看见。

(52) 医生只是轻轻地按一按，他却杀猪般地叫了起来。

这两例都是转折复句。前分句里包含的“笑一笑”和“按一按”，显然都是已经实现的动作。请看在近代白话作品中见到的两个例子：

(53)（一面又回头看二姐时，只见二姐笑着，没事人似的，）再又看一看绢子，已不知那里去了，（贾琏方放了心。）（曹雪芹《红楼梦》）

(54) 中间有个大胆些的，伸起颈来，望洞外略看一看，一头撞着个天兵，一声嚷道：“在这里!”（吴承恩《西游记》）

例(53)，等于说：再又看一看绢子，但已不知那里去了；例(54)，等于说：伸起颈来，望洞外略看一看，却一头撞着个天兵，……

4.4 “V一V”之后就X。

“V一V”是一次性的。由于实现“V一V”，于是出现某种结果。

这是连贯句式，但略带因果性，前后项之间用“就/于是”之类，而不用强调频率的“又/再”。例如：

(55) 陈医生见劳易民不耐烦地挥一挥手，就有些尴尬地笑了……（王海玲《带一笼活鸡来特区》）

(56) 其实想一想我倒觉得那家伙走了是件大好事，那个贼一样的小男人，从这门亲事的初始就打定主意要占便宜，……后来终于厌倦了。（残雪《生活中的谜》）

例（55），等于说：因为见劳易民不耐烦地挥一挥手，于是有些尴尬地笑了；例（56），等于说：想一想觉得不过如此，所以后来终于厌倦了。

前后项之间的因果性，有时有所隐含。例如：

(57) 大多数学生看一看批的分数，就把卷子扔了，……（钱锺书《围城》）

(58) 他讲完看一看手表，就退席了。（钱锺书《围城》）

例（57），等于说：大多数学生看一看批的分数，觉得不满意，于是把卷子扔了；例（58），等于说：他讲完看一看手表，觉得不必再呆，于是退席了。

这种用法，前后项有时结合成为紧缩句。例如：

(59) 在银都门口，劳易民随便地挥一挥手就有一辆的士平稳地停在了他和谭小环面前，……（王海玲《带一笼活鸡来特区》，《小说月报》2000年第2期97页）

(60) 还只是提一提老专家你就如此兴奋，（……男人呀就是坏……）（同上86页）

少数“‘V一V’之后就X”，似乎纯是先后动作相互承接的关系。例如：

(61) 辛楣又把相片看一看，（就）放进皮夹，（看手表，嚷道：“不得了，过了时候，孙小姐要生气了！”）（钱锺书《围城》）

(62) 直起身又看一看豆，（于是）自己摇头说，“不多不多！”（初中《语文》第五册）

4.5 这么"V一V"，那么"V一V"。

两个"V一V"呼应使用，带上对举性的修饰语。前后两个"V一V"可以同形；如果不同形，必有相关性。例如：

(63) 这么哼一哼，那么哼一哼，没半小时他就把曲子写出来了。

(64) 这么掰一掰，那么整一整，这收音机竟然让他给弄响了！

修饰语也可以不用"这么"和"那么"，而用别的相互呼应的语词。例如：

(65) 新车子买来了，大伯这里摸一摸，那里敲一敲，高兴得呵呵直笑。

(66) 李老师一忽儿房间里坐一坐，一忽儿又到阳台上站一站，看得出他心情很不平静。

在近代白话作品里，也可以见到这样的用法：

(67) 王婆只在茶局子里张时，冷眼睃见西门庆又在门前，踅过东去，又看一看，走转西来，又睃一睃。(施耐庵《水浒传》)

5 语值因素

跟"VV"一样，"V一V"也表示时量短暂与分量轻化，二者没有什么区别。具体考察句法格局和语义关系，知道"V一V"同"VV"之间确实存在若干不同之处，但是，即使如此，却没有哪一点是全局性的。至于未然和已然，同样无法用来把"V一V"和"VV"区别开来。这样，就需要从语值因素上进行考察了。

考察可知，二者的细微差异主要表现在说话口气上有着不同的语用价值。

5.1 "VV"是自由式，而"V一V"则是郑重式。

用"VV"，显得很自由，很随便。比如：

(68) 听听，还人家人家的。(何玉茹《楚小兰之死》)

(69) 让陈婉对全系同学讲讲她家乡受灾的情况，讲讲她亲眼所见的解放军战士救灾抢险的英勇事迹，讲讲围在一座小山包上的人们……(梁晓声《婉的大学》)

(70) 再不唱唱，舞舞，笑笑，会把些孩子们也愁老了的……(梁晓声《婉的大学》)

上三例的“听听”、“讲讲”、“唱唱”、“舞舞”、“笑笑”，或者是随口说出来的提醒性的话，或者是希望有关的人随意地活动活动，都是采取的自由式。

相对而言，用“V一V”便显得比较郑重。

有时用“V一V”，是为了郑重地强调有必要。例如：

(71) 可否缓迟几年，凉一凉，……徐徐而图，似乎更稳妥些。(二月河《雍正皇帝·雕弓天狼》)

(72) 不是说，要致富，先修路么。他想把颍平的路好好修一修。(李佩甫《羊的门》)

(73) 看水烧好没有，先不忙洗澡，脚有些发胀，泡一泡。(二月河《雍正皇帝·恨水东逝》)

上三例的“V一V”，大到国家大事的“更稳妥”，再到全县人民“致富”的需要，小到缓解个人“脚有些发胀”的需求，都比只说“凉凉”、“修修”、“泡泡”要显得严肃一些，郑重一些。

有时用“V一V”，是为了郑重地强调做事认真，不马虎随便。例如：

(74) 钞票数一数只有两百来块，……(池莉《你以为你是谁》)

(75) 他听说中国的女人是裹脚的，但不知道详细，所以要问我怎么裹法，足骨变成怎样的畸形，还叹息道，“总要看一看才知道。……”(初中《语文》第六册)

(76) 我只是想试一试，看看能不能改变自己的命运……(白帆《寂寞的太太们》)

例(74)，反映了数钞票的认真；例(75)，反映了想“详细”了解裹脚情况的认真；例（76），反映了想“改变自己的命运”的认真。比较地说，加个“一”字，都比只说“数数”、“看看”、“试试”要显得绝非不经意的行为。

有时用“V一V”，是为了强调一种特定条件。整个句子有“只要‘V一V’，就会怎么样”的意思。例如：

(77) 你的仗义直言还不如我的忍。我忍一忍不快不是转眼就能过去了吗？（梁晓声《婉的大学》）

(78)（允祥）浑身鲜亮，动一动闪光耀目，……（二月河《雍正皇帝·雕弓天狼》）

例（77）等于说：只要忍一忍，不快转眼就能过去。例（78）等于说：只要动一动，就会闪光耀目。比较而言，加个“一”字，比“忍忍”、“动动”对特定条件更有强调作用。而对特定条件的强调，这是郑重语值的一种延展。

5.2 “VV”和“V一V”有时前后连用。即在语流中先出现自由式，然后再来一个郑重式。这样，可以使说话具有层次性，收到强调的语用效果。例如：

你去查查，一定要去查一查！

他想歇歇，他实在需要歇一歇了！

看两个实际用例：

(79) 你看看报纸吧——你看一看，要明白伍德福和霍夫曼这两位先生是一种什么人物，……（初中《语文》第六册）

(80) 众人……怂恿：试试！试试！李浩森……友好地讨主意：试试？试试？……大家都叫了起来：试一试嘛！（池莉《你以为你是谁》）

例（79）是：看看→看一看；例（80）是：试试→试试→试一试。在语意上，在口气上，都分层加重。

5.3 “V一V”有时明显地作为一种具有特殊涵义的郑重说法来使用。比如：

(81) 当弯店村遭受到没顶之灾的打击之后，面对众多的父老

乡亲，作为村长的蔡先生只说了一句话，他长叹一声，说：“跑一跑吧。”（李佩甫《羊的门》）

作者在上例的后边，紧接着写道：

（82）在平原，有些话语是很专业的。比如，这个“跑一跑”，就是一种具有特指意义的专业术语。它的核心……是在运动中求活……“跑一跑”是一种普遍性的社会行为，是具有积极意义的生存动词，也可以说是失去希望之后的再努力，它泛指遇到了什么难事和关卡，就去找熟人、拉关系、走门路，尔后打通一道道关节。（李佩甫《羊的门》）

可知，这么使用的“跑一跑”，人们已赋予它特定的社会意义和文化内涵，其郑重值更非自由式“VV”可比。

5.4 如果把“VV”和“V一V”、“V一下”放在同一语境中来考察，可以感觉到，“V一V”比“VV”郑重，“V一下”又比“V一V”更郑重。例如：

（83）主任，我们去服装公司考察的材料先给他们看一下吧？（陈晓白《正午的太阳》）

上例“他们”指上级派来审查干部的人员。给“他们”看有关材料，是很郑重的事，用“看一下”，很得体。若改为“看一看”，郑重程度稍减；若说成“看看”，便是很自由的了。

值得注意的是，动词后边如果出现宾语，那么，在可转化的形式上，自由式“VVO”和郑重式“V一VO”、“V一下O”有所不同。比较：

管管他 → 管他管 （一）

管一管他→ 管他一管 （+）

管一下他→ 管他一下 （+）

自由式“VVO”，不能说成“VOV”；郑重式“V一VO”和“V一下O”，当O是“他/我/你”之类时，却可以说成“VO一V”、“VO一下”。看例子：

（84）有的人想起主意，要逗他一逗：“哥儿们，给他喊个好儿

呀！”（老舍《骆驼祥子》）

（85）就按岁数辈分，他也应该接我一下的。（二月河《乾隆皇帝·天步艰难》）

“逗他一逗”、“接我一接”不能说成“逗他逗”、“接我接”，却可以说成“逗他一下”、“接我一下”。这一现象表明，自由式“VV”是一种词形变化，郑重式“V 一 V”却已经向句法形式“V 一下”靠拢了。

5.5 在诗句里，在对仗工整的句子中，“VV”和“V 一 V”的使用往往受到音节的制约，它们往往会被分别配置在前边的二字位和后边的三字位。节拍的需要，也是一种语用因素。例如：

（86）捡个石子江中丢，/试试江水深或浅，……（陈子艾等《民间情歌三百首》）

（87）毛主席向我笑一笑，/笑得我心跳面孔红，……（中共上海市委宣传部《1959 上海民歌选》）

例（86），“试试”出现在前边的二字位；例（87），“笑一笑”出现在后边的三字位。

值得注意的是，即使在诗歌或对仗工整的说法里，在满足音节需求的同时，“V 一 V”仍然比“VV”更有强调作用，相比之下，二者仍然分别显示出“郑重”和“自由”的倾向性。比如：

（88）笑一笑，十年少。

一方面，三字句对三字句，需要工整；另一方面，在“十年”的照应之下，“笑一笑”显然是强调性的郑重说法。又如：

（89）十五月亮圆又圆，/很想约妹玩一玩，……（陈子艾等《民间情歌三百首》）

（90）国际市场比一比，/英法赶紧把路让，……（中国民间文艺研究会《工矿大跃进歌谣选》）

姑且不管音节的因素，例（89）如果说成“很想约妹来玩玩”，例（90）如果说成“国际市场去比比”，那么，就没有了“玩一玩”和“比一比”的强调作用，显得不够郑重。

5.6 由于“VV”表示自由随意，又由于若非郑重的、需要特意强调的场合不会选用“V一V”，因此，“VV”的使用频率要比“V一V”高得多。下面是个小统计：

梁晓声《婉的大学》	“VV”	“V一V”
V为单音节	30	2
V为双音节	7	0

梁晓声《婉的大学》是一部中篇小说，大约7万字。其中，V为单音节的，“VV”式共出现30次，包括“看看”、“瞧瞧”、“望望”、“笑笑”、“唱唱”、“讲讲”、“听听”、“想想”、“坐坐”、“碰碰”、“抄抄”、“写写”、“舞舞”、“洗洗”、“眨眨”、“逛逛”、“透透”、“摇摇”等，“V一V”式只出现2次，即“忍一忍”和“想一想”；V为双音节的，“VV”式共出现7次，包括“统计统计”、“检查检查”、“透露透露”、“表示表示”、“宣传宣传”、“解释解释”等，“V一V”式一次也没出现。

动词重叠，以“看”字频率最高。请看下面的统计：

作家作品	看看	看一看
阿城《棋王》	23	0
百帆《寂寞的太太们》	5	0
百合《哭泣的色彩》	5	0
不光《闯西南》	13	0
陈染《无处告别》	3	0
池莉《你是一条河》	3	0
方方《白雾》	3	0
礼平《小站的黄昏》	6	0
刘震云《一地鸡毛》	8	1
王朔《玩主》	9	0

10位作家的10篇作品中全都出现“看看”，次数见上表；然而，9篇不见“看一看”，只有刘震云《一地鸡毛》中见到一例：

(91) 今天小林实在不欢迎他讲马，人家家里正闹着气，你也不看一看家庭气氛，……

上例，由于家庭气氛沉闷压抑，不宜轻松愉快地“讲马”，因此用郑重式“看一看”，这样更能起到强调的作用。

6 结束语

“VV”在时量上表示动作的短摆，在分量上表示动作的轻化，在说话口气上表示动作的随意。顺带指出：“VV”有时跟“试试”的意思有关联，然而，这种意思更多的是外部因素所赋予的。证据是：第一，所用形式一般是“VV看”，“试试”义由“看”来帮助表明；第二，“V一下看”照样可以表示“试试”的意思。

“V一V”和“VV”是同义形式，从时量和分量上看不出有什么区别。二者的细微差异，主要是说话口气上有不同的语值。“VV”是自由式，用“VV”显得很随便；“V一V”是郑重式，用“V一V”往往是为了对某种短暂行为作特意的强调。在使用频率上，郑重式“V一V”大大低于自由式“VV”。

除了语用价值上自由与郑重的差异，由于受到句法格局的制约，或者由于语义关系上的原因，“V一V”和“VV”之间也存在本文已作描述的这样那样的不同，但是，全都不能控管全句，而且有的仅仅反映了某种倾向性。

汉语语法重句法，在句子的组造中语用因素十分活跃。动词的重叠式往往是为了适应语用需要而采用的。正因如此，“VV”式和“V一V”式的基本区别，主要表现在语用价值有所不同上面，这就不足为怪了。

主要参考文献：

[1] 王还. 动词重叠 [J]. 中国语文，1963 (1)：23-25.

[2] 李人鉴. 关于动词重叠 [J]. 中国语文，1964 (4)：255-263.

[3] 刘月华. 动词重叠的表达功能及可重叠动词的范围 [J]. 中国语文，1983 (1)：9-19.

[4] 萧国政，李汛. 试论V一V和VV的差异 [J]. 华中师范大学学报，1988

(6)：117-123.

[5] 李宇明. 动词重叠的若干句法问题 [J]. 中国语文，1998 (2)：83-92.

[6] 朱景松. 动词重叠式的语法意义 [J] 中国语文，1998 (5)：378-386.

[7] 邢福义. 现代汉语的"即使"实言句 [J]. 语言教学与研究，1985 (4)：34-48.

[8] 邢福义. 汉语语法结构的兼容性和趋简性 [J]. 世界汉语教学，1997 (3)：3-8.

（原载《中国语文》2000 年第 5 期）

拟音词内部的一致性

0 前言

本文为纪念吕叔湘先生诞辰一百周年而写作。

拟音词，是汉语词类系统中专用于模拟某种声音的词。就模拟的对象而言，有两类：1）人们感叹的声音；2）物体的音响或动物的叫声。沿用较为通行的术语，本文管前者叫“叹词”，管后者叫“象声词”。吕叔湘（1953）把拟音词统称为“象声词”，吕先生主编的《现代汉语八百词》（“语法要点”部分）分叹词和象声词，《吕叔湘全集》第13卷中《现代汉语语法（提纲）》列叹词和象声词两类。

拟音词内部的一致性，表现为叹词和象声词存在诸多共同点。本文从“框架”、“分布”、“形式”三个方面描述二者的一致性，目的在于说明它们是拟音词内部的两个小类，而不应被认定为词类系统中跟名词、动词、副词、介词等并立的两个类别。

1 框架

1.0 接纳拟音词的框架有各种各样。对于认识和鉴别拟音词来说，特别有用的是“X · de · 一声”及其类同框架。

1.1 “X · de · 一声”

“X · de · 一声”是一个接纳单音节拟音词的相当严格的框架。X代表单音节拟音词。

1.1.1 书面形式

作为接纳单音节拟音词的框架，“X·de·一声”在书面形式上需要注意以下三点。

第一，“X·de·一声”中的de，往往写成“的”。例如：

[A] 叹词

(1) 王夫人呸的一声，脸上一红，啐道……（金庸《笑傲江湖》）

(2) 渡厄嗯的一声，停索不发，低头沉吟，……（金庸《倚天屠龙记》）

[B] 象声词

(3) 拍的一声，打了他一个耳光。（金庸《笑傲江湖》）

(4) 当的一声，双剑相交。（金庸《神雕侠侣》）

第二，进入这一框架的拟音词，不管是叹词还是象声词，都可以加上引号。例如：

[A] 叹词

(5) 陆无双“啊”的一声，道：“陆展元?”（金庸《神雕侠侣》）

(6) 众人听到这里，都情不自禁“唉”的一声，为令狐冲可惜。（金庸《笑傲江湖》）

[B] 象声词

(7) 突然“呼”的一声，一枚铁枣核从口中疾喷而出，……（金庸《神雕侠侣》）

(8) 只听得“嗒”的一声轻响，那人又跨近了一步。（金庸《神雕侠侣》）

例 (8) 中“‘嗒’的一声轻响”可以认为应该切分为“‘嗒’的｜一声轻响”。但是，“轻响”可以减去，只说“‘嗒’的一声”，因此，也可以作为“X·de·一声”来举例。同类情况，下面不再一一指出。

第三，拟音词和“一声”之间的de，也有人写成“地”。例如：

[A] 叹词

(9) 她噢地一声又昏厥过去……(冯德英《苦菜花》)

(10) 汪霞像挨了蝎子螫,“嗷”地一声:“你干什么?……”(冯志《敌后武工队》)

[B] 象声词

(11) 崩地一声,门开了。(冯德英《苦菜花》)

(12)“噗”地一声吹掉烟筒里的白色烟灰,说:“早都该翻修了。”(陈忠实《白鹿原》)

1.1.2 对拟音词的接纳

这一框架,基本上只接纳拟音词。换句话讲,这一框架基本上排斥非拟音词。

人们区别叹词和象声词,主要依据是发音本体。如果本体是人,表示的是人的感叹声,便被判定为叹词;如果本体是物,表示的是事物的声响,便被判定为象声词。然而,这不是语法标准,而是认识上的一种辨音标准。作为语法框架,“X 的一声”可以说明以下两点。

第一,“X 的一声”一般只笼统地接纳拟音词。所谓笼统,是指:所接纳的拟音词,到底是叹词还是象声词,不加区分,一视同仁。

有的时候,同样一个拟音词,如果不放到更大的语法境域之中,借以弄清它所模拟的声音发自什么本体,便不知道到底是叹词还是象声词。比如“呀的一声”:

(13) 张无忌见他所处的那间房舱极是宽敞,房中珠光宝气,陈设着不少珍物,刚抹干身上沾湿的海水,呀的一声。(金庸《倚天屠龙记》)

(14) 忽听茅屋门呀的一声推开,抬起头来,只见程英双颊晕红,走近榻边,额边都是汗珠。(金庸《神雕侠侣》)

例 (13),“呀”是叹词。能这么判定,是因为知道了“呀的一声”由张无忌发出。例 (14),“呀”是象声词。能这么判定,是因为知道了“呀的一声”由茅屋门发出。

有的时候,一个拟音词,即使知道它所模拟的音跟人相联系,但仍然不能肯定它到底是叹词还是象声词。

首先，跟人有联系的拟音词有可能并不表示人的感叹。比如“哇地一声”：

(15) 嘉轩“哇”地一声哭了：“爸……我听你的吩咐……”(陈忠实《白鹿原》)

(16) 黑娃看见别人舔自己的碗更加难以容忍，“哇”地一声吐了。(陈忠实《白鹿原》)

例（15），“哇”是人的哭声，带感情，可以判为叹词；例（16），“哇”是人呕吐的声音，恐怕只能算是象声词。

其次，所谓带感情，必须带到什么程度才算数，难于认定。例如：

(17) 小龙女对杨过凝视半晌，突然“嘤”的一声，投入他的怀中。(金庸《神雕侠侣》)

(18) (杨过) 口中阁的一声叫喝，手掌推出，正中鹿清笃小腹。(金庸《神雕侠侣》)

这两例的“嘤”和“阁”是叹词还是象声词，容易见仁见智。“嘤”，可能有人认为更像叹词，但也可能有人以为是象声词；反之，“阁”可能有人认为更像象声词，但也可能有人认为，杨过当时是带着愤怒心情发出这一声音的，不一定不能算作叹词。

再次，人们可以提出问题：所谓带感情，包括不包括动物。比如“呜的一声”：

(19) 一艘船上呜的一声，射出一枝响箭，……(金庸《倚天屠龙记》)

(20) 岳灵珊忽然大声哭道：“妈，这大个子骂我，呜！呜!”(金庸《神雕侠侣》)

例（19）的“呜”，表示响箭的声音，肯定是象声词；例（20）的“呜”，表示人哭的声音，肯定是叹词。但是，请再比较：

(21) 她忽然“呜”的一声哭了起来：“妈，这大个子骂我!”

(22) 受伤倒地的老驴“呜”的一声，抬起头来，哀求地望着我。

例（21）的“呜”，应该是叹词；例（22）的“呜”，发自有生命而且有一定感情的动物，到底是叹词还是象声词，各人认识不同，结论也会不同。

以上种种现象表明，叹词和象声词具有在同一框架中使用的共性，在拟音内容和语面形式的相互关系上，二者有时是相互浸润、模糊不清的。

第二，作为接纳拟音词的框架，“X 的一声”对外并非全无开放性。换句话讲，它并不绝对排斥非拟音词。然而，能进入这一框架的非拟音词很有限，而且容易鉴别。

笔者搜索过几千万字的语料，没有发现这一框架中出现非拟音词的例句。不过，也可能会有诸如此类的说法：忽听得“爹”的一声，有一个人冲了出来。｜忽听得“打”的一声，有一个人冲了出来。｜忽听得“糟”的一声，有一个人冲了出来。｜忽听得“我”的一声，有一个人冲了出来。——“爹”、“打”、“糟”、“我”分别是名词、动词、形容词和代词。凡是非拟音词，都具有模拟声音之外的特定概念内涵。根据“具有特定概念内涵”的标准，很容易把它们跟拟音词区别开来。比方：翻看词典，可以看到解释其内涵的义项：“爹”，父亲；“打”，用手或器具撞击物体；“糟”，指事情或情况坏；“我”，称自己。

有的时候，某个非拟音词一进入这个框架，便被“拟音化”，接受了这一框架的改造。这时，原来作为非拟音词时的概念内涵便完全消失。比较：

（23）那使枪的喝一声：“好！”（金庸《射雕英雄传》）

（24）那使枪的喝的一声：“好！”

例（23），“喝”是动词；后一例（24），进入“X 的一声”框架，便强制成了拟音词——表示赞叹的叹词。又如“哥”，如果说成：

（25）“哥”的一声，小鸟好像在叫我。

这里，“哥”已经成了拟音词——模拟小鸟叫声的象声词。

1.2 “X X 一声”、“X X 两声”、“X X 几声”等

这几个是“X · de · 一声”的类同框架，它们也是接纳拟音词的重要框架。X X 代表两个或两个以上的拟音音节。

1.2.1 书面形式

由于拟音词是两个或几个音节，“的”字一般不再出现。拟音词XX，不管是叹词还是象声词，可加引号也可不加，跟“X的一声”情况相同。分别举例来说。

第一，“XX一声”。例如：

[A] 叹词

(26) 那少女格格一声笑，说道：“那是我安排下的。”（金庸《倚天屠龙记》）

(27) 徐先生“哎呀”一声，就慌忙提起裤子夺路而出。（陈忠实《白鹿原》）

[B] 象声词

(28) 于人豪一按剑鞘，呛啷一声，长剑出鞘，……（金庸《笑傲江湖》）

(29) 紧接着“咔吧”一声，结实的茶木棍断成两截。（陈世旭《将军镇》）

第二，“XX两声”。例如：

[A] 叹词

(30) 只听得啊啊两声惨呼，两名黑衣汉子已被钢杖分别打断了大腿骨，……（金庸《倚天屠龙记》）

(31) 却听得“啊哟”“哎唷”两声惨叫，丁敏君和武青婴一齐向后摔出，……（金庸《倚天屠龙记》）

[B] 象声词

(32) 当啷两声，两柄长剑同时落地，才算没伤了兄弟。（金庸《神雕侠侣》）

(33) 接着就听到“啪、啪”两声，这是张大爷在打玉田。（李晓明、韩安庆《平原枪声》）

第三，“XX几声”等。例如：

[A] 叹词

(34) 过了良久，李莫愁“啊、啊”几声，先自醒来，……

（金庸《神雕侠侣》）

（35）忽听得屋下“哇哇”几声，传出婴儿啼哭之声。（金庸《神雕侠侣》）

[B] 象声词

（36）忽听得远处传来铮铮几声，似乎有人弹琴。（金庸《笑傲江湖》）

（37）一缸子烧酒“咕嘟”几声就见了底。（陈世旭《将军镇》）

“X X 几声”，有时会具体化为“X X 三声”、“X X 四声”等。比较：

[叹词]

（38）黑夜中但听他“嘿嘿嘿”几声，却不答话。（金庸《倚天屠龙记》）

（39）但听得屋顶“嘿嘿嘿”三声冷笑，檐前一声响，那白袍客已闪身而进。（金庸《倚天屠龙记》）

[象声词]

（40）只听得拍拍拍拍几声，老头子举起手来，力批自己双颊。（金庸《笑傲江湖》）

（41）拍拍拍拍四声响过，四条巨狼般的恶犬已头骨碎裂，……（金庸《倚天屠龙记》）

1.2.2 对拟音词的接纳

如果说“X 的一声”是个接纳拟音词的相当严格的框架，那么，“X X 一声”、“X X 两声”、“X X 几声”等便是接纳拟音词的较为严格的框架。

跟“X 的一声”一样，这几个框架中的拟音词都只跟声音相联系，不表示声音之外的任何概念。它们所接纳的拟音词，同样存在叹词和象声词有所纠缠的情况。看例子：

（42）岳灵珊噗哧一声笑，叫道：“爹！”（金庸《笑傲江湖》）

（43）那两条狗子正在大嚼杨过给的骨头，见他出来，只呜呜

几声，却没吠叫。（金庸《神雕侠侣》）

例（42），“噗哧”表示人的笑声，似乎应该是叹词，但是可能有人认为就是象声词。例（43），“呜呜”表示狗发出的声音，更像象声词，但是，如果用于人的哭声（“见他站到面前，老婆婆只呜呜几声，流着眼泪”），恐怕就更像叹词了。

另一方面，跟“X 的一声”相比较，由于这几个框架不出现 de，非拟音词语进入的可能性增大了。但是，它们仍然是“较为严格”的框架。理由有二。

第一，“X X 一声”之类所接纳的非拟音词语，表示声音以外的概念内涵，XX 或者是合成动词，或者是状心式动词性短语词，容易排除。例如：

（44）李奇走后，卢象升感慨地叹息一声。（姚雪垠《李自成》第一卷）

（45）黄蓉心中好些疑团难解，随口答应一声，道：……（金庸《神雕侠侣》）

这两例“叹息”、“答应”都是合成动词，它们分别同“一声”构成动补关系。又如：

（46）杨过惊叫一声。（金庸《神雕侠侣》）

（47）大吼一声，一招“秦王鞭石”，挥铁杖搂头盖将下去。（金庸《神雕侠侣》）

这两例“惊叫”、“大吼”都是状心式动词性短语词，它们分别同“一声”构成动补关系。

同样的情况，也常见于“X X 两声”和“X X 几声”。例如：

（48）神雕啼鸣几声，算是回答。（金庸《神雕侠侣》）

（49）杨过咧开了嘴，傻笑几声。（金庸《神雕侠侣》）

例（48）“啼鸣”是合成动词，例（49）“傻笑”是状心式动词性短语词。

第二，接纳非拟音词语的“X X 一声”之类框架，XX 前头还可以出现拟音词。比方，“傻笑几声”，可以说成“嘿嘿傻笑几声”。又如：

(50) 神雕咕咕低叫两声，不再进击。(金庸《神雕侠侣》)

“傻笑”前面出现了“嘿嘿”，“低叫”前面出现了“咕咕”。减去具有特定概念内涵的非拟音词“傻笑”和“低叫”，便剩下拟音词“嘿嘿”(叹词)和“咕咕”(象声词)。

可知，“X X一声”、“X X两声”、“X X几声”这几个框架，同样有助于检测出叹词和象声词的一致性，并且有助于区别出拟音词与非拟音词。

2 分布

2.0 “独用”和“入句”，这是句法配置上形成对立的两种基本分布状态。从这一角度，看不到叹词和象声词有什么不同。比较：

(51)“噢?”省委书记不禁“噢”了一声。(梁晓声《民选》)

(52) 啪！电表爆炸（标题）/据当时在家里看电视的丁先生称，10时许，只听见“啪”的一声，电视机黑了。(《楚天都市报》2003年1月13日)

例(51)出现两个“噢”，一个独用，另一个进入了句子；例(52)出现两个“啪”，一个独用，另一个进入了句子。“噢”是叹词，“啪”是象声词。

2.1 独用

叹词可以独用，这是共识，不必再做描述。应该强调的是，象声词一样可以独用，而且在实际语言运用中相当常见。举例来说。

第一，句首独用。例如：

(53) 嗖！一个人从街南的胡同口里蹿出来。(冯志《敌后武工队》)

(54) 咯喳，车把断了。(老舍《骆驼祥子》)

(55)“砰砰砰!”街口上传来枪声。(冯德英《苦菜花》)

第二，句中独用。

有时在小句的甲成分与乙成分之间独用。例如：

(56) 丁尚武照着炕沿，砰，砸了一拳头，……（刘流《烈火金钢》）

(57) 猛然，砰砰！前面响起枪声。（冯德英《苦菜花》）

有时在复句的甲分句与乙分句之间独用。例如：

(58) 贾正没容对方抽枪退弹壳，啪！也放了一枪，……（冯志《敌后武工队》）

(59) 黄蓉拔出匕首，嗤嗤嗤嗤，向她左右脸蛋连刺十余下，……（金庸《射雕英雄传》）

第三，句末独用。例如：

(60) 他双手一松，“啪啦!”（冯志《敌后武工队》）

(61) 他天真烂漫地说，我要开汽车，笛笛叭叭。（罗时汉《翻身农奴把歌唱》）

第四，应该特别注意，象声词可以跟叹词在独用中同现。这能进一步证明二者在独用功能上存在同一性。例如：

(62) “咯支咯支，哈哈!”（鲁迅《彷徨·肥皂》）

(63) 妻子倒地，自必上前相救，咕咚……扑通……啊哟，不好……（金庸《笑傲江湖》）

例（62），“咯支咯支”是象声词，“哈哈”是叹词。例（63），“咕咚”和“扑通”是象声词，“啊哟”是叹词。

2.2 入句

象声词可以入句充当句子成分，这是共识，不必再做描述。应该强调的是，叹词一样可以入句充当句子成分，而且在实际语言运用中相当常见。举例来说。

第一，叹词充当定语。其中心语包含“声”字。例如：

(64) 一片细伢子“啊啊啊”的起哄声淹没了争吵。（陈世旭《将军镇》）

(65) 他不禁发出哎哟哎哟的叫唤声。（周立波《暴风骤雨》）

有时，做定语的叹词后边不用“的”。例如：

(66) 看不见马三，只听见不远处的黑暗里“嗨哟嗨哟”使力

声。（麦家《好兵马三》）

顺带指出：象声词充当定语的时候，不管是否带“的”，后边的中心语也包含“声”字。

第二，叹词充当状语。出现频率，高于充当定语。

其中心语，有时直接表示跟嘴相关的行为。例如：

(67)（马三）一边啊啊地感叹道，一边翻来覆去地看，……（麦家《好兵马三》）

(68)（母亲）翻来覆去，呼天唤地，哎哟哎哟地痛苦呻吟……（周立波《暴风骤雨》）

其中心语，有时表示跟嘴无关的行为。这是表述中把跟嘴相关的行为简省了。例如：

(69) 几个老兵哼哼呀呀地拣些纸篓小凳往六楼走，……（文炜《卡锁》）

(70)“老爷子”……哼哼哈哈地让李国贤只能连连点头称是。（陈世旭《试用期》）

其中心语，有时是连用的两个结构，它们分别表示跟嘴相关和跟嘴无关的行为。例如：

(71) 孩子踮起脚后跟，“哎呀哎呀”地双手挣扎着，大声惨叫着。（冯志《敌后武工队》）

顺带指出：上文讨论框架时提到的“呸的一声”之类，也是叹词入句的现象，可以认为是叹词做定语。如果书面上写成“呸地一声”，便说明作者认定了所用的叹词是做状语。

第三，叹词充当谓语中心语。这时，叹词代入动词的位置，起着动词的作用。

常见的是叹词出现在“X了一声”的框架之中。所用的叹词，可以是单音的，也可以是双音的。例如：

(72) 马三唉了一声，……（麦加《好兵马三》）

(73) 敌人哎哟了一声，栽倒在地上。（冯志《敌后武工队》）

为了显示叹词的特殊性，书面上常加引号。例如：

(74) 他“哦”了一声，说：“这地方以前倒是饭馆，……”（迟子建《芳草在沼泽中》）

(75) 猛然又蹲下去，轻轻地却极有力地“喔嗬”了一声，……（陈世旭《将军镇》）

除了“X了一声”之类说法，叹词还可以代入其他动词性框架。例如：

(76) 她突然间变成了很温顺的样子，……一个劲儿地嗯嗯着。（邓芳《第四者》）

(77) 赵庆田手捂着还没好利落的胳膊直哎呦；……（冯志《敌后武工队》）

例 (76) 是“X着”，例 (77) 是“直X”。按常规，X位置上出现的是动词，这两例里却出现了叹词。

顺带指出：象声词入句之后，也有同样的表现。例如：

(78) 每次……打个电话过来，“嘟”了一声便挂掉。（《楚天都市报》2003年12月19日）

(79) 叫我看，人死如灯灭，两眼一咯叽，其实是啥也不啥。（李佩甫《羊的门》）

(80) 哼，你怎么不能呢，眼看着就咚咚嚓啦！（老舍《骆驼祥子》）

例 (78)，象声词出现在“X了一声”框架之中。例 (79)、(80)，象声词分别出现在“一X”和“就X啦”框架之中。“咚咚嚓”本是娶亲时的鼓乐声，例 (80) 里代入动词位置，隐喻娶亲。

第四，叹词充当宾语中心语。这时，叹词指称某种感叹声。例如：

(81) 他大叫了一声“哎哟”，就惊醒了。（周立波《暴风骤雨》）

(82) 他……连着答应几个“哎哎哎”，踏着铺满白雪的野地，加快脚步朝东北角上走。（冯志《敌后武工队》）

例 (81) 的“哎哟”，前边有定语“一声”，一起做“叫”的宾语；例 (82) 的“哎哎哎”，前边有定语“几个”，一起做“答应”的宾语。

顺带指出：象声词入句之后，也有同样的表现。比如：我隔山叫喊小花狗，小花狗回应了几声“汪汪汪”。

第五，应该特别注意，叹词也可以跟象声词在某个句子成分的位置上同现。这进一步证明，不仅二者的独用功能具有同一性，入句充当成分的功能同样具有同一性。例如：

（83）只听哎哟，噗咚之声不绝于耳，满屋子的人也随着跌了下去。（古龙《风云第一刀》）

（84）何大拿“噗咚、哗啦、咳哟”了一声，连人带车子都倒在了地下。（刘流《烈火金钢》）

例（83），“哎哟，噗咚”充当定语，其中“哎哟”是叹词，“噗咚”是象声词。例（84），“噗咚、哗啦、咳哟”充当谓语中心语，其中，“噗咚”和“哗啦”是象声词，“咳哟”是叹词。

综观叹词的独用和入句，下面是一个相当有趣的例子：

（85）有人说：“咦！”有人说：“哦！”有人说：“呸！”有人说：“哼！”咦者大出意外，哦者恍然有悟，呸者甚为愤怒，哼者意存轻蔑。群豪本来盼望……是秘诀，哪知竟是王语嫣的一幅图像，咦、哦、呸、哼一番之后，均感失望。（金庸《天龙八部》）

上例里，先出现几个叹词的独用：“咦！”、“哦！”、“呸！”、“哼！”接着，出现几个叹词入句后形成的几个“者”字结构：“咦者”、“哦者”、“呸者”和“哼者”。再接着，出现几个叹词并列充当谓语中心语的现象“咦、哦、呸、哼（了）一番”。比照这个例子，也可以造出使用象声词的说法：

（86）一进村，便听到一片热闹的叫声：“唧唧！”“阁阁！”“汪汪！”“咩咩！”唧的是鸡，阁的是鹅，汪的是狗，咩的是羊。“唧:、阁、汪、咩”了好一阵，天黑了才停息下来。

到这里，需要提出一个问题：拟音词独用，可以直接判定为叹词或象声词，然而，如果进入句子充当了成分，应该判定为什么词？笔者以为，简单的办法是仍然判定为叹词或象声词。这是因为，它们入句之后，往往还保留其特殊性，这在书面上是有所表现的。例如：

[叹词]

(87) 别的人呢，也一阵“哎哟!”(戴厚英《流泪的淮河》)

(88) 他刚张开嘴想喊一声“呀——”拿枪刺肖飞，可是他没有想到后边有人。(刘流《烈火金钢》)

[象声词]

(89)“吱!”的一声，王书记的轿车突然横在了整个车队的前边!(李佩甫《羊的门》)

(90) 家长的掌声由“哗——”到“哗——哗——哗——”热烈欢快地响着，……(丁榕《理解，应该是双向的》)

前两例叹词“哎哟”和“呀”分别充当谓语中心语和宾语中心语，后两例象声词“吱”和“哗”分别充当状语和介词宾语，它们后边都带上了一个感叹号或者破折号。这说明，在写作者心里，它们仍然带有独用词的特殊性。至于“嗯”了一下、“咚”了一下之类，可以解释为叹词和象声词用作动词，这可以找到佐证：“你能怎么样人家?”其中的“怎么样”，可以解释为代词用作动词。

3 形式

3.0 语表形式上的稳定状况、连用状况和组构状况，这是词与词是否同类的重要检测点。从这一角度，仍然看不出叹词和象声词有什么不同。

3.1 稳定状况

跟词类系统中的其他各类词相比较，作为拟音词，叹词和象声词的形式都是很不稳定的。

3.1.1 字面形式不稳定，个人性很强，任意性很大。

这反映人们对音像的接受和理解有所不同，也反映人们使用汉字的习惯或知识背景有所不同。正因如此，除了少数几个比较定型，拟音词绝大多数都未能进入词典，不能成为词汇系统中具有稳定身份的成员。例如：

[叹词]

(91) 呦！这不是我们优待俘虏的那句日本口号！（冯志《敌后武工队》）

(92) 我？哎呦，你要不提，我还忘了。（冯志《敌后武工队》）

叹词“呦”和“哎呦”，在冯志《敌后武工队》中可以看到，在别的作者笔下看不到，或者很难看到。

[象声词]

(93) 郭彩娣像一阵风似的，嗯的一声走了进来，……（周而复《上海的早晨》）

(94) “轰哗”，炮弹已经落在脸前的地里，火光中，掀起一人多高的尘土。（马烽、西戎《吕梁英雄传》）

象声词“嗯”和“轰哗”，在周而复《上海的早晨》和马烽、西戎《吕梁英雄传》中可以分别看到，在别的作者笔下看不到，或者很难看到。

3.1.2 声音的音长状态不稳定，可能比较短，也可能相当长。

为了取得逼真的表述效果，叹词也好，象声词也好，它们所表示的音往往可以被模拟为拖长形式。书面上，加上破折号。例如：

[叹词]

(95) “哦——”她感慨地叫了一声，庆幸地说……（迟子建《芳草在沼泽中》）

(96) 他将两株稻子放到我眼皮底下，“啊——啊——”地叫着，……（迟子建《芳草在沼泽中》）

这两例，“哦——”在句首独用，“啊——啊——”在句中充当状语。

[象声词]

(97) 跟着哞——的一声长鸣，火车进了保定车站。（冯志《敌后武工队》）

(98) 浪打在船头上，啪——啪——很单调。（宋元《流

水落花》)

这两例，“哞——”在句中充当定语，“啪——啪——”在句中(分句与分句之间)独用。

3.1.3 声音的音调音量不稳定，受到语用环境的影响。

不管是叹词还是象声词，到底如何念读，往往要结合上下文或者结合具体对象。例如：

[叹词]

(99) 啊，少女，你是太阳！(田间《少女颂》)

(100) 她仰起头，啊！第一只布谷鸟已经到运河滩了。(刘绍棠《运河的桨声》)

(101) 女人都要有这一天，都要过这一关，用不着怕，啊？(唐镇《军婚》)

这三例中的叹词“啊”，分别出现在句首、句中(分句与分句之间)和句末，表示不同的情绪，读起来音调、音量是不一样的。而且，不同的人，读出来会有一定的差异。

[象声词]

(102) 哗，哗，哗，雨下起来了。(《雷雨》，小学《语文》第四册)

(103) 小姑娘一扯秤盘系，哗，称好的蟹都倒回筐里了……(王润滋《卖蟹》)

(104) 她们轻轻划着船，船两旁的水，哗，哗，哗。(孙犁《白洋淀纪事》)

这三例中的象声词“哗”，分别出现在句首、句中(分句与分句之间)和句末，表示下雨的声音、倒蟹的声音和水流的声音，读起来起码在音量上是不一样的。而且，不同的人，读出来会有一定的差异。

3.2 连用状况

跟词类系统中的其他各类词相比较，作为拟音词，叹词和象声词的连用状况是最具有特殊性的。

3.2.1 叹词也好，象声词也好，同一个单音形式都可以复叠。

例如：

[叹词]

(105) 哎，你怎么知道我在这儿？(冯志《敌后武工队》)

(106) 哎哎，我不动！(冯志《敌后武工队》)

(107) 哎哎哎，小娘们，你过河到哪里去？（冯志《敌后武工队》)

[象声词]

(108) “砰！”枪响了！母亲惊呆了！(冯德英《苦菜花》)

(109) 猛然，砰砰！前面响起枪声。(冯德英《苦菜花》)

(110) “砰砰砰！”街口上传来枪声。(冯德英《苦菜花》)

为什么要复叠？为什么有的单用，有的双叠，有的三叠？只能归结于使用者的理解和需要。而不管是叹词还是象声词的复叠现象，都给词的切分带来麻烦。

单用的肯定是一个词；复叠的，如果是分隔性复叠，即有标点隔开，表明了有较大停顿，也可以肯定各自是词。例如：

[叹词]

(111) 嗯，嗯，好，好，你快去吧！(冯德英《苦菜花》)

[象声词]

(112) “砰！砰！”七子应声倒在泥水里。(冯德英《苦菜花》)

问题在于：连结性复叠，如感叹的“哎哎”和象声的“砰砰”，能不能说它们都是两个词的组合？三音节的“哎哎哎”和“砰砰砰”之类，特别是四音节、五音节和更多音节的，怎么处理？例如：

[叹词]

(113) 呵呵呵，花儿。(鲁迅《彷徨·幸福的家庭》)

(114) 果然切合，十分新鲜。哈哈哈哈……（姚雪垠《李自成》第一卷)

[象声词]

(115) 只听得镗镗镗，镗镗，镗镗镗，镗镗，三长两短的钟声，从钟楼上响起，……（金庸《笑傲江湖》)

(116) 但听得砰砰砰砰砰砰砰连响七下，每一拳都和那僧人的七拳相撞。(金庸《天龙八部》)

感叹的“呵呵呵”、“哈哈哈哈”，象声的“镗镗镗”、“砰砰砰砰砰砰砰”，是一个词，还是几个词？处理起来往往会感到“两难”。为了教学或信息处理的需要，可以人为地定出一个强制性标准。至于标准如何定，这不是本文讨论的问题。

3.2.2 叹词也好，象声词也好，不同形式的也可以连用。A 形式、B 形式和 C 形式之间，书面上用顿号或逗号隔开。例如：

[叹词]

(117) 他一剑又一剑地向段誉刺去，口中却嘻嘻、哈哈、嘿嘿、呵呵的大笑不已。(金庸《天龙八部》)

(118) 只听得他哈哈，嘻嘻，啊哈，啊哟，又叫又笑，越笑越响，……(金庸《射雕英雄传》)

[象声词]

(119) 只听得嚓嚓、刷刷、乒乒、乓乓，兵刃声响成一片，……(金庸《天龙八部》)

(120) 大厅中刷刷、嚓嚓、叮当、呛啷之声响成一片，……(金庸《天龙八部》)

上文曾提到的例 (63) “咕咚……扑通……啊哟” (象声＋象声＋感叹)、例 (84) “噗咚、哗啦、咳哟” (象声＋象声＋感叹) 之类，这是叹词和象声词的连用，自然更能够显示二者语法功能的等价等值。

3.3 组构状况

就拟音词本身的组织结构而言，在词类系统中，叹词和象声词也显示出一致性。

3.3.1 三种组构

一字拟音词，只有一个音节，不存在组构问题。这里要说的三种组构，指的是二字组构、三字组构和四字组构。

第一，二字组构

除了 AA (啊啊 | 咚咚)，会形成 AB 式。例如：

[叹词]

(121) 嗯哪！俺就高兴去。(冯德英《苦菜花》)

(122) 他哎哟一声，回头就跑。(曲波《林海雪原》)

[象声词]

(123) 吱呀！大门开了一扇，魏强他们轻轻地挤了进去。(冯志《敌后武工队》)

(124) 一个木瓜从高高的树上掉进湖里，咕咚！(《咕咚》，小学《语文》第二册)

第二，三字组构

除了AAA (啊啊啊 | 咚咚咚)，主要形成ABB式。例如：

[叹词]

(125) 哎呀呀，三分钟已到，改日再来奉告。(沙叶新《陈毅市长》)

(126) 啊哟哟，同志，何必那么生气？(马铁丁《俭以养德》)

[象声词]

(127) 刚迈出两步，轰隆隆，连板子带人，又滚下陷井去了。(冯德英《苦菜花》)

(128) 几个年青后生……“哗啦啦”的连门框都推垮了。(马烽、西戎《吕梁英雄传》)

第三，四字组构

除了AAAA (啊啊啊啊 | 咚咚咚咚)，主要形成ABAB式、AABB式。

四字的ABAB式，例如：

[叹词]

(129) 哎呀哎呀！你快别说了！(路遥《人生》)

(130) 忽然那边有人“啊哟啊哟！”(马烽、西戎《吕梁英雄传》)

[象声词]

(131) 庄稼人穿上去拉套子，到山里拉木头，嘎吱嘎吱，一天就破了。(周立波《暴风骤雨》)

(132) 老刘说完，填进嘴里一些吃的东西，吧唧吧唧地嚼着。(迟子建《芳草在沼泽中》)

四字的 AABB 式，例如：

[叹词]

(133) 听到她的哎哎哟哟的呻唤，他的那种鼓胀的感觉又蹿起来，……(陈忠实《白鹿原》)

(134) 接着是两人嘿嘿哈哈的笑声。(雪克《战斗的青春》)

[象声词]

(135) 唧唧喳喳，麻雀早早醒来了，站在枝头上，吵得好凶。(谢村《春闹枝头》)

(136) 那时候上课，先生念，学生跟着念，咿咿呀呀，像唱歌一样。(《数星星的孩子》，小学《语文》第四册)

3. 3. 2 对现象的观察

第一，就双音节组构现象而言，不管是叹词还是象声词，都只是声音的加合。首先，不存在词根加词缀的关系；其次，不存在别类词的偏正、后补、动宾、主谓等结构关系；再次，它们像是介于单纯词和合成词之间的组合现象，也不好说是联合式合成词。

第二，就三音节组构现象而言，不管是叹词还是象声词，同样只是声音的加合。它们跟形容词的 ABB 形式根本不同。形容词的 ABB 中，BB 有加强度量的语义；它们的 ABB 中，BB 没有这样的作用。顺带指出：形容词的 ABB 中，BB 有时是拟音语素，包括叹词性拟音语素（如“笑哈哈、笑嘻嘻”）和象声词性拟音语素（如“冷嗖嗖、响当当”），这说明，即使在这一点上，二者也存在共同点。

第三，就四音节组构现象而言，不管是叹词结构还是象声词结构，仍然只是声音的加合。这里提“结构”，是因为它们跟动词或形容词的 ABAB 或 AABB 重叠形式根本不同，它们不带有重叠形式的语法意义。再说，它们是一个词还是两个或几个词，可以有争论。AABB 形式的，比如“哎哎哟哟”和“叮叮当当”，似乎更像是一个词，但 ABAB 形式的，似乎更像是两个词。在语言运用中，人们有时就用标点符号把 AB

和 AB 分隔开来。例如：

[叹词]

（137）过滤嘴动不敢动，光叫唤：“哎哟，哎哟！”（王润滋《卖蟹》）

[象声词]

（138）说到这里，肚子马上适时地叫了一声：咕噜，咕噜。（杨栗《胖妞唐姐》）

第四，叹词和象声词的三音组构、四音组构现象中，都有一些特殊的方式，为其他词类所没有。例如：

[叹词]

（139）哎哟喂！真吓死人！是你呀，姐姐！（李英儒《野火春风斗古城》）

（140）马小翠：“怎么啦？”马大帅：“哎哟嗬，还怎么呢！”（电视连续剧《马大帅》第 13 集）

[象声词]

（141）悔不该……得得，锵锵，得，锵令锵！（鲁迅《阿 Q 正传》）

（142）这妞妞……嘴里突然迸出了“咚儿咚”的声音，此后每日如此。（李佩甫《羊的门》）

以上是三音组构现象。“哎哟喂”、“哎哟嗬”之类和“锵令锵”、“咚儿咚”之类，是在别类词中看不到的。前者是叹词，后者是象声词，二者所用的形式不能互通，但作为纯粹表音的形式，它们是相同的。再如：

[叹词]

（143）“哦嗬嗬嗬……”李典朝天空长长地叫一声……（宋元《似水流年》）

（144）“哎哟嚎咦！”……（曲波《林海雪原》）

[象声词]

（145）“轰隆隆隆”一声惊天震地的巨响，山沟里四处响起回

音，……（马烽、西戎《吕梁英雄传》）

（146）另外几个人答应着，“圪吱哗喳”把大门关了。（马烽、西戎《吕梁英雄传》）

以上是四音组构现象。“哦嗬嗬嗬”和“轰隆隆隆”都是ABBB，“哎哟嚎咦”和“圪吱哗喳”都是ABCD。这样的现象，在其他类词中也看不到。

第五，象声词的四音结构中，有A哩BC之类形式，不见于叹词，但也不见于别的词类。例如：

（147）叽哩咕噜，咭哩咯嘟，念的是密宗真言“降妖伏魔咒”。（金庸《神雕侠侣》）

（148）他有早起的习惯，起来就把那个半导体弄得呜哩哇啦的响。（张学东《获奖照片》）

这类形式，有点像形容词的“马里马虎”之类。但“马里马虎”之类是A里AB，“呜哩哇啦”之类是A哩BC，前者有程度加强的作用，并且带有明显的讨嫌情感，后者不是这样。再说，尽管叹词结构没有A哩BC的形式，但这种形式毕竟还是表音，不表示声音之外的概念，在总的方面还是存在共同点。

应该指出：任何结构的拟音词都不受“不、没”的修饰，即没有否定形式。只是，如果拟音词代入了动词位置，临时成了动词，那么，前边可以出现否定词。例如：

（149）省委书记在半个多小时内始终一言不发。甚至，既没“嗯”一声，也没“啊”一声。（梁晓声《民选》）

上例叹词前边出现“没”，也可以改造成为：省委书记在半个多小时内既不“嗯”也不“啊”，始终一言不发。

象声词也有同样的用法。比方，如果把砍头的声音模拟为“卡嚓”，便可以这么说：早就听说要把他“卡嚓”了，可为什么还不（没）“卡嚓”啊？

这是在特定的句管控下出现的情况，不能作为拟音词可以有否定形式的实证。

4 结语

4.1 在词类系统中，叹词和象声词共同组成一类拟音词。

通过现有语料库的检索，可以知道：在“X的一声”和“XX几声”之类框架中，见到的不是叹词就是象声词，别类的词没有一例。显然，“X的一声”和“XX几声”之类框架，对于接纳包括叹词和象声词的拟音词来说，其严格程度，比“很X”这个接纳形容词的框架要严格得多。仅就“X的一声”而言，金庸《神雕侠侣》中，出现叹词如“哇、啊、哼、咦、嗳、嘿、嗯、呸、嘻”等109次，出现象声词“砰、当、呼、拍、咕、轰、镗、刷、嗤”等251次，而出现其他词类的例子，一个也没有。很像血型的检验，“X的一声”之类的检验让我们看到了叹词和象声词“血型相同”的一面，即本文所说的“拟音词内部的一致性”的一面。

4.2 词类是词的语法分类。词类系统中建立的每一类词，都必须具有各自的语法特点。尽管各类词的语法特点并不具有绝对性，即并不对外绝对封闭，对内绝对普遍适用，但是，语法上的基本对立是存在的。而叹词和象声词，都用来模拟声音，语法上并不存在作为不同词类的对立，相反，在“框架”、“分布”、“形式”等重要方面，显示出来的却是一致性。

“框架”实际上还是属于“分布”。本文首先突出“框架”，是因为在汉语的词类划分中，“框架”是鉴别拟音词具有一致性的比较灵验的一种广义形态。请看文学作品中这两个例子：

(150) 裘千仞……剑头对准自己小腹，“嘿”的一声，直刺进去。(金庸《射雕英雄传》)

(151) 哪知“喀”的一声，这半截钢刀，竟又一断为二。(古龙《绝代双骄》)

前例用“嘿”，后例用“喀”，但二者可以互换，互换以后只是声音与发声本体的联系有所不同：

(152) 裘千仞……剑头对准自己小腹，“喀”的一声，直刺进去。

(153) 哪知“嘿”的一声，这半截钢刀，竟又一断为二。

4.3 在现代汉语语法研究史上，对于拟音词的处理，吕叔湘先生在他个人撰写的语法著作中所表明的意见最为切当。

1953年6月，吕叔湘先生的《语法学习》由中国青年出版社出版。吕先生把词分为“名词（含副名词）、动词（含副动词）、形容词、代词、副词、连接词、语气词、象声词”等八类。在解释象声词时，所举的例子是“啊、哟、唉、嗯、呸、砰、乓、哗啦”。吕先生所说的象声词，便是本文所说的拟音词。吕先生所举的例子中，既包括本文所说的叹词“啊、哟、唉、嗯、呸”，也包括本文所说的象声词“砰、乓、哗啦”。

直接反映吕先生看法的论著，还有《语法讲话》和《现代汉语语法讲话》。中国科学院语法小组的《语法讲话》，从《中国语文》创刊号（1952年7月号）起开始连载。《语法讲话》“按性质和用法”把词分为十类：名词、代词、数词、量词、动词、形容词、副词、连词、语助词、象声词。在《中国语文》第2期（1952年8月号）上，《语法讲话（二）》讲象声词，所举的例子是“啊、唉、喂、嗯、呀、哟、哼、嗨、砰、哗啦”。其中，“啊、唉、喂、嗯、呀、哟、哼、嗨”是本文所说的叹词，“砰、哗啦”是本文所说的象声词。1961年，在《语法讲话》的基础上修订而成的，由丁声树、吕叔湘等先生署名的《现代汉语语法讲话》，由商务印书馆出版，完全保留了上述的内容。吕叔湘先生是执笔撰写《语法讲话》和《现代汉语语法讲话》的主要成员，吕先生的看法反映在了《语法讲话》和《现代汉语语法讲话》里头，这是很自然的。

4.4 许多论著在词类系统中分列叹词和象声词两个类别，但都没有说出二者在语法上有什么根本性的区别。

上个世纪50年代，张志公先生主持制定的“暂拟汉语教学语法系统”，把词分为11类，第十一类为叹词，完全没有象声词的内容。到了80年代初期，张先生主持制定“中学教学语法系统提要（试用）”，增加了“拟声词”，跟“叹词”并列，作为第十二类。黄成稳《新教学语法系统阐要》中，这么解释叹词和拟声词：“叹词……它不同其他词发生组合关系，总是单独使用，构成叹词非主谓句。叹词偶尔特借用来当作动词或形容词，充当句子成分。”“拟声词……它可以独立成句，也可以充当短语或句子成分，主要作定语状语。”

后来，凡是把叹词和象声词（拟声词）处理为两个类别的论著，尽管表述上有所不同，但解释的思路和办法是一样的。比如，国家语委语言文字应用研究所计算语言学研究室《信息处理用词类标记集规范》，把词分为12类。最后两类为叹词和拟声词。认为：叹词在句子中的位置比较灵活，通常不与其他词发生特定关系，也不充任句子成分，能独立成句；叹词后一定有停顿，因此书面上叹词后常有标点符号，如“唉”、“唉呀”、“嗯”、“哼”、“喂”等。拟声词可以独立成句或在句中作插入语，加“的”可以作定语，加“地”可以作状语，如“哗啦”、“唧哩咕咚”、“扑通通”、“滴答”、“轰轰”等。

诸如此类的解释，都只是有选择地挑出某几点来说说。本来可能有abcd四点，对于叹词，却用acd来解释；而对于象声词（拟声词），却用bca来解释。选项的多少，选项的排列次序，只是稍有不同。人们可以根据语言事实来辩难质疑。在看到叹词被解释为可以怎么样的时候，人们会说象声词也可以这么样；反之，在看到象声词被解释为可以怎么样的时候，人们会说叹词也可以这么样。总之，这些解释并没有从语法性质上把叹词和象声词（拟声词）区别开来，无法证明二者是汉语词类系统中两个不同的类别。

4.5 本文前头提到，《现代汉语八百词》中“语法要点”部分分叹词和象声词；《吕叔湘全集》第13卷中《现代汉语语法（提纲）》列叹词和象声词两类。这个问题，如何理解？

首先，词类的分合，有一定的灵活性。以非谓形容词来说，有人认为是形容词内部的一个小类，有人认为是跟名词、动词、形容词等并立的另一个词类，需要另外命名。两种处理办法，不存在简单的对与错的关系，反映的是处理者对相关事实有不同的视点，或者在不同时期对相关事实有不同的视点。叹词和象声词自然有区别，正如非谓形容词和一般形容词自然有区别一样。叹词和象声词是否分合，同非谓形容词和一般形容词是否分合具有类似之处。

其次，《现代汉语八百词》不是吕先生的个人独著。这部词典性质的书，没有提到词类划分的原则，书的正文不涉及叹词和象声词。关于叹词和象声词，这部书“语法要点”部分的解释分别是：“叹词是不参加句子组织的词，一般出现在句子的前头，有时候也插入在句子中间。”（14 页）“象声词是用语音来模拟实在的声音或者模拟各种情态。象声词的形式跟形容词的生动化形式非常相似，要把它作为形容词的一个小类也未尝不可以。”（14 页）从语言事实看，用这样的文字来表述叹词和象声词的区别，并没有清晰地揭示二者语法上的各自特点。现在，通过“X 的一声”和“XX 几声”之类框架的检验，可以知道，比较地说，吕先生半个世纪之前的见解更为精当。

4.6 关于拟音词，可以讨论的问题相当多。比如，上文提到，连续复叠的单音叹词和象声词，如何进行词的切分？入句充当了成分的叹词或象声词，如何判定它们的词性？又如，叹词或象声词入句，在不同位置上出现时，可能在音节、辅助词使用等方面有不同的要求。具体要求有哪些？反过来说，已经入句充当了成分的叹词或象声词，要是将它们转变为独用说法，可能需要某种条件。具体条件是什么？再如，独用的拟音词，不管是叹词还是象声词，都表示某种实际声响，然而，它们入句充当成分之后，有的时候，音响性却会有所弱化。怎样看待和解释这种现象，怎样才能准确解释其规律性？所有这些，都有待于将来一个个地进行专题研究。

4.7 末了，说个模糊的感觉。由于是声音的模拟，外族人或外国人听到说汉语的人发出“哎哟——哎哟——哎哟”的呻吟，大概可以知道那是代表痛苦的声音，听到说汉语的人发出“轰隆——轰隆——轰隆”的声音，也大体可以知道那是在模拟某种声响。由此想到拉二胡、弹钢琴之类。用二胡拉出来的乐曲，有时模拟人的欢笑声，有时模拟鸟的鸣叫声，这一点，不管是中国人还是外国人都是可以感觉得到的。不知能否认为，跟其他词类相比较，感叹也好，象声也好，模拟声音的语言单位跟音乐语言具有更多的近似之处？

主要参考文献：

[1] 吕叔湘. 语法学习 [M]. 北京：中国青年出版社，1953.

[2] 吕叔湘. 现代汉语八百词 [M]. 北京：商务印书馆，1980.

[3] 中国科学院语法小组. 语法讲话（二）[J]. 中国语文，1952 (2)：18.

[4] 丁声树，吕叔湘等. 现代汉语语法讲话 [M]. 北京：商务印书馆，1961.

[5] 张志公. 汉语知识 [M]. 北京：人民教育出版社，1959.

[6] 黄成稳. 新教学语法系统阐要 [M]. 杭州：浙江教育出版社，1986.

[7] 国家语委语言文字应用研究所计算语言学研究室. 信息处理用现代汉语词类标记集规范 [J]. 语言文字应用，2001 (3)：16-20.

[8] 郭锐. 现代汉语词类研究 [M]. 北京：商务印书馆，2002.

[9] 邢福义. 汉语语法学 [M]. 长春：东北师范大学出版社，1997.

[10] 邢福义. 汉语语法三百问 [M]. 北京：商务印书馆，2002.

（原载《中国语文》2004 年第 5 期，结语部分在文字表述上略有改动）

“广数”论略

一　释题

本文提出“广数”概念，讨论相关现象。

日常说话，离不了“一、二、三、四、五、六、七、八、九、十”这10个最基本的数目字。这些数目字，除了表示定数，比如“九”是“8+1”，“十”是“9+1”，往往也用来表示概数。“广数”是跟“多数”、“满数”相对的概念，都属于概数。

许多学者已经论说过“三、九”表示多数的用法，比方清代人汪中写过《释三九》[①]。也有学者探讨过“十”与“五”表示满数的用法。比如张德鑫《数里乾坤》指出：“我国古代发明了科学的、先进的十进位制记数法，其中就包含‘五进数’的观念。一五一十，十五二十……五跟十一样象征着完整、圆满和吉祥，人们追求十全十美、实实（十十）在在，也追求五谷丰登、五彩缤纷。”[②]

本文讨论的“广数”，是指用来表示广泛意思的数字。如果说，“三、九”表示多数，“五、十”表示满数，那么，“四、八”便是表示广数。

二　关于“四×”

用“四×”表示广数，最具代表性的是“四方”。“四方”本指东方、西方、南方、北方，表示广数时则笼统泛指各方。比如：及高祖

镇太原，文静察高祖有四方之志，深自结托。（刘昫《旧唐书》卷六十一）

“四×”中的×，往往是名词性语素。除了“四方”，常用的还有“四面”和“四海”。“四面”本指东面、西面、南面、北面，表示广数时则笼统泛指各面。例如：贪利无耻敢于为恶之人，挟敌兴兵，四面而起，以求逞其所欲。(毕沅《续资治通鉴》卷第一百六十八)“四海”一般用于泛指，等于说全国各地。例如：是以贞观一朝，四海宁晏。(刘昫《旧唐书》列传第六十九）此外，还有“四野、四外、四处、四下、四下里”等形式。或在上古就有，或在白话文作品中开始出现，都使用至今。

“四×”中的×，许多时候也用动词性语素。比如：暮行河堤上，四顾不见人。(唐·韩愈《暮行河堤上》）黄沙碛里客行迷，四望云天直下低。(唐·岑参《与独孤渐道别长句兼呈严八侍御》“四顾、四望”中的“顾、望”都是动词性语素。除了“四顾、四望”，“（弟兄）四散、(亡命）四窜、(红光）四射、(湖水）四溢、(风波）四起、(祸机）四伏”等等，都是同样的结构，“四”字都起到了泛指广度的作用。

三　关于“八×”

“八×”中，最具代表性的是“八方”。“八方”本指四方（东、西、南、北）和四隅（东南、东北、西南、西北)，表示广数时，仍然泛指各处。例如：洪泽丰沛，漫衍八方（范晔《后汉书》卷十上)；自今以始，八方攸同（脱脱《宋史》卷一百三十七)。“八×”中，也常见“八面”，但基本上只用于广数，泛指周围各个方面。例如：逾时，风势八面俱至，终夜不止，如是者连日。(宋濂《元史》卷五十一）有好主意可以八面周全，不使太太们生气。（曹雪芹《红楼梦》第 73 回）“八面威风、八面玲珑”之类，成了今天常见的成语。“八×”中，也有“八海”，泛指极为广阔的范围。例如：十洲隔八海，浩渺不可期。

(陈陶《怀仙吟二首》)“八冥、八溟”和“八瀛”，跟“八海”同义。近代白话文作品中，偶尔可以看到“八海”；现当代作品中，不再出现。

在古代，跟“八方”语义相同、相通或相关的形式相当多。比如：“八圻、八都、八陲、八鸿、八宇、八寓、八区、八隅、八嵎、八镇、八维”等，跟“八方”相同或相通。又如：“八殥、八寅、八夤、八埏、八演、八极、八鄙、八裔、八际”等，指八方边远之地；“八幽、八紘、八蕃、八荒”，分别指“八方幽远之地、八方极远之地、八方蛮夷之地、八方荒远之地”。此外，还有“八表、八外”，指八方之外，即极远的地方；还有“八正”，指八方的和风③。到近现代，上述形式定格在了“古词语”的位置之上，一般情况下不再使用。

跟“四×”一样，“八×”的×既有名词性的，也有动词性的。例如：黄帝西南，除八通鬼道。(班固《汉书》郊祀志第五上)洛阳道八达，洛阳城九重。(萧绎《乐府诗集·洛阳道》)“八通、八达”都是“八+动”。现当代不再见到“八通”，但“四通八达”成了常用成语，形容四面八方都有道路可通达。

作为广数的表达形式，“四×”和“八×”经常对照使用。例如：恩流八荒，德溢四海。(桓宽《盐铁论》贫富第十七)恭己临四极，垂衣驭八荒。(唐·李世民《元日》)前例，“八荒”和“四海”对照使用；后例，“四极”和“八荒”对照使用。

四 含“八”词语

除了“八方”及其同义近义词语之外，还有若干包含“八”字的表示广数的词语，在近现代作品中，在当今人们的口头上，相当活跃。举出以下几个。

其一，“八下里”。指很多方面。例如：如今这事八下里水落石出了，连前儿太太屋里丢的也有了主儿。(《红楼梦》第61回)李渊桥一案八下里插手，有的是因为当初表过态，生怕公检法的结论与自己的表态不合；有的则是假公济私，公报私仇。(《人民日报》1986 年 12 月 22 日）厂长一根肠子挂到八下里，自然是顾了这头，丢了那头，无法坐下来研究生产。(《人民日报》1987 年 12 月 5 日)

其二，“八辈子”。形容时间长或程度深。例如：快走，别啰嗦了，你欠咱们穷人八辈子血债。(周立波《暴风骤雨》）八辈子只晓得栽树、砍树的“林家佬”，过去做梦也没有想到开发自己林区内的地下宝贝。(《人民日报》1989 年 10 月 19 日）要不是刘书记秉公办事，我这个冤案八辈子也翻不过来。(《人民日报》1985 年 12 月 19 日)

其三，“八竿子”。用长度大的事物，表示搭不到边之类意思。例如：这些名人其实同他八竿子也搭不到边的。(陈世旭《将军镇》）我们领导都没说一声“辛苦”，还得等人家八竿子打不着的人来说，真够逗的！(谌容《梦中的河》）何必为那些八竿子够不着的事情瞎操心？(魏润身《挠攘》)

其四，“八丈远”。强调距离大，隔得远。例如：我还差八丈远！(杜鹏程《保卫延安》）词想好了，话也溜到口边上，可是一张嘴，脸上不知为什么有点热，话儿立刻离了八丈远……（冯志《敌后武工队》）她一下子跳开了八丈远，声色俱厉地喊：“不许碰我！……”（琼瑶《雁儿在林梢》)

其五，“八十里”。强调广阔遥远。例如：八十里大南山上，夏无酷暑，冬无严寒，气候温和，雨量充沛，坡谷缓接，水草肥美，是一个难得的天然牧场。(《人民日报》1983 年 7 月 21 日）1928 年春，国民党军到平江清乡时，从东乡到南乡，火烧八十里。（《人民日报》1986 年 12 月 21 日）八十里路程下来，她手脚冻得几乎失去知觉，眉毛上结了一层冰。(《人民日报》1984 年 8 月 4 日)

其六，“八百里”。强调广阔遥远。例如：像吊在离地八百里的天顶上，你听听……（尤凤伟《石门夜话》）林雁冬被人打断了话，心里不大高兴，脚下使劲，轮子飞快转动，好像要把这扫兴的伙伴甩到八百里地外去。(谌容《梦中的河》）八百里苍郁的路程，挡不住雄鹰的盘旋。(《人民日报》1981 年 11 月 10 日）这天，他走了八百里，沙子

也撒了八百里。(《人民日报》1989年8月24日)

其七，“八千里”。强调广阔遥远。例如：念动真言，攒紧了拳，将身一抖，跳将起来，一筋斗就有八千里路哩！(吴承恩《西游记》)丰乐楼上望西川，动不动八千里路。(冯梦龙《警世通言》)早逃到八千里外去了。(席绢《女作家的爱情冒险》)去年在新疆，八千里边关外的迢迢天山路上，我没有想到，我又寻回了那个长留心头的青色的梦。(《人民日报》1983年6月9日)

其八，“八万里”。强调广阔遥远。例如：这宝贝变化无穷！那怕他八万里火焰，可一扇而消也。(吴承恩《西游记》)遥遥八万里，他考察了40多个少数民族，收获了6万张照片和100万字的笔记。(《人民日报》1993年11月5日)山西省壶关县黑山背小学教师杨太忠，坚持巡回教学，十四年行程八万里。(《人民日报》1984年4月1日)

其九，“十万八千里”。强调广阔遥远。例如：不瞒师父说，我会驾筋斗云，一个筋斗有十万八千里路，故此得即去即来。(吴承恩《西游记》)就如有根绳子将你的腿脚拴住了的一般，任你绕圈走十万八千里路，也只好走个对头。(西周生《醒世姻缘传》)虽然在大学里学了两年的英语，可是只不过学了一点皮毛，离六百分还差十万八千里呢。(白帆《那方方的博士帽》)

五　广数形式的应用

不同的广数形式，各有自己的应用场合。制约其应用的因素，主要有两个方面。

一个方面，是各个形式本身所蕴涵的语义。比如“四方”和“四面”，“四方”泛指四方各处，“四面”则泛指某一定位点的周围。正因如此，可以有歌词“走四方……一路走一路望故乡”，却不能说“走四面……”；反过来讲，可以说“茂生心不在焉地四面看看，对众人点点头”(陈世旭《将军镇》)，却不能说“茂生心不在焉地四方看看，对众人点点头”。又如“四海”，泛指全国各处，跟“四方”的泛指含义基本相同，但是，“古以中国四境有海环绕”④，正因如此，可以说“四海之内”，却不能说“四方之内”。

另一个方面，是各个形式在语用上的选择需求。以“八方”来说，比如：“双拳不敌四手，两眼难顾八方”（高晓声《陈奂生上城》），若说成“双拳不敌四手，两眼难顾四方”，就没有原句好，这是因为前边已经出现“四”字，后边选用“八”字句子才有变化，不致重复呆板。又如：“男儿志在四方”（陈忠实《白鹿原》），一般不说“男儿志在八方”；“老子一病入了土，娘改了嫁，剩下祖父拖着我吃八方（乞讨）”（陈世旭《将军镇》），一般不会说成“祖父拖着我吃四方”。这是由于语用上已经形成比较固定的用法。“八方”翻一倍，便成为“十六方”。这是个现当代为了特殊需要而采用的泛指形式，也表示各处。比如京剧《沙家浜》中，阿庆嫂唱道：“垒起七星灶，铜壶煮三江，排开八仙桌，招待十六方。”这是由于唱词是五字一句，用“十六方”才协调。

不同的广数形式，又有共同的应用目的。除了某些形式有时表示定指，任何广数形式都有一个共同点，即用来泛指广数。仅就含“八”词语而言，从“八十里”到“十万八千里”，字面上数量有小有大，但根据形容对象的不同，都可以用来强调广阔遥远。还须注意：在《西游记》里，大多数地方说孙悟空一筋斗就跳十万八千里，第二回里却只说“八千里”。可见，泛指用法具有模糊性，“十万八千里”不一定就比“八千里”多十万里。

那么，泛指的广数，广到什么程度？这要看广数形式的使用语境。总的说来，广数形式是用来泛指特定语境中特定范围内的时空。一般泛指空间；偶尔也泛指时段，比如前边提到的“八辈子”。

有的时候，广数形式可以泛指极为广阔的范围，不仅可以泛指普天下，甚至可以强调无边无际。在广数形式的前后，我们常常可以看到相关的词语。比方说，相关词语有时用“广、远、旷”之类。例如：故广延四方之豪俊。（班固《汉书》卷五十六）梁王昔爱才，千古化不泯。至今蓬池上，远集八方宾。（韦应物《大梁亭会李四栖梧作》）湖山四面争气色，旷望不与人间同。（元稹《酬郑从事四年九月宴望海亭》）前例用了“广延”，中例用了“远集”，后例用了“旷望”。又比方说，相关词语有时用“天下、天地”之类。例如：秦地天下枢，八方凑才贤。（曹植《乐府诗集·白马篇》）性好兴利，广收八方园田水碓，周遍天下。（房玄龄《晋书》列传第十三）德配天地，光被八极，功垂于无穷，名传于不朽。（陆贾《陆贾新语》辅政第三）前例出现了“天下”；中例不仅用了“广收”，还用了“周遍天下”；后例出现了“天地—无穷—不朽”。再比方说，相关词语有时用“无边、无际”之类。例如：四顾无边鸟不飞，大波惊隔楚山微。（唐·韦庄《泛鄱阳湖》）一点英雄气，四顾浩无边。（唐圭璋《全宋词·寿丘月林》）四望浩无际，沉忧将此同。（权德舆《全唐诗·早发杭州泛富春江寄陆三十一公佐》）前例出现了“无边”，中例出现了“浩无边”，后例出现了“浩无际”。

当然，强调范围之广阔宽泛不一定要有照应语。“四×”和“八×”对照使用，便可以起到这样的作用。例如：泽周八荒，兵定四极。（段文昌《郊庙歌辞·享太庙乐章·象德舞》）施张四维，缔制八宇。（梁·沈约《宋书》卷九十七）上例，分别对照使用了“八荒”和“四极”，“四维”和“八宇”。特别是，有的形式，比如“四海”，本身就能突显广阔宽泛的意思。“四海之内，皆兄弟也。”这是见于上古文献《论语·颜渊》的句子。后来，不管在哪个朝代，其使用频率都很高。到了现当代，“四海”成了一个极有表现力的说法。有一首《一二三四歌》，歌词是：“一杆钢枪交给我，二话没说为祖国，三军将士苦为乐，四海为家，哪里有我哪里就有一二三四战士的歌！”“一条大路多宽阔，二月春风拂面过，三山五岳任我去，四海为家，哪里有我哪里就有一二三四战士的歌！”听到战士们意气风发地唱着这首歌，深受振奋之余，不由得惊叹起汉语数字的美与奇。四海为家！新时代的战士，心怀伟大祖国，气盖万里河山！

六 “胡说八道”中的“八”

“胡说八道”是一个二二对称的四字格成语。凡是二二对称的四字格成语，如果出现数字，总是两个数字呼应使用，比如“接二连三、推三阻四、五颜六色”等等。“胡说八道”中，数词“八”单独出现，比较特殊。如何解释这个“八”？好些包括成语词典在内的辞书，比如《汉语大词典》(汉语大词典出版社 2001)、《学生成语词典》(新华出版社 2004)、《中华多用成语大辞典》(湖南人民出版社 2007)，都认为“胡说八道”跟“胡说乱道”和“胡说白道”是同义词语。从整体上看，没什么问题。问题在于，其中的“八”是否就是“乱”或“白”？

假如把“八”解释为“乱”，这自然是根据词语配置前后对称的原则。即：既然“道”跟“说”对称，那么“八”解释为“乱”，便可以跟“胡”对称。从语言事实看，“八”有时的确跟“乱”有联系，不过，那是要受到特定格局的规约的。比如“乱七八糟、横七竖八、七零八落、七嘴八舌”，都有乱的意思，但都是跟“七”配合使用以后才能显示出来。而且，“胡说乱道”的情味和色彩，跟“胡说八道”存在差别。比如：“四凤（红脸，声略高，走到鲁贵面前）：谁说大少爷给我钱？爸爸，您别又穷疯了，胡说乱道的。”（曹禺《雷雨》）这里用“胡说乱道”，比用“胡说八道”更切合四凤对爸爸说话的口吻。又如：“马英的病势仍不能减轻，他被烧得常常胡说乱道。”（李晓明、韩安庆《平原枪声》）这里的“胡说乱道”，如果改成“胡说八道”，就不够符合说话者的原意。

假如把“八”解释为“白”，这也许是因为可以认为“八”和“白”之间在某种意义上具有“音转”的关系。然而，事实表明，很难说“胡说八道”就是“胡说白道”。检索收录 200 余万个句子的文言文语料库，不见“胡说八道”和“胡说白道”。可知，二者都不是文言文的说法。检索收录 55 余万个句子的近代白话作品语料库，“胡说白道”共见 7 例（《金瓶梅》2 例，《醒世姻缘传》4 例，《红楼梦》1 例），“胡说八道”只有 1 例（在曾朴《孽海花》）；再检索收录近 80 万个句子的现当代作品语料库，“胡说八道”共见 125 例，“胡说白道”只有 4 例。可知，“胡说白道”的出现，比“胡说八道”要早一些；但是，越往后，“胡说八道”的说法越占优势。到现在，人们已一般不用“胡说白道”。如果从意思上比较，用“胡说白道”的地方不一定都能改为“胡说八道”。比如：“昨日晚上睡觉还是好好儿的，谁知半夜里一叠连声的嚷起心疼来，嘴里胡说白道，……今日不能上学，还要请大夫来吃药呢。”（曹雪芹《红楼梦》）这是袭人对紫鹃说的话。“胡说八道”有贬义，而这里作为丫鬟的袭人用来形容主子贾宝玉的“胡说白道”，应是中性地说胡话。这就是说，二者存在意味或色彩上的差异。

知道了“广数”用法，“胡说八道”就可以解释得更清楚、更准确了。“胡说八道”即不符事实、不着边际地瞎说。其中，“胡”跟“乱”相联系，“八”跟“泛”相联系，“胡说”偏重于不符事实地胡言乱语，“八道”偏重于漫无边际地信口开河。金庸《鹿鼎记》中有个人物韦小宝，这是个无赖习气很重的少年，聪明机智，言辞便给。该书第十八回，写韦小宝被胖头陀抓住，踏在脚下。作者写道：“韦小宝……一时无计可施，眼珠乱转，要在殿上找些什么惹眼之物，胡说八道一番，引开胖头陀的目光。”后边，作者接着用很多篇幅叙写韦小宝怎么由一块大石碣上的碑文，扯到八部四十二章经，又怎么扯到这八部经各藏在什么地方，天南地北，信马由缰，河南、山西、四川，少林、武当、崆峒、沐王府，分别攀扯。最后，“信口开河，扯到了吴三桂身上”。从上面的引述可以知道，作者使用“胡说八道”十分恰切够味。如果把“胡说八道一番”改为“胡说乱道一番”或者“胡说白道一番”，在意蕴上便没有那么到位了。

《鹿鼎记》中还有一段跟“胡说八道”相关的描写，下面是原文摘录。巴颜……汉语不大流畅……韦小宝转头道：“那就是了……这小喇嘛是进了佛光寺啦。”这么一说，巴颜等人登时脸上变色，澄光却暗暗欢喜。巴颜大声道：“胡说八道，胡说九道！”他以为多上一道，那是更加荒谬了。韦小宝笑道：“胡说十道，胡说十一道，十二道，十三道！”巴颜怒不可遏，伸手便往韦小宝胸口抓来。（第十七回）“八”表广数，有泛指义，跟说话时的信口开河自然能发生联系。数千年来的文化积淀，融合默化了说汉语的人心理上共同的语意领会。正因如此，如果换成表示多数的“九”、表示满数的“十”以及“十一、十二”之类，都会让人觉得是说笑话。

前些时，看电视连续剧《人间正道是沧桑》，听到剧中有个人物说："行了行了，不要跟我胡扯八扯的！"（第14集）其中的"胡"和"八"，也应是有所分工，即分别跟"乱"和"泛"相联系。

七　简短结语

从总体上说，多数、满数和广数都可以笼统地看作"多"。不过，在特定情况下，三者确有细微差别。诚然，当人们说"十全十美"的时候，重在强调"满"；当人们说"四面八方"的时候，重在强调"广"。这跟"三番两次、九死一生"中的"三、九"重在强调"多"是有所不同的。了解"广数"，有助于深化对汉语数量表达的认识。

汉语中，数字的运用富于民族特色，充满着浓厚的泥土气息，反映了华夏民族的传统宇宙观、美学观和民俗观。汉语的数字文化现象，有时犹如霁月彩虹，有时却又扑朔迷离，引人探奇。这是一个大题目，可以写成大部头的著作。本文讨论的，不过是大海中的一滴水珠，仅此而已。

（笔者附记）本文的一部分，曾以"说'广数'"为题，在《光明日报》2009年5月18日发表。现在，将全文发表出来，求教于方家与读者，并借此机会对《说"广数"》一文中的用例与解说稍微作了一些改动。特此说明。

注释：

①汪中的《释三九》，见《述学》内篇。汪中为清代江都人，著有《述学》内外篇。

②张德鑫：《数里乾坤》，北京大学出版社1999年版。

③罗竹凤：《汉语大词典》，汉语大词典出版社2001年版。

④辞海编辑委员会：《辞海》（缩印本），上海辞书出版社1980年版。

（原载《华中师范大学学报》2010年第2期）

事实终判："来"字概数结构形义辨证

"来"字概数结构，指"十来（个）、三十来（碗）"之类表示概数的结构。

在解释概数助词"来"的时候，《现代汉语词典》的说法是："来"用在"数词或数量词"后边表示概数[①]。《现代汉语规范词典》的说法是："来"用在"数词或数量词"后边表示概数，通常略小于那个数目[②]。

诸如此类的表述，引发了两个方面的问题，需要辨察：其一，是构造形式方面的问题；其二，是语义蕴涵方面的问题。下面，分"形辨"和"义辨"两个部分，述说笔者考察语言事实之所见。文章末尾，是简单的"结束语：事实终判"。

一　形辨

构造形式上，"来"字概数结构被断定为"数词或数量词＋来"。这就是说，"来"的前边，或者是数词，或者是数量词。这样的描述，没有错误，然而，过于宽泛，不够精确。

（一）关于数词

首先，需要弄清楚，"来"字前边的数词是什么样的数词？

数词可以分为个位数词和段位数词。前者包括"一、二、三、四、五、六、七、八、九"等；后者包括作为十进法单位的"十、百、千、万"等。

概数助词"来"前边的数词，要么是一个段位数词，如"十来、百来、千来、万来”，要么是复合的“个位数词＋段位数词”，如“二十来、三百来、四千来、五万来”。举两个段位数词用“千”的例子：这一石破天惊的举动，把个千来号人的莲井村闹了个沸沸扬扬。（《人民日报》1988 年 10 月 11 日）｜回来一试，由于封闭不严，四处漏渣，一连榨了二千来斤大豆，没见油星。（《人民日报》1986 年 2 月 27 日）再举两个段位数词用“万”的例子：消费税调整后，差的那万来块钱是一笔不小的数目。（《人民日报》2006 年 3 月 27 日）｜各种种植、养殖和加工方面的专业户、专业工，全区一共有1 万来个。（《人民日报》1982 年 3 月 2 日）

“亿”是个很大的段位数词。只看到“个位数词＋亿＋来”的形式，未看到“亿来”的形式。例如：可以把每年直接用作燃料烧掉的两亿来吨秸秆中的一部分或者大部分，经过处理提高其营养价值，先作为牲畜的饲料，再用牲畜的粪便制造沼气，然后用沼气渣来肥田，其肥效比厩肥还好。（《人民日报》1981 年 6 月 11 日）

至于个位数词，是绝对不能直接出现在概数助词“来”的前边的。“一来、二来、三来”之类能说，但这里的“来”不是概数助词，而是序数助词。

另外，还有一些比较特殊的数词，比如“零、半（半个苹果）、双（双份工资）、几、许多”等，都不能出现在概数助词“来”的前边。

（二）关于数量词

进一步，需要弄清楚，“来”字前边的数量词是什么样的数量词？

只有一类数量词可以出现在“来”字的前边，这就是由度量衡单位构成的数量词，即“数词＋度量衡单位”。举例如下。

1. 度量衡单位用“尺”的。例如：先前，黄山磴道断断续续，只有二尺来宽。（《人民日报》1984 年 8 月 27 日）｜门前挂着一块红漆剥落的三尺来长的木牌，上面写着“中华全国文艺协会”，是于右任先生的手笔。（《人民日报》1985 年 3 月 6 日）

2. 度量衡单位用“寸”的。例如：糊包约一寸多粗，五寸来长，每包分两扇，用绳扎起，煮吃。（《人民日报》1982 年 8 月 24 日）｜慌张间，头撞到门框上，撞了个二寸来长的口子。(《人民日报》1986 年 11 月 10 日) 有时"尺""寸"在上下文同时并见。例如：景颇人的长刀二尺来长，一寸来宽，锋利的刃像一条笔直的银线。(《人民日报》1982 年 9 月 20 日)

3. 度量衡单位用"丈"的。例如：这原是个井式斜洞，大约一丈来深。(《人民日报》1981 年 12 月 28 日) | 丈来长的麻绳上串着风干的无花果，……(张爱玲《连环套》)

4. 度量衡单位用"斤"的。例如：这是澳洲旱鸭，……喂到两斤来重，打上一针，放出来，让它自由采食。(《人民日报》1981 年 11 月 6 日) | 归鸟的个体约摸有半斤来重，每巢栖身一对成年鸟，……(《人民日报》1999 年 2 月 7 日) 偶尔也用"公斤"。例如：刚上学，就开设了语文、数学、政治、美术、音乐等五六种学科，背的书包足有 2 公斤来重。(《人民日报》1993 年 1 月 13 日)

5. 度量衡单位用"里"的。例如：朝北一踏，离村半里来地，正好有条东西笔直的大道，道上还走着一个浑身是土的庄稼人。(冯志《敌后武工队》) | 走到离张村四里来地的地方，这一带地势很洼，高粱茂盛，……(雪克《战斗的青春》)

6. 度量衡单位用"亩"的。例如：人均一亩来地，不管你怎样反复挖刨，又能刨出多少效益来？(《人民日报》1999 年 6 月 17 日) | 他们完全以朋友对待他，虽然他既是个乡下人，又给他们种着地——尽管只是三亩来的坟地。(老舍《四世同堂》)

7. 度量衡单位用"厘"的。例如：一年中，左腿萎缩 2 厘来。(《人民日报》1993 年 1 月 3 日) | 一位体重 50 公斤的妇女坐在 70 公斤重的永磁体合金盘上，在众目睽睽之下，人盘同时悬空，高度达 5 厘来。(《人民日报》1996 年 7 月 19 日)

除了法定的度量衡单位，有时还可以借用某个名词来作为度量衡单位。比如借用"人"：陶阿毛绕着半人来高的棉筒穿出弄堂，向梳棉间走去。(周而复《上海的早晨》) | 说着，我们走进咖啡园，咖啡苗长得有一人来高。(《人民日报》1987 年 3 月 5 日) 这是人民群众临时

使用的估摸性度量衡单位，在日常生活中常有出现。跟“人”情况相同的是“盆、碗、碗口”之类。例如：路边一朵深红色的鲜花正自盛放，直有碗口来大，……（金庸《神雕侠侣》）

使用度量衡单位的“来”字概数结构，跟典型的“来”字概数结构相比较，有同有异。

一方面，在数量组合的形式上，有相同之处。这就是：度量衡单位前边一样可以出现不同的个位数词。以“尺”来说，例如：这棵枣树是1964年从山坡上挖来移栽的，当时只有一尺来高。（《人民日报》1981年7月26日）｜那大剪刀张开来时，剪刃之间相距二尺来长，……（金庸《神雕侠侣》第17回）｜地下积雪不到一尺，那断杵却有三尺来长，反给他一插灭迹，神功实是惊人。（金庸《神雕侠侣》）｜另一个包裹四尺来长，却是包着两柄长剑。（金庸《神雕侠侣》）｜杨过微笑不语，又折下了两根五尺来长的树干，递给郭襄，……（金庸《神雕侠侣》）｜这人两足折断，肋下撑着一对六尺来长的拐杖，……（金庸《神雕侠侣》）以上六例，“尺”的前边分别出现了“一、二、三、四、五、六”。有的时候，还可以出现“半”。例如：忽然，在脚下的枯叶中，他们见到了几片半尺来长的落叶，……（《人民日报》1981年7月18日）有的时候，个位数的位置上也采用零形式，隐含意义为“一”。例如：拿着一枝尺来长的雪白人参，宛然是个成形的小儿模样，……（金庸《神雕侠侣》）

但是，另一方面，也有不同之处。这就是：使用十进法段位数词的“×来”，后边可以出现普通量词或准量词“个、本、年、岁”之类；使用度量衡表数单位的“×来”，后边却不能出现普通量词或准量词，而是出现形容词或名词。

大多数情况下，后边出现度量性形容词。所出现的形容词，跟度量衡单位所关联的度量有关。比如“尺”，可以关联到“长、高、宽、厚”：那里一尺来长的火苗子，从密闭上边两侧嗤嗤地往外窜。（《人民日报》1981年1月14日）｜这棵枣树是1964年从山坡上挖来移栽的，当时只有一尺来高。（《人民日报》1981年7月26日）｜从篱门通向楼房的小路上铺着水泥方砖，连那半尺来宽的间距中也挤满茸茸嫩草。（《人民日报》1982 年 2 月 28 日）｜县汽车站的售票窗前，垫上一块尺来厚的砖头。（《人民日报》1983 年 7 月 20 日）又如"丈"可以关联到"远"，"斤"可以关联到"重"：她们俩隔着丈来远交谈。（张爱玲《金锁记》）｜2 斤来重的黑鲈鱼翻扑挣扎，……（《人民日报》1982 年 12 月 26 日）"×来"后边也有不出现形容词的，但可以认为隐含一个形容词。如"左腿萎缩 2 厘来"，可以认为是"左腿萎缩了 2 厘来宽/大"；又如"人盘同时悬空，高度达 5 厘来"，可以认为是"人盘同时悬空，达 5 厘来高"。

有的时候，后边出现"地、路"之类名词。所出现的名词，表示跟度量衡段位"亩、里"相关的事物。例如：去年俺家这两亩来地就是种的淄麦 12 号。（《人民日报》2005 年 8 月 21 日）｜听见喜鹊叫，一抬头，才发觉已经走出五里来地，来到永安村头。（《人民日报》1981 年 9 月 12 日）｜两里来路，人家起码要走一刻钟，他 10 分钟就走到了。（《人民日报》1991 年 5 月 16 日）

诚然，"来"字概数结构的形成，受到严格的组造机制的规约。一般的数量词，是不能带上"来"构成概数结构的。那么，为什么度量衡量词可以进入这一结构中段位数词的位置呢？观察可知：段位数词和度量衡单位存在相通之处。"十、百、千、万"等段位数词，有接近于量词的地方；度量衡量词，有接近于段位数词的地方。比方："十来万"和"十来里"，"里"固然是量词，"万"也用作了量词；"三万来（人）"和"三里来（路）"，"万"固然有表示某个定数的内涵，"亩"也有表示某个定数的内涵。

问题讨论到这里，必须特别指出："十来年"、"十年来"都可以说。"十年来"是不是"数量词＋来"的概数结构呢？首先，从语义上看："十年来"的"来"指向"十年"，可以换成"以来"，即可以说成"十年以来"，明显表示时间的数量范围；"十来年"的"来"则指向"十"，不能换成"以来"，即不可以说成"十以来年"，明显表示概数。如果认为这两个"来"都是助词，那么，前者更像是范围助词，后者才是典型的概数助词。其次，从语法上看：第一，“十来年”可以用在动词后边充当宾语，如“有十来年”、“过了十来年”；“十年来”没有这种用法。第二，两个“来”在词语的组配上有不同的表现。比如：表示典型概数的，可以说“四千来年、五千来年”，但不能说“四五千来年”；而主要表示范围的，则不受限制，不仅可以说“四千年来、五千年来”，也可以说“四五千年来”。可见，“十来年”之类和“十年来”之类，不是全然等同的现象。就共时平面而言，两个“来”不应混为一谈。

归总起来说，精确的认识应该是：“来”字概数结构中，“来”字直接用在段位数词或者度量衡单位量词的后边，前头常常出现个位数词。词典中，为了解释的简明，起码要加上“某些”，即：表示概数的“来”，可以加在某些数词或数量词后边，形成概数结构。

二 义辨

（一）现代汉语的考察

在表义状况上，对于本数来说，“来”是表示“略多”，还是表示“略少”，抑或是表示“左右”？上面提到，《现代汉语规范词典》认为“通常略小于那个数目”。相反，有文章介绍姚德怀先生的理解：“来”同整数词连用，表示超过该数的约数[③]。而吕叔湘先生早在 1967 年所写的《数量词后的来、多、半》一文中，便认为是“左右”。他解释道：“十来个”是说从八九个到十一二个，“五十来个”是说从四十八九个到五十一二个[④]。

《现代汉语规范词典》的解释，似是来自《现代汉语八百词》(1980)。《八百词》中写道：表示大概的数目。一般指不到那个数目，有时也指比那个数稍大或稍小[⑤]。《八百词》是集体著作，尽管由吕叔湘先生主编，但那个词条可能不是吕先生所写。所谓“一般指”和“有时也指”，用的是推测口气，并没交代这个结论是怎么得到的；特别是，“一般指不到那个数目，有时也指比那个数……稍小”的表述，不像写过《语法修辞讲话》的吕先生的文笔。

笔者对将近26年的《人民日报》(1981—2006)进行了全面搜索。搜索面覆盖了从《现代汉语规范词典》出版到《现代汉语八百词》出版的时段，共计九百多万个句子(包括较长的多重复句)，将近八亿个字。经分析，得到了以下四点结论。

结论一：大多数用例，会“见仁见智”，不同的人可能有不同的理解。比如：几个十来岁的孩子，一路上……说说笑笑，争争讲讲，路也就走完了。(《人民日报》1981年3月6日)甲可能认为几个孩子全都小于十岁，乙可能认为全都大于十岁，更多的人可能认为略大、略小和恰好十岁的情况都存在。但是，无论如何，如果孤零零地看这个句子，要较劲，谁也说服不了谁。这种情况十分自然，概数的模糊性可以引发理解的多样性。特别是这样的例子：几分钟后，我们的后面便突然出现百来名便衣警察。(《人民日报》2002年6月28日)“我们”发现有许多警察在追赶，“百来名”不过是闪现在脑海里的粗略估计。那个时候，“我们”中谁都不可能停下来，站到旁边，一个一个地点数，精确地统计出是略多于一百，还是略少于一百。

结论二：有的用例，由于能够找到判定的依据，可以确认为“略少”，但是，极为罕见。例如：恰恰这十来年间，林业生产也进入了较快的发展时期：1978年至1986年，内蒙古造林保存面积超过了十一届三中全会前28年的总和。(《人民日报》1995年4月24日)前面提“十来年”，但后边说是“1978年至1986年”，满打满算，总共只有9年。这样的用例，仅发现这么一个。

结论三：有的用例，由于能够找到判定的依据，可以确认为“略多”。跟表示“略少”的相比较，表示“略多”的相当多，占压倒优势。其判定依据，主要表现为以下几点。

1. “×来”的结构组织模式。首先，是数字递增模式。例如：“先尽着群众”没错儿，可升级不光是长八九十来块钱的事，它还意味着对一个人的评定！(《人民日报》1985年5月4日)｜你能不能一句话一句话地，用几句话，五句、十句或十来句话，……给大家说得简单明了呢?(《人民日报》1987 年 1 月 11 日)前一例,“八→九→十来”地递增。前边已经出现了“九”,后边的“十来”不可能少于“十”。后一例,“五句→十句→十来句”地递增。前边已经出现了“十句”,最后的“十来句”更不可能少于“十句”。其次,是特定语境中加“这”指代模式。例如:王熙凤在夸宝玉屋里丫头小红嘴巧时,顺便埋怨自己一些佣人嘴笨:“他们必定把一句话拉长了,作两三截儿,咬文嚼字,拿着腔儿,哼哼唧唧的,急得我冒火……”都是家常话儿,却中了写文章的一大弊。这二十来个字可以理解为思路不清,废话太多。(《人民日报》1986 年 8 月 25 日)“这二十来个字”,指的是王熙凤话里的“把一句话拉长了,作两三截儿,咬文嚼字,拿着腔儿,哼哼唧唧的”(曹雪芹《红楼梦》),实际上共二十五个字。

2. 同一作者笔下“×来”和“×余”的“词面换用”。比较:杨过在雪光掩映下瞧得分明,只见鸡身上咬满了百来条七八寸长的大蜈蚣,红黑相间,花纹斑斓,都在蠕蠕而动。(金庸《神雕侠侣》)|二人你抢我夺,把百余条大蜈蚣吃得干干净净。(金庸《神雕侠侣》)这两例见于同一作者在同一场合对同一事实所作的描述。前一例用“百来条”,后一例用“百余条”,可见在金庸的脑海词典里,“百来条”并非少于一百条。

3. 公认的客观事物的常理。例如:家养了二十来只鸡,现在正是旺季,一天二十多个蛋,十天半月就是三、四百!(《人民日报》1981 年 12 月 28 日)|他说,这就是“吸毒、犯罪、十来岁的少女怀孕,甚至是经济问题的原因”。(《人民日报》1989 年 7 月 22 日)前一例,如果“二十来只鸡”是少于“二十只”,怎么可能“一天二十多个蛋”?有的鸡,偶尔一天生两个蛋,但不能天天如此,而且,据了解,如果某天生了两个蛋,第二天便不生。可见二十来是二十多。后一例,怀孕的“十来岁的少女”,有可能是八九岁的孩子吗?!

4. 客观事实的核对查实。例如:和尚笑了,说,以前我也那样侍候她们,“文化大革命”十来年,顾不得她们了,她们在风雪里冻着过冬,冻惯了也就没事了!(《人民日报》1981 年 2 月 28 日)|遵义会议

确立了毛泽东同志的领导地位以后，特别是党的"七大"前后到"八大"这十来年，是最令人怀念的时期。(《人民日报》1981 年 6 月30日）前一例，"文化大革命"从 1966 年 5 月 16 日的《五一六通知》开始，到 1976 年 10 月 6 日夜"四人帮"被逮捕结束，略多于十年。后一例，"七大"于 1945 年 4 月 23 日至 6 月 11 日在延安举行，"八大"于 1956 年 9 月 15 日至 27 日在北京举行。从"七大"到"八大"，相隔了十一年多。再看这个例子：从艺十来年的李雪健打演"匪兵"起，已扮过林彪、"钢锉将军"等不下 10 回头号角色。(《人民日报》1991 年 3 月 2 日）李雪健 1976 年参加演出话剧《千秋大业》，1980 年开始"触电"，演电影《天山行》中的一个指导员。即使从 1980 年算起，到 1991 年也已有十一年。

结论四：有的用例，由于能够找到判定的依据，可以确认为"左右"。跟表示"略少"的相比较，表示"左右"的也占明显优势。其判定依据，主要表现为以下两点。

1. "×来"中 X 本身是个概数，而不是定数。比如"百十来"：这百十来字的短文，发生了很大的影响。(《人民日报》1982 年 3 月 3 日）｜仔细考来，这里的泉子也不下百十来眼，可以称为泉乡。(《人民日报》1983 年 10 月 4 日）｜这儿土地肥沃、水草丰美，然而小麦的单产并不高，只有百十来斤。(《人民日报》1985 年 6 月 6 日）表示略多或略少，×必须是个定数；如果×本身是个概数，其数量便是摆动不定的。"百十"，《现代汉语规范词典》和《现代汉语词典》都列为词条，解释为"一百左右"。前者举了"百十户人家、百十里地"的例子[⑥]，后者举了"百十来年、百十个人"等例子[⑦]。既然本数表示左右，带上"来"以后自然也只能表示左右。显然，"百十来"这一结构，"百十"是表示概数的词汇形式，"来"是表示概数的语法成分，二者配合起来表达概数。这是很顺当的解释。

2. "×来"同客观事实的不容置疑的联系。例如：周恩来同志写下"大江歌罢掉头东"和《雨中岚山》壮丽诗篇时，不过二十来岁。(《人民日报》1984 年 9 月 24 日）周恩来生于 1898 年 3 月 5 日。《大江歌罢掉头东》一诗，为1917年夏在南开中学毕业后东渡日本前所写，当时19岁。全诗为：大江歌罢掉头东，邃密群科济世穷。面壁十年图破壁，难酬蹈海亦英雄。《雨中岚山》一诗，为从日本回国前，于1919年4月5日，在日本京都雨中二次游岚山时所写，当时21岁。此诗1920年发表在他所主编的《觉悟》创刊号上。全诗为“两岸苍松 /夹着几株樱 /到尽处 /突见一山高 /流出泉水绿如许 /绕石照人 /潇潇雨 雾蒙浓 /一线阳光穿云出 /愈见娇妍 /人间的万象真理 /愈来愈模糊 /——模糊中偶然见着一点光明 / 真愈觉娇妍”。可见，“二十来岁”涵盖了19岁和21岁。

还有一些例子，像是等于本数，但仔细琢磨，往往包含有左右的意思。例如：近十来年发展中国家人才外流十分严重，六十年代末到七十年代末，美国、加拿大等迁入23万移民，吸收了欠发达国家四分之三的专业人才。(《人民日报》1982年8月24日）六十年代末到七十年代末，是十年。不过，实际还是左右无法确定，因为不可能一天也不多，一天也不少。

以上四点结论表明，现代汉语里“来”字概数结构的含义存在两种情况：第一，无法确认，可能见仁见智。第二，可以认定，但不会一边倒。如果用“＞”号表示多于，那么，可以列出如下两个顺序：

［顺序A］总体情况：无法确认的＞可以确认的。

［顺序B］可认定的：略多于本数 ＞ 本数左右＞略少于本数。

从顺序B及其对顺序A的反照来看，人们的语用心理可能更倾向于“略多”。然而，无论如何，事实是概数结构“×来”在含义上既可以是可左可右，又可以是或左或右，还可以是既左又右。语法规则的归纳，应该能够统摄全貌。因此，将其含义归总起来概括为“左右”，是最能准确反映语言运用的客观实际的。

如上所说，从构造形式上看，“来”字概数结构实际上可以分为两个类型：一为使用十进法段位数词的“×来”，二为使用度量衡单位的“×来”。跟使用十进法段位数词的“×来”相比较，使用度量衡单位的“×来”是较为特殊的一个类型。不过，应该注意：如果不管结构组织上的异同，不管句法机制管控上的区别，从"辨义"的角度看，使用度量衡单位的"×来"，同样表示"左右"，即其中的助词"来"同样帮助表示"左右上下"的意思。看这个例子：四周围着一人来高的木板墙，坚固而密实。(《人民日报》2000 年 9 月 1 日）人有高有矮。借用来衡量高度的"人"，肯定是中等个子的人，不会高达两米多，也不会矮得不到一米。然而，中等个子的人，其身高也没有定数，不过是可以上下摆动的高度而已。至于"半人来高"，自然也无法确定"半人"到底有多长，因而同样不能认定是略高于"半人"还是略低于"半人"。

（二）近代汉语的考察

一般认为，概数说法"×来"出现于晚唐五代。那么，晚唐五代以来的作品，包括近代白话作品，使用情况如何?

江蓝生先生的《概数词"来"的历史考察》是一篇重要论文。文章把表示概数意义的"以来"、"来"记做"以来 2"、"来 2"。文中写道：我们推想，"以来 2"最初的意义只是表明一个数量的范围，即不超过某数（等于某数或比某数略少）……"以来 2"可以表示略多应是比较晚近的事情。文中又写道：有一种意见认为早期的"以来 2"表示略多，如太田先生《中国语历史文法》和孙德宣先生（《语词琐记》)。我们觉得这种意见尚缺乏必要的论证[8]。可知：学者们讨论"×来"，都跟"×以来（已来)"联系起来，但有人认为早期就表示略多，有人认为早期就表示略少。下面，讨论三个问题。

问题一："×以来/已来"和"×来"的联系如何?

孙德宣先生的文章中没有举出"×来"的用例[9]。太田辰夫先生的书中，是把"×以来/已来"和"×来"联系起来作了解说和比较的。他说："来"是和古代汉语的"许"、"所"相当的，但也可以认为是"以来"的省略。"以来"在古代汉语中是指某时之后的词，但后来还能表示数量，成为"多"的意思，又写作同音的"已来"。所举的例子是：即提一瓶水，可受二升已来。(仙传拾遗，《广记》74 引）｜擎一大钵，可受二升已来。(游仙窟）｜约长三寸已来。(乾膙子，《广记》

343)｜可直五千已来。(朝野佥载 5)｜年五十已来。(录异记，广记 433 引) 他又说："已来"的例子唐五代很多，却看不到用在数词和量词（或者名词）中间的例子。但是"来"能放在数词和量词（或者名词）中间，和现代汉语的用法一样。"来"不一定是指"多"，而似乎是表示约数，意义略有不同。这一点还有探讨的必要，或许可以认为这是省略"以"，意义虚化的结果。和现代汉语相同的"来"从五代开始可以看到。所举的例子是：师令八百来人到洪州。(《祖堂集》卷第十六)｜这里有三百来众。(《祖堂集》卷第十八)｜三十来年[10]。(《祖堂集》卷第十九)。

太田先生的论说有几点意思很值得注意：第一，"来"也许是省略了"以"的结果。"也许"是个有所保留的词。第二，"以来/已来"有"多"的意思，而"来"不一定是指"多"，似乎是表示约数，意义略有不同。第三，"已来"的例子唐五代很多，却看不到用在数词和量词（或者名词）中间的例子。但是"来"能放在数词和量词（或者名词）中间，和现代汉语的用法一样。

问题二：表示典型概数的"×来"，其含义是否只能在"略多"和"略少"之中二者择一？

考察表明：跟现代汉语的情况一样，大多数例子会"见仁见智"。比如：三处主持三十来年，匡八百众矣。(《祖堂集》卷第十)"三十来"的含义，甲、乙、丙可以各自坚持己见。上面提到太田先生所引的《祖堂集》中的例子，其实都是可以"见仁见智"的，因此江蓝生先生说"尚缺乏必要的论证"。

然而，通过深入发掘语言事实，可以知道：有些例子，由于能够找到判定的依据，可以确认其偏多或偏少。只是，偏多也好，偏少也好，都不是一边倒。因此，无论作出偏向哪一边的结论，都会受到反例的质疑。

有的反例，会不利于"略多"。比如：人生天地两仪间。且住百来年。(《全宋词》，韦骧《木兰花慢》) 年到七十便为"古稀"。古人超过百岁的即使有，也极为个别。因此，上例的"百来年"，就大多数人的理解来说，应在百年之内，即略少于百年。但是，有的反例，却会否定“略少”。比如：紫玉和尚嗣马大师，在襄阳。师讳道通。未覩实录，不决生缘。襄阳廉师于迪相公，处分界内，凡有行脚僧捉送，无有一僧得命便杀。如是得无数。师闻此消息，欲得去相公处，众中觅人随师。近有十来人，师领十人。恰到界首，十人怕，不敢进。师犹自入界内。（释静、释筠《祖堂集》卷第十四）为了明确语境，此例引用了一个句群。意思很明白：师要去相公处，找人伴随。师身边有十来人（概数），于是带领其中十人（定数）一起去。这里的“十来人”绝对不可能少于“十人”。可见，偏多说和偏少说都统括不了语言事实，存在有可能顾此失彼的缺点。

问题三：“×来”有没有可能一开始就表示“左右”？

这一思考的前提，是有的×本身表示概数。上面已经提及，“×来”如果表示略多或略少，×必须是定数。再以“千来”来讲，“千”必须是999+1，才存在略多或略少的问题。要是“千”是概数，它本身便是一个左右晃动的数。既然左右晃动，怎么谈得上略多于一千或略少于一千？请看这个例子：玉走金飞两曜忙，始闻花发又秋霜。徒夸篯寿千来岁，也是云中一电光。一电光，何太疾，百年都来三万日。其间寒暑互煎熬，不觉童颜暗中失。……（《全唐诗》，吕岩《寄白龙洞刘道人》）吕岩即吕洞宾，唐僖宗时代人，传说应进士不第而入华山，后来成仙。“篯”即篯铿，是传说中极为长寿的彭祖。此例的意思，跟“云中一电光，人间千来年”之类相通，这里，“千”不是个定数。当然，彭祖的传说很多，也有说他活到八百余岁的，吕岩若是“实写”这方面的传说，“千来岁”便是近千岁，即“略少”。但是，作为诗句，“实写”的可能性不大。彭祖本来就是被夸张了的可以长生不老的神仙一类人物，诗句所要强调的是：不管你夸说彭祖能活到多少岁，即使是活到一两万岁吧，也不过是“电闪雷鸣”之间的事情而已。这是一种“虚写、泛写”的笔法。在语言形式上，其中的“来”不能替换为“以来”。可以做为旁证的是：天上一朝元五日，人间小住亦千年。（《全宋词》，刘辰翁《双调·寿谢寿朋》）“（亦）千年”可说成“千来年”,“千”是概数。琢磨诸如此类的事实,可以得到一点认识:“左右”义可能晚唐五代就已经有了。

另外,还需注意:明代作品中可以见到“千百来、百十来”的说法。如:一个银人,约重有千百来斤。(凌濛初《二刻拍案惊奇》)|这集上有百十来人家,都是务农为业。(吴敬梓《儒林外史》)|筝上套数小唱,也会百十来套。(兰陵笑笑生《金瓶梅》)。“千百”极言其多[⑪],“百十”表示一百左右,都无法解释为“略少”或“略多”。这类例子起码可以证明,表示“左右”的说法并不是到现代汉语里才形成的。也许可以这么设想:“十来年”之类概数说法表示“左右”,从总体上说,是伴随典型概数助词“来”的形成而开始的。

当然,笔者只是提出可供思考的三个问题。由于掌握的事实没有现代汉语的那么多,还不敢作出确定性的结论。到底情况如何,需要进一步深入地发掘事实。至于在历史上出现的典型“来”字概数结构的第一个例子到底怎么样,恐怕是很难查证落实的。

这里,还应该顺带指出:太田辰夫先生把用在度量衡单位后边的助词“来”叫做后助名词“来”。他写道:后助名词“来”是从后助数词“来”转化而来的。后助数词在唐代已经有了,它变为后助名词是在宋代。但因为它的来源是后助数词,所以,即使在作为后助名词,和名词一起构成修饰语时,也限于修饰含有数的概念的形容词即“大”、“小”、“长”、“短”、“远”、“近”、“重”、“轻”等。如:西湖瘦得盆来大[⑫]。(宋·杨万里诗)太田先生所举的“盆来大”,“盆”就是借用的度量衡单位。可见他的观察相当细致。这类例子启发我们,“盆来”跟上面提到的“人来”一样,也是表示“左右”的,而这类表示法在近代汉语就已经使用了。不过,太田先生的论说也有应该纠正的地方:这类说法所修饰的形容词是强态义的“大、长、远、重”等,而不是弱态义的“小、短、远、轻”等。

三　结束语:事实终判

写作本文,意在突出强调一条原则“事实终判”。即:以语言事实作为最终判定的权威依据。研究问题，必须在事实的发掘上多下功夫。因为，结论的可靠，决定于证据的真实充足，而过硬的证据，是事实。最能说明这一点的，莫过于法庭辩论。甲提出一个断定，乙马上回应："证据！"假若甲拿不出事实来证明，甲的断定就无法成立。

"事实胜于雄辩"，这是颠扑不破的真理。不尊重事实，有意无意地"忽悠"事实、冒犯事实，再厉害的"雄辩"也不会鲜活，不会真的"厉害"。吕叔湘先生晚年将自己的治学原则总结为："广搜事例，归纳条理，反对摭拾新奇，游谈无根。"[13]笔者以为，做学问应该提倡风格多样，但是，无论如何，吕先生的总结是很值得咀嚼、很值得深思的。

说明：(1) 本文为纪念《语言研究》创刊30周年而写作。1981年，《语言研究》的创刊号上，笔者曾发表过《现代汉语里的一种双主语句式》一文。30年过去了，《语言研究》已经成了闻名海内外的一个大刊物。为此，笔者万分高兴，表示热烈的祝贺，同时，也借此机会对当年领头创办这一刊物的严学窘老先生表示深切的怀念。(2) 本文的一部分，曾以"'十来年'义辨"为题，在《光明日报》2010年6月21日发表，2000来字。经过进一步整理思路之后，写成本文，一万多字，是想把问题说得更清楚一点。(3) 由台湾世界华语文教育学会主办的"第九届世界华语文教学研讨会"，于2009年12月26日至28日在台北市举行。会上，笔者曾以"语言表述的正误与可否"为题，作了一场专题讲演，其中的第三部分为"事实终判"，讲的就是"来"字概数结构。笔者讲演之后，丁邦新先生就一个例句提出了十分中肯的意见。在这里，特别向丁先生表示由衷的感谢和敬意。

注释：

①中国社会科学院语言研究所编：《现代汉语词典（第5版）》，商务印书馆2005年版，第807页。

②李行健主编：《现代汉语规范词典》，外语教学与研究出版社、语文出版社2004年版，第777页。

③王改改：《概数词"来"的语义调查和研究》，《汉语学习》2001年第6期，

第 46 页。

④吕叔湘:《数量词后的来、多、半》,《吕叔湘全集》第二卷,辽宁教育出版社 2002 年版,第 203 页。

⑤吕叔湘主编:《现代汉语八百词》,商务印书馆 1980 年版,第 310 页。

⑥王改改:《概数词“来”的语义调查和研究》,《汉语学习》2001 年第 6 期,第 26 页。

⑦中国社会科学院语言研究所编:《现代汉语词典(第 5 版)》,商务印书馆 2005 年版,第 29 页。

⑧江蓝生:《概数词“来”的历史考察》,《中国语文》1984 年第 2 期,第 145 页。

⑨孙德宣:《语词琐记》,《中国语文》1979 年第 2 期,第 128～130 页。

⑩太田辰夫:《中国语历史文法》,蒋绍愚、徐昌华译,北京大学出版社 2003 年版,第 141 页。

⑪罗竹风主编:《汉语大词典》第一卷,汉语大词典出版社 2001 年版,第 843 页。

⑫太田辰夫:《中国语历史文法》,蒋绍愚、徐昌华译,北京大学出版社 2003 年版,第 94 页。

⑬《吕叔湘先生生平》,《中国语文 》1998 年第 3 期,第 170 页。(按:此文未署名。)

(原载《语言研究》2011 年第 1 期)

词典的词类标注："各"字词性辨

导言

词类，是词的语法分类；词性，是某词在词类归属上的语法性质。众所周知，汉语的词在语法上难以定性归类。但是，由于实际应用的需要，特别是由于中文信息处理的需要，近年来出版的许多词典，除了一些特别难以认定词类之所属的词，基本上都标出了词性。这是一件好事。万事开头难，有了开头，就会有发展，就会对词类研究有所促进。但是，就目前情况说，还不能给读者造成一个印象，以为汉语的词类问题已经解决或者基本解决了。以影响最大的《现代汉语词典》来讲，较为全面地标出词性的开始于 2005 年出版的第 5 版。不过，此前的《现代汉语词典》，对于个别词，也有涉及词性的迹象。比方，我书架上商务印书馆 1973 年出版的《现代汉语词典》试用本，对于"各"这个词，便已经作了这样的解释：各 ①指示词。a）表示不止一个：世界～国丨本省～地丨～位来宾。b）表示不止一个并且彼此不同：～样的服装都备齐了丨～人回～人的家。②副词，表示不止一人或一物同做某事或同有某种属性：左右两侧～有一门丨三种办法～有优点，也～有缺点丨两个人～奔前程丨双方～执一词。过了将近30 年，商务印书馆出版《现代汉语词典》2002 年增订本，仅仅减少个别例子和变动个别用词：各 ①指示词。a）表示不止一个：世界～国丨～位来宾。b）表示不止一个并且彼此不同：～种原料都备齐了丨～人回～人的家。②副词，表示不止一人或一物同做某事或同有某种属性：左右两侧～有一门｜三种办法～有优点，也～有缺点｜两个人～奔前程｜双方～执一词。从试用本到增订本，都出现“指示词”和“副词”的解释，但不能算是标明词性，因为，在用于教学的全国通用的现代汉语词类系统中，没有“指示词”和“副词”这两个对举并列的类，只能让读者从语义角度比较模糊地理解或揣测这两个概念。到了2005年，《现代汉语词典》第5版出版。这一版的重要特点之一，是“给词标注词类”，即标明了词性。对于“各”，其解释是：各①［代］指示代词。a）表示不止一个：世界～国｜～位来宾。b）表示不止一个并且彼此不同：～种原料都备齐了｜～人回～人的家。②副词，表示不止一人或一物同做某事或同有某种属性：双方～执一词｜左右两侧～有一门｜三种办法～有优点，也～有缺点｜两个人～奔前程。③［名］姓。再到2012年，《现代汉语词典》第6版又出版了，不过基本上保持第5版的样子，只作了微小的删改：各①［代］指示代词。表示不止一个（指某一范围内的所有个体）：～方｜～界｜～位来宾。②［副］表示不止一人或一物同做某事或同有某种属性：～领风骚｜双方～执一词｜左右两侧～有一门｜三种办法～有优点和缺点。③［名］姓。跟以往各版相比较，第5版和第6版仅仅是把“指示词”改为“［代］指示代词”，解说和用例基本不变，但是，毕竟正式使用了“代词”和“副词”这两个词类名目；另外，这两版增补了表示姓氏的名词“各”，作为第三义项。由于这两版是标注词类的，因而自然会引发人们认真地从语法的角度对相关问题进行思考。

观察可知，这两版把“各”分别判定为代词和副词，有一个隐性的语法依据，这就是句子中词语排列位序的两种状态：其一，“各”用在体词性词语前边，语序为“各＋NP”。其二，“各”用在动词性词语前边，语序为“各＋VP”。从举例看，凡是出现在体词语前边的，“各”判为代词；凡是出现在动词前边的，“各”便判为副词。人们要问，这样的词类判别标准，是科学的吗？下面，让我们先分析一下“各”字的指示代词功能角色，接着描述一下“各＋NP”和“各＋VP”的多样状态，再接着讨论一下把一部分“各”分裂出来独立为副词是否合适。

一　"各"字的指代角色

代词跟名词、动词、形容词、数量词（包括数词和量词）、副词一样，能进入小句，充当某个成分，都属于成分词。但是，名词、动词、形容词、数量词（包括数词和量词）和副词都各自具有语法上的类特征，即通常所说的语法特征或语法特点。比如，碰到一个能受体词性数量词的修饰、不能受副词修饰的词，可以断定为名词；碰到一个能带宾语的词，可以断定为动词；碰到一个能受程度副词的修饰但不能带宾语的词，可以断定为形容词；碰到一个表示数字的词和后边出现一个表示记数单位的词，可以断定为数词和量词；碰到一个只具有修饰动词或形容词的功能的词，可以断定为副词。这些带规律性的特征尽管并非绝对化地普遍适用，但基本上是可以成为标准的。代词则不然。这是一类指代某种思想对象的词，从总体上说，能够成为词类系统中的一个类别，不是主要根据在组合能力上所体现的语法特征来决定的，而是根据其"游移泛代性"来决定的。所谓"游移泛代性"，指的是在任何宽泛的范围内，可以游移地指代需要指代的任何对象。代词所指代的对象，相当于名词、动词、形容词、数量词和副词所指对象的总和。如果说名词、动词、形容词、数量词和副词是横向排列的分类，那么，代词便是从指代角度跟名、动、形、副等形成纵向排列的一个特殊类型。

凡是代词，都在句中扮演实施指代功能的角色。当然，跟典型的人称代词、疑问代词、指示代词相比较，"各"是一个特殊的指示代词。这是因为，它不是属于"三身"系统的人称代词，不是用于求代的疑问代词，而在指示代词中，又不包括在近指、远指系统的"这、那"词群之中。不过，不管如何特殊，在任何情况下，它都具有"游移泛代性"。比如："梅西和罗本各进一球"与"郑智、陈涛和李金羽各进一球"，"各"游移指代了"梅西和罗本"与"郑智、陈涛和李金羽"；"各教授纷纷发言"与"各班干部纷纷发言"，"各"游移指代了

“教授”与“班干部”；“张三说一通，李四说一通，各不相让”，“各”游移指代了“张三、李四”等等人物。总之，在游移泛代的功能角色上，“各”跟“我、你、谁、什么、这、那”等等具有一致性。看个实际用例：

(1) 1947年4月指挥正太战役取得了重大胜利，毛泽东称这种打法是“先打弱的，后打强的，你打你的，我打我的（各打各的）政策，亦即完全主动的作战政策”。(《人民日报》1992年8月31日)

上例表明，“各一各”同“你一你”、“我一我”等值，都起着指代作用，而两个“各”和两个“你”、两个“我”中的第一个，都是用在动词前边的！

二　关于“各＋NP”和“各＋VP”

（一）“各＋NP”

NP指量词、数量词、名词、名词短语等体词语。就组配情况说，主要有以下三种。

1. “各量”组配。即“各＋量词”，形成指量结构。例如：

(1) 各位，我先告辞了！(莫言《红树林》)

(2) 集中优势兵力，各个击破。(柳建伟《突出重围》)

“各量”独用，为数不多，一般就是“各位”和“各个”。“各位”后边可以补出名词，“各个”后边一般不能补出名词。

2. “各名”组配。即“各＋名词语”，形成定名结构。例如：

(3) 县教育科派人到各村动员。(赵树理《三里湾》)

(4) 这是新从别省转学来的秦风君，常有文字在中国各杂志发表，是研究艺术的。(苏雪林《棘心》)

这两例“各村”和“各杂志”是“各＋名词”。又如：

(5) 各大军区这回都要来人观摩了。(柳建伟《突出重围》)

(6) 里昂各私立学校都有她的课。(苏雪林《棘心》)

这两例“各大军区”和“各私立学校”是“各＋名词短语”。

3．"各量名"组配。即"各＋量＋名词语"。这是一种二重定名结构，层次为"各量｜名"，"各"处在第二层次之上。例如：

（7）通知到各个班。（柳建伟《突出重围》）

（8）各位长官只管吩咐。（陈世旭《将军镇》）

这两例的"各＋量＋名词语"中，量词用了"个"和"位"。也常见用其他量词的。例如：

（9）打架本来就是人类生存的本能，是满足各类欲望的原始手段。（陆文夫《人之窝》）

（10）各路援兵虽有五万，可是归弟指挥的只剩下两万人了。（姚雪垠《李自成》第一卷）

（11）刘云看着桌子上的各种处方笺和化验单，脑袋里一片空白。（皮皮《比如女人》）

这三例量词用了"类、路、种"。

（二）"各＋VP"

有两种结构情况。全面了解，对准确判定"各"的词性至关重要。

1．情况一：VP中无"各"。

即"各"的后边出现一个VP，这个VP不管多长，其中都未包含另一个"各"。例如：

（12）形式不同，方法各异。（陆文夫《人之窝》）

（13）服饰态度各不同。（鲁迅《论照相之类》）

（14）这些人缺乏政治领导，没有明确的战斗方向，又是各怀野心。（刘流《烈火金刚》）

（15）左右屁股各切了七十五刀。（莫言《檀香刑》）

以上四例，"各"后边VP的音节分别为一、二、三、六。音节更多的也有，不再列举。

2．情况二：VP中又有"各"。这时，一个"各"字出现在动词语前边，另一个"各"字包含在动词语里头。大体说，可以罗列为四个格式。

A．各＋［动＋各的名］。这一格式中，第二个"各"作动宾结构中宾语部分的定语，一般带“的”。例如：

(16) 往后咱各走各的道儿，分道扬镳。(冯骥才《一百个人的十年》)

(17) 这些人没有打发走，县政府又请他去开会，别的同志又都各忙各的工作。(赵树理《李家庄的变迁》)

也有不带“的”的：

(18) 各就各位，不要慌乱！(莫言《檀香刑》)

(19) 他们像往常一样，互相亲了对方，就各回各家去了。(路遥《人生》)

B. 各＋［动＋各的］。这一格式中，第二个“各”带“的”形成“的”字结构，作宾语。例如，例 (16) (17)，减去“各的名”中的名词，便成为这一格式：往后咱各走各的｜别的同志又都各忙各的。只要在减去名词以后意思仍然明确的，都可以采用这一格式。例如：

(20) 你们喝酒，我们吃菜，各管各的。(陆文夫《人之窝》)

(21) 明楼嫌卷烟太硬，立本嫌纸烟没劲，两个人只好各吸各的。(路遥《人生》)

(22) 以后各干各的，你别再干涉他！(彭荆风《绿月亮》)

C. 各＋［动＋各］。这一格式中，第二个“各”单独用在动词后边，作宾语。如例 (20)，减去“各的”中的“的”，便成为这一格式：你们喝酒，我们吃菜，各管各。只要在减去“各的”中的“的”字以后意思仍然明确的，都可以采用这一格式。例如：

(23) 咱们老早就是各管各。(丁玲《太阳照在桑乾河上》)

(24) 劳资双方各顾各，十分话只说七分，……(周而复《上海的早晨》)

(25) 天生人是教他们孤独的，一个个该各归各，老死不相往来。(钱锺书《围城》)

(26) 这你就不用管了，有酒家家喝，生意各做各。(张卫《你别无选择》)

D. 各＋［介＋各的名＋动］。这一格式中，第二个“各”被包含在动词语里的介词结构之内。例如：

(27) 住的地方隔开了，各按各的民族习惯过，互相都蛮好。(《人民日报》1992年9月25日)

上例"按各的民族习惯过"是第一个"各"后边的动词语，其中包含带有第二个"各"的介词结构"按各的民族习惯"。同类的例子：

(28) 它背后的所有建筑物都各以各的色彩和结构与湖山相映称。(《人民日报》1985年8月7日)

(29) 他们几个人就各把各的意见又重复了一遍。(刘流《烈火金刚》)

(30) 周围的人各被各的利欲驱使，焦虑不安……(《人民日报》2001年5月2日)

这三例的第二个"各"，分别包含在"以"字介词结构、"把"字介词结构、"被"字介词结构之内。

三　关于"各"字副词说

"各"字的指示对象，由其游移泛代功能所规约。在游移的种种不同语境中，"各"游移指代甲、乙、丙等等的不同人或事物，具有不定性；但是，在同一语境中，不管用于句中哪个位置，"各"之所指是具有确定性的。

"各＋NP"和"各＋VP"只是"各"字出现的简单化模式，实际语言运用中二者往往不是孤立使用的。上文所举"各＋VP"中的VP又包含"各"，已经说明了这一点。不仅如此，如果再深入观察较为复杂的语言事实，便会对"各"字的使用得到更为全面的认识，从而知道简单化地把动词前边的"各"判定为副词是一种仓促结论。因为，同一语境中不同位置上的"各"是相互制约、相互融通、不可分割的。只要其中一个"各"是指示代词，那么，受到它的管控，跟它呼应使用的另一个"各"便不可能是副词。下面，从由后控前、由前控后、前后夹控三个侧面，验析《现代汉语词典》所用的例句。

（一）由后控前

即：如果后“各”肯定是指示代词，那么，前“各”不可能不是指示代词。从论证上说，这是使用“据后证前”的逻辑方法。上文所举“你打你的，我打我的，各打各的”，很能说明问题。

《现代汉语词典》各版本，包括从试用本到第6版，讲副词“各”时共用五个例子。其中一个是：“三种办法各有优点，也各有缺点。”这里，《词典》只让读者看到动词“有”前边用“各”的现象。要是名词“优点、缺点”的前边也出现“各”字呢？怎么解释？例如：三种办法各有各的优点，也各有各的缺点。｜三种办法各有各的优点和缺点。

同类现象，俯拾皆是。比如动词为“有”的例子：

（31）赵刺猬赖和尚各有各的战斗队。（刘震云《故乡天下黄花》）（→赵刺猬赖和尚各有战斗队）

（32）旅游者各有各的爱好和追求。（《人民日报》1983年10月14日）（→旅游者各有爱好和追求）

例（31），后“各”带“的”作一个名词的定语；例（32），后“各”带“的”作一个名词性联合短语的定语。显而易见：首先，其中的“各”在不同语境中游移指代了“赵刺猬赖和尚”和“旅游者”。其次，每个例子中的前“各”与后“各”所指相同，后“各”只能是指示代词，前“各”怎么可能是副词？

事实上，“各＋［动＋各的名］”中的“动”多种多样，不限于“有”。从后“各”的使用情况看，有三种。

其一，“各的”用不用皆可，比如上举几个例子。又如：

（33）大家都想上，各搞各的一套，结果谁也上不去。（《人民日报》1986年5月8日）（→各搞一套）

（34）好几家都生产大致相同的汽车配件，都是各找各的主顾。（《人民日报》1988年12月17日）（→各找主顾）

（35）名为讨论会，实际上是各念各的论文，有鸣无争。（《人民日报》1983年8月19日）（→各念论文）

其二，"各的"必须用，不能去掉。例如：

（36）赌博和偷抢，各是各的账。（《人民日报》1981 年 1 月 24 日）（≠赌博和偷抢，各是账）

（37）每人一把号，各吹各的调。（《人民日报》1982 年 2 月 15 日）（≠每人一把号，各吹调）

（38）把大小好坏分开，各卖各的价。（《人民日报》1994 年 8 月11 日）（≠各卖价）

其三，"各的"不能一口咬定必须用，但如果不用，起码使原意有所变异或模糊。例如：

（39）群众说，这叫各穿各的鞋，大家都有积极性。（《人民日报》1981 年 8 月 30 日）（？这叫各穿鞋）

（40）在导弹防御问题上，布什和普京仍然各说各的话。（《人民日报》2001 年 11 月 15 日）（？布什和普京仍然各说话）

（41）有地方观念的干部反对过赣江，主张一、三军团分家，夹江东西而阵，各发展各的地区。（《人民日报》1982 年 3 月30日）（？夹江东西而阵，各发展地区）

不管情况如何，后"各"具有强制性，在词性上起着规约前"各"的作用，这是无法否认的。

还须注意上文已经提到的现象，"各＋［动＋各的名］"有的可以说成"各＋［动＋各的］"，有的甚至可以说成"各＋［动＋各］"。例如：

（42）临海市上盘镇一带的农民，从 1989 年开始就从日本引种西兰花，但一家一户小生产，各顾各的利益，质量较低。（《人民日报》2005 年 1 月 14 日）

（43）有的农村，一说要发展商品经济，就各顾各的，支部不管。（《人民日报》1989 年 3 月 17 日）

（44）他妈的，各顾各！（雪克《战斗的青春》）

这三例分别是"各＋动＋各的 N · 各＋动＋各的 · 各＋动＋各"。仅以"各顾各"（各＋动＋各）来说，显然是个"主动宾"结构，怎么能说前后两个“各”分别是副词和指示代词？

（二）由前控后

即：如果前“各”肯定是指示代词，那么后“各”不可能不是指示代词。从论证上说，这是使用“据前证后”的逻辑方法。让我们再观察《现代汉语词典》各版本把“各”标注为副词的另外四个例子。

1. “左右两侧各有一门”

这里，《词典》只让读者看到动词“有”前边用“各”的现象。要是“左右两侧”的前边也出现包含“各”字的体词结构，便会引发新的认识。例如：“各陈列厅左右两侧各有一门，进出较为方便。”其中，前“各”指代的是“每个陈列厅的左右两侧”，后“各”指代的也是“每个陈列厅的左右两侧”。前者肯定是指示代词，后者不可能是另外一类词。同类现象：

（45）各门学科各有一定的方法。（《人民日报》2000年11月30日）

（46）县以上各级党委的组织部、宣传部、统战部应各有一位负责同志抓这项工作。（《人民日报》1984年1月25日）

例（45），前“各”指每门学科，受其管控，后“各”也指每门学科；例（46），前“各”指县以上级别的每个党委的组织部、宣传部、统战部，受其管控，后“各”所指也是这些部门。

2. 各奔前程

跟上例一样，这类例子可以出现前“各”。例如：

（47）现在，与会各国首脑已经开始离开水城威尼斯“各奔前程”。（《人民日报》1987年6月12日）

（48）各国纷纷与欧共体单独联系，曾一度面临各奔前程的危险。（《人民日报》1990年1月5日）

这两例都用了“各奔前程”，而前例的前“各”和后“各”都指代与会的每个国家的代表，后例的前“各”和后“各”都指代与欧共体单独联系的每个国家。这两例，前“各”肯定是指示代词，这决定了后“各”不可能不是指示代词。

3. 双方各执一词

同样，这类例子可以出现前"各"。例如：

(49)"大哥大"对人体究竟有没有危害，各国研究人员各执一词，争论不休。(《人民日报》1993 年 5 月 2 日)

上例用了"各执一词"。此例的前"各"和后"各"分别指代相同对象，皆指每个国家的研究人员。既然如此，前"各"和后"各"不应标出两种词性。类似的例子：

(50) 20 世纪以来，各种批评流派更是各执一端，众说纷纭。(《人民日报》1988 年 3 月 22 日)

(51) 如不及时加以清理，该废止的废止，该修改的修改，各级国家机关和广大人民群众在执行中，就会感到无所适从，或各执一法，互相扯皮，影响法规的严肃性。(《人民日报》1986 年 8 月 5 日)

这两例分别用了"各执一端"和"各执一法"，由于都出现了肯定是代词的前"各"(各种……/各级……)，那么，"各执一端"和"各执一法"中的"各"便受到了规约，不可能变性为副词。

4. 各领风骚

同样，这类例子可以出现前"各"。例如：

(52) 各地的风味小吃云集城市，各领风骚。(《人民日报》2000 年 5 月 2 日)

(53) 隋、唐、宋、元、明、清各代建筑，各领风骚，尽显历代风貌。(《人民日报》1994 年 9 月 19 日)

这两例都用了"各领风骚"，但都出现了前"各"("各地的风味小吃""隋、唐、宋、元、明、清各代建筑")。前"各"和后"各"分别指代相同对象，它们不可能一为指示代词、一为副词。

(三) 前后夹控

即由前控后和由后控前同时显现，上下文先后出现前"各"、中"各"和后"各"，所指对象相同，相互印证。前"各"和后"各"肯定是指示代词，那么，中"各"不可能不是指示代词。从论证上说，这是同时使用“据前证后”和“据后证前”的逻辑方法。

上面提到，《现代汉语词典》认定“三种办法各有优点”中的“各”是副词。这个“各”，不仅可以出现后“各”或前“各”，而且可以同时出现后“各”和前“各”。比如：“各种办法各有各的优点。”这就形成可以“前后夹控”的规约局面，从而可以强化不应把中“各”判为副词的认识。在实际语言运用中，“前后夹控”的现象并不罕见。例如：

(54) 各套课本都各有特色。(《人民日报》1982 年 2 月 11 日)

(55) 电视广告里明争不算，暗地里，各家更是各有绝招。(《人民日报》1994 年 3 月 29 日)

这两例都是“前管控”，但是，如果说成“各套课本各有各的特色”和“各家更是各有各的绝招”，便是“前后夹控”了。再看下例：

(56) 各家国有专业艺术表演团体的改革和发展各有各的精彩。(《人民日报》2005 年 7 月 25 日)

(57) 供销各方都十分注意利益的协调，不是同床异梦，各打各的“小九九”。(《人民日报》1990 年 12 月 3 日)

(58) 各企业达成了一个默契，谁也不去申请什么专利，大家各生产各的。(《人民日报》1999 年 5 月 26 日)

例 (56)，一个小句里出现“各家……各有各的精彩”；例 (57)，等于说“供销各方各打各的小九九”；例 (58)，等于说“各企业各生产各的”。由于“各 N 各 V 各的 (N)”中的“各”所指相同，形式上的前后夹控显然表明了中“各”不可能是副词。

四　副词说不能成立之佐证

除了“由后控前”、“由前控后”和“前后夹控”，还有其他佐证，也证明不宜把动词前边的“各”判为副词。略说两个方面。

（一）现代作品中若干可变换说法

1. 用“各人”相当于用“各”。“各人”不是副词。例如：

（59）两人都沉默不语，各人有各人的心事。（李英儒《野火春风斗古城》）（比较：各人有各人的心事→各有各的心事→各有心事。）

（60）草草吃完就各人提着各人分得的梨，分头下楼回家。（刘震云《单位》）（比较：各人提着各人分得的梨→各提各分得的梨→各提分得的梨。）

2. 用"各自"相当于用"各"。"各自"不是副词。例如：

（61）一群人鸦雀无声，各自寻各自的交通工具去了。（柳建伟《突出重围》）（比较：各自寻各自的交通工具去了→各寻各的交通工具去了→各寻交通工具去了）

（62）人们仰着脸躺着，望着天空，各自想着各自的心事。（雪克《战斗的青春》）（比较：各自想着各自的心事→各想各的心事→各想心事）

3. 用"自己"相当于用"各"。"自己"不是副词。例如：

（63）刘勋苍、栾超家各带自己的小队，分头执行任务。（曲波《林海雪原》）（比较：各带自己的小队→各带各的小队）

（64）我们俩每天各在自己单位的食堂排队买饭吃。（杨绛《干校六记》）（比较：各在自己单位的食堂→各在各的单位食堂）

4. 用"其"相当于用"各（的）"。"其"不是副词。例如：

（65）活着的各归其位，死了的平反昭雪。（王朔《玩儿的就是心跳》）（比较：各归其位→各归各位）

（66）两家各行其道，互不相干。（欧阳山《苦斗》）（比较：各行其道→各行各道）

5. 用"所"相当于用"各（的）"。"所"有指代作用，用在动词前边，一起组成名词结构，不是副词。例如：

（67）萝卜青菜，各有所爱嘛！（郁秀《花季雨季》）（比较：各有所爱→各有各爱）

（68）今日虽大家各抒所见，但没有商议定局。（姚雪垠《李自成》第二卷）（比较：各抒所见→各抒各见）

（二）近代白话和文言作品中有关现象的印证

1．近代白话作品

下面是“由前控后”的例子：

（69）各家老小，俱各还本国。（施耐庵《水浒传》）

（70）各人各安生理。（佚名《五美缘》）

下面是“由后控前”的例子：

（71）因近日将园中分与众婆子料理，各司各业。（曹雪芹《红楼梦》）

（72）就是那二十四厅，也各有各的路数，各有各的巧妙。（文康《儿女英雄传》）

下面是可以作为可变换性佐证的例子：

（73）这些众人们各人说各人的，……（西周生《醒世姻缘传》）（各人说各人的＝各说各的）

（74）往年不拘谁作生日，都是各自送各自的礼。（曹雪芹《红楼梦》）（各自送各自的礼＝各送各的礼）

2．文言文

下面是“由前控后”的例子：

（75）仰各路大帅各竭忠力，以图国家大计。（毕沅《续资治通鉴》）

（76）督、抚事事受命于朝廷，亦与各国联邦之各为法制者不同。（赵尔巽《清史稿》）

下面是“由后控前”的例子：

（77）各归各途，论资升转。（赵尔巽《清史稿》）

（78）应请各归各款，以清眉目。（赵尔巽《清史稿》）

（79）当复以派员会勘，各修各路、各出各费等语，是滇与英领事所迭次议商者，亦均扼定约章铁路相接之一语，毫无剌谬。（赵尔巽《清史稿》）

下面是可以变换求证的例子：

（80）世各自有以取士，士亦各自得以进。（王充《论衡》逢

遇篇第一）

（81）先儒穿凿，各伸己见，皆托古圣贤之名，……（刘昫《旧唐书》）

（82）辐之入毂，各值其凿，不得相通，犹人臣各守其职，不得相干。（刘安《淮南子》）

（83）请下沿江沿海各将军督抚，各抒所见。（赵尔巽《清史稿》）

这四例的"各自、己、其、所"都跟"各"互通。以例（80）来说，有学者这么翻译为现代汉语："不同时代各自有用来选拔'士'的标准，而'士'也各有猎取功名的途径。"原文的两个"各自"，译文里则成为"各自"和"各"。

五　结语

词类划分有特定的标准。各家所据语法系统不同，分类结果会有所差异，但是，无论如何，贯彻标准的过程中都必须遵守同一律。

汉语词类系统中，就能够单独充当句子成分的词而言，名词、动词、形容词、数词、量词和副词的划分，是根据词的语法特点；而代词的立类，具有特殊性，根据的是其"游移泛代性"，不同的代词，可以分别起到名词、动词、形容词、数词、量词和副词的作用。比如，"这么、那么"是作用上相当于副词的指示代词，但词典上不宜标注为副词。

在给词定性归类的过程中，必须注意词的"语义关系"的参照。只有形式相同而语义全然不同的词，才可以而且应该分成两个及以上语法类。比如，"这条路很直"和"他冷得直哆嗦"，前后两个"直"语义完全不同，自然应该分别判定为形容词和副词。又如，"千万条路你千万莫回头"（《中华民谣》歌词），前边的"千万"跟量词"条"结合使用，表数量；后边的"千万"是"务必"的意思，表语气，自然应该分别判定为数词和副词。相反，凡是语义完全相同的一个词，不得分成两个语法类。比如，"漂亮的办法"和"漂亮地完成了任务"中的"漂亮"语义未变，都是形容词，不能分别判定为形容词和副词。

关于“各”，本文主要作了两个方面的论证。一方面，本文通过事实的分析，指出在不同位置上的“各”，所指对象可以同一，语法上的指代功能不变，因而应该认定都是代词；另一方面，本文用较多的篇幅，描述“由后控前”、“由前控后”和“前后夹控”等情况，指出两个及以上“各”字在入句后的排列配置中相互管控，相互规约，表明了它们都是代词。此外，本文还结合从上古到近代白话的用法，描述了“各”的可变换形式是代词，而不是副词。

本文主要应用了一条选言直言推理的逻辑公式：“各”要么全是代词，要么全是副词。它肯定不会全是副词（“各有各的优势”中，第二个“各”带“的”作定语，绝对不可能是副词；“我们以后各管各”中，第二个“各”作宾语，绝对不可能是副词）。因此，它全是代词。(这样，“你打你的，我打我的，各打各的”，两个“你”、两个“我”和两个“各”都是代词，就合情合理了!)

本文的标题，用“词典的词类标注”打头，是想表示笔者的一点想法和期盼：词典在标注词类之后，类似的情况肯定不仅仅限于“各”。希望借《现代汉语词典》一再推出新版本的东风，众多学者更多地关注语言事实，让词类问题的研究更加深入。

参考文献：

[1] 邢福义. 汉语语法学 [M]. 长春：东北师范大学出版社，1997：200-201.

[2] 中国社会科学院语言研究所. 现代汉语词典（试用本）[M]. 北京：商务印书馆，1973：335.

[3] 中国社会科学院语言研究所. 现代汉语词典（增订本）[M]. 北京：商务印书馆，2002：427.

[4] 中国社会科学院语言研究所. 现代汉语词典 [M]. 5 版. 北京：商务印书馆，2005：463.

[5] 中国社会科学院语言研究所. 现代汉语词典 [M]. 6 版. 北京：商务印书馆，2012：442.

（原载《语言研究》2013 年第 1 期）

“起去”的普方古检视

0　导言

0.1　趋向动词有三组：第一组是“来、去”；第二组是“上、下、进、出、回、过、开、起”；第三组是两组单音趋向动词的复合，如：上＋来→上来｜上＋去→上去。

问题是：“上、下、进、出、回、过、开”，都能分别跟“来”和“去”复合；“起”，行不行？

0.2　差不多所有的现代汉语教材，都认为可以说“起来”，但不能说“起去”。比如黄伯荣先生主编的《现代汉语》（1997），列举复合趋向动词时说“限于下列这些”（15 页）：

上来　下来　进来　出来　回来　开来　过来　起来

上去　下去　进去　出去　回去　开去　过去

其中缺“起去”。

0.3　刘月华等先生撰写的《实用现代汉语法》（1983）指出：“应注意‘起’、‘开’不能与‘去’构成趋向补语。”（345 页）意思很明白，“V 起去”和“V 开去”不能成立。至于“起去”能否独用，没有交代。

过了 15 年，刘月华先生主编的《趋向补语通释》（1998）出版。这部书专门讨论趋向补语，分小节论说充当补语的“上来”、“上去”、“下来”、“下去”、“进来”、“进去”、“出来”、“出去”、“回来”、“回去”、“过来”、“过去”、“起来”、“开来”、“开去”，其中有了“开去”，但仍然没有“起去”。

0.4 承蒙张振兴先生提醒，丁声树等著《现代汉语语法讲话》(1961) 是同时承认“起来”和“起去”的 (57 页)。进一步查考可知，作为《现代汉语语法讲话》的前身，在《中国语文》上连载的《语法讲话》里讨论“补语”时，就已同时列出了“起来”和“起去”。(1953) 另外，洪心衡先生的《能愿动词、趋向动词、判断词》(1957) 指出：“‘起去、开来、开去’和‘上来、上去’等有些不同，不单独作谓语，单独作谓语就表示另外的意思，如‘车开去了’。而且它们组合的动词也有限，只有‘打开来、分开来、拉开去、抓起去’等。”(21 页) 洪先生的意思很明白，“起去”不能成立，但“V 起去”有时能成立。“抓起去”就是“V 起去”，其中的“起去”作补语。

刘先生主持的两部著作，比丁著和洪著晚出版很多年，不知是没注意到丁著和洪著，还是不同意丁著和洪著的说法。不过，无论情况如何，都反映了一个事实：大多数人认为“起去”不能说。有的人，认为勉强可以作补语，但根本不能作谓语；有的人，认为根本不能作补语。

0.5 笔者一向以为“起去”能说。既能独用，也能作补语。1980 年，由湖北人民出版社出版的《现代汉语语法知识》，在讲复合趋向动词时，同时列举出“起来”和“起去”。后来，笔者主编由高等教育出版社出版的两套《现代汉语》，一套本科用，一套专科用，也肯定了“起去”。然而，这凭的只是个人的语感和逻辑推理，因此一直想通过“普一方一古”大三角的检视，寻求实据。现在，要特别感谢现代科技。电脑的使用，使笔者有可能对现代和古代的作品进行大幅度的搜索。另一方面，笔者又考虑了“整体汉语”的大局，从方言的角度作了一些调查研究的工作。于是，便写成了这篇文章。这实际上是一篇对“起去”的考察与思考的报告。全文包括四大部分：前三大部分从“普一方一古”大三角上分别对“起去”进行检视；第四部分，提出几点思考。文章末尾有个后缀。

1 "普"角检视

"普"是以北京话为突出代表的普通话的简称，指现代汉语共同语的语法事实。这实际上是一个模糊概念，很难给出明确的界定。本文进行"普"角检视，根据的是现当代作家作品。当然，现当代各个作家的作品里会掺杂这样那样的方言因素或文言因素，但总的说来，它们都能在全国通行，都能为全国东西南北中的人们所理解和接受。

1.1 "起去"独用

所谓"独用"，跟附着在动词后边充当补语相对而言。单独出现，或单独充当谓语中心，固然是独用；出现于"起去＋VP"连动结构，充当第一个谓语中心词，也是独用。例如：

(1) 他深恨孙传庭，……喝道："起去!"(姚雪垠《李自成》)

(2) 羊圈靠西第三根柱子上头，我还给你藏着一副羊下水哩，你起去拿。(张贤亮《绿化树》)

例 (1) "起去"单独使用，例 (2) "起去"和"拿"构成连动结构。

观察可知：

第一，"起去"常用于祈使。如上面两例。再看姚雪垠《李自成》中的几个例子：

(3) 大约每边脸打到十下，……方听见皇后轻声说："起去!"(第二卷第 34 章)

(4) 今日本督师宁可挥泪斩将，决不使国法与军威稍受损害。诸君起去！(第二卷第 22 章)

(5) 你如此执拗，着实可恼！好吧，等打了黄道周、叶廷秀之后，再容你说。暂且起去！(第二卷第 32 章)

(6) 听了洪承畴的话，他沉默片刻，说道："好吧，姑准卿奏，饶了他这一次。起去吧。"(第一卷第 31 章)

例 (3)，只出现"起去"；两例 (4) (5)，"起去"前边分别加上主语（第二人称）和状语；例（6），“起去”后边带上语气词“吧”。

第二，“起去”也用于叙述性话语。这种情况，从姚雪垠《李自成》中也可以见到不少。例如：

（7）等洪承畴谢恩起去，崇祯向旁瞟一眼，吩咐说：“叫孙传庭回来！”（第一卷第31章）

（8）众文武叩头起去，退回朝班。（第二卷第32章）

第三，有的时候，“起去”充当“X＋VP”连动结构的前一部分。这一句式，可以用于祈使，也可以用于叙述。比如，例（2）张贤亮作品中的“你起去拿”是祈使，下面张贤亮同一作品中的这个例子便是叙述：

（9）“那好呀，”她又朝我做了个鬼脸，“等会儿我起去拿。”（张贤亮《绿化树》）

值得注意：

A. 有的“起去”包含在叙述句之中，但实质上相当于祈使。例如：

（10）崇祯无可奈何地摇摇头，叫曹化淳起去。（姚雪垠《李自成》）

B. 叙述句中的“起去”，可以受“不”字或“不”字结构的修饰，形成否定结构。例如：

（11）臣话未说完，死不起去。（姚雪垠《李自成》）

（12）他看见黄道周不肯起去，便接着训斥说：……（姚雪垠《李自成》）

C. 有时“起去”的“起”，是个动词，表示把收藏或嵌入的东西弄出来的意思。这样的“起去”，是“动词＋补语”的结构，实际上等于说“起起去”。例如：

（13）大河套里有好多好多的鱼，老初家的鱼帘子给人起去了。（周立波《暴风骤雨》）

（14）你们把金银、粮食、衣裳都起去了，只剩下点样子，这不是刨了瓤子，剩下皮给咱？（周立波《暴风骤雨》）

1.2 "V起去"

"V起去"的使用频率，要略高于独用的"起去"。例如：

(15) 她不再哭，也不多说话，而只把眼中这点光一会儿放射出来，一会儿又收起去；存储了一会儿再放射出来。(老舍《四世同堂》)

(16) ……把一口袋谷子装到这付蒸笼样子的家伙里，把绳子一拉吊起去，一个人随手扶住口袋，谷子便漏到口袋里来。(赵树理《三里湾》)

(17) 第一次挑起去的还没有落地，第二次便又挑起，横着看起来，飞到空中的谷秆好像一排雁儿一个接一个连续着往下落。(赵树理《三里湾》)

以上三例，分别使用了"收起去"、"吊起去"和"挑起去"。

观察可知：

第一，"V起去"既可以用于祈使，也可以用于陈述。如果有必要，还可以出现在疑问句和感叹句之中。例如：

(18) 雷石柱命令二楞："把武二娃架起去!"(马烽、西戎《吕梁英雄传》)

(19) 孟二楞连忙又把武二娃架起去，翻墙跳进院里，……(马烽、西戎《吕梁英雄传》)

例(18)是祈使句，例(19)是陈述句。如果说成："把他架起去?"这便成为疑问句。如果说成："哎呀，真的又架起去了!"这便带上了感叹的语气。

同形的"V起去"，由于在不同场合接受不同的句管控，可能意义相同，也可能意义不同。如上面两例的"架起去"，都见于马烽、西戎《吕梁英雄传》，它们意义相同，所指事物都是被处置的。又如：

(20) 况且刘四的话是那么难听，仿佛他办寿，他们就得老鼠似的都藏起去。(老舍《骆驼祥子》)

(21) 决没想到老头子会这么坚决，这么毒辣，把财产都变成现钱，偷偷的藏起去!(老舍《骆驼祥子》)

这两例都见于老舍《骆驼祥子》，它们意义不同：前一例，“藏起去”属人自身的行为，是自动；后一例，“藏起去”属对钱予以处置的行为，是他动。

第二，“V起去”中的V，可以是形容词“高”。例如：

(22) 那里的对岸，不是也有厚薄和这边差不多的一段薄石岸又高起去了吗？那也叫“龙脖上”。（赵树理《三里湾》）

“高＋起去”，是形容词的动态化用法。“高”的后边可以出现“了”。比较：

(23) 她的嗓门又高起去，街上的冷静使她的声音显着特别的清亮，使祥子特别的难堪。（老舍《骆驼祥子》）

(24) 她的声音又高了起去。（老舍《骆驼祥子》）

这两例同见于《骆驼祥子》。前一例是“高起去”，后一例是“高了起去”。

第三，“V起去”可以跟后边的VP一起构成连动结构，即：“V起去＋VP”。例如：

(25) 黑娃看见她省去了条盘，双手托着走来了，黑娃连忙站起去接。（陈忠实《白鹿原》）

(26) 于是，他慌忙转过身来，站起去扶她，他说：“干啥，这是干啥？起来……”（李佩甫《羊的门》）

例(25)是“站起去＋接”，例(26)是“站起去＋扶她”。

1.3 现象评点

上面所举的例子，引自20世纪30年代到90年代出版的现当代作品：老舍《骆驼祥子》，30年代；老舍《四世同堂》，40年代；马烽、西戎《吕梁英雄传》，40年代；赵树理《三里湾》，50年代；姚雪垠《李自成》第一、二卷，60至70年代；张贤亮《绿化树》，80年代；陈忠实《白鹿原》，90年代；李佩甫《羊的门》，90年代。其中，李佩甫《羊的门》是1999年出版的。另外，后边将要提到的梁斌《红旗谱》，是50年代的作品。可知，在时间纵线上，从30、40、50、60、70、80到90年代，“起去”的出现没有断过线。

2 “方”角检视

“方”是方言的简称，指现代汉语里的方言事实。“起去”是不是方言说法？这需要对“方”角进行检视。

2.1 五位学者的回答

笔者问过武汉人吴振国博士、湖北随县人刘兴策教授、湖北大冶人汪国胜博士和湖北英山人陈淑梅女士，又请教过原籍为中国台中的美国夏威夷大学李英哲教授。五位语言学家都肯定，他们的方言里说“起去”。

他们的方言，分别属于西南官话（吴、刘），赣方言（汪），江淮方言（陈），闽方言（李）。专门研究方言的陈淑梅女士，还特别强调：整个鄂东方言里都说“起去”。

2.2 一个句子的调查

笔者又在语言学系的部分本科生和研究生中，用一个句子，作过书面调查。这个句子是：“孩子他爹，院子里好像有什么动静，你快点起去看看！”要求：“这个句子，你家乡话里怎么说？请写在下面，并请说明你的姓名和你的家乡（省—市/县—乡/村）。”笔者希望，通过这个句子，看看不同地方的人对其中几个词语有何反应：①“孩子他爹”，②“院子里”，③“什么”，④“动静”，⑤“起去”。至于用这个句子进行调查的焦点是“起去”，这一意图并未告诉调查对象。结果，看到了以下种种“译法”：

A. 湖北省的

(27) ×××（直呼其名，下同），院子里好像有人，你快起去瞄一下。（余敏，武汉市）

(28) ×××，院子里头好像有动静咧，你快点起去看一下！（毕晟，武汉市）

(29) ×××，院子里好像有么事在响，你快点起去看一哈！（聂小丽，武汉市蔡甸区）

（30）×××，院子里好像有点儿动静儿哟，你快点儿起去看会儿。（周卫华，宜昌市）

（31）×××，院子里头好像有么事在响，你快起去看哈子。（李琼，荆州市）

（32）×××，外边是么兹响呀，你快低嘎起来（去）看哈儿去。（姚蓉蓉，沙市市）

（33）×××，院子里好像有响声，你快点起去看看！（宁旭辉，钟祥市柴湖镇）

（34）老头子，院子里好像有啥响动，你快点儿起去看看！（周毕吉，丹江口市浪河镇土门沟村）

（35）×××，场坎里就像有么子响动，你赶忙起去看看！（张良斌，恩施市盛家坎乡洞河村）

（36）欸，你听，外边好像有么东西搞的动，你快起去看一哈！（刘碧涛，监利县周沟乡赵港村）

（37）×××，院子的好像有么在搞得响，你快起去看下子！（吴为成，大冶市金斗镇水口村罗家山湾）

B. 非湖北省的

（38）唵，那么院（的）了和那有什么动静儿样，你快地起去看看！（李江珠，山东省莱阳市）

（39）×××，院院儿头像有啥子在响，你起去看一哈！（兰燕妮，四川省内江市隆昌县石燕镇）

（40）娃儿他爹，院子里好像有啥子在响，你快点起去看一哈！（喻小辉，重庆市南岸区）

（41）伢崽他爷，地坪里做咯有么里响动，你快客起去看看！（胡爱东，湖南省岳阳市平江县沛乡渡头村）

（42）伢儿他爷，外间像有么子响动，你快点起去看看哒！（朱英姿，湖南省安化县城）

（43）唉，院子里好像有么子声响，你快点起去看一下！（胡清国，江西省瑞昌县武山铜矿）

(44) 伢仔渠爷，坪里好像有什在响，汝快些起去看一下！(许慧，江西省黎川县宏村镇)

从上可知：

第一，“孩子他爹”为零。“娃儿他爹”(重庆喻小辉)、“伢崽他爷”(湖南岳阳胡爱东)、“伢儿他爷”(湖南安化朱英姿)有点近似，但毕竟不同。这不奇怪，“孩子他爹”是地方性很强的方言说法。查陈章太、李行健主编《普通话基础方言基本词汇集》，所列 93 个地点，只有山东利津，称丈夫为“孩子他爹”。(语文出版社，第 3 卷 2356 页)

第二，“什么”为零。这是因为，“什么”这个普通话里的疑问代词，方言里往往换用“么子、么事、啥”等说法。

第三，“动静”很少。这是因为，“动静”一词书面语色彩较浓，一般群众的口头上不怎么使用。

第四，“院子里”偏少。这是因为，“院子里”一词有特指性，指房屋前后用墙或栅栏围起来的空地。好些地方的农村建筑，有坪无墙，自然没有“院子里”的说法。

第五，“起去”可以在不同方言说法的框架中出现。比方，既可以出现于：“欸，你听，外边好像有么东西搞的动，你快起去看一哈！”(湖北监利刘碧涛)也可以出现于：“伢儿他爷，外间像有么子响动，你快点起去看看哒！”(湖南安化朱英姿)也可以出现于：“伢崽他爷，地坪里做咯有么里响动，你快吝起去看看！”(湖南省岳阳胡爱东)胡爱东还特别解释道：“起去”，一定是指离开说话人所在地点，跟“来”相反，可以确定。

当代文学作品中，可以见到这样的例子：

(45) 大贵……伸手一摸，笼子不见了。立时……跑到屋里去叫二贵：“二贵！二贵！忙起去看看，怎么笼子不见了？”(梁斌《红旗谱》)

“忙……看看”即“赶快……看看”，是个方言说法的祈使句框架，“起去”出现在了这个方言框架之中。作家梁斌是河北蠡县人。可以推想，河北蠡县人在说地方话时，只要有表述的需要，就会很自然地用上“起去”。

2.3 现象评点

仅仅根据以上的枚举性调查材料，便可以知道，从河北、山东到湖北、四川，到湖南、江西，一直到台中，都有“起去”的说法。尽管方音有所不同，但作为词汇单位和语法单位，这个词在各地是一致的。由此可以得出结论，“起去”不是某种方言所特有的现象；又由此可以得出结论，“起去”的使用，得到了“整体汉语”的支持。

3 “古”角检视

“古”是古代近代汉语的简称，指汉语里跟现代相对的古代近代的语法事实。“起去”在近代古代汉语里有没有出现，情况如何？这又需要把视线转向“古”角，进行检视。

3.1 “起去”独用

近代白话作品里，“起去”也可以独用，情况跟现当代作品相似。

第一，用于祈使。例如：

(46) 凤姐……说着，喝声“起去!”(曹雪芹《红楼梦》)

(47) 门子喝声：“起去!”(冯梦龙《喻世明言》)

这两例“起去”单独构成一个祈使句。书面上，“起去”有时跟别的词语连说。这跟标点有关，实质上还是单独表示祈使。例如：

(48) 判官喝令起去，上前引着太宗，从金桥而过。(吴承恩《西游记》)

(49) 人马过东平府，进清河县，县官黑压压跪于道旁迎接，左右喝叱起去。(兰陵笑笑生《金瓶梅》)

“起去”前边可以出现第二人称的主语：

(50) 既是恁说，你起去，我去叫丫鬟熬下粥等你吃。(兰陵笑笑生《金瓶梅》)

(51) 祖师道：“你等起去。”(吴承恩《西游记》)

“起去”前边可以出现状语：

（52）你且起去，还叫人去请了杨古月来看看，好再吃药。（西周生《醒世姻缘传》）

（53）今日是个望日，主人公要出去行香，主人婆要参神拜佛，且别挺着脚睡觉，早些起去。（西周生《醒世姻缘传》）

“起去”后边可以带上语气词“罢”：

（54）没脸的，起去罢！（曹雪芹《红楼梦》）

（55）足足跪了有半个钟头，新太太才冷笑道：“起去罢，少奶奶！不要折了我这当奴才的！”（吴趼人《二十年目睹之怪现状》）

第二，用于叙述性话语。例如：

（56）吴教授道：“姐姐，我先起去。”（冯梦龙《警世通言》）

（57）西门庆道：“拿衣我穿，等我起去。”（兰陵笑笑生《金瓶梅》）

（58）李瓶儿见秋千起去了，唬的上面怪叫道：“不好了，姐夫你也来送我送儿。”（兰陵笑笑生《金瓶梅》）

（59）荀才听说，又回身向继之汩汩而谈，直谈到将近断黑时，方才起去。（吴趼人《二十年目睹之怪现状》）

第三，充当“X＋VP”连动结构的前一部分。整个结构或者用于叙述，或者用于祈使。例如：

（60）他睡不着，巴得天明，起去问他。（施耐庵《水浒传》）

（61）我们起去对母亲说去。（吴承恩《西游记》）

（62）就地上踏一片云，起去赶那黄衣女子。（冯梦龙《警世通言》）

上三例用于叙述，下三例用于祈使：

（63）到了二更天气，狄宾梁从睡梦中被一人推醒，说道：“快起去看火！”（西周生《醒世姻缘传》）

（64）哥哥，狗子叫得一声，便不叫了，却不作怪！莫不有甚做不是的在这里？起去看一看。（冯梦龙《醒世恒言》）

(65) 浑家道:"天色雨下,怕有做不是的。(你)起去看一看,放心。"押番真个起来看。(冯梦龙《警世通言》)

值得注意:

A. 跟现当代作品里的情况一样,有的"起去"包含在叙述句之中,但实质上相当于祈使。例如:

(66) 宝玉忙把袭人扶起来,叹了一声,在床上坐下,叫众人起去,……(曹雪芹《红楼梦》)

(67) 大人跟前的戈什喊一声"起去",所有的兵丁,齐齐答应一声"嗄"!(李宝嘉《官场现形记》)

(68) 少奶奶教训过就是了,饶了他们叫起去罢,叫他们下回不要做就是了。(吴趼人《二十年目睹之怪现状》)

B. 跟现当代作品里的情况一样,叙述句中的"起去",可以受"不"字等的否定修饰。例如:

(69) 却才狗子大叫一声便不叫了,莫不有贼?你不起去,我自起去看一看。(冯梦龙《醒世恒言》)

(70) 我要不起去,一个家没颜落色的。(西周生《醒世姻缘传》)

C. 如果在语体上向文言考察,还可以看到,清人蒲松龄的文言小说集《聊斋志异》中也有"起去":

(71) 妻止之曰:"度鬼非君所可与力也。"乃起去。(蒲松龄《聊斋志异·张阿端》)

D. 如果在时间上向中古、上古考察,还可以看到《世说新语》、《后汉书》和《汉书》中也有"起去":

(72) 钟(钟士季)起去,康(嵇康)曰:"何所闻而来何所见而去?"(《世说新语》简傲第24)

(73)(刘恭)惶恐起去。(《后汉书·刘玄刘盆子列传第一》)

(74) 上起去,罢酒。(《汉书·张陈王周传第十》)

《汉书》为东汉班固所撰,《后汉书》为南朝宋人范晔所撰,《世说新语》为南朝宋人刘义庆所撰。

3.2 "V起去"

近代白话作品里，"V起去"的使用频率比现当代还要高。

观察可知：

第一，"V起去"有时见于祈使句，后边往往出现"罢"。例如：

(75) 平儿，来！把你的收起去，等不够了，我替你添上。(曹雪芹《红楼梦》)

(76) 黛玉道："我懒待吃，拿了搁起去罢。"(曹雪芹《红楼梦》)

第二，"V起去"有时用于叙述性话语。在不同的句法结构中，有主动态、被动态、处置态、使动态等的区别。例如：

(77) 却放了一个风火炮，直飞起去，正打在敌楼角上，……(施耐庵《水浒传》)

(78) 那老儿答应着，站起去了。(文康《儿女英雄传》)

这两例出现"飞起去"、"站起去"。这是主动态的。又如：

(79) 宋四公恰待说，被赵正拖起去，……(冯梦龙《喻世明言》)

(80) 众神、八戒、沙僧不解其意，被他抛起去，又都装在里面，只是走了行者。(吴承恩《西游记》)

上两例出现"拖起去"、"抛起去"。这是被动态的。又如：

(81) 如来将金钵盂撇起去，正盖着那蜂儿，落下来。(吴承恩《西游记》)

(82) 武松……望空只一掷，掷起去离地一丈来高。(施耐庵《水浒传》)

上两例出现"撇起去"、"掷起去"。这是处置态的。又如：

(83) 今日房下说："你辛苦了，大睡回起去。"(兰陵笑笑生《金瓶梅》)

这一例相当特殊。等于说：大睡一场，使精神回转到原来的样子。

第三，"V"和"起去"之间，可以嵌入"不"，表示否定；也可以嵌入"了"，表示实现。例如：

(84) 独有宝玉的美人放不起去。(曹雪芹《红楼梦》)

(85) 只是小的睡着了,不知几时走了起去,以后又不知怎么样死了,其实一些也不知情。(凌濛初《二刻拍案惊奇》)

例 (84) 是"V 不起去",例 (85) 是"V 了起去"。偶尔还看到"V 了"和"起去"之间出现宾语,形成"V 了—O—起去"的现象:

(86) 两个因按在一处夺瓜子儿嗑,不防火盆上坐着一锡瓶酒,推倒了,那火烘烘望上腾起来,漰了一地灰起去。(兰陵笑笑生《金瓶梅》)

第四,"V 起去"有时跟后边的 VP 一起构成连动结构,即:"V 起去+VP"。例如:

(87) 今日哪吒拿起去射了一箭,只射到骷髅山白骨洞有一石矶娘娘的门人,名曰碧云童子……(许仲琳《封神演义》)

(88) 慌的老早爬起去做甚么?(兰陵笑笑生《金瓶梅》)

第五,"V 起去"中间嵌入"将"字。动词和趋向动词之间加"将"字,是近代汉语里的普遍现象。这决定了"起去"在近代汉语里使用范围大于现代汉语,使用频率高于现代汉语。例如:

(89) 那火炮飞将起去,震的天崩地动,岳撼山摇。(施耐庵《水浒传》)

(90) 他的真身出一个神,纵云头跳将起去,……(吴承恩《西游记》)

上例是主动态的,下例是非主动态的:

(91) 楼上见布中已重,知是有人,扯将起去。(凌濛初《二刻拍案惊奇》)

(92) 行者忍不住焦躁,把金箍棒丢将起去,喝声"变!"(吴承恩《西游记》)

有时,"V 将起去"里,"将"字后边还出现宾语,形成"V 将 O 起去"的格式。例如:

(93) 皇甫松去衣架上取下一条绦来,把妮子缚了两只手,掉过屋梁去,……吊将妮子起去。(冯梦龙《喻世明言》)

3.3 现象评点

《红楼梦》、《水浒传》、《警世通言》、《喻世明言》、《西游记》、《金瓶梅》、《醒世姻缘传》、《二十年目睹之怪现状》、《官场现形记》、《二刻拍案惊奇》、《聊斋志异》、《世说新语》、《后汉书》和《汉书》等作品，以及下面将要引例的《飞龙全传》、《荡寇志》和《儿女英雄传》，都使用了“起去”。此外，笔者查到使用“起去”的近代作品，还有好些本。

值得特别指出，人民教育出版社编辑出版的高中《语文》第四册，有一篇课文中有这么一句：

(94) 秋公慌忙跳起去取水，心下又转道：“如何有这样妙法？莫不是见我哭泣，故意取笑？”(《灌园叟晚逢仙女》)

这篇课文摘引自冯梦龙《醒世恒言》。其中的“跳起去”，对于现当代中学语文老师和中学生们来说，他们绝对不会感到不能接受。

4 三点思考

4.1 话语场境的条件共容

话语场境千变万化。不同的话语场境，为语句的组造提供不同的容纳条件。考察和揭示语法事实及其规律，不可忽视不易信手拈来的隐蔽现象，以免以偏概全。

“起去”说法的成立，依赖于特定的话语场境。比如，甲乙两人一起躺在床上，甲对乙说：“起去！爬起去！你躺在这里我心烦！”诚然，“起去”和“起来”的对立和换用，是由于说话人所处位置的参照点有所不同。观察文学作品中在一些怪异的话语场境使用“起去”，可以得到很好的印证。比方，《水浒传》里写公孙胜作法，将麈尾化为飞鸟：

(95) 公孙胜左手仗剑，右手把麈尾望空一掷，那麈尾在空中打个滚，化成鸿雁般一只鸟飞起去。(施耐庵《水浒传》)

在这样的场境中，不能说“飞起来”，只能说“飞起去”。因为，飞的方向是背着观看的人群的。

《西游记》里，“起去”出现 31 次，其中独用的 4 次，作补语的 27 次。如表：

独用	起去 4
V 起去	跳起去 5，飞起去 2，飘起去 1，撇起去 1，长起去 1
V 将起去	跳将起去 11，飞将起去 1，迭将起去 1，丢将起去 1，抛将起去 1，摄将起去 1，撇将起去 1

把“跳起去”和“跳将起去”加在一起，《西游记》里作“跳”补语的“起去”就有 16 次之多。这不奇怪。孙悟空们是“人”，但又不是一般的人。他们的跳，往往是跳往空中，其趋向是往上背对着观看者的。因此，一般场境中的“跳起来”，在孙悟空们的活动场境中，就得说“跳起去”。其他的“飞起去丨飘起去丨撇起去丨长起去丨迭将起去丨丢将起去丨抛将起去丨摄将起去”等等，全都是“地对空”活动，用“起去”要比用“起来”更为准确。

4.2 语义关系的句管控

特定的句管控，会使词语入句之后产生特定的语义关系。独立于句子之外，“起去”就是“起＋去”；一进入句子，“起去”除了本身的语义，还会附加这样那样的语义。

4.2.1 “起”和“去”

“起去”语义的附加性变化，受到句域的管控。句域，篇章上表现为一串句子的联结，是话语场境的具体化。看两个例子：

(96) 匡胤一脚踏住，……呵呵大笑道：“……后次若再欺生，定当打死。”说罢，喝声：“起去！”母夜叉爬将起来，……两个丫环搀了便走。(东隅逸士《飞龙全传》)

(97) 蔡京代天宣旨发放，当驾官高喝“起去”。二十万天兵齐呼“万岁”，震天震地的一声，一齐立起。卤簿仪仗分头撤去。各营兵马倒卷下去，各归本营。(俞万春《荡寇志》)

通过句子的串结可以知道：例 (96)，“起去”针对踏在脚下的人，是要听话者爬起来滚开去的意思；例 (97)，“起去”针对跪着的人，是要听话者立起来退下去的意思。

4.2.2 “V”和“起去”

“V起去”语义的附加性变化，受到两个方面的管控。

其一，是句域管控。这涉及话语场境中趋向关系的参照点。比如同是“拉”：

拉起去$_1$——甲命令乙拉物，甲在低处起点，乙在高处终点。等于说：拉上去。

拉起去$_2$——人拉物，物在下，终点在上，拉者居中。等于说：扯起来，再拉上去。

有时，趋向关系的参照点可能是心理上的。比如，《红楼梦》和《四世同堂》里都有“收起去”，也可以说成“收起来”。用“去”和用“来”，反映的只是说话人心理上向背关系的参照点有所不同。

其二，是句法管控。涉及因素较多。可能涉及小句中“V起去”和主语的关系，如例（20）（21）的“主语＋藏起去”。又可能涉及句子组造中动词的配置。“V起去”的V是常项，“起去”是变项。什么动词跟“起去”相配，这往往会决定两个结构相互间表意的差异。比如“飞”和“拖”：

飞起去——等于说：V起来，冲上去。

拖起去——等于说：V起来，使离去。

“起去”有时表示具体趋向，有时表示抽象趋势，这也取决于不同的V。例如：

跳起去——起去，具体趋向，由低向高。

藏起去——起去，抽象趋势，无所谓低和高。

4.3 匀整系统的总体趋同

现代汉语语法系统中，有许许多多大小不同级别的子系统。不管处在哪个级别之上，对于一个相对匀整的子系统来说，在最基本的形式或构造上会总体趋同。

比如“三身代词”系统：我→我们；你→你们，您→〈您们〉；他→他们，她→她们，它→它们。语言运用的实际表明，“三身”代词系统中“您们”的缺位，已经逐渐地在一定范围内和一定程度上得到填补。这一填补，很大程度上源于语用心理，也得到方言现象的支持。参看邢福义《说“您们”》。

再如“有没有 X”句式系统：

有没有 NP?

有没有 VP?

有没有 AP?

有没有 NV?

“有没有”后边，可能出现四种语言成分：NP（名），VP（动），AP（形），NV（名动）。“有没有 NP”，如：有没有什么事？｜“有没有 AP”，如：有没有那么严重？｜“有没有 NV”，如：有没有人反对？至于“有没有 VP”，原来已有一种说法：“（差距）有没有扩大?”表示“是不是有所 VP”的意思；近年来，吸收了南方方言里的一种说法：“有没有看见?”表示“是否 VP 了/过”等意思。于是，完成了“有没有 X”句式系统的趋同。参看邢福义 1992。

从语言事实的进一步发展看：

[正反问] 有没有问题?

[回答] 没有问题。/有问题。

[是非问] 没有问题吗? /有问题吗?

[正反问] 有没有这么高?

[回答] 没有这么高。/有这么高。

[是非问] 没有这么高吗? /有这么高吗?

[正反问] 有没有人反对?

[回答] 没有人反对。/有人反对。

[是非问] 没有人反对吗? /有人反对吗?

[正反问]〈有没有看见?〉

[回答] 没有看见。/〈有看见。〉

[是非问] 没有看见吗? /〈有看见吗?〉

“有没有看见?”“有看见。”“有看见吗?”都是南方方言的说法。在问句与答句的构成上，南方方言是总体趋同的；而普通话，却只吸收了前一种说法，尚未吸收后两种说法。将来，会不会后两种说法也吸收，从而在普通话里也实现总体趋同，笔者以为，这不是没有可能的。当然，这要"等着瞧"。

回到"起去"这一形式的讨论。从理论上讲，在那么严整的复合趋向动词系统里，不可能保留"起去"的缺位。那么，这个缺位是怎么填补的呢?

本文第二部分，已经证明"起去"不是某个方言所独有；《骆驼祥子》和《四世同堂》，《红楼梦》和《儿女英雄传》，也能证明"起去"不是方言的说法；《汉书》和《后汉书》，更可以证明"起去"古已有之。由此看来，一个趋于匀整的系统中，空缺的填补有不同线路。

如果说，"您们"的填补是由于语用心理的需要，"有没有 VP"的填补是由于吸收了方言用法，那么，"起去"的使用便是为了适应于话语场境的变换。所有这些，都反映了现代汉语语法系统的一种匀整倾向。

5　后缀

5.1 本文从普、方、古三大角度上，用实例证明了"起去"和"V 起去"都能说。"V 起去"实例中，V 包括了"站、飞、飘、长、回、跳、爬、走、吊、挑、架、藏、收、搁、拖、抛、丢、掷、撇、拿、扯、放、溜"等动词，还有形容词"高"。"说有易，说无难。"这是一句经典性的话。研究现代汉语语法，不能只看大路边的显眼现象。

5.2 近代白话作品中，有"V 将起去"的格式。《西游记》里，"跳起去"出现 5 次，"跳将起去"却出现 11 次。此外还有"飞将起去、迭将起去、丢将起去、抛将起去、摄将起去、撇将起去"。"动词＋将＋趋向动词"，是古白话中普遍存在的现象；到现代，这一格式全部消失，"动词＋将＋起去"自然也随之消失。这是一种类型学现象，不足为怪。

5.3 跟"起来"相比较，"起去"的使用频率自然是很小的。但是，“多少”和“有无”不是一回事。如果跟已为黄伯荣（1997）和刘月华（1998）所承认的“开去”相比较，下面两个数字也许有参考价值：a.《骆驼祥子》里，“起去”有4例，“开去”没有。b.《红楼梦》里，“起去”有8例，“开去”只有1例：那婆子指与地方，便乐得走开去歇息。（第41回）起码可以这么说：承认“开去”而否认“起去”，是不公平的。

5.4 “起去”不是某个方言独有的现象，然而，从方言的角度进行检视，有助于认识的深化。在笔者看来，属于方言的现象固然需要进行方言研究，即使不属于方言的现象，研究研究方言问题也会大有好处。

5.5 最后，需要特别提到“起去”和“北京话”的关系，求教于方家。

朱德熙先生在《语法讲义》里讨论“趋向补语”时指出：“北京话里没有跟‘起来’‘开来’相配的‘起去’‘开去’。”（128页）朱先生说的是“北京话里”。笔者不是北京人，尽管本文已经从不同角度证明了“起去”可以成立，却不敢肯定北京话里有“起去”。然而，起码有几个问题值得思考：第一，在北京工作多年的人，并不就是北京人。而老舍是地道北京人，他的《骆驼祥子》和《四世同堂》中出现“起去”，如何解释？第二，文康的《儿女英雄传》，袁行霈（1999）指出：“此书尤为擅长的则是它纯熟、流利的北京口语。”又指出：“《儿女英雄传》开创了地道的京味……成为京味小说的滥觞。”《儿女英雄传》中出现“起去”，如何解释？第三，如果说《骆驼祥子》、《四世同堂》和《红楼梦》、《儿女英雄传》里的“起去”都是从方言里来的，这就需要“寻根”。既然“起去”不是某个方言所独有的现象，那么，它的方言的“根”，到底在哪里呢？

主要参考文献：

[1] 黄伯荣. 现代汉语（增订二版）[M]. 北京：高等教育出版社，1997.

[2] 刘月华，等. 实用现代汉语语法 [M]. 北京：外语教学与研究出版社，1983.

[3] 刘月华. 趋向补语通释 [M]. 北京：北京语言文化大学出版社，1998.

[4] 中国科学院语言研究所语法小组. 语法讲话：八 [J]. 中国语文，1953 (2)：17-24.

[5] 丁声树，等. 现代汉语语法讲话 [M]. 北京：商务印书馆，1961.

[6] 洪心衡. 能愿动词、趋向动词、判断词 [M]. 上海：新知识出版社，1957.

[7] 张振兴. 方言研究与对外汉语教学 [J]. 语言教学与研究，1999 (4)：42-49.

[8] 朱德熙. 语法讲义 [M]. 北京：商务印书馆，1982.

[9] 袁行霈. 中国文学史：第四卷 [M]. 北京：高等教育出版社，1999.

[10] 邢福义. 说“您们” [J]. 方言，1996 (2)：100-106.

[11] 邢福义. 语法问题发掘集 [M]. 武汉：湖北教育出版社，1992.

（原载《方言》2002 年第 2 期。为了印刷的方便，略去了用国际音标注明的“起去”中“去”的方音。）

有关“起去”的两点补说

（一）最早肯定“起去”可以成立的，应该是中国科学院语言研究所语法小组的《语法讲话》。《语法讲话（八）》讨论补语问题时，同时列出了“起来”和“起去”（《中国语文》1953 年第 3 期）。后来，根据《语法讲话》修订而成的由丁声树、吕叔湘、李荣等先生合著的《现代汉语语法讲话》，1961 年由商务印书馆出版，完全保留了同时承认“起来”和“起去”的意见。十分感谢张振兴先生，2001 年 12 月 5 日，张先生发来电子邮件，提醒了笔者：“由丁声树先生主持的《现代汉语语法讲话》曾经提到过‘起去’的问题，请参考一下。”

（二）“起去”和“北京话”的关系，需要求教于方家。朱德熙先生在《语法讲义》里讨论“趋向补语”时指出：“北京话里没有跟‘起来’‘开来’相配的‘起去’‘开去’。”（128 页，商务印书馆 1982 年）朱先生说的是“北京话里”。笔者不是北京人，尽管《“起去”的普方古检视》（《方言》2002 年第 2 期）一文已经从不同角度证明了“起去”可以成立，却不敢咬定北京话里有“起去”。然而，起码有几个问题值得思考：第一，在北京工作多年的人，并不就是北京人。而老舍是地道北京人，他的《骆驼祥子》和《四世同堂》中出现“起去”，如何解释？第二，文康的《儿女英雄传》，袁行霈（1999）指出：“此书尤为擅长的则是它纯熟、流利的北京口语。”又指出：“《儿女英雄传》开创了地道的京味……成为京味小说的滥觞。”（《中国文学史》第四卷，高等教育出版社 1999 年）《儿女英雄传》中出现“起去”，如何解释？第三，如果说《骆驼祥子》、《四世同堂》、《儿女英雄传》里的“起去”都是从方言里来的，这就需要“寻根”。既然“起去”不是某个方言所独有的现象，那么，它的方言的“根”，到底在哪里呢？

（原载《方言》2002 年第 3 期）

“起去”的语法化与相关问题

0 问题导入

0.1 笔者的《“起去”的普方古检视》一文，从“普方古”大三角上检视“起去”，肯定“起去”的存在；这篇《“起去”的语法化与相关问题》，把“普方古”大三角检视和“表里值”小三角检视结合起来，探讨如何对待作补语的“起去”和单用的“起去”，如何看待“起去”同北京话与方言的关系。全文分三个部分展开：（1）结构配置的语法化；（2）语义内涵的语法化；（3）方言佐证和通语问题。

0.2 根据《语法讲话》修订而成的由丁声树、吕叔湘、李荣等先生署名的《现代汉语语法讲话》，1961年由商务印书馆出版，完全保留了同时承认“起来”和“起去”的意见。《现代汉语语法讲话》是一部公认的权威著作，只是由于它出版时全国正在推行“暂拟汉语教学语法系统”，因而它的重要意见往往被人们所忽视[①]。

0.3 《现代汉语语法讲话》对“起去”的肯定，不仅从事实上正视了这一罕见事实的存在，而且从理论上维护了现代汉语趋向动词系统的匀整性，具有十分重要的意义。不过，这部著作所作的肯定又是有限度的。这就是，认为“起去”只能作补语，不能单用。（商务印书馆1961年版第57—58页）这样，我们就面临一个问题：能不能认为作补语的“起去”才是趋向动词，单用的不是？换句话说，能不能把单用的“起去”从现代汉语趋向动词系统中剔除出去？为了回答这个问题，有必要弄清“起去”的语法化状况。同时，讨论由此而引发的通语问题。

0.4 所谓“起去”的语法化，表现为两个方面：一方面，是结构配置的语法化；另一方面，是语义内涵的语法化。这两个方面相互联系，但重点有所不同。

1 结构配置的语法化

1.0 从单用到作补语，这是“起去”结构配置语法化的一个过程。

1.1 单用

“起去”单用，最早见于两千多年前西汉司马迁的《史记》。有1例：

(1) 歌数阕，戚夫人嘘唏流涕。上起去，罢酒。竟不易太子者，留侯本招此四人之力也。(《史记·留侯世家第二十五》)

西汉刘向的《新序》，东汉班固的《汉书》，叙述同一事实时，基本上搬用司马迁的句子,只是个别字略有不同：

(2) 歌数阕，戚夫人唏嘘流涕。上起去，罢酒。竟不易太子者，留侯召四人之谋也。(《新序·卷第十善谋下》)

(3) 歌数阕，戚夫人歔欷流涕。上起去，罢酒。竟不易太子者，良本招此四人之力也。(《汉书·张陈王周传第十》)

后来，南朝宋人范晔《后汉书》和南朝宋人刘义庆《世说新语》也用了“起去”：

(4) (刘恭) 惶恐起去。(《后汉书·刘玄刘盆子列传第一》)

(5) 钟 (钟士季) 起去，康 (嵇康) 曰：“何所闻而来何所见而去?”(《世说新语·简傲第二十四》)

再后来，唐诗中也可以看到“起去”：

(6) 暂语船樯还起去，穿花落水益沾巾。(杜甫《燕子来舟中作》)

(7) 方来寻熟侣，起去恨惊凫。(薛能《申湖》)

1.2 作补语

“起去”作补语，时间上晚得多，在三百多年前的《水浒传》中才开始看到。

包括《水浒传》在内的明清白话作品里，“起去”作补语的现象比较多见。有两个格式：“V起去”和“V将起去”。如可以说“跳起去、飞起去、扯起去”，也可以说“跳将起去（吴承恩《西游记》）、飞将起去（施耐庵《水浒传》）、扯将起去”（凌濛初《二刻拍案惊奇》）。《西游记》里，“V起去”出现10次，“V将起去”出现17次。“将”字，明显成了“起去”作补语的一个语法标志。

到现代，“动一趋”之间的“将”字已经类型性地一概脱落，但是，不管情况如何，“起去”一旦在动补结构中充当补语，其语法化的进程便到达了一个新的阶段，其趋向动词的身份已经不容置疑。例如：眼中这点光一会儿放射出来，一会儿又收起去（老舍《四世同堂》）｜她的嗓门又高起去（老舍《骆驼祥子》）。这里的“起去”，毫无疑问是趋向动词。

1.3 单用和作补语

“起去”从单用到作补语，两种现象的出现不是取代关系，而是累积关系。就是说，后者并未取代前者，“起去”并未消失。例如：

(8) 祖师道：“你等起去。”(吴承恩《西游记》)

(9) 既是恁说，你起去，我去叫丫鬟熬下粥等你吃。(兰陵笑笑生《金瓶梅》)

(10) 凤姐……说着，喝声“起去!”(曹雪芹《红楼梦》)

以上是近代汉语中的例子。再看现代汉语中的例子：

(11) 他深恨孙传庭，……喝道：“起去!”(姚雪垠《李自成》)

(12) 二贵！二贵！忙起去看看，怎么笼子不见了？(梁斌《红旗谱》)

(13)“那好呀，”她又朝我做了个鬼脸，“等会儿我起去拿。”

（张贤亮《绿化树》）

既有作补语的"起去"，又有单用的"起去"，同一个语言运用系统中便出现二者共存的局面。有的作品里，两种说法都使用。比如：《西游记》里"起去"出现31次，其中独用的4次，作补语的27次；《封神演义》里"起去"出现9次，其中独用的7次，作补语的2次；《喻世名言》里"起去"出现3次，其中独用的1次，作补语的2次；《红楼梦》里"起去"出现8次，其中独用的3次，作补语的5次。

观察可知：

第一，"V起去"和"起去"相对比而存在，二者存在内在的联系。

由于受到语言运用系统的整体规约，说"起去"，实际上前边留有一个动词的空位。即："起去"＝"∅起去"。当叫某人"起去"的时候，实际上相当于"站起去、坐起去、爬起去"等等。这一点，在二者相对比而连续使用的时候，看得更为清楚。例如：

（14）起去，爬起去，你躺在我身边我心烦！

（15）起去了，起去了，巨龙风筝也飘起去了！

上两例都是先说"起去"，然后在前头强调地补说一个动词。如果只承认"爬起去"、"飘起去"中的"起去"是趋向动词，而不承认前边出现的"起去"是趋向动词，这是很困难的。因为二者在语义上具有同一性，在结构上具有可变换性。要么不承认"V起去"中的"起去"是趋向动词，否则，也得承认"∅起去"中的"起去"是趋向动词。

第二，即使是单用的"起去"，由于适应白话语体的表述需要，"起去"更多地出现在了特定的句法框架之中。比如：

A. 出现于连动结构，充当前一部分：

（16）他睡不着，巴得天明，起去问他。（施耐庵《水浒传》）

（17）就地上踏一片云，起去赶那黄衣女子。（冯梦龙《警世通言》）

（18）羊圈靠西第三根柱子上头，我还给你藏着一副羊下水哩，你起去拿。（张贤亮《绿化树》）

B. 出现于兼语结构，充当后一部分：

(19) 宝玉……叹了一声，在床上坐下，叫众人起去，……(曹雪芹《红楼梦》)

(20) 崇祯无可奈何地摇摇头，叫曹化淳起去。(姚雪垠《李自成》)

C. 前加时间词语：

(21) ……且别挺着脚睡觉，早些起去。(西周生《醒世姻缘传》)

(22) ……直谈到将近断黑时，方才起去。(吴趼人《二十年目睹之怪现状》)

(23) 好吧，等打了黄道周、叶廷秀之后，再容你说。暂且起去！(姚雪垠《李自成》)

D. 后加语气助词“罢/吧”：

(24) 没脸的，起去罢！(曹雪芹《红楼梦》)

(25) 起去罢，少奶奶！不要折了我这当奴才的！(吴趼人《二十年目睹之怪现状》)

(26) 好吧，姑准卿奏，饶了他这一次。起去吧。(姚雪垠《李自成》)

E. 受否定词语修饰：

(27) ……莫不有贼？你不起去，我自起去看一看。(冯梦龙《醒世恒言》)

(28) 我要不起去，一个家没颜落色的。(西周生《醒世姻缘传》)

(29) 臣话未说完，死不起去。(姚雪垠《李自成》)

(30) 他看见黄道周不肯起去，便接着训斥说：……(姚雪垠《李自成》)

近现代汉语中诸如此类的语法框架，在不同程度上加强了“起去”语法作用的整体性，使之在小句里成了结合较紧的趋向单位。

2 语义内涵的语法化

2.0 “起去”从表示实义到表义弱化，是语义内涵语法化的一个过程。

2.1 单纯表示实义

初始阶段单用的“起去”，单纯表示实义。这种“起去”，“起”和“去”都表示实义，等于说“起而去”②。

具体点说，在语义关系上，这种“起去”是“起”和“去”的实义加合。“起”表示由下而上，“去”表示背移而去。“起”和“去”都由人物主动施行，而“去”的移动有某个目的地，或者指动作者需要回转的原位置，或者指动作者需要前往的新位置。从“起”到“去”，两个趋向性行为先后紧接，近似“连动”关系。上面所举《史记》、《汉书》、《后汉书》、《世说新语》中的例子，全都如此。

2.2 表义情况复杂化

从近代到现代，在结构配置语法化的同时，“起去”的表义也不再那么单纯。

2.2.1 关于单用的“起去”

一方面，单用的“起去”有的明显表示实义。例如：

(31) 众文武叩头起去，退回朝班。(姚雪垠《李自成》)

(32) 羊圈靠西第三根柱子上头，我还给你藏着一副羊下水哩，你起去拿。(张贤亮《绿化树》)

例 (31)，主语是施事，“起去”是先“起”，然后“去”，“去”的目的地是“朝班”这个原位置。例 (32)，主语也是施事，“起去”也是先“起”，然后“去”，“去”的目的地是“羊圈靠西第三根柱子”那个地方。

另一方面，单用“起去”的表义有所弱化。

首先，有时“起去”表示浑然一体的动态。

这是用于物件时出现的情况。所谓用于物件，指“起去”不是由人物发出的行为，而是受人操纵的无生命物件的动向。例如：

(33) 这一个钢刀起去似寒冰，那一个棒举红飞惊紫电……(许仲琳《封神演义》)

上例等于说：“钢刀一掠”。

这类用例并不多见，但可以类推。比如可以说："他的剑术，出神入化。霎那间，剑光起去，人头落地!"等于说：剑光一起,人头落地。

这样的"起去"，从语义内涵上看，尽管仍然可以理解为"起而去"，但它表示的是眨眼间的动态,凝合性很强。说"你起去"，如果离析为"你起"和"你去"，比较自由；说"钢刀起去",如果离析为"钢刀起"和"钢刀去"，就很勉强了。这就是说，用表示具体行为的"起而去"来测试， "钢刀起去"中的"起去"人们已经感到没有那么"具体"了。

其次，有时"去"义弱化，"起去"等于"起身"。

这是在特定场合的一种用法。所谓特定场合，指重在表达"离床、离位、离地"之类愿望的场合。比如：

(34) 我都卧床好几天了，无论如何得起去了。

(35) 我都卧床好几天了，再不起去，就会有人嚼舌头了!

这样的"起去"，行为仍然由人物主动施行，但"起去"只相当于"起身"。在语义内涵上，"去"已经不再代表一个有目标、有过程的行为；在作用上，"去"已经成了帮助表示背离性趋向的一个附着成分。因此，这里的"起去"成了近似"动补"的结构，而不是表示"起而去"的近似"连动"的结构。

"去"义弱化，导致"起去"的动补化。"起去"可以嵌入"不"，说成"起不去"，这就是一个证明。比较：

(36) 我的腿坐麻了，想起去，可怎么也起不去。

(37) 他的腿坐麻了，想起来，可怎么也起不来。

这里的"起不去"和"起不来"都等于说"起不了"。"不去"也好，"不来"也好，都是明显的补语；其中的"去"和"来"，都是补语里语义较虚的一个结构成分。

2.2.2 关于作补语的"起去"

作补语的"起去"，同样存在"实义—弱化"的错综复杂状态。粗线条地讲，主要情况有三：

第一，"起去"实义，"V 起去"可以看作人物 3 动作。

具体点说，“V 起去”可以理解为：先 V，随之起，随之去。例如：一走近，那小鸟便飞起去，站在树枝上对着我吱吱地叫。——在结构配置上，“飞起去”是“飞｜起去”，但在语义内涵上，可以理解为：小鸟既“飞”，又“起”，又“去”。这就是所谓“人物 3 动作”。

第二，“去”义弱化，“V 起去”可以看作人物 2 动作。

具体点说，“V 起去”可以理解为：先 V，随之起〈去〉。例如：（酒席上，客人来敬酒，坐着的父亲对坐着的儿子恼火地说：）站起去！客人给你敬酒，你就坐着不动？——“站起去”只能理解为“人物 2 动作”，等于说“你站—你起去”，不等于说“你站—你起—你去”。“站”是向上运动的行为动词，“起去”是向上运动的趋向动词；其中的“去”，只是一个表示背移趋向的附着成分。

第三，“起去”全弱化，“V 起去”可以看作人物 1 动作。

具体点说，“V 起去”只能理解为：V＋起去趋向。例如：客人要来了，你赶快把这些乱七八糟的东西收起去！——“收起去”结合成一个整体，不能说成“你收—这些东西起—这些东西去”，也不能说成“你收—这些东西起去”。“收”是个趋向不定的行为，或者说，是个跟往上运动趋向没有肯定联系的行为；“起去”只表示十分抽象的背移性趋向，整个儿是附着成分。“收起去”也可以说成“收起来”。这时，“起去”和“起来”只是在“移开”和“移拢”的抽象趋向上使人感到有不同意味。搁起去（曹雪芹《红楼梦》）、藏起去（老舍《骆驼祥子》）等，情况相同。

2.3 表义的虚实与趋向动词的判别

《现代汉语语法讲话》认为“起去”只能作补语，大概有两个原因。其一，可能是由于当时没有通过电脑大量检索语料的方便，只看到《骆驼祥子》中“V 起去”的用例。（《现代汉语语法讲话》是很重视《骆驼祥子》中的语言现象的。）其二，可能是认为古书中的“起去”表示“起而去”的实在意义，不成为趋向动词。

然而，在近现代汉语的趋向动词系统中，由于虚实同在，相互牵连，表示实义已不成为判定趋向动词的充足理由。一来，作补语的

“起去”，肯定都是趋向动词，但其中有的就表示实义；二来，就单用的“起去”而言，有的表示实义，有的表义弱化，很难分割。如果说，本文上一部分是立足于结构互制的角度，证明不应把单用的“起去”从近现代汉语趋向动词系统中割离；那么，这一部分便是立足于涵义互制的角度，证明不能把实义的“起去”从近现代汉语趋向动词系统中割离。

3 方言佐证和通语问题

3.0 通过方言佐证和通语问题的讨论，可以帮助我们深化对“起去”的认识。

3.1 方言佐证

陕西户县方言中，“上来、上去、下来、下去、进来、进去、出来、出去、回来、回去、过来、过去”也好，“起来、起去”也好，都是常用的趋向动词。“起来、起去”的通常读法是：起来［tɕʻiɛ^{51}læ$^{35\text{-}31}$］、起去［tɕʻiɛ^{51} tɕʻi$^{55\text{-}31}$］。户县人说“起去［tɕʻiɛ^{51} tɕʻi$^{55\text{-}31}$］”，说话人和听话人都坐着或躺（睡）着。如：你起去，起去做饭去。｜叫娃起去背书去。

户县方言中的“来”和“去”，可以复用为“来来”和“去去”。一般出于中老年人之口。“来来”和“去去”，第一个音节语义轻，第二个音节语义重；第一个音节多数地方轻读，第二个音节调值有变化，但各乡镇读法不尽相同。“去去”语义中含对听话人不满的因素，“来来”无不满语义。

“来来”和“去去”可以跟“上/下”类单音趋向动词组合，成为“Q来来/Q去去”。如：上来来｜上去去｜回来来｜回去去。“来来”和“去去”也可以跟一般单音动词组合，成为“V来来/V去去”。如：(我把钱寻不来咧，你搭伙给我）寻来来｜（娃吃饭时间还不见的，你去）寻去去｜（你想借钱，来寻你妗子）借来来｜（你没钱盖房，出去）借去去。

“起”属于“上/下”类单音趋向动词，它们也可以进入“Q来来/Q去去”的格式，即可以组合成为“起来来”和“起去去”。例如：

(38) 小王，起来来，咱俩逛街走（去吧）。

(39) 娃，起来来，起来吃饭！

(40) 你放快（赶快）起去去！

(41) 你还不起去去，他都候你一会咧（好久了）。

以上是方言学家孙立新先生给笔者提供的有关事实。孙先生是陕西户县人，2001年9月，他给笔者提供了一页纸手写的材料；2002年11月，他又给笔者寄来约二千字的书面材料。实在感谢孙先生的帮助。他所提供的事实中有不少信息，涉及语音、语义和语法，涉及语表、语里和语值。特别值得注意的是：

第一，陕西户县话里有同“起来”相配的“起去”。二者在表示面移和背移的趋向上存在微妙差异。

第二，“起来”和“起去”的后边可以再出现“来”、“去”，说成“起来来”、“起去去”。后一个“来、去”，比前一个“来、去”语意要重。

第三，“起去”入句之后，由于受到特定的句管控，可以多方面帮助我们求证其趋向动词的身份：

首先，既然“你起去”可以说成“你起去去”，“你起来”可以说成“你起来来”，这就说明“起去”和“起来”在句法组织中有相同的活动能力，它们是等价的。

其次，既然有“起去去”的说法，而且前一个“去”语意较轻，这就说明其组合应该是“起去｜去”。由于后面出现另一个“去”，前面的“起去”明显成了一个趋向动词。

再次，同“起去去”的情况相类似，既然有“起去……去”的形式（起去背书去｜起去，起去做饭去），这就说明其组合应该是“起去｜……去”。由于后面出现另一个“去”，前面的“起去”也明显成了一个趋向动词。

很明显，不仅作补语的“起去”可以看作一个趋向动词，独用的

“起去”户县人也把它当作一个趋向动词来使用。

3.2 两点思考

上述方言佐证，启发我们进行两点思考：

第一，“起去”跟其他趋向动词的类同性如何？

现代汉语的趋向动词是一个系统。如果把“起去”放到整个系统中去考察，可以进一步看到，所有趋向动词的情况是基本相同的。

以“上去”来说：

A. 单用

(42) 他在山上等你，你快上去！

(43) 他在山上等你，你快上去找他！

(44) 我知道他在山上等我，可我偏不上去（找他）！

(45) 他官运好，很快就会上去的！

(46) 什么官运不官运，有大人物作梗，他上不去的！

B. 作补语

(47) 他在山上等你，你快把车子开上去！

(48) 他在山上等你，你快把车子开上去找他！

(49) 我知道他在山上等我，可我的车子开不上去！

(50) 他官运好，很快就会升上去的！

(51) 什么官运不官运，有大人物作梗，他升不上去的！

上面的“上去”，有的单用，有的作补语；有的表示实义，有的表义有所弱化；有的后边不出现连动项，有的出现；有的不跟“不”组合，有的加上或嵌入“不”。无论情况如何，用来检测“起去”，没有什么不同的反应。

既然这样，现代汉语趋向动词系统能够混沌地容纳“上去”和“出去、回去、过去”等等，“起去”为什么不能被容纳呢？反过来说，有什么理由把“起去”割离出去呢？

第二，如何分析“V起去V”？

如果把行为活动由甲地到乙地的趋向距离叫做“趋距”，那么，“V起去V”实际上有两种情况：

A. “去”义弱化，无趋距。这时，“V 起去 V”即“V 起去 | V”。例如：

(52) 他忽然发觉张主任已经站到了身旁，连忙站起去跟张主任敬酒。

张主任就站在身旁，“去”的趋距为零。“站起去跟张主任敬酒”，是“站起去 | 跟张主任敬酒”，而不是“站起 | 去跟张主任敬酒”。

B. “去”表实义，有趋距。这时，“V 起去 V”等于说“V 起去去 V”，即“V 起去 | 去 V”。例如：

(53) 他忽然发觉张主任已经走到了门口，连忙站起去扶着张主任进门。

门口和他所坐的地方有一段距离，“去”的活动有趋距。“站起去扶着张主任进门”，等于说“站起去 | 去扶着张主任进门”。

上面说过，“起去”实际上等于“∅起去”；这里，还应该明确，“起去”有时实际上等于“起去∅”，即相当于“起去去”。比较：

(54) 你起去，去看看什么人在敲门！

(55) 你起去看看什么人在敲门！

前一例，由于后边又出现了“去”，前边的“起去”只相当于“起身”；后一例，从“起”的地点到“看”的地点有距离，“起去”便等于“起去去”。

其实，“起来”也有同样的情况。比如：

(56) 妈妈：大通，天亮了，快起来！

(57) 老师：大通，黑板上这道填空题，你起来填填看！

前一例“起来”只相当于“起身（起床）”；后一例“起来”则相当于“起身（离座位）然后过来”，等于说“起来来”。

语言运用中，语法形式的同音融合现象并不罕见。说“给 N”，等于说“给给 N”，便是典型的现象。

3.3 通语问题

讨论“起去”，很自然地牵涉到通语问题。

首先，需要谈谈“起去”与北京话。

朱德熙先生肯定北京话里没有“起去”的说法。20年前，《语法讲义》就指出：“北京话里没有跟‘起来’‘开来’相配的‘起去’‘开去’。”（128页，商务印书馆1982年）

“开去”已为许多著作所肯定，这里不讨论。至于“起去”，起码可以提出三点疑问：

A. 老舍是地道北京人。在《我怎样写〈骆驼祥子〉》中，他写道：“调动口语，给平易的文学添上些亲切，新鲜，恰当，活泼的味儿。因此，《骆驼祥子》可以朗读。它的语言是活的。”（胡絜青《老舍谈创作》）所谓“调动口语”，当然是北京口语。那么调动活的北京口语的《骆驼祥子》，还有《四世同堂》，都出现“起去”，如何解释？

B. 文康的《儿女英雄传》，袁行霈（1999）指出：“此书尤为擅长的则是它纯熟、流利的北京口语。”又指出：“《儿女英雄传》开创了地道的京味……成为京味小说的滥觞。”（袁行霈《中国文学史》第四卷）《儿女英雄传》中出现“起去”，如何解释？

C. 如果说《骆驼祥子》、《四世同堂》、《儿女英雄传》和《红楼梦》里的“起去”都是从方言里来的，这就需要“寻根”。它的方言的“根”，到底在哪里？换句话说，它是哪个方言的说法？

其次，需要谈谈“起去”与方言。

事实上，我们无法肯定“起去”属于哪个方言。

假设有个罪犯做下了一个血案，据录音，他说话中出现了“起去”。如果是“起去去”，自然大体能断定他是陕西户县一带的人；然而如果是“收起去”，或单用“起去”，就不能据此而断定他可能是什么地方人。因为，“起去”自古有之，而且，至今在东西南北中的众多方言里存活。它并不属于某个特定的方言。

再次，需要谈谈“起去”与通语。

既不能肯定“起去”属北京话，又不能肯定“起去”属哪个方言，那么，这个“起去”在汉语里不就悬空了吗？问题在于，这么个前提是否正确：所有的汉语事实，要么是北京话，要么是方言。换言之，所有汉语事实，如果不是北京话，便是方言；如果不是方言，便是北京话。

能不能下这样的结论呢？回答是否定的。因为：

来自北京话的说法＋来自方言的说法 ≠ 通语的全部说法

来自北京话的说法＋来自方言的说法 ＜ 通语的全部说法

方言是地域性话语，北京话也是地域性话语，而有的汉语事实，可以是超地域性话语的通语。两种情况，特别值得注意：

A. 有的超地域通语，限于在书面语中使用。比方“由于”这个连词，方言里没有，北京话口头上也不使用。老舍《骆驼祥子》和《茶馆》里都见不到。在汉语书面语发展过程中，文言文向白话文演化，词的双音节化的总趋势，使得单音节的“由”演化成了双音节的“由于”。但是，这个“由于”基本上止步于书面语，没有进入包括北京话在内的地域性口语。

B. 有的超地域通语，从古至今都存在，但人们一般不说，只在适应特定的表述需要时才偶尔使用。比如“起去”，就是这样的通语现象。就现代而言，因为“超地域”，它可以见于北京人老舍的笔下，也可以在说不同方言的人的口头上出现；因为“偶尔使用”，它容易被遗忘，不仔细观察，很难发现。然而，无论如何，当我们看到这样的句子，我们既不能说其中的“起去”是方言说法，更不能说是不规范的说法：

(58) 况且刘四的话是那么难听，仿佛他办寿，他们就得老鼠似的都藏起去。(老舍《骆驼祥子》十三)

(59) 臣话未说完，死不起去。(姚雪垠《李自成》第二卷第32章)

最后，需要谈谈通语形式的使用。

通语形式的使用，有多种途径和理据。“起去”的使用，最重要的理据是特定话语场境的特定表述需要，具有特定的语用价值。

笔者《“起去”的普方古检视》一文中曾提到《水浒传》中的“那麈尾……化成鸿雁般一只鸟飞起去”，又提到《西游记》里孙悟空们的“跳起去”，指出这种“地对空”活动，用“起去”要比用“起来”更为准确。再看这两个例子：

(60) 第一次挑起去的还没有落地，第二次便又挑起，横着看起来，飞到空中的谷秆好像一排雁儿一个接一个连续着往下落。(赵树理《三里湾》)

(61) 民兵们抬头一看，见院墙有丈数高，后门倒关着，雷石柱叫武二娃站在二楞肩上架起去。武二娃爬上墙头，……看到这个情形，只好下来，民兵们气得唉声叹气。……等了有几袋烟工夫，……后院却鸦雀无声了。孟二楞连忙又把武二娃架起去，翻墙跳进院里，开了后门，又把通前院的小门关了。(马烽、西戎《吕梁英雄传》)

结合上例的话语场景来比较“起来”和“起去”的选用，可以明显感觉到：前一例，“挑起去→落（下来）”比“挑起来→落（下来）”更能准确地反映人们的趋向感；后一例，“架起去→（跳）下来→又架起去”比“架起来→（跳）下来→又架起来”更能准确地反映人们的趋向感。可知，在特定场合，在表述“起去—落下—再起去—再落下”的起伏式情景时，“起去”具有“起来”所不可取代的语用价值。

当然，“起去”毕竟罕见。但是，跟“开去”相比较，其活动能力稍强。比方，作为趋向动词，“起去”可以说“不肯起去、死不起去、起不去”，“开去”却没有这样的用法。“起去”也好，“开去”也好，不忽视这样的“弱小”成员的存在，有利于全面地认识具有匀整性的现代汉语趋向动词系统。至于方言里可能有特殊用法，例如陕西户县话说“起去去”与“起来来”，这正是方言有自己个性的地方，正是方言语法有特殊的研究价值的地方。

4 结语

4.1 古代汉语里，“起去”的原始含义是“起而去”，就人而言，许多时候表示“起身离去”，应为短语。可是，到了近现代，情况复杂了起来：有时固然表示实义，有时却在不同程度上语义有所弱化。

4.2 作补语，是“起去”成为趋向动词的重要语法依据。但是，单用的“起去”和作补语的“起去”已经在一个系统中共存，不可割离。首先，表示实义不是割离“起去”的标准，因为作补语的“起去”有的也表示实义；其次，“起去”和“V 起去”相对比而存在，“起去”即“∅起去”。

4.3 “V 起去”有时相当于“V 起去去”，因此，说“V 起去 V”，有时等于说“V 起去去 V”，即“V 起去｜去 V”。这一点，陕西户县方言的“起去去”，便是有力的佐证。

4.4 “起去”是自古有之而现在还偶尔使用的通语说法。在某种特定情况下使用“起去”，可以取得不同于“起来”的语用价值。

注释：

①《现代汉语语法讲话》中同时提到“起来”和“起去”，是张振兴先生提醒笔者的。

②2002 年 4 月，在评审国家社科基金课题期间，曾就“起去”的语义问题跟杨荣祥博士交换过意见，荣祥博士提到了“起而去”。

主要参考文献：

[1] 中国科学院语言研究所语法小组．语法讲话：八［J］．中国语文，1953(2)：17-24.

[2] 丁声树，等．现代汉语语法讲话［M］．北京：商务印书馆，1961.

[3] 吕叔湘．现代汉语八百词［M］．北京：商务印书馆，1980.

[4] 杨伯峻．中国文法语文通解［M］．北京：商务印书馆，1956.

[5] 朱德熙．语法讲义［M］．北京：商务印书馆，1982.

[6] 刘月华．趋向补语通释［M］．北京：北京语言文化大学出版社，1998.

[7] 邢福义．“起去”的普方古检视［J］．方言，2002 (2)：97-107.

[8] 邢福义．有关“起去”的两点补说［J］．方言，2002 (3)：55-55.

[9] 邢福义．“由于”句的语义偏向辨［J］．中国语文，2002 (4)：337-342.

（原载《方言》2003 年第 3 期）

《西游记》中的“起去”与相关问题思辨

近代白话作品中，《西游记》是使用“起去”最多的一部作品，共见32次。笔者（2003）曾说“《西游记》里‘起去’出现31次”，统计有误。

本文描述《西游记》这部经典中使用“起去”的事实，观察其存在状况，在此基础上，用较大的篇幅讨论相关的六个问题。全文分三个部分展开：(1)《西游记》趋向动词系统中“起去”的配置；(2)《西游记》趋向动词系统中“起去”的合群；(3)相关问题思辨。文章末尾有个简短结语。

专题考察《西游记》中的“起去”，观测其使用情况，然后从不同角度讨论相关的问题，对于了解趋向动词系统中这个弱势成员来说，可以起到深化认识的作用。

一 《西游记》趋向动词系统中“起去”的配置

所谓“配置”，指句法结构上的配置状态。《西游记》中的“起去”，入句以后呈现三种配置状态：一为独用，二为直接后附，三为隔将后附。

（一）独用

独立占据动词位置，充当述语。例子共见4次。按出现先后的顺序，罗列如下：

(1) 祖师道：“你等起去。”（第2回）

(2) 判官喝令起去，上前引着太宗，从金桥而过。（第10回）

(3) 我们起去对母亲说去。(第 13 回)

(4) 行者道:"遣开山,不打你。"喝声:"起去!"(第 33 回)

这四例的"起去",不管是否跟别的词语连用,就句法地位而言,都独自充当了述语。

(二) 直接后附

直接出现在动词后边,做补语,形成"V 起去"。例子共见 11 次。例如:

(5) 好猴王,将身一纵,跳起去,一路筋斗,直至北下观看,……(第 2 回)

(6) 大圣见了,搜的一翅飞起去,变作一只大鹚老,冲天而去。(第 6 回)

(7) 原来那个假身本是毫毛变的,却就飘起去,无影无形。(第 49 回)

(8) 如来将金钵盂撇起去,正盖着那蜂儿,落下来。(第58 回)

(9) 众神、八戒、沙僧不解其意,被他抛起去,又都装在里面,……(第 65 回)

(10) 那瓶紧靠着身,也就长起去,他把身子往下一小,那瓶儿也就小下来了。(第 75 回)

这六例出现了"跳起去"、"飞起去"、"飘起去"、"撇起去"、"抛起去"和"长起去"。其中,"跳起去"出现 5 次,除了第 2 回,还有第 22 回、35 回、75 回和 88 回;"飞起去"出现 2 次,除了第 6 回,还有第 82 回。"飘起去"等各出现 1 次。

(三) 隔将后附

仍然是出现在动词后边,做补语,但动词和"起去"之间嵌入"将"字,形成"V 将起去"。例子共见 17 次。例如:

(11) 孙行者一筋斗跳将起去,……(第 17 回)

(12) 要一百张桌子,五十张作一禅台,一张一张迭将起去,……(第 46 回)

(13) 行者忍不住焦躁，把金箍棒丢将起去，喝声“变!”(第50回)

(14) 这太子又弄出降妖法力，将六般兵器抛将起去。(第51回)

(15) 呼的一声，把个长老摄将起去，飘飘荡荡，不知摄去何所。(第64回)

(16) 那妖精幌的一声，把搭包儿撇将起去。(第66回)

(17) 那些妖怪见呆子凶猛，一个个现了本象，飞将起去，叫声：“变!”(第72回)

这七例出现了“跳将起去”、“迭将起去”、“丢将起去”、“抛将起去”、“摄将起去”、“撇将起去”和“飞将起去”。其中，“跳将起去”出现11次，除了第17回，还有第25回、29回、30回a、30回b、35回a、35回b、35回c、40回、44回和75回。“迭将起去”等各出现1次。

二 《西游记》趋向动词系统中“起去”的合群

所谓“合群”，指甲成员同乙丙丁等成员存在诸多共同点，彼此能和谐共处，不相互抵牾。在《西游记》的趋向动词系统中，“起去”相当合群。

(一) 从三种配置状态看“起去”的合群

在构成上，《西游记》的趋向动词系统是一个相当匀整的方阵，跟现代汉语基本相同。如下罗列：

	上	下	进	出	回	过	起	开
来	上来	下来	进来	出来	回来	过来	起来	开来
去	上去	下去	进去	出去	回去	过去	起去	开去

所列各词，全经核实，并非主观推断。

其中的“起去”，按三种配置状况一一检验查证，可以清楚看到，它在《西游记》的整个趋向动词系统中，跟其他双音节趋向动词具有高度的一致性。如下罗列：

	独用	直接后附	隔将后附		独用	直接后附	隔将后附
上来	+	+	+	回来	+	+	+
上去	+	+	+	回去	+	+	+
下来	+	+	+	过来	+	+	+
下去	+	+	+	过去	+	+	+
进来	+	+	+	起来	+	+	+
进去	+	+	+	起去	+	+	+
出来	+	+	+	开来	－	+	－
出去	+	+	+	开去	－	+	－

可以看到，“起去”在群体中相当和谐。倒是“开来、开去”不怎么合群，后面再略加述说。

（二）从三种松紧倾向看“起去”的合群

形式上的三种配置状态，决定了双音趋向动词 AB 在结合上的三种松紧倾向：一为可离析，二为通常可离析，三为不可离析。按这三种松紧倾向，把“起去”放到《西游记》的整个趋向动词系统中去勘比，又可以进一步了解到，“起去”跟其他双音节趋向动词具有高度的一致性。

1. 可离析

指 AB 之间可以插入一个名词，组结程度不紧。独用式，反映这一倾向。如“上来、上去”等→“上×来、上×去”等。

查《西游记》，可以看到：上山来（第 8 回） | 上天去（第 3 回） | 下山来（第 8 回） | 下山去（第 14 回） | 进里边来（第 36 回） | 进他洞去（第 21 回） | 出林来（第 26 回） | 出门去（第 3 回） | 回灌江口来（第 6 回） | 回家去（第 67 回） | 过船来（第 53 回） | 过河去（第 49 回）

也有“起×去”。例如：

(18) 老孙独力扶持，有何不可！已选明日起身去矣。(第57回)

反而未见“起×来”。然而，不是不能说。证据之一，可以见到7例“V起身来”，其中有的若省去V，仍能成立，而且基本意思不变。如：三藏一见，连忙跳起身来，合掌当胸道……(第27回)→三藏一见，连忙起身来，合掌当胸道……证据之二：别的近代白话作品中可以见到“起×来”。例如，凌濛初《初刻拍案惊奇》：将至天明，就起身来，辞了崔生，闪将进去。(卷23) | 士真刚起身来，便问道……(卷30)《水浒传》：高俅便起身来，脱了衣裳，要与燕青厮扑。(第80回) | 正要灭高俅的嘴，都起身来道：“好，好！……”(第80回)

2. 通常可离析

指AB之间通常可以插入一个名词，结合程度不太紧。直接后附式，反映这一倾向。如“V上来、V上去”等→“V上×来、V上×去”等。

查《西游记》，可以看到：跳上岸来(第1回)，搬上船去(第8回)，跳下树来(第1回)，反下天宫去(第4回)，走进你家门来(第28回)，捉进洞去(第29回)，走出天门来(第5回)，打出天门去(第4回)，讨回音来(第70回)，闪回洞去(第17回)，取过大棋来(第9回)，跑过涧去(第41回)，放起火来(第2回)。

《西游记》里，不仅有“(V起来→)V起×来”，“也有(V起去→)V起×去”。上面已经举了“跳起身来”(第27回)的例子。又如：

(19) 那怪接水在手，纵起身来，……将一口水望唐僧喷去，叫声：“变！”(第30回)

(20) 若知是我小和尚来啊，他连夜就搬起身去了！(第74回)

例(19)出现了“V起×来”，例(20)出现了“V起×去”。

3. 不可离析

指AB之间不能插入名词，结合程度甚紧。隔将后附式，反映这一倾向。这一形式，绝对不能离析。如“V将上来、V将上去”等→*“V将上×来、V将上×去”等。

查《西游记》，可以看到：推将上来（30回）｜撺将上去（第24回）｜剥将下来（第20回）｜钻将下去（第15回）｜撞将进来（第34回）｜扛将进去（第13回）｜走将出来（第5回）｜喷将出去（第3回）｜哄将回来（第42回）｜捉将回去（第30回）｜抓将过来（第30回）｜递将过去（第66回）。但是，没有发现一例“V＋将＋趋向A〈×〉B”，即没有一例是趋向AB之间出现名词的。

由于受到趋向动词系统的严格规约，“V将起来”也好，“V将起去”也好，都不可能出现离析形式。比方，有“爬将起来（第32回）、飞将起去（第72回）”的说法，但不会有“爬将起身来、飞将起身去”的说法。

三　相关问题思辨

（一）如何判定“起去”的能否成立？

研究问题，可以依据这样那样的理论，使用这样那样的方法。但是，检验其结论是否准确，都只能以是否符合客观事实作为唯一标准。

对“起去”的使用，研究者们所持的基本态度不外乎两种：其一，否定。或者认定趋向动词系统中根本没有“起去”，或者认定“起去”是不规范的说法。其二，肯定。认为存在便是事实，是事实便有其合理性，便应该予以承认。两种态度，反映两种不同的语用观。

本文之所以专题述说《西游记》中的“起去”，以此作为进一步讨论的基础，就因为，32次的使用，足够证明了“起去”的存在，起码，足够证明了“起去”在《西游记》中的历史性存在。如果采取否定的态度，就得认为那32次使用全是病例，这绝对不是大多数人所能认同的。何况，“株连”起来，打击面便会超越《西游记》。比方，除了笔者（2002，2003）所举的例子，翻看金庸《鹿鼎记》，可以见到“起去”(第47回)，上网查看，可以见到“(这些钱你)拿起去”(凤凰网2004年2月18日)。这类例子，不能无视其存在，更不能一看到就判定为不规范的说法。

(二)如何观测“起去”的语法化级度？

“起去”的语法化级度，不能脱离趋向动词系统来孤立评说。

一个语法形式，由A_1发展为A_2，要经历一定时段的演变。从共时的平面看，一旦出现A_2，既可能是A_1消失、A_2存在，更可能是A_2与A_1累积共处，同时使用，相互间由于渊源关系而存在微妙纠结。《西游记》中的趋向动词，属于后一情况。“起去”这个形式，从《史记》时代到《西游记》时代，自然会有一个语法化的历程，不过，本文只讨论它在共时平面中的使用。

研究《西游记》的趋向动词系统，观察参与建构这个系统的除开“开来、开去”的各个成员，包括“起去”，要看到以下两点。

第一，在相互关系上，共时使用的“独用式”、“直接后附式”和“隔将后附式”并不存在固定的界限，三者有时可以相互变易。例如：

(21)若饶了这个和尚，诚然是劳而无功也，我还下去戏他一戏。(第27回)

→……我还跳下去戏他一戏。

→……我还跳将下去戏他一戏。

(22)八戒却才跳将上来，现了本相，……(第72回)

→八戒却才跳上来，现了本相。

→八戒却才上来，现了本相。

这两例表明：独用的“下去”，不一定不能说成“V下去”或“V将下去”；反过来看，隔将后附的“V将上来”，不一定不能说成“V上来”或“上来”。又如：

(23)沙僧闻言，也纵云跳将起去。(第29回)

→沙僧闻言，也纵云跳起去。

→沙僧闻言，也纵云起去。

上例是：V将起去→V起去→起去。这意味着也可以是：起去→V

起去→V将起去。

第二，在词语接纳上，共时使用的“独用式”、“直接后附式”和“隔将后附式”并不存在厚此薄彼的倾向。特别是，作为趋向动词语法化的高级度形式，“隔将后附式”对所有的趋向动词一视同仁。比如“V将起来”和“V将起去”：

（24）行者一骨鲁跳将起来，……（第17回）

（25）孙行者一筋斗跳将起去，……（第17回）

这两例见于同一回，说的是同一人物的同一动作。“跳”字后边都出现“将”字，但充当补语的趋向动词分别选用了“起来”和“起去”。

“起来”是趋向动词系统中的超强势成员。《西游记》里，“起来”共出现228次，其中独用为73次，“V起来”为106次，“V将起来”为49次。作为趋向动词系统中超弱势成员的“起去”，在出现的总次数上，不到“起来”的七分之一，然而，仅就“隔将后附”这一语法化的高级度形式看，却有三点值得注意。第一，把“起来”和“起去”分别开来看，“起来”隔将后附的次数，不到“起来”独用和直接后附次数总和的三分之一，而“起去”隔将后附的次数，却多于“起去”独用和直接后附次数的总和。第二，把“起来”和“起去”联系起来看，“起去”隔将后附有17次，跟“起来”隔将后附49次相比，达到了三分之一强。第三，仅就使用频率很高的动词“跳”来说，“跳将起去”出现11次，“跳将起来”也出现了11次（见第17回、25回、29回、30回a、30回b、35回a、35回b、35回c、40回、44回、75回），二者出现次数相等。可见，尽管“起去”处于绝对的弱势，但就《西游记》而言，“起去”的语法化级度跟包括“起来”在内的其他趋向动词处于同一水平线上，在语法化的进程上，在表示“趋向”语义的范围之内，它跟其他趋向动词是同步的。

（三）如何看待趋向动词向准时态助词的发展？

有几个趋向动词，有向准时态助词发展的表现。所谓几个，比较典型的实际上是三个：一为“（V/A）起来”，表示兴发态；二为“（V/

A）下来”，表示垂临态；三为“（V/A）下去”，表示延展态。笔者（1994）曾作过阐述。之所以称之为准时态助词，是因为它们起到时态助词的作用，但“趋向”的意味没有完全消失。

《西游记》里，只见到表示兴发态的“（V/A）起来”。例如：

（26）孙大圣见了，不敢进去，只在二门外仵着脸，脱脱的哭起来。（第34回）

（27）我这祷祝是教你体好生之德，为良善之人，你怎么就认真起来？（第56回）

《红楼梦》里，“（V/A）起来”、“（V/A）下来”、“（V/A）下去”都可以见到。例如：

（28）如今自然是你们拉硬屎，不肯去亲近他，故疏远起来。（第6回）

（29）谁知凤姐……亏虚下来，一月之后，复添了下红之症。（《红楼梦》第55回）

（30）羞的那婆子又恨又气，只得忍耐下去。（《红楼梦》第58回）

到现代汉语里，“（V/A）起来”、“（V/A）下来”、“（V/A）下去”都已普遍使用。以老舍《四世同堂》来说，例如：

（31）及至听到他的言论，她立刻兴奋起来。（第一部§07）

（32）他的心立时静下来。（第一部§12）

（33）假若事情缓和下去，……他们就必定愿意把学业结束了，……（第一部§06）

有学者认为，趋向动词语法化要经历三个阶段，第三个阶段是成为“体标记”，即本文所说的发展成为准时态助词。所作的推理，可以归纳为：只有达到了第三个阶段的，才算完成语法化。“起来”达到第三个阶段，因而语法化得到完成；“起去”没有达到第三个阶段，因而语法化没有完成。问题在于，推理过程中只挑出了一个“起来”，而一个“起来”却并不等同于整个趋向动词系统。稍稍检测即可知道，大多数的趋向动词，比如“进来、进去、出来、出去、回来、回去、过来、过去”，都没有时态化的用法。有时在作用上似乎跟时态有关，但也只是有所“沾边”。“起去”也是如此。如果用时态化用法作为完成语法化历程的标准来证明“起去”没有完成语法化，那么，必然会引出一个结论：“进来、进去、出来、出去、回来、回去、过来、过去”等都没有完成语法化。这样的证明，对于认识趋向动词系统的基本状况来讲，意义不大。

其实，“第三个阶段”应看作是趋向动词中少数几个词向时态助词系统的延展，不应用来作为趋向动词是否完成语法化的判定标准。“起来”是一个超强势趋向动词，它在语法化历程中走得特别远，跨出了趋向动词系统的基本界域；“起去”是一个超弱势趋向动词，它在语法化历程中走得没有那么远，而且走得蹒蹒跚跚。这才是事实。

（四）如何评估“起去”的罕见？

“起去”确实罕见，而且罕见到难以寻觅的地步。但是，它的使用，并非“孤证”。

首先，并非在《西游记》中才可以见到“起去”。比方，《水浒传》里可以见到 7 例（第 1 回、73 回、96 回、112 回、117 回、120 回），《红楼梦》里可以见到 9 例（第 31 回、43 回、57 回、70 回、82 回、85 回、89 回、92 回、93 回）。这就是说，“起去”的使用不是属于个别人的个别现象。

其次，《西游记》趋向动词系统中的“起去”，并非弱势成员中最弱的成员。观察第一部分表 2 可知，“开来、开去”不能独用，也未见到隔将后附的用例；能够直接后附，但例子少于“V 起去”。例如：长老到重梁之上，取下一个小匣儿，打开来，……（第 8 回）｜三藏道：“陛下，打开来看就是。”（第 46 回）｜那个使将来，寻蛇拨草；这个丢开去，扑鹞分松。（第 8 回）｜小姐将从婢打发开去，问道：……（第 8 回）——“V 开来”共见 3 例，都是“打开来”，上面举了两例；“V 开去”共见 2 例，上面都已列举。比较可知，特别弱的成员，还不是“起去”，而是“开来”和“开去”。

再次，《西游记》中为“起去”所后附的动词，有一定的开放性，并不限于个别动词。具体点说:“V起去”和“V将起去”两式中都见到的,有“跳”、“飞”、“撇”、“抛”;只见于“V起去”的,有“飘”和“长”(它们应该也能见于“V将起去”);只见于“V将起去”的,有“迭”、“丢”和“摄”(它们应该也能见于“V起去”)。总之带“起去”补语的动词,一共见到了“跳、飞、撇、抛、飘、长、迭、丢、摄”等9个。如果把视线转向别的白话作品,还可以看到:《水浒传》中有“掷起去”(第1回),《红楼梦》中有“收起去”(第43回)、“搁起去”(第82回),凌濛初《二刻拍案惊奇》中有“扯将起”(卷35),冯梦龙《喻世明言》中有“吊将(妮子)起去”(第35卷)。带补语“起去”的动词,又多了“掷、收、搁、扯、吊”等5个。诚然,在“V起去”或“V将起去”的形式中,V是为适应表达的需要而选用的,它同“起去”的组合还是较为自由灵活的。

任何一个系统或群体,其成员的强弱态势都不会完全等同。强者也好,弱者也好,都具有不可否认的成员资格。“起去”不管如何罕见,不管处于怎样弱势地位,都有其研究价值。

(五)如何看待“起去”的历史和现状?

对待“起去”的存在,也许还可以采取一个折中性说法,承认其历史,否认其现实,即认为这个词在历史上的确存在过,但到现代,已经退出了历史,即使有,也只是历史陈迹。这样的论断,跟事实不符。

无庸讳言,现代汉语里,“起去”的使用比《西游记》时代更为罕见,一般情况下人们已经不说。但是,事实表明,“起去”仍然具有生命力,并非历史化石。上面说到“V起去”中V有一定灵活性。如果把视线再转向现代作品,还可以看到:老舍《骆驼祥子》中有“藏起去”(十三),老舍《四世同堂》中有“收藏起去”(第二部§41)、“拉起去”(第一部§33)、“卷起去”(第三部§79),马烽、西戎《吕梁英雄传》中有“架起去”(第27回),赵树理《三里湾》中有“挑起去”(十七)、“高起去”(十五)。带补语“起去”的动词,又多了“藏、收藏、拉、卷、架、挑”等6个,而且还有一个是形容词“高”。这是

“V起去”具有滋生力的明证。

在现代作家中，使用“起去”最多的是老舍。从上世纪20年代的《二马》(1929)，到30年代的《猫城记》(1932)、《断魂枪》(1935)、《骆驼祥子》(1936)，再到40年代的《四世同堂》(1944—1948)，都可以见到“起去”。《四世同堂》用得最多，共见21次。其他作家作品中的用例可参看笔者《“起去”的普方古检视》和《“起去”的语法化与相关问题》。到了21世纪，“起去”的使用依然在弱势状态下延续。上网搜索，这是查证的简便办法。笔者2005年4月26日上网(http://www.google.com)查看，见到了一些例子。略举几例：

(34) 我高高跳起去抓那梧桐树干，她静静地捡起面前的叶子夹在书里，只露出小小的叶尖。有时我希望风再大些，在我跳起的时候可以把我也吹到她的脚边，让她轻轻拾起去作她那本心爱的书的书签。(《初恋故事》，www.rongshuxia.com，2001年6月28日)

(35) 才得风筝放起去，西北悬天起怪风，鼓断了风筝绳。(《中国民歌》，www.china.org.cn，2003年11月1日)

(36) 他伸出手晃晃，看到手上的金戒指引起我俩的注意后马上得意的把手揣了起去。(《长大不慢》，bookreg.sina.com.cn)

(37) 当黄灯亮起去，您应该做好准备去更换机油了，如果当红灯亮起时，机油位置已经达到极限，需要马上停车熄火，避免发动机受到不必要的损害，原地等待拖车的救援。(《心脏的血液——发动机机油的检测与保养》，www.pcauto.com.cn)

(38) 该公司信誉极差，本人深受其害，对客户的承诺如同放屁，……有同感的朋友，咱们联合起去告他丫的！(《二手房业主论坛——搜房》，tjbbs.soufun.com)

以上例子，都属于现今群众的语言运用。带“起去”补语的V，跟上文列举的例子相比较，又多出了动词“拾、放、揣”和“联合”，还多出了形容词“亮”。而且，后两例中的“亮起去”和“联合起去”，相当于“亮起来”和“联合起来”，有近似表示时态的作用。笔者相信，“起去”不仅现在仍然活着，并未成为历史化石，而且将来也不会绝迹，永远不会彻底退出历史。这是因为，有的时候，人们会根据自己的“认知”，从自己的大脑词典中挑选出“起去”，来满足自己的表述需要。

顺带指出：从《西游记》时代到现在，带“起去”的V，上文已经罗列出了动词“跳、飞、撇、抛、飘、长、迭、丢、摄、掷、收、搁、扯、吊、藏、收藏、拉、卷、架、挑、拾、放、联合”，以及形容词“高、亮”。今后，不管什么时候，只要上网查看，肯定还会发现新的例子。

再顺带指出：到了现代汉语，嵌入在“动—趋”之间的“将”字一概脱落，作为趋向动词语法化的高级度形式，“隔将后附式”自然也基本隐退。能不能说，“将”字的脱落意味着趋向动词语法化进程的倒退呢？不能这么看。这涉及对不同时代语法系统的整体认识，对不同时代趋向动词系统的类型性总体评估。事实上，趋向动词语法化的高级度形式还有一个“隔了后附式”，如“装了进去”（《西游记》第66回）。“了”字后边的双音趋向动词，不再能离析。这一形式，《西游记》中所见不多，但现代作品中就很多了。以“起来”和“起去”的使用来说，老舍作品中不仅有“V了起来”，也有“V了起去”。例如：

(39) 想到骆驼与洋车的关系，他的精神壮了起来，……（老舍《骆驼祥子》三）

(40) 她的声音又高了起去。（老舍《骆驼祥子》九）

这里的“高了起去”，有近似表示时态的作用。上面例（36）也出现了“揣了起去”。可知，即使到现代，在“隔了后附式”这一语法化的高级度上，“起去”仍然跟“起来”等双音节趋向动词同步。

（六）如何“认知”老舍笔下的“起去”？

研究语法，人们常常提到“认知”。这里应该指出，语言研究者固然有“认知”，语言运用者肯定也有“认知”。不同的语言运用者，由于对所表述的事物或行为有不同的“认知”，他们从自己大脑词典中选用词语时就可能会有富于个性的选择。比方，绝大多数人不会挑选

“起去”，因此“起去”很难见到；但有的人对“起去”的作用却有特殊的感觉和领悟，因此便会选用，因此我们便能看到了《西游记》和《四世同堂》中较多使用“起去”这样的事实。

用纯正北京话写作的老舍，居然几十年连续使用“起去”而不辍，有学者对此感到不好解释。有学者曾经提到，老舍作品中使用“起去”，可能是受到西南官话的影响。然而，老舍并没有去过成都、重庆等等地方，更没有在那些地方生活过！其实，道理很简单：“起去”存活在老舍的大脑词典里，由于表述特定“认知”的需要，在人们通常会选用“V 起来”时，他却较多地选择了“V 起去”。请观察两对例子。

第一，“藏起来”和“藏起去”。老舍更喜欢用“藏起去”。《四世同堂》里“藏起去”使用 10 次，“藏起来”却只使用 3 次。例如：

(41) 平常你们都很爱国，赶到炮声一响，你们就都藏起去！(第一部 § 08)

(42) 没有钱，只有一身破裤褂，逃走不易，藏起来又怕连累人，……(第一部 § 11)

例 (41) 用“藏起去”，见于第一部 § 08。还有 9 例，分别见于第一部 § 13、第一部 § 18、第一部 § 29、第二部 § 35、第二部 § 41、第二部 § 50、第二部 § 51、第二部 § 55、第三部 § 86。例 (42) 用“藏起来”，见于第一部 § 08。还有 2 例，分别见于第二部 § 41、第三部 § 69。

第二，“收起来”和“收起去”。老舍更喜欢用“收起去”。《四世同堂》里“收起去”使用 6 次，“收起来”却只使用 1 次。例如：

(43) 于是，把目前伤心的事都赶紧收起去，……(第二部 § 80)

(44) 于是，他把后悔收起来，……(第一部 § 18)

例 (43) 用“收起去”，还有 5 例，分别见第一部 § 17、第一部 § 26、第二部 § 50、第二部 § 59、第三部 § 80。例 (44) 用“收起来”，见于第一部 § 18。《四世同堂》中仅见这一例。

顺便指出，“飞起来”和“飞起去”，出现次数相同，都是2次。即：

(45) 为了爱情，哪一个年轻的姑娘都希望自己能飞起去一次。(第一部§31)

(46) ……他恨不能一伸胳臂就飞起去，飞到城墙那边。(第二部§66)

(47) 两只黑鸦在不远的坟头上落着，飞起来，又落下。(第三部§78)

(48) 坟头上的一对乌鸦又飞起来，哀叫了两声，再落下。(第三部§78)

前两例用了“飞起去”，后两例用了“飞起来”。

观察可知，作为一位公认的语言大师，老舍选用“起去”相当讲究，不是随意拈来，而是经过推敲斟酌。看两个例子：

(49) 星露出一两个来，又忽然的藏起去。(第二部§51)

(50) 他的家便是老鼠的洞，有危险便藏起去，危险过去再跑出来；……(第一部§29)

例(49)是“露出来”和“藏起去”对比使用，例(50)是“藏起去”和“跑出来”对比使用。如果改“起去”为“起来”，说成“露出来，又藏起来”，“藏起来，再跑出来”，都没有原句好，因为前后两个“来”字重复。再看一个例子：

(51) 她不再哭，也不多说话，而只把眼中这点光一会儿放射出来，一会儿又收起去；存储了一会儿再放射出来。(第一部§17)

上例“收起去”用在前后两个“放射出来”之间，对比使用。如果改“起去”为“起来”，说成“放射出来，又收起来，再放射出来”，前后三个“来”字重复，用词上显然没有原句讲究。

可见，“起去”是有其特定的语用价值的。“萝卜白菜，各有所爱。”老舍有时爱用“起去”，反映了他的语言风格。在这位语言大师的脑子中，“起去”已经不是存在不存在的问题，而是什么时候需要选用的问题了。“认知”了老舍笔下的“起去”，也就可以知道，《西游记》以及《红楼梦》、《三里湾》、《吕梁英雄传》等等作品中的例子也好，上一部分举出的最近在网上看到的例子也好，在使用上都存在着同样的理据。

四　简短结语

《西游记》语法体系中的趋向动词系统，接纳了“起去”，这是历史性客观存在。《西游记》的趋向动词系统中，存在强势成员和弱势成员，但弱势成员“起去”跟强势成员“上去、下去、进去、过去”等相比较，尽管数量上有差异，在语法化级度上，从可以用来勘比的三种结构形式看，却并不存在级差，这也是历史性客观存在。

趋向动词系统中，“起来”和“下来、下去”有准时态助词用法，但是大多数成员并没有这一用法。“起来”并不等同于整个趋向动词系统；在有没有准时态助词用法这一点上，大多数趋向动词跟“起去”没有区别。仅仅根据“起来”一个词的情况，提出凡是没有准时态助词用法的趋向动词都未完成语法化的结论，会引发诸多疑问。

从《西游记》时代的“起去”到现代汉语的“起去”，出现了一些变化。作为一个超弱势趋向动词，“起去”在现代汉语里的使用频率很低很低。但是，它并未彻底退出历史，它存活在少数语言使用者的大脑词典之中。有人有时选用“起去”，是基于特定的“认知”，认为可以满足某种语用需要。老舍使用“起去”较多，在一定程度上反映老舍的语言风格。

主要参考文献：

[1] 丁声树，等. 现代汉语语法讲话 [M]. 北京：商务印书馆，1961.

[2] 江蓝生. 跨层非短语结构“的话”的词汇化 [J]. 中国语文，2004 (5)：387-400.

[3] 王灿龙. “起去”的语法化未完成及其认知动因 [J]. 世界汉语教学，2004 (3)：27-37.

[4] 邢福义. 形容词动态化的趋向态模式 [J]. 湖北大学学报，1994 (5)：7-15.

[5] 邢福义. "起去"的普方古检视 [J]. 方言, 2002 (2): 97-107.

[6] 邢福义. "起去"的语法化与相关问题 [J]. 方言, 2003 (3): 205-213.

[7] 颜景常.《西游记》中淮海话色彩述要 [M]//胡竹安, 等. 近代汉语研究. 北京: 商务印书馆, 1992.

(原载《古汉语研究》2005 年第 3 期)

“起去”：双音趋向动词语法系统的一个成员

提要 有学者认为“起来”走完了语法化全程，以此作为推理大前提，断定“起去”未完成语法化。本文指出：充当了动词的后置成分，形成了体系性方阵，这是双音趋向动词语法化的充足条件，对系统中的每个成员一视同仁，不分强弱。文言文里，双音趋向动词充当动词后置成分现象极为罕见，未形成语法系统；在近古白话阶段，双音趋向动词系统方阵已然形成，跟现代汉语的情况基本相同，只存在若干差异。从近古到现当代，“起去”的存在是客观事实。不仅如此，“起去”还在往前走，这有新的用例可以证明。通过“归谬”，可以突出显示，以“起来”作为基准的大前提，不能推导出可靠的结论。

引子

我们语言研究所的沈威博士，给我发来一个邮件。邮件写道：

近期我读了王灿龙先生发表在《世界汉语教学》2004 年第 3 期的文章《“起去”的语法化未完成及其认知动因》，读后感到糊涂。王文以“起来”为例，得出了趋向动词的语法化有一个前提，经历三个阶段的结论。一个前提是：必须有“VP＋VP_q”结构的出现（“VP_q”代表趋向动词）；三个阶段是：1. VP_q表示具体的空间位移；2. VP_q的空间位移义明显弱化；3. VP_q只是对前面的 VP 本身进行更为抽象的补说，句法上是附属成分，即体标记。我的疑问和不解有如下两点：第一，若按照王文的说法，汉语的趋向动词系统内只有“起来”、“下去”和“下来”少数几个词同时满足所提到的语法化三个阶段的要求。难道绝大多数趋向动词都没有完成语法化？第二，在趋向动词系统里，“起来”在现代汉语中和动词或形容词搭配范围较广是众所周知的事情，仅从个例“起来”得出三个阶段，以此作为评判趋向动词系统内其他趋向动词是否完成语法化的做法，是否妥当？（2014年8月19日）

沈威本为计算机专业学生，在华中师大计算机系获得学士、硕士学位，后来跟我攻博，2010年获得汉语语言学博士学位，留所工作。作为一位既懂计算机又有汉语研究功底的青年学者，他凭借其知识结构，提出了关于论证方法的问题，值得关注。

一 语法系统中双音趋向动词的语法化

“语法化”是个历时性概念。既是历时，便有先后。从充当述语，到用作动词后置成分，这是趋向动词系统形成的总体过程，是系统中各个成员语法化的共同特征。单音趋向动词如此，双音趋向动词也是如此。本文之所以提“后置成分”而不提“补语”，是因为认真起来辨察，情况复杂，有的肯定是补语，有的不一定就是补语。比如“昏过去”，“过去”肯定是补语；但是“跨过去”，可以说成“跨过门槛去”，“过去”是不是典型的补语，起码会有争论。但是有关问题可以另作专题研究，并不影响我们从总体上求同存异，归结出双音趋向动词语法化的基本面貌。

综观系统中用作动词后置成分的双音趋向动词，其显示方式有两种。

（一）直接后附方式。即直接用作动词后置成分。为了方便，记为“VQ”。

例如：挑上来；挑上去；挑下来；挑下去；挑进来；挑进去；挑出来；挑出去；挑回来；挑回去；挑过来；挑过去；挑开来；挑开去；挑起来；挑起去[①]。作为后置成分，Q的语义受到前头述语V的规约和影响。换句话讲，Q 的语义随着不同的 V 发生大小不同的变异。以“挑过去”来说，如果“挑”读为上声，是用细长东西拨动物件；如果“挑”读为阴平，是用肩膀支起搬运。两个不同的“挑”，导致“过去”的表义状态有所不同。再以“挑过去”和“昏过去”来说，由于“挑”和“昏”有很大的不同，它们后边的“过去”的区别非常之大。从根本上说，不同的 V 决定了整个系统中后附趋向动词语义的复杂多样，不可用简单化的眼光去看待。

（二）加字后附方式。即动词后边加入“得、不、了、将”，然后再出现后附的趋向动词。为了方便，分别记为 V 得 Q”、V 不 Q”和“V 了 Q”、“V 将 Q”。

【甲式】“V 得 Q”。例如：

在光秃秃的场院上怎么能够冲得上来？（刘流《烈火金刚》）｜她顶得上去，临危不乱。（张欣《梧桐梧桐》）｜我不知道你能否顶得下来。（百合《哭泣的色彩》）｜这种提心吊胆的日子，如何过得下去。（莫言《檀香刑》）｜仅够一股凉气钻得进来。（老舍《二马》）｜什么都旋得进去。（余秋雨《文化苦旅》）｜刘云可能什么事都做得出来。（苏童《另一种妇女生活》）｜这礼怎么送得出去？（刘震云《一地鸡毛》）｜总能将无忌找得回来。（金庸《倚天屠龙记》）｜不要紧，我摸得回去。（《人民日报》1985 年 2 月 12 日）｜传得过来吗？（王朔《枉然不供》）｜就是有刀山剑林挡在前面，也能够冲得过去。（姚雪垠《李自成》）｜你分得开来吗？（《人民日报》1988 年 3 月 13 日）｜遇上乞讨要饭的，没钱时总避得开去。（见网络文章）[②]｜春生被打成那样了，怎么爬得起来。（余华《活着》）｜楼主今天学会摩托车了，可以飚得起去！（见网络文章）[③]

【乙式】“V 不 Q”。例如：

烟叶收不上来。（李佩甫《羊的门》）｜柳树太高爬不上去。（陈忠实《白鹿原》）｜可她停不下来。（百合《哭泣的色彩》）｜一口也吃不下去。（杜鹏程《保卫延安》）｜我调不进来。（安顿《绝对隐私》）｜连蚂蚱都飞不进去。（张贤亮《绿化树》）｜什么话也说不出来。（宗璞《红豆》）｜谁也飞不出去。（陆文夫《人之窝》）｜白纸上黑字是收不回来的。(钱锺书《写在人生边上》)｜伸长了脖子好半天缩不回去。(雪克《战斗的青春》)｜井水流不过来。(杨绛《干校六记》)｜这样的河，我要游还游不过去？(吴强《红日》)｜烟熏得眼睛睁不开来。(吴强《红日》)｜那些味道早已在我的脑海中散不开去。(见网络文章)[④]｜无论怎样也站不起来。(宗璞《熊掌》)｜唱歌时有的歌我唱不起去。(见网络文章)[⑤]

【丙式】“V 了 Q”。例如：

她们走了上来。(王朔《顽主》)｜她撒腿迎了上去。(冯德英《迎春花》)｜申涛在旁边坐了下来。(礼平《小站的黄昏》)｜他立时坐上牛车追了下去。(梁斌《红旗谱》)｜一大群人，立即涌了进来。(冯德英《苦菜花》)｜李铁带着人走了进去。(雪克《战斗的青春》)｜田光急忙跑了出来。(冯志《敌后武工队》)｜华为跑了出去。(罗广斌、杨益言《红岩》)｜小秃满脸不高兴地跑了回来。(冯志《敌后武工队》)｜他机灵地退了回去。(周而复《上海的早晨》)｜闻到香味马上跑了过来。(余华《现实一种》)｜妇女们围了过去。(孙犁《风云初记》)｜消息立刻传了开来？(方方《埋伏》)｜姚月琴笑着跑了开去。(吴强《红日》)｜电话又当啷啷地响了起来。(冯志《敌后武工队》)｜偷车被抓了起去。(见网络文章)[⑥]

【丁式】“V 将 Q”。例如：

赛虎汪的一声，扑将上来。(曲波《林海雪原》)｜老东山赶将上去。(冯德英《迎春花》)｜雪亮的战刀带着风声从空中劈将下来。(雪克《战斗的青春》)｜用尽全身之力将菜刀劈将下去。(李晓明、韩安庆《平原枪声》)｜清冷的月光从窗中照将进来。(金庸《倚天屠龙记》)｜明知是刀山油锅，也要跳将进去。(金庸《倚天屠龙记》)｜一见到雪驹悲哀地在蒙古包外徘徊，便猛地率了爪牙扑将出来。(冯苓植《雪驹》)｜张弓搭箭，嗖的一声，射将出去。(曲波《林海雪原》)｜“火焰刀”威势大盛，将五人剑招上的内力都逼将回来。(金庸《天龙八部》)｜朱丹臣取出摺扇，在牛骨上一拨，骨头飞将回去。(金庸《天龙八部》)｜子弹像大风卷起的沙石撒将过来。(李晓明、韩安庆《平原枪声》）｜情急之下不及呵斥，只得先将无甚个性的屁股转将过去。（王朔《我是你爸爸》）｜胸口一股气塞住了，便欲炸将开来。（金庸《鹿鼎记》）｜那个军官连蹦带跳地跑将开去。（吴强《红日》）｜我舞将起来，作出种种劈刺的雄壮动作。（王朔《玩儿的就是心跳》）｜我们各自实现本人的事情只须要 15 分钟，然后摆阵杀将起去。（见网络文章）⑦

"V 将 Q"这一模式，跟"V 了 Q"意思基本相同，在现当代作品中使用频率相对偏低，但并不罕见。有的时候，可以看到"V 了 Q"和"V 将 Q"并用的例子。如：这一跤绊在马路边的水泥墩上，整个人飞了起来又扑将出去，他的膝盖、胳膊肘、下巴都摔破了皮。（池莉《来来往往》）这里的"飞了起来"和"扑将出去"变换使用"了"和"将"，避免了表述的呆板。

观察以上例子，可以知道："VQ"中加"得"，从可能性角度凸显语意；"VQ"中加"不"，从否定性角度凸显语意；"V 了（/将）Q"中加"了（/将）"，从某种趋向已然实现的角度凸显语意。

归统起来说：作为汉语语法构造的一个子系统，在双音趋向动词系统中，Q 对 V 的直接后附和加字后附，形成了严整的体系性方阵，显现了趋向动词语法化的共同检测标准。这是判定趋向动词语法化的充足条件，对于系统中的每个成员一视同仁，不分强弱。

二　双音趋向动词语法化的历史脚步

趋向动词语法化有两大历史阶段：一为文言文阶段，二为白话文阶段。白话文阶段包括现代汉语阶段和近古白话阶段。

先说文言文阶段。

文言文中，单音趋向动词既可以是动词，也可以用在动词后边充当后置成分。后置于动词的，实现了语法化。其语义，一般都会发生不同程度的虚化。分别举例如下。【V 来】彭蠡秋声雁送来。（刘禹锡《登清晖楼》）｜【V 去】此是我马，何因死去。（李延寿《南史》）｜【V 上】置簿录上，以备佗日采择。（毕沅《续资治通鉴》）｜【V 下】

又从太宗攻下西河。（刘昫《旧唐书》）｜【V入】贼以椗冲船，陷入死斗。（赵尔巽《清史稿》）｜【V进】收进时辈，甚得名誉。（范晔《后汉书》）｜【V出】退出民田数万顷。（脱脱《宋史》）｜【V回】一念有时间断，则无以挽回天下之大势。（脱脱《宋史》）｜【V过】水大听其漫过。（赵尔巽《清史稿》）｜【V开】今年七月十七日夜，暴雷劈开，其路复通。（薛居正《旧五代史》）｜【V起】师儒崛起，尤盛一时。（赵尔巽《清史稿》）

但是，文言文里双音趋向动词充当后置成分的现象极为罕见。可以肯定，没有形成双音趋向动词语法系统。

再说白话文阶段。

双音趋向动词系统方阵，在近古白话阶段基本形成。近古白话作品中的VQ，跟现代汉语的VQ基本相同，只是稍有差异。

（一）直接后附方式。即VQ。例如：

家人走上来。（凌濛初《二刻拍案惊奇》）｜一步一步走上去。（凌濛初《初刻拍案惊奇》）｜扑的跳下来。（凌濛初《初刻拍案惊奇》）｜扑的又跪下去。（凌濛初《初刻拍案惊奇》）｜不敢便走进来。（凌濛初《初刻拍案惊奇》）｜杨戬从闻太师后营杀进去。（许仲琳《封神演义》）｜那后生抡着棒又赶入来。（施耐庵《水浒传》）｜太公随后也赶入去。（施耐庵《水浒传》）｜手拿柴棍，从门房里走出来。（施耐庵《水浒传》）｜杜少卿走出去，同那差官见礼坐下。（吴敬梓《儒林外史》）｜霍地把马一兜，那马便转身望正厅上走回来。（施耐庵《水浒传》）｜魏临川为何这等性急要赶回去？（《五美缘》）｜休放过来。（施耐庵《水浒传》）｜小女已嫁过去。（《好逑传》）｜扑的就劈开来，香气扑鼻。（凌濛初《初刻拍案惊奇》）｜那个旋风登时散开去，一霎时将船渡过。｜那几个牧童跳起来，呵呵大笑。（施耐庵《水浒传》）｜行者急纵云跳起去。（吴承恩《西游记》）

（二）加字后附方式。即“V得Q”、V不Q”、“V了Q”和“V将Q”。

【甲式】“V得Q”。例如：

你爬得上来，便带你去。（吴承恩《西游记》）｜那车儿怎么拽得上去？（吴承恩《西游记》）｜莫想拿得下来。（吴承恩《西游记》）｜那水脏得很，怎么喝得下去！（曹雪芹《红楼梦》）｜如何拿得进来？（吴敬梓《儒林外史》）｜吾每是熟极的，故李三插得进去。（凌濛初《二刻拍案惊奇》）｜犬儿钻得入来！（施耐庵《水浒传》）｜（缺：V得入去）｜若在内河里，几时能挣得出来？（凌濛初《初刻拍案惊奇》）｜似此如何杀得出去？（施耐庵《水浒传》）｜如果可以说得回来，要多少本钱，我这里有。（李伯元《官场现形记》）｜认不得那条路可以绕得回去。（吴趼人《二十年目睹之怪现状》）｜指望一合便捉得过来。（施耐庵《水浒传》）｜这个死罪那里逃得过去！（冯梦龙《醒世恒言》）｜叔宝把双锏使得开来，蹿蹿的有如风车一般。（如莲居士《说唐》）（邢按：这里的“得”不表示可能性，跟“挣得出来”之类的“得”有所不同。）｜止有御林军马，寡人要护御大内，如何四散调得开去？（施耐庵《水浒传》）｜那些鬼一时踪迹全无，我所以才爬得起来。（抱瓮老人《今古奇观》）｜（缺：V得起去）。

【乙式】“V不Q”。例如

爬不上来，便罢。（吴承恩《西游记》）｜一分银子添不上去。（西周生《醒世姻缘传》）｜那一只靴再也脱不下来。（吴敬梓《儒林外史》）｜比铁还硬，钻不下去。（许仲琳《封神演义》）｜沙尘也飞不进来。（许仲琳《封神演义》）｜伸了舌头出来，一时缩不进去。（凌濛初《二刻拍案惊奇》）｜（缺：V不入来）｜半晌缩不入去。（施耐庵《水浒传》）｜你就有布有棉花的，这一时间也做不出来。（西周生《醒世姻缘传》）｜插翅也飞不出去。（凌濛初《二刻拍案惊奇》）｜若讨不回来，倒有许多淘气哩！（抱瓮老人《今古奇观》）｜吓得舌头半日收不回去。（《儿女英雄传》）｜看来是扭不过来的。（曹雪芹《红楼梦》）｜你便插翅，也飞不过去！（罗贯中《三国演义》）｜司法把门推推，推不开来。（抱瓮老人《今古奇观》）｜夜间又有甚么提不开去的？（文康《儿女英雄传》）｜将狗血涂在他飞刀上，自然飞不起来。（如莲居士《说唐》）｜独有宝玉的美人放不起去。（曹雪芹《红楼梦》）

【丙式】“V 了 Q”。例如：

共十余人赶了上来。(凌濛初《初刻拍案惊奇》) | 将出兵得胜的情节报了上去。(吴敬梓《儒林外史》) | 复叩一头，走了下来。(凌濛初《二刻拍案惊奇》) | 扑通的跳了下去。(凌濛初《二刻拍案惊奇》) | 一个弹子飞了进来。(吴敬梓《儒林外史》) | 和尚引了进去。(吴敬梓《儒林外史》) | 老家人才回身，晏公子早跟了入来。(狄岸山人《平山冷燕》) | 把这两个公人也拖了入去。(施耐庵《水浒传》) | 杜少卿取了出来。(吴敬梓《儒林外史》) | 你倒把他一条棍撵了出去！(西周生《醒世姻缘传》) | 二人心下气闷不过，走了回来。(狄岸山人《平山冷燕》) | 众人见不是事，也把严贡生扯了回去。(吴敬梓《儒林外史》) | 你何不同人合伙倒了过来？(吴敬梓《儒林外史》) | 因流血过多，晕了过去。(曾朴《孽海花》) 把里面一张一张的皮纸抖了开来，原来全是些官照。(吴趼人《二十年目睹之怪现状》) | 十分听不得时，也便作色走了开去。(抱瓮老人《今古奇观》) | 刘大侉子晓得规矩，早已站了起来。(李伯元《官场现形记》) | 只是小的睡着了，不知几时走了起去，以后又不知怎么样死了。(凌濛初《二刻拍案惊奇》)

【丁式】“V 将 Q”。例如：

后面军马拥将上来。(罗贯中《三国演义》) | 手挺朴刀，赶将上去。(施耐庵《水浒传》) | 押司从床上跳将下来。(冯梦龙《警世通言》) | 把这解药灌将下去。(施耐庵《水浒传》) | 那人大踏步跑将进来。(施耐庵《水浒传》) | 大刀阔斧杀将进去。(施耐庵《水浒传》) | 将及四更，高顺方引军到，杀将入来。(罗贯中《三国演义》) | 一齐纳喊，人兵并起，扑将入去。(施耐庵《水浒传》) | 只见一个人，带顶头巾，从黑影里闪将出来。(施耐庵《水浒传》) | 急展翅，飞将出去。| 再一筋斗转将回来，你的笔砚还不干哩。(吴承恩《西游记》) | 抓鬃扯耳，拉尾揪毛，捉将回去。(吴承恩《西游记》) | 妖蛇全无惧色，奔将过来。(冯梦龙《警世通言》) | 但若交锋，分将三面，冲将过去。(施耐庵《水浒传》) | 便将一把斧头，把棺盖撬将开来。(凌濛初《初刻拍案惊奇》) | 传将开去，他闻得了，必能自出。(抱瓮老

人《今古奇观》）｜三人都到马边，那马跳将起来。（吴承恩《西游记》）｜忍不住掣钯架风，跳将起去。（吴承恩《西游记》）

比较可知：(1) 近古白话作品中未检索到“V 得起去”，现代当代作品中已经补齐。(2) 近古白话中“V 进来、V 进去”和“V 入来、V 入去”之类往往通用（用“入”的稍少，有的形式未见用例）；现代汉语作品中，减去了“入来、入去”之类，只用“进”对“出”，使得整个系统方阵更加简匀对称。

顺带一记：现代通语里“进”和“入”同义连用，成为并列式合成词“进入”，表示位移趋向，但只能用作动词，不能成为充当后置成分的趋向动词。方言中会保留“V 入来”的说法，这不奇怪。我家乡的海南黄流闽方言中，就保留了“走入 [i^{5}] 来、开入 [i^{5}] 去”之类说法，黄流人口头上不说“走进 [$tɕie^{43}$] 来、开进 [$tɕie^{43}$] 去。”

三　双音趋向动词的强弱分类与对“起去”的客观描述

（一）双音趋向动词的强弱分类

双音趋向动词语法系统中的成员，根据使用的强势和弱势，大体可以分为三类。

(1) 常态类：上来，上去，进来，进去，出来，出去，回来，回去，过来，过去。

这十个 Q，具备 VQ 的各种功能和表现模式，是表示空间位移的基本成员。

(2) 强态类：起来，下来，下去。

这三个 Q，不但具备 VQ 的各种功能和表现模式，而且还能后附于形容词，形成 AQ。即：“A 起来”、“A 下来”和“A 下去”。

近古白话作品里，已有 AQ 用法。例如：那儿子渐渐大起来。（凌濛初《二刻拍案惊奇》）｜王氏的病，渐渐的重起来。（吴敬梓《儒林外史》）｜不知不觉，那天已黑下来了。（刘鹗《老残游记》）｜天色晚下来了。（李汝珍《镜花缘》）｜前冰被压，就渐渐低下去了。（刘鹗《老残游记》）｜茶饭不进，渐次黄瘦下去。（曹雪芹《红楼梦》）

现当代作品中，AQ 的使用更为活跃。比如，可以看到“起来”、“下来”和“下去”都直接后附于“凉”的用例：天也已经凉起来了，我光着腿跑回了学校。（安顿《绝对隐私》）｜没多久，我的心就完全凉下来了！（百合《蓝色星》）｜我去摸她的手臂，她的手臂是一截一截的凉下去。（余华《活着》）笔者写过《形容词动态化的趋向态模式》一文，举例较多，不再重复[8]。这里需要特别指出：后附于形容词的趋向动词，其表意状态跟表述对象的形体有关。

有的，形体可视，空间位移意义相对较强。如：从这沟口庄门前往西北，路基就渐渐高起来。（赵树理《三里湾》）｜他的脸红了，头低下来。（周而复《上海的早晨》）｜火堆中间的火苗子，渐渐地矮下去。（莫言《檀香刑》）——上例的表述对象是“路基”“头”和“火苗子”，可视度高，路基由低往高移动，头由高往低移动，火苗子由高往矮移动，较为明显。

有的，形体不可视，空间位移意义相对较弱。如：她的声音又高了起来。（白桦《淡出》）｜肝火也不禁大起来。（魏润身《挠攘》）｜我接连碰到两次打击，心气又低下来。（冯骥才《一百个人的十年》）——上例的表述对象是“声音”、“肝火”和“心气”，可视度低，声音的由低至高趋向，肝火的由小至大趋向，心气的由高至低趋向，都是感觉到的。

有的，形体不可视并且跟时间位移相联系，时态化的趋向意义得到较强的凸显。如：风渐渐大起来，海河上兴起了灰色的波浪。（莫言《檀香刑》）｜你过去一向很勇敢，为什么现在胆子小起来了呢？（雪克《战斗的青春》）｜我们有点担心我们院的级别也随之低下来。（王朔《看上去很美》）——上例的表述对象是“风”、“胆子”和“级别”，不可视，“大起来”、“小起来”和“低下来”跟“渐渐”、“过去—现在”、“随之”相联系，具有时间性，这里的“起来”、“下来”时态化的程度比较高。

描述气候、情绪的变易，最容易促成趋向动词的时态化。如：快点，天都暗下来了。（郁秀《花季雨季》）｜天渐渐黑下去。（尤凤伟《金龟》）｜一感动，心情开朗起来，也博大起来。（刘震云《官场》）——上例的表述对象是“天（色）”和“心情”，这里的“下来”、“下去”和“起来”就接近时态助词了。

关于“接近时态助词”，需要略加说明：就语义而言，Q 表示了时态；但从结构上看，有“V 不 Q”（或“A 不 Q”）的说法，时态助词前边是不能出现副词“不”的。

（3）弱态类：起去，开来，开去。

这三个 Q，具备 VQ 的各种功能和表现模式；其中的“起去”，还能后附于形容词，形成 AQ。之所以把这三个 Q 归为弱态类，是就其使用频率较低来划分类属的。

洪心衡先生（1900—1993）写过不少关于汉语语法的好书文。他的《能愿动词、趋向动词、判断词》一书[9]，列出了趋向动词系统。该书中，特别为“起去、开来、开去”这三个词加了一个页注：

> “起去、开来、开去”和“上来、上去”等有些不同，不单独作谓语，单独作谓语就表示另外的意思，如“车开去了”。而且跟它们组合的动词也很有限，只有“打开来、分开来、走开去、抓起去”等。

半个世纪之前，洪先生就提到了“抓起去”。作为页注，由于字数的限制，不可能面面俱到地发挥，但已足够说明老一辈学者做学问之细心和严谨。

（二）对“起去”的客观描述

1. “起去”的存在是客观事实

首先，查看近古白话作品。

《西游记》、《水浒》、《封神演义》、《醒世恒言》、《喻世明言》、《二刻拍案惊奇》、《今古奇观》、《二十年目睹之怪现状》、《红楼梦》和《儿女英雄传》中，都用了后附的“起去”。《西游记》中，后附的“起去”出现了 28 次。

其次，查看现当代作品。

许多现当代作品，如老舍《骆驼祥子》、马烽西戎《吕梁英雄传》、赵树理《三里湾》、梁斌《红旗谱》、张贤亮《绿化树》、陈忠实《白鹿原》、李佩甫《羊的门》等，都用过后附的“起去”。使用最多的，是老舍。从《二马》(1929) 到《猫城记》(1932)、《断魂枪》(1935)、《骆驼祥子》(1936)，再到《四世同堂》(1944—1948)，都可以见到。《四世同堂》用得最多，共 23 次。老舍写作，使用纯正普通话，为大众所公认。他几十年连续使用“起去”而不辍，这是因为，“起去”存活在他的大脑词典里，为了表述特定的语言感觉，在人们通常会选用“V 起来”的时候，他却较多地写出了“V 起去”。比如“藏起来”和“藏起去”，他更愿意选用在他看来更为贴切的“藏起去”。正因如此，《四世同堂》里，“藏起去”使用 10 次，“藏起来”却只使用 3 次。还应该注意：能够后附于典型形容词的双音趋向动词，除了强态类的“起来”、“下来”和“下去”之外，还有属于弱态类的“起去”。这是近古白话作品中尚未看到的。例如：那里的对岸，不是也有厚薄和这边差不多的一段薄石岸又高起去了吗？(赵树理《三里湾》) ｜她的声音又高了起去。(老舍《骆驼祥子》) ——这两例都用了形容词“高”。前一例由于“石岸”形体可视，因而空间位移意义相对较强；后一例由于“声音”形体不可视，因而空间位移意义相对较弱。更应该进一步注意：在实际语言运用中，跟“起去”组合的形容词并不限于“高”。后边即将举例证明。

再次，查看方言。

从河北到山东，从山西、陕西到四川，从江西到湖北、湖南，一直到台湾和海南，都有“起去”的说法。尽管方音有所不同，但作为趋向动词语法系统中的一个成员，这个词在各地是一致的。崔振华《湘方言中的“起去”已经语法化》[10]指出：“语言事实表明，‘起去’在湘方言中不仅十分活跃，而且跟‘起来’一样，已经完成了它的语法化的全过程。”“‘起去’和‘起来’一样已经语法化为一种‘体标记’。”文章特别指出：“第三类：‘起去’也是趋向动词，但已经不表示具体的位移，而是表示动作行为的持续，相当于北京话的‘下去’。”

文章举出了“热起去”、“胖起去”这样的“A 起去”。该文所举的例子，一部分已经见于出版了的湘方言论著，包括鲍厚星等《长沙方言词典》、彭泽润《衡山方言研究》和崔振华《益阳方言研究》。

2. “起去”一直在往前走

能不能说“起去”在通语中的使用已经中断，已经被淘汰，已经成为历史陈迹？不能！“说有易，说无难。”要做社会语言调查研究，凭自己想象不行。上网查看网上的作品，可以知道，“起去”一直在语法化的过程中发展着，尽管步子很小，但作为低频词，这可是很自然的事。不要轻视网上语料。开展语言运用的社会调查研究，如果是有目的、有计划、有提纲地进行，所得语料有可能是被诱发的。网上的文章不同，那是写作者个人语言认知的自然流露，具有客观性和大众性，而且很新，可以让我们获得直至当今“起去”仍在发展的实证。上面已经举过“飚得起去”“抓了起去”“唱不起去”“杀将起去”等网上例子，下面再分“V 起去”和“A 起去”两个视点，罗列若干用例，请观察探究。

甲组：属于“V 起去”一类的用例。如：呼气，下巴垂向胸部，把背部拱起去。(见网络文章)[11] | 三星 i9000 屏幕翘起去，黏合要多少钱啊？(见网络文章)[12]——上例的“拱起去”和“翘起去”都是“V 起去”，表示抽象趋势，明显虚化。又如：电动车被撞得飞了起去。(见网络文章)[13] | 李启讲完了便站了起去。(见网络文章)[14]——这两例的“飞了起去”和“站了起去”都是“V 了起去”，表示位移趋向，有从低往高的实义。再如：果汁市场争夺战的硝烟曾经燃了起去。(见网络文章)[15] | 老者嘿嘿一笑，胸膛微微挺了起去，(见网络文章)[16]——这两例的“燃了起去”和“挺了起去”，也是“V 了起去”，但表示抽象趋势，明显虚化。

乙组：属于“A 起去”一类的用例。如：海藻会让您渐渐渐渐的黑起去。(见网络文章)[17] | 让“客服热线”真正热起去。(见网络文章)[18] | 从我做起，让天球母亲凉起去。(见网络文章)[19]——这三例的“黑起去”、“热起去”和“凉起去”都是“A 起去”，不但表示抽象趋

势，而且显然进入了时态范畴。

相关情况补说：

第一，不管是“V起去”还是“A起去”，作为述语的V或A都可以是双音节的。如：莱特……把小女孩保护了起去。(见网络文章)[20]｜回族农业是正在回族屯田的根本上开展起去的。(见网络文章)[21]——这两例是“V（了）起去”，V分别为“保护”和“开展”。“保护了起去”肯定表示抽象趋势，“开展起去”便在一定程度上具有时态性了。又如：她被苏灿诘责，居然一会儿忙乱起去。(见网络文章)[22]｜海岛游市场的征询报名环境突然间热烈起去。(见网络文章)[23]——这两例是“A起去”，“忙乱”和“热烈”都是双音形容词。“忙乱起去”和“热烈起去”都不但表示抽象趋势，而且明显进入了时态范畴。

第二，有时“V不起去”和“A不起去”同义。如：唱歌时有的歌我唱不起去，嗓子放不开。(见网络文章)[24]｜唱歌老高不起去，尾音拖不长。(见网络文章)[25]——前例“唱不起去”为“V不起去”，后例“高不起去”为“A不起去”，二者基本同义，都表示抽象趋势，似乎还多少含有时态性。

第三，有时两个及以上的“V（不）Q”或“A（不）Q”并用。如：口号便是“把党支部建起去、让党旗飘起去、让党徽挂起去”。(见网络文章)[26]｜低音低不下去，高音高不起去，唱歌一直没有自信。(见网络文章)[27]｜山朗润起去了，水涨起去了，太阳的脸黑起去了。(见网络文章)[28]——前例是“建起去”、“飘起去”和“挂起去”并用，都表示位移趋向，“建”、“飘”和“挂”都是动词；中例是“低不下去”和“高不起去”并用，都表抽象趋势，并且进入了时态范畴，“低”和“高”都是形容词；后例是“润起去”、“涨起去”、“黑起去”并用，都表抽象趋势，并且进入了时态范畴，“润”是形容词，“涨”是动词，“黑”是形容词。

总起来看，观察以上用例可以知道，“V起去”有的表示实义较强的位移，有的表示抽象的势态，还有的多少带上时态性；“A起去”则有的表示抽象的势态，有的明显进入了时态的范畴。

四　回答沈威：该文大前提无效

任何一个群体，都由若干成员所组成。研究某一个群体，应该概括归纳所有成员的共同特点，并且注意成员之间的协作互补关系。共性的标准，不能被转换成为个性的标准，然后以个性标准为大前提，去衡量其他成员。那样的大前提是不可靠的，据此推导出来的结果是无效的。

无效的大前提，可以证伪，用逻辑学上的话来说，就是可以“归谬”。所谓“归谬”，是首先假设某个论点是正确的，然后以这一论点作为前提进行推论，从而让人看到所得结论之谬误。

该文是从简介趋向动词系统之后开展问题讨论的。作者在论证中，通过对“起来”怎么语法化的描述，得出了推理的大前提。这就是：“起去”是否语法化，以“起来”为基准。其推理过程为：

凡是不符合“起来”基准的趋向动词都未完成语法化，（大前提）

“起去”不符合“起来”基准，（小前提）

因此，“起去”未完成语法化。（结论）

这个大前提是无效的。这可以通过归谬法来检测，形成以下的推理：

凡是不符合“起来”基准的趋向动词都未完成语法化，（大前提）

“进来”和“进去”不符合“起来”基准，（小前提）

因此，“进来”和“进去”未完成语法化。（结论）

由于趋向动词具有系统性，因而这个大前提所针对的不仅仅是一个“起去”。这么一来，根据这个大前提，可以推出系统中包括“进来”和“进去”在内的常态类和弱态类所有趋向动词都未完成语法化。这样的结论显然是不正确的。不仅如此，还可以形成以下的推理：

凡是不符合“起来”基准的趋向动词都未完成语法化的全过程，（大前提）

“下来”和“下去”不完全符合“起来”基准，（小前提）

因此，“下来”和“下去”也未完成语法化的全过程。（结论）

上面提到“强态类”有三个形式：“起来”、“下来”和“下去”。但是，比较地说，能够越界进入时态范畴的“A下来”和“A下去”，其适用面远远赶不上“A起来”。例如：（他的文章都是平淡的，）读下去，色香味浓起来。（乌波《秋风乍起》）｜干得顺手，大家心情都愉快起来。（何申《下海》）｜马义新的脑子变得复杂起来。（陈桂棣《悲剧的诞生》）——上面的“浓起来”、“愉快起来”、“复杂起来”，不能或不大能说成“浓下来”、“愉快下来”、“复杂下来”或“浓下去”、“愉快下去”、“复杂下去”。这么一来，根据这个大前提，便可以推出整个系统中除了一个孤家寡人的“起来”，其他所有趋向动词都未完成语法化，于是导致了对整个趋向动词语法系统的否定。这样的结论，更是怪诞了。

打个比方。一只手五个手指，食指功能最多，用处最大，但是不能以食指的个性特点为基准，来推出别的手指都没有实现手指的最佳功能化。五个手指各有作用，他们的功能是互补的。无名指远远没有食指灵活。然而结婚戒指总要戴在无名指，因为无名指上有一根血管通往心脏，可以代表离心最近的地方。再打个比方。一支篮球队，由若干队员组成。姚明时期的中国男篮，姚明最为抢眼。假如以姚明各个方面的表现为基准，认定只有那样才是走完了球星化的全程，那么，其他队员没有一个能够上榜。事实上，别的队员都有各自的特点和优势。外线投三分球，王仕鹏就比姚明强。全世界不一定没有总体上超过姚明的人，要是以那个人作为基准来检视姚明，姚明岂不是也没走完球星化的全程？

再作个比较。“起来”和“起去”减去“起”，便是“来”和“去”。“来”和“去”原先都是表示趋向意义的动词，后来都可用作动词后置成分，演化成了语法上的趋向动词。再进一步演化，“来”极为活跃，成了这样那样的助词，比如“我来说两句”、“我对你说过什么来”、“三十来年”、“三十年来”等等，跟“去”有了很大的区别。我们如果说“去”没有像“来”那样走完语法化的全程，这样的结论有意义吗？

双音趋向动词系统里，每个成员都有其存在的理由，“起来”无论多么强势，都不能样样都压倒其他成员。比如“过去”，可以说成“死过去”。杜鹏程《保卫延安》里就有这么一句：“张有年的母亲急得死过去好几次。”试问，“起来”能说成“死起来”吗？老舍在他的作品中使用“起去”，绝对不是随意拈来，而是经过推敲斟酌的。看这个例子：他的家便是老鼠的洞，有危险便藏起去，危险过去再跑出来。（老舍《四世同堂》）这里“藏起去”和“跑出来”对比使用。如果改“起去”为“起来”，说成“藏起来，再跑出来”，便没有原句好，因为前后两个“来”字重复。这说明，“起去”有其特定的语用价值，并非“起来”什么时候都能取而代之的。再看前面提到的这个例子：“唱歌老高不起去，尾音拖不长。”联想一下，假设有人模仿歌手阿宝在练唱，朋友们站在一旁边听边大声鼓励：“再高起去！好，再高起去！”这时用“高起去”更能顺应音调高起上扬的趋势，比说“再高起来”更切合说话人的心态和语感。这也说明，“起去”有时比“起来”更有价值。

沈威所提的文章，意在剔除“起去”。其论述，主要有三个环节。其一，该文断言“除了丁声树等（1961）将‘起去’与‘起来’对应提及外，后来的现代汉语教材和语法著作基本上不再列举‘起去’，即‘起来’不像其他几个基本上成双成对”（邢按：丁声树等《现代汉语语法讲话》的前身为《语法讲话》，连续发表于1952年至1953年的《中国语文》。《语法讲话》谈“趋向补语”时提到“起来、起去、进来、进去”等等，见《中国语文》1952年9月号）。上举洪心衡先生的《能愿动词、趋向动词、判断词》，不是语法著作？洪先生所举的例子“抓起去”，跟“抓起来”不是对应使用的现象？否定“抓起去”之类例子，是否意味着认定了这类例子都是病句？从《西游记》到《四世同堂》等等作品中所用的“V起去”“A起去”能够统统判为病句吗？断言中两次使用了“基本上”，正反映了一种本想全称否定却又无法全称否定的矛盾心态。其二，该文断言“‘起去’的语法化不仅没有完成，而且已经停滞”。停滞与否，不能由一两个、三几个语言学者拍板定案。该文发表已有十来年，现在情况如何？上面举出了不少网络文章中的鲜活用例，其中大部分是2014年检索到的。可见，学者的认定是一回事，“起去”一直前行的客观事实却是另一回事。其三，最重要的一个环节，也就是该文的核心论说，便是关键性的以“起来”为基准去判定“起去”如何如何的推导了。然而，如上所说，这种推导是可以“归谬”，不能合乎逻辑地得出准确结论的。

汉语事实在论说中必须注意做到描述有效，令人信服[29]。面对上面列举过的语言事实，可以知道，“×起去”尽管用得少，但在“实义—虚化—时态化”的路上还是一直追随着“×起来”。它在不大引人注意的情况下默默地发展着，默默地奉献着自身的价值。为什么一定要想方设法，从一个匀整对称的系统中，把这么一个有特定作用的成员踢出去呢？

五 附缀

（一）汉语语法研究中，“语法化”视角的研究很有价值。但是，“语法化”的概念不能成为语法分析的普遍概念，语法论著和语法教材并不时时处处都需要讲语法化。“一间宿舍住三个学生”，相当于“三个学生住一间宿舍”，是一类重要的句法现象，然而“一间”、“三个”、“宿舍”、“学生”和“住”，怎么讲它们的语法化？

（二）趋向动词系统的每个成员，都有自己的特性。比如“昏过去”和“醒过来”，其中的“过去”和“过来”就很难换成别的双音趋向动词。对这个系统中的所有成员都一个一个地分别探究，做穷尽性的研究，然后写出一大部或几大部专著，这才是特别有意义的工作。然而，这个工作涉及面很大，具体问题很多，需要众多学者共同努力才能完成。

（三）涉及双音趋向动词的问题，有的一时还很难三言两语就回答。比如：“我把他带回来”和“我把他带回去”，可以说成“我把他带回南京来”和“我把他带回南京去”。又如：“快点把二娃架起来”和“快点把二娃架起去”，也可以说成“快点架起二娃来”和“快点架起二娃去”。可以肯定，双音趋向动词是一种“离合词”。但是，什么时候可以“离”，用什么样的 NP 去“离”，什么时候必须“合”，为什么必须“合”?“合”的时候是一个词，“离”的时候还是一个词吗？许许多多相关的问题都需要详尽占有材料，多侧面、多角度地进行专题研究。

（四）做学问难。不同的学者由于观察问题的角度、掌握材料的范围、思维活动的线路互有差异，因而得出不同的结论，这是很自然的事。本文只是笔者的粗浅认识，仅此而已！

注释：

①赵树理《三里湾》中有“挑起去”。

②引自 http://wenda. so. com/q/1373751878064620。

③引自 http://tieba. baidu. com/p/2138167503。

④引自 http://baike. baidu. com/view/3411031. htm。

⑤引自 http://wenda. so. com/q/1362467213063505。

⑥引自 http://blog. sina. com. cn/s/blog_a8a924c501019wg7. html。

⑦引自 http//blog esina com cn/s/ blog 7f99312b0100veu. html。

⑧邢福义：《形容词动态化的趋向态模式》，《湖北大学学报》1994 年第 5 期，第 7～15 页。

⑨洪心衡：《能愿动词、趋向动词、判断词》，新知识出版社 1957 年版。

⑩崔振华：《湘方言中的“起去”已经语法化》，《汉语学报》2007 年第 3 期，第 65～68 页。

⑪引自 http://blog. sina. com. cn/s/blog_a290d58501011464. html。

⑫引自 http://zhidao. baidu. com/question/310144527. html。

⑬引自 http://wenda. so. com/q/1401027525509952。

⑭引自 http://www. docin. com/p-273069708. html。

⑮引自 http://blog. sina. com. cn/s/blog_9d64670f01013wfb. html。

⑯引自 http://www. 22mt. com/doupoangqiong/1262843/。

⑰引自 http://blog. sina. com. cn/s/blog_922d0f540100y187. html。

⑱引自 http://www. dxf5. com/ziyuan/65946. html。

⑲引自 http://blog. sina. com. cn/s/blog_af6c62f40101labl. html。

⑳引自 http://www. 2dd. cc/dz/23833/。

㉑引自 http://blog. sina. com. cn/s/blog_76f67a080100urii. html。

㉒引自 http://blog.sina.com.cn/s/blog_b07942690101c1v9.html。

㉓引自 http://blog.sohu.com/s/NTkzNDc2NDk/213927885.html。

㉔引自 http://wenda.so.com/q/1362467213063505。

㉕引自 http://wenda.so.com/q/1374737944066626。

㉖引自 http://www.dxf5.com/ziyuan/19771.html。

㉗引自 http://zhidao.baidu.com/question/97840319.html。

㉘引自 http://www.dxf5.com/ziyuan/66529.html。

㉙邢福义：《汉语事实在论证中的有效描述》，《语文研究》2014 年第 4 期，第 1～5 页。

（原载《汉语学报》2015 年第 1 期）

说“生、死”与“前”的组合

前言

“生、死”可以分别跟“前”组合，成为“生前”和“死前”，二者同义。例如：

(1) 俺兄弟生前说，别为他难受……（冯德英《迎春花》）

(2) 他死前曾对我说，要求批准他为共产党员。（李晓明、韩安庆《平原枪声》）

前一例是“生前说”，后一例是“死前说”，其中的“生前”和“死前”可以互换：

(3) 俺兄弟死前说，别为他难受……

(4) 他生前曾对我说，要求批准他为共产党员。

一般情况下，说一个人“生前”怎么样或“死前”怎么样，这个人都已经去世。但是，在特定语境中，特别是在假设性句法环境中，所说的人也可以是活着的。例如：

(5) 假如，我牺牲了，假如，党审查我生前的一举一动，像个共产主义战士，够个党中央和毛主席忠实的警卫员，那么，我这一生便没有虚度；虽死也身心愉快。（杜鹏程《保卫延安》）

(6) 初时他尚想倘若败在师父手下，自己死了固不足惜，但盈盈也必为他所杀，而且盈盈出言伤他，死前定遭惨酷折磨，是以奋力酣斗，一番心意，全是为了回护盈盈。（金庸《笑傲江湖》）

例 (5) 用“生前”。“我”提出一个有关自己的假设，“我”自然是活着的。例（6）用“死前”，说的是令狐冲通过假设对盈盈的生死情况进行推测，而查看小说可以知道，事实上盈盈活着。

吕叔湘先生写《说“胜”和“败”》，在举出“中国女篮大败朝鲜队”和“中国女篮大胜朝鲜队”之类例子之后说：“‘胜’和‘败’是公认的一对反义词，怎么这里变成同义词了呢?”比照吕先生的话，也可以这么说：“‘生’和‘死’是公认的一对反义词，怎么组合成‘生前’和‘死前’之后变成同义词语了呢?”有人甚至颇感奇怪地问：“死前”等于“死之前”，这好理解；“生前”不等于“生之前”，这是怎么回事?

本文结合句法环境的管控，从不同角度对“生前”和“死前”这两个同中有异的组合进行观察。

一 语法单位

“生前”和“死前”属于不同级别的语法单位，“生前”是典型的合成词，而“死前”在严格意义上却是一个短语。它们的组造理据有所不同。

作为短语，“死前”的语义是组合的，即“死＋前”；其组造理据，是对“前”的直接定位，即“死之前”。作为合成词，“生前”的语义则是融合的，表示的是“活着的时候”；其组造理据，是对“前”的反转定位，即绕了一个弯子，以反义的“死”作为定位点，由死到生地表述概念，等于说“死前之生（活着）时”。正因如此，“生前—死前”的对立，跟“来前—去前”、“睡前—醒前”等并不相同。

语言是一个系统。在语言系统中使用的“死前”和“生前”，不是孤立的现象。比如“城外、市外”同“郊外、野外”，“城外、市外”是严格意义上的短语，意为城之外、市之外；“郊外、野外”是典型合成词，不是郊之外、野之外，而是城市之外的郊区、城市之外的野地。“城外”和“市外”是用“城”和“市”对“外”直接定位；而“郊外”和“野外”则是定位于人们聚居的热闹区“城”、“市”，对“郊”、

“野”进行反转定位。

近似的例子，还有“地上”和“天上”。“地上”是严格意义上的短语，意为地面之上；“天上”是典型合成词，不是天之上，而是天空。人们以衣食住行离不开的“地”为定位点，地面之上就会直接叫“地上”，这是直接定位；对于高高在上的“天”，人们往往会潜意识地加上“上”字，叫“天上”，这实际上是由地到天地进行反转定位。

凡是直接定位的组合，都有反义说法。如：“死前—死后”，“城外—城内”，“市外—市内”，“地上—地下（地上有树木，地下有矿藏)”。凡是反转定位的组合，都没有反义说法。如：“生前”没有“生后”的反义说法，“郊外、野外”没有“郊内、野内”的反义说法，“天上”没有“天下”的反义说法（“天下太平、打天下”之类中的“天下”，不跟“天上”构成反义关系)。“地上”和“地下”有时同义(一个苹果掉到了地上＝一个苹果掉到了地下)，但这里的“地下”是反转定位的组合，即以高高在上的“天”作为定位点，给“地”加上“下”字，实际上还是地面之上。

“生前”和“死前”是典型的同义词语，“城外、市外”和“郊外、野外”只能说是意义接近的词语，“地上”和“天上”连意义接近都谈不上，但是，它们的组造理据是相同的。

一般的词典不收短语。因此，从词典里可以查到合成词“生前”、“郊外”、“野外”和“天上”，却很难查到严格意义上的短语“死前”、“城外”、“市外”和“地上”。由于同样的原因，一般的词典里自然也查不到短语“来前”和“去前”，“睡前”和“醒前”。

二　表义倾向

“生前”和“死前”都指活着的时段，但从表义上看，二者存在细微差别。

第一，就所指时段的长短而言，“生前”可以包括活着的所有时间，“死前”可以只指临近死亡的极短时刻。比较：

(7) 李先生生前同事、学生及亲朋好友，如参加告别仪式，请准时前往。(讣告)

(8) 死前那一刹那，她微微地露出了笑容。

“生前亲朋好友”，包括儿童时代、上小学时期的所有熟人，不能说成“死前亲朋好友”；“死前那一刹那”，时间极短，不能说成“生前那一刹那”。再比较：

(9) 他生前很痛苦。

(10) 他死前很痛苦。

例 (9)，时间可以很长，偏指生命历程中跟命运相关的心灵上的痛苦；例 (10)，时间一定很短，偏指死亡过程中跟病伤相关的肉体上的痛苦。

从行为的延续情况来看，作为时段偏长的“生前”，可以跟活着时延续多年的多次行为相联系；作为时段偏短的“死前”，可以只跟活着时迅速完成的一次行为相联系。

先看“生前”的例子：

(11) ……特别是三中全会以后，出现了毛泽东同志生前多年盼望实现的生动活泼的政治局面。(《邓小平文选》第二卷)

(12) 杜平生前和他在一起的那许许多多的生活场景一齐出现在他的眼前，……(李晓明、韩安庆《平原枪声》)

例 (11) 用了“多年”，隐含有“多次”的意思；例 (12) 用了“许许多多”，隐含有“多年”的意思。如果把这两例的“生前”换为“死前”，都不合适。

再看“死前”的例子：

(13) 武藏死前喝了酒，一定是酒后一时胡涂，自杀了。(李晓明、韩安庆《平原枪声》)

(14) 这年冬天，老弟熬病熬到了头，死前对李芙蓉说：“我不怪你，我们李家究竟八字不硬。”(陈世旭《将军镇》)

例 (13) 是说武藏自杀前喝过一次酒，例 (14) 是说“老弟”临终时对李芙蓉讲过那么一句话。如果把这两例的“死前”换为“生前”，或者不怎么顺当，或者会改变原意。

上面说过，“生前”和“死前”在特定语境中可以用来指活着的人。但是，二者仍然有行为的长期多次与短时少量的区别。例如：

（15）我生前有人养老，我有什么不放心的啊！

（16）我死前，真想看春哥一眼啊！

第二，就表述者的心理偏重点而言，用“生前”进行表述，说的是一个人的正常经历；用“死前”进行表述，着重强调发生有关情况时一个人的生命状况已不正常。比较：

（17）西湖大姐的丈夫遗下了一笔钱财，他生前用老婆和女儿的名义存了好几处银行。（陈世旭《将军镇》）

（18）你爹死前在天津存着三百块现洋，我知道他把它取回来了，……（李晓明、韩安庆《平原枪声》）

这两例，讲的都是把钱存入银行。前一例用“生前”，偏向于强调那是在生命状况正常时做的事，当时身体可能很健康；后一例用“死前”，则偏向于强调那是在生命状况不正常时做的事，当时已有死的预感或征兆了。

在句子的词语完全相同的情况下，变换使用“生”和“死”，可以看到二者表述心理上偏重点的不同。例如：

（19）崇祯的生母姓刘，生前地位很低，……（姚雪垠《李自成》第一卷）

（20）崇祯的生母姓刘，死前地位很低，……

例（19），是说在宫中的地位一直很低；例（20），是指靠近死亡的那个时间里地位很低，不排除以前曾经显赫过。又如：

（21）关于领导方法的原则，杜平同志生前已经对你讲的很多了。（李晓明、韩安庆《平原枪声》）

（22）关于领导方法的原则，杜平同志死前已经对你讲的很多了。

同是“对你”，前一句指正常情况下多年的启发教育，后一句指靠近死亡那个时间里的反复叮咛。

“死前”是不是根本不能跟表示较长时段的词语连用呢？也不是。不过，总会有个限度。看例子：

(23) 舅舅在死前几个月，就送我去投师学艺。(姚雪垠《李自成》第二卷)

(24) 后来崇祯因想着他母亲在死前两年中长斋念佛，又命画师另画一幅遗容，……(姚雪垠《李自成》第一卷)

“几个月”，特别是“两年”，跟咽气前的短暂时间相比较，不能说不长，然而，还是强调了临死，指明了生命状况已不正常。再说，“死前”的时段长度总是有限的，除非是百岁老人，否则，就一般情况而言，恐怕不会有“死前十年长斋念佛”的说法。

第三，就跟人和事物的关系而言，“生前”可以用来述说一个人的人生经历，“死前”却可以用于不存在人生经历问题的人和动物。例如：

(25) 我尽力尊重他的遗愿，不去歌颂他生前的工作，不公布他的工作单位和职务。(初中《语文》第四册)

(26) 听人说她生前是不规矩的。(高中《语文》第四册)

这两例的“生前”，或者涵盖一个人一生的业绩，或者涵盖一个人一贯的生活作风，都不能替换为“死前”。又如：

(27) 那婴儿死前动过手术。

(28) 那匹老马死前显得可怜巴巴的。

一个一岁半岁的幼儿没有“经历”，因而幼儿夭折可以说“死前”怎么样，却不好用“生前”；马、牛、羊、狗、猫是动物，没有“人生”经历，因而动物死了可以说“死前”怎么样，却不好用“生前”。

三 跟介词的配搭

在跟介词配搭上，“生前”和“死前”的情况有所不同。

“生前”和“死前”的前头都可以用介词“在”。例如：

(29) 他在生前没有把过去良好的作风，比如说民主集中制、群众路线，很好地贯彻下去，没有制定也没有形成良好的制度。(邓小平《答意大利记者奥琳埃娜·法拉奇问》)

(30) 那个小窗户像是变成了万宝洞，竟能使她看到似乎在生前已经不能看到了的人。(李晓明、韩安庆《平原枪声》)

(31) 他在死前确实有过悔改的表示。

(32) 那个让她牵肠挂肚的人，她真希望在死前能看上一眼。

前两例是“在生前”，后两例是“在死前”。

但是，跟时段之短相配合，只有“死前”的前头才可以出现介词“临”。例如：

(33) 潜斋临死前特意嘱咐留交给他，不可随便泄露天机。(姚雪垠《李自成》)

(34) 这是敌人临死前的挣扎，是狗急了跳墙。(冯德英《苦菜花》)

(35) 建梅那欢乐的笑容，关切的眼光，还有她那临死前被敌人残害的形象，却老在他眼前晃动。(李晓明、韩安庆《平原枪声》)

这三例都是“临死前”。在结构层次上，“临死前”是“〈临死〉前”，而不是“〈临〉死前”。即“临”先跟“死”组合，然后一起跟“前”组合。“生前”前头不能出现“临”。假设在某个特定场合，一位老人这么叮咛孕妇：“一定要保护好孩子，临生前千万别胡乱吃药!”其中的“临生前”一般要说成“临产前”，不过，即使能那么说，“生”也不是“活着”的意思，而是“生下来”的意思，因此跟本文讨论的“生前”无关。

有时，“临死前”前边还可以出现“在”：

(36) 他要是胆敢在临死前骂出一声就多砍十刀，骂十声多砍一百刀。(姚雪垠《李自成》)

这时，结构层次是：“在丨〈临死〉前”。

四 语用价值

“生前”和“死前”的使用，从语用价值的角度看，也存在细微差别。

第一，“生前”是文雅说法，表示对死者的尊重；“死前”是白俗说法，带有随便述说的口气。比较：

(37) 这位老将军生前几个月里老在念叨这件事。

(38) 这位老将军死前几个月里老在念叨这件事。

例(37)用“生前”，口气尊重；例(38)用“死前”，是一般性地述说死者的情况，显得较为粗俗。再比较：

(39) 这是方志敏同志生前从狱中用米汤写给鲁迅先生的一封信。(初中《语文》第二册)

(40) 据了解，郭某现年32岁，湖北省黄石市人，2002年初来津，在某大酒店坐台，死前曾多次向别人炫耀自己有存款。(常健等《三陪女劫杀三陪女》)

撇开时间长短的因素不讲，例(39)不一定不能用“死前”，但是对于方志敏同志来说，用“生前”更合适；例(40)不一定不能用“生前”，但是，述说对象是一个三陪女，用“死前”更适当。

对于同一件事，在造句词语完全相同的情况下，“生前”和“死前”的选用首先取决于说话人的心理因素。对自己尊敬的人，不会用“死前”把话说得那么随随便便；对自己厌恶的人，不会用“生前”把话说得那么文雅郑重。另外，也取决于说话人的文化程度。一个没有什么文化的人，说话白俗，不会使用文雅词语，即使谈及父母伯叔，也可能用“死前”。

第二，在生与死对比着说的时候，出于变换词面的需要，如果后边出现“死”字，前面要用“生前”。例如：

(41) 因为这是老孙生前的愿望、死后的遗言。(杜鹏程《保卫延安》)

(42) 生前名满天下，死后名垂千古，……（姚雪垠《李自成》）

(43) 他生前自己也承认有错误，他说过，我死后如果能够得到三分错误、七分功劳的评价就满意了。（邓小平《总结历史是为了开辟未来》）

这三例是“生前”和“死后”对比着说。以前一例来说，不会说成：因为这是老孙死前的愿望、死后的遗言。又如：

(44) 我爹爹妈妈生前遭人折磨侮辱，又死得这等惨，……（金庸《笑傲江湖》）

(45) 这些财主羔子，生前糟蹋得还嫌不够，死了还把好东西带进土！（冯德英《迎春花》）

这两例是“生前”和“死/死了”对比着说。以前一例来说，不会说成：我爹爹妈妈死前遭人折磨侮辱，又死得这等惨。

常有“死者生前”的说法。在这样的四字格里，为了避免用字的重复，不管是什么身份的人，都不会说成“死者死前”。例如：

(46) 黄冈市公安局刑侦技术对从死者生前食用的鸡蛋炒饭和胃内容物中检出同样的鼠药“毒鼠强”成分，……（麦芒等《家庭暴力引发悲剧》）

(47) 死亡时间推断为10月29日晚10时30分至次日凌晨1时30分之间，死者生前与他人有过性行为。（张志奇等《一起“杀妻”冤案引人深思》）

五　古代使用情况

“生前”和“死前”共时使用，有所分工，自古有之。例如：

(48) 生前酒伴闲，愁醉闲多少。（杜牧《独酌》）

(49) 人生百岁中，孰肯死前足。（澹交《效古》）

笔者通过电脑语料库对古文和古诗作了大面积的检索，获得了两点鲜明的认识：

第一，“生前”和“死前”的同与异，跟现代汉语里的情况没有什么区别。比方，从语用价值上说，为了变异词面的需要，如果跟“死、死后”对举使用，便要求用“生前”。例如：

(50) 努力前程是帝乡，生前免向胡中死。(刘商《胡笳十八拍·第十七拍》)

(51) 夫人病时不肯别，死后留得生前恩。(白居易《李夫人》)

(52) 生前不忍别，死后向谁宣。(王维《哭祖六自虚》)

(53) 生前妒歌舞，死后同灰尘。(祖咏《古意二首》)

(54) 生前卖卜居三蜀，死后驰名遍大唐。(郑遨《哭张道古》)

第二，“生前”的使用频率大大高于“死前”，“生前”和“死前”的比例为 4∶1。这在一定程度上决定于人文背景。古人迷信，古文古诗中用“生前”，许多时候是从死后的阴间回溯人物的阳世生活情况，这类例子不少。现代人一般不再讲说阴间的事，这类例子自然基本消失了。例如：

(55) 小侄生前，不听好言，不信有阴间地府，妄作妄行。(凌濛初《初刻拍案惊奇》卷三十七)

(56) 但闻室中笑语，亮气高声，宛若生前。(蒲松龄《聊斋志异·陆判》)

(57) 冥王以妾生前无罪，死犹不忘经咒，俾生王家。(蒲松龄《聊斋志异·杜四娘》)

(58) 贵家委禽，女辄不欲，怪问之，具述生前约。(蒲松龄《聊斋志异·鲁公女》)

(59) 以生前抛弃字纸过多，罚作瞽。(蒲松龄《聊斋志异·司文郎》)

六　结束语

(一)“生前”和“死前”同义。但“生前”是典型的合成词，而

“死前”却是严格意义上的短语。这说明，辨析同义现象，有时有必要突破“词”对“词”的界限。

(二) 作为同义词语，“生前”和“死前”都指活着的时候，既可以就死去的人而言，也可以就活着的人而言。它们的细微差异，表现在组造理据有所不同、表义倾向有所不同、跟介词配搭的情况有所不同、语用价值有所不同等方面。

(三) “生前”和“死前”共时使用，自古有之。由于古代文化背景的关系，古代作品中“生前”的使用频率大大高于“死前”。

(四) 对“生前”和“死前”的语义进行辨析，不能离开句法管控和话语场景。汉语的词汇词义的分析研究，应该同语法语用的分析与研究结合起来。孤立的词汇词义层面的分析，只能获得最基本的了解；衔接上语法语用的分析，才有可能获得深入而全面的认识。

(五) 2001 年 5 月，储泽祥教授在跟笔者谈心时提到“生前”和“死前”。后来，这两个词语老在脑子中相互纠缠，无法排除，于是收集材料，不断梳理，写成本文。提到这一点，是想特别说明，本文的题目是从泽祥那里得到的。

主要参考文献：

[1] 吕叔湘. 说“胜”和“败”[J]. 中国语文，1987 (1)：1-5.

[2] 中国社科院语言研究所. 现代汉语词典（修订本）[M]. 北京：商务印书馆，1998.

[3] 储泽祥. 现代汉语方所系统研究 [M]. 武汉：华中师范大学出版社，1997.

[4] 邢福义. “最”义级层的多个体涵量 [J]. 中国语文，2000 (1)：16-26.

（原载《中国语文》2003 年第 3 期，略有修改）

【C 组】

短语问题二论

本文分三个部分讨论短语问题：(1) 短语的组装。先谈短语的临时组装特点，然后从不同类别看短语的临时组装性。(2) 短语的界域。先从跟合成词的区别上看短语的界域，然后从跟小句的关系上看短语的界域。(3) 结束语。谨以这篇文章，献给王均先生八十华诞。

一 短语的组装

（一）临时组装

跟词相比较，对于小句的构造来说，绝大多数的短语都是语言运用中临时组装而成的单位，而词则是备用性单位。

凡是词，都是定型的，客观存在的，可以脱离具体句子而形成词汇系统的单位。正因如此，可以被编成词典，可以作词频统计，可以成为词汇学的研究对象。词的备用性，就表现在它们独立地存在于句子之外，需要时就使用到句子之内。在我国，影响最大的词典是《现代汉语词典》。这是一部以记录普通话语汇为主的中型词典，所收条目共约五万六千条，大部分是典型的词。不管是不是典型的词，所收条目全都为了备用。造句时，如果有的地方不知道该用哪个词，便可以翻阅《现代汉语词典》，查查那里头所备用的词。在《汉语水平等级标准和等级大纲》（试行）一书中，有个《词汇等级大纲》。此大纲把所选收的现代汉语的 8000 个词分为四个等级：①甲级词，即最常用词，1011 个；②乙级词，即常用词，2017 个；③丙级词，即次常用词，

2040个；④丁级词，即普通词，3000个。甲级词，单音节的有“白、抱、比、的、和”等等，双音节的有“安静、帮助、操场、当然、但是”等等，三音节的有“办公室、图书馆、文学家、自行车”等等；乙级词，单音节的有“猜、答、肥、哼、为”等等，双音节的有“饼干、达到、繁荣、尽管、连忙”等等，三音节的有“礼拜天、摩托车、乒乓球、热水瓶”等等。编写此大纲，是为了帮助外国留学生更加有效地学习和使用现代汉语。大纲中分级罗列现代汉语词汇，鲜明地反映了各个等级的词的备用性。

作为比词大的语法单位，在绝大多数情况下，短语是备用单位的组装，或者说，是随句临时组装而成的单位。究竟如何组装，采取什么样的构成方式，完全取决于意旨表述的实际需要。比如，我们可以说“王均先生”“王均这位先生”，也可以说“王均教授”“王均这位教授”，还可以说“语言学教授王均先生”“王均这位语言学教授”。“王均”“先生”“教授”“这”“位”“语言学”，都是词，都是作为备用单位被收入了词典的。(“王均”是个人名字。著名人物的个人名字才会被收入普通词典或专业性词典。如翻看《中国大百科全书》语言文字卷的“内容索引”，可以看到“王均”。不过，即使是极为普通的人，他的名字也会在特定范围内被收入“人脑词典”的。）至于“王均先生”“王均这位先生”“王均教授”“王均这位教授”等，显然都是由备用单位临时组装而成的，本身并不定型，都不成为可以进入词典的、备用的单位。

关于短语的临时组装性，通过对实际语言现象的观察，可以加深认识。笔者写过一篇散文《根在黄流》，下面是末尾的两个自然段：

> 一方水土滋润一方人。我1952年离开黄流，当时十七岁，还是个少年。时间过去了四十多年，可是，夜里做梦，还常常梦见在家乡玩耍，而且梦里的我竟仍然是个少年！
>
> 我人在武汉，可我的文化素养的根仍然扎在黄流——我的家乡！
>
> （《海南日报》1996年6月3日）

从上面的例子可以看到：首先，充当小句的短语不可能是备用单位。比方，“我 1952 年离开黄流”，“当时十七岁”，“时间过去了四十多年”，“我的文化素养的根仍然扎在黄流”，诸如此类如果都是备用单位，备用单位岂不是无法计数的？其次，充当小句内部构件的短语，哪怕是比较短小的，如“一方人”“离开黄流”“梦里的我”“在武汉”，同样也不可能是备用单位。只有“一方水土”和“文化素养”两个，稳定性似乎强一点，但还是很难进入一般的词典的。因此，说到底，还是一个个的词，如“水土”“滋润”“人”“我”“年”“离开”“夜里”“家乡”“玩耍”“少年”“武汉”“文化”“素养”等等，才是上例所引话语的备用单位。

应该指出：短语中的定型短语，比方专名、成语、惯用语，它们从意义到形式都经常整体使用，已经进入词汇单位的行列，因而具有备用性。但是，跟自由短语相比较，它们所占的比重显然是很小的。

（二）从不同类别看短语的临时组装性

短语可以从不同角度分类。

首先，根据结构成分之间语义关系是否明显，短语可以分为关系类短语和标志类短语。关系类短语是结构成分之间有明显语义关系的短语，又可以分为成分配对式和依次排列式两类。前者主要包括主谓短语、动宾短语、定心短语、状心短语和心补短语，后者主要包括联合短语和同位短语。标志类短语是结构成分之间语义关系比较模糊，只从语表上找出标志的短语。这类短语的命名，有的利用前标志，即利用前面一个结构成分作为标志；有的利用后标志，即利用后面一个结构成分作为标志；有的利用双标志，即同时利用前后两个结构成分作为标志。这类短语包括：能愿短语（前一个结构成分是能愿动词）、“的”字短语（后一个结构成分是“的”字）、介词短语（前一个结构成分是介词）、方位短语（后一个结构成分是方位词）、趋向短语（后一个结构成分是趋向动词）、比况短语（后一个结构成分是比况助词）、数量短语（即数量词，前后两个结构成分分别是数词和量词）等等。

各个标志类短语，关系上的模糊程度并不相同。有的说不上结构成分之间有什么语义关系，如“的”字结构和比况短语，“的”和“似的”跟前面的结构成分之间就说不上有什么语义关系。有的结构成分之间最多只能认为存在某种“准关系”，如介词短语，介词和后边的结构成分之间很像有动宾关系，但实际上并不是动宾关系，最多只能认为存在可以称之为介宾关系的准动宾关系。有的结构成分之间的关系不够明确，不好认定。如能愿短语，前边的能愿动词和后边的谓词或谓词结构之间既像是状心关系，又像是动宾关系。比方“能 VP”，一方面，“能”的作用在于辅助表意，在“只有答应我的要求，我才能跟你走”或者“这么做准能行”这样的语法环境中，“能”可以不要（“只有答应我的要求，我才跟你走”｜“这么做准行”），分析为状语更加合理；但是，另一方面，“能 VP”通常可以跟许多动宾结构一样采用“能不能 VP”“能 VP 不能”的提问方式（能不能跟你走？能跟你走不能?），因而又似乎很像是动宾关系。把这两个方面综合起来看，可以认为能愿短语是介于状心短语和动宾短语之间的一种特殊短语。由于能愿动词本身不表示行为动作，而后边的包含行为动词的谓词结构又可以很长，分析句子时，可以将能愿短语作为状心短语来处理。不过，这毕竟只是简单化的处理办法，能愿短语毕竟不同于状心短语。

不管是标志类短语还是关系类短语，它们本身都是一种结构。正因如此，既可以把关系类的主谓短语、动宾短语等叫做主谓结构、动宾结构，也可以把标志类的介词短语、方位短语等叫做介词结构、方位结构。

第二，根据能否充当句子成分，短语可以分为成分短语和非成分短语。一般的短语都是成分短语。它们一进入句子，便成为这样那样的成分。少数短语是非成分短语。它们通常用来作为句间关系词语，如“换句话说”“否则的话”等等。非成分短语是一些虚化了的短语，数量不多，但是作为篇章语法的重要建构因素，其语法作用不可忽视。

第三，成分短语还可以从整体功能的角度进行分类。分类的结果，得到名词短语、动词短语和形容词短语。一般地说，名词短语由名词和名词构成，或者以名词为主体构件，语法功能大体相当于名词；动词短语由动词和动词构成，或者以动词为主体构件，语法功能大体相当于动词；形容词短语由形容词和形容词构成，或者以形容词为主体构件，语法功能大体相当于形容词。

不管从哪个分类的角度看，自由短语的临时组装性都是明显的。比方，“报考音乐学院”，从语义关系的明显程度看，是动宾短语；从能否充当句子成分看，是成分短语；从整体功能看，是动词短语。又比方，“总起来说”，从语义关系的明显程度看，是连动短语；从能否充当句子成分看，是关联性非成分短语；从整体功能看，是动词短语。“报考音乐学院”也好，“总起来说”也好，都不定型，从实际需要出发，还可以改说成“报考美术学院”“考取音乐学院”“归总起来说”“总起来看”等等。

二 短语的界域

（一）从跟合成词的区别看短语的界域

短语和词的基本区别，可以从以下三个方面来观察。

1. 单位的大小。——短语大于词。一个短语，起码包含两个词。从理论上说，一个短语所包含的词的数量可以是无限的，这取决于人们表述意旨的需要。在实际语言运用中，有的短语所包含的词可以多达数十个。例如：

> 无限ˇ突出ˇ的ˇ政治ˇ工作、高ˇ于ˇ一切ˇ而ˇ不断ˇ深入ˇ的ˇ毛著ˇ学习ˇ运动、永ˇ不ˇ休止ˇ而ˇ不断ˇ加强ˇ的ˇ革命ˇ大ˇ批判ˇ运动ˇ等等ˇ所ˇ要求ˇ领导ˇ干部ˇ必备ˇ的ˇ文化ˇ水平ˇ和ˇ理论ˇ水平ˇ他ˇ十分ˇ缺乏。（戴昭铭《大漠孤烟》）

这是一个句子。减去这个句子的语气语调，剩下的就是一个短语，即主谓短语。这个短语，包含了四十一个词。

2. 音节的长短。——短语的音节一般多于词的音节。大多数的词是两个音节。最少的，一个音节；最多的，一般不超过三个音节。比方，三个音节的“解放军”“冲锋枪”和“游泳池”是词，四个音节的

“解放大军”“冲锋部队”和“游泳场所”便成了短语。四个音节的词也有，不过，它们是词的特殊表现形态，如象声形式“叮叮咚咚”、重叠形式“漂漂亮亮”之类。短语的音节，从少的方面说，不能是一个，至少得两个，跟词有所不同；从多的方面说，基本上不受控制，可以是十几个、几十个甚至上百个，更不同于词。当然，所谓不受控制是理论上的，在使用上，究竟用多少个音节，得符合意旨表述的要求。

3. 层次的多少。——短语的结构层次多于词的结构层次。由于词的音节一般不超过三个，合成词在结构上一般最多只有两个层次，包含两种关系；而短语，由于其长度不受严格控制，它在结构上自然可以形成多个层次，包含多种关系。以三个音节的定心式合成词来说，第一个层次的关系是定心，第二个层次的关系就只能是联合、动宾、动补、主谓等关系之中的一种，不能兼容；定心式短语就不同，它可以在定心关系之内，层层包容其他关系。比如：

看到歹徒打伤旅客的列车员

这个短语就层层包容了以下多种关系：①定心（“看到歹徒打伤旅客的列车员”），②动宾（“看到歹徒打伤旅客”），③主谓（“歹徒打伤旅客”），④动宾（“打伤旅客”），⑤心补（“打伤”）。可以说，短语可以同时包容小句所能包容的任何结构关系，而合成词则只是有限地而且只能有选择地反映小句的某些结构关系。

总之，短语是单位大于词、音节长于词、层次多于词的语法单位。

需要注意的是，尽管典型的短语和典型的合成词有着明显的区别，但短语和合成词之间并没有严格的界限，无法明确区分。在这个问题上，要有正确的思想方法。假若在客观实际中甲乙两种事物之间的界限本来并非一清二楚，研究工作者就只能采取科学的态度，实事求是地采取对策。比方说，中年和老年自然是有区别的，但二者的绝对界限在哪里，实在没法划定；又比方说，秃头与非秃头自然是有区别的，但二者的明确界限在哪里，这就很难认定。研究工作，不应在绝对化思想方法的导引下做徒劳无功的努力。

短语和合成词纠缠不清之处，主要表现在双音节和三音节的现象上面。由于这种纠缠不清是不以人们意志为转移的客观事实，在语法分析中要确定一个单位是词还是短语，就只好人为地做出带有偏向性的规定。即：

第一，按常用标准处理无争议现象。比方：两个音节的单位，如果明显是两个词，则确认为短语，如“好人”“很香”“不去”“是的”等等；三个或三个以上音节的单位，如果明显不成为短语，则确认为一个词，如“解放军”“冲锋枪”“运动会”“金钱豹”“印度尼西亚”等等。

第二，用“音节基准”处理“两难”现象。从汉语发展上看，现代汉语的词倾向于双音节化。根据这一倾向，在“两难”情况下可以以两个音节作为“定词基准”。比方：“两难”的两个音节单位划归合成词，“两难”的三个音节单位划归短语。如两个音节的“猪肉”“猫肉”“鼠肉”都判定为词，三个音节的“野猪肉”“野猫肉”“老鼠肉”都判定为短语。

“两难”情况下根据两个音节圈进来的词，是“非严格意义上的词”。比如“河里”“树下”之类，明显是“单音名词＋单音方位词”。因为它们是两个音节，所以语法书上通常都处理为词，但已经不是严格意义上的词。要是上了三个音节，如“大河里”“河里头”“槐树下”“树下面”，就得判定为短语了。

第三，有的单位，通常用作词，但在语言运用中有时被插入别的语言成分。对于这样的情况，可以把“本来形式”判定为词，把“扩展形式”判定为短语。比如“鞠躬、洗澡、散步”，这是本来形式，它们都是词；“鞠了一个躬、洗了一个澡、散了一会儿步”，这是临时性扩展形式，它们都是短语。

第四，尽管可以根据两个音节和三个音节来划开“两难”现象中的词和短语，但仍然存在问题。因为到底是否“两难”，可以见仁见智，处理起具体现象来就会出现分歧。有个折中的办法，这就是：用“短语词”这个术语来帮助解释一部分事实。比方：两个音节的，如果觉得不大像短语，但又不大像典型的词，可以认为是“短语词”，如

"据说、按理、不成"等等；三个音节的，如果觉得不大像词，但又不大像一般的短语，也可以认为是"短语词"，如"禁得住、禁不住、差点儿、差不多、来不及、了不起"等等。当然，不管用什么办法来解释有关事实，处理上出现分歧总是在所难免的。在各持己见的情况下，可以认为各种处理都对，而各种处理都不影响对构成成分之间的关系的认识。比如"差点儿"，甲判定为词，乙判定为短语，丙判定为短语词，这没什么关系，因为不同的判定并不影响对这个语法单位本身所包含的心补关系的认识。

（二）从跟小句的关系看短语的界域

从总体上看，在汉语语法系统中，短语实际上从属于小句，为小句所控管。这可以从三个方面来观察。

第一，短语的具体组合，为造句的具体需要所决定。

如上所说，绝大多数的短语都是自由短语，具有组合的临时性和可变性。这取决于小句表述意旨的临时需要，相当灵活。请注意下面例子中的"跑钱""跑票""跑官"：

他这几天要跑钱。(哪有心思跟你们聊天！)

他这几天要跑票。(哪有心思跟你们聊天！)

他这几天要跑官。(哪有心思跟你们聊天！)

单独地说"跑钱""跑票""跑官"，听起来也许不知所云，但出现在"他这几天要X"的小句之中，它们的意思就比较明确了。"跑钱"，为弄到钱而奔波；"跑票"，为弄到票（车票/机票/戏票）而奔波；"跑官"，为弄到官职而奔波。

"跑＋NP"是动宾短语。造句的意旨不同，这一动宾短语的具体组造也不同。除了"跑钱""跑票""跑官"，还可以有其他许许多多：他这几天要跑执照。|他这几天要跑刊号。|他这几天要跑房子。|他这几天要跑家具。|他这几天要跑上海。|他这几天要跑医院。|他这几天要跑幼儿园。|他这几天要跑派出所。|他这几天要跑冰箱彩电。|他这几天要跑电脑打印机。

怎样组造短语，起主导作用的是造句需要。或者换句话说：短语的组造，以小句的组造为前提。这是“语”从属于“句”的一个表现。

第二，短语的结构类型，为小句的结构类型所包容。

就短语的“动宾”“主谓”“定心”“状心”“心补”等等结构类型而言，没有一种不在小句结构类型的包容之中。因此，分析小句，可以得到短语结构的所有类型；分析短语，却得不到小句结构的所有类型。

小句所包含的基本结构类型，自然是“动宾”“主谓”“定心”“状心”“心补”等等。从小句中离析出这些结构类型，便得到短语的结构类型。汉语语法著作，有的列举短语结构类型少一些，有的列举短语结构类型多一些。不管是少是多，多到什么程度，在小句中全都可以找到。

第三，短语的语义内涵，为小句的结构格局所显示。

a. 小心，这根线跑电！

b. 我这几天要跑电！供电局的关系能不理顺？

“跑电”只有一种结构关系（动宾），但有两种语义内涵。前一例，主语是“这根线”。跑电，即走电/漏电。后一例，主语是“我”。跑电，即为弄到电而奔跑，跟“跑钱”同构。

a. 我们下午学习文件。

b. 我们下午领学习文件。

“学习文件”有两种结构关系，因而有两种语义内涵。前一例，被安置在谓语部分，是动宾结构，表示行为：学习→文件。后一例，被安置做为“领”的宾语，是定心结构，表示事物：学习（的）文件。

a. 解放军围剿土匪的部队。

b. 解放军派来了围剿土匪的部队。

“围剿土匪的部队”有两种不同的组织层次，代表两种不同的结构关系和语义内涵。前一例，被安置在谓语部分，其组织层次为：围剿→［土匪（的）部队］。这是动宾结构。后一例，被安置作为“派来了”的宾语，其组织层次为：［围剿→土匪］（的）部队。这是定心结构。

短语进入小句，其语义内涵的显示受到小句结构格局的规约，这也表明小句在跟短语的相互关系中起着主导的作用。

由于短语从属于小句，反过来说，短语的任何结构关系都为小句所包容。小句，除了短语所具有的结构关系之外，还具备句子特有而短语没有的多种因素，即“句子特有因素”。从小句减去句子特有诸因素，才可以得到这样那样的短语。

句子特有诸因素，主要包括以下五种：

第一，句子语气——从小句得出短语，首先要减去句子语气。这里有两个前提：首先，假设小句的直接构件是短语。如果小句的直接构件是词，减去小句语气之后得出的自然不会是短语。其次，假设构件语法单位和句子语气是可以分离的。就实际情况而言，一个构件语法单位（不管是短语还是词）只要单独从口头上念出来，就会带上某种语气。一般是陈述语气。所谓减去句子语气，是从理论上说的。当我们把某语法单位作为一个短语来分析的时候，我们已经撇开了这个短语念出来时所带的语气。

第二，复句关系词语——从小句得出短语，第二个要减去的因素是典型的复句关系词语。小句和小句联结成为复句，有时使用复句关系词语。结果是，复句关系词语往往为小句所夹带。下面是使用了典型复句关系词语的例子：

（1）我决定委屈儿子，因为我伴同他的时日还长。（初中《语文》第1册）

（2）如果掌鼓得响些，有可能听到五六响。（初中《语文》第1册）

（3）汗虽然出了不少，心里还是不舒畅。（初中《语文》第3册）

例（1），第一小句（分句）带有“因为”；例（2），第一小句（分句）带有“如果”；例（3），第一小句（分句）带有“虽然”。在减去句子语气的同时减去这些关系词语，剩下“我决定委屈儿子”“我伴同他的时日还长”“掌鼓得响些”“有可能听到五六响”“汗出了不少”

"心里还是不舒畅"，才得出短语。除了第四个是连动短语，其他都是主谓短语。

复句关系词语有时也用在单句的两个成分之间。例如：

(4) 只有这种知识，这种意志，才是世界上最可宝贵的财产。(初中《语文》第6册)

(5) 无论什么东西，什么时候，都不能使时钟为之动情或感到可贵。(高中《语文》第2册)

首先减去句子语气，再减去"只有"和"无论"，才得出"这种知识，这种意志，才是世界上最可宝贵的财产"和"什么东西，什么时候，都不能使时钟为之动情或感到可贵"。它们都是主谓短语。

第三，语用成分——从小句得出短语，第三个要减去的因素是小句中的语用成分。小句语用成分有两类：

一类是独立成分，包括呼语、感叹语和各种各样的插说成分。如：你这种人，老兄，实在没出息！｜你这种人，哼哼，实在没出息！｜你这种人，依我看，实在没出息！｜你这种人，总而言之，实在没出息！——减去句子语气，并且减去"老兄""哼哼""依我看""总而言之"，得出"你这种人实在没出息"，这才是主谓短语。

另一类是外位成分。如：这碗酒，你把它喝下去！｜我实在拿他没办法，这个死不要脸的人！——"这碗酒"是前外位成分，"这个死不要脸的人"是后外位成分。减去外位成分的办法有二：一是直接删除，二是让外位成分把句中的"它""他"之类替换出来。在减去句子语气之后再减去外位成分，得出"你把它喝下去""你把这碗酒喝下去""我实在拿他没办法""我实在拿这个死不要脸的人没办法"，这才是主谓短语。

带语用成分的结构，一般都被排除在短语之外。这样可以将麻烦问题放到句子结构的分析中去解决，避免短语问题的复杂化。然而，这么做，恰恰反映了小句问题可以包容短语问题的事实。

第四，成分逆置现象——从小句中得出短语，第四个要减去的因素是句子中成分逆置的现象。相对的两个成分，比方主语和谓语、状语和心语，通常按前主后谓、前状后心的次序顺置。由于语用的需要，把主语放到谓语后边，把状语放到心语后边，这是逆置。例如：

(6) 多么好，生活！(柯岩《奇异的书简》)

(7) 祝福吧，为那些平凡的妻子和母亲。(艾之明《火种》)

逆置现象，短语里不存在。上面的小句，减去句子语气，并且减去逆置现象，得出“生活多么好”和“为那些平凡的妻子和母亲祝福”，这才成为主谓短语和状心短语。

第五，成分共用法所造成的特殊状况——从小句中得出短语，第五个要减去的因素是成分共用法所造成的特殊状况。成分共用法，是指甲成分和乙成分共用于丙成分的一种句法。这种句法大量进入现代汉语书面语，并且得到发展，跟“五四”以后翻译外语作品有关。从语用上说，这是一种可以增强语言表达的凝炼性的有用句法；从结构上看，这一句法造成了许多特殊状况，有的突破了短语的通常建立的模式。比如：

(8) 同伴劝我甚至要推我下水。(李明《那一个夏天》)

(9) 马克思主义看重理论，正是，也仅仅是，因为它能够指导行动。(毛泽东《实践论》)

例 (8) 的“劝我甚至要推我下水”＝“劝我下水＋甚至要推我下水”，即表意上包含两个兼语结构。例 (9) 的“正是，也仅仅是，因为它能够指导行动”＝“正是因为它能够指导行动＋也仅仅是因为它能够指导行动”，即表意上含两个判断式动宾结构。问题在于：作为成分共用现象，“劝我甚至要推我下水”也好，“正是，也仅仅是，因为它能够指导行动”也好，如果作为短语来分析，都难于断定其结构关系。

成分共用法是值得作专题研究的一种句法。这种句法所造成的特殊状况超越了通常罗列的短语覆盖面，宜于放在小句句式分析中作深入的发掘。小句分析可以涵盖短语分析，短语分析却不能代替小句分析，这也说明小句对短语具有包容性。

总之，短语反映小句的基本结构关系，但它从属于小句，是减去句子特有诸因素之后才能得到的语法单位。

三 结束语

从组装和界域两个角度了解短语，有助于深化对汉语语法以小句为中枢这一特点的认识。就问题阐述的深度而言，本文只是粗线条地表明了笔者的见解；然而，就感情因素来说，用这篇文章献给王均先生的八十华诞，却能表达笔者对王先生的一片敬意。

我跟王先生有“亦师亦友”的情谊。首先是“师”。早在青年时代，我就购买了先生和罗常培大师合著的《普通语音学纲要》，认真地拜读了这部著作。“文革”后，有机会直接跟先生交往，更有幸多次得到先生在学术上的当面指点。因此，对我来说，先生是名副其实的老师。其次是“友”。作为后辈，我实在不敢把先生当“友”，而作为前辈，先生却是把我当成了忘年之交的。最难忘的，是 1993 至 1995 那三年的春天。1993 年 3 月，全国政协第八届第一次会议期间，我和先生在京丰宾馆同住一间宿舍；1994 年和 1995 年 3 月，全国政协第八届第二、三次会议期间，我和先生在香山饭店同住一间宿舍。那些日子，我们几乎是形影不离。宿舍里，散步时，天南地北，学问生活，无话不谈，没有丝毫“代沟”。先生的广博知识、长者风范和人格魅力，使我深受感染。现在，在先生八十华诞之际，我在武汉的桂子山上，向先生鞠躬拜寿。我深信：好人一生平安！好人长寿百岁！

主要参考文献：

[1] 邢福义. 汉语语法学 [M]. 长春：东北师范大学出版社，1997.

[2] 李芳杰. 小句中枢说与句型研究和教学 [J]. 世界汉语教学，2001 (3)：69-77.

（原载《江汉大学学报》2002 年第 3 期）

归总性数量框架与双宾语

所谓归总性数量框架，指的是“总共/一共……多少……”的框架。本文认为这一框架不能用来确认双宾语。文章通过检验这一框架能否用来确认双宾语，表明笔者对“双宾”的范围与性质的思考。文章包括三个部分：(1) 双宾语的提出与双宾范围的扩大；(2) 根据数量框架认定双宾所引发的疑问；(3) 再谈数量框架与复指结构。文章末尾有个结语，说明写作本文主要想表达什么意思。文中，许多地方把这一框架简称为“数量框架”。

一 双宾语的提出与双宾范围的扩大

（一）“双宾语”的提出

黎锦熙《新著国语文法》(1924) 提出“双宾语”。讲“双宾位”时，黎著指出：有一种外动词，表示人与人之间（或者人格化的事物之间）交接一种事物的，如“送”“寄”“赠”“给”“赏”“教授”“吩咐”等，带两个名词作宾语，叫做“双宾语”。(1955 年商务印书馆校订本 34 页)

张志公主编《初级中学课本汉语》第四册 (1956)，基本上沿用黎著说法。该书用“两个宾语”的术语，解释是：一个动词有时候可以带两个宾语。……动词是“给”“送”“教”“请教”“问”。(17 页) 张先生主编的《汉语知识》(1959)，情况相同。该书指出：有的动词，如“给”“送”“教”“告诉”之类，常常带着两个宾语。(1979 年第二版 159 页)。

(二)双宾范围的扩大

扩大双宾语范围的，是吕叔湘先生。不过，有一个过程。

《中国文法要略》(1942—1944)指出：有些文法书把受词也认为一种止词，把止词和受词合称“双宾语”。(1956年商务印书馆合订本45页)又指出：有“夺、取”或“学、问”等义的动词后面也可以跟一类补词，这类补词和起词的关系恰恰和普通受词相反：不是补词因这个动作而有所失，就是起词因此而有所得。这一类补词假如要另外起个名目，可以称为“反受词”，为简单起见，也可以仍称受词。(同上45—46页)此书只是从语义关系的角度，由“受词+止词”合称为双宾语，提到有一种相关的现象，就是“反受词+止词”，并没有说后者就是“双宾语”或“两个宾语”。

到20世纪50年代初期，在《语法学习》(1953)里，吕先生才使用“两个宾语”的术语。书中解释道：“一件事情也许涉及三方面的人或物件，这个时候就会有两个宾语出现。”所举的例子包括“他送了我一本书”和“到底他前后借了你多少钱?”(27页)既有“给”类双宾，也有“取”类双宾。跟黎著提出的“双宾”相比较，范围扩大了。

朱德熙《语法讲义》(1982)用了“双宾语”的概念，跟吕先生的处理基本相同。不过，分为三类：“给予”类，“取得”类，“等同”类。所指现象，分别是“送他一份礼”“买了他一所房子”“叫他老大哥”等。其实，这三类不是使用同一个逻辑标准划分出来的。前两类所据的标准是主语同宾语部分两个名物的关系，后一类所据的标准是宾语部分第一宾语和第二宾语的关系。

(三)双宾范围的再扩大

陆俭明《再谈“吃了他三个苹果”一类结构的性质》(2002)，提出归总性数量框架，用“总共/一共……多少……”来认定双宾语。由于“给予义”的双宾结构没有异议，陆先生文章集中精力讨论“非给予义”的现象。

如果说，从黎锦熙先生到张志公先生，他们基本上把双宾现象限于“给类”，从吕叔湘先生到朱德熙先生，他们基本上把双宾现象扩大到“给类＋取类”，那么，陆俭明先生则把双宾现象进一步扩大到了“给类＋非给类”。“非给”所涵盖的，比“取”大得多。陆先生的论说，代表双宾范围的进一步扩大。

二　根据数量框架认定双宾所引发的疑问

陆先生文章强调指出：

> 我们所以要在“动词＋名$_1$（指人与事）—＋名$_2$（数量名结构）”前加上“总共/一共”，目的是为了确保“动词＋名$_1$（指人与事）—＋名$_2$（数量名结构）”只能理解为双宾结构，因为前面已经指出，在受“总共/一共”修饰的情况下，“动词＋名$_1$（指人与事）—＋名$_2$（数量名结构）”只能分析为双宾结构。（着重号为引者所加。）

陆先生用了“确保”“只能理解为”“只能分析为”这样的绝对肯定说法。然而，事实表明，在动词后边出现“双名”的情况下，根据所说的数量框架去确定“双宾”，会引发诸多疑问。略说四点。

（一）由基础简式引发的疑问

所谓“基础简式”，指减去数量框架的形式。比较：

A 给类格局	B 非给类格局
一共给了她九本书	一共撕了她九本书（陆先生用例）
给（了）她书	撕（了）她书

减去数量框架“一共……九本……”，剩下的“给（了）她书”和“撕（了）她书”都是基础简式。A 式“给（了）她书”肯定是双宾句式，B 式“撕（了）她书”是不是？在分析非给义“双宾”时，吕先生、朱先生和陆先生都没有提到基础简式。

也许可以这么规定：对于非给类“双宾”，只考虑“数量式”（指带数量框架的形式，下同），而不管所谓“基础式”（指基础简式，下同）。问题是，任何事物和现象并非孤立存在，任何规定都不能不考虑“左邻右舍”。

首先，既然都是“双宾”，给类格局为什么可以有“数量式”和“基础式”，非给类格局为什么只容许有“数量式”，而不容许有“基础式”？

其次，就非给类格局说，在基本语义不变的承接性话语中，“基础式”和“数量式”可以推递出现。比如：你撕她书？一共撕了她九本书？｜你们杀死他妹妹？一共杀死了他三个妹妹？——为什么推递前的“（撕）她书”“（杀死）他妹妹”是定名结构，推递后的“（撕了）她九本书”“（杀死了）他三个妹妹”却不是定名结构，而变成了“双宾”？

再次，在基本意义不变的条件下，“数量式”可以移动位置。如：你们（一共）杀死了他三个妹妹？→你们（一共）把他三个妹妹杀死了？/你们把他三个妹妹（统统）杀死了？→他三个妹妹（统统）被你们杀死了？——移动位置之后，“把”字后边和主语位置上的只能认为是定名结构。那么，为什么一离开动词后边的宾语位置，“双宾”又变成“定名”了呢？这是不是可以反证，把动词后边宾语位置上的“数量式”规定为双宾，“人为”因素太强了呢？

（二）由非给类动词涉及面引发的疑问

能够进入“总共/一共……多少……”框架的，除开“给”义动词，又除开“取”义动词，还有别的动词，很难遍举。陆先生已经感觉到了这一点，因此用了一个不具有确定内涵与外延的概念：“非给予义动词”。

陆先生文章一共列举了非给予义动词 104 个，既指出“可能有遗漏”，又指出“这 104 个动词，有其共同特点，那就是它们在句法层面都可以有三个论旨角色——施事、受事、与事”。问题在于，可能遗漏的动词是否涉及面较大？其论旨角色是不是除了施事、受事，都一律解释为与事？看这个例子：

（1）方才我送她出门，她说她那儿还保存我许多信——那些信我全忘了，上面不知道胡写些什么……（钱锺书《围城》）

上例完全可以说成：

（2）方才我送她出门，她说她那儿还一共保存着我一十八封信——那些信我全忘了，上面不知道胡写些什么……

“保存”是104个动词以外的动词。再看下面的例子：

【聚集】那一带聚集胡宗南军队。→那一带一共聚集了胡宗南十万军队。

【看】去年寒假，我看巴金作品。→去年寒假，我一共看了巴金六部作品。

【探望】教师节那天，我们探望文学院老教授。→教师节那天，我们一共探望了文学院十一位老教授。

【认识】一来二往，我认识了他干女儿。→ 一来二往，我一共认识了他四个干女儿。

【指出】是她，指出了本文错误。→是她，一共指出了本文二十一处错误。

“聚集”“看”“探望”“认识”“指出”也是104个动词以外的动词。只要类推串连开去，还有更多的动词可以被牵进“一共……多少……”的框架。请注意用动词“有”的例子：

(3)（他们）共有军事力量四百余万人……（毛泽东《目前形势和我们的任务》）

(4) 那时全区（总共）只有你们三个人……（李晓明、韩安庆《平原枪声》，省略号是原有的）

(5) 四号地区果真（总共）只有他们一个加强连？（柳建伟《突出重围》）

下例用“有”的例子，是近代作品中的：

(6) 韩滉生性倔强，似信不信的拆开书来一看，共有古文九字，都是蝌蚪之文。（抱瓮老人《今古奇观》）

(7) 那妓院共有妓女四五人，小玉是此中的翘楚。（曾朴《孽海花》）

诚然，仅从形式上根据数量框架来认定“双宾”，必然把双宾范围大大放宽，放宽到控制不住局面的地步。以“名$_1$”同动词的关系来说，这些动词的论旨角色如果不能算施事或受事，是否统统归入“与事”？比方，“有”字句里，“有”有没有可能带双宾语？如果说“有”的后边可以是双宾语，对“名$_1$”来说，它的论旨角色是否可以确定为“与事”？“与事”这一概念当然可以做很宽泛的解释，但是这么一来，“与事”是否会成为一个无所不包的“收容站”？

上面列举的“有”字句，尽管都带有数量框架，但其“名$_1$”和“名$_2$”实际上构成了复指结构，而不是构成“双宾”。后边，讨论复指结构时，还会列举不少例句，请综合观察。这里还需要特别提到“是”字句。在“总共/一共……多少……”框架中出现的动词，甚至可以是判断动词“是”。例如：

(8) 上台祝贺的，一共是省委省政府六位主要领导。

金庸《神雕侠侣》第36回：“五只皮袋之中，共是两千只蒙古兵将的耳朵。”也可以说成：“五只皮袋之中，共是蒙古兵将两千只耳朵。”“是”也能带双宾语？对“名$_1$”来说，它的论旨角色也是“与事”？

（三）由双宾之间数量词位置引发的疑问

动词后边的两个名词语之间，往往会出现数量词。但是，数量词不一定出现在甲与乙两个名词语之间，换句话讲，不一定恰好用在所说的宾语与宾语之间，起到隔开前一宾语和后一宾语的作用。比较：

一共剁了那家伙三个指头。（陆先生用例）

一共剁了那家伙左手三个指头。

如果说，前一例“三个”出现在“那家伙”和“指头”之间，“那家伙”和“指头”构成双宾语，那么，后一例“三个”出现在“那家伙左手”和“指头”之间，怎么分析？是“那家伙左手”和“指头”构成双宾语，还是“那家伙”和“左手三个指头”构成双宾语？再比较：

那家伙一共被剁了左手三个指头。

那家伙一共被剁了右脚、右手和左手三个指头。

如果说，前一例“三个”出现在“左手”和“指头”之间，“左手”和“指头”构成双宾语，那么，后一例“剁了”的宾语却有“右脚”“右手”和“左手三个指头”三个并列项，“三个”被围困在了第三并列项之中。在这种情况下，这个被围困的数量词还能起到辨别和确认双宾语的作用吗？再看下面的例子：

我们馆一共保藏了徐先生青年时代七十三幅字画。

（←我们馆一共保藏了徐先生七十三幅字画。）

我一共收集到了方小英上京前八张剧照。

（←我一共收集到了方小英八张剧照。）

一来二往，我一共认识了他在职期间四个干女儿。

（←一来二往，我一共认识了他四个干女儿。）

遇到诸如此类的例子，如何解释数量词在双宾之间的位置及其所起的作用呢？

（四）由明显非双宾结构引发的更大疑问

动词后边，宾语位置上出现的“名＋数量名”有时不是双宾结构，而是复指结构。

叶南薰《复说和插说》和范晓《介宾短语·复指短语·固定短语》，讲“复说”和“复指短语”时举过这样的例子：

（9）横扁上刻着“树华”两个字。（老舍《不成问题的问题》）

（10）这是一家瑶民，住着母女二人。（陆定一《老山界》）

例（9）引自叶著，例（10）引自范著。“‘树华’两个字”“母女二人（二人＝两个人）”都是大家认可的复指结构，即明显的非双宾结构。然而，这两例的动词前头都可以出现“总共/一共”：

（11）横匾上总共刻着“树华”两个字。

（12）这是一家瑶民，总共就住着母女二人。

看两个实际用例：

（13）该项活动从去年开展至今，一共接待学生三千多人，……（吕迅《汕头机场游览参观升温》）（三千多人＝三千多个人）

（14）这次招聘活动，参加企业一共提供了机修、电工、电脑操作等一千一百多个岗位。（王国平、邹蓬《转变观念再就业》，《人民日报》1999年7月12日）

这两例尽管出现了“一共……多少……”，但其中的“学生三千多人”和“机修、电工、电脑操作等一千一百多个岗位”都是复指结构。同类的现象：这次，他总共访问了英法德意荷五个国家。｜我们村，总共有李张陈王四个姓。｜这次进城，他一共买回来了《白鹿原》等二十多本长篇小说。｜就这样往返四次，他总共救起了我们六十二个遇难者。｜这间小房子一共关了我们五个“反动学术权威”。｜一共就来了你们三个老家伙？

“总共/一共”有时说成“共”。其实，“共”可以统领“总共、一共、统共、通共、共总”等词。上面所举的例（3）（6）（7），便是用“共”的例子。又如：

（15）根据党中央组织部的统计，截至一九五六年六月底止，全党共有党员一千零七十三万四千三百八十四人，占人口总数的百分之一点七四。（邓小平《关于修改党的章程的报告》）

（16）康明理登记完以后，把名字念了一遍，新参加的民兵和过去的暗民兵，共有雷石柱、康明理、孟二楞、武二娃、张有义、张有才、周丑孩、李有红、马保儿、康三保、康有富十一个青年。（马烽、西戎《吕梁英雄传》第十九回）

例（15）是“共……一千零七十三万四千三百八十四(个）……”，例（16）是“共……十一个……”。“党员”和“一千零七十三万四千三百八十四人”，“雷石柱、康明理、孟二楞、武二娃、张有义、张有才、周丑孩、李有红、马保儿、康三保、康有富”和“十一个青年”，肯定是组合成复指结构，而不可能是双宾。

金庸作品中，这么使用“共……多少……”框架的例子不少。比如：

（17）徐达的子孙共有魏国公和定国公两个公爵。（金庸《碧血剑》）

（18）他共有金银铜铁铅五只轮子，……（金庸《神雕侠侣》）

这两例“共”后边的动词都是“有”。再举几个用其他动词语的例子：

(19) 全年共查处利用审判权、执行权贪赃枉法、徇私舞弊的违法乱纪人员378人，……(《人民日报》2006 年 3 月 13 日)

(20) 全年共批准逮捕各类刑事犯罪嫌疑人860372人，……(《人民日报》2006 年 3 月 13 日)

(21) 全年共立案侦查涉嫌贪污贿赂、渎职侵权犯罪的国家工作人员41447人，……(《人民日报》2006 年 3 月 13 日)

这三例动词语分别用了“查处”“批准逮捕”和“立案侦察”。

面对这类明显包含复指结构的小句，对于“总共/一共……多少……”框架的鉴别能量，是不是应该有新的考虑呢?

三　再谈数量框架与复指结构

数量框架中容许出现复指结构，这对于据此框架可以确认双宾语的结论，最具动摇力。相关情况，再进一步作些阐述。

(一) 数量框架与复指结构的相互促成

1. 先说添加“名$_1$”

“共 (总共/一共) ……数量名”的说法，很容易促成“共 (总共/一共) ……名+数量名”的说法。即：根据上下文语意，经过语词或小句的调配整合，可以添加为“数量名”所复指的“名$_1$”，从而形成“共 (总共/一共) ……名+数量名”。例如：

(22) 弟子曾听人言道：天下武功登峰造极的共有五位高人。……(金庸《射雕英雄传》)→[经过调整添加“名$_1$”:]弟子曾听人言道：天下武功登峰造极的共有东邪、西毒、南帝、北丐、中神通五位高人。

上例后句，一添加“名$_1$” (“东邪、西毒、南帝、北丐、中神通”)，便组造成为复指结构。同类现象：

(23) 我祖师一共收了两个弟子，大弟子姓苏，名讳上星下河，那便是家师，二弟子丁春秋。(金庸《天龙八部》)→[经过调整添加“名$_1$”:]我祖师一共收了苏星河、丁春秋两个弟子。

(24) 他任大小姐也娶，你也娶。懂了吗？一共娶两个老婆。(金庸《笑傲江湖》) → [经过调整添加“名$_1$”:] 他一共娶任大小姐和你两个老婆。

有时，“名$_1$”有点特殊：

(25) 那次来陕北，他一共学会了三句陕北话：嗑、解下、相跟上。(张承志《北方的河》) → [经过调整添加“名$_1$”:] 那次来陕北，他一共学会了“嗑、解下、相跟上”三句陕北话。

孤立地看“嗑、解下、相跟上”，它们应该都是动词性的，但在上例里，作为“三句陕北话”，却是名词性的。

2. 再说添加“共”类词

“……名+数量名”的说法，很容易促成“共（总共/一共）……名+数量名”的说法。即：根据特定语境所隐含的语意，可以在动词前头补出“共”类词，从而形成“共（总共/一共）……名+数量名”。例如：

(26) 不经意之间，已经过了01、02、03、04、05五个年头了。(何祚欢《都市茶座》开场白，武汉电视台2005年11月18日晚) → [补出“共”类词:] 不经意之间，总共已经过了01、02、03、04、05五个年头了。

上例后句，动词语前头一添加了“总共”，便形成了完整的包含复指结构的归总性数量框架。同类现象：

(27) 今天，在家静静地呆了一天，(一共) 读了《葛定国同志的夕阳红》、《理发师》及《皆大欢喜》三个中篇，如往常一样，总觉字字珠玑。(张学军《读〈中篇小说选刊〉偶感》)

(28) 大金太宗天会三年，……我金兵由粘没喝、斡离不两位元帅率领征伐宋朝，(一共) 俘虏了宋朝徽宗、钦宗两个皇帝，自古以来，兵威从无如此之盛的。(金庸《射雕英雄传》)

(29) 木卓伦手挥长刀，(一共) 力拒戴永明、钱正伦两名镖师，以一敌二，兀自进攻多，遮拦少。(金庸《书剑恩仇录》)

(二)数量框架中的复指结构“名$_1$+数量名”

1. 先说后项“数量名”

后项“数量名”起复指“名$_1$”的作用。其中的“数量”，跟前头或现或隐的“共”类词相互呼应。有时，“数量名”简为“数名”。如例(13)“一共接待学生三千多人”，等于说“一共接待学生三千多个人”。又如：

(30)打狗棒法共有绊、劈、缠、戳、挑、引、封、转八诀，黄蓉这时使的是“缠”字诀，……(金庸《射雕英雄传》)

上例“八诀”等于说“八个字诀”。近代白话作品中，也可以见到同类现象：

(31)那孙行者共有兄弟三人，领唐僧在我半山之中，被我使个变化，将他师父摄来。(吴承恩《西游记》)

上例“兄弟三人”等于说“兄弟三个人”。

2. 再说前项“名$_1$”

前项“名$_1$”为后项的“数量名”所复指。其表现形式，大体说来有以下三种情况。

[A]“名$_1$”用包含两个以上并列项的名词语。如例(16)“共有雷石柱、康明理、孟二楞、武二娃、张有义、张有才、周丑孩、李有红、马保儿、康三保、康有富十一个青年”。同类现象：

(32)天龙寺牟尼堂共有“观、相、参”三位高僧，……(金庸《天龙八部》)

(33)边区共有宁冈、永新、莲花、遂川、酃县五个县委。(毛泽东《井冈山的斗争》)

并列的名词，往往有所简省。不过，由于受到后边“数量名”的规约，其含义是清楚的。如例(33)的“宁冈、永新、莲花、遂川、酃县五个县委”，等于说“宁冈县委、永新县委、莲花县委、遂川县委、酃县县委(这)五个县委”。

并列项较多、不需全部列举时，“名$_1$”可以说成“NP等”。如例(14)“一共提供了机修、电工、电脑操作等一千一百多个岗位”。

[B]“$名_1$”用不包含并列项的聚合义名词语。如例（13）“一共接待学生三千多人”，其中的“学生”是一个名词，表示由多个学生聚合而成的概念。“学生三千多人”不是“学生中的三千多人”的意思，而是“前来参与活动的学生”就是这“三千多人”的意思。又如例（3）“共有军事力量四百余万人”，其中的“军事力量”是一个名词短语，表示由多个官兵聚合而成的概念。“军事力量四百余万人”不是“军事力量中的四百余万人”，而是全部“军事力量”就是“四百余万人”。同类现象：

（34）最近，我校一共奖励了本年度先进工作者一十八位同志。

（35）三个村，一共挑选了年轻力壮腿脚灵便的小伙子二十五人。（此句由冯志《敌后武功队》第十六章的说法演化而来。原句是：“三个村，一共挑选了二十五人，都是年轻力壮、腿脚灵便的小伙子。”）

有时，“$名_1$”看似是不包含并列项的名词语，实际上却是包含并列项名词语的一种特殊形式。如例（11）“总共刻着‘树华’两个字”，脱离语境说，“树华”是一个名词，但以“字”为单位来计数，是并列使用的两个字。又如：

（36）西山一窟鬼各放一个，组起来（一共）是“恭祝郭二姑娘多福多寿”十个大字。（金庸《神雕侠侣》）

上例的“$名_1$”是个较为复杂的动宾结构。但是，以“字”为单位来计数，“恭祝郭二姑娘多福多寿”却是并列的十个字。

[C]“$名_1$”用复数人称代词。

如果数量框架中宾语部分的“$名_1$”是用并列名词指人，那么，往往可以替换为“我们”“你们”“他们”之类的代词，从而成为“人称代词+数量名”。例如：

（37）当时，天下武功登峰造极的共有东邪、西毒、南帝、北丐、中神通五位高人。

→当时，天下武功登峰造极的共有东邪、西毒、南帝、北丐、中神通他们五位高人。

→当时，天下武功登峰造极的共有他们五位高人。

这类“人称代词+数量名”的结构，往往有歧义。比如“他们五位高人”，既可能是领属关系的结构，等于说“属于他们的五位高人”或者“他们之中的五位高人”；又可能是复指关系的结构，等于说“他们”即“五位高人”，或者“五位高人”即“他们”。但是，这类结构只要进入具体语境，受到特定句域的管控，歧义就会被排除。上例中的“他们五位高人”，只能是复指结构。

前面的举例中，例（14）之后列举同类现象时，列出了“人称代词+数量名”的结构：这间小房子一共关了我们五个“反动学术权威”。｜一共就来了你们三个老家伙？——由于含义明显，一般人都会认为“我们五个动学术权威”和“你们三个老家伙”是复指结构。何况，这一点还可以通过把代词替换为并列名词来证明：

（38）这间小房子一共关了王教授、李教授、孙教授、赵教授和我五个“反动学术权威”。

（39）一共就来了老王头、老孙头和你三个老家伙？

陆先生文章列出了很多例子，其中有：一共罢了他们五个人｜一共逮了他们五个人｜一共扣留了他们三个人 ｜一共捆了他们五个人 ｜一共选了他们三个人。陆先生是从领属性关系的角度来举出这些例子的。然而，这五个句子都有歧义。以“一共选了他们三个人”来说，固然可以在甲特定句域中表示“一共选了他们之中的三个人”的意思，是领属关系的结构，但还可以在乙特定句域中表示“一共选了老李、老王、老赵他们三个人”的意思，却应该是复指关系的结构。

构成复指结构的“名$_1$”，也可以是人称代词“我”带“等”，即“我等”。这是一种书面语用法，在近代白话小说中，或者在模仿近代白话写法的作品中，可以看到用例。如：

（40）天下诸侯首领，（一共）是我等四人，闻贤伯过恶多端，全无大臣体面，……（许仲琳《封神演义》）

（41）你（一共）踢倒我等五人，盗去经书，这般大胆！（金庸《天龙八部》）

顺带指出：出现在“共……多少……”框架中的复指结构，其“名$_1$”既可指人，也可指物。这跟陆先生讨论“非给予义”双宾结构时所涉及的现象一致。比如，陆先生文章中有这样的例子：一共俘虏了敌人五个连｜一共拿了小王五个苹果｜一共请了清华十位专家｜一共杀了齐国十万人。——前两例名$_1$指人，后两例名$_1$指物。陆先生说的“名$_1$（指人与事）”，应该是“名$_1$（指人与事物）”的意思。

（三）数量框架的归纳和描写

需要归纳和描写出来的数量框架，仅仅罗列“共”类词，还不能全面覆盖所有同类现象。

大多数时候，“总共/一共”跟多于“一”的数量词呼应使用。说“我一共吃了他三个苹果”，很顺；说“我一共吃了他一个苹果”，恐怕不怎么行，即使能行，也需提供这样那样特定的语境。陆先生所举的例子没有一个用“一”，显然是选例时迁就了“总共/一共”。

当然，“总共/一共”不一定总是排斥“一（量）”。二者同现，主要有以下两种情况：第一，“一（量）”所包括的事物是多个体的，每个个体都是动词的受事。比如，“我一共吃了他一袋子苹果”或者“我一共吃了他一挂香蕉”。第二，“一（量）”所指的事物是可分割开的，分割后每一块都可以成为动词的受事。比如，“我和小李一共吃了他一个大西瓜”或者“我和小李一共吃了他一条大鲤鱼”。假若有这么个说法：“这些天，我病了，什么都不想吃。可是，今天上午，似乎出现了奇迹，我总共吃了他一个苹果。”这里的“我总共吃了他一个苹果”可以成立，是因为苹果被切成了小片，而且是有所间断地被吃掉的。

多个体或被分割为若干部分，这是“共”起来的基础。“一（量）”所指的事物如果不是多个体的和可分割开的，恐怕极难跟“总共/一共”呼应使用。比方，可以说“这伙土匪一共杀了他三个儿子”，但不能说“这伙土匪一共杀了他一个儿子”。又如“斩断自己一条手臂”（金庸《神雕侠侣》第27回），这里不能加上“总共/一共”。这就是说，“总共/一共”和“一（量）”有不能同现的时候。明确这一点很重要，因为，“这伙土匪杀了他三个儿子”和“这伙土匪杀了他一个儿子”肯定同构，而“总共/一共……多少……”的框架却不能全面适用于它们。

为了使所设定的归总性数量框架能全面覆盖同类事实，最好描写出两个框架：

[A]“总共/一共……多少……”；

[B]“只/就……多少……”。

前者如“一共吃了他三个苹果”，后者如“只吃了他一个苹果”。这样，既能适应“两个”以上的情况，又能适应“一个”之类的所有情况；既能适应“多”的情况，又能适应“少”的情况。为了表述的实际需要，A框架和B框架还可以结合使用，形成“总共只/就……多少……”的复合形式，既表“共”，又表“少”。如：“一共只吃了他两个苹果”。

跟“只/就”作用相当的，还有“才/仅仅/不过”。一旦增加“只/就……多少……”之类的框架，牵涉到的复指结构就会更多。范晓《介宾短语·复指短语·固定短语》举过这个例子：

(42) 去串门，家里只留下小芹一个人。（赵树理《小二黑结婚》）

这里用了“只……一个……”，“小芹一个人”肯定是复指结构。同类现象：

(43)（说是同学会，其实也只有四个人，）只有苏若水一个女性。（肖达《春来江水绿如蓝》）

(44) 正是天网恢恢，臭尿就只淋了东邪西毒二人。（金庸《射雕英雄传》）

“苏若水一个女性”和“东邪西毒二人”都肯定是复指结构。前者不具备“共”的条件，一般不会说“一共只有苏若水一个女性”；后者具备“共”的条件，可以说成“一共就只淋了东邪西毒二人”。跟后者同类的现象，比如前面举过的例(4)(5)。又如：

(45) 山上（总共）只剩下匪徒司令部的匪首和他们的家属以及护兵马弁等三十几个人，在了望他们徒子徒孙的威力。（曲波

《林海雪原》)

(46)天下武学高明之士，自王重阳一死，(总共)就只剩下他与你二人，……(金庸《射雕英雄传》)

四 结语

本文所要表述的主要意思，可以概括为以下两点。

(一)“一共……多少……”框架跟“双宾”没有必然联系，对于认定“双宾”，这一框架不足为据。

“一共……多少……”框架的容纳面，大于“给义双宾+取义双名+取义之外非给义双名”。即：其容纳面中，包含有复指结构，以及其他情况。本文指出这一框架可以容纳复指结构，例证充足，无可辩驳。有时还可见到“一共选了他们三个人”之类歧义现象，它们在特定句管控中有时是“取义双名”，有时是复指结构，这正好表明了这一框架可以容纳异质结构，不应等同混淆。至于“其他情况”，例如上面举过的“他一共被跺掉了右脚、右手和左手三个手指”。尽管其中出现了“一共……三个……”的框架，但宾语既不是双宾结构，也不是复指结构，而是并列结构。又如：这帮刽子手，一共杀害了李铭员老师、谭东学老师和我们一班十多个同学。丨我数了数，今天来的客人一共有周书记、孙副省长和章王李赵魏五位厅长。——上例，宾语也有三个并列项。前一例，动词用“杀害了”，宾语中的第三并列项是领属性结构；后一例，动词用“有”，宾语中的第三并列项是复指结构。

提出用“一共……多少……”框架来规约“双宾”，是想在给义“双宾”和取义“双名”之间找到共同的语表形式，从而使取义“双名”得到作为“双宾”的有力证据。这一努力，十分可贵。但是，这意味着存在这么一条推理公式：凡是能进入“一共……多少……”框架的都是“双宾”，X能进入“一共……多少……”框架，因此X是“双宾”。这也就意味着通过检验语言事实会得到这么个结论：凡是能进入“一共……多少……”框架的都是“双宾”，一部分复指结构能进入“一共……多少……”框架，因此一部分复指结构是“双宾”。可见，结论不准确，论证不成功。

（二）取义“双宾”是不是真正的“双宾”，学界一直有不同看法。既然使用“一共……多少……”框架不是形成“双宾”的充要条件，那么，别说缺乏肯定内涵与外延的非给义“双宾”，即使是取义“双宾”，其双宾性质也需再作探讨。这样，不同看法的争论，又回归到了原来的起点上。笔者在自己的论著中，总是严格地把双宾语限制在“典型双宾”的范围之中。为了调和两种意见，笔者以为，取义“双宾”可以看作“准双宾”，但也只能看作“准双宾”。

一方面，可以看作“准双宾”。由给义双宾，通过相似点，引出取义“双宾”，这反映思维上的关联性，可以接受。但是，相似并不等于就是，因此需要用“准”字，认为是“准双宾”。

另一方面，只能看作“准双宾”。“准双宾”，毕竟不是“典型双宾”。“典型双宾”所具备的基本特点，或者说所具备的区别性特征，“准双宾”并不具有。

首先，典型双宾的“名1”和“名2”可以离析。即二者可以离析开来，分别同动词形成动宾关系，分别连着动词单说。比如“（一共）送了他三件礼品”，可以说成“送了他”和“（一共）送了三件礼品”。这很像连动式，连动项能够分别连着主语单说，比如“他上街买菜”，可以说成“他上街”和“他买菜”。“准双宾”不能这么办。

其次，典型双宾的“名1”和“名2”可以直接组合，不必出现数量词，但不能加上“的”字。比如：“（他）送了我一张邮票”，可以减去数量词，说成“（他）送了我邮票”，但不能加上“的”，说成“（他）送了我的一张邮票”。相反，准双宾必须出现数量词，而且可以加上“的”字。比如：“（他）偷了我一张邮票”（朱德熙先生用例），如果说成“（他）偷了我邮票”，便不再被认为是双宾，而被认为是定名结构；如果说成“（他）偷了我的一张邮票”，也不再被认为是双宾，而被认为是定名结构。

第三，由于典型双宾的“名1”和“名2”分别跟动词发生动宾关系，二者之间并不存在偏正、并列之类结构关联，并不接受偏正、并列之类结构组合的规约，因此，二者可以调换位置，调换位置以后仍然是双宾，只不过调换前是“指人宾语·指物宾语”，调换后成了“指物宾语·指人宾语”。这一点，在方言里得到了足够的证明。翻看黄伯荣主编《汉语方言语法类编》，可以见到许多事实：“指物宾语·指人宾语”的位序，见于河南、湖北、湖南、广东、江苏、甘肃、宁夏等等省份的方言说法里。比如河南罗山话：给一本书他。（＝给他一本书。）｜给一个馍我。（＝给我一个馍。）特别值得注意的是，甘肃临夏话的双宾句，大都把双宾前置，而前置的两个受事的先后位置也是自由的。如：我你钱（哈）给了。（指人宾语·指物宾语）（＝我给了你钱了。）｜你东西我还给！（指物宾语·指人宾语）（＝你把东西还给我！＝你还给我东西！）可知，把研究视野扩大到方言，会看到方言现象并不支持把“准双宾”和“典型双宾”等同对待。

采用“准双宾”的说法，其实是想提出，不必在归属问题上花太多的精力去进行争论。不管是看成“双宾”还是看成“定名”，都有各自的理据。观察问题有不同的角度，从甲角度看，会认为是A，从乙角度看，会认为是B。正如存现句句首的处所词，是主语还是状语，再争下去，已经没有太大的意义。关键是，要弄清楚语言事实的语法面貌。一方面，要知道准双宾跟典型双宾有瓜葛，但它不等同于典型双宾；另一方面，要知道准双宾跟定名结构割不断，但当这种结构出现在宾语位置上的时候，毕竟有其特殊性。

【附记】本文初稿写完后，曾通过电子邮件发给陆俭明先生，请陆先生过目。陆先生打来电话，跟笔者讨论了一些问题。本文的修改稿，是在听取了陆先生意见之后完成的。本文写作过程中，邵敬敏先生向笔者提了很好的建议。谨向陆先生和邵先生表示由衷的谢意。

主要参考文献：

[1] 范晓. 介宾短语·复指短语·固定短语［M］. 北京：人民教育出版社，1990.

[2] 黎锦熙. 新著国语文法（校订本）［M］. 北京：商务印书馆，1955.

[3] 陆俭明. 再谈“吃了他三个苹果”一类结构的性质 [J]. 中国语文，2002(4)：317-325.

[4] 黄伯荣. 汉语方言语法类编 [M]. 青岛：青岛出版社，1996.

[5] 吕叔湘. 中国文法要略（合订本）[M]. 北京：商务印书馆，1956.

[6] 吕叔湘. 语法学习 [M]. 北京：中国青年出版社，1953.

[7] 孙玄常. 宾语和补语 [M]. 上海：新知识出版社，1957.

[8] 邢福义. 汉语语法学 [M]. 长春：东北师范大学出版社，1996.

[9] 邢福义. 汉语语法三百问 [M]. 北京：商务印书馆，2002.

[10] 叶南薰. 复说和插说 [M]. 上海：新知识出版社，1958.

[11] 张志公. 初级中学课本汉语：第四册 [M]. 北京：人民教育出版社，1956.

[12] 张志公. 汉语知识 [M]. 2 版. 北京：人民教育出版社，1979.

[13] 朱德熙. 语法讲义 [M]. 北京：商务印书馆，1982.

（原载《语言研究》2006 年第 3 期）

“人定胜天”的古代原本用法与现代通常用法

本文讨论“人定胜天”的古代原本用法和现代通常用法，包括五个部分：一为一次小调查，这是引言；二为古代原本用法；三为现代通常用法；四为两种用法的比较；五为笔者的几点议论。笔者认为，语言历史发展表明，“人定胜天”已经先后出现了两种很不相同的用法。兼顾古今汉语的词典，“人定胜天”词条下面应立两个义项。对“胜”和“定”的解释，两个义项应有所不同。

一 一次小调查

“人定胜天”表示的是什么意思？其结构关系如何分析？笔者作过一次小调查。具体要求是：请用单竖线“|”把“人定胜天”这个小句的主语部分和谓语部分隔开，然后，在下面注明“主、谓、宾、定、状、补”之类句子成分的名称。接受调查者共30人。结果，得到下面的数据。

分析一，单竖线划在“人”和“定胜天”之间，共28人，占总人数的93.3%。即：

人 | 定 胜 天。

主 谓

状 动 宾

分析二，单竖线划在“人定”和“胜天”之间，共2人，占总人数的6.7%。即：

人　定 | 胜　天
主　　　谓
定心　　动　宾

作图表示：

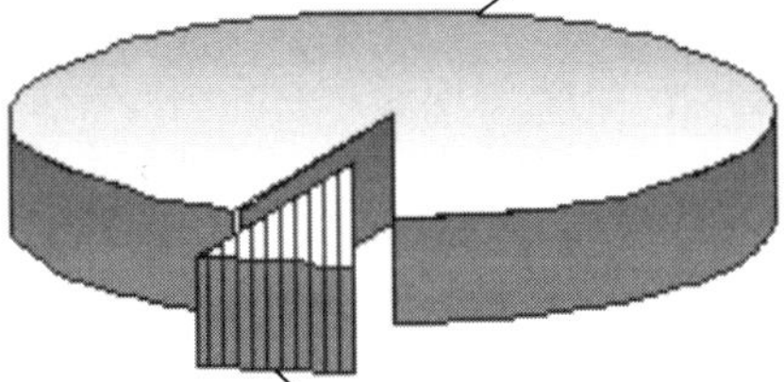

上面的“分析一”和“分析二”，按数量多少排列其次序。接受调查者都是高层次或较高层次的知识分子，具有汉语语法分析方面的知识。如果不要求使用主语、谓语这类概念，向一般群众调查他们对这一词语的理解，他们的回答肯定都是“分析一”所表示的意思。

二　古代原本用法

古代原本用法，“人定胜天”的意思是“分析二”。这一点，凡是涉及古代汉语的词典，以及各种成语词典，都做了解释。举三部辞书为例。

一为《辞海》。这部辞书解释道：人定胜天　人定，犹言人谋，谓人的意志和力量可以战胜自然。刘过《襄阳歌》：“人定兮胜天，半壁久无胡日月。”刘祁《归潜志》十二：“人定亦能胜天。”按《逸周书·文传》：“人强胜天”亦此意。又作“人众胜天”，见《史记·伍子胥列传》。(缩印本 306 页)

二为罗竹风主编《汉语大词典》。这部辞书解释道：人定胜天　人力可以战胜自然。宋刘过《襄阳歌》：“人定兮胜天，半壁久无胡日月。”清蒲松龄《聊斋志异·萧七》：“登门就之，或人定胜天，不可

知。”……（第一卷 1044 页）

三为朱祖延主编《汉语成语大词典》。这部辞书解释道：人定胜天 天：泛指大自然。人的意志和力量可以战胜自然。语本《逸周书·文传》：“人强胜天。”（941 页）

综合观察这三部辞书的解释，可以知道：第一，“人定”和“胜天”之间可以出现把二者隔开的语言成分，包括“兮、亦能”等。第二，学者们把“人定”看作一个结构单位，往往用“人谋、人强、人众”等来训释。可见，“人定”首先发生组合关系，然后才跟“胜天”发生组合关系。再看两个实际用例：

（1）人定者胜天，天定亦能胜人，惟元帅察之。（元·脱脱等《宋史·卷三百七十一 列传第一百三十》）

（2）语云：天定胜人，人定亦能胜天。（徐枕亚《玉梨魂·第十四章孽媒》）

第一例，先用“人定胜天”，后用“天定胜人”，“人定”和“胜天”之间出现了“者”，“天定”和“胜人”之间出现了“亦能”。第二例，先用“天定胜人”，后用“人定胜天”，“人定”和“胜天”之间出现了“亦能”。

三　现代通常用法

现代通常用法，“人定胜天”的意思是“分析一”。这一用法的产生和流行，有其外因和内因。

一方面，受到社会发展的影响，这是外因。到底在什么时候开始使用，现在还无法确认。可以肯定的是，在强调战天斗地的火热年代，特别是“大跃进”时期，这一用法成了一种“指导思想”，被广泛应用。下面的例子，正是历史的记录：

（3）如今的年轻人已很难想象那个时代人们的激情以及由此而产生的力量。……那是一种人定胜天的豪情壮志，一种信仰的力量；那是一种自觉的奉献，一种快乐的劳动。（bbs. hj. cn/

TopicOther. asp? t=5&BoardID=154&id=24459)

另一方面，受到语言本身演化的影响，这是内因。时代的发展，引发人们对语言理解的变化，人们不会固守古人的原本用法。今天，当说“人定胜天”的时候，人们大都会根据对“定”、对“胜”的最熟悉的用法来理解。查看书面语料，在现代文学作品中，常常见到这样的用法；在重要的政论文著作中，也常常见到这样的用法。例如：

(4) 他不止一次表示对毛泽东靠地图指挥打出一个铁桶江山的无限钦佩，并由此多次强调要发挥人的主观能动性和人定胜天的传统思想。(柳建伟《突出重围》)

(5) 精卫填海、愚公移山的传说，大禹治水的故事，表达了远古时代中国人民改造自然、人定胜天的顽强奋斗精神。(江泽民《把三峡工程建成世界一流工程》)

不仅是大陆作家，台湾作家的作品中，也可以见到这样的用法。例如：

(6) 独眼怪人……忽然舒展两臂，重重一击，道：“人定胜天，老夫倒要不惜试它一试。”……他顿了一顿，又道：“老夫此举，乃是与天争胜。究竟能否人可胜天，尚在未定之数。……”(卧龙生《天香飙》)

卧龙生的《天香飙》，最早于1961年由春秋出版社出版，当是写于上个世纪50年代末期或60年代初期。上例中，前边用“人定胜天”，后边用“人可胜天”，二者同义，中间还有“与天争胜”的解释。

语言是文化的载体，是社会发展的记录，社会发展的脚步会在语言里留下脚印。最具权威性的《现代汉语词典》，从1973年试用本到2005年的第5版，都把“人定胜天”解释为“人力能够战胜自然”，“人/定/胜/天”分别同“人力/能够/战胜/自然”相对应。这是对现代通常用法的如实总结和肯定。一开始便参与和领导这部词典编纂工作的学者，比如丁声树先生和吕叔湘先生，都是饱学之士，他们不会不知道古代原本用法，但是作为现代汉语中型词典，他们只在其中提了现代通常用法。

四 两种用法的比较

（一）观点取向的比较

古代原本用法和现代通常用法在对事物的认识和表述上有不同的观点取向。

作为一种表述方式，古代原本用法可以称之为客观理性式。即客观地看待和评价“人”与“天”之间的强弱关系，认为二者孰强孰弱可以相互转化，说话人头脑冷静，富于理性。古文根底深厚的现代人，有时也会在这个意义上使用。例如：

（7）只知道人定胜天，而不知道天定胜人，同样是错误的。（徐特立《怎样发展我们的自然科学》）

相对地，作为一种表述方式，现代通常用法可以称之为主观意志式。即强调人的主观能动作用，激励人们凭借自己的力量去改变不利于己的现实，说话人豪情满怀，富于情绪。《人民日报》发表过一篇《人定胜天—— 记河北省人民的抗旱斗争》的文章，其中写道：

（8）“天大旱，人大干，夺取丰收不靠天”的豪迈声音，时时鼓舞着我们，使我们强烈地感到，有了党的领导，群众发动起来了，自然灾害再猖狂，也一定能够战胜它。（《人民日报》1975年12月23日）

文章以“人定胜天”为正题，提出“天大旱，人大干”，断言“自然灾害再猖狂，也一定能够战胜它”。当然，主观意志式毕竟反映的是人的主观愿望，并不等于就是事实。如果头脑发热，认为一定会这样，那就会带来不良的后果。下面的例子，反映了冷静而又深刻的反思：

（9）在“人定胜天”的思想指导下，在不断增加的人口要吃饭的压力下，人们无视自然规律，上演了一幕幕的人进湖退、围湖垦田。（《人民日报》2002年9月10日）

（10）为了显示“人定胜天”，“人有多大胆，地有多大产”，人们竞相把数“作”大，越大越好。（《人民日报》2001年2月

1日）

（11）我们曾经一度过高估计人类征服自然的能力，相信“人定胜天”。（《人民日报》2001年9月10日）

总之，两种表述方式各有其语用价值。客观理性式，适合在对事物进行冷静分析时使用；主观意志式，适合在鼓舞人们排除万难去夺取胜利时使用。对于带有主观意愿或情感的说法，应该明确其特定作用和局限性，不要用客观理性的标准来对待。“事在人为、心想事成、百年偕老、万寿无疆”等等，也是如此。

（二）词义状态的比较

古代原本用法和现代通常用法在词义状态上也有不同的理解选择。这表现在“胜”和“定”这两个词的含义上面。

首先是“胜”。几乎所有的词典，包括涉及古代汉语的词典，都把“胜”解释为“战胜”。主观意志式的“胜”肯定是“战胜”，反映的是人们战而胜之的决心；但对于客观理性式来说，却较难解释“天定胜人”，因为客观事物按其自身规律运动和发展，不存在天对人发起意愿性挑战的问题。因此，最好把理性式中的“胜”解释为“胜于、胜过”。柳宗元：“人胜天，则善者行。”（柳宗元《答刘禹锡天伦书》）陈光磊等编著《中国古代名句辞典》解释道：“人胜天：人力胜过天力。”（上海辞书出版社1986年7月，877页）这里解释“胜”，用了“胜过”，很恰当。其次是“定”。主观意志式的“定”是“必定”，用作副词；客观理性式的“定”肯定不是副词，应该怎么解释？这要考虑两个方面：一方面，所作的解释对“人”和“天”都说得通；另一方面，所作的解释是不是“定”字本身的含义。有的词典用“人众”来解释“人定”，但如果“人定”等于“人众”，“天定”便等于“天众”，这不好理解，何况“定”字本身的含义并不等于“众”。许多词典用“人谋”来解释“人定”，由于古人认为天有意志，因此也能说“天谋”，但“谋”并不是“定”字本身的含义。有的词典用“人强胜天”来解释“人定胜天”，特别是《汉语大字典》，“定”字条的第一大项（《广韵》徒径切，去径定，耕部）列出24个义项，其中第14个义项针对

“人定胜天”的“定”，解释为：“犹‘强’。”尽管“强”的解释对“人”和“天”都说得通，“人强胜天”和“天强胜人”都能说，但“强”只是“定”的结果，仍然不是“定”字本身的直接含义。从最基本的含义看，“定”即“安/安定”。宗福邦等主编《故训汇纂》，“定”字条下共列训释84条，1—5都是“安”（564页）；上述《汉语大字典》的24个义项中，第一项便是“安定”（918页）。“人安定”，意味着众人和顺协调，因而能够充分地发挥强大的潜能和力量；“天安定”，意味着大自然风调雨顺，因而同样能够充分地发挥强大的潜能和力量。正因如此，人有可能胜过天，天也有可能胜过人。如果用“安定”来解释“人定胜天”和“天定胜人”中的“定”，也许更符合事物的辩证关系。

（三）句法关系的比较

古代原本用法和现代通常用法在句法关系上表现出更加明显的不同。二者第一层次的切分，假若用abcd代表这个小句的四个字，那么，古代原本用法是ab/cd，而现代通常用法却是a/bcd。

现代通常用法的句法关系，表现为上述的分析一，即“主｜状动宾”，这容易确认。古代原本用法的句法关系，是否就是表现为分析二“定心｜动宾”呢？这就有一些问题可以引起讨论了。

首先，“人定”（或“天定”）是否就是“定语＋中心词”的关系？

如果认为“人定”和“人的意志和力量”互等，它便是定名结构，自然是“定语＋中心词”。然而，“定”本身应该是个谓词。有点像形容词，但更像是动词。既然是“名词‘人’＋谓词‘定’”，是否可以判定为主谓结构呢？这不是不能考虑的一种分析。

其次，“人定”和“胜天”（或“天定”和“胜人”）之间，是否只能分析为“主语＋谓语”的关系？

如果确认“人定”是个定心结构，自然只能认为它是“胜天”的主语。但是，如果认为是主谓结构，它同“胜天”之间的句法关系就可能有两种。其一，还是主谓关系，即主谓结构作“胜天”的主语。其二，是否可能是别的关系？因为，前后两部分之间存在一种假设性条件关系，等于说“只要……就……”：“人定胜天”等于说“人只要安定了，就会胜于天”；倒过来讲，“天定胜人”等于说“天只要安定了，就会胜于人”。这样，就像是个紧缩句了。

总而言之，作为现代通常用法的“人定胜天”，结构关系单纯，容易确认；而作为古代原本用法的“人定胜天”，结构关系到底如何分析，却有可以存疑的问题。

五　几点议论

（一）语言历史发展表明，“人定胜天”已经先后出现了两种很不相同的用法。兼顾古今汉语的词典，“人定胜天”词条下面应立两个义项。对“胜”和“定”的解释，两个义项应有所不同。

（二）“人定胜天”这个小句是个成语。在从古至今的历史纵线上，成语的用法有所发展，这是相当常见的现象。不过，更常见的情况是意义上的演变，不大涉及语法关系的演变问题。比方“陈陈相因”，原指仓库里的米一年接一年地累积，如《史记·平准书》：“太仓之粟，陈陈相因。”现在，则指沿袭老一套，因循守旧。（参看马国凡《成语》146页）又比方“钩心斗角”，原本是形容建筑物的结构错综复杂，技术精巧细致，是褒义成语。钩心，指建筑物中许多结构都能够围绕着一个“中心”；斗角，指四周远离中心的部分也都斗合得非常精确。现在，这个成语是指怀着狡猾的用心，以种种手段对付别人，有贬义，与本义已经毫不相干（参看史式《汉语成语研究》230页）。

（三）成语用法的发展，有时会牵动语法关系的变化。不过，有的情况并不典型。比方“望洋兴叹”，“望洋”是个连绵词，表示仰视的样子，还有“盳洋”、“望羊”、“望佯”、“望阳”的写法，原本不是“望着海洋”的意思（参看北大中文论坛，www. pkucn. com/archiver/? tid-132436. html）。但是，到现代，人们往往活用“望洋兴叹”这一成语。例如：

（12）仅以新益大厦的租金远不能满足还款需要，受害者们望

楼兴叹！(《人民日报》2006年1月6日)

(13) 投名师大家学书更是望门兴叹。(《人民日报》2006年3月19日)

(14) 遇到干旱，河水又无法引到山上浇地，村民只能望河兴叹。(《人民日报》2006年6月13日)

这么使用“望X兴叹”，显然有其心理基础，即内心里把“望洋”当成了动宾结构“望着海洋”。这就改变了连绵词“望洋”的原本结构关系了。当然，这毕竟只是活用，人们往往特意加上引号。例如：

(15) 若集中办学，则学生上学路途遥远艰险，只能“望学兴叹”。(《人民日报》2006年2月19日)

(16) 一些大城市商品房价格始终在高位运行，工薪阶层只能“望房兴叹”。(《人民日报》2006年3月9日)

(17) 贫困户还是没钱买牛羊或是苗木，又拿不出像样的东西去银行抵押，依然是“望棚兴叹”。(《人民日报》2006年3月13日)

(18) 面对数以万计从天而降的候鸟，人类自感束手无策，只能望“天”兴叹！(《人民日报》2006年2月13日)

以上“望X兴叹”，或者四个字一起加了引号，或者X加了引号。这表明，这样的用法，属于修辞现象，尚未进入词汇层面。

(四) 按语法结构关系来看词语的组合，在“分析一”中，“人定胜天”四个字是“1+3”，而在“分析二”中，“人定胜天”四个字却是“2+2”，然而，不管是分析一还是分析二，读起来都是“人定ˇ胜天”。这是因为，语法结构与音读停顿不是一回事。四字成语，包括“1+3”结构的成语，都会读成“abˇcd”。比如“词不达意”、“高不可攀”：“词不ˇ达意”、“高不ˇ可攀”。即使不是成语的四字小句，也是如此。比如：“人不犯我，我不犯人，人若犯我，我必犯人。”念起来每个小句都是“2+2”：“人不ˇ犯我，我不ˇ犯人，人若ˇ犯我，我必ˇ犯人。”这是为了满足节律美感的需求。如果按语法结构，每个小句都念成“1+3”：“人ˇ不犯我，我ˇ不犯人，人ˇ若犯我，我ˇ必犯人。”这就要引起哄堂大笑了。

（五）由于理解上的变化而引发了语法结构的变动，“人定胜天”特别具有典型性。这类小句或词语，包括成语，到底还有哪些，一共有多少，各自的具体情况如何，很值得做深入的专题研究。需要顺带指出的是：“人定胜天”中的“人定”，并未成为汉语的一个具有固定性的组合单位，没有“词化”。有的词典收入了“人定”的词条，但表示的是“夜深人静时”的意思。比如白居易《人定》：“人定月胧明，香消枕簟清。”又如王建《寄杨十二秘书》：“人定犹行背街鼓，月高还去打僧房。”

主要参考文献：

[1] 陈光磊，等. 中国古代名句辞典［M］. 上海：上海辞书出版社，1986.

[2] 辞海编辑委员会. 辞海［M］. 上海：上海辞书出版社，1980.

[3] 汉语大字典编辑委员会. 汉语大字典［M］. 武汉：湖北辞书出版社，成都：四川辞书出版社，1987.

[4] 李行健. 现代汉语规范词典［M］. 北京：外语教学与研究出版社，北京：语文出版社，2004.

[5] 李行健. 现代汉语成语规范词典［M］. 长春：长春出版社，2000.

[6] 罗竹风. 汉语大词典［M］. 上海：汉语大词典出版社，2001.

[7] 马国凡. 成语［M］. 呼和浩特：内蒙古人民出版社，1978.

[8] 商务印书馆辞书研究中心. 新华成语词典［M］. 北京：商务印书馆，2002.

[9] 商务印书馆辞书研究中心. 新华词典（修订本）［M］. 北京：商务印书馆，2001.

[10] 史式. 汉语成语研究［M］. 成都：四川人民出版社，1979.

[11] 中国社会科学院语言研究所词典编辑室. 现代汉语词典（试用本）［M］. 北京：商务印书馆，1973；中国社会科学院语言研究所词典编辑室. 现代汉语词典［M］. 5版. 北京：商务印书馆，2005.

[12] 朱祖延. 汉语成语大词典［M］. 郑州：河南人民出版社，1985.

[13] 宗福邦，等. 故训汇纂［M］. 北京：商务印书馆，2003.

【笔者附记】本文曾在2007年第四届汉语语法国际研讨会（西宁）上宣读。本文的一部分，曾以《“人定胜天”一语话今古》为题，在《光明日报》2007年7月19日发表，大约占了两千多字的篇幅。特此说明。

（原载《山西大学学报》2008年第1期）

从研究成果看方言学者笔下双宾语的描写

研究成果表明，方言学者笔下的双宾语显现一个突出特点，这就是双宾语具有离析性。

所谓“离析性”，是指：两个宾语具有独自活动性能，二者之间不存在特定的结构关系，它们可以离析开来。这有两个方面的表现：一方面，就动词和宾语的联系说，两个宾语都同动词相对，可以分别形成动宾结构，并且可以分别用“谁”和“什么”来提问。比如：给他一本书→给谁？给他。给什么？给一本书。另一方面，就句法组造的状态说，可以出现“前后换位”、“同义分管”、“后续动词”等形式。比如：给他一本书→给一本书他｜给一本书给他｜给一本书给他看。由于句法组造状态最能反映方言特色，后一方面的内容在方言学者的笔下自然较为多见。

本文是一篇调查报告，以两部文献作为调查对象。一部是黄伯荣主编的《方言语法类编》[①]，该书录载关于双宾语的方言现象共 23 处；另一部是李荣主编的《现代汉语方言大词典》（综合本）[②]，该书的描述涉及 42 个地区的方言，由于是词典，语法问题只在概述部分稍有涉及，其中关于双宾语的共有 8 处。这两部文献，下面分别简称为“类编”和“大词典”。

一　前后换位

所谓“前后换位”，是指：假设指人宾语和指物宾语分别记为宾 A

和宾B，那么，“宾A宾B”的位次可以变易为“宾B宾A”。“宾A宾B”是普通话的常见说法，而“宾B宾A”通常是方言说法。

（一）方言里动词后边的双宾

好些方言里，动词后边的双宾是“宾B宾A”。方言语法学者们描写有关事实时，采用了三种表述办法。

第一，直截了当地肯定。即：指出某种方言的双宾就是如此。下面列举部分情况。所列情况，按在类编和方言大词典两书中出现的先后顺序排列。在表述或体例上略有变动，但不会变动原义。

1. 河南新县话

给本书我。（＝给我一本书。）（类编“9.12.3 河南新县话的双宾句”）

2. 湖北话

湖北西南官话中的双宾句与普通话刚好相反，前一个表物，后一个表人。如：我送几个鸡蛋他。(类编“9.12.4 湖北话的双宾句”)

3. 湖南衡阳话

如果把受事宾语称为间接宾语，把所授的东西称为直接宾语的话，那就是普通话直接宾语在后，间接宾语在前。衡阳话刚好相反，直接宾语在前，间接宾语在后。如：回头得钱你。（回头给你钱。）丨你明日买来，我就得钱你。(你明天买来，我就给你钱。）（类编“9.12.15 湖南衡阳话的双宾句”）

4. 鄂南话

普通话的双宾句，是指人宾语在前，指物宾语在后，而鄂南话相反，是指物宾语在前，指人宾语在后。(类编原按：这现象几乎遍及湖北全境，并不只在鄂南有。）如：留张电影票我。（给我留张电影票。）丨把本书我。(给我一本书。）丨送支笔她。（送她一支笔。）丨每月交五十块钱他妈妈。(每月给妈妈五十元钱。）（类编“9.12.17 鄂南话的双宾句”）

5. 广东海康话

普通话一般以指人宾语为近宾语，指物宾语为远宾语，海康话刚好与此相反。如：伊乞本书我（他给我一本书）。（类编“9.12.21 广东海康话的双宾句”）

6. 柳州方言

双宾语可以把直接宾语（指物）放在前面，间接宾语（指人）放在后面。如：借杆笔我。丨给张票他。丨送两瓶酒你们爸。丨还十块钱阿陈。丨分五个指标我们。（“柳州方言”，大词典 69 页）

7. 长沙方言

双宾语的直接宾语可以放在间接宾语之前。如：把本书我。丨借十块钱你。丨派个助手我。（“长沙方言”，大词典 180 页）

8. 南宁平话

双宾语结构中，间接宾语放在直接宾语后面。如：许本书我。（给我一本书。）丨借一张凳渠。（借给他一张凳子。）丨送把菜渠。（送他一把菜。）（“南宁平话”，大词典 216 页）

9. 广州方言

动词后若有双宾语，指物宾语在前，指人（或其他）宾语在后。如：买件衫我。（给我买一件衣服。）丨寄封信佢。（寄一封信给他。）丨递杯茶我。（递给我一杯茶。）（“广州方言”，大词典 227 页）

第二，指出有某种条件。即：指出在什么条件下会如此。下面列举部分情况，所列情况中，加横线的语句为“某种条件”。

1. 河南罗山话

罗山南部方言中，祈使句的直接宾语在间接宾语前。如：给一本书他。（给他一本书。）丨给一个馍我。（给我一个馍。）（类编“9.12.2 河南罗山话的双宾句”）

2. 宁夏固原话

有指人宾语在后、指物宾语在前的句式，但范围较小，指人宾语多为第一人称代词“我”。如：给支钢笔我。丨借本书我。丨拿块肥皂我。丨给个碗我。丨拿件衣服我。（类编“9. 12. 8 宁夏固原话的双宾句”）

3. 下江官话

有一个限制条件：V 是“给”类动词。如：我给书他。丨厂长要

送点纪念品小王了吧。|胡老板塞那昧心钱你小子了?|学校分配几个研究生我们中文系。——有一个跟“给”字全面相当的词“把”。凡使用“给”义动词的地方都可以换用“把”字。上面双宾语句的例子皆然。如:县里把那么高的荣誉那个不争气的家伙。(类编“9.12.9 下江官话的双宾句”)

4. 浙江金华话

在祈使句里,一律是直接宾语先于间接宾语。如:尔送本书佢。(你送他一本书。)(类编“9.12.13 浙江金华话的双宾句”)

5. 南京方言

表示给予义的双宾语句,如果两个宾语都比较简单,它们在动词后的位置可以互换,如:你给一支笔他。(你给他一支笔。)|送两张票他。(送他两张票。)|退十块钱小张。(退小张十块钱。)(“南京方言”,大词典 47 页)

6. 娄底方言

双宾语句中,直接宾语有时可以放在间接宾语的前面。如:拿钱我呢|拿笔你啊?(“娄底方言”,大词典 184 页)

第三,指出二式同用。即:指出“宾 A 宾 B”和“宾 B 宾 A”的说法都存在。下面列举部分情况,所列情况中,加横线的语句直接表明或间接表明可以“二式同用”。

1. 吴语

“我给你一本书”,在吴语中有如下的说法。上海话:我拨一本书侬。|义乌话:我约一本书你。|温州话:我一赗本书你。|奉化话:我剥一本书你。各地吴语既有直接宾语在前的形式,也有在后的形式。但是南片吴语以直接宾语在前为常,越靠北部受北方话影响越大,间接宾语在前的语序也渐渐多见。(类编“9.12.10 吴语的双宾句”)

2. 江苏丹阳话

常常是直接宾语在前,间接宾语在后。如:把点铜钿我。(类编“9.12.11 江苏丹阳话的双宾句”)(邢按:“常常”表明有时可以采用另一种形式。)

3. 上海话

一种语序跟普通话相同：拨我一支笔。| 送伊一袋糖。| 骂伊戆大。| 赢师院两场球。一种语序跟普通话不同，其中的动词限于表示“给予”意义：拨张纸头我。| 赔一本新书侬。| 还五块洋钿小王。| 拨回音侬。——这种格式多用于老派，新派基本不用。（类编“9.12.12 上海话的双宾句”）

4. 湖南湘乡话

在某些场合，双宾语可以随语意而变换位置。如普通话“给我钱”这句话，湘乡话既可以说成“狭我钱”，语意强调钱；也可以说成“狭钱我”，语意强调我。（类编“9.12.16 湖南湘乡话的双宾句”）（邢按：两种格式同用，语用价值有所不同。）

5. 浙江金华话

在陈述句里，当动词前后还有别的成分（如助词、补语、连动句的第一动词等），并且直接宾语是一种看得见摸得着的具体东西时，双宾语的顺序往往可以互换，其中直接宾语先于间接宾语的顺序比较常用。如：我还十块洋钿佢罢。| 我还佢十块洋钿罢。（都表示：我还他十块钱了。）但如果直接宾语比较抽象，仍只能是间接宾语先于直接宾语。如：我划算问尔点儿事干。（我想问你一点事儿。）（类编“9.12.13 浙江金华话的双宾句”）

6. 崇明方言

表示给予意义的一类动词，它们的双宾语位置可以有两种：[A] 拨（给）十块钞票我。| 还三升米你。| 赔一件衣服夷（他）。[B] 拨（给）我十块钞票。| 还你三升米。| 赔夷（他）一件衣服。（“崇明方言”，大词典 132 页）

以上三种表述办法的分列，根据的是“类编”和“方言大词典”两部文献所作的描写。实际上，没有指出条件的，不一定是无条件；没有指出两式同用的，不一定不存在同用现象。不过，这没关系，不会影响本文的基本认识。

（二）方言里动词前边的双宾

甘肃临夏话的双宾句，大都把双宾前置，后面仍保留一个直接宾语的情况少见。前置的两个受事的先后位置也是自由的。如：我你[nia] 钱（哈）给了。（我给了你钱了。）｜你东西我［ŋa］还给！（你把东西还给我！）（类编“9.12.1 甘肃临夏话的双宾句”）

这是一种相当罕见的情况，仅见于甘肃临夏话。然而，能说明一个重要事实：双宾语的结构，即使转移到了动词前边，两个宾语仍然可以前后换位。

二　同义分管

所谓“同义分管”，是指：“宾 B 宾 A”两个宾语可以不连在一起，而是由两个同义形式分别管带，成为分立现象。假设两个同义形式是 V1 和 V2，那么，“V 宾 B 宾 A”便成为“V1 宾 B V2 宾 A”的同义分管形式。这里所说的 V1 和 V2，不一定都是动词。它们的词性归属，本文不讨论。

（一）同形同义分管

V1 和 V2 采用同一形式，或者基本采用同一形式。两部文献中，学者们提到了下列现象。

1. 南京方言

表示给予义的双宾语句，假如宾语比较长，常在指物宾语后用“给”引出指人宾语，放在指物宾语之后，如：他给了一半家产给两个儿子。（“南京方言”，大词典 47 页）

2. 梅县客家话

普通话双宾句式与梅县话不同。试比较：给他一本书。（普）｜分一本书分佢。（客）（原书编者按：江西泰和话也如此。）（类编“9.12.18 广东梅县客话的双宾句”）

3. 武汉话

“给”在武汉话里是“把”。下面这种格式是武汉话固有的格式：他把一本书把得我。｜你莫把钱把得他吵！｜请把一点水把得我。——其特征是直接宾语在前，间接宾语在后，间接宾语之前还要用一次“把”，“把”后还有助词［tə］，这里姑且写成“得”。第二个“把”之前有一个小小的语音停顿，这个停顿不能延长。这种句式中的“把”不能用“给”代替。(类编“9.12.6 湖北武汉话的双宾句”)

（二）异形同义分管

V1 和 V2 形式有异，但基本意思相同，都有“给”的意思。两部文献中，学者们提到了下列现象。

1. 淮阴话

动词含有“给与”意义的双宾语句，淮阴方言是指物宾语在前，指人宾语在后，在指物宾语与指人宾语之间用“给”连接起来。如：过年我们把四瓶酒给你家。｜送套茶具把你。｜你能不能借十块钱把我。——各例中的“把”都是“给与”义，并不是介词。比较起来，淮阴方言的这种句式倒像是连谓句。（类编“9.12.7 江苏淮阴话的双宾句”）

2. 湖南酃县客家话

如果前一动词带指物宾语，后一动词带指人宾语，还可以用连动句式说。例如：佢拿一本书［tei³⁵］佢。（我给他一本书。）——［tei³⁵］相当“给”，有时也用“分”［pən³⁵］，但常用［tei³⁵］。（类编“9.12.19 湖南酃县客家话的双宾句”）

3. 南京方言

表示给予义的双宾语句，假如宾语比较长，常在指物宾语后用“给”引出指人宾语，放在指物宾语之后。要是前边的 V1 不是“给”，便成为同义异形格式。如：我送了整整十盆兰花给那个亲戚｜学校里头奖一面锦旗给高二（3）班。（“南京方言”，大词典 47 页）

4. 杭州方言

杭州话动词带双宾语，既可以指人的在前，也可以指人的在后。指人在后的，也可以有两个动词，如：借五十块洋钿拨我。（“杭州方言”，大词典 155 页）

5. 广州方言

动词后若有双宾语，指物宾语在前，指人（或其他）宾语在后。

例如：买件衫我。(给我买一件衣服。) 丨寄封信佢。(寄一封信给他。)丨递杯茶我。(递给我一杯茶。) 在两个宾语之间加上“过”或“畀”，也是同样意思。例如：买件衫畀我。(给我买一件衣服。) 丨递杯茶过我。(递给我一杯茶。) (“广州方言”，大词典 227 页)

6. 湖北鄂东话

以浠水县方言为例，两种句式都能成立。如：我送了她女儿三块钱盘缠。丨我送了三块钱盘缠（得）他女儿。——后一例是“宾 B 宾 A”。“宾 A”前能出现一个不影响句意的“得”。“得”念轻声，有给予义，与给予的对象（指接受者）联系。(类编“9.12.5 湖北鄂东话的双宾句”)

必须指出，有的方言里两种分管形式都存在。上面已经提到的南京方言就是如此，再看上海话：

上海话里，当间接宾语后置的时候，最常见的格式是在间接宾语前头加上“拨”。如：赔一本新书拨侬。丨还两只照相机拨小李。丨拨张纸头拨我，让我写封信。丨拨把扇子拨我，让我扇个扇。丨拨张条子拨王平。(邢按：前两例是异形同义分管，后三例是同形同义分管。) 还有一种旧时常用的格式“动＋直接宾语＋拉＋间接宾语”，如：送三、四只粽子拉伊。丨借一间房间拉侬。丨 拨茶拉我。(邢按：这是异形同义分管。) (类编“9.12.12 上海话的双宾句”)

除了“类编”和“方言大词典”中涉及的方言，在其他方言土语里，同义分管形式并不罕见。比如，湘南土语：掇本书 du^{13}（给）你（东安花桥）丨掇本书掇我（东安石期）[3]。“掇”表示给予的动词义，前一例为异形同义分管，后一例为同形同义分管。

三 宾后续动

所谓“宾后续动”，是指：在“动＋宾 B 宾 A”后边续上一个动词（或动词短语），成为“动＋宾 B 宾 A＋动”，形成特殊兼语式。普通话为“动＋宾 A 宾 B＋动”，仍然是特殊兼语式。此时，两个宾语中的一个，被离析为特殊兼语式中动词前边的受事或施事。从这一点看，方言中的现象仍然跟普通话相对应。

（一）方言中的宾后续动格式

方言中，宾后续动的状况为："动＋宾B宾A"→"动＋宾B宾A｜动"。两部文献中，学者们提到了下列现象。

1. 河南新县话

有"给烟我吸"（给我烟吸）的说法。（类编"9.12.3 河南新县话的双宾句"）

2. 湖北武汉话

由于固有的格式当中，直接宾语在前，间接宾语在后，所以双宾兼语句也是如此。如：他把馒头我吃。｜他把钱我用。这么一来，兼语靠近动词"吃、用"，比普通话的双宾兼语句更像一般的兼语句。（类编"9.12.6 湖北武汉话的双宾句"）

3. 下江官话

"S＋V＋宾B宾A"（邢按：原书标记为"S＋V＋D0＋I0"）。作为一个线性序列也是可以延伸的。如：我给书他看。（类编"9.12.9 下江官话的双宾句"）

4. 浙江金华话

在兼语句里，只能是直接宾语先于间接宾语。例如：佢寄两块洋钿我用用罢。（他寄了几块钱给我用了。）｜我约点儿饭鸡吃吃哦？（我拿点儿饭给鸡吃吧？）（类编"9.12.13 浙江金华话的双宾句"）

5. 湖南长沙话

有间接宾语是后面另一动作的施事的用法，这是为了使语句更精炼更紧凑。如：送咯支钢笔你用。（把这支钢笔送给你用。）｜借咯本书我看下看。（把这本书借给我看看。）｜把一块钱我买肉去。（给我一块钱买肉去。）｜赶快喂饭他吃啰。（赶快给他喂饭吃吧。）｜把一点我试下味看。（给我一点尝尝。）（类编"9.12.14 湖南长沙话的双宾句"）

异形同义分管现象后边，同样可以续上动词。比如湖南湘乡话：

落雨哩，借把伞狭他打下。(类编“9.12.16 湖南湘乡话的双宾句”)

（二）普通话中的宾后续动格式

普通话中，宾后续动的状况为：“动＋宾 A 宾 B”→“动＋宾 A 宾 B＋动”。

20 多年前，龚千炎《由“V 给”引起的兼语句及其变化》一文④，专题研究过这一格式。例如：我给你一件东西看。(曹禺《雷雨》)｜决不给下人臭东西吃。(老舍《骆驼祥子》)

在被认为用普通话写作的文艺作品中，也可以见到“动＋宾 B 宾 A＋动”的说法。龚文指出：这个格式方言里甚多，普通话里过去没有，近年来用普通话写的文学作品里渐渐出现了，只是数量很少。如：我给个东西你看看。(古华《美丽崖豆杉》)｜都是他娘，我一到家，就塞给鞋底我纳。(高晓声《水东流》)｜就是要给点颜色他们看看。(楚良《没有“负荷”的店》)

通过对现当代文学作品语料库的检索，证明龚文的结论是正确的。现当代文学作品中较为多见的“动＋宾 A 宾 B＋动”格式，补充几例：老中医叫人给老东山水喝，给他挑扎急救。(冯德英《迎春花》)｜是我朱延年收留了他，给他事做，给他饭吃，讨了老婆，成了家，立了业。(周而复《上海的早晨》)｜呶，给你本小书看看。(宗璞《红豆》)｜是公公不好，给你陪不是啦。公公给糖糖你吃。(金庸《神雕侠侣》第 1 回)这一格式，不仅用于肯定句，也用于否定句：结果把花子关到厢房里，几顿不给她饭吃。(冯德英《苦菜花》)｜有几次一天多不给我一口东西吃，……(冯骥才《一百个人的十年》)这一格式，不仅用于陈述句，也用于疑问句和祈使句：谁给你饭吃？(王朔《我是你爸爸》)｜给我口水喝吧！(梁斌《红旗谱》)相对而言，“动＋宾 B 宾 A＋动”的说法也能检索到，不过很少，可以看作是方言说法偶尔进入普通话。例如：什么时候给姜醋我吃？(欧阳山《苦斗》)｜你回家等着，我送酒你喝。(冯德英《迎春花》)应该注意的是：用了“动＋宾 B 宾 A＋动”说法的作者，比方欧阳山和冯德英，他们在作品中也会同时使用“动＋宾 A 宾 B＋动”的说法。如：她叫醒了那孩子，给了他

一杯茶喝，又给了他两个油香饼吃。（欧阳山《三家巷》）丨妈，快给我饭吃吧！（冯德英《迎春花》）

四 笔者的认识

普通话和方言双宾语的不同，主要表现为句子意思相同，两个宾语的句法组造状态却有所不同。两种不同的句法组造状态，分别显示了普通话和方言双宾句类型的基本面貌。然而，“普—方”的双宾句类型并非完全对立，而是互有浸润，互有交叉。这正好反映了“整体汉语”⑤中二者的既有差别又有联系的亲缘关系。

从历时平面看，二者互有浸润。一方面，方言不断接受普通话的影响，年轻人的说法同老辈人的说法会有所不同。比如，武汉方言学者指出：武汉话的双宾句有两种形式，一种是吸收普通话用法而形成的格式。如：他把我一本书。丨你莫把他钱吵？带双宾语的最重要的动词“给”，在武汉话中很少用到，最近30年用的比以前多，也是受普通话的影响。（类编“9.12.6 湖北武汉话的双宾句”）又如，吴方言学者指出：南片吴语以直接宾语在前为常，越靠北部受北方话影响越大，间接宾语在前的语序也渐渐多见。（类编“9.12.10 吴语的双宾句”）

另一方面，用普通话写作的文学作品，由于受到作者母方言的影响，自然会偶尔带进方言说法。现当代文学作品中，近代白话文作品中，都可以见到方言用例。比如：房子租给了人家，大安的父母就用租金接济水生上了学。水莲父母也总给些粮食大安家，平素锅里碗里也就不那么分彼此的。（赵金禾《请你吃咸菜》）丨匡超人叩辞别知县，知县又送了二两银子他。（吴敬梓《儒林外史》）

从共时平面看，二者互有交叉。一方面，方言里不一定没有“动＋宾A宾B”。比如，上文已经提到，一些方言里可以两式同用。另一方面，普通话里不一定没有不属于方言说法的“动＋宾B宾A”。比如：温家宝总理“六一”节前夕复信中国聋儿康复研究中心的孩子们。

（《人民日报》2006年6月1日）｜香港有一位居民，致电本埠影视及娱乐事务管理处，指责一家报纸刊登了一首“粗口歌”。（《人民日报》2006年1月14日）这两个例子中，前宾语指物，后宾语指人。这一用法，动词和指物宾语都只有一个音节，带书面语色彩，如果认为其中的“复信、致电”之类是动宾式合成动词，后边的名词语充当这个合成词的宾语，此说很难成立。同类说法，自古有之。以“致书某人”来说，请看几个例子：致书宰相，乞分司洛阳，……（刘昫《旧唐书》）｜致书诸籓，请谋王室之难。（欧阳修、宋祁《新唐书》）｜乃致书王镕，使通于全忠。（司马光《资治通鉴》）｜汝可致书宋太后，使汝名传中国。（毕沅《续资治通鉴》）｜致书宋主，诘其稽留郝经之故。（宋濂《元史》）显然，分析古代汉语语法结构，不能说“致书某人”中“致书”是一个动词，“某人”是“致书”的宾语。

总起来看，典型的双宾语在“普一方”之间可以互译、互补又互证。方言语法学者们都熟悉普通话语法学者的论说，但是，他们在描写方言双宾语时，都不约而同地把主要精力集中在“给”义双宾上面，而采用这种那种方式避开或基本避开了“取”义双宾。这是为语言事实所决定的。这从一个侧面表明，就“整体汉语”而言，具有离析性的双宾语，最为大家所认可，是在宾语使用上凸显汉语特色的句法结构。

还需要说明两点。

第一，“给”义双宾也好，“取”义双宾也好，都只是突出代表字的说法，二者并非任何时候都是对立的。比方“赏”和“罚”，有时“赏”有给义，“罚”有取义。例如：

赏他一辆宝马轿车

罚他一辆宝马轿车

前例等于说“赏给他一辆宝马轿车”，后例等于说“罚取他一辆宝马轿车”。但是，在动词和宾语的联系上，两例都具有离析性，都是带双宾语的说法。例如：

赏谁？赏他。赏什么？赏一辆宝马轿车。

罚谁？罚他。罚什么？罚一辆宝马轿车。

跟“罚他一辆宝马轿车”同类的例子，还有“榨他三根金条、赢了他一盘棋”以及本文第一部分里提到上海话时列出的“赢师院两场球”等。可见，有离析性的双宾语，有的跟“给”义和“取”义并不存在绝对的必然的联系。然而，“赏他一辆宝马轿车”可以说成“赏一辆宝马轿车他”，“罚他一辆宝马轿车”却不等于说“罚一辆宝马轿车他”，而“赢师院两场球”根本就不能说成“赢两场球师院”。由此又可见，这种“取”义双宾的离析性在句法组造的状态上受到了限制。还有，本文第一部分里提到的“买件衫我”“拿件衣服我”，虽跟取得意义无关，但也不能说成“买我件衫”“拿我件衣服”。相关现象有多少？有哪些？规律何在？一下子还说不清楚。

第二，上面采用“典型双宾语”的说法，意味着还有其他双宾语。其他双宾语范围多大，还有哪些，疑难问题很多，笔者无力解决。这里只能指出：判定双宾最好有一个统一的标准。类比一下：把哪些动物判定为猫科动物，把哪些动物判定为犬科动物，都有统一标准，那么，判定双宾语的统一标准是什么呢？笔者读过几篇论证应该承认“取”义双宾的文章，感到言之成理，有说服力。然而，要较为理想地解决双宾问题，恐怕还需要在揭示各类双宾的共性特征上做更多的努力，给出简单明了的可以作为标准来判定双宾的格式或框架。

陆俭明先生提出，可以用“一共＋V＋N1＋多少＋N2”的框架来把所有双宾语都统起来。[6]但是，正如笔者《归总性数量框架与双宾语》一文所指出，对于认定“双宾”，这一框架不足为据。[7]因为，这一框架的容纳面过大，不仅包含双宾现象，还包含有复指结构及其他现象。再举个《归总性数量框架与双宾语》一文中没有的例子：谷三木口口声声……他的家人，他家人一共只有老父幼弟二人，这些话显然是从他老父口中转传而来。（古龙《金刀亭》第二十八章。邢按：经在网上查证，此部小说实由上官鼎代笔）其中，“一共……二（两个）……”是归总性数量框架，但“老父幼弟”和“二人”的组合不是双宾结构，而是复指结构，再说，动词“有”也不可能带双宾语。打个比方：凡是鸟都有翅膀，都会飞，这是毫无疑义的。但是，有翅膀、会飞的动物范围大于鸟，像蜻蜓、蝴蝶、苍蝇、蚊子等等，它们肯定不是鸟。如果用“有翅膀、会飞”作为判定鸟的标准，便不准确。然而，无论如何，陆先生作了可贵的努力，他的研究思路是领先的，他的研究步伐是迈在队列前头的。他的研究启示我们，双宾语的共性特征是什么，这个问题还有待于做一步的探索。

以上只是个人领悟。限于能力，所说的不一定就说到了点子上，而且可能根本就没说到点子上。然而，可以肯定的是，这么多方言学者，涉及这么多方言，却不约而同地聚焦于离析性很强的一类现象，其深层的心理原因，其深层的理论性蕴含，是很值得引起我们去思索，去发掘的。

鲁国尧《论汉语音韵学的研究方法和我的“结合论”》指出：“作为上世纪五六十年代受过语言学高等教育的学人，在自己研究音韵学和方言史的学术生涯中，我对历史文献考证法和历史比较法一律尊礼膜拜，矢志将二者结合之，努力体现于自己的实践研究与理论撰述之中。”“现代学者不可能死守一种方法，因为我们生活在自然科学、人文社会科学都在迅猛发展的时代。”“岳飞说过：‘运用之妙，存乎一心。’（脱脱《宋史·岳飞传》）一个古代的杰出军事家不肯搬用阵图而主张灵活作战，一个现代的有头脑的汉语学者当然也不会依据方法的分类死守某种现成的教条。”⑧ 鲁先生结合研究实践总结出自己的见解，具有鲜明的个性，但是，不管对研究哪一方面的学者来说，都可以得到启示，从而多动脑筋，多想办法，多找出路。中国语言学的发展，需要“引进提高”和“自强自立”的互补！⑨

主要参考文献：

[1] 黄伯荣. 方言语法类编 [M]. 青岛：青岛出版社，1996.

[2] 李荣. 现代汉语方言大词典（综合本）[M]. 南京：江苏教育出版社，2002.

[3] 邓永红. 湘南土话的被动标记和处置标记 [J]. 汉语学报，2005 (4)：42 .

[4] 龚千炎. 由"V给"引起的兼语句及其变化 [J]. 中国语文，1983 (4)：241-248 .

[5] 张振兴. 方言研究与对外汉语教学 [J]. 语言教学与研究，1999 (4)：42-49.

[6] 陆俭明. 再谈"吃了他三个苹果"一类结构的性质 [J]. 中国语文，2002 (4)：317-325.

[7] 邢福义. 归总性数量框架与双宾语 [J]. 语言研究，2006 (3)：1-9.

[8] 鲁国尧. 论汉语音韵学的研究方法和我的"结合论"[J]. 汉语学报，2007 (2)：4-6 .

[9] 邢福义. 语言学科发展三互补 [J]. 汉语学报，2005 (2)：5.

（原载《语言研究》2008 年第 3 期）

理论的改善和事实的支撑
——关于领属性偏正结构充当远宾语

引言

在现代汉语共同语的双宾结构中，位置居前、靠近动词的一个宾语是“近宾语”，一般指人，也叫“间接宾语”；位置居后、距离动词较远的一个宾语是“远宾语”，一般指物，也叫“直接宾语”。

关于双宾语，近年来学者们越来越重视理论上的研究，做出了这样那样的总结，这是一大进步，对于汉语语法研究起到了有力的推进作用。但是，理论的总结不可能一开始就那么准确，需要通过事实的验察来不断完善。比方，远宾语的构建，有学者作出了一个重要论断：“双宾结构里的直接宾语排斥领属性偏正结构。”[①]这就是说，远宾语不可能由“领属性偏正结构”充当。凡是语义上可以安排为远宾语的“领属性偏正结构”，句法构造上都会被“把”字提调到动词的前边。本文认为，从全面地反映语言运用的客观事实上看，这一论断还需要作进一步的探讨。

一 反例的问难

许多反例，对远宾语排斥领属性偏正结构的结论提出质疑问难。先说一个例子。

2008 年 4 月 16 日晚，看中央电视台举办的“隆力奇杯”第十三届

CCTV青年歌手大奖赛，有位歌手参与比赛的歌，题目是《给你我所有的爱》。题目里，远宾语“我所有的爱”便是一个领属性偏正结构。

考察这个题目的用语，可以知道：

第一，“给你我所有的爱”中，“所有”可以变换为“全部”。例如：

（1）给我你全部的爱，我想成为最幸福的女孩！

（http://xzd.2000y.net/mb/2/ReadNews.asp?NewsID=287355）

（2）你能给我你全部的爱情吗

（http://www.xiaoshuo.com/sanctumlist/00123386_2.html）

第二，“给你我所有的爱”，可以删减“所有、全部”之类，说成“给你我的爱”。例如：

（3）送你一颗滚烫的心，送给你我的爱

（http://zhidao.baidu.com/question/36045031.html）

也可以删减“爱”，说成“给你我的所有（全部/一切）”。例如：

（4）只想给你我的所有

（http://tiebacommit.baidu.com/f?kz=140747101）

（5）我将给你我的全部

（http://product.danawa.com.cn/244133/comment.html）

进一步观察，又可以知道：

第三，远宾语中充当中心词的名词，可以根据不同需要而变换。例如：

（6）给你我的心

（http://www.readnovel.com/partlist/2222/）

（7）给你我的手

（http://article.hongxiu.com/a/2004-11-13/507360.shtml）

（8）给你我的快乐

（http://blog.sina.com.cn/s/blog_4c97f190010007u7.html）

（9）给你我的港湾

(http://club.xilu.com/trdszjp/msgview-219654-70.html)

上面四例，在“爱”占据的位置上，变换成了“心、手、快乐、港湾”。

第四，作为近宾语的人称代词，也可以根据不同需要而变换。例如：

(10) 给我你的答案

(http://bbs.350500.com/a/? BoardID=16&ID=2230715)

(11) 给我你的吻

(http://www.yue365.com/getgeci/3423/34702.shtml)

(12) 我该给他我的一切吗?

(http://tieba.baidu.com/f? kz=66277808)

(13) 言爱，请给她你的全部

(http://blog.163.com/lsplzxlzl/blog/static/881665200682261254504/)

上面四例，在“你”占据的位置上，变换成了“我、他、她”。

第五，充当远宾语中领属定语的人称代词，同样可以根据不同需要而变换。例如：

(14) 爱她就送给她你的真心

(http://www.fadmy.com/news/fashion/liuxingrenwu/2006-06-05/066510490978341.shtml)

(15) 想她，就给他你的近照

(http://school.269.net/gy5460/jsp/picture/dictlist.jsp? pdid=21231156)

(16) 没问题啊，我给你他的电话

(http://home.focus.cn/msgview/607/1175529.html)

(17) 她为什么不给我她的相片(http://bbs.cn.yahoo.com/message/read_-YXV0aG9yc2hpcA==_496963.html)

上面四例，在“我(的)”占据的位置上，变换成了“你(的)、他(的)、她(的)”。

再进一步观察，还可以知道：

第六，作为近宾语的人称代词，不仅可以是单音节表单数的，也可以是双音节表复数的。例如：

(18) 请给我们你的意见

(http://www.dotblogs.com.tw/dotjum/archive/2008/01/24/1009.aspx)

(19) 给你们他的头像

(http://bbs.krnet.cn/read.php? tid=37009&uid=3033)

(20) 给他们我的同情

(http://bbs.3see.com/viewthread.php? tid=1202)

(21) 给她们你的所有。

(http://blog.sina.com.cn/s/blog_48bf66ed010003x4.html)

上面四例，近宾语是“我们、你们、他们、她们”。

第七，充当远宾语中领属定语的人称代词，同样不仅可以是单音节表单数的，也可以是双音节表复数的。例如：

(22) 请大家给她你们的祝福！

(http://www.mypethome.com/bbs/archiver/? tid-8050159.html)

(23) 可以送给他你们的“回忆”！

(http://ks.cn.yahoo.com/question/1406080707544.html)

(24) 明天给你他们的电话。

(http://bbs.soufun.com/1010035998~-1~5689/73731941_73737893_1.htm)

(25) 最好能给我他们的出生年月！

(http://zhidao.baidu.com/question/11175544.html? fr=qrl)

上面四例，充当远宾语中领属定语的人称代词是“你们（的）、他们（的）”。

第八，不管是充当近宾语的人称代词，还是充当远宾语中领属定语的人称代词，都可以是双音节表复数的。即，两个表复数的人称代词同现。例如：

(26) 我给你们他们的地址

(http://house.focus.cn/msgview/242/131223866.html)

上例，充当近宾语的人称代词是“你们”，充当远宾语中领属定语的人称代词是“他们（的）”。

所有这些用例，既表明了这一句法的灵活性，又表明了同类说法的群众性。能不能说，全部都是病例？换句话讲，能不能说，全部都是违反汉语造句规则的说法？

二 判断的分寸

讲究判断分寸，力求切合客观实际，这是概括规律的根本要求。上面的举例，全都通过上网搜索而获得。这些例子，是否可以统统归结为不一定合乎规范的“网络语言”，从而认为可以不管呢？恐怕不行。一来，网络语言也是现代汉语的一部分，如果不“违法”，就得承认；二来，同类用法在文艺作品和报刊文稿中，并非罕见。如下诸多情况，都见于文艺作品和报刊文稿。

第一，带双宾语的动词用“给”。有一部小说《假如我给你我的心》，作者为于晴，共十章，最后有个“尾声”。该小说的标题中，就有“给你我的心”。再举两个“给”后带“了”的用例：

(27) 我给了你我的戒指，还能反悔吗？（老舍《火葬》）

(28) 我给了他我的电话号码，好让他给我打电话。（此例通过北京大学汉语语言学研究中心 CCL 语料库获得）

第二，动词部分用“V 给”。例如：

(29) 我带她到卫生间洗脸刷牙，指给她我的毛巾和牙具。（王朔《过把瘾就死》）

(30) 尹小帆带尹小跳参观她的房子，并指给她她的房间。（铁凝《大浴女》）

第三，近宾语和远宾语之间插入数量词。例如：

(31) 这位“从未送别人照片”的她，却给了我几张她的照片。(夏之秋《有情人“未”成眷属》)

(32) 牧羊人递给我一支他的烟。(张承志《黑骏马》)

(33) 拍照后，克里斯托送了我一本他的画集……(邓伟《追求》)

第四，用作远宾语的领属性偏正结构稍为复杂。具体情况，并不单纯。列举三组例子来说：

A. 内部又包含有一个领属性偏正结构。例如：

(34) 我爽性说给你我的生平的始末吧，只要你不嫌。[徐志摩《巴黎的鳞爪（一）》]

(35) 阿伦给了我一篇他的论文的抽印本，题为《给一个中国朋友的信》，……(此例通过北京大学汉语语言学研究中心CCL语料库获得)

例(34)，“我的”和“生平的始末”之间是领属性关系，“生平的”和“始末”之间也像是领属性关系；例(35)，“他的”和“论文的抽印本”之间是领属性关系，“论文的”和“抽印本”之间也像是领属性关系。

B. 内部又包含有一个修饰性偏正结构。例如：

(36) 韩振不在时，刘庆棠马上问沙音能不能送他一张她的单人照片。(王路《刘庆棠的狱后生活》)

(37) 我也会给你一份我的身体检查报告，在这点上我们应该双方心中有数，你也不想后半辈子找个病秧子老伴负担吧？(王朔《我是你爸爸》)

例(36)，“她的”和“单人照片”之间是领属性关系，“单人”和“照片”之间是修饰性关系；例(37)，“我的”和“身体检查报告”之间是领属性关系，但“身体检查报告”等于说对于身体的检查报告，更像是修饰性关系。

C. 后边跟上一个复指成分。远宾语和后边的复指成分一起组成同位结构。例如：

(38) 有一天，葛剑雄博士赠我一册他的新著《统一与分裂：中国历史的启示》，……（许纪霖《常识的谬误》）

(39) 王元化同志寄赠我一本他的新作《文学沉思录》。（包遵信《真理是最高的幸福——读王元化〈文学沉思录〉》）

(40) 从未谋面、七十七岁高龄的已退休的哈泼讲座教授诺尔曼·麦克林送了我一本他的小说集《一条长河奔流而过》。（赵萝蕤《友谊的纽带是书》）

例（38），“他的新著”和“《统一与分裂：中国历史的启示》”组成同位结构；例（39），“他的新作”和“《文学沉思录》”组成同位结构；例（40），“他的小说集”和“《一条长河奔流而过》”组成同位结构。

观察可知，例句的运用者中，有著名作家老舍、徐志摩、铁凝、王朔、张承志等。后边，还会用到曹禺、万方、姚雪垠、刘心武、梁晓声、礼平等作家的例子。大家知道，老舍说纯正的北京话，是公认的运用汉民族共同语的大师，铁凝和王朔都从小就说的北京话，其作品有广泛的影响。要是认为他们笔下的双宾语结构“违法”，这是让人难以理解的。何况，他们之外，还有那么多的使用者！

有个问题需要讨论：领属性偏正结构，是否一旦出现在远宾语位置上，就会改变其领属关系的性质？有学者举出诸如此类的例子：“我送了他黎锦熙先生的著作。”所作的解释是：在这里，“黎锦熙先生（的）”表示类别，不再表示领属，因为所送的“著作”并非为黎锦熙先生所拥有。这样的解释，并不成功。

首先，许多时候，形成偏正关系的甲乙之间，具有明显的领属性，无可辩驳。比如“给你我的心”、“给你我的手”，其中的“我的心”、“我的手”绝对不能说不是领属性偏正结构。又如：

(41) 在天安门城楼上，顾阿桃双手送给毛主席一份她的看图讲用稿，……（陆泰、王大经《顾阿桃之谜》）

上例的“她的看图讲用稿”，“她”指代前边的顾阿桃，“她（的）”

和“看图讲用稿”之间的领属性关系是无可置疑的。

其次，许多时候，形成偏正关系的甲乙之间，存在两可解释，不应只看到一个侧面，忽视另一个侧面。以人与书稿诗词绘画等的关系来说，可以有不同角度的观测点：一个是，乙为甲所占有，是财产所有权方面的领属性关系；另一个是，乙为甲所原创，是书文等创作权方面的领属性关系。对这两个角度进行观测，所得的结果是：有时叠合，有时不叠合。

A. 有时叠合。甲既是乙的原创者，又是乙的占有者。比如例(41)，“看图讲用稿”既为“她（顾阿桃）”所创作，又为“她（顾阿桃）”所拥有。又如：

(42) 布托夫人还珍重地送给我一本她的专著，并在上面写下了：一个职业女性给另一个职业女性，希望你能实现自己的理想。（此例通过北京大学汉语语言学研究中心 CCL 语料库获得）

(43) 那天他送了我一本他写的书，书名是两个中国字《眩人》，用墨笔签了名，还郑重其事地盖了印。（刘心武《松本清张一去不返》）

(44) 在她家吃了饭，还送给她父亲两本我新出的书。（梁晓声《冉之父》）

例 (42)，她（布托夫人）同时是“专著”的创作者和拥有者。后两例，可以说成“他送了我一本他的书”和“我送给她父亲两本我的新书”，“他/我”同样是“书/新书”的创作者和拥有者。

B. 有时不叠合。甲是乙的原创者，但不是乙的实际占有者。然而，即使如此，也不能认为原创关系不再存在。比较：

(45) 南边墙上挂着一幅董其昌的仕女图。（金庸《飞狐外传》）

(46) 我送他一幅董其昌的仕女图。

例 (45) 是存现句，例 (46) 是双宾句。这两例中，“仕女图”实际上并不是董其昌所拥有的事物。然而，在原创关系上，“董其昌”和“仕女图”之间的领属性并未改变。假如不把“董其昌”解释为“仕女图”的领属定语，而解释为“仕女图”的类别定语，恐怕很难全面解释语言事实。因为，会碰到这样的同类说法：

（47）我送了她一首李清照的词。

所送的“李清照的词”，是由“我”说出来或写出来的。从这个意义上看，已经为“我”所占有。但是，在“产权”的意义上，“李清照的词”仍然是领属性偏正结构。这种“产权”关系，是永恒的不可改变的关系。

我们还可以通过添加复指成分的办法来检验，从而证明这种“产权”的领属关系的永恒性。上面已经举过“偏正结构＋复指成分”充当远宾语的例子。这里，请观察：

（48）我送了他黎锦熙先生的著作。

→我送了他黎锦熙先生的著作《新著国语文法》。

→我送了他黎锦熙先生的《新著国语文法》。

诚然，“黎锦熙先生的《新著国语文法》”是领属性偏正结构。这里的“黎锦熙先生（的）”，如果说不是表示领属，而是表示类别，便过于牵强了。

“说有易，说无难。”在这一点上，全称判断和特称判断的选用，至关重要。一种事物，如果并非全然如此，却用全称肯定判断或全称否定判断，就会抵牾于事实，因而不能给人以准确的认识。如果只从一个侧面来解释部分例子，借以概括全局，这是有问题的。

三 句式的变换和语用的需求

（一）句式的变换

语言中，不管是词语还是句子，形式和内容之间都不会总是一一对应。同样的意义，用不同的形式来述说，这是常见现象。双宾句式和“把”字提调句式，正是可以表达同一意义的两种形式。这里所说的“把”字提调句式，特指通过“把”字将远宾语位置上的结构提调到动词前边的句式。比较：

（49）算了算了，我们先给他钱。（王朔《千万别把我当人》）

(50) 干吗不早点把钱给他?(王朔《人莫予毒》)

同是王朔的作品，例(49)用双宾句式“给他钱”，例(50)用“把”字提调句式“把钱给他”。前一例也可以说成“算了算了，我们先把钱给他”，后一例也可以说成“干吗不早点给他钱”。

上例用的是单音节名词“钱”。大于词的名词结构，比方偏正式名词结构，情况如何?

首先，是不是远宾语总是排斥领属性结构?回答是否定的。这一点，前面两个部分所举的例子已经证实。如果换个角度，从“把”字提调句式来看，其中的领属性结构也可以转移到远宾语的位置之上。可见，双宾句式并不拒绝它们。例如：

(51) 回到工作岗位后，我要把这次“两会”的精神传达给同事，……(《人民日报》2005年3月14日)

上例可以说成：回到工作岗位后，我要传达给同事这次“两会”的精神，……

其次，是不是远宾语总是接受非领属性结构?回答也是否定的。我们对2005年1月1日至8月21日的《人民日报》作了全面的检索。结果表明，不仅是领属性偏正结构，大量的非领属性偏正结构也往往被“把”字所提调。例如：

(52) 一个姐妹刚调来值车，赵梦桃就主动把好用的纺纱车让给她。(《人民日报》2005年5月2日)

(53) 她……要求记者把中奖的电话号码给她，以便核实。(《人民日报》2005年4月21日)

(54) 胡锦涛还把一台25吋的彩电送给查兰明家，他对查兰明说：“希望你们尽快过上好日子!……”(《人民日报》2005年2月12日)

(55) 西方社会把“负责任的左派”的美名送给了巴西总统卢拉，而对委内瑞拉总统查韦斯和阿根廷总统基什内尔则微词颇多。(《人民日报》2005年3月25日)

以上4例，“把”字后边的非领属性偏正结构分别为6、7、8、

9 个音节。它们不是不能转移到远宾语的位置之上。即：→让给她好用的纺纱车丨→给她中奖的电话号码丨→送给查兰明家一台 25 吋的彩电丨→送给了巴西总统卢拉“负责任的左派”的美名。

下面两例，可以证明“把”字提调句式和双宾句式之间具有转换的关系：

（56）当天上午，该奖项评审委员会主席雷夫·安德森宣布，把 2005 年的国际大奖授予印度科学与环境中心，以表彰其在保护水资源和环境领域作出的贡献。(《人民日报》2005 年 3 月 24 日)

（57）国家科委发明评选委员会对这项重大发明进行了评审，并报国务院批准，决定授予以袁隆平为首的全国籼型杂交水稻科研协作组特等发明奖。(谭士珍《杂交水稻之父——袁隆平》)

这两例，说的都是给什么单位授予什么奖。前例是“把 2005 年的国际水奖授予印度科学与环境中心”，后例是“授予以袁隆平为首的全国籼型杂交水稻科研协作组特等发明奖”。对照前后两例，可以知道两种说法可以相互转换：前例也可以说成“授予印度科学与环境中心 2005 年的国际大奖”，后例也可以说成“把特等发明奖授予以袁隆平为首的全国籼型杂交水稻科研协作组”。

（二）语用的需求

句式的变换，服务于语用的需求。

一般地说，不管是领属性结构还是非领属性结构，凡是可以用在远宾语位置上的，音节越多，往前提调的愈加常见。这样既可以通过“把”字强调一下对相关事物的处置，以便引起注意，又可以使得句子的构成在音节的分布上更加协调，音读效果更好。比较：

（58）梁若皓把自己和吕大夫的联系地址和手机号留给了冯天玉，……(《人民日报》2005 年 4 月 24 日)

（59）梁若皓留给了冯天玉自己和吕大夫的联系地址和手机号，……

这里的“自己和吕大夫的联系地址和手机号”是领属性结构，15 个字。后一例的说法不是不能成立，但显得拖沓，不如前一例那么畅达。再比较：

(60) 去年春节……把经过大量筛选出来的有价值的资料（当年礼）推荐给大家。(《人民日报》2005 年 4 月 19 日)

(61) 去年春节……推荐给大家经过大量筛选出来的有价值的资料（当年礼）。

这里的“经过大量筛选出来的有价值的资料”是非领属性结构，也是 15 个字。同样，后一例的说法不是不能成立，但显得拖沓，不如前一例那么畅达。

下面，回到本文的主要话题。本文所要讨论的是领属性结构充当远宾语，因此，本部分需要把讨论集中到这一问题：配置领属性结构，为什么有时会选用双宾句式，而不选用“把”字提调句式？考察可知，之所以如此，是由于以下原因。

首先，话语的口气比较随便，不强调对事物的处置。比如上引老舍、铁凝、王朔等人的例子。又如：

(62) ……双喜带着一队人等候周山，装做要送给他一封自成的书信，把他捉到。(姚雪垠《李自成》)

(63) 翩翩少年：白露，送我一瓶你的香水吧。……翩翩少年：(凑近一步) 白露，把香水洒在我身上行么？(曹禺、万方《日出》电影剧本)

(64)“唔，原来并不是只有我才回来寻找旧时的梦。”她自语似地说着，然后有些冷淡地问，“可以给我你的住址吗？”申涛告诉了她。(礼平《小站的黄昏》)

这三例，或者陈述一个情况，或者说出一个要求，或者提出一个问题，都采用顺口而出的双宾句式。前两例后边还出现“把”字处置句式（“把他捉到”/“把香水洒在我身上”），比较之下，更能使人感到双宾句式有时反映话语的通常平白口气，显得随意一些。

第二，行文的延续顺应表述的语势，上下文采用一种句式而不用另一种句式。例如：

(65) 好好好，我们来赌这场东道，你输了送给我们“乾坤霹

雳”，我们输了便送给你“终南三煞”的项上人头。（诸葛青云《霹雳蔷薇》）

夏天翔和“终南三煞”打赌，“终南三煞”指“毒佛”空空和尚、“矮脚驼龙”鲍一飞、“七守夜叉”牛朗源。上例是“矮脚驼龙”鲍一飞所说的话。例中的“终南三煞”，等于说“我们终南三煞”，也等于说“我们”。按说话的语势，前面说你输了送给我们什么，后面接着说我们输了便送给你什么，有如行云流水。如果说成你输了送给我们“乾坤霹雳”，我们输了便把“终南三煞”的项上人头送给你，句法构造不一致，显然不如原文顺畅。再看下面的例子：

（66）八三年我第三次访美之际，除了在圣迭戈承卓以玉送来徽因年轻时的照片两帧，又蒙费正清赠我一本他的《五十年回忆录》，其中有一段描绘抗战期间他去李庄访问思成和徽因的情景。（此例通过北京大学汉语语言学研究中心CCL语料库获得）

先说“承卓以玉送来”什么，接着说“又蒙费正清赠我”什么，语势一贯而下。如果前面说“承卓以玉送来徽因年轻时的照片”，后面说“又蒙费正清把他的《五十年回忆录》赠我”，会失去原文使人感觉到的一种对应美。

其三，讲求句法的音律美，上下语句末尾的字同韵。这种情况，经常出现在歌词里面。例如：

（67）“我要给你我的追求，还有我的自由……”餐馆音箱传来由于音量极低犹如喃喃私语的歌声。（王朔《许爷》）

上例“求—由”押韵。“求”，普通话韵母为［iou］，“由”，普通话韵母为［ou］[②]。假若把上例改写为“我要把我的追求给你，还有我的自由……”，或者改写为“我要把我的追求，还有我的自由给你……”，不仅不押韵，还会影响节奏的和谐，致使原来的音律美受到破坏。又如：

（68）给我你的爱
让我陪着你去未来
给我你的爱

手拉着手不放开

(http://blog.sina.com.cn/s/blog_4a955fd1010005ou.html)

(69) 走吧

给我你的全部

为我燃起火把

照亮前路

(http://article.hongxiu.com/a/2006-11-12/1539349.shtml)

例 (68),“爱—来”押韵,“爱—开”押韵;例 (69),“部—路”押韵。假若采用“把”字句式,前一例说成“把你的爱给我”,后一例说成“把你的全部给我”,自然不行。

四　古代汉语用法

(一) 从英语和翻译作品中的用例说起

这是英语中常用的说法:

(70) Give you my pen

(71) Give me your pen

两例分别翻译成“给你我的钢笔”和“给我你的钢笔”,完全符合中国人的汉语语感。

翻译作品中,经常看到同类事实。略举几例。

动词单用“给”的,例如:

(72) “给我你的书包,”斯内普轻柔地说,……([英] 罗琳《哈利·波特与混血王子》,马爱农、马爱新翻译)

(73) 你可以给他们你的爱,但不是你的思想,因为他们有自己的思想。([美] 彼得·圣吉《第五项修炼》,郭进隆翻译)

动词用“V给”的,例如:

(74) 精灵女皇赐给我们她的祝福和礼物。([英] 托尔金《魔戒》,姚锦翻译)

(75) 带给我们你的血肉,我们太冷了!([美] 魏丝等《龙

枪-夏焰之巨龙》，朱学恒翻译）

远宾语前头加数量词的，例如：

（76）给我一半你的财产，我就走。（［英］奥斯卡·王尔德《渔夫和他的灵魂》，王林翻译）

（77）拜托你，克撒，给我一把你的刀子，任何一把都行。（［美］琳·雅比《龙枪-旅法师》，赵子皓翻译）

（二）古代汉语说法的双宾

歌词中“给你我的心”，老舍作品中“给了你我的戒指”，这类说法是否受到翻译外语的影响，不敢妄加评说。然而，从古代汉语说法看，文言文中双宾语的远宾语采用领属性偏正结构，并非特别罕见。

古代汉语说法的双宾句式，特别典型的是“VP之NP”，包括“赐之NP、予之NP、遗之NP、赠之NP”等等。其中的“之”是代词，其中的NP有时是领属性偏正结构。例如：

（78）戊午，晋侯朝王，王享醴，命之宥。请隧，弗许，曰：“王章也。未有代德而有二王，亦叔父之所恶也。”与之阳樊、温、原、攒茅之田。（左丘明《左传》）

这一例，前边的“之”是代词，后边的“之”相当于“的”。“与之”，即“予之”，刘向《新序》中述说同一件事，用的是“予之”。“与之阳樊、温、原、攒茅之田”，翻译成现代汉语，便是：“（周天子）赐给晋文公阳樊、温、原、攒茅诸邑的田土。”[③]同类的例子：

（79）君赐之外府之裘，则能胜之，赐之斥带，则不更其造。（刘向《说苑》）

（80）有仕于此，而子悦之，不告于王而私与之吾子之禄爵；夫士也，亦无王命而私受之于子，则可乎？（孟子《孟子》）

这两例中，近宾语“之”是代词，“外府之裘”、“吾子之禄爵”都是领属性偏正结构，其中的“之”相当于“的”。

再比较下面两例：

（81）虢公请器，王予之爵。（左丘明《左传》）

（82）王与之武公之略，自虎牢以东。（左丘明《左传》）

这两例，见于《左传》的同一篇，“予之”“与之”同义。前一例，远宾语为“爵”（青铜酒杯），名词；后一例，远宾语为“武公之略”（“略”即“土地/地界/地盘”），其中用“之”，是领属性偏正结构。

有时候，远宾语中未用“之”，但整个远宾语还是领属性偏正结构。例如：

(83) 桓公赐之齐国市租一年而国不治，桓公曰何故？（刘向《说苑》）

(84) 是时，太中大夫邓通方宠幸，上欲其富，赐之蜀严道铜山，使铸钱。（司马光《资治通鉴》）

上例的“齐国市租”、“蜀严道铜山”，等于说“齐国之市租”、“蜀严道之铜山”，都是领属性偏正结构。

有时候，近宾语也可以用其他代词。例如：

(85) 余赐汝孟诸之麋。（左丘明《左传》）

上例近宾语用“汝”；远宾语“孟诸之麋”是领属性偏正结构，定语和中心词之间用“之”。杨树达《高等国文法》分析双宾语时用过此例[4]，王维贤主编《语法学词典》曾转引[5]。这是楚国的子玉梦见河神对他说的一句话，翻译成现代汉语，便是：“我赐给你孟诸的沼泽地。”[6]

跟现代汉语情况一样，古代汉语中双宾句式与非双宾句式可以变换使用。比方，“VP 之 NP”→“以 NPVP 之”/“VP 之以 NP”。例如：

(86) 最后亲陵，遣计吏，赐之带佩。（范晔《后汉书》）

(87) 吏有因事受赂者，嵩更以钱物赐之，吏怀惭，或至自杀。（范晔《后汉书》）

(88) 不起，赐之以药。（范晔《后汉书》）

以上三例，分别为“VP 之 NP”、“以 NPVP 之”、“VP 之以 NP”，它们可以互相变换。其中的 NP 都不是领属性偏正结构。再看这个例子：

(89) 大康二年正月，仁懿皇后崩，遣使报哀于夏，以皇太后遗物赐之。（脱脱《辽史》）

上例是“以NPVP之”，也可以变换为“VP之NP”、“VP之以NP”：

（90）大康二年正月，仁懿皇后崩，遣使报哀于夏，赐之皇太后遗物。

（91）大康二年正月，仁懿皇后崩，遣使报哀于夏，赐之以皇太后遗物。

不管句法如何变换，不管是否采用双宾句式，“皇太后遗物”都是领属性偏正结构。

五　结束语

（一）领属性偏正结构可以充当远宾语。就现代汉语而言，尽管频率不太高，但从现代到当代都有使用，而且当前在某个范围内还相当活跃。

（二）双宾语句式和“把”字提调句式往往可以互相转换，它们对于领属性偏正结构和非领属性偏正结构的选择，并不存在硬性的排斥哪种、接纳哪种的关系，换句话讲，并不存在取此舍彼的关系。在远宾语位置上有时使用领属性偏正结构，具有特定的不可取代的语用价值。

（三）现代汉语里，远宾语有时由领属性偏正结构充当的现象，也许跟翻译外语作品有所关联。但是，这一用法自古有之。对于中国的汉语使用者来说，有关事实存在深厚的心理基础；对于这一句式的选用来说，现当代的说法存在深厚的历史基因。

（四）除了典型“给”类双宾的远宾语可以由领属性偏正结构充当，“问问、告诉”之类后边的远宾语也可以。例如：

（92）我正好路过，就进来问问汤大夫你的情况。（电视连续剧《活着真好》第40集）

（93）我会留话给他们，你岳兄去了，他们就会告诉你我们的去处。（卧龙生《金凤剪》）

(94) 小云，你不是告诉过我你的出身吗？ （卧龙生《金凤剪》）

上三例的远宾语“你的情况”、“我们的去处”、“你的出身”，都是领属性偏正结构。

(五) 真正排斥领属性结构的，是“取”类双宾的远宾语。因为，近宾语和远宾语之间本来就存在领属关系，当然再也插不进另外一个领属定语。跟典型的双宾语相比较，“取”类双宾语到底是不是“双宾”，部分学者表示了不同程度的怀疑，应该说，有多方面的原因。

(六)“给”类双宾，有时远宾语似乎不容许使用领属性偏正结构。然而，不能因此得出远宾语排斥领属性偏正结构的结论。因为，别有原因。看下面的例子：

(95) 还我孩子！(杨沫《青春之歌》)

(96) 还我的孩子！(冯德英《迎春花》)

例 (95) 是双宾句式，近宾语为“我”，远宾语为“孩子”；例 (96) 是单宾句式，宾语为领属性结构“我的孩子”。这两例都表示“把我的孩子还我”的意思，但一般不会说成“还我我的孩子”。理由很简单，原句意思已很清楚，重复使用两个“我”显得累赘。这是语用上的修辞要求。

然而，避免重复使用相同的两个字，也不是绝对化的规定。上面例 (30) 铁凝《大浴女》中的句子：“尹小帆带尹小跳参观她的房子，并指给她她的房间。”这里，就重复使用了两个“她”。

(七) 理论生发于事实，事实支撑着理论。任何理论，都不是一开始就完善的。为了理论的不断完善，必须步步逼近地让理论贴近语言事实。陆俭明先生是一向重视语言事实的观察和分析的。这里，必须指出两点：第一，观察语言事实的深度需要一步一步地推进，谁都不可能做到一步到位，一次完善。第二，本文提出不同意见，实际上还存在好些尚待进一步探索的问题，而且，本文的意见只是笔者的肤浅认识，不敢说就是准确的。最近，陆先生在《要重视语言事实的挖掘与描写》一文中指出：“不断挖掘和发现新的语言事实，对语言研究的突破与发展有重要意义。语言理论的修正与创新，主要靠科学的理性思维，同时也离不开新的语言事实的挖掘与发现。”[7]陆先生的话十分正确。

主要参考文献：

[1] 陆俭明. 双宾结构补议 [J]. 烟台大学学报（哲学社会科学版），1988 (2)：31-35.

[2] 邢福义. 现代汉语（全一册）[M]. 北京：高等教育出版社，1991：113.

[3] 英汉对照《左传》[M]. 胡志挥，陈克炯，译. 长沙：湖南人民出版社，1996：276-276.

[4] 杨树达. 高等国文法 [M]. 上海：上海商务印书馆，1930：185.

[5] 王维贤. 语法学词典 [M]. 杭州：浙江教育出版社，1992：308.

[6] 胡志挥，陈克炯，译. 英汉对照《左传》[M]. 长沙：湖南人民出版社，1996：304.

[7] 陆俭明. 要重视语言事实的挖掘与描写 [J]. 汉藏语学报，2007 (1)：18-26.

（原载《汉语学报》2008 年第 3 期。与沈威合作。）

测估词语＋反义 AA

本文对“测估词语＋反义 AA”的句法结构进行考察，讨论其中“反义 AA”的语法性质。讨论范围，涉及“手指大小/手指般大小/像手指般大小”、“手指粗细/手指般粗细/像手指般粗细”等现象。“测估词语”，指用来测估度量的词语，包括“（一个）手指、八十公分”等；“反义 AA”，指两个单音反义形容词的组结形式，包括“大小、粗细、长短、高矮”等。

本文讨论的“测估词语＋反义 AA”，可以说成“测估词语＋强态 A”。二者基本同义。比如：一个拳头大小→一个拳头大｜八十公分长短→八十公分长。为了方便，下面把“测估词语＋反义 AA”句法结构简称为“测估 AA”。

40 年前，笔者在《中国语文》1965 年第 1 期上发表过《谈“数量结构＋形容词”》一文，讲的是“一丈高、八丈远、八公斤重”之类现象。那篇文章的原稿里，曾提到“一丈高矮”之类现象，编辑部在关于稿件修改的来信中指出“高矮”之类应该是名词，建议删去有关内容，笔者接受了编辑部的意见。其实，当时就依稀感到，“一丈高矮”之类和“一丈高”之类的确有所不同，但很难说其中的“高矮”之类就是名词。现在，在经过了多年的反复观察和思考之后，再把这类现象提出来讨论。本文的结论是：“测估 AA”中的 AA，是形容词性的形式。

一　“测估 AA”的两个构件

“测估 AA”由两个构件组成：一为测估词语，二为反义 AA。

（一）测估词语

测估词语有的重在测定度量，有的重在估拟度量。

测定性度量词语，用数量词语表示，其中的量词是度量衡单位。例如“一百平米大小、八九寸长短”。有时也用“量词＋助词”的结构表示，如“尺把长短”。

估拟性度量词语，主要用代表特定事物的名词语表示，如“手指大小、拳头大小、鸡蛋大小”等等。有时，为了凸显其估拟关系，名词语前后出现“像”、“一般”之类，如“手指般大小、像拳头大小、像鸡蛋一般大小”等等。

（二）反义AA

前加测估词语的反义AA，相关事物具有可视性和可估性，是看得见、摸得着并且可以同时从正反两面进行估量的事物。不跟可视事物相联系的反义AA，很难在前边加上度量词语，比如“强弱、好坏、香臭、饱饿、贵贱、甜苦、咸淡”等等；不跟可估事物相联系的反义AA，即使可视，也很难在前边加上度量词语，比如“新旧、红白、美丑、胖瘦、快慢”等等。

前加测估词语的反义AA，不是一个双音节形容词，而是两个单音形容词的反义组结形式，可算短语词，是介于词和短语之间的语法单位。之所以肯定它不是一个形容词，是由于作为一个语法单位，它在语法功能上不可能是一个形容词。比方，如果是双音节形容词，便能够接受副词的修饰，而它却不行。比如“高大”和“矮小”分别是一个形容词，可以说成“不高大、很高大”，“不矮小、很矮小”，但是，“大小”和“高矮”不能说成“不大小、很大小”，“不高矮、很高矮”。从这一点看，笔者1965年文章的初稿中，把二者放在一起来讨论，的确不够科学。

二　“测估AA”的句法位置

（一）谓语位置

“测估AA”，有时见于谓语位置。例如：

(1) 可可树不高，树干环握粗细，分枝处齐肩。(《人民日报》1993年12月17日)

(2) 像体四米高矮，整身坐踞，峨冠阔袍、宽袖端笏，虽已古石嶙峋，但仪态轩昂、气宇儒雅，令观者景仰。(《人民日报》2002年8月15日)

(3) 只见号称"国老"的甘草一点儿不"显赫"，尺余高低，主干竹筷粗细，斜出的许多细枝两侧密密排列着椭圆的叶片儿，圆蓬蓬的，充满生机。(《人民日报》1996年12月21日)

例(1)，"树干"是主语，"环握粗细"是谓语。例(2)，"像体"是主语，"四米高矮"是谓语。例(3)，"号称'国老'的甘草"是主语，"尺余高低"是谓语；"主干"是主语，"竹筷粗细"是谓语。

(二) 定语位置

"测估AA"，经常见于定语位置。

句子结构中，定语位置的分布有以下三种情况。

1. 分布在主语部分。即"测估AA"用在主语部分的中心语前边，作定语。如：

(4) 脸盆大小的花生饼，可以时不时掰下一块哄孩子，……(刘震云《故乡天下黄花》)

(5) 茶碗大小一缕阳光从墙窟窿里射进来，立刻看见灰尘弥漫。(雪克《战斗的青春》)

(6) 筷子粗细的雨条密密麻麻挂满在窗前，天空却似乎开朗了一些了。(茅盾《子夜》)

(7) 说着他扳开一个阀门，小碗粗细的水柱急涌而出。(《人民日报》2000年6月18日)

2. 分布在宾语部分。即"测估AA"用在宾语部分的中心语前边，作定语。如：

(8) 张无忌又要了两根尺许长短的竹筒，一枝竹棒，放在一旁。(金庸《倚天屠龙记》)

(9) 他这才从背后拿出那只吹成胡萝卜大小的气球来……

（魏润身《挠攘》）

（10）掏出口袋里预备好的手指头粗细的麻绳，打了活结，往汤富海头上一套，……（周而复《上海的早晨》）

（11）工农的差别不大，只有一张纸头厚薄的差别。（白桦《淡出》）

3. 分布在“把”字结构、“用”字结构里。即“测估AA”及其中心语用作介词“把/用”的后置成分。如：

（12）他竖起了三寸高的孝帏，又把那些火柴盒子大小的乌木双靠椅子都换上了白缎子的小椅披；他一项一项布置，实在比他经营那火柴厂要热心得多，而且更加有计画！（茅盾《子夜》）

（13）……土著居民喜用一根筷子粗细的树枝在嘴里捅来捅去。（《人民日报》1991年6月16日）

（14）北方乡村多产毛竹，丐帮弟子，便用碗口般粗细的毛竹子，在这片稻田上，搭起了一圈四方竹棚。（古龙《武林外史》）

（三）宾语补语位置

1. 先说宾语位置。

宾语位置上的“测估AA”，带宾动词语主要有三个形式。

其一，动词“有”。例如：

（15）这些叶子有葵叶大小，又绿又肥，把办公室罩进绿荫里。（王小波《白银时代》）

（16）这一掠之势，至少也有四五丈远近！（古龙《绝代双骄》）

这里的“有”，表示达到一定数量或某种程度，带有测估意味。“有”的前边，有时出现副词“只”。例如：

（17）最后头顶上的蓝天只有手帕大小，……（王朔《玩儿的就是心跳》）

（18）上下相隔，也只有十三四丈高低，不难扑落。（诸葛青云《霹雳蔷薇》第十六章）

其二，动词“是”。例如：

(19) 叫来瓦工把这仓库也断成一个个小间牢房，都是双人床大小。(冯骥才《一百个人的十年》)

(20) 那少年和少女都穿淡绿缎子的皮袄，少女颈中挂着一串明珠，每粒珠子都是一般的小指头大小，发出淡淡光晕。(金庸《神雕侠侣》)

有时，“有+测估AA”和“是+测估AA”前后并见。例如：

(21) 起初，我写出的字有蚊子大小，后来是蚂蚁大小，然后是跳蚤大小，再以后，我自己都看不到了。(王小波《白银时代》)

其三，动词语“V到(了)”。例如：

(22) 果然不到月余，左核全消，右核则消到豌豆大小。(苏雪林《棘心》)

上例“豌豆大小”可以分析为“消到”的宾语，当然，还可以有另一种分析，即把“到豌豆大小”分析为“消”的补语，这里不讨论。

2. 再说补语位置。

补语位置上的“测估AA”，以前边用“得”作为语法标志。例如：

(23) 穷酸老人哼了一声，又闭起眼睛，但别人的眼睛此刻却个个都睁得有如铜铃般大小，个个都在望着朱七七。(古龙《武林外史》)

上例可以减缩为：眼睛个个睁得铜铃大小。

(24) 顷刻间大杆子脖子上只剩下一张头皮，那头皮又像泄气的皮球一样立即收缩，缩得只有拳头大小，贴在脖子上。(戴厚英《流泪的淮河》)

上例可以减缩为：那头皮又立即收缩，缩得拳头大小。

三　测估词语的扩展形式

测估词语的扩展形式，由测估本体词语和测估辅助词语二者组合而成。在测估词语的扩展形式中，测估本体词语只能是名词语。测估辅助词语，有的是前辅助，如“像、如、跟”等，有的是后辅助，如

“一般、一样”等。用来测估的数量词语，如“一百米”之类，不能带上“像……一般”之类构成测估词语的扩展形式。

下面是测估词语扩展形式的三种状态。

（一）前测估辅助词语＋测估本体词语。即“像（/如/跟）＋名词语”。例如：

（25）陌生人立刻把破棉裤撕开一个小口子，掏出来像枣子大小的一个东西，递给了高夫人。（姚雪垠《李自成》第一卷）

（26）许多游人，特别是青年男女，一手拿着一根根长短不一的如擀面杖粗细的竹筒饭，另一手拿着油黄欲滴的烤鸡腿，津津有味地吃着。（《人民日报》1991年4月21日）

（二）测估本体词语＋后测估辅助词语。即“名词语＋一般（/般/一样）”。例如：

（27）他在地下摸起了一块枣儿一般大小的土圪垃，顺着墙根儿轻轻地往前一投。（刘流《烈火金刚》）

（28）那条牛犊般大小的狼狗，继续狂吠着向他蹿来，距离越来越近。（张平《十面埋伏》）

（29）原来是一个青年的男子，全身的衣服都被扒光，用豆粒般粗细的弓弦，拴着两个大拇指头，吊在一个高架子上面。（刘流《烈火金刚》）

（三）前测估辅助词语＋测估本体词语＋后测估辅助词语。即“像（/如/跟）＋名词语＋一般（/般/一样）”。例如：

（30）值得一提的是以色列人的门上，包括像劳迪斯莫瑞尔这样的高级酒店的门上，都有一个像钢笔一般粗细长短的木制经柱，……（《人民日报》2000年9月8日）

（31）他手里没了武器，紧紧地攥着两只像油锤一般大小的拳头，……（刘流《烈火金刚》）

上两例是“像/……一般”，下两例是“跟（/与/和）……一般”：

（32）他在枕巾上覆盖了一块剪得跟枕巾一般大小的大布，……（陈世旭《将军镇》）

(33) 这玉像与生人一般大小，……（金庸《天龙八部》）

(34) 那又细又长的脖子上，一个头却是又尖又小，简直和脖子一般粗细，……（古龙《绝代双骄》）

四　测估词语扩展形式中的“那么”

特别值得注意的是，测估扩展形式中，后测估辅助词语可以用“那么”。例如：

(35) 邻里之间，往往只因为芝麻粒那么大小的一点点事情，竟然会酿成面红耳赤甚至磨拳擦掌的争执或纠纷。（《门前的小路——一位北京人的记述》，人民教育出版社编初中《语文》第一册）

上例，“芝麻粒大小”说成了“芝麻粒那么大小”。其中，“那么”往前指代了“芝麻粒”，往后修饰了反义AA“大小”。再看这个例子：

(36) 见炕上摆着十个铁圆蛋，每个有碗那么大小，……（马烽、西戎《吕梁英雄传》）

上例，测估本体词语只用了一个单音节的“碗”。“碗那么大小”，等于说“饭碗那么大小”。不管是“芝麻粒那么大小”还是“碗那么大小”，前头都可以出现“像（如/跟）”，如可以说成“像芝麻粒那么大小”、“像碗那么大小”。再看这个例子：

(37) 可是，至少该有像鼻子那么长短，才包含得下这弯绕连绵的声音。（钱锺书《围城》）

这是个出现了“像”的例子。“像鼻子那么长短”中，“那么”往前指代了“鼻子”，往后修饰了反义AA“长短”。

检测可知：

第一，凡是“测估AA”结构，如果测估部分不出现辅助词语“像（/如/跟）……一般（/般/一样）”，可以添加上“那么”。例如：

(38) 是钥匙链儿上那个小装饰物，两厘米大小，一个朋友送我的，是法国货。（冯骥才《一百个人的十年》）

→是钥匙链儿上那个小装饰物，两厘米那么大小

(39) 汽车路尽头，出现了许多小斑虫大小的东西。(马烽、西戎《吕梁英雄传》)

→出现了许多小斑虫那么大小的东西

(40) 突然间僵直的线绳软了，让你来不及收，八号线粗细的尼龙绳哗哗啦啦蛇一般瘫了一地。(《人民日报》1995年3月28日)

→八号线那么粗细的尼龙绳

第二，凡是测估词语扩展形式，如果前边只出现“像（/如）”，后边可以添加上“那么”。例如：

(41) 这片肉还是如铜钱大小，鱼鳞形状。(莫言《檀香刑》)

→这片肉如铜钱那么大小

(42) 这次展示的全部是面向文字工作者开发的，外形如一本杂志大小，重量不超过一点五公斤。(《人民日报》1993年5月8日)

→外形如一本杂志那么大小

第三，凡是测估词语扩展形式，如果后边出现了“一般、般、一样”，可以替换为“那么”。例如：

(43) 当胸一处伤口箭镞般大小，汩然流着黑水。(古龙《武林外史》)

→当胸一处伤口箭镞那么大小

(44) 这个物件有一人来高，手指头般粗细，一头有尖，像个锥子，另一头是个大圆环，用手拿着。(刘流《烈火金刚》)

→这个物件有一人来高，手指头那么粗细

跟“那么”相近的是“那般”。有时也可以见到用“那般”的例子。例如：

(45) 一条水桶那般粗细的白色大蛇，站在炕前，脑袋探过来，吐着紫色的信子，两片鲜红的嘴唇一开一合，……(莫言《檀香刑》)

(46) 其中还有玻璃串珠和像大人拇指食指那般粗细的黄铜小手镯，显然是幼童的遗物。(《人民日报》1982年9月12日)

五 “测估AA”中AA的形容词性质

(一) 句法位置的规约

句法位置的规约，显示了“测估AA”的谓词性。

首先，“测估AA”可以直接出现在谓语位置之上。前面已经举过例子。又如：

(47) 很多白杨树，(在麦田间，) 拳头粗细，(四棵为一组，纵的横的远远望去都成行。) (《人民日报》1991年11月25日)

(48) 那暗器 (是一朵黄金铸成的梅花，) 和真梅花一般大小，……(金庸《倚天屠龙记》)

例 (47)，“很多白杨树”是主语，“拳头粗细”是谓语；例 (48)，“那暗器”是主语，“和真梅花一般大小”是谓语。

其次，定语位置上的“测估AA”，可以通过移位，转化成为句子的谓语部分。当然，这是仅就“测估AA+中心语”而言。例如：

(49) 突然，一条胳膊粗细的水蛇在微弱的手电光下口吐红芯，浮在水面，……(《人民日报》1991年6月24日)

→一条水蛇胳膊粗细

(50) 他的右手，操着刀子，灵巧地一转，就把一块铜钱般大小的肉，从钱的右胸脯上旋了下来。(莫言《檀香刑》)

→一块肉铜钱般大小

再次，宾语和补语位置上的“测估AA”，可以删除致“宾”、致“补”的词语，从而转化成为句子的谓语部分。例如：

(51) 洞内有两间房子大小，看样子是好久没人住过了。(曲波《林海雪原》)

→ [删除“有”] 洞内两间房子大小

(52) 矗立在厂房中央高约6米的庞然大物，其核心部位却只

有手腕儿粗细。(《人民日报》1994年5月3日)

→[删除"只有"]其核心部位却手腕儿粗细

(53) 有的放大到了几乎跟真人一般大小。(张平《十面埋伏》)

→[删除"放大到了"]有的几乎跟真人一般大小

显然,句法位置规约了出现在谓语部分,或者可以转化为谓语部分的"测估AA",属于谓词性结构。

(二) 句法格局的规约

句法格局,不仅显示了"测估AA"的谓词性,还能在一定程度上显示了它的形容词性。

首先,"测估AA"的"测估"部分,可以形成"像/如/跟+名词语+一般/一样"的扩展形式。在一个句子的谓语部分,凡是出现在这一形式的后边,接受其修饰的X,不可能不是谓词性词语。例如:

(54) 每幅浮雕里有20个左右英雄人物,每个人物都和真人一样大小,他们的面貌、性格、表情和姿态都不相同。(周定舫《人民英雄永垂不朽》)

上例是"每个人物(主语)+都和真人一样X(谓语)"。谓语部分,接受"都和真人一样"修饰的谓语中心词X,是要求由谓词性词语来充当的。

其次,"测估AA"的AA部分,如果删除后A(弱态A),只出现前A(强态A),句子仍然成立,基本意思相同。从句法位置看,"测估AA"不管出现在哪里,都可以这么变换。例如:

(55) 杨梅圆圆的,和桂圆一样大小,遍身生着小刺。(王鲁彦《我爱故乡的杨梅》)

→杨梅圆圆的,和桂圆一样大,遍身生着小刺。

请再观察:

(56) 那种如男子手臂粗的叫"面包",像少女手腕粗细的才称之"棍子"。(《人民日报》1994年5月7日)

(57) 在节日的大街小巷,一种"暖水瓶高、人腿粗细、炸弹

声响”的“超级二踢脚”卖得相当火爆。（《人民日报》2000 年 2 月 15 日）

例（56），“如男子手臂粗的”和“像少女手腕粗细的”都是“的”字结构，等于说“如男子手臂粗的 NP”和“像少女手腕粗细的 NP”。比较可知，“如男子手臂粗”中只用“粗”，但可以说“粗细”；“像少女手腕粗细”中用了“粗细”，但可以只说“粗”。例（57），“暖水瓶高”和“人腿粗细”并列使用，都是四个字。其实，从语法上说，它们既可以都用 AA，也可以都只用前 A。即：“暖水瓶高矮、人腿粗细”也好，“暖水瓶高、人腿粗”也好，都能成立。既然 AA 和 A 可以在同一语法环境中互变，可见二者语法性质相同：A 是形容词，AA 自然也是形容词性的。

（三）“那么”的规约

“测估 AA”结构中，AA 前边可以出现“那么”。“那么”是程度指代词，受它修饰的 AA，肯定是形容词性的。比如，前面举出的“芝麻粒那么大小”、“像鼻子那么长短”，其中的“大小、长短”只能是形容词性词语，而不可能是名词。请观察这个例子：

（58）石环小拇指粗细，环形有中拇指半握那么大，活像一道光洁的手镯可以自由转动。（《人民日报》1991 年 8 月 23 日）

→石环小拇指那么粗细，环形有中拇指半握那么大小，活像一道光洁的手镯可以自由转动。

这个例子，前边的“小拇指粗细”可以说成“小拇指那么粗细”，后边的“中拇指半握那么大”可以说成“中拇指半握那么大小”。可知，其中的“粗细、大小”属于形容词范畴。

“测估 AA”往往用在“有”字后边，充当宾语，但仍然是谓词性的。证明其谓词性，并且证明其属于形容词范畴，最有力的语法依据便是可以用“那么”。再看两例：

（59）这根人参的参须没有了，却有拇指那么粗细。（陆文夫《人之窝》）

（60）慢慢的他想起一点来，这一点只有小福子那么大小，小

福子在他心中走过来，又走过去，像走马灯上的纸人，……（老舍《骆驼祥子》）

显然，作为语法标志，“那么”更进一步规约并显示了“测估 AA”结构中 AA 的形容词性。

六 “测估 AA”中 AA 形容词性质的旁证

（一）方言旁证

“测估 AA”中的 AA 具有形容词性，这一结论在有的方言里可以得到旁证。

在普通话里，一个采用“多 X”提问形式的特指问句，进入 X 位置的只能是强态形容词“大、粗、长、高”之类，而不是弱态形容词“小、细、短、低”之类。

然而，参看黄伯荣主编《汉语方言语法类编》中“9·5·1·3 山东淄博话的特指问句”部分，可以知道：在山东淄博话里，进入 X 位置的可以是“强＋弱”的并用形式。例如（类编 688 页）：

孩子今年多大小？（＝孩子今年多大？）

腰有多粗细？（＝腰有多粗？）

你多高低？（＝你多高？）

绳子有多长短？（＝绳子有多长？）

这条河多宽狭？（＝这条河多宽？）

以上淄博话的提问，如果容许使用测估的口气，普通话便可以这么回答：

这孩子大概跟你外甥那么大小。

他那腰至少有四条大腿那么粗细。

应该有你家小桃树那么高低。

这绳子有四五米那么长短。

这条河有三十公尺那么宽狭。

淄博话的问和普通话的答，形成了“多”和“那么”可以对应使用的现象。二者的互补，反映了“整体汉语”中AA能够接受程度词语修饰的事实，表明了人们把AA当作形容词来使用的意象。

（二）古白话作品的旁证

古白话作品中，常见“测估AA”结构。略举几例：

(61) 杨志看那人时，身材凛凛，七尺以上长短，面圆耳大，唇阔口方，……（施耐庵《水浒传》）

(62) 于舅太爷说到这里，已经喘吁吁上气接不到下气，头上汗珠子同黄豆大小，直滚下来。（李宝嘉《官场现形记》）

以上“测估AA”用作谓语。

(63) 一个个腰眼中冒出丝绳，有鸭蛋粗细，……（吴承恩《西游记》）

(64) 这神像耳孔，只有指头大小，但是饮食到来，耳孔便大起来。（凌濛初《初刻拍案惊奇》）

以上“测估AA”用作“有”的宾语，但去掉“有”，便转为谓语：一个个腰眼中冒出丝绳，鸭蛋粗细，……｜这神像耳孔，指头大小，但是饮食到来，耳孔便大起来。

值得注意的是，《说唐》中有这样的说法：

(65) 他昨晚到来，因秦大哥十分奉承，他又口出大言，说铜旗怎么样长短，许多噜噜苏苏。（如莲居士《说唐》）

这里的“长短”，受到“怎么样”的修饰，可以肯定也是形容词性的。这个句子后边，没多远，有这样的描述：只见那阵中千万匹马，一齐仆倒，叔宝一马冲出阵来，回到本营，对众将道：“这铜旗有些难倒，阔有一丈，高有十丈，……休说倒得来，连近也近他不得。”徐茂公道：“元帅不必心焦，朗日点将，四面杀入。元帅竟去倒旗，包他箭不能发，自有神人暗助，决倒铜旗。”叔宝闻言，疑信参半。（如莲居士《说唐》）可知，在当时的人看来，那铜旗特别高，特别长。说“怎么样长短”，等于今人口语里常说的“怎么样怎么样长”或“多么多么长”，是用铺张的口气强调异乎寻常的“有十来丈那么长短”。

结束语

（一）“测估 AA”中的 AA 不是名词，而是形容词性结构，可以视同形容词。最简明而又最能说明问题的证据，是 AA 前边可以出现程度指代词“那么”。本文的用例，涉及“大小、粗细、长短、高低、高矮”等形式。使用频率最高的是“大小”，其次是“粗细”。

（二）《现代汉语词典》第 5 版是标明词性的，但是，对于“大小、粗细、长短、高低、高矮”等形式的形容词性质，全然忽视了。比如，把“粗细”一律解释为名词：

粗细　［名］①粗和细的程度：碗口～的钢管｜这样～的沙子最合适。②粗糙和细致的程度：桌面平不平，就看活儿的～。

仅从用例看，其中的“碗口粗细”是“测估 AA”结构，可以说成“碗口那么粗细”、“像碗口那么粗细”。这样的“粗细”，肯定属于形容词范畴，不可能是名词。

（三）反义 AA 的组结形式，可能有两种或三种词性。以“高低”来说，有时是形容词性的，如“这一带的山坡，全都三层楼那么高低”；有时是名词性的，如：“这人做事不知高低”；有时还是副词性的，如“嘴都说破了，他高低不答应”。一般地说，形容词性的，用在谓语或定语位置上，保持本来意义；名词性的，用在由体词充当的主语或宾语位置上，表示有所引申的意义；副词性的，用作状语，也表示有所引申的意义。但是，要把它们作全面而清楚的归类，非常困难。本文的讨论范围，只封闭在“测估词语＋反义 AA”的框架之内，这是因为目前笔者还无力解决其他问题。

（四）笔者写作本文，固然是为了就“测估 AA”的结构与性质表述自己的意见，同时也是想借此强调一下深入发掘语言事实的必要。在笔者看来，作出任何结论，都需要得到事实的支撑。

主要参考文献：

［1］黄伯荣．方言语法类编［M］．青岛：青岛出版社，1996．

[2] 邢福义. 谈“数量结构+形容词”[J]. 中国语文，1965 (1)：34-36.

[3] 邢福义，沈威. 理论的改善和事实的支撑——关于领属性偏正结构充当远宾语 [J]. 汉语学报，2008 (3)：2-11.

[4] 中国社会科学院语言研究所. 现代汉语词典 [M]. 5 版. 北京：商务印书馆，2005.

（原载《世界汉语教学》2009 年第 1 期）

“X以上”格式在现代汉语中的演进

导言

“X以上”是一个重要的段位表示法。回溯历史，可以知道这一表示法相当古老。上古许多著作，包括《周礼》、《仪礼》、《商君书》等等，都有使用。例如：马八尺以上为龙，七尺以上为騋，六尺以上为马。(《周礼》夏官司马) | 百名以上书于策，不及百名书于方。(《仪礼》聘礼) | 大夫以上，为庶母无服。(《仪礼》丧服) | 得三十三首以上，盈论，百将、屯长赐爵一级。(《商君书》境内第十九) 特别是，《论语》中见于孔子语录，应能证明其较为接近古人的话语。例如，子曰：中人以上，可以语上也；中人以下，不可以语上也。(《论语》雍也第六) 在古人笔下，“X以上”也好，“X以下”也好，都包括X在内；但在“X以上”和“X以下”对举使用的情况下，却是“以上”包括X，“以下”排除X。这反映了一种朴素的心理认同。

笔者《“X以上”纵横谈》一文曾经指出（大意）：从文言到白话，从上古到今天，“X以上”的使用屡见不鲜，而且在现代汉语中有了新的值得重视的发展。引起发展的动因，是这一格式在含义上有时可能导致歧解，引起争端，光靠朴素的认同感不能解决问题。为了文字表达的精确，今人在“X以上”的使用上动了不少脑筋，作过这样那样的尝试，形成了三种新兴模式，分别表现为“X或/及X以上”、“X及其以上”、“X及以上”等具体形式。这些模式或具体形式，都首先明确肯定包括X，然后再明确肯定包括比X更高的级度。结构组织上，联结词“或、及、和”之类的添加嵌入，标明了格式的双层并合性。于是，含义确定，不再存在两解的可能[①]。

那是在《光明日报》国学版上发表的一篇文章，由于版面的限制，好些涉及现代汉语的问题不可能展开来述说。本文根据笔者对将近16年的《人民日报》(1981年—2006年)进行考察之所见，先分别描写三种模式的基本状况，然后概略地讨论其演进轨迹。

一 X前后复用式

这一模式，X在前项和后项同形复用，形成“X或X以上”、“X及X以上”、“X和X以上”三个具体形式。前后项之间，用连词“或/及/和”联结。在逻辑关系上，“X或X以上”是析取形式，“X及/和X以上”是合取形式。析取形式，是离析开来，对前后两项都予以认可；合取形式，是加合拢来，对前后两项作归总性认可。结果，殊途同归，二者同义。

(一)“X或X以上”

从X所用词语的性质看，有两大类。

1. 数量词语

所谓“数量词语”，使用最多的是由“数词+量词”构成的数量词。其中的量词，按出现频率的高低，可以作如下的排列。

首先是惯用物量词。例如：

(1) 吸收合并指公司接纳一个或一个以上的企业加入本公司，加入方解散，取消法人资格，接纳方存续。(《人民日报》1992年6月19日)

(2) 有的家长误把桔子水当成水果的代用品，让孩子一天喝两瓶或两瓶以上。(《人民日报》1986年8月9日)

(3) 考试内容应覆盖大学本科主干课程五门或五门以上。(《人民日报》1985年11月23日)

其次是度量衡量词。例如：

(4) 下个世纪初可能达到的二氧化碳浓度将会使地球表面平均温度升高摄氏一度或一度以上。(《人民日报》1981年5月5日)

(5) 还要承担两亩或两亩以上宜林荒山荒地造林种草任务。(《人民日报》2000年4月6日)

再次是“年、岁”之类准量词。例如:

(6) 我们提倡和鼓励有两年或两年以上实际工作经验的在职人员报考硕士生。(《人民日报》1983年9月29日)

(7) 这一决定将适用于那些在以色列企业工作的二十五岁或二十五岁以上的巴勒斯坦人。(《人民日报》1992年6月11日)

再次是惯用动量词“次”。例如:

(8) 日本及亚洲“四小龙”等已经历了两次或两次以上的农业经济结构大调整,……(《人民日报》1993年6月6日)

(9) 怀孕6次或6次以上的妇女与未曾怀过孕的妇女相比,患心脏病的可能性要高出50%。(《人民日报》1993年6月2日)

所谓“数量词语”,有时是“数(量)名”结构。例如:

(10) 这比石油输出国组织的油价还低一美元或一美元以上。(《人民日报》1983年3月17日)

(11) 由拉美两国或两国以上合营的多国公司也在不断出现和壮大。(《人民日报》1982年11月9日)

“一美元”等于说“一个美元”;“两国”等于说“两个国家”。

所谓“数量词语”,有时是数词或表示百分比的数词结构。例如:

(12) 贷款购买二手房的,最低首付款比例在30%或30%以上。(《人民日报》2005年3月23日)

(13) 1980年,荷兰、瑞典和丹麦把它们的国民经济生产总值的0.7%或0.7%以上用于对外援助。(《人民日报》1981年10月19日)

2. 级位名词

所谓“级位名词”,是具有“级位”语义特征的名词,包括权力机构的级位、职务职称的级位等等。级位名词前头,不能出现数词。

例如：

(14) 全系统八个县级局全部被州或州以上部门评为文明单位。(《人民日报》1996年5月21日)

(15) 每个药店都必须配备执业药师或药师以上药学专业人员。(《人民日报》2000年4月10日)

(16) 脑死亡是指以脑干或脑干以上中枢神经系统永久性地丧失功能为参照系而宣布死亡的标准。(《人民日报》2002年10月29日)

有的词，本来不是名词，但用在这个场合，性质相当于名词。例如：

(17) 到目前为止，经治理的路段再没有发生过一起重大或重大以上的道路交通事故，一般事故也呈大幅度下降趋势。(《人民日报》2002年12月18日)

(18) 通过5年左右努力，使这些地区经济社会发展达到当地中等或中等以上水平。(《人民日报》2005年5月19日)

"重大"本是形容词，这里表示"重大"这一级位；"中等"本是非谓形容词，这里表示"中等"这一级位。

说明：作为析取形式，"X或X以上"中的联结词可以稍有变化。有时，用双音节的"或者"。例如：

(19) 外国常驻新闻机构，是指依照本条例由外国新闻机构在中国境内设立，从事新闻采访报道业务并有一名或者一名以上人员的分支机构。(《人民日报》1990年1月20日)

(20) 归侨、侨眷具有大学或者大学以上学历申请自费出国学习的，按照国家有关规定给予适当照顾。(《人民日报》1993年7月23日)

有时，"或"和"或者"后边加"是"，说成"或是"、"或者是"。例如：

(21) 南海诸岛年平均风速都在每秒钟四米或是四米以上。(《人民日报》1981年2月8日)

(22) 在高中阶段的教育当中，一半或者是一半以上为中等专业职业学校的教育。(《人民日报》2005年2月25日)

(二)“X及X以上”

这一形式，联结词用“及”，充当X的词语也有两大类。

1. 数量词语

其一，数量词。量词为惯用物量词的，例如：

(23) 早在1937年科学家们就设想过能否将两台及两台以上的这种静电加速器，像一列火车的车厢那样一节节地串联起来。(《人民日报》1986年7月17日)

(24) 对于十层及十层以上的居住建筑的消防管理，规则提出可由房产部门参照本规则实施。(《人民日报》1986年6月1日)

(25) 同一借款人贷款购买第二套及第二套以上住房，贷款利率按基准利率(即6.12%)执行。(《人民日报》2005年3月23日)

前两例，“数量”表示统数；后一例，数词前边出现“第”，“第二套”表示序数。

量词为度量衡量词的，例如：

(26) 可能发生六度及六度以上地震地区，须进行抗震建房设计。(《人民日报》1986年9月12日)

(27) 我国只有8吨及8吨以上的载重车用柴油机。(《人民日报》1981年6月22日)

量词为准量词的，例如：

(28) 其中规定承包期5年的占22%，6—29年的占14%，30年及30年以上的为64%。(《人民日报》1995年5月12日)

(29) 1996年，美国每1000名12岁及12岁以上的人中有12.4起暴力犯罪。(《人民日报》1999年3月2日)

量词为动量词“次”的，例如：

(30) 在安全生产方面严重失职，一年内发生两次及两次以上爆炸……负主要领导责任的，应当引咎辞职。(《人民日报》2005年

6月7日)

其二,"数(量)名"结构。例如:

(31)出生婴儿男多女少,在二孩及二孩以上家庭表现尤为明显。(《人民日报》1994年3月25日)

(32)杜绝特大烟花爆竹死亡事故(一次性死亡10人及10人以上)和杜绝校园烟花爆竹伤亡事故……(《人民日报》2001年6月21日)

有的"数(量)名"结构表示序数。例如:

(33)截至1998年,全省公路通车里程达35865公里,其中二级及二级以上公路达2727公里。(《人民日报》1999年10月11日)

(34)全国四级及四级以上建筑业企业实现利润166亿元,增长7.0%。(《人民日报》2001年3月1日)

上两例X仍为"数名"结构,但其中的数词表示序数。"二级、四级"等于说"第二个等级、第四个等级"。

2. 级位名词

例如:

(35)我国已有地市及地市以上单位所属的独立科学研究与技术开发机构四千九百三十五个。(《人民日报》1986年3月12日)

(36)按照目前物价管理分工权限,县及县以上物价、业务主管部门规定的价格,即为国家定价。(《人民日报》1986年2月26日)

(37)大专及大专以上文化程度的占7.1%。(《人民日报》1988年6月19日)

有的词,用在这个场合,性质相当于名词。例如:

(38)改革普通高等学校、普通高中、中等及中等以上各类职业学校招生、收费和毕业生就业制度。(《人民日报》1994年6月15日)

上例"中等"指中等级别,性质相当于名词。

说明：在“X及X以上”的形式中，“及”的位置上偶尔出现“以及”。例如：

（39）巴基斯坦最高法院在判决中还说，……选举委员会有权向1个政党或2个以及2个以上联合竞选的政党分配指定1个竞选标志。（《人民日报》1988年10月3日）

（三）“X和X以上”

这一形式，联结词用“和”，充当X的词语也有两大类。

1. 数量词语

只见到由“数词＋量词”构成的数量词。量词为惯用物量词的，例如：

（40）……击毁美国和以色列制造的四辆和四辆以上的坦克。（《人民日报》1982年7月7日）

（41）1981年出生的婴儿中，属于3胎和3胎以上的占28.09％。（《人民日报》1983年3月20日）

例（40），数词表示统数；例（41），数词可以加“第”，是表示序数。

量词为度量衡量词的，例如：

（42）拥有2米和2米以上运动员最多的队，男子：解放军队和山东队，3名；女子：解放军队，2名。（《人民日报》1983年9月15日）

（43）黑白电视机主要是14英寸和14英寸以上的大屏幕需求量大。（《人民日报》1984年2月8日）

量词为准量词的，例如：

（44）工龄在五年和五年以上的，最多发给二十四个月的待业救济金。（《人民日报》1986年9月10日）

（45）中国六十岁和六十岁以上的老年人，1953年约有4000多万人。（《人民日报》1982年7月28日）

2. 级位名词

例如：

（46）蒙古人民革命党省委和省委以上的领导干部对我们的友好表示，除了基层干部和群众的热情之外，更有一种深沉的坦率和殷切的款待。（《人民日报》1991年8月22日）

（47）全党现有四千万党员，其中有九百多万干部，有近二百五十万个基层和基层以上的党组织。（《人民日报》1983年10月13日）

（48）3月份油价逐渐回升到官价和官价以上。（《人民日报》1987年4月9日）

说明：未见联结词用"与"的例子。

二 X后项指代式

这一模式，X在前项出现，后项用"其"指代X。结果，出现了"X及其以上"的形式。这是"X后项指代式"的唯一形式。充当X的词语，也有两大类。

1. 数量词语

其一，数量词。量词为惯用物量词的，例如：

（49）收费项目在十种及其以下……（《人民日报》1990年2月6日）→收费项目在十种及其以上

上例的"种"是惯用物量词。未见"X及其以上"形式中使用惯用物量词的例句，但既然有"十种及其以下"的说法，自然也可以有"十种及其以上"的说法。

量词为度量衡量词的，例如：

（50）凡建筑面积在5000平方米及其以上的，须经国家计委和国务院清理固定资产投资项目领导小组办公室统一审核后报国务院批准。（《人民日报》1991年8月30日）

（51）高法的这项司法解释规定，"高压"包括1000伏及其以上的电压等级的高压电。（《人民日报》2001年1月21日）

量词为准量词的，例如：

(52) 15周岁及其以上人口中，文盲、半文盲所占总人口的比率已从1949年以前的80%以上降到现在的15.88%。(《人民日报》1991年12月2日)

其二，百分比数词结构。例如：

(53) 每套价格总和达到同型号产品整机价格的百分之六十及其以上的，可视为构成整机特征，按进口配额管理机电产品的规定办理。(《人民日报》1993年10月12日)

2. 级位名词

例如：

(54) 凭省辖市及其以上人民政府的主管部门出具的证明文件，在合理数量内免征工商统一税。(《人民日报》1988年6月29日)

(55) 引进到市属国有企业工作的本科及其以上学历毕业生，可享受市政府颁发的工作津贴。(《人民日报》2005年7月28日)

(56) 禁止塔利班相当于"副部长"及其以上级别的官员进入俄罗斯或从俄过境。(《人民日报》2001年3月11日)

下例有点特殊，需要略加解说：

(57) 取得小学教师资格，应当具备中等师范学校毕业及其以上学历。(《人民日报》1993年11月3日)"中等师范学校毕业"，不是一个名词，指的是一种学历、一种文化程度，整体上起到名词的作用。

三 X后项减省式

这一模式，X只在前项出现，后项承前减省，留有一个同形X的空位。结果，形成了"X及以上"、"X或以上"两个具体形式，也可以描写为"X及Ø以上"、"X或Ø以上"。

(一)"X及以上"

这一形式，联结词用"及"，充当X的词语也有两大类。

1. 数量词语

其一，数量词。量词为惯用物量词的，例如：

(58) 其他所有进川旅客列车还将陆续加挂一辆及以上行李车用于装运紧急救灾物资。(《人民日报》2008年5月25日)

(59) 你的家庭结构是：①一代人（包括单身）②两代人③三代及以上。(《人民日报》1993年7月27日)

量词为度量衡量词的，例如：

(60) 通化拥有吉林省最大的国有企业通化钢铁集团有限责任公司，资产总值目前已经达到100亿元，在世界200万吨及以上钢铁企业中排名第九十八位。(《人民日报》2005年2月1日)

(61) 旅客列车时速达到160公里及以上的线路延展里程达到7700公里。(《人民日报》2005年1月16日版)

量词为准量词的，例如：

(62) 国家统计局今天向从事统计工作25年及以上人员颁发了荣誉证书。(《人民日报》2002年8月8日)

(63) 我国60岁及以上老年人口已达到1.53亿人，占总人口的11.6%。(《人民日报》2008年5月15日)

量词为动量词“次”的，例如：

(64) 33.6%的用户维修过电视机，……维修过7次及以上的占1.6%。(《人民日报》1993年11月23日)

其二，“数（量）名”结构。例如：

(65) 本次调查发现，小学生中每天能够睡足10小时及以上的为33.4%，初中生中每天能够睡足9小时及以上的共22.9%。(《人民日报》2005年1月27日)

(66) 其中市区居民住宅成套率比上年增长了21%，居住二居室及以上单元楼房的住户已达78%。(《人民日报》2002年1月6日)

(67) 读者需要长期订阅的，报纸可以一次预订两个月及以上，……(《人民日报》1981年11月25日)

前两例为“数名”结构，后一例为表示时间的“数量名”结构。

有的“数（量）名”结构表示序数。例如：

（68）全年空气质量三级及以上的天数超过全年的85%，二级及以上天数达到45%。（《人民日报》2001年2月19日）

（69）出生婴儿中第一孩占51.7%，第二孩占31.5%，第三孩及以上占16.8%。（《人民日报》1988年5月14日）

上两例的X，还是“数（量）名”，但包含有次第的意义。前一例，“三级”等于说第三个级别；“二级”等于说第二个级别。后一例，“第三孩”等于说第三个孩子。

其三，数词或表示百分比的数词结构。例如：

（70）体重指数在二十至二十四点九之间为健康，二十五至二十九点九为超重，三十及以上为患有肥胖症。（《人民日报》2002年7月16日）

（71）中方控股，是指中方投资者在外商投资项目中的投资比例之和为51%及以上。（《人民日报》2002年2月28日）

2. 级位名词

例如：

（72）在县级及以上医院住院的，按当次住院医药费用的65%给予补偿。（《人民日报》2008年5月7日）

（73）要在全县或更大范围内招聘作风好、懂技术、善管理的主治医师及以上职称的优秀人才担任乡镇卫生院院长。（《人民日报》2001年9月11日）

（74）年龄不超过40岁，在国外著名大学或研究机构担任助理教授及以上学术职务的年龄可放宽到45岁。（《人民日报海外版》2008年6月27日）

有的词语，用在这个场合，性质相当于名词。例如：

（75）在地震移民区，则鼓励和组织动员群众到当地通乡及以上等级公路沿线区域居住——如当地人口容量有限，可考虑异地移民。（《人民日报》2008年6月5日）

(76) 调低木薯、32位字长及以上微型计算机的进口关税税率，……(《人民日报》1992年4月6日)

上两例，作为X的“通乡”和“32位字长”都不是名词，但都指称特定级位的事物。

(二)“X或以上”

这一形式，联结词用“或”，充当X的词语也有两大类。

1. 数量词语

其一，数量词。量词为惯用物量词的，例如：

(77) 核电站每操作一年，发生一宗或以上早丧事件的概率，约为一百万分之一。(《人民日报》1990年8月12日)

(78) 因冠状动脉疾病而接受一条或以上冠状动脉的开胸手术，……(《人民日报》2006年2月27日)

量词为度量衡量词的，例如：

(79) 香港天文台上世纪60年代加入太平洋海啸预警机制，当太平洋地震引发海啸影响香港水位1米或以上，即向外公布。(《人民日报》2005年1月20日)

(80) 每发1千瓦时电所消耗的标准煤在400克或以上，而高效率的超超临界大型煤电机组煤耗不到280克。(《人民日报》2005年7月9日)

其二，“数(量)名”结构。例如：

(81) 中国东部与西部之间有两个小时或以上的时差，因此日用电高峰也相差两个小时或以上。(《人民日报》2005年7月9日)

(82) 国际规定热带气旋中心附近的平均最大风力小于8级称为热带低压，8—9级称为热带风暴，10—11级称为强热带风暴，12级或以上称为台风。(《人民日报》1988年10月20日)

例(81)，“两个小时”直接表现为“数量名”；例(82)，“12级”即第十二个级别，为包含次第意义的“数名”结构。

其三，百分比数词结构。例如：

(83) 33只恒指成份股的市值总和，应占总市值70%或以上。

(《人民日报》2001 年 5 月 21 日)

(84) 90%或者以上的轻微家庭暴力事件则往往被掩盖在妻子的“面子”之中。(《人民日报》2000 年 8 月 23 日)

2. 级位名词

例如:

(85) 科罗拉多州拥有四年制大学或以上学历的人均比例居全美第一位。(《人民日报》2002 年 10 月 24 日)

(86) 澳门特别行政区各级法院院长和法官、检察院检察长和检察官应拥护和遵守基本法,具有法学学士或以上学位和法律工作经验。(《人民日报》1999 年 7 月 4 日)

(87) 造成鄂尔多斯地区中到大雨或以上明显降水的影响系统,有 80%以上在鄂尔多斯高原生成或外边移入低值系统在这里发展加深。(《人民日报》1992 年 5 月 19 日)

说明:这一形式中的“或”,有时说成“或者”。例如:

(88) 具有高级中学、中等专业学校或者以上学历,身体健康,具有适应导游需要的基本知识和语言表达能力的中华人民共和国公民,可以参加导游人员资格考试。(《人民日报》1999 年 5 月 23 日)

四 演进轨迹的思考

(一) 从纷乱到成型

为了保证语义的确定不移,使用“X 以上”这一格式时,现代人有时采用“括号加注”的办法。比较:

(89) 单价在3000 元以上(含 3000 元)……(《人民日报》1999 年 3 月 3 日)

(90) 价值在人民币200 元(不含 200 元)以上……(《人民日报》1987 年 10 月 24 日)

例(81),加了“(含 3000 元)”的注释,“3000 元以上”肯定是包括式；例（90），加了“（不含200元）”的注释，“200元以上”肯定是排除式。这说明，这一格式的含义的确可以有两种理解，而这种“括号加注”的办法也能够起到帮助排除歧解的作用。然而，这么写看起来不大顺眼，读起来不顺畅。特别是，具体写法呈现了纷乱的局面，显得五花八门。

首先，由于各人理解的不同，有人在括号里注明为“含X”，有人在括号里注明为“不含X”，这是意思恰相对立的两个写法。如上举两例。再看两个例子：

（91）妊娠7个月（含7个月）以上生产或者妊娠不满7个月早产的，生育医疗费补贴从原来的2500元调整为3000元。（《人民日报》2005年7月5日）

（92）理事会通过定向发行认购和从债券一级市场承销或分销的、由理事会持有的、期限在一年以上（不含一年）的债券。（《人民日报》2002年7月21日）

前例，括号里注明为“含X”；后例，在括号里注明为“不含X”。

其二，在括号里注明“含X”或“不含X”时，有的把括号用在“以上”前边，如“7个月（含7个月）以上”，有的把括号用在“以上”后边，如“一年以上（不含一年）”。又如：

（93）对拒缴罚没款的单位或个人，经县（含县）以上物价检查机构负责人的批准，由物价检查机构书面通知其开户银行予以划拨。（《人民日报》1988年5月15日）

（94）经县级以上（含县级）纪检机关负责人批准，可以对被调查对象在银行或其他金融机构的存款进行查核。（《人民日报》1994年4月16日）

前例是“县（含县）以上”，后例是“县级以上（含县级）”。

其三，在括号里注明“含X”后，有的还加注“下同”。例如：

（95）在服役期间荣立二等功（含二等功，下同）以上的，应当安排工作。（《人民日报》1987年12月31日）

（96）高于当地一般民用建筑标准或者建设总投资3000万元以

上（含3000万元，下同）的依照本条例的规定进行管理。（《人民日报》1988年9月26日）

前例“(含二等功，下同)”用在“以上”前边，后例“(含3000万元，下同)”用在“以上”后边。

其四，括号中的“含X”，有时只用“含”字。例如：

(97) 司局级（含）以上党政干部不参加评选。（《人民日报》2005年2月22日）

(98) 符合条件的6类高级人才可申请奖励：……三是被北京科技研究开发机构聘用，连续2年以上担任主任或相当职务且年薪10万元（含）以上的人员……（《人民日报》2005年7月22日）

其五，到底“X以上”和“X以下”含不含X，不同文件有不同的解释。例如：

(99) 本条所称“以上”，含本数；所称“以下”，不含本数。（《人民日报》1986年6月13日）

(100) 本细则所称“以上”、“以下”，均含本数或本级。（《人民日报》1993年12月28日）

前例和后例的规定是不一致的。

其六，“含X”有时写成“包括X”。例如：

(101) 要组织县（包括县）以上领导干部……继续深入掌握十二大确定的一系列指导思想和方针政策。（《人民日报》1982年9月14日）

(102) 出境定居者还须提供县级以上（包括县级）单位证明。（《人民日报》1991年12月1日）

前例“（包括县）”用在“以上”前边，后例“（包括县级）”用在“以上”后边。

诸如此类的办法，尽管可以避免歧解，但各搞一套，不顾全局。语言具有社会性，为社会人群所共同使用。经过多年的不断调整更新，“X或/及X以上⇒X及其以上⇒X及以上”等具体形式，逐渐定型了。

从纷乱到定型，成了现代汉语里“X 以上”演进形式的一条发展轨迹。这三种类型的形式，文言文里好像不会有；“五四”运动以前的白话文里很难说有没有，但起码到现在还没有发现用例。认为它们到现代汉语里才得到较为充分的发展并且形成较为定型的系统，应该是站得住的。

（二）从增繁到再趋简

笔者曾经指出，汉语语法重于意而简于形，在语言运用中，句式显现出趋简性的特点[②]。这里需要特别指出：“X 以上”在现代汉语书面语中的演进，是从整体增繁到内部再趋简。

一方面，是整体增繁。由“X 以上”流变为“X 前后复用式⇒X 后项指代式 ⇒X 后项减省式”，不是趋简，而是增字繁化。这样的增繁，在容易引起争议时，特别是在严格的法律性文字中，具有明显的必要性。

另一方面，是内部再趋简。即增字繁化模式内部，又再讲究趋简。之所以如此，原因很简单，“X 或/及/和 X 以上”毕竟复用了 X，如果 X 本身字数较多，复用起来就很麻烦，念起来就很费力。例如：

(103) 取得中等专业学校、技工学校和教师资格，应当按照成人教育的层次、类别，分别具备高等、中等学校毕业及其以上学历。(《人民日报》1993 年 11 月 3 日)

上例是 X 后项指代式。减去“其”，便成为 X 后项减省式。这一例中，X 为“高等、中等学校毕业”。如果采用 X 前后复用式，便得说成“高等、中等学校毕业及高等、中等学校毕业以上”，这就太啰嗦了。再如：

(104) 厂级青年岗位能手标兵及以上各级能手，在同等条件下可优先分配住房。(《人民日报》1994 年 9 月 6 日)

这是 X 后项减省式。如果采用 X 前后复用式，就得说成“厂级青年岗位能手标兵及/或厂级青年岗位能手标兵以上”，这就十分累赘。

自古至今，说汉语的人一贯讲究“辞达而已”[③]。现代汉语里，从增繁到趋简，是“X 以上”演进形式的另一条发展轨迹。多种增字繁化的模式一旦形成，人们又会尽可能选用其中最为简明的形式。于是，又会出现趋简倾向，符合汉语句法运用的整体走势。

（三）从共存到频率有秩

不管是“X以上”还是它的演进模式，不管是演进模式中的哪一种具体形式，都不会被淘汰。相反，在“辞达而已”的原则下，各种形式会长期并存并用。以“X以上”和“X及以上”来说，请看这个例子：

（105）这些企业捐赠现金51.5亿多元，捐赠物资10.9亿多元，共计62.4亿多元。其中捐赠额1000万元以上的98家，1亿元及以上的6家。（《人民日报》2008年6月19日）

上例同时使用了“1000万元以上”和“1亿元及以上”。在相互对照的情况下，可以知道“1000万元以上”等于说“1000万元及以上”，不一定硬要加上一个“及”字。这也是“辞达而已”。

然而，三种演进模式与各个具体形式，在使用频率上并非机会均等。由于适用者得到优先选用，于是，形成了频率有秩的客观事实。

1. 第一模式组构的优选

第一模式以关联词“或”、“及”、“和”的不同，形成三种具体形式：X或X以上｜X及X以上｜X和X以上。它们被选用的情况如何？请看下表：

	X或X以上	X及X以上	X和X以上
《人民日报》1990年1—12月	13例	12例	5例
《人民日报》2005年1—12月	8例	8例	5例

可知，用“或”、用“及”数量基本相当，用“和”偏少。这是因为，X是基本定位点，是充足条件。用“或”，前面的X是第一选言肢；用“及”，前面的X是位置较为重要的第一并列项。因此，用“或”、用“及”，比起用表示平等并列的“和”，都更能凸显基本定位点。

2. 第二模式组构的优选

第二模式只有一个具体形式：X及其以上。为什么说“及其”，而不说“或其”、“和其”？这是因为，“及其”是固定组合，有的词典甚至把它列为词条，解释为连词④。这样，“或其”、“和其”自然不会被选用。当然，“及其”是否能整个儿看成一个连词，或者说，“及其”是否已经走完了作为一个连词的语法化里程，也许还需要做一次专题研究。

3. 第三模式组构的优选

第三模式有两个具体形式：X及以上 | X或以上。它们被选用的情况如何？请看下表：

	X及以上	X或以上
《人民日报》2002年1—12月	25例	2例
《人民日报》2005年1—12月	30例	5例

可知，用“及”的数量大大多于用“或”的数量。这是因为，用“及”更能直接强调出并列项中的主项。

4. 三个模式应用的优选

三个模式的出现频率如何？请看下表：

	X或/及/和X以上	X及其以上	X及/或以上
《人民日报》1990年1—12月	30例	2例	35例
《人民日报》2005年1—12月	23例	4例	35例

可知，X后项减省式使用频率最高；X前后复用式次之，但仍然较为多见；X后项指代式最少。X后项指代式之所以用得少，是因为它毕竟多了一个“其”字。按趋简性原则，能省则省。现代汉语里，从共存到频率有秩，这是“X以上”演进形式的又一条发展轨迹。笔者搜索过1981年至2006年上半年的《人民日报》，所得结论是，每一年三个模式的使用频率都跟上表所罗列的情况大致相同。

五　结束语

（一）为了表意的严密，现代汉语中“X以上”形式有了演进。除了比较纷杂的“括号加注”办法，有三种定型的演进模式。第一种模式为“X前后复用式”，包括“X或X以上”、“X及X以上”、“X和X以上”等三个具体形式；第二种模式为“X后项指代式”，表现为“X及其以上”的具体形式；第三种模式为“X后项减省式”，包括“X及以上”与“X或以上”两个具体形式。

（二）以使用频率最高为标准，第一种模式的代表形式是“X或X以上”；第三种模式的代表形式是“X及以上”。如果按字数多少来排序，便成为：“X或X以上——X及其以上——X及以上”。由于“X及X以上”和“X或X以上”的使用频率大体相近，第一种模式也可以选择“X及X以上”作为代表形式。如果这样，便出现一条相当规整的序列链：“X及X以上——X及其以上——X及∅以上”。

（三）从纷乱到成型，从增繁到再趋简，从共存到频率有秩，这是“X以上”演进式的三条发展轨迹。定型轨迹，符合语言运用的社会性；趋简轨迹，符合表述的明快要求；有秩轨迹，符合语言运用者的心理感知。定型也好，趋简也好，有秩也好，实际上都服从于全社会语言运用者的“辞达而已”的公约。

（四）书面语以口语为基础，但是书面语有自己的特定任务和特别要求，因而有自己的特殊之处。有学者曾指出“V（双音）在了N”不合法，理由是“这种格式口语里没有，书面语里也极为罕见”⑤。笔者发表过文章，列举了见于“东西南北中”各地作者笔下的事实，指出这类格式可以成立，并且指出口语是书面语的基础，但是书面语并非口语的简单复制，而是有其自身的发展规律⑥。古老的“X以上”，在现代汉语书面语里出现了新兴的模式，可以进一步证明书面语的发展有时可以突破口语的管控。

主要参考文献：

[1] 邢福义.“X以上”纵横谈 [N]. 光明日报，2008-09-01 (12).

[2] 邢福义. 汉语语法结构的兼容性和趋简性 [J]. 世界汉语教学，1997 (3)：3-8.

[3]《论语》卷八·卫灵公第十五.

[4] 李行健. 现代汉语规范词典 [M]. 北京：外语教学与研究出版社，北京：

语文出版社，2004，608.

[5] 朱德熙. 现代汉语语法研究的对象是什么？[J]. 中国语文，1987 (5)：321-329.

[6] 邢福义. V为双音节的“V在了N”格式 [J]. 语言文字应用，1997 (4)：35-43.

（原载《语言研究》2010年第1期）

说“数量名结构＋形容词”

一 从“数量结构＋形容词”说起

45年前，笔者在《中国语文》上发表过一篇《谈“数量结构＋形容词”》的文章，讨论了“一丈多高、八丈远、一丈多长、六七尺宽、二十多丈深、八公斤重”等现象。其中的数量结构，指的是表示度量衡的数量结构，即量词为度量衡单位；其中的形容词，指的是具有度量意义的形容词，包括“大、高、长、宽、深、重、粗”等。因此，所谓“数量结构＋形容词”，说得清楚点，应该是“度量衡数量结构＋度量义形容词”。

“一丈高”之类中的“大、高、长、宽”等词，到底是形容词还是名词？这必须根据明确的语法标准来认定。经过将近半个世纪的跟踪观察，笔者更加坚定地相信，判定为形容词是完全正确的。因为，可以提出一个明确的语法标准，这就是：这一结构格局中的“大、高、宽、长、深、重、粗”等词的前边，能够出现“那么”。比如：大约八公尺那么高｜大约七英寸那么宽｜大约五公斤那么重。

看几个实际用例：

(1) 于是拿出四只铜制镀银的字，一方寸那么大，是“寿比南山”四字。(柔石《为奴隶的母亲》)

(2) 室内面积有70平方米那么大，……各间屋子全由地板铺地。(《人民日报》1993年10月22日)

例(1)是“一方寸那么大”，例(2)是“70平方米那么大”。其中的“一方寸”和“70平方米”都是度量衡数量结构，其中的“大”，都在前边出现了修饰成分“那么”。

这两个例子中的“大”，不可能是名词，而是形容词。为什么？因为受到了“那么”的规约。“那么”是个语法标志，能否使用这个语法标志，是判定一个词是否具有名词性质或者是否具有形容词性质的充分条件。更直截了当地说，有了这个条件，就足够证明需要判别的“大”及其同类的词不是名词，而是形容词。

一方面，能够使用“那么”，这是判定某词不属于名词的充分条件。即：一个词，只要能受“那么”修饰，一定不是名词。有的时候，“那么”可以用在“数量＋名词”的前边，比如：“他就是那么一个人物！”但是，绝对不能说：“他就是那么人物！”看这个例子：

(3) 这猫耳洞就是一立方米那么块空间，三个人呆在洞里，白天我们只能蜷在里面，抱着腿坐着，躺不下，伸不直。(《人民日报》1987年4月5日)

上例能说，是因为出现了“(一)块”。不然，“这猫耳洞就是一立方米那么空间”的说法是不能成立的。

另一方面，对于特定的语法结构来说，能够使用“那么”又是断定某词是形容词的充分条件。即：一个词，只要在特定的语法结构中能受“那么”的修饰，一定是形容词。比方，如果把上例改为：

(4) 这猫耳洞就是一立方米那么大，三个人呆在洞里，白天我们只能蜷在里面，抱着腿坐着，躺不下，伸不直。

“一立方米那么大”，跟例(1)、例(2)的“一方寸那么大”和“70平方米那么大”是结构完全相同的。由于“大”是形容词，因此它才能很顺当地接受“那么”的修饰。顺带说明：上面之所以特别提出“对于特定的语法结构来说”的限定，是因为“那么”有时也可以用在“喜欢、讨厌”之类动词前边，但在“一立方米大”这样的特定结构中，“大”跟动词不存在纠葛。

数量结构，包括物量结构和动量结构。物量结构，又包括一般物量结构和度量衡物量结构。两类物量结构，有相同的地方，但也存在不同之处。最突出的表现在于：一般物量结构通常可以插入“大、小、满、整”等词，如“四大碗、三小杯、两满盆、一整箱”；度量衡物量结构不能这么办；反过来说，度量衡物量结构可以用在度量义形容词前边，一般物量结构不能这么办。二者的区别，应该有所认识，不要划等号。

二　关于“数量名结构+形容词”

表述事物的度量，可以采用专用度量衡单位，也可以借用可以起到度量衡作用的名词。如果采用专用度量衡单位，形式上呈现出来的便是数量结构；如果借用可以用作度量衡单位的名词，形式上呈现出来的便是数量名结构。比如，“一平米大”和“一个房间大”，总体上都表示了度量衡的意义，但前者是数量结构，其中的量词“平米”是专用度量衡单位，后者是数量名结构，其中的名词“房间”是借用的起度量衡作用的单位。专用的度量衡单位往往是法定的，都有特定的名目和明确的涵义；借用的起度量衡作用的名词，是群众在语言运用中利用某种事物来表述不太精确的估测性度量，属于俗用说法。然而，在作用上，“一个房间大”之类，跟“一平米大”之类是等值的。考察表明，本文所说的“数量名结构+形容词”之中，没有例外地可以添加“那么”一词。其出现频率，比“数量结构+形容词”还要高。请看这些例子：

(5) 那时我的肚子有一头奶牛那么大。(《人民日报》1991年7月7日)

(6) 铱星公司的卫星电话素以价格昂贵而著称，最初一部手机的体积有一块砖头那么大，……(《人民日报》2000年3月21日)

(7) 佛身高71米，脚背宽8.5米，脚指盖就有一张小床那么大，盘腿坐在上面照相，富富有余。(《人民日报》1994年11月22日)

(8) 在他的眼前，又有一个马蹄那么大的蚂蚱团在膨胀，随

时都会爆炸。（莫言《蝗虫奇谈》）

上四例的度量形容词全都用“大”。尽管“大”的形容对象分别是“奶牛”、“砖头”、“小床”和“马蹄”，但“大”的前边都出现了“那么”。如上所说，这个“那么”锁定了“大”的形容词性质。为了凸显“那么”作为语法标志的作用，本文下面所有的例子全部都是出现了“那么”的。

通过大规模的语料检索来观察这类“数量名结构＋形容词”，我们可以知道：

（一）度量义形容词使用得最多的是“大”，但是，并不限于“大”。例如：

(9) 你看李梅亭的铁箱不是有一个人那么高么？（钱锺书《围城》）

(10) 那时，三十多年未见的暴风雪席卷天山，有些地段积雪7米深，相当于两层楼那么高。（《人民日报》1983年9月28日）

上两例里用了“（那么）高”。又如：

(11) 洞口有一间房子那么宽，一溜斜坡，是光溜溜的大黑石铺成的洞道。（曲波《林海雪原》）

(12) 仰面看天，天只有一条河那么宽，天上的白云，包着山峰，……恰似一座云桥。（曲波《林海雪原》）

上两例里用了“（那么）宽”。又如：

(13) 核酸在生物体内的含量极微，20万亿个鸡蛋中的核酸拼起来，只有一个鸡蛋那么重。（《人民日报》1982年1月21日）

(14) 苏州城的小桥实在小，有的，长只有一两根扁担那么长，步子跨大一点，十步不满；宽，三四个人并排走就觉得挤了。（《人民日报》1982年7月19日）

上两例里分别用了“（那么）重”和“（那么）长”。

在本文后边的例子里，还可以看到“（那么）深”、“（那么）粗”、“（那么）细”、“（那么）厚”和“（那么）薄”。

（二）“数量名”结构情况多样。

1. 数量结构不限于“一＋量”。或者说，数量结构里的数词不限于"一"。例如：

(15) 土坦克是用厚柳木板做的，长方形，有两个方桌那么大。(李晓明、韩安庆《平原枪声》)

(16) 这颗脉冲星直径可能只有二三海里，但它的质量可能相当于二三个太阳那么大。(《人民日报》1983年3月4日)

(17) 每只雌鹤一般产2枚卵，每枚有3—4个鸡蛋那么大，由雌雄亲鸟轮流坐巢孵化。(《人民日报》1988年11月22日)

(18) 美国达拉斯近郊新建的一家名叫USA的特大超级市场，占地面积有5个足球场那么大。(《人民日报》1988年6月26日)

(19) 煤层最大厚度达81米，有27层楼房那么高。(《人民日报》1983年5月29日)

(20) 野狐峡全长约五百多米，而两岸的峡壁却高达二百多米，有四十层楼房那么高。(《人民日报》1986年11月26日)

以上六例，数量结构分别为"两个"、"二三个"、"3—4个"、"5个"、"27层"和"四十层"。有的时候，还可以使用非基数词"几、半"之类。例如：

(21) 郭喜……发现洞内有几间房子那么大，有两个拐弯处像两间套房。(《人民日报》1986年3月16日)

(22) 我赶紧砍断我的心绪，看那老在白纸罩上的小青虫，头大尾小，向日葵子似的，只有半粒小麦那么大，遍身的颜色苍翠得可爱，可怜。(鲁迅《秋夜》)

以上两例，数量结构分别为"几间"和"半粒"。

顺带指出：不能使用"许多、无数"之类泛指性数字。

2. 所用名词，涉及面很广。上面的例子中，数量名结构里已经出现了"奶牛、砖头、小床、马蹄、人、房子、河、方桌、太阳、鸡蛋、足球场、楼房、小麦"等名词。又如：

(23) 柏林爱乐音乐厅的一张门票长宽只有一个大拇指那么大，纸张也非常普通。(《人民日报》2006年1月11日)

(24) 一只黑木棺材醒目地停放在葛家门前，那棺材庞大得十

分夸张，足有半堵墙垣那么高。(陈染《私人生活》)

(25) 贮水池有两个足球场那么大。(《人民日报》1982年11月12日)

(26) 日本生产了一种太阳能袖珍收音机，它只有一张信用卡那么大，半英寸厚。(《人民日报》1985年5月2日)

(27) 这种装置只有两盘录像带那么大，售价3000马克。(《人民日报》1996年1月4日)

(28) 前方约十二公里处有三个发出绿光和黄光的物体，其中之一呈圆球状，有两艘航空母舰那么大。(《人民日报》1987年1月8日)

以上六例又出现了"大拇指、墙垣、足球场、信用卡、录像带、航空母舰"等名词。在后边的描述中，还会见到更多的名词。这说明，为了满足语用需求，凡是肉眼能够看到的、跟度量衡相关的事物，都可以借用来作为度量衡单位。

3."数量名"部分在结构上出现不同程度的复杂化。

比方说，"数量名"前边出现一个修饰语。例如：

(29) 何况目前出版社的稿子堆得有好几座山那么高，哪差得了两部稿?(席绢《女作家的爱情冒险》)

(30) 油库的8个储油罐，每个都有北京一个公共汽车那么大，必须从船上运到岸上，再搬到山坡上。(《人民日报》1987年5月14日)

(31) 那时家里有几个这样的模子，是用泥土烧制出来的，每个都像剖开的半个香瓜那么大，有孙悟空、猪八戒的脸谱，有整身的常山赵子龙，还有什么记不清了。(《人民日报》1999年4月23日)

例(29)，"数量名"前边加"好"；例(30)，"数量名"前边加"北京"；例(31)，"数量名"前边加"剖开的"。

又比方说，"数量名"部分的组织结构比较复杂。例如：

(32) 美国宇航局的科学家认为，撞击如果准确成功，可能撞

出的大环形坑，会有一幢房屋或是足球场那么大，深度在2层至14层楼之间。(《人民日报》2005年6月30日)

(33) 据估算，全国农村庭院总面积至少有两个浙江省的耕地面积那么大。(《人民日报》1989年4月13日)

(34) 美国纳米技术专家制造出世界体积最小的刷子，其刷毛只有一根头发丝的千分之一那么细。(《人民日报》2006年5月25日)

例(32)，"数量名"部分是"一幢房屋或是足球场"，成了一个"数量名+名"的并用形式；例(33)，"数量名"部分是"两个浙江省的耕地面积"，成了一个"数量名+名"的偏正形式；例(34)，"数量名"部分是"一根头发丝的千分之一"，成了一个"数量名+分数短语"的偏正形式。

(三)"数量名结构+形容词"的前边，多见"有"字。比如前边提到的"有一头奶牛那么大"。又如：

(35) 屋顶有两层楼房那么高，……(周而复《上海的早晨》)

(36) 建造世界上最大型号的船闸，下首两个闸门有两个篮球场那么大，……(《人民日报》1989年1月4日)

"有"这个动词，所能表示的意思甚多。这里的"有"，跟估测意义相关。有时可以说成"约有"、"大约有"或"约摸有"。例如：

(37) 约有两个足球场那么大……(《人民日报》1983年1月14日)

(38) 这块玉石高5米，长7米，宽6米，约有两间房子那么大，……(《人民日报》1990年3月19日)

(39) 一座石山，大约有一座楼那么高，……(《人民日报》2006年4月11日)

(40) 整个金库大约有半个足球场那么大，……(《人民日报》1994年6月12日)

(41) 它约摸有六十层楼那么高。(《人民日报》2000年7月29日)

为了强调大，可以说成“足有”：

（42）一条车道直通网吧门里，代替了门槛前的阶梯，车道足有整个门那么宽，为所有光顾小家的残疾人朋友留出方便之路。（《人民日报》2001年9月1日）

（43）一个字足有一间房子那么大。（《人民日报》1990年7月31日）

为了强调小，可以说成“只有”：

（44）它的最大横截面积为3平方毫米，只有一粒大米那么大。（《人民日报》1994年4月29日）

（45）据报道，这只小跳鼠发育健全，毛发蓬松鬈曲，大小只有我们一个食指那么大，一个小小的顶针帽就可以成为它的栖身之所。（《人民日报》1981年5月16日）

也有不用“有”字的。例如：

（46）他蹲点抓的一个支洞，有425个台阶，167米，约三十多层楼房那么高。（《人民日报》1983年10月4日）

（47）黑龙江省有四十六万平方公里，等于四个江苏省那么大，这里真是地大物博，山川平原到处是宝，大多还没有开发起来。（《人民日报》1985年8月4日）

（48）那时，三十多年未见的暴风雪席卷天山，有些地段积雪7米深，相当于两层楼那么高。（《人民日报》1983年9月28日）

（49）三天走了三个乡，几百公里路，几十个村子，有的乡面积就和外地一个县那么大。（《人民日报》1990年12月26日）

（50）眼睛比大拇指还大，触须几尺长，身子像一条大狗那么大。（《人民日报》1984年2月17日）

上五例，“数量名”前边分别用“约”、“等于”、“相当于”、“和（跟）”和“像”。

请注意：跟“有”相对的是“没（有）”。也可以见到“没有＋数量名结构·形容词”的现象。例如：

（51）虽然费尔巴哈也说过住在“皇宫中的人所想的，与茅屋中的人所想的不同”这类话，但他把这种不同归结为“茅屋的低矮的天棚好像在压迫着我们的脑”，没有（一个）皇宫那么大的空间供我们舒展自己的头脑和心，或者归结于人所吃的食物不同等等。（《人民日报》1983年11月21日）

（52）这里海拔虽然没有（那一个）风雪丫口那么高，但是境内100%是山区，山高坡陡，交通通讯闭塞。（《人民日报》1999年12月1日）

三 度量衡“数量名结构”的简省与异变

（一）度量衡“数量名结构”的简省

有的时候，度量衡“数量名结构”在词面上有所简省。情况有二。

1. 简省为“数名”或“数量”。简省为“数名”，是量词隐去；简省为“数量”，是名词隐去。例如：

（53）他唰一声拔出鱼肠剑，砍在柱上，有一指那么深，震得屋梁上积尘飞落。（姚雪垠《李自成》第二卷）

（54）九明十一暗——表面看是九间那么大，实际是十一间大。（姚雪垠《李自成》第二卷）

例（53）等于说“有一个手指那么深”，“一指”是“数名”；例（54）等于说“有九间房子那么大”，“九间”是“数量”。

2. 简省为“名”。即只出现一个名词语，隐去了数量。

所谓名词语，包括名词和不是“数量名”的名词短语。所用的名词短语，音节可以多到七八个。跟简省为“数名”或“数量”的情况相比较，简省为“名”显得特别多见。

用单音节名词的，例如：

（55）虽然我们人小力气不足，有的人只有枪那么高，但是大家干劲很大，抬担架一抬就是好几十里远，甚至上百里的路程，没有一个偷懒的，大家都是争先恐后抢着抬。（《人民日报》1981年8月17日）

(56) 这里飞禽走兽也很多，有成群结队的猴子、高傲的羚羊、疾跑如箭的野兔以及个头像猫那么大的野鼠，也有各种羽色斑斓的飞鸟。(《人民日报》1992年5月9日)

例(55)等于说“有的人只有一条枪那么高”，例(56)等于说“个头像一只猫那么大”。

用双音节名词的，例如：

(57) 还有一棵名曰鹤松，有水桶那么粗，几乎没有什么枝杈，只有一根侧枝傲然地伸向天空，整棵树显得孤独、倔强。(《人民日报》1996年11月20日)

(58) 每个石头都有拳头那么大，来势如炮弹出膛似的那么有力，……(彭荆风《绿月亮》)

例(57)等于说“有一个水桶那么粗”，例(58)等于说“有一个拳头那么大”。

用三音节名词的，例如：

(59) 这个矿地质条件复杂，断层多，淋头水大，采煤工作面平均高度只有1.2米，有的工作面高0.6米，只有暖水瓶那么高。(《人民日报》1990年12月25日)

(60) 这种显微镜具有极高的分辨能力，用它能观察0.11毫微米、相当于氢原子那么大的物体，分析仅有0.7毫微米的元素。(《人民日报》1992年8月6日)

例(59)等于说“有一个暖水瓶那么高”，例(60)等于说“相当于一个氢原子那么大”。

用四音节名词的，例如：

(61) 有贝加尔湖那么大一个油海。(王朔《刘慧芳》)

(62) 看上去只有英汉字典那么大的软件包，精度却高达1000公里只差几个厘米。(《人民日报》1992年9月2日)

例(61)等于说“有一个贝加尔湖那么大”，例(62)等于说“有一本英汉字典那么大”。

用五个及五个音节以上名词语的，例如：

(63) 三年的饥饿使八岁多的冬儿只有五六岁小孩那么高。(池莉《你是一条河》)

(64) 全车间有6扇大门，一扇门就有美式橄榄球场那么宽，9层楼高。(《人民日报》1996年11月22日)

(65) 把我父亲的洋钱摞起来，就有礼拜堂上的尖顶那么高。(梁斌《红旗谱》)

例(63)等于说"有一个五六岁小孩那么高"，例(64)等于说"有一个美式橄榄球场那么宽"，例(65)等于说"有一个礼拜堂上的尖顶那么高"。

(二) 词面异变形式

有的时候，度量衡"数量名结构"在词面上有所异变，不能用"简省"二字来概括，但是，意思跟度量衡词语相通。例如：

(66) 南极大陆的面积有中国加上印度那么大，但人类对地球上的这块地方还了解不够。(《人民日报》1985年4月2日)

(67) 尽管它的面积有美国和墨西哥加起来那么大，但二十五年来只有三万多名探险家、科学考察人员及自费旅游者到达过这里。(《人民日报》1985年1月15日)

例(66)，"中国加上印度"等于说"中国和印度两个国家"；例(67)，"美国和墨西哥加起来"，等于说"美国和墨西哥两个国家"。又如：

(68) 树干有一人合抱那么粗，在树干的三米多高处分出三条笔直的枝干，有两条向上又长成一条枝干，直插云霄。(《人民日报》2002年7月30日)

(69) 在操场中央，原有一棵枝叶繁茂的海棠树，高十来米，树干约有两人合抱那么粗。(《人民日报》1986年5月3日)

例(68)，"一人合抱"大概是一公尺多；例(69)，"两人合抱"大概是三公尺左右。再看这个例子：

(70) 厚的油层有4层楼那么高，薄的只有一本书立起那么厚。(《人民日报》1988年5月11日)

前一小句里用"4层楼那么高"，"4层楼"是数量名；后一小句里用“一本书立起那么厚”，“一本书立起”表示对度量的模拟，是数量表达的变化形式，大概是 20 多厘米。

四　结束语

（一）从度量衡角度对事物的大小、高矮、宽窄、重轻等等进行表述，可以采用两个格式：一个是“数量结构＋形容词”，一个是“数量名结构＋形容词”。前者包含有专用度量衡单位，其中的量词是度量衡量词，属于科学计算的范畴；后者包含有跟度量衡意义相通的借用形式，其中的名词是借来作为度量衡单位使用的形式，属于较为模糊的俗用表述范畴。但是，二者后项所用的形容词是相同的，二者前项所用的“数量结构”和“数量名结构”是大致相当的。看这个例子：

（71）这块太阳能电池板全部展开后，将有三十一米，像一幢十层楼房那么高。（《人民日报》1984 年 9 月 5 日）

上例等于说“将有三十一米那么高”，“将像一幢十层楼房那么高”。二者都用形容词“高”；表述度量的“三十一米”和“一幢十层楼房”，尽管一个是使用度量衡单位的“数量”结构，一个是借用名词作为计量单位的“数量名”结构，但二者所表述的度量是基本互等的。

（二）从古代汉语语法到现代汉语语法，既有继承，也有演进。现代汉语里，在“数量结构＋形容词”和“数量名结构＋形容词”这两个格式中，后项的“大、高、宽、重”等肯定是形容词，可以称之为度量义形容词。可以作出这一肯定论断的特别有力的依据，是“那么”这一语法标志的规约。“数量结构＋形容词”也好，“数量名结构＋形容词”也好，中间都能出现“那么”。凡是“那么 X”的结构框架，其中的 X 如果是一个词，这个词绝对不可能是名词。

（三）从现代汉语的实际应用情况看，“数量名结构＋形容词”的格式，比“数量结构＋形容词”的格式更为常见；“数量名结构＋形容词”格式中出现“那么”，也比“数量结构＋形容词”格式中出现“那么”更为常见。为什么如此？依笔者浅见，有两点原因。首先，“数量结构＋形容词”中用的大多为法定的度量衡单位，这样的单位是有限的；相反，“数量名结构＋形容词”中用的是借用的单位，这样的单位是无限的，只要是可视的事物，如果有需要，都可以借来使用，灵活方便，随物应变。其次，由于借用来表示某种度量的“数量名结构＋形容词”是一种描摹，不是一毫一厘地计较，因此，更多地用上“那么”，借以加强情况表述的估摸语意。当然，事实上“数量结构＋形容词”和“数量名结构＋形容词”里头不一定都使用“那么”，但是，语言使用者或者可以把“那么”添加上去，要不然，可以在后边针对前边的说法提出一个商榷问：“真的（就）那么大（高、宽、粗…）吗?”商榷问里，“那么”跟前边“数量结构”或“数量名结构”之所指具有等同关系。比如：［甲］他家的客厅大约五十平米大。［乙］真的那么大吗？（提问者心理上偏向于可能没那么大。）又如：［甲］他家的围墙八尺高。［乙］真的就那么高吗？（提问者心理上偏向于可能没那么矮。）

（四）“数量名结构＋形容词”格式的使用，有特定的语用价值。“数量结构＋形容词”格式偏重于计算的精准，而“数量名结构＋形容词”格式则偏重于理解的方便。在不需毫厘计较的场合，群众更喜欢借用的描摹说法。比如，说“两三厘米（那么）大”，不如说“一粒黄豆（那么）大”，因为“两三厘米”比较抽象，可能好些人不知道到底有多大，而说成“一粒黄豆（那么）大”则形象而易懂。又如，西湖的面积是近7平方公里。在一般情况下，你如果使用“数量结构＋形容词”的格式，对某人说“这块水域开发出来，有六七平方公里（那么）大”，不如使用“数量结构名＋形容词”的格式，说成“这块水域开发出来，有一个西湖（那么）大”。这就是说，日常生活交际中，“数量名结构＋形容词”的说法更贴近群众的生活，有其特定的生命力。

（五）有一类格式跟本文的讨论相关，这就是作为后项形容词的部分出现了反义的“大小、高矮、长短、深浅”之类的格式。笔者写过《测估词语＋反义AA》的文章。笔者认为，其中的AA可能不是典型的一个词，而是介于词和短语之间的现象。由于它可以受到“那么”

这个语法标志的修饰，因此，它也具有形容词的性质。那篇文章里曾经举出这样的例子：炕上摆着十个铁圆蛋，每个有碗那么大小，……(马烽、西戎《吕梁英雄传》)｜可是，至少该有像鼻子那么长短，才包涵得下这弯绕连绵的声音。(钱锺书《围城》)。现在，再录出一些例子，以供参考：

(72) 外置部分只有一粒花生那么大小，可挂在耳后，也可佩戴在发卡上，……(《人民日报》2002年12月23日)

(73) 这种轻巧的墨镜脚架上有一只可塞在耳朵里的耳机，由电线连着像一包香烟那么大小的电子盒。(《人民日报》1982年11月11日)

上两例“一粒花生”和“一包香烟”都是“数量名”。

(74) 根据化石，可以看出它们有乌鸦那么大小，颌上长有牙齿，身后拖着一条骨质尾巴。(《人民日报》1987年6月14日)

(75) 热带作物园里有一种神秘果，树身不高，叶如戟头，果实仅如花生米那么大小。(《人民日报》1987年4月17日)

(76) 托卡马克装置早在六十年代后期就在苏联建成，不过当时的装置形状只有汽车车胎那么大小。(《人民日报》1983年1月7日)

上三例的“乌鸦”、“花生米”和“汽车车胎”是简省形式，等于说“一只乌鸦那么大小”、“一颗花生米那么大小”和“一个汽车车胎那么大小”。

(77) 我们的国土和人力、物力都只有晋国的百分之一那么大小，造这么大的城墙是根本不可能的……(《人民日报》1981年3月17日)

上例的“晋国的百分之一”，等于“一个晋国的百分之一分”，是“数量名”部分在结构上出现的复杂化状态。

(六) 末了，有两个问题需要提一下。

一个问题是，“这么”和“那么”都是指示度量的代词。可是，不管是在“数量结构＋形容词”的格式中，还是在“数量名结构＋形容词”的格式中，都只看到形容词前边出现“那么”的用例，却看不到形容词前边出现“这么”的用例。

曾经看到过使用“这样”的现象。例如：

(78) 世界上的杜鹃有上千种，中国的杜鹃有几百种，但哪一种也没有杜鹃王身躯这样高、花儿这样大。(《人民日报》1985年6月8日)

“没有杜鹃王身躯这样高”，等于说“没有这一株杜鹃王这么高”。但是，无论如何，毕竟并未看到使用“这么”的说法，而且可以肯定，即使有，也极少极少。这是为什么?

另一个问题是，不管是在“数量结构＋形容词”的格式中，还是在“数量名结构＋形容词”的格式中，度量义形容词都是“大小、高矮、长短、宽窄、深浅、重轻”中表示强态义的“大、高、长、宽、深、重”。然而，情况并非全然如此。比如“粗细”，既可以说“有水桶那么粗”[见例(57)]，用了强态义的“粗”，也可以说“有一根头发丝的千分之一那么细”[见例(34)]，用了弱态义的“细”。又如“厚薄”：

(79) 这部分的金属只有几个分子那么厚。(《人民日报》1994年1月6日)

(80) 将一克24K的黄金打制成只有万分之一毫米那么薄的金箔，再把金箔制作菜肴食用。(《人民日报》2000年11月25日)

上两例里，既用了强态义的“厚”，也用了弱态义的“薄”。有关的规律，怎样描写才全面、准确?

这两个问题，笔者至今回答不好。特列举出来，求教于方家。

主要参考文献：

[1] 邢福义. 谈“数量结构＋形容词”[J]. 中国语文，1965(1)：34-36.
[2] 邢福义. 测估词语＋反义AA[J]. 世界汉语教学，2009(1)：17-26.
[3] 邢福义. 语法问题献疑集[M]. 北京：商务印书馆，2009.

(原载《汉语学报》2012年第2期)

承赐型“被”字句

本文讨论承赐型“被”字句。所谓“承赐”，即接受赐予。一般“被”字句为遭受型，基本表义倾向为拂意；本文讨论的承赐型“被”字句，为适应特定语用要求而使用，基本表义倾向为称心。

承赐型“被”字句是“被”字句中相对独立的一个类型，在形式上使用了特定的动词，构成了特定的格局。这类“被”字句自古有之，但到现当代才发展定型。

本文包括五个部分：1. 代表格式；2. B 式核心动词的多样性；3. 格式的相关情况；4. 源流辨；5. 结束语。

1 代表格式

承赐型“被”字句有三个代表格式：①“S 被（X）授予 Y”；②“S 被（X）评为 Y”；③“S 被（X）列入 Y”。

1.1 A 式：“S 被（X）授予 Y”

这一格式，核心动词用“授予”。例如：

（1）邹仁鋆……1989 年被授予“全国先进工作者”称号。（《中国人民政治协商会议第八届全国委员会委员名录》［以下简称《委员名录》］210 页，文化教育出版社 1994 年 1 月）

（2）昨晚，包括皇马六星罗纳尔多、齐达内、劳尔、卡洛斯、菲戈和贝克汉姆在内的 30 名皇马成员，被授予昆明市的“荣誉市民”。（《武汉晚报》2003 年 7 月 29 日 A22 版）

（3）“功勋飞行员”广州军区空军副参谋长岳喜翠 28 日在京

被授予人民解放军空军少将军衔，成为我军第一位女飞行员将军。(《楚天金报》2003 年 7 月 29 日 10 版)

(4) 范氏梅芳最近刚刚被授予了一项奖学金，可以前往英国攻读工商管理。(《武汉晚报》2003 年 8 月 14 日)

不管是谁，不管被授予什么称号、头衔、证书、奖状、奖章、奖金，都是称心如意的。如果有必要，“被”字后边可以出现名词性施事成分 X，说成“S 被 X 授予 Y”。例如：

(5) 丁石孙……被日本创价大学和美国布拉斯加大学分别授予名誉博士学位。(《委员名录》48 页)

(6) 1982 年 (韩德培) 被美国密苏里州堪萨市市长授予“荣誉市民”称号。(湖北省社会科学界联合会《湖北省社会科学界名人》第 1 卷)

(7) 今年 7 月 23 日，他因在科学界的出色造诣和贡献，被布什总统授予美国公民最高奖章——“总统自由勋章”。(信莲《美国“氢弹之父”走完非凡一生》)

(8) 因在 1961 年社会主义建设事业中有显著的贡献，(廖序东) 被徐州市人民政府授予奖状。(张爱民《人淡如菊——记语言学家廖序东》)

同“授予”相当的，还有“赐予”。比如，“被授予×××勋章”，也可以说成“被赐予×××勋章”。不过，现代汉语语料中没有见到这一说法。这可能跟“赐予”一词文言色彩较重，现代人已不大使用有关。

1.2 B 式：“S 被 (X) 评为 Y”

这一格式，核心动词用“V 为”。最有代表性的是“评为”。“评为”使用频率很高，比用“授予”更为常见。例如：

(9) 朱铭……1991 年被评为山东省科技拔尖人才。(《委员名录》52 页)

(10) 其父也得遂大志被评为一级教师。(方方《白雾》)

(11) 倔强的性格使我努力学习，终于被评为优秀少先队员。

(《作文练习材料》，初中《语文》第四册)

(12) 听了老校长的话，我想，怪不得我们学校年年被评为卫生先进单位呢。(《阅读》，小学《语文》第六册)

如果有必要，“被”字后边同样可以出现名词性施事成分。例如：

(13) 张伯勤……1992年被北京市总工会评为“爱国立功标兵”。(《委员名录》494页)

(14) 1989年(廖序东)又被江苏省教委评为优秀研究生导师。(张爱民《人淡如菊——记语言学家廖序东》)

(15) 1981年(孙叔平)被国务院学位委员会评为中国哲学专业博士生导师。(国务院学位委员会办公室《中国社会科学家自述》)

(16) ……《步进驱动系统的最佳控制》，1987年被湖南省自动化学会评为一等优秀论文。(《委员名录》51页)

能够进入“V为”的动词较多，后面另用一小节来描述。

1.3 C式：“S被(X)列入Y”

这一格式，核心动词用“V入”。最有代表性的是“列入”。“列入”的使用频率也比较高。例如：

(17) 刘诗白……被列入美国传记研究所《国际名人录》。(《委员名录》53页)

(18) 张厚粲……1990年被列入英国剑桥传记中心“世界妇女名人录”。(《委员名录》58页)

“被”字和“列入”之间同样可以出现名词性施事成分。例如：

(19) 谢联辉……被英国传记中心列入《国际知识分子名人录》。(《委员名录》372页)

(20) 蒋守规……1992年被美国国际名人传记所列入《杰出领导名人录》。(《委员名录》403页)

同“列入”相当或相近的，还有“收入、录入、选入、写入”等。例如：

(21) 近两年来，他的小传被收入《中国现代文学作者笔名

录》等书目中。(湖北省社会科学界联合会《湖北省社会科学界名人》第1卷)

(22)(杨隽)1994年被国际学术机构录入《现代俄语学世界名人录》。(湖北省人事厅《湖北专家大辞典》)

(23)(苏文芳)1988年加入九三学社,1989年被选入支委任组织委员。(陈胜兰《携手奋进 共绘宏图》)

(24)(王善序)主要论著……已被写入部颁技术规范和有关设计计算手册中。(湖北省人事厅《湖北专家大辞典》)

2 B式核心动词的多样性

B式的核心动词,即"被V为"中的V,具有多样性。按表义的偏重点,大体可以分为以下四组。

2.1 "评选"组

主要使用"评为"和"选为"。"评为"重在评,"选为"重在"选"。

上文已经列举出"评为"的用例。"选为"也有相当高的使用频率,例如:

(25)1925年尾,恽代英和我及其他四人被选为左派国民党上海市党部的代表,赴广州出席国民党第二次全国代表大会。……我又参加了第一次中华全国文学艺术工作者代表大会,被选为全国文联副主席,中国文学工作者协会(后改名为中国作家协会)主席。(茅盾《自传》)

(26)1954年至"文化大革命"前,冰心曾被选为一至四届全国人民代表大会代表,……1978年她被选为五届人大代表、五届政协常委。(《冰心传略》,初中《语文》第六册)

(27)弟弟写的作文如果被选为北海道的代表,就能参加全国的作文比赛。(栗良平《一碗阳春面》,高中《语文》第三册)

"评为"和"选为"组合,便成为"评选为"。例如:

(28) 侯义斌……1993年被美国传记研究所评选为“全世界5000著名人物”。(《委员名录》300页)

跟“评选”相通或相近的，还有其他一些动词。

“定为、指定为”等，接近于“评为”。例如：

(29) 于洋……1959年被文化部定为全国廿二大明星之一。(《委员名录》223页)

(30) 李同生……1991年被指定为全国首批继承名老中医药专家学术经验的指导老师。(《委员名录》430页)

“推选为、推举为、选拔为、提名为”等，相当于或大体相当于“选为”。例如：

(31) (1989年吕叔湘)在中国职业教育社第六届理事会第一次全体会议上，被推选为名誉理事之一。(《吕叔湘全集》第19卷742页，辽宁教育出版社2002年)

(32) 白嘉轩被推举为学董，鹿子霖被推为学监。(陈忠实《白鹿原》)

(33) 几个月以前，我被提名为独立党的纽约州州长候选人，与斯图阿特·伍德福先生和约翰·霍夫曼先生竞选。(《竞选州长》，初中《语文》第六册)

2.2 “表彰”组

“表彰”重在褒扬和赞誉。有时直接用“表彰为”：

(34) 开会时发言积极，也被表彰为“会议积极分子”。(李佩甫《羊的门》)

(35) 郝振堃……1991年被中共中央组织部表彰为“优秀领导干部”。(《委员名录》161页)

有时用“誉为”：

(36) 王菊珍……被国际同行誉为“钨大国的钨大姐”。(《委员名录》522页)

(37) 世界卫生组织宣布硒被誉为“抗癌之王”。(《武汉晚报》2003年8月13日A18版标题)

有时用“公认为”，有“赞誉为”的意思：

(38) 周培源……被世界公认为湍流模式理论的奠基人。(《委员名录》134 页)

2.3 “聘任”组

“聘”重在聘请，“任”重在“任命”。

有时说成“聘为”或“聘请为”。例如：

(39) 1955 年，(黎锦熙) 被聘为中国科学院哲学社会科学第一届学部委员。(黎锦熙《黎锦熙选集》)

(40) (吕叔湘 1991 年) 被国家语委聘为编辑系列高级职称评审委员会委员。(吕叔湘《吕叔湘全集》)

(41) 张永珍……1992 年被国务院港澳办公室新华社香港分社聘请为香港事务顾问。(《委员名录》503 页)

有时说成“任命为”。例如：

(42) 黄敬也在这次调整中意外地受到了启用，被任命为市委常委、市委副书记。(季宇《最后期限》)

(43) 果不其然，一星期后副县长被任命为正县长。(方方《白雾》)

(44) 后来又传闻朱先生凭一张嘴，一句话，就解除了从甘肃反扑过来的二十万清军，朱先生因此被张总督任命为第一高参。(陈忠实《白鹿原》)

“聘为”和“任为”组合，便成为“聘任为”。例如：

(45) 李天庆……1988 年被聘任为澳门东亚大学（后改为澳门大学）副校长。(《委员名录》516 页)

跟“聘任为”之类比较接近或有所接近的有“宣布为、批准为、接纳为”等。例如：

(46) 黑娃被宣布为筹备处主任。(陈忠实《白鹿原》)

(47) 鹿兆海即将出院的时候，学校的那位英文教员来看望他时正式通知他：“你被接纳为中共党员了。”(陈忠实《白鹿原》)

2.4 “称呼”组

一般说成“称为”。例如：

(48) 更光荣的是被称为纺毛突击手、纺纱突击手。(吴伯箫《记一辆纺车》)

“称为”不仅用于人，更多时候用于各种事物。例如：

(49) 中外驰名的最大类书《永乐大典》，被称为世界最大的百科全书进入《吉尼斯世界纪录大全》，是明永乐年间分韵编的。(戚志芬《自学的好帮手——工具书》)

(50) 书目历来受到人们的重视，被称为读书治学的门径和打开知识宝库的钥匙。(王绪芳《找书的金钥匙——书目》)

上两例用于书籍书目。又如：

(51) 碑子栽在白鹿村的祠堂院子里，从此白鹿村也被人称为仁义庄。(陈忠实《白鹿原》)

(52) 地中海沿岸被称为西方文明的摇篮。(竺可桢《向沙漠进军》，初中《语文》第三册)

(53) 钱塘江大潮，自古以来被称为“天下奇观”。(赵宗成、朱明元《喜看今日钱塘潮》)

上三例用于地点或某个地点的景观。

“称为”有时也说成“称作”。例如：

(54) “悬棺”是中国古代有些民族将棺材置于悬崖洞穴中的一种奇特安葬方式，被称作中国的千古之谜，世界文化史上的一大奇观。(陈汉元《从宜宾到重庆》)

“命名为、取名为”若用于“被”字句，也表示一种“称呼”关系。例如：

(55) 经上级有关部门批准，小镇现在真的被命名为“将军镇”了。(陈世旭《将军镇》)

(56) 蔡振兴……其所创办的华夏信息服务公司被中共巩义市委、市政府命名为“乡镇百家先进企业”。(《委员名录》202页)

“称为”和“誉为”相结合，便成为“称誉为”。例如：

(57) 人们纷纷谴责袭击者，对这位被联合国秘书长安南称誉为“杰出的属于全人类的公务员”表示哀悼。(《楚天都市报》

2003 年 8 月 21 日）

3 格式的相关情况

3.1 三式的联系与区别

ABC 三式，以接受赐予为语义基本点，在表意上存在明显的联系。比较：

他被授予“当代杰出女性”称号。

他被评为“当代杰出女性”。

他被列入《当代杰出女性》。

“授予”和“列入”以“评”为先行条件。先有评议，“授予”称号才有基础；先有社会评价，“列入”传记才有依据。

三式的区别在于：A 式“被授予”，是一种以下对上的承赐关系，庄重严肃；其宾语部分，出现“称号、职称、军衔”之类名词。B 式“被评为”，基本上也是以下对上，但有时可能只是某个集体的一般性评比活动，不那么郑重；其宾语部分，不出现“称号、职称、军衔”之类名词。C 式“被列入”，通常不是以下对上的关系，而是某人或某物由某个上级单位给予某种荣誉；其宾语部分，出现“传记、名人录”之类名词。

至于 B 式内部的各种情况，同样既有联系，也有区别。比较：

他被评为“工程头号指挥员”。

他被选为“工程头号指挥员”。

他被表彰为“工程头号指挥员”。

他被聘为“工程头号指挥员”。

他被任命为“工程头号指挥员”。

他被称为“工程头号指挥员”。

上六例除了核心动词，其他词语完全相同。比较可知：一方面，对于“他”和“工程头号指挥员”的联系来说，“评为”、“选为”、“表彰为”、“聘为”、“任命为”、“称为”存在相通之处。另一方面，由于核心动词不同，适应的范围自然也不一样。比方，“评为”和“称为”，“评为”用于作为社会行为的有意识评选活动，而“称为”则是人与人或人与物之间的命名行为。尽管甲被称为乙实际上也是一种“评”，不过，不属于由上而下的有组织的行政活动。又如，可以说“他被选为班长”，不能说“他被评为班长”，可以说“她被称为当代穆桂英”，不能说“她被聘为当代穆桂英”或“她被任命为当代穆桂英”。

3.2 三式的实际运用

在语言的实际运用中，承赐型“被”字句并不总是那么单纯、那么规整，有时会有所变异。主要有以下情况。

3.2.1 换词使用、联结使用或交替使用。例如：

(58) 他原本是县农企局的一个副局长，不知怎么被谭成伟看上了，提拔成了副县长。(季宇《最后期限》)

(59) 谢雨辰……1982年被推举列入《台湾电影电视名人录》。(《委员名录》259页)

(60) 昨日上午，中宣部、中华全国新闻工作者协会在人民大会堂举行“全国新闻界抗击非典宣传工作”表彰大会。……《湖北日报》编辑部被授予“全国新闻界抗击非典新闻宣传先进集体”荣誉称号；记者张洁被评为“全国新闻界抗击非典新闻宣传优秀记者”；由胡思勇、刘章西撰写的《抗疫时评》和《楚天都市报》记者张仕武、左砚文、宋效忠采写的《生命重于泰山》被评为“全国新闻界抗击非典优秀新闻作品”。(《楚天都市报》2003年7月24日2版，记者张左)

例(58)是B式的换词使用。把“提拔为”说成“提拔成”，口语化强些，特别是，接着上文的“看上了”，后边说“提拔成了”更顺畅。“提拔成了”能说，“提拔为了”是不能说的。

例(59)是B式和C式的联结使用。说成“被推举列入”，既有“推举(为)”，又有“列入”，这是加强语义表述准确性的需要。

例(60)是A式和B式的交替使用。说成“被授予……被评为……被评为……”，这既是语义表述的需要，也是修辞上变换词面的需要。如果全用B式，说成“被评为……被评为……被评为……”，显得较为平板。

3.2.2 说法变化而语意隐含

某个特定的说法，词面上不显示为某一格式，但隐含着某一格式的语意。这一状况，主要与B式“V为”相关。例如：

(61) 他刚被提拔，总是很兴奋，干什么都是一阵风。(王跃文《朝夕之间》)

(62) 原检察厅厅长马玉龙临危授命，被派往华江出任市委代书记……(季宇《最后期限》)

(63) 我们就是要建立这样一套制度，使那些有专业知识的、年富力强的人，被选拔到能够发挥他们才干的工作岗位上来。(邓小平《高级干部要带头发扬党的优良传统》)

例(61)，隐含上文已经存在的一个叙述：他(关隐达)已经被提拔为县委书记。例(62)，等于说：被任命为市委代书记。例(63)，等于说：被选拔为在合适岗位上发挥才干的干部。再如：

(64) 那一年，镇上应届的学生没有一个被大学录取。(陈世旭《将军镇》)

(65) 这种罕见的豁达被当作慈心善举在村民中受到赞颂。(陈忠实《白鹿原》)

例(64)，等于说：被录取为某大学学生；例(65)，等于说：被赞颂为慈心善举。

以上各例，都隐含B式“V为”的意思。

3.2.3 进入小句，充当定语。

有时，“S被(X)Y”整个儿进入“是”字小句，充当宾语部分里“理由、原因、根据、通知”之类的定语。这里的S，代表被动对象。例如：

(66) 这正是军民能够打成一片的理由，也正是我们军队之所以被称为人民子弟兵的理由。(邓小平《太行区的经济建设》)

上例，“我们军队(之所以)被称为人民子弟兵”充当“理由”的定语。承赐型的三个格式，都能这么办。如：

这就是黎明先生被授予杰出科学家称号的正式通知。(A 式)

这就是黎明先生被评为杰出科学家的正式通知。(B 式)

这就是黎明先生被列入杰出科学家名录的正式通知。(C 式)

有时，S 成为“是”字小句中宾语部分的中心语，“被（X）Y”充当 S 的定语。例如：

(67) 这次海市蜃楼发生在被称为人间仙境的蓬莱阁对面海域。(《作文训练》，初中《语文》第三册)

(68) 在大青山脚下，只有一个古迹是永远不会废弃的，那就是被称为青冢的昭君墓。(翦伯赞《内蒙访古》)

这两例，“被称为人间仙境”和“被称为青冢”分别充当“蓬莱阁”和“昭君墓”的定语。作为中心语，“蓬莱阁”和“昭君墓”是由表示被动对象的主语转化而成的。即：蓬莱阁被称为人间仙境→被称为人间仙境的蓬莱阁 | 昭君墓被称为青冢→被称为青冢的昭君墓。赐型的三个格式，都能这么办。如：

这就是被授予杰出科学家称号的黎明先生。(A 式)

这就是被评为杰出科学家的黎明先生。(B 式)

这就是被列入杰出科学家名录的黎明先生。(C 式)

3.3 三个格式与称心如意

ABC 三式同称心如意的联系，在程度上略有不同。大体说，可以表述为：

A 式＞ B 式 ＞ C 式

3.3.1 关于 A 式

A 式“被授予”，总是表示称心如意。

有时，在列举中显示了荣誉级别的高低对比，但并不存在称心与拂意的区别。比方：“那一年，我被授予全国劳动模范称号，我妻子也被授予全国卫生系统劳动模范称号。”我和妻子都高兴，都感到光荣。又如：

(69) 张勇……1988 年被授予少将军衔。1991 年被授予中将

军衔。(《委员名录》548页)

“少将”不如“中将”级别高，但被授予少将军衔和中将军衔都是愉快的。介绍某个人的情况，即使说他“被授予中校军衔”，说的也是愉快的事。

有时，在“被授予”前边加上“仅仅”表示不满意，但不能说明“被授予”跟称心不存在联系。比如：“仅仅被授予中校军衔，仅仅被授予中将军衔，仅仅被授予大将军衔”，如此等等，都只反映个人的私欲得不到满足，“仅仅”只是一种外加的强性认定。“被授予元帅军衔”，就不能说成“仅仅被授予元帅军衔”，因为再没有比元帅更高的军衔。

3.3.2 关于B式

B式“被评为”，一般都是表示称心如意。

之所以说“一般”，是因为特殊场合中，有时也可能表示拂意。比如，上个世纪60年代“大跃进”期间，高等学校的教师经常进行评比活动，人们交谈时可以这么说：

(70) 他被评为火箭。我被评为蜗牛！

被评为火箭者高兴，被评为蜗牛者自然懊丧。

B式里，核心动词不同，跟称心的联系也不一样。比如“誉为”和“称为”，“誉为”是“誉”，因此总是称心；“称为”只是“称”，尽管往往称心如意，有时却是中性的，甚至可能是拂意的。例如：

(71) 那还不能被称为“戈壁”，那在普通地图上，还不过是无名的小点，但是人类的肉眼已经不能望到它的边际，……(茅盾《风景谈》)

(72) 此外，许多鱼类由于结成大群游动时也会发出声音来，这被称为“动水力学声音”。(《鱼类的声音》，高中《语文》第五册)

上两例的“被称为戈壁”、“被称为动水力学声音”，无所谓称心拂意。又如：

(73) 中国一向被称为一盘散沙，但是自从我们党成为执政

党，成为全国团结的核心力量，四分五裂、各霸一方的局面就结束了。（邓小平《目前的形势和任务》）

（74）你们不了解我们心灵的变化，我们被称为抱大的一代，你们没有责任吗？（丁榕《理解，应该是双向的》）

（75）况且我们还要穿越南极大陆一块被称为“不可接近地区”的地域。（秦大河《科学探险的壮举》）

上三例显然偏向于拂意。

3.3.3 关于C式

C式“被列入”，大多数情况下可能表示称心，有时可能表示拂意。这要看“列入”的宾语之所指。如果宾语指不好的事物，自然是拂意的。比如：

（76）就在那一次发言之后，我被列入了右派分子的名单。

3.4 三个格式的否定说法

ABC三式都有否定说法。即是在“被”字前头，加上“不、没、未”之类词语。例如：

当年他被授予中将军衔 → 当年他未被授予中将军衔

今年他被评为三好学生 → 今年他没被评为三好学生

他因此被列入英模名录 → 他因此不被列入英模名录

凡是表示称心的承赐式，其否定说法一定表示拂意。再看下面的例子：

（77）我一定用实际行动积极争取及早加入共青团，请考验，请批准。如果我被批准了，我决心遵守团章，执行团的决议，遵守团的纪律，履行团员义务，参加团的工作，做名副其实的共青团员，处处起模范作用，为“四化”贡献力量；如果我一时未被批准，决不灰心，要接受考验，继续创造条件争取。（《申请书》，初中《语文》第三册）

上例讲是否被批准为共青团员。“被批准”，称心；“未被批准”，不如愿。

当然，如果承赐式说的是拂意的事，否定式便会表示称心。例如：

(78) 那一次发言之后，我整天提心吊胆，亏得有一位人事干部帮我说话，才没被列入右派分子的名单。

4 源流辨

按通常的推断，“被”字句用于称心，可能是在现代汉语里发展起来的欧化说法。比如饶长溶（1990）指出：“有些‘被’字式表示为非不如意的用法，可能是受印欧语和翻译作品的影响，近些年来有越来越扩大的趋势，甚至有些人有时直将‘被’字式当作单纯表被动的格式来使用。”（《把字句 被字句》84页）这一推断，有待于做进一步的观察和验证。

4.1 古代已有雏形

承赐型“被”字句，其实是从古代发展而来的。

4.1.1 古代典籍中已有“S被（X）V为Y”的形式。例如：

(79) 及琼被选为盩厔令，卿犹言相中不见，……（魏收《魏书·寇赞传》）

(80) 国人迎泥孰于焉耆而立之，是为咄陆可汗。……既被推为可汗，遣使诣阙请降。（刘昫《旧唐书·列传第一百四十四下》）

(81) 时敦被征为秘书监，以寇难路险，轻骑归洛阳，委弃公主。（房玄龄《晋书·列传第四十六》）

上三例都是以“V为”充任核心动词的B式。如果有表述的需要，“被”字后边、核心动词前头也可以出现名词性施事成分X。例如：

(82) 行至庐江，太守胡孟康被丞相召为军谘祭酒。（房玄龄《晋书·列传第四十》）

(83) 后与王珣俱被桓温辟为掾，并礼重之。（房玄龄《晋书·列传第四十九》）

由于古今语汇语义系统的更迭，古书中的“S被（X）选为/推为/征为/召为/辟为Y”在内容上跟现代汉语并不相同，但它们的语法结构和语义关系却是一致的。

近代汉语作品中，也可以看到同类的说法。例如：

（84）小人杀的好牲口，挑筋剐骨，开剥推剥，只此被人唤做操刀鬼曹正。（施耐庵《水浒传》）

“唤做”相当于“称为”。“被唤做操刀鬼曹正”，在情绪偏向上可以看作中性；但如果说成“被唤做及时雨宋江”，便偏向称心。

4.1.2 古代典籍中也有跟“S被（X）V为Y”语义相关的形式。例如：

（85）世宗时，中尉崔暹、黄门郎崔季舒俱被任用。（李百药《北齐书·列传第十》）

（86）世宗入辅京室，崔暹、崔季舒、崔昂等并被任使，张亮、张徽纂并高祖所待遇，然委任皆出元康之下。（李百药《北齐书·列传第十六》）

（87）时宇文述方被任遇，和倾心附之，又以发武陵公元胄罪，拜代州刺史。（刘昫《旧唐书·列传第九》）

上三例的核心动词“任用、任使、任遇”都包含“任”字。采用“被任用”之类说法，尽管不出现“为”字，但后边可以接上或者勉强接上“被任用为”之类说法。因此，还是属于B式。比方，例（85）可以说成“中尉崔暹、黄门郎崔季舒俱被任用，分别被任用为……”。后两例类推。

以上用例，都表示称心。正因如此，如果“被”字前边出现否定词，便会表示拂意。例如：

（88）大业末，李密略地荥、汴，亮杖策从之，未被任用。（刘昫《旧唐书·列传第十九》）

4.1.3 古代典籍中还可以见到其他许多“承赐”义“被”字句。所谓“其他”，指的是不带“为”字或不能转化为带上“为”字的现象。从核心动词的构成看，大体有两种情况。

第一，核心动词为“X遇”的。“遇”是“相待、接待”的意思。

a. 有时用“礼遇”。例如：

（89）埱宿有能名，深被礼遇，军国之事，多所闻知。（李百

药《北齐书·列传第十八》)

(90) 思廉以籓邸之旧，深被礼遇，政有得失，常遣密奏之，思廉亦直言无隐。(刘昫《旧唐书·列传第二十三》)

“被”字后边可以出现名词性施事成分X：

(91) 性强正亮直，虽被温礼遇，至于辩论，每不阿屈，故荣任不至。(房玄龄《晋书·列传第六十二》)

b. 有时用“宠遇”。例如：

(92) 泽因被宠遇。(李百药《北齐书·帝纪第六》)

(93) 甚被宠遇，生毗陵悼王轨、惠帝、秦献王柬，平阳、新丰、阳平公主。(房玄龄《晋书·列传第一》)

c. 有时用“优遇、赏遇、恩遇、知遇”等等。例如：

(94) 崇自表曰：“臣兄统以先父之恩，早被优遇，出入清显，历位尽勤。”(房玄龄《晋书·列传第三》)

(95) 后被赏遇，赐名敬宣，位至侍中开府。(颜之推《颜氏家训》)

(96) 知节既领其一，甚被恩遇。(刘昫《旧唐书·列传第十八》)

(97) 元既早被高祖知遇，兼其母兄在东，尝有思归之志，恒遣表疏，与高祖阴相往来。(李百药《北齐书·列传第十九》)

第二，核心动词不包含语素“遇”，但表示“宠爱、褒赏”等意义。这类表示称心的“被”字句，虽然不好划归“被V为”的形式，但从语义的联系上看，还是属于接受赐予的范畴。例如：

(98) 而浚早慧，后更被宠。(李百药《北齐书·列传第二》)

(99) 帝果悦，立为弘德夫人，进左昭仪，大被宠爱。(李百药《北齐书·列传第一》)

(100) 隐之清操不渝，屡被褒饰，致事及于身没，常蒙优锡显赠，廉士以为荣。(房玄龄《晋书·列传第六十》)

(101) 会皇孙载诞，太子宴宾客，抱于坐中献《嫡皇孙颂》，深被嗟赏。(刘昫《旧唐书·列传第一百四十》)

（102）及高贵乡公讲《尚书》，冲执经亲授，与侍中郑小同俱被赏赐。（房玄龄《晋书·列传第三》）

（103）敦平后，周顗、戴若思等皆被显赠，惟协以出奔不在其例。（房玄龄《晋书·列传第三十七》）

（104）关东之地，百物阜殷，从军之徒，尤被优养。（刘昫《旧唐书·列传第八十九》）

事实表明，在古代，就已有了“被”字句称心意象的发展基础，并且已经出现了承赐型“被”字句的雏形。

4.2 现代形成模式

诚然，不能说“被”字句的表示称心是到了现代，由于大量接触了印欧语才产生；然而，承赐型“被”字句的发展成型，却可以说是现代的事。所谓“成型”，指的是形成特定模式。其表象，便是以三个格式为基干，形成了一个具有较强系统性的被动称心表述的网络。其结果，不仅内涵上存在特定语义的规约，而且外延上得到了形式上的圈定（尽管这种圈定不可能有绝对的界限），使得“被”字句中出现了一个较为特殊的承赐型，有如一个小“独立王国”。如果说，一提到一般“被”字句，人们会更多地想到不幸苦恼，那么，一提到承赐型“被”字句，人们便会更多地想到称心如意。二者的文化取值有所不同。前者指一般性的天灾人祸，而后者则指社会活动中带有荣誉性的授受行为。

促成承赐型“被”字句在现代汉语语法系统中的发展成型，主要有三个方面的因素。

4.2.1 社会发展的因素

王力《汉语语法史》其实已经涉及承赐型“被”字句。王先生认为“被”字句是个表示不幸、不愉快的格式，但他也承认不是所有“被”字句都这样。他指出：“我们也曾根据《世说新语》全书做过一次统计，全书的被动式共二十七个，其中就有十九个是表示不幸或者不愉快的事情的。”（284页）又指出：“再说，就大多数的‘例外’看来，似乎还是有规律可循的。它们所表示的绝大多数是关于在上的恩宠，如《世说新语》的‘被举’、‘被知遇’、‘被礼遇’等。”（285 页）应该指出：第一，在二十七个例子中，有八个例外，占将近三分之一，比例不小；第二，王先生所说的“规律”，是“它们所表示的绝大多数是关于在上的恩宠”，这已经涉及了“承赐”的内容；第三，王先生用了“似乎”一词，表明王先生未作明确认定。这是实事求是的。无论如何，“承赐”说法的形式在古代毕竟并未形成系统，王先生只是从语义上做了笼统的解说，这如实地反映了古代的状况。

现代汉语里承赐型“被”字句的使用，首先决定于社会发展的语用需要。现当代，特别是中华人民共和国成立以后，尤其是近三十年来，伴随着政治、经济、科教、文化、军事等等方面的飞速发展，评优授奖活动日益增多，于是，承赐型“被”字句的使用愈发频繁。比方，20 世纪末期，常见“被授予跨世纪人才称号”、“被评为跨世纪人才”和“被列入跨世纪人才培养计划”之类说法。这类带有强烈时代感的当今社会用语，不可能见于古代。据笔者的观察，凡是名人传记、名人介绍之类，只要是涉及近二三十年的事，一定会出现承赐型“被”字句，有的甚至出现相当多。

4.2.2 使用者的心理因素

现代汉语里承赐型“被”字句的使用，其次决定于使用者心理上的荣誉感。

“被”字本来跟不幸苦恼相联系。那么，承赐型的称心如意有没有可能是不幸苦恼的一种延伸，实际上依然从属于不幸苦恼？王力《汉语语法史》曾推测道：“我们可以这样假设：在上古封建社会里，一般人以为在上者的恩宠是和灾祸一样不可抗拒的，所以要用被动式。这只是一个假设。”（285 页）这里，王先生把恩宠同灾祸联系了起来，认为古人心理上把恩宠看成了灾祸。正如王先生所说，这只是假设。古人的心理状态，我们不敢贸然断定，然而，今人使用承赐型“被”字句的心理状态，绝对不是那样。

当今社会，一个人写自传，提到自己某年某月被授予国家级大奖，或者自己某年某月被评为科学院院士，或者自己的事迹某年某月被编选入名人大典，一定是怀着成就感写下的一行行文字，反映出经过艰苦奋斗和多年追求之后得到回报的喜悦。看两个实际用例：

(105) 这下子可不得了，工作队宣布我是疯狂攻击毛泽东思想的急先锋，批了十几场，狼狈不堪。……1987年，得到北大哲学系主任黄枬森教授的推荐，被聘为北京大学兼职教授，合作培养我国第一位以毛泽东哲学思想为研究方向的博士生。(国务院学位委员会办公室《中国社会科学家自述》)

(106) 八十年代，华东师大中国教育史博士学科点成为全国的重点，我被评为“主要学术带头人”和全国优秀教师。有《述怀》一首：人民育我我育人，日月不淹四十春。鬓染疏霜心未老，胸怀四则思无垠。深铭修己贵崇德，时颂善歌使继声。珍重师生多互勉，新程万里共长征。(国务院学位委员会办公室《中国社会科学家自述》)

《中国社会科学家自述》一书，国务院学位委员会办公室编，载有我国450多位社会科学家的自述。这些学者，都是1990年之前得到国务院学位委员会批准的博士生导师。前一例，见于刘嵘先生（1920年生，中山大学教授）的自述。经过了“批了十几场，狼狈不堪”的岁月，在67岁的时候“被聘为”北京大学兼职教授，对刘先生来说，绝对是感到庆幸和欣慰的事。后一例，是张瑞璠先生（1919年生，华东师范大学教授）自述的最后一段。20世纪80年代，张先生就被评为全国重点博士点的主要学术带头人和全国优秀教师，这使他深深体味到了他的人生价值。他特别写了《述怀》一首，足以证明这一点。

可见，现代的承赐型“被”字句所表示的称心如意，跟“灾祸”感绝对没有任何牵连。

4.2.3 语言自身的因素

现代汉语里承赐型“被”字句的使用，还决定于语言发展的内因。

从词汇的角度说，表示遭受的“被”字本然地跟不幸烦恼的事相联系。为什么其中会有一小部分用于称心，而且会形成以表示称心为基本倾向的承赐型呢？从语言自身的因素看，是因为语法的发展有自己独立的轨道。汉语语法重句法，句子的表意受到句法的管控。这里，需要特别注意“主语规约”的决定性作用。

所谓“主语规约”，是说：作为起词的主语，管控着后续语句的配置。表述者针对表述主脑进行叙写，形成顺势而下的语流。在这种情况下，表述者不再关心被字句表意上的如意不如意。比如：

他因为……而被……

在这个格式里，“他”是充当主语的起词，被确定为表述的主脑。后边，不管添上拂意的内容，还是添上称心的内容，都很自然：

他因为参与抢劫而被判处有期徒刑十年

他因为成果获奖而被评为科研希望之星

上面多次引用了《中国人民政治协商会议第八届全国委员会委员名录》的例子。作为“委员名录”，是分别以一个个委员作为表述主脑来介绍的。正因如此，承赐型“被”字句用得特别多。再看这个例子：

(107) 阎达五　1929 年 1 月 14 日生于山西祁县。1949 年 3 月肄业于私立北平华北文法学院经济系。1954 年毕业于中国人民大学马克思列宁主义夜大学。……1990 年被吸收为日本国际会计研究会荣誉会员。（国务院学位委员会办公室《中国社会科学家自述》）

上例是在阎达五教授自述前边编者所加的“按注”性简介。编者介绍阎达五教授，从出生时间写起，顺叙下来，最后用了一个“被”字句。这一句，如果不用“被”，说成“1990 年吸收为日本国际会计研究会荣誉会员”，意思不怎么完整；如果改用主动式，说成“1990 年日本国际会计研究会吸收（他）为荣誉会员”，又好像拐了一个弯子，不那么顺畅。

如此看来，承赐型“被”字句的使用，既有客观实际的使用需要，更有语言自身的内因。这就是说，“被”字一旦入句，一旦构成“被”字句，就会被语法化，就会在语法发展的轨道上演化，从而偏离或脱离词汇上“被”字的本然意义。

5 结束语

通过以上的分析可以知道：

第一，"被"字句中，有承赐型一小类，在情绪倾向上表示称心。

第二，承赐型"被"字句以"被授予"、"被V为"、"被V入"为基本形式标志。

第三，承赐型"被"字句与古代用法存在渊源关系，其发展既取决于社会、心理方面的需要，又受到"主语规约"句法机制的管束，跟现代翻译印欧语言没有必然的联系。

必须进一步指出的是：除了承赐型，在一般"被"字句中，表示称心的为数已经很少。然而，不是绝对没有。这说明，承赐型"被"字句和一般"被"字句尽管情绪倾向上形成对立，但二者之间并不存在绝对固定的界限。例如：

(108) 也不知他说了什么，华森·普德里被他逗得开怀大笑。(戴雁军《非常案件》)

(109) 孝文孝武念书写仿很用功，人也很灵聪，背书流利得一个栗子也不磕巴，照影格描写的大字满纸都被徐先生画上了红圈儿。(陈忠实《白鹿原》)

李临定（1986）指出："在现代汉语里表示褒义的'被'字句的确在扩大，像'他被评为劳动模范'、'他被大家选为生产队长'、'弟弟被批准入团了'这样的句子都是常见的。"这里说的是承赐型"被"字句。李先生又指出："表示心理状态或抽象意义的褒义动词，也进入'被'句。如：是由于同情而产生爱，也由于被同情而产生爱（冯德英）｜在他们那里，我第一次感觉到医生是被人需要的，被人爱的（曹禺）。"（《现代汉语句型》223—224页）这里说的便是一般"被"字句了。

那么，是不是承赐型"被"字句才跟古代用法相联系，一般表示称心的"被"字句则属于"欧化"用法呢？恐怕也不是这样。查近代白话作品里的“被”字句，可以看到这样的例子：

(110) 这样现成的韵被你得了，只是不犯着替他们颂圣去。(曹雪芹《红楼梦》)

(111) 这件兵器，乃锟钢抟炼的，被我将还丹点成，养就一身灵气，善能变化，水火不侵，又能套诸物；一名金钢琢，又名金钢套。(吴承恩《西游记》)

(112) 却才被夜游神一阵神风，把我送将进来，他说我三年水灾该满，着我来拜谒师父。(吴承恩《西游记》)

这三例，不属于承赐型，但是它们或者说得了个好韵，或者说得了件好兵器，或者说得了次好机会，说的都是称心如意的事。

北京师范学院中文系汉语教研组编著的《五四以来汉语书面语言的变迁和发展》一书，没有提到“被”字句由拂意到称心的发展，这是正确的。

主要参考文献：

[1] 饶长溶. 把字句 被字句 [M]. 北京：人民教育出版社，1990.

[2] 王力. 汉语发展史 [M]. 北京：商务印书馆，1989.

[3] 陈复华. 古代汉语词典 [M]. 北京：商务印书馆，1998.

[4] 李临定. 现代汉语句型 [M]. 北京：商务印书馆，1986.

[5] 邢福义. 说“句管控”[J]. 方言，2001 (2)：97-106.

[6] 北京师范学院中文系汉语教研组. 五四以来汉语书面语言的变迁和发展 [M]. 北京：商务印书馆，1959.

（原载《语言研究》2004 年第 1 期）

说“S‖V〈得〉有｜NP”句式

导言

“S‖V得有NP”是个使用了结构助词“得”的结构形式。实际上，包含有两类句式。比较：

(1) 他踢得有力量。

(2) 他带得有武器。

第一例“他踢得有力量”，其结构格局为：“他‖踢〈得〉｜有力量。”主语后边，先用动词“说”，再通过结构助词“得”的帮助，引出“V＋NP”的动宾结构。“有力量”是补语，起到评价的作用。同类例子：

(3) 她说得有意思。(欧阳山《苦斗》)

(4) 把刊物办得有水平，(很不容易。)(罗广斌、杨益言《红岩》)

(5) 人要活得有出息，(就应该站在斗争的最前头。)(杜鹏程《保卫延安》)

(6) (刘不才) 死得有价值。(高阳《红顶商人胡雪岩》)

第二例“带得有武器”，其结构格局为：“他‖带〈得〉有｜武器。”主语后边，先用动词短语“带得有”，然后再出现宾语“力量”。“带得有”是个动补结构，中心词“说”通过结构助词“得”的帮助引出补语“有”。同类例子：

(7) 石桥两旁的栏杆上，装得有电灯。(巴金《家》)

(8) 老韩门口也站得有民兵。(丁玲《太阳照在桑乾河上》)

(9) 每根圣火令上都刻得有文字。(金庸《倚天屠龙记》[①])

(10) 这山石上备得有羊羔美酒。(古龙《武林外史》)

第二例代表结构格局较为特殊的一类句子,总体上可以描写为"S(主语)‖V得有(动词语)+NP(宾语)"。(所谓"总体上",是仅就其基干而言,并不排斥可能出现别的成分,比方"V得有"前边可能出现状语性成分。)这一类型的句式,即"S‖V〈得〉有|NP"句式,尚未引起广泛关注,因此本文专题讨论,表述笔者观察之所见。

顺带指出,"得"有多种词性,本文不讨论不是结构助词的"得"。比如:

(11) 出了多少力,就该得多少工钱。(冯德英《迎春花》)

(12) 赵道长,贵教得有今日规模,实在不易。(金庸《神雕侠侣》)

(13) 进得谷口,只见一片青草地上摆着七八张方桌,除了东首第一席外,每张桌旁都已坐了人。(金庸《倚天屠龙记》)

例(11),"得"相当于"得到",是动词;例(12),"得"相当于"能",是助动词;例(13),"进得谷口"大体相当于"进了谷口","得"也许可以认为是完成貌助词。这三例的"得",皆不属于本文讨论的范围。

再顺带指出,有的现象跟本文所说的特别相似,但其中的"得"不是用来作为补语标志的结构助词,也不属于讨论的范围。例如:

(14) 我觉得有道理。(郁秀《花季雨季》)

(15) 战胜者总要宽大点才显得有风度。(王朔《我是狼》)

上例的"觉得、显得"都已词化,其中的"得"是构词成分,不是结构助词[②]。

一 主语S

在S位置上,可以出现两类名词语,一类为处所词语,另一类为人物词语。这里，一律认为是主语。（过去，在主语宾语问题的讨论中，有相当多的学者认为这一位置上的处所词语是状语。）

（一）处所词语

“V得有”前边的名词语表示处所。例如：

（16）（有两个半新不旧的蓝布枕头，）两头绣得有花。（丁玲《太阳照在桑乾河上》）

（17）这高坡之上，伏得有强仇大敌。（金庸《笑傲江湖》）

（18）这层楼的左面，还关得有一些重要人物。（罗广斌、杨益言《红岩》）

上三例“（枕头）两头”“这高坡之上”“这层楼的左面”都是处所词语充当主语。

有时，处所词语并不直接用在“V得有NP”前边。但是，从上下文可以判定。例如：

（19）不是排得有号么？（李佩甫《羊的门》）

（20）琴在桌上拿了一把绘得有花卉的团扇递给觉慧，继续诉苦道：“你要知道我在这儿日子过得多长啊！”（巴金《家》）

例（19），出现在这么个语言环境之中：“平均娘说：我想看看，他叫我死在哪儿？不是排得有号么？那啥子‘地下新村’，我也不知道我排的是几号。我想去看看……”可见，这一例的主语是“我死后的安葬地”之类词语。例（20），“绘得有花卉”用作“团扇”的定语，由此可知，“绘得有花卉”是“团扇上绘得有花卉”。

近古白话作品中，常见处所词语作主语的同类现象。例如：

（21）船中已备得有酒肉。（冯梦龙《喻世明言》）

（22）船舱还藏得有四个人。（冯梦龙《喻世明言》）

（23）妾身上已怀得有孕，（此须是君家骨血。）（凌濛初《二刻拍案惊奇》）

（24）家里庄上造得有小庵，（晨昏不断香火。）（凌濛初《初刻拍案惊奇》）

上四例“船中”“船舱”“妾身上”和“家里庄上”都是处所词语

充当主语。

同样，有时处所词语并不在“V 得有 NP”前边直接出现，但是根据语境可以确认。例如：

(25) 功父看那张纸时，原已写得有字，囚犯道：“只消勇勇押个字就是了。”(凌濛初《二刻拍案惊奇》)

(26) 只见有字纸一幅，取来看时，题得有诗四句。(冯梦龙《醒世恒言》)

根据语境可知，前例为“纸上原已写得有字”，后例为“字纸上题得有诗四句”。

(二) 人物词语

“V 得有”前边的名词语表示人物。例如：

(27) 众人带得有米，(……当下便在草棚旁埋锅造饭。) (金庸《笑傲江湖》)

(28) 阁下带得有铁甲军马，(我们便逃之夭夭……) (金庸《天龙八部》)

(29) 敝帮备得有车马，(不知范大侠是否需用?) (古龙《武林外史》)

(30) 我这位侄女染得有病，(夜半需人照顾。) (古龙《武林外史》)

上四例的 S，分别为“众人”、“阁下”、“敝帮”和“我这位侄女”。又如：

(31) 我录得有副本，回头送来给大人看。(高阳《红顶商人胡雪岩》)

(32) (我倒要看看) 你究竟是否生得有三头六臂，(究竟有什么惊人的手段。) (古龙《武林外史》)

(33) (高副师长自杀了，) 他留得有遗书。(柳建伟《突出重围》)

(34) 咱们在星宿海之旁藏得有无数金银财宝，(我知道每一处藏宝的所在。) (金庸《天龙八部》)

上四例的S，分别为名代词“我”、“你”、“他”和“咱们”。

以上所举，都是施事主语句。施事主语句和处所主语句，有时相通。比较：

(35) 我带得有盖了陕甘总督关防的空白文书。（高阳《红顶商人胡雪岩》）

(36) 你身上可带得有银子，（咱们总得先到镇上去买几件衣服……）（古龙《绝代双骄》）

例(35)只出现人称代词“我”，是施事主语句，但也可以说成“我身上”；例(36)出现了短语“你身上”，是处所主语句，但也可以只说“你”。

然而，不一定所有施事主语句都能改说成处所主语句。例如：

(37) 许公发得有单，（今既到家，可拆开来看了。）（凌濛初《二刻拍案惊奇》）

(38) 福娘（既）生得有儿子，（就甘贫守节，誓不嫁人。）（凌濛初《二刻拍案惊奇》）

“许公发得有单”也好，“福娘生得有儿子”也好，都无法改写为处所主语句。

“V得有NP”前边出现人物词语的句子，有没有可能是受事主语句？也有可能，但极少，只在《二刻拍案惊奇》卷七中看到一例。即：

(39) （总干已到，）佳婿已在老家择得有人，（看定明日成婚。）（凌濛初《二刻拍案惊奇》）

这个例子里，前边的“佳婿”和后边的“人”所指相同，充当主语的“佳婿”是受事。

二　带宾动词短语“V得有”

“V得有”是个心补关系的动词短语，后边的NP是它的宾语。这个动词短语中，“V”是中心词，“有”是补语，结构助词“得”是补语的标志。

（一）V的音节

这一句式中的V，一般是单音节动词。现当代作品和近古白话作品，都是如此。例如：

（40）小客店中也伏得有这种人。（金庸《天龙八部》）

（41）丝带另一端系得有物。（金庸《天龙八部》）

这两例见于现当代作品，V分别使用“伏”和“系”。又如：

（42）小牛又不曾有妻小，是个光棍哩，那里挣得有此等东西？（凌濛初《初刻拍案惊奇》）

（43）二大王已拿得有美貌女子，请他到介山相会。（冯梦龙《警世通言》）

这两例见于近古白话作品，V分别使用“挣”和“拿”。

这一句式中的V，也有用双音节动词的，但比较罕见。例如：

（44）古家原替他预备得有宿处，是二楼后房极大的一个套间。（高阳《红顶商人胡雪岩》）

（45）她背负得有人，依稀是庄聚贤的模样。（金庸《天龙八部》）

上两例的V，分别用了“预备”和“背负”，这是现当代作品中见到的例子。又如：

（46）王九妈家门已开了，那门前却安顿得有轿马，门内有许多仆从在那里闲坐。（抱瓮老人《今古奇观》）

（47）这几个相知的人家，美娘都寄顿得有箱笼。（抱瓮老人《今古奇观》）

（48）我说与你，银子已在此了，我同到花园中，去见员外，若是当面分付得有话，我便与你。（冯梦龙《醒世恒言》）

上三例的V，分别用了“安顿”“寄顿”和“分付”，这是近古白话作品中见到的例子。

（二）“V得有”和NP

“V得有”由两个动词“V”和“有”构成动补短语，两个动词都能与宾语NP发生关系。但是，“V得有”中，“有”是不变项，在共性意义上表示存在；而V是变项，在个性意义上表示具体动作。

比如“V得有人”，看下面的例子：

(49)（原来）这屋子里住得有人！（李晓明、韩安庆《平原枪声》）

(50)（我吓了一跳……）我炕上睡得有人。（金庸《天龙八部》）

(51)两个和尚抬着一副担架，躺得有人。（金庸《天龙八部》）

(52)身后似乎另行站得有人。（金庸《天龙八部》）

(53)（万万料想不到）这黑角落中竟会躲得有人。（金庸《天龙八部》）

(54)悬空寺左首的灵龟阁中伏得有人。（金庸《笑傲江湖》）

以上六例，NP都是“人”，“V得有”中的V，根据表意的需要，分别用了自动词“住”“睡”“趟”“站”“躲”和“伏”。又如：

(55)隧道深处关得有人。（罗广斌、杨益言《红岩》）

(56)你房间里还藏得有人，不敢让我进去吗？（张卫《你别无选择》）

(57)一条绣着双鸳鸯的大红锦被之中裹得有人。（金庸《笑傲江湖》）

(58)（那捆物事不知是甚么东西……）其中似乎包得有人。（金庸《倚天屠龙记》）

以上四例，NP也是“人”，“V得有”中的V，根据表意的需要，分别用了他动词“关”“藏”“裹”和“包”。又如：

(59)（那时自设立了这个观风整俗使之后……）浙江、甘肃、湖南几省都放得有人。（文康《儿女英雄传》）

上例见于近古白话作品。NP也用“人”，“V得有”中的V则根据表意的需要用了他动词“放”。

作为“V得有人”的宾语，NP有时指本来已经存在的人物，比如上列例子中的“人”。有时，NP指并非本来存在的事物，那么，“V得有 NP”中 NP 便是表示因 V 而得以出现并存在的事物，比如“V 得有字”。看下面的例子：

(60) 呀，我面前还写得有字？(古龙《武林外史》)

(61) 墙脚的青苔下似乎刻得有字。(金庸《碧血剑》)

(62) 那只巨蜂的双翅之上果然刺得有字。(金庸《神雕侠侣》)

(63) 玉像双脚的鞋子内侧似乎绣得有字。(金庸《天龙八部》)

“字”并非已有，是人“写”“刻”“刺”或“绣”上去的。再看近古白话作品中的例子：

(64) 功父看那张纸时，原已写得有字。(凌濛初《二刻拍案惊奇》)

(65) 看那盒子底下，镌得有字，(乃是宣和庚子年制。)(凌濛初《二刻拍案惊奇》)

同样，这里的“字”是人“写”或“镌”上去的。

下面这个例子有点特别：

(66) 这些玉蜂……翅上生得有字。(金庸《神雕侠侣》)

这里的 V 用了动词“生”，这反映的是老顽童的错觉：他认为玉蜂翅上的字是本然如此的。

(三)“V 得有”和“V 有”

一般地说，“V 得有”和“V 有”相通，“V 有”往往可以说成“V 得有”。下面，列举十个“V 有”，各举两个例子。

1. 带有→带得有

(67) 他们每个人都带有工作证。(彭荆风《绿月亮》)

(68) 我们的习惯想法带有赤裸裸的偏见。(王朔《枉然不供》)

2. 藏有→藏得有

(69) 房梁上是不是藏有东西？(戴厚英《流泪的淮河》)

(70) 许达伟的家里藏有很多珍贵的古书。(陆文夫《人之窝》)

3. 留有→留得有

(71) 水泥楼梯上到处留有血迹，一直延伸到水扬的家门口。(苏童《井中男孩》)

(72) 左路是向范司令的一个中转站借了三辆卡车，还留有借条。(柳建伟《突出重围》)

4. 养有→养得有

(73) 镇上的大户，便多养有打师。(陈世旭《将军镇》)

(74) 这些大地主富豪都住在险固的山寨里，养有众多乡勇。(姚雪垠《李自成》)

5. 生有→生得有

(75) 本县副县长的女儿自费出洋留学二年后嫁与洋人，生有一子。(马兰《猪大肠的故事》)

(76) 他说你生有慧根，可以成佛，哼！(姚雪垠《李自成》)

6. 怀有→怀得有

(77) 她们都对生活怀有一种孩子般的热爱。(王朔《看上去很美》)

(78) 宫廷乐师对莫扎特怀有刻骨的妒忌。(铁凝《树下》)

7. 写有→写得有

(79) 你瞧我手上这盒烟，上面写有“中国烟草进出口公司专卖”的字样。(王朔《谁比谁傻多少》)

(80) 从夹子里取出一封信递给他，封壳上写有“傅贵先生亲启”，没落款。(张卫《你别无选择》)

8. 住有→住得有

(81) 山脚下就住有人家。(曲波《林海雪原》)

(82) 临城住有一中队鬼子。(知侠《铁道游击队》)

9. 关有→关得有

(83) 房里两个木笼里，早关有八路军的同志和老百姓。(马烽、西戎《吕梁英雄传》)

(84) 两座房子里都不像关有人的样子。(张平《十面埋伏》)

10. 剩有→剩得有

(85) 瓶里还剩有一寸深的酒。(杨绛《干校六记》)

(86) 除了给那姑娘和那年轻人外，还剩有八九十元。(彭荆风

《绿月亮》)

以上例子中的“V有”都可以说成“V得有”。“V得有”是短语，“V有”有词化倾向，二者往往相通，却并不完全等同。什么时候“V得有”不能或不大能改说成“V有”，什么时候“V有”不能或不大能说成“V得有”，决定因素很多，需要仔细辨察，然后专题讨论。

三 宾语NP

(一)宾语NP的音节

1. 单音节

(87) (是少林派梅花镖，)镖上喂得有毒。(金庸《倚天屠龙记》)

(88) 你生得有脚，(干么不跳窗逃走?)(金庸《笑傲江湖》)

(89) 我这位侄女染得有病，(夜半需人照顾)。(古龙《武林外史》)

上三例的NP用单音节名词“毒”“脚”和“病”。近古白话作品中有同类用法。例如：

(90) 朱公子一年之前，娶得有妾。(凌濛初《二刻拍案惊奇》)

(91) 世名父亲被此人打死，昔年告得有状。(凌濛初《二刻拍案惊奇》)

(92) 接着吏、兵等部有两次奏派验看拣选的差使，也都派得有他。(文康《儿女英雄传》)

上三例的NP用单音节名词“妾”“状”和名代词“他”。

2. 双音节

(93) 我录得有副本，回头送来给大人看。(高阳《红顶商人胡雪岩》)

(94)“移花宫”手下留得有活口?(古龙《绝代双骄》)

(95) 你身上可带得有银子，(咱们总得先到镇上去买几件衣服……)(古龙《绝代双骄》)

上三例的NP用双音节名词“副本”“活口”和“银子”。近古白话作品中有同类用法。例如：

(96) 阿翁已为姑觅得有情郎，来与姑贺喜耳。(徐枕亚《玉梨魂》)

(97) 两县俱置得有田产。(抱瓮老人《今古奇观》)

(98) 带得有笔砚吗？(罗贯中《平山冷燕》)

上三例的NP用双音节名词“情郎”“田产”和“笔砚”。

3. 三音节和四音节

(99) 他们村上住得有八路军，一个个都神气，人强马壮！(丁玲《太阳照在桑乾河上》)

(100) 玄生、玄灭、道清等身上均带得有治伤妙药。(金庸《天龙八部》)

(101) 倘若阁下带得有铁甲军马，我们便逃之夭夭。(金庸《天龙八部》)

上三例的NP用三音节名词“八路军”和四音节名词短语“治伤妙药”“铁甲军马”。近古白话作品中有同类用法。例如：

(102) 这女子、书生都不知姓名，只传得有《香丸志》。(凌濛初《初刻拍案惊奇》)

(103) 我带得有烧鹅美酒，与你同吃。(冯梦龙《喻世明言》)

(104) 恰好解粮官从蛮地放回，带得有仲翔书信。(冯梦龙《喻世明言》)

上三例的NP用三音节名词“香丸志”和四音节名词短语“烧鹅美酒”“仲翔书信”。

4. 五个及以上音节

(105) 洞里是不是藏得有甚么武学秘笈？(金庸《笑傲江湖》)

(106) 戒律院、忏悔堂、菜园子各地，都备得有精钢铸成的铸镣。(金庸《天龙八部》)

(107) 我带得有盖了陕甘总督关防的空白文书。(高阳《红顶商人胡雪岩》)

(108)“五毒秘传”中载得有神掌与银针上毒药及解药的药性、制法。(金庸《神雕侠侣》)

上四例的NP分别用名词短语“甚么武学秘笈”(六个音节)、“精钢铸成的铐镣”(七个音节)、“盖了陕甘总督关防的空白文书”(十一个音节)和“神掌与银针上毒药及解药的药性、制法”(十六个音节)。近古白话文中也有同样用法,不过,总体看,字数比现当代作品稍少。例如:

(109) 同时岑文本画得有《马周濯足图》,(后有烟波钓叟题赞于上……)(冯梦龙《喻世明言》)

(110) 壁上贴得有前后《出师表》各一张,(乃是沈炼亲笔楷书。)(冯梦龙《喻世明言》)

上两例的NP分别用名词短语“马周濯足图”(五个音节)和“前后《出师表》各一张”(八个音节)。

(二) 包含有数量定语的宾语NP

宾语NP之中,往往用有数量词。一般是数量词加在名词语前边做定语。例如:

(111) 鳄潭之旁绘得有一条通道。(金庸《神雕侠侣》)

(112) (她纤腰细细,衣衫也甚单薄,)身边不似藏得有一座六寸来高的大鼎。(金庸《天龙八部》)

(113) 单只“晋城”一地,便开得有三处买卖。(古龙《武林外史》)

(114) 这层楼的左面,还关得有一些重要人物。(罗广斌、杨益言《红岩》)

上四例“一条”“一座”“三处”“一些”都是典型的“数+量”式数量词。

此外,还有相关的种种情况。比方说:

(115) 天台县城“倾盖客店”之中,住得有一位乔英雄,一

位阮姑娘。(金庸《天龙八部》)

上例数量词“一位”两次出现，分别作“乔英雄”和“阮姑娘”的定语。

(116) 壁间悬着一张条幅，写得有好几行字。(金庸《天龙八部》)

上例“几行”是数量词，前边加“好”表示强调。

(117) 星宿海之旁藏得有无数金银财宝。(金庸《天龙八部》)

(118)(小龙女再看那十六个字时，只见)其后还写得有许多小字。(金庸《神雕侠侣》)

上两例“无数”“许多”表示概数，相当于数量词。

(119) 我家中藏得有这位带头大哥的几封信。(金庸《天龙八部》)

上例数量词“几封”用在“这位带头大哥的”“信”之中。

近古白话作品中，也常见同样的现象。例如：

(120) 老夫带得有三两荒银。(冯梦龙《警世通言》第17卷)

(121) 船中虽跟得有几个蠢婢子，(只道主母真个堕水，悲泣了一场，丢开了手，不在话下。)(冯梦龙《喻世明言》)

(122) 若炼得有半合许丹头，富可敌国矣。(抱瓮老人《今古奇观》)

(123) 才进院门，便闻得有一阵烟火油酱气。(文康《儿女英雄传》)

(124) 有一个园子已经修得有一半工程了。(李宝嘉《官场现形记》)

“三两”“几个”“半合”“一阵”“一半”都是典型的“数+量”式数量词。

应该特别指出：NP中包含的数量词，可以倒置在名词后边。现当代作品中，可以见到这种现象。例如：

(125) 舍下并藏得有此人的书信多封。(金庸《天龙八部》)

上例“多封”放置在了“书信”的后边。

不过，比较而言，近古白话作品中，数量词移位到名词后边的现象更为多见。例如：

(126) 袖中带得有白绫汗巾一条。(冯梦龙《醒世恒言》)

(127) 锄起一片小小石碑，镌得有字几行。(冯梦龙《喻世明言》)

(128) 随身带得有黄金十镒。(抱瓮老人《今古奇观》)

(129) 签上写得有签诀四句。(抱瓮老人《今古奇观》)

(130) 我身边还带得有抄白文书一纸，(不妨一看。)(文康《儿女英雄传》)

(131) 母亲曾向晁梁赖得有钱一千。(西周生《醒世姻缘传》)

后置的“一条”“几行”“十镒”“四句”“一纸”都是数量词，“一千”相当于数量词。

(三) 宾语 NP 的移位和简省

“V得有（动词语）＋NP（宾语）”结构中的宾语 NP 可以移位或简省。

所谓“移位”，指的是小句中 NP 前置，成为主语。例如：

(132) 详细情形都写得有，我说完了大家自己来看……(罗广斌、杨益言《红岩》)

(133) 小弟这里什么都准备得有，就是未准备棺材。(古龙《武林外史》)

例 (132)，“写得有详细情形”说成“详细情形都写得有”，“详细情形”移位成了句子主语。由于加了个“都”字，不能再说成“都写得有详细情形”。例 (133)，“这里什么都准备得有”等于说“这里准备得有任何东西”，由于“任何东西”用“什么”指代，必须采用“什么”前置的说法。这一例，主语是“小弟这里”，谓语由主谓结构“什么都准备得有”充当，“什么”是其中的主语。

所谓“简省”，指的是某个小句中在出现宾语 NP 的地方留下空位。空位处，可以根据上文补出相应词语。例如：

(134) 三少爷，今天厨房里头做燕窝酥，我晓得你爱吃，给

你留得有。(巴金《家》)

这一例,“留得有”后边是空位。“留得有”的东西是“燕窝酥”,因为上文已经交待,所以简省。

近古白话作品中,有相似的现象。看例子:

(135)臣妾先夫,曾留下兵书一册,未知此阵载得有否?(《杨家将》)

(136)小的在郑州经纪,见两个人把许多金珠在彼兑换。他说家里还藏得有,要换时再取来。(抱瓮老人《今古奇观》)

例(135)是移位。“载得有此阵”说成了“此阵载得有”。因为出现了“否”字,“此阵”移位成为主语才通畅。例(136)是简省。“藏得有”的东西是“金珠”,上文已经交待。

有的时候,移位或简省要依靠较大的语境来判断。例如:

(137)只这一片高兴热肠,何处再讨得有?(凌濛初《二刻拍案惊奇》)

(138)分关虽写得有,却是保全孩子之计,非出亡夫本心。(冯梦龙《喻世明言》)

这两例,都属于移位。前一例,见于这样的描写:“沈将仕心里未决,郑十又道:‘此老真是会快活的人,有了许多美妾,他却又在朋友面上十分殷勤,寻出兴趣来。更兼留心饮馔,必要精洁,惟恐朋友们不中意,吃得不尽兴。只这一片高兴热肠,何处再讨得有?大官人既到此地,也该认一认这个人,不可错过。’沈将仕也喜道:‘果然如此,便同二位拜他一拜也好。’”从上文可知,前置的“这一片高兴热肠”指的是“此老”对待朋友有一片高兴热肠。后一例,见于这样的描写:“大尹道:‘怜你孤儿寡妇,自然该督你说法。但闻得善继执得有亡父亲笔分关,这怎么处?’梅氏道:‘分关虽写得有,却是保全孩子之计,非出亡夫本心。恩相只看家私簿上数目,自然明白。’”从上下文可知,跟上文的“善继执得有亡父亲笔分关”相照应,“分关”即指“亡父亲笔分关”。

NP的移位和简省,充分说明:“V得有”是一个句法单位,充当谓语里的一个动词语，而 NP 是另一个句法单位，充当这个动词语的宾语。

（四）宾语 NP 的延伸

宾语 NP 后边，有时紧接着出现谓语性成分。这是一种延伸用法，在句法结构上，形成了兼语式③。例如：

(139) 嗯，那树底下还坐得有人看着呢！（丁玲《太阳照在桑乾河上》）

(140) 这趟镖关系非浅，“双狮镖局”想也不敢自力承担，必定请得有旁人从中保证。（古龙《绝代双骄》）

(141) 我们连夜派人下山，买得有数十坛好酒在此。（金庸《笑傲江湖》）

例 (139)，“坐得有人看着”，“人”是“坐得有”的宾语，又是“看着”的主语。例 (140)，“请得有旁人从中保证”，“旁人”是“请得有”的宾语，又是“从中保证”的主语。例 (141)，“买得有数十坛好酒在此”，“数十坛好酒”是“买得有”的宾语，又是“在此”的主语。

近古白话作品里，也有相似用法。例如：

(142) 我们都带得有干粮果品烧饼在此。（吴承恩《西游记》）

(143) 阿爹若没钱买酒时，我还余得有一壶酒钱在店上，取来就是。（冯梦龙《警世通言》）

(144) 小人因在那里砍柴，带得有刀在身边，把他来杀了。（凌濛初《二刻拍案惊奇》）

例 (142)，“带得有干粮果品烧饼在此”，“干粮果品烧饼”是“带得有”的宾语，又是“在此”的主语。例 (143)，“余得有一壶酒钱在店上”，“一壶酒钱”是“余得有”的宾语，又是“在店上”的主语。例 (144)，“带得有刀在身边”，“刀”是“带得有”的宾语，又是“在店上”的主语。

有的时候，兼语可能是受事性的。例如：

(145) 小人因穷，故卖儿子；如今挣得有碗饭吃，怎么舍的卖孩子。（西周生《醒世姻缘传》）

(146) 咱辛辛苦苦了半世，挣得有碗饭吃了，也要装些体面，不要被外人笑话便好。(凌濛初《二刻拍案惊奇》)

以上两例，其中的“(一)碗饭”是“挣得有”的宾语，又是“吃(了)”的主语。对于“吃(了)”来说，作为兼语的“(一)碗饭”是受事主语。

有的时候，作为兼语的NP可以形成空位。例如：

(147) 这药你也没处去寻，幸喜我还带得有在这里。(西周生《醒世姻缘传》)

上例的“我还带得有在这里”，等于说“我还带得有这药在这里”。由于“这药”已经在前分句主语部分出现，因而后分句里简省了，于是留了个空位。

四 总说

(一) 一个结构组织上有特色的句式

同是“S‖V得有NP”的语词序列，实际上包含有两类句式：A类是“主动补”句，其基本结构为“S‖V〈得〉｜有NP”；B类是“主动宾”句，其基本结构为“S‖V〈得〉有｜NP”。

A类句式中，V是谓语中心，“有NP”是补语，结构助词“得”用在二者之间，作为引出补语的语法标志。这一句式，不能不用“得”；可以用“V得怎么样”来提问，“怎么样”针对的是“有NP”。比如“小楼建得有古典风格”，不能说成“小楼建有古典风格”；提问方式：“小楼建得怎么样”针对“怎么样”，给出的回答是“有古典风格”。

B类句式中，“V得有”是谓语中心，“NP”是宾语；结构助词“得”用在“V”和“有”之间，作为由“V”引出补语“有”的语法标志。这一句式，可以不用“得”；可以用“V得有什么”来提问，“什么”针对的是“NP”。“NP”，有时可以移位或简省。比如“小楼藏得有名贵书画”，可以说成“小楼藏有名贵书画”；提问方式：“小楼藏得有什么”针对“什么”，给出的回答是“名贵书画”。“小楼藏得有名贵书画”也可是说成“名贵书画？再名贵的书画小楼也藏得有”。

就使用频率而言，B类“主动宾”式的“S‖V〈得〉有｜NP”，不高也不太低。不管是考察现当代作品还是近古白话作品，都可以看到这一说法出现在多部作品之中；然而，A类“主动补”式的“S‖V〈得〉｜有NP”更为常用，其使用上的压倒性优势往往使人忽视“主动宾”式“S‖V〈得〉｜有NP”的存在。

由于结构组织上跟A类句式具有明显的区别性，B类句式不可忽视。发掘出这一句式，描写清楚这一句式，可以增强人们对语言事实的认知精确度。

（二）一个语用上适应特定需求的句式

一个句式的成立，不时为人们所选用，必有其特定的语用价值。“S‖V〈得〉有｜NP”的语用价值，个人以为，主要表现为具有两个方面的优势，能满足文学作品的写作需求。

其一，表意上，泛指性和特指性相结合。

对于“NP”来说，动词短语“V得有”中，包含了“V”和“有”两个指向同一宾语的动词。“有”表示泛指，是定型不变的；“V”表示特指的具体动作，所用的动词是随着实际情况的不同而变异的。先看两个不用“V得有”的例子：

（148）每个袋里都有人民政府盖章的“反正宽大书”。（冯德英《苦菜花》）

（149）每块木牌的正面反面都绘着一个全身人形。（金庸《飞狐外传》）

前例，谓语部分里只出现表示泛指性的动词“有”；后例，谓语部分里只出现表示特指性的动词“有”。然而，这两个例子如果改说成：

（150）每个袋里都装得有人民政府盖章的“反正宽大书”。

（151）每块木牌的正面反面都绘得有一个全身人形。

这么一来，前例谓语部分里的动词短语便不仅包含泛指性的动词

“有”，又包含特指性的动词“装”；后例谓语部分里的动词短语便不仅包含特性的动词“绘”，又包含泛指性的动词“有”。再看这个例子：

(152) 其时提督衙门的牢狱之中，关得有不少反清的好汉子。(金庸《鹿鼎记》)

上例谓语部分里的动词短语为“关得有”，不仅包含特指性的动词“关”，又包含泛指性的动词“有”。如果改说成：

(153) 其时提督衙门的牢狱之中，关不少反清的好汉子。

(154) 其时提督衙门的牢狱之中，有不少反清的好汉子。

这样，前例便只出现特指性的“关”，后例便只出现泛指性的“有”。

事实表明，“S‖V〈得〉有｜NP”句式形成了在谓语部分多用一个动词的格局，扩大了人们语用需求上的选择面。

其二，在文体上，古典性和俗言性相结合。

先说古典性。“V〈得〉有｜NP”未见于文言文。在近古白话作品，比如明代凌濛初的《二刻拍案惊奇》和冯梦龙的《喻世明言》中，却较多地出现。这里所说的“古典”，是就白话文而言的。

现当代作品中，多位作者使用了“V〈得〉有｜NP”。使用多的作家，应是金庸。金庸强调：“武侠小说继承中国古典小说的长期传统。”(见金庸《金庸作品集“三联版”序》)他的武侠小说，涉及宋、元、明、清时代的事。为了跟时代合拍，他尽可能使用近似近古白话小说式的语言。比如，时间副词常用“已然”，表示因果关系的连词常用“是以”。在“V〈得〉有｜NP”句式的使用上，他尽可能模仿凌濛初、冯梦龙的手笔。顺带一提：金庸是浙江人；凌濛初也是浙江人；冯梦龙的籍贯有点争议，许多人说他是江苏人。金庸在语言运用上接受江浙老乡的影响，这很自然。

再说俗言性。从书文体裁的角度来观察，“V〈得〉有｜NP”应是属于“通俗话语”的说法，未见于讲求语言端庄平稳的政论书文。这一说法在《邓小平文选》里没有看到。金庸在他的武侠小说之中多次使用这一句式，应跟他语言运用的总体追求相符合，是为了语句不仅具有古典白话的格调，而且还有通俗话语的风味。看这个例子：

(155) 难得这位恩公如此周到，知我念饮，竟在此处备得有酒。(金庸《天龙八部》)

→难得这位恩公如此周到，知我念饮，竟在此处备了酒。

→难得这位恩公如此周到，知我念饮，竟在此处备有酒。

原句用了“V得有”。变化之后，或者只用“备（了)”，或者删除“得”只用“备有”，都会使读者感到没有原句那么活泼灵动。再看这个例子：

(156) 母亲是本县人，老屋在山里，解放前是个大户，在镇上开得有店铺，(所以能送她到镇上念初中。)(陈世旭《将军镇》)

→母亲是本县人，老屋在山里，解放前是个大户，在镇上开店铺，(所以能送她到镇上念初中。)

→母亲（是本县人，老屋在山里，解放前是个大户，）在镇上有店铺，(所以能送她到镇上念初中。)

→母亲（是本县人，老屋在山里，解放前是个大户，）在镇上开有店铺，(所以能送她到镇上念初中。)

上例见于当代作家的作品。作者陈世旭可能没有想到，而且也不必想到，要像金庸那样有意借用来渲染“古典性”。但是，“V〈得〉有｜NP”句式一旦承传下来，便会成为“文学笔法”的传统。现当代作家们笔下出现这一句式，都是笔调传统之使然，都只考虑到写作时语境的需要。观察上例，可以知道，原句的“开得有店铺”，若改为“开店铺”“有店铺”或者“开有店铺”，都会没有原来那样语意周全，文笔鲜活。

当然，文体上的使用倾向，决定了这一句式的使用选择。在一般情况下，使用这一句式，反而让人感到别扭。例如：

(157) 但见湘江中停泊着一艘大船，船头站着一个老者……（金庸《飞狐外传》)

上例分别用“停泊着”和“站着”，如果改说成“V〈得〉有”：“但见湘江中停泊得有一艘大船，船头站得有一个老者……”，这就显得太不自然了。

有几个问题：这种既有古代格调又有俗言风貌的句式，为何在江浙人凌濛初、冯梦龙的笔下较为多见？其发展源头在哪？其跟方言有无联系？查《汉语方言语法类编》，在介绍“浙江金华话的存现句”部分，见到有个这样的例句：头上个帽戴得 [꜀da^{13}]。（头上戴着一顶帽子④。）这样的说法，跟“V〈得〉有”说法是否存在一定的关联？笔者不知，恳请方家指教。

注释：

①为了不占过大的篇幅，也为了醒目，本文的引例好些是在完全保持原意的基础上作过删减的。比如，这个例子的原文是：“原来每根圣火令上都刻得有文字，妙风使误击平等王，竟将圣火令上的文字印在他的肌肉上了。”这种情况，不再一一说明。

②《现代汉语词典》已收录“觉得”“显得”，标注为动词。见《现代汉语词典》（第六版），商务印书馆 2012 年版。

③龚千炎：《由“V 给”引起的兼语式及其变化》（《中国语文》1983 年第 4 期）所讨论的现象，跟本文所讨论的这种兼语式略相类似，可参看。

④黄伯荣：《汉语方言语法类编》，青岛出版社 1969 年版，第 923 页。

［原载商务印书馆《语言战略研究》2017 年第 1 期。本文为国家社会科学基金重大项目“全球华语语法研究”（项目编号 11&ZD1287）的成果。］

“由于”句的语义偏向辨

前言

复句研究中，辨析同义关联标志的语义语用差异性，是个大难题。仅就经常用于前分句的“因为”和“由于”、“无论”和“不管”、“如果”和“要是”、“虽然”和“尽管”、“不但”和“不仅”来讲，要想探求它们的区别，往往会产生陷进“八阵图”的感觉。

《中国语文》2002年第1期发表了《“由于”句的语义偏向》一文，文章思路新颖，自成一说。这标志着语法学者对复句研究的难点开始了新的“攻坚”，对复句研究的深化将会产生积极的影响。《偏向》的作者屈哨兵是笔者的学生，先后跟笔者攻读硕士学位和博士学位，有十多年不寻常的情谊。《偏向》写作之前，哨兵谈过他的想法，笔者积极支持他把文章写成并发表出来。文章发表之后，笔者对有关问题作了进一步的验证，本文便是一个验证报告。

“由于A，ØB”和“因为A，所以B”都是因果句式，逻辑上都属于直言推理。本文不同意从情绪偏向上把“由于”句认定为“不愉快格式”。本文认为：“由于”句和“因为”句的差异，主要表现在推理意念的不同。“由于”句重在分析原由，强调理据；“因为”句重在说明原因，讲述事实。作为同义说法，“由于”句是“因为”句的强化理据性的形式。本文的看法不一定成熟，然而无论如何，针对自己学生的文章发表不同意见，这似乎是应该提倡的学风。

一　“由于”句的情绪偏向

哨兵的文章从情绪偏向的角度阐释“由于”句的语义偏向。文章指出：“由于”句具有［不愉快］的语义偏向，“由于”引领的格式在现代汉语中基本上是一个“不愉快格式”。

“由于”句的［愉快］与否，求证的语料依据，最好是已有的作品。这样的作品，是写作者顺着自己的思路和表达需要写出来的，并未受到语言学家为了研究某一问题而提供的任何暗示或诱导。实际语言运用中，“由于”句表示不愉快的固然比较多，表示愉快的也并不少。这要看不同的作品各表达什么样的内容。

请看下面这个表。表里统计的“由于”句，都是“由于 A，（因而/所以）B”顺列式复句。两种情况不在表里统计的范围：其一，前一部分为“由于·定心结构”的句子；其二，非顺列式的“B，是由于A”复句。

	不愉快	愉快	中性
1a《李自成》第一卷	22	14	4
1b《文明的碎片》	1	3	1
2a 初中《语文》第五册	5	2	4
2b 高中《语文》第五册	0	3	0
3a《邓小平文选》第一卷	12	9	3
3b《邓小平文选》第三卷	2	5	1
（总计）	42	36	13
（百分比）	46%	40%	14%

观察可知：

第一，两部文学作品，姚雪垠《李自成》第一卷［不愉快］多于［愉快］，余秋雨《文明的碎片》［愉快］多于［不愉快］。这意味着，在不同作者的笔下，“由于”句［不愉快］和［愉快］的数量之多少，可以呈现相反的状态。表示［愉快］的，各举一例：

（1）由于替李自成驳斥了官方塘报的胡扯八道，张献忠的心里感到愉快。（姚雪垠《李自成》）

（2）由于强健，他还愿意勤奋地学习，结果不仅武功一流，“内秀”也十分了得，……（余秋雨《文明的碎片》）

第二，两册课本，初中《语文》第五册［不愉快］多于［愉快］，高中《语文》第五册［愉快］多于［不愉快］。这意味着，同是中学《语文》课文，在这一册和那一册之中，“由于”句［不愉快］和［愉快］的数量之多少，可以呈现相反的状态。表示［愉快］的，各举一例：

（3）由于中国和苏联政府派遣科学家参加，使这种单纯的探险活动成为科学探险。（初中《语文》第五册）

（4）由于我工作成绩显著，19××年以来连续三年评为局系统的先进工作者，……（高中《语文》第五册）（按：课文为《个人工作总结》，原文用“19××”字样。）

第三，两卷邓小平著作，《邓小平文选》第一卷［不愉快］多于［愉快］，《邓小平文选》第三卷［愉快］多于［不愉快］。这意味着，即使是在同一个人的笔下，“由于”句［不愉快］和［愉快］的数量之多少，在不同文章中可以呈现出相反的状态。表示［愉快］的，各举一例：

（5）由于实现了合作化，顺利地渡过了灾荒。（邓小平《邓小平文选》第一卷）

（6）由于彻底纠正了“四人帮”反革命集团的倒行逆施，恢复和发展了毛泽东同志的实事求是的思想路线，陆续实行了一系列适合新情况的重大政策，全国的面貌更是焕然一新。（邓小平《邓小平文选》第三卷）

第四，本表统计的对象尽管都是“由于A，（因而/所以）B”形式的复句，但跟其他形式相比较，在［不愉快］与［愉快］的情绪倾向上，并没有什么不同。以“由于·定心结构＋B”的句子来说，固然表示结果的B可以是［不愉快］的，但也可以是［愉快］的。例如：

（7）由于宋献策来到时献的谶记，全军上下都相信李闯王必得天下，精神十分鼓舞。（《李自成》第二卷）

（8）当我在成渝两地义务教学时，由于老友李忠禄的推荐，《诗刊》《红岩》《星星》《人民日报》《重庆日报》，都刊登了我的诗篇。（初中《语文》第五册）

（9）抗战以来，由于部队文化工作者的努力，使部队的政治文化水平向上提高了一步，也为文化艺术工作奠定了初步的基础。（邓小平《邓小平文选》一）

第五，从本表的综合情况看，在总数上［不愉快］还是略多于［愉快］。然而，这不能说明“由于”句具有［不愉快］的语义偏向。最有力的证据，是《邓小平文选》第一卷的用例。如上所说，这部著作中“由于”句［不愉快］多于［愉快］，但是，我们却可以看到这样的说法：

（10）上期党校的整风经验证明：冀南区有些同志毛病不少，但是由于他们有坦率的自我批评和批评的精神，所以收到很好的成绩；太行区有些同志就因为缺乏这种精神，收效不如冀南同志大。（邓小平《邓小平文选》第一卷）

上例既用了“由于”句，也用了“因为”句。在这里，“由于”句反而是愉快的，“因为”句反而是不愉快的，人们并没感到这么用有什么不妥，因而不会感到有把其中的“由于”和“因为”互换位置的必要。

第六，用“抽查”的办法考察作品，有个毛病，就是不同的学者抽查不同的作品可能会得出不同的结论。因为，甲作品和乙作品中“由于”句［愉快］与否的情况，可能恰好相反。为了避免偏颇性结论的出现，一方面，抽查的作品要尽可能多，在“量”上得到保证；另一方面，要考察“由于A”和“（因此/所以）B”之间的语义关联，重视表述需要上前后分句的实际联系。

事实表明：有的时候，“由于A”说的是［愉快］的事，B因而也

[愉快]；"由于A"说的是［不愉快］的事，B因而也［不愉快］。比较吴岗《善待家园》中两句话：

（11）第二次世界大战后，由于战争发展了海洋技术，潜艇、巡洋舰、观海仪器的出现，使得人们有条件在战争结束后利用这些设备仪器了解海洋，关于海洋这块未开发的处女地的科研成果才百花盛开。(《中篇小说选刊》2002年第1期196页)

（12）在中西部，由于超量开发土地、草原、森林和水资源，加速了水土流失、土地荒漠化等地质灾害的爆发。(同上195页)

例（11），[愉快] → [愉快]；例（12），[不愉快] → [不愉快]。

事实又表明：有的时候，"由于A"所说的事可以进行多面推断，B既可以是［愉快］的，也可以是［不愉快］的。例如：

（13）由于有过那么一段工作关系，他支持县委书记的工作，还是很坚决的。(陈世旭《将军镇》)

（14）由于兵力骤然强大，将士们渴望攻破城池，连袁宗第等几位重要将领也忍耐不住。(姚雪垠《李自成》)

这两例的B都［愉快］，但只要有表述的需要，可以改写为［不愉快］：

（15）由于有过那么一段工作关系，他对这个人的阴险卑劣是心有余悸的。

（16）由于兵力骤然强大，将士们的骄傲自满情绪就滋长起来了。

说到底，事物往往具有两面性。正如古语所说："祸兮福所倚，福兮祸所伏。"下面的说法显然都能成立：

由于跟经理关系特好，她得到了重用。(愉快)

由于跟经理关系特好，大家都疏远她。(不愉快)

由于跟经理关系不好，她没有卷入这个案件。(愉快)

由于跟经理关系不好，好差事肯定轮不到她。(不愉快)

二　关于“由于……以致/致使……”

对于“由于”句的情绪偏向，哨兵重视了从形式框架上寻找证据。这就是：提出“由于……以致/致使……”的格式，指出“由于”同“以致/致使”相契合。

作为表果标志，“以致、致使”用于复句中后分句的前头，所引出的分句具有［不愉快］的语义偏向，这是可以肯定的。问题在于，这么个假设能否得到确认：跟“以致/致使”相契合的表因标志只能是或一般是“由于”，而不能是或极少是“因为”。即：

由于……以致/致使……（＋）

因为……以致/致使……（－）

笔者的《汉语复句研究》中，曾提到“因为/由于……以致……”。尽管所举的例子全都是“由于……以致……”。例如：

（17）由于编辑人员各有不同的任务和种种其他个人情况，私人信件又不便统一拆阅登记，以致时有延误，也极易丢失，查找也极为不便。（《当代》1983年第4期）

（18）由于他脖子弯得太低了，以致使别人无法看见他脸上的表情。（从维熙《北国草》）

但是，通过大量语料的检索，可以知道，“因为……以致/致使……”不仅有，而且多数时候多于“由于……以致/致使……”。如表：

	由于……以致/致使……	因为……以致/致使……
《邓小平文选》第一卷	2	1
初中《语文》第五册	1	1
五部长篇小说	0	各1
三部中篇小说	0	各1

观察可知：

第一，《邓小平文选》第一卷中，出现“以致”和“致使”各6例；前分句用了表因标志的，共3例：

(19) 我们虽设有随军记者，但由于大部分记者兼管编辑，以致影响了新闻采访工作。

(20) 这几年来，由于我们没有搞好民主集中制，以致上下不通气，这是一个带普遍性的严重的现象。

(21) 正因为有了上述的缺点和错误，致使民众不能充分认识国家已经到了存亡绝续的关头，……

这里，"由于……以致……"2例，"因为……致使……"1例。二者的比例是2∶1。

第二，在所有的初中、高中语文课文中，前分句出现跟"以致"呼应使用的表因标志，只有2例，都见于初中语文第五册。即：

(22) 在掩埋烈士遗体的时候，由于他们两手扣着，把敌人抱得那样紧，分都分不开，以致把有些人的手指都掰断了。(魏巍《谁是最可爱的人》)

(23) 有的同学因为马虎大意，缺乏正确的读书姿势，以致身体已经出现了一些严重的不健康状态，如近视、驼背等等。(邓拓《读书也要讲"姿势"》)

这里，"由于……以致……"和"因为……以致……"的比例是1∶1。

第三，五部长篇小说，即欧阳山《苦斗》、冯德英《迎春花》、杨绛《洗澡》(第一部)、李英儒《野火春风斗古城》和陈世旭《将军镇》，有以下用例：

(24) 因为这次侮辱的分量是如此沉重，以致周炳都不想发怒了。(欧阳山《苦斗》)

(25) 因为毒牛时孙承祖煞费苦心想出的计策，并没做到使曹振德他们放松对村里的注意，相反，村里对蒋殿人和一些可疑分子更加紧了监视，致使孙承祖无破坏之隙可乘，与蒋殿人的联系也困难了。(冯德英《迎春花》)

(26) 这都是因为旧社会遗留下来的封建思想和资产阶级思想使我们背负着沉重的包袱，束缚了我们的生产力，以致不能充分发挥作用，为当前的需要努力。(杨绛《洗澡》)

(27) 站在会场核心的军官们，皮鞋克哧一响立正了，因他们是原地立正——按照立正是不动姿式——以致有不少的军官屁股对着讲台……（李英儒《野火春风斗古城》）

(28) 县城附近的一些生产队，因四千会而获得大量高效农家肥，以致有些私心重的人放肆地往自留地泼人粪尿，……（陈世旭《将军镇》）

《苦斗》《迎春花》和《洗澡》中，各出现1例"因为……以致/致使……"；《野火春风斗古城》和陈世旭《将军镇》中，各出现1例"因……以致……"。然而，5部长篇小说中，"由于……以致/致使……"的例子皆为0。

第四，3部中篇小说，即方方的《埋伏》和《白雾》，席娟的《女作家的爱情冒险》，有以下用例：

(29) 因为僻静，以致于叶民主刚走到山脚路口，就被正做爱着的一男一女绊了一下。（方方《埋伏》）

(30) 有一回骑自行车去商场买牙膏，因为存车处的老头硬将存车费由二分涨成了三分，致使贝贝愤怒地争论了半个多小时。（方方《白雾》）

(31) 也因为这一份特别的广告，致使那五本由新人所写的书顺利畅销，打开了各自的知名度……（席娟《女作家的爱情冒险》）

《埋伏》中出现1例"因为……以致于……"，《白雾》和《女作家的爱情冒险》中各出现1例"因为……致使……"。然而，3部中篇小说中，"由于……以致/致使……"的例子皆为0。

诚然，"以致/致使"所规约的［不愉快］，不能作为"由于"句表示［不愉快］的根据，因为，在配合使用上，"以致/致使"对"由于"和"因为"并无明显偏向，起码是一视同仁的。

为了深化认识，我们还可以进一步考察一下近代作品的情况。查《红楼梦》、《水浒》、《西游记》、《封神演义》，冯梦龙《警世通言》，李汝珍《镜花缘》和李宝嘉《官场现形记》，皆未发现有连词"由于"，自然也不会有“由于……以致/致使……”。但是，这些作品里，却用了“因为/因/只因……以致/致使……”的格式。略举几例：

(32) 这几天糖葫芦也因为公私交迫，没有到王小四子家续旧，以致台面上受了他一番埋怨，……（李宝嘉《官场现形记》）

(33) 因被逼索定礼，众人扬言秽乱，以致羞忿自尽，并非贾珍逼勒致死。（曹雪芹《红楼梦》）

(34) 当日老师有位姨娘，因产后瘀血未净，以致日久成痞去世，……（李汝珍《镜花缘》）

(35) 只因天子无道，致使天下诸侯会集于此，不分君臣，互相争战，……（许仲琳《封神演义》）

近代作品可以帮助我们进一步证明，“以致/致使”同“因为/因/只因”之间，本来就不存在不契合的问题。

三 “由于”句和“因为”句

就表意而论，“由于”句和“因为”句没有明显的不同。它们的细微差异，似乎可以在以下三点上观测到若干印迹。如表：

	理据性	断定性	书面论说性
“由于”句	稍强	稍强	明显
“因为”句	一般	一般	无倾向

观察可知：

第一，“由于”句具有比“因为”句更强的理据性。

在逻辑上，“由于”句和“因为”句都表示直言推理，然而就语言表达而言，二者在因果关系的表述上却代表两种不同的推理意念。“因为”引出原因，“因为”句重在交代小前提和结论之间的因与果；“由于”引领理据，“由于”句重在把小前提强调为结果产生的理由。如果说“因为A，所以B”是最一般的因果句，那么，“由于A，∅B”便是对原因的理由性质有所强化的因果句。这一点，可以从两个角度来进行辨察和验证。

A. 原因和理由

一方面，凡是一般性的原因，偶然性的原因，不值得因而也不需要强调为理由的原因，都不必用"由于"。请看石钟山《官道》中这个例子：

(36) 王副厅长身体不好住进了医院。因为李玉田心情不错，他决定去医院看看王副厅长。(《小说选刊》2001年第10期)

李玉田是个极为势利、一心向上爬的处长，按他为人的原则，对于即将退休的王副厅长，是用不着花费时间去医院探视的。为什么他决定去？仅仅是因为有一种不成为理由的原因"心情不错"。这里，只需要一般性地述说因果，因此用了"因为"。如果把"因为"改为"由于"，反而不如原来那么顺当自然。

另一方面，凡是用了"由于"的，都显得凸显了理据。例如：

(37) 由于每年开会，代表大会的会议也就可以开得简便一些。(邓小平《关于修改党的章程的报告》)

上例显然把"每年开会"强调成了一个理由。如果改用"因为"，就会显得比较平淡，比较一般化。再如：

(38) 据从中国体育代表团获悉，由于这次冬奥会选手奖励参照夏季项目奖励办法，因此按规定，为中国取得冬奥会金牌零的突破的杨扬将获得重奖。(《楚天都市报》2002年2月21日第11版)

上例是新闻报道《杨扬将成为"杨百万"》开头的一句话。为了强调出杨扬将获得重奖的理据，借以突现杨扬为中国夺得第一块冬奥会金牌的特殊意义，因此用了"由于"。如果把"由于"改为"因为"，便显得不够突出，不够符合原文的理念。

语言运用的事实表明：在申说理由依据的场合，当某种原因需要强调为理据的时候，人们就会用"由于"，而不管是否［愉快］。一个着重探讨存在问题的会议，不能不涉及一些［不愉快］的话题，这时，与会者在发言中所用的"由于"句，［不愉快］的肯定多于［愉快］的；反之，如果是一个评功表彰的会议，自然会涉及较多［愉快］的话题，那么，与会者在发言中所用的“由于”句，［愉快］的肯定多于［不愉快］的。这跟说话的内容有关，也跟说话人的主观心态有关。

B. 因标和果标

一方面，“由于”句通常不用果标，即采用“由于A，∅B”的形式。由于不出现果标，强调理据的“由于A”便显得突出。例如：

（39）由于高兴，∅她把心里的话谈出声来了。（李英儒《野火春风斗古城》）

（40）由于充分尊重中国的实际，一切从实际出发，∅我们取得了新民主主义革命的胜利，并顺利地进入了社会主义的历史阶段。（邓小平《我们干的事业是全新的事业》）

少数情况下，“由于”句里也出现果标“因此、所以”之类，但“由于”仍然起着强调理据的作用。证据是：如果减去“由于”，便会成为一般性的述说因果。例如：

（41）由于高杰平素对田见秀很尊重，所以李自成认为这办法可以成功。（姚雪垠《李自成》）

（42）由于农民军对医生特别尊敬，而他又是个慷慨豪爽、喜欢打抱不平的人，所以在农民军中如鱼得水，……（姚雪垠《李自成》）

这两例，若去掉“由于”，推知的理据意味也随之消失。

另一方面，在小句联结中“由于”和“因为”有时同现，形成因标变异现象。这有助于窥见二者的区别性分工。例如：

（43）这个决议之所以是适时的和必要的，……更重要的是因为在新民主主义革命胜利以后，由于我们各方面的工作都获得了巨大的胜利，于是在我们党内，尤其是在我们党的高级干部中，滋长了骄傲自满的情绪。（邓小平《骄傲自满是团结的大敌》）

上例“由于……于是……”被包含在“因为……”之中。“因为”说明原因，“由于”解释理由，二者如果交换位置，文意不如原来畅通。又如：

（44）他原是本城南大街一家杂货铺的老板，因为跟日本人关

系挺好，弃商做官，先文后武，由于不断给上边送礼，从县的副联队长提升了团长。（李英儒《野火春风斗古城》）

（45）昨日为通过铁路，彻夜与敌人激战，由于敌人铁甲车拦路扫射，有两位病弱的负责同志，留在路东，因他们有急事，必须马上动身，党委决定，改由你们负责，日内护送上述同志……（李英儒《野火春风斗古城》）

例（44）先说“因为A，∅B”，再说“由于A，∅B”。用“因为”，一般性地说明“弃商做官”的原因；用“由于”，从理据上分析为什么能够“从县的副联队长提升了团长”。例（45）先说“由于A，∅B”，再说“因A，∅B”。用“由于”，从理据上分析为什么两位负责同志只好留在路东；用“因”，一般性地交代党委作出有关决定的原因。这两例，假若“因为/因”和“由于”互换位置，不一定不可以，但因果关系的表述，在推理意念上就会有所转化。可知，“由于”和“因为”有时同现，既是修辞上词面变异的需要，也反映了表述者在表意偏重点上的某种选择。

必须顺带指出：在因果关系的表述中，对于不愉快的结果，表述者可能感到更有必要指出理由或根据，因此，从总体上看，也许会自然而然地较多地使用“由于”。但是，这显然取决于表述需要的外因，而不取决于句式本身的内因。

第二，“由于”句包含比“因为”句更多的断定性。

跟理据性相联系，“因为A”倾向于说明为什么，而“由于A”则倾向于断定有所据，具有更多的将要作出结论的意蕴。这一点，可以从因果倒置的说法中寻求和获取证据。例如：

因为资金已经到位，他们信心很足。

→他们信心很足，因为资金已经到位。（+）

由于资金已经到位，他们信心很足。

→他们信心很足，由于资金已经到位。（−）

→他们信心很足，是由于资金已经到位。（+）

在因果倒置的说法中，后分句前头可以只说“因为”，不一定要说成“（这）是因为”，但不能只说“由于”，一定要说成“（这）是由于”。究其因，就在于“（这）是……”的形式用来表示对事情有所断定，跟“由于”的用途合拍。

第三，“由于”句带有比“因为”句更明显的书面论说性。

“由于”是主要用于书面语的强调理据的一个形式，方言里没有。吕叔湘主编《现代汉语八百词》指出：口语里用“因为”，较少用“由于”。(557 页）武克忠主编《汉语常用虚词词典》指出：“由于”多用于书面语，不大用于口语。(564 页）杨伯峻《中国文法语文通解》，有个似乎相反的说法：“由”，“因”也，口语作“由於”（195 页)。杨伯峻先生所说的“口语”，应是跟文言文相对的白话文书面语。

跟理据性相联系，或者说，跟理据意念、推导需要相联系，议论文或带有议论性的作品里，容易看到“由于”句；述说性很强的作品里，不大容易看到“由于”句。比如邓小平著作，有比较多的“由于”句；又如吴岗《善待家园》，刊登于《中篇小说选刊》，尽管是文学作品，却是一篇“中国地质灾害忧思录”（副标题），有较多的议论，因而较多地出现了“由于”句。至于老舍的长篇小说《骆驼祥子》，杨绛的长篇小说《洗澡》(第一部)，王朔的中篇小说《一点正经没有》，百合的中篇小说《哭泣的色彩》，方方的中篇小说《白雾》，刘心武的短篇小说《人面鱼》，里面一个“由于”也没有。

四　结束语

（一）归同求异——这是发掘规律、深化认识的不断循环往复的必要途径。复句格式的研究，就总体情况而言，目前主要还停留在“归同”阶段，“求异”工作却做得相当一般化。对于“由于”句和“因为”句，《现代汉语八百词》等书都完全没有涉及表意上的细微差别，然而，凭语感，人们总觉得这方面的差别是存在的。屈哨兵《“由于”句语义偏向》一文的价值，不仅表现在作者鲜明地提出了自己的见解，还表现在对“求异”工作将起到良好的促进作用。

（二）破易立难——这是语法问题讨论中带有规律性的现象。具体点说，讨论中指出并证明某个说法有什么问题，比较容易；提出一个立论，阐明应该怎样解释才真正符合事实，这就十分困难。本文不认为“由于”句跟不愉快的情绪偏向存在必然的联系，而认为“由于”句重在分析原由，强调理据；“因为”句重在说明原因，讲述事实。二者的差异，主要表现为因果关系表述中推理意念的不同，许多时候反映了表述者在推理意念上的偏重点和语用价值上的心理取向。这种区别，相当微妙，微妙到若现若隐、似浓似淡的地步。到底是没有真正抓到痒处，还是事实本身就是这么微妙，这就需要做更进一步的考察和验证了。

主要参考文献：

[1] 屈哨兵．“由于”句的语义偏向［J］．中国语文，2002（1）：22-24.
[2] 吕叔湘．现代汉语八百词［M］．北京：商务印书馆，1980.
[3] 杨伯峻．中国文法语文通解［M］．北京：商务印书馆，1956.
[4] 武克忠．汉语常用虚词词典［M］．杭州：浙江教育出版社，1992.
[5] 邢福义．汉语复句研究［M］．北京：商务印书馆，2001.

（原载《中国语文》2002 年第 4 期，略有修补）

连词“为此”论说

1 从现代汉语平面考察“为此”的使用

1.1 “为此”的两种用法

“为此”有“语”和“词”两种用法。

1.1.1 作介词短语使用。这时为“语”。例如：

(1) 政治上须使指挥员、战斗员们认识从游击队到正规军提高一步的必要性，鼓励大家为此而努力，并以政治工作去保障之。(毛泽东《抗日游击战争的战略问题》)

(2) 我知道为此要付出一些代价，要牺牲许多世俗的享乐。(路遥《你怎么也想不到》)

上两例“为此”是介词短语，“为”是介词，“此”是代词。

1.1.2 作连词使用。这时为“词”。例如：

(3) 假如敌人聪明些从我的来路上去搜，杨同志必然遭到不幸，为此，我瞅个空子，拼命去夺一个坏蛋的枪，逼的他不得不朝天开火。(李英儒《野火春风斗古城》)

(4) 由于中东地区形势紧张，为此，日本国内外投资家大量买进日元，使得日元汇率上涨。(《人民日报》2002年4月11日)

这两例的“为此”是连词，意思是“因为这个”，大致相当于因果联系中表示结果的“因此”。

“为此”的连词用法，有的学者已经注意到了。比如，张玉金主编《古今汉语虚词大辞典》(1995)，解释“为此”时所列义项中有一项为

“连词”，指出这个连词“连接两个分句或两个句子表示因果关系。可译为‘因此’”。所举的例子中，有这么一个：说也奇怪，这年虽然小有溃烂，却是一个窟窿也没有出过。为此，黄大户家甚为喜欢。(《老残游记》第一回）又如，俞光中、植田均（1999），也把一部分“为此”作为因果关系连词来处理。

1.2 连词“为此”的两种用法

作为连词的“为此”，又有两种用法。

1.2.1 单独使用。从总体上看，单独使用的现象占绝对多数。例如：

(5) 这个矿地处深山，交通不便，为此，他们买回四部汽车，无论集体还是个人，只要捎个口信或打个电话，就派车把煤送到家门口，群众都愿意买他们的煤。(《人民日报》1983年2月6日)

(6) 想到这些，我心里感到很惭愧，为此，就把《铁道队》的写作停下，已写出的那一部分稿子，虽然还没刊登完，也停止连载了。(刘知侠《〈铁道游击队〉创作经过》)

上两例的“为此”都是单独使用。

1.2.2 与原因标记搭配使用。有的时候，“为此”与原因标记“由于”或“因为”同现，形成“由于p，为此q”或“因为p，为此q”的格式。这是“为此”成为连词的重要表现形式。比如，上面的例(4)，出现了“由于……为此……”。再如：

(7) 可是由于她胆怯恐怖得厉害，话说的含糊得使母亲听不懂，也无从知道她的心事，为此，杏莉母亲也得不到什么。(冯德英《苦菜花》)

(8) 因为我们觉得《河殇》两次在中央电视台特别节目中播出后所引起的强烈反响，乃是我国改革进入关键时期国民心态的集中反映，为此，我们进行这次调查。(《长江日报》1988年9月14日)

从“由于/因为p，为此q”所关联的前后小句看，主要有两种情况：

其一，前后小句之间具有直接的因果关系。这时，原因分句包含一个或一个以上的小句。例如：

(9) 由于前3个国家一直被美国定性为“无赖国家”，为此印度十分不满。(《人民日报》2001年4月2日)

(10) 由于中埃合作和中非合作是涉及多个领域的综合性工程，为此，我们目前正在认真扎实地做好各项准备工作，……(《人民日报》2002年1月16日)

(11) 由于政府的目标是既要减少交通拥挤，又要减少车辆对环境的污染，为此，政府还做出规定，从今年7月开始，所有销售的新轿车必须配有催化转化装置，就这一样，购车者又需要开支1200美元。(《长江日报》1992年7月2日)

以上三例，前两例的原因分句由一个小句充当。后一例中的“由于”后边有两个小句，形成两个分句。这两个分句之间是并列关系，它们共同表示原因，跟“为此”后边的分句直接产生因果联系。

其二，前后小句之间是间接的因果关系。这时，原因分句包含两个或几个小句。如：

(12) 由于超导物质处于超导状态的临界温度都很低（一般都在−243℃以下），所以要把它大量用于像输送电力这样的生产实际不大可能，为此人们开始寻找处于“高温”甚至室温的超导体①。

上例复句总共包含了三个小句。“由于”分句首先与“所以”分句构成直接的因果关系，然后再与“为此”分句构成因果关系。从语义关系来看，“由于”分句和“为此”分句之间不是直接的因果关系，而是一种间接的因果关系。

2 从历史纵线观测“为此”的连词化

2.1 连词“为此”连词化的过程

“为此”的连词化与“为”有着密切的关系。“为”最初是一个动词，先秦时代已经虚化为介词了（王力 1989）。因此，在先秦时期“为此”既可以作动词短语使用又可以作介词短语使用。

用作动词短语的，例如：

(13) 恐宗庙之不扫除，社稷之不血食，敢问为此若何？（《国语·齐语》）

(14) 孰为此者？天地。（老子《老子》）

用作介词短语的，例如：

(15) 梁丙曰：甚矣哉，子之为此来也！（左丘明《春秋左氏传·昭公三年》）

(16) 伯尊曰：“君为此召我也，为之奈何？”（谷梁赤《春秋谷梁传·成公》）

随着时间的推移，“为此”的动词短语用法逐渐减少，而介词短语用法逐渐增多。与此同时，一部分介词短语开始向连词虚化。根据掌握的情况，“为此”的连词用法大约开始见于唐代，后来不断出现。例如：

(17) 桀纣幽厉，亦皆丧亡，朕为此不得不惧。（王方庆《魏郑公谏录》）

(18) 臣每见虞南说，祖浚作舍人时，大欲记录，但隋主意不在此，每须书、手、纸、笔所司多不即供，为此，私将笔抄录，非唯经乱零落，当时亦不悉具。（王方庆《魏郑公谏录》）

(19) 游人未应返，为此始思乡。（王维《听宫莺》）

(20) 昨吊徐五死，今送刘三葬。终日不得闲，为此心凄怆。（释寒山、释拾得《寒山子诗集》卷三）

以上几个例子均出自唐代作品，这是我们见到的“为此”作为连词的较早用法，据此推测它的连词用法可能是在唐代出现的。例句中的“为此”都位于两个分句或句子之间，并且前后的句子之间具有因果联系。在这种句法环境下，“为此”已经具备连词的语法功能与特点。

元明清时期的作品中，“为此”的连词用法越来越多。这一时期，

“为此”基本上完成了由介词短语向连词的语法化过程。例如：

(21) 只因他第一夜，如此作乔，恁般推阻，为此我故意要难他转来。(冯梦龙《醒世恒言》)

(22) 疑是上天凶星思凡下界，为此老孙特来启奏，伏乞天尊垂慈洞鉴……(吴承恩《西游记》)

(23) 秦安道：“只因天保将军被新文礼引到庆坠山中烧死了，新文礼又来冲营，为此众位老爷一齐出战，在那里厮杀。”(如莲居士《说唐》)

“为此”属于因果连词，它所关联的分句在语义上具有因果逻辑关系。位于“为此”前面的分句表示事件的原因，后面的分句表示事件的结果。表示原因的分句可以是一个，也可以是多个。例如：

(24) (一头假哭，一头分说道：)“实不知是我家老儿，只认是贼，为此不问事由杀了。”(凌濛初《初刻拍案惊奇》)

上面这个复句包括三个分句，前两个分句并列表示原因，最后一个分句表示结果，三个分句共同组成一个因果关系复句。

“为此”在向连词虚化的同时，仍然保留了它的介词短语用法。并且介词短语的“为此”使用频率不低，这两种用法有长期共存的趋势。“为此”的虚化轨迹可以描述如下：

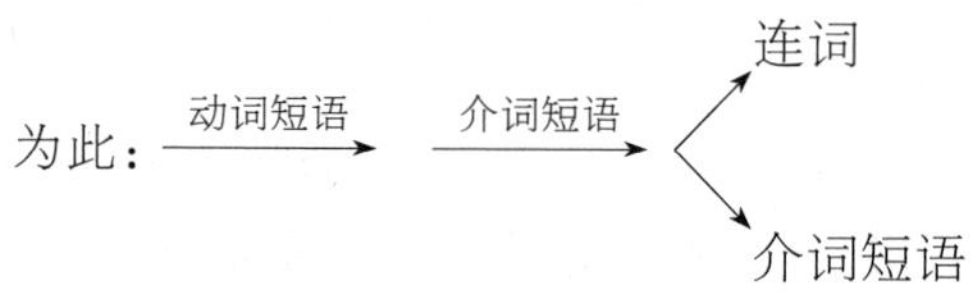

观察“为此”的发展，可知介词短语的出现促使它最终实现了向连词的虚化。“为此”由介词短语虚化为连词的过程中，经历了一个重要的中间环节，即它的句法位置处于主语与谓语之间。先看三个例子：

(25) 吏散重门印不开，玉琴招鹤舞裴回。野人为此多东望，云雨仍从海上来。(鲍溶《寄海陵韩长官》)

(26) 王宰问其缘故，王妈妈乃将妖狐前后事细说。又道：“汝兄为此气成病症，尚未能愈。”(冯梦龙《醒世恒言》)

(27) 此纸非凡笔，乃唐朝侍郎白香山手迹也，全经一卷，在

吾寺中，海内知名。吾师为此近日被一个狠官人拿去，强逼要献，几丧性命，没奈何只得献出。（凌蒙初《二刻拍案惊奇》）

以上三例中，“为此”均处于句子的主谓之间，从句法特征来看，它们更似一个介词短语，“为”是“因为”的意思，“此”复指前面的内容。不过，例句里面的“为此”一旦位置前移到主语之前，就可以摇身一变，成为一个连词，关联前后的分句或句子。从上述三个例子看，“为此”前移至主语前面，在句法上是合理的，语义上也是顺畅的。类似的例子还有很多，此不赘述。“为此”从主谓之间逃离出来，句法位置前移，带来的一个重要的结果是大大加快了其虚化的进程。等到“为此”的连词用法越来越成熟的时候，它仍然可以以连词的身份返回这个位置。现代汉语连词“因此”的句法位置就是最好的证明。在位置前移的过程中，“为此”有时候还会在句群中以下列形式出现：

（28）这样妇人，若留着他，到底是个是非堆。为此，今日将他发还娘家，任从别嫁。（凌濛初《初刻拍案惊奇》）

（29）宫保说：“很好。你明天就去探探口气，你就同了他来见我一见。”为此，兄弟今日特来与阁下商议，可否今日同到里面见宫保一见？（刘鹗《老残游记》）

上两例中，“为此”处于句子之间，且后面有一个逗号隔开。这种句法位置上，“为此”在语音和语气上有一个较长的停顿，形式上更加自由，这是它的连词用法趋向成熟的表现。

2.2 促使“为此”连词化的两个重要因素

2.2.1 语义特征

这是内部因素。

词汇的语义特征，是实词虚化的一个前提条件。“为此”的连词化，与介词“为”有着密切的联系。“为”在先秦时期就具有了“由于这个原因”的意思（参看王力 1989），这为这个词语向因果连词虚化奠定了语义基础。

在古代，介词“为”的语义可以概括为三种（以下三个例子引自《古代汉语虚词词典》594 页）：

第一，表示动作行为的对象。如：

（30）蒙公为秦击走匈奴，若鸷鸟之追群雀。（桓宽《盐铁论·伐功》）

第二，表示目的。如：

（31）今子弟远劳于外，人主为之夙夜不宁。（桓宽《盐铁论·忧边》）

第三，表示原因。如：

（32）天行有常，不为尧存，不为桀亡。（荀子《荀子·天论》）

“为”与“此”结合使用时，“此”多用于指原因和目的。表示原因的“为此”，等于说“因为这个”，这个结构本身就包含了一个原因标记，具备向因果连词虚化的语义基础。而表示目的的“为此”，也有虚化为因果连词的可能，因为从语义的逻辑基础来看，目的关系本身就包含在广义的因果关系中（参看邢福义 2001）。从各种语义之间的内在关系来看，原因和目的是相互渗透的。杨伯峻（1981）指出，表原因和表目的很难区别，因为动机和目的是相关联的（大意）。所以，“为此”由目的意义向原因意义转化也具备语义基础。

2.2.2 句法环境

这是外部因素。

句法环境在词语虚化的过程中起了重要的作用。诱发“为此”向连词虚化的句法环境主要有两个：一是所处的句法位置，即“为此”所处的句法位置必须是在两个句子之间；二是前后句子的语义关系，即两个句子在语义上具有因果联系。

促使“为此”虚化的第一个句法条件，在上古就已出现。例如：

（33）王使庆谓臣：“不利于国，且我夏（忧）之。”臣为此无敢去之。（马王堆汉墓帛书整理小组《战国纵横家书》苏秦使韩山献书燕王章）

（34）夫怯夫操利剑，击则不能断，刺则不能入，及至勇武攘卷一捣，则摺胁伤干，为此弃干将、镆邪而以手战，则悖矣。（刘

安《淮南子·修务训》)

例(33),“为此”位于主语之后，这个条件虽然不是虚化的最好条件，但是它与所需要的句法条件已经非常接近。因为，最后一个分句如果承前省略主语，就可以形成两个分句一前一后的格式。在古代汉语里，省略主语的现象是非常普遍的。例(34),“为此”直接位于两个分句之间，在这种格式下，它很容易向连词虚化。

“为此”要获得第二个句法环境也不难。在事物的各种关系中，因果关系是最基本的关系之一，许多事件都与广义的因果关系有密切的联系。推断句、假设句、条件句、目的句等等，尽管它们的关系标志有所不同，但是基本构成材料之间都具有因果关系(参看邢福义《汉语语法三百问》2002)。不仅如此，许多表示连贯关系的事件也可以向因果事件转化。可见，因果关系广泛地存在于多种语义类型的句子里。这样一来，“为此”就很容易获得语法化所需要的句法环境，从而顺利地完成从介词短语向连词的语法化过程。

“为此”虚化为连词后，随着使用频率的增加，它的句法位置更为机动灵活。它不仅可以用在复句的分句与分句之间，而且可以用在句群的甲句子(包括单句和复句)与乙句子(包括单句和复句)之间。例如：

(35)惟有宝莲寺与他处不同，时常建造殿宇楼阁，并不启口向人募化。为此远近士庶都道此寺和尚善良，分外敬重，反肯施舍，比募缘的倒胜数倍。(冯梦龙《醒世恒言》)

(36)俺杨国用自从遇贾半仙，算了一卦，道我有一百日血光之灾，只除千里之外可躲。为此辞别了父亲，出外躲灾避难，因而做些买卖。(臧懋循《玎玎珰珰盆儿鬼》)

这两例都是由两个复句构成的句群，“为此”用在第二个复句的句首，居于前后两个复句之间。“为此”出现的语法位置有所变动，语法功能也相应有所扩大，即：不仅能够关联因果复句，而且还能关联因果句群。

在实际的语言材料中，少数的“为此”出现在主语和谓语之间。这并没有影响它的连词地位。请看：

(37) 缘第一船新罗水手及梢功下船未来，诸船为此拘留，不得进发。(圆仁《入唐求法巡礼行记》)

(38) 我知道今儿咱们里头大排筵宴，热闹非常，二爷为此才躲了出来的。(曹雪芹《红楼梦》)

这两例，“为此”分别位于结果分句的主语和谓语之间。它们仍然是连词。

可见，在虚化为一个连词之后，“为此”句法位置比原来更加灵活了。这从侧面反映了它连词的语法地位在不断地得到巩固和加强。“为此”句法位置的灵活性反过来又提升了它的句法功能。

3 从两方面事实评说“为此”的连词地位

3.1 现代汉语里，连词“为此”处于十分弱小的地位。这是一个方面的事实。

“因此”和“为此”结构相同，连词化的过程也非常类似。“因此”最初也是动词短语，后来出现了介词短语的用法，再后来虚化成了连词。“因此”完成连词化的时间，比“为此”略早。这个形式，在中古时期开始出现放在结果分句之前的用法，到了唐五代完全凝定成为表示结果的连词（周刚，2002）。进入现代汉语之后，连词“因此”成了一个强势词，使用频率很高，“为此”根本无法比拟。

“为此”之所以弱小，主要原因有二。

其一，在古代汉语里，“为”有表示原因的连词用法；到了现代汉语里，“为”的连词用法基本消失。查《古代汉语词典》，可以看到这样的解释：“为，因为。连词。”举例是：“为其老，强忍，下取履。”查《现代汉语词典》（第 5 版）和《现代汉语规范词典》，都不见解释为连词的义项。正因如此，在现代人的脑海词典中，已经不把“为”和“因”等同看待了。

其二，与上一原因相联系，“为此”属书面语，老百姓口头上不会说。查找连词“为此”，在政论文中较易见到。比如：

(39) 现在的任务，是在全国范围内恢复孙中山先生的三民主义的革命精神，据以定出一定的政纲和政策，并真正而不二心地、切实而不敷衍地、迅速而不推延地实行起来，这在中国共产党方面真是日夜馨香祷祝之的。为此，共产党在卢沟桥事变之后，提出了抗日救国的十大纲领。(毛泽东《国共合作成立后的迫切任务》)

(40) 进行这种斗争，不能采取过去搞政治运动的办法，而要遵循社会主义法制的原则。为此，除党内要发布有关的指示以外，建议人大常委会、国务院发布有关的条例、法令。(邓小平《贯彻调整方针，保证安定团结》)

文学作品中当然也可以见到连词“为此”，上面已经举过一些例子。但是，无论如何，仍然带有古味，不是口语。

3.2 现代汉语里，连词“为此”确实存在，而且在语法化的程度上有所发展。这是另一个方面的事实。

所谓“在语法化的程度上有所发展”，指的是出现了“由于p，为此q”和“因为p，为此q”的格式。这类前呼后应格式的出现，促进了“为此”的连词化进程，进一步确定了“为此”的连词地位。上面已经举了一些例子，下面再举几个：

(41) 由于Google并不出售其搜索产品（它只从其搜索广告业务中获取收入），为此微软不能像当年对待Netscape公司一样来对付Google②。

(42) 由于所有支持Vista的产品都应取得Windows Vista Logo认证，为此，微软还通过首次在台举行的Windows Vista硬认识证大会，以协助加快系统及周边产品制造商可以在台取得认证③。

这两例是“由于p，为此q”。

(43) 因为他们必须排除这些基因片断既不是细菌感染的，也不是其它生物的，为此他们必须检索大量的文献资料。(《人民日报》1995年8月14日)

(44) 因为中国承诺在“2008年奥运会前提供3G服务”，为此多家咨询机构预测，3G测试放号结束后，将在2007年初正式发放 3G 牌照[④]。

这两例是“因为 p，为此 q”。

“由于/因为 p，为此 q”的配对格式，别说文言文里没有，近代白话作品里也没有。我们有一个近代白话作品小语料库，包括《水浒》《西游记》《红楼梦》《儿女英雄传》等等 44 部作品，共 2194216 句。搜查结果，“由于 p，为此 q”或“因为 p，为此 q”的配对格式皆为 0。显然，这样的配对格式是到了现代汉语里才出现的。

“因此”的情况跟“为此”相同。在现代汉语里，“由于/因为 p，因此 q”的格式并不罕见。例如：

(45) 可是由于几天来群众的辛勤劳动，成绩十分可观，因此生产委员会频频要求剑波再开一趟车，剑波也就迎合了群众“过个快乐年”的心理。(曲波《林海雪原》)

(46) 因为刘大姐这个人使她感到了和林红相处时同样的兴奋和幸福，因此她忍不住要把心里的情感写一写。(杨沫《青春之歌》)

但是，跟“由于/因为 p，为此 q”一样，在上述近代白话作品小语料库里，“由于/因为 p，因此 q”的用例一个也没有。由此可见，作为因果联系中的结果标志，“为此”的使用频率尽管很低，无法同“因此”相提并论，但在语法适应能力上，却跟上了“因此”。

4 结束语

是事实，就得承认。承认“为此”的连词地位，对汉语复句关系的判断有重要的意义，可以促进汉语的复句与篇章研究，在汉语词性切分与标注中，在对外汉语教学中，也有应用价值。

标注词类的《现代汉语词典》第五版，没有把“为此”作为词条收入。这是可以理解的。一部中型词典，不能要求收词收得特别全。不过，应该一提的是，同是中型词典，早出版一年的《现代汉语规范词典》收了“为此”。该词典为“为此”单立词条，明确指出是“连词”，并且解释道：“表示下文说及的行为是出于上文的原因。”所举的例子是：“下岗职工创业需要资金支持，为此，信用社推出小额联保贷款。”仅就这一点而言，《现代汉语规范词典》对语言事实的敏感和把握，值得赞赏。

注释：

①《物理学网络课程》第11章第8节，见 http://www.nuist.edu.cn/courses/wlx/。

② 见 http://www.8ctv.net/Article/seoyanjiu/sousuoxinwen/200612/4074.html。

③见 http://digi.it.sohu.com/20061110/n246307502.shtml。

④见 http://info.feno.cn/2006/130101/c000027129.shtml。

主要参考文献：

[1] 古代汉语词典编写组. 古代汉语词典 [M]. 北京：商务印书馆，1998.

[2] 侯学超. 现代汉语虚词词典 [M]. 北京：北京大学出版社，1998.

[3] 李行健. 现代汉语规范词典 [M]. 北京：外语教学与研究出版社，北京：语文出版社，2004.

[4] 王力. 汉语语法史 [M]. 北京：商务印书馆，1989.

[5] 邢福义. 汉语复句研究 [M]. 北京：商务印书馆，2001.

[6] 邢福义. 汉语语法三百问 [M]. 北京：商务印书馆，2002.

[7] 杨伯峻. 古汉语虚词 [M]. 北京：中华书局，1981.

[8] 俞光中，植田均. 近代汉语语法研究 [M]. 上海：学林出版社，1999.

[9] 张斌. 现代汉语虚词词典 [M]. 北京：商务印书馆，2001.

[10] 张玉金. 古今汉语虚词大辞典 [M]. 沈阳：辽宁人民出版社，1995.

[11] 中国社会科学院语言研究所词典编辑室. 现代汉语词典 [M]. 北京：商务印书馆，2005.

[12] 中国社会科学院语言研究所古代汉语研究室. 古代汉语虚词词典 [M]. 北京：商务印书馆，1999.

[13] 周刚. 连词与相关问题 [M]. 合肥：安徽教育出版社，2002.

（原载《世界汉语教学》2007年第2期，与姚双云合作。）

以单线递进句为论柄点评事实发掘与研究深化

前言

现代汉语的许多递进复句，只要有语用需求，前后项可以倒换位置，即可以双线交互递进。比如："他不仅是个诗人，而且是个校长。"⇔"他不仅是个校长，而且是个诗人。"但是，有些递进复句，前后项只能由此及彼，不能倒置，这便是本文所说的单线递进句。拙作《汉语复句研究》提到过这类现象。比如："（他站起来背着手，挺着胸脯站在我跟前，不住地用舌头舔着嘴唇，仿佛向我证明:）他不仅是个人，而且是个很大的人。"此例见于杜鹏程《夜走灵官峡》，其中的"是个人"和"是个很大的人"不能倒换，不能说成"他不仅是个很大的人，而且是个人"[①]。

沈家煊《复句三域"行、知、言"》[②]针对拙作的说法，说了下面一段话：

> 另一个例子是"不但……而且"构成的复句，这类复句的前后项之间有范围上的递进关系，按事理后项应该比前项的范围大，如下面的 a 句。(邢福义 2001：225)
>
> a. 他……仿佛向我证明：他不仅是个人，而且是个很大的人。(初中《语文》第二册)
>
> b. ＊他不仅是个很大的人，而且是个人。
>
> 然而这样的限制只适用于行域，进入言域则不受此限，例如 b' 是

与 b 同类的例子：

b' 毛泽东不仅是个伟人，而且是个人。

这句话的意思是：你说“毛泽东不仅是个伟人”，这样说还不够，我还要说（因而提醒你）“他是个人”，言下之意是，你不能看到他的特殊性而忽略了他的一般性。

沈文的主要理论背景是美国女学者斯威彻尔（Eve Sweetser）的论说。其附注 1，说三域概念对应的就是 Sweetser（1990）所说的“实体”、“认识”和“言语行为”。Sweetser 的《From Etymology to Pragmatics: Metaphorical and Cultural Aspects of Semantic Structure》，的确是在三域上进行考察的。(她的书中还有这样的提法：外部域〈社会的〉和内部域〈情感的、心理的〉[③]。) 但通过上网查看，见到张辉、卢卫中《语义域理论与概念系统的建构》一文（网址为：http://kuhn.blogbus.com/logs/414500.html），其中写道：“Sweetser（1990）发展了 Lakoff 和 Johnson 的语义域理论。”“Sweetser（1990）提出了四个基本的语义域：物质的、社会的、心理的和言语行为的。”“她的分析的一个重要方面是语义域具有结构性。”“意义是不同域之间映现和整合的产物。”网上转载该文，大都显示为《外语论坛》2002 年第 3 期，而查看张辉教授所在单位的介绍，该文见于《外语论坛》2002 年第 4 期。由于《外语论坛》不上期刊网，学校也没有订阅纸质的期刊，暂时无法查实[④]。

域的多少，四域还是三域，如何命名，如何表述，理论家会通过探讨寻求到较为理想的答案。本文要做的是：摆出事实，以此为论柄；接着，对前后项能否倒换位置的问题进行思辨；然后，归结到对论旨的点评，说说在某种理论倾向下，一定不能小视事实之能量。文中例子，前分句可以用“不但”，也可以用“不仅、不只、非但”等，后分句可以用“而且”，也可以只用“还、也”。

一 单线递进句的三种组构方式

单线递进句，反映甲乙事物之间具有绝对涵盖的关系。其组构方式，可以概括为三种。

（一）概念收缩式

这一组构方式，其特点为：由面突出点，前项A里的起始概念，包含后项B里的递用概念。这时，前分句的概念范围大于后分句。比如“他不仅是个人，而且是个很大的人”，起始概念为“人”，递用概念为“很大的人”，前者包含后者。相同的例子：

（1）不但是人，而且还是个好人。（古龙《陆小凤》）

上例不能倒过来说：不但是个好人，而且还是个人。

概念收缩式情况多样，而且是沈文提到的一类。为了能够较为充分地说明情况，下一部分再作较为详细的描述。

（二）概念张大式

这一组构方式，其特点为：由点张开面，前项A里的起始概念，为后项B里的递用概念所包含。这时，前分句的概念范围小于后分句。例如：

（2）陈明不仅是全班第一，也是全年级第一。（郁秀《花季雨季》）

上例前项的“全班第一”是起始概念，后项的“全年级第一”是递用概念。前分句“全班第一”的概念范围，小于后分句“全年级第一”的概念范围。全班第一的人，不一定全年级也第一，但全年级第一的人，肯定也是全班第一。因此，这个例子不能倒过来说：陈明不仅是全年级第一，也是全班第一。

事物往往具有大与小、好与坏、高与矮等两个方面的属性。概念张大式，不管是往哪一方面张开，都不会改变这种大涵盖小的规约。例如：

（3）他不但是我们班个子最高的学生，而且也是我们学校个子最高的学生。

→*他不但是我们学校个子最高的学生，而且也是我们班个子最高的学生。

(4) 他不但是我们班个子最矮的学生，而且也是我们学校个子最矮的学生。

→*他不但是我们学校个子最矮的学生，而且也是我们班个子最矮的学生。

(三) 概念推移式

这一组构方式，其特点为：由甲概念推移到乙概念，概念的词面形式没有重合，但在客观事理的关系上，作为前项A里的起始概念，实际上为后项B里的递用概念所管控。这时，前分句的概念受制于后分句。例如：

(5) 枇杷不但开了花，而且已经结了果。(欧阳山《苦斗》)

枇杷总是先开花后结果。既然枇杷都结果了，自然已经开过了花。这样的客观事理关系，不容许倒过来说：枇杷不但已经结了果，而且开了花。

客观事理的管控与受管控的关系，多种多样，因事而异。但是，反映的都是一种不可颠倒的逻辑顺序。看例子：

(6)(林道静：)"你怎么知道我写诗?"(江华：)"不但知道，而且还看过。"(杨沫《青春之歌》)

(7) 我不但能持枪射击，而且枪法极精。(王小波《黄金时代》)

例(6)，起始概念是"知道"，递用概念是"看过"。既然看过一个人所写的诗，自然知道这个人写过诗。例(7)，起始概念是"能持枪射击"，递用概念是"枪法极精"。既然有极精的枪法，自然有持枪射击的能力。因此，这两例不能倒过来说成：不但看过你写的诗，而且还知道你写过诗。丨我不但枪法极精，而且能持枪射击。

许多时候，概念推移式不仅可以用于表述已然之事，也可以用于表述未然之事。例如：

(8) 再这样下去，不但乡长干不成，脑袋也要搬家了。(知侠《铁道游击队》)

这一例，起始概念是"乡长干不成"，递用概念是"脑袋要搬家"。只有活着，才谈得上当不当官；要是脑袋都搬家了，哪能当得成乡长!

因此，不能倒过来说成：不但脑袋要搬家，而且乡长也干不成。

概念推移式的使用，往往有特定的背景或心理前提。比较：

(9) 好幸运！一篮子水果不但卖到七八块，而且有时还卖到十五六块！

(10) 真倒霉！一篮子水果不但卖到十五六块，而且有时还卖到七八块！

这两例，似乎前后项可以倒换位置。但是，前一例表述的是庆幸心理，而后一例表述的是失望情绪，因此不能分别说成：好幸运！一篮子水果不但卖到十五六块，而且有时还卖到七八块！｜真倒霉！一篮子水果不但卖到七八块，而且有时还卖到十五六块！

二　概念收缩式的三种模态

大体说，概念收缩式有以下三种模态。所谓“模态”，指结构模型的状态。

（一）“是”字结构同形反复模态

具体表现为：前后分句主语相同，“是”字结构在述谓部分同形反复，但后项“是”字后边的名词用加字的办法缩小其所指范围，借以形成前项绝对包含后项的递进关系。如上面举过的两个例子，前后项都反复使用“是人”，但后项里“人”的前边添加了缩小概念外延的修饰字词。所谓主语相同，不一定主语全都显现，可以简省隐含。

这一模态，前后项复用的不限于“人”这一名词。例如：

(11)（只见这人头顶无发，惟有香疤，是个和尚，满脸皱纹，双眉焦黄，）不但是和尚，而且是个极老的老和尚。（金庸《天龙八部》）

(12)（任大爷久久地在女天子武则天的画像前伫立，……这不是皇上吗？）不但是皇上，还是个母皇上。（白桦《古老的航道》）

例（11）复用“和尚”，第二个“和尚”添加了修饰字词“极老的”和“老”；例（12）复用“皇上”，第二个“皇上”添加了修饰字词“母”。“母皇上”即“女性皇上、雌性皇上”。这两例，不能分别说成：不但是个极老的老和尚，而且是个和尚。丨不但是个母皇上，而且还是个皇上。

前后复用的名词，还可以是不指人的具体事物或抽象事物。例如：

(13) 不但是刀，还是柄宝刀。(古龙《绝代双骄》)

(14) 速度，不但是种刺激，而且是种很愉快的刺激。(古龙《陆小凤》)

例 (13) 复用“刀”，是不指人的具体事物；第二个“刀”添加了修饰字词“宝”。例 (14) 复用“刺激”，在特定句管控中表示不指人的抽象事物；第二个“刺激”添加了修饰字词“很愉快的”。这两例，不能分别说成：不但是柄宝刀，而且是柄刀。丨速度，不但是种很愉快的刺激，而且是种刺激。

这一模态，后项名词的修饰字词有时会复杂一点。这是由于表述的需要。例如：

(15) 他长大了不但是个大坏蛋，而且是世上最大的坏蛋！(古龙《绝代双骄》)

(16) 她非但是位美人，而且是大家公认的武林第一美人，(江湖中的风流侠少为她神魂颠倒的，也不知有多少。)(古龙《风云第一刀》)

这两例，从“大坏蛋”到“世上最大的坏蛋”，从“美人”到“大家公认的武林第一美人”，修饰语的复杂程度略有增加，然而包含与被包含的关系不变。因此，不能分别说成：他长大了不但是（个）世上最大的坏蛋，而且是个大坏蛋！丨她非但是大家公认的武林第一美人，而且是位美人。

需要指出的是：这一模态中，前后复用的名词在形式上有时略有变化，但实际上还是等于同一名词前后复用。主要情况有二。

其一，从词面形式看，前后项“是”字后边的名词词面不同，但语义互等，因而可以改写为相同的词面。例如：

(17) 这孙三不但是女子，而且还是个年轻姑娘。(金庸《天龙八部》) →* 这孙三不但是个年轻姑娘，而且还是个女子。

上例前项用“女子”，后项用“姑娘”。“姑娘”是个多义词，但在上例的语境中，意为“未婚女子”。上例等于说：这孙三不但是女子，而且还是个年轻的未婚女子。关于“姑娘”的义项，可参看《现代汉语词典》的解释⑤。

其二，从语法单位看，前后项“是”字后边的名词位置上用了大于词的单位“的”字结构。例如：

(18) 不真实的东西，不但可以是优美的，而且常常是最优美的。(礼平《晚霞消失的时候》) →* 不真实的东西，不但常常是最优美的，而且可以是优美的。

上例“优美的”和“最优美的”是“的”字结构；所指事物之间，具有绝对的包含与被包含的关系。性质上，一个“的”字结构相当于一个名词。

(二) 动宾结构同形反复模态

具体表现为：前后分句主语相同，动宾结构在述谓部分同形反复，但后项的动宾结构用加字的办法缩小其所指范围，借以形成前项绝对包含后项的递进关系。这里所说的动宾结构，是指述说性的，不包括表示判定的“是”字结构。从后项动宾结构的加字位置看，主要情况有二。

1. 在动宾结构的宾语部分加字。例如：

(19) 不但有酒，而且有好酒。(金庸《笑傲江湖》) →* 不但有好酒，而且有酒。

上例前后分句复用“有酒”，后项加字成为“有好酒”。同型说法，多种场合均可类推。比如：小妹不但上了大学，而且上了重点大学。→* 小妹不但上了重点大学，而且上了大学。| 根生不但成了大小伙子，而且成了特别懂事的大小伙子。→* 根生不但成了特别懂事的大小伙子，而且成了大小伙子。| 我们头儿不但买了小轿车，而且买了宝马小轿车。→* 我们头儿不但买了宝马小轿车，而且买了小轿车。| 这次事故，不但死了人，而且死了很多人。→* 这次事故，不但死了很多人，而且死了人。

2. 在动宾结构的动词前边加字。例如：

(20) 我不但要将这身子交给你，还要永远 (交) 给你。(古龙《武林外史》)→* 我不但要永远将这身子交给你,而且还要将这身子交给你。

上例前后分句复用"交给你",后项加字成为"永远交给你"。同型说法,多种场合均可类推。比如:我们不但采用了新技术,而且全面采用了新技术。→* 我们不但全面采用了新技术,而且采用了新技术。|这个店子不但收购旧书,而且高价格地收购旧书。→* 这个店子不但高价格地收购旧书,而且收购旧书。|她不但唱过这首歌,而且在春节联欢晚会上唱过这首歌。→* 她不但在春节联欢晚会上唱过这首歌,而且唱过这首歌。|这老兄不但吃肥肉,而且经常大碗大碗地吃肥肉。→* 这老兄不但经常大碗大碗地吃肥肉,而且吃肥肉。

这一模态,由于接受句法境域的管控,可以略有变化。主要情况有三。

其一,承前简省用作宾语的词语。例如:

(21) 不但给减刑,而且还一下子减了那么多!(张平《十面埋伏》)=不但给减刑,而且还一下子给减了那么多的刑!→* 不但一下子给减了那么多的刑,而且给减刑!

其二,后分句所用字词跟前分句基本呼应,但结构上作了调整。例如:

(22) 不但有问题,而且问题还不少呢。(郁秀《花季雨季》)=不但有问题,而且有不少问题。→* 不但有不少问题,而且有问题。

下面的例子,情况基本相同:不但有分别,而且分别还很大。(古龙《风云第一刀》)=不但有分别,而且还有很大的分别。|不但有规矩,而且比衙门里的规矩还大。(古龙《陆小凤》)=不但有规矩,而且有比衙门里还大的规矩。|足见两座兄弟城市不但有缘,而且缘分还不浅呢!(《人民日报》2005 年 3 月 15 日)=不但有缘分,而且还有不浅的缘分呢!

其三,前项用动宾结构,后项用动补结构,后项所用动词跟前项同形。后项尽管只用动补结构,但实际上包含有前项动宾结构所表示的意思。例如：

(23) 他不但爱你，还爱得很深呢！（于晴《红苹果之恋》）＝他不但爱你，而且爱你爱得很深！→* 他不但爱你爱得很深，而且爱你！

下面的例子，情况基本相同：（他）不但会绣花，而且绣得很不错。（古龙《陆小凤》）＝（他）不但会绣花，而且〈绣花〉绣得很不错。|（他）不但在等你，而且已经等得很不耐烦了。（古龙《陆小凤》）＝（他）不但在等你，而且〈等你〉已经等得很不耐烦了。|（你）不但养活了自己和家人，还养得不错。（王朔《美人赠我蒙汗药》）＝（你）不但养活了自己和家人，而且〈养活你和家人〉都养得不错。

有的时候，由于受到语境的规约，前分句动宾结构的宾语隐去了，但可以补出。例如：

(24)（作了两个月的买卖，粗粗的一搂账，）不但是赔，而且赔得很多。（老舍《骆驼祥子》）＝不但是赔钱，而且〈赔钱〉赔得很多。→* 不但赔钱赔得很多，而且赔钱。

(25)（何利文的话，令白莲想起了天培，天培也是一个爱母亲的人，）他不单只爱，而且爱得很深。（岑凯伦《合家欢》）＝他不单只爱母亲，而且〈爱母亲〉爱得很深。→* 他不单爱母亲爱得很深，而且爱母亲。

（三）谓词同形反复模态

具体表现为：前后分句主语相同，谓词在述谓部分同形反复，后项的谓词用加字的办法缩小其范围，从而形成前项绝对包含后项的递进关系。所谓“谓词”，包括动词和形容词。这一模态中的动词，指不能或一般不能带宾语的动词。

1. 动词同形反复，后项动词加字。情况有二。

其一，在复用的动词后边加字，形成动补结构。例如：

(26) 不但跑，而且还跑得飞快？（莫言《檀香刑》）→* 不但跑得飞快，而且跑？

上例前后分句都用动词“跑”。复用的“跑”后边通过结构助词“得”带上了补语“飞快”，加深了内涵，缩小了外延。

同类例子，古龙的长篇小说《陆小凤》中出现不少。例如：他脸色非但变了，而且变得很惨。（古龙《系列之三决战前后》）｜他不但动了，而且动得很快。（古龙《系列之五幽灵山庄》）｜（牛肉汤这回真的哭了，）不但哭，还哭得很大声。（古龙《系列之七剑神一笑》）｜不但生气，而且气得要命。（古龙《系列之七剑神一笑》）

其二，在复用的动词前边加字，形成状动结构。例如：

（27）这些人不但死了，而且显然是同时死的。（古龙《绝代双骄》）→*这些人不但是同时死的，而且死了。

上例前后分句都用动词“死”。复用的“死”前头添加了状语“同时”，加深其内涵，缩小其外延。下面是个同型例子：

（28）不但该死，而且现在就已经该死了。（古龙《陆小凤》）→*不但现在就已经该死，而且该死。

此例前后分句都用“该死”，后分句的“该死”前头添加了递加的状语“现在—就—已经”。严格讲，“该死”不是一个动词，而是“助动词＋动词”的结构，但其整体是动词性的。

凡是“V了，V〈补〉”的说法，或者“V了，〈状〉V”的说法，一般都可以自然地套上“不但……而且……”，形成单线递进句。例如：我已经看过了，看得很仔细。（古龙《陆小凤》）＝我不但已经看过了，而且看得很仔细。→*我不但看得很仔细，而且已经看过了。｜陆小凤笑了，大笑。（古龙《陆小凤》）＝陆小凤不仅笑了，而且大笑。→*陆小凤不仅大笑，而且笑了。

2. 形容词同形反复，后项形容词加字。情况有二。

其一，在复用的形容词后边加字，形成形补结构。例如：

（29）姑奶奶你不知道，这不但奇怪，而且奇怪透了。（古龙《绝代双骄》）→*这不但奇怪透了，而且奇怪。

（30）（在英国人看，只有英国人想的对，只有英国人能明白他们自己的思想；英国人的心事要是被人猜透，）不但奇怪，简直奇怪的厉害！（老舍《二马》）→* 不但奇怪的厉害，而且奇怪。

同类例子：不但深，而且深不见底。｜不但高，而且高得难以形容。｜不但广阔，而且广阔得似乎无边无际。｜那脸色不但威严，而且威严得让人不敢对视。

其二，在复用的形容词前边加字，形成状形结构。例如：

（31）你不但错了，而且大错特错。（古龙《陆小凤》）→* 你不但大错特错，而且错了。

（32）（罗四姐：）“照你说，瑞香你是中意的。”“不但中意……”古应春笑笑没有再说下去。（罗四姐：）“意思是不但中意，而且交关中意？”（高阳《红顶商人胡雪岩》）→* 不但交关中意，而且中意？

例（31）前后复用形容词“错”，等于说：不但错误，而且特别特别错误。例（32）前后复用形容词“中意”，等于说：不但中意，而且非常中意。“交关”是方言词，表示“很、非常”的意思，《现代汉语词典》有解释⑥。

同类例子：不但痛，而且火辣辣地痛。｜不但难受，而且像塞进了一块屎砖一般难受。｜这场面不但热闹，而且从未有过地热闹。｜这老东西不但吝啬，而且比周扒皮还要吝啬。

特定语流中，非递进复句里有时形容词前后反复使用，后一个形容词带上了补语或状语。这时，往往可以套上“不但……而且……”，形成单线递进句。例如：他真老实，老实得让我感动。（王朔《玩儿的就是心跳》）＝他不但老实，而且老实得让我感动。→* 他不但老实得让我感动，而且老实。｜金九龄道：“我想她长得也不会太漂亮，漂亮的女人，是绝不情愿扮成个老太婆的！”陆小凤叹了口气，道：“别人都说你平时料事如神，这次却是料事如猪。”金九龄道：“我猜错了？”陆小凤道：“错得厉害！”（古龙《陆小凤》）＝陆小凤道：“不但错了，而且错得厉害！”→* 陆小凤道：“不但错得厉害，而且错了！”

应该指出：作为谓词，形容词和动词有时很难划清界限；使用中，有时有所交错。看这两个例子：

（33）现在看来，你不但认了真，而且，认真得一塌又糊

涂……（金庸《笑傲江湖》）

（34）不但相干，而且大大的相干，非常相干之至。（金庸《笑傲江湖》）

前一例，前后项复用“认真”。一般地说，“认真”更多用作形容词，但在这个例子里，前项说成了“认了真”，转化成了动词语。后一例，前后项复用“相干”。一般地说，“相干”属于动词，但在这个例子里，后项说成了“非常相干之至”，具有了一定的形容词性。然而，尽管在如何判定其词性上各人会有不同意见，却都不影响对单线递进句的认识，即前后项不能换位。

三　问题思辨

（一）问题

回到本文开头所引沈文那段话。

首先，应该指出，那段话中作了这么个判断：“这类复句的前后项之间有范围上的递进关系，按事理后项应该比前项的范围大，如下面的 a 句。”(按：即“他不仅是个人，而且是个很大的人”。）这可不是拙作《汉语复句研究》的原话。这一判断，把概念关系说反了。《汉语复句研究》是这么解释的：“后者深入一层揭示了属性。”[7]逻辑常识告诉我们，一个概念，内涵加深了，其外延必定缩小，怎么会是后项比前项的范围大呢？后项比前项范围大的现象是有的，比如三种组构方式中的概念张大式，但不是 a 句现象。至于概念推移式，则不是单纯的范围大小的关系。总之，那是明显的误断，后边不再讨论。

进一步，应该指出，在论证方法上，那段话把“他不仅是个很大的人，而且是个人”换成了“毛泽东不仅是个伟人，而且是个人”，然后讲“毛泽东不仅是个伟人，而且是个人”能说，却避而不讲“他不仅是个很大的人，而且是个人”是否能说。读这段论说，人们会在行文的导引下认为诸如此类的现象都能双线交互换位。这样，就起码引发了两个问题：第一，“他不仅是个人，而且是个伟人V他不仅是个伟人，而且是个人”和“他不仅是个人，而且是个很大的人V他不仅是个很大的人，而且是个人”，是全然等同的形式吗？第二，仅仅根据“他不仅是个伟人，而且是个人”，能够证明表面近似的递进复句都可以把后项倒过来说吗？这两个问题，需要思辨。

（二）思辨

1. 是否等同

这可以从两个侧面来观察。

其一，句式的变换。

如果把“他不仅是个人，而且是个很大的人”之类记为A说法，把“他不仅是个人，而且是个伟人”之类记为B说法，那么，用句式变换的办法来测试，可以知道二者并不具有同一性。

基本检测式：不但p，而且q。→不但q，而且也p。→虽然q，但也p。

A说法测试：他不但是个人，而且是个大人。（+）→他不但是个大人，而且也是个人。（-）→他虽然是个大人，但也是个人。（-）

B说法测试：他不但是个人，而且是个伟人（/领袖）。（+）→他不但是个伟人（/领袖），而且也〈还〉是个〈普通的〉人。（+）→他虽然是个伟人（/领袖），但也〈还〉是个〈普通的〉人。（+）

测试表明，B说法与A说法不是一回事，不应混为一谈。

其二，所指“面事物”和“点事物”的概念关系。

“人”同“大人”，“人”同“伟人”，尽管都有“面”和“点”的关系，但逻辑关系并不等同。对于面事物来说，点事物有两类：一类为一般性事物，一类为特异性事物。有的人，是一般的人，即普通人，属于“芸芸众生”，比如“大人、中年人、老实人”等等；有的人，是不一般的人，在某个方面具有特出之处，比如“伟人、领袖、省长、军长、董事长、总经理、院士、作家”等等。二者之间没有明确界限，但两极的情况是清楚的：“伟人、领袖”这一极，具有“非凡、异乎寻常、不同凡响”之类的内涵，“大人、中年人”这一极，则不具有值得特别强调的特殊内涵。一个递进复句，如果以“人”为递点，那么，作为普通人的“大人、老实人”之类和作为非凡人的“伟人、领袖”之类都可以成为进点。这是顺势递进，从面里突出某个点，属于常规用法。但是，如果把顺势递进改变为逆势递进，即以“大人、老实人”之类和“伟人、领袖”之类为递点，而以“人”为进点，那么，便会成为非常规用法，便会出现以下两点不可忽视的事实。

其一，句式的选用目的有所变化。由面到点的顺势递进，是将点“推出去”，落脚于“点”，目的在于突出“点”所引出的话题。比如：我们不能把他当木偶。他不但是个人，而且是个活生生的人！丨我们不能把他当木偶。他不但是个人，而且是个当过军长的人！——在这里，“活生生的人”和“当过军长的人”取得一致性，都强调这一点必须引起关注。然而，由点到面的逆势递进，是将点“回归来”，落脚于面，目的在于强调点与面具有重合关系，即点即使具有特殊的属性，但仍然具有面的一般属性。比如：“不要把他当成不吃人间烟火的神仙。他不仅是个将军，而且也是一个人!”这么说，是要强调他尽管具有非普通人的属性，但不应忽视他作为普通人的一般属性。这一语用目的，决定了A式不能这么逆势递进。因为，点如果不具有“非凡性”，那么，采用“回归”到面说法，便毫无意义，比如“他不但是个活人，而且也是个人”，这样的说法会使人感到滑稽可笑。

其二，所指“点事物”和“面事物”在概念关系上发生交叉。正是概念的交叉关系，决定了B式前后项的可以换位。观察可知，B式中倒过来说的逆势递进式，用来强调点概念与面概念有所重合，同时也突显了点概念的“非凡”属性，说明了点概念的某些属性已经不为面概念所包含。这就是说，在这种情况下，前项的点概念与后项的面概念，已经被作为交叉概念来表述，二者之间已经不是典型的纯粹的种属概念了。上引沈文那段话也说：“言下之意是，你不能看到他的特殊性而忽略了他的一般性。”这正好说明：“伟人”之类非常人概念，具有平常人所不具有的特殊属性。姚双云（2006）指出：“因为存在特殊性，所以，二者之间具有差异性。有差异，就有转折逻辑基础，就有转折表达方式。”[8]这是正确的。拙作《汉语复句研究》曾经分别描述过“递进句式中隐含逆转”和“逆转句式中隐含递进”的情况，并且指出：“采用逆转句式，是表述者着眼于pq的对立性；采用递进句式，是表述者着眼于pq的并存性和级层性。”⑨这说明，只要得到特定逻辑基础的支持，复句句式有时可以互相转化。

2. 能否证明

《复句三域》说那段话，是为了证明：“这样的限制只适用于行域，进入言域则不受此限。”

首先，这一结论根本经受不起事实的检验。有的递进复句根本不能倒过来说。“不但有酒，而且有好酒”，能说成“不但有好酒，而且有酒”吗？“他不仅在银行存了钱，而且存了很多钱”，能说成“他不仅在银行存了很多钱，而且存了钱”吗？这样的单线递进句，有规律、成系统地存在，并非个别现象，绝对不能一言蔽之曰“只适用于行域，进入言域则不受此限”。再看这两个例子：

(35) 原来遇到的不但是老朋友，而且是最最亲密的老朋友。(金庸《鹿鼎记》)

(36) 我不仅要管，而且要一管到底！(《人民日报》2001年2月14日)

上两例都是概念收缩式。要是把前后项倒过来，便成为：“原来遇到的不但是最最亲密的老朋友，而且是老朋友。”｜“我不仅要一管到底，而且要管！”无论碰到谁，问问他这么说行不行，得到的回答肯定都是摇头。为什么？因为这两个例子中前后项之间并不存在双线交互递进的逻辑基础。

其次，如上所说，一旦倒过来说，概念关系便发生微妙变化。《十月》1990年第5期，有篇《足球与人生感悟》的散文，其中有这么一句：

(37) 恐怕必须承认，斯基拉奇不但是球星，而且是最让人难忘、最有魅力的球星。(雷达《足球与人生感悟》)

多数人会认为不能倒过来这么说：“斯基拉奇不但是最让人难忘、最有魅力的球星，而且是球星。”当然，也不排斥有人会坚持一种“异感性”，认为可以说：“斯基拉奇不但是最让人难忘、最有魅力的球星，而且（也）是（跟所有球星一样，存在这样那样缺点的）球星。”然而，这么说通是通了，却已经改变了原意。

对于某个具体的递进句，能不能将其前后项倒过来说，有时因人而异，决定于个人的主观认识。大多数人认为不可以的，个别人或少数人却由于自己的“异感”而认为可以。但是，在这种情况下，凡是倒过来说的，原意一定会发生变异，概念之间的关系一定由“非交叉”转移成为“交叉”，即相互间不再是绝对涵盖的关系。这种情况，不仅概念缩小式，概念张大式也有。比如：

（38）你不但骗了我，也骗了所有人。（古龙《武林外史》）

（39）不只我不信，任是谁都不信！（赵树理《三里湾》）

上两例可以说成：你不但骗了所有人，也骗了我。｜不但谁都不信，而且我也不信！然而，一倒过来，概念之间的关系就变了：原来是单纯的部分与整体的关系，倒转后变成了较为特殊的并立对待的关系：表示“部分”的概念，被从表示“整体”的概念中剥离了出来，突显出了某种个性特点：“我”是你最不应该欺骗的人；“我”本是最容易相信这件事的人。

总而言之：从事实根据看，单线递进句的使用是无法否认的客观存在，不管使用什么样的理论，都无法证明“进入言域则不受此限”。从论证方法看，沈文那段话把“貌似”却“并非等同”的说法混为一谈，在论证问题的过程中核心概念有所“偷换”，违反了遵守同一律的原则。这样，所得的结论自然是缺乏可信性的。

四　论旨点评

事实的发掘，对于研究的深化具有关键性意义，这是本文的论旨。本文讨论单线递进句，主要目的不限于了解单线递进句，更重要的是想凸显和强调这一论旨。

百余年来，没有外来理论的引进，便没有中国语言学的今天。对外来理论，我们永远尊重和欢迎；对为外来理论的引进付出了大量心血的学者们，我们永远心怀感激和敬意。

但是，对于汉语语法研究来说，国外理论的“引进”和“汉化”，也许应该是一个很长历程中先后衔接的两大阶段。“引进”，是先行阶段，重点在于把国外理论应用于汉语研究，举出若干汉语例子来略作演绎。而“汉化”，即中国化，是后续阶段，重点在于让国外理论在汉语事实中定根生发，使国外理论融入汉语研究的整体需求，从而建立起适合于汉语研究的理论和方法。

要达到“汉化”的目的，必须深入发掘汉语事实。会说汉语的人，不一定都会研究汉语；研究汉语的人，不一定都能作出准确的结论。不管是谁，个人脑海中存放的语言信息总是有所局限的，不可能方方面面都能想到，林林总总全能顾及。如果不尽可能详细地了解客观语言事实，便有可能仓促断定，以偏概全。

注释：

①邢福义：《汉语复句研究》，商务印书馆 2001 年版，第 225～226 页。

②沈家煊：《复句三域“行、知、言”》，《中国语文》2003 年第 3 期，第 202～203 页。

③西方语言学丛书：《从语源学到语用学：语义结构的隐喻和文化内涵》，北京大学出版社、剑桥大学出版社 2002 年版。

④张辉、卢卫中：《语义域理论与概念系统的建构》，《外语论坛》2002 年第 4 期。

⑤中国社会科学院语言研究所词典编辑室编：《现代汉语词典》第 5 版，商务印书馆 2005 年版，第 486 页。

⑥中国社会科学院语言研究所词典编辑室编：《现代汉语词典》第 5 版，商务印书馆 2005 年版，第 680 页。

⑦邢福义：《汉语复句研究》，商务印书馆 2001 年版，第 225 页。

⑧姚双云：《递进层级句式的关联与易位》，《语言教学与研究》2006 年第 3 期，第 19～27 页。

⑨邢福义：《汉语复句研究》，商务印书馆 2001 年版，第 508 页、510 页。

（原载《汉语学报》2010 年第 1 期）

【D 组】

表达正误与三性原则

本文讨论语言表达的正误和正误认定的原则。全文包括两个部分：第一部分是“表达正误”。文章认为，引导学生辨别表达的正误是提高学生语言素质的重要做法之一，但是引导者切不可把“伪弊病说法”当作“真弊病说法”去对学生进行误导。第二部分是“三性原则”。文章指出，表达正误的认定必须遵守“三性”原则。这就是：客观性原则，动态性原则，研讨性原则。

一　表达正误

提高语言素质，需要加强语言表达的训练；进行语言表达的训练，其重要做法之一，是让学生辨别表述的正误，特别是让学生能够识别和“治疗”病句。然而，所谓“病句”，必须是真正的有弊病的说法。假如一个说法本来无“病”，却强迫性地要求学生去找“病”，其结果，便会事与愿违，越是想提高学生的语言能力，却反而越把学生弄糊涂。

（一）真弊病说法

所谓真弊病说法，是确实存在弊病的说法。弊病之所在，有不同的情况。举例来说。

1. 语法方面的

比方，语法结构中，一个动词常常与宾语中多个列举项发生关系。假若用 V 代表动词，AB 代表两个列举项，那么，就形成“V→AB”的动宾结构。这里有一条规则：凡是“V→AB”动宾结构，必须能分化为“V→A”和“V→B”。如：学习英语和法语→学习英语｜学习法语。不符合这条规则，便是病句。例如：

（1）现在他设计的草图竟被印制成十分粗糙的集邮品甚至是工厂产品上，在《著作权法》已公布多日的今天，他感到自己的权益已被严重侵犯。（《光明日报》1995年11月29日）

这里，“印制成”的后边出现了两个列举项，一个是“十分粗糙的集邮品”，另一个是“（甚至是）工厂产品上”。我们可以说“被印制成十分粗糙的集邮品”，却不能说“被印制成工厂产品上”。这句话，应该改为：“现在他设计的草图竟被印制成十分粗糙的集邮品，甚至被印制到工厂产品上。”否则，就应该删除“上”字，说成：“现在他设计的草图竟被印制成十分粗糙的集邮品，甚至是工厂产品。”

2. 词义方面的

比方“敦”，《现代汉语词典》解释为“诚恳”，例举了“～厚｜～促｜～聘｜～请”等词。其中的动词，有“敦促”、“敦聘”和“敦请”，它们都要带宾语，都有态度诚恳、尊重对方的意味。以“敦促”来讲，说“敦促各地代表按时出席”，表示了对各地代表的尊重；说“敦促各国政府裁减军备”，表示了对各国政府的尊重。即使是《毛泽东选集》第四卷中的《敦促杜聿明投降书》，“敦促”一词也表示了对杜聿明的尊重，因为，尽管分属敌我双方，但杜聿明毕竟是有很大影响的高级将领，应该尊重。然而，1993年6月20日，某中级人民法院、某人民检察院等四个单位却贴出了这么个通告，某大城市里到处可以看到，标题是：

关于敦促在逃刑事犯罪分子投案自首的通告

法院、检察院和公安部门，对于在逃的杀人犯、抢劫犯，根本用不着那么客气。查《现代汉语词典》，可以看到这么解释“勒令”：用命令方式强制人做某事。可见，那样的通告，应该是“勒令”，而不应该是“敦促”。

3. 概念方面的

比方，“祖国”一词，按《现代汉语词典》的解释，是“自己的国家”。然而，1999 年，在中华人民共和国成立五十周年的时候，有的报刊举行征文活动，把栏目定为：“我与祖国同龄征文”。这就等于说，只要是 1949 年出生的中国人，都跟自己的国家同龄。这显然是不恰当的。在这个说法里，把“祖国”这一概念跟“共和国”、“社会主义祖国”不恰当地等同起来了！

（二）伪弊病说法

识别真弊病说法，指出弊病之所在，并且作出令人信服的分析，这对于帮助学生提高语言能力、逻辑思维能力和认识客观事物的能力，都大有好处。这方面的训练越严格，学生的受益就越大。然而，不能把伪弊病说法当成真弊病说法。

什么是伪弊病说法？凡是没有什么“病”的“病句”，或者说，凡是被误判为有弊病的正确说法，都是伪弊病说法。有的出题者，不仅把伪弊病说法当成真弊病说法，而且用来“难”学生，以为可以让学生受到“严格”的“高难度”的“训练”，这是大错而特错的。

举个例子。有个学校，上语文课时老师让小学五年级的学生改病句。所列举的病句是：“你看过《好爸爸·好妈妈》的歌剧吗？”“在考试时，我迅速地答卷和交卷。”“麦子已经成熟了，真是丰收在望。”（《东方》1999 年第 4～5 合期）

再举个例子。1992 年，全国各类高等学校招生统一考试中有一道题，要求考生选择最恰当的反义词。“寒冷”，要选择“炎热”才对，选择“温暖”就不行；“勇敢”，要选择“怯弱”才对，选择“胆怯、胆小”就不行；“伟大”，要选择“渺小”才对，选择“平凡”就不行；“难看”，要选择“好看”才对，选择“漂亮”就不行。（《东方》1999 年第 4～5 合期）

这两个例子中的现象，涉及了词义、逻辑、语法等方面的问题。

1. 关于词义

词义关系往往不是单线索的，因此不应引导学生脱离语言运用的实际要求去断定同义、反义之类的语义关系。比方“好人”，它的反义词是不是任何时候都是“坏人”呢？那可不一定。一个病人，可以这么对探望他的亲戚朋友说："你们都是好人，我怎么能跟你们比呢？"这里的"好人"不是跟"坏人"相对比而存在，而是跟"病人"相对比而存在的。

说"渺小"才是"伟大"的最恰当的反义词，"平凡"不是，这样的判断产生于出题者的思维定式，把问题绝对化。语言运用的实际情况并非如此。1949 年 11 月，诗人臧克家为纪念鲁迅逝世 13 周年写作了短诗《有的人》，其中写道：

有的人活着
他已经死了
有的人死了
他还活着

有的人
骑在人民头上"呵，我多伟大！"
有的人
俯下身子给人民当马牛。

由于把"有的人"跟鲁迅相对照，诗里"伟大"的最恰当的反义词应该是"平凡"。我们可以这么说："鲁迅从来把自己当作平凡老百姓中间的一分子，然而，正是像鲁迅这样的人，才是真正伟大的人。"这里，如果把"平凡"换成"渺小"，反而不恰当了。"伟大"和"渺小/平凡"的关系，跟"寒冷"和"炎热/温暖"、"勇敢"和"怯弱/胆怯/胆小"、"难看"和"好看/漂亮"的关系是一样的。

2. 关于逻辑

"你看过《好爸爸·好妈妈》的歌剧吗？"这个句子，被当成病句。其"病"在哪呢？大概是，出题者认为判断不正确：歌剧是听的，怎么能说是"看过"呢？然而，观众买票进歌剧院，难道都是闭着眼睛"听"歌剧吗？除非是极为特殊的观众，一般人都是一边"看"一边

“听”的。

“麦子已经成熟了，真是丰收在望。”这个句子，被当成病句。其“病”在哪呢？大概是，出题者认为推理不合乎逻辑：既然“麦子已经成熟了”，就肯定是“丰收”了，怎么还只是“在望”呢？然而，那是正常情况。“成熟”和“收割”之间毕竟存在时间距离，不能排除发生意外情况，出现什么天灾人祸。比方：“麦子已经成熟了，真是丰收在望。可是，铺天盖地的蝗虫忽然从天而降，一下子就把麦子啃光了！”这样的说法是完全可以成立的。

3. 关于语法

“在考试时，我迅速地答卷和交卷。”这个句子，被当成病句。其“病”在哪呢？大概是，出题者认为有语法错误：“答卷”和“交卷”不能并列使用。因为，“答卷”是名词性的（跟“问卷”词性相同），而“交卷”是动词性的（跟“阅卷”词性相同），若说成“答卷和交卷”，便是把本应是“动＋动”的结构说成了“名＋动”，从而造成了词性误用的语法错误。

问题是，“答卷”有两个用法。在甲语境中是名词性用法，在乙语境中却可以是动词性用法。比如：“你负责发问卷，等一会我负责收答卷。”这里“问卷”、“答卷”都作宾语，都是名词性用法。又如：“学生要认真答卷，教师要认真阅卷。”这里“答卷”、“阅卷”都作谓语，都是动词性用法。《现代汉语词典》224页，就列出了两个“答卷”，一个是动词性的，解释为“解答试卷”，举例是“认真地答卷”；第二个是名词性的，解释为“对试题作了解答的卷子”，举例是“标准答卷”。可见，“迅速地答卷和交卷”的说法没有什么错，把它当作病句来让学生改，是出题者的误判。

跟“答卷”类似的情况不少。比如“作文”，有时是名词性的，指学生作为练习所写的文章；有时是动词性的，多指学生练习写作。又如“作业”，有时是名词性的，指教师给学生布置的功课等；有时是动词性的，指从事某种军事活动或生产活动，如“部队开到野地上去作业”。这些，也是《现代汉语词典》里讲清楚了的。再看下面的例子：

(2) 你去煮点热水，我替你把头好好洗一下，上边沾着油漆呢。(蔡其康《沙葬》)

(3) 哎，你出来帮我扶一下长梯子。我要爬上去油漆招牌哩。(蔡其康《沙葬》)

例 (2) 的“油漆”是名词，例 (3) 的“油漆”是动词性语词。在特定的语法组合中，它们的使用都是正确的。再看下面的例子：

(4) 让天霸主持，驻江南各地绿营兵来一管带，会议一下，……(二月河《乾隆皇帝·夕照空山》)

(5) 制台不妨委员到藩司，专办这差使，……(二月河《乾隆皇帝·夕照空山》)

“会议”、“委员”一般都用作名词。可是，上例里，在特定的语法组合中，在带点文言色彩的情况下，它们都用成了动词性语词。

总之，“答卷、作文、作业、会议、委员”之类，尽管经常用作名词，但也有动词性用法。如果把它们的动词性用法当成有弊病的说法，那便是伪弊病说法；如果用这种伪弊病说法来考学生，自然只能对学生的语言识别和语言运用产生误导。

二 三性原则

语言表达的正误，不管涉及语法、逻辑、语义、修辞或其他哪一方面的因素，判定正误的基准，从根本上说，都取决于“社会认同”。所谓“社会认同”，是说为社会人群所认可，所共识，其成活力不受某种个人性非议的影响。

一个说法或看法，如果只属于个别人或少数人，许多人并不同意，那么这个说法或看法便只是非社会认同的偏颇认识。目前语言训练和测试中存在的问题，比如把没有弊病的句子判为“病句”，正是出于个别人或少数人的误断，把非社会认同的看法当成了社会认同的标准答案。换句话说，是由于判断者自以为是，自断为非，凭的是自己想当然。

那么，怎样才能做到符合“社会认同”的基准呢？这就必须遵守“三性”原则，即：客观性原则，动态性原则，研讨性原则。

（一）客观性原则

尊重客观事实，不囿于成说，这是客观性原则。

教科书里，常常这么告诉学生：复句中，“虽然”和“但（是）”呼应使用，“即使”和“也”呼应使用；“即使”和“但（是）”不能呼应使用，即不能说成“即使……但……”。然而，语言的实际运用中，“即使”和“但、却”之类呼应使用的例子相当多。例如：

（6）即使自己有很多对的意见，但是还要听人家的意见，把人家的好意见吸取过来……（周恩来《团结广大人民群众一道前进》）

（7）即使在苏联是百分之百的成功，但是它能够符合中国的实际情况吗？（邓小平《关于政治体制改革问题》）

（8）国家关系即使不能够正常化，但是可以交往，如做生意呀，搞技术合作呀，甚至于合资经营呀，技术改造呀，一百五十六个项目的技术改造，他们可以出力嘛。（邓小平《军队要服从整个国家建设大局》）

在中学《语文》课本中，“即使”和“但、却”之类呼应使用的例子也不少。例如：

（9）即使在这风雪迷茫的黑夜，工人、工人的妻子和工人的孩子，谁也看不清谁，可是他们一定能感觉到相互间深切的鼓舞和期待。（初中《语文》第二册）

（10）即使所举的罪状是真的罢，但这些事情，是无论那一个“友邦”也都有的，他们的维持他们的“秩序”的监狱，就撕掉了他们的“文明”的面具。（初中《语文》第四册）

（11）一条小溪，明澈见底，即使浅吧，但是却浅得澄清，倘是烂泥塘，谁知道它到底是深是浅呢？（高中《语文》第二册）

（12）即使无人豢养，饿的精瘦，变成野狗了，但还是遇见所有的阔人都驯良，遇见所有的穷人都狂吠的，不过这时它就愈不

明白谁是主子了。（高中《语文》第三册）

“即使”表示让步。有让步，就有转折，因此，凡是让步句，都是隐含有转折性的。一般情况下，只说“即使……也……”；有时，为了特定的语用需要，便可以说成“即使……但/却……”。所谓特定的语用需要，主要表现在两个方面：其一，通过“但、却”之类的使用，使分句与分句之间本来隐含的转折性凸现出来，引人注意；其二，在分句较多，结构较为复杂时，加上“但、却”之类，不仅可以强调突出转折性，而且可以划清转折的界限，从而加强句法组织的明晰性。

总之，应该看到并且应该承认使用“即使……但/却……”说法的客观事实。如果囿于成说，就得把上面所举的例子全都判为病例，就会违反语言运用的客观性原则。

（二）动态性原则

承认语境变异，不持僵化态度，这是动态性原则。所谓语境变异，是指一个形式在不同语境中意义或语用价值有所变化或存在差异。承认语境变异，即承认语境对形式的含义或语值具有制约作用。

19世纪40年代，贺敬之和丁毅执笔写作了歌剧《白毛女》，其中喜儿有这样的唱词：“有钱人结亲讲穿戴，我爹没钱不能买。”后来，拍成了黑白电影《白毛女》。“文革”期间，拍摄芭蕾舞剧《白毛女》，喜儿的唱词改为：“有钱人结亲讲穿戴，我爹钱少不能买。”唱词修改者把“没钱”改为“钱少”，显然是认为“没钱”在表达上有毛病。其逻辑是：既然没钱，怎么能给喜儿买“二尺红头绳”？难道买红头绳不需要钱？

这样的简单化形式逻辑推论，很容易产生误导。在特定的语境中，“没钱”的实际含义往往就是钱少或钱不够。至于钱少到什么程度，同样为语境所规约。电视剧《都市放牛》中，男青年南瓜和女青年喜妹从农村到大城市干杂活。南瓜买了一件很便宜的小礼物送给喜妹，喜妹看不上眼，赌气地说她想要金的银的，又说：“对面就是商店，你去给我买雀巢咖啡！”南瓜恳求道：“喜妹，你知道我没钱！”这里的“没钱”也是钱少、钱不够的意思。《白毛女》中，由于受到“有钱人结亲讲穿戴”的语境规约，说“我爹没钱”，就等于说“我爹没钱买衣服首饰”；《都市放牛》中，由于受到“你去给我买雀巢咖啡”的语境规约，说“我没钱”，就等于说“我没钱买雀巢咖啡”。这类说法十分普遍。比方：

a. 问：你想买房子吗？

甲答：我没钱！

b. 问：你想买自行车吗？

乙答：我没钱！

c. 问：你想买钢笔吗？

丙答：我没钱！

甲乙丙的“没钱”，都是钱少、钱不够，但在程度上是存在差异的。

“没钱”不是一个孤立的事实。在语言表述系统中，“没”、“不”、“无”等，都可能是“零”,但也都可能不是“零”。看下面的例子：

(13)（欧阳飘雪：）“你们厂都有哪些设备呢？”（罗小虫：）“空架子，什么也没有。”（张欣《首席》）

(14) 她家很穷，什么东西也拿不出来，听说你来，一定叫我把她心爱的东西（一只布娃娃）送给你。（同上）

(15) 飘雪对母亲说起这件事，只不过是儿女私情，无人倾诉，断没有让母亲干预的意思。（同上）

例 (13)，“什么也没有”是跟比较新一点的设备对比着说的，并不是说厂里连一两件被淘汰了的旧机器也没有。例 (14)，说话者把“东西”预设为值钱的东西，因此才说“什么东西也拿不出来”，只拿出“她心爱的东西”—— 一只布娃娃。若死抠字眼，就会提出问题：难道布娃娃不是东西？例 (15)，说话者把“人”预设为别人，因此才说“无人倾诉”，只“对母亲说起”，若死抠字眼，就会提出问题：难道母亲不是人？

动态性原则是对客观性原则的补充和深化。上文提到把“伟大”的最恰当的反义词限定为“渺小”，又提到把“麦子已经成熟了，真是丰收在望”等当作病句，都是违反动态性原则的结果。1999 年 5 月

1日晚，中央电视台播出五一晚会，主持人朱军在一位劳动模范讲话之后说："正是有了这些平凡而又伟大的同志，我们的社会才有了发展。"在这个语境中，绝对不能说成"渺小而又伟大"。

（三）研讨性原则

通过研讨寻求合理结论，不固执一己之见，这是研讨性原则。研究问题，讨论问题，努力避免个人看法的片面性，这是研讨性原则的核心。上面讲客观性原则和动态性原则时所举的例子，都贯彻了研讨性原则。

再以"最"字来说。有些语文老师，只要看到学生作文中出现"最……之一"，便判为病句。又比方，《从吕先生不讲过头话说起》（《语文建设》1997年第4期）一文里有这样的话："吕叔湘先生是我国语言学界的一代宗师。……在我的心目中，宗师是治学和为人都达到了最高境界并且深刻地影响着整个学术界的人，……"有人提出批评，说不应用"最"字。

从客观事实出发，用动态的观点来研究"最"，起码可以明确以下几点：

第一，"最X"有客观性表述和主观性表述的区别。

"最X"有时是客观性表述。这是一种尊重客观事实的、讲求科学性的数字式认定。比如：

（16）一个作家使用多少个词，据统计，用词最多的是英国作家莎士比亚，总数近12000个。（初中《语文》第六册）

"最X"有时是主观性表述。这是一种来自主观心态的表述，属于情绪性的认定。其准确性的追求，是感情的真实，而不是计量的真实。比如：

（17）她留给琼斯的那封信，至今她倒背如流，那是世界上最绝望的信。（陈染《无处告别》）

第二，孤立地看语义，"最X"处于极度级层；但是，从程度副词所形成的级度序列看，"最X"级度位次的高低却不能一概而论。

一方面，就通常情况而论，"最X"强调达到"极度"，是"程度最高”。正因如此，有人排列程度副词，顺序是：稍微—比较—相当—很—极、最。也正因如此，在主观性表述里，为了强调“最”之不可超越，有人采用了“最……不过”或“最……没有”的形式。如：

(18) 这种光最神奇不过。(高中《语文》第二册)

(19) 有人爱上建侯，那最好没有。(钱锺书《猫》)

然而，另一方面，“最X”所强调的“极度”是在某种特定范围内相对而言的；其实际度量，有的时候可能反而偏于低或偏于少。这受到特定语境的规约。比如：

(20) 县中里学历最高的教师，也只是中师毕业。(余秋雨《文化苦旅》)

(21) 怎么办？爷爷得票最多，但不是半数，也不是三分之一。(王蒙《坚硬的稀粥》)

例(20)，尽管是“最高”，却也只是中级师范，实际上学历偏低；例(21)，尽管是“最多”，却未到半数，实际上票数偏少。这里，“最X”的级度不及“很X”，更别说是“特别X”。可知，单线索地排列程度副词，把“最”排在“很”之上，并不科学。

第三，“最X”形成一个“最”义级层。“最”义级层的涵量，对于所涵容的事物来说，不仅可以是单个体的，而且可以是多个体的。例如：

(22) 一千多年来，岳麓书院的教师中集中了大量海内最高水平的教育家，……(余秋雨《文明的碎片》)

(23) 中国当代最负盛名的一批作家，如郭沫若、茅盾、巴金、老舍、叶圣陶、冰心、孙犁、萧乾、王蒙等等，都曾欣悦地将他们的力作交由百花文艺出版社出版。(《小说家》1998年第4期封底)

例(22)，既出现了“最高水平”，又出现了“大量”；例(23)，既出现了“最负盛名”，又出现了“一批”，还出现了“郭沫若、茅盾、巴金、老舍、叶圣陶、冰心、孙犁、萧乾、王蒙等等”。

第四，“最”义级层的多个体涵量的逻辑基础，决定了以下两种形式可以成立。

a.“最……之一”。例如：

(24) 冰心是五四以来最有影响的儿童文学作家之一。(初中《语文》第六册)

(25) 沙漠是人类最顽强的自然敌人之一。(初中《语文》第三册)

显然，“最有影响的儿童文学作家”、“人类最顽强的自然敌人”都有一些个，而“冰心”和“沙漠”分别是其中的一个。采用这一说法，是为了极力强调所说的人或事物应属“最”级层次。

b.“第二最X”。例如：

(26) 这是北京第二座最大的王府，仅比怡亲王允祥的府邸略小一点，……(二月河《雍正皇帝·恨水东逝》)

上例等于说：北京最大的王府有多座，其中怡亲王府邸是第一，而这座廉亲王府邸是第二。这类说法，进一步证明了“最X”的事物既可以是多个体的，又可以是非第一的。

第五，“最”义级层的多个体涵量的逻辑基础，加上“最X”可以是主观性表述，这也就决定了“在我的心目中，宗师是治学和为人都达到了最高境界……的人”这个判断毫无问题。首先，“在我的心目中”表明这是个人的主观看法，不想强加于人；其次，堪称“宗师”的大学者不只一人，当说他们之中哪一位“治学和为人都达到了最高境界”时，绝对没有说他是“天下第一”的意思。

以上的分析表明，研究工作越深入，问题解决得越透彻。

如果说，动态性原则是对客观性原则的补充和深化，那么，研讨性原则便是客观性原则和动态性原则的求证和落实。换句话说，只有贯彻研讨性原则，经过充分的验证，才能对问题作出真正符合客观性原则和动态性原则的结论，在判定正误上才能得出符合社会认同基准的结论。

三 结束语

20世纪50年代，吕叔湘、朱德熙二位先生的《语法修辞讲话》问世。这部书的主要目的是“匡谬正俗”，着重搜集大量错误的或有问题的例子，通过分析告诉人们怎样说是不对的、不好的，怎样说才是对的、好的。可以说，这是关于“表述正误”的权威巨著，产生了极大的影响。

吕朱二位先生都是语言学大师，由于他们学识渊博，对语言现象有极强的透视力，因而对病句的评议往往能够一语中的。但是，二位先生评议病句时凭的是他们极为深厚的学术功底，并没有明确告诉人们应该注意哪些原则。许多人，对二位先生的做法只是进行“表层仿效”，至于对表述正误的判断与评议的准确程度，便由于个人功力的不同而有高下之分了。本文先讲表述正误，再提出三性原则，从消极方面说，是想说明表层仿效不可取；从积极方面说，是想说明应该提高判定表述正误的科学性。

主要参考文献：

[1] 何毓玲. 拯救女儿行动——从女儿的变化看中国的应试教育 [J]. 东方，1999 (4/5).

[2] 中国社会科学院语言研究所. 现代汉语词典 [M]. 修订本. 北京：商务印书馆，1996.

[3] 邢福义. 汉语语法学 [M]. 长春：东北师范大学出版社，1996.

[4] 邢福义. 从语言不是数字说起 [J]. 语言文字应用，1995 (3)：21-23.

[5] 邢福义. “最”义级层的多个体涵量 [J]. 中国语文，2000 (1)：16-26.

（原载《湖北大学学报》2001 年第 2 期，略有改动）

语法知识在语言问题思辨中的应用

引言

编写语言或语文教材，进行语言或语文教学，都会碰到这样那样的语法问题，需要从这样那样的角度去进行思辨。

本文通过几个实例的分析，谈谈问题思辨中语法知识的应用问题。全文分五个部分，前四个部分讨论“统数和序数”“定数和约数”“量词和非量词”“限选和非限选”，第五部分是“问题小议”。

一 统数和序数

2003 年 2 月 1 日是阴历大年初一，标志了癸未羊年的开始，于是“三羊开泰”的字画随处可见。谁都知道“三羊开泰”是吉祥用语，但是，许多人却不知道“三羊”是怎样同“开泰”联系起来的。

“三羊开泰”由“三阳交泰/三阳开泰”演变而来。关于“三阳交泰/三阳开泰”，朱祖延主编《汉语成语辞海》解释道：“《易》中泰卦：……下为三阳……，表示阴消阳长，冬去春来。交泰：吉祥亨通。用作称颂新年开头的吉祥话。”王昌茂《释“三阳开泰”》解释道：“‘开泰’也作‘交泰’。这里的‘开’与‘交’都是‘通’的意思。‘泰’是六十四卦之一，卦形为……乾（天）在下，坤（地）在上，犹如上下心志交通，象征社会‘通泰’，兴盛。那么，‘三阳开泰’就是一年开头的吉祥语，意为祝愿新年亨通安泰，繁荣昌盛。”利用同音关系，把“三阳开泰”写成“三羊开泰”，是为了增强言辞的语用价值。道理很简单：“三羊”比“三阳”更具体，更形象，更有动感。许多年历和贺年片上，三羊组画，或是山羊，或是绵羊，毛色不一，形态各异，加上背景的变化，便能描绘出一片和平欢快的景象，使人受到感染。正因如此，“三羊”更为广大群众所喜闻乐见。

但是，光了解“羊”本为“阳”还不够，还必须进一步理解“三”，分清统数和序数。所谓“统数”，是统计数量多少的数，跟统数相联系的主要语言形式是“共、总共、一共”等；所谓“序数”，是排列次序先后的数，跟序数相联系的最主要的语言形式是“第”。那么，“三阳”的“三”，是跟“总共”相联系，还是跟“第”相联系呢？王昌茂《释“三阳开泰”》指出：“‘三阳’指正月，引申为‘春天’的意思。农历每年十一月的冬至日，白天最短，黑夜最长。古人认为天地间存在着阴、阳二气，并以白天属阳，黑夜属阴。因此每年冬至日后，白天渐长，黑夜渐短，古人便认为阴气渐尽而阳气始生，故称每年的冬至日为‘一阳生’，农历十二月为‘二阳生’，新年正月为‘三阳生’。三阳生，则春天至矣。”可知，从文化底蕴看，“三阳”表示阳兴阴消的结果，反映古人对事物发展变化的认识，“三”是序数。等于说，一到冬至，第一次阳气生发；进入农历十二月，第二次阳气生发；一到新年正月，第三次阳气生发，于是万事顺遂，人人安泰。这就是说，“三羊”里表示统数的“三”，原本是“三阳”里表示序数的“三”。只有不仅知道从“阳”到“羊”的同音借用关系，而且知道连带而引发的从序数“三”到统数“三”的转化关系，才能透彻地理解“三羊开泰”。

二　定数和约数

古代有民歌木兰诗，长达三百余字，述说少女木兰代父从军的故事。诗里，先有这么两句，写木兰身经百战之后胜利归来：“将军百战死，壮士十年归。”后面又有这么两句，写战友们陪木兰回家，在看到恢复女装之后的木兰十分惊讶："同行十二年，不知木兰是女郎。"这里有个问题：前面说"十年"，后面说"十二年"，到底木兰从军多少年？这就需要具备有关定数和约数的知识。

所谓"定数"（也叫"实数"），是表示确定数量的数，比如"四、十一、二十六"，都是定数；所谓约数（也叫"虚数"），是表示大约数量的数，比如"几、十来、百把"，都是约数。汉语的数词，可以活用。比方，有时只表示少，如"三言两语""一毛不拔""一知半解"等等；又比方，有时只表示多，如"三番四次""三思而行""十全十美""百战百胜"等等。表示少也好，表示多也好，都是约数。一个数目字，是表示定数还是表示约数，有时要看具体语境。木兰诗里，"十年"也好，"十二年"也好，都是多年的意思，表示的是约数，而不是定数。作为诗，由于音节的要求，前一句不好说成"壮士十二年归"，后一句不好说成"同行十年"。

懂得数目字有时只表约数，这很重要。要不然，把约数当成定数，比如把"万变不离其宗"的"万"理解为"9999＋1"，便不能正确地理解语言。这一点，朱祖延《释十二、三十六、七十二》有过很有启示性的解释。仅以"十二"来讲，褚稼轩《坚瓠三集》说："唐人诗多用金钗十二，如白香山《酬牛思黯》诗：'钟乳三千两，金钗十二行。'十二行，或言六鬟（六个小姑娘）耳，齐肩比立，为十二行。然梁武帝《河中之水歌》云：'洛阳女儿名莫愁，头上金钗十二行'，是以一人带十二钗也。"朱文指出："其实金钗十二，也只是形容其多，大可不必从'十二'这个数字上去推测人头的多少。"又，《庄子·天运》："孔子往见老聃，缁十二经以说。"这里的"十二经"，陆德明《释文》以为有三种解释：一是以《诗》《书》《礼》《乐》《易》《春秋》为六经，又加六纬，合为十二经；一是以《易》上下经并《十翼》（《彖》上下、《象》上下、《系辞》上下、《文言》、《说卦》、《序卦》、《杂卦》）为十二经；一是以《春秋》十二公（隐公、桓公、庄公、闵公、僖公、文公、宣公、成公、襄公、昭公、定公、哀公）为十二经。朱文指出："其实第二解和第三解，明明指的是一经，而不是十二经；第一解把经和纬都统统叫作经，也不免强为解说。如果把十二理解为虚数，就不致失之穿凿了。”

有一本高小语文课本的征求意见稿，其中有课文《木兰从军》，是一首现代白话诗，共6段，第三、第四段为：

花木兰,下决心，/女伴男装去从军。/骑战马，戴头巾，/是男是女分不清。

别爹娘,离家乡，/木兰杀敌守边关。/寒风吹，雪花飞，/苦守边关十二年。

在作为教师教学依据的《教师手册》中，又先后出现了这样的句子：“木兰在边关杀敌十二年”，“上战场打仗有十二年”，“十二年后战胜回乡”。所有这些，都是因为只看到后边的“同行十二年”，而没有注意到前边的“壮士十年归”。杨伯峻《文言语法》曾指出：“‘同行十二年’只是说相处很久。”又指出：“‘军书十二卷，卷卷有爷名’，不一定合理；……只是说逃不脱。”为了更准确地跟木兰诗所用的数词相照应，课文和教学参考书中的定数“十二”最好改为约数“十来”：“苦守边关十来年”，“木兰在边关杀敌十来年”，“上战场打仗有十来年”，“十来年后战胜回乡”。

三　量词和非量词

一个中学语文课本编写组，在初中一年级课本里选进了一篇《挥一片春意》的课文，开头4个自然段是：每年农历新年之前，妈妈会在家里摆一些柑桔、应时的盆花；爸爸会写几副春联贴在客厅的墙上，增添家里的春节气氛。V这天，吃过晚饭，爸爸坐在书桌前说：“晓恩，你过来，今年的春联由你来写吧。”V我把写春联的红纸剪好，端端正正地摆在书桌上，倒好墨汁，拿起毛笔，想了一想，写什么好呢？V“年年大吉，岁岁有余”的春联好像太普通了，“爆竹一声除旧，桃符万象更新”又缺乏新意。我写了几副，都被爸爸摇摇头否定了。这时我感到要写一副好的春联不是那么容易。

选这篇课文，目的是向华裔子女介绍华人风俗习惯，同时也介绍一点关于春联的基本知识。编写组的先生们非常认真，他们字斟句酌，对“爆竹一声除旧，桃符万象更新”中的“万象”讨论了起来：

爆竹一声除旧，桃符万户更新。

爆竹一声除旧，桃符万象更新。

以上两联，不同在于“万户”与“万象”。王安石有著名的《元日》诗：“爆竹声中一岁除，春风送暖入屠苏。千门万户曈曈日，总把新桃换旧符。”用的是“万户”。清代程允升《幼学琼林·岁时》中出现了“爆竹一声除旧，桃符万户更新”，显然是由王安石的诗演化而来。但是，前几年人民日报出版社出版的《中华对联鉴赏》，暨南大学出版社出版的《中国吉祥用语大全》，都只收“爆竹一声除旧，桃符万象更新”。那么，“万户”与“万象”，到底应该选用哪一个？这涉及有关量词与非量词的知识。所谓“量词”，是一种用作计量单位的词；所谓“非量词”，这里指跟量词容易相混的名词。

首先应该肯定，用“万户”和“万象”都行，没有对错之分；其次应该肯定，由于“万象更新”是一个家喻户晓的成语，对联里选用“万象”更好懂，容易引起人们对春临大地时万事万物都发生新的变化的联想。但是，从语言运用的角度，检视对对子的要求，那么，“爆竹一声……”和“桃符万户……”相对，是更为工整的。这是因为，“声”和“户”都是典型的量词，“一声”和“万户”都是典型的数量结构；而“万象”，不是数量结构，而是数名结构，“万象更新”即“万物更新”，“象”是名词性的。《红楼梦》第70回里就有这样的说法：“如今正是初春时节，万物更新，正该鼓舞另立起来才好。”

作为数量结构，如果不管平仄，仅就语词在句子中的位移而言，“一声”和“万户”具有一致性。请比较：

爆竹一声除旧，桃符万户更新

→ 一声爆竹除旧，万户桃符更新（＋）

爆竹一声除旧，桃符万象更新

→ 一声爆竹除旧，万象桃符更新（－）

再说，凡是典型的量词，都可以重叠表“每”（有时还有“多”的意思）。在这一方面，“声”和“户”又具有一致性，而“象”则不然。请比较：

爆竹一声除旧，桃符万户更新

→ 爆竹声声除旧，桃符户户更新（+）

→ 声声爆竹除旧，户户桃符更新（+）

爆竹一声除旧，桃符万象更新

→ 爆竹声声除旧，桃符象象更新（-）

→ 声声爆竹除旧，象象桃符更新（-）

诚然，对联用字可以灵活，不必过于拘泥，由于取舍的着眼点有所不同，写对联者完全可以写出“一声爆竹除旧，万象桃符更新”这样的对联来。不过，如果严格地讲究对对子，那么，根据语法知识，可以作出明确的断定：“爆竹一声除旧，桃符万户更新”更胜一筹。可知，能够辨别不同语法结构的不同性质和功能，有利于更自觉地选词造句，更有效地驾驭语言。

四　限选和非限选

有一份报纸，某年某月某日头版发表了一条新闻，标题是：

是烟熏黑了心？是钱打瞎了眼？

两名执法干部家竟成烟贩囤烟场

说的是这么一件事：有群众举报，两名执法干部家里囤放烟贩子非法销售的香烟。当公检法人员去搜查时，尽管受到阻挠，拖延了不少时间，但最后还是发现了一个房间里囤有二十多箱香烟。于是，这两名执法干部受到了处分。然而，一年之后，这两名受处分的干部把那份报纸和写新闻稿的记者告上法庭，说受到了诬陷。理由是：“你们说我们两人拿了烟贩子的烟，拿了烟贩子的钱，有什么证据？”诚然，这场官司的引发与解决，症结在于如何理解前头的问句。而要回答这个问题，需要懂得“限选”与“非限选”的区别。所谓“限选”，指列出两个选择项，限定二者择一；所谓“非限选”，指提供两个或几个选择项，但不要求必须从其中选择一项。

“是烟熏黑了心？是钱打瞎了眼?”这是一个句群选择问。这样的问法，是非限选的，具有选择的突举性、多可性和开放性的。所谓突举性，是指发问人针对某种情况，根据客观实际和主观认识，突出地列举疑点；所谓多可性，是指人们既可以选定甲，也可以选定乙，还可以同时选定甲乙，或者同时排除甲乙；所谓开放性，是指选择项可以延展，不一定封闭在甲和乙，即不仅可以是甲乙，还可以是丙丁，或者，如果不是甲乙，便可能是丙，如果不是甲乙丙，便可能是丁。上面的问法，从突举性上说，是发问人把疑点首先放在了“烟”或“钱”上面；从多可性上说，事实可能是或者拿了钱，或者拿了烟，或者钱和烟都拿，但也可能钱和烟都没拿；从开放性上说，如果钱和烟都没拿，那么一定有其他原因，再说，即使钱和烟都拿了，也可能还有别的因素。

大量语言事实表明，由于没有特定的限选标志，句群选择问总是非限选的。看实际用例：

难民？恐怖袭击？

伊拉克战争将带来什么

（《楚天都市报》2003 年 3 月 22 日）

这也是一个标题。其中的两问，明显具有开放性。因为，文章实际上包括“短期影响”和“长期影响”两大部分：第一部分是“短期影响”，分别分析了“新的难民潮即将产生”“美英遭受恐怖袭击的几率增加”“战争持续时间影响油价”“消耗全球 GDP1％”和“布什政治命运成赌注”等五个问题；第二部分是“长期影响”，分别分析了“中东地区战略关系将发生深刻变化”“联合国的作用和权威将大受打击”“美国和欧盟关系裂痕的开始”和“欧洲国家关系进一步分化”等四个问题。这就是说，标题里仅仅突举“短期影响”中头两个问题而已。

有的句群选择问，发问人自己就持有“多可”想法。例如：

（1）这个通风报信的家伙会是谁呢？<u>矿警孙四？监工刘八？送饭</u>

的高老头？井口大勾老驼背？都像，都不像。（周梅森《军歌》）

（2）是什么问题？贪污？违法？偷税？走私？不知道，一点消息都没有。（张欣《不要问我从哪里来》）

这两例都提出了疑问重点，但所提的问题具有两可答案。前一例表明，肯定有人通风报信，但通风报信者可能在突举的四个人之中，也可能在这四个人之外。后一例表明，肯定出了问题，但问题可能在突举的四项之中，也可能在这四项之外。

有的句群选择问，发问人甚至自己就持有否定态度。例如：

（3）那么，究竟是谁帮了她的忙呢？安主任？莫秘书？似乎都不可能。（陈海萍《红土》）

（4）那个大窟窿怎么办？把它填掉？或者重新灌水，造一座人工湖？事实是不可能的。（姜滇《摄生草》）

（5）他听着她半是眼泪的饮泣低诉，该说什么呢？把别人的不幸引为自己的自豪吗？居高临下的怜悯以示自己的博大吗？或者不着边际的劝慰一番显出自己的豁达和大度？他不是这种人，也没有这样的优越。（章世添《关于一个爱情故事的报告》）

可见，那两名执法干部撇开帮烟贩子“囤烟”的事实，抓住一个表示非限选关系的句群选择问，把非限选关系当成限选关系来强调，以此作为“被诬陷”的证据，这是不能成立的。只要掌握有关的语法知识，就能得出明确的结论。

五 问题小议

第一，关于语法知识在语言问题思辨中的应用，这是个语言教育的命题。讨论这个命题，是想强调汉语语法教学既要传授知识，又要力求学以致用。

第二，不搞倾盆大雨式的教学，而是致力于“举一反三”，通过一个个实例的剖析，引导学生连类而及，掌握相关知识，这应该是语法教学取得理想效果的一个重要做法。

比如关于统数和序数，在讲了一个实例之后，应该让学生掌握相关知识：现代汉语里，有的形式可能指统数，也可能指序数。有时，语词是固定组合，从语词本身可以判断出是统数还是序数：同是包含“三级”，“三级跳远”是指共跳三步的跳远，“三”是统数；“三级教师”是指第三个等级的教师，“三”是序数。有时，要结合语境来判别：同是“三车厢”，“荔枝龙眼装了三车厢”等于说“一共三个车厢”，是统数；“我的座位在三车厢”等于说“第三车厢”，“三”是序数。

还应该告诉学生，读书时也要运用有关知识。比如，《三国演义》第五十一回“曹仁大战东吴兵　孔明一气周公瑾”，第五十五回“玄德智激孙夫人　孔明二气周公瑾”，第五十六回“曹操大宴孔雀台　孔明三气周公瑾”，其中的“一、二、三”都是序数；第八十八回“渡泸水再缚番王　识诈降三擒孟获”，第九十回“驱巨兽六破蛮兵　烧藤甲七擒孟获”，其中的“三、六、七”也是序数。同样的情况，如果说：“某年某月，刘备一顾茅庐；某年某月，刘备二顾茅庐；某年某月，刘备三顾茅庐”，其中的“一、二、三”也是序数。但是，《三国演义》第三十七回是“司马徽再荐名士　刘玄德三顾草庐”，其中的“三”却是统数。因为，读这一回的内容可知，这里的“三”不是“第三次”，而是“共三次”的意思。再看《全唐诗》中的诗句：若非先主垂三顾，谁识茅庐一卧龙。（汪遵《南阳》）｜　誓将雄略酬三顾，岂惮征蛮七纵劳。（胡曾《咏史诗·泸水》）——这里也提到了“三顾茅庐”和“七擒孟获”的事。其中的“一”固然是统数，“三”和“七”也是统数。如果当成序数，便把诗句的意思理解错了。

第三，不搞面面俱到的浅尝即止式教学，而是追求“多思多问”，通过一个个实例的剖析，引导学生在掌握相关知识的基础上提高认识的深度，这应该是语法教学取得理想效果的又一个重要思路。

比如关于定数和约数，在分析实例之后应该提醒学生：约数的表达，在具体语言形式的选择上是受到某种制约的，并非完全随意。以表示多的约数来说，可以采用两类形式：一类是“三”和“三”的倍数“九、十二、十八、三十六、七十二”等；另一类是表示满数的“十、百、千、万”等。然而，写作中，在需要强调多的时候，到底应该选用哪个具体形式，还有必要注意以下两个方面。

一方面，要看是否约定俗成。比如“百般无奈、千般无奈、万般无奈”都能说，意思相同，并不意味着“万般无奈”多于“千般无奈”，“千般无奈”多于“百般无奈”，但是，不能说“十般无奈”。

另一方面，也是更重要的一个方面，要看所说的数量跟客观事物的联系是否合理。木兰诗里的“将军百战死，壮士十年归”，绝对不能说成“将军十战死，壮士百年归”。因为，对于身经百战的将军来说，“十战”太少了；而对于一个战士的生命历程来说，“百年”又太多了。可知，约数的使用是有理据的。人们常用“十年寒窗”比喻长期苦读，“十年”显然不是定数，并非整整十年，不多不少。但不能说成“百年寒窗”，这远离事实；更不能说成“千年寒窗、万年寒窗”，除非是妖怪。又如“百年之好”，指男女结为夫妻，永远好合。若说“十年之好”，会挨骂；若说“千年之好”，又过分得缺乏真诚了。至于“万岁”这种祝愿的话，极力强调事物之永在，也可以从人们的感情愿望等方面找到其理据。

通过逐步深入的引导，不仅可以扩大学生的知识面，加深学生的认知度，更可以提高学生的逻辑思维能力，帮助学生形成深入钻研问题的习惯。

第四，运用语法知识去解决实际问题，不能脱离“句管控”。一个语言现象不会孤立地出现，只有结合特定的句法环境和句域场境，才能讲清楚相关规律、实际含义及其语用价值。统数和序数、定数和约数、量词和非量词、限选和非限选等的问题思辨需要这样，其他问题的思辨也需要这样。

主要参考文献：

[1] 朱祖延．汉语成语辞海［M］．武汉：武汉出版社，1979．

[2] 王昌茂．释“三阳开泰”［J］．汉语学报，2000．

[3] 朱祖延．释十二、三十六、七十二［J］．中国语文，1978（4）：248-252．
[4] 杨伯峻．文言语法［M］．北京：北京出版社，1956．
[5] 邢福义．说“句管控”［J］．方言，2001（2）：97-106．

（原载《华中师范大学学报》2003年第5期）

语言表述的正误与可否

本文讨论语言表述的正误与可否。“正误”与“可否”相通。“正”与“可”，“误”与“否”，相互间存在因果关联。为了讲说问题的方便，本文把“正误”一语主要用在语言教育中矫正病句的场合，把“可否”一语主要用在语言研究中阐述学术观点的场合。本文主张深入发掘事实，全面考察语言事实，用足够的事实来判定“正误”与“可否”，以保证结论的准确。

一　关于正误

语文教学中，或者报章杂志上，在对语言表述进行评析的时候，常常要用到“正误”的说法，并且相应地常常要用到“病句”这个概念。所谓“正误”，即正确与错误；所谓“病句”，即在语言表述上存在错误的句子。语言运用中，的确存在病句。比如：“让学生知道同学之间应互助友爱和爱护学校。”这个例子，在语词的配搭上顾此失彼。可以说“同学之间→应互助友爱”，却不能说“同学之间→应爱护学校”。应该删除“同学之间”，说成：“让学生知道应互助友爱和爱护学校。”又如：“巴西和德国争夺冠亚军。”打赢的得冠军，打输的自然是亚军。冠军要争夺，亚军不仅不需争夺，有的人还可能因为只得亚军而泣不成声。这个句子中的“亚”字，应该去掉。麻烦的是，对句子正误的鉴别有时出现了“误判”：被判定为错误的句子，不一定真正有错误。好像医生看病，有时出现了“误诊”。

《东方》杂志上曾刊登过一篇《拯救女儿行动》的文章，提到了这么一件事：有个学校，老师在上语文课时让小学五年级的学生改病句，其中一个病句是“你看过《好爸爸·好妈妈》的歌剧吗?”（1999 年第 4—5 合期）这个句子，学生不知道毛病在哪里；回家问从事语文工作数十年的妈妈，妈妈也不知道。

一个句子是不是病句，不能只凭教师或出题者个人的主观认识来决定。让我们对这个句子作一次全面的“体检”。

第一步，检查“你看过……吗?”

这么说，肯定没问题。要证据，可以举出很多实例。比如：你看过林语堂的东西吗？（王朔《美人赠我蒙汗药》）|你看过《梁山伯与祝英台》吗？(周而复《上海的早晨》)

第二步，检查“你看过……歌剧吗?”

这一说法如果认为有问题，那么问题就出在“看歌剧”的配搭：“歌剧”是唱出来“听”的，而不是靠眼睛“看”的。这一断定显然牵强。请看实例：以我们在西欧国家看歌剧的经验，大凡此类演出的票价都比较贵。(《人民日报》1996 年 12 月 1 日）|看到了一场真正的、原汁原味的意大利歌剧。(《人民日报》2000 年 11 月 4 日)

第三步，检查“《好爸爸·好妈妈》”。

这涉及两个标点符号：书名号和间隔号。书名号用来表示书报名、歌曲名、戏剧名等等，用在这里完全正确；至于间隔号，能不能用在并列词语之间？能！例如：雪峰·溪流·森林·野花（碧野《天山景物记》）|中国青年出版社编写了《自然·生活·哲理》一书，让我来作序。(冰心:《自然·生活·哲理》序)

第四步，检查“《好爸爸·好妈妈》的歌剧”。

2002 年 9 月，我在香港的一次讲学中提到上面的句子，在休息时间，香港大学语言学系有位青年学者对我说，“《好爸爸·好妈妈》”带“的”作“歌剧”的定语，这样的说法不能成立。其实，这是一种使用同一性定语的现象，没问题。请看同类的例子：她临刑时还写了一首《历史将宣告我无罪》的诗。［朱栋霖等主编：《中国现代文学史》(1917—1997) 下册，高等教育出版社 1999 年版，第 111 页］今天是

教师节。我们五甲班的同学合力演了一出《白雪公主》的短剧。(新加坡小学华文教材5A课本《我想演白雪公主》)

还有什么需要检查的?没有了。经过这么全面的检查,可以得出结论:这个句子没有毛病,并不存在“误用”的问题,而出题者却存在“误判”的问题。在当前的语言教育中,“误用”和“误判”二者相互搅和,造成了混乱局面。必须关注这一事实。

二 关于可否

语法研究论著中,在对语言现象进行描写分析的时候,常常要用到“可否”的说法。所谓“可否”,即可以与不可以。论著撰写者认为可以的,通常给打个“+”号;认为不可以的,通常给打个“-”号。有的时候,被判定为不可以的说法,不一定就是不可以。

举个例子来说。有学者于1983年在一部专著中指出:应注意“起”“开”不能与“去”构成趋向补语。意思很明白,“V起去”和“V开去”不能成立。到了1998年,同一位学者又出版一部专门讨论趋向补语的著作,分小节论说充当补语的“上来”“上去”“下来”“下去”“进来”“进去”“出来”“出去”“回来”“回去”“过来”“过去”“起来”“开来”“开去”,其中有了“开去”,即承认“V开去”可以说,但仍然没有“起去”。那么,“起去”的说法,是否根本不可以成立?让我们分步骤对这一形式进行多方面的察看。

第一步,察看现代汉语作品。

丁声树等《现代汉语语法讲话》(1961)是同时承认“起来”和“起去”的。事实上,现代汉语作品中,有时可以见到“起去”用例。例如:

(1)众文武叩头起去,退回朝班。(姚雪垠《李自成》)

(2)羊圈靠西第三根柱子上头,我还给你藏着一副羊下水哩,你起去拿。(张贤亮《绿化树》)

以上“起去”同别的动词构成连动式。

(3) 第一次挑起去的还没有落地，第二次便又挑起，……(赵树理《三里湾》)

(4) 孟二楞连忙又把武二娃架起去，翻墙跳进院里，……(马烽、西戎《吕梁英雄传》)

(5) 他慌忙转过身来，站起去扶她，……(李佩甫《羊的门》)

以上“起去”作补语。

考察表明：自20世纪30年代到90年代出版的现当代作品，包括老舍《骆驼祥子》(30年代)，老舍《四世同堂》和马烽、西戎《吕梁英雄传》(40年代)，赵树理《三里湾》和梁斌《红旗谱》(50年代)，姚雪垠《李自成》第一、二卷（60和70年代)，张贤亮《绿化树》(80年代)，陈忠实《白鹿原》和李佩甫《羊的门》(90年代)。可知，在时间纵线，从30、40、50、60、70、80到90年代，“起去”的出现没有断过线。进入21世纪以后，情况如何？2009年8月21日，笔者上网查看，又见到一些例子。选录几个，作为备考：

(6) 我的是钻豹125，刚买的旧车，空挡的时候加油没问题，转速也能起去，和别人的一样，……

(http://zhidao.baidu.com/question/89769752.html)

(7) 初中成绩不好高中能冲起去吗？

(http://wenda.tianya.cn/wenda/thread? sort=wsmopts&tid=7ceb6e03467e491e)

(8) 亚星客车，上午刚卖掉，下午就涨起去了！

(http://guba.eastmoney.com/look,600213,10001106373.html)

(9) 不先将自己给自己们暴涨起去的天价年薪降下来，后患很无穷啊!!!

(http://bbs1.pe〈1〉)

第二步，察看古代近代作品。

东汉班固所撰的《汉书》，南朝宋人范晔所撰的《后汉书》，南朝宋人刘义庆所撰的《世说新语》，有“起去”：

(10) 钟（钟士季）起去，康（嵇康）曰：“何所闻而来何所见而去？”（刘义庆《世说新语》）

(11)（刘恭）惶恐起去。（范晔《后汉书·刘玄刘盆子列传第一》）

(12) 上起去，罢酒。（班固《汉书·张陈王周传第十》）

《水浒》《西游记》《封神演义》《警世通言》《喻世明言》《二刻拍案惊奇》《醒世姻缘传》《金瓶梅》《飞龙全传》《荡寇志》《官场现形记》《二十年目睹之怪现状》中，《红楼梦》和《儿女英雄传》中，都有“起去”。略举几例：

(13) 我们起去对母亲说去。（吴承恩《西游记》）

(14) 就地上踏一片云，起去赶那黄衣女子。（冯梦龙《警世通言》）

以上“起去”同别的动词构成连动式。

(15) 却放了一个风火炮，直飞起去，正打在敌楼角上，……（施耐庵《水浒传》）

(16) 今日哪吒拿起去射了一箭，只射到骷髅山白骨洞有一石矶娘娘的门人，名曰碧云童子……（许仲琳《封神演义》）

(17) 黛玉道：“我懒待吃，拿了搁起去罢。”（曹雪芹《红楼梦》）

以上“起去”作补语。

人民教育出版社编辑出版的高中《语文》第四册，有一篇课文中有这么一句：

(18) 秋公慌忙跳起去取水，心下又转道：“如何有这样妙法？莫不是见我哭泣，故意取笑？”（冯梦龙《灌园叟晚逢仙女》）

这篇课文摘引自冯梦龙《醒世恒言》。其中的“跳起去”，对于现当代中学语文老师和中学生们来说，他们绝对不会感到不能接受。

第三步，察看方言。

据笔者的调查，从河北到山东，从陕西到四川，从江西到湖北、湖南，一直到台中和海南，都有“起去”的说法。尽管方音有所不同，但作为词汇单位和语法单位，这个词在各地是一致的。

据方言学家孙立新先生给笔者提供的有关事实，陕西户县方言中“上来、上去、下来、下去、进来、进去、出来、出去、回来、回去、过来、过去”也好，“起来、起去”也好，都是常用的趋向动词。户县方言中 还有“起来来”和“起去去”的说法。例如：小王，起来来，咱俩逛街走（去吧）。｜娃，起来来，起来吃饭！｜你放快（赶快）起去去！｜你还不起去去，他都候你一会咧（好久了）。

统观全国东西南北中的语言使用情况，“起去”的使用得到多种方言的支持，而且，“起去”并非某种方言所独有的现象。

第四步，察看老舍笔下的“起去”。

在现代作家中，使用“起去”最多的是老舍。从上世纪 20 年代的《二马》(1929)，到 30 年代的《猫城记》(1932)、《断魂枪》(1935)、《骆驼祥子》(1936)，再到 40 年代的《四世同堂》(1944—1948)，都可以见到“起去”。《四世同堂》用得最多，共见 21 次。用纯正北京话写作的老舍，居然几十年连续使用“起去”而不辍，如何解释？有学者曾经提到，老舍作品中使用“起去”，可能是受到西南官话的影响。然而，老舍并没有去过成都、重庆等地方，更没有在那些地方生活过！其实，道理很简单：“起去”存活在老舍的大脑词典里，由于表述特定“认知”的需要，在人们通常会选用“V 起来”时，他却较多地选择了“V 起去”。比如“藏起来”和“藏起去”，老舍更喜欢用“藏起去”。《四世同堂》里“藏起去”使用 10 次，“藏起来”却只使用 3 次。又如“收起来”和“收起去”，老舍更喜欢用“收起去”。《四世同堂》里“收起去”使用 6 次，“收起来”却只使用 1 次。观察可知，作为一位公认的语言大师，老舍选用“起去”相当讲究，不是随意拈来，而是经过推敲斟酌的。看两个例子：

(19) 星露出一两个来，又忽然的藏起去。(《四世同堂》第二部 § 51)

(20) 他的家便是老鼠的洞，有危险便藏起去，危险过去再跑

出来……（《四世同堂》第一部§29）

例（19）是“露出来”和“藏起去”对比使用，例（20）是“藏起去”和“跑出来”对比使用。如果改“起去”为“起来”，说成“露出来，又藏起来”，“藏起来，再跑出来”，都没有原句好，因为前后两个“来”字重复。

作为一个超弱势趋向动词，“起去”在现代汉语里的使用频率的确很低，但它有其特定的语用价值，并没有而且也不可能彻底退出历史。老舍使用“起去”较多，在一定程度上反映老舍的语言风格。《西游记》《红楼梦》等作品也好，《三里湾》《吕梁英雄传》等作品也好，通过上网见到的最新语料也好，在“起去”的选用上存在着同样的理据。

当然，“可否”问题有的属于学术见解的不同，不同于教学中所说的“正误”。不过，如果出现误判，同样不能帮助读者在语言表述中准确地驾驭语言。

三　事实终判

笔者发表过《表达正误与三性原则》的文章。所谓三性原则，一指客观性原则，强调尊重客观事实，不囿于成说；二指动态性原则，强调承认语境变异，不持僵化态度；三指研讨性原则，强调通过研讨寻求合理结论，不固执一己之见。动态性原则是对客观性原则的补充和深化，研讨性原则是对客观性原则和动态性原则的求证和落实。

其实，客观性原则也好，动态性原则也好，研讨性原则也好，归结成为一条，便是事实终判原则，即：以事实作为最终判定的权威依据。这就要求，深入发掘事实，掌握足够的事实。

说一个例子：如何理解“十来年”？

《现代汉语规范词典》列出词条“来[1]”，其中义项4的解释是：“来，助词，用在数词或数量词组后边，表示概数，通常略小于那个数目。”（777页）按此解释，“十来年”应在十年以内，只要过了十年，便一般不可以用“来”。

研究晚唐五代以来汉语使用情况的语言学家，对这个问题有过讨论。江蓝生《概数词“来”的历史考察》认为，表示概数的“来”由“以来”发展而成，“最初的意义只是表明一个数量的范围，即不超过某数（等于某数或比某数略少）”，“可以表示略多应是比较晚近的事情”。之前，有一种意见认为早期就“表示略多”，如日本太田辰夫《中国语历史文法》和孙德宣《语词琐记》。江文指出：“这种意见尚缺乏必要的论证。”从江氏的论说可以知道：第一，学者们的意见并不一致；第二，尽管江氏认为早期表示“略少”，但也认为晚近可以表示“略多”。

属于“晚近”的现代汉语现象，吕叔湘先生做过解释：“十来个”是说从八九个到十一二个，“五十来个”是说从四十八九个到五十一二个（《数量词后的来、多、半》）。问题在于，仅凭个人的心理感觉，可以见仁见智，谁也说服不了谁。要证明现代汉语里“X来”表示的是“X左右”的意思，不仅可以是略少，也可以是略多，必须让客观事实来说话。

笔者对将近16年的《人民日报》进行过全面的搜索，对所得例句进行过逐条的分析，感觉到以下两个方面的证据是富于说服力的。

（一）根据“X来”在结构组织上可能有的模式。举出两点。

其一，数字递增模式。例如：

（21）你能不能一句话一句话地，用五句、十句或十来句话，……给大家说得简单明了呢？（1987年1月11日）

上例列出“五句、十句或十来句”，最后的“十来句”不可能少于前边的“十句”。因为，不会有人这么颠倒着说话：“五句、十句或九句。”

其二，“百十来”概数模式。现代汉语里有“百十来”的说法。例如：

（22）我们从国内调来百十来人，到西班牙建设这个工程。（2006年1月27日）

（23）真正在市场上走红的也仅百十来家。（2002年5月19日）

“百十”是什么意思？《现代汉语规范词典》的解释是：“百十”表示一百左右，如“百十户人家、百十里地”。既然“百十”是一百左右，“百十来”能说是略少于一百左右吗？在这一点上，《现代汉语词典》是准确的。关于这个“来”，《现代汉语词典》只说“表示概数”；关于“百十”，《现代汉语词典》的解释是：指一百左右的大概数目，如“百十来年、百十个人、百十亩地”。这么解释就通了：“百十”是表示概数的词汇形式，“来”是表示概数的语法成分，二者可以配合起来表达概数。

其实，在近代白话小说里，已经出现了“百十来”。例如：

(24) 这集上有百十来人家，都是务农为业。(吴敬梓《儒林外史》)

(25) 筝上套数小唱，也会百十来套。(兰陵笑笑生《金瓶梅》)

可见，这样形式，起码在明代就已开始使用了。

(二) 根据“X来”用例同具体客观事实的联系。也举出两点。

其一，客观事物的常理。例如：

(26) 家养了二十来只鸡，现在正是旺季，一天二十多个蛋，十天半月就是三四百！(《人民日报》1981年12月28日)

(27) 他说，这就是“吸毒、犯罪、十来岁的少女怀孕、甚至是经济问题的原因”。(《人民日报》1989年7月22日)

例(26)，如果“二十来只鸡”是少于“二十只”，怎么可能“一天二十多个蛋，十天半月就是三四百”？有的鸡可能一天生两个蛋，但那是个别现象，而且不能天天如此。例(27)，“十来岁的少女怀孕”不可能指的是八九岁的孩子吧？有这种可能的是不是十三四岁甚至是十五六岁的少女呢？

其二，相关数量的准确计算。例如：

(28)“文化大革命”十来年，顾不得她们了，她们在风雪里冻着过冬，冻惯了也就没事了！(《人民日报》1981年2月28日)

(29) 从艺十来年的李雪健打演“匪兵甲、匪兵乙”起，已扮

过林彪、“钢锉将军”、朱伯儒、李大钊等不下 10 回头号角色。（《人民日报》1991 年 3 月 2 日）

例 (28)，说的是“文化大革命”的时段。“文化大革命”从 1966 年5 月 18 日的《五·一六通知》开始，到 1976 年 10 月 6 日夜“四人帮”被逮捕结束，将近十年半，略多于十年。例 (29)，说的是李雪健“从艺”已有多久。李雪健 1976 年参加演出话剧《千秋大业》，1980 年开始“触电”，演电影《天山行》中的一个指导员。即使从 1980 年算起，到 1991 年也已有 11 年。

再请看这个例子：

(30) 他写下“大江歌罢掉头东”和《雨中岚山》壮丽诗篇时，不过二十来岁。(《人民日报》1984 年 9 月 24 日)

他出生于 1898 年 3 月 5 日。“大江歌罢掉头东”一诗，写于 1017 年赴日留学之前，当时 19 岁；《雨中岚山》一诗，写于 1919 年 4 月 5 日，是回国前在日本游岚山之后，当时 21 岁。这里，“二十来岁”，涵盖了 19 岁和 21 岁，既有“略少”，也有“略多”。

结论的可靠，决定于证据的真实充足。过硬的证据，即事实。“事实胜于雄辩”，这是颠扑不破的真理。我们相信，强调多发掘语言事实，多对语言事实进行思辨，这对于帮助学生提高语文能力，会大有好处。

参考文献：

[1] 刘月华，等. 实用现代汉语法 [M]. 北京：外语教学与研究出版社，1983.

[2] 刘月华. 趋向补语通释 [M]. 北京：北京语言文化大学出版社，1998.

[3] 丁声树，等. 现代汉语语法讲话 [M]. 北京：商务印书馆，1961.

[4] 李行健. 现代汉语规范词典 [Z]. 北京：外语教学与研究出版社，北京：语文出版社，2004.

[5] 中国社会科学院语言研究所. 现代汉语词典 [Z].5 版. 北京：商务印书馆，2005.

[6] 江蓝生. 概数词“来”的历史考察 [J]. 中国语文，1984 (2)：145-152.

[7] 太田辰夫．中国语历史文法［M］．蒋少愚，译．北京：北京大学出版社，1987.

[8] 孙德宣．语词琐记［J］．中国语文，1979 (2)：128-130.

[9] 吕叔湘．数量词后的来、多、半［A］．吕叔湘全集：第二卷［M］．沈阳：辽宁教育出版社，2002.

[10] 邢福义．语法问题追踪集［M］．北京：中国社会科学出版社，2008.

[11] 邢福义．语法问题献疑集［M］．北京：商务印书馆，2009.

（载《第九届世界华语文教学研讨会会议手册》，世界华语文教育学会编，2009年12月，台北）

语法研究史志识

一 引言

邵敬敏先生和林玉山先生分别完成了《新时期汉语语法学史》和《中国语法思想史》的新著，即将出版。前一部新著，重在对新时期三十年来汉语语法特别是现代汉语语法的研究做全面的总结，作者约陆俭明先生和我各写一篇序言；后一部新著，重在对百年来汉语语法特别是现代汉语语法的研究思想做系统性的梳理，作者约张斌先生和我各写一篇序言。

2010 年 5 月，在京参加一个会议。休息时间，跟戴庆厦先生通电话，聊到了我所写的两篇序言。听从戴先生的意见，我把两篇序言整合修补成为这篇短文，记录下阅读两部汉语语法研究史之后的认识，求教于方家与读者。

二 关于新时期的汉语语法研究

在《新时期汉语语法学》的序言中，我主要从研究状况的角度，写了三个方面的认识。

第一个方面，是我振奋于新时期汉语语法学界的“三多”。一为学术活动多。其盛况，前所未有。比方说，从 1981 年起以当时 40 多岁的中年学者为主的“现代汉语语法讨论会”，截至 2010 年，连续举办 16 次，每次会议之后都出版一本论文集，产生了很大的影响。又比方说，1986年召开的“现代汉语语法研讨会（青年）”，标志着新时期培养出来的一代语法学者迅速地登上了历史舞台，成了声势浩大的生力军。这一研讨会，定期连续举行，进入21世纪以后改名为“国际研讨会”。其他研讨会，特别是各地语法研究的学术沙龙，不胜枚举。学术思想的交流与碰撞，激发了研究活力，使得汉语语法研究这一领域生机勃发，春意盎然。二为人才迭现多。仅从年龄上看，邵著列出了四个层面：老一辈，20世纪40至50年代成名的；中生代，20世纪50至60年代初期大学毕业，80年代的主力军；新中生代，以1978至1980年入学的研究生为主体，大多在“文革”前大学毕业；新生代，以20世纪80至90年代新培养的本科生、研究生为主体。不仅如此，该著还用较大篇幅罗列和介绍了海外国外的多位学者。任何研究的进展，都以“人”为本位。“江山代有才人出”，人才的迭出是学科兴旺发达的保证。该著向读者展示了本学科领域学术群体的一幅大彩照。三为成果产出多。在理论上，汉语形式语法、汉语功能语法、汉语认知语法、汉语语义语法、语序变化以及类型学等方面的研究成果；在方法上，一般语言学方法论与汉语语法具体分析方法的研究成果；在内容上，现代汉语共同语语法、汉语历史语法、汉语方言语法、汉语口语语法、汉外比较语法、中文信息处理语法、文化视角语法等等的研究成果，该著分门别类地一一介绍，琳琅满目，五光十色，令人目不暇接。“横看成岭则成峰，远近高低各不同”，此书向读者展示了新时期本学科领域千姿万态的一道道风光景色。事实证明，诚如邵敬敏先生所说：“新时期的中国汉语语法学取得了前所未有的辉煌成就。”

第二个方面，是我认为总结学术研究史需要有“三力”。一为学术穿透力。学术穿透力来自学术感悟之灵利和学术眼光之敏锐。那么多的著作，那么多的论文，仅仅搜集，已然不易，何况不但一一罗列，而且有的还要加以简明扼要的介绍，有的更要作篇幅较长的述评！二为学术概括力。学术概括力来自学术根底之厚实和逻辑思维之畅达。邵先生的书，在写法上采用了“立体交叉评述模式”。先是“导论”，接着是第一编“理论篇”，第二编“人物篇”，第三编“本体篇”，第四编“应用篇”。“导论”是宏观的把握，是整体的反映。“理论”“人物”“本体”与“应用”，是四根支柱，撑起“语法学史”的大厦，展现了互补辉映的格局。如此建构的鸿篇巨制，是需要强劲的分析能力和归总功力的。三为学术涵容力。学术涵容力来自学术视野之宽大和治学襟怀之广阔。邵著的“理论篇”包括语法学流派、理论探索以及争议问题三大主题的评析，“人物篇”包括各种走势代表性学者的评介。为了尽力做到持正公允，以利于百花齐放，书中如何取舍，如何排序，特别是如何表述，的确是“最费心机”的。常言：“宰相肚里能撑船。”史学家就应该是好“宰相”，应该有像大海一样接纳百川的“海量”。

第三个方面，我同意邵先生的一个判断，这就是：存在问题和缺陷。邵先生在该书的结语“21 世纪汉语语法研究的发展趋势”部分，一方面强调：“我们对未来充满了信心，我们坚信，在 21 世纪，汉语语法研究必将进一步散发出迷人的光芒，取得巨大的硕果，并且为世界语言学贡献出自己的一份力量”；但是，另一方面又强调：“我们的研究还存在不少的问题和缺陷，离开真正揭示汉语语法的奥秘还有相当的距离。”我以为，在为取得成绩而欢欣鼓舞的同时，多想想问题和缺陷大有好处。且别说一般的汉语使用者和汉语教学工作者，即使是汉语语法研究专家，就汉语语法事实而言，到目前为止，我们缺乏深入认识的东西还很多很多。好像眼前是一座座奇山峻岭，里头到底有没有、有多少矿藏，地质学家们并未完全探察清楚。我个人常常慨叹自己的无知。举个例子：“苗人视苗鼓为自己民族文化的精魂，祖先传下六六三十六套鼓路，各部落的打法虽有不同，但只要你抓起鼓槌跳起鼓舞，苗族老人们一眼就能辨出你的祖先住在哪寨哪峒。”（《人民日报》2001 年 10 月 25 日）如果只说“三十六套”，这个数量结构里的“三十六”可以分析为数词或者数词结构，大概没有人再提问题；然而，上例说的是“六六三十六套”，这个数量结构里的“六六三十六”当然也可以分析为数词结构，可是，对于诸如此类的数词结构，怎么做语法分析？老实讲，我很怕有人问我。这些年，我越来越感觉碰到的问题太多，而自己的认识却太肤浅。目前，学风浮躁。有些行政性的规定，加上一些其他因素，形成了导向，容易把学者尤其是青年学者引向急功近利。于是，写出来的文章往往“长平快”。文章长，质量平，写得快！打排球，“短平快”是一种很好的打法；写文章，“长平快”却对学科发展不利。正因如此，尽管论著的数量不断地成倍增长，然而，究其质量，此三十年却不一定全面超过前三十年，此三十年的后段也不一定全面超过此三十年的前段。这是令人担忧的。汉语语法研究的成熟，需要一代接一代学者的不懈努力，需要寄希望于青年。假如“长平快”成为惯性，会影响一代代青年的研究质量。我们应该充分关注这一点。

三　关于百年来汉语语法的研究思想

在《中国语法思想史》的序言中，我主要从思路与理念的角度，写了四点意思。

首先，中国语法思想史，是瞄准一个目标不懈前行的历史。就汉语语法而言，研究目标始终是汉语语法事实的客观规律性。汉语语法事实的客观规律性，在抽象程度上有不同的层级。抽象到最高的程度，是对汉语语法特点的本质面貌的认识；抽象到一定的程度，是对某类现象或某种事实的本质属性的反映。《马氏文通》于1898年问世，成就了作为一门科学的汉语语法学的第一个篇章。《马氏文通》之前的汉语语法研究，主要范围是一些虚词和若干句式，立足于学以致用，力求弄清楚相关的规律，以便准确理解古人著述；《马氏文通》出版后百余年来，汉语语法研究的面貌发生了很大的变化，但是，仍然坚持发扬优良传统。从《马氏文通》到《新著国语文法》，直到现当代的一系列重要著作，从来没有偏离过目标，这成了汉语语法研究的基本流向。

其二，中国语法思想史，是在处理好理论与事实良性互动的过程中逐渐推进的历史。研究问题，理论与事实相辅相成，互助互促。好比人的双脚，左脚站稳了，右脚才能自如地跨出去；右脚站稳了，左脚才能自如地跨出去。一方面，理论引领事实分析，没有理论的引领，事实只是原料，零零散散，显示不出自身的价值。然而，另一方面，事实能生发理论，正如通常所说，理论不是天上掉下来的；事实又能完善理论，理论从提出到成熟，有赖于事实的自始至终的支撑；事实更能决定理论的高低优劣，通不过事实检验的理论是苍白软弱的理论。理论具有时尚性和主观性，事实具有恒定性和客观性。同样的事实，研究起来可以采用不同的理论；不管是什么样的理论，研究工作是否取得理想的成果，都取决于对事实的观察是否细致、深入和周到。实事求是地说，一直到现在，汉语语法研究的两只脚都还相当细软。但是，学者们都已充分认识到，只有"事实发掘＋理论创新"的循环往复，螺旋上升，研究工作才能越来越逼近目标。

第三，中国语法思想史，是在处理好外来理论"引进"与"汉化"的历程中演变发展的历史。百余年来，没有外来理论的引进，便没有中国语言学的今天。对外来理论，我们永远尊重和欢迎。但是，国外理论的"引进"和"汉化"，应该是一个很长历程中先后衔接的两大阶段。"引进"，是先行阶段，重点在于把国外理论应用于汉语研究，举出若干汉语例子来略作演绎。而"汉化"，即中国化，即本土化，是后续阶段，重点在于让国外理论在汉语事实中定根生发，使国外理论溶入汉语研究的整体需求，从而建立起适合于汉语研究的理论和方法。要达到"汉化"目的，必须对汉语事实有全面而详细的了解。会说汉语的人，不一定都会研究汉语；研究汉语的人，不一定都能作出准确的结论。不管是谁，个人脑海中存放的语言信息总是有所局限的，不可能方方面面都能想到，林林总总全能顾及。如果不尽可能详细地了解客观语言事实，便有可能仓促断定，以偏概全。因此，要建立起中国品牌的创新型理论，固然需要强调"研究植根于汉语泥土"，想把外来理论富有成效地用于汉语实际，同样需要强调"研究植根于汉语泥土"。这一点，已经并且必将成为中国语法思想史的极为重要的发展线路。

第四，中国语法思想史，又是一辈接一辈的学者追求形成自己风格特点的历史。学科的发展，需要一家之言和百花齐放的互补。一方面，要通过大力强调和提倡，催生“一家之言”。“一家之言”是学术发展的前导，是促成学科昌盛的基石。另一方面，要通过大力强调和提倡，促使“百花齐放”。任何一个学科领域，没有“一家之言”固然表明其处于低谷状态，如果仅有一种居于垄断地位的“一家之言”，也表明其远离成熟。如果说，形成“一家之言”是一种学术企求，那么，能够容忍“百花齐放”便是一种学术度量。一个学科领域，应该是一个百花园；百花中，任何色样的花，都是一个品种，都应受到尊重。近年来的研究状况表明，学者们已经或多或少地显示了各自的风格特点。不同的风格特点，孕育着不同的学术派别，一旦某种或某些风格特点得到充分的发展，学术派别就会形成，研究就会出现更加繁荣的局面，中国语法思想史就会成为世人瞩目的煌煌巨著。当然，这不是轻而易举的事。令人高兴的是，过去，一辈接一辈的学者已经用实际行动从不同角度参与了中国语法思想史这部巨著的编撰；今后，在“一家之言＋百家争鸣”思路的导引下，一辈接一辈的学者定会前赴后继地奋斗，铸造出一部烙下鲜明印记的具有中国人风格特点的中国语法思想史。

到目前为止，关于汉语语法研究史的专著已有几部问世，却还没有一部像林玉山先生这样突出“思想”二字的。笔者讲了讲以上个人感悟的点点滴滴，不一定都说到了点子上。

四　小结

做学问难，做学问的学问，尤其难。《新时期汉语语法学史》也好，《中国语法思想史》也好，都是做汉语语法学这门学问的学问。写这一类型的著作，比起写出若干部专题性著作，要困难得多，艰苦得多。

任何人写学科发展史，都不可能把所有书文全都读完，即使是读过了的，评价起来也不可能完全没有自己的取值倾向，因此，对于人物或书文有的可能介绍得多一点，有的可能介绍得少一点，有的介绍还可能会引起争议，这是在所难免的。但是，学科的发展，需要有人总结其历史。总结一改进一再总结一再改进，不断完善，不断向上，对于学科的良性发展，肯定会起到具有巨大积极意义的促进作用。我相信，不管是邵著还是林著，无论其中可能存在什么样的会引起争议的问题，大家都会怀着赞佩的心情，感谢邵、林二位先生的可贵努力。

（原载《汉藏语学报》2011 年第 5 期）

处理好词典编纂中结论与事实的关系

所谓“结论”，指词典对词的义项所作的归纳和解释、对词的语法性质所作的断定等等；所谓“事实”，指社会语言运用中各个方面的实际情况。所谓处理好结论与事实的关系，是说：词典上所作的结论，完全符合客观实际，或者比较贴近客观实际。

一

《现代汉语词典》第5版，在原来的基础上作了重要的修改，解决了不少难题。这使得《现代汉语词典》进一步提高了在辞书界和在读者心目中的权威地位。

说个事实。近年来，有个问题一直让大家感到困惑。这就是：作为姓氏的“肖”和“萧”，应该怎么看待，应该怎么处理？是以肖覆盖萧，还是以萧覆盖肖？比如：

(1) 萧华是中国人民解放军著名高级将领。1916年生，江西兴国人。…… 萧华文武兼备，才华出众，著有《怎样进行战时政治工作》《长征组歌》《铁流之歌》等名篇。(news. enorth. com. cn/system/2005/10/11/001136800. shtml-34k，2005年10月20日)

(2) 肖华逝世后，肖华的妻子王新兰及肖华的五个儿女均依法享有《长征组歌》歌词著作权中的财产权利……(www. gmw. cn/01gmrb/2005-10/21/content_320172. htm-18k，2005年10月20日)

这是最近从网上摘引的两个例子。前一例出现两次“萧华”，后一例出现二次“肖华”。“萧华”和“肖华”，实际上是同一个人。假如这位将军还活着，给他办身份证时，他的姓氏是取萧舍肖，还是取肖舍萧？这可不是个小问题。甲给乙汇款，如果身份证上有一个字跟汇款单上的不相同，乙是取不到款的！

麻烦的是，就客观实际的情况而言，二者的取舍，各有一股很大的语用势力予以支持。一方面，许多汉语言文字工作者偏向于取萧舍肖。比如，《现代汉语规范词典》不收“肖 Xiāo”，并且明确表态：“（Xiāo）萧……不能简化为‘肖’。”另一方面，党和国家的重要文件里，一律取肖舍萧。中国共产党中央委员名单中，全国人大代表和全国政协委员的名单中，全都用“肖”，没有一个人是姓萧的。由于中央如此，地方各级党和政府部门也都如此。

在《现代汉语词典》第5版之前，除了《现代汉语规范词典》态度明确，其他词典的表述都是比较含糊的。比如，《新华词典》2001年修订版：“肖②Xiāo 姓。有些姓萧的人将自己的姓写作肖。”“萧 Xiāo ①草名。蒿子的一种。②冷落、衰败、没有生气的样子。”这部词典在解释“萧”时，未提“萧”是姓氏。又如，《现代汉语词典》2002年增补本：“肖 Xiāo 姓（‘萧’俗作肖）。”“萧（Xiāo）②姓。”这类解释，让读者难以断定：能登大雅之堂的，到底是“肖”还是“萧”？“肖”和“萧”，到底是什么关系？

《现代汉语词典》第5版，对《现代汉语词典》2002年增补本的解释作了修改。即：“(Xiāo)肖［名］姓。”“萧（Xiāo）②［名］姓（近年也有俗写作‘肖’的）。”这样的解释，既明确，又有弹性。首先是明确：“肖”和“萧”都是姓；其次是有弹性，能顺应未来可能有的变动情况。一方面，既然二者都是姓，那么，在确认某人姓氏的时候，根据户口簿和身份证，凡是用“肖”字的人就姓肖，用“萧”字的人就姓萧；另一方面，既然存在把“萧”俗写作“肖”的现象，那么，从发展上看，在中国的人口中，姓肖的人将会多于姓萧的人。

比较地说，从中央到地方的党政军各部门的用法，影响更为深远，已经形成了不可改变的事实。因此，《现代汉语词典》第5版的解释，更贴近实际。

二

任何词典都不可能完美无缺。《现代汉语词典》第5版，自然还有这样那样的问题可以讨论。

说个事实。汉语的词类问题，因为太复杂太麻烦，几十年来，词典的词类标注问题一直被挂了起来。现在，中国迅速跨进信息化时代，由于中文信息处理的需要，这一问题想回避也无法回避了。只要是参加中文信息处理方面的会议，在听有关学者介绍某个语料库建设的时候，总会听到“我们标注了词类”这样的语句。在现代化的时代大背景下，词典中的词类标注问题也被催促着非要解决不可，因此新出的词典，一般也都标上了词类。这显然是一大进步。然而，大家都标注了词类，是否意味着复杂问题都变得简单了，麻烦问题都变得不麻烦了呢？恐怕不是。

以“一定”这个词来说，《现代汉语词典》第5版这么解释：

【一定】①［形］属性词。规定的；确定的：要按～的程序进行操作。②［形］属性词。固定不变；必然：文章的深浅跟篇幅的长短没有～的联系。③［副］表示坚决或确定；必定：～要努力工作｜这半天还不回来，～是没赶上火车。④［形］属性词。特定的：～的文化是～社会的政治和经济的反映。⑤［形］属性词。相当的：我们的工作已经取得了～的成绩｜这篇论文具有～水平。

其中，词性和义项的排列次序，①②为形容词，③为副词，④⑤为形容词。在词性的认定上，《现代汉语规范词典》有基本相同的解说。即：“【一定】①［形］适当的；某种程度的▷种子在～的条件下才发芽｜有～的提高。②［形］特定的▷～的社会形态反映～的生产关系。③［形］规定的；确定的▷律诗、绝句都有～字数｜结果怎样还不～。④［副］表示态度坚决或必定如此▷～要挽回不良影响｜孩子回来就不高兴，～是没有考好。”稍有不同的是：《现代汉语规范词典》只列出四个义项，而且先形后副：①②③为形容词，④为副词。《现代汉语词典》第 5 版之所以出现"形—副—形"的排法，是由于承袭了原来的次序。查 2002 增补本可知，除了加上词类标注，并且换掉部分例句，义项与解说没有变化。

《现代汉语词典》第 5 版也好，《现代汉语规范词典》也好，对"一定"的词性认定标准是相同的：作状语的，标为副词；作定语（或述语）的，标为形容词。可疑的是，见于状语位置的"一定"，是否只能是副词？请看下面的例子：

(3) 不是叫你论谁的官大哩，官大也不一定是走资派，官小也不一定不是走资派，……（刘震云《故乡天下黄花》）

(4) 你的感觉不一定不对，他现在不愿在家里住，也常常不在公司。（王海《牵手》）

(5) 操场当然是露天的，露天的地方不一定不安全。（津滋国《小温的雨天》）

以上三例的"一定"出现在了"不 X 不 VP"的结构框架之中，VP 可以是动词、动词结构或形容词。这里的"一定"不可能是副词，因为副词没有这样的语法特征。上网查看，可以见到许多同类例子。例如：

(6) 我相信你不想骂人的，但是你不骂，别人不一定不骂，我是做了精神准备的。（bbs. people. com. cn/bbs/ ReadFile?whichfile=316429&typeid=18）

(7) 其实卓越网搬离中关村的时候就已经说过了："离开中关村不一定不赚钱。"（tech. tom. com/2223/200452-97020. html）

(8) 说话少的孩子，智力不一定不高，满周岁的孩子不会说话也不用着急。（lianzai. china. com/books/html/784/4012/36044. html）

以上三例，VP 分别为动词、动词结构和形容词。

事实表明：要么，状语位置上的"一定"不是副词，而是别类的词；要么，状语位置上的"一定"有一部分是副词，有一部分不是副词。如何做结论才准确，有必要重视语言事实的挖掘，进行细致的分析和深入的研究。

三

为了《现代汉语词典》权威性的进一步加强，希望广开“群策群力”的渠道。

《现代汉语词典》的编撰班子历来很强。但是，编词典极难，要面临的问题非常之多，包括学术性问题和非纯学术问题。编写班子的成员不管学问怎么好，对古今中外、天上地下、四面八方的“事实”的了解，肯定都是有局限的，因此，有所缺漏，有所不周，完全正常。比方新词新义，社会变化越急剧，就会出现得越多。词典中必须不断增加新词新义，才能使得词典的更新尽可能跟时代的发展同步。但是，做好这一工作，必须以“普查”之所得为基础，仅靠编写班子的十几个人、几十个人，要想做到相对详尽，是会力不从心的。

说个事实。“教师教育”这个词语，已经使用好几年。特别是，在全国的师范院校里，已经成了特别常用的带有“主题词”性质的词语。2004年12月25日，在我们华中师范大学，在第九次党代会上，党委书记所作的报告就是：《立足新世纪　明确新任务　为建设教师教育特色鲜明的综合性研究型大学而努力奋斗》。上网查看，可以见到许多使用这一词语的例子。略举几例：

(9) 我国教师教育取得长足进展。在我国第十八个教师节即将到来之际，记者从教育部了解到，……（www.edu.cn/20020917/3068525.shtml，2005年10月19日）

(10) 今天，教育部在京召开教师教育课程改革研讨会，召集国内著名专家和学者研究探讨教师教育课程改革总体思路和实施方案。（www.zju.cdu.cn/zdxw/jd/read.php? recid=13479，2005年10月19日）

(11) 教育部将认真贯彻落实《2005年教师教育工作会议》精神，进一步加强和改革教师教育，……(news. xinhuanet. com/edu/2005-04/28/content_2887326. htm)

什么是"教师教育"？这个词语跟"师范教育"有什么联系和区别？没有谁做过解释。我想，《现代汉语词典》第5版既然能收"基础教育"(634页)、"教育改造"(694页)等四个音节的词语，那么，"教师教育"这个词语在选收时是不能漏掉的，将来是应该补上去的。如果不收这个词语，就显得不够贴近当前教育界的实际了。

作为中国最重要的一部现代汉语中型词典，《现代汉语词典》的权威地位早已为国内外汉语词典使用者所公认。但是，越是权威的词典，使用者对它的期望值就越高。也许可以走走"群众路线"，广开"群策群力"的渠道，定时和不定时地邀请编写班子成员之外的人士也来参加对《现代汉语词典》的修改。具体作法，可以多种多样。其中一个作法，是按词典的编排顺序，一两个部分、一两个部分或者两三个部分、两三个部分地举行系列性学术研讨会，比方，第一次会议集中讨论AB两部分所收的词语，第二次会议集中讨论CDE三部分所收的词语。研讨会每年举行一次，或者隔年举行一次，每次会议都让编写组内外的专家有机会比较充分地交换意见。这是"一口一口"地"吃掉"的策略和战术，定能取得较为理想的效果。如果商务印书馆和社会科学院语言研究所能够出面组织这样的研讨会，坚持十年八年，一二十年，有步骤分先后地对《现代汉语词典》进行不断的修改，相信结论与事实的关系一定会处理得更好，《现代汉语词典》一定会显示出更加强大的生命力。

参考文献：

[1] 中国社科院语言研究所词典编辑室. 现代汉语词典[Z]. 5版. 北京：商务印书馆，2005.

[2] 中国社科院语言研究所词典编辑室. 现代汉语词典2002年增补本[Z]. 北京：商务印书馆，2002.

[3] 李行健. 现代汉语规范词典 [Z]. 1 版. 北京：外语教学与研究出版社，语文出版社，2004.

[4] 商务印书馆辞书研究中心. 新华词典 [Z]. 2001 年修订版. 北京：商务印书馆，2001.

[5] 邢福义. 词类辨难（修订本）[M]. 北京：商务印书馆，2003.

（原载《语言文字应用》2006 年第 1 期）

《现代汉语词典》的词性标注推动了现代汉语语法研究

诚如《现代汉语词典》（以下简称《现汉》）“第6版说明”所言：“编写和修订词典是一项十分繁难复杂的工作，永远没有止境。”《现汉》在国内外享有极高的威望。从汉语语言学研究的角度说，我认为，通过对这部词典的一次次的修订，能够促使我们全面而深入地思考汉语语言学方方面面的问题，从而推动这个学科不断地走向成熟。

众所周知，汉语的词在语法上难以定性归类。但是，由于实际应用的需要，特别是中文信息处理的需要，近年来出版的许多词典，除了一些特别难以认定语法性质的词，所收的词大都标出词性。这是一件好事。万事开头难，有了开头，就会有发展，就会有收获，就会对词类研究有所促进。但是，就目前情况说，还不能给读者造成一个感觉，这就是，汉语的词类问题已经解决或者基本解决了。以影响最大的《现汉》来讲，较为全面地标出词性始于2005年出版的第5版。不过，此前的《现汉》也不是全然不标，只是为数甚少而已。比如，1973年出版的《现汉》（试用本），对于“各”这个词，便已经做了指明词性的解释：

各 ❶指示词。a）表示不止一个：世界～国｜本省～地｜～位来宾。b）表示不止一个并且彼此不同：～样的服装都备齐了｜～人回～人的家。❷副词，表示不止一人或一物同做某事或同有某种属性：左右两侧～有一门｜三种办法～有优点，也～有缺点｜两个人～奔前程｜双方～执一词。(335页)

过了将近30年，《现汉》2002年增订本仅仅减少个别例子和变动个别用词：

各 ❶指示词。a）表示不止一个：世界～国｜～位来宾。b）表示不止一个并且彼此不同：～种原料都备齐了｜～人回～人的家。❷副词，表示不止一人或一物同做某事或同有某种属性：左右两侧～有一门｜三种办法～有优点，也～有缺点｜两个人～奔前程｜双方～执一词。(427 页)

到了 2005 年出版的第 5 版，除了增补表示姓氏的名词“各”作为第三义项，并且把“指示词”改为“指示代词”，解说和用例基本不变：

各 ❶代 指示代词。a）表示不止一个：世界～国｜～位来宾。b）表示不止一个并且彼此不同：～种原料都备齐了｜～人回～人的家。❷副 表示不止一人或一物同做某事或同有某种属性：双方～执一词｜左右两侧～有一门｜三种办法～有优点和缺点。❸名 姓。(463 页)

这次修订出版的第 6 版，又基本上保持了第 5 版的样子，只做了微小的删改：

各 ❶代 指示代词。表示不止一个（指某一范围内的所有个体）：～方｜～界｜～国｜～位来宾。❷副 表示不止一人同做某事或不止一物同有某种属性：～领风骚｜双方～执一词｜左右两侧～有一门｜三种办法～有优点和缺点。❸名 姓。(442 页)

要标注语法上的词类，自然必须根据一定的语法标准。观察可知，除开姓氏名词“各”不说，《现汉》把“各”分别判定为“代”和“副”，根据的是词语组合中词与词排位序列的两种状态。即：1）“各”用在体词性的名词、物量词等前边，语序为“各＋体词语”。2）“各”用在动词前边，语序为“各＋动词语”。判断其词性的基本语法标准是：一个“各×”，如果“各”的后边是体词语，“各”判为代词；如果“各”的后边紧接着出现动词，那么，便判为副词。

问题在于，“各”字的这两个位置，能够作为判别其词性的语法标准吗？举四个例子来说。

例一：“三种办法～有优点和缺点”的“各”标注为副词。但是，这个例子也可以说成“三种办法～有～的优点和缺点”。同类现象多的是。比较：他们各有风格和特长，创作了不少作品。→他们各有各的风格和特长，创作了不少作品。(见人民日报1981年2月26日)——“有”前的“各”判定为副词，而后边所指对象相同却用于名词语前边的“各”则只能判定为指示代词，而不可能被判定为副词。这是否过于生硬牵强，会使人怀疑结论的可靠性?

例二：“各”字头下列有词条“各奔东西”(442页)，解释是：“各自走向不同的地方，多指分手或离别。”按上述的标准，“各奔东西”中的“各”用在动词语前边，应该是副词。然而，从对“各奔东西”的解释看，“各”又相当于“各自”，而“各自”是被标注为代词的。这么一来，是否相互抵牾而难以令人信服?

例三：“各”字头下列有词条“天各一方”(1284页)。我们知道，“天各一方”由汉代苏武的诗句“良友远离别，各在天一方”演化而成。从“各在天一方”看，“各”用于动词语前边；从“天各一方”看，“各”用于体词语前边，那么，能说这两个同一意思的“各”分别是副词和指示代词吗?

例四：有这样一个说法，“我们以后各走各路各顾各!”这里一共出现了四个“各”。第一个“各”用在动词前边，应判为副词；第二个“各”用在名词前边，应判为指示代词；第三个“各”又用在动词前边，应判为副词；第四个“各”独用作宾语，显然只能判为指示代词。这四个“各”，入句之后是相互扭结、相互融通的，怎么可以一会儿判为副词一会儿又判为指示代词?语言事实中，这么集中地使用“各”字的例子比较罕见，不过，我们可以看到很多可以比对的现象：他们各回各家去了。(路遥《人生》)｜这下子真的是八仙过海了，各吃各的。(陆文夫《人之窝》)｜劳资双方各顾各，十分话只说七分。(周而复《上海的早晨》)——把这些例子放在一起综合观察，可以知道，在对照使用下，这个“各”与那个“各”相互规约，整体地聚合地展示其语法功能，不应该用“名前”和“动前”之类标准来做硬性的切割。在汉语的词类体系里，代词本来就是特殊的一类，跟名词、动词、形容词、副词等所据的分类标准是不一致的！

仅仅一个“各”字，情况就已经十分复杂了。笔者将在大量占有材料的基础上写出一篇文章来证明，把“各”划分为指示代词和副词是值得商榷的，因为那样不能全面周到地解释“各”的语法性质。当然，个人的意见不一定对。之所以特别提到这一点，主要还是想说明，《现汉》所触及的问题何止成千上万！这部由吕叔湘先生、丁声树先生和数代学者呕心沥血编纂出来的皇皇巨著，早已成为广大群众必备的经典性辞书，而且必将能够不断引发一代代学者们的更多思考，从词汇、语音、语法、语用到中文信息处理，启迪诱导一代代学者们做更为深入的学术研究，全面推动现代汉语研究的深入开展。历史定会证明，这部词典具有巨大的能量与永远的活力！

（原载《中国辞书学报》第一辑，商务印书馆 2015 年版）

新加坡华语使用中源方言的潜性影响

新加坡的语言社会中，广泛通行华语。在使用华语的时候，可以看到源方言的潜在影响。这种源方言最主要的是来自汉语的闽南话。这里首先说明一下源方言的含义。如果一个人在某种方言地域环境中成长，从小就自然掌握某种方言，那么，对于这个人来说，原貌方言一般称之为母方言；如果一个人生活在某种方言地域环境之外，通过祖辈父辈的承传而习得某种方言，那么，对于这个人来说，原貌方言本文称之为源方言。今天的新加坡华人，脱离具体的方言地域环境一般都已有两三代、三四代，他们所说的方言，实际上都是源方言的一种承传性延续。

2001 年至今，笔者应聘担任新加坡教育部中小学华文教材的顾问。在审读教材初稿的过程中，发现不少很有启示性的，也许应该从“源方言”的角度来解释的语言现象。本文集中讨论一个现象，这就是句子中如何准确使用表示时间上具有连贯关系的副词“才”。全文包括四个部分：(1) 问题讨论；(2) 格式和检验；(3) 相关问题辨析；(4) 结语。

一 问题讨论

先看两个例子：

(1) 最好先写文章，然后才为文章拟题。

(2) 教师可以让学生和旁边的同学先练习，(然后) 才在全班面前说出这一段话语。

例（1）见于课文后边的作业（初稿），是对学生提出要求；例（2）见于“教师手册”（初稿），是对教师提出要求。这两例的“才”，按普通话的用法，都应改用“再”：最好先写文章，然后再为文章拟题。｜教师可以让学生和旁边的同学先练习，（然后）再在全班面前说出这一段话语。

在普通话里，一般不会出现这种以“才”充“再”的现象。按理说，新加坡华语也不应该出现这一类的现象。出现了这种现象，是跟新加坡华语所受到的源方言的潜性影响有很大关系的。这里需要回答以下几个问题。

（一）这种以“才”充“再”的现象，受到什么源方言的潜性影响？

从新加坡华人的实际情况看，应该可以肯定，这个源方言就是闽语，特别是闽南方言。

《现代汉语词典》可以代表普通话语词意义和用法的基本面貌。2002年增订本解释副词“才”，共列6个义项。其中，跟行为连贯语义相关的有两个义项。即：A. 表示只有在某种条件下然后怎样（前面常常用“只有、必须”或含有这类意思）。如：只有依靠群众，才能把工作做好。（义项3）B. 表示发生新情况，本来并不如此。如：经他解释之后，我才明白是怎么回事。（义项4）《现代汉语方言大词典》可以代表多数方言语词意义和用法的基本面貌。这部方言大词典，共收42处方言。没有把“才”列为词条来解释的共有22处：成都，洛阳，银川，太原，绩溪，丹阳，崇明，上海，杭州，宁波，温州，长沙，黎川，于都，梅县，南宁，广州，东莞，建瓯，厦门，雷州，海口。这些地方，有的是编写者没有收录这个条目，不见得方言里就没有这个说法；有的有这个说法，可能用的是另外的字眼，情况不一。把“才”列为词条来解释的只有20处：哈尔滨，济南，牟平，徐州，扬州，南京，武汉，贵阳，柳州，西安，西宁，乌鲁木齐，万荣，忻州，苏州，金华，娄底，南昌，萍乡，福州。但是，其中跟行为连贯语义无关的又有12处：哈尔滨，济南，徐州，柳州，西宁，万荣，忻州，苏州，金华，娄底，萍乡，福州。这就是说，在 42 处方言中，34 处或者没有普通话的那类“才”，或者用的是另外的字眼。总起来说，把“才”列为条目，同时又具有行为连贯语义的是 18 种。没有把“才”列为条目，或虽然列为条目，但跟行为连贯语义无关的有 34 种。

谢世涯（1994）指出：“新加坡自 1819 年莱佛士登陆以来，随着福建、广东和广西等南方省份人口的逐年移居新加坡，南方方言一直是华人社会的通用语言，直到 1920 年以前，新加坡的华文学校，都是以方言作为教学媒介语的。”周清海、周长楫（1998）指出：“新加坡闽南话是新加坡华人中使用人数最多的一个方言。”承李彦溪先生告知：“新加坡的华人中，祖籍是福建、海南、潮汕、雷州的大约占了百分之八十。”（电子邮件，2004 年 7 月 28 日）李彦溪先生是新加坡华文教师总会会长，新加坡中小学华文教材编写组成员。

在上列 34 种方言中，建瓯方言、厦门方言、雷州方言、海口方言和福州方言都是闽方言。其中，建瓯、厦门和福州在福建省，雷州在广东省，海口在海南省。关于海口方言，《现代汉语方言大词典》中的“四十二处方言概况”中未提跟闽语的关系，但中国社会科学院和澳大利亚人文科学院合编的《中国语言地图集》B12 图将海南闽语命名为“琼文区”，其中包括海口方言。梁明江（1994）又说：“海南方言是现代汉语中闽南方言的一个分支。……海南方言可分为琼文话、海口话、定安话、琼海话、万陵话、琼南话、海北话七个小区。”（7 页）至于潮汕方言，可能因为它跟厦门方言很接近，《现代汉语方言大词典》没有单列，但《中国语言地图集》B12 图介绍闽语，闽南区下面有潮汕片，包括潮州、汕头等十二县市。

（二）新加坡华语使用中以“才”充“再”的现象是怎样受到源方言影响的？

方言区的人，如果原貌方言的“才”用法跟普通话相同，他们所用的“才”自然不会出现跟普通话相异的情况；反之，如果原貌方言的“才”用法跟普通话不同，或者本方言中没有同类“才”，那么就有可能出现跟普通话相异的情况了。新加坡华语使用中出现这种现象，跟语言运用者在相关问题上存在有源方言影响的因素有关。

凡是介绍闽方言的词典，大都没有列出“才”。笔者特地请教过张振兴先生：“《厦门方言词典》为什么不收关联副词‘才’?”张先生肯定地回答：“是因为没有这种‘才’。”张先生的意思是，在厦门方言里，表示动作连贯的副词不用“才”。福州方言也一样。在福州方言词典里，尽管列出“才”，但也不作为关联副词，而是指“才能”的“才”，如“有才｜多才多艺”。为了进一步了解这个问题，笔者再次请教了张先生，还专门请教了厦门大学的周长楫先生。张先生说：在闽南话里，不管是已然的未然的，表示动作连贯的副词只有一个，而不像普通话一样分别“才”和“再”(电子邮件，2005 年 3 月 9 日)。周先生举厦门话为例，说普通话的“才”和“再”，厦门话都说“则”[tsiah^7]（参看《方言》2005 年第 2 期 176 页），证实了张先生的说法(电子邮件，2005 年 3 月 12 日)。例如：

A. 我本来不知影，汝讲我则知影。（我本来不知道，你说了我才知道。）

B. 手抱婴孩儿，则知爸母时。（当你抱着婴儿的时候，你才会懂得父母的养育之恩。）

C. 先买肉则去买豆腐。(先买肉再去买豆腐。)

D. 若无来则拍电话问伊。(如果没来再打电话问他。)

以上四句话，厦门人用普通话来说，用“则”的地方习惯上都说成“才”：先买肉才去买豆腐 ｜ 如果没来才打电话问他。

显然，源方言为闽语的新加坡华人，对“才”的使用偶尔出现偏离状况，不足为怪。

（三）这种以“才”充“再”的现象，可以引发什么样的思考?

出生于闽语地区而在国内工作的人士，包括一些普通话说得不错的人，在说普通话时，以“才”充“再”的说法并不罕见。因为大家虽然通过上学和工作已经习得了作为共同语的普通话，但方言的潜在影响有时是根深蒂固的。新加坡华人缺少这种习得环境，以“才”充“再”的现象就更为常见了。这跟学问素养的高低没有必然的联系。新加坡华文教材的初稿执笔者，不管属于小学部分的还是中学部分的，都是水平很高、驾驭华语华文能力很强的学者。不仅如此，他们特别认真，遣词造句时总是下功夫斟酌，并且经常查阅中国出版的权威性词典。但是，有关的词典并不能满足他们的需求。

针对源方言的潜性影响，从“世界华语”或“华语世界”的视野上研究方言和共同语的关系，观察、发现和考虑哪些问题必须解决，是值得重视的一个研究课题。我们的辞书，我们的语法教本，应该在为大家提供足够的较为实用的知识上做更多的努力。

二 格式和检验

普通话里，表示一般的先后连贯关系时，若需要在“才”和“再”之间进行选择，那么，只要是表示未然行为的，就必须选择“再”。可以列出三个格式：

格式一：最好〈 /可以 /应该 /打算〉先怎么样，〈然后〉X 怎么样。

格式二：最好〈 /可以 /应该 /打算〉等到什么时候，X 怎么样。

格式三：最好〈 /可以 /应该 /打算〉在什么时候之后，X 怎么样。

这三个格式是用“再”的语法环境，“最好〈 /可以 /应该 /打算〉”之类是表示未然行为的形式标志。如果用了这类形式标志，或者是隐含这类形式标志（可以补出），那么，能进入 X 位置的就是“再”，而不是“才”。比如例（1）“最好先写文章，然后 X 为文章拟题”，例（2）“教师可以让学生和旁边的同学先练习，X 在全班面前说出这一段话语”，出现了“最好”和“可以”，作为关联副词的 X 应该是“再”。

下面，分别用三个格式对新加坡华语中所见到的现象进行检验。

（一）关于格式一

格式一见于未然性先后连贯的两个行为。这是先说甲行为，然后再说乙行为，一般表现为复句。例如：

（3）你应该先了解情况，才做出决定。（见教师手册初稿）

（4）让学生和旁边的同学一起讨论答案，才向全班同学报告

答案。(见教师手册初稿)

(5) 第一堂讲创作的基本知识，第二堂才让学生创作（写他人)。(见教师手册初稿)

前一例出现了“应该”，后两例可以在前头加上“最好、可以”之类。三例里的“才”都应改为“再”。

下面的用例，情况复杂了一点，但还是属于未然性连贯复句：

(6) 我们做完了作业，要再检查一遍，才交给老师。(见课文初稿)

(7) 弟弟在鸟笼里放了一些玉米，目的是要引小鸟跳进鸟笼，然后才把笼门关上。(见课文初稿)

这两例都有三个分句，但用“才”关联的是第二分句和第三分句。前一例第二分句开头“要”相当于“应该”，后一例第二分句开头的“要”相当于“打算、想”。两例里的“才”都应改为“再”。顺带指出：前一例的原句，第二分句里已经用了“再”，第三分句里很自然就用了“才”；修改后，第三分句的“才”成了“再”，第二分句的“再”就要去掉。

下面的用例，情况稍为特殊，也还是属于未然性连贯复句：

(8) 我每天先准备好食物才去做工，只须请她给孩子吃就行了。(见课文初稿)

(9) 既然看法有分歧，那就留待下回才来解决。(见课文初稿)

特殊之处在于：其中一个分句是未然性连贯复句的紧缩。前一例，第一分句已经紧缩，等于说“我（可以/打算）每天先准备好食物，(然后) 才去做工”，可以加上“可以、打算”之类。后一例，第二分句已经紧缩，等于说“那就（最好/可以）留待下回，(然后) 才来解决”，可以加上“最好、可以”之类。两例里的“才”都应改为“再”。

(二) 关于格式二

格式二见于“等＋时间名词”后边续上某个行为。一般是在一个小句中，先说一个时间，然后再说将要出现的一个行为。例如：

(10)（你现在要进城，先对个对子。我出上联，你对下联，如果对不出，）就等明天清晨才进城吧。（见课文初稿）

(11)（看样子，你是对不出下联了。怎么样，）还是等明天才进城吧？（见课文初稿）

这两例，“等明天清晨进城”和“等明天进城”说的都是未然的事，都可以加上“最好、只好、只能”之类词语。其中的“才”，都应改为“再”。

如果省去“等”字，行为前边就只出现一个表示未来时间的词语。例如：

(12) 你明天才吃吧！（见课文初稿）

(13)（夜深了，白老三只好先睡下，）第二天才打算。（见课文初稿）

例（12）等于说“等到明天”，例（13）等于说“等到第二天”。两例的“才”，都应改为“再”。

（三）关于格式三

格式三见于“在……之后”后边续上某个行为。也是在一个小句中，先说一个时间，然后再说将要出现的一个行为。例如：

(14) 让学生看一遍之后才从提供的三个答案中选出正确的一个。（见课文初稿）

(15) 这篇文章经过大家的斟酌后才寄到报社去。（大家先自己看看，准备一下意见。）（见课文初稿）

例（14），用“看一遍之后”；例（15），用“经过大家的斟酌后”，等于说“在经过大家的斟酌之后”。说的都是未然的事，都可以加上“最好、应该”之类词语。其中的“才”，都应改为“再”。

有时，可以隐含“在……之后”。例如：

(16) 妈妈要弟弟戴上帽子才出门。（见课文初稿）

上例等于说“妈妈要弟弟在戴上帽子之后……”，其中的“才”应改为“再”。

三　相关问题辨析

表述时间上的先后连贯，“才”和“再”一般分别表示已然和未然，这一基本分工可以从文学作品中得到大量语言事实的印证。比较下面三组例子。

A组：例句见于马烽、西戎《吕梁英雄传》

(17) 孙生旺先让刘三丑到庙外放哨，然后才说道：“我看是退地退露了消息。”

(18) 要先了解一下杜玉贵对日本人的认识，看他的思想变了没有，然后再谈参加工作的话。

B组：例句见于李晓明、韩安庆《平原枪声》

(19) 到了吉祥镇，杨百顺命令把吉官起的房子团团围住，上房压了顶，然后才叫门。

(20) 先到肖家镇看看，顺便把那里的情况了解了解，然后再到县委去。

C组：例句见于姚雪垠《李自成》第二卷

(21) 丁夫人又行了一拜三叩头的常朝礼，由皇后吩咐赐座、赐茶，然后才开始闲谈家常。

(22) 闯王决定赶到清风垭打尖，然后再走。

A、B、C三组例子，第一句，说的都是已经成为事实的行为，用“才”；第二句，说的都是尚未成为事实的行为，用“再”。

但是，“才、再”同“已然、未然”的关系和区别，并总是不那么单一，不能绝对化地一刀切。以下两点，需要提出，加以辨析。

(一) 有时，表示未然的先后行为，也可以用“才”。这有两种情况。

第一，述说某人准备怎么办，涉及行为先后时可以用“才”。例如：

(23) (陆清丝毫也听不进去，但是他装出一副完全理解的面孔，硬着头皮听完了黄以声对时局的分析，）他希望用自己的姿态，换取黄将军对他的好感，然后才提出他想了解的问题……（罗广斌、杨益言《红岩》）

上例“提出他想了解的问题”是未然的事，却用了“才”。这类例子，说的是某人希望、打算或计划怎么样。同类的例子：

（24）我打算给女儿一个惊喜，让她抱着我又蹦又笑，然后才去上学。

（25）她计划，穿过草滩，一直走到湖边，找到一块好草地，然后才坐下来拉起小提琴。

换一个角度说，由于希望、打算或计划的事毕竟也是未然的事，因而当然也可以用“再”：他希望用自己的姿态，换取黄将军对他的好感，然后再提出他想了解的问题。｜我打算给女儿一个惊喜，让她抱着我又蹦又笑，然后再去上学。｜她计划，穿过草滩，一直走到湖边，找到一块好草地，然后再坐下来拉起小提琴。不过，比较而言，用“才”，重在表示行为往后延续；用“再”，重在表示补加新的行为。

第二，在“只有先 A，然后才 B”句式中，必须用“才”。例如：

（26）只有自己首先不动摇，然后才能帮助动摇的人，克服人家的不动摇。（刘少奇《论党内斗争》）

上例既出现了表示时间的“首先……然后……”，又出现了表示必要条件的“只有……才能……”。一旦前分句出现“只有、必须”之类词语，“才”的后边出现“能、会、肯、敢”之类词语，便明确强调，先出现的行为是条件，后出现的行为是受制于该条件的结果。这里的“才”，不能改成“再”。同类现象：

（27）我们首先要自己坚定信心，然后才能教育和团结群众提高信心。（《邓小平文选》第二卷）

（28）（如果有人送点什么吃的给他，）他总要工作人员先送给毛主席和我父亲一些，然后自己才肯吃。（初中《语文》第六册）

（29）首先要求大家团结起来，把问题研究清楚，思想上认识一致，然后才有可能，也才有力量向资方提出交涉，解决这个问

题。(周而复《上海的早晨》)

上三例前头尽管未出现“只有”，但“才”的后边出现了表示有所断定的“能”“肯”和“有可能、有力量”。

如果脱离“只有…… (X) 能……”框架的制约，“才”和“再”有时可以互换。这时，二者有所纠缠。比较：

(30) 先交款，然后才供货。

(31) 先交款，然后再供货。

细加审察，可以知道，二者表达的偏重点有所不同。前一例用“才”，偏重于强调条件。前头可以添加“只有”，“才”后可以出现“能”类词语：→只有先交款，然后才能供货。后一例用“再”，偏重于强调连贯。对于后分句的行为来说，前分句的行为有时可能恰好是严格意义上的条件，但有时也可能不是。这一点，从后分句可以改换说法得到证明。比如：→先交款，然后再吃个便饭。→先交款，然后再到招待所去睡觉。→先交款，然后再出去逛逛街。→先交款，然后再赶今晚的火车回家去。从总体上看，不管情况如何，用“再”还是重在把行为分个先后。再看这个例子：

(32) 吃饭？睡觉？逛街？先交款再说！

这里用“再”，意味着“吃饭、睡觉、逛街”都是以后的事。上例就不能改说成：吃饭？睡觉？逛街？先交款才说！

(二) 有时，即使是表示已然的先后行为，也可以用“再”。这也有两种情况。

第一，在叙述连续出现多项行为的过程中，用“再”表示补加。例如：

(33) 喝完了水，成岗的脑子十分清醒，没有丝毫睡意，他望了望寝室后面那扇熟悉的储藏室的小门，站起身来，走到门边，开了锁，扭着把手，推开小门，扭亮储藏室里的电灯。又转身出来灭了床边的台灯，然后再走进储藏室，关上小门，从里边锁上暗锁。(罗广斌、杨益言《红岩》)

上例说的是已然事实。先出现“喝完了水”“望了望”“站起身”

“走到门边”“开了锁”“扭着把手”“推开小门”“扭亮储藏室里的电灯”“转身出来灭了床边的台灯”等行为，然后说“再……”。同类的例子：

(34) 他先把车子停在路边，到超市买了好些食品，然后再转进电影院，看了一场电影。

(35) 总经理拿起李工程师的情况报告，很认真地一页页翻看，又很认真地签上了自己的意见，然后再递给小李，让她赶快打印出来。

第二，在叙述惯常性行为的过程中，用“再”表示补加。所谓“惯常”，即一向如此，常常如此。例如：

(36) 要在平日，袁天成只好低下头不吭声，让他一个人骂得没有劲了自动走开，然后再继续做自己的活，(不过这一次恰碰上天成老汉也闷着一肚子气，所以冷冷地反问了她一句：“我又犯了什么罪了吗?”)(赵树理《三里湾》)

(37) 每个晚上，他都得秘密地也是不知疲倦地坐在房间里，轻轻地打开收音机，让来自解放区的广播，从嘈杂的干扰中传播过来，紧张地听着，紧张地记录下，然后再将记录稿用毛笔端正地抄写一遍。(罗广斌、杨益言《红岩》)

这两例说的也是事实，“平日”“每个晚上”表明是惯常性行为。前一例，先出现“低下头”“不吭声”“让他一个人骂”等行为，然后说“再……”；后一例，先出现“坐在房间里”“打开收音机”“紧张地听着”“紧张地记录下”等行为，然后说“再……”。

这样的用法，也可以类推，而且可以只有两个分句。例如：

(38) 她从来都是先听听助手的意见，然后再决定怎么办。

由于说的是已然的事，因而当然也可以用“才”。换句话说，以上语法境域，“再”和“才”都可以用。细微差别在于，用“再”，重在行为有所补加；用“才”，重在行为稍后延续。再看这个例子：

(39) 她利索地解下缠着的布带，把木盒放在矮凳上，然后把伤腿搁在木盒上，再用葛布罩着，闷住药气。(罗旋《红线记》)

上例先叙说“解下”“放”“搁”等行为，然后补说“再……”的行为，特别强调了行为的补加。这里用“再”，比用“才”更顺畅。

四　结语

新加坡中小学华语教材有好些种，分四个组负责编写。一个组负责“小学高级华文教材”和“小学华文教材”，另一个组负责中学的“普通学术课程”“普通（工艺）课程”和“快捷课程”，第三个组负责中学的“华文B课程”，还有一个组负责“中学高级华文”。每一种教材，都包括不同年级的课文、作业和教师手册。承李彦溪先生告知：“新加坡教育部教材编写组目前共有24位同事，祖籍是福建的共有19位,占百分之79.2。”(电子邮件，2004年7月28日，11：46）在笔者审读过的新加坡华文教材初稿中，多数地方分清了“才”与“再”。不过，以“才”充“再”的现象，却在四个组负责编写出来教材初稿里都有出现。重复里头有规律。显然，这不是个别学者偶发性的语言行为，不是一般意义上的语言规范现象，而是值得探究和总结的属于社会语言学的语用问题。

本文只讨论一个“才”字，但讨论的既是词汇问题，更是语法问题。针对源方言的潜性影响，从“世界华语”的角度研究方言和共同语的关系，考虑如何解决哪些必须解决的问题，考虑词典和语法教材提供的知识是否够用，都不是小问题。

主要参考文献：

[1] 陈章太，李如龙．论闽方言的一致性［J］．中国语言学报，1983（1）．

[2] 李荣．现代汉语方言大词典［Z］．南京：江苏教育出版社，1993-1998．

[3] 李行健．现代汉语规范词典［Z］．北京：外语教学与研究出版社，语文出版社，2004．

[4] 梁东汉，林伦伦，朱永锴．第二届学术研讨会议文集［C］．广州：暨南大学出版社，1992．

[5] 梁明江．海南方言说要［M］．海口：海南出版社，1994．

[6] 谢世涯．新加坡华语运动的成就与反思［M］．台北：第四届华语文教学研讨会，1994.

[7] 中国社会科学院和澳大利亚人文科学院．中国语言地图集［M］．香港：朗文，1987.

[8] 中国社科院语言研究所词典编辑室．现代汉语词典（增订本）［Z］．北京：商务印书馆，2002.

[9] 周清海，周长楫．新加坡闽南话与华语［N］．新加坡《联合早报》副刊，1998-10-20.

（原载《方言》2005 年第 2 期）

全球华语语法研究的基本构想

2011年春，全国哲学社会科学规划办公室征集重大项目选题，我们上报了“全球华语语法研究”课题。经专家通讯评审，该课题入选2011年度国家社会科学基金重大项目，并面向全国公开招标。下面就这一课题的设计，谈谈我们的基本想法。

一　项目背景

我们提出这一课题，是基于两方面的背景。

首先，是为了适应国家发展的需要。

随着我国综合国力的日益增强和国际地位的不断提高，华语（汉语）的使用范围越来越广，华语的国际影响也越来越大。但由于社会、历史和地理等方面的原因，地区华语在语音、词汇、语法上形成了不少差异，给人们的言语沟通带来了不同程度的困难。如何沟通地区华语，使华语充分发挥其交际功能，这关系到华语在环球背景下的进一步发展，也关系到国家形象的展示。开展本课题研究，将有利于促进华语交际畅通和国际传播，有利于增强全球华人的民族认同感，使华语成为全球华人大团结的纽带。

其次，是为了回应国际华人学者的倡议。

对于全球华语的研究，以往未能受到学界的足够关注和重视。2005年启动、2010年完稿出版的《全球华语词典》，只涉及词汇层面。对于全球华语的语法问题，学界至今无人提出研究计划。2009年，新加坡著名学者周清海先生提出，应将全球华语语法提上研究日程，并多次与我们沟通，希望以我们研究中心为依托，立项并组织对全球华语语法的研究。这一倡议，反映了世界华人的寄托和期望。作为教育部的人文社会科学重点研究基地，我们有责任也有义务，用实际行动做出积极而有效的回应。

二 总体框架

本课题是一项涉及面广、情况复杂、问题繁难的浩大工程。第一，华人遍及五大洲，华语通行全世界，如此广泛的地区分布，如此众多的使用人口，这是除英语之外的其他语言难以相比的。第二，华语的使用情况十分复杂，在不同的华人社区，在不同的历史时期，由于政治、经济、文化等方面的制约和影响，表现出各不相同的形态。第三，世界华语的研究，涉及很多深难的问题。就语法来说，其差异不像语音和词汇那样较为容易发现和描写，往往需要在更深的层次上才能观察到内部的不同；还有，促成华语语法在不同区域形成变异的因素有哪些？如何消除歧异，使之逐渐趋于一致，以便于华人之间的相互交流与沟通？在华人交往日趋频繁的今天，华语语法将会如何发展？这些都是研究中将会涉及并需做出回答的问题。正因为本课题工程浩大，任务繁重，我们经过了两年多的酝酿、构思和筹划，并多方听取意见，才形成了具体实施的基本设想。总体框架上，可以概括为三句话：近远布局，实论结合，主次兼顾。

（一）近远布局

“近远布局”是就工作部署和研究目标来说的。本课题涉及那么多的国家和地区，涉及那么多复杂的问题，不可能毕其功于一役，因此需要由“近”及“远”，分期部署，分步推进。整体工程拟分为两期：“一期”是单点的事实调查和描写，“二期”是各点的比较与研究。“一期”又将分为两步：第一步，先选择最具代表性的若干区域，重点调查，积累经验；第二步，再推及需要考察的其他区域，全面调查，系统总结。选点上，由中国的台港澳地区到东南亚华人群体较大、华语使用频繁的新加坡和马来西亚，再到在欧美及澳非地区具有一定典型性的美国，涉及不同国家和地区。相应地，在研究目标的设计上，也将分为近期目标和远期目标。近期将实施“一期”的第一步计划，拟用5年左右的时间完成3个地区和3个国家的调查；接着再用若干年时间，完成其他区域的调查，实现远期目标。

（二）实论结合

“实论结合”是就研究的指导思想来说的。“实”既指语言事实，也指语言现实；“论”指理论思考与总结。“实”是基础，是重点；“论”是延伸，也是提升。一方面，我们将着力于全面地调查事实，深入地发掘规律，以展示“整体华语”的语法面貌；同时，还将通过不同社区华语语言生活的考察，分析影响语言生活、制约华语发展的各种因素。另一方面，将致力于在事实考察的基础上，进行宏观上的理论思考与总结，提出一些具有创新性的论说，或者提出一些具有可行性的建议。

（三）主次兼顾

“主次兼顾”是就研究的具体内容来说的。面对情况各异、现象纷繁的全球华语语法，研究时该如何把握考察的对象、确定研究的内容？我们的考虑是：突出重点，兼顾其他。具体来说：（1）重点调查台港澳地区和东南亚国家，同时也调查其他国家。（2）重点调查华语共同语，在方言突出且使用频繁的区域，也调查代表性方言；对于只通行方言的区域，则主要调查方言。（3）重点考察语法问题，也兼顾考察相关的应用问题。（4）重点调查口语，对于有华语纸质媒体和华语文学创作的地区，也兼顾考察其书面语。

三　基本内容

本课题的基本内容可以概括为“四五六”，即：四项大任务，五个子课题，六个重难点。

（一）四项大任务

1. 研制调查大纲

本课题的前期工作，是研制一份《华语语法调查大纲》。有了大纲，才有了调查的材料和依据，才能保证统一的体例和要求。大纲将以例句的形式呈现，初步计划拟订 1 万条。例句的拟订，力求达到“四性”的要求。(1) 系统性。以目前学界通行的普通话语法系统为参照，通过例句，展示出一个系统的语法框架。(2) 详尽性。例句要求尽可能详尽，每一个具体问题（比如一个虚词或一种句式）所编写的例句要能反映出细节，显露出深层次的问题。(3) 包容性。例句还要做到包容性强，适合于不同的华语区调查使用。(4) 开放性。考虑到不同地域华语的变异性和多样性，也考虑到例句的设计也可能存在不够周全的地方，因此容许不同华语区的调查者根据本区的实际情况，对例句进行适当的补充和删减。

调查大纲除了例句之外，拟还包括 3～5 篇、1～2 万字的故事体长篇材料。这是考虑到有的语法现象可能在例句中无法或很难出现，只有在语篇中才能观察得到。这份调查大纲，也许既适用于全球华语语法的调查，还可以作为汉语方言和民族语言语法调查研究的材料。

2. 区域调查研究

也就是单点的调查研究，即对需要调查的华语区域逐点进行调查和研究。

从整个项目工程来看，我们的调查将覆盖世界重要的华语国家和地区，但从实际出发，我们的计划只能分期分步实施。就选点来说，不光要考虑台港澳地区以及东南亚、欧美等国家和地区，还将考虑北京点，以便做后期的综合比较研究。第一步，只选定了 3 个地区和3 个国家的华语进行重点调查。这一阶段的研究，还将涉及各区域华语使用情况的调查。

3. 综合比较研究

也就是多点的比较研究，即在单点调查研究的基础上，对各点材料进行比较分析，观察异同，揭示特点，总结规律。研究中，还将探讨华语语法变异的原因、华语语法发展的趋势等相关的理论问题。

4. 建立资源库

资源库包括华语语法语料库和文献资料库。所有调查所得的语料，都将按一定规范整理入库，语料库的设计要求功能齐全，便于语料的检索和利用。资料库收录与华语语法研究相关的文献篇目，注明文献的基本信息。

上述内容，有的是在“一期”完成的，有的将作为后续的“二期”工作任务。

（二）五个子课题

本课题“一期工程”第一步的任务是重点调查3个地区和3个国家，即台湾、香港、澳门地区，新加坡、马来西亚和美国，完成5卷本《全球华语语法调查报告》。其中香港和澳门两区合为1卷，每卷作为一个子课题，即：子课题1，台湾卷；子课题2，港澳卷；子课题3，新加坡卷；子课题4，马来西亚卷；子课题5，美国卷（一个地区）。

由于不同地区和国家的华人情况不同，语言政策也不一样，因此，世界各地华语的使用状况呈现出复杂多样的形态，语法上也必然是既有共性特征，也有个性差异。为了更加客观全面地反映事实，各项子课题在保持写法基本一致的前提下，将容许负责人根据不同地区和国家华语的实际情况，对研究内容的侧重点和具体细目做出不同的选择和安排。

就台湾卷来说，华语（国语）的使用及面貌是跟台湾的历史及语文政策息息相关的。

台湾在1945年光复之前，被日占领50年。日占期间，为了同化台湾，日本殖民统治者极力推行“日语政策”。据当时官方公布的数字，日语在台湾的普及率高达70%。至国民党执政时期，政府力除日语影响，制定国语（普通话）政策，实行国语教育，大力推行国语运动。再到民进党执政时期，政府则又推行“去中国化”的语文政策，有党派甚至提出将河洛话（闽南话）、客家话等列为第二官方语言，并实行乡土语言教学，在学校正式开设（河洛话）闽南话、客家话等乡土语言课程。台湾的这种特殊历史及不同历史时期的语文政策，兼之与大陆的长期隔绝及两岸沟通的限制，使得台湾的国语与大陆的普通话在词汇、语法等方面形成了不同程度的差异。因此，对于台湾华语语法的研究，一方面重点调查共同语（国语），同时将兼顾其重要方言（闽南话、客家话）。考察其重要方言，既可全面了解其语言状况，同时，对于了解台湾国语的区域变异，也会有重要的帮助。

基于上述情况，本项子课题的具体研究内容将包括以下三个方面：

1. 台湾华语共同语（国语）调查研究。这是本项子课题的研究重点。

（1）例句和语篇的调查；完整调查和记录 1 万条语法例句和 1～2 万字的语篇材料。此外，还将调查现行报刊（如《中国时报》《联合报》）、文学作品等书面语材料。

（2）语料的分析研究：描写事实，总结特点，揭示规律，力求深入细致，客观准确。

2. 台湾闽南话和客家话调查研究。台湾的闽南话和客家话内部各有差异，闽南话有泉州方言、漳州方言、泉漳混合方言等，客家话有四县方言、海陆方言、永定方言等。本课题调查闽南话和客家话，只各选一个代表点（台南、桃园），适当兼顾语法上存在明显差异的其他点。

（1）事实调查。调查材料拟用《华语语法调查大纲》简本（约 500 条），或用中国社科院语言研究所方言组编制的《汉语方言语法调查例句》（约 250 条），调查的程度可视各点的具体情况而定。

（2）分析研究。一方面，客观描写事实，揭示特殊语法现象；另一方面，跟大陆的闽南话和客家话进行比较，观察其语法异同。

3. 台湾华语（包括共同语与方言）使用状况调查及华语变异与发展研究。

（1）调查台湾华语的使用状况，特别注意台湾华语使用与台湾语文政策的关系。

（2）考察台湾华语的变异情况及其影响因素，分析台湾华语的发展趋势，就海峡两岸语言的交流沟通与趋于一致提出应对性的建议。

又比如马来西亚卷，马来西亚是一个多民族多语言的国家，使用的主要语言有马来语、英语、华语和泰米尔语。独立前，因属英国殖民地，英语为其官方语言；1957 年独立后，马来语便成为国语，而英语则作为第二语言，广泛用于行政、工商、科教、服务以及媒体等领域。华语和泰米尔语则在华人和印度人族群社会中广泛使用。华语除了共同语之外，还有当地所谓的福建话（来自厦门、漳州、泉州一带的闽南话）、广东话（广东粤语）、广西话（广西粤语）、客家话、海南话（海南闽语）、潮州话（潮汕闽语）等汉语方言。闽语是马来西亚最强势的汉语方言，不仅使用的华人多，而且闽语中的不少词成为借词进入了马来语。从语言地位上看，英语和马来语是高层语言，华语共同语和泰米尔语是中层语言，华语方言及其他少数民族语言是低层语言。从华语的使用情况看，早期的华人因文化程度不高，大多只会自己的母语方言，有的为了生存和交往，也会学习其他方言或外族语言；年轻一代的华人虽然母语方言的水平有所下降，但普遍熟悉华语共同语（有的还将其视为自己的母语），而且大都兼通马来语和英语。

基于上述情况，本项子课题的具体研究内容与台湾卷大体相同，包括以下三个方面：

第一，马来西亚华语（共同语）调查研究。

第二，马来西亚闽南话和粤语调查研究。马来西亚的闽南话和粤语内部各有差异：闽南话有来自福建的闽南话，也有来自海南、潮汕等地的闽南话；粤语有来自广东的粤语，也有来自广西的粤语。调查时，只各选一个代表点，适当兼顾语法上存在明显差异的其他点。闽南话拟选槟城：一是因为槟城是州府所在地、马来西亚的第二大城市；二是因为该城华人集中且所占比例大（槟城以华人为主）；三是该城通行福建话。粤语拟选吉隆坡：不仅因为它是首都，还因为它是马来西亚说广东话的华人最集中的地方，广东话在该地的华人中可畅通无阻。

第三，马来西亚华语（包括共同语与方言）使用状况调查及华语变异与发展研究。

（三）六个重难点

本课题拟着力突破的重点问题主要有以下三个方面。

第一，区域华语语法的总体面貌及主要特点。一方面，通过全面考察，弄清不同区域华语语法的基本事实和总体面貌；另一方面，通过深入比较，了解不同区域华语语法的主要特点。

第二，华语语法的区域变异及其原因。既要考察华语语法在不同区域的变异情况，同时，从区域政治、经济发展、语文政策、语言接触等多方面来探求变异形成的原因。

第三，区域华语的沟通及华语教育的对策。区域华语的差异，给人们的言语沟通带来了不同程度的困难。这种沟通的障碍，既有语音、词汇方面的因素，也涉及语法方面的问题。如何逐步缩小和消除区域差异，促进全球华语的自然融合和健康发展？这是需要我们回答的问题。海外的华语教育同样也涉及语法问题。华语教育中，如何看待语法上的区域差异？如何处理区域语法差异与普通话语法的关系？我们将通过调查和研究，力求提出富有建设性的意见。

本课题涉及的问题十分复杂，研究中将会遇到很多的困难。主要的难点问题有以下三个方面。

第一，调查大纲的设计。“华语语法调查大纲”是本课题开展调查的主要依据。可以说，“大纲”的设计关系到本课题研究的成败。如何编制符合“四性”要求的调查大纲，以确保调查工作的成功，这是我们首先需要突破的难点问题。

第二，语言事实的发掘。华语的区域差异既表现在语音、词汇方面，也表现在语法方面。相对来说，语音、词汇的差异容易观察，而语法的差异往往比较隐蔽，需要进入深层次才能够发现。因此，深入发掘语言事实，充分揭示语法规律，全面了解区域华语的语法差异，这既是本课题研究的重点，同时也是本课题研究的一个难点。

第三，美国华语的调查。在本课题第一步选定的 3 个地区和 3 个国家中，美国的情况比较特殊。一方面，其华语的来源相当复杂；另一方面，华语的使用情况也很复杂，在洛杉矶等华人集聚的地区，华语共同语的推行力度及通行程度远不及东南亚的新加坡和马来西亚。对于这类地区，如何选择调查的对象，如何把握调查的内容，如何观察语言接触给华语带来的影响等等，都是我们在调查中将要面对的难点问题。我们选择美国点，也正是为了通过这些难点问题的突破，为后续的欧美和澳非区域华语的全面调查打下基础，积累经验。

四　研究思路

本课题覆盖范围广，牵涉问题多，研究任务重，如何科学规划，合理安排，稳步实施，以保证预期目标的圆满实现，这是我们需要认真研究、妥善解决的问题。我们的基本思路是：

（一）记录事实，描述现状

无论是对不同区域华语共同语语法的考察，还是对其重要方言的考察，或是对华语使用情况的考察，都以记录和描写事实为第一目的，力求客观准确地反映华语语法和华语使用的现状。

（二）通语为主，兼顾方言

华语在不同的国家和地区呈现出不同的形态。比如，有的区域只用共同语（通语）；有的区域既通行共同语，同时也使用方言；有的区域方言的使用更为常见，通语的使用反显弱势。我们的调查以共同语语法为主，对于方言也较通行的区域，将兼顾调查其重要方言。在调查的程度上，共同语力求全面深入细致，对于方言，则只做一般性的调查，了解其大体面貌和主要特点。

（三）整体规划，分期实施

这在“总体框架”部分已做说明。

（四）先行试点，再行铺开

全球范围的华语语法的调查尚属首次，缺乏可以借鉴的调查经验；跟语音、词汇相比，语法的调查又尤显难度，情况更为复杂。因此，对于第二步和第三步的计划来说，第一步的工作可以看作试点；对于非东南亚的欧美和澳非国家来说，美国华语的调查也是一种探索。我们将在第一步工作的基础上认真总结经验，不断完善方案，努力完成好后续的第二步和第三步的调研任务。

五　预期目标

本课题的预期目标，概括地说，就是：摸清语情，生发理论，谋划对策，促进发展。具体的预期目标表现在不同的方面，反映了课题实施不同阶段的工作要求。

（一）近期目标和远期目标

由于本课题工程量大，只能分期完成，因此研究目标也只能分期实现。我们的近期目标是：完成“一期工程”的第一步工作，力求弄清或了解3个地区和3个国家华语语法的基本情况；出版5卷本《全球华语语法调查报告》。远期目标是：通过各地华语语法深入细致的比较，揭示“整体华语”语法的总体面貌；出版综合本《全球华语语法调查报告》。

（二）实际目标和理论目标

实际目标有四：首要目标是，通过调查，弄清华语语法在世界不同区域的异同，特别是在不同区域的变异情况；其次，了解不同区域的华语使用状况；第三，针对华语使用、华语教育中存在的突出问题，提出对策和建议，为国家语言规划和语言政策的制定提供一些参考意见；第四，为汉语方言和民族语言的调查研究积累经验。理论目标有二：第一，通过对华语语法的深入研究，力求提出一些关于汉语语法特点和规律的新见解，丰富汉语语法理论；第二，通过对华语内部的不同变体、华语与外族语言的相互接触以及华语的变异形态等问题的考察，力求得出一些关于语言发展的新认识。

六　结语

对全球华语语法进行全面考察，无论是国内还是国际，尚属首次。这项工程对我们来说，既是机遇，也是挑战。本着实事求是的态度，我们拟订了一个实施方案，并征求了有关专家的意见。应该说，这个方案是初步的，是有待完善的。随着研究工作的展开，调查工作的深入，我们也可能根据实际情况，对方案作出适当的调整。

本项目的研究是带有探索性的。我们深知，研究的道路不可能是平坦的，我们将会面临许许多多的困难。这里把我们的一些基本想法写出来，是想听听学界的意见，期盼学界同仁帮我们把把关，看看我们提出的总体框架是否合理，研究内容是否恰当，研究思路是否可行，研究目标是否现实。启动这一项目，既是为了深入了解华语语情，揭示华语语法的基本面貌，也是为了促进华人社会的语言沟通和汉语的国际教育与传播，为中华文化的发展和繁荣作出我们的努力。我们期待的是，本项目能够成为学界的一项共同课题，能有更多的学者加入研究的行列。

主要参考文献：

[1] 曹逢甫. 台湾闽南话的 ka 与宾语的前置 [J]. 汉语学报，2005 (1)：21-30.

[2] 陈晓锦. 马来西亚的三个汉语方言 [M]. 北京：中国社会科学出版社，2003.

[3] 程祥徽. 中文变迁在香港 [M]. 香港：三联书店（香港）有限公司，2005.

[4] 赖淑芬. 华语“认知动词”的语义辨析 [J]. 汉语学报，2008 (2).

[5] 李斐. 港式中文词类活用现象调查报告 [J]. 汉语学报，2012 (4)：73，80.

[6] 丘进. 华人华侨研究报告 (2011) [M]. 北京：社会科学文献出版社，2011.

[7] 许长安. 台湾语文政策概述 [M]. 北京：商务印书馆，2011.

[8] “中国语言生活状况报告”课题组. 中国语言生活状况报告：2005 上 [M]. 北京：商务印书馆，2006.

（原载《云南师范大学学报》2012 年第 5 期，与汪国胜合作）

汉语方言现象与华人文化风情

语言有三要素：语音，词汇，语法。普通话如此，方言也如此。跟普通话相比较，人们对方言现象的感知，可以分为两个层面：其一，易感层面。语音和词汇，属于这一层面。其二，隐约层面。语法，属于这一层面。不管属于哪一层面，汉语方言现象都与华人文化风情息息相关。

一　语音

第一，在方言的语言三要素中，语音是最易感的要素。

从学术角度看，方言分区，七区也好，八区也好，十区也好，所据的基本标准都是语音。

从听觉角度看，听别人说话，在听其内容的同时，很自然地要推测说话人的籍贯，进而推测说话人的社会背景、文化素养等等。古人常常提到的“乡音”，即方言语音，诗词和散文里面皆可见到。例如：少小离乡老大回，乡音难改鬓毛衰。（唐·贺知章《回乡偶书二首》）｜不解乡音，只怕人嫌我。（宋·陈与义《点绛唇·紫阳寒食》）｜河东士族，京官不少，唯此家兄弟，全无乡音。（《北史》卷三十八）人际交往，人群相处，相互间往往用听口音的办法来判断籍贯。例如：乡亲，听口音你是河南人。（杜鹏程《保卫延安》）｜唏，英雄末路是不会留下姓名的，听口音好像是无锡。（陆文夫《人之窝》）｜一些看不清面目的人在轿边大声喧哗，听口音不像是本地人。（尤凤伟《金龟》）｜听口音，这个人很像是他的家乡一带的人。（吴强《红日》）｜今天净是谁们呀，怎么听口音都生呼呼的。（孙犁《风云初记》）直言“乡音”也好，讲说“听口音”的感觉也好，都触及了乡土文化。

第二，在语言三要素中，普通话和方言的语音异况之对应，具有系统性和规律性。

读古今小说，观察小说作者的语言运用，可以知道，最注意方言、喜欢时不时讲说讲说方言问题的作者，应是吴趼人。吴趼人（1866—1910），广东佛山人，原名沃尧，字小允，又字茧人，晚清谴责小说大家。他所写的《二十年目睹之怪现状》中，多处穿插有方言知识，说明了他具有声韵方面的修养。举例说，该小说中有如下的描写。

端甫道：“其实广东话我句句都懂，只是说不上来；像你便好，不拘那里话都能说。”我说：“学两句话还不容易么。我是凭着一卷《诗韵》学说话，倒可以有‘举一反三’的效验。”端甫道：“奇极了！学说话怎么用起《诗韵》来？”我道：“并不奇怪。各省的方音虽然不同，然而读到有韵之文，却总不能脱韵的。比如此地上海的口音，把‘歌舞’的歌字读成‘孤’音，凡五歌韵里的字，都可以类推起来：‘搓’字一定读成‘粗’音，‘磨’字一定读成‘模’音的了。所以我学说话，只要得了一个字音，便这一韵的音都可以贯通起来，学着似乎比别人快点。”端甫道：“这个可谓神乎其用了！不知广东话又怎样？”我道：“上海话是五歌韵混了六鱼、七虞，广东话却是六鱼、七虞混了四豪，那‘都’、‘刀’两个字是同音的，这就可以类推了。”端甫道：“那么‘到’、‘妒’也同音了？”我道：“自然。”端甫道：“‘道’、‘度’如何？”我道：“也同音。”端甫喜道：“我可得了这个学话求音的捷径了。”（第 34 回）

这里头的对话，说明主人翁吴继之（“我”）善于把握语音对应规律，把方言问题和诗韵知识联系了起来，道出了不同地域的方音流韵。

在现代，特别了不得的人物，是语言天才赵元任（1892—1982）。赵氏为江苏武进人。1910 年入美国康奈尔大学，主修数学，1914 年获理学士学位。1918 年获哈佛大学哲学博士学位。1919 年任康奈尔大学物理讲师。1920 年回国任清华学校心理学及物理教授。1921 年再入哈佛大学研习语音学，后任哈佛大学哲学系讲师、中文系教授。1925 年回国任清华国学院导师，指导“现代方言学”、“中国音韵学”、“普通语言学”等专业，跟梁启超、王国维和陈寅恪并称“四大导师”。1938 年至1939 年任教美国夏威夷大学；后相继任教于美国耶鲁大学和哈佛大学。1945 年当选美国语言学学会主席。1954 年正式加入美国国籍。1973 年和 1981 年曾两次回国。现在，只要在网上一点他的名字，就可以看到他的很多故事。比如，有下面这么一段近似神话般的描述。

他一生中最大的快乐，是到了世界任何地方，当地人都认他为“老乡”。二战后，他到法国参加会议。在巴黎车站，他跟行李员说巴黎土语，对方以为他是土生土长的巴黎人，无限感慨：“你回来了啊，现在可不如从前了，巴黎穷了。”后来，他到德国柏林，用带柏林口音的德语和人聊天。邻居一位老人叹道：“上帝保佑，你躲过了这场灾难，平平安安地回来了。”1920 年，英国哲学家罗素来华巡回讲演，赵元任当翻译。每到一个地方，他都用当地的方言来翻译。他在途中向湖南人学长沙话，等到了长沙，已经能用当地话翻译了。讲演结束后，竟有人跑来和他攀老乡。这位被称为“中国语言学之父”的奇才，会说 33 种汉语方言，并精通多国语言。他掌握语言的能力之所以那么惊人，正是因为他能迅速悟透一种语言的声韵调系统，总结出某种方言乃至某种外语的规律①。

以上的传奇性叙述，是不是百分之百的准确，有待于进一步查考。然而，无论如何，都可以让人们知道，悟透“声韵调系统”，把握“规律”，十分有用，这可是大学问。这里头所涉及的，固然也有词汇和语法的问题，但主要的是语音；这里面所说的语言，固然包括外语，但特别突出了汉语的普通话和方言。不仅如此，这里面还凸显了相同的“乡音”，换来了弥足珍贵的文化认同与由此而产生的浓浓乡情。

第三，处理普通话语音和方言语音的关系，要考虑“整体汉语”。

“整体汉语”这个概念，是张振兴先生提出来的，大有认知作用，对于处理好普通话语音和方言语音的关系具有导向性②。

比如，稻米当中有一种米，书写形式是“米＋更”，即“粳”。这个字，怎么读？最权威的字典词典《新华字典》和《现代汉语词典》，都注为“jīng”。

2012年3月，《楚天都市报》发表《水稻院士张启发认为“粳”字读错了》的报道。报道说：粳稻，是我国南方主要农作物之一。“粳”字到底应该怎么读？水稻专家、中国科学院院士、华中农业大学教授张启发提出，这个字的正确读音应为“gěng”，而不是“jīng”。他的呼吁引发水稻科学界及相关学者的热烈回应，已有来自全国14个省、3个直辖市的近200名专家表示支持，其中中国工程院、中国科学院院士12人。中国工程院院士袁隆平、游修龄等185位专家，在《关于修订粳（geng）字读音的建议书》上面签名，准备向国家语言文字工作委员会和中国社会科学院语言研究所及商务印书馆呈报[3]。

民以食为天。这个字如何注音，关系甚大，不可忽视。查《现代汉语方言大词典》，可知许多地方这种米不叫［tɕ iŋ］（即汉语拼音的jīng）米。比如柳州、南京、上海、扬州等地，读［kəŋ］或［kən］（即汉语拼音的geng或gen）。各地声调有所不同。还有其他地方读音相近。（P4968[4]）

《现代汉语方言大词典》没提到武汉，但武汉一定是读［kəŋ］（或［kən］）。笔者在武汉生活了60年，敢于断定：如果有人去粮店或超市，说“我要买jīng米”，卖者一定不知所云。在中国国土上，南部人口密集，把这种米说成geng米或gen米的地区起码有好几亿人口，形成了一个“粳字南音文化圈”。谁也无力改变“圈”里辈辈承传的音读习惯。“整体汉语”这个概念，可以涵盖“全球华语”。进一步了解境外国外情况，可以提升认识。我国台湾地区，据李行健主编《两岸常用词典》，“粳”读gēng。该词典，“台湾读音以《国语一字多音审订表》为准”[5]。

香港澳门地区，华人一般讲粤语。香港中文大学蒋平教授告知，经过同系搞语音学的香港同事查考粤语拼音，确认“粳（米）”读音为gang^{55}，国际音标为［koɛŋ^{55}］。国外，新加坡华人，美国许多地区的唐人街华人，他们用以相互交际的华语特别值得注意。新加坡籍、目前在新加坡国立大学语言中心工作的谢淑娴博士告知，认识“粳”这个字的新加坡人，也和武汉人一样念成“geng”，第三声。美国著名语言学家、夏威夷大学李英哲教授告知，夏威夷唐人街老一辈的人多半是中山、隆都人，猜想他们的发音可能接近 kang 或 keng。（邢按：国际音标的 k，相当于汉语拼音方案的 g。）统观全局，《新华字典》也好，《现代汉语词典》也好，最好在把这个字注为 jīng 之后，续上一个说明：〈方〉我国南部许多地方读作 gěng 或 gěn。这样，会更为妥善。事实上，《现代汉语方言大词典》已经提供了一个范例：【粳米】济南［tɕ iŋ（或 kəŋ）mi］。（P4968）这就是说，在济南，这种米有两个音，因此如实给出了两个音；放大到全中国，乃至放大到境外国外，从“整体汉语”通盘考虑，如果也给出两个音，肯定更贴近事实，更贴近当今广大群众的文化心理，充分体现字词典注音的科学性。

由“粳”的读音可以知道，如果从词汇角度来观察，作为词的“粳米、粳稻”，其读音在方言分区上是有所突破且并不整齐划一的。柳州、南京、扬州属官话区，但“粳”的读音不同于北京话，却跟属吴语区的上海读音相同或相近。这说明，发生在词汇系统的问题，以及发生在语法系统的问题，不受方言各大分区的封闭式管控，另有发展轨迹，另有自己的“文化圈”。这个问题，后边不再讲说。

二　词汇

第一，在方言的语言三要素中，词汇是较易感的要素。

同一事物，不同地区往往给出不同的命名。比方“玉蜀黍”，不同地区有不同的叫法。查《现代汉语方言大词典》，可以知道：在牟平、南京，叫“玉米”；在徐州，叫“棒子”；在济南，叫“玉米”，也叫“棒子”；在洛阳，叫“玉蜀黍儿”，也叫“老玉米”，也叫“棒子”；在太原，叫“玉茭子”；在杭州，叫“玉黍”；在成都、西宁，叫“玉麦”；在哈尔滨，叫“包米（苞米）”，在上海，叫“珍珠米”（上海新派也有人叫“玉米”）；在广州、东莞，叫“粟米”。还有一个“包谷

(苞谷)”,《现代汉语词典》标注为〈方〉,《现代汉语方言大词典》里查不到。但我在武汉生活了60年,知道武汉人通常叫作“包谷(苞谷)”。各地的不同称说,显现了各异的地域风情。

由于直观性强,跟日常生活相关,各地的不同名目自然容易引起人们的注意。吴趼人在《二十年目睹之怪现状》中多次展示了他这方面的知识。比如该小说中这么写道:有一种人,上海叫“书毒头”,就是“书呆子”。好好的书,叫他们读了,便受了毒,变了“呆子”。(第22回)|一个壁虎(即守宫,北人称为壁虎,粤中谓之盐蛇),生得通身碧绿,十分可爱。(第66回)|那铜烟锅儿(粤人谓之烟斗,苏、沪间谓之烟筒头),恰恰打在头上,把头打破了。(第67回)“书毒头”(上海)、“盐蛇”(粤中)、“烟筒头”(苏沪间)等等,都富于地方特色,反映出不同地方的社会习俗。

第二,方言词有可能向普通话转变。

除开专名,各个方言在用词上也各有特色。有的词为某种方言所独有,有的词为某一带地方所使用。凡是方言词,由于词面形式具有“异况”,因此也为人们所易感。然而,方言词汇同方言语音相比较,在向普通话转化的可能性上有所不同。方言语音里的某个音,要成为普通话的一个音,恐怕十分困难;但方言词汇里的某个词,却由于语用的需求,经过时间的陶冶,可以成为普通话里的一个词。正因如此,方言词汇同普通话词汇之间,有时会出现较为模糊的、不那么清晰的状态。从这个意义上讲,方言词汇只能认为是“较易感”的要素。

事实表明,普通话从不把方言词拒之门外。有些方言词,《现代汉语词典》试用本标注了“〈方〉”,但在第5版中“〈方〉”被取消了。例如“眼屎、夜猫子、浴缸、真格的”等。特别是“搞笑”和“搞定”,第5版还标注了“〈方〉”,到第6版,“〈方〉”被删除了。另外,“忽悠”是东北方言词,收入了第5版,标注“〈方〉”,释义为“晃动”;第6版中,也标注“〈方〉”,但增加了一个解释:用谎话哄骗。可见,方言词在“语言舞台”上充任什么角色,可以有所变移[6]。

第三，方言词常常通过文艺作品得以传播。

所谓文艺作品，包括小说、诗歌、相声、语言小品等等。文艺作品中，往往较多地见到方言词。仅就小说而言，作者使用方言词，存在“明知而用”和“顺手写就”两种情况。

首先是“明知而用”。作者明知某个词是方言词，使用这个方言词，是为了突出地方风习或情调。作者一定跟特定地区有关系，要么是本地人或本地附近的人，要么是在那里生活过。比如：走不动了，跄蹴在路旁边光喘气。（张贤亮《肖尔布拉克——一个汽车司机的故事》）“跄蹴”就是“蹲”，西安一带方言词，反映了西北黄土高原上人们的生活风习。张贤亮 1936 年生于南京，1955 年从北京移居宁夏。又如：不但中意，而且交关中意。（高阳《红顶商人胡雪岩》）“交关”就是“非常、特别”，上海、丹阳等地方言词，反映了那一带人们说话的雅致和柔软。高阳是浙江杭州人。再如：她给每人都化了妆，怎么怯怎么捯饬。（魏润身《挠攘》）“怯”和“捯饬”是北京一带方言词。“怯”是俗气，“捯饬”是打扮。魏润身是北京人，选用了“怯”和“捯饬”，作品的言语因为很土俗很平民化而显得鲜活。

其次是“顺手写就”。常言：“习惯成自然。”作者使用方言词，是出于一种语言习惯。《红楼梦》这部小说，所用的语言跟北京话较为接近，但其中也有若干方言成分，特别是使用了不少扬州一带的词语。比如“家去”一词，出现频率相当高。略举几例：说着便家去了。（第 8 回）｜又说了一会子话儿，方家去了。（第 10 回）｜接袭人家去吃年茶，晚间才得回来。（第 19 回）｜你就家去才好呢。（第 19 回）｜十二日不放家去。（第 21 回）｜不如家去，明儿来是正经。（第 24 回）有学者指出，“家去”不一定就属于扬州方言[⑦]。这个判断是准确的。查《现代汉语方言大词典》，除了扬州之外，丹阳、牟平、哈尔滨也说“家去”。（3438 页）不过，不管怎样，《红楼梦》的用例的确是方言说法，不是普通话说法；而且，就事论事地讲，认为是用了扬州的说法，也是对的。就史实而言，曹氏家族与扬州有不解之缘。曹雪芹的祖父曹寅多次扬州接驾。曹雪芹少年时代曾随家人到过扬州，他迁居北京后也曾到过扬州。再说，《红楼梦》里所写的人和事，跟扬州有较多的牵连，这说明曹雪芹心底里对扬州存有较多的念想。

“明知而用”和“顺手写就”有时可以互见。《红楼梦》里，也有“明知而用”的。举个例子。贾母笑道：“你不认得他，他是我们这里有名的一个泼皮破落户儿，南省俗谓作‘辣子’，你只叫他‘凤辣子’就是了。”（第 3 回）这是林黛玉初进贾府初次见到凤姐，贾母对她介绍凤姐时说的话。其中指明“南省俗谓”。何为“辣子”？一般可能想到辣椒，但不一定就是指辣椒。查《现代汉语方言大词典》，知道西安、西宁、银川、乌鲁木齐等地指辣椒，但南昌却指能人，有本事的人。例如：“乡下个辣子，不敌城里个瞎子。”（5233 页）那么，贾母说的作为南省俗谓的“辣子”是什么呢？有学者指出：“辣子”并不是说凤姐“泼辣”，来自扬州的林妹妹一听就懂得，外婆是在打趣凤姐是个“无赖”。扬州人素称泼皮无赖为“辣子”，扬州评话里最著名的一出《皮五辣子》，讲的就是皮五这个“无赖”⑧。请注意，在贾母所说的话里，前面就先出现了“泼皮”一词。

顺带指出：有的时候，小说中出现了词汇现象与语法现象的交叉。比方，上文提到《红楼梦》里有“家去”。“家去”即“回家”，即“回家去”，事实上，《红楼梦》里既有“家去”，也有“回家”和“回家去”。有时，同一回就可以见到三者同现。例如：先派两个小子送了这秦相公家去。(第 7 回) ｜你今日回家就禀明令尊。(《红楼梦》第 7 回) ｜我因业师上年回家去了，也现荒废着呢。(第 7 回) 同是第 7 回，前例用了“家去”，中例用了“回家”，后例用了“回家去”。特别是这个例子：你且家去等我，我给林姑娘送了花儿去就回家去。（第 7 回）这里，前一分句用了“家去”，后一分句用了“回家去”。“家去”和“回家”都属于词汇系统，而“回家去”却是语法系统里的现象。在“家去”、“回家”和“回家去”之中，只有“家去”是方言说法。可见，方言说法和非方言说法在《红楼梦》中“和平共处”了，二者相互交融，不分彼此，如果不是有心人，是不大容易察觉的。研究《红楼梦》，如果能从语言运用的角度作深度切入，弄清楚种种事实的来龙去脉，从而更为详尽地了解曹雪芹的交游经历及其人文底蕴，“红学”成果必定更为丰满。诚然，研究重要作品中方言词的使用状况，需要做追踪性的深入考证。这是一项很有意义的工作。

三 语法

第一，作为语言要素，方言语法是属于隐约层面的要素。

总体说来，方言语法给人的感觉是隐隐约约，不那么清朗，不那么明显，无论是哪类相关现象，都需要细心识别，作深入辨察，才能描述恰切。以双宾语的位次排列来说。南方方言说“送一本书你”，指物宾语在前，指人宾语在后；共同语里要说“送你一本书”，指人宾语在前，指物宾语在后。语言学家常用双宾语位置的差异作为典型现象，说明方言语法跟共同语语法的不同。其实，即使是双宾语的位次排列，共同语和南片方言的区别也不是绝对的。比如：毛泽东复信柳直荀夫人李淑一，并附《蝶恋花·答李淑一》词一首。(《人民日报》2006年4月8日)此例并非方言说法，但指物宾语“信”用在了前边，指人宾语“柳直荀夫人李淑一”用在了后边。

共同语里，有的时候双宾语表现为“指物宾语＋指人宾语”。这样的用法，“动词＋指物宾语”一共只有两个音节。整个“动词＋双宾语”的说法带书面语色彩，多见于报纸标题。除了“复信”，还有“致函”、“复电”等，如：×××致函奥巴马｜×××复电习近平。“复信柳直荀夫人李淑一”属于这一用法。

更多的方言语法现象，总体说是不外露的，不易直感的。比方，由“好＋形容词”构成的“好”字句，给人的总体印象是南方人特别喜欢使用。但是，“好”字句是否就是“南味”说法？不一定。比如：好香！在美国的我家里，就永远闻不到这种味道。(冰心《空巢》)“好香！”这是“好＋形容词”。但在《空巢》这篇小说里，仅仅出现这么一句，它并没有使读者觉得一定是广东人或港台人在说话。生活中，常有这样的情况：一个人在脱离危险后会来这么一句：“好险！”仅仅是孤立的这么一句，同样很难说它一定就是“南味”的。

经过深入的研究，才知道“好”字句的南味感觉，往往取决于“好+形容词”的多次复现。以叶永烈选编《梁实秋·韩菁清情书选》来说，其中有很多“好”字句。例如：好高兴，好感动，也好伤心，这是我读了快信后的心情。（韩）｜这大心上的图案好丰满，好充实，好绚烂，好热闹，一看就知道是你选的，我好喜欢！（梁）——前例连用3个“好”字句，后例连用5个“好”字句，这就把“南味”凸现出来了。梁实秋出生于北京，后在台湾生活多年；韩菁清原籍湖北黄陂，七岁随父迁居上海，后在香港、台湾生活多年。在一个地方长久生活的人，不会不接受该地方话语的影响。二人在书信往来中多次使用增添感情色彩的南味“好”字句，这是很自然的⑨。因为具有隐约性，不那么显露，因此作者们在其作品里使用方言语法往往是顺笔写出，并非自觉为之。吴趼人在《二十年目睹之怪现状》中讲说了他的语音知识和词汇知识，这是由其主观意识所管控的；作为广东佛山人，他在小说的行文中使用了不少粤方言语法现象，却是在不知不觉中出现的。例如：我娶你不起呀！｜功名也要丢快了！｜你家秋菊有回来么？按普通话的说法，上例应该分别是：我娶不起你呀！｜功名也要快丢了！｜你家秋菊回来了么？然而，喜欢比较各地说法的吴趼人，在语法问题上，却无所觉察。这说明，跟大多数人一样，他是较为缺少这方面的敏感性的。

第二，方言语法现象，有的跟语音和词汇相扭结。即：既是语法问题，又是词汇现象，而且有特定语音形式。

笔者家乡为海南黄流，在海南岛西南端靠海处。观察黄流话的数词“一、二、三”，可以知道以下情况：A. 关于“三”。黄流话的“三”，音［ta^{23}］。跟北京话略有不同的是，与“三”有联系的概念，在北京话里有两个合音形式，“三个”可说成“仨”（sā），“三十”也可说成“卅”（sà），而海南黄流话没有这样的合音形式。B. 关于“二”。黄流话的“二”有［no^{54}］和［ji^{33}］两个音。看两组例子：〈甲组〉二话｜二重性｜二元论｜二部制｜“二为”方向——这里的“二”

表统数，说话音为［no^{54}］；〈乙组〉二房｜二副｜二把手｜二传手｜二等公民——这里的“二”表序数，说话音为［ji^{33}］。其分工，比北京话的“两”和“二”更为严格。C. 关于“一”。黄流话里，不仅“二”分化为［no^{54}］和［ji^{33}］，而且“一”也分化为［iat^{43}］和［it^{5}］。二者同样分工明确，分别表示统数和序数。比如：我们村里出了一(［iat^{43}］)个大学生。｜此一(［iat^{43}］)杯酒，是阿娘要你喝的。——表示统数。又如：我们村里出了第一(［it^{5}］)个大学生。｜此第一(［it^{5}］)杯酒，是阿娘要你喝的。——表示序数。

笔者写过一篇《从海南黄流话的“一、二、三”看现代汉语数词系统》，讨论了四个问题：(1) 现代汉语数词系统的简匀性；(2) 北京话中的“一、二、三”；(3) 海南黄流话中的“一、二、三”；(4) 关于现代汉语数词系统的思考。黄流话属海南闽方言，存在大量文白异读现象。白读音又叫说话音，文读音接近读书音。“一”和“二”分别有两个读音形式，也许来历不同，这需要做进一步的追踪探察。笔者深感：如果能够把汉语数词系统里这样那样的形式、这种那种的因素全都弄清楚，让所有的形式和因素都归列于一个系统之中，那么，我们就可以对汉语数词系统得到明晰的认识。如果进一步把汉语数词系统放到整个汉藏语系的背景中来作些考察，也许研究工作更有意义⑩。

第三，跟许多词汇现象一样，方言语法现象往往是跨方言区的。

从大的方面看，跨粤、闽等大区的南片方言，就形成了若干特色。比如，有一种述谓项前移的现象。举例来说：她没有你好命。(台湾电视连续剧《星星的故乡》) ＝她没有你命好。｜我们方便说话了！(台湾电视连续剧《婉君》) ＝我们说话方便了！｜太多人熟知他的风流史。(香港陈浩泉《选美前后》) ＝熟知他风流史的人太多。｜他又担心不够钱坐的士。(香港林燕妮《浪》) ＝他又担心坐的士的钱不够。

考察可知：(1) 在这种述谓项前移的现象中，述谓项代表说话的着意点，即说话人心目中的表意焦点。说南片话的人，在表述某种意思时习惯上先说出着意点，先突出强调点，然后再追补有关的事实。(2) 这种述谓项前移的现象，涉及的范围并不大。前移的形容词或动词，限于“好、方便、(太) 多、(不) 够”等十来个。但是，由于这些词很常用，述谓项前移现象的出现频率就相当大，所形成的句法形式也比较多。研究南片话语法，不能不注意这类现象。(3) 南片话语区的作家，其母方言主要是粤语和闽语，他们在小说或电视剧中基本上用的是普通话，但也难免很自然地带进一些“南味”。这种“融合”，形成了南片话语区作家作品语言的特殊风味[11]。

第四，跟词汇现象相同，有的方言语法现象可以向通语转化。这种情况，值得多加关注。

比方说，在南片方言中，有一种“有没有+动词语”的疑问句式。例如：有没有上过四川馆子？| 有没有调查过他的背景？目前，这种句式的使用范围已经涉及“东、西、南、北、中”，不仅仅限于南方人了。举几个证据：(1) 各地的文学刊物上面，都可以见到这种句式。《花城》(广州) 中固然常见，《当代》(北京)、《十月》(北京)、《收获》(上海)、《小说家》(天津)、《春风》(沈阳)、《长城》(石家庄) 等等上面，也都常见。(2) 北京籍作家的作品中，可以见到这种句式。比如老作家刘白羽是北京人，他在长篇小说《第二个太阳》(《当代》1987 年第 3 期) 中使用了这种句式：大卡车有没有跟上来？| 你有没有考虑，万一敌人在襄阳、沙市之间阻滞我们？(3) 北京籍语言学家的言谈中，可以听到这种句式。语言学家马希文，北京大学教授，说地道北京话。1986 年 10 月全国哲学社会科学“七五”规划会议在北京召开，30 日上午的语言学科组会议上，他对李荣先生说：“这个问题，不知道李先生有没有研究过？”笔者当即记录了下来。

凡是能够为共同语所吸收的方言句式，一定在语用价值上具有新的活力。这种句式的活力，起码有两个方面。一方面，这种句式可以通过口语化的方式表达多样的时态。有时，用来询问行为实现的经验性，相当于“是否曾经”，例如：“这些年你有没有回过老家？”等于说“这些年你是否曾经回过老家？”有时，用来询问行为实现的已然性，相当于“是否已经”。例如“妮娜有没有出嫁？”等于说“妮娜是否已经出嫁？”有时，用来询问行为实现的延续性，相当于“是否已经并且正在”。例如：“注意看看，敌人有没有追上来?”等于说“注意看看，敌人是否已经并且正在追上来?”另一方面，这种句式是原有的同义句式不可全然替代的。这种句式的原有同义句式有两个。一个为“是否＋动词语”，即“是否做过亏心事?”(＝“有没有做过亏心事?”)另一个为“动词语＋没有”，即“做过亏心事没有?”(＝“有没有做过亏心事?”)深入观察语言事实可以知道，“是否＋动词语”书面语色彩较重。普通人在普通场合你问我答，使用口语句式“有没有＋动词语”才谐调。香港电视剧《射雕英雄传》中梅超风向华筝讲述她和陈玄风的爱情故事，华筝同情地问：“后来你们有没有结合?”华筝是个天真烂漫的年轻姑娘，说话时绝对不会采用“后来你们是否结合了”这样文绉绉的口吻。深入观察语言事实，又可以知道，“动词语＋没有”也不能完全替代“有没有＋动词语”。在谓语动词是“看到、发现、感觉到、意识到”等时，前边如果用“有没有”，后边可以有较大的停顿，书面上加逗号，这样可以突出疑问焦点。在这一点上，“有没有＋动词语”的表达效果优于“动词语＋没有”。例如：你有没有想过，是谁把我们心爱的广州抢了去的呢？(欧阳山《三家巷》)要是改用“动词语＋没有”，说成“你想过，是谁把我们心爱的广州抢了去的没有呢?”这就显得很别扭，说起来比较吃力，听起来不如原来清楚利索。

凡是能够为共同语所吸收的方言句式，一定有其社会背景上的因由。上个世纪，我国一实行对外开放政策，人们便通过各种渠道经常接触到了香港和其他地区的华人习惯使用的语言。这些华人的母方言一般是粤语或闽语。一种语言或方言，使用它的人在某个或某些方面具有强势引力，它就容易为人所模仿，从而产生影响。在上世纪 90 年代前后，香港等地经济实力强劲，其影片、电视片人们爱看。同香港等地在经济、文化等方面的频繁接触，使得这一句式的使用面越来越大，终于突破了方言区的范围，得到了普通话的接纳。这就涉及社会语言风情的问题了[12]。

四　两点感悟

（一）汉语方言是个巨大宝库

语言是文化的符号，文化是语言的管轨[13]。中国上下数千年的历史，纵横数千公里的风貌，国家民族之兴衰，柴米油盐之盈缺，喜怒哀乐之情绪，吃睡拉撒之行为，都在这个宝库里标记成了语言符号。联系华人文化风情研究方言现象，不仅能够更为深刻地了解方言，而且还能为“整体汉语”的研究，为“历史学”、“考古学”、“地域学”、“气象学”等等的研究，开辟出更加宽广的天地。

然而，考究方言现象同文化风情的关系，当今大都还停留在程度不同的感性认识上面，要解释清楚其因果源流，极为困难。且不说语音和语法问题。词汇中的“马铃薯”，通称“土豆”，还有“洋芋”、“山芋”、“山芋蛋”、“山药蛋”、“山药薯”等等叫法，情况错综复杂。仅以“土豆”来说，查《现代汉语方言大词典》可知：北京，又叫土豆儿；万荣，也叫洋芋；洛阳，多叫洋芋；长沙，土豆是新起说法，也叫洋芋头；黎川，新中国成立后才引进。为什么前面的字用“土、洋、山药、马铃”？为什么后面的字用“豆、芋、蛋、薯”？跟特定的历史背景、地理背景或者民俗背景有没有什么关系？作为学术问题，这些都是应该弄清楚，目前却还说不清楚的问题。

（二）研究方言问题，特别需要弘扬以“崇实”为核心思想的朴学精神

朴学表现为质朴、实在、讲实据、求实证，是国学中最具生命力的一种学风。近年来，现代化的浪潮激发了国家的大发展，但是，急于求成、醉心摩登、浮躁夸诞、弄虚作假也随之而泛滥，成了时弊。学术界华而不实的风气越来越严重，令人深感忧虑。因此，现阶段非常有必要强调“朴学”这种具有民族风格、民族气派的精神。以方言语法来说，由于规律隐蔽性很强，要做好研究，必须脚踏实地，有明确的指导思想。一方面，要充分占有材料，据实思辨，不应疏而漏之；

另一方面，心里要有读者，力求写出清楚明白的文章，让读者能够“看得懂，信得过，用得上”[14]。笔者忘不了一个小故事。1989 年 9 月，美国夏威夷大学有个关于汉藏语言的国际会议，笔者去参加了。当时，朱德熙先生在美国西雅图，承担美方关于汉语语法的一项研究，其中涉及方言语法问题。他也从西雅图到夏威夷来了。会议期间，他找到笔者，说他需要鄂东南方言中有关“的”、“个”和“的个”的材料，希望帮他找人做一次调查，给他一份调查报告。笔者 10 月回到武汉，立即找到汪国胜教授等人，把这个任务交给了他们。当时国胜 31 岁，是个讲师。经过几个月的努力，他们分别把调查报告写出来了。笔者把报告寄给朱先生之后不久，收到他的回信。回信如下。

福义同志：

六月十一日发出一函，想已达览。这两天看寄来的材料，其中大冶（金湖）一份写得周到而且清楚，请向作者表示感谢。不过我有一个问题要向他请教。

文中把特殊形式的形容词分成两大类。第一类包括 AA、Ac 等七种形式，第二类包括 cA 等五种形式。我的问题是：第一类如果后头不加“的”，能否作谓语、补语、状语或者单说？在这一点上，两类是否有区别？

我将引用这篇报告，请函告作者大名。著作权属于他本人，他可以随时发表。

谢谢您的支持。

问好

朱德熙

（一九九零年）六月廿五日

朱先生选用的报告，出于汪国胜的手笔。朱先生曾任北京大学副校长，兼研究生院院长，从不给青年学者廉价的赞扬。这位我国语言学界思想最活跃、最富创造精神的语法大家，一向强调尊重语言事实，既特别重视吸取国外新的语法理论和方法，更特别善于用汉语语言事实来检验并改进这些理论和方法，从而写出切合汉语实际的高质量著作和论文[15]。“周到而且清楚”的六字评价，从内容到文字选用，都反映一种朴学意识。“周到”从何而来？来自事实的全面把握和深入研究。“清楚”从何而来？来自行文的质朴老实，来自文字表达的为广大读者着想。比朱先生年长十多岁的吕叔湘先生，跟朱先生合写过《语法修辞讲话》，《人民日报》于1951年6月6日至12月5日长期连载，一时传为美谈。吕叔湘先生写过这么一首诗：“文章写就供人读，何事苦营八阵图？洗尽铅华呈本色，梳装莫问入时无。”[16]吕先生的诗所表达的，跟“周到而且清楚”是同样的治学导向。

笔者把朱先生来信的复印件，连同汪国胜所写的调查报告，邮寄《中国语文》编辑部。几个月之后，他的论文《大冶金湖话的“的”“个”和“的个”》，在《中国语文》1991年第3期上发表出来了[17]。过了3年，他的论文集《大冶方言语法研究》又由湖北教育出版社于1994年出版了[18]。朱先生1992年去世，仅72岁。去世前，他回国时笔者两次见过他。他每次都称赞汪国胜的那篇报告，而且每次都说了一句同样的话：“这个人，一定读过很多书！”也许是一种机缘，笔者一直以为，汪国胜走上方言语法研究道路，跟朱先生的推动存在因果关联。

贯穿朴学精神的汉语研究，包括方言研究，最能折射出华人的文化风情，体现出民族之特质。方言语法规律，由于比较隐蔽，因此论题较难发现，发现了也不易做好。如何做方言语法研究，可以百花齐放，各人发挥各自的优势和擅长。汪国胜当年三十出头，是个青年。现在，旧事重提，只是想强调，他的研究是脚踏实地、不赶时髦的。这一点，符合我国方言学界卓有成就的前辈们一贯的主张。很希望青年朋友们读读他那篇文章，琢磨琢磨朱先生“周到而且清楚”六字评语的内涵。

注释：

①网上资料，字句略有变动。网址为：http://nh.cnnb.com.cn/gb/nhnews/weihua/node1559/userobject1ai142737.htm。

②张振兴：《方言研究与对外汉语教学》，《语言教学与研究》1999年第4期，

第 43 页。

③乐毅：《水稻院士张启发认为“粳”字读错了》，《楚天都市报》2011 年 3 月 9 日。

④李荣主编：《现代汉语方言大词典》，江苏教育出版社 2002 年版。

⑤李行健主编：《两岸常用词典》，高等教育出版社 2012 年版。

⑥中国社会科学院语言研究所词典编辑室编：《现代汉语词典》（试用本），商务印书馆 1973 年版；《现代汉语词典》第 5 版，商务印书馆 2005 年版；《现代汉语词典》第 6 版，商务印书馆 2012 年版。

⑦网上资料，字句略有变动。网址为：http://www.douban.com/note/35664088/。

⑧网上资料，字句略有变动。网址为：http://www.ryedu.net/kjwy/yule/200808/9276.html。

⑨邢福义：《汉语语法学》，东北师范大学出版社 1997 年版。

⑩邢福义：《从海南黄流话的“一、二、三”看现代汉语数词系统》，《方言》1995 年第 3 期，第 196 页。

⑪邢福义：《南片话语中述谓项前移的现象》，《双语双方言（三）》，香港彩虹出版社 1992 年版。

⑫邢福义：《“有没有 VP”疑问句式》，《华中师范大学学报》1990 年第 1 期，第 86 页。

⑬邢福义主编：《文化语言学》增订本，湖北教育出版社 2000 年版。

⑭邢福义：《国学精魂与现代语学》，《光明日报》2006 年 8 月 8 日；邢福义：《语言学科发展三互补》，《汉语学报》2005 年第 2 期，第 2～7 页。

⑮邢福义、谢晓明：《现代汉语语法研究中理论与事实互动》，《汉语学报》2013 年第 3 期，第 4 页。

⑯吕叔湘：《有感》，《吕叔湘全集》第六卷，辽宁教育出版社 2002 年版，第 460 页。

⑰汪国胜：《大冶金湖话的“的”“个”和“的个”》，《中国语文》1991 年第 3 期，第 211～214 页。

⑱汪国胜：《大冶方言语法研究》，湖北教育出版社 1994 年版。

（原载《华中师范大学学报》2014 年第 1 期）

关注华语词句的文化蕴含

1 关于大词的使用

“大词”，指形容重量级人或事物的词语。

1.1 “天字第一号”

这个惯用语，近古作品中可以见到。例如：

(1) 院上这些老爷们，没有一个盖过他的，真正是天字第一号的红人。(李伯元《官场现形记》)

(2) 这是他天字第一号的本事！(吴趼人《二十年目睹之怪现状》)

例 (1) 用于人，例 (2) 用于事物。到了现当代，这个惯用语用得多了起来。例如：

(3) 我是天字第一号的老实人，怕什么呢？(老舍《四世同堂》)

(4) “天保工程”是天字第一号工程。(《人民日报》1999 年 6 月19 日)

例 (3) 用于人，例 (4) 用于事物。

“天字第一号”这个惯用语的产生，源于一千多年前出现的《千字文》。南北朝时期，梁武帝 (502—549) 让人从王羲之书法作品中选出 1000 个不同的字，命员外散骑侍郎周兴嗣编纂成文。四字一逗，讲究对仗，条理清楚，很有文采，涵盖了天文、地理、自然、社会、历史等方面知识，影响深远。

《千字文》以“天地玄黄”开头，第一个字为“天”。即：“天地玄黄∧宇宙洪荒∧日月盈昃∧辰宿列张∧寒来暑往∧秋收冬藏∧……∧谓语助者∧焉哉乎也”。由此，衍生出“天字第一号”，借指最高、最大、最极端、最引人注目的人或事物。其实，在启蒙教育所用的小型书文中，《三字经》的影响比《千字文》更大。那么，为什么不用《三字经》中的字？一般认为《三字经》的作者是南宋学者王应麟(1223—1296)，不同说法有几种，无论如何，《三字经》出现的时间肯定比《千字文》晚得多。不过，主要原因应该是《三字经》的开头为“人之初∧性本善∧性相近∧习相远∧苟不教∧性乃迁……”“人之初”，第一个字是“人”。“天”是高高在上的东西，皇帝尚且只是“天子”，何况是在天覆盖之下各种各样的“人”？“人”，当然不能被说成“人字第一号”。

综观现当代“天字第一号”的使用情况，粗线条地说，以下几点值得注意。

第一，这个惯用语一般被包含在一个偏正结构之中充当定语，形成“X〈的〉NP”。比如“天字第一号的红人”，这是个“X〈的〉NP”结构，“天字第一号”出现在其中的定语位置之上。

第二，包含这个惯用语的偏正结构“X〈的〉NP”，一般充当宾语，用在句末。比如“他是天字第一号的红人”，其中的“天字第一号的红人”在句末出现，作“是”的宾语。

第三，带宾语的述语，或者单用“是”，或者包含“是”，或者具有判断的意义。比如：

(5) 他一边听妈妈念着，一边举着奖状，……真是天字第一号大坏蛋！(《人民日报》1983年5月21日)

(6) 1993年轰动全国的薛根和等八人特大贪污案，当时号称是“天字第一号大案”。(《人民日报》1999年12月1日)

(7) 要说使用雇佣军，苏联堪称是天字第一号的能手。(《人民日报》1981年12月12日)

(8) 岐岭隧道，被称为全线“天字第一号难点工程”。(《人民

日报》1996年9月17日)

(9) 你们说吧，他算不算天字第一号的胡涂虫?(罗广斌、杨益言《红岩》)

上面五例，述语分别使用了“是”、“号称是”、“堪称是”、“被称为”和“算不算”。

第四，包含这个惯用语的偏正结构“X〈的〉NP”，有时也用作主语，出现在句子前边，但不常见。例如：

(10)(倾国倾城，)天字第一号外国美人是埃及女皇克娄巴德拉——埃及的古风是女人愈像猫愈算得美。(钱锺书《猫》)

上例也可以说成：埃及女皇克娄巴德拉是天字第一号外国美人。例子中把反映中华文化特色的“天字第一号”，用到了一位“倾国倾城”的外国女皇头上，并且加上了“埃及的古风”之注解，增添了叙说的风趣和幽默。

1.2 “第一人”

由“第一号”可以联想到“第一人”。“第一人”有两类。

第一类是“夸说性第一人”。因有所感知而加以夸说，带有主观认识的因素。被夸说者在某个方面肯定特别突出，然而说是“第一人”，不一定就是“铁板钉钉”、人人同意。看两个近古作品中的例子：

(11) 此娼女，广陵第一人。(蒲松龄《聊斋志异》)

(12) 你的品行、文章，是当今第一人。(吴敬梓《儒林外史》)

再看两个现当代作品中的例子：

(13) 齐白石，现代书画家、篆刻家，为近百年中国画坛第一人。(《人民日报》2005年7月31日)

(14) 昭道先生，是县里德高望重第一人。(莫言《檀香刑》)

一看便知，上面两例都是褒赞溢美的说法，口气夸张，不排除所有人都同意，但也不排除少数人或个别人不同意或不完全接受。再看这个例子：

(15) 从头上到脚下我没有一点地方不爱他的，在我看来他简直是天下第一人。(曲波《林海雪原》)

上例用了“在我看来”，还用了“简直”，这就表明属于个人认识，不需辩驳是否全真。

这类说法，往往需要把语境交代清楚要。比如：

（16）论贡献，王选先生是汉字激光照排系统和华光出版系统的发明人，被誉为“中国激光照排之父”、“当代毕昇”、“中国自主创新第一人”。（《人民日报》2006年2月28日）

上例，如果前面不交代“王选先生是汉字激光照排系统和华光出版系统的发明人”，直接说“王选先生是中国自主创新第一人”，这就有失分寸，明显失真了。

所谓“夸说”，既可以夸说其好，也可以夸说其坏。比如：

（17）这家伙，是土匪头子中凶残恶毒第一人。

第二类是“裁定性第一人”。根据特定标准来裁定，已成事实，可以证伪。例如：

（18）张唐卿进士第一人及第，期集于兴国寺，题壁云：“一举首登龙虎榜，十年身到凤凰池。”（沈括《梦溪笔谈》）

（19）忽然听得本科探花点了个旗人，人人惊异，都说：这实在要算本朝破天荒的第一人了！（文康《儿女英雄传》）

上两例是近古作品中的例子。前一例，“进士第一人及第”是实事实说；后一例，探花排序在状元、榜眼之后，但就旗人而言，出个探花却是第一人，这也是实事实说。现当代作品中，同类例子更多。略举几个：

（20）料来只是哪一位师伯叔门下的寻常弟子，岂知竟会是这个武当第三代弟子中的第一人。（金庸《倚天屠龙记》）

（21）村里要立“功德录”，范振国成为上功德录的第一人。（《人民日报》2006年6月5日）

（22）埃托奥也因此成为连续三次获得非洲“足球先生”称号的第一人。（《人民日报》2006年2月18日）

例（20），“第一人”指宋青书，这是经过祖师爷张三丰裁定的。后边两例，或者是经过讨论裁定，或者是经过统计裁定，都已成为事实。

“裁定性第一人”情况多样。如果用于声望高、影响大的人，“第一人”肯定是大词。如以上各例。但是，在记叙平常事情的时候用了“第一人”，尽管比说“第一个人”似乎口气要厚重一些，但不能或不一定能说是“大词”。例如：

(23) 他是我们村子考上大学的第一人。

(24) 有这种经历的，我是第一人。(王小波《我的阴阳两界》)

应该注意的是，作为大词，“赞誉性第一人”和“裁定性第一人”代表两个不同的表述侧面，不存在孰高孰低的问题。关键是，要用得合乎分寸。比较：

(25) 莫言是中国作家获得诺贝尔文学奖第一人。

(26) 莫言是中国山东省作家第一人。

例(25)是“裁定性第一人”，符合事实；例(26)是“夸说性第一人”，反映的是说话人的主观认知，尽管已把范围缩小到“山东省”，却也恐怕很难避免引起争议。

1.3 “泰斗”

由“第一号”和“第一人”，又可以联想到“泰斗”。所谓“泰斗”，指德高望重、出类拔萃、盛名远扬、为大家敬佩仰慕的人物。

“泰斗”是“泰山北斗”的简称。文言文中，近古白话作品中，都可以见到“泰山北斗”的联用。例如：

(27) 自愈没，其言大行，学者仰之如泰山北斗云。(欧阳修、宋祁《新唐书·韩愈传》，转引自《辞海》)

(28) 朕非有泰山北斗之文笔，好名无实，深所弗取。(赵尔巽《清史稿》)

(29) 苏有德忙打一恭道：“晚学生后进未学，陋质末才，过蒙吴老师垂青拔识，谬荐进于老恩台泰山北斗之下，仰企俯思，不胜惶悚。”(荻岸散人《玉娇梨》)

(30) 然而杭州人总靠他为泰山北斗，有了事不能不告诉他，其实他除掉要钱之外，其余之事是一概不肯管的。(李宝嘉《官场

现形记》)

泰山与北斗，都跟中华民族的帝王文化有关。泰山为五岳之首，是上古帝王封禅之圣地。秦汉以前，就有封禅活动。所谓“封”，即在岱顶聚土筑圆台祭天帝；所谓“禅”，即在岱下小山丘积土筑方坛祭地神。封禅活动，意在增山之高以表功归于天，增地之厚以报福广恩厚。北斗，指北斗七星。七星排列成斗形，终年见于北天极。“斗为帝车，运于中央，临制四乡”，这是《尚书·尧典》中的说法，表达了古人的想象：北斗犹如一辆车，帝星处于中心，运转驾驭。诚然，泰山也好，北斗也好，都是跟帝皇相联系的极为尊贵的象征物，因此，借指某个人物，便成为最高级的待遇。

那么，为什么在词语结构形式上先“泰山”后“北斗”呢？这一点，应跟思维线索相关。天子上泰山封禅祭天，立足点在泰山，从地上的泰山到天空的北斗，是由近及远的逻辑顺序。因此，一般不用逆趋向的说法“北斗泰山”，更不会有“斗泰”的简称。

华语发展到现当代，“泰山北斗”仍然使用。例如：

(31) 大师德高望重，天下奉为泰山北斗。(古龙《风云第一刀》)

(32) 洪七公是武林中的泰山北斗，当真是众望所归。(金庸《神雕侠侣》)

(33) 少林寺自唐初以来，即为武林中的泰山北斗。(金庸《天龙八部》)

但是，由于现当代双音节词大量增多。作为简称的“泰斗”便成了更为常用的一个词。略举几例：

(34) 他作为一个汉族学者，一生致力于藏学研究，……被誉为藏学泰斗。(《人民日报》1992年4月21日)

(35) 他7岁开始学戏，在五音戏舞台上整整度过了76个春秋，有“五音泰斗”之称。(《人民日报》1992年7月17日)

(36) 他精仿古，善创新……堪称现代的“壶艺泰斗”。(《人民日报》1994年4月30日)

(37) 位于上海市区偏西南方向的这座楼居，正是文坛泰斗巴

金的寓所。(《人民日报》1994 年 1 月 21 日)

(38) 由“棋坛泰斗”吴清源九段出任总裁判长的本次比赛，将于明天上午在锦江饭店开战。(《人民日报》1996 年 4 月 24 日)

以上五例，分别用了“藏学泰斗”、“五音泰斗”、“壶艺泰斗”、“文坛泰斗”和“棋坛泰斗”，指的都是某个领域最为杰出的人物。

值得注意的是，四字格“泰山北斗”也好，二字格“泰斗”也好，都可以指两个及以上的人物。例如：

(39) 中国诗坛，臧克家、艾青、贺敬之，都是德高望重，有卓越贡献而为众人所敬仰的泰山北斗。(《人民日报》2006 年 2 月 4 日)

(40) 他与亚里斯多德齐名，是欧洲哲学泰斗之一。(《人民日报》1987 年 6 月 14 日)

例 (39) 用“泰山北斗”，列出了臧克家、艾青、贺敬之三个诗人的名字；例 (40) 用“泰斗”，加上了“之一”的字眼。

“泰斗”是典型的大词。凡是大词，皆不应轻易使用。看这两个例子：

(41) 可是贺老谦虚，我决定尊重他的意见，将“泰斗”换成“诗人”。(《人民日报》2006 年 2 月 4 日)

(42) 乔羽先生日前接受记者采访时明确表示，请不要叫我“泰斗”，我只是一个歌词作者罢了。(《人民日报》2005 年 2 月 17 日)

例 (41)，贺老即诗人贺敬之，他希望记者称他为诗人；例 (42)，乔羽先生写了不少好歌词，但他对“泰斗”的赞美明确说不。

10 年前，季羡林先生要求摘掉“国宝”、“泰斗”、“大师”三顶帽子，其高尚风范，成为楷模，引发热谈。

2 关于名句的移用

名句，大都来自著名的诗文。移用名句，往往可以取得极佳的修辞效果。

2.1 “映日荷花别样红”

《华中师范大学学报》编辑部于 2015 年 10 月举办“学术评价与学术创新高层论坛暨华中师范大学学报创刊 60 周年纪念大会”。主编王泽龙教授要我写一两句话。想了想，脑子里浮现出了宋代诗人杨万里的《晓出净慈寺送林子方》：“毕竟西湖六月中，风光不与四时同，接天莲叶无穷碧，映日荷花别样红。”

我写不出更好的文字。于是，把“映日荷花别样红”写在了宣纸上面。

数千年来，吟诵红花绿叶的诗词甚多，为何选择这一句？这是因为，心底里积压了一些跟刊物发表文章有关的感想。

当前，高校里相当普遍地对青年采取一种“固化”要求，不管专业状况，不顾对象特点，一律规定博生研究生必须在核心刊物上发表多少篇文章才能参加学位论文答辩，青年教师必须在核心刊物上发表多少篇文章才能在合同期满之后不被剔除。据说，有的学校某学科，青年教师由讲师提副教授，去年要求必须在核心刊物上发表文章10 篇，今年改为在一般刊物上发表文章 40 篇也可以。这种要求，只能让青年们陷入茫茫沙漠，分散精力，东张西望，失掉发挥自我的时间和空间，影响冒尖人才的出现。多年来，《华中师范大学学报》的确办得风生水起，学界评价很高。我书写出这句带有“别样”色味的诗句，既是想借用来表示对学报的由衷祝贺，也是想借用来表达一条普遍性的道理：从办好一个刊物，到办好一所大学，都不能忘记，必须努力凸显自己特色，追求“映日荷花别样红”的美学境界！

2.2 “横看成岭侧成峰”

名句移用，是一种重要的修辞手法，往往能取得极佳效果。苏轼《题西林壁》：“横看成岭侧成峰，远近高低各不同。不识庐山真面目，只缘身在此山中。”苏轼当年由黄州贬赴汝州任团练副使，经过九江游览庐山时写了这首脍炙人口的诗。前边两句，好像摄像镜头的移动，反映出了庐山风景的变化万千；后边两句则就景说理，指出观察事物必须避免主观片面，极富哲学性。一直以来，后边两句常被引用，没想到，有一天读小说，看到阿袁《鱼肠剑》里有这么个描写：“吕蓓卡这个女人，穿衣服确实好看的。她虽然个子不算高，却极玲珑窈窕，什么衣服往她身上一穿，都是横看成岭侧成峰。”作者机灵地移用了苏轼诗的第三句，凸现了女性之天然魅力，很高雅，又很风趣，让人感受到了一种人文美。

2.3 “风吹草低见牛羊”

名句移用，如果有语用需求，也可以略作改动。比如《敕勒歌》：“天苍苍，野茫茫。风吹草低见牛羊。……”这是南北朝时代敕勒族的一首民歌。其中，用的是“见牛羊”。《中篇小说选刊》2006年第2期，有一篇《打火机》，写一位女士野外游玩，喝了一大瓶水，想要小解，可是没有厕所。怎么办？“看看四周，天苍苍，野茫茫，风吹草低不见牛羊，好在也不见人，余真一猫腰钻进了草丛，回归大自然。”其中，用的是“不见牛羊”，多了个“不”字。这个“不”，加得令人拍案叫绝。从实际需要看，原句无“不”，显示出来的是牛羊遍野的兴旺景象，现在加个“不”，显示出来的则是一片绿草连天的美景，真的“回归”了“大自然”；从表达效果看，这么写，不仅“就地小便”的意思清楚了，而且显得特别轻松幽默！

2.4 “同志们好！首长好！”和“同志们辛苦了！为人民服务！”

当然，使用任何句子，包括名句的移用，都一定要注意适应特定的语境，以免弄巧成拙。说个事实。2015年9月3日，中国抗日战争胜利70周年的大规模阅兵仪式在北京天安门前隆重举行。阅兵车缓缓经过一个个士兵方阵，国家主席、中央军委主席习近平站在车上，庄严而亲切地轮换着说两句话：“同志们好！”“同志们辛苦啦！”各方阵的士兵洪亮而整齐地分别回答：“首长好！”“为人民服务！”其实，“同志们好！——首长好！V同志们辛苦了！——为人民服务！”这样的对话，形成于30年前。1984年10月1日，“文革”后首次阅兵，中央军委主席邓小平阅兵时跟士兵之间首次使用了这两组短句，后来便形成了固定问答，十分自然地带上了中华人民共和国中央级阅兵仪式的文化属性。可笑的是，有人随心所欲地模仿使用了。习近平主席阅兵之后不久，全国大学新生进校。大家知道，高等学校新生入学之后，一定要先进行军训。在开学第一天，举行开学典礼，新生们都要穿起军装，集中在特定的场所听领导讲话。个别学校，居然上演怪诞一幕。请看《楚天都市报》上这则报道："开学时节，又见校园'阅兵'。近日，一则'某某检阅某某学院 2015 级新生'的视频在网上热传。校长某某高呼'同学们好'、'同学们辛苦啦'，学生们则回复'首长好'、'为人民服务'。……"（见徐汉雄《校长"阅兵"别娱乐过了头》，《楚天都市报》2015 年 9 月 15 日 A06 版；邢按：校长和学校，原文都用实名，这里用"某某"代替。）这么做，肯定经过多次排练预演。校长一个人说话，比较好办，只需把"同志们"改为"同学们"，并且自己多练几次就行；新生们多达数百上千，他们说"首长好"、"为人民服务"，必须精心准备，反复练习，才能做到整齐划一。那位校长，忘记了语言环境、站位高低的巨大差别了！

3　关于永诀的叮咛

"永诀的叮咛"，表达念想与心愿。

3.1 "你一路走好"

华中师大刘武教授，物理学家，2006 年去世，享年 65 岁。当时，年已八旬的前校长章开沅先生，写了一篇《明辨荣辱　热爱华师》，发表于《华中师大报》。文中写道："刘武走了，这么快。透过阳台的窗户，满眼是素洁的花圈，寄托着许多许多老师与同学的追思。……这些年他身患绝症依然坚持教学与科研的繁重工作。……正如战士的光荣结局是牺牲于疆场，学者的光荣结局应是献身于科学与教育的殿堂。……何者为荣？何者为辱？从刘武的身上，我们当可增进若干辨别的能力！一路走好，刘武，华师永远记住你！"文章夹叙夹议，真挚动情。这里，用"（你）一路走好"，深情告别刚刚去世的同事。

"你走好"，可以对活着的人说，这没问题。例如：爸爸，今天你的行装又是我打点的，你走好，我不能搀扶你了。（余秋雨《家住龙

华》）又如：不客气，走好。（王朔《人莫予毒》）

有的时候，还可以见到“你走好”同时用于活着的人和故去的人。《道一声警察你走好》这首诗见于网上，后半段为：警察在社会矛盾的焦点∧忍辱负重∧一身橄榄色警服∧是你不变的模样∧以一颗火热的心∧面对街道上涌动朴实的人潮∧道一声：“老乡，您走好！”∧“抓住他们”……∧大街上，你在血泊中呼喊∧却没有人响应∧你多么伤心∧扼腕叹息我只能道一声∧“警察，你走好！”[①]

根据语境，可以肯定：“老乡，您走好！”指的是活着的人；“警察，你走好！”指的是倒在血泊中死去的人。

但是，“你一路走好”能不能用于活着的人？据考察，偶尔见到用例。比如：分手时反复叮嘱：“大娘，（您）一路走好。”（张炜《散文与文论》）

然而，无需掩盖，活人是忌讳“死”的。由于“一路走好”多了“一路”二字，指的是长长的，甚至是漫长到回不来的路，因而渐渐演化成为用于对死者的习惯用语。于是，便进入了文化范畴。网上见到三段话，反映了人们的潜意识。

其一：一路走好有多种意思，有一种是对已经死去的人的想念之情，要已经死去的人在另一个我们不知道是否存在的空间中好好生活，别受苦。但还没死的人要出远门，你跟他说这句话，他会以为你在咒他死去[②]。

其二：一路走好是吊唁死者才说的话，路是黄泉路。比如：梅艳芳，你是华人中优秀的女星，希望你在天堂一路走好。∧一路走好，敬爱的章含之老师[③]。

其三：今天在电视上看到关于赴台大熊猫“团团圆圆”的现场直播报道，忽然那个SCTV（按：指四川电视台）的记者说“祝团团圆圆一路走好！”我记得一路走好是给死人说的，怎么在这里用上了？[④]

由于上述潜意识的逐渐固定，用于活人的“一路走好”估计会越来越少，以至消失。

3.2 “奈何桥上等三年”

由“你一路走好”，联想到“奈何桥上等三年”。

这个句子，出自电影《刘三姐》。《刘三姐》根据壮族民间传说改编而成，久映不衰，成为经典。片子中，阿牛和刘三姐有这样的对歌：

> 阿牛：我俩结交定百年。
>
> 刘三姐：哪个九十七岁死，奈何桥上等三年。
>
> 阿牛：哪个九十七岁死，奈何桥上等三年。

那生死相随的纯朴誓言，那发自内心的柔情订约，感人至深。后来，延展出几首好歌。如郁钧剑和张也所唱《山歌好比春江水》，前边为：唱山歌∧这边唱来那边和∧山歌好比春江水∧不怕滩险弯又多……又如龚玥和李星雨所唱《世上哪见树缠藤》，前边为：山中只见藤缠树∧世上哪见树缠藤∧青藤若是不缠树∧枉过一春又一春……这两首歌的结尾都是：我俩结交定百年∧哪个九十七岁死∧奈何桥上等三年。此外，群众语言运用中，还出现了“奈何桥上等着你、奈何桥上逢故人、奈何桥上三生石、奈何桥上把命还、奈何桥上叹奈何”等等说法。社会上，在妻子或丈夫去世的第三年，有人给对方烧纸钱，寄托哀思，表达念想。所有这些，都是《刘三姐》歌词的文化延展。

请注意：“奈何桥上等三年”，还折射出汉字文化的影响力。“奈何桥”应是“奈河桥”的同义词。罗竹风主编《汉语大词典》，不见“奈何桥”，却同时列出“奈河”和“奈河桥”两个词条，分别解释，分别举例。即：

> **【奈河】**佛教所传地狱中之河名。……《西游记》第十一回：铜蛇铁狗任争餐，永堕奈河无出路。
>
> **【奈河桥】**佛教传地狱中有奈河，河上有桥名奈河桥。此桥险窄，恶人魂过时堕入河中，便为虫类所食。《西游记》第十一回：无数牛头并马面，狰狞把守奈河桥。（第二卷 1515 页，汉语大词典出版社1986 年）

古代作品中，有用“奈何桥”的，但很罕见。例如：下浦桥边，一似奈何桥畔，裸体披头如鬼。(唐圭璋《全宋词》)

现当代作品中，“奈何桥”用得多了起来。例如：都说马家桥是阴曹地府的“奈何桥”。(吴强《红日》) ∧迷信传说，死了以后，鬼魂必须走过“奈何桥”。(吴强《红日》) ∧不是饿死鬼过不了奈何桥吧？(戴厚英《流泪的淮河》) ∧过了奈何桥，也好在那边相认。(柳建伟《突出重围》) ∧我，岂但滚过针毡，竟是肉搏过刀山剑树，闯过奈何桥的。(苏雪林《一封信》)

现当代之所以采用“奈何桥”，是看重“奈何”二字的表意。“奈河桥”，是在“奈河”上面搭架的一座桥，词面本身不带情感色彩。“奈河”也好，“奈河桥”也好，在来源上是跟佛教有联系的。“奈何桥”不同，人们不再注意跟佛教的源流关系。其中的“奈何”是个形容性成分，跟“无可奈何、难分难舍”和“思念盈怀、无法解脱”的慨叹相联系，着重从书面形式上反映出分离者的闷情苦绪。若用拼音，“奈何”便无别于“奈河”，视觉性的汉字文化色彩就看不到了。

4 关于推理的趣说

语用中的推理，有时使用趣说的方式。

4.1 “冠者几人，少年几人？”

金庸《射雕英雄传》第三十回，写郭静背着黄蓉去找一灯大师疗伤，受到渔耕樵读四弟子的阻挡。碰上书生时，书生正在旁若无人地读《论语》，一诵三叹，喜乐无已。黄蓉故意激他：“《论语》纵然读了千遍，不明夫子微言大义，也是枉然。”书生愕然止读，抬起头来问：“甚么微言大义，倒要请教。”黄蓉说：“阁下可知孔门弟子，共有几人？”那书生笑道：“弟子三千，达者七十二人。”黄蓉问：“七十二人中冠者几人，少年几人？”那书生愕然道：“《论语》中未曾说起，经传中亦无记载。”黄蓉说：“你读道：冠者五六人，童子六七人。五六得三十，成年的是三十人，六七四十二，少年是四十二人。两者相加，不多不少是七十二人。瞧你这般学而不思，嘿，殆哉，殆哉！”

那书生听她这般牵强附会地胡解经书，不禁哑然失笑，可是心中也暗服她的聪明机智，笑道："小姑娘果然满腹诗书，佩服佩服。"黄蓉的"资料"，跟《论语·先进第十一》有关。那里头，记录孔子和弟子们在一起谈志向，孔子问曾皙怎么样，曾皙站起来说："暮春者，春服既成，冠者五六人，童子六七人，浴乎沂，风乎舞雩，咏而归。"汉语的数词，数字连用通常形成加法，如"七八（本书）"，表示合共七本或八本之类意思；有时却形成乘法，如"七八五十六（本书）"。黄蓉说："五六得三十，六七四十二，一共是七十二人。"这是把加法的概数"五六"和"六七"偷换成乘法了。书生明知她的推理是牵强附会，也不得不佩服她的绝顶聪明。

小说里交代，黄蓉的说法是从父亲黄药师那里学来的。黄药师是金庸创造的小说人物，那么，黄蓉的表述是否也是金庸创造的呢？不是。查证可知，原创者应是陈梦家。陈梦家（1911—1966），著名古文字学家、考古学家、诗人，曾任教燕京大学、西南联大、清华大学。每讲《论语》，挥动双臂，长袍宽袖，飘飘欲仙。有学生问他："孔门弟子七十二贤人，有几人结了婚？几人没结婚？"陈梦家信口作答："冠者五六人，五六得三十，故三十个贤人结了婚；童子六七人，六七得四十二，四十二个没结婚，三十加四十二，正好七十二贤人。"此番对答，充分显现汉语多彩灵活的人文美，才思惊人，一时传为佳话。

4.2 "汝父不如吾父"和"汝子不如吾子"

孔子的儿子叫孔鲤，孙子叫孔伋。孔伋即子思，弘扬孔子中庸之学，被尊称为"述圣"。孔鲤没有建树，但很开朗幽默。他对孔伋说："汝父不如吾父"，又对孔子说："汝子不如吾子。"上网查看，可以看到《孔鲤的自嘲》⑤。这是传说，不知最先见于何处，但用到孔鲤身上，肯定不是事实。孔鲤生于前 532 年，卒于前 481 年；孔伋生于前 483 年，卒于前 402 年。孔鲤去世时，孔伋才 2 岁，顶多认得百把个字，哪能著书立说？

然而，无论如何，能这么说话的人，肯定是个特别聪明机智的人。本来是上不如父、下不如子，却通过巧妙的偷换，使人觉得父与子都不如他，他才是最风光的人。

作品中，生活中，常见机灵性趣说推理。大家知道，当前中国体育运动水平越来越高，但足篮排三大球的成绩却还是令人失望。以男篮实力来说，在国际上大概只能说中等偏上。2015 年 9 月之前，中国队曾经打赢委内瑞拉队，但到了 2015 年 9 月，委内瑞拉队打赢了阿根廷队。《楚天都市报》作了报道："一个月前，他们输给了中国男篮，现在，他们打败加拿大阿根廷，夺得了美洲冠军。"报道末尾，附录"网友酷评"："中国赢委内瑞拉，委内瑞拉赢阿根廷，阿根廷赢美国，得：中国是世界冠军！"一看便知，推理不能成立。这么说俏皮话，是为了让大家乐一乐，也寄托了大家的期待。这时，只讲求"搞笑"效果。

4.3 "离了我，你们这批斗会还真就开不成！"

趣说性推理，一般是因为有趣，可以逗乐，但在逻辑关系上是不能成立的。然而，有一种推理，合乎逻辑，却巧合得出人意料，让人不禁大笑。

说个小故事。哲学家、经济学家于光远（1915—2013），为人乐观幽默。"文革"初期，避开不了浩劫，常被造反派押解"出席"批斗大会。一天上午，挨斗时间到了，却未见押送者到家，他着急起来，对家人说："就不劳人家的大驾了，还是我自己去吧。"于是，骑上自行车，直奔北京政法学院的批斗会场。

参加那天的批斗会，需要出示门票。于光远不知，直闯大门，被把门人拦住了。请听守门人与他的对话：

把门人：门票！

于光远：我不知道要门票，也没有人给我门票呀。

把门人：这是上头的命令，没门票坚决不能进去！

于光远：没门票我也一定要进去！

（双方争执不下，引来了许多人围观，看热闹。）

把门人（火了起来，挖苦地）：你这人可真是的，难道离了你这批斗会还开不成了？

于光远（理直气壮地）：算你说对了，离了我，你们这批斗会还真就开不成！

（把门人一听愣住了，不知这个人是何来头。这时，于光远说话了。）

于光远（微笑着）：你们开的什么会？

把门人：批斗会呀！

于光远：批斗谁呢？

把门人（头一昂）：还有谁，反动学术权威于光远呀！

于光远（得意地笑了）："请你看清楚了，我就是反动学术权威于光远，你说说，如果不让我进去，你们这会能开得成吗？"

于光远话音刚落，看热闹的围观者就炸开了锅，哗然大笑。把门人赶紧找来会议组织者，经过"验明正身"，确认无误，才带他进入会场，给他坐了"喷气式飞机"，开始了批斗的程序。

这件事，给于光远留下了"美好"的回忆。他嬉笑道："从那以后，每次被押去批斗，我就会不由自主想起这件事，也就常常哑然失笑，暗想，我这个身份是何等的重要和显赫，我不到场，你们就开不成会。"⑥

凡是批斗会，被批斗者必须出场，不然，你斗谁？会怎么开？于光远的话，符合逻辑。但是，作为逻辑常识，根本不需论辩。因此，事实一揭开，便会令人捧腹。可见，趣说的推理可以是另外一种机灵性的逗趣推理，不一定都是经过巧妙扭曲的不合逻辑的推理。

当然，必须郑重指出：事物具有多面性。研究语言的运用，既有必要注意"机灵性"的一面，又有必要注意"科学性"的一面。在论说需要科学性的时候，必须丁是丁、卯是卯，实事求是，严格遵守逻辑规则。是学术，还是逗乐？分清其区别，这很重要。讲说一个实例。

甲学者研究复句，指出"与其治标，不如治本"不大能倒过来说成"与其治本，不如治标"。为什么？因为治本优于治标，这是人们的共识。当然，也有特殊情况。比如：给某人治病，大多数医生认为应该治本，但有的医生认为治本已来不及："在目前情况下，与其治本，不如治标。（治标还可以让病人多活几天！）"

有位乙学者发文反驳："与其治本，不如治标"不行？人们完全可以说："与其说是治本，不如说是治标！请注意，甲学者说的是"与其 p，不如 q"，乙学者说的是"与其说是 p，不如说是 q"。前者列出的是行为，后者列出的是断定，二者并非全然等同句式。请看个例子：他与其说是吃惊，不如说是高兴。（周而复）这个复句，根本不能说成"他与其吃惊，不如高兴"。逻辑规则：学术讨论，必须遵守同一律，不能偷换概念或偷换判断[7]。显然，在需要证据确凿的时候，乙学者作了偷换。这种情况，学术研究中，论文写作中，要注意避免。

五　结束语

语言与文化，关系密切。研究一个民族的语言文字，不应也不能甩开这个民族的文化；反之，研究一个民族的文化，不应也不能甩开这个民族的语言文字，不然，皆无法得到既深且透的认识。

《文化语言学》一书，把"语言——文化的符号"和"文化——语言的管轨"分为两大编。"语言是文化的符号"这个判断，大家一直都这么说；"文化是语言的管轨"这个判断，是我们提出来的。意思是，语言受到文化的管控。犹如管道和轨道，水是顺着管道流动的，车是顺着轨道行驶的[8]。

由于历史、地理等方面的原因，华语某个语法单位或语法结构的潜性意思，散布在世界各地的华人可能有不同的理解。因此，从全球的大背景看，强调关注华语词句的文化蕴含，不但有利于外国人了解中国人，而且有利于各地华人的相互沟通，加强大家的亲人意识。

注释：

①http://www.jxga.gov.cn/jmhd/jingyingwenyuan/2015-08-10/24452.html。

②http://zhidao.baidu.com/question/646786943572466045.html。

③http://zhidao.baidu.com/question/51964900.html。

④http://zhidao.baidu.com/question/80015014.html。
⑤http://blog.sina.com.cn/s/blog_558b05a70100duxh.html。
⑥佚名：《大玩学家于光远》，《老年博览》2014年4月总402期。
⑦胡曲园：《形式逻辑》，上海人民出版社1965年版。
⑧邢福义主编：《文化语言学》（增订本），湖北教育出版社，2000年第2版。

（原载《汉语学报》2016年第1期）

湖北省学术著作出版专项资金
Hubei Special Funds for Academic Publications

邢福义文集

第九卷

20世纪现代汉语教材选录之一

邢福义 主编

主编：邢福义

编委：吴永德 李金元 朱道明

田文王 肖国政 李宇明

華中師範大學出版社

新出图证（鄂）字10号

图书在版编目（CIP）数据

邢福义文集　第九卷/邢福义主编. —武汉：华中师范大学出版社，2019.11

ISBN 978-7-5622-8798-8

Ⅰ. ①邢…　Ⅱ. ①邢…　Ⅲ. ①语言学—文集　Ⅳ. ①H0-53

中国版本图书馆CIP数据核字（2019）第197707号

邢福义文集　第九卷

©邢福义　主编

责任编辑： 肖绪旭　冯会平　　**责任校对：** 刘　峥

封面设计： 胡　灿

编辑室： 学术出版中心　　**电话：** 027-67863220/7792

出版发行： 华中师范大学出版社　　**社址：** 湖北省武汉市洪山区珞喻路152号

电话： 027-67863426（发行部）

网址： http://press.ccnu.edu.cn　　**邮箱：** press@mail.ccnu.edu.cn

印刷： 湖北新华印务有限公司　　**督印：** 王兴平

开本： 710mm×1000mm　1/16　　**字数：** 411千字

版次： 2019年11月第1版　　**印次：** 2019年11月第1次印刷

印张： 29.5　　**定价：** 118.00元

欢迎上网查询、购书

出版说明

为了贯彻落实《中共中央关于教育体制改革的决定》提出的“争取在五年或者更长一点的时间内使绝大多数教师能够胜任教学工作”的任务，国务院决定利用卫星开辟电视教育专用频道，主要用于培训中、小学教师。国家教育委员会计划通过这个途径开设两个层次的师资培训课程：一是对未达中师毕业水平或学历的小学教师开设进修中等师范的全部课程；一是对未达师专毕业水平或学历的初中教师暂时开设进修高等师范专科九个专业（汉语言文学、历史、英语、数学、物理、化学、生物、地理、体育）的全部课程。同时，决定以上九个专业的专业课文字教材由高等教育出版社组织编写出版。

高等教育出版社为了更好地编写这套初中教师培训教材，已在全国范围内按专业组织有关学者、专家、教师认真分析中学教师在职进修的特点，以原教育部制订的中学教师进修高等师范专科的有关教学大纲为依据，并结合当前教育、教学改革的要求进行编写，从一九八六年秋季起陆续出版供各地使用。

前　言

现代汉语是高等学校中文系科必修的基础课程。本课程系统地讲授关于现代汉语的基础理论和基本知识，从各个方面帮助学生掌握祖国语言文字的规律，提高理解、分析和运用祖国语言文字的实际能力。

本书由五个部分构成：第一章，现代汉语和现行汉字；第二章，现代汉语语音；第三章，现代汉语词汇；第四章，现代汉语语法；第五章，现代汉语修辞。

本书每章分为若干节，每节开头都有“学习提示”，每节后面都有“思考与练习”。有的思考题或练习题，可以起巩固所学内容的作用；有的可以起补充或深化正文的作用。后一类题目有一定的难度，但做这类题目对于加深理解、提高分析和研究能力都有好处。

本书由华中师范大学邢福义教授担任主编，书中各章的编写者是：

现代汉语和现行汉字	肖国政、李宇明
现代汉语语音	朱道明、田文玉、吴永德
现代汉语词汇	吴永德
现代汉语语法	邢福义、肖国政
现代汉语修辞	李金元

全书由主编统改定稿。编写组由肖国政任秘书。在统改定稿的过程中，吴永德、肖国政、李宇明三位同志协助主编做了大量的工作。

张志公先生在百忙中为本书做了审定工作。书中吸收了国内学者们的许多研究成果。编写过程中得到了中国社会科学院语言文字应用研究所几位同志的帮助，在这里一并深表谢意。

本书编写时间仓促，加上编者水平有限，书中一定存在不少问题，请专家和广大读者批评指正。

编　者

1986 年 5 月

目　录

前　言 …… 1

第一章　现代汉语和现行汉字 …… 1

第一节　现代汉语 …… 1

一、语言·汉语·现代汉语 …… 1

（一）语言 …… 1

（二）汉语 …… 2

（三）现代汉语 …… 3

二、现代汉语的特点 …… 4

（一）同印欧语相比显示的特点 …… 4

（二）同古代汉语相比显示的特点 …… 5

三、现代汉语方言 …… 6

（一）共同语和方言 …… 6

（二）现代汉语七大方言 …… 6

四、现代汉语规范化 …… 8

（一）规范化的内容 …… 8

（二）现阶段的任务 …… 9

附录　方音主要特点比较表 …… 10

思考与练习 …… 11

第二节　现行汉字 …… 12

一、文字·汉字·现行汉字 …… 12

（一）文字 …… 12

（二）汉字 …… 12

(三) 现行汉字 …… 13
二、现行汉字的结构系统 …… 14
(一) 笔画 …… 14
(二) 偏旁 …… 17
(三) 偏旁组合 …… 18
(四) 部首 …… 20
三、现行汉字的形体 …… 20
(一) 印刷体 …… 21
(二) 手写体 …… 22
四、现行汉字正字法 …… 24
(一) 字形规范和字音规范 …… 24
(二) 根据现行规范汉字纠正错别字 …… 26
五、现行汉字的标准化 …… 28
(一) 定量 …… 28
(二) 定形 …… 29
(三) 定音 …… 29
(四) 定序 …… 29
思考与练习 …… 30
附录一：第一批异体字整理表 …… 31
附录二：简化字总表 …… 38
附录三：普通话异读词审音表 …… 61
第二章　现代汉语语音 …… 91
第一节　概　说 …… 91
一、语音的性质 …… 91
(一) 语音的社会性 …… 92
(二) 语音的物理性 …… 92
(三) 语音的生理性 …… 93
二、语音的基本概念 …… 95
(一) 音节、音素、音位 …… 95

（二）元音和辅音 …… 96
（三）声母、韵母、声调 …… 96
三、记音符号 …… 97
（一）《汉语拼音方案》 …… 97
（二）国际音标 …… 100
四、语音规范化 …… 102
（一）关于异读词的读音 …… 102
（二）关于轻声、儿化词的读音 …… 102
（三）关于多音多义字的读音 …… 103
（四）关于容易误读的字的读音 …… 103
五、语音学习和语音研究 …… 104
（一）语音学习 …… 104
（二）语音研究 …… 105
思考与练习 …… 105
第二节　声　母 …… 106
一、声母的分类和发音 …… 106
（一）声母的分类 …… 106
（二）声母的发音 …… 108
二、声母辨正 …… 111
（一）注意分辨 zh-z、ch-c、sh-s …… 112
（二）注意分辨 h-f …… 114
（三）注意分辨 n-l …… 115
（四）注意分辨送气音和不送气音 …… 116
（五）注意把浊音改为清音 …… 116
（六）注意把尖音改成团音 …… 117
思考与练习 …… 118
第三节　韵　母 …… 119
一、韵母的分类和发音 …… 119
（一）韵母的分类 …… 119

（二）韵母的发音 …………………………………… 120
二、韵母辨正 …………………………………… 127
（一）注意分辨 i-ü …………………………………… 127
（二）注意分辨 en-eng、in-ing …………………………………… 128
（三）注意分辨 o-uo、an-uan …………………………………… 129
（四）注意分辨单韵母和复韵母 …………………………………… 130
思考与练习 …………………………………… 130
第四节 声 调 …………………………………… 131
一、声调性质和调值调类 …………………………………… 132
（一）声调的性质 …………………………………… 132
（二）调值和调类 …………………………………… 132
（三）普通话的声调 …………………………………… 133
二、声调辨正 …………………………………… 133
（一）改变调值 …………………………………… 134
（二）合并调类 …………………………………… 134
（三）记入声字 …………………………………… 134
思考与练习 …………………………………… 138
第五节 音 节 …………………………………… 139
一、音节的结构 …………………………………… 139
（一）音节的结构分析 …………………………………… 139
（二）音节结构的特点 …………………………………… 140
二、声韵的配合 …………………………………… 141
（一）声韵配合的依据 …………………………………… 141
（二）声韵配合的规律 …………………………………… 141
三、音节的拼读 …………………………………… 143
（一）拼读要领 …………………………………… 143
（二）拼读方法 …………………………………… 143
四、音节的拼写 …………………………………… 148
（一）拼写规则 …………………………………… 148

(二) 拼写常识 …… 150

思考与练习 …… 152

第六节 音 变 …… 153

一、声调的变化 …… 154

(一) 轻声 …… 154

(二) “一”“七”“八”“不”的变调 …… 156

(三) 上声的变调 …… 158

(四) 重叠式形容词的变调 …… 159

二、音素的变化 …… 160

(一) 语气词“啊”的变读 …… 160

(二) 儿化 …… 161

思考与练习 …… 164

第七节 朗 读 …… 166

一、停顿和语速 …… 167

(一) 停顿及其作用 …… 167

(二) 语法停顿和逻辑停顿 …… 167

(三) 诗歌的停顿 …… 169

(四) 停顿和语速的关系 …… 169

二、重读和强调 …… 170

(一) 重读及其规律 …… 170

(二) 强调及其作用 …… 170

三、语气和抑扬 …… 172

(一) 语气及其作用 …… 172

(二) 抑扬和句调类型 …… 173

思考与练习 …… 174

第三章 现代汉语词汇 …… 176

第一节 概 说 …… 176

一、词和词汇 …… 176

(一) 词 …… 176

（二）词汇 …………………………………………………… 178
（三）词汇规范化 ……………………………………………… 178
二、语　素 ……………………………………………………… 180
（一）语素及其分类 …………………………………………… 180
（二）字、词和语素 …………………………………………… 183
思考与练习 ……………………………………………………… 185
第二节　词的构成 ……………………………………………… 185
一、单音词和复音词 …………………………………………… 186
（一）单音词 …………………………………………………… 186
（二）复音词 …………………………………………………… 186
二、单纯词和合成词 …………………………………………… 188
（一）单纯词 …………………………………………………… 188
（二）合成词 …………………………………………………… 189
（三）合成词和短语 …………………………………………… 192
思考与练习 ……………………………………………………… 194
第三节　词义和释义 …………………………………………… 194
一、词　义 ……………………………………………………… 195
（一）词义的性质 ……………………………………………… 195
（二）词义的色彩 ……………………………………………… 198
二、释　义 ……………………………………………………… 201
（一）释义的原则 ……………………………………………… 201
（二）释义的方法 ……………………………………………… 204
（三）释义教学的目的 ………………………………………… 206
思考与练习 ……………………………………………………… 207
第四节　词义的联系 …………………………………………… 208
一、多义词和同音词 …………………………………………… 209
（一）多义词 …………………………………………………… 209
（二）同音词 …………………………………………………… 215
二、同义词和反义词 …………………………………………… 219

（一）同义词 …… 219
（二）反义词 …… 228
思考与练习 …… 233
第五节　词汇的构成 …… 234
一、基本词汇和非基本词汇 …… 234
（一）基本词汇 …… 234
（二）非基本词汇 …… 236
二、熟　语 …… 242
（一）成语 …… 242
（二）惯用语、歇后语和谚语 …… 248
思考与练习 …… 251
第四章　现代汉语语法 …… 253
第一节　概　说 …… 253
一、语法和语法学 …… 253
（一）语法 …… 253
（二）语法学 …… 254
二、语法学习和语法研究 …… 255
（一）语法学习 …… 255
（二）语法研究 …… 255
三、语法的规范 …… 256
（一）什么说法符合语法规范 …… 256
（二）关于方言说法和有语法错误的说法 …… 257
思考与练习 …… 257
第二节　词和句 …… 258
一、词　类 …… 259
（一）词类和词性 …… 259
（二）实词 …… 259
（三）虚词 …… 264
（四）词的兼类现象 …… 270

二、单词成句 …………………………………………… 270
（一）句子 …………………………………………… 270
（二）由单词充当的非主谓句 ………………………… 271
三、单词充当句子成分 ………………………………… 273
（一）句子成分 ……………………………………… 273
（二）各类词的造句功用 ……………………………… 280
思考与练习 ……………………………………………… 284
第三节　语和句 ………………………………………… 288
一、语　类 …………………………………………… 288
（一）短语种类的划分 ……………………………… 288
（二）短语的结构类 ………………………………… 289
（三）短语的功能类 ………………………………… 292
（四）多层次短语和固定短语 ………………………… 294
二、短语成句 ………………………………………… 295
（一）短语和句子的关系 …………………………… 295
（二）由短语充当的主谓句和非主谓句 ……………… 295
三、短语充当句子成分 ………………………………… 298
（一）短语和句子成分的关系 ………………………… 298
（二）各类短语的造句功用 …………………………… 299
思考与练习 ……………………………………………… 310
第四节　特定句式和句子的歧义现象 ………………… 312
一、一些特定句式 ……………………………………… 312
（一）“把”字句和“被”字句 ……………………… 312
（二）连动句和兼语句 ……………………………… 315
（三）双宾句和存现句 ……………………………… 319
二、句子的歧义现象 …………………………………… 323
（一）什么是句子的歧义现象 ………………………… 323
（二）常见的歧义句 ………………………………… 324
（三）歧义句的消除 ………………………………… 327

思考与练习 …… 328
第五节　复句和复句的关系类 …… 329
一、复句和关系词语 …… 330
（一）什么是复句 …… 330
（二）什么是关系词语 …… 332
二、并列、连贯、递进和选择 …… 334
（一）并列句 …… 334
（二）连贯句 …… 335
（三）递进句 …… 337
（四）选择句 …… 339
三、因果、目的、假设和条件 …… 342
（一）因果句 …… 342
（二）目的句 …… 345
（三）假设句 …… 347
（四）条件句 …… 349
四、单纯转折和让步转折 …… 351
（一）单纯转折句 …… 351
（二）让步转折句 …… 354
思考与练习 …… 359
第六节　复句的紧缩与扩展和句群的特点与组造 …… 361
一、复句的紧缩与扩展 …… 362
（一）紧缩句 …… 362
（二）多重复句 …… 364
二、句群的特点与组造 …… 368
（一）句群的特点 …… 368
（二）句群的组造 …… 370
思考与练习 …… 374
第七节　句末助词和句末标点 …… 376
一、句末助词 …… 377

（一）陈述句末的语气助词 …………………………………… 377
（二）疑问句末的语气助词 …………………………………… 380
（三）祈使句末的语气助词 …………………………………… 383
（四）感叹句末的语气助词 …………………………………… 385
（五）语气助词不用在句末的现象 ………………………… 385
二、句末标点 ……………………………………………………… 387
（一）句号 ……………………………………………………… 387
（二）问号 ……………………………………………………… 388
（三）感叹号 …………………………………………………… 388
（四）问号和感叹号不用在句末的现象 ………………… 390
思考与练习 ………………………………………………………… 391
第五章 现代汉语修辞 ……………………………………… 394
第一节 概 说 …………………………………………………… 394
一、修辞和修辞学习 …………………………………………… 394
（一）什么是修辞 …………………………………………… 394
（二）关于修辞学习 ………………………………………… 396
二、修辞和语法、逻辑 ………………………………………… 397
（一）修辞和语法、逻辑的区别 ………………………… 397
（二）修辞和语法、逻辑的联系 ………………………… 397
思考与练习 ………………………………………………………… 398
第二节 词语的选择 ……………………………………………… 398
一、词语的意义 ………………………………………………… 398
（一）同义词语的选择 ……………………………………… 399
（二）动词的选择 …………………………………………… 400
（三）虚词的选择 …………………………………………… 402
（四）成语活用 ……………………………………………… 403
二、词语的色彩 ………………………………………………… 405
（一）词语的感情色彩 ……………………………………… 405
（二）词语的语体色彩 ……………………………………… 406

三、词语的声音 …… 407
（一）音节匀称 …… 407
（二）平仄相调 …… 408
（三）韵脚和谐 …… 409
（四）叠音自然 …… 410
思考与练习 …… 410
第三节　句式的选择 …… 412
一、长句和短句 …… 412
（一）什么是长句和短句 …… 412
（二）长句和短句的表达效果 …… 413
二、设问句和反问句 …… 414
（一）设问句 …… 414
（二）反问句 …… 415
三、常式句和变式句 …… 416
（一）句子成分的次序 …… 416
（二）分句的次序 …… 416
四、主动句和被动句 …… 417
（一）什么是主动句和被动句 …… 417
（二）主动句和被动句的选用 …… 417
五、肯定句和否定句 …… 418
（一）肯定句和否定句的作用 …… 418
（二）双重否定句 …… 419
六、口语句式和书面语句式 …… 419
（一）什么是口语句式和书面语句式 …… 419
（二）口语句式和书面语句式的区别 …… 420
思考与练习 …… 421
第四节　修辞方式 …… 422
一、比喻、借代、比拟和夸张 …… 422
（一）比喻 …… 422
（二）借代 …… 426

（三）比拟 …… 427
（四）夸张 …… 429
二、双关和反语 …… 430
（一）双关 …… 430
（二）反语 …… 431
三、对偶、对比、衬托、排比和反复 …… 433
（一）对偶 …… 433
（二）对比 …… 434
（三）衬托 …… 435
（四）排比 …… 436
（五）反复 …… 436
四、拈连、仿词和移觉 …… 438
（一）拈连 …… 438
（二）仿词 …… 438
（三）移觉 …… 439
五、修辞方式的综合运用 …… 440
（一）连用 …… 440
（二）兼用 …… 440
（三）套用 …… 440
思考与练习 …… 441
第五节 语 体 …… 444
一、口头语体和书面语体 …… 444
（一）什么是语体 …… 444
（二）口头语体和书面语体的特点 …… 445
二、书面语体的类型 …… 446
（一）事务语体 …… 446
（二）科技语体 …… 447
（三）政论语体 …… 448
（四）文艺语体 …… 449
思考与练习 …… 450

第一章　现代汉语和现行汉字

第一节　现代汉语

【学习提示】

本节包括“语言·汉语·现代汉语”“现代汉语的特点”“现代汉语方言”和“现代汉语规范化”四个部分，是学习全书的基础。学习本节，必须对“语言”“汉语”“现代汉语”“普通话”等概念有明确的了解，进一步，要掌握现代汉语的主要特点，要知道共同语和方言的关系以及现代汉语七大方言分布的概况，要理解和明确现代汉语规范化的意义、内容和现阶段的任务。

一、语言·汉语·现代汉语

（一）语言

语言是一种作为社会交际工具的符号系统。

从自然属性看，语言是一种符号系统。符号是事物的标记。语言用声音形式标记事物或思想。各个语言要素和各种语言单位，既互相对立、互相区别，又互相联系、互相制约，形成一个系统。语言这种符号系统，以语音为物质外壳，以语义为内容，包括语音、词汇、语法三要素。在三要素中，语法结构和基本词汇决定一种语言的基本面貌。

从社会属性看，语言是社会交际的工具。有人类就有语言。语言从它产生那一天起，就一直行使着人类社会交际工具的职能，一视同仁地为整个社会服务，具有全民性。人们利用语言传达信息，交流思想，协调行为，组织社会活动。一个社会，如果离开了语言，生产便会停止，社会便会崩溃。手势、旗语、图画、烽火、号角等等，固然也可以起到某种交际作用，但根本不能跟语言相提并论。语言使用上的轻便性，负载语义信息的无限性，表义传情的精确细腻性，使语言成为人类社会最重要的交际工具。当然，作为人类交际或交流思想的工具，语言自然也是人类的思维工具。思想是思维活动的结果，而思维活动必须在一种语言的基础上才能进行，脱离语言的思维是不存在的。不过，说到底，交际工具是语言的主要的社会职能。因为，不再作为交际工具的语言，就不再成为人们的思维工具。

语言，用嘴巴讲出来的叫口语。书面语是在口语基础上产生、用文字记录下来的一种语言。书面语对于口语的统一和发展起着积极的促进作用。

（二）汉语

汉语是汉民族的语言，是我国人民使用的主要语言。

在语言谱系分类上，汉语属汉藏语系，跟我国境内的藏语、壮语、傣语、侗语、黎语、彝语、苗语、瑶语等和我国境外的泰语、缅甸语等，是亲属语言。

汉语是世界上最丰富最发达的语言之一，使用人数最多。全世界有四五千种语言，使用汉语的人占世界人口的四分之一。

汉语的历史同汉民族的历史一样悠久。“汉族”这个名称虽是由汉朝而得名，但汉民族的历史却可以上溯到远古时代。远古汉语的面貌如何，今天难以作具体的断定，但可以有把握地说，早在殷商时代，汉语已经相当发达，而且当时汉语的面貌和现代汉语是基本相同的。这一点，可以从殷墟出土的甲骨卜辞中得到明显的证据。

随着社会主义建设事业的发展，我国的国际影响越来越大，世界上学习汉语的人越来越多，汉语在国际事务中的重要作用越来越引起人们的高度重视。1973 年 12 月 8 日联合国大会第二十八届会议一致通过，把汉语列为大会和安理会的六种工作语言之一。其他五种工作语言是：英语、法语、俄语、西班牙语和阿拉伯语。

（三）现代汉语

“现代汉语”一词，有时统指现代汉民族的共同语和方言，这是广义用法。有时只指现代汉民族的共同语，这是狭义的用法。

现代汉民族共同语是以北京语音为标准音，以北方方言为基础方言，以典范的现代白话文著作为语法规范的普通话。

普通话以北京语音为标准音，是历史的必然。北京是辽、金、元、明、清五代的都城，北京话作为“官话”——官府的工作语言，传播到了全国各地。五四运动以后推行的“国语”，近几十年来的话剧、电影、曲艺、广播使用的语言，采用的都是北京语音。

共同语总是在某一方言的基础上产生的，这个作为共同语基础的方言叫基础方言。普通话以北方方言为基础方言，因为北方方言的代表城市——北京数百年来都是全国政治、经济、文化的中心，许多影响极大的重要文学作品，如《水浒传》《红楼梦》《儒林外史》等等，都是用北方方言写成的；使用北方方言的人口几乎占了说汉语人数的四分之三，分布在从东北的黑龙江到西南的云贵高原、从西北的玉门关到东海之滨以及长江沿岸的广阔地域里。在汉语的方言中，北方方言是最重要、最有影响也最有代表性的方言。

基础方言决定着共同语的基本面貌。但是，基础方言并不就是共同语。我们必须明确，共同语还要以典范的现代白话文著作为语法规范。因此，说北方方言的人，并不是每一句话都合乎语法规范的。

从历史发展的角度看，普通话——现代汉民族共同语是由近代汉语发展而来的。从十八世纪的《红楼梦》中，可以清楚地看到，现在的普通话和当时的口语具有很大的一致性。但是，直到一九一九年“五四”时期的白话文运动兴起，现代白话文才取得文学语言的合法资格。新中国建立以后，在党和政府的领导与关怀下，开展了汉语规范化工作，推广普通话，现代汉民族的共同语在纯洁、健康和统一的道路上得到了进一步的发展，大大地提高了它的社会交际功能。

我国是一个多民族的国家，有五十多个民族，其中汉族人口占百分之九十以上。普通话既是汉族人民共同使用的语言，也是全国各族人民通用的交际工具。六届人大一次会议制定的《中华人民共和国宪法》第十九条规定：“国家推广全国通用的普通话。”

二、现代汉语的特点

（一）同印欧语相比显示的特点

现代汉语具有不同于外语的特点。外语语种很多，这里只把现代汉语和印欧语略加比较。

1. 在语音方面，现代汉语有声调，元音占优势。

首先，现代汉语每一个音节都有一个声调，声调不同，意义也不同。如：mā（妈）、má（麻）、mǎ（马）、mà（骂）。印欧语绝大多数都是无声调语言。其次，现代汉语一个音节里不会出现两三个辅音联结在一起的“复辅音”，其韵母可以是由两三个元音音素联结在一起构成的“复元音”，如：gāo（高），韵母由 a、o 构成复元音；piāo（飘），韵母由 i、a、o 构成复元音。而印欧语，一个音节里可以包含复辅音，如英语的 and（和）、strict（严格的），两个音节里包含复辅音 nd 和 str、ct。

2. 在词汇方面，现代汉语里词的构成单位一般是单音节的实语素，由实语素和实语素构成的合成词特别多。而印欧语，很多词是由词根加上前缀、后缀之类构成的。现代汉语里也有可以认为是前缀和后缀的前加虚语素和后加虚语素，它们可以同实语素构成合成词，如“老张”和“桌子”，但这类合成词为数不多。

3. 在语法方面，现代汉语缺乏形态变化，词类和句子成分不简单对应，句子和短语的构造基本一致，拥有丰富的量词和语气词。

首先，现代汉语的词缺乏印欧语里名词、形容词、动词那些性、数、格、时、人称的变化。尽管某些动词、形容词可以重叠，如“讨论讨论、漂漂亮亮”，这不能说不是词形变化，但并不具有普遍性。其次，现代汉语不像印欧语那样词类和句子成分之间有一种简单的一一对应关系。比如，印欧语里名词跟主语、宾语对应，形容词跟定语对应；而现代汉语里名词可以充当主语和宾语，也可以充当其他别的成分，形容词可以充当定语，也可以充当别的成分。再次，现代汉语不像印欧语那样句子和短语有不同的构造。如英语的句子中谓语部分要求有一个由限定式动词（finite verb）充任的主要动词（main verb），短语中不允许有限定式动词；而现代汉语里句子和短语的构成原则具有一致性，同样的一个主谓短语，既可以独立成句，也可以充当句子成分。最后，现代汉语的量词十分丰富，计数时数词后面一般要用一个量词；语气词也十分发达，能使句子表达的各种语气色彩形式化。这些也是现代汉语不同于印欧语的特点。

（二）同古代汉语相比显示的特点

同印欧语相比，现代汉语和古代汉语在好些方面具有一致性；但同古代汉语相比，现代汉语又有自己的一些特点。最突出的是：

1. 在语音方面，现代汉语里没有入声。

古代汉语有入声，现代汉语没有入声。如“出、国、铁、木”这些字，古代都读入声，现代则分归阴平、阳平、上声和去声。

2. 在词汇方面，现代汉语里双音节词占优势。

古代汉语里占优势的是单音节词，但现代汉语里则是双音节词占优势。古代汉语里的许多单音节词在现代汉语里都变成了双音节词。如：月→月亮、木→木头、目→眼睛。古代汉语里用一个单音节词表示的意义，在现代汉语里可以采用双音化的办法造成一组词。如：护→爱护、保护、拥护、庇护、辩护、防护、监护、救护、看护、偏护、守护、袒护、维护、卫护、掩护、养护。

3. 在语法方面，现代汉语里有一些类似形态变化的现象，而词类活用的现象有所减少。

首先，现代汉语里动词、形容词的重叠，可以说是词形的变化形式；用“子、儿、头”等构成名词和用“着、了、过”等助词表示动作的时态，也可以认为是形态变化的现象。古汉语里没有或基本上没有这种情况。其次，现代汉语里词类活用的现象不是经常的，而在古代汉语里甲类词活用为乙类词却是很常见的。如“登东山而小鲁”“登泰山而小天下”（《孟子·尽心上》），“令我百岁后，皆鱼肉之矣！”（《史记·

魏其武安侯列传》)，形容词“小”和名词“鱼肉”活用为动词。

三、现代汉语方言

（一）共同语和方言

共同语是全民族共同使用的语言。方言是共同语的地域分支或地方变体，是某个社会内某一地区的人们所使用的语言。共同语对方言来说是一种高级形式，是各方言所环绕的中心。它不仅对方言的语音、词汇、语法有一定的影响，而且还在一定程度上制约着方言的发展。在社会统一、交通发达、文化交流频繁时，共同语的制约力就加强，方言就向共同语靠拢，分歧就会缩小，甚至消失；在社会分裂、交通阻隔时，共同语的制约力就减弱，方言就会离心发展，分歧就会加大。我国是一个方言非常复杂的国家。据文献记载，起码在秦汉时代就存在着不同的方言。由于汉民族居住在广阔的土地上，高山大河阻隔了他们的交际，加上长期封建割据、频繁的战争和移民，使方言分歧不断加大。新中国建立以后，国家得到了空前的统一。由于党和政府高度重视推广普通话和汉语规范化的工作，又由于交通工具的发达，广播、电视的运用，科学文化的普及，方言间的差异正在缩小，并迅速地向普通话靠拢。

（二）现代汉语七大方言

大体说，现代汉语有七大方言。相应地，全国使用汉语的地区也分为七大方言区，如使用吴方言的地区就叫吴方言区或吴语区。

1. 北方方言　以北京话为代表，内部有较强的一致性，是汉民族共同语的基础方言。使用北方方言的人数最多，占汉族总人口的百分之七十以上，北方方言又可分为四个次方言区：(1) 华北、东北方言，即狭义的北方话。分布在北京、天津两市，河北、河南、山东、辽宁、吉林、黑龙江六省，还有内蒙古的一部分地区。(2) 西北方言。分布在山西、陕西、甘肃等省和青海、宁夏、新疆、内蒙古的一部分地区。(3) 西南方言，又称西南官话。分布在四川、云南、贵州等省以及湖北的大部分地区，广西西北部，湖南西北角等。(4) 江淮方言，又称下江官话。分布在安徽、江苏两省的长江以北地区（徐州、蚌埠一带属华北、东北方言)，镇江以西、九江以东的长江南岸沿江一带。

2. 吴方言　以上海话为代表，使用人口约占汉族总人口的百分之八点四。分布在上海市，江苏省长江以南、镇江以东地区（不包括镇江)，浙江省的大部分地区。吴方言内部存在一些分歧现象。杭州曾做过南宋的都城，因而，杭州吴语带有浓厚的“官话”色彩。

3. 湘方言　以长沙话为代表，使用人口约占汉族总人口的百分之五。分布在湖南省的大部分地区（西北角除外)。

4. 赣方言　以南昌话为代表，使用人口约占汉族总人口的百分之二点四。分布在江西省的大部分地区（东北沿江地带和南部除外)，湖北省的东南一带。

5. 客家方言　以广东梅县话为代表，使用人口约占汉族总人口的百分之四。分布在广东、福建、台湾、江西、广西、湖南、四川等省区，其中以广东东部和北部、福建西部、江西南部和广西东南部为主。客家人是从中原迁徙到南方的，虽然居住分散，但方言仍自成系统，内部差异不太大。

6. 闽方言　包括闽南方言、闽东方言、闽北方言，分别以厦门话、福州话和建瓯话为代表，使用人口约占汉族总人口的百分之四点二。主要分布区域跨越四省，包括福建省的大部分地区，广东东部潮汕地区，海南岛和雷州半岛的部分地区，浙江南部温州的一部分地区以及台湾省的大多数汉人居住区。此外，散居在南洋群岛的好几百万华侨及华裔也都祖祖辈辈以闽方言作为“母语”。

闽方言可粗略分为三个次方言：(1）闽南方言。分布在福建南部厦门、漳州、泉州和龙溪、晋江、龙岩一部分地区，浙江南部的平阳、玉环等县和舟山群岛。(2）闽东方言。分布区域可分为南北两大片。北片包括以福安为中心的山区各县，南片包括以福州为中心的闽江下游地区。(3）闽北方言。分布在建瓯、建阳、崇安、浦城和松政五县。

7. 粤方言　以广州话为代表，使用人口约占汉民族总人口的百分之五。分布在广东中部、西南部和广西的东部、南部等一百多个县，也是香港、澳门同胞的主要交际工具。

粤方言、闽方言、客家方言随着华侨传布海外。南洋及其他一些国家的华侨大多数说粤方言，一部分说闽方言和客家方言。

现代汉语七大方言中，粤方言和闽方言与普通话差别最大，吴方言次之，湘、赣、客家方言又次之，北方方言与普通话差别最小。

方言的差异主要表现在语音方面（参看附录），其次表现在词汇方面，语法方面的差别比较小。不过就基本词汇和语法构造的基本情况说，各方言是相当一致的。语音方面的区别尽管很大，但相互间也存在着比较整齐的对应规律。另外，不管是说哪种方言的人，使用的都是以北方话为基础的全国统一的书面语言。

四、现代汉语规范化

（一）规范化的内容

现代汉语规范化，指的是确立普通话的明确、一致的语言标准，并促进这种标准的全面推行。

普通话语音以北京音为标准音。但是，作为普通话语音规范的，必须是符合北京话语音体系和语音发展规律的发音。对于北京话里过土的语音现象，普通话不能吸收；对于北京话里使用得特别多的轻声和儿化，普通话也不能全部照搬，只能取其有区别作用的那一部分。

普通话词汇以北方话词汇为基础。但是，北方话地域十分广大，次方言间的差异也不小，词汇规范必须排除一些地方色彩浓厚的词。如北京话的“老爷儿（太阳）”“一丢丢儿（小）”，山西、陕西一带的“地板（地）”“婆姨（老婆）”，湖北、四川话的“锅魁（烧饼）”对于同一事物的不同称呼，只取一种。如“土豆、洋芋、马铃薯、山药蛋”，只取“土豆”；“包米、玉米、棒子、珍珠米”，只取“玉米”。为了丰富普通话的词汇，满足日益发展的社会生活的需要，可以不断地创造新词、吸取方言词、引进外来词，但一定要反对任意生造和无原则地滥用。

普通话语法以典范的现代白话文著作中的一般用例为规范。由于古汉语、方言、外语等等因素的影响，某些典范的现代白话文著作中也会有特殊的不合习惯的用例。因此，作为语法规范的是这些著作中的一般用例，而不是特殊用例。

语言有口语和书面语之分。我们应当重视书面语的规范，并且注重书面语书写形式的规范。

应该指出，语言规范不是禁绝方言。方言只通行于一定的范围，在这个范围内，共同语和方言还会在一个相当长的时期内并行，而且共同语还要从方言中吸取有用的成分。当然，规范化的长期推行会影响和削弱方言，以至最后方言不再和共同语并行。这时，方言既没有被禁绝也没有被消灭，而是以其最合理的形式存在于共同语之中。

还应该指出，语言规范不是限制语言的发展。语言是不断地发展变化的，语言的发展变化会给语言规范化工作不断地提出新的问题。对于与规范化有关的问题，不可简单从事，应分别不同情况，进行不同的处理。该否定的，坚决否定；该肯定的，及时肯定；需要“等着瞧”的，不急于肯定，也不轻易否定。规范化只是把语言里没有用的东西淘汰掉，一切有差别的语言形式，不论在词汇方面还是在语法方面，不论在词义方面还是在修辞方面，都必须保存下来。

（二）现阶段的任务

规范化是使语言健康发展的重要条件，是使语言准确地高效率地发挥其社会功能的保证。一个民族语言规范化的程度，标志着这个民族语言的发达水平和文明程度。我们的党和国家历来重视语言规范化问题。早在解放初期，就建立了文字改革的专门机构，大力推广普通话，制订并推行了《汉语拼音方案》，对现代汉语和现行汉字进行了大量的研究和规范工作，取得了显著成绩。当前，我国正在进行“四化”建设，利用电子计算机进行信息处理，实现图书情报工作自动化、印刷排版现代化、生产管理自动化以及办公室事务自动化，已成为现代化建设中的重要课题。因此，促进语言的规范化提到了比以往任何时期都重要的地位。

为了适应社会发展和形势的需要，中央于 1986 年 1 月召开了全国语言文字工作会议，把中国文字改革委员会改名为国家语言文字工作委员会，并制订了新时期语言文字工作的方针。根据这一方针，现阶段现代汉语规范化的主要任务是：

1. 加强对现代汉语的研究，制订各种较为科学的规范标准。

2. 大力推广普通话。本世纪内努力做到：各级各类学校用普通话教学，普通话成为教学语言；各级党政机关和企业事业单位进行工作时一般使用普通话，普通话成为工作语言；广播、电视、电影、话剧使用普通话，普通话成为宣传语言；不同方言区的人在公共场合交往基本上使用普通话，普通话成为交际语言。推广普通话以《汉语拼音方案》作为重要辅助工具。重点对象是学生，教师，干部，文艺和新闻工作者，公共服务人员；重点地区是大城市，尤其是沿海开放城市，方言复杂的地区。为了保证普通话的推广和普及，必须建立起各级领导机构和监督机构，培养一批骨干队伍，制订一整套的检查、奖惩制度。

附录　方音主要特点比较表

比较项目 方音特点 方言名称	有无浊声母[b、d、g、dʑ、dz、dʐ、v、z、ɦ]	有无塞擦音、擦音[tʂ、tʂʻ、ʂ、ts、tsʻ、s]或[tʃ、tʃʻ、ʃ]	有无[m、n、ŋ]韵尾	有无[p、t、k]或[-ʔ]韵尾	声调数目	其他
北方方言	没有	有[tʂ、tʂʻ、ʂ]和[ts、tsʻ、s]	有[-n]和[-ŋ]	大都没有，少数地区有[-ʔ]	一般四个，个别地区有三个或五个	
吴方言	有[b、d、g、dz、dʐ、v、z、ɦ]	多数地区只有[ts、tsʻ、s]	有[-n]和[-ŋ]	只有[-ʔ]	七至八个（上海青年人减至五个）	韵母中单元音较多，复元音较少
湘方言	日趋消失	有[tʂ、tʂʻ、ʂ]和[ts、tsʻ、s]	有[-n]和[-ŋ]	没有	有五到六个，有入声但无辅音韵尾	①[x]和[u]相拼时念[f] ②[n][l]相混

续表

比较项目 方音特点 方言名称	有无浊声母[b、d、g、dʐ、dz、dʑ、v、z、ɦ]	有无塞擦音、擦音[tʂ、tʂʻ、ʂ、ts、tsʻ、s]或[tʃ、tʃʻ、ʃ]	有无[m、n、ŋ]韵尾	有无[p、t、k]或[-ʔ]韵尾	声调数目	其他
赣方言	没有	只有[ts、tsʻ、s]	有[-n]和[-ŋ]	只有[-t、-k]	一般有六个	有[l]无[n]，但有[ȵ]。把普通话部分[t]的字念[tʻ]
客家方言	没有	只有[ts、tsʻ、s]	有[-m、-n、-ŋ]	有[-p、-t、-k]	一般有六个	[x]同[u]相拼时念[f]
闽方言	有[b、g、dz、dʑ]	只有[ts、tsʻ、s]	有[-m、-n、-ŋ]	有[-p、-t、-k]或[-ʔ]	有七个或八个	①没有[f] ②把普通话[tʂ、tʂʻ]的字读成[t、tʻ]
粤方言	没有	有[tʃ、tʃʻ、ʃ]或[ts、tsʻ、s]	有[-m、-n、-ŋ]	有[-p、-t、-k]	有九个或十个	①[x]同[u]相拼时读[f] ②没有[tɕ、tɕʻ、ɕ]

3. 加强对现行汉字的整理，使之规范化、标准化。

语言规范化关系到社会各行各业，关系到每一个人，关系到国计民生，关系到子孙后代，是一项既有重大的现实意义，又有深远的历史意义的大事。每个人都应成为语言规范化的促进者，不仅自觉遵守语言规范，而且还要积极宣传，并同一切违反语言规范的言行作斗争。

思考与练习

一、语言有哪些基本特点？

二、现代汉语有哪些主要特点？

三、试述普通话与方言的关系。

四、你是怎样理解现代汉语规范化的内容和意义的？

第二节　现行汉字

【学习提示】

学习本节，应了解“文字”“汉字”“现行汉字”这些基本概念，弄清汉字的特色和历史演变的趋势，掌握现行汉字的结构系统和形体特点，正确理解现行汉字正字法和现行汉字标准化的内容及其意义。

一、文字·汉字·现行汉字

（一）文字

文字是记录口头语言的书写符号系统，是形（字形）、音（字音）、义（字义）三者的统一体。

文字在人类社会发展史上具有十分重要的意义。口语的物质外壳是语音，语音一发即逝，不能延留；音波传送的距离有限，不能达远。人类依靠自己的聪明才智，经过无数代人的不懈努力，在口语的基础上创制了文字。有了文字，甲地人的知识、技术和经验就可以传播给乙地人；前辈人对世界的认识成果就可以系统地流传下来，从而促进了社会的发展。文字的产生，是人类进入文明时代的一个重要标志。现代人类虽然有了录音机、扩音机、收音机等现代化的贮音和通讯设备，但是，文字仍然是人类社会最重要的辅助性交际工具。

文字在人类语言的发展史上也具有十分重要的意义。有了文字就有了书面语。书面语的产生，不仅使语言具有了声音和文字这两种物质形式，而且还使语言的加工和规范化更容易进行。写下来的东西可以仔细琢磨，反复推敲，因此，书面语往往比口语严密、细致、有条理。书面语还可以较系统地把前代语言的词汇、语法面貌保存下来。所以，文字可以使语言更加精密、丰富和规范。

（二）汉字

汉字是记录汉民族口语的书写符号系统。汉字的特色主要体现在：

采用在很大程度上具有表意因素的符号体系来记录语素的语音。一个汉字通常表示汉语里的一个语素，代表这个语素的声音。一般说来，一个汉字读出来就是一个音节。但是，汉字不是拼音文字，不是由一个一个音素构成的，它的字形往往具有一定的表意性。如“想”字，它记录“想”这个语素的语音 xiǎng，还表示“想”这个语素的意义是属于“心”（心理活动范畴）的。

汉字是世界上最古老的文字之一。与之齐名的埃及圣书文字和古美索不达米亚的楔形文字，今天都已不再使用，而汉字从古到今一直当作书面语的形式来使用。汉字产生的确切年代尚难定论，今天可见到的最早成批汉字资料，是距今三千余年前商代后期的甲骨文。但是，汉字的历史可以远溯到五六千年以前。在陕西省长安灵台、郃阳莘野村、西安半坡和临潼姜寨等地的原始社会晚期仰韶文化遗址里，都曾经发现过刻划在陶器上的记号。据考证，这些记号是具有文字性质的符号，可能是汉字的萌芽。

汉字是独立发展的文字。汉字没有受到过其他文字系统的影响，相反，在历史上还曾被朝鲜、越南、日本等国借去记录它们民族的语言，或者加以改造变成新的文字。

（三）现行汉字

现行汉字是指《简化汉字总表》和《印刷通用汉字字形表》公布以后所通用的汉字。现行汉字是由古代汉字发展、演变而来的。由甲骨文到金文，再到秦代的篆书和隶书。汉朝末年，在隶书的基础上又演化出楷书。楷书即是现行汉字的标准形体。自汉而下，历代都对汉字的字数、偏旁、结构进行过或多或少的整理与改造。特别是中华人民共和国成立以后，党和政府把汉字改革列为社会主义文化建设的重要项目之一。1955 年 12 月，文化部和中国文字改革委员会公布了《第一批异体字整理表》。1965 年中央有关部门又公布了《印刷通用汉字字形表》。从 1956 年到 1964 年，国家先后公布了四批简化字，并总结归纳成《简化字总表》。自此，现行汉字的体系才正式形成。

从古代汉字到现行汉字，汉字发生了许多重大变化。这些变化的总趋势有三：第一，汉字由繁杂难写向简单易写的方向发展。如："鸟"字，甲骨文写作；"壶"字，甲骨文写作。现在通行的"鸟""壶"这两个字，笔画少了，笔道直了，写起来自然方便多了。第二，汉字逐渐定形化。在古文字中，异体字很多，一个字常有几种写法，如"车"字，起码有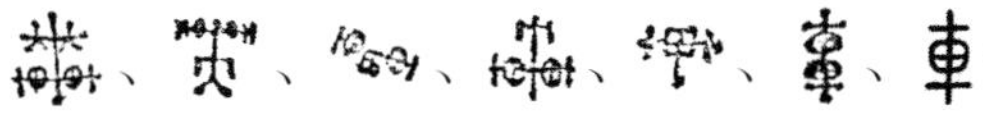等七种写法，现在定形为"车"。第三，汉字的表音倾向增强。从构字法的角度看，汉字可以分为象形字、指事字、会意字、形声字四种。如：

象形字：燕 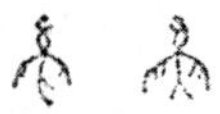

指事字：刃  末  本 

会意字：休  采 

形声字：钢 粮 翅 草

象形字、指事字和会意字在文字构造上不含表音成分，因此同语素的意义联系较紧；形声字在文字构造上含有表音成分，相比之下同语素的语音联系较紧。甲骨文中，形声字约占百分之二十七，而现行汉字中形声字约占百分之八十以上。而且，由于汉字形体的演变和语素意义的演变，象形字、指事字、会意字以及形声字的形旁表义已不明显，没有古文字基础的人，很难从现行汉字的字形上看出语素的意义来。因此，从整个汉字字汇上看，汉字的表音倾向明显地增强了。

现行汉字虽然要比古代汉字完善得多，但还有许多问题有待于作进一步的研究。当前，文字工作的重要任务是加强现行汉字的规范化和标准化。

二、现行汉字的结构系统

汉字的最小构件是笔画，笔画依照一定的规则组合成偏旁或独体字，偏旁再依照一定的规则组成合体字。笔画、偏旁和它们之间的组合规则，加在一起便构成了现行汉字的结构系统。

（一）笔画

笔画就是构成汉字字形的各种特定的点和线。按楷书书写要求写字，从落笔到抬笔就是一个笔画。笔尖的走向和行程不同，就产生不同的笔画。

汉字的基本笔画共有“点、横、竖、撇、捺、提（或叫挑）”六种（见《汉字笔画表》）。这六种基本笔画都是由一个点或一条线构成的。除“点”之外，其他五种基本笔画的分类，依照的是书写线条时笔尖的走向，由左到右的为“横”，由上到下的为“竖”，由右上到左下的为“撇”，由左上到右下的为“捺”，由左下到右上的为“提”。

汉字笔画表

简单笔画				复杂笔画		
	笔画	名称	例字	笔画	名称	例字
基本笔画	㇔	点	义	㇕	横折	丑
	㇐	横	三	㇊	横折提	计
	㇑	竖	川	㇆	横折钩	丹
	㇓	撇	彳	㇈	横折弯钩	凡
	㇏	捺	大	㇅	横折折	凹
	㇀	提	江	㇋	横折折撇	及
变形笔画	㇒	左点	办	㇎	横折折折	凸
	㇔	长点	刈	㇡	横折折折钩	乃
	㇖	横钩	冗	㇌	横撇弯钩	队
	㇚	竖钩	水	㇙	竖提	氏
	㇁	弯钩	豕	㇗	竖折	巨
	㇒	平撇	禾	㇄	竖弯	西
	㇓	竖撇	月	㇟	竖弯钩	己
	㇏	平捺	之	ㄣ	竖折撇	专
	㇂	斜钩	弍	㇞	竖折折	鼎
	㇃	卧钩	心	㇉	竖折折钩	弓
				㇜	撇折	丝
㇇		横撇	又	㇛	撇点	女

基本笔画处在字中的不同位置或与不同笔画组合时，常常会发生变

形。变形规则主要有四条：第一，长短变形，如“点”在“刈”中写得长一些，就是“长点”；第二，直弯变形，如“撇”在“月”中写得弯一些，就是“竖撇”；第三，带钩变形，如“竖”在“水”中随笔带出一个小钩，就是“竖钩”；第四，方向变形，如“捺”在“之”中写得平一些，就是“平捺”。这些变形规则还可以并用，前面所说的“竖撇”就同时运用了“直弯变形”和“方向变形”两种规则。基本笔画的变形，不是指个人在书写时的自由变形，而是指在依楷书要求书写时强制性的变形。变形笔画主要有十余种（见《汉字笔画表》）。

基本笔画及其变形笔画，统称简单笔画。简单笔画可以合成各种复杂笔画。复杂笔画都不是仅由一个点或一条线构成的，要么是两条线或多条线，要么是一个点和一条线。如“又”中的第一笔“横撇”是由两条线构成的复杂笔画，“专”中的第三笔“竖折撇”是由三条线构成的复杂笔画。再如“女”中的第一笔“撇点”是由一条线和一个点构成的复杂笔画。汉字的复杂笔画主要有十几种（见《汉字笔画表》）。

传统的所谓“永字八法”，指的是汉字具有“点、横、竖、撇、捺、提、钩、折”这八种主要笔形，“永”字恰巧具有这八种笔形，是典型的例字。传统所讲的这八种笔形，其中的“钩”其实是基本笔画的变形，“折”是复杂笔画中的名称。

书写时还要注意笔顺。笔顺就是汉字笔画的书写顺序。一般的顺序是：先横后竖，先撇后捺，从上到下，从左到右，从外到内。有些特殊的结构是先中间后两边，如“水”“办”。多数字的写法是以上规则的综合运用。如“木”的笔顺是“一、十、才、木”，第一、二笔，遵从的是“先横后竖”规则，第三、四笔，遵从的是“先撇后捺”规则，先写第一、二笔，后写第三、四笔，遵从的是“从上到下”的规则。“先撇后捺”也包含着“从左到右”的规则。

规定笔顺的主要原则有三：第一，便于书写。现行汉字是横行排列的，采取先左后右、先撇后捺的笔顺，写完一个字后便于写下一个字。汉字基本笔画中的“横、捺、提”，总方向是自左至右，“竖、撇”的总方向是自上而下，所以，采用“先左后右，从上到下”的笔顺，也可以照应笔画走向，使书写便利一点。第二，便于组织结构。比如“固”，假使先写“古”，后写“囗”，往往会把字写大，与其他字的大小不一致，或是把方框写到“古”的笔画上。再如“水”，如果自左至右写，往往不易写得匀称，采取先中间后两边的笔顺，就容易把结构组织得好些。第三，不破坏汉字的笔画系统。有些字，怎么写也不方便，比如“凸”。规定“凸”的笔顺是“丨 ⅃ ㇗ 𠘧凸”，而不能写成“㇗𠘧凸”之类，是因为汉字没有“㇗”这样的笔画。

书法上还常讲究笔势或笔法。笔势或笔法，指的是书写时用笔的轻重粗细。笔势对笔画的形状有些影响，但不会改变笔画的性质。如“横”这种笔画，前后一样粗或是当腰细一点（腰细横）都不改变“横”的性质。因此，笔势不在笔画系统范围之内。但是，要把字写好，特别是用毛笔书写时，还是应当注意笔势的。

（二）偏旁

一个构造较为复杂的汉字，往往可以分出两个或两个以上的基本单位，这种构字的基本单位就是偏旁。绝大多数的偏旁都是由两个或两个以上的笔画组合而成的。偏旁在古代汉字中，一般可独立成字；在现行汉字中，有些仍可独立成字，如“日、月、山、石、田、木”等，但有些不能独立成字，如“冫”（古“冰”字）、“冖”（读 mì，覆盖的意思）、“彡”（读 shān，毛长的意思）等。有些偏旁在特定组合中，形体上稍有改变，如“人”变为“亻”，“手”变为“扌”，“刀”变为“刂”，“水”变为“氵”，“火”变为“灬”，“犬”变为“犭”，“示”变为“礻”，“衣”变为“衤”等。这些改变后的偏旁，也只能作偏旁用，不能独立成字。偏旁是一个相对概念，可以独立成字的偏旁，当它们独立成字后就不再叫偏旁，只有充当字的构件时才叫偏旁。

根据在构字中的作用，偏旁一般可分为声旁和形旁两类。声旁表示字的读音，形旁不表示字的读音，但同字义有一定的联系。如“镁”字，“美”是声旁，表示“镁”的读音是 měi，“钅”是形旁，表示“镁”是属于金属一类的事物。不过，随着语音的发展变化，有些声旁的读音同整个字的读音已不完全相同。如“江”的声旁是“工”，读

gōng，而“江”却读 jiāng；“河”的声旁是“可”，读 kě，而“河”却读 hé。这种偏旁仍算声旁。由于字义的发展变化，有些形旁的意义也同整个字的意义挂不上钩。如“骄”的形旁是“马”，“骄”古代有形容马健壮的意思，所以从“马”。而现在的“骄”字已无此义，所以同“马”的意义也联系不上了。这种偏旁我们仍把它叫作形旁。

一个偏旁是声旁还是形旁，只有在具体字中才能确定，因为有许多偏旁既可以充当声旁，也可以充当形旁。如“木”，在“沐”中是声旁，在“杨、松”中是形旁；“马”，在“骂、妈、吗”中是声旁，在“驶、驻、骑”中是形旁。

此外，还有两种较特殊的偏旁。一种是表音兼表义的偏旁，如“娶”中的“取”，既表示“娶”的读音是 qǔ，又与“娶”的意义有一定的关联。“胞、抱”中的“包”也是这样。另一种是既不表音又不表义的纯符号偏旁，如“汉、鸡、邓、观”中的“又”，它分别替代繁体字“漢、鷄、鄧、觀”中的“𦰩、奚、登、雚”。再如“燕”字，原来是一个象形字，古文写作，像是燕子飞翔时从背面看去的全形。由于字的形体的变化，“燕”这个象形字分化为几个偏旁。显然这些偏旁也是既不表音又不表义的纯符号偏旁。

（三）偏旁组合

一个偏旁单独构成的字叫独体字，两个或两个以上偏旁构成的字叫合体字。分析偏旁的组合，其实就是分析合体字的内部结构。因此可以从三个方面着眼：第一，什么样的偏旁同什么样的偏旁组合；第二，偏旁组合之后的部位分布；第三，偏旁的书写顺序。

偏旁同偏旁的组合，可以归纳为三种类型：(1) 形旁同形旁组合，如“泪、尘、拿、歪”等。这种组合都是会意字。“泪”为眼边之水，“尘”为细小的土粒，“拿”为合起手来，“歪”为不正。(2) 形旁同声旁组合，如“惊、湘、柄、蝗”等。这种组合都是形声字。形旁同声旁的配合，以左形右声为多，但也有其他情况。如：

右形左声	功	鸠	期	颈	顶
上形下声	笆	竽	宇	花	景

下形上声	案	态	婆	堡	紊
外形内声	圃	阁	圆	衷	府
内形外声	闷	问	闻	辫	辩
形旁偏安	荆	疆	修	匙	
	（从艹）	（从土）	（从彡）	（从匕）	

(3) 其他，如“观、戏”是形旁同纯符号偏旁（又）组合，“艰”是声旁同纯符号偏旁（又）组合，“燕”是纯符号偏旁的组合。

偏旁组合后，一定的偏旁都处在一定的具体位置上，这就叫偏旁的部位分布。两个偏旁组合，其部位分布主要有如下三种情况：(1) 左右分布。如“伟、刘、从、吗”等。(2) 上下分布。如“思、宝、鱼、秃”等。(3) 内外分布。这又分两种类型：一种是包围型，一种是嵌入型。包围型指外面的偏旁包围着里面的偏旁，如“厌、近、旬”等是两面包围，“区、凶、闲”等是三面包围，“国、因、回”等是全包围。嵌入型指一个偏旁嵌进另一个偏旁里，如“辨、衷、裹”等。

多个偏旁组合，其部位分布也跟左右、上下、内外等有关。如：“谢”是左中右分布；“意”是上中下分布；“懋”以上下分布为主，上面的“楙”又呈左中右分布；“捆”以左右分布为主，右面的“困”又呈内外分布；“赢”总体上是上中下分布，下面的“贏”又呈左中右分布。只有少数构造特殊的字，如“品、冠、寇”等需分别识记。

汉字是方块形的，不管偏旁多少和笔画多少，也不管偏旁呈何种部位分布，每个字都要求占一个方格，因此，相同的偏旁在不同的字中，大小往往要起变化。“休、杏、案、柄、林、森”中的“木”就有不同的大小，“只、向、句、品、器、吟、杏”中的“口”也有大小变化。同时，由于字的结构繁简不同，为了书写上的美观、匀称，合体字的各个偏旁也不一定是等分方格的。如“语、伴”等字，左偏旁小于右偏旁；“室、呆”的上偏旁小于下偏旁。

在书写合体字时，偏旁的书写也要有一个先后次序。这种次序同笔顺的有关规则是一致的。上下分布，书写时从上到下；左右分布，书写时从左到右；内外分布，一般也是从外到内，只有两种特殊情况：(1) 左下两面包围分布和空上包围分布，是先内后外，如“近”，笔顺是“斤近”；“凶”，笔顺是“㐅凶”。(2) 嵌入型分布依据左右分布或上下分布的次序书写，如“辨”的笔顺是“辛刹辨”，“衷”的笔顺是“亠中衷”。值得注意的是，全包围分布和嵌入型分布，书写时打破了偏旁的界线，包围偏旁和被嵌入偏旁是分两段写成的。如“国”中的“囗”书写顺序是“冂（国）国”，“裹”中的“衣”书写顺序是“亠（果）裹”。

（四）部首

编纂字典时，常把具有相同偏旁的字编在一起，称为一部，并把每部相同的偏旁作为该部的标目。这种作为标目的偏旁就叫部首。部首不属汉字结构系统的范畴，而是编纂字典时给汉字归类的一种手段。但是，由于部首同偏旁有一定的联系，所以，也在这里讲一下。

运用部首给汉字归类的做法，始于东汉人许慎的《说文解字》，它把9353个汉字（另有重文1163个）分为540部，每部的部首都是独立的汉字，放在该部之首。这时的“部首”表示“一部之首字”。该部的字都与部首在意义上有一定的关联。现行汉字字典中的部首同《说文解字》中部首的含义有所不同。首先，有很多部首已不能独立成字，如点部的部首“丶”，丨部的部首“丨”，亠部的部首“亠”，匚部的部首“匚”等。因此，这时的部首只表示偏旁或笔画，而不是字。其次，同一部的字的意义，并不见得同部首还有关联。且不说那些已丧失字或偏旁资格的部首，就是那些仍能成字的部首也是如此。如“一”部，《说文解字》收了“一、元、天、丕、吏”五字，后四字同“一”的意义都有联系，但《新华字典》“一”部没有收“元”字，而收的其他字，如“七、于、与、才、丰”等，与“一”的意义都无关联。所以，部首在现行汉字字典中，完全成了字部的标目。如果说《说文解字》中的部首范围约等于表义偏旁的范围的话，那么，现在部首的范围已同表义偏旁的范围有相当大的出入。

三、现行汉字的形体

字的形体，指的是文字特定的书写（包括印刷）形状。形体和字体不是同一概念。字体，有时还指书法派别、书写风格不同的字，如欧体、颜体、柳体等。

形体是字的外部形式，结构是字的内部形式。这两种形式虽然是相对独立的，但也相互影响，任何一方的变动都有可能影响另一方。比方说，形体的改变，往往会影响笔画的曲直、笔画的书写顺序、偏旁的分析以及偏旁的组合；反过来，笔画的圆展、偏旁的分布等也会影响字的形体。此外，书写工具的不同、书写目的的不同，也对字的形体产生影响。

在一定的历史时期，字的某种形体占主要地位。甲骨文是殷代的通行形体，金文是周代通行的形体，大篆是春秋战国时期秦国的通行形体，小篆是秦朝统一六国之后以政令形式推行的标准形体，隶书是汉代的主要通行形体。现行汉字的通行形体，有以下两类。

（一）印刷体

现行汉字印刷体的代表形式是宋体，宋体是楷书的印刷变体。楷书兴于汉末，流行于魏晋南北朝。如前所述，汉代的通行形体是隶书。隶书的特点是字形方扁，笔画有波势，大部分笔画呈散开状。隶书产生于秦，是由小篆简省而成的应急形体，多为徒隶所用，故有“隶书”之称。到了汉代，隶书上升为通行形体。汉代初年，由隶书的连笔快写形成草书，又叫章草。楷书就是在隶书和章草基础上形成的，比隶书书写简单迅速，又比章草容易辨认，是较理想的汉字形体。因此自楷书产生至今，一直作为通行形体采用。宋代出现了印刷术，印刷汉字基本上遵循楷书的范式。后代便把用于印刷的楷书形体叫作宋体。

宋体又可分为老宋、仿宋、正楷和黑体四种。老宋是使用频率最高的字体。仿宋常用于排印诗词的正文、一般文章的引文、序言和图版说明等。仿宋有一种变形叫长宋，一般用于表格的题头，或用于排印诗词和正文中的夹注等。正楷多用来排印通俗读物、儿童读物和小学课本等。黑体又称方头体、粗体。黑体一般不通篇使用，只用来排印文中强调的地方，以起醒目作用。长宋和黑体是印刷用的辅助字体。

印刷体根据形体的大小还有特定编号，常用的有头号、二号、三号、四号、小四号、五号、小五号、六号等。印刷中常用变换字体、变更字号的手段来区分文章的性质、逻辑层次、地位的轻重等。

印刷字体与字号举例

	头号	二号	三号	四号	小四号	五号	小五号	六号
老宋	学	学	学	学	学	学	学	学
仿宋	学	学	学	学	学	学	学	学
长宋	学	学	学	学	学	学	学	学
正楷	学	学	学	学	学	学	学	学
黑体	学	学	学	学	学	学	学	学

（二）手写体

手写体的标准形体是行书。行书是介于草、楷之间的一种字的形体。东汉末年，在章草和楷书的基础上又出现了一种新的草书，叫“今草”。草书打破了汉字的方块形体和结构系统，把许多笔画或偏旁变成易于一笔连写的符号，写起来很快，但不易辨认。于是，在楷书和今草的基础上又产生了行书。行书近于楷书而不拘谨，近于草书而不放纵，可以说是楷书的草化或草书的楷化。有的楷书成分多些，叫“行楷”；有的草化成分多些，叫“行草”。由于行书比楷书易写，又比草书易认，切合实际应用，因此是手写体的较理想的形体。魏晋时期，文人还只是用行书写书信，后来应用范围逐渐扩大，成为手写体的最通行的形体，其实用价值不在楷书之下。

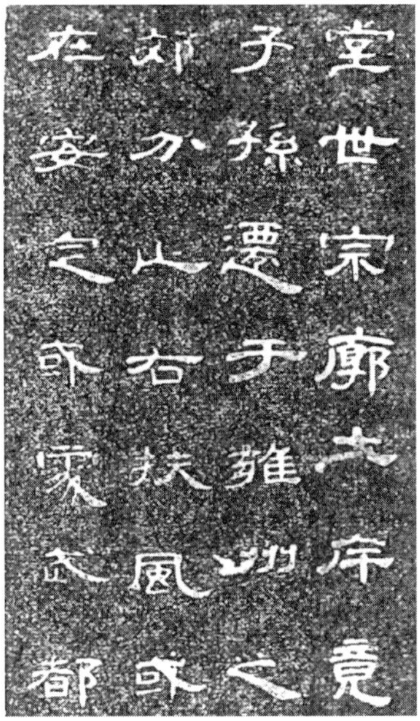

汉隶

章草

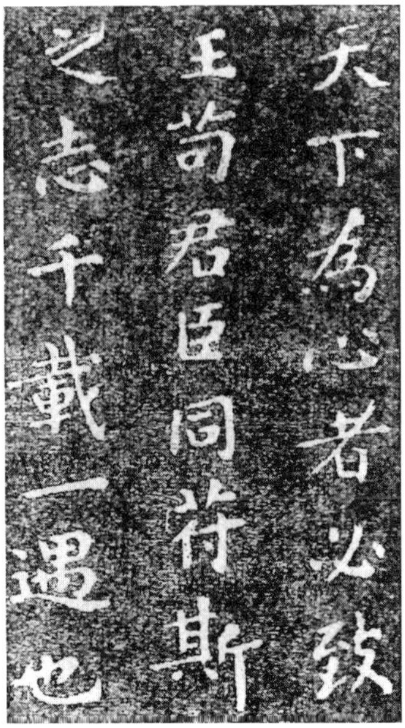

楷书

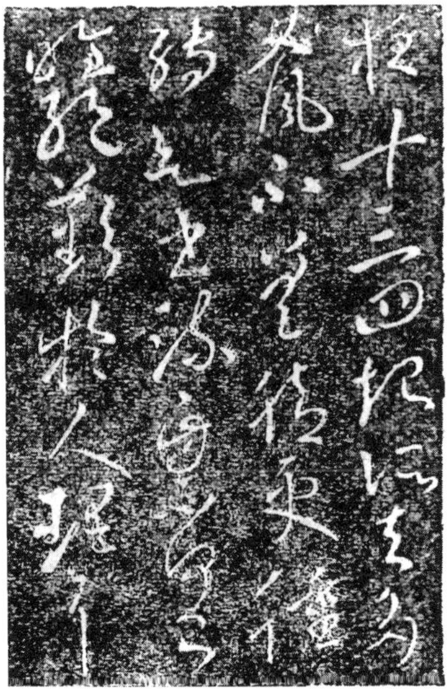

今草

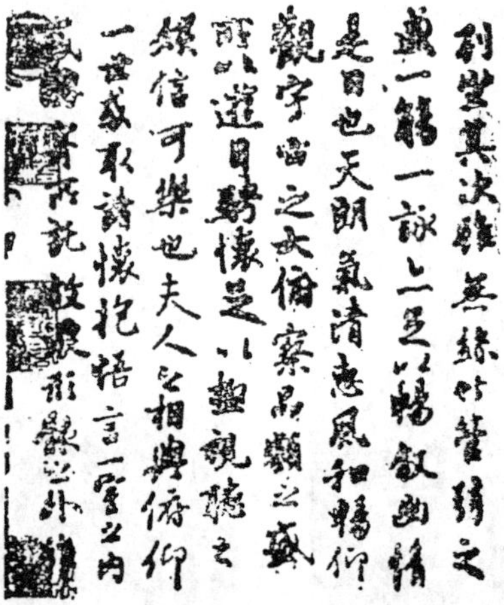

行书

四、现行汉字正字法

正字法是指文字使用的规范。文字是全民交际工具，只有大家共同遵守文字使用规范，才能保证文字为全社会服务；没有正字法，就不免产生分歧和错乱，影响文字的交际功能。

（一）字形规范和字音规范

1. 字形规范

字形规范指使用现行规范汉字，不使用被废除的异体字和繁体字，不使用未被正式承认的简化字，更不使用生造字。

异体字，指音同、义同而字形不同的两个或几个字。汉字有几千年的历史，流行在广大的国土上，不同时代、不同地区的人都会造出新字或对较繁的字进行不同的简化，自秦以下近两千年来，对汉字的整理规范化工作又做得非常不够，新老字并用，甲地乙地字并用，就形成了异体字。异体字完全是汉字系统的累赘。为保证一字一形，必须只保留异体字中的一个，废除其他异体字。1955 年 12 月，文化部和中国文字改革委员会发布了《第一批异体字整理表》（见附录一），共列出异体字 810 组，计 1865 字。该表遵循“从俗、从简、从书写方便”的原则，废除了 1055 字。这些被废除的异体字便成为不规范的汉字。

印刷体中也存在一种特殊的“异体字”。一个字，在不同的出版物中写法有出入。如“令令、全全、青青、眞真、者者、兪俞、黃黄、羽羽、戸户”等。印刷体的这种纷乱现象同样也影响到手写体。1965 年 1 月,文化部和文改会联合发出通知，推行《印刷通用汉字字形表》(称为“人民体”)，规定了印刷体的字形规范，从而也规定了手写体的规范。

简化字和繁体字是一组相对概念。汉字中有很多字，笔画繁多，书写起来极为不便，于是就用减少笔画或造个笔画少的字等方法进行简化。简化之前的字叫繁体字，简化之后的字叫简化字。汉字的简化，贯穿了整个汉字发展史。解放后，在“约定俗成、稳步前进”的思想指导下，依据从俗从简的原则，有计划地对汉字进行简化。1952 年，中国文字改革研究委员会（中国文字改革委员会的前身）收集群众中流行的简化字进行研究，并开始草拟简化汉字笔画的方案。1964 年 5 月,文字改革委员会编出《简化字总表》（见附录二)。《总表》共收 2238 个简化字，简化了 1264 个繁体字。这些简化字比原来繁体字的笔画减少了将近一半。1956 年至 1964 年，经国务院批准，用常用汉字代替了 30 多个生僻地名字，如把陕西的盩厔县改为周至县，把青海的亹源回族自治县改为门源回族自治县等，也达到了简化汉字的目的。国家公布的这些简化字是现行汉字的规范，而与这些简化字相应的繁体字和未经国家正式批准的简化字（如“氿、灮、芓、杺”等）都是不规范汉字，不应使用。

另外，国家还公布了《部分计量单位名称统一用字表》，废除了“哩、呎、吋、糎、瓩”等字，改用“英里、英尺、英寸、厘米、千瓦”等。

《第一批异体字整理表》《简化字总表》和《印刷通用汉字字形表》等有关文件，使近 1000 组异体字有了规范体，使 2000 多简化字成为标准字，使 6000 多通用字的印刷体有了标准形，大致规定了现行汉字的规范。

2. 字音规范

字音规范指现行汉字读音的规范。现行汉字记录的是现代汉语的语音，现代汉语以北京语音为标准音，因此，现行汉字的读音也必须以北京话的读音为准。

许多字在北京话中存在着异读现象。如“森”，有 sēn、shēn 两读，“淆”有 yáo、xiáo 两读，“跃”有 yuè、yào 两读，不管读哪一种音，意义都一样。这种字为异读字。异读字的定音工作，是从审订“异读词”的角度进行的。1955 年 10 月，中国科学院召开了现代汉语规范化会议，在会上聘请专家组成普通话审音委员会。1956 年 1 月该会正式成立。1957 年 10 月公布了《普通话异读词审音初稿》和《本国地名审音表初稿》，1959 年 7 月公布了《普通话异读词审音表初稿（续）》，1962 年 12 月公布了《普通话异读词审音初稿》第三稿，并于 1963 年 1 月把三次的审音表初稿集为《普通话异读词三次审音总表初稿》发表。随着语言的发展，《初稿》中原审的一些词语的读音需要重新审定；同时，作为语音规范化的标准，《初稿》也亟须定稿。因此在一九八二年六月重建了普通话审音委员会，进行修订工作。修订稿经国家语言文字工作委员会、国家教育委员会、广播电视部审核通过，决定以《普通话异读词审音表》（参看附录三）名称予以公布。自公布之日起，文教、出版、广播等部门及全国其他部门、行业所涉及的普通话异读词的读音、标音，均以本表为准。

（二）根据现行规范汉字纠正错别字

错字是笔画写得不对或偏旁组合得不对的字。如：“染（染）、长（长）、念（念）”，笔画写多了；“真（真）、臭（臭）、诉（诉）、劣（劣）”，笔画写少了；“添（添）、即（即）、延（延）、虐（虐）”，笔画或偏旁写错了；“澗（阔）、甛（甜）”，偏旁部位组合错了。这些都是错字。此外，不规范的字也应属于错字。

别字是把甲字写成乙字。如“稞（颗）粒归仓”“宁停三分，不抡（抢）一秒”“笔划（画）”“编揖（辑）”等。别字在现行汉字系统里是可以找到的，只是本该写甲字却错写成了乙字。如果说错字是一种绝对的错字的话，那么，别字就是一种相对的错字。因此，错别字也可统称为错字。

产生错别字的原因有客观方面的，也有主观方面的。客观方面的原因，主要是汉字数量多，结构复杂，给学习、记忆和书写带来了一定的困难。特别是如下一些类型的字，书写时最易出现错误：

(1) 笔画过多或偏旁组合较为复杂的字，如“寡、瘪、齉、罄、蘸、蔫、赢、罹、髦”等。

(2) 使用频率较低的字，如“愎、徵、纂、黍、刈、黜、饕、餮”等。

(3) 字形相近的字，如“灸炙、弧狐孤、狼狠、未末、拆折析、梢稍、要耍、酒洒、梁粱、栗粟、侯候、沁泌、临监、巳已己、戌戍”等。

(4) 形体上有可类比的字或偏旁，如与“束”类比，把“枣”写成“枣”；与“且”类比，把“具”写成“具”；与“很、狼、良”等类比，把“长”写成“长”；与“戈”类比，把“武”写成“武”等。

(5) 有异体或繁体存在的字，如“并（並）、吊（弔）、吕（呂）、阳（陽）、枪（槍）”等。

(6) 有不规范简体流行的字，如“儒（仆）、国（囗）、身（力）、曹（台）、丛（亼）”等。

(7) 某些在一般情况下被简化了，但在特殊情况下仍保留使用的字，如“覆”，在“覆盖、颠覆、天翻地覆”中不能写成“复”；“像”，在“画像、塑像、铜像”中不能写成“象”等。

(8) 读音相同或相近的字，如“符附付、题体、提堤、篮兰、词辞、著着、的地得、砭贬”等。

(9) 语义上有关联的字，如“相像象、做作、联连、籽子、趴爬、贡供”等。

这些字要么不易识记和书写，如(1)类；要么容易遗忘，如(2)类；要么干扰识记和书写，如(3)—(9)类。因此容易造成错别字。

产生错别字主观方面的原因有三种情况：(1) 无奈而为之。对字的写法没有学好记牢，临下笔时胸中无数，随便拉来一个相似的字充数，或者乱写一通。(2) 有意而为之。有些人对汉字规范化的意义认识不足，某字本来会写，但是，为了图快省事，或是为了所谓的“美观”，故意把字写别或写错。严格说来，这是一种不文明的行为，是对祖国文字的不负责任的态度。(3) 无心而为之。在书写时，人们常常会因上下文的影响而出现笔误。比如“修饰”这两个字连用惯了，当写“修辞”时会不自觉地写成“修饰”；“同意”这两个字连用惯了，当写“同义词”时会顺笔写成了“同意词”。再如有人常把“狭隘”写成“狭獈”，把“编辑”写成“编缉”，把“锻炼”写成“锻鍊”，把“障碍”写成“礃碍”等，这是受上一字或下一字偏旁的干扰而造成的笔误。

纠正错别字的方法是消除产生错别字的原因。现行汉字的客观现状是不以我们个人的意志为转移的，是文字改革要解决的问题，因此，纠正错别字主要是解决书写者的主观问题。首先，要端正态度，认清文字规范化的重大意义，并努力掌握现行规范汉字。其次，要下一番苦功夫来学习文字，特别是前面列出的九类容易出错的字，勤翻字典，多向人请教，确实不会写而又无条件请教时，应以汉语拼音替代。再次，文章写出来后要多检查，或让他人帮助校订，尽量少出差错。

总之，纠正错别字不是只懂几条空道理就可能见成效的，主要的是靠学习时认真，运用时谨慎。只有这样，才能减少或消灭错别字。

五、现行汉字的标准化

新中国成立二十多年来，汉字改革工作取得了显著成绩，初步建立了现代汉语用字的规范。为了促进现行汉字的进一步规范化，为使现行汉字适应现代化的要求，必须努力做好现行汉字标准化的工作，使现行汉字定量、定形、定音、定序。

（一）定量

定量就是确定现代汉语用字的数量。现行汉字定量，可以使人们明确必须掌握的汉字的数目，即在一般场合，应该使用的汉字的范围，从而给汉字的学习、书写、阅读、印刷以及中文信息处理带来便利，节省人力、物力和时间。有了一个明确的用字数量之后，也便于对现行汉字进行更好的整理和改革。

为了确定现行汉字字量，必须对现代汉语书面语（包括各种文体、各种风格）的用字进行统计，以便获得精确的数据。1956 年 8 月，文字改革委员会印发了《通用汉字表草案初稿》，共收字 5390 个（后来增加到5709个)，分为常用字1500个、次常用字2004个，其他为不常用字。近年来利用电子计算机对更大数量的抽样材料进行统计，得出了一个《现代常用汉字表》，收常用字3755个、次常用字3008个。常用字占现代汉语出版物上汉字出现率的99.9%，而次常用字只占0.1%。这个表基本上反映了现代汉字的基本面貌。现在，国家语言文字工作委员会正同有关单位合作进行更准确的统计研究。

（二）定形

定形就是确定每一个现行汉字的字形。一个汉字，只允许有一种字形。过去所作的废除异体字、统一印刷字形、简化汉字等工作都是在为汉字定形。

字形一旦确定，就不能随便更动，因此，在定形工作中还要研究现在字形是否合理，如需调整改革又该怎样进行等问题。简化汉字是过去文字改革的重心之一。但是，如果汉字的字量必须在6000至7000的范围内，那么，汉字简化就只能着重对笔画进行简化。不过，笔画过简，就会造成大量的形近字，势必带来书写和阅读的麻烦，所以，笔画的简化是有限度的，对此应持极其慎重的态度。

（三）定音

定音就是规定每个现行汉字的标准读音，消除异读现象。《普通话异读词三次审音总表初稿》已经做了大量工作。1982年6月国家重建了普通话审音委员会，以符合语音发展规律为原则，以便利群众学习普通话为出发点，本着约定俗成、承认现实的态度，对《初稿》作了进一步的修订。修订稿经国家语言文字工作委员会、国家教育委员会、广播电视部审核通过，并决定以《普通话异读词审音表》的名称予以公布。今后要按这个审音表规定的读音来处理异读字。

（四）定序

定序就是确定现行汉字的排列顺序，规定标准的检字法。编写字典、词典，编制目录、索引，存放资料、卡片等，都要用到字序，以便检索。我们的时代处于信息时代，信息检索汇编直接关系到社会的发展，因此，确定标准字序和标准检字法已成为当务之急。

标准字序可以不止一个。不同的场合，可以采用不同的字序。比如以音排序、以使用频率排序等等。但是，必须得有标准。没有标准，各行其是，是不符合现代化要求的。

思考与练习

一、汉字的主要特色是什么？举例说明。

二、从古代汉字到现行汉字，汉字发展的总趋势是什么？举例说明。

三、什么是偏旁？什么是部首？二者的关系怎样？

四、什么是形声字？形旁和声旁在形声字中的分布主要有哪些类型？形声字同象形字、指事字、会意字的根本区别何在？

五、简述现行汉字正字法的基本内容。

六、简述现行汉字标准化的基本内容。

七、1986 年 1 月在北京召开的全国语言文字工作会议为什么把加强文字的规范化、标准化列为当前文字工作的重要任务？

八、找出自己和你周围的人最易出现的错别字 50 个，分析它们产生的原因。

附录一：

第一批异体字整理表[①]

ai		幫*	〔幚〕	逼	〔偪〕	駁	〔駮〕	插	〔挿〕	澄	〔澂〕
呆	〔獃〕		〔幇〕	秕	〔粃〕	脖	〔䪬〕	查	〔査〕	chi	
	〔騃〕	膀	〔髈〕	秘	〔祕〕	bu		碴	〔餷〕	痴	〔癡〕
an		榜	〔牓〕	弊	〔獘〕	布	〔佈〕	察	〔詧〕	吃	〔喫〕
鞍	〔鞌〕	bao		斃*	〔獘〕	cai		chan		耻	〔恥〕
庵	〔菴〕	褒	〔襃〕	痹	〔痺〕	采	〔寀〕	鏟	〔剷〕	翅	〔翄〕
案	〔桉〕	寶*	〔寳〕	bian			〔採〕		〔剗〕	敕	〔勅〕
暗	〔闇〕	褓	〔緥〕	遍	〔徧〕	睬	〔倸〕	諂	〔謟〕		〔勑〕
	〔晻〕	刨	〔鉋〕	biao		踩	〔跴〕	chang		chou	
岸	〔屽〕		〔鑤〕	膘	〔臕〕	彩	〔綵〕	嘗*	〔嚐〕	酬	〔酧〕
ao		bei		bie		can			〔甞〕		〔詶〕
鰲	〔鼇〕	杯	〔盃〕	鱉	〔鼈〕	參*	〔叅〕	腸	〔膓〕		〔醻〕
翱	〔翺〕		〔桮〕	癟	〔𤺥〕	慚	〔慙〕	場	〔塲〕	仇	〔讎〕
坳	〔垇〕	背	〔揹〕	bing		cao		che			〔讐〕
ba		備*	〔俻〕	冰	〔氷〕	操	〔捺〕	扯	〔撦〕	綢	〔紬〕
霸	〔覇〕	悖	〔誖〕	禀	〔稟〕		〔掾〕	chen		瞅	〔矁〕
bai		ben		并	〔併〕	草	〔艸〕	嗔	〔瞋〕		〔䀺〕
柏	〔栢〕	奔	〔犇〕		〔並〕	ce		趁	〔趂〕	chu	
稗	〔粺〕		〔奔〕		〔竝〕	策	〔筞〕	cheng		厨	〔廚〕
ban			〔逩〕	bo			〔筴〕	撑	〔撐〕		〔㕑〕
坂	〔阪〕	beng		鉢	〔缽〕	厠	〔廁〕	乘	〔乗〕	橱	〔櫥〕
	〔岅〕	綳	〔繃〕		〔盋〕	册	〔冊〕		〔椉〕	蹰	〔躕〕
bang		bi		博	〔愽〕	cha		塍	〔堘〕	鋤	〔鉏〕

---

① 根据中华人民共和国文化部和中国文字改革委员会 1955 年 12 月 22 日联合通知。方括弧中是要废除的异体字。正体字的右上角有 * 号的，在已推行的四批简化字中已有简化字，应以简化字为标准。

本表按汉语拼音方案字母表的次序排列。

说明：停止使用的异体字中，有用作姓氏的，在出版物中可以保留原字，不加变更，但只限于作为姓用。

〔耡〕
chuan
船〔舩〕
chuang
窗〔窓〕
〔窗〕
〔窻〕
〔牕〕
〔牎〕
床〔牀〕
創〔剏〕
〔剙〕
chui
捶〔搥〕
棰〔箠〕
錘〔鎚〕
chun
春〔旾〕
淳〔湻〕
醇〔醕〕
蒓〔蓴〕
唇〔脣〕
蠢〔惷〕
ci
糍〔餈〕
鷀〔鶿〕
辭*〔辤〕
詞〔䛐〕
cong
匆〔怱〕
〔悤〕
葱〔蔥〕
cou
凑〔湊〕
cu
粗〔觕〕
〔麤〕
蹴〔蹵〕
cuan
篡〔簒〕
cui
悴〔顇〕
脆〔脃〕
cun
村〔邨〕
cuo
銼〔剉〕
〔挫〕①
da
瘩〔㾃〕
dai
玳〔瑇〕
dan
耽〔躭〕
啖〔啗〕
〔噉〕
淡〔澹〕
dang
擋〔攩〕
蕩〔盪〕
dao
島〔㠀〕
搗〔擣〕
〔檮〕
de
德〔悳〕
deng
凳〔櫈〕
di
堤〔隄〕
抵〔牴〕
〔觝〕
蒂〔蔕〕
diao
雕〔彫〕
〔鵰〕
〔凋〕
〔琱〕
吊〔弔〕
die
喋〔啑〕
蝶〔蜨〕
叠〔疊〕
〔曡〕
〔疉〕
ding
碇〔椗〕
〔矴〕
dong
動〔働〕
dou
兜〔兠〕
鬥*〔鬦〕
〔鬬〕
〔鬭〕
豆〔荳〕
du
睹〔覩〕
妒〔妬〕
dun
惇〔悙〕
敦〔㪟〕
墩〔墪〕
遁〔遯〕
duo
朵〔朶〕
垛〔垜〕
跺〔跥〕
e
婀〔娿〕
〔婐〕
額〔頟〕
峨〔峩〕
鵝〔鵞〕
〔䳘〕
訛〔譌〕
厄〔阨〕
〔戹〕
扼〔搤〕
萼〔蕚〕
腭〔齶〕
鰐〔鱷〕
en
恩〔㤙〕
er
爾*〔尒〕
fa
罰〔罸〕
筏〔栰〕
法〔灋〕
〔㳒〕
珐〔琺〕
fan
翻〔飜〕
〔繙〕
帆〔㠶〕
〔颿〕
繁〔緐〕
凡〔凢〕
泛〔汎〕
〔氾〕
fang
仿〔彷〕
〔髣〕
〔倣〕
fei
痱〔疿〕
廢〔癈〕
fen
氛〔雰〕
feng
蜂〔蠭〕
〔䗬〕
峰〔峯〕
fu
麩*〔粰〕
〔䴸〕
佛〔彿〕
〔髴〕
俯〔俛〕
〔頫〕
附〔坿〕
婦*〔媍〕
ga
嘎〔嘠〕
戛〔戞〕
gai
丐〔匃〕
〔匄〕
概〔槩〕
gan
乾*〔乹〕
〔亁〕
杆〔桿〕
秆〔稈〕
幹*〔榦〕
贛〔贑〕
〔灨〕
gang
扛〔摃〕

① “挫”字据文化部以后通知，不作异体字处理，仍可继续使用。

肛　〔疘〕
杠　〔槓〕

gao

糕　〔餻〕
皋　〔皐〕
　　〔臯〕
槁　〔槀〕
稿　〔稾〕

ge

歌　〔謌〕
胳　〔肐〕
　　〔骼〕
閣　〔閤〕
個*　〔箇〕

gen

亘　〔亙〕

geng

耕　〔畊〕
粳　〔稉〕
　　〔秔〕
　　〔稉〕
鯁　〔骾〕

gong

躬　〔躳〕

gou

鈎　〔鉤〕
够　〔夠〕
構*　〔搆〕

gu

菇　〔菰〕
鼓　〔皷〕
雇　〔僱〕

gua

括　〔搯〕
挂　〔掛〕
　　〔罣〕

guai

拐　〔柺〕
怪　〔恠〕

guan

管　〔筦〕
館　〔舘〕
罐　〔鑵〕

gui

規　〔槼〕
瑰　〔瓌〕

guo

果　〔菓〕
椁　〔槨〕

han

函　〔圅〕
悍　〔猂〕
焊　〔釬〕
　　〔銲〕
捍　〔扞〕

hao

蚝　〔蠔〕
嗥　〔嘷〕
　　〔獋〕
皓　〔皜〕
　　〔暠〕

he

呵　〔訶〕
核　〔覈〕

盍　〔盇〕
和　〔龢〕
　　〔咊〕

heng

恒　〔恆〕

hong

哄　〔閧〕
　　〔鬨〕

hou

糇　〔餱〕

hu

呼　〔虖〕
　　〔嘑〕
　　〔謼〕
胡　〔衚〕
糊　〔粘〕
　　〔餬〕

hua

花　〔苍〕
　　〔蘤〕
嘩　〔譁〕
話　〔譮〕

huan

獾　〔貛〕
　　〔貛〕
歡*　〔懽〕
　　〔讙〕
　　〔驩〕

huang

恍　〔怳〕
晃　〔挠〕

hui

輝　〔煇〕
　　〔暉〕
徽　〔微〕
迴　〔廻〕
　　〔逥〕
蛔　〔蛕〕
　　〔蚘〕
　　〔痐〕
　　〔蜖〕
毁　〔燬〕
　　〔譭〕
匯*　〔滙〕

hun

昏　〔昬〕
魂　〔蒐〕
混　〔溷〕

huo

祸　〔旤〕

ji

迹　〔跡〕
　　〔蹟〕
期　〔朞〕
賫　〔賷〕
　　〔齎〕
羈　〔覊〕
鷄*　〔雞〕
楫　〔檝〕
績　〔勣〕

jia

夹*　〔裌〕
　　〔袷〕
假　〔叚〕

jian

奸　〔姦〕
緘　〔椷〕
箋　〔牋〕
　　〔椾〕
剪　〔翦〕
減　〔减〕
碱　〔堿〕
鹼　〔鹻〕
繭*　〔璽〕
鑒*　〔鑑〕
　　〔鑒〕
劍　〔劒〕

jiang

僵　〔殭〕
缰　〔韁〕
獎*　〔奬〕

jiao

僥　〔儌〕
　　〔傲〕
脚　〔腳〕
剿　〔勦〕
　　〔剿〕
叫　〔呌〕

jie

秸　〔稭〕
階*　〔堦〕
潔*　〔絜〕
劫　〔刼〕
　　〔刦〕
　　〔刧〕
杰　〔傑〕

捷　〔捷〕
届　〔屆〕

jin

斤　〔觔〕
緊*　〔緊〕
　　〔緊〕
晋　〔晉〕

jing

阱　〔穽〕
脛　〔踁〕
净　〔凈〕
徑　〔逕〕

jiong

炯　〔烱〕
迥　〔逈〕

jiu

糾　〔糺〕
揪　〔揫〕
韭　〔韮〕
救　〔捄〕
厩　〔廐〕
　　〔廄〕

ju

局　〔侷〕
　　〔跼〕
舉*　〔擧〕
矩　〔榘〕
巨　〔鉅〕
颶　〔颶〕
據*　〔攄〕

juan

眷　〔睠〕

倦〔勌〕
狷〔獧〕
jue
撅〔撧〕
橛〔橜〕
决〔決〕
jun
隽〔雋〕
浚〔濬〕
俊〔儁〕
〔儶〕
kai
慨〔嘅〕
kan
刊〔栞〕
坎〔埳〕
侃〔偘〕
瞰〔矙〕
kang
糠〔穅〕
〔粇〕
炕〔匟〕
kao
考〔攷〕
ke
疴〔痾〕
咳〔欬〕
剋*〔尅〕
ken
肯〔肎〕
keng
坑〔阬〕

kou
寇〔寇〕
〔冦〕
叩〔敂〕
扣〔釦〕
ku
褲〔袴〕
kuai
膾〔鱠〕
kuan
款〔欵〕
kuang
誆〔誆〕
礦*〔鑛〕
況〔况〕
kui
窺〔闚〕
饋〔餽〕
愧〔媿〕
kun
坤〔堃〕
昆〔崑〕
〔崐〕
捆〔綑〕
kuo
闊〔濶〕
la
辣〔辢〕
臘*〔臈〕
lai
賴〔頼〕
lan

婪〔惏〕
懶〔嬾〕
lang
螂〔蜋〕
琅〔瑯〕
lei
泪〔淚〕
leng
棱〔稜〕
愣〔愣〕
li
厘〔釐〕
狸〔貍〕
犁〔犂〕
梨〔棃〕
藜〔蔾〕
璃〔琍〕
〔瓈〕
裏*〔裡〕
莅〔蒞〕
〔涖〕
栗〔凓〕
〔慄〕
隸*〔隷〕
〔隸〕
歷*〔歴〕
〔歷〕
曆*〔厤〕
荔〔茘〕
lian
廉〔亷〕
〔廉〕

鐮〔鐮〕
〔鎌〕
奩〔匳〕
〔匲〕
〔籢〕
斂〔歛〕
煉*〔鍊〕
liang
梁〔樑〕
涼〔凉〕
lin
麟〔麐〕
磷〔燐〕
〔粦〕
鄰*〔隣〕
淋〔痳〕
吝〔悋〕
ling
菱〔蔆〕
liu
琉〔瑠〕
〔璢〕
留〔畱〕
〔畄〕
〔畄〕
瘤〔癅〕
柳〔栁〕
〔桺〕
long
弄〔衖〕
〔挵〕
lu

爐*〔鑪〕
櫓〔艣〕
〔樐〕
〔艪〕
〔樚〕
戮〔剹〕
〔勠〕
碌〔磟〕
lun
侖〔崘〕
〔崙〕
luo
騾〔臝〕
裸〔躶〕
〔臝〕
虜*〔虜〕
lü
绿〔菉〕
lüe
略〔畧〕
ma
麻〔蔴〕
蟆〔蟇〕
罵〔駡〕
〔傌〕
mai
脉〔脈〕
〔衇〕
〔衂〕
mang
虻〔蝱〕
mao

猫〔貓〕
牦〔犛〕
〔氂〕
卯〔夘〕
〔戼〕
冒〔冐〕
帽〔帽〕
mei
梅〔楳〕
〔槑〕
mi
眯〔瞇〕
冪〔羃〕
覓〔覔〕
mian
綿〔緜〕
麵*〔麪〕
miao
眇〔眇〕
渺〔淼〕
〔淼〕
妙〔玅〕
mie
咩〔哶〕
〔哶〕
min
泯〔泯〕
ming
冥〔寛〕
〔冥〕
命〔肏〕
mo

饃〔饝〕
謨〔謩〕
mu
畝*〔畂〕
〔畮〕
〔畆〕
〔畒〕
〔𤱈〕
幕〔幙〕
na
拿〔舒〕
〔拏〕
〔挐〕
nai
乃〔迺〕
〔廼〕
奶〔嬭〕
〔妳〕
nan
楠〔枏〕
〔柟〕
nao
鬧〔閙〕
ni
霓〔蜺〕
你〔妳〕
擬*〔儗〕
昵〔暱〕
nian
拈〔撚〕
粘〔黏〕
年〔秊〕
念〔唸〕
niang
娘〔孃〕
niao
裊〔嫋〕
〔嬝〕
〔褭〕
nie
捏〔揑〕
涅〔湼〕
孽〔孼〕
嚙〔齧〕
〔囓〕
ning
寧*〔寕〕
〔甯〕
nū
衄〔衂〕
〔䶊〕
nong
農*〔辳〕
nuan
暖〔煖〕
〔㬉〕
〔煗〕
nun
嫩〔嫰〕
nuo
挪〔挼〕
〔捼〕
糯〔穤〕
〔稬〕
pao
疱〔皰〕
炮〔砲〕
〔礮〕
pei
胚〔肧〕
peng
碰〔掽〕
〔踫〕
pi
毗〔毘〕
匹〔疋〕
piao
飘〔飃〕
ping
憑〔凴〕
瓶〔缾〕
po
迫〔廹〕
pu
鋪〔舖〕
qi
栖〔棲〕
凄〔淒〕
〔悽〕
旗〔旂〕
棋〔碁〕
〔棊〕
啓*〔啟〕
〔唘〕
弃〔棄〕
戚〔慼〕
〔慽〕
憩〔憇〕
qian
愆〔諐〕
鉛〔鈆〕
潜〔潛〕
qiang
羌〔羗〕
〔𦍑〕
槍*〔鎗〕
牆*〔墻〕
檣〔艢〕
强〔彊〕
〔強〕
襁〔繦〕
qiao
蹺〔蹻〕
鍬〔鍫〕
蕎〔荍〕
憔〔顦〕
〔癄〕
峭〔陗〕
qie
愜〔㥦〕
qin
勤〔懃〕
琴〔琹〕
寢*〔寑〕
撳〔搇〕
qiu
秋〔秌〕
〔龝〕
鰍〔鰌〕
丘〔坵〕
〔邱〕
球〔毬〕
虬〔虯〕
qu
驅〔駈〕
〔敺〕
麯〔麴〕
quan
券〔劵〕
que
榷〔搉〕
〔権〕
却〔卻〕
〔㕁〕
qun
群〔羣〕
裙〔帬〕
〔裠〕
ran
髯〔髥〕
冉〔冄〕
rao
繞〔遶〕
ren
衽〔袵〕
飪〔餁〕
妊〔姙〕
軔〔靭〕
韌〔靱〕
〔韌〕
〔韖〕
rong
熔〔鎔〕
絨〔羢〕
〔毧〕
融〔螎〕
冗〔宂〕
ruan
蠕〔蝡〕
軟〔輭〕
rui
蕊〔蕋〕
〔橤〕
〔蘂〕
睿〔叡〕
ruo
箬〔篛〕
sa
颯〔䬃〕
sai
腮〔顋〕
san
傘*〔傘〕
〔繖〕
散〔散〕
sang
桑〔桒〕
se
澀〔澁〕
〔濇〕
shan
膻〔羶〕

〔犇〕
珊　〔珊〕
删　〔删〕
姗　〔姗〕
栅　〔柵〕
膳　〔饍〕
鳝　〔鱓〕
shao
筲　〔箾〕
she
蛇　〔虵〕
射　〔躾〕
shen
深　〔滚〕
参　〔蓡〕
　　〔蔘〕
慎　〔昚〕
sheng
升　〔陞〕
　　〔昇〕
剩　〔賸〕
shi
濕*　〔溼〕
尸　〔屍〕
虱　〔蝨〕
實*　〔寔〕
時*　〔旹〕
柿　〔柹〕
視　〔眡〕
　　〔眎〕
謚　〔諡〕
是　〔昰〕

shu
疏　〔踈〕
薯　〔藷〕
庶　〔庻〕
漱　〔潄〕
竪　〔豎〕
倏　〔倐〕
　　〔儵〕
si
厮　〔廝〕
似　〔佀〕
俟　〔竢〕
飼　〔飤〕
祀　〔禩〕
sou
搜　〔蒐〕
嗽　〔嗽〕
su
蘇*　〔蘓〕
　　〔甦〕
宿　〔宿〕
溯　〔泝〕
　　〔遡〕
訴　〔愬〕
sui
歲*　〔嵗〕
sun
飧　〔飱〕
笋　〔筍〕
suo
挲　〔抄〕
蓑　〔簑〕

瑣　〔璅〕
鎖　〔鎻〕
ta
它　〔牠〕
塔　〔墖〕
拓　〔搨〕
tan
罈*　〔罎〕
　　〔壜〕
袒　〔襢〕
嘆*　〔歎〕
tang
趟　〔踼〕
　　〔蹚〕
　　〔蹡〕
糖　〔餹〕
tao
掏　〔搯〕
縧　〔絛〕
　　〔縚〕
teng
藤　〔籐〕
ti
啼　〔嗁〕
蹄　〔蹏〕
剃　〔薙〕
　　〔鬀〕
tiao
眺　〔覜〕
tong
同　〔仝〕
　　〔衕〕

峒　〔峝〕
筒　〔筩〕
tou
偷　〔媮〕
tu
兔　〔兎〕
　　〔菟〕
tui
頹　〔穨〕
腿　〔骽〕
tu
臀　〔臋〕
tuo
拖　〔拕〕
托　〔託〕
駝　〔駞〕
馱　〔駄〕
wa
蛙　〔鼃〕
襪*　〔韈〕
　　〔韤〕
wan
浣　〔澣〕
碗　〔盌〕
　　〔椀〕
　　〔瓫〕
挽　〔輓〕
玩　〔翫〕
wang
亡　〔亾〕
罔　〔网〕
往　〔徃〕

望　〔朢〕
wei
喂　〔餵〕
　　〔餧〕
猬　〔蝟〕
wen
蚊　〔螡〕
　　〔蟁〕
吻　〔脗〕
weng
瓮　〔甕〕
　　〔罋〕
wu
污　〔汙〕
　　〔汚〕
忤　〔啎〕
塢　〔隖〕
xi
嘻　〔譆〕
熙　〔熈〕
　　〔煕〕
晰　〔晳〕
　　〔晢〕
溪　〔谿〕
膝　〔厀〕
席　〔蓆〕
戲*　〔戯〕
xia
狹　〔陿〕
厦　〔廈〕
xian
鮮　〔尠〕

〔鱻〕
〔尟〕
籼　〔秈〕
仙　〔僊〕
弦　〔絃〕
銜　〔啣〕
　　〔啣〕
涎　〔次〕
閑　〔閒〕
嫻　〔嫺〕
綫　〔線〕
xiang
厢　〔廂〕
享　〔亯〕
餉　〔饟〕
嚮*　〔曏〕
xiao
笑　〔咲〕
效　〔効〕
　　〔傚〕
xie
蝎　〔蠍〕
鞋　〔鞵〕
邪　〔衺〕
携　〔攜〕
　　〔擕〕
　　〔擕〕
　　〔攜〕
脅*　〔脇〕
燮　〔爕〕
泄　〔洩〕
紲　〔絏〕

蟹〔蠏〕
xin
欣〔訢〕
xing
幸〔倖〕
xiong
凶〔兇〕
汹〔洶〕
胸〔胷〕
xiu
修〔脩〕
绣〔繡〕
锈〔鏽〕
xu
勖〔勗〕
叙〔敘〕
〔敍〕
恤〔䘏〕
〔賉〕
〔卹〕
婿〔壻〕
xuan
萱〔萲〕
〔蕿〕
〔藼〕
〔蘐〕
喧〔諠〕
璇〔璿〕
楦〔楥〕
xue
靴〔鞾〕
xun
勋〔勳〕
熏〔薰〕
〔燻〕
埙〔壎〕
徇〔狥〕
寻*〔㝷〕
巡〔廵〕
ya
丫〔枒〕
〔椏〕
鸦〔鵶〕
yan
腌〔醃〕
烟〔煙〕
〔菸〕
胭〔臙〕
岩〔巖〕
〔巗〕
〔嵒〕
檐〔簷〕
鼹〔鼴〕
宴〔讌〕
〔醼〕
燕〔鷰〕
雁〔鴈〕
赝〔贗〕
咽〔嚥〕
验〔騐〕
艳*〔豔〕
〔豓〕
焰〔燄〕
yang
扬〔颺〕
〔敭〕
yao
夭〔殀〕
肴〔餚〕
淆〔殽〕
窑〔窯〕
〔窰〕
咬〔齩〕
耀〔燿〕
拗〔抝〕
ye
野〔埜〕
〔壄〕
夜〔亱〕
烨〔爗〕
〔曄〕
yi
咿〔吚〕
移〔迻〕
以〔㕥〕
〔目〕
翳〔瞖〕
异〔異〕
yin
喑〔瘖〕
堙〔陻〕
因〔囙〕
姻〔婣〕
殷〔慇〕
阴*〔隂〕
淫〔婬〕
〔滛〕
吟〔唫〕
饮〔歠〕
荫〔蔭〕
ying
莺〔鶯〕
罂〔甖〕
颖〔頴〕
映〔暎〕
yong
雍〔雝〕
咏〔詠〕
涌〔湧〕
恿〔慂〕
〔惥〕
you
游〔遊〕
yu
于〔於〕
逾〔踰〕
郁*〔鬱〕
〔欝〕
寓〔庽〕
愈〔瘉〕
〔癒〕
欲〔慾〕
yuan
冤〔寃〕
〔寃〕
猿〔猨〕
〔蝯〕
yue
岳〔嶽〕
yun
韵〔韻〕
za
匝〔帀〕
杂*〔襍〕
zai
灾〔災〕
〔烖〕
〔菑〕
再〔再〕
〔再〕
zan
簪〔簮〕
咱〔喒〕
〔偺〕
〔偺〕
〔偺〕
赞〔賛〕
〔讚〕
zang
葬〔塟〕
〔䓁〕
zao
糟〔蹧〕
噪〔譟〕
皂〔皁〕
唣〔唕〕
zha
闸〔牐〕
札〔剳〕
〔劄〕
扎〔紥〕
〔紮〕
咤〔吒〕
榨〔搾〕
zhai
斋*〔亝〕
寨〔砦〕
zhan
沾〔霑〕
毡*〔氈〕
崭〔嶄〕
盏〔琖〕
〔醆〕
暂〔蹔〕
占〔佔〕
zhang
獐〔麞〕
zhao
照〔炤〕
棹〔櫂〕
zhe
谪〔讁〕
慑〔慴〕
〔讋〕
辄〔輙〕
哲〔喆〕
浙〔淛〕
zhen
针〔鍼〕
砧〔碪〕
侦〔遉〕
珍〔珎〕

鸩	〔酖〕	置	〔寘〕	咒	〔呪〕		〔塼〕	資	〔貲〕	zu	
zhi		帙	〔袟〕	zhu		撰	〔譔〕	姊	〔姉〕	卒	〔卆〕
卮	〔巵〕		〔袠〕	猪	〔豬〕	饌	〔籑〕	眦	〔眥〕	zuan	
栀	〔梔〕	稚	〔穉〕	煮	〔煑〕	zhuang		zong		鑽*	〔鑚〕
跖	〔蹠〕		〔稺〕	伫	〔竚〕	妆*	〔粧〕	鬃	〔騌〕	纂	〔篹〕
侄	〔姪〕	zhong			〔佇〕	zhuo			〔騣〕	zui	
	〔妷〕	冢	〔塚〕	注	〔註〕	桌	〔棹〕		〔鬉〕	最	〔㝡〕
址	〔阯〕	衆*	〔眾〕	箸	〔筯〕	斫	〔斲〕	棕	〔椶〕		〔冣〕
祗	〔祇〕	zhou		zhuan			〔斵〕	踪	〔蹤〕	罪	〔辠〕
	〔秖〕	周	〔週〕	專*	〔耑〕		〔斮〕	偬	〔傯〕	zun	
紙	〔帋〕	帚	〔箒〕	磚	〔甎〕	zi		粽	〔糉〕	樽	〔罇〕
志	〔誌〕										

附录二：

简化字总表

中 国 文 字 改 革 委 员 会
中 华 人 民 共 和 国 文 化 部
中 华 人 民 共 和 国 教 育 部

关于简化字的联合通知

根据国务院一九六四年二月四日关于简化字问题给中国文字改革委员会的批示："同意你会在报告中提出的意见：《汉字简化方案》中所列的简化字，用作偏旁时，应同样简化；《汉字简化方案》的偏旁简化表中所列的偏旁，除了四个偏旁（讠、饣、纟、钅）外，其余偏旁独立成字时，也应同样简化。你会应将上述可以用作偏旁的简化字和可以独立成字的偏旁，分别作成字表，会同有关部门下达执行"，现特将这两类字分别列表通知如下。

一、下列九十二个字已经简化，作偏旁时应该同样简化。例如，“爲”已简化作“为”，“僞嬀”同样简化作“伪妫”。

愛爱	罷罢	備备	筆笔	畢毕	邊边	參参
倉仓	嘗尝	蟲虫	從从	竄窜	達达	帶带
黨党	動动	斷断	對对	隊队	爾尔	豐丰
廣广	歸归	龜龟	國国	過过	華华	畫画
匯汇	夾夹	薦荐	將将	節节	盡尽	進进
舉举	殼壳	來来	樂乐	離离	歷历	麗丽
兩两	靈灵	劉刘	盧卢	虜虏	鹵卤	録录
慮虑	買买	麥麦	黽黾	難难	聶聂	寧宁
豈岂	氣气	遷迁	親亲	窮穷	嗇啬	殺杀
審审	聖圣	時时	屬属	雙双	歲岁	孫孙
條条	萬万	爲为	烏乌	無无	獻献	鄉乡
寫写	尋寻	亞亚	嚴严	厭厌	業业	藝艺
陰阴	隱隐	猶犹	與与	雲云	鄭郑	執执
質质						

二、下列四十个偏旁已经简化，独立成字时应该同样简化（言食糸金一般只作左旁时简化，独立成字时不简化）。例如，“魚”作偏旁已简化作“鱼”旁，独立成字时同样简化作“鱼”。

貝贝	賓宾	産产	長长	車车	齒齿	芻刍
單单	當当	東东	發发	風风	岡冈	會会
幾几	戔戋	監监	見见	龍龙	婁娄	侖仑
羅罗	馬马	賣卖	門门	鳥鸟	農农	齊齐
僉佥	喬乔	區区	師师	壽寿	肅肃	韋韦
堯尧	頁页	義义	魚鱼	專专		

三、在一般通用字范围内，根据上述一、二两项规定类推出来的简化字，将收入中国文字改革委员会编印的《简化字总表》中。

1964 年 3 月 7 日

简化字总表

说 明

1. 本表收录1956年国务院公布的《汉字简化方案》中的全部简化字。关于简化偏旁的应用范围，本表遵照1956年方案中的规定以及1964年3月7日中国文字改革委员会、文化部、教育部《关于简化字的联合通知》的规定，用简化字和简化偏旁作为偏旁得出来的简化字，也收录本表内。(本表所说的偏旁，不限于左旁和右旁，也包括字的上部下部、内部外部，总之指一个字的可以分出来的组成部分而言。这个组成部分在一个字里可以是笔画较少的，也可以是笔画较多的。例如“摆”字，“扌”固然是偏旁，但是“罢”也作偏旁。)

2. 总表分成三个表。表内所有简化字和简化偏旁后面，都在括弧里列入原来的繁体。

第一表所收的是352个不作偏旁用的简化字。这些字的繁体一般都不用作别的字的偏旁。个别能作别的字的偏旁，也不依简化字简化。如“習”简化作“习”，但“褶”不简化作“衤习”。

第二表所收的是：一、132个可作偏旁用的简化字和二、14个简化偏旁。

第一项所列繁体字，无论单独用或者作别的字的偏旁用，同样简化。第二项的简化偏旁，不论在一个字的任何部位，都可以使用，其中“讠、饣、纟、钅”一般只能用于左偏旁。这些简化偏旁一般都不能单独使用。

在《汉字简化方案》中已另行简化的繁体字，不能再适用上述原则简化。例如“戰”“過”“誇”，按《汉字简化方案》已简化作“战”“过”“夸”，因此不能按“单”“咼”“讠”作为偏旁简化作“戦”“саn”“誇”。

除本表所列的146个简化字和简化偏旁外，不得任意将某一简化字的部分结构当作简化偏旁使用。例如“陽”按《汉字简化方案》作“阳”，但不得任意将“日”当作“昜”的简化偏旁。如“楊”应按简化偏旁“𠃓（昜）”简化作“杨”，不得简化作“相”。

第三表所收的是应用第二表的简化字和简化偏旁作为偏旁得出来的简化字。汉字总数很多，这个表不必尽列。例如有“车”旁的字，如果尽量地列，就可以列出一二百个，其中有许多是很生僻的字，不大用得到。现在为了适应一般的需要，第三表所列的简化字的范围，基本上以《新华字典》（1962年第三版，只收汉字八千个左右）为标准。未收入第三表的字，凡用第二表的简化字或简化偏旁作为偏旁的，一般应该同样简化。

3. 此外，在1955年文化部和中国文字改革委员会发布的《第一批异体字整理表》中，有些被淘汰的异体字和被选用的正体字繁简不同，一般人习惯把这些笔画少的正体字看作简化字。为了便于检查，本表把这些字列为一表，作为附录。

4. 一部分简化字，有特殊情形，需要加适当的注解。例如“干”是“乾”（gān）的简化字，但是“乾坤”的“乾”（qián）并不简化；又如“吁”是“籲”（yù）的简化字，但是“长吁短叹”的“吁”仍旧读xū；这种一字两读的情形，在汉字里本来常有，如果不注出来，就容易引起误会。又如以“余”代“餘”，以“复”代“覆”，虽然群众已经习惯了，而在某些情况下却不适宜，需要区别。又如“么”和“幺”有什么不同，“马”字究竟几笔，等等。诸如此类可能发生疑难的地方，都在页末加了脚注。

1964年5月

第一表

不作简化偏旁用的简化字

本表共收简化字 352 个，按读音的拼音字母顺序排列。本表的简化字都不得作简化偏旁使用。

A	灿〔燦〕	辞〔辭〕	堕〔墮〕	个〔個〕
碍〔礙〕	层〔層〕	聪〔聰〕	E	巩〔鞏〕
肮〔骯〕	搀〔攙〕	丛〔叢〕	儿〔兒〕	沟〔溝〕
袄〔襖〕	谗〔讒〕	D	F	构〔構〕
B	馋〔饞〕	担〔擔〕	矾〔礬〕	购〔購〕
坝〔壩〕	缠〔纏〕②	胆〔膽〕	范〔範〕	谷〔穀〕
板〔闆〕	忏〔懺〕	导〔導〕	飞〔飛〕	顾〔顧〕
办〔辦〕	偿〔償〕	灯〔燈〕	坟〔墳〕	刮〔颳〕
帮〔幫〕	厂〔廠〕	邓〔鄧〕	奋〔奮〕	关〔關〕
宝〔寶〕	彻〔徹〕	敌〔敵〕	粪〔糞〕	观〔觀〕
报〔報〕	尘〔塵〕	籴〔糴〕	凤〔鳳〕	柜〔櫃〕
币〔幣〕	衬〔襯〕	递〔遞〕	肤〔膚〕	H
毙〔斃〕	称〔稱〕	点〔點〕	妇〔婦〕	汉〔漢〕
标〔標〕	惩〔懲〕	淀〔澱〕	复〔復〕	号〔號〕
表〔錶〕	迟〔遲〕	电〔電〕	〔複〕	合〔閤〕
别〔彆〕	冲〔衝〕	迭〔叠〕③	〔覆〕④	轰〔轟〕
卜〔蔔〕	丑〔醜〕	冬〔鼕〕	G	后〔後〕
补〔補〕	出〔齣〕	斗〔鬥〕	盖〔蓋〕	胡〔鬍〕
C	础〔礎〕	独〔獨〕	干〔乾〕⑤	壶〔壺〕
才〔纔〕	处〔處〕	吨〔噸〕	〔幹〕	沪〔滬〕
蚕〔蠶〕①	触〔觸〕	夺〔奪〕	赶〔趕〕	护〔護〕

---

① 蚕：上从天，不从夭。

② 缠：右从厘，不从厘。

③ 在迭和叠意义可能混淆时，叠仍用叠。

④ 答覆、反覆的覆简化作复，覆盖、颠覆仍用覆。

⑤ 乾坤、乾隆的乾读 qián（前），不简化。

划〔劃〕
怀〔懷〕
坏〔壞〕①
欢〔歡〕
环〔環〕
还〔還〕
回〔迴〕
伙〔夥〕②
获〔獲〕
〔穫〕

J

击〔擊〕
鸡〔鷄〕
积〔積〕
极〔極〕
际〔際〕
继〔繼〕
家〔傢〕
价〔價〕
艰〔艱〕
歼〔殲〕
茧〔繭〕
拣〔揀〕
硷〔鹼〕
舰〔艦〕
姜〔薑〕
浆〔漿〕③
桨〔槳〕
奖〔獎〕
讲〔講〕
酱〔醬〕
胶〔膠〕
阶〔階〕
疖〔癤〕
洁〔潔〕
借〔藉〕④
仅〔僅〕
惊〔驚〕
竞〔競〕
旧〔舊〕
剧〔劇〕
据〔據〕
惧〔懼〕
卷〔捲〕

K

开〔開〕
克〔剋〕
垦〔墾〕
恳〔懇〕
夸〔誇〕
块〔塊〕
亏〔虧〕
困〔睏〕

L

腊〔臘〕
蜡〔蠟〕
兰〔蘭〕
拦〔攔〕
栏〔欄〕
烂〔爛〕
累〔纍〕
垒〔壘〕
类〔類〕⑤
里〔裏〕
礼〔禮〕
隶〔隸〕
帘〔簾〕
联〔聯〕
怜〔憐〕
炼〔煉〕
练〔練〕
粮〔糧〕
疗〔療〕
辽〔遼〕
了〔瞭〕
猎〔獵〕
临〔臨〕⑥
邻〔鄰〕
岭〔嶺〕⑦
庐〔廬〕
芦〔蘆〕
炉〔爐〕
陆〔陸〕
驴〔驢〕
乱〔亂〕

M

么〔麽〕⑧
霉〔黴〕
蒙〔矇〕
〔濛〕
〔懞〕
梦〔夢〕
面〔麵〕
庙〔廟〕
灭〔滅〕
蔑〔衊〕
亩〔畝〕

N

恼〔惱〕
脑〔腦〕
拟〔擬〕
酿〔釀〕
疟〔瘧〕

P

盘〔盤〕
辟〔闢〕
苹〔蘋〕
凭〔憑〕
扑〔撲〕
仆〔僕〕⑨

---

① 不作坯。坯是砖坯的坯，读 pī（批），坏坯二字不可互混。

② 作多解的夥不简化。

③ 浆、桨、奖、酱：右上角从夕，不从夕或爫。

④ 藉口、凭藉的藉简化作借，慰藉、狼藉等的藉仍用藉。

⑤ 类：下从大，不从犬。

⑥ 临：左从一短竖一长竖，不从刂。

⑦ 岭：不作岺，免与岑混。

⑧ 读 me 轻声。读 yāo（夭）的么应作幺（么本字）。吆应作吆。麽读 mó（摩）时不简化，如幺麽小丑。

⑨ 前仆后继的仆读 pū（扑）。

朴〔樸〕
Q
启〔啓〕
签〔籤〕
千〔韆〕
牵〔牽〕
纤〔縴〕
〔纖〕①
窍〔竅〕
窃〔竊〕
寝〔寢〕
庆〔慶〕②
琼〔瓊〕
秋〔鞦〕
曲〔麯〕
权〔權〕
劝〔勸〕
确〔確〕
R
让〔讓〕
扰〔擾〕
热〔熱〕
认〔認〕
S
洒〔灑〕
伞〔傘〕
丧〔喪〕
扫〔掃〕
涩〔澀〕
晒〔曬〕
伤〔傷〕
舍〔捨〕
沈〔瀋〕
声〔聲〕
胜〔勝〕
湿〔濕〕
实〔實〕
适〔適〕③
势〔勢〕
兽〔獸〕
书〔書〕
术〔術〕④
树〔樹〕
帅〔帥〕
松〔鬆〕
苏〔蘇〕
〔囌〕
虽〔雖〕
随〔隨〕
T
台〔臺〕
〔檯〕
〔颱〕
态〔態〕
坛〔壇〕
〔罎〕
叹〔嘆〕
誊〔謄〕
体〔體〕
粜〔糶〕
铁〔鐵〕
听〔聽〕
厅〔廳〕⑤
头〔頭〕
图〔圖〕
涂〔塗〕
团〔團〕
〔糰〕
椭〔橢〕
W
洼〔窪〕
袜〔襪〕⑥
网〔網〕
卫〔衛〕
稳〔穩〕
务〔務〕
雾〔霧〕
X
牺〔犧〕
习〔習〕
系〔係〕
〔繫〕⑦
戏〔戲〕
虾〔蝦〕
吓〔嚇〕⑧
咸〔鹹〕
显〔顯〕
宪〔憲〕
县〔縣〕⑨
响〔響〕
向〔嚮〕
象〔像〕⑩
协〔協〕
胁〔脅〕
亵〔褻〕
衅〔釁〕
兴〔興〕
须〔鬚〕
悬〔懸〕
选〔選〕
旋〔鏇〕
Y
压〔壓〕⑪
盐〔鹽〕
阳〔陽〕

---

① 纤维的纤读 xiān（先）。

② 庆：从大，不从犬。

③ 古人南宫适、洪适的适（古字罕用）读 kuò（括）。此适字本作𨑨，为了避免混淆，可恢复本字𨑨。

④ 中药苍术、白术的术读 zhú（竹）。

⑤ 厅：从厂，不从广。

⑥ 袜：从末，不从未。

⑦ 系带子的系读 jì（计）。

⑧ 恐吓的吓读 hè（赫）。

⑨ 县：七笔。上从且。

⑩ 在象和像意义可能混淆时，像仍用像。

⑪ 压：六笔。土的右旁有一点。

养〔養〕	踊〔踴〕	运〔運〕	折〔摺〕④	昼〔晝〕
痒〔癢〕	忧〔憂〕	酝〔醖〕	这〔這〕	朱〔硃〕
样〔様〕	优〔優〕	Z	征〔徵〕⑤	烛〔燭〕
钥〔鑰〕	邮〔郵〕	杂〔雜〕	症〔癥〕	筑〔築〕
药〔藥〕	余〔餘〕②	赃〔贜〕	证〔證〕	庄〔莊〕⑥
爷〔爺〕	御〔禦〕	脏〔臟〕	只〔隻〕	桩〔樁〕
叶〔葉〕①	吁〔籲〕③	〔髒〕	〔衹〕	妆〔妝〕
医〔醫〕	郁〔鬱〕	凿〔鑿〕	致〔緻〕	装〔裝〕
亿〔億〕	誉〔譽〕	枣〔棗〕	制〔製〕	壮〔壯〕
忆〔憶〕	渊〔淵〕	灶〔竈〕	钟〔鐘〕	状〔狀〕
应〔應〕	园〔園〕	斋〔齋〕	〔鍾〕	准〔凖〕
痈〔癰〕	远〔遠〕	毡〔氈〕	肿〔腫〕	浊〔濁〕
拥〔擁〕	愿〔願〕	战〔戰〕	种〔種〕	总〔總〕
佣〔傭〕	跃〔躍〕	赵〔趙〕	众〔衆〕	钻〔鑽〕

第二表

可作简化偏旁用的简化字和简化偏旁

本表共收简化字 132 个和简化偏旁 14 个。简化字按读音的拼音字母顺序排列，简化偏旁按笔数排列。

A	贝〔貝〕	C	尝〔嘗〕⑧	从〔從〕
爱〔愛〕	笔〔筆〕	参〔參〕	车〔車〕	窜〔竄〕
B	毕〔畢〕	仓〔倉〕	齿〔齒〕	D
罢〔罷〕	边〔邊〕	产〔産〕	虫〔蟲〕	达〔達〕
备〔備〕	宾〔賓〕	长〔長〕⑦	刍〔芻〕	带〔帶〕

① 叶韵的叶读 xié（协）。
② 在余和馀意义可能混淆时，馀仍用馀。
③ 喘吁吁、长吁短叹的吁读 xū（虚）。
④ 在折和摺意义可能混淆时，摺仍用摺。
⑤ 宫商角徵羽的徵读 zhǐ（止），不简化。
⑥ 庄：六笔。土的右旁无点。
⑦ 长：四笔。笔顺是：ノ一七长。
⑧ 尝：不是賞的简化字。賞的简化字是赏（见第三表）。

单〔單〕
当〔當〕
〔噹〕
党〔黨〕
东〔東〕
动〔動〕
断〔斷〕
对〔對〕
队〔隊〕

E

尔〔爾〕

F

发〔發〕
〔髮〕
丰〔豐〕①
风〔風〕

G

冈〔岡〕
广〔廣〕
归〔歸〕
龟〔龜〕
国〔國〕
过〔過〕

H

华〔華〕
画〔畫〕
汇〔匯〕
〔彙〕
会〔會〕

J

几〔幾〕
夹〔夾〕
戋〔戔〕
监〔監〕
见〔見〕
荐〔薦〕
将〔將〕②
节〔節〕
尽〔盡〕
〔儘〕
进〔進〕
举〔舉〕

K

壳〔殼〕③

L

来〔來〕
乐〔樂〕
离〔離〕
历〔歷〕
〔曆〕
丽〔麗〕④
两〔兩〕
灵〔靈〕
刘〔劉〕
龙〔龍〕
娄〔婁〕
卢〔盧〕
虏〔虜〕
卤〔鹵〕
〔滷〕
录〔録〕
虑〔慮〕
仑〔侖〕
罗〔羅〕
〔囉〕

M

马〔馬〕⑤
买〔買〕
卖〔賣〕⑥
麦〔麥〕
门〔門〕
黾〔黽〕⑦

N

难〔難〕
鸟〔鳥〕⑧
聂〔聶〕
宁〔寧〕⑨
农〔農〕

Q

齐〔齊〕
岂〔豈〕
气〔氣〕
迁〔遷〕
佥〔僉〕
乔〔喬〕
亲〔親〕
穷〔窮〕
区〔區〕⑩

S

啬〔嗇〕
杀〔殺〕
审〔審〕
圣〔聖〕
师〔師〕
时〔時〕
寿〔壽〕
属〔屬〕
双〔雙〕
肃〔肅〕⑪
岁〔歲〕

---

① 四川省酆都县已改丰都县。姓酆的酆不简化作丰。

② 将：右上角从夕，不从夕或⺥。

③ 壳：几上没有一小横。

④ 丽：七笔。上边一横，不作两小横。

⑤ 马：三笔。笔顺是：ㄱ马马。上部向左稍斜，左上角开口，末笔作左偏旁时改作平挑。

⑥ 卖：从十从买，上不从士或土。

⑦ 黾：从口从电。

⑧ 鸟：五笔。

⑨ 作门屏之间解的宁（古字罕用）读 zhù（柱）。为避免此宁字与寧的简化字混淆，原读 zhù 的宁作㝉。

⑩ 区：不作区。

⑪ 肃：中间一竖下面的两边从⺦，下半中间不从米。

孙〔孫〕	献〔獻〕	页〔頁〕	郑〔鄭〕	𫇦〔𤇾〕
T	乡〔鄉〕	义〔義〕⑥	执〔執〕	𬚻〔臨〕
条〔條〕①	写〔寫〕④	艺〔藝〕	质〔質〕	只〔戠〕
W	寻〔尋〕	阴〔陰〕	专〔專〕	钅〔金〕⑩
万〔萬〕	Y	隐〔隱〕	简化偏旁	𭕄〔𦥯〕
为〔爲〕	亚〔亞〕	犹〔猶〕	讠〔言〕⑦	㚇〔睪〕⑪
韦〔韋〕	严〔嚴〕	鱼〔魚〕	饣〔食〕⑧	𢀖〔巠〕
乌〔烏〕②	厌〔厭〕	与〔與〕	𠃓〔昜〕⑨	亦〔䜌〕
无〔無〕③	尧〔堯〕⑤	云〔雲〕	纟〔糸〕	呙〔咼〕
X	业〔業〕	Z	収〔臤〕	

第三表

应用第二表所列简化字和简化偏旁得出来的简化字

本表共收简化字 1754 个（不包含重见的字。例如“缆”分见“纟、𬚻、见”三部，只算一字），以第二表中的简化字和简化偏旁作部首，按第二表的顺序排列。同一部首中的简化字，按笔数排列。

爱	瑷〔璦〕	〔襬〕	惫〔憊〕	负〔負〕
嗳〔噯〕	暧〔曖〕	罴〔羆〕	贝	贡〔貢〕
嫒〔嬡〕	罢	䎬〔䎱〕	贞〔貞〕	呗〔唄〕
叆〔靉〕	摆〔擺〕	备	则〔則〕	员〔員〕

---

① 条：上从夂，三笔，不从攵。

② 乌：四笔。

③ 无：四笔。上从二，不可误作旡。

④ 写：上从冖，不从宀。

⑤ 尧：六笔。右上角无点，不可误作尭。

⑥ 义：从乂（读 yì）加点，不可误作叉（读 chā）。

⑦ 讠：二笔。不作⻈。

⑧ 饣：三笔。中一横折作㇖，不作丶或点。

⑨ 𠃓：三笔。

⑩ 钅：第二笔是一短横，中两横，竖折不出头。

⑪ 睾丸的睾读 gāo（高），不简化。

财〔財〕	贵〔貴〕	殒〔殞〕	馈〔饋〕	赠〔贈〕
狈〔狽〕	钡〔鋇〕	勚〔勩〕	赖〔賴〕	鹦〔鸚〕
责〔責〕	贷〔貸〕	赈〔賑〕	赪〔赬〕	獭〔獺〕
厕〔厠〕	贸〔貿〕	婴〔嬰〕	碛〔磧〕	赞〔贊〕
贤〔賢〕	贺〔賀〕	啧〔嘖〕	㱮〔殨〕	赢〔贏〕
账〔賬〕	陨〔隕〕	赊〔賒〕	赗〔賵〕	赡〔贍〕
贩〔販〕	涢〔溳〕	帻〔幘〕	腻〔膩〕	癞〔癩〕
贬〔貶〕	资〔資〕	偾〔僨〕	赛〔賽〕	攒〔攢〕
败〔敗〕	祯〔禎〕	铡〔鍘〕	𫌀〔襀〕	籁〔籟〕
贮〔貯〕	贾〔賈〕	绩〔績〕	赘〔贅〕	缵〔纘〕
贪〔貪〕	损〔損〕	溃〔潰〕	撄〔攖〕	瓒〔瓚〕
贫〔貧〕	贽〔贄〕	溅〔濺〕	槚〔檟〕	臜〔臢〕
侦〔偵〕	埙〔塤〕	赓〔賡〕	嘤〔嚶〕	赣〔贛〕
侧〔側〕	桢〔楨〕	愦〔憒〕	赚〔賺〕	趱〔趲〕
货〔貨〕	唝〔嗊〕	愤〔憤〕	赙〔賻〕	躜〔躦〕
贯〔貫〕	唢〔嗩〕	蒉〔蕢〕	罂〔罌〕	戆〔戇〕
测〔測〕	赅〔賅〕	赍〔賫〕	镄〔鐨〕	笔
浈〔湞〕	圆〔圓〕	蒇〔蕆〕	箦〔簀〕	滗〔潷〕
恻〔惻〕	贼〔賊〕	𬹼〔䝼〕	鲗〔鰂〕	毕
贰〔貳〕	贿〔賄〕	赔〔賠〕	缨〔纓〕	荜〔蓽〕
贲〔賁〕	赆〔贐〕	赕〔賧〕	璎〔瓔〕	哔〔嗶〕
贳〔貰〕	赂〔賂〕	遗〔遺〕	聩〔聵〕	筚〔篳〕
费〔費〕	债〔債〕	赋〔賦〕	樱〔櫻〕	跸〔蹕〕
郧〔鄖〕	赁〔賃〕	喷〔噴〕	赜〔賾〕	边
勋〔勛〕	渍〔漬〕	赌〔賭〕	篑〔簣〕	笾〔籩〕
帧〔幀〕	惯〔慣〕	赎〔贖〕	濑〔瀨〕	宾
贴〔貼〕	琐〔瑣〕	赏〔賞〕①	瘿〔癭〕	傧〔儐〕
贶〔貺〕	赉〔賚〕	赐〔賜〕	懒〔懶〕	滨〔濱〕
贻〔貽〕	匮〔匱〕	赒〔賙〕	赝〔贋〕	摈〔擯〕
贱〔賤〕	掼〔摜〕	锁〔鎖〕	豮〔豶〕	嫔〔嬪〕

① 赏：不可误作尝。尝是嘗的简化字（见第二表）。

缤〔繽〕
殡〔殯〕
槟〔檳〕
膑〔臏〕
镔〔鑌〕
髌〔髕〕
鬓〔鬢〕
参
渗〔滲〕
惨〔慘〕
掺〔摻〕
骖〔驂〕
毵〔毿〕
瘆〔瘮〕
碜〔磣〕
䅟〔穇〕
糁〔糝〕
仓
伧〔傖〕
创〔創〕
沧〔滄〕
怆〔愴〕
苍〔蒼〕
抢〔搶〕
呛〔嗆〕
炝〔熗〕
玱〔瑲〕
枪〔槍〕
戗〔戧〕
疮〔瘡〕
鸧〔鶬〕
舱〔艙〕

跄〔蹌〕
产
浐〔滻〕
萨〔薩〕
铲〔鏟〕
长
伥〔倀〕
怅〔悵〕
帐〔帳〕
张〔張〕
枨〔棖〕
账〔賬〕
胀〔脹〕
涨〔漲〕
尝
鲿〔鱨〕
车
轧〔軋〕
军〔軍〕
轨〔軌〕
厍〔厙〕
阵〔陣〕
库〔庫〕
连〔連〕
轩〔軒〕
诨〔諢〕
郓〔鄆〕
轫〔軔〕
轭〔軛〕
匦〔匭〕
转〔轉〕
轮〔輪〕

斩〔斬〕
软〔軟〕
浑〔渾〕
恽〔惲〕
砗〔硨〕
轶〔軼〕
轲〔軻〕
轱〔軲〕
轷〔軤〕
轻〔輕〕
轳〔轤〕
轴〔軸〕
挥〔揮〕
荤〔葷〕
轹〔轢〕
轸〔軫〕
轺〔軺〕
涟〔漣〕
珲〔琿〕
载〔載〕
莲〔蓮〕
较〔較〕
轼〔軾〕
轾〔輊〕
辂〔輅〕
轿〔轎〕
晕〔暈〕
渐〔漸〕
惭〔慚〕
皲〔皸〕
琏〔璉〕
辅〔輔〕

辄〔輒〕
辆〔輛〕
堑〔塹〕
啭〔囀〕
崭〔嶄〕
裤〔褲〕
裢〔褳〕
辇〔輦〕
辋〔輞〕
辍〔輟〕
辊〔輥〕
椠〔槧〕
辎〔輜〕
暂〔暫〕
辉〔輝〕
辈〔輩〕
链〔鏈〕
翚〔翬〕
辏〔輳〕
辐〔輻〕
辑〔輯〕
输〔輸〕
毂〔轂〕
辔〔轡〕
辖〔轄〕
辕〔轅〕
辗〔輾〕
舆〔輿〕
辘〔轆〕
撵〔攆〕
鲢〔鰱〕
辙〔轍〕

錾〔鏨〕
辚〔轔〕
齿
龀〔齔〕
啮〔嚙〕
龆〔齠〕
龅〔齙〕
龃〔齟〕
龄〔齡〕
龇〔齜〕
龈〔齦〕
龉〔齬〕
龊〔齪〕
龌〔齷〕
龋〔齲〕
虫
蛊〔蠱〕
刍
诌〔謅〕
㑇〔㑳〕
邹〔鄒〕
㤘〔㥮〕
驺〔騶〕
绉〔縐〕
皱〔皺〕
趋〔趨〕
雏〔雛〕
从
苁〔蓯〕
纵〔縱〕
枞〔樅〕
怂〔慫〕

聋〔聳〕
　窜
撺〔攛〕
镩〔鑹〕
蹿〔躥〕
　达
汏〔澾〕
闼〔闥〕
挞〔撻〕
哒〔噠〕
鞑〔韃〕
　带
滞〔滯〕
　单
郸〔鄲〕
惮〔憚〕
阐〔闡〕
掸〔撣〕
弹〔彈〕
婵〔嬋〕
禅〔禪〕
殚〔殫〕
瘅〔癉〕
蝉〔蟬〕
箪〔簞〕
蕲〔蘄〕
冁〔囅〕
　当
挡〔擋〕
档〔檔〕
裆〔襠〕
铛〔鐺〕

　党
谠〔讜〕
傥〔儻〕
镋〔钂〕
　东
冻〔凍〕
陈〔陳〕
岽〔崬〕
栋〔棟〕
胨〔腖〕
鸫〔鶇〕
　动
恸〔慟〕
　断
簖〔籪〕
　对
怼〔懟〕
　队
坠〔墜〕
　尔
迩〔邇〕
弥〔彌〕
〔瀰〕
祢〔禰〕
玺〔璽〕
猕〔獼〕
　发
泼〔潑〕
废〔廢〕
拨〔撥〕
钹〔鏺〕
　丰

沣〔灃〕
艳〔艷〕
滟〔灧〕
　风
讽〔諷〕
沨〔渢〕
岚〔嵐〕
枫〔楓〕
疯〔瘋〕
飒〔颯〕
砜〔碸〕
飔〔颸〕
飕〔颼〕
飕〔颼〕
飗〔飀〕
飘〔飄〕
飙〔飆〕
　冈
刚〔剛〕
㭎〔棡〕
岗〔崗〕
纲〔綱〕
㭎〔棡〕
钢〔鋼〕
　广
邝〔鄺〕
圹〔壙〕
扩〔擴〕
犷〔獷〕
纩〔纊〕
旷〔曠〕
矿〔礦〕

　归
岿〔巋〕
　龟
阄〔鬮〕
　国
掴〔摑〕
帼〔幗〕
腘〔膕〕
蝈〔蟈〕
　过
挝〔撾〕
　华
哗〔嘩〕
骅〔驊〕
烨〔燁〕
桦〔樺〕
晔〔曄〕
铧〔鏵〕
　画
婳〔嫿〕
　汇
㧟〔擓〕
　会
刽〔劊〕
郐〔鄶〕
侩〔儈〕
浍〔澮〕
荟〔薈〕
哙〔噲〕
狯〔獪〕
绘〔繪〕
烩〔燴〕

桧〔檜〕
脍〔膾〕
鲙〔鱠〕
　几
讥〔譏〕
叽〔嘰〕
饥〔饑〕
机〔機〕
玑〔璣〕
矶〔磯〕
虮〔蟣〕
　夹
郏〔郟〕
侠〔俠〕
陕〔陝〕
浃〔浹〕
挟〔挾〕
荚〔莢〕
峡〔峽〕
狭〔狹〕
惬〔愜〕
硖〔硤〕
铗〔鋏〕
颊〔頰〕
蛱〔蛺〕
瘗〔瘞〕
箧〔篋〕
　戋
刬〔剗〕
浅〔淺〕
饯〔餞〕
线〔綫〕

残〔殘〕
栈〔棧〕
贱〔賤〕
盏〔盞〕
钱〔錢〕
笺〔箋〕
溅〔濺〕
践〔踐〕
监
滥〔濫〕
蓝〔藍〕
尴〔尷〕
槛〔檻〕
褴〔襤〕
篮〔籃〕
见
苋〔莧〕
岘〔峴〕
觃〔覎〕
视〔視〕
规〔規〕
现〔現〕
枧〔梘〕
觅〔覓〕
觉〔覺〕
砚〔硯〕
觇〔覘〕
览〔覽〕
宽〔寬〕
蚬〔蜆〕
觊〔覬〕
笕〔筧〕
觋〔覡〕
觌〔覿〕
靓〔靚〕
搅〔攪〕
揽〔攬〕
缆〔纜〕
窥〔窺〕
榄〔欖〕
觎〔覦〕
觏〔覯〕
觐〔覲〕
觑〔覷〕
髋〔髖〕
荐
鞯〔韉〕
将
蒋〔蔣〕
锵〔鏘〕
节
栉〔櫛〕
尽
浕〔濜〕
荩〔藎〕
烬〔燼〕
赆〔贐〕
进
琎〔璡〕
举
榉〔櫸〕
壳
悫〔慤〕
来
涞〔淶〕
莱〔萊〕
崃〔崍〕
徕〔徠〕
赉〔賚〕
睐〔睞〕
铼〔錸〕
乐
泺〔濼〕
烁〔爍〕
栎〔櫟〕
轹〔轢〕
砾〔礫〕
铄〔鑠〕
离
漓〔灕〕
篱〔籬〕
历
沥〔瀝〕
坜〔壢〕
苈〔藶〕
呖〔嚦〕
枥〔櫪〕
疬〔癧〕
雳〔靂〕
丽
俪〔儷〕
郦〔酈〕
逦〔邐〕
骊〔驪〕
鹂〔鸝〕
酾〔釃〕
鲡〔鱺〕
两
俩〔倆〕
唡〔啢〕
辆〔輛〕
满〔滿〕
瞒〔瞞〕
颟〔顢〕
螨〔蟎〕
魉〔魎〕
懑〔懣〕
蹒〔蹣〕
灵
棂〔欞〕
刘
浏〔瀏〕
龙
陇〔隴〕
泷〔瀧〕
宠〔寵〕
庞〔龐〕
垄〔壟〕
拢〔攏〕
茏〔蘢〕
咙〔嚨〕
珑〔瓏〕
栊〔櫳〕
䶮〔龑〕
昽〔曨〕
胧〔朧〕
砻〔礱〕
袭〔襲〕
聋〔聾〕
龚〔龔〕
龛〔龕〕
笼〔籠〕
詟〔讋〕
娄
偻〔僂〕
溇〔漊〕
蒌〔蔞〕
搂〔摟〕
嵝〔嶁〕
喽〔嘍〕
缕〔縷〕
屡〔屢〕
数〔數〕
楼〔樓〕
瘘〔瘻〕
褛〔褸〕
窭〔窶〕
䁖〔瞜〕
镂〔鏤〕
屦〔屨〕
蝼〔螻〕
篓〔簍〕
耧〔耬〕
薮〔藪〕
擞〔擻〕
髅〔髏〕
卢
泸〔瀘〕
垆〔壚〕
栌〔櫨〕

轳〔轤〕
胪〔臚〕
鸬〔鸕〕
颅〔顱〕
舻〔艫〕
鲈〔鱸〕
虏
掳〔擄〕
卤
鹾〔鹺〕
录
箓〔籙〕
虑
滤〔濾〕
摅〔攄〕
仑
论〔論〕
伦〔倫〕
沦〔淪〕
抡〔掄〕
囵〔圇〕
纶〔綸〕
轮〔輪〕
瘪〔癟〕
罗
萝〔蘿〕
逻〔邏〕
猡〔玀〕
椤〔欏〕
锣〔鑼〕
箩〔籮〕
马
冯〔馮〕
驭〔馭〕
闯〔闖〕
吗〔嗎〕
犸〔獁〕
驮〔馱〕
驰〔馳〕
驯〔馴〕
妈〔媽〕
玛〔瑪〕
驱〔驅〕
驳〔駁〕
码〔碼〕
驼〔駝〕
驻〔駐〕
驵〔駔〕
驾〔駕〕
驿〔驛〕
驷〔駟〕
驶〔駛〕
驹〔駒〕
驺〔騶〕
骀〔駘〕
驸〔駙〕
驽〔駑〕
骂〔駡〕
蚂〔螞〕
笃〔篤〕
骇〔駭〕
骈〔駢〕
骁〔驍〕
骄〔驕〕
骅〔驊〕
骆〔駱〕
骊〔驪〕
骋〔騁〕
验〔驗〕
骏〔駿〕
骎〔駸〕
骑〔騎〕
骐〔騏〕
骒〔騍〕
骓〔騅〕
骖〔驂〕
骗〔騙〕
骘〔騭〕
骛〔騖〕
骚〔騷〕
骞〔騫〕
骜〔驁〕
蓦〔驀〕
腾〔騰〕
骝〔騮〕
骟〔騸〕
骠〔驃〕
骢〔驄〕
骡〔騾〕
羁〔羈〕
骤〔驟〕
骥〔驥〕
骧〔驤〕
买
荬〔蕒〕
卖
读〔讀〕
渎〔瀆〕
续〔續〕
椟〔櫝〕
觌〔覿〕
赎〔贖〕
犊〔犢〕
牍〔牘〕
窦〔竇〕
黩〔黷〕
麦
唛〔嘜〕
麸〔麩〕
门
闩〔閂〕
闪〔閃〕
们〔們〕
闭〔閉〕
闯〔闖〕
问〔問〕
扪〔捫〕
闱〔闈〕
闵〔閔〕
闷〔悶〕
闰〔閏〕
闲〔閑〕
间〔間〕
闹〔鬧〕①
闸〔閘〕
钔〔鍆〕
阂〔閡〕
闺〔閨〕
闻〔聞〕
闼〔闥〕
闽〔閩〕
闾〔閭〕
闿〔闓〕
阄〔鬮〕
阁〔閣〕
阀〔閥〕
润〔潤〕
涧〔澗〕
悯〔憫〕
阆〔閬〕
阅〔閱〕
阇〔闍〕

① 鬥字头的字，一般也写作門字头，如鬧、鬮、鬩写作閙、閵、閲。因此，这些鬥字头的字可简化作门字头。但鬥争的鬥应简作斗（见第一表）。

阄〔鬮〕①	谰〔讕〕	鸦〔鴉〕	鸼〔鵃〕	鹘〔鶻〕
阃〔閫〕	阚〔闞〕	䴓〔鳾〕	鸽〔鴿〕	鹙〔鶖〕
娴〔嫻〕	蔺〔藺〕	鸥〔鷗〕	鸹〔鴰〕	鹜〔鶩〕
阏〔閼〕	澜〔瀾〕	鸨〔鴇〕	鸺〔鵂〕	鹛〔鶥〕
阈〔閾〕	斓〔斕〕	鸧〔鶬〕	鸻〔鴴〕	鹤〔鶴〕
阉〔閹〕	㘓〔囒〕	窎〔窵〕	鹈〔鵜〕	鹣〔鶼〕
阊〔閶〕	镧〔鑭〕	莺〔鶯〕	鹇〔鷳〕	鹞〔鷂〕
阍〔閽〕	躏〔躪〕	鸪〔鴣〕	鹁〔鵓〕	鹡〔鶺〕
阌〔閿〕	黾	捣〔搗〕	鹂〔鸝〕	䴘〔鷉〕
阋〔鬩〕②	渑〔澠〕	鸫〔鶇〕	鹃〔鵑〕	鹧〔鷓〕
阐〔闡〕	绳〔繩〕	鸬〔鸕〕	鹆〔鵒〕	鹥〔鷖〕
阎〔閻〕	鼋〔黿〕	鸭〔鴨〕	鹄〔鵠〕	鹦〔鸚〕
焖〔燜〕	蝇〔蠅〕	鸯〔鴦〕	鹅〔鵝〕	鹨〔鷚〕
阑〔闌〕	鼍〔鼉〕	鸮〔鴞〕	鹑〔鶉〕	鹫〔鷲〕
裥〔襇〕	难	鸲〔鴝〕	鹒〔鶊〕	鹩〔鷯〕
阔〔闊〕	傩〔儺〕	鸰〔鴒〕	䴖〔鶄〕	鹪〔鷦〕
痫〔癇〕	滩〔灘〕	鸳〔鴛〕	鹉〔鵡〕	鹬〔鷸〕
鹇〔鷳〕	摊〔攤〕	鸵〔鴕〕	鹊〔鵲〕	鹰〔鷹〕
阕〔闋〕	瘫〔癱〕	袅〔裊〕	鹋〔鶓〕	鹯〔鸇〕
阒〔闃〕	鸟	鸱〔鴟〕	鹌〔鵪〕	鹭〔鷺〕
搁〔擱〕	凫〔鳧〕	鸶〔鷥〕	鹏〔鵬〕	䴙〔鸊〕
锏〔鐧〕	鸠〔鳩〕	鸾〔鸞〕	鹐〔鵮〕	鹳〔鸛〕
锎〔鐦〕	岛〔島〕	䴔〔鵁〕	鹚〔鷀〕	聂
阙〔闕〕	茑〔蔦〕	鸿〔鴻〕	鹕〔鶘〕	慑〔懾〕
阖〔闔〕	鸢〔鳶〕	鸷〔鷙〕	鹖〔鶡〕	滠〔灄〕
阗〔闐〕	鸣〔鳴〕	鸸〔鴯〕	䴗〔鶪〕	摄〔攝〕
榈〔櫚〕	枭〔梟〕	䴕〔鴷〕	鹗〔鶚〕	嗫〔囁〕
简〔簡〕	鸩〔鴆〕			

① 鬥字头的字，一般也写作門字头，如鬧、鬮、鬩写作閙、鬮、閲。因此，这些鬥字头的字可简化作门字头。但鬥争的鬥应简作斗（见第一表）。

② 鬥字头的字，一般也写作門字头，如鬧、鬮、鬩写作閙、鬮、閲。因此，这些鬥字头的字可简化作门字头。但鬥争的鬥应简作斗（见第一表）。

镊〔鑷〕
颞〔顳〕
蹑〔躡〕
宁
泞〔濘〕
拧〔擰〕
咛〔嚀〕
狞〔獰〕
柠〔檸〕
聍〔聹〕
农
侬〔儂〕
浓〔濃〕
哝〔噥〕
脓〔膿〕
齐
剂〔劑〕
侪〔儕〕
济〔濟〕
荠〔薺〕
挤〔擠〕
脐〔臍〕
蛴〔蠐〕
跻〔躋〕
霁〔霽〕
鲚〔鱭〕
齑〔齏〕
岂
剀〔剴〕
凯〔凱〕
恺〔愷〕
闿〔闓〕
垲〔塏〕
桤〔榿〕
觊〔覬〕
硙〔磑〕
皑〔皚〕
铠〔鎧〕
气
忾〔愾〕
饩〔餼〕
迁
跹〔躚〕
佥
剑〔劍〕
俭〔儉〕
险〔險〕
捡〔撿〕
猃〔獫〕
验〔驗〕
检〔檢〕
殓〔殮〕
敛〔斂〕
脸〔臉〕
裣〔襝〕
睑〔瞼〕
签〔簽〕
潋〔瀲〕
蔹〔蘞〕
乔
侨〔僑〕
挢〔撟〕
荞〔蕎〕
峤〔嶠〕
骄〔驕〕
娇〔嬌〕
桥〔橋〕
轿〔轎〕
硚〔礄〕
矫〔矯〕
鞒〔鞽〕
亲
榇〔櫬〕
穷
䓖〔藭〕
区
讴〔謳〕
伛〔傴〕
沤〔漚〕
怄〔慪〕
抠〔摳〕
奁〔奩〕
呕〔嘔〕
岖〔嶇〕
妪〔嫗〕
驱〔驅〕
枢〔樞〕
瓯〔甌〕
欧〔歐〕
殴〔毆〕
鸥〔鷗〕
眍〔瞘〕
躯〔軀〕
啬
蔷〔薔〕
墙〔墻〕
嫱〔嬙〕
樯〔檣〕
穑〔穡〕
杀
铩〔鎩〕
审
谉〔讅〕
婶〔嬸〕
圣
柽〔檉〕
蛏〔蟶〕
师
浉〔溮〕
狮〔獅〕
蛳〔螄〕
筛〔篩〕
时
埘〔塒〕
莳〔蒔〕
鲥〔鰣〕
寿
俦〔儔〕
涛〔濤〕
祷〔禱〕
焘〔燾〕
畴〔疇〕
铸〔鑄〕
筹〔籌〕
踌〔躊〕
属
嘱〔囑〕
瞩〔矚〕
双
扨〔㩳〕
肃
萧〔蕭〕
啸〔嘯〕
潇〔瀟〕
箫〔簫〕
蟏〔蠨〕
岁
刿〔劌〕
哕〔噦〕
秽〔穢〕
孙
荪〔蓀〕
狲〔猻〕
逊〔遜〕
条
涤〔滌〕
绦〔縧〕
鲦〔鰷〕
万
厉〔厲〕
迈〔邁〕
励〔勵〕
疠〔癘〕
虿〔蠆〕
趸〔躉〕
砺〔礪〕
粝〔糲〕
蛎〔蠣〕
为
伪〔僞〕

沩〔溈〕	妩〔嫵〕	黡〔黶〕	顽〔頑〕	颛〔顓〕
妫〔媯〕	献	尧	顿〔頓〕	缬〔纈〕
韦	谳〔讞〕	侥〔僥〕	颀〔頎〕	濒〔瀕〕
讳〔諱〕	乡	浇〔澆〕	颁〔頒〕	颠〔顛〕
伟〔偉〕	芗〔薌〕	挠〔撓〕	颂〔頌〕	颟〔顢〕
闱〔闈〕	飨〔饗〕	荛〔蕘〕	倾〔傾〕	颞〔顳〕
违〔違〕	写	峣〔嶢〕	预〔預〕	颡〔顙〕
苇〔葦〕	泻〔瀉〕	哓〔嘵〕	庼〔廎〕	嚣〔囂〕
韧〔韌〕	寻	娆〔嬈〕	硕〔碩〕	颢〔顥〕
帏〔幃〕	浔〔潯〕	骁〔驍〕	颅〔顱〕	颤〔顫〕
围〔圍〕	荨〔蕁〕	绕〔繞〕	领〔領〕	巅〔巔〕
纬〔緯〕	挦〔撏〕	饶〔饒〕	颈〔頸〕	颥〔顬〕
炜〔煒〕	鲟〔鱘〕	烧〔燒〕	颇〔頗〕	癫〔癲〕
祎〔禕〕	亚	桡〔橈〕	颏〔頦〕	灏〔灝〕
玮〔瑋〕	垩〔堊〕	晓〔曉〕	颊〔頰〕	颦〔顰〕
韨〔韍〕	垭〔埡〕	硗〔磽〕	颉〔頡〕	颧〔顴〕
涠〔潿〕	挜〔掗〕	铙〔鐃〕	颍〔潁〕	义
韩〔韓〕	哑〔啞〕	翘〔翹〕	颌〔頜〕	议〔議〕
韫〔韞〕	娅〔婭〕	蛲〔蟯〕	颋〔頲〕	仪〔儀〕
韪〔韙〕	恶〔惡〕	跷〔蹺〕	滪〔澦〕	蚁〔蟻〕
韬〔韜〕	〔噁〕	业	颐〔頤〕	艺
乌	氩〔氬〕	邺〔鄴〕	蓣〔蕷〕	呓〔囈〕
邬〔鄔〕	壶〔壺〕	页	频〔頻〕	阴
坞〔塢〕	严	顶〔頂〕	颓〔頽〕	荫〔蔭〕
呜〔嗚〕	俨〔儼〕	顷〔頃〕	颔〔頷〕	隐
钨〔鎢〕	酽〔釅〕	项〔項〕	颖〔穎〕	瘾〔癮〕
无	厌	顸〔頇〕	颗〔顆〕	犹
怃〔憮〕	恹〔懨〕	顺〔順〕	额〔額〕	莸〔蕕〕
庑〔廡〕	厣〔厴〕	须〔須〕	颜〔顏〕	鱼
抚〔撫〕	靥〔靨〕	颃〔頏〕	撷〔擷〕	鱽〔魛〕
芜〔蕪〕	餍〔饜〕	烦〔煩〕	题〔題〕	渔〔漁〕
呒〔嘸〕	魇〔魘〕	顼〔頊〕	颙〔顒〕	鲂〔魴〕

鱿〔魷〕
鲁〔魯〕
鲎〔鱟〕
蓟〔薊〕
鲆〔鮃〕
鲏〔鮍〕
鲅〔鮁〕
鲈〔鱸〕
鲇〔鮎〕
鲊〔鮓〕
䲟〔鮣〕
稣〔穌〕
鲋〔鮒〕
鲍〔鮑〕
鲐〔鮐〕
鲞〔鯗〕
鲝〔鮺〕
鲚〔鱭〕
鲛〔鮫〕
鲜〔鮮〕
鲑〔鮭〕
鲒〔鮚〕
鲔〔鮪〕
鲟〔鱘〕
鲗〔鰂〕
鲖〔鮦〕
鲙〔鱠〕
鲨〔鯊〕
噜〔嚕〕
鲡〔鱺〕
鲠〔鯁〕
鲢〔鰱〕
鲫〔鯽〕
鲥〔鰣〕
鲩〔鯇〕
鲣〔鰹〕
鲤〔鯉〕
鲦〔鰷〕
鲧〔鯀〕
橹〔櫓〕
氇〔氌〕
鲸〔鯨〕
鲭〔鯖〕
鲮〔鯪〕
鲰〔鯫〕
鲲〔鯤〕
鲻〔鯔〕
鲳〔鯧〕
鲱〔鯡〕
鲵〔鯢〕
鲷〔鯛〕
鲶〔鯰〕
藓〔蘚〕
䲡〔鰌〕
䲠〔鰆〕
鲿〔鱨〕
鳊〔鯿〕
鲽〔鰈〕
鳁〔鰛〕
鳃〔鰓〕
鳄〔鰐〕
镥〔鑥〕
鳅〔鰍〕
鳆〔鰒〕
鳇〔鰉〕
鳌〔鰲〕
䲣〔䱷〕
䲢〔鰧〕
鳒〔鰜〕
鳍〔鰭〕
鳎〔鰨〕
鳏〔鰥〕
鳑〔鰟〕
癣〔癬〕
鳖〔鱉〕
鳙〔鱅〕
鳛〔鰼〕
鳕〔鱈〕
鳔〔鰾〕
鳓〔鰳〕
鳘〔鰵〕
鳗〔鰻〕
鳝〔鱔〕
鳟〔鱒〕
鳞〔鱗〕
鳜〔鱖〕
鳣〔鱣〕
鳢〔鱧〕

与

屿〔嶼〕
欤〔歟〕

云

芸〔蕓〕
昙〔曇〕
叆〔靉〕
叇〔靆〕

郑

掷〔擲〕
踯〔躑〕

执

垫〔墊〕
挚〔摯〕
贽〔贄〕
鸷〔鷙〕
蛰〔蟄〕
絷〔縶〕

质

锧〔鑕〕
踬〔躓〕

专

传〔傳〕
抟〔摶〕
转〔轉〕
䏝〔膞〕
砖〔磚〕
啭〔囀〕

讠

计〔計〕
订〔訂〕
讣〔訃〕
讥〔譏〕
议〔議〕
讨〔討〕
讧〔訌〕
讦〔訐〕
记〔記〕
讯〔訊〕
讪〔訕〕
训〔訓〕
讫〔訖〕
访〔訪〕
讶〔訝〕
讳〔諱〕
讵〔詎〕
讴〔謳〕
诀〔訣〕
讷〔訥〕
设〔設〕
讽〔諷〕
讹〔訛〕
䜣〔訢〕
许〔許〕
论〔論〕
讼〔訟〕
讻〔訩〕
诂〔詁〕
诃〔訶〕
评〔評〕
诏〔詔〕
词〔詞〕
译〔譯〕
诎〔詘〕
诇〔詗〕
诅〔詛〕
识〔識〕
诌〔謅〕
诋〔詆〕
诉〔訴〕
诈〔詐〕
诊〔診〕

诒〔詒〕
诨〔諢〕
该〔該〕
详〔詳〕
诧〔詫〕
诓〔誆〕
诖〔詿〕
诘〔詰〕
诙〔詼〕
试〔試〕
诗〔詩〕
诩〔詡〕
诤〔諍〕
诠〔詮〕
诛〔誅〕
诔〔誄〕
诟〔詬〕
诣〔詣〕
话〔話〕
诡〔詭〕
询〔詢〕
诚〔誠〕
诞〔誕〕
浒〔滸〕
诮〔誚〕
说〔說〕
诫〔誡〕
诬〔誣〕
语〔語〕
诵〔誦〕
罚〔罰〕
误〔誤〕

诰〔誥〕
诳〔誑〕
诱〔誘〕
诲〔誨〕
诶〔誒〕
狱〔獄〕
谊〔誼〕
谅〔諒〕
谈〔談〕
谆〔諄〕
谇〔譸〕
谇〔誶〕
请〔請〕
诺〔諾〕
诸〔諸〕
读〔讀〕
诼〔諑〕
诹〔諏〕
课〔課〕
诽〔誹〕
诿〔諉〕
谁〔誰〕
谀〔諛〕
调〔調〕
谄〔諂〕
谂〔諗〕
谛〔諦〕
谙〔諳〕
谜〔謎〕
谚〔諺〕
谝〔諞〕
谘〔諮〕

谌〔諶〕
谎〔謊〕
谋〔謀〕
谍〔諜〕
谐〔諧〕
谏〔諫〕
谞〔諝〕
谑〔謔〕
谒〔謁〕
谔〔諤〕
谓〔謂〕
谖〔諼〕
谕〔諭〕
谥〔謚〕
谤〔謗〕
谦〔謙〕
谧〔謐〕
谟〔謨〕
谠〔讜〕
谡〔謖〕
谢〔謝〕
谣〔謠〕
储〔儲〕
谪〔謫〕
谫〔譾〕
谨〔謹〕
谬〔謬〕
谩〔謾〕
谱〔譜〕
谮〔譖〕
谭〔譚〕
谰〔讕〕

谲〔譎〕
谯〔譙〕
蔼〔藹〕
槠〔櫧〕
谴〔譴〕
谵〔譫〕
谳〔讞〕
辩〔辯〕
䜩〔讌〕
雠〔讎〕
谶〔讖〕
霭〔靄〕

饣

饥〔饑〕
饦〔飥〕
饧〔餳〕
饨〔飩〕
饭〔飯〕
饮〔飲〕
饫〔飫〕
饩〔餼〕
饪〔飪〕
饬〔飭〕
饲〔飼〕
饯〔餞〕
饰〔飾〕
饱〔飽〕
饴〔飴〕
饳〔飿〕
饸〔餄〕
饷〔餉〕
饺〔餃〕

饻〔餏〕
饼〔餅〕
饵〔餌〕
饶〔饒〕
蚀〔蝕〕
饹〔餎〕
饽〔餑〕
馁〔餒〕
饿〔餓〕
馆〔館〕
馄〔餛〕
馃〔餜〕
馅〔餡〕
馉〔餶〕
馇〔餷〕
馈〔饋〕
馊〔餿〕
馐〔饈〕
馍〔饃〕
馎〔餺〕
馏〔餾〕
馑〔饉〕
馒〔饅〕
馓〔饊〕
馔〔饌〕
馕〔饢〕

𠃓

汤〔湯〕
扬〔揚〕
场〔場〕
旸〔暘〕
饧〔餳〕

炀〔煬〕	纲〔綱〕	绞〔絞〕	缀〔綴〕	辔〔轡〕
杨〔楊〕	纱〔紗〕	统〔統〕	绿〔綠〕	缞〔縗〕
肠〔腸〕	纴〔紝〕	绒〔絨〕	绰〔綽〕	缤〔繽〕
疡〔瘍〕	纷〔紛〕	绕〔繞〕	绲〔緄〕	缟〔縞〕
砀〔碭〕	纶〔綸〕	绔〔絝〕	绳〔繩〕	缣〔縑〕
畅〔暢〕	纸〔紙〕	结〔結〕	绯〔緋〕	缢〔縊〕
钖〔鍚〕	纵〔縱〕	绗〔絎〕	绶〔綬〕	缚〔縛〕
殇〔殤〕	纾〔紓〕	给〔給〕	绸〔綢〕	缙〔縉〕
荡〔蕩〕	纼〔紖〕	绘〔繪〕	绷〔綳〕	缛〔縟〕
烫〔燙〕	咝〔噝〕	绝〔絕〕	绺〔綹〕	缜〔縝〕
觞〔觴〕	绊〔絆〕	绛〔絳〕	维〔維〕	缝〔縫〕
纟	线〔綫〕	络〔絡〕	绵〔綿〕	缡〔縭〕
丝〔絲〕	绀〔紺〕	绚〔絢〕	缁〔緇〕	潍〔濰〕
纠〔糾〕	绁〔紲〕	绑〔綁〕	缔〔締〕	缩〔縮〕
纩〔纊〕	绂〔紱〕	莼〔蒓〕	编〔編〕	缥〔縹〕
纡〔紆〕	绋〔紼〕	绠〔綆〕	缕〔縷〕	缪〔繆〕
纣〔紂〕	绎〔繹〕	绨〔綈〕	缃〔緗〕	缦〔縵〕
红〔紅〕	经〔經〕	绡〔綃〕	缂〔緙〕	缨〔纓〕
纪〔紀〕	绍〔紹〕	绢〔絹〕	缅〔緬〕	缫〔繅〕
纫〔紉〕	组〔組〕	绣〔綉〕	缘〔緣〕	缧〔縲〕
纥〔紇〕	细〔細〕	绥〔綏〕	缉〔緝〕	蕴〔藴〕
约〔約〕	䌷〔紬〕	绦〔縧〕	缇〔緹〕	缮〔繕〕
纨〔紈〕	绅〔紳〕	鸶〔鷥〕	缈〔緲〕	缯〔繒〕
级〔級〕	织〔織〕	综〔綜〕	缗〔緡〕	缬〔纈〕
纺〔紡〕	绌〔絀〕	绽〔綻〕	缊〔縕〕	缭〔繚〕
纹〔紋〕	终〔終〕	绾〔綰〕	缌〔緦〕	橼〔櫞〕
纬〔緯〕	绉〔縐〕	绻〔綣〕	缆〔纜〕	缰〔繮〕
纭〔紜〕	绐〔紿〕	绩〔績〕	缓〔緩〕	缳〔繯〕
纯〔純〕	哟〔喲〕	绫〔綾〕	缄〔緘〕	缲〔繰〕
纰〔紕〕	绖〔絰〕	绪〔緒〕	缑〔緱〕	缱〔繾〕
纽〔紐〕	荮〔葤〕	续〔續〕	缒〔縋〕	缴〔繳〕
纳〔納〕	荭〔葒〕	绮〔綺〕	缎〔緞〕	辫〔辮〕

缵〔纘〕
収
坚〔堅〕
贤〔賢〕
肾〔腎〕
竖〔豎〕
悭〔慳〕
紧〔緊〕
铿〔鏗〕
鲣〔鰹〕
艹
劳〔勞〕
茕〔煢〕
茔〔塋〕
荧〔熒〕
荣〔榮〕
荥〔滎〕
荦〔犖〕
涝〔澇〕
崂〔嶗〕
莹〔瑩〕
捞〔撈〕
唠〔嘮〕
莺〔鶯〕
萤〔螢〕
营〔營〕
萦〔縈〕
痨〔癆〕
嵘〔嶸〕
铹〔鐒〕
耢〔耮〕
蝾〔蠑〕

览〔覽〕
揽〔攬〕
缆〔纜〕
榄〔欖〕
鉴〔鑒〕
只
识〔識〕
帜〔幟〕
织〔織〕
炽〔熾〕
职〔職〕
钅
钆〔釓〕
钇〔釔〕
钌〔釕〕
钋〔釙〕
钉〔釘〕
针〔針〕
钊〔釗〕
钗〔釵〕
钎〔釬〕
钓〔釣〕
钏〔釧〕
钍〔釷〕
钐〔釤〕
钒〔釩〕
钖〔鍚〕
钕〔釹〕
钔〔鍆〕
钬〔鈥〕
钫〔鈁〕

钚〔鈈〕
钘〔鈃〕
钪〔鈧〕
钯〔鈀〕
钭〔鈄〕
钙〔鈣〕
钝〔鈍〕
钛〔鈦〕
钘〔鈃〕
钮〔鈕〕
钞〔鈔〕
钢〔鋼〕
钠〔鈉〕
钡〔鋇〕
钤〔鈐〕
钧〔鈞〕
钩〔鈎〕
钦〔欽〕
钨〔鎢〕
铋〔鉍〕
钰〔鈺〕
钱〔錢〕
钲〔鉦〕
钳〔鉗〕
钴〔鈷〕
钺〔鉞〕
钵〔鉢〕
钹〔鈸〕
钼〔鉬〕
钾〔鉀〕
铀〔鈾〕
钿〔鈿〕

铎〔鐸〕
䥽〔鏺〕
铃〔鈴〕
铅〔鉛〕
铂〔鉑〕
铄〔鑠〕
铆〔鉚〕
铍〔鈹〕
钶〔鈳〕
铊〔鉈〕
钽〔鉭〕
铌〔鈮〕
钷〔鉕〕
铈〔鈰〕
铉〔鉉〕
铒〔鉺〕
铑〔銠〕
铕〔銪〕
铟〔銦〕
铷〔銣〕
铯〔銫〕
铥〔銩〕
铪〔鉿〕
铞〔銱〕
铫〔銚〕
铵〔銨〕
衔〔銜〕
铲〔鏟〕
铰〔鉸〕
铳〔銃〕
铱〔銥〕
铓〔鋩〕

铗〔鋏〕
铐〔銬〕
铏〔鉶〕
铙〔鐃〕
银〔銀〕
铛〔鐺〕
铜〔銅〕
铝〔鋁〕
铡〔鍘〕
铠〔鎧〕
铨〔銓〕
铢〔銖〕
铣〔銑〕
铤〔鋌〕
铭〔銘〕
铬〔鉻〕
铮〔錚〕
铧〔鏵〕
铩〔鎩〕
揿〔撳〕
锌〔鋅〕
锐〔鋭〕
锑〔銻〕
锒〔鋃〕
铺〔鋪〕
铸〔鑄〕
嵚〔嶔〕
锓〔鋟〕
锃〔鋥〕
链〔鏈〕
铿〔鏗〕
锎〔鐦〕

销〔銷〕
锁〔鎖〕
锄〔鋤〕
锅〔鍋〕
锉〔銼〕
锈〔銹〕
锋〔鋒〕
锆〔鋯〕
铹〔鐒〕
锔〔鋦〕
锕〔錒〕
锎〔鐦〕
铽〔鋱〕
铼〔錸〕
锇〔鋨〕
锂〔鋰〕
锧〔鑕〕
锘〔鍩〕
锞〔錁〕
锭〔錠〕
锗〔鍺〕
锝〔鍀〕
锫〔錇〕
错〔錯〕
锚〔錨〕
锛〔錛〕
锯〔鋸〕
锰〔錳〕
锢〔錮〕
锟〔錕〕
锡〔錫〕
锣〔鑼〕
锤〔錘〕
锥〔錐〕
锦〔錦〕
锨〔鍁〕
锱〔錙〕
键〔鍵〕
镀〔鍍〕
镃〔鎡〕
镁〔鎂〕
镂〔鏤〕
锲〔鍥〕
锵〔鏘〕
锷〔鍔〕
锶〔鍶〕
锴〔鍇〕
锾〔鍰〕
锹〔鍬〕
锿〔鎄〕
镅〔鎇〕
镄〔鐨〕
锻〔鍛〕
锸〔鍤〕
锼〔鎪〕
镎〔鎿〕
镓〔鎵〕
镋〔钂〕
镔〔鑌〕
镒〔鎰〕
⿰钅扇〔⿰金扇〕
镑〔鎊〕
镐〔鎬〕
镉〔鎘〕
镊〔鑷〕
镇〔鎮〕
镍〔鎳〕
镌〔鎸〕
镏〔鎦〕
镜〔鏡〕
镝〔鏑〕
镛〔鏞〕
镞〔鏃〕
镖〔鏢〕
镚〔鏰〕
镗〔鏜〕
⿰钅著〔鐯〕
镘〔鏝〕
镩〔鑹〕
镦〔鐓〕
⿰钅善〔鐥〕
镨〔鐠〕
镧〔鑭〕
镥〔鑥〕
镤〔鏷〕
镢〔鐝〕
镣〔鐐〕
镫〔鐙〕
镪〔鏹〕
镰〔鐮〕
镱〔鐿〕
镭〔鐳〕
镬〔鑊〕
镮〔鐶〕
镯〔鐲〕
镲〔鑔〕
镳〔鑣〕
镴〔鑞〕
镶〔鑲〕
⿰钅矍〔钁〕

⺍

峃〔嶨〕
学〔學〕
觉〔覺〕
搅〔攪〕
喾〔嚳〕
鲎〔鱟〕
黉〔黌〕

𠬤

译〔譯〕
泽〔澤〕
怿〔懌〕
择〔擇〕
峄〔嶧〕
绎〔繹〕
驿〔驛〕
铎〔鐸〕
萚〔蘀〕
释〔釋〕
箨〔籜〕

𢀖

劲〔勁〕
刭〔剄〕
陉〔陘〕
泾〔涇〕
茎〔莖〕
径〔徑〕
经〔經〕
烃〔烴〕
轻〔輕〕
氢〔氫〕
胫〔脛〕
痉〔痙〕
羟〔羥〕
颈〔頸〕
巯〔巰〕

亦

变〔變〕
弯〔彎〕
孪〔孿〕
峦〔巒〕
娈〔孌〕
恋〔戀〕
栾〔欒〕
挛〔攣〕
鸾〔鸞〕
湾〔灣〕
蛮〔蠻〕
脔〔臠〕
滦〔灤〕
銮〔鑾〕

呙

剐〔剮〕
涡〔渦〕
埚〔堝〕
㖞〔喎〕
莴〔萵〕
娲〔媧〕
祸〔禍〕
脶〔腡〕
窝〔窩〕
锅〔鍋〕
蜗〔蝸〕

附录三：

普通话异读词审音表

（一九八五年十二月修订）

国家语言文字工作委员会
国家教育委员会
广播电视部

关于《普通话异读词审音表》的通知

（一九八五年十二月二十七日）

普通话审音委员会曾于一九五七年到一九六二年分三次发表了《普通话异读词审音表初稿》，并于一九六三年辑录成《普通话异读词三次审音总表初稿》（以下简称《初稿》）。

《初稿》自公布以来，受到文教、出版、广播等部门广泛重视，对现代汉语的语音规范和普通话的推广起了积极作用。但是，随着语言的发展，《初稿》中原审的一些词语的读音需要重新审定；同时，作为语音规范化的标准，《初稿》也亟需定稿。因此在一九八二年六月重建了普通话审音委员会，进行修订工作。

这次修订以符合普通话语音发展规律为原则，以便利广大群众学习普通话为着眼点，采取约定俗成、承认现实的态度。对《初稿》原订读音的改动，力求慎重。

修订稿经国家语言文字工作委员会、国家教育委员会、广播电视部审核通过，决定以《普通话异读词审音表》名称予以公布。自公布之日起，文教、出版、广播等部门及全国其他部门、行业所涉及的普通话异读词的读音、标音，均以本表为准。

普通话异读词审音表

说 明

（一）本表所审，主要是有异读的词和有异读的作为“语素”的字。不列出多音多义字的全部读音和全部义项，与字典、词典形式不同。例如：“和”字有多种义项和读音，而本表仅列出原有异读的八条词语，分列于 hè 和 huo 两种读音之下（有多种读音，较常见的在前。下同）；其余无异读的音、义均不涉及。

（二）在字后注明“统读”的，表示此字不论用于任何词语中只读一音，本表不再举出词例。例如：“阀”字注明“fá（统读）”，原表“军阀”“学阀”“财阀”条和原表所无的“阀门”等词均不再举。

（三）在字后不注“统读”的，表示此字有几种读音，本表只审订其中可能发生异读的词语的读音。例如“艾”字本有 ài 和 yì 两义两音，本表只举“自怨自艾”一词，注明此处读 yì 音；至于 ài 音及其义项，并无异读，不再赘列。

（四）有些字有文白二读，本表以“文”和“语”作注。前者一般用于书面语言，用于复音词和文言成语中；后者多用于口语中的单音词及少数日常生活事物的复音词中。这种情况在必要时各举词语为例。例如：“杉”字下注“（一）shān（文）：紫～、红～、水～；（二）shā（语）：～蒿、～木”。

（五）有些字除附举词例之外，酌加简单说明，以便读者分辨。说明或按具体字义，或按“动作义”“名物义”等区分。（原表有“动词”

“名词”等附注的，因其本身只是“语素”，不能算词，本表不采用。）例如：“畜”字下注“（一）chù（名物义）：～力、家～、牲～、幼～；（二）xù（动作义）：～产、～养、～牧”。

（六）有些字的几种读音中某音用处较窄，另音用处甚宽，则注“除××（较少的词）念乙音外，其他都念甲音”，以避免原表列举词条繁而未尽、挂一漏万的缺点。例如：“结”字下注“除‘～了个果子’‘开花～果’‘～巴’‘～实’念 jiē 之外，其他都念 jié”；原表 jié 音的二十多条均删略。

（七）由于轻声问题比较复杂，除《初稿》涉及的部分轻声词之外，本表一般不予审订，并删去部分原审的轻声词，例如“麻刀（dao）”“容易（yi）”等。

（八）本表酌增少量有异读的字或词，作了审订，以补原表的不足。

（九）除因第二、六、七各条说明中所举原因而删略的词条之外，本表又删汰了部分词条。主要原因是：1. 本无异读（如“队伍”“理会”）；2. 罕用词语（如“俵分”“仔茎”）；3. 方言土音（如“归里包堆〔zuī〕”“告送〔song〕”）；4. 不常用的文言词语（如“睥睨”“氍毹”）；5. 音变现象（如“胡里八涂〔tū〕”“毛毛腾腾〔tēngtēng〕”）；6. 重复累赘（如原表“色”字的有关词语分列达 23 条之多）。删汰条目不再编入。

（十）人名、地名的异读审订，除原表已涉及的少量词条外，留待以后再审。

A

阿（一）ā
　～訇
　～罗汉
　～木林
　～姨
　（二）ē
　～附
　～胶
　～弥陀佛
挨（一）āi
　～个
　～近
　（二）ái（也作“捱”）
　～打
　～说
癌 ái（统读）
霭 ǎi（统读）
蔼 ǎi（统读）
隘 ài（统读）
谙 ān（统读）

埯 ǎn(统读)
昂 áng(统读)
凹 āo(统读)
拗(一)ào
　～口
　(二)niù
　执～
　脾气很～
坳 ào(统读)

B

拔 bá(统读)
把 bà
　印～子
白 bái(统读)
膀 bǎng
　翅～
蚌(一)bàng
　蛤～
　(二)Bèng
　～埠
傍 bàng(统读)
磅 bàng
　过～
龅 bāo(统读)
胞 bāo(统读)
薄(一)báo(语)常单用,如"纸很～"。
　(二)bó(文)多用于复音词。
　～弱　稀～
　淡～　尖嘴～舌
　单～　厚～
堡(一)bǎo
　碉～
　～垒
　(二)bǔ
　～子　吴～
　瓦窑～　柴沟～
　(三)pù
　十里～
暴(一)bào
　～露
　(二)pù
　一～(曝)十寒
爆 bào(统读)
焙 bèi(统读)
惫 bèi(统读)
背 bèi
　～脊　～静
鄙 bǐ(统读)
俾 bǐ(统读)
笔 bǐ(统读)
比 bǐ(统读)
臂(一)bì
　(二)bei
　胳～
庇 bì(统读)
髀 bì(统读)
避 bì(统读)
辟 bì
　复～

裨 bì
　～补
　～益
婢 bì(统读)
痹 bì(统读)
壁 bì(统读)
蝙 biān(统读)
遍 biàn(统读)
骠(一)biāo
　黄～马
　(二)piào
　～骑
　～勇
傧 bīn(统读)
缤 bīn(统读)
濒 bīn(统读)
髌 bìn(统读)
屏(一)bǐng
　～除
　～弃
　～气
　～息
　(二)píng
　～藩
　～风
柄 bǐng(统读)
波 bō(统读)
播 bō(统读)
菠 bō(统读)
剥(一)bō(文)
　～削
　(二)bāo(语)
泊(一)bó
　淡～
　飘～
　停～
　(二)pō
　湖～
　血～
帛 bó(统读)
勃 bó(统读)
钹 bó(统读)
伯(一)bó
　～～(bo)
　老～
　(二)bǎi
　大～子(丈夫的哥哥)
箔 bó(统读)
簸(一)bǒ
　颠～
　(二)bò
　～箕
膊 bo
　胳～
卜 bo
　萝～
醭 bú(统读)
哺 bǔ(统读)
捕 bǔ(统读)
鵏 bù(统读)
埠 bù(统读)

C

残 cán(统读)
惭 cán(统读)
灿 càn(统读)
藏(一)cáng
矿～
(二)zàng
宝～
糙 cāo(统读)
嘈 cáo(统读)
螬 cáo(统读)
厕 cè(统读)
岑 cén(统读)
差(一)chā(文)
不～累黍
不～什么
偏～
色～
～别
视～
误～
电势～
一念之～
～池
～错
言～语错
一～二错
阴错阳～
～等
～额
～价
～强人意
～数
～异
(二)chà(语)
～不多
～不离
～点儿
(三)cī
参～
猹 chá(统读)
搽 chá(统读)
阐 chǎn(统读)
羼 chàn(统读)
颤(一)chàn
～动
发～
(二)zhàn
～栗(战栗)
打～(打战)
韂 chàn(统读)
伥 chāng(统读)
场(一)chǎng
～合
～所
冷～
捧～
(二)cháng
外～
圩～
～院
一～雨
(三)chǎng

排～
钞 chāo(统读)
巢 cháo(统读)
嘲 cháo
～讽
～骂
～笑
耖 chào(统读)
车(一)chē
安步当～
杯水～薪
闭门造～
螳臂当～
(二)jū
(象棋棋子名称)
晨 chén(统读)
称 chèn
～心
～意
～职
对～
相～
撑 chēng(统读)
乘(动作义,念 chéng)
包～制
～便
～风破浪
～客
～势
～兴
橙 chéng(统读)
惩 chéng(统读)
澄(一)chéng(文)
～清(如“～清混乱”“～清问题”)
(二)dèng(语)单用,如“把水～清了”。
痴 chī(统读)
吃 chī(统读)
弛 chí(统读)
褫 chǐ(统读)
尺 chǐ
～寸
～头
豉 chǐ(统读)
侈 chǐ(统读)
炽 chì(统读)
舂 chōng(统读)
冲 chòng
～床
～模
臭(一)chòu
遗～万年
(二)xiù
乳～
铜～
储 chǔ(统读)
处(动作义,一律念 chǔ)
～罚
～分
～决
～理
～女
～置

畜(一)chù(名物义)
～力
家～
牲～
幼～
(二)xù(动作义)
～产 ～牧
～养
触 chù(统读)
搐 chù(统读)
绌 chù(统读)
黜 chù(统读)
闯 chuǎng(统读)
创(一)chuàng
草～
～举
首～
～造
～作
(二)chuāng
～伤
重～
绰(一)chuò
～～有余
(二)chuo
宽～
疵 cī(统读)
雌 cí(统读)
赐 cì(统读)
伺 cì
～候
枞(一)cōng
～树
(二)Zōng
～阳(地名)
从 cóng(统读)
丛 cóng(统读)
攒 cuán
万头～动
万箭～心
脆 cuì(统读)
撮(一)cuō
～儿
一～儿盐
一～儿匪帮
(二)zuǒ
一～儿毛
措 cuò(统读)

D

搭 dā(统读)
答(一)dá
报～
～复
(二)dā
～理
～应
打 dá
苏～
一～(十二个)
大(一)dà
～夫(古官名)

～王（如爆破～王、钢铁～王）

（二）dài

～夫（医生）

～黄

～王（如山～王）

～城（地名）

呆 dāi（统读）

傣 Dǎi（统读）

逮（一）dài（文）如“～捕”。

（二）dǎi（语）单用，如“～蚊子”“～特务”。

当（一）dāng

～地

～间儿

～年（指过去）

～日（指过去）

～天（指过去）

～时（指过去）

螳臂～车

（二）dàng

一个～俩

安步～车

适～

～年（同一年）

～日（同一时候）

～天（同一天）

档 dàng（统读）

蹈 dǎo（统读）

导 dǎo（统读）

倒（一）dǎo

颠～　颠～是非

颠～黑白　颠三～四

倾箱～箧　排山～海

～板　～嚼

～仓　～嗓

～戈　潦～

（二）dào

～粪（把粪弄碎）

悼 dào（统读）

纛 dào（统读）

凳 dèng（统读）

羝 dī（统读）

氐 Dī［古民族名］

堤 dī（统读）

提 dī

～防

的 dí

～当

～确

抵 dǐ（统读）

蒂 dì（统读）

缔 dì（统读）

谛 dì（统读）

点 dian

打～（收拾、贿赂）

跌 diē（统读）

蝶 dié（统读）

订 dìng（统读）

都（一）dōu

～来了

（二）dū

～市

首～

大～（大多）

堆 duī(统读)
吨 dūn(统读)
盾 dùn(统读)
多 duō(统读)
咄 duō(统读)
掇(一)duō(用手端)
　(二)duo
　撺～
　掂～
裰 duō(统读)
踱 duó(统读)
度 duó
　忖～
　～德量力

E

婀 ē(统读)

F

伐 fá(统读)
阀 fá(统读)
砝 fǎ(统读)
法 fǎ(统读)
发 fà
　理～
　脱～
　结～
帆 fān(统读)
藩 fān(统读)
梵 fàn(统读)
坊(一)fāng
　牌～
　～巷
　(二)fáng
　粉～
　磨～
　碾～
　染～
　油～
　谷～
妨 fáng(统读)
防 fáng(统读)
肪 fáng(统读)
沸 fèi(统读)
汾 fén(统读)
讽 fěng(统读)
肤 fū(统读)
敷 fū(统读)
俘 fú(统读)
浮 fú(统读)
服 fú
　～毒
　～药
拂 fú(统读)
辐 fú(统读)
幅 fú(统读)
甫 fǔ(统读)
复 fù(统读)
缚 fù(统读)

G

噶 gá(统读)
冈 gāng(统读)
刚 gāng(统读)
岗 gǎng
　～楼
　～哨
　～子
　门～
　站～
　山～子
港 gǎng(统读)
葛(一)gé
　～藤
　～布
　瓜～
　(二)Gě〔姓〕(包括单、复姓)
隔 gé(统读)
革 gé
　～命
　～新
　改～
合 gě
　一～(一升的十分之一)
给(一)gěi(语)单用。
　(二)jǐ(文)
　补～
　供～
　供～制
　～予
　配～
　自～自足
亘 gèn(统读)
更 gēng
　五～
　～生
颈 gěng
　脖～子
供(一)gōng
　～给　提～
　～销
　(二)gòng
　口～　翻～
　上～
佝 gōu(统读)
枸 gǒu
　～杞
勾 gòu
　～当
估(除"～衣"的"～"读 gù 外,都读 gū)
骨(除"～碌""～朵"的"～"读 gū 外,都读 gǔ)
谷 gǔ
　～雨
锢 gù(统读)
冠(一)guān(名物义)
　～心病
　(二)guàn(动作义)
　沐猴而～
　～军
犷 guǎng(统读)
庋 guǐ(统读)
桧(一)guì 树名。

(二)Huì 人名,“秦～”。
刽 guì(统读)
聒 guō(统读)

蝈 guō(统读)
过(除姓氏读 Guō 外,都读 guò)

H

虾 há
～蟆
哈(一)hǎ
～达
(二)hà
～什蚂
汗 hán
可～
巷 hàng
～道
号 háo
寒～虫
和(一)hè
唱～
附～
曲高～寡
(二)huo
搀～
搅～
暖～
热～
软～
貉(一)hé(文)
一丘之～
(二)háo(语)
～绒
～子

壑 hè(统读)
褐 hè(统读)
喝 hè
～采
～道
～令
～止
呼么～六
鹤 hè(统读)
黑 hēi(统读)
亨 hēng(统读)
横(一)héng
～肉
～行霸道
(二)hèng
蛮～
～财
訇 hōng(统读)
虹(一)hóng(文)
～彩
～吸
(二)jiàng(语)单说。
讧 hòng(统读)
囫 hú(统读)
瑚 hú(统读)
蝴 hú(统读)
桦 huà(统读)

徊 huái(统读)
踝 huái(统读)
浣 huàn(统读)
黄 huáng(统读)
荒 huang
　饥～(指经济困难)
诲 huì(统读)
贿 huì(统读)
会 huì
　～儿
　多～儿
　～厌(生理名词)

混 hùn
　～合
　～乱
　～凝土
　～淆
　～血儿
　～杂
蠖 huò(统读)
霍 huò(统读)
豁 huò
　～亮
获 huò(统读)

J

羁 jī(统读)
击 jī(统读)
奇 jī
　～数
芨 jī(统读)
缉(一)jī
　通～
　侦～
　(二)qī
　～鞋口
几 jī
　茶～
　条～
圾 jī(统读)
戢 jí(统读)
疾 jí(统读)
汲 jí(统读)
棘 jí(统读)

藉 jí
　狼～(籍)
嫉 jí(统读)
脊 jǐ(统读)
纪(一)Jǐ〔姓〕
　(二)jì
　～念
　～律
　纲～
　～元
偈 jì
　～语
绩 jì(统读)
迹 jì(统读)
寂 jì(统读)
箕 ji
　簸～
辑 ji

逻～

茄 jiā

雪～

夹 jiā

～带藏掖

～道儿

～攻

～棍

～生

～杂

～竹桃

～注

浃 jiā(统读)

甲 jiǎ(统读)

歼 jiān(统读)

鞯 jiān(统读)

间(一)jiān

～不容发

中～

(二)jiàn

中～儿　～道　～谍

～断　～或　～接　～距

～隙　～续　～阻　～作

挑拨离～

趼 jiǎn(统读)

俭 jiǎn(统读)

缰 jiāng(统读)

膙 jiǎng(统读)

嚼(一)jiáo(语)

味同～蜡

咬文～字

(二)jué(文)

咀～

过屠门而大～

(三)jiào

倒～(倒噍)

侥 jiǎo

～幸

角(一)jiǎo

八～(大茴香)　～落

独～戏　～膜

～度　～儿(犄～)

～楼　勾心斗～

号～　口～(嘴～)

鹿～菜　头～

(二)jué

～斗　～儿(脚色)

口～(吵嘴)　配～儿

主～儿　～力　捧～儿

脚(一)jiǎo

根～

(二)jué

～儿(也作“角儿”,脚色)

剿(一)jiǎo

围～

(二)chāo

～说

～袭

校 jiào

～勘

～样

～正

较 jiào(统读)

酵 jiào(统读)

嗟 jiē(统读)
疖 jiē(统读)
结(除“～了个果子”“开花～果”“～巴”“～实”念 jiē 之外,其他都念 jié)
睫 jié(统读)
芥(一)jiè
　～菜(一般的芥菜)
　～末
　(二)gài
　～菜(也作“盖菜”)
　～蓝菜
矜 jīn
　～持
　自～
　～怜
仅 jǐn
　～～
　绝无～有
馑 jǐn(统读)
觐 jìn(统读)
浸 jìn(统读)
斤 jin
　千～(起重的工具)
茎 jīng(统读)
粳 jīng(统读)
鲸 jīng(统读)
境 jìng(统读)
痉 jìng(统读)
劲 jìng
　刚～
窘 jiǒng(统读)
究 jiū(统读)
纠 jiū(统读)
鞠 jū(统读)
鞫 jū(统读)
掬 jū(统读)
苴 jū(统读)
咀 jǔ
　～嚼
矩(一)jǔ
　～形
　(二)ju
　规～
俱 jù(统读)
龟 jūn
　～裂(也作“皲裂”)
菌(一)jūn
　细～
　病～
　杆～
　霉～
　(二)jùn
　香～
　～子
俊 jùn(统读)

K

卡(一)kǎ(用于外来词)
　～宾枪
　～车
　～介苗

　～片
　～通
　(二)qiǎ
　～子
　关～
揩 kāi(统读)
慨 kǎi(统读)
忾 kài(统读)
勘 kān(统读)
看 kān
　～管
　～护
　～守
慷 kāng(统读)
拷 kǎo(统读)
坷 kē
　～拉(垃)
疴 kē(统读)
壳(一)ké(语)
　～儿
　贝～儿
　脑～
　驳～枪
　(二)qiào(文)
　地～
　甲～
　躯～
可(一)kě
　～～儿的
　(二)kè
　～汗
恪 kè(统读)
刻 kè(统读)
克 kè
　～扣
空(一)kōng
　～心砖
　～城计
　(二)kòng
　～心吃药
眍 kōu(统读)
矻 kū(统读)
酷 kù(统读)
框 kuàng(统读)
矿 kuàng(统读)
傀 kuǐ(统读)
溃(一)kuì
　～烂
　(二)huì
　～脓
篑 kuì(统读)
括 kuò(统读)

L

垃 lā(统读)
邋 lā(统读)
罱 lǎn(统读)
缆 lǎn(统读)
蓝 lán
　苤～
琅 láng(统读)
捞 lāo(统读)

劳 láo(统读)
醪 láo(统读)
烙(一)lào
　～印
　～铁
　～饼
　(二)luò
　炮～(古酷刑)
勒(一)lè(文)
　～逼
　～令
　～派
　～索
　悬崖～马
　(二)lēi(语)多单用。
擂(除"～台""打～"读 lèi 外,都读 léi)
礌 léi(统读)
羸 léi(统读)
蕾 lěi(统读)
累(一)lěi
　(牵连义,如"带～""～及""连～""赔～""牵～""受～"〔受牵～〕)
　(二)léi
　(如"～赘")
　(三)lèi
　(辛劳义,如"受～"〔受劳～〕)
蠡(一)lí
　管窥～测
　(二)lǐ
　～县
　范～
喱 lí(统读)
连 lián(统读)
敛 liǎn(统读)
恋 liàn(统读)
量(一)liàng
　～入为出
　忖～
　(二)liáng
　打～
　掂～
踉 liàng
　～跄
潦 liáo
　～草
　～倒
劣 liè(统读)
捩 liè(统读)
趔 liè(统读)
拎 līn(统读)
遴 lín(统读)
淋(一)lín
　～浴　～漓
　～巴
　(二)lìn
　～硝　～盐
　～病
蛉 líng(统读)
榴 liú(统读)
馏(一)liú(文)如"干～""蒸～"。
　(二)liù(语)如"～馒头"。
镏 liú
　～金
碌 liù

～ 礴
笼(一)lóng
(名物义,如"～子""牢～")
(二)lǒng
(动作义,如"～络""～括""～统""～罩")
偻(一)lóu
佝～
(二)lǚ
伛～
䁖 lou
眍～
虏 lǔ(统读)
掳 lǔ(统读)
露(一)lù(文)
赤身～体 ～天
～骨 ～头角
藏头～尾
抛头～面
～头(矿)
(二)lòu(语)
～富 ～苗
～光 ～相
～马脚 ～头
榈 lǘ(统读)
捋(一)lǚ
～胡子
(二)luō
～袖子
绿(一)lǜ(语)
(二)lù(文)
～林
鸭～江
孪 luán(统读)
挛 luán(统读)
掠 lüè(统读)
囵 lún(统读)
络 luò
～腮胡子
落(一)luò(文)
～膘 ～花生
～魄 涨～
～槽 着～
(二)lào(语)
～架 ～色
～炕 ～枕
～儿 ～子(一种曲艺)
(三)là(语)遗落义。
丢三～四
～在后面

M

脉(除"～～"念 mòmò 外,一律念 mài)
漫 màn(统读)
蔓(一)màn(文)
～延
不～不枝
(二)wàn(语)
瓜～
压～
牤 māng(统读)
氓 máng

流～
芒 máng(统读)
铆 mǎo(统读)
瑁 mào(统读)
虻 méng(统读)
盟 méng(统读)
祢 mí(统读)
眯(一)mí
～了眼(灰尘等入目，也作“迷”)
(二)mí
～了一会儿(小睡)
～缝着眼(微微合目)
靡(一)mí
～费
(二)mǐ
风～　委～
披～
秘(除“～鲁”读 Bì 外，都读 mì)
泌(一)mì(语)
分～
(二)Bì(文)
～阳(地名)
娩 miǎn(统读)
缈 miǎo(统读)
皿 mǐn(统读)
闽 mǐn(统读)
茗 míng(统读)
酩 mǐng(统读)
谬 miù(统读)
摸 mō(统读)
模(一)mó
～范
～式
～型
～糊
～特儿
～棱两可
(二)mú
～子
～具
～样
膜 mó(统读)
摩 mó
按～
抚～
嬷 mó(统读)
墨 mò(统读)
耱 mò(统读)
沫 mò(统读)
缪 móu
绸～

N

难(一)nán
困～(或变轻声)
～兄～弟(难得的兄弟)
(二)nàn
排～解纷　发～
刁～　责～
～兄～弟(苦难中的兄弟)
蝻 nǎn(统读)

蛲 náo(统读)
讷 nè(统读)
馁 něi(统读)
嫩 nèn(统读)
恁 nèn(统读)
妮 nī(统读)
拈 niān(统读)
鲇 nián(统读)
酿 niàng(统读)
尿(一)niào
　糖～症
　(二)suī(只用于口语名词)
　尿(niào)～
　～脬
嗫 niè(统读)
宁(一)níng
　安～
　(二)nìng
　～可
　无～
　〔姓〕(Nìng)
忸 niǔ(统读)
脓 nóng(统读)
弄(一)nòng
　玩～
　(二)lòng
　～堂
暖 nuǎn(统读)
衄 nù(统读)
疟(一)nüè(文)
　～疾
　(二)yào(语)
　发～子
娜(一)nuó
　婀～　袅～
　(二)Nà
　人名

O

殴 ōu(统读)
呕 ǒu(统读)

P

杷 pá(统读)
琶 pá(统读)
牌 pái(统读)
排 pǎi
　～子车
迫 pǎi
　～击炮
湃 pài(统读)
爿 pán(统读)
胖 pán
　心广体～(～为安舒貌)
蹒 pán(统读)
畔 pàn(统读)
乓 pāng(统读)
滂 pāng(统读)
脬 pāo(统读)

胚 pēi(统读)
喷(一)pēn
　～嚏
　(二)pèn
　～香
澎 péng(统读)
坯 pī(统读)
披 pī(统读)
匹 pǐ(统读)
僻 pì(统读)
譬 pì(统读)
片(一)piàn
　～子
　唱～
　画～
　相～
　影～
　～儿会
　(二)piān(口语一部分词)
　～子
　～儿
　唱～儿
　画～儿
　相～儿
　影～儿
剽 piāo(统读)
缥 piāo
　～缈(飘渺)
撇 piē
　～弃
聘 pìn(统读)
乒 pīng(统读)
颇 pō(统读)
剖 pōu(统读)
仆(一)pū
　前～后继
　(二)pú
　～从
扑 pū(统读)
朴(一)pǔ
　俭～
　～素
　～质
　(二)pō
　～刀
　(三)pò
　～硝
　厚～
蹼 pǔ(统读)
瀑 pù
　～布
曝(一)pù
　一～十寒
　(二)bào
　～光(摄影术语)

Q

栖 qī
　两～
戚 qī(统读)
漆 qī(统读)

期 qī(统读)
蹊 qī
　～跷
蛴 qí(统读)
畦 qí(统读)
萁 qí(统读)
骑 qí(统读)
企 qǐ(统读)
绮 qǐ(统读)
杞 qǐ(统读)
槭 qì(统读)
洽 qià(统读)
签 qiān(统读)
潜 qián(统读)
荨(一)qián(文)
　～麻
　(二)xún(语)
　～麻疹
嵌 qiàn(统读)
欠 qian
　打哈～
戕 qiāng(统读)
镪 qiāng
　～水
强(一)qiáng
　～渡
　～取豪夺
　～制
　博闻～识
　(二)qiǎng
　勉～
　牵～
　～词夺理
　～迫
　～颜为笑
　(三)jiàng
　倔～
襁 qiǎng(统读)
跄 qiàng(统读)
悄(一)qiāo
　～～儿的
　(二)qiǎo
　～默声儿的
橇 qiāo(统读)
翘(一)qiào(语)
　～尾巴
　(二)qiáo(文)
　～首
　～楚
怯 qiè(统读)
挈 qiè(统读)
趄 qie
　趔～
侵 qīn(统读)
衾 qīn(统读)
噙 qín(统读)
倾 qīng(统读)
亲 qìng
　～家
穹 qióng(统读)
黢 qū(统读)
曲(麯)qū
　大～
　红～

神～

渠 qú(统读)

瞿 qú(统读)

蠼 qú(统读)

苣 qǔ

～荬菜

鼩 qǔ(统读)

趣 qù(统读)

雀 què

～斑　～盲症

R

髯 rán(统读)

攘 rǎng(统读)

桡 ráo(统读)

绕 rào(统读)

任 Rén〔姓,地名〕

妊 rèn(统读)

扔 rēng(统读)

容 róng(统读)

糅 róu(统读)

茹 rú(统读)

孺 rú(统读)

蠕 rú(统读)

辱 rǔ(统读)

挼 ruó(统读)

S

靸 sǎ(统读)

噻 sāi(统读)

散(一)sǎn

懒～

零零～～

～漫

(二)san

零～

丧 sang

哭～着脸

扫(一)sǎo

～兴

(二)sào

～帚

埽 sào(统读)

色(一)sè(文)

(二)shǎi(语)

塞(一)sè(文)动作义。

(二)sāi(语)名物义,如“活～、瓶～”;

动作义,如“把洞～住”。

森 sēn(统读)

煞(一)shā

～尾

收～

(二)shà

～白

啥 shá(统读)

厦(一)shà(语)

(二)xià(文)

～门

噶～

杉(一)shān(文)

紫～ 水～
红～
（二）shā（语）
～蒿
～木
衫 shān（统读）
姗 shān（统读）
苫（一）shàn（动作义，如“～布”）
（二）shān（名物义，如“草～子”）
墒 shāng（统读）
猞 shē（统读）
舍 shè
宿～
慑 shè（统读）
摄 shè（统读）
射 shè（统读）
谁 shéi，又音 shuí
娠 shēn（统读）
什（甚）shén
～么
蜃 shèn（统读）
葚（一）shén（文）
桑～
（二）rèn（语）
桑～儿
胜 shèng（统读）
识 shí
～货 ～字
似 shì
～的
室 shì（统读）
螫（一）shì（文）
（二）zhē（语）
匙 shi
钥～
殊 shū（统读）
蔬 shū（统读）
疏 shū（统读）
叔 shū（统读）
淑 shū（统读）
菽 shū（统读）
熟（一）shú（文）
（二）shóu（语）
署 shǔ（统读）
曙 shǔ（统读）
漱 shù（统读）
戍 shù（统读）
蟀 shuài（统读）
孀 shuāng（统读）
说 shuì
游～
数 shuò
～见不鲜
硕 shuò（统读）
蒴 shuò（统读）
艘 sōu（统读）
嗾 sǒu（统读）
速 sù（统读）
塑 sù（统读）
虽 suī（统读）
绥 suí（统读）
髓 suǐ（统读）
遂（一）suì
不～ 毛～自荐

（二）suí
半身不～
隧 suì（统读）
隼 sǔn（统读）
莎 suō
～草
缩（一）suō
收～
（二）sù
～砂蜜（一种植物）
嗍 suō（统读）
索 suǒ（统读）

T

趿 tā（统读）
鳎 tǎ（统读）
獭 tǎ（统读）
沓（一）tà
重～
（二）ta
疲～
（三）dá
一～纸
苔（一）tái（文）
（二）tāi（语）
探 tàn（统读）
涛 tāo（统读）
悌 tì（统读）
佻 tiāo（统读）
调 tiáo
～皮　～侃
帖（一）tiē
妥～　服服～～　俯首～耳
（二）tiě
请～　字～儿
（三）tiè
字～　碑～
听 tīng（统读）
庭 tíng（统读）
骰 tóu（统读）
凸 tū（统读）
突 tū（统读）
颓 tuí（统读）
蜕 tuì（统读）
臀 tún（统读）
唾 tuò（统读）

W

娲 wā（统读）
挖 wā（统读）
瓦 wà
～刀
㖞 wāi（统读）
蜿 wān（统读）
玩 wán（统读）
惋 wǎn（统读）
脘 wǎn（统读）
往 wǎng（统读）
忘 wàng（统读）
微 wēi（统读）

巍 wēi(统读)
薇 wēi(统读)
危 wēi(统读)
韦 wéi(统读)
违 wéi(统读)
唯 wéi(统读)
圩(一)wéi
　～子
　(二)xū
　～(墟)场
纬 wěi(统读)
委 wěi
　～靡
伪 wěi(统读)
萎 wěi(统读)
尾(一)wěi
　～巴
　(二)yǐ
　马～儿
尉 wèi
　～官
文 wén(统读)
闻 wén(统读)
紊 wěn(统读)
喔 wō(统读)
蜗 wō(统读)
我 wǒ(统读)
硪 wò(统读)
诬 wū(统读)
梧 wú(统读)
牾 wǔ(统读)
乌 wù
　～拉(也作“靰鞡”)
　～拉草
杌 wù(统读)
鹜 wù(统读)

X

夕 xī(统读)
汐 xī(统读)
晰 xī(统读)
析 xī(统读)
皙 xī(统读)
昔 xī(统读)
溪 xī(统读)
悉 xī(统读)
熄 xī(统读)
蜥 xī(统读)
螅 xī(统读)
惜 xī(统读)
锡 xī(统读)
樨 xī(统读)
袭 xí(统读)
檄 xí(统读)
峡 xiá(统读)
暇 xiá(统读)
吓 xià
　杀鸡～猴
鲜 xiān
　屡见不～　数见不～
锨 xiān(统读)
纤 xiān

～维
涎 xián(统读)
弦 xián(统读)
陷 xiàn(统读)
霰 xiàn(统读)
向 xiàng(统读)
相 xiàng
～机行事
淆 xiáo(统读)
哮 xiào(统读)
些 xiē(统读)
颉 xié
～颃
携 xié(统读)
偕 xié(统读)
挟 xié(统读)
械 xiè(统读)
馨 xīn(统读)
囟 xìn(统读)
行 xíng
操～　德～
发～　品～
省 xǐng(动作义)
内～　反～　～亲
不～人事
芎 xiōng(统读)
朽 xiǔ(统读)
宿 xiù
星～　犄～　二十八～
煦 xù(统读)
蓿 xu
苜～
癣 xuǎn(统读)
削(一)xuē(文)
剥～　～减　瘦～
(二)xiāo(语)
切～　～铅笔　～球
穴 xué(统读)
学 xué(统读)
雪 xuě(统读)
血(一)xuè(文)用于复音词及成语,如“贫～”“心～”“呕心沥～”“～泪史”“狗～喷头”等。
(二)xiě(语)口语多单用,如“流了点儿～”及几个口语常用词,如“鸡～”“～晕”“～块子”等。
谑 xuè(统读)
寻 xún(统读)
驯 xùn(统读)
逊 xùn(统读)
熏 xùn
煤气～着了
徇 xùn(统读)
殉 xùn(统读)
蕈 xùn(统读)

Y

押 yā(统读)
崖 yá(统读)
哑 yǎ
～然失笑
亚 yà(统读)
殷 yān

～红
芫 yán
～荽
筵 yán(统读)
沿 yán(统读)
焰 yàn(统读)
夭 yāo(统读)
肴 yáo(统读)
杳 yǎo(统读)
舀 yǎo(统读)
钥(一)yào(语)
～匙
(二)yuè(文)
锁～
曜 yào(统读)
耀 yào(统读)
椰 yē(统读)
噎 yē(统读)
叶 Yè
～公好龙
曳 yè
弃甲～兵
摇～
～光弹
屹 yì(统读)
轶 yì(统读)
谊 yì(统读)
懿 yì(统读)
诣 yì(统读)
艾 yì
自怨自～
荫 yìn(统读)
(“树～”应作“树阴”,“林～道”应作“林阴道”)
应(一)yīng
～届　～名儿　～许
提出的条件,他都～了
是我～下来的任务
(二)yìng
～承　～付　～声　～时
～验　～邀　～用　～运
～征　里～外合
萦 yíng(统读)
映 yìng(统读)
佣 yōng
～工
庸 yōng(统读)
臃 yōng(统读)
壅 yōng(统读)
拥 yōng(统读)
踊 yǒng(统读)
咏 yǒng(统读)
泳 yǒng(统读)
莠 yǒu(统读)
愚 yú(统读)
娱 yú(统读)
愉 yú(统读)
伛 yǔ(统读)
屿 yǔ(统读)
吁 yù
呼～
跃 yuè(统读)
晕(一)yūn
～倒　头～

（二）yùn

月～　血～　～车

Z

匝 zā(统读)

杂 zá(统读)

载(一)zǎi

登～　记～

（二）zài

搭～　怨声～道　重～

装～　～歌～舞

簪 zān(统读)

咱 zán(统读)

暂 zàn(统读)

凿 záo(统读)

择(一)zé

选～

（二）zhái

～不开　～菜　～席

贼 zéi(统读)

憎 zēng(统读)

甑 zèng(统读)

喳 zhā

唧唧～～

轧(除"～钢""～辊"念 zhá 外,其他都念 yà)

(gá 为方言,不审)

摘 zhāi(统读)

粘 zhān

～贴

涨 zhǎng

～落　高～

酝 yùn(统读)

着(一)zháo

～慌　～急　～家　～凉

～忙　～迷　～水　～雨

（二）zhuó

～落　～手　～眼

～意　～重

不～边际

（三）zhāo

失～

沼 zhǎo(统读)

召 zhào(统读)

遮 zhē(统读)

蛰 zhé(统读)

辙 zhé(统读)

贞 zhēn(统读)

侦 zhēn(统读)

帧 zhēn(统读)

胗 zhēn(统读)

枕 zhěn(统读)

诊 zhěn(统读)

振 zhèn(统读)

知 zhī(统读)

织 zhī(统读)

脂 zhī(统读)

植 zhí(统读)

殖(一)zhí

繁～　生～　～民

（二）shi

骨～
指 zhǐ(统读)
掷 zhì(统读)
质 zhì(统读)
蛭 zhì(统读)
秩 zhì(统读)
栉 zhì(统读)
炙 zhì(统读)
中 zhōng
人～(人口上唇当中处)
种 zhòng
点～
诌 zhōu(统读)
骤 zhòu(统读)
轴 zhòu
大～子戏
碡 zhou
碌～
烛 zhú(统读)
逐 zhú(统读)
属 zhǔ
～望
筑 zhù(统读)
著 zhù
土～
转 zhuǎn
运～
撞 zhuàng(统读)
幢(一)zhuàng
一～楼房
(二)chuáng
经～(佛教所设刻有经咒的石柱)
拙 zhuō(统读)
茁 zhuó(统读)
灼 zhuó(统读)
卓 zhuó(统读)
综 zōng
～合
纵 zòng(统读)
粽 zòng(统读)
镞 zú(统读)
组 zǔ(统读)
钻(一)zuān
～探　～孔
(二)zuàn
～床　～杆　～具
佐 zuǒ(统读)
唑 zuò(统读)
柞(一)zuò
～蚕　～绸
(二)Zhà
～水(在陕西)
做 zuò(统读)
作(除"～坊"读 zuō 外,其余都读 zuò)

第二章　现代汉语语音

第一节　概　说

【学习提示】

语音的结构单位可以根据音素的性质分析成元音和辅音系统，也可以按汉语音韵学传统的方法分析为声母、韵母、声调系统。本章的内容是从这两个系统的结合上来讲述的。

学习本节，要求重点掌握语音的几个基本概念；了解语音的性质、国际音标的特点和作用；初步了解《汉语拼音方案》的内容。学完本章，则要求全面、熟练地掌握《汉语拼音方案》。

语音是口耳之学。学习时应加强发音、听辨、拼读、拼写的训练。

一、语音的性质

语音是人的发音器官发出来的代表一定意义的声音。作为交际工具的语言，是声音和意义的统一体。意义是语言的内容，声音是语言的物质形式。人们进行交际，传达信息，大致要经过这样一个过程，即说话人选择一定的词语，按照一定的语法规则组成一句一句的话，通过自己的发音器官的活动，发出这些词语的声音，借助空气的媒介，传到听话人的耳朵里。听话人听到这些声音，即刻转换成语言的词语，才能理解说话者的意思。这个过程说明，没有语音，语言将无所依托，人们无法进行交际，人们思维活动的结果也无从产生并固定下来。所以，语音在整个语言中的重要地位是显而易见的。

（一）语音的社会性

语言是社会现象，作为语言存在的物质形式——语音，也就必然具有社会性。语音的社会性表现在许多方面。比如从声音和意义的关系看，什么声音代表什么意义，什么意义用什么声音表示，这并不取决于声音或意义本身，而是由一定的社会共同体约定俗成的，是跟这个社会共同体的历史发展相联系的；因此，不同的民族，甚至同一个民族的不同地区，都可能是各不相同的。例如，同一个数字“5”，说英语的人用 five 这样的声音表示；说俄语的人用 лять 这样的声音表示；说汉语的人，北京用 wǔ 表示，广州用 ng 表示。同一个声音 i，汉族人用来表示“衣”“移”“椅”“意”等意思，俄罗斯人用来表示“和”的意思。又比如从语言的语音系统方面看，用多少个声音，用什么样的声音作为区别意义的最小声音单位，这些声音如何组合等等，也是由一定的社会共同体约定俗成的，是跟这个社会共同体的历史发展相联系的，完全不能用生理学或生物学等自然科学来解释。人所能发出的声音是各式各样的，或者说是无尽的，但各民族语言对声音的选择是有限的。在这种选择中，就体现出各民族语音的特征。例如：俄语语音系统中用来区别意义的声音单位比汉语多；俄语有颤音，英语、汉语普通话中没有；汉语字音的高低能区别意义，英语、俄语不是这样；英语、俄语有复辅音，汉语没有。所有这些，都是语音社会性的体现。社会性是语音的本质属性。

（二）语音的物理性

音波产生于物体的振动，语音产生于人的声带的振动。从物理学角度看，语音像其他一切声音一样，具有音高、音强、音长、音色这四个要素。

1. 音高

音高是声音的高低。它是由振动体在一定的时间内振动的次数决定的。在一定时间内振动的次数多，声音就高；振动的次数少，声音就低。语音也是这样，声带在一定时间内振动次数的多少决定语音的高低。发音体振动的快慢和它本身的情况有关。短、细、薄的发音体振动得快，频率高，声音也高；长、粗、厚的发音体振动得慢，频率低，声音也低。语音的高低跟人的声带的长短、厚薄有关。一般的情况是，成年男人的声带要长一些、厚一些，声音也就低一些；妇女、儿童的声带短一些、薄一些，声音也就高一些。同一个人的不同音高是由于人能主动控制声带的松紧造成的。

2. 音强

音强是声音的强弱。它取决于发音时音波振动幅度的大小。振幅大，声音就强；振幅小，声音就弱。语音的强弱是由发音时用力的大小，即呼出气流的强弱来决定的。用力大，呼出的气流强，声带振动的幅度大，声音强；用力小，呼出的气流弱，声带振动的幅度小，声音就弱。

3. 音长

音长是声音的长短。它取决于振动体振动延续的时间。语音的长短是声带振动延续时间的长短决定的，延续的时间长是长音，延续的时间短是短音。

4. 音色

音色是声音的特色。它取决于音波振动的形式。音波振动形式是由发音体、发音方法、共鸣器的形状决定的。这三者中，只要有一个不同，就会发出不同音色的音来。语音中不同音色的音，也是由这三个不同的发音条件造成的。人可以主动控制自己的声带、气流和唇舌，从而发出各种不同音色的声音。

语音的各种物理特征，在不同的语言中所起的作用是不同的。比如，英语里音的长短能区别意义，汉语里音的高低能区别意义。

（三）语音的生理性

语音是人的发音器官活动的结果，所以语音具有生理性。一个音具有怎样的物理特征，取决于发音器官如何活动，因此，了解发音器官的构造及其活动情况，弄清每个音的发音原理，是学好语音的重要前提。

发音器官包括呼吸器官、喉头和声带、咽头、口腔和鼻腔。呼吸器官的作用是供给发音的动力——气流；喉头里的声带是发音体；咽腔、口腔和鼻腔是共鸣器。下面重点介绍喉头、声带、口腔和鼻腔。

1. 喉头和声带

喉头由软骨构成，下通气管，上接咽腔。声带由两片富有弹性的薄膜构成。它们的前端固定地连在甲状软骨上面，后端分别连在两块能活动的杓状软骨上面。声带中间的通路叫声门。声门随着杓状软骨的张开或并拢而开闭。呼吸的时候，声门打开，气流自由通过；发音的时候，声门合拢，气流从声门缝中挤出，声带便发生振动，发出声音（图1)。

（1）咳嗽前 （2）呼吸时 （3）耳语时 （4）发音时

图1 声带活动示意图

2. 口腔和鼻腔

人的口腔包括下面这些部分：

上下唇 上下唇可以闭拢，构成双唇阻碍发“双唇音”。双唇也可以拢圆、咧开，或呈自然状态，从而构成不同形状的共鸣器，发出不同的元音。

上下齿 上下齿特指上下门齿。上齿可以靠拢下唇，构成唇齿阻碍发“唇齿音”。上齿背可以和舌尖构成阻碍发“舌尖前音”。

齿龈 就是上齿背上边紧靠上腭稍微突出的部分。齿龈可以和舌尖构成阻碍发“舌尖中音”。

上腭 从齿龈往里，是口腔的上部，叫上腭，又叫口盖。上腭前部较硬的部分叫硬腭。舌尖翘起来抵住或者靠近硬腭前部可以构成阻碍发“舌尖后音”。硬腭前部还可以跟舌面构成阻碍发“舌面音”。硬腭后部较软的部分，叫软腭。软腭可以和舌根构成阻碍发“舌根音”。软腭可以升起来堵住鼻腔的通路，让气流从口腔出来，发出“口音”；也可以降下来打开鼻腔的通路，让气流从鼻腔出来，发出“鼻音”。软腭尖端是个小肉坠儿，叫小舌。

舌头 舌头是发音器官中最灵活的部分。它可以分为三个部分：尖端部分叫舌尖，中间部分叫舌面，后面部分叫舌根。舌头可以前伸，可以后缩，可以隆起，可以降低，还可以卷起来，发出不同的元音和辅音。

鼻腔也是一种共鸣器。它与口腔相通，也可以靠软腭和小舌跟口腔隔开。发口音时，软腭上升，关闭鼻腔的通道；发鼻音时，软腭下垂，开放鼻腔的通道。

发音器官示意图见图 2。

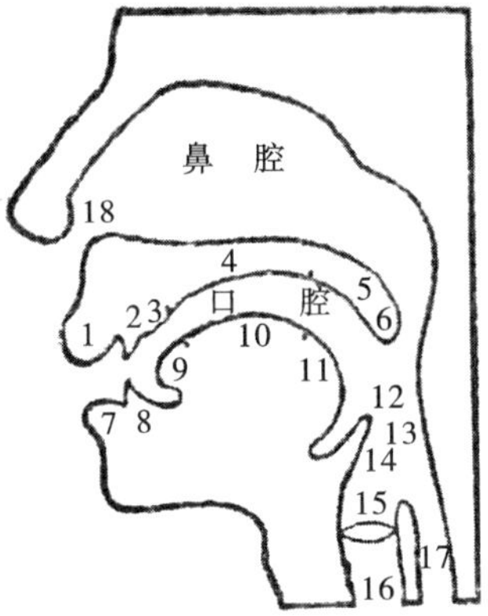

1. 上唇　2. 上齿　3. 齿龈　4. 硬腭　5. 软腭　6. 小舌　7. 下唇　8. 下齿　9. 舌尖　10. 舌面　11. 舌根　12. 咽头　13. 咽壁　14. 会厌　15. 声带　16. 气管　17. 食道　18. 鼻孔

图 2　发音器官示意图

二、语音的基本概念

（一）音节、音素、音位

音节是语流里最自然的语音单位。就一般情况说，一个汉字的读音就是一个音节。“我们要努力学习”，这是七个汉字，也就是七个音节。普通话基本音节约有 400 个。

儿化词是两个汉字读作一个音节，如“花儿”读作 huār，算一个音节。

音素是最小的语音单位。一个音节，在人们的听感中是一个整体的声音，但有的还可以再加分析。比如“努力”两个字，是两个音节。假如我们把每个音节都念慢一些，就会明显地感觉到舌头的位置在变动，开头的发音跟收尾的发音不一样。“努”含有 n 和 u 两个音，“力”含有 l 和 i 两个音；n、u、l、i 就不能再往小里分析了。这种从音节中分析出来的最小的语音单位就是音素。汉语的音节，最多由四个音素构成，如“端（duān）”“庄（zhuāng）”；最少由一个音素构成，如“阿（a）”“姨（i）”。

音位是一个语音系统中能区别意义的最小单位。如“包（bāo）”“抛（pāo）”“刀（dāo）”“涛（tāo）”，开头的音素b、p、d、t区别意义，b、p、d、t各是一个音位。反过来说，几个音素虽有细微区别，但不区别意义，就归为同一个音位。如“滩（tān）”“汤（tāng）”“阿（ā）”，其中的“a”从发音和音色看，都有不同：“滩（tān）”中的a，发音时，舌头前伸；“汤（tāng）”中的a，发音时舌头后缩；“阿（ā）”发音时，舌头居中，呈自然状态。由于这些细微的差别不起区别词义的作用，所以，我们把它们归纳成一个音位，用一个字母/a/表示。它们之间的差别只看作是a在不同情况下的具体表现形式，也就是音位变体。

音位和音素都是一种语言中最小的语音单位，它们的区别在于是否能区别意义。

（二）元音和辅音

元音是声带振动，气流通过口腔不受阻碍而发出的声音。元音只受不同形状的口腔共鸣器的节制，声音响亮。如a、o、e、i、u、ü等都是元音。元音又称“母音”。

辅音是气流在口腔受到阻碍而发出的声音。辅音一般不响亮。如b、p、m、f、ng等都是辅音。辅音又称“子音”。

（三）声母、韵母、声调

声母是音节开头的辅音。如“发（fā）”，f是声母。如果一个音节开头没有辅音，如“啊（ā）”，那么它的声母就是零声母。零声母可用ø表示。

韵母是声母后边的部分。如“发（fā）”，a是韵母。韵母有单韵母，如“把（bǎ）”中的a；有复韵母，如“摆（bǎi）”中的ai；有鼻韵母，如“板（bǎn）”“绑（bǎng）”中的an、ang。

声调是音节的音高变化。如“妈（mā）”是高平的，“麻（má）”是往上升的，“马（mǎ）”是低降再往上升的，“骂（mà）”是高降的。

声母、韵母、声调是汉语音节不可缺少的组成部分，其中每一样都有区别意义的作用。比如：“班（bān）”和“攀（pān）”，声母区别意义；“班（bān）”和“帮（bāng）”，韵母区别意义；“班（bān）”和“板（bǎn）”，声调区别意义。普通话有二十二个声母（包括零声母）、三十九个韵母、四类声调。

三、记音符号

研究语音，必须有一套记音符号来记音。我们现在通用的是汉语拼音字母。有时需要细致地标音，这就要使用国际音标。下面分别介绍这两种记音符号。

（一）《汉语拼音方案》

《汉语拼音方案》是用拉丁字母拼写现代汉语普通话语音的方案。这个方案是1958年2月11日，第一届全国人民代表大会第五次会议批准公布的。这是我国语言工作者和前中国文字改革委员会总结以前注音识字和各种拼音方案的经验，广泛征求各方面的意见，经过多年的研究、修改制订出来的。所以，它既是法定的文献，又有广泛的群众基础。它所采用的拉丁字母，笔画简单，构形清楚，便于书写和阅读。拉丁字母是世界上最通行的字母，也是现代科学上广泛使用的符号，经过调整，能够很好地适应汉语的需要，成为汉语拼音字母。

下面是《汉语拼音方案》全部内容：

汉语拼音方案

〈一〉字母表

字母名称：	A a	B b	C c	D d	E e	F f	G g
	ㄚ	ㄅㄝ	ㄘㄝ	ㄉㄝ	ㄜ	ㄝㄈ	ㄍㄝ
	H h	I i	J j	K k	L l	M m	N n
	ㄏㄚ	ㄧ	ㄐㄧㄝ	ㄎㄝ	ㄝㄌ	ㄝㄇ	ㄋㄝ
	O o	P p	Q q	R r	S s	T t	
	ㄛ	ㄆㄝ	ㄑㄧㄡ	ㄚㄦ	ㄝㄙ	ㄊㄝ	
	U u	V v	W w	X x	Y y	Z z	
	ㄨ	ㄪㄝ	ㄨㄚ	ㄒㄧ	ㄧㄚ	ㄗㄝ	

v只用来拼写外来语、少数民族语言和方言。

字母的手写体依照拉丁字母的一般书写习惯。

〈二〉声母表

b ㄅ玻	p ㄆ坡	m ㄇ摸	f ㄈ佛	d ㄉ得	t ㄊ特	n ㄋ讷	l ㄌ勒
g ㄍ哥	k ㄎ科	h ㄏ喝		j ㄐ基	q ㄑ欺	x ㄒ希	
zh ㄓ知	ch ㄔ蚩	sh ㄕ诗	r ㄖ日	z ㄗ资	c ㄘ雌	s ㄙ思	

在给汉语注音的时候，为了使拼式简短，zh ch sh 可以省作 ẑ ĉ ŝ。

〈三〉韵母表

	i ㄧ衣	u ㄨ乌	ü ㄩ迂
a ㄚ啊	ia ㄧㄚ呀	ua ㄨㄚ蛙	
o ㄛ喔		uo ㄨㄛ窝	
e ㄜ鹅	ie ㄧㄝ耶		üe ㄩㄝ约
ai ㄞ哀		uai ㄨㄞ歪	
ei ㄟ欸		uei ㄨㄟ威	
ao ㄠ熬	iao ㄧㄠ腰		
ou ㄡ欧	iou ㄧㄡ忧		
an ㄢ安	ian ㄧㄢ烟	uan ㄨㄢ弯	üan ㄩㄢ冤
en ㄣ恩	in ㄧㄣ因	uen ㄨㄣ温	ün ㄩㄣ晕
ang ㄤ昂	iang ㄧㄤ央	uang ㄨㄤ汪	
eng ㄥ亨的韵母	ing ㄧㄥ英	ueng ㄨㄥ翁	
ong （ㄨㄥ）轰的韵母	iong ㄩㄥ雍		

（1）“知、蚩、诗、日、资、雌、思”等七个音节的韵母用 i，即：知、蚩、诗、日、资、雌、思等字拼作 zhi，chi，shi，ri，zi，ci，si。

（2）韵母儿写成 er，用作韵尾的时候写成 r。例如：“儿童”拼作 ertong，“花儿”拼作 huar。

（3）韵母ㄝ单用的时候写成 ê。

（4）i 行的韵母，前面没有声母的时候，写成：yi（衣），ya（呀），ye（耶），yao（腰），you（忧），yan（烟），yin（因），yang（央），ying（英），yong（雍）。

u 行的韵母，前面没有声母的时候，写成：wu（乌），wa（蛙），wo（窝），wai（歪），wei（威），wan（弯），wen（温），wang（汪），weng（翁）。

ü 行的韵母，前面没有声母的时候，写成：yu（迂），yue（约），yuan（冤），yun（晕）；ü 上的两点省略。

ü 行的韵母跟声母 j，q，x 拼的时候，写成：ju（居），qu（区），xu（虚），ü 上两点也省略；但是跟声母 n，l 拼的时候，仍然写成 nü（女），lü（吕）。

（5）iou，uei，uen 前面加声母的时候，写成：iu，ui，un。例如：niu（牛），gui（归），lun（论）。

（6）在给汉字注音的时候，为了使拼式简短，ng 可以省作 ŋ。

（四）声调符号

阴平　阳平　上声　去声

ˉ　ˊ　ˇ　ˋ

声调符号标在音节的主要母音上，轻声不标。例如：

妈 mā　麻 má　马 mǎ　骂 mà　吗 ma

（阴平）（阳平）（上声）（去声）（轻声）

（五）隔音符号

a，o，e 开头的音节连接在其他音节后面的时候，如果音节的界限发生混淆，用隔音符号（'）隔开，例如：pi'ao（皮袄）。

*　*　*

《汉语拼音方案》的用途是：

1. 给汉字注音

汉字不是拼音文字，从字面上看不出读音来。过去教人识字采用反切法、直音法注音。反切就是用两个汉字来给一个汉字注音。两个汉字中，上字取声母、下字取韵母和声调。如“红，户公切”，就是取“户”的声母 h，取“公”的韵母 ong，声调平声。直音法就是用同音字注音。这些方法的缺点是，如果遇到了用来切音或注音的字也不认识，那注音就没起到作用。1918 年以后，用注音符号注音，这比反切、直音前进了一大步；但注音符号不是音素字母，同时它采用的形体不便连写。《汉字拼音方案》公布后，我国的字典、词典都用拼音字母注音。只要学过拼音方案，借助字典、词典识字、正音不成问题。这对于我们全民族的文化学习，有极大的方便。

2. 教学普通话

有了《汉语拼音方案》，可以用来拼写普通话，说明普通话语音系统，编写普通话语音教材，编写注音读物等。这对于教学普通话是非常有利的。同时，也有利于帮助兄弟民族学习普通话和外国人学习汉语。

3. 其他方面的应用

《汉语拼音方案》可以作为我国兄弟民族创制和改革文字的共同基础；可以用来翻译人名、地名和科学术语；可以用来编索引、电报、旗语、工业产品代号；可以用来为汉语输入电子计算机编制各种程序符号等。

（二）国际音标

国际音标是国际语音协会拟订的一套语音符号。它自 1888 年公布初稿以来，已经有过不少次的补充和修改，每次修改的结果刊载在协会的会刊《语音教师》上。它的特点是：第一，国际通用。第二，一个音素由一个符号表示，一个符号只代表一个音素，区别细致，不借用、不变化，明确稳定。第三，大部分采用拉丁字母小写印刷体。小部分用小写尺寸的大写字母，如ᴀ、ᴇ。有的采用合体字母，如 æ、œ；倒排字母，如 ɐ、ə；草体字母，如 ɑ。有的改变字母原形，如 ȵ、ŋ；或添加符号，如 ã。此外，借用了几个希腊字母，如 β、θ。总之，多数字形为大家所熟悉，易学易记。

在描写某种语言或方言的语音，或构拟古音时，国际音标（见下表）是我们不可缺少的工具。

国际音标简表

（一）辅音表

发音方法＼发音部位			双唇（上唇下唇）	唇齿（上齿下唇）	舌尖前（舌尖齿背）	舌尖中（舌尖齿龈）	舌尖后（舌面硬腭前）	舌叶	舌面前（舌面硬腭）	舌面中（舌面中硬腭）	舌面后（舌根软腭）	喉
塞音	清	不送气	p			t				c	k	ʔ
		送气	pʻ			tʻ				cʻ	kʻ	
	浊		b			d					g	
塞擦音	清	不送气		pf	ts		tʂ	tʃ	tɕ			
		送气		pfʻ	tsʻ		tʂʻ	tʃʻ	tɕʻ			
	浊				dz		dʐ	dʒ	dʑ			
鼻音	浊		m	ɱ		n	ɳ		ȵ		ŋ	
闪音	浊						ɽ					
边音	浊					l						
擦音	清		ɸ	f	s		ʂ	ʃ	ɕ		x	h
	浊		β	v	z		ʐ	ʒ	ʑ	j	ɣ	ɦ
半元音	浊		w ɥ							j(ɥ)	(w)	

（二）元音表

舌位高低开口度大小＼类别、舌位前后、唇形	舌面元音					舌尖元音		卷舌元音
	前		央	后		前	后	央
	不圆唇	圆唇	中性	不圆唇	圆唇			
高（闭）	i	y		ɯ	u	ɿ ʮ	ʅ ʯ	
	ɪ							
半高（半闭）	e	ø		ɤ	o			
中			ə					ɚ
半低（半开）	ɛ	œ		ʌ	ɔ			
	æ		ɐ					
低（开）	a		A	ɑ	ɒ			

四、语音规范化

语音规范化的目的是让语言这个工具更好地发挥它的交际功能。如果一个人说的话，别人不能听懂或者发生误解，那就会削弱语言的社会交际作用。如果一个字，没有一个统一的标准读音，叫人无所适从，也就反映出这种语言的混乱状态。因此，必须重视语音规范化工作。

“以北京语音为标准音”，这是现代汉语语音规范化的标准。汉语方言复杂，各种方言音系跟北京音系，即普通话音系，有相同的地方，也有不同的地方。在声母方面，有的方言“资（z-）”“知（zh-）”不分，“男（n-）”“兰（l-）”不分。在韵母方面，有的方言，以“真（-en）”代“争（-eng）”，以“因（-in）”代“英（-ing）”。在声调方面，吴、客、赣、湘、闽、粤等方言，或保留入声，或上、去、入分阴阳，因此，调类比普通话调类多。即使与北方方言调类一致，声调的实际念法也不相同。从语音规范化的要求来说，应该以普通话音系的声韵调为准。普通话音系并不包括北京的土音成分。比如，北京有的人把“淋（lín）湿了”念成“lún 湿了”，而把“论（lùn）斤买”念成“lìn 斤买”。这类土音都是不规范的。语音规范化问题主要涉及以下几个方面。

（一）关于异读词的读音

《普通话异读词审音表》是异读词正音的根据。例如：

波浪 bō	不念 pō	商埠 bù	不念 fù
飘浮 fú	不念 fóu	混淆 hùn	不念 hǔn
包括 kuò	不念 guò	娇嫩 nèn	不念 nùn
琴弦 xián	不念 xuán	机械 xiè	不念 jiè

此外，有些字有文白二读，《普通话异读词审音表》以“文”和“语”作注。例如：

削 xuē（文）	削减　瘦削
xiāo（语）	削铅笔　削球
血 xuè（文）	贫血　呕心沥血
xiě（语）	流了点儿血

（二）关于轻声、儿化词的读音

轻声和儿化在北京话里比较普遍。有些轻声和儿化有区分词义、词性或色彩的作用。例如：“地道”的“道”，读轻声时是形容词，表示“真正的，纯粹的”等意思；不读轻声则是名词，表示“地面下的通道”。“头儿”指头目、领头人，“头”指脑袋。“老头儿”和“老头”比较，前者含亲热色彩。对这类有不同意义、色彩的轻声、儿化词，应该按轻声、儿化念。

有些轻声、儿化，虽然没有区别作用，但因在语言里已经用得很普遍，也还是按轻声、儿化念。例如：“葡萄”“朋友”“西瓜”，它们的第二个音节习惯上都念轻声；“花儿”“鸟儿”“事儿”习惯上都儿化。

有些词念不念轻声、儿化不儿化都可以，没有区别作用。对这类词，最好是按原调、原词念。

（三）关于多音多义字的读音

有些汉字，有几种读音，不同的读音代表不同的意义，这就是多音多义字。对多音多义字，我们一定要根据它们出现的具体语言环境来确定读音。例如：

阿姨 ā	阿谀 ē	
扒土 bā	扒手 pá	
处分 chǔ	处所 chù	
畜牧 xù	畜牲 chù	
导弹 dàn	弹劾 tán	
效率 lǜ	表率 shuài	
供给 gōng	供词 gòng	
学校 xiào	校对 jiào	
薄纸 báo	薄情 bó	薄荷 bò
宿舍 sù	一宿 xiǔ	星宿 xiù

（四）关于容易误读的字的读音

1. 防止读半边

汉字中形声字的字音很容易被人读错。有的人无原则地根据形声字的声旁进行类推而导致误读。例如：

“酗（xù）”，据声旁“凶”误读为 xiōng。

“迸（bèng）”，据声旁“并”误读为 bìng。

“绽（zhàn）”，据声旁“定”误读为 dìng。

有的人根据带相似声旁的字的读音进行类推而导致误读。例如：

“提”带有声旁“是”，读 tí，于是将“堤（dī）”误读为 tí。

“欧”带有声旁“区”，读 ōu，于是将“妪（yù）”误读为 ōu。

“喘”带有声旁“耑”，读 chuǎn，于是将“湍（tuān）”“揣（chuǎi）”“踹（chuài）”“惴（zhuì）”都误读为 chuǎn。

我们要了解，大部分声旁相同的形声字，在造字的时候是同音的，但由于语音的变化，后来好些都不同音了。例如下列以“工”作声旁的字，多数不读 gōng：

攻、功	(gōng)	肛、缸	(gāng)
杠	(gàng)	扛	(káng)
空	(kōng)	红	(hóng)
江	(jiāng)	项	(xiàng)

2. 注意姓氏、人名、地名的特殊读音

有些字在一般词里面的读音与作为姓氏、人名或地名的读音不同，必须注意它们之间的区别。例如：

区别 qū	姓“区”ōu
成员 yuán	姓“员”yùn
衰弱 shuāi	赵衰 cuī（春秋时人名）
牟取 móu	牟平 mù（地名，在山东）
中华 huá	华山 huà（山名，在陕西）

防止误读的根本办法是勤查近期出版的辞书，严格按字典、词典的注音读音。

五、语音学习和语音研究

（一）语音学习

现代汉语语音学习，一方面要掌握现代汉语——普通话的音位系统，包括它的结构、音变等；另一方面要掌握语音理论知识。这两方面是相辅相成的。

语音理论知识可以指导我们自觉地控制发音器官，有效地进行发音练习，从而较快地掌握普通话音位系统。通过普通话音位系统的学习，可以从具体的语音实践中更好地理解语音理论知识，同时可以举一反三，更好地研究和掌握方言和别的民族语言的音位系统，更好地研究和掌握古代汉语的语音系统。

（二）语音研究

语音学是对语言的声音进行研究的科学。对于现代汉语的语音，还有必要深入研究普通话音系的各个方面，比如音位归纳、音变规律、正音规范等；还有必要细致地分析描写某一方言的语音系统，并将它跟普通话音系进行比较，分辨异同，找出对应关系。此外，还可以抓住某一特殊语音现象，追本溯源，去发现语音演变规律。由于现代科技发展的要求，对语音进行技术处理上的研究，也是非常必要的。无论哪一种研究，都需要语音的基本理论知识作指导，都需要对语音现象进行分析、比较、综合、分类。

思考与练习

一、语音和自然界的声音有什么不同？谈谈语音在整个语言体系中的地位和作用。

二、同是表达“书”这个概念，英语用“book”，俄语用“кни́га”，汉语普通话用“shū”，而有的方言用“xū”，所用的声音形式都不同，这反映了语音哪一方面的特性？

三、音高是由什么决定的？在汉语语音中，音高体现在哪一方面？

四、什么原因造成音色的不同？

五、e 是一个音素，可它有时候也是一个音节，如：“é（鹅）”。怎样理解音节和音素的关系？

六、声母是否等于辅音？韵母是否等于元音？请谈谈它们之间的关系。

七、从记音这一角度看，《汉语拼音方案》和国际音标的作用有什么不同？

八、联系实际，谈谈语音规范化的重要性。

第二节 声 母

【学习提示】

学习本节，要求掌握声母的发音部位和发音方法，发准每一个声母，特别是自己方言中没有的声母。声母辨正的内容可根据自己的实际情况有选择地学习，并可补充辨正的内容。

一、声母的分类和发音

(一) 声母的分类

普通话有二十二个声母，除零声母之外，都是辅音。发辅音时，气流要受到口腔器官的不同部位、不同方式的阻碍。阻碍部位不同，形成阻碍和消除阻碍的方式不同，气流的强弱，声带是否振动，都能构成不同的辅音。

1. 按发音部位分类

发音时发音器官构成阻碍的部位，语音学上叫发音部位。普通话声母按发音部位的不同可以分为以下七组：

(1) 双唇音 由上唇与下唇闭拢构成阻碍，共有 b、p、m 三个。

(2) 唇齿音 由上齿与下唇构成阻碍，只有 f 一个。

(3) 舌尖前音 由舌尖和上齿背构成阻碍，共有 z、c、s 三个。

(4) 舌尖中音 由舌尖和上齿龈构成阻碍，共有 d、t、n、l 四个。

(5) 舌尖后音 由舌尖和硬腭前部构成阻碍，共有 zh、ch、sh、r 四个。

(6) 舌面音 由舌面前部和硬腭构成阻碍，共有 j、q、x 三个。

(7) 舌根音 由舌根和软腭构成阻碍，共有 g、k、h 三个。

2. 按阻碍方式分类

根据构成阻碍和消除阻碍的不同方式，普通话声母可以分为以下五组：

(1) 塞音 发塞音时，构成阻碍的上下部位靠紧，然后气流突然冲破阻碍，爆发成音，声音短暂。这叫塞音，也叫爆发音或破裂音。塞音声母有三对：双唇塞音 b、p，舌尖塞音 d、t，舌根塞音 g、k。

（2）擦音　发擦音时，构成阻碍的上下部位靠近，并不靠紧，留有窄缝，气流从窄缝中摩擦而出，发出音来，声音可以延长。这叫擦音，或叫摩擦音。擦音声母有六个：唇齿擦音 f，舌尖前擦音 s，舌尖后擦音 sh、r，舌面擦音 x，舌根擦音 h。

（3）塞擦音　发塞擦音时，构成阻碍的上下部位开始是靠紧，然后气流冲开一条窄缝，接着从窄缝中摩擦而出，发出音来，声音可以延长。塞擦音的前半像塞音，后半像擦音，所以叫塞擦音。塞擦音声母有三对：舌尖前塞擦音 z、c，舌尖后塞擦音 zh、ch，舌面塞擦音 j、q。

（4）鼻音　发鼻音时，口腔器官构成阻碍的上下部位靠紧，软腭下降，打开鼻腔通道，气流从鼻腔出来，造成鼻音，鼻音可以延长。鼻音声母有两个：双唇鼻音 m，舌尖鼻音 n。

（5）边音　发边音时，舌尖抵住上齿龈，软腭上升，阻塞鼻腔通道，气流从舌头的两边出来。这叫边音，声音可以延长。边音声母只有一个，就是 l。

3. 按气流强弱分类

发辅音时，气流强的叫送气音，即发音时冲出一股较强的气流，或者说送出一口气；气流弱的叫不送气音。这种分类只限于塞音和塞擦音。送气的塞音声母有 p、t、k，塞擦音声母有 c、ch、q。不送气的塞音声母有 b、d、g，塞擦音声母有 z、zh、j。

4. 按声带是否振动分类

发辅音时，声带振动的是浊音，声带不振动的是清音。普通话二十一个辅音声母中，浊音声母只有四个：浊鼻音 m、n，浊边音 l，浊擦音 r。其余的都是清音声母。

阻碍方式、气流强弱、声带是否振动，语音学上统称为发音方法。

综合上述发音部位和发音方法，可以将普通话二十一个辅音声母列成下表。

普通话辅音声母表

声母　发音方法 / 发音部位			塞音		塞擦音		擦音		鼻音	边音
			清音		清音		清音	浊音	浊音	浊音
			不送气音	送气音	不送气音	送气音				
唇音	双唇音	上唇 下唇	b [p]	p [p‘]					m [m]	
唇音	唇齿音	上齿 下唇					f [f]	(v) [v]		
舌尖中音		舌尖 上齿龈	d [t]	t [t‘]					n [n]	l [l]
舌根音		舌根 软腭	g [k]	k [k‘]			h [x]		(ng) [ŋ]	
舌面音		舌面 硬腭			j (tɕ)	q [tɕ‘]	x [ɕ]			
舌尖后音		舌尖 硬腭前			zh [tʂ]	ch [tʂ‘]	sh [ʂ]	r [ʐ]		
舌尖前音		舌尖 上齿背			z [ts]	c [ts‘]	s [s]			

表中，v 专门用来拼写方言和外来语；ng 只作韵尾，不作声母。

（二）声母的发音

首先应该明确声母的名称音和声母的本音这两个概念。

声母的名称音是在每个声母的后面拼上一个单元音韵母而成的音。比如在 b、p、m、f 后面拼上 o，成为 bo（波）、po（坡）、mo（摸）、fo（佛），在 d、t、n、l 后面拼上 e，成为 de（得）、te（特）、ne（讷）、le（肋）等。教学中读名称音，都能听见，称说方便。声母的本音是它的本来音值，不带韵母。声母中除浊辅音外，清音声母的本音都不响，不容易掌握，用发耳语（说悄悄话）的办法读声母的名称音，就可以得到声母的本音。

下面按发音部位，分组说明声母的发音。声母表已将每个声母的发音要领列出，现对它们进行综合说明，并举出例字、例词，以便练习发音。

1. b、p、m、f 的发音

b 和 p 发音时，双唇紧闭，阻塞气流，然后突然放开，气流爆发成音，声带不振动。不同的是，b 气流较弱，不送气；p 气流较强，送气。例如：

b 巴 帮 崩 标 宾 冰

斑白 背包 奔波 辨别

p 坡 潘 抛 撇 飘 拼

澎湃 批评 偏旁 铺排

m 发音时，双唇紧闭，软腭下垂，气流从鼻腔出来，声带振动。例如：

m 妈 摸 谋 忙 灭 棉

麦苗 茂密 明媚 牧民

f 发音时，上门齿和下唇接触，但不闭紧，气流从窄缝中摩擦而出，声带不振动。例如：

f 佛 否 翻 方 风 夫

发愤 非凡 芬芳 丰富

2. d、t、n、l 的发音

d 和 t 发音时，都是舌尖抵上齿龈，阻塞气流，然后突然放开，爆发成音，声带不振动。不同的是，d 气流较弱，不送气；t 气流较强，送气。例如：

d 呆 兜 单 当 低 蹲

到达 电灯 调动 断定

t 他 偷 汤 听 推 通

探讨 梯田 跳台 妥帖

n 发音时，舌尖抵上齿龈，阻塞气流，软腭下垂，打开鼻腔通道，气流从鼻腔出来，声带振动。例如：

n 拿 内 嫩 您 娘 暖

恼怒 男女 牛奶 泥泞

l 发音时，舌尖抵上齿龈，软腭上升，阻塞鼻腔通道，气流从舌头的两边出来，声带振动。例如：

l 拉 郎 凉 炉 驴 略

劳累 理论 玲珑 罗列

3. g、k、h的发音

g和k 都是舌根抵住软腭，阻塞气流，然后突然放开，气流爆发成音，声带不振动。不同的是，g气流较弱，不送气；k气流较强，送气。例如：

g 给 高 沟 锅 乖 光

改革 尴尬 巩固 桂冠

k 考 口 康 坑 夸 昆

开垦 刻苦 空旷 宽阔

h 发音时，舌根靠近软腭，但不抵住，中间有一条窄缝，气流从窄缝中摩擦而出，声带不振动。例如：

h 喝 黑 蒿 酣 火 灰

航海 荷花 欢呼 黄昏

4. j、q、x的发音

j和q 发音时，舌面前部抵住硬腭，阻塞气流，然后气流冲开一条窄缝，接着从窄缝中摩擦而出，声带不振动。不同的是，j气流较弱，不送气；q气流较强，送气。例如：

j 街 今 江 居 捐 军

佳节 坚决 交际 究竟

q 掐 敲 腔 缺 圈 琼

崎岖 千秋 亲切 群情

x 发音时，舌面前部靠近硬腭，形成窄缝，气流从窄缝中摩擦而出，声带不振动。例如：

x 些 休 虚 靴 轩 兄

下旬 消息 新鲜 形象

5. zh、ch、sh、r 的发音

zh 和 ch 发音时，舌尖翘起抵住硬腭前部，然后气流冲开一条窄缝，接着从窄缝中摩擦而出，声带不振动。不同的是，zh 气流较弱，不送气；ch 气流较强，送气。例如：

zh 渣 招 周 抓 桌 追

站长 正直 转折 庄重

ch 拆 超 昌 吹 春 充

车床 踌躇 驰骋 穿插

sh 和 r 发音时，舌尖翘起靠近硬腭前部，形成窄缝，气流从窄缝中摩擦而出。不同的是，sh 声带不振动；r 声带振动。例如：

sh 沙 奢 筛 伸 生 说

闪烁 上市 少数 双手

r 日 热 如 若 瑞 润

仍然 柔软 容忍 扰攘

6. z、c、s 的发音

z 和 c 发音时，舌头平伸，舌尖抵上齿背，然后气流冲开一条窄缝，接着从窄缝中摩擦而出，声带不振动。不同的是，z 气流较弱，不送气；c 气流较强，送气。例如：

z 灾 贼 邹 增 最 钻

自尊 造作 藏族 总则

c 擦 操 凑 粗 材 聪

猜测 仓促 层次 摧残

s 发音时，舌头平伸，舌尖接近上齿背，形成窄缝，气流从窄缝中摩擦而出，声带不振动。例如：

s 腮 搜 森 桑 僧 酸

洒扫 色素 松散 思索

二、声母辨正

普通话声母系统跟各方言区的声母系统不完全一致，它们之间有同有异。声母辨正就是辨别声母的差异，纠正方音。就一般的情况说，学习普通话声母要注意以下几点：

（一）注意分辨 zh-z、ch-c、sh-s

许多方言音系没有 zh、ch、sh 声母，把普通话中该念 zh、ch、sh 声母的音节，全部念成 z、c、s 声母。比如把“支援（zhīyuán）”读成“资源（zīyuán）”、“诗人（shīrén）”读成“私人（sīrén）”。有的方言有 zh、ch、sh 声母，但有一部分在普通话中读 zh 组声母的字，方言中念 z 组声母。如：“庄（zhuāng）”读成“脏（zāng）”、“初（chū）”读成“粗（cū）”、“生（shēng）”读成“僧（sēng）”。广州则把 zh、ch、sh 和 z、c、s 念成一套舌叶音［tʃ］、［tʃ‘］、［ʃ］（部位比 j、q、x 前一些）。要纠正以上种种方音，首先是要发好 zh、ch、sh 这几个音。zh、ch、sh 和 z、c、s 的不同，在于发音部位。zh 组的发音部位是舌尖后，即舌尖翘起对准硬腭前部；z 组的发音部位是舌尖前，即舌尖平伸对准上门齿背。两组的发音方法是一样的，可对照下面的发音图（图 3）反复练习。

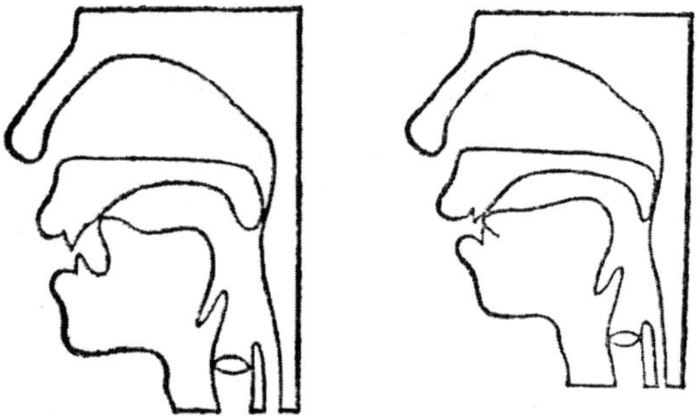

zh、ch、sh 的发音　　　　z、c、s 的发音

图 3

要记住哪些字该念 zh、ch、sh，哪些字该念 z、c、s，可以利用辨音字表对照记忆。在记字的过程中要找窍门，一是利用声韵调配合条件，一是利用形声字的声旁类推。例如：

zhi	zi
支知｜直执｜止纸｜志制	姿兹｜—｜子紫｜自字

chi　　　　　　　　　ci

痴吃｜池迟｜尺耻｜赤翅　　疵　｜瓷磁｜此　｜刺次

shi　　　　　　　　　si

师失｜时石｜史始｜市世　　思斯｜—｜死　｜四饲

从这个对照中，我们看到 zi 和 si 第二声都没有字，ci 和 si 第三声常用字只有一个，那么，遇到这些音节的第二声、第三声的字，就可以大胆地念成 zh 组声母了。又如：

者（zhě）　猪诸（zhū），煮（zhǔ），著箸（zhù）；躇（chú），储（chǔ）；奢（shē），暑署曙薯（shǔ）

只（zhǐ）　织（zhī），职（zhí），帜（zhì）；炽（chì）；识（shí）

知（zhī）　蜘（zhī），智（zhì）；痴（chī），踟（chí）

朱（zhū）　珠蛛株侏诛（zhū）；殊（shū）

主（zhǔ）　拄（zhǔ），注住驻柱蛀炷（zhù）

召（zhāo）　招昭（zhāo），沼（zhǎo），照（zhào）；超（chāo）；绍邵（shào）

占（zhàn）　占（占卜）沾毡粘（zhān），战站（zhàn）；砧（zhēn）

争（zhēng）　挣（挣扎）峥狰筝（zhēng），诤挣（挣脱）（zhèng）

正（zhèng）　正（正月）征怔（zhēng），整（zhěng），正政证症（zhèng）；惩（chéng）

中（zhōng）　忠衷钟（zhōng），肿种（zhǒng），仲种（zhòng）；冲（chōng）

出（chū）　础（chǔ），绌（chù）；拙（zhuō），茁（zhuó）

辰（chén）　晨（chén）；唇（chún）；振震赈（zhèn）；娠（shēn）

长（cháng）　张（zhāng），涨长（zhǎng），帐胀涨（zhàng）；伥（chāng），怅（chàng）

尚（shàng）　裳（sháng），赏（shǎng）；掌（zhǎng）；常嫦尝偿（cháng）

少（shǎo）　沙纱砂莎痧（shā）；抄钞（chāo），吵炒（chǎo）

生（shēng）　牲甥笙（shēng），胜（shèng）

以上例子说明，据声旁类推，记一个字等于记上五六个到十来个字，可以以少驭多，提高效率。

（二）注意分辨 h-f

有些地方，把该念 h 的念成 f，比如把“开花（huā）”读成“开发（fā）”，把“光辉（huī）”读成“光飞（fēi）”。也有的地方把该念 f 的念成 h，比如把“风（fēng）”读成“哼（hēng）”。不过，前一种情况较普遍。前一种情况也不是所有音节的 h 声母都跟 f 声母相混，而只是与 u 或 u 起头的韵母相拼的音节。例如：

呼 hū—夫 fū　花 huā—发 fā　灰 huī—非 fēi
活 huó—佛 fó　怀 huái—□fái　环 huán—凡 fán
昏 hūn—分 fēn　荒 huāng—方 fāng

读以上各组的两个音，唇形是不同的。读 h 开头的音节，嘴唇开始是拢圆并向前突出的；读 f 开头的音节，嘴唇始终是展开的（fu 例外）。h 是舌根音，f 是唇齿音，它们的发音部位不同。在发音上区分清楚之后，应记住哪些字该读 h 声母，哪些字该读 f 声母。有的字也可以利用声旁类推。举 h 声母字为例：

胡（hú）　湖蝴葫糊瑚猢（hú）
户（hù）　沪护戽（hù）
奂（huàn）　换唤焕痪涣（huàn）
皇（huáng）　惶凰煌隍徨篁蝗（huáng）
黄（huáng）　潢磺簧璜（huáng）
回（huí）　茴蛔（huí）；徊（huái）

此外，有的字还可以从声旁声母的联系上来推断。比如，声母 g 与 h 同是舌根音，声旁是 g 声母的字必定念 h 而绝不会念 f。例如：

瓜（guā）　狐弧（hú）
古（gǔ）　胡（hú），怙（hù）
骨（gǔ）　滑猾（huá）
鬼（guǐ）　槐（huái）；魂（hún）
工（gōng）　红虹鸿（hóng），讧（hòng）
共（gòng）　烘哄（hōng），洪（hóng），哄（hǒng），哄（hòng）

（三）注意分辨 n-l

许多方言 n、l 不分，或是全部念成 n，或是全都念成 l，“呢子（nízi）”和“梨子（lízi）”一样，“一年（yìnián）”跟“一连（yìlián）”无别。有的地方，n、l 在 i-、ü-前有区别，但在别的韵母前则不能区别，如“大怒（dànù）”跟“大路（dàlù）”念成一样，“恼人（nǎorén）”跟“老人（lǎorén）”没有区别。要纠正这种方音，首先应发好 n 和 l 这两个音。n、l 发音部位一样，都是舌尖抵上齿龈，但它们的发音方法不同。n，气流通过鼻腔出来；l，气流通过口腔从舌头的两边出来。掌握了这个发音要领，可对照下面的图（图 4），多作发音练习。

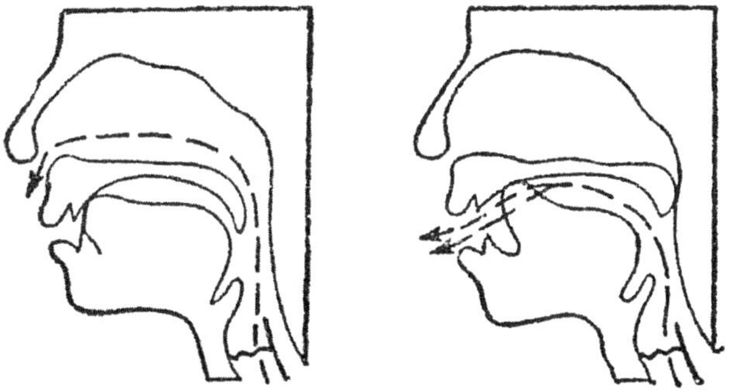

n 的发音　　　　　　l 的发音

图 4

哪些字该念 n 声母，哪些字该念 l 声母，可利用辨音字表对照记忆。从对照中看出，n 声母字比 l 声母字少，同一个韵母的字，有时 n 声母字只有一个，而 l 声母字有六七个到十几个。例如：

女（nǚ）	驴（lǘ），吕侣铝旅屡缕（lǚ），虑滤律率氯绿（lǜ）
奴（nú）努（nǔ）怒（nù）	卢庐炉芦轳颅（lú），卤虏鲁橹（lǔ），路露鹭赂陆碌录绿（绿林）戮鹿麓辘（lù）
囊（náng）	狼郎廊榔螂琅（láng），朗（lǎng），浪（làng）

能（néng）	棱（léng），冷（lěng），愣（lèng）
您（nín）	邻鳞麟林淋琳临霖磷粼辚（lín），凛檩廪（lǐn），吝赁蔺躏（lìn）
暖（nuǎn）	栾滦（luán），卵（luǎn），乱（luàn）

这种情况说明，在 n、l 的辨正中，采取记一边、记少数（记少数几个 n 声母字，剩下的则全是 l 声母字）的方法，是非常有效的。

（四）注意分辨送气音和不送气音

普通话中，p、t、k、q、ch、c 六个是送气音，b、d、g、j、zh、z 是相对应的六个不送气音。有的方言（客、赣）把一部分不送气声母字念成同部位的送气声母。比如把“近（jìn）”的声母念成 q，把“淡（dàn）”的声母念成 t。纠正这种方音，在发音上并不困难，因为方言中送气音和不送气音都有，只要注意把不该念送气声母的字改念成不送气就行。要知道哪些字不该念送气声母，可以从方音和普通话的声调对应关系中找规律。

（1）方言声调是阳上、阳去，普通话声调是去声的字，念不送气音。如：“抱（bào）”“办（bàn）”“惰（duò）”“大（dà）”“柜（guì）”。方言声调是阳平，普通话声调也是阳平的字，仍念送气音。如：“爬（pá）”“葵（kuí）”“盘（pán）”“停（tíng）”。

（2）方言声调是入声，普通话是阳平的字，声母念不送气音。如：“拔（bá）”“别（bié）”“白（bái）”“薄（bó）”“敌（dí）”“读（dú）”“夺（duó）”“直（zhí）”“轴（zhóu）”“杂（zá）”。

下面各组字中，后一个跟前一个字音相同，声母都不送气，声调都是去声。

布—步（bù）	扮—办（bàn）	变—辨（biàn）
订—定（dìng）	妒—度（dù）	寄—技（jì）
句—具（jù）	竟—静（jìng）	注—住（zhù）
镇—阵（zhèn）	众—仲（zhòng）	建—件（jiàn）

（五）注意把浊音改为清音

吴方言和湘方言有一套跟普通话清声母 b、d、g、j、zh、z、s 相对应的浊声母。这些方言区的人学习普通话 b、d 等七个声母，要注意两点。第一，将浊声母改读为同部位的清声母。辨别声母清浊的方法很简单，在发音时按住喉结就可以测出：发清音时，喉结不颤动；发浊音时，喉结颤动。第二，把原读浊声母的平声字改读为送气音，并读阳平；把原读浊声母的仄声字改读为不送气音，并读去声。例如：

方言声母	[b]		[d]		[g]		[dz] [z]	
例　字	牌排（阳平）	败稗（去声）	谈潭（阳平）	淡但（去声）	葵狂（阳平）	柜逛（去声）	才陈（阳平）	在阵（去声）
普通话声母	p	b	t	d	k	g	c ch	z zh

（六）注意把尖音改成团音

有的地区，“精”和“经”、“清”和“轻”、“星”和“兴”，声母有区别，“精、清、星”声母念 z、c、s，“经、轻、兴”声母念 j、q、x。原因在于，这些地区 i、ü 和以 i、ü 开头的韵母既能跟 j、q、x 声母相拼，也能跟 z、c、s 声母相拼。跟 z、c、s 声母相拼的音节叫尖音，跟 j、q、x 声母相拼的音节叫团音。因此，上面的区别也叫分尖团。

普通话只有团音，没有尖音，即 i、ü 和以 i、ü 开头的韵母，只拼 j、q、x，不拼 z、c、s。因此，分尖团的地区要纠正方音，就必须把 i、ü 前的 z、c、s 改为 j、q、x。例如下面每对字，左边的是尖音，右边的是团音，应该把左边的声母改成跟右边的一样，都念 j、q、x。

际—计（jì）　齐—其（qí）　洗—喜（xǐ）　焦—交（jiāo）
笑—孝（xiào）　节—洁（jié）　酒—九（jiǔ）　秋—丘（qiū）
尖—肩（jiān）　千—谦（qiān）　先—掀（xiān）　津—今（jīn）
亲—钦（qīn）　心—欣（xīn）　晶—京（jīng）　姓—幸（xìng）
将—姜（jiāng）　枪—腔（qiāng）　相—香（xiāng）　趋—区（qū）
趣—去（qù）　鹊—确（què）　泉—权（quán）　宣—轩（xuān）

有些地区也分尖团音，但具体读音跟上面不一样。他们是把尖音声母念成舌面前音 j、q、x，团音念成舌面中音 [c]、[cʻ]、[ç]（比 g、k、h 部位前一些）。如果是这种情况，那就应该把上例中右边的 [c]、[cʻ]、[ç] 声母改过来，也念 j、q、x。

思考与练习

一、按发音部位，普通话声母可以分为哪几类？

二、声母的发音方法包括哪几个方面？

三、分别列出普通话中的塞音声母和塞擦音声母，并说明它们的发音特点。

四、清音、浊音根据什么条件来区分？普通话声母中哪些是浊音？

五、据提供的发音部位和发音方法，填上相应的声母：

①舌面、送气、清、塞擦音（ ）

②舌尖中、不送气、清、塞音（ ）

③舌尖后、浊、擦音（ ）

④双唇、浊、鼻音（ ）

⑤舌尖中、浊、边音（ ）

六、写出下面声母的发音部位和发音方法：

①g

②f

③s

④zh

⑤n

七、写出下面一段话中每个字的声母，并按发音部位归纳、排列（相同的声母只列一个）。

江汉平原在长江和汉水之间。万里长江穿出三峡，气势磅礴，在她的身边奔腾而过；三千里汉水从秦岭、巴山间流来，水清沙白，在她的腰际萦回。江汉平原气候温暖，土地肥沃，田畴平展，湿润丰腴。如果把江汉平原比作翡翠盘，并不过分，她几乎是四季葱绿，即使到了深秋初冬，公路两边的绿树未凋，田间的红蓝花草子像春水漫浸。如果把江汉平原比作健美的少女，也并不过誉，她明丽多姿，光彩照人。（《碧野散文选》）

八、写出 n、l 声母字各二十个。

九、写出 zh、ch、sh 声母字各二十个。

第三节　韵　母

【学习提示】

韵母是构成一个音节的主体。学习本节，对教材中发音的分析说明要认真领会，必须准确、熟练地掌握每个韵母的发音。韵母辨正可根据各地方言的不同情况有选择地学习，并可补充辨正的内容。

一、韵母的分类和发音

（一）韵母的分类

韵母主要由元音构成，但韵母并不等于元音。因为有一部分韵母是由元音和鼻辅音构成的，所以，韵母的范围大于元音。

韵母按结构可以分为单韵母、复韵母、鼻韵母三类。

单韵母是由一个元音（单元音）构成的韵母。普通话单韵母有十个：ɑ、o、e、ê、i、u、ü、-i [ɿ]（“思”的韵母）、-i [ʅ]（“诗”的韵母）、er [ɚ]（儿）。

复韵母是由两个或三个元音（复元音）构成的韵母。复韵母共有十三个：ɑi、ei、ɑo、ou、iɑ、ie、uɑ、uo、üe、iɑo、iou、uɑi、uei。

鼻韵母是由元音带鼻尾音构成的韵母。鼻韵母有十六个：ɑn、en、in、ün、iɑn、uɑn、üɑn、uen、ɑng、eng、ong、ing、iɑng、iong、uɑng、ueng。

汉语传统的音韵学把韵母分为“开、齐、合、撮”四呼。这实际上是按韵母开头元音的性质来分类的。韵母的开头不是 i、u、ü，也不是 i、u、ü 作单韵母的，叫开口呼；开头是 i，或 i 作单韵母的，叫齐齿呼；开头是 u，或 u 作单韵母的，叫合口呼；开头是 ü，或 ü 作单韵母的，叫撮口呼。现按四呼将普通话韵母列成下表。

普通话韵母分类表

	开口呼	齐齿呼	合口呼	撮口呼
单韵母	-i [ɿ] [ʅ]	i [i]	u [u]	ü [y]
	ɑ [A]	iɑ [iA]	uɑ [uA]	
	o [o]		uo [uo]	
	e [ɤ]			
	ê [ɛ]	ie [iɛ]		üe [yɛ]
	er [ɚ]			
复韵母	ɑi [ai]		uɑi [uai]	
	ei [ei]		uei [uei]	
	ɑo [ɑu]	iɑo [iɑu]		
	ou [ou]	iou [iou]		
鼻韵母	ɑn [an]	iɑn [iɛn]	uɑn [uan]	üɑn [yɛn]
	en [ən]	in [in]	uen [uən]	ün [yn]
	ɑng [ɑŋ]	iɑng [iɑŋ]	uɑng [uɑŋ]	
	eng [əŋ]	ing [iŋ]	ueng [uəŋ]	
	ong [uŋ]	iong [yŋ]		

（二）韵母的发音

首先要了解构成韵母的主要部分——元音的发音特点。元音的共同特点是发音时声带振动，声音响亮。各个不同的元音是由于不同形状的口腔共鸣器造成的，也就是由于舌头的前伸或后缩，口腔的张开或合拢，嘴唇的展开或拢圆而造成的。发好元音，要从三个方面去控制自己的发音器官。

一是舌头的前后：舌头前伸，舌面前部隆起，发出的音是前元音，如 i；舌头后缩，舌面后部隆起，发出的音是后元音，如 u；舌头不前伸也不后缩，舌面中部隆起，发出的音是央元音，如 ɑ。

二是舌位的高低：舌位的高低和口腔的开闭密切相关。口腔闭，舌位就高，发出的音是高元音，如 i、u、ü；口腔开，舌位就低，发出的音是低元音，如 ɑ。高、低之间还有半高元音，如 o；半低元音，如 ê。

三是嘴唇的圆展：嘴唇向两边展开或呈自然状态，发出的音是不圆唇音，如 i、ɑ；嘴唇拢圆，发出的音是圆唇音，如 o、u。

下面分类说明韵母的发音。

1. 单韵母

单韵母也就是单元音韵母。单元音的特点是，发音的整个过程中，唇形、舌位自始至终不变动（er 的发音较特殊，伴有卷舌动作，后面另有说明）。单韵母又可分为舌面单韵母、舌尖单韵母和卷舌单韵母。

(1) 舌面单韵母 共有 ɑ、o、e、ê、i、u、ü 七个。

ɑ 央、低、不圆唇元音。发 ɑ 时，舌头居中，口大开，嘴唇形状自然，软腭上升关闭鼻腔通道，声带振动。“巴、趴、妈、发、答、他、拿、拉、嘎、卡、哈、渣、插、沙、杂、擦、撒”的韵母都是 ɑ。

o 后、半高、圆唇元音。发 o 时，舌头后缩，舌后部隆起，口微开，嘴唇收拢，略呈圆形，软腭上升，关闭鼻腔通道，声带振动。“喔、波、坡、摸、佛”的韵母都是 o。

e 后、半高、不圆唇元音。发 e 时，舌头后缩跟发 o 一样，只是嘴唇向两边展开，像微笑时一样。“德、特、肋、哥、科、喝、遮、车、奢、热、则、策、色”等的韵母都是 e。

ê 前、半低、不圆唇元音。发 ê 时，舌头前伸，舌尖抵下齿背，舌的前部稍稍隆起，口腔半开，嘴唇向两边展开，软腭上升关闭鼻腔通道，声带振动。表示答应或招呼的叹词“欸”就是这个音。单韵母 ê 只有这一个字。此外，ê 总是跟在 i、ü 后面构成复韵母。

i 前、高、不圆唇元音。发 i 时，舌头前伸，舌尖抵下齿背，舌的前部隆起，口腔开度很小，嘴唇展开呈扁形，软腭上升关闭鼻腔通道，声带振动。“衣、逼、批、瞇、低、梯、呢、梨、机、欺、西”的韵母都是 i。

u 后、高、圆唇元音。发 u 时，舌头后缩，舌尖离开下齿背，舌的后部隆起，口腔合拢，嘴唇收圆，软腭上升关闭鼻腔通道，声带振动。“乌、布、铺、木、督、土、奴、炉、姑、枯、呼、朱、出、书、租、粗、苏”的韵母都是 u。

ü 前、高、圆唇元音。发 ü 时，舌尖前伸跟发 i 一样，不同的是嘴唇拢圆。“迂、居、区、虚、女、旅”的韵母都是 ü。

上述七个舌面单韵母的发音要领，可用下图表示。

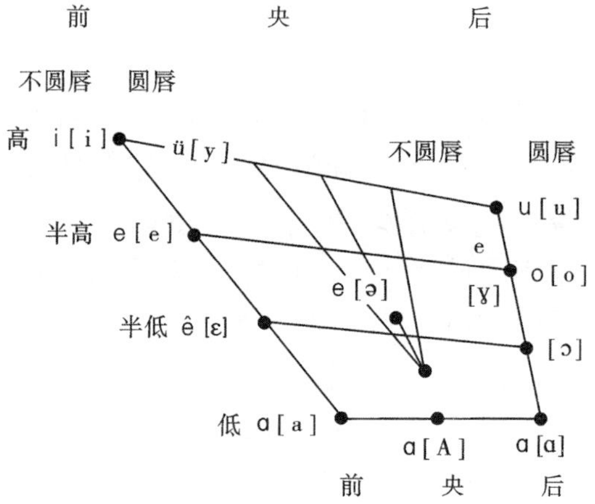

图 5 舌面元音舌位简图

(2) 舌尖单韵母 共有-i [ɿ]、-i [ʅ] 两个。

-i [ɿ] 前、高、不圆唇元音。这是“资、雌、私”的韵母。它总是跟在 z、c、s 后面，从不单独出现，借用 i 的符号，但发音不是 i。发-i [ɿ] 时，舌尖平伸，与上齿背靠近，比发 s 离远一点，口腔开度与 i 一样，嘴唇自然张开，软腭上升，关闭鼻腔通道，声带振动。开始发这个音不易掌握，可以发“思”，把声音拖长，后面的音就是-i [ɿ]。

-i [ʅ] 后、高、不圆唇元音。这是“知、蚩、诗、日”的韵母。它总是跟在 zh、ch、sh、r 后面，从不单独出现，也借用 i 的符号。发-i [ʅ] 时，舌尖翘起靠近软腭，比发 sh 离远一些，嘴唇不圆，口腔开度与发 i 一样，软腭上升，关闭鼻腔通道，声带振动。开始发这个音不易掌握，可以先发“诗”，把声音拖长，后面的音就是-i [ʅ]。

(3) 卷舌单韵母 只有 er 一个。

er 央、中、不圆唇元音。这是用双字母表示的单元音，e 表示发音时舌头的位置，r 表示卷舌的动作。这里的 e［ə］，舌位比舌面单元音 e［ɤ］要靠前一些，是个央元音；口腔也要张开一些。在发 e［ə］的同时，把舌尖往上一卷，就成了 er。它不与辅音声母相拼，总是独立成为一个音节。“儿、耳、尔、二”的读音就是 er。

综合十个单韵母的分类和发音可以列成下表：

单元音韵母分类和发音表

口腔开闭 / 舌位升降 \ 类别	舌面					舌尖		卷舌
舌位前后	前		央	后		前	后	央
唇形	不圆	圆		不圆	圆			
闭（高）	i	ü			u	-i[ɿ]	-i[ʅ]	
半闭（半高）				e	o			
中								er
半开（半低）	ê							
开（低）			ɑ					

2. 复韵母

复韵母是由两个或三个元音复合而成的。

复韵母的发音特点是：第一，从前一个元音到后一个元音，口腔、舌位、唇形都有一个逐渐变动的过程（简称“动程”）。在这个过程中，气流不中断。第二，复韵母的几个元音之间响度和清晰度并不是同等的，其中有一个元音发音清晰响亮，是主要元音，称为韵腹。韵腹一般是舌位较低、开口度较大的音，如 ɑ、o、e。韵腹后面的音是韵尾，它只表示舌位移动的方向，音值不很固定，发得较短较模糊。元音韵尾只有 i、u（ɑo、iɑo 的韵尾 o 是 u 的改写）。韵腹前面的元音是韵头，也称介音。作韵头的是 i、u、ü。三个元音构成的复韵母，才是韵头、韵腹、韵尾齐备。两个元音构成的复韵母，有的缺韵头，有的缺韵尾。根据韵腹所处的位置，复韵母又可分为前响、后响、中响三类。

（1）前响复韵母　共有 ɑi、ei、ɑo、ou 四个，前面的元音清晰响亮，后面的元音模糊。

ɑi 发ɑi时，舌头前伸，口腔大开，发前元音ɑ［a］，然后口腔渐闭，舌位向发i的方向移动，并不发出清晰的i来。“哀、掰、拍、埋、呆、胎、奶、来、该、开、嗨、摘、拆、筛、灾、猜、腮”的韵母都是ɑi。

ei 发ei时，舌头前伸，口腔半闭，发前半高元音e，然后舌位向发i的方向移动，并不发出清晰的i来。“杯、呸、美、飞、内、类、给、黑、贼”的韵母都是ei。

ɑo 发ɑo时，舌头后缩，口腔大开，发后元音ɑ［ɑ］，然后舌位向发u的方向移动，口腔渐闭，并不发出清晰的u来。“熬、包、抛、猫、刀、滔、脑、捞、高、考、薅、招、超、烧、糟、操、骚”的韵母都是ɑo。

ou 发ou时，舌头后缩，口腔比发单元音o稍开一点，嘴唇不那么圆，发稍低的o，然后舌位向发u的方向移动，口腔渐闭，并不发出清晰的u来。“欧、剖、谋、否、兜、偷、搂、沟、抠、厚、周、抽、收、肉、邹、凑、搜”的韵母都是ou。

（2）后响复韵母 共有iɑ、ie、uɑ、uo、üe五个，前面的元音轻短，后面的元音清晰响亮。

iɑ 在单韵母ɑ的前面，发一个轻短的i，就是iɑ。“呀、俩、家、掐、虾”的韵母都是iɑ。

ie 在单韵母ê的前面，发一个轻短的i，就是ie。“叶、跌、贴、捏、列、结、切、些”的韵母都是ie。

uɑ 在单韵母ɑ的前面发一个轻短的u，就是uɑ。“蛙、瓜、夸、抓、刷”的韵母都是uɑ。

uo 在单韵母o的前面发一个轻短的u，就是uo。“窝、多、拖、挪、罗、锅、扩、豁、桌、戳、说、弱、作、撮、梭”的韵母都是uo。

üe 在单韵母ê的前面，发一个轻短的ü，就是üe。“月、虐、掠、决、缺、靴”的韵母都是üe。

（3）中响复韵母 共有iɑo、iou、uɑi、uei四个，中间的元音清晰响亮，后面的元音模糊，前面的元音轻短。

iao 在 ao 的前面发一个轻短的 i，就是 iao。“妖、标、飘、苗、凋、挑、鸟、聊、交、敲、消”的韵母都是 iao。

iou 在 ou 的前面发一个轻短的 i，就是 iou。“悠、谬、丢、妞、溜、赳、丘、休”的韵母都是 iou。(iou 在与声母相拼时写作 iu。)

uai 在 ai 的前面发一个轻短的 u，就是 uai。“歪、乖、快、槐、揣、衰”的韵母都是 uai。

uei 在 ei 的前面发一个轻短的 u，就是 uei。“威、堆、推、归、亏、灰、追、吹、谁、瑞、最、翠、岁”的韵母都是 uei。(uei 在与声母相拼时写作 ui。)

3. 鼻韵母

鼻韵母是由元音带鼻辅音结合而成的。

鼻韵母的发音特点是由元音过渡到鼻音。作韵尾的鼻音有两个：n 和 ng。这两个音的发音部位不同：发 n 时，舌尖抵上齿龈；发 ng 时，舌根抵软腭（像发 g 时一样）。而发音方法是相同的，都是软腭下垂，打开鼻腔通道，气流从鼻腔出来，同时声带振动。练习发 n 时，舌尖不要离开上齿龈；练习发 ng 时，舌根不要离开软腭。

带舌尖鼻音 n 的韵母叫前鼻韵母，带舌根鼻音 ng 的韵母叫后鼻韵母。

(1) 前鼻韵母 共有 an、en、in、ün、ian、üan、uan、uen 八个。这八个韵母的韵尾都是 n。an、en、in、ün 四个韵母，前面的元音是韵腹；ian、üan、uan、uen 四个韵母，中间的元音是韵腹，前面的元音是韵头。

an 发 an 时，舌头前伸，口腔大开，先发前低元音 a［a］，接着舌头上移，舌尖抵住上齿龈，发出纯粹的不除阻的 n。发音完毕才解除阻碍。“安、班、攀、蛮、番、单、滩、难、兰、肝、勘、鼾、沾、缠、然、山、赞、参、三”的韵母都是 an。

en 先发 e，这个 e 比单韵母 e 舌位要前一些，是中央元音［ə］，然后舌尖抵住上齿龈，发出纯粹的不除阻的 n。发音完毕才解除阻碍。“恩、奔、喷、门、分、嫩、根、肯、很、真、晨、深、人、怎、岑、森”的韵母都是 en。

in 先发 i，然后舌尖抵住上齿龈，发出纯粹的不除阻的 n。发音完毕才解除阻碍。“因、宾、拼、民、您、林、今、亲、心”的韵母都是 in。

ün 先发 ü，然后过渡到鼻音 n，舌尖动作与发 in 时相同。“晕、军、裙、勋”的韵母都是 ün。

ian 和 üan 这两个韵母的主要元音 a，由于受前后音的影响，实际音值是 ê。所以，口腔没有 an 中的 a 那么大。ian 先发轻短的 i，然后口腔渐开，舌位低至发 ê 的位置，发出清晰响亮的 ê，再把舌头移向发 n 的位置，发成鼻音。üan 除了开头发一个轻短的 ü 之外，跟 ian 的发音一样。“烟、边、篇、棉、颠、天、拈、连、肩、千、先”的韵母都是 ian。“冤、捐、圈、宣”的韵母都是 üan。

uan 在 an 的前面发一个轻短的 u，就是 uan。“弯、端、湍、暖、峦、官、宽、欢、专、川、拴、软、钻、蹿、酸”的韵母都是 uan。

uen 在 en 的前面发一个轻短的 u，就是 uen。“温、敦、吞、轮、滚、坤、昏、谆、春、顺、润、尊、村、孙”的韵母都是 uen。（uen 在与声母相拼时写作 un。）

（2）后鼻韵母 共有 ang、eng、ong、ing、iang、iong、uang、ueng 八个。这八个鼻韵母的尾音都是 ng。ang、eng、ong、ing 里面的元音是韵腹；iang、iong、uang、ueng 第一个元音是韵头，第二个元音是韵腹。

ang 发 ang 时，舌头后缩，口腔大开，发后低元音 a [ɑ]，声音清晰响亮，然后舌根上升，软腭下降，构成阻碍，发出纯粹的不除阻的 ng。发音完毕才解除阻碍。“昂、帮、旁、忙、芳、当、汤、郎、刚、康、夯、张、昌、商、让、脏、苍、桑”的韵母都是 ang。

eng 先发 e，这个 e 比单元音 e 要前一些，低一些，近似中央元音 e [ə]，然后发纯粹的不除阻的 ng。发音完毕才解除阻碍。“崩、怦、蒙、风、登、腾、能、棱、耕、坑、哼、蒸、称、生、扔、增、层、僧”等字的韵母都是 eng。

ong　先发 o，这个 o 比单韵母 o 口腔稍闭一点。然后发纯粹的不除阻的 ng。发音完毕才解除阻碍。“东、通、农、隆、工、空、轰、中、冲、容、宗、聪、松”的韵母都是 ong。

ing　先发 i，然后发纯粹的不除阻的 ng。发音完毕才解除阻碍。“英、冰、乒、名、丁、停、宁、零、京、轻、兴”的韵母都是 ing。

学习以上 ang、eng、ong、ing 四个韵母的时候，一定要多花些时间练习，把这四个韵母的音发好了，下面的四个韵母就容易学了。

iang　在 ang 的前面发一个轻短的 i，就是 iang。“央、娘、良、江、枪、相”的韵母都是 iang。

iong　在 ong 的前面发一个轻短的 i，就是 iong。“拥、迥、穷、凶”的韵母都是 iong。

uang　在 ang 的前面发一个轻短的 u，就是 uang。“汪、光、筐、荒、庄、窗、双”的韵母都是 uang。

ueng　在 eng 的前面发一个轻短的 u，就是 ueng。ueng 不和辅音声母相拼，只有一个零声母音节。汉字有“翁、瓮”。

二、韵母辨正

方言音系跟普通话音系中的韵母也有不同的地方。韵母辨正就是辨别韵母的差异，纠正方音。就一般情况说，需要注意以下几点。

（一）注意分辨 i-ü

有些方言，如客家话，云南、贵州的大部分地区，广西、湖北的部分地区，没有 ü 韵，把 ü 发成 i；ü 开头的韵母 üe、üan、ün 也都念成 ie、ian、in。于是“遇见”说成“意见”，“确实”说成“切实”，“拳头”说成“前头”，“白云”说成“白银”。湖北麻城等地把所有该念 ü 的音都念成一种舌尖圆唇元音［ʮ］。

要改正这种情况，首先要学会发 ü 的音。ü 和 i 的区别在于 i 不圆唇，ü 圆唇。所以，练习发 ü 时，可以先发 i，然后把嘴唇拢圆就成了 ü。韵母是 ü 的和以 ü 开头的字不多，下功夫可以记住。ü 和 ü 开头的韵母只跟 n、l、j、q、x 声母相拼。因此，别的声母的字不存在 i、ü 相混的情况，这就给我们划定了记字的范围。在记字的过程中，同样可以采取声旁类推的方法。例如：

于（yú） 迂（yū），竽（yú），宇（yǔ），吁芋（yù）

俞（yú） 愉榆（yú），喻谕愈（yù）

吕（lǚ） 侣铝（lǚ）

居（jū） 据锯踞剧（jù）

巨（jù） 拒炬距（jù）

具（jù） 俱惧飓（jù）

有些字，出现频率很高，也不可能类推，那就得单个把它记住，或者组成词来记。例如：

来去（qù） 男女（nǚ） 聚集（jù） 宣传（xuān）

权利（quán） 训练（xùn） 迅速（xùn） 源泉（yuánquán）

比较下面各组词语，念准并记住加“·”的字：

有趣（qù）—有气（qì） 有缘（yuán）—有盐（yán）

预见（yù）—意见（yì） 一圈（quān）—一千（qiān）

效率（lǜ）—效力（lì） 全面（quán）—前面（qián）

名誉（yù）—名义（yì） 拒绝（jùjué）—季节（jìjié）

（二）注意分辨 en-eng、in-ing

在普通话里，鼻韵尾-n、-ng 几乎都是成对的。如 an-ang、ian-iang、uan-uang、en-eng、in-ing、uen-ueng 等。但在方言里，情形很不一样。湖北、四川有 en、in，没有 eng、ing，eng 韵字全部读成 en 韵，ing 韵字全部读成 in 韵。湖北的沙市、潜江连 ang、iang 也没有，都读成 an、ian，造成“糖”“坛”不分，“汤”“滩”不分。西安有-ng 尾韵，没有-n 尾韵，-n 尾韵都读成鼻化元音。湖南也是念成鼻化韵，如 an 念成 ã（“～”表示鼻化），“班、伞、喊”等字就念成 ã 韵；ing 念成 iõ，“饼、平、钉、青”等字就念成 iõ 韵。所以，这些地区的人学习普通话，要注意分辨-n 和-ng，特别是 en 和 eng，in 和 ing。首先要学会发自己方言没有的音，然后要记住哪些字该念-n，哪些字该念-ng。这仍然可以依声旁类推。例如：

朋（péng） 棚硼（péng）；崩（bēng），蹦（bèng）

更（gèng）　更（更正）（gēng），梗埂哽鲠绠（gěng）

成（chéng）　诚城盛（盛饭）（chéng）；盛（shèng）

曾（céng）　蹭（cèng）；僧（sēng）；憎增（zēng），赠（zèng）

丁（dīng）　叮钉（dīng），顶（dǐng），订（dìng）；

　　厅汀（tīng）；宁拧柠咛（níng），泞（nìng）

青（qīng）　清蜻（qīng），情晴（qíng），请（qǐng）

此外，还可以根据声韵配合规律记忆。比如声母 d、t、n、l 跟 en 拼合的只有两个字："扽、嫩"。那么，除了这两个字外，平常把 d、t、n 后面误读成 en 韵母的字，应该都是 eng 韵母字，如"登、灯、等、邓、疼、腾、藤、能、棱、冷、愣"等。声母 d、t、n 跟 in 拼合的只有一个"您"。那么，除这一个字外，平常把 d、t、n 后面误读成 in 韵的字，应该都是 ing 韵字，如"丁、鼎、顶、定、厅、亭、廷、挺、凝、宁、拧、佞"等。

比较下面各组词语，念准加"·"的字：

信服（xìn）—幸福（xìng）　亲生（qīn）—轻声（qīng）

吩咐（fēn）—丰富（fēng）　陈旧（chén）—成就（chéng）

弹词（tán）—搪瓷（táng）　赞颂（zàn）—葬送（zàng）

盐水（yán）—羊水（yáng）　鲜花（xiān）—香花（xiāng）

惋惜（wǎn）—往昔（wǎng）关头（guān）—光头（guāng）

（三）注意分辨 o-uo、an-uan

有些方言，如西南、江淮读韵母为 uo、uan 的字时，常常丢失韵头"u"，把"多（duō）、脱（tuō）、罗（luó）、捉（zhuō）、戳（chuō）、说（shuō）、昨（zuó）、错（cuò）、所（suǒ）"中的复韵母都念成单韵母"o"；把"端方（duānfāng）"念成"单方（dānfāng）"，"团子（tuánzi）"念成"坛子（tánzi）"，"乱用（luànyòng）"念成"滥用（lànyòng）"。

o 跟 uo 比较容易辨别，普通话的单韵母 o 只拼 b、p、m、f，不拼别的声母。所以平常 d、t、n、l、zh、ch、sh、z、c、s 后面的韵母误读成 o 的字，一定是 uo 韵字，大胆地改过来就是了。还要注意，西南方言 g、k、h 后面一部分念 o 韵的，普通话是 e 韵，如“歌、割、个、科、课、喝、和、贺”等。

an 跟 uan 的辨别困难一些，只能采取依声旁类推和记词的办法，uan 韵字不算多，是可以用这种方式把它记熟的。

比较下面各组词语，念准加“·”的字：

大锅（guō）—大哥（gē）　活口（huó）—合口（hé）

担子（dàn）—段子（duàn）　暂时（zàn）—钻石（zuàn）

扯淡（dàn）—扯断（duàn）　山岚（lán）—山峦（luán）

（四）注意分辨单韵母和复韵母

许多方言把复韵母字念成单韵母。比如普通话的 ai 韵母，苏州念［E］（介于［e］和［ɛ］之间的音），上海和湖南湘潭一带念［a］。普通话的 ao 韵母，苏州念［æ］，上海念［ɔ］，湖南湘潭、湘乡一带念［ə］。

要纠正这类读音，主要应学会发好复韵母的音，把自己方言中相对应的这类韵母都改过来。按拼音念准下列词语的韵母：

爱戴（àidài）　买卖（mǎimài）　才来（cáilái）

大海（dàhǎi）　澎湃（péngpài）　色彩（sècǎi）

存在（cúnzài）　百货（bǎihuò）　代号（dàihào）

外贸（wàimào）　改造（gǎizào）　棉袍（miánpáo）

勤劳（qínláo）　热闹（rènào）　老少（lǎoshào）

研讨（yántǎo）　摘抄（zhāichāo）　甘草（gāncǎo）

思考与练习

一、发好一个单元音韵母要注意哪些方面？

二、发准每一个单韵母。指出下列单韵母在发音上的不同。

i—ü　ü—u　o—e　ê—i　-i［ʅ］—-i［ɿ］

三、在所提供的条件后面，填上相应的单韵母。

①舌面、央、低、不圆唇元音（　）

②卷舌、央、中、不圆唇元音（　）

③舌尖、前、高、不圆唇元音（　）

④舌尖、后、高、不圆唇元音（　）

四、分析下列韵母的韵头、韵腹、韵尾。

ai	ün
üe	ong
iou	uan
uei	iang

五、给下面两首律诗注上拼音。

杜少府之任蜀州

王　勃

城阙辅三秦，风烟望五津。
与君离别意，同是宦游人。
海内存知己，天涯若比邻。
无为在歧路，儿女共沾巾。

春夜喜雨

杜　甫

好雨知时节，当春乃发生。
随风潜入夜，润物细无声。
野径云俱黑，江船火独明。
晓看红湿处，花重锦官城。

第四节　声　调

【学习提示】

学习本节，要求在理解声调原理的基础上，熟练地掌握普通话四声的调值，并找出方言调值和普通话调值的对应关系，不同的地方加以改正。

一、声调性质和调值调类

（一）声调的性质

声调是音节的高低升降，是音高的变化。跟声母、韵母一样，声调是区别意义的不可缺少的成分。同样的声母、韵母构成的音节，如果声调不同，词义也就不同。比如：mai 这个音节，它的音高形式如果是从较低降到低再上升到较高，即第三声，则可表示“买（mǎi）”的意义；如果它的音高形式是从高降到低，即第四声，则可表示“卖（mài）”的意义。

声调的高低变化是由声带的松紧决定的。声带绷紧，一定时间内振动的次数多，声音就高；声带放松，一定时间内振动的次数少，声音就低。

声调的变化有两个特点，一是声调的音高是相对的，二是声调的高低升降变化是滑动的，不是跳动的。

（二）调值和调类

调值是声调的实际念法，也就是具体的高低升降形式。汉语大多数方言有四种或五种音高变化形式，有的有六种、七种、八种甚至更多，有的则只有三种。(参见《声调对照表》)

调值的描写采用五度标记法。立一竖标，分为五度，最高为 5，最低为 1，中间分半低、中、半高。平调有的是高平 55（从 5 到 5，以下类推），有的是中平 33，有的是低平 11 或 22；升调有的是低升 13，有的是中升 24，有的是高升 35；降调有的是高降 53 或 51，有的是中降 42 或 31，有的是低降 21；还有曲调，先降后升，或先升后降。这些，都要根据声调的实际念法，仔细比较几种调值，然后才能确定。

调类是声调的分类。同一调值的字，归为一类，有几种调值，就有几个调类。每一类定一个名称，就是调名。调名一般都是沿用古汉语调类的名称。古汉语有“平、上、去、入”四类声调，发展到现代，如果每一类里面分成了两类，那么，古清声母字属阴调类，古浊声母字属阳调类。所以，平声分成两类的，就叫阴平、阳平；上声分成两类的，就叫阴上、阳上；去声分成两类的，就叫阴去、阳去；入声分成两类的，就叫阴入、阳入。

（三）普通话的声调

普通话有四种基本调值，因而有四个调类。这四个调类的调名是：阴平、阳平、上声、去声。它们的调值，用五度标记法来描写，分别是：

第一声　阴平：高平　˥ 55　　如：诗，梯，威，优
第二声　阳平：高升　˧˥ 35　　如：时，题，围，油
第三声　上声：降升　˨˩˦ 214　　如：使，体，伟，有
第四声　去声：高降　˥˩ 51　　如：世，替，卫，幼

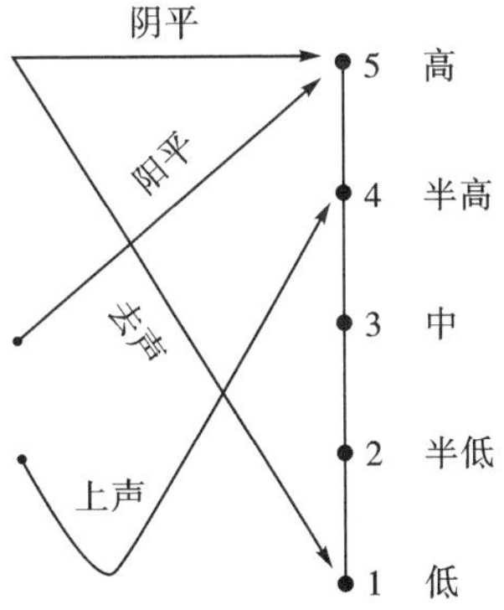

图 6　调值示意图

代表声调的符号叫调号。《汉语拼音方案》规定了四声的调号：ˉ ˊ ˇ ˋ。这实际上是去掉了竖标的调值形式。调号要标在韵腹上。如：

科 kē　　学 xué　　有 yǒu　　用 yòng
身 shēn　　强 qiáng　　体 tǐ　　壮 zhuàng

二、声调辨正

声调辨正就是辨别方言声调和普通话声调的差异，找出二者之间的对应关系，以纠正方音。

方言和普通话声调的对应关系，主要有这三种情况：（1）调类相

同，调值不同。(2) 方言调类多于普通话调类。(3) 入声保留或归并的情况不同。辨正声调，要注意以下三点。

（一）改变调值

方言调值跟普通话调值有同有异，即使是北方方言区也是如此。北方方言区，从沈阳、济南、郑州、太原、西安、兰州、成都、昆明、汉口、南京十个点的调查材料看，除太原、南京外，其他各点调类跟普通话是一致的，都是阴平、阳平、上声、去声四个调类，但调值跟普通话并不完全相同。所以，这些地区的人学习普通话声调，仍然必须按普通话四声的调值来念。

（二）合并调类

普通话只有平声分阴、阳两类，而有六个或六个以上调类的地区，像长沙、南昌、厦门、广州等地，去声也分阴、阳两类："盖、正、占、汉、世"是一类，"共、阵、暂、汗、市"是一类。这些方言区的人应该把这两类合并成一类，把调值念成高降调 51。

（三）记入声字

记入声字是指记入声字在普通话里的念法。古入声字，在普通话里面已经分派到阴、阳、上、去四声里面。可是，有五类或五类以上声调的地区，却保留了入声。某些地区，如太原，四类调是平、上、去、入，也保留了入声。不保留入声的四类调的地区，入声字的分布跟普通话也不一致。像武汉，没有入声，古入声字完全分布在阳平里面。要记住古入声字在普通话里的念法，须掌握古今调类的对应规律。古今调类的对应规律比较复杂，只有一条是特别简明易记的，这就是：方言中鼻音声母 m、n、ng，边音声母 l，浊擦音声母 r，零声母 ø 的入声字，普通话里都念去声。例如：

m　末沫茉漠墨没（沉没）寞（mò）；密蜜秘（mì）；木沐目苜幕牧睦（mù）；麦脉（mài）；灭蔑（miè）

n　纳钠捺呐（nà）；逆溺匿（nì）；聂镊镍孽（niè）；诺（nuò）；虐疟（nüè）

l　乐（lè）；力历立粒笠栗砾沥（lì）；鹿辘录碌陆戮（lù）；

律率（效率）绿（lǜ）；肋（lèi）；烙酪（lào）；列烈裂猎劣（liè）；六（liù）；洛落络骆（luò）；略掠（lüè）

r 热（rè）；日（rì）；肉（ròu）；入褥（rù）；弱若（ruò）

ø 亦邑役疫益逸翼忆亿抑轶（yì）；物勿（wù）；育域浴欲吁玉狱（yù）；轧（yà）；页业叶谒（yè）；药钥（yào）；袜（wà）；握沃（wò）；悦阅月粤越跃乐（yuè）；扼鄂恶鳄遏（è）（“扼”等五个字有的地区声母是 ng。）

这几个声母中有几个入声字例外，要记住：

m 抹布（mā）；抹杀（mǒ）；转弯抹角（mò）；膜（mó）

n 捏（niē）

l 拉（lā）；勒（勒紧）（lēi）；捋（luō）

r 辱（rǔ）

ø 一（yī），乙（yǐ）；屋（wū）；鸭压押（yā）；噎（yē）；挖（wā）；约（yuē）；额（é）

分阴入、阳入的地区，阳入中除上述声母字读去声外，其他的字，普通话读阳平。如“拔、白、笛、敌、及、杂、择、宅、局、食、读、独、碟、合、舌、俗、服”。

绝大多数入声字都分布在单韵母 a、o、e、i、u、ü、-i [ʅ] 和复韵母 ia、ie、üe、uo 里面，其他的复韵母只有极少的入声字，鼻韵母里面根本没有。因此，记入声字的读音要把注意力放在上述的十一个韵母上。记入声字音时，可以同时记一个跟它同音的非入声字。如：“十拾石识食实蚀”跟“时”同音，“室释适饰”跟“世”同音，“麦脉”跟“卖”同音，“百柏”跟“摆”同音，“摘”跟“斋”同音，“勺芍”跟“韶”同音，“角脚”跟“狡”同音等。这样比较容易记住，而且调值也念得准。

声调对照表

方言区	古调类 例字 / 调类和调值 地名	平声		上声			去声		入声				声调数
		天	平	古	老	近	放	大	急	各	六	杂	
北方方言区	普通话（北京）	阴平 55	阳平 35	上声 214		去声 51			入声分别归阴、阳、上、去				4
	南京	阴平 31	阳平 13	上声 22		去声 44			入声 5				5
	汉口	阴平 55	阳平 312	上声 42		去声 35			入声归阳平				4
	济南	阴平 213	阳平 42	上声 55		去声 21			入声分别归阴、阳、去				4
	沈阳	阴平 44	阳平 35	上声 213		去声 41			同上				4
	成都	阴平 44	阳平 41	上声 52		去声 13			入声归阳平				4
	兰州	阴平 53	阳平 31	上声 42		去声 24			入声归去声			归阳平	4
	滦县	平声 11		上声 213		去声 55			入声分别归平、上、去				3
吴方言区	苏州	阴平 44	阳平 13	上声 52	归阳去	阴去 412		阳去 31	阴入 5		阳入 2		7
	绍兴	阴平 41	阳平 15	阴上 55	阳上 22	阴去 44		阳去 31	阴入 5		阳入 32		8
	上海	阴平 54	阳平 24	上声 33		归上声		归阳平	阴入 5		阳入 2		5

续表

方言区	古调类 例字 / 调类和调值 地名	平声		上声		去声			入声				声调数
		天	平	古	老	近	放	大	急	各	六	杂	
湘方言区	长　沙	阴平 33	阳平 13	上声 41		阴去 55		阳去 11	入声 24				6
赣方言区	南　昌	阴平 42	阳平 24	上声 213		阴去 55		阳去 31	入声 5				6
客家方言区	梅　县	阴平 44	阳平 11	上声 31		去声 42			阴入 21		阳入 4		6
闽方言区	福　州	阴平 44	阳平 52	上声 31		阳去 242	阴去 213	阳去 242	阴入 23		阳入 4		7
	厦　门	阴平 55	阳平 24	上声 51		阳去 33	阴去 11	阳去 33	阴入 32		阳入 5		7
粤方言区	广　州	阴平 55/53	阳平 21/11	阴上 35	阳上 13		阴去 33	阳去 22	上阴入 55	下阴入 33	阳入 22		9
	玉　林	阴平 54	阳平 32	阴上 33	阳上 23	阴去 52		阳去 21	上阴入 55	下阴入 33	上阳入 12	下阳入 11	10

思考与练习

一、什么是声调？声调有什么作用？

二、声调是怎样形成的？

三、什么是调值？什么是调类？二者的关系怎样？

四、举个例子说明调类相同、调值不同的情况。

五、按调号念下面的音节，然后给每个音节写上汉字。

yī yí yǐ yì	fēi féi fěi fèi
wū wú wǔ wù	huī huí huǐ huì
yū yú yǔ yù	fān fán fǎn fàn
yā yá yǎ yà	huān huán huǎn huàn
yāo yáo yǎo yào	tāo táo tǎo tào

六、按阴阳上去的顺序念下面的短语。

山河美丽　精神伟大　新型体制

发扬巩固　生活改善　非常广泛

心明眼亮　胸怀广阔　钻研马列

支持改进　阴阳上去　高扬转降

辛勤努力　多读几遍　当然掌握

七、给下面的词语注出声、韵、调。

装置　高速　法律　壮志　告诉　答复　才华

看书　适合　菜花　砍树　博学　敬意　公事

活跃　惊异　共时　熟悉

八、按拼音熟读下面一段话，然后写出汉字。

Rénmín dàhuìtáng kuānchǎng de xiūxi dàtīng li，Liáoníng dàibiǎo Qū Xiào hé jiěfàngjūn dàibiǎo Zhū Bórú，yìwài xiāngféng le。

Tāmen de qīnqiè jiāotán，lìjí yǐnqǐ zhōuwéi dàibiǎo de zhùyì。Yìxiē niánqīng rén fēnfēn wéi le shànglái。Dàjiā suī shì chūcì jiànmiàn，què dōu qīn rú zhìjiāo。

九、拼注下面一段话。

在进行“七五”科技攻关项目时，除要重视大中型骨干企业的作用外，还必须充分发挥高等院校、中国科学院和国防工业系统三个方面的科技实力和优势，形成一支跨部门联合攻关的“国家队”。

第五节　音　节

【学习提示】

汉语音节是声韵调的结合体。本章第二、三、四节是从分析的角度来研究的，本节是从综合的角度来研究的。学习本节，要求能分析音节的构成情况，弄清自己方言和普通话在声韵配合上的异同，熟悉普通话的基本音节，熟练地掌握音节的拼写规则。

一、音节的结构

（一）音节的结构分析

用中国传统的方法来分析，音节一般包括声母、韵母和声调。

声母有两类。一类是辅音声母，如 xìngfú（幸福），这两个音节的声母分别是辅音 x 和 f。一类是零声母，如 ài（爱）、é（鹅），这两个音节的声母都是ø。

韵母由元音或元音加辅音充当。有些韵母，包含韵头、韵腹、韵尾三个部分。

若韵母中只有一个元音，这个元音就是韵腹。若韵母中有两个或三个元音，其中开口度较大、发音较响亮的元音是韵腹，韵腹前面的元音是韵头，又叫介音，韵腹后面的元音是韵尾。

作韵头的只有 i、u、ü 三个元音，作韵腹的有 a、o、e、ê、i、u、ü、-i［ɿ］、-i［ʅ］、er 十个元音。作韵尾的有 i、u（包括 ao、iao 中的 o）两个元音和 n、ng 两个辅音。

每个音节都不能缺少声调，带上声调，音节才能区别意义。

总的说来，音节具有声母、韵头、韵腹、韵尾和声调五个部分。但是这五个部分并不是所有的音节都必须具备的。有的音节只有三个部分，无韵头和韵尾；有的音节缺一个部分，或无韵头，或无韵尾。

现将普通话音节结构的各种类型，列表分析如下。

普通话音节结构表

结构方式 / 音节	声母	韵母			声调
		韵头	韵腹	韵尾	
鹅 é	ø		e		阳平
挖 wā	ø	u	a		阴平
劝 quàn	q	ü	a	n	去声
广 guǎng	g	u	a	ng	上声
楼 lóu	l		o	u	阳平
黑 hēi	h		e	i	阴平
银 yín	ø		i	n	阳平
记 jì	j		i		去声
学 xué	x	ü	ê		阳平

（二）音节结构的特点

从《普通话音节结构表》可以看出，普通话音节结构有以下几个特点：

第一，每个音节都有声母、韵母和声调。

第二，单韵母（除舌尖韵母-i 外）、复韵母和鼻韵母（除 ong 外）都能自成音节，其声母是ø，如 é（鹅）、uā（挖）、ín（银）等。

第三，韵母可以没有韵头、韵尾。

第四，音节中最少须有一个元音音素，最多可有四个音素，包括辅音音素和元音音素。如“啊（a）”，由一个元音音素构成；“广（guǎng）”由四个音素构成，其中 u、a 是两个元音音素，g、ng 是两个辅音音素。

第五，音节里两个或三个元音音素可以连在一起，如 lóu（楼）、iao（腰）；几个辅音音素不能连在一起。辅音音素只出现在音节的开头或末尾，如 quàn（劝），q 在音节的开头作声母，n 在音节的末尾作韵尾。

少数叹词的音节十分特殊：只有辅音，没有元音。例如：

①你以后还这样做不这样做？嗯？

②嗯。我以后一定改正。

③呣！你还闹哇！

④哼！你信他的鬼话！

例①，“嗯”音 n，声调近似阳平，表示疑问。例②，“嗯”音 ng，声调近似去声，表示应答。例③，“呣”音 hm，表示申斥或警告。例④，“哼”音 hng，表示不满或不相信。n 和 ng 都是单辅音，hm 和 hng 都是两个辅音拼合而成的。这些音节都是特殊的音节。

二、声韵的配合

（一）声韵配合的依据

音节是由声母和韵母拼合而成的，但它们的拼合关系不是任意的。哪些声母能跟哪些韵母相拼，不能跟哪些韵母相拼，古今不同，各方言有异，但都是有一定规律的。

声母和韵母的配合依据，从声母看，主要决定于发音部位；从韵母看，主要决定于开、齐、合、撮四呼。一般来说，发音部位相同的声母，跟韵母的配合关系也大多相同。例如普通话中 b、p、m 都是双唇音声母，都能跟开口呼、齐齿呼、合口呼（限于 u）韵母相配合；j、q、x 都是舌面音声母，都能跟齐齿呼、撮口呼韵母相配合。但是，也有一些特殊情况。例如 d、t、n、l 都是舌尖中音，都能跟开口呼、齐齿呼、合口呼配合，n、l 还可以跟撮口呼配合。这些情况说明，某一发音部位的声母能跟某一“呼”的韵母相配，并不意味着能跟这一“呼”的所有的韵母相配；反之，某一“呼”的韵母能跟某一发音部位的声母相配，也并不意味着能跟这一发音部位的所有声母相配。

（二）声韵配合的规律

普通话声母和韵母的配合关系如下表所示。

普通话声韵配合简表

声母 \ 能否拼合 \ 韵母		开口呼	齐齿呼	合口呼	撮口呼
双唇音	b p m	能	能	能（限于 u）	否
唇齿音	f	能	否	能（限于 u）	否
舌尖中音	d t	能	能	能	否
	n l	能	能	能	能
舌根音	g k h	能	否	能	否
舌面音	j q x	否	能	否	能
舌尖后音	zh ch sh r	能	否	能	否
舌尖前音	z c s	能	否	能	否
零	ø	能	能	能	能

从这简表中，可以归纳出普通话声韵配合的主要规律：

1. 开口呼韵母，不与舌面音 j、q、x 相拼，可以与其他各组声母相拼。

2. 齐齿呼韵母，不与唇齿音 f，舌根音 g、k、h，舌尖后音 zh、ch、sh、r，舌尖前音 z、c、s 相拼，可以与其他各组声母相拼。

3. 合口呼韵母，不与舌面音 j、q、x 相拼，可以与其他各组声母相拼；但与唇音 b、p、m、f 相拼的只限于韵母 u。

4. 撮口呼韵母，只与舌尖中音 n、l 和舌面音 j、q、x 相拼，不与其他各组声母相拼。

这里所说声韵不能相拼的，是指某一类声母与某一类韵母全部不能相拼，概无例外；能相拼的，则并非指全部能相拼，而存在特殊情况。例如，一般说来，开口呼能与舌面音以外的声母拼合，但 ê、er 就不能与任何辅音声母拼合，-i 不能与舌尖前、舌尖后以外的辅音声母拼合。

上述四条规律是比较粗略的。普通话二十二个声母和三十九个韵母按照配合规律，可以拼出四百余个基本音节。将这些音节编制成一个《普通话基本音节表》（见下表），可以帮助我们具体地了解每一个音节的拼合情况，掌握普通话声韵配合规律，以矫正方言。

三、音节的拼读

（一）拼读要领

拼读就是把几个音素急速连读，拼合成音节。拼读汉语音节应掌握如下三条要领：

1. 声母要用本音

拼读时，要用声母的本音，而不要用名称音与韵母相拼。例如，以本音 b 和 a 拼读成 ba，而不能以名称音 bo 和 a 拼读成 boa。

2. 要念准韵头

拼读有韵头 i、u、ü 的音节，不要将韵头念得过长，也不要丢失或改变韵头。例如拼 chuāng（窗），如果丢失韵头，就拼成了 chāng（昌）。

3. 声韵之间不要停顿

拼读时，应有一股不间断的气流贯穿于音节的始终。如果不是这样，拼出的音，在听感上就会使人觉得不像是一个音节，倒像是两个音节了。

以上三条要领可以总结为这样一个歌诀："声母在前支好架，韵母在后紧跟它，声韵合成一口气，大胆拼音不会差。"例如 b 跟 a 拼，先闭拢双唇，做好发 b 的架势，紧接着冲出 a 来，从 b 到 a 是一口气，中间不停顿，连贯地念出 ba 音来。

（二）拼读方法

1. 声母和韵母拼读法

这是一般常用的拼读方法，也叫"两拼法"。拼读时将声母和韵母直接相拼，只要声母念得轻短些，韵母念得稍重些，并注意声韵相连，就可以拼出音节。例如：

开 k＋āi→kāi　荒 h＋uāng→huāng

普通话基本音节表①

例字＼韵母＼声母	开口呼											
	-i	a	o	e	ê	ai	ei	ao	ou	an	en	ang
b		ba 巴	bo 玻			bai 掰	bei 杯	bao 包		ban 般	ben 奔	bang 帮
p		pa 趴	po 坡			pai 拍	pei 胚	pao 抛	pou 剖	pan 潘	pen 喷	pang 乓
m		ma 妈	mo 模	me （么）		mai （埋）	mei （眉）	mao 猫	mou （谋）	man （蛮）	men 闷	mang （忙）
f		fa 发	fo （佛）				fei 飞		fou （否）	fan 翻	fen 分	fang 方
d		da 搭		de （得）		dai 呆	dei （得）	dao 刀	dou 兜	dan 单	den （扽）	dang 当
t		ta 他		te （特）		tai 胎		tao 滔	tou 偷	tan 摊		tang 汤
n		na （拿）		ne （讷）		nai （奶）	nei （内）	nao （恼）	nou （耨）	nan （南）	nen （嫩）	nang （囊）
l		la 拉		le （勒）		lai （来）	lei （雷）	lao 捞	lou （楼）	lan （兰）		lang （郎）
g		ga 嘎		ge 哥		gai 该	gei （给）	gao 高	gou 沟	gan 甘	gen 根	gang 刚
k		ka 咖		ke 科		kai 开	kei 剋	kao （考）	kou 抠	kan 刊	ken （肯）	kang 康
h		ha 哈		he 喝		hai （海）	hei 黑	hao 蒿	hou （猴）	han 酣	hen （痕）	hang 夯
j												
q												
x												
zh	zhi 知	zha 渣		zhe 遮		zhai 斋	zhei （这）	zhao 招	zhou 周	zhan 毡	zhen 真	zhang 张
ch	chi 吃	cha 插		che 车		chai 拆		chao 超	chou 抽	chan 搀	chen （陈）	chang 昌
sh	shi 诗	sha 沙		she 奢		shai 筛	shei （谁）	shao 烧	shou 收	shan 山	shen 伸	shang 伤
r	ri （日）			re （热）				rao （绕）	rou （柔）	ran （然）	ren （人）	rang （让）
z	zi 资	za 咂		ze （则）		zai 灾	zei （贼）	zao 遭	zou 邹	zan 簪	zen （怎）	zang 脏
c	ci 疵	ca 擦		ce （策）		cai 猜		cao 操	cou （凑）	can 参	cen （岑）	cang 仓
s	si 私	sa 撒		se （色）		sai 腮		sao 搔	sou 搜	san 三	sen 森	sang 桑
ø		a 啊	o 喔	e （鹅）	ê 欸	ai 哀	ei 欸	ao 熬	ou 欧	an 安	en 恩	ang （昂）

① 表中的汉字没有适当阴平声可用的，选用了其他声调的字，并加括号，以示区别。

续表

例字 韵母 声母	开口呼			齐齿呼									
	eng	ong	er	i	ia	ie	iao	iu	ian	in	iang	ing	iong
b	beng 崩			bi 逼		bie 憋	biao 标		bian 边	bin 滨		bing 冰	
p	peng 烹			pi 批		pie 撇	piao 飘		pian 篇	pin 拼		ping 乒	
m	meng （盟）			mi 迷		mie 咩	miao 喵	miu （谬）	mian （棉）	min （民）		ming （明）	
f	feng 风												
d	deng 登	dong 东		di 低		die 爹	diao 雕	diu 丢	dian 颠			ding 丁	
t	teng （疼）	tong 通		ti 梯		tie 贴	tiao 挑		tian 天			ting 听	
n	neng （能）	nong （农）		ni （泥）		nie 捏	niao （鸟）	niu 妞	nian 拈	nin （您）	niang （娘）	ning （宁）	
l	leng （冷）	long （龙）		li （利）	lia （俩）	lie （列）	liao （辽）	liu 溜	lian （连）	lin （林）	liang （凉）	ling 拎	
g	geng 耕	gong 工											
k	keng 坑	kong 空											
h	heng 哼	hong 轰											
j				ji 基	jia 家	jie 街	jiao 交	jiu 究	jian 坚	jin 今	jiang 江	jing 京	jiong （窘）
q				qi 欺	qia 掐	qie 切	qiao 敲	qiu 秋	qian 千	qin 亲	qiang 腔	qing 清	qiong （穷）
x				xi 希	xia 瞎	xie 些	xiao 消	xiu 休	xian 先	xin 新	xiang 香	xing 兴	xiong 兄
zh	zheng 争	zhong 中											
ch	cheng 称	chong 充											
sh	sheng 生												
r	reng 扔	rong （荣）											
z	zeng 增	zong 宗											
c	ceng （层）	cong 聪											
s	seng 僧	song 松											
ø	eng 鞥		er （儿）	yi 衣	ya 呀	ye 耶	yao 腰	you 优	yan 烟	yin 因	yang 央	ying 英	yong 拥

续表

例字 韵母 / 声母	合口呼									撮口呼			
	u	ua	uo	uai	ui	uan	un	uang	ueng	ü	üe	üan	ün
b	bu （不）												
p	pu 扑												
m	mu （木）												
f	fu 夫												
d	du 督		duo 多		dui 堆	duan 端	dun 蹲						
t	tu 秃		tuo 脱		tui 推	tuan 湍	tun 吞						
n	nu （奴）		nuo （挪）			nuan （暖）				nü （女）	nüe （虐）		
l	lu （炉）		luo （锣）			luan （滦）	lun 抡			lü （驴）	lüe （略）		
g	gu 姑	gua 瓜	guo 锅	guai 乖	gui 规	guan 关	gun （滚）	guang 光					
k	ku 枯	kua 夸	kuo （阔）	kuai （快）	kui 亏	kuan 宽	kun 昆	kuang 筐					
h	hu 呼	hua 花	huo （火）	huai （怀）	hui 灰	huan 欢	hun 婚	huang 荒					
j										ju 居	jue 橛	juan 捐	jun 军
q										qu 区	que 缺	quan 圈	qun 逡
x										xu 虚	xue 靴	xuan 宣	xun 勋
zh	zhu 珠	zhua 抓	zhuo 桌	zhuai 拽	zhui 追	zhuan 专	zhun （准）	zhuang 庄					
ch	chu 初	chua 欻	chuo 戳	chuai 踹	chui 吹	chuan 川	chun 春	chuang 窗					
sh	shu 书	shua 刷	shuo 说	shuai 衰	shui （水）	shuan 栓	shun （顺）	shuang 双					
r	ru （如）		ruo （若）		rui （瑞）	ruan （软）	run （润）						
z	zu 租		zuo （昨）		zui （最）	zuan 钻	zun 尊						
c	cu 粗		cuo 搓		cui 催	cuan 蹿	cun 村						
s	su 苏		suo 蓑		sui 虽	suan 酸	sun 孙						
ø	wu 乌	wa 蛙	wo 窝	wai 歪	wei 威	wan 弯	wen 温	wang 汪	weng 翁	yu 迂	yue 约	yuan 冤	yun 晕

2. 声介合母和韵母拼读法

这种拼读方法也叫“声介合拼法”。拼读时分两步走，先将声母和介音（韵头）拼合成“声介合母”，再将声介合母与韵身（韵母除开韵头后所剩下的部分）拼合成一个音节。这种方法只适于有韵头的音节。例如：

专 zh＋u→zhu＋ān→zhuān　家 j＋i→ji＋ā→jiā

3. 三拼连读法

这种方法也叫“三拼法”。拼读时将声母、韵头、韵身三部分连续不间断地读出，由慢到快，拼合成一个音节。这种方法也只适用于有韵头的音节。例如：

小 x＋i＋ǎo→xiǎo　篆 zh＋u＋àn→zhuàn

以上三种拼读方法各有特点。用第一种方法，念韵母时不须临时进行音素组合，作为一个整体与声母相拼，拼音准确。缺点是需要记住的韵母较多，还须学习所有的拼写规则。用第二、三两种方法可以少记一些带韵头的韵母和一些拼写规则，但由于有的韵母的书写形式与实际发音不一致，可能会引起误拼。例如，ie 中的 e 实际发 ê［ε］，如果用第二或第三种方法拼读，稍一疏忽就会误读为 e［ɤ］。

拼读音节还得确定声调。确定声调的方法有两种：

1. 数调法

数调法是先拼出音节，读第一声，然后再依序数其他调，数到要读的声调为止。如民（mín），先读出音节的第一声 mīn，接着读第二声 mín，即定为 mín（民）。又如 yì（意），先读出音节的第一声 yī，顺序数 yí、yǐ、yì，即定为 yì（意）。

2. 定调法

定调法是先认准韵母的声调，直接用声母跟带调的韵母拼读出音节。如 cháng（长），不经过数调，直接用声母 ch 跟第二声的韵母 áng 相拼，读出音节。又如 dù（度），不经过数调，直接用声母 d 跟第四声的韵母 ù 相拼，读出音节。

四、音节的拼写

(一) 拼写规则

《汉语拼音方案》对普通话音节的拼写有以下一些具体规定：

1. 关于 y、w 的使用

i 行、u 行的韵母自成音节时，如果音节中除了 i、u 之外再没有别的元音，就在音节前面加写 y、w。例如：

i→yi（衣） in→yin（因） ing→ying（英） u→wu（乌）

如果音节中还有别的元音，则将 i 改写作 y，u 改写成 w。例如：

ia→ya（鸦） ie→ye（椰） iong→yong（雍）

uo→wo（窝） uei→wei（威） ueng→weng（翁）

ü 行的韵母自成音节时，一律在音节前面加写 y，并省去 ü 上两点。例如：

ü→yu（迂） üe→yue（约） üan→yuan（冤）

y、w 用在一些零声母音节中，起分隔音节的作用，使音节的界限清楚。例如：

fānyì（翻译），如果不用 y，就可能误为 fāni（发腻）。

shàngwǔ（上午），如果不用 w，就可能误为 shàngǔ（扇骨）。

2. 关于隔音符号（'）的使用

以 a、o、e 开头的音节连接在其他音节后面时，音节的界限可能会发生混淆，这就需要用隔音符号把两个音节隔开。例如：

fang'an（方案），如果不用隔音符号，就可能误成 fangan（反感）。

ji'ang（激昂），如果不用隔音符号，就可能误成 jiang（江）。

现在一般放宽了隔音符号的使用范围。以 a、o、e 开头的音节，只要与前面的音节相连时，不管两个音节的界限是否清楚，都用隔音符号分隔开。例如：

hé'ǎi（和蔼），不写作 héǎi。

hǎi'ōu（海鸥），不写作 hǎiōu。

chāo'é（超额），不写作 chāoé。

以上各词的拼写，加了隔音符号的看起来更加清楚醒目。隔音符号应写在两个音节之间的上方，不可写在下方或中间。但是，按字注音，音节和音节分开，那就用不着加隔音符号。

3. 关于 iou、uei、uen 的省写

iou、uci、ucn 三个韵母自成音节时，按 y、w 的使用规则，分别写作 yōu（优）、wēi（威）、wēn（温）。这三个韵母与辅音声母相拼时，中间的 o、e 省略，省略后发音不变。例如：

q＋iou→qiū（秋）　h＋uei→huī（辉）　c＋uen→cūn（村）

4. 关于 ü 上两点的省略

ü 行韵母与声母 j、q、x 相拼时，ü 上的两点省略，书写成 u。因为普通话中 j、q、x 不能与 u 行韵母相拼，所以 ü 省去两点后不会导致误读。例如：

j＋ǚ→jǔ（举）　q＋üán→quán（全）　x＋üě→xuě（雪）

但是，ü 行韵母与声母 n、l 相拼时，ü 上两点不能省略。因为普通话中，ü 行和 u 行韵母都能与 n、l 相拼，所以 ü 省去两点就会引起意义的混淆。试比较：

nǚ（女）—nǔ（努）　lǚ（旅）—lǔ（鲁）

5. 关于标调方法

声调符号简称调号。调号应标在音节的主要元音（即韵腹）上。例如：

ā（啊）　qiǎo（巧）　zhōng（中）　wèi（卫）

pū（扑）　yú（鱼）

在-iu、-ui 两个韵母中，调号要标在最末的元音 u 或 i 上。例如：

qiú（球）　duì（队）

调号标在 i 上时，i 上的小点儿省去不写。例如：

jī（积）　yíng（迎）　xīn（新）

轻声不标调号。例如：

wǒmen（我们）　wǎnshang（晚上）

6. 关于韵母 ê

e [ɚ] 和 ê [ɛ] 是两个发音不同的韵母。《汉语拼音方案》规定韵母 ê 单用时写作 ê，如“欸”。ê 还可以构成复韵母 iê、üê，但在书写时省掉“ˆ”，写作 ie、üe，发音不变。

7. 关于舌尖韵母-i [ɿ] [ʅ]

舌尖韵母-i 代表两个不同的舌尖韵母：一个是舌尖前韵母-i [ɿ]，不能自成音节，须与舌尖前声母 z、c、s 相拼，如 zi（资）、ci（疵）、si（私）。另一个是舌尖后韵母-i [ʅ]，也不能自成音节，须与舌尖后声母 zh、ch、sh、r 相拼，如 zhi（知）、chi（吃）、shi（诗）、ri（日）。

从字母形体上看，zi、zhi 中的 i 和 mi 中的 i 一样，但发音不会混淆。因为根据普通话声韵配合规律，舌尖前、舌尖后声母不与齐齿呼韵母相拼，其他声母不与舌尖韵母相拼。

因此，i 这一个字母实际代表了 [i]、[ɿ]、[ʅ] 三个不同的元音。

（二）拼写常识

1. 关于“字母表”

《汉语拼音方案》的“字母表”采用的国际通用的二十六个拉丁字母，是汉语拼音使用的所有字母。“字母表”有三个作用：第一，规定了汉语拼音字母的排列顺序；第二，规定了汉语拼音字母的体式；第三，规定了汉语拼音字母的名称。

字母的顺序是完全依照国际通用的习惯排列的。按照此排列顺序，可以编纂音序字典、词典；可以排列人名、地名；还可以编制各种索引，如图书目录索引、产品代号索引、物品分类索引等等。诸如此类的材料，按音序排列，检索非常方便，可以提高工作效率。

字母的体式，既美观又便于书写。

字母的名称是按汉语发音特点并结合国际通用习惯来规定的。二十六个字母中，ɑ、o、e、i、u 五个元音字母的名称与韵母的读音一致；其余二十一个辅音字母大多数是与 ê 相配成音的，少数是与 ɑ 相配成音的，例外的极少，因此很好记。

下面是《汉语拼音字母歌》，学会了字母歌，字母的名称、顺序就都记住了。

汉语拼音字母歌

1=C　4/4

3・ 2 3 1 | 5 6 5 — | 6・5 3 5 | 2 3 2 — |
a b c d e f g, h i j k l m n
a bê cê dê e êf gê ha i jie kê êl êm nê

5 3 5 0 | 1 5 6 0 | 5 6 3 — | 2 3 1 — |
o p q r s t, u v w x y z.
o pê qiu ar ês tê u vê wa xi ya zê

2. 关于大写字母的用途

字母的体式有大写字母和小写字母两种，一般叫“大写”和“小写”。大写字母的用途主要有以下几种：

(1) 一个句子开头的第一个字母，诗词每一行的第一个字母，要用大写。例如：

①Wěidà zǔguó wànsuì!
伟大 祖国 万岁！

②Méilǐng Sān Zhāng（Zhī Sān）
梅岭 三 章 （之 三）

Chén Yì
陈 毅

Tóushēn gémìng jí wéi jiā,
投身 革命 即 为 家，
Xuèyǔ-xīngfēng yīng yǒu yá。
血雨 腥风 应 有 涯。
Qǔyì-chéngrén jīnrì shì,
取义 成仁 今日 事，
Rénjiān biàn zhòng zìyóu huā。
人间 遍 种 自由 花。

(2) 地名中专名和通名分写，第一个字母用大写；低于县、市一级的居民点和习惯上作为整体的小地名、专名和通名连写。例如：

Běijīng Shì（北京市） Húběi Shěng（湖北省）
Cháng Jiāng（长江） Tài Shān（泰山）
Zhōukǒudiàn（周口店） Lǐjiāzhuāng（李家庄）

（3）汉语人名按姓氏和名字分写，每个部分的第一个字母都用大写。笔名、别名等亦按姓名写法处理。例如：

Zhōu Enlái（周恩来） Lǔ Xùn（鲁迅）

（4）国家、团体、组织、单位等的名称，第一个字母用大写；如果是由几个词组成的，每个词的第一个字母都用大写。这样的名称，亦可全部用大写字母，且不标调号。例如：

Zhōngguó / ZHONGGUO（中国） Běijīng Dàxué / BEIJING DAXUE（北京大学）

（5）广告的题目和招牌可以全部用大写字母；报纸杂志的名称、封面上的书名和一篇文章的题目可以全部用大写字母，也可以在每个词的开头用大写字母。例如：

RENMIN RIBAO（人民日报）
Kuángrén Rìjì（狂人日记）

3. 关于移行

文章写到一行末尾，一个词没有写完，需要把其余部分移到下一行，叫作“移行”。移行必须按音节分开，没有写完的词后面加上短横“-”。如果需要移行的地方原来已经有一个短横，就在下一行开头再加上一个短横。

思考与练习

一、列表分析下列音节的结构方式。

快 kuài　红 hóng　闷 mèn　会 huì　饿 è
我 wǒ　酒 jiǔ　壮 zhuàng　爱 ài　知 zhī
基 jī　五 wǔ　好 hǎo　大 dà　优 yōu

二、普通话音节结构有何特点？

三、普通话声韵配合有些什么规律?

四、按四呼写出普通话的全部韵母。

五、下列各音节的拼写都是错误的，请根据普通话声韵配合规律，加以说明并改正。

飞 fī　　风 fōng　　翁 ōng　　家 jā　　叵 puǒ

羡 siàn　　双 xuāng　　确 quó

六、下列各词的拼写都是错误的，请根据拼写规则把它们改正过来。

宣传 xüānchuán	推进 tūijìn	威望 uēiuàng
区域 qūù	落实 lúoshì	雪白 xǚebǎi
延安 iánān	流水 líushǔi	规律 guēilù

七、拼写下列各词。

激荡	辉煌	意见	雄伟	批评
真理	预备	飘扬	群众	音节
温暖	徐迟	老舍	黄河	天津

八、拼读下列各词，并写出汉字。

bìnàn	bǔjiù	cǎoyuán	chǒu'è	còuzú
dìngyì	èrén	fúxīng	gōngjǐ	jiānyìng
shízhōng	tiǎodòng	wǔduàn	yuēshù	zhuōná

第六节　音　变

【学习提示】

上一节是对音节作静态分析，这一节是对音节作动态分析。音节不仅仅是一个静止的、孤立的语音单位。在大多数情况下，都是几个音节相连组合成词、成句，这样就会引起语音的变化。通过这一节的学习，可以了解到语音现象的复杂性，以及它与词汇、语法的联系。

学习本节，应重点掌握上声和“一”“不”的变调，“啊”的变读和儿化，并了解轻声和儿化的作用。

音变是指语音的变化。我们在进行言语活动时，不是一个音节一个音节来念的，而是把音节组成一连串自然的“语流”。在一连串的语流中，音素与音素之间、音节与音节之间、声调与声调之间会互相影响，以致产生语音变化。这种变化就是音变。

普通话的音变现象主要有变调、“啊”的变读和儿化等。

一、声调的变化

变调是相邻音节互相影响而产生的声调变化。孤立地看，单个单个音节只有一个固定的声调，但在语流中，由于几个音节相连，声调会有一些变化。

（一）轻声

1. 什么是轻声

轻声是一种轻短模糊的调子。轻声音节本有一定的声调，只是在特定的场合中，由于音节弱化，致使失去原调，甚至声母或韵母也随之发生变化。例如“大方”的“方”，原调为阴平，调值是˥55，念轻声时是轻短模糊的低调˩1；同时韵母由 ang 变为［əŋ］。

轻声的音高不太固定，它随着前一个音节的声调而改变。具体情况是：轻声在阴平调后，念成轻短的半低调˨2，如“包子”的“子”；在阳平调后，念成轻短的中调˧3，如“房子”的“子”；在上声调后，念成轻短的半高调˦4，如“椅子”的“子”；在去声调后，念成轻短的低调˩1，如“豆子”的“子”。

轻声是一种特殊的变调，并不是四声之外另一种独立的调类，拼写时不标调号。

2. 轻读现象

轻声与词汇、语法有很密切的关系。在普通话里带轻声的词很多，有一定的规律可循。读轻声的现象主要有以下几种：

（1）语气助词，如“吧、吗、呢、啊、嘛、哩、了”等读轻声。例如：

来吧　　是吗　　他呢　　好嘛　　美啊

别这样哩　　我吃饭了

(2) 时态助词和结构助词，如“了、着、过，的、地、得”等读轻声。例如：

读了　读着　读过　我们的学校　我的　卖菜的

彻底地清理　干得出色

(3) 构成名词的虚语素“子、头、巴”等，代词中的“们、么”等读轻声。例如：

桌子　本子　石头　嘴巴

我们　你们　他们　咱们

什么　怎么　这么　那么

(4) 方位词，如“上、下、里、外”等读轻声。例如：

楼上　桌上　地下　乡下

花园里　房间里　门外　校外

(5) 附在动词后边的趋向动词，如“来、去、开、起来、下去、上去”等读轻声。例如：

跑来　跑去　躲开　干起来　说下去　走上去

开过来

(6) 单音节动词重叠后的第二个音节，双音节动词重叠后的第二、第四两个音节读轻声。例如：

看看　试试　听听　讲讲　讨论讨论

(7) 嵌在重叠式动词、形容词中间的“一”或“不”读轻声。例如：

看一看　试一试　来不来　好不好　甜不甜

准确不准确　参加不参加

(8) 部分双音节的单纯词，第二个音节读轻声。例如：

萝卜　葡萄　糊涂　枇杷　伶俐

(9) 叠音名词，后一个音节读轻声。例如：

爸爸　姐姐　姑姑　叔叔　猩猩

(10) 一批普通双音节词，第二个音节习惯上读轻声。例如：

老实　清楚　明白　豆腐　客气　合同

商量　衣服　眼睛　看见　手巾　动静
事情　知道　包袱　头发　打算　亮堂

3. 轻声的作用

轻声在交流思想、表达感情上起着积极作用，恰当地使用轻声能使我们所说的话音调强弱有序，和谐动听。轻声还有区别词性和词义的作用。

有些词，带轻声和不带轻声，词性和词义都不同。例如：

大意dàyi（形容词，疏忽、不注意。）
　　dàyì（名词，主要的意思。）

对头duìtou（名词，仇人、对手。）
　　duìtóu（形容词，合适、正确。）

地道dìdao（形容词，真正的、不含假的。）
　　dìdào（名词，地面下的交通坑道。）

有些词，带轻声和不带轻声，词义不同。例如：

兄弟xiōngdi（名词，专指弟弟。）
　　xiōngdì（名词，指哥哥和弟弟俩。）

东西dōngxi（名词，物品。）
　　dōngxī（名词，东边和西边。）

针线zhēnxian（名词，缝纫活儿。）
　　zhēnxiàn（名词，针和线。）

孙子sūnzi（名词，儿子的儿子。）
　　Sūnzǐ（名词，古代兵法家。）

还有一些词，前一个音节的汉字字形不同、读音相同；念轻声的与不念轻声的，词义不同。例如：

瞎子 xiāzi（失去视觉能力的人。）
虾子 xiāzǐ（虾的卵。）

帘子 liánzi（门帘或窗帘。）
莲子 liánzǐ（莲的果实。）

（二）“一”“七”“八”“不”的变调

“一”“七”“八”的本调都念阴平，“不”的本调念去声。它们的变调要依后一个音节的声调而定。

1. “一”的变调

“一”单用，用在词句末尾或在数词中间时，声调不变，都念阴平。例如：

一　　一百一十一　　第一　　统一

一一握手　　表里如一　　有一说一

在下面三种情况下变调：

(1) 在非去声（阴平、阳平、上声）前念去声。例如：

一天 yì tiān　　一杯 yì bēi　　一双 yì shuāng

一年 yì nián　　一瓶 yì píng　　一条 yì tiáo

一把 yì bǎ　　一笔 yì bǐ　　一朵 yì duǒ

(2) 在去声前念阳平。例如：

一次 yí cì　　一部 yí bù　　一个 yí gè

(3) 嵌在重叠的动词中间念轻声。例如：

说一说 shuō yi shuō　　谈一谈 tán yi tán

走一走 zǒu yi zǒu　　坐一坐 zuò yi zuò

2. “七”“八”的变调

“七”和“八”单用，用在词句末尾，用在数词中间以及用在非去声之前时，声调不变，都念阴平。例如：

七　　八　　第七　　第八　　七百七十七　　一九八六

七夕　　七绝　　七巧板　　八方　　八成　　八股文

在去声之前可以变读，念成阳平。例如：

七个 qí gè　　七次 qí cì

八块 bá kuài　　八件 bá jiàn

3. “不”的变调

“不”单用，用在词句末尾以及用在非去声之前时，声调不变，都念去声。例如：

不，我偏不　　去不？　　不多　　不忙　　不小

“不”在下面两种情况下变调：

(1) 在去声前念阳平。例如：

不去 bú qù　　不干 bú gàn　　不对 bú duì

(2) 嵌在反复问句中间，念轻声。例如：

来不来 lái bu lái　　学习不学习 xuéxí bu xuéxí

好不好 hǎo bu hǎo　　整齐不整齐 zhěngqí bu zhěngqí

(三) 上声的变调

1. 两个上声相连，前一个上声念成近似阳平，调值由˨˩˦214念成˧˦34。例如：

永久 yongjiu　　˨˩˦214˨˩˦214→˧˦34˨˩˦214

好感 haogan　　˨˩˦214˨˩˦214→˧˦34˨˩˦214

党委 dangwei　　˨˩˦214˨˩˦214→˧˦34˨˩˦214

管理 guanli　　˨˩˦214˨˩˦214→˧˦34˨˩˦214

2. 三个上声相连，前边两个上声都念成近似阳平。例如：

洗洗手 xixi shou　　˨˩˦214˨˩˦214˨˩˦214→˧˦34˧˦34˨˩˦214

好领导 hao lingdao　　˨˩˦214˨˩˦214˨˩˦214→˧˦34˧˦34˨˩˦214

如果有四个、五个上声相连，可根据词的搭配意义，适当分成两个音节或三个音节一组，按以上规律变调。例如：

五把 | 铁锁　　产品 | 展览

你把 | 寝室 | 打扫好

3. 上声在非上声（阴平、阳平、去声）之前念“半上”。半上是只降不升的调子，调值是˨˩21。例如：

在阴平前：

普通 putong　　˨˩˦214˥55→˨˩21˥55

北京 beijing　　˨˩˦214˥55→˨˩21˥55

喜欢 xihuan　　˨˩˦214˥55→˨˩21˥55

古书 gushu　　˨˩˦214˥55→˨˩21˥55

在阳平前：

语言 yuyan　　˨˩˦214˧˥35→˨˩21˧˥35

祖国 zuguo　　˨˩˦214˧˥35→˨˩21˧˥35

改革 gaige　　˨˩˦214 ˧˥35→ ˨˩21 ˧˥35

感情 ganqing　　˨˩˦214 ˧˥35→ ˨˩21 ˧˥35

在去声前：

考试 kaoshi　　˨˩˦214 ˥˩51→ ˨˩21 ˥˩51

讨论 taolun　　˨˩˦214 ˥˩51→ ˨˩21 ˥˩51

准备 zhunbei　　˨˩˦214 ˥˩51→ ˨˩21 ˥˩51

可爱 ke'ai　　˨˩˦214 ˥˩51→ ˨˩21 ˥˩51

4. 上声在本调是上声的轻声之前时，变为近似阳平；在本调是非上声的轻声之前时，则变为半上。例如：

打手 dashou　　˨˩˦214 ˨˩˦214 → ˧˦34 ·3

母亲 muqin　　˨˩˦214 ˥55 → ˨˩21 ·4

我们 women　　˨˩˦214 ˧˥35 → ˨˩21 ·4

伙计 huoji　　˨˩˦214 ˥˩51 → ˨˩21 ·4

（四）重叠式形容词的变调

1. 单音节形容词重叠后，第二个音节是阴平的不变，是非阴平的都可以变为阴平。例如：

长长（cháng→chāng）的

满满（mǎn→mān）的

快快（kuài→kuāi）的

2. 单音节形容词的叠音后缀是阴平的不变，是非阴平的可以变为阴平。例如：

热腾腾（téng téng→tēng tēng）的

明晃晃（huǎng huǎng→huāng huāng）的

白亮亮（liàng liàng→liāng liāng）的

3. 双音节形容词重叠后，第二个音节一律变为轻声；第三、四个音节是阴平的不变，是非阴平的可以变为阴平。例如：

轻轻（qīng→qing）松松（sōng sōng）

老老（lǎo→lao）实实（shí shí→shī shī）

清清（qīng→qing）楚楚（chǔ chǔ→chū chū）

最后应说明，变调现象是在口语中自然地发生的，注音读物里一般都标原调，不标变调。

二、音素的变化

（一）语气词“啊”的变读

用在词句末尾的“啊”，常受前面一个音节末尾音素的影响而发生变化；发生音变后，字形亦可根据实际读音写作“呀”“哇”“哪”“啊”。

1. 前一个音节末尾音素是 a、o、e、ê、i、ü 的，“啊”念成 ya，可写作“呀”。例如：

原来是他呀（tā ya）！
事情真多呀（duō ya）！
天气真热呀（rè ya）！
我们上街呀（jiē ya）！
大家注意呀（yì ya）！
好大的雨呀（yǔ ya）！

2. 前一音节末尾音素是 u（包括 ao、iao 的 o）的，“啊”念成 wa，可写作“哇”。例如：

你别发怒哇（nù wa）！
你别挡道哇（dào wa）！
大家快瞧哇（qiáo wa）！

3. 前一音节末尾音素是 n 的，“啊”念成 nā，可写作“哪”。例如：

他真能干哪（gàn na）！
你快开门哪（mén na）！

4. 前一音节末尾音素是 ng 的，“啊”念成 nga，仍写作“啊”。例如：

夜里好静啊（jìng nga）！
跳啊，唱啊（chàng nga）！

前一音节末尾音素是-i［ʅ］的，“啊”念成［za］（［z］是与 s 相

对的浊音)，仍写作“啊”。例如：

谁写的字啊（zì [za]）！

你去一次啊（cì [za]）！

前一音节末尾音素是-i [ʅ] 的，“啊”念成 ra，仍写作“啊”。例如：

我的好同志啊（zhì ra）！

我求你件事啊（shì ra）！

“啊”的音变简表

“啊”前音节末尾音素	“啊”的音变	汉字写法	举　例
a o e ê i ü	ya	呀	妈呀 多呀 喝呀 上街呀 公鸡呀 大鱼呀
u（ao、iao）	wa	哇	好苦哇
n	na	哪	真难哪
ng	nga	啊	想想啊
-i [ɿ]	[za]	啊	一次啊
-i [ʅ]	ra	啊	有事啊

（二）儿化

1. 儿化和儿化韵

卷舌韵母“er”不与声母相拼，单独构成的音节也很少，只有“儿”“而”“耳”“尔”“二”等几个字。卷舌韵母 er 常常附在其他音节的后边，使这个音节的韵母发生音变，增加一个卷舌动作。这种现象叫儿化。儿化后的韵母叫儿化韵。带儿化韵的音节，拼写时只在原音节后加写“r”。例如：“小孩儿”写作 xiǎoháir，“花朵儿”写作 huāduǒr。

2. 儿化的规律

韵母儿化后，读音会发生变化。变化的情况根据韵母的韵腹和韵尾而定。

（1）前一音节的韵腹或韵尾是 ɑ、o、e、ê、u 的，原韵母不变，加上卷舌动作。例如：

小马儿 （mǎ→mǎr）
豆芽儿 （yá→yár）
粉末儿 （mò→mòr）
书桌儿 （zhuō→zhuōr）
山歌儿 （gē→gēr）
小街儿 （jiē→jiēr）
水珠儿 （zhū→zhūr）
衣兜儿 （dōu→dōur）

（2）前一音节的韵尾是 i、n 的，丢去韵尾，主要元音加卷舌动作。例如：

锅盖儿 （gài→gàr）
土块儿 （kuài→kuàr）
心眼儿 （yǎn→yǎr）
手绢儿 （juàn→juàr）

（3）前一音节的韵母是 i、ü 的，韵母不变，加上卷舌韵母 er。例如：

小鸡儿 （jī→jiēr）
玩意儿 （yì→yièr）
金鱼儿 （yú→yuér）
毛驴儿 （lǘ→lüér）

（4）前一音节韵母是-i［ɿ］、-i［ʅ］的，丢掉韵母，加上卷舌韵母 er。例如：

石子儿 （zǐ→zěr）
铁丝儿 （sī→sēr）
树枝儿 （zhī→zhēr）
喜事儿 （shì→shèr）

（5）前一音节韵尾是 ng 的，丢去韵尾，加上卷舌动作，同时韵腹鼻化（鼻化用～表示）。例如：

小王儿　（wáng→wãr）

帮忙儿　（máng→mãr）

天窗儿　（chuāng→chuā̃r）

儿化音变规律简表

前一音节韵腹或韵尾	儿化音变规律	举　例
韵腹或韵尾是 a、o、e、ê、u	不变，加卷舌 r	梅花儿　méihuār 干活儿　gànhuór 木格儿　mùgér 树叶儿　shùyér 篮球儿　lánqiúr
韵尾是 i、n	丢去韵尾 i、n 加 r	土块儿　tǔkuàr 针眼儿　zhēnyǎr
韵母是 i、ü	不变，加卷舌 er	大姨儿　dàyiér 小雨儿　xiǎoyuěr
韵母是-i [ɿ] [ʅ]	丢掉-i [ɿ] [ʅ] 加卷舌 er	瓜子儿　guāzěr 小吃儿　xiǎochēr
韵尾是 ng	丢掉 ng，韵腹鼻化～加 r	帮忙儿　bāngmãr

3. 儿化的作用

（1）区别词义　有一些词，写法相同，儿化和不儿化所表示的意义不同。例如：

头（脑袋）　头儿（领导者、领头人）

眼（眼睛）　眼儿（小窟窿）

信（信件）　信儿（消息）

口（嘴巴）　口儿（裂开的缝隙，开口处）

（2）区别词性　有一些词，写法相同，儿化和不儿化词性不同。儿化后的词多是名词，非儿化的词是动词、形容词或其他类词。例如：

盖（动词） 盖儿（名词）
钉（动词） 钉儿（名词）
画（动词） 画儿（名词）
滚（动词） 滚儿（名词）
尖（形容词） 尖儿（名词）
亮（形容词） 亮儿（名词）
个（量词） 个儿（名词）
块（量词） 块儿（名词）

(3) 有助于表达某种感情色彩　有些词儿化和不儿化，感情色彩不同。有的儿化词表示细小、可爱的意思。试比较："猫"和"小猫儿"，"狗"和"小狗儿"，"金鱼"和"金鱼儿"，"白兔"和"小白兔儿"。儿化词还可以表达一种和蔼、亲切的思想感情。试比较："老头(子)"和"老头儿"，"见面"和"见面儿"，"大姨"和"大姨儿"。

北京话中儿化是一种较普遍的现象，用好了有助于思想感情的表达，但也不能滥用儿化。我们要根据人们使用语言的习惯和实际表达的需要加以选择，不要生造一些儿化词。如："老鹰"不能说成"老鹰儿"，目前北京话儿化词趋于减少。

思考与练习

一、什么是音变现象?

二、普通话音变包括什么内容?

三、什么是轻声？哪些词应读轻声?

四、下面一些词，哪些应该念轻声？用"·"点出来。

头发　前面　他们　成分　点心
聪明　下来　实在　玻璃　镜子
石头　修理　柔和　婆婆　晚上
吃的　用的　时候　将就　太平
容易　寂寞　仿佛　伙计　漂亮

关系　丰富　厉害　快活　学生

五、按“一”“七”“八”“不”的变调规律，给下面的词注音。

①一个　一支　一次　一口　一年　说一是一

②七上八下　七拼八凑　七扭八歪　杂七杂八

③不闻不问　不干不净　不大不小　不说不笑

六、按上声变调规律朗读下列词语。

①体操　指标　苦心　纸张　马车　老师

②旅游　改革　祖国　锦旗　解决　几何

③努力　土地　巩固　柳树　笔记　老汉

④椅子　尾巴　里头　你们　起来　躺下

⑤果品　顶点　影响　辗转　美好　海港

⑥管理所　李指导　小雨雪　蒙古语

七、朗读下列各句，将“啊”的实际读音标记在括号内。

先生，拜托了，谢谢你啊！（　）

你是不是也有妙计啊！（　）

你的歌儿唱得多甜、多美啊！（　）

今天的天气好热啊！（　）

他是你的好朋友啊！（　）

风声、雨声、雷声，好怕啊！（　）

苇子哥，苇子哥你听啊！（　）

他睡得好香啊！（　）

好一个美丽的夜晚啊！（　）

早晨，多么灿烂的阳光啊！（　）

我们快到操场跑跑啊！（　）

这是谁的杂志啊！（　）

八、朗读下面的诗歌，练习发准可以儿化的词。

今天又是星期天儿，

我带着爱人儿和小孩儿，

漫步来到街心花园儿，

这里花儿、草儿真不少，
青枝儿绿叶儿爱死人儿。
小孩儿一边跑着一边儿玩儿，
东边儿西边儿追蝴蝶儿，
小鸟儿不停唱着歌儿，
爱人儿坐着织毛活儿，
我在一边儿看报纸儿，
你看我们小家庭儿，
多么幸福有意思儿，
我的心中乐滋滋儿。

第七节 朗 读

【学习提示】

朗读是学习普通话语音，进行语文教学的重要环节，也是进行宣传教育的有效手段。经常注意朗读训练，可以帮助我们逐渐学好普通话，并提高口头表达能力。

学习本节，要求理解语调的性质和作用，掌握朗读的基本要求和朗读中的语音因素。

朗读是借助语音形式生动、形象地表达作品的思想内容的言语活动，是口头的语言艺术。书面语言是用文字形式静止地把意义反映在书面上，让人们用视觉来理解；朗读则是利用语音各种手段传情达意，让人们用听觉来理解。

朗读在语文教学中的作用十分重要。它是一种良好的教学手段。通过朗读可以帮助学生加深对作品思想内容的理解，使他们的感情与作者发生共鸣，达到教育的目的。同时，朗读又是掌握正确流利的普通话语音，提高口头表达能力的一条重要途径。因此，语文教师应该努力提高朗读修养，认真研究朗读教学。

朗读一篇作品，首先要对作品所表达的思想内容有清楚的了解。如果是故事、小说，必须经过分析、揣摩，抓住中心思想，确定朗读基调；然后，正确使用朗读技巧，使内容和表达形式和谐统一。朗读技巧包括多方面的内容。语调是最基本的朗读技巧。语调的内容主要是停顿和语速，重读和强调，语气和抑扬。

一、停顿和语速

（一）停顿及其作用

停顿是指进行言语活动时，在词语或句子之间声音上的间歇。人们说话和朗读文章，都不是一口气说下去或念下去的，总得在某些地方停顿一下。这样，才可以把所要表达的内容，表达得更清楚、更明白，让听者有一个思考、领会的时间。所以，停顿是人们在进行言语活动中，生理上的需要和语意表达上的需要。例如，下面这样一段话，朗读时中间要有些必要的停顿（“｜”表示短的停顿，“‖”表示稍长的停顿，“‖｜”表示较长的停顿）：

①纷纷扬扬的｜大雪‖下了｜半尺多厚。‖天地间｜雾蒙蒙的｜一片。‖我｜顺着铁路工地｜走了四十多公里，‖只听见各种机器的吼声，‖可是不见人影，‖也不见工点。（杜鹏程《夜走灵官峡》）

朗读这一段叙述，除有标点符号之处需要停顿以外，词语中间也需要时间长短不一的停顿。

句子中或句与句之间也要有长短不一的停顿。例如：

②“啊，‖您找谁？”‖｜

“我找｜你们管文教的｜张处长。”‖｜

“噢，‖他正在会议室｜开会，‖｜您｜等一等。‖｜您｜从哪儿来？‖贵姓？”‖｜

“我｜从广东深圳来。‖姓吴。”‖｜

“好，‖您｜坐一下，‖我一会儿给您｜找去。”‖｜

朗读时，恰当地处理停顿，才显得节奏自然，间歇有序，语意层次分明。

（二）语法停顿和逻辑停顿

停顿按其性质可以分为语法停顿和逻辑停顿。

1. 语法停顿

语法停顿指为反映句子、句群等的结构关系而作的停顿。标点符号是语法停顿的主要标志，段落也可以看作语法停顿的标志。

一般说来，顿号后的停顿最短，逗号后的停顿长一点，分号和冒号后的停顿再长一点，句号、问号、感叹号和省略号后的停顿更长一些。但时间的长短不是绝对的，要根据语言环境和表达的需要，准确、恰当地掌握停顿。例如：

①“你这眼病几年了？” |||

“八年。” |||

“怎么得的？” |||

“恨的！” |||

“为什么事？” |||

“……” |||

段落与段落之间的停顿最长（用“ |||| ”表示）：

②我与父亲不相见已二年余了，我最不能忘记的是他的背影。 ||||

那年冬天，祖母死了，父亲的差使也交卸了，正是祸不单行的日子。我从北京到徐州打算跟着父亲奔丧回家。（朱自清《背影》）

2. 逻辑停顿

逻辑停顿是指在没有标点符号之处，为了强调语意、观点、事情所作的停顿。例如：

③同志们：

中国共产党｜第十二次｜全国代表大会现在开幕。

我们这次｜代表大会的｜主要｜议程有三项：（一）……；（二）……；（三）……。（邓小平《中国共产党第十二次全国代表大会开幕词》）

以上都是在没有标点的地方作了强调停顿。如在“第十二次”之后停顿一下，表示具有历史意义的大会，是“第十二次”不是别的一次会议。

（三）诗歌的停顿

诗歌朗读的停顿，又叫“音步”或“节拍”。朗读诗歌要强调节奏，节奏主要表现在停顿和快慢上。古体五言诗的三个节拍是二二一，即第一、二两个字为一节拍，第三、四两个字为一节拍，第五个字为一节拍；七言诗的三个节拍是二二三，即第一、二两个字为一节拍，第三、四两个字为一节拍，后三个字为一节拍。例如：

①白日｜依山｜尽，
黄河｜入海｜流。
欲穷｜千里｜目，
更上｜一层｜楼。（王之涣《登鹳雀楼》）

②千锤｜万凿｜出深山，
烈火｜焚烧｜若等闲。
粉骨｜碎身｜浑不怕，
要留｜清白｜在人间。（于谦《石灰吟》）

现代诗的节拍停顿，一般也是两个音节一拍或三个音节一拍，有时需根据诗歌的内容和语意的关系而定。例如：

③心口呀｜莫要｜这么｜厉害地跳，
灰尘呀｜莫把｜我眼睛｜挡住了……
手抓｜黄土｜我不放，
紧紧儿｜贴在｜心窝上。（贺敬之《回延安》）

（四）停顿和语速的关系

语速指说话时吐字的快慢。停顿和语速有密切的关系。语速慢，停顿多一些；语速快，停顿少一些。朗读最忌过快、过慢或速度均等。快了，让听者思想跟不上，影响效果；慢了，也让人感到疲劳，听众不耐烦，效果也不会好。最好是朗读的开头采取中速，停顿适当，到情节发展到一定阶段，适当安排疾徐的变化。速度的快慢和停顿的多少是相对的，应该根据作品不同的内容和情节发展来采取不同的快慢形式。如果表现的内容是欢快的、激动的或紧张的，速度要快一些；表现的内容是悲痛的、低沉的或抒情的，速度要慢一些；表现的内容是平铺直叙的，速度采取中等为宜。所以速度的快慢与朗读的内容有直接关系。

二、重读和强调

（一）重读及其规律

重读是指将句子里的某些词语读得比较重的现象。从句子语法结构分析，有的成分需要读得重一些，有的成分可以读得轻一些。

1. 主语和谓语比较，谓语读得重一些。例如：

天气暖和了。

他积极而热情。

2. 动词和宾语比较，宾语读得重一些。例如：

读书

做针线

讨论问题

3. 表性状、程度等的状语和中心语比较，状语读得重一些。例如：

他非常高兴。

您慢慢地走哇。

4. 表结果和程度的补语读得重一些。例如：

我们打赢了。

他说得太好了。

房间布置得美观大方。

5. 疑问代词和指示代词读得重一些。例如：

谁找我呀？

什么东西不见了？

要坚持原则，那样做可不行。

为什么哭？

（二）强调及其作用

强调是指用说得特别重的方法来表示含蓄的意思或感情的一种现象。强调和重读不同。重读是在一般情况下说得重一点；强调是在指定的具体环境中针对某种情况而采取的表达手段，言外含有特别的意思或感情。例如：

①你今天来找我有事儿吗？

我来找你没事儿，玩玩。（一般情况）

②我来找你有事儿！（含有别的意思）

例①表示一般的问话、答话，重读“有”“没”，属于语句的一般重读。例②把答话“有事儿”说得特别重而长，以引起对方注意。强调“有事儿”，事关重大，一定得与对方商量或告诉对方。强调的位置可以在一般重读位置上，也可以随人的主观意图、语言环境、要表达的特殊含义而定。

强调有以下作用：

1. 用来表示一句话的意思着重点之所在。如甲、乙对话：

③甲：星期日我的朋友来，你也来。

乙：好，没事儿的话，我就来。

甲：不，你不来我打电话。

乙：好，我一定来。

甲：一定来啊，一定！

乙：一定！

此段对话的意思着重在后面的“一定”，表示肯定不变，到时赴约。

2. 表示一句话中的意思另有所指。如《燕赵悲歌》第四章中，县委书记李峰与武耕新的对话：

④“我是下级，你们是上级，上级的责任比下级大。”

“这是不正之风，你承认不承认？”

“老天爷很少刮正南风、正北风、正东风、正西风，不是东南风、东北风，就是西南风、西北风，都是不正之风。你县委刮西北风，大赵庄能刮东南风吗？”

此处说西北风、东南风都是不正之风，也就是说县委有不正之风，下边的不正之风来自上边，言外之意批评县委有不正之风。“西北风”和“东南风”都应加以强调。

3. 用于反复，表示加强语势。例如：

⑤韩冬生仍在罢工。夏小丽扯着嗓子轰乘客们下车："坏了坏了坏了，这车坏了不开了，下去下去下去！"（刘心武《公共汽车咏叹调》）

4. 用来表示前后句意思的对比、反衬、递进和转折等。例如：

⑥劳动者不再是在强力的威逼下出苦力，而是主动地以其体力和心志去创造；庄稼人不仅有了粮，有了钱，也有了欢乐和自由；他们不再是偏居一隅的乡民，而且向城市进攻了；……（王兆军《拂晓前的葬礼》）

⑦要谦虚谨慎，不要骄傲自满。

5. 用于对某些事物的夸张。例如：

⑧他的脸白得真吓死人了。

⑨街上的人简直多极了。

⑩这个孩子真是太聪明了。

⑪他跑得真快，一下子就赶上了。

三、语气和抑扬

（一）语气及其作用

语气是人们用以表达感情和态度的声音，也就是俗话说的"口气"。人们的思想感情是丰富而复杂的。像欢乐、愉快、悲伤、沉痛、压抑、沉重、激动、不安、惊讶、绝望、怀疑、感叹等等各种感情，在说话和朗读时，都应采取恰当的语气表达出来。例如：

①周总理，我们的好总理，
你在哪里呵，你在哪里？
你可知道，我们想念你，
——你的人民想念你！（柯岩《周总理，你在哪里？》）

周总理逝世以后，举国上下一片悲痛，人民悲哀地呼唤自己的好总理。此诗表达了发自内心的沉痛、低沉、悲哀之情，宜用较低缓的语气朗读。再看与此感情完全不同的诗歌：

②毛泽东向世界宣布：

中华人民共和国诞生了。
毛泽东向世界宣布：
我们已经站起来了，
我们再也不是一个被人侮辱的民族了。
欢呼呵！歌唱呵！跳舞呵！
…………（何其芳《我们最伟大的节日》）

中国人民经过将近一个世纪的努力奋斗，前仆后继，流血牺牲，在中国共产党的领导下终于取得了伟大胜利，建立了人民共和国，此时，人们激动、兴奋、欢呼，朗读时为了表达这种感情就要用高昂的语调。

（二）抑扬和句调类型

抑扬是表达各种语气的主要方式。“抑”就是句调的下降，“扬”就是句调的上升。“抑扬”就是指说话和朗读时句调的升降变化。

表现语气变化的抑扬有四种基本句调类型：

1. 平调

用平调朗读时，全句没有明显的高低变化，从头至尾句调都是平直舒缓的。平调常用来表达平淡、冷静、严肃的感情，常用于回答、说明、叙述等陈述句式之中。例如：

①这和我没有什么关系。（平淡的）
②你应该做认真的检查。（严肃的）
③这就是你不对了。（冷静的）
④这是一箱子药品。（说明或回答）

2. 升调

用升调朗读时，句调趋于上升，由平向上升高，句末明显上扬。升调常用来表达喜悦、兴奋、号召、惊异等感情，常用于疑问句或感叹句式之中。例如：

⑤你到底是什么态度？↑（疑问）
⑥事情的根由难道你不知道？↑（反问）
⑦我们胜利了！↑（兴奋、喜悦）
⑧啊！你真考上研究生了！↑（惊异）

3. 曲调

用曲调朗读时，句调由高到低，或由低到高，呈曲线形式。曲调常用来表达含蓄、讽刺、意外等感情，常用于感叹句，也用于疑问句式之中。例如：

⑨你真↑是个大英雄啊！↓（讽刺）

⑩他为什么↓今天不上班？↑（意外）

4. 降调

用降调朗读时，句调先平后降，句末明显下降。降调常用来表达命令、请求、劝阻、感叹、肯定等感情，常用于祈使句式之中。例如：

⑪不要说话了！↓（命令）

⑫听话啊，↓孩子！（请求）

⑬别再争论下去了！↓（劝阻）

⑭“四化”一定要实现！↓（肯定）

思考与练习

一、试以下面一句话为例，说明有的语句因停顿的地方不同，表达的意思也就不同。

他们曾经动员杨克、杨洪、冯惠荣等七个孩子的妈妈退职。

二、下面一段文章中，画有波浪线的部分语速有何不同？

这太阳像负着什么重担似的，慢慢儿，一步一步地，努力向上面升起来，到了最后，终于冲破了云霞，完全跳出了海面。那颜色真红得可爱。一刹那间，这深红的东西，忽然发出夺目的光亮，射得人眼睛发痛，同时附近的云也添了光彩。（巴金《海上的日出》）

三、下面两句中重读的词不同，请说明表达的意思有何不同。

①我想起来了。

②我想起来了。

四、根据括号内所要表达的意思，朗读下列各句，并说明哪些词应该强调。

①他会骑自行车。(回答问题：他真的会骑自行车吗?)

②他会骑自行车。(告诉别人：他不会修自行车。)

③他会骑自行车。(告诉别人：他不会骑摩托车。)

④他会骑自行车。(回答问题：谁会骑自行车?)

五、按括号内所要表示的语气，朗读下列各句，并说明“啊”的字调变化的情况和全句的句调所属的类型。

①啊，啊。是的，是的。(表示听懂了对方的话，或表示同意、认可。)

②啊? 什么? 什么?(表示疑问。)

③啊?! 这可怪了!(表示惊疑，有出乎意料之外的神情。)

④啊，怪不得呢!(表示完全了解，有恍然大悟的神情。)

六、声调和句调有什么区别?

第三章 现代汉语词汇

第一节 概 说

【学习提示】

学习这一节，要求掌握语素、词、词汇等基本概念，并划清语素、词和字的界限。明确语素的概念，有助于理解词的构成材料和词义构成的基础。明确词的概念，有助于学习词的结构，理解词的意义，避免任意拆词和生造词语。

学习这一节，还要求了解词汇规范化的原则。词汇规范化，是把普通话词汇中存在的混乱现象清除掉，绝不是把一切都规定得死死的。词汇方面一切有差别的语言形式，都必须保存下来，以丰富语言的表达手段。因此，词汇规范化不但不会妨碍词汇的发展，反而会使普通话的词汇不断朝着纯洁和健康的方向发展。

一、词和词汇

(一) 词

词是最小的能够独立运用的语言单位。例如：

①夕阳｜把｜草原｜映｜得｜更加｜光辉｜灿烂。(刘坚《草地晚餐》)

这句话可以分成八个单位，每个单位都是能够独立运用的最小的意义单位。它们都是词。

所谓“能够独立运用”，是指词这种单位本身具有一定的语法功能，可以独立地自由地用来造句，或者充当句子成分，或者表示词与词之间的结构关系，或者表示句子的语气。例如：

②我用什么方法来报答母亲的深恩呢？（朱德《母亲的回忆》）

③她永远想念着我……（同上）

④我家是佃农。（同上）

“我”这个词能作句子的某些成分，在例②中作主语，在例③中作宾语，在例④中作定语。例②中，“的”这个词表示“母亲”和“深恩”是偏正关系；“呢”这个词表示全句是疑问语气。

所谓“最小的”“语言单位”，是指词这种单位本身就是一个整体，表示一定的意义（包括词汇意义和语法意义），不能再分解。

首先，如“把”“映”“得”等单音节词的本身不能分解；“灿烂”“菠萝”“菩萨”等双音节词，也不能再分解成两个有意义的造句单位。

其次，如“夕阳”“草原”“光辉”“语言”“人民”“朋友”“游泳”等等，虽然是由两个有意义的部分构成的，但分解后至少有一部分不能自由地用来造句。在现代汉语里，“夕”“阳”“原”“辉”“语”“言”“民”“朋”“泳”等，除了在一些文言格式或某些列举、对举等特殊格式里还能独立运用之外，一般情况下是不能像“夕阳”“草原”“语言”等单位那样独立而自由地运用的。

再次，如“黑板”“江山”“败坏”“吃香”“心疼”“千万”等等，虽然可以分解成两个有意义的单位，而且都能够独立地自由地运用，可是，整个词的意义并不等于这两个部分的意义的简单相加。例如，“黑板”不等于“黑”加“板”，“江山”不等于“江”加“山”，“败坏”不等于“败”加“坏”……这些词的两个部分的组合，跟词与词的组合，如“小｜黑板”“江山｜秀丽”“败坏｜名誉”等，性质是不同的。因此，从这个角度看，它们还是不能分解成更小的能够独立运用的单位的。

此外，还有一种情况，如“布鞋”“猪肉”“笔谈”“生长”“雪白”“冰凉”等等，都可以分解成有意义的能够独立运用的单位，而且整体的意义基本上是两个部分的意义的复合，但我们仍然把它们看作是一个一个词，而不是两个词的组合。这是因为它们长期地、经常地作为一个单位来使用，在结构上具有相对的凝固性，在意义上具有相对的整体性。因此，从这个角度看，它们还是用来造句的最小的语言单位。

（二）词汇

词汇是一种语言里所有使用的词的总汇。例如“汉语词汇”“英语词汇”“日语词汇”等，就是指汉语、英语、日语等所使用的词的总和。另外，某个局部范围内词的总和，也可以叫作词汇。例如“古代汉语词汇”“现代汉语词汇”分别指古代汉语、现代汉语的词的总汇；“北京语词汇”“武汉语词汇”等，是指各个方言中所有的词的总汇；“鲁迅的词汇”“《茅盾文集》的词汇”等，是指一个人或一部著作所使用的词的总汇。总之，词汇指词的集合体，单个的词不能称作词汇。

在现代汉语里，词汇这个术语还包括作用相当于词的熟语——成语、惯用语、歇后语、谚语等。

词汇是语言的建筑材料。词汇丰富是语言发达的一个极为重要的标志。汉语是世界上最发达的语言之一，汉语的词汇是非常丰富多彩的。现代汉语是从古代汉语、近代汉语发展而来的。它在漫长的历史进程中，逐渐充实和积累了大量的词汇，在《现代汉语词典》这样一部中型词典中，就收词、熟语等五万六千余条。词汇的丰富为使用这种语言反映纷繁的事物和现象的人们提供了丰富的语言材料。就一个人来说，他所掌握的词汇越丰富，驾驭语言的能力就越强，思想感情的表达就越精确生动。因此，不断地努力扩充自己的词汇量是学好语言的一个重要前提。

以语言的词汇为研究对象的科学是词汇学，属于语言学的一个部门。研究各种语言词汇的共同规律的，叫“普通词汇学”；研究词汇的起源和发展历史的，叫“历史词汇学”；研究某种语言的某个时期的词汇系统的，叫“描写词汇学”。现代汉语词汇学属于描写词汇学，是以汉语普通话词汇作为研究对象的。本章所介绍的词汇学知识，主要包括词的构造、词义的性质及其联系、词汇的构成发展及其规范等。

（三）词汇规范化

汉语词汇规范化是汉语规范化的一个组成部分。汉语词汇跟其他语言的词汇一样，差不多是处在不断改变的状态中的。它的不断改变是有其内部发展规律的。词汇的规范化，就是按照词汇内部发展规律进行人为调节，引导词汇向更完善、更精确、更丰富的方向发展。

普通话词汇规范化的标准是以北方方言为基础方言、以北京话的词汇为核心。北方方言区域十分辽阔，这个大方言区又包括若干个次方言区，各次方言区使用的词汇也是不统一的。我们必须选择其中的一个次方言区作为词汇规范的核心。这个核心就是北京话的词汇。

词汇规范化有三个主要原则。

第一是普遍性原则，即把一般普遍应用的或使用频率较高的词吸收到普通话词汇中来。语言中的词愈是经常地普遍地在口头和书面上得到应用，它的意义就愈能为大多数人所了解。把这样的词全部吸收，作为普通话词汇，普通话才能成为全民共同理解、共同使用的交际工具。普通话词汇吸收那些在现实中普遍使用的或有普遍使用趋势的方言词、古语词和外来词，而舍弃那些过于土俗的方言词、陈旧冷僻的古语词和只在个别地区使用的外来词。

简缩词语造成新词也要遵循普遍性原则。“劳动模范”可以简缩成“劳模”，结构跟它相同的“战斗英雄”却不能简缩成“战英”；“历史、地理”可以简缩成“史地”，而不能简缩成“历地”“历理”或“史理”。因为“劳模”“史地”长期沿用，已成习惯，所以为普通话所吸收。

第二是需要的原则，即把能反映当前社会的发展，能适应语言表达上的需要的词吸收到普通话中来。词汇规范化不是让词汇变得简单、单调，相反地是要让它更丰富多样。某些方言词可以表示某种特殊意义，而在普通话中没有适当的词可以代替，或者即使代替也有细微的差别；某些古语词今天可以用来表示庄严或讽刺的意味；某些外来词是我们语言里没有的而又对我们适用的东西。这些，普通话都应吸收进来。至于在普通话词汇中没有必要存在的词（比如有人不说“行”或“好”，而说“喔开”），则应予以排斥。

拆离词语也要遵循需要的原则。把某些联合关系的合成词当作动宾关系的合成词拆开使用，主要就是出于表达上的需要。例如：

鞠躬——鞠了三个躬

洗澡——洗了一个冷水澡

游泳——游蛙泳

如果不拆开使用，要表达同样的意思，有的就不顺口，有的要使用更多的词语，有的则显得不贴切。比方“我喜欢游蛙泳”并不一定就是“我喜欢蛙式游泳”，前一句指自己游，后一句不一定指自己游。若无特殊需要而随意拆离合成词，那就是不合规范的用法。

第三是意义明确的原则，即选择意义明确的、已经为全民所了解或容易为全民所了解的词作普通话的词。无论在口头或在书面，我们用词造句都是为了表情达意，并让别人理解。要让别人理解，所用的词必须是意义明确的。普通话舍弃了那些含义模糊的方言词、晦涩费解的古语词和一些音译的外来词。例如，不取方言词“车船”“火水”，而取“轮船”“汽油”；不取古语词“昧爽”，而取“拂晓”；不取音译词“德莫克拉西”“烟士披利纯”，而取意译词“民主”“灵感”。

整理异体词也要遵循意义明确的原则。例如，用“畅谈”，不用“鬯谈”；用“淡泊”，不用“澹泊”；用“拔苗助长”，不用“揠苗助长”；用“屡戒不改”，不用“屡戒不悛”。

简缩词语同样要遵循意义明确的原则。例如，“投入生产”可以简缩成“投产”；如果简缩成“投生”，就有可能使人误解为“投胎”之意。

上述三个原则不是孤立的，而是互有联系的。只有全面地应用于规范工作中，才能得到真正规范的普通话词汇。

二、语 素

（一）语素及其分类

1. 什么是语素

语素是最小的语音语义结合体，是构成词的语言单位。例如：

草＋原→草原　学＋习→学习

玻璃＋钢→玻璃钢　葡萄＋干→葡萄干

“草”“原”“学”“习”“玻璃”“钢”“葡萄”“干”，每个单位都有一定的读音，有一定的意义，音义紧密结合成一个整体，成为一个语素。“草”

和“原”是构成“草原”一词的两个语素，“玻璃”和“钢”是构成“玻璃钢”一词的两个语素……“玻璃”不能拆开成两个语素，因为拆开以后，“玻”或“璃”都只能表示读音而不能表示明确的意义了。它只有合起来念作 bōli，才表示“一种质地硬而脆的透明物体”这个意义。它还可以和别的语素一起构成别的词，如“玻璃丝”“玻璃粉”“玻璃砖”“玻璃纤维”等。同理，“葡萄”也是一个语素而不是两个语素。

由此可见，辨别一个语言单位是不是语素，不是看音节的多少，主要看它是不是一个不可再分割的整体，是不是具有明确意义的现成的构词材料。

2. 语素的分类

语素可以从不同的角度分类。根据音节的多少，语素可以分为单音节语素和多音节语素，根据意义的实虚，可以分为实语素和虚语素。

(1) 单音节语素和多音节语素

单音节语素是由一个音节表示的语素。例如：

闭　吃　路　封　落　鞭　耻　道

善　椅　骨　初　阿　第　者　性

个别单音节，不是单语素。这种单音节主要有两类：一类是儿化词，如“画儿（huàr）”“玩儿（wánr）”“亮儿（liàngr）”等；一类是几个带方言色彩的词，如“甭（béng，不用）”“俩（liǎ，两个）”“仨（sā，三个）”等。

多音节语素是由两个或两个以上的音节表示的语素。例如：

伶俐　嘀咕　凡士林　托拉斯　奥林匹克

歇斯底里　布尔什维克　英特耐雄耐尔

汉语语素一直是以单音节为主的。单音节语素在汉语语素的总数中占绝对的优势，同时又有极强的构词能力，可以繁衍出成千成万的词语。《新华字典》收单字一万一千左右，据粗略统计，其中的 97.8% 都是单音节语素，都可以跟别的语素组合成许多新的词语。多音节语素数量少，有的根本没有构词能力，有的构词能力有限，一般只跟一些表示类属意义的语素组合。例如：“柠檬汁”“沙发床”“巧克力豆”

“奥林匹克村”等。

按音节对语素分类，我们可以看出汉语语素的一个重要特点，就是单音节语素是汉语语素的基本形式。多音节语素在汉语中没有发展的趋势，相反，还有萎缩的趋势。

(2) 实语素和虚语素

实语素是意义比较实在的语素，虚语素是意义不太实在的语素。多音节语素基本上都是实语素；单音节语素中绝大多数都是实语素，极少数是虚语素。

实语素还可以分成两类：独用语素和非独用语素。前者既能单独成词，又能跟别的语素结合构词；后者不能单独成词，只能跟别的语素结合起来构词。例如："白"和"菜"是两个独用语素，合起来成为"白菜"一个词。"语"和"言"是两个非独用语素，合起来构成"语言"一个词。"人"是一个独用语素，"民"是一个非独用语素，合起来构成"人民"一词。"人"和"民"还可以用在别的语素前后，构成许多新词，如：

人	人才	人格	人口	人生	人文	人造
	爱人	老人	工人	黑人	亲人	主人
民	民兵	民歌	民警	民情	民俗	民意
	公民	国民	居民	回民	农民	侨民

现代汉语中的大部分非独用语素在古代汉语中都是作为词独立使用的，现在一般不单独成词，只在一些文言成语中还保留独用语素的资格。例如，现代汉语中"目""睛"不能单独成词，只能作"目击""目光""耳目""眼睛"等的构词成分，但在"目不转睛""目空一切""历历在目""画龙点睛""火眼金睛"等文言成语中，则是独立作词使用的。

虚语素也可以分为独用语素和非独用语素两类。虚语素中的独用语素就是语法学中讲的虚词，如"的""地""着""吗"等等；虚语素中的非独用语素，按其在构词时所处位置的前后，可以分为前加虚语素和后加虚语素。

前加虚语素是构词时用在别的语素之前的，数量不多，常见的有"老（老虎、老乡）""阿（阿姨、阿哥）""第（第一、第二）""初（初

三、初十)”“可（可怜、可恨)”等。

后加虚语素是构词时用在别的语素之后的，数量多一些，常见的有“子（桌子、鼻子)”“儿（刀儿、门儿)”“头（石头、苗头)”“员（教员、演员)”“者（编者、读者)”“性（党性、硬性)”“式（老式、新式)”“手（选手、助手)”“家（作家、画家)”“师（厨师、技师)”“化（简化、绿化)”“度（强度、热度)”“然（显然、突然)”“气（神气、土气)”等等。还有一种叠音虚语素也属于后加虚语素，如“吞吞（慢吞吞)”“乎乎（热乎乎)”“油油（绿油油)”等等。

虚语素中有的从来就是虚语素，有的是由实语素发展演变而成的。例如：“老”，初期意义比较实在，表示年老或年长，如《史记·孟子荀卿列传》：“田骈之属皆已死，齐襄王时，而荀卿最为老师。”（意思是：田骈一批人已经死了，齐襄王时，荀卿是最年长的学者。）后来，“老”的意义逐渐虚化，姓氏前可以加“老”，如唐代白居易诗“常被老元偷格律”，“老元”即指元稹；动物名前也可以加“老”，如唐代朱揆《谐噱录》“大虫老鼠，俱为十二属”。“老”便渐渐虚化成前加虚语素，“老师”凝固成词，泛指教授学生的人。实、虚又是可以临时转化的。有的语素，在一般情况下是虚语素，在特殊场合是实语素。例如“你是党员，我也是党组织中的一员”，前一个“员”是虚语素，后一个“员”是实语素。

按意义的实虚对语素分类，我们可以看出汉语构词上的一个基本特点，就是：汉语语素中，实语素是大量存在的，在语言中异常活跃，构词能力强，位置灵活，比较自由；虚语素为数不多，可以列举，非独用虚语素构词时位置比较固定，或者在前，或者在后，是不自由的。

（二）字、词和语素

字、词、语素三者之间既有区别又有联系。

先谈字同词和语素的关系。字是记录语言的符号，是书写单位；词和语素是语言中的意义单位。文字本身是随语言的发展而蕃衍的，如由“知”滋生出“痴”“智”“蜘”等等。这些滋生出来的字，记录的可能是语言中的词，如“痴”；可能是语素，如“智”；也可能只是一个音节，如“蜘”。当某个字记录的是一个音义结合的单位时，这个字同时也是词或语素。这个字如果能独立造句，就是词；如果不能独立造句，就是语素。当某个字记录的是一个有音无义的单位时，这个字就仅仅是一个记录音节的形体单位而已。

汉字同语素或词不完全是一一对应的。有时，同一个汉字可以代表几个词或语素，如“服”字在“服过药”“服了你”中是词，在“便服”中是语素。有时，几个汉字表示一个词或语素，如“蜘蛛”“巧克力”是分别由两个、三个字组成的词，“乌鲁木齐市”中的“乌鲁木齐”是由四个字组成的语素。

再谈词和语素的关系。词和语素都是音义结合的语言单位，但它们的组织功能不同。词是构成短语或句子的要素，语素是构成词或熟语的要素。独用语素在单用作短语成分或句子成分时是词，在不单用而作构词成分时是语素。非独用语素一般场合不允许单用，在特殊条件下能单用，单用的时候是词。例如：

举　例	一般情况	特殊情况
民	民房　人民	党、政、军、民、学（列举格式）
言、语	言语　语言	你一言，我一语（熟语）
叶	叶子　树叶	根、茎、叶（植物学）
时	时候（口头）	时（书面）

词和语素的表义特点也不相同。词表示的意义比较确定，语素表示的意义则比较宽泛。例如“习作”“习用”“恶习”这些词的含义都是十分明确的；其中“习”这个语素如果呈游离状态，就有“练习”“经常地”“习惯”等多种含义。只有在“习”同别的语素构成合成词时，它的意义才能明确地固定下来。

字、词和语素三者之间的关系，可以用下表来表示：

<table>
<tr><th>性　质</th><th colspan="4">举　　例</th></tr>
<tr><td>字</td><td rowspan="2">伟</td><td rowspan="3">人</td><td>枇</td><td>杷</td></tr>
<tr><td>语素</td><td colspan="2" rowspan="2">枇杷</td></tr>
<tr><td>词</td><td>伟人</td></tr>
</table>

思考与练习

一、谈谈词汇规范化的标准和原则。

二、用“|”将下列句子中的语素划分开。

①经过了一段崎岖的山路以后，便在我们面前敞开了一片广阔的原野，一片用望远镜都看不到边际的原野，这就是古之所谓塞外。

②关于这一点，从呼和浩特和包头这两个蒙古语的地名可以得到说明。呼和浩特，蒙古语意思是青色的城；包头的意思是有鹿的地方。

③他触目伤怀，自然情不能自已。

三、举例说明实语素中的独用语素与虚语素中的独用语素的异同。

四、想一想：为什么汉语语素中单音节语素会占绝对优势?

五、下面各例中的“字”的含义有无不同?

①你这个字写错了。

②这句话中这个字用得不妥当，换个字好不好?

③文从字顺各识职。(韩愈诗句)

六、请运用语素知识说明下面两句诗中的毛病。

①猛听一声报，音调这么嘹。

③扎穿一个敌人喉。

第二节　词的构成

【学习提示】

学习这一节，要求能够分辨单纯词和合成词，掌握多音节单纯词的表义特点，能分析合成词的构成方式。要正确分析合成词由何种方式构成，关键是理解合成词内部语素之间的意义关系。

“离合词”是介于词和短语之间的一种特殊的语言单位。这类词虽然能够扩展，但是这种扩展是有限的、不自由的，不能任意类推。我们在学习和运用的时候，要注意区分离合词和一般的词，如果把一般的词任意扩展，就会犯语法错误。

一、单音词和复音词

（一）单音词

每个词都有它的语音形式，从音节的多少着眼，词可以分为单音词和复音词。单音词是由一个音节构成的词，在书面上就是一个汉字，如“山”“书”“看”“吹”“白”“高”等等。

古代汉语是以单音词为主的，我们从古典文献中可以清楚地看出这个特点。现代汉语里，创造新词很少采用单音节形式。

（二）复音词

复音词又叫多音节词，是由两个或两个以上的音节构成的，在书面上就写成两个或两个以上的汉字，如“建设”“教育”“机械化”“菠萝蜜”“香蕉苹果”“社会主义”“捷克斯洛伐克”等等。

现代汉语中占绝对优势的是由两个音节构成的双音词。从词汇的发展历史看，汉语的词有一种很明显的双音化的趋势，即把单音节的扩充为双音节的，把超过两个音节的压缩成双音节的。这是汉语发展的内部规律之一。汉语的词向双音化发展主要有以下几个原因：

第一，为了区分同音词。由于汉语语音的演变，很多古代不同音的词到现代都变成同音的了，这就会引起歧义。例如“工”“公”“躬”“宫”“供”等读音相同，在口语里容易相混，扩充为双音节的“工作”“公正”“躬身”“宫殿”“供应”等，才便于互相区别。

第二，为了使多义词词义明确。例如：单音节的“土”意义宽泛，加上一个语素后就成了双音节的“泥土”“尘土”“土地”“国土”“乡土”等等；单音节的“深”意义宽泛，加上一个语素后就成了双音节的“深厚”“深远”“深长”“深刻”“深入”“深奥”等等。所加的语素限定了“土”和“深”的词义，使之意义更加明确、固定。

第三，为了语言的简练经济。我们必须把“衣”说成“衣服”，

“架”说成“架子”；但是，挂衣服的架子如果说成“衣服架子”，未免啰嗦，于是就减缩成“衣架”。再如：

落花生→花生　山茶花→茶花

生地黄→生地　皮箱子→皮箱

防病治病→防治　精兵简政→精简

增加生产→增产　七言律诗→七律

像这样把超过两个音节的词语压缩为双音词的现象极为普遍。只有在用双音节表意不够精确时，才用三个音节或四个音节。

在现代汉语中，三音节词也有增加的趋势。好些反映新事物的新词都是三音节的，如“太阳能”“太阳灶”“原子弹”“中子弹”“录音机”“电视机”“机器人”“仿生学”“意识流”等等。特别值得注意的是一些后加虚语素（“性”“化”“式”“者”“主义”等）同双音词组合，构词能力很强。以“性”为例，它有“在思想、感情等方面的表现，或事物本身所具有的作用、性质”之类的比较空灵的意义，产生了许多用“性”构成的三音节词：

思想性　艺术性　组织性　纪律性　阶级性

原则性　灵活性　盲目性　系统性　代表性

优越性　进步性　创造性　反动性　顽固性

积极性　敏锐性　逻辑性　鲜明性　准确性

生动性　重要性　可能性　强制性　约束性

因为这种词大量滋生，有时，个人临时造出一个“××性”来用，也不致使人感到是生造的了。

词到了四个音节，就达到了饱和点。一个名称，如果有好几个音节，就要出现简称。特别是一些机关、团体、职务的全称，音节往往很多，日常交际中说起来觉得累赘，于是加以简化。例如：

中国共产党中央委员会→中共中央

中国人民政治协商会议→政协

共产主义青年团→共青团

奥林匹克运动会→奥运会

其他事物也有简称。例如：

工业、农业→工农业

贫农、下中农→贫下中农

身体好、学习好、工作好→三好

工业现代化、农业现代化、国防现代化、科学技术现代化→四个现代化→四化

简称在语言的表达上有一定的方便。但是，不能生造，不能滥用；在正式文件中，为了表示郑重，以使用全称为宜。

综上所述，现代汉语的词的发展，表现在音节方面的特点是：限制单音节的，发展双音节的，容许三音节的，四个音节的就达到了饱和，常常用简称的办法回到双音节的模式里去。

二、单纯词和合成词

（一）单纯词

词是由语素构成的。从构成词的语素的多少着眼，词可以分为两大类：单纯词和合成词。

单纯词是由一个语素构成的词。又有单音节的和多音节的两种。

1. 单音节单纯词

这种单纯词由一个单音的语素构成。例如：

马　电　他　走　说　多　好　是

2. 多音节单纯词

这种单纯词主要包括联绵词、音译词、叠音词和象声词。

(1) 联绵词

指两个音节连缀成义的词。其中有双声的，有叠韵的，有非双声叠韵的。下面以普通话读音为准，分类排列联绵词。

a. 双声　指两个音节的声母相同的联绵词。例如：

踟蹰　蜘蛛　忸怩　忐忑　伶俐　玲珑　秋千

参差　澎湃　弥漫　仿佛　琉璃　喽啰　崎岖

b. 叠韵　指两个音节的韵母或韵尾相同的联绵词。例如：

从容　螳螂　怂恿　傀儡　腼腆　翩跹　堂皇

逍遥　朦胧　丁宁　徘徊　彷徨　依稀　妖娆

c. 非双声叠韵　例如：

蝙蝠　芙蓉　囫囵　狼狈　鸳鸯　蝴蝶　犹豫

(2) 音译词

指按外族语词的声音翻译过来的词。例如：

摩托　坦克　哈达　沙发　拷贝　逻辑　伦敦

乌托邦　模特　西双版纳　布宜诺斯艾利斯

(3) 叠音词

由相同的两个音节重叠而成。例如：

茫茫　巍巍　孜孜　魆魆　潺潺　匆匆　奕奕

蒙蒙　纷纷　皑皑　翩翩　饽饽　猩猩　姥姥

(4) 象声词

指模拟声音的词。例如：

丁当　哗啦　扑通　轰隆　喀嚓　嗡嗡　呼呼

多音节的单纯词，不论音节多少，其中的每一个音节（字），单独都不表示任何意义，只有合在一起时才表示一个意义。

（二）合成词

合成词是由两个或两个以上的语素构成的。有两种基本类型：第一类，是实语素加实语素构成的；第二类，是实语素加虚语素构成的。

1. 实语素加实语素构成的合成词

这类合成词，根据语素之间的各种不同结构关系，又可以分为下面几个小类：

(1) 联合式

由两个意义相同、相关或相反的语素并列构成。例如：

①朋友　土地　宇宙　道路　评论

生产　开辟　明朗　辛辣　迅速

②领袖　分寸　手腕　矛盾　甘苦

笔墨　眉目　口舌　买卖　方圆

③国家　窗户　女儿　人物　质量

忘记　动静　睡觉　好歹　始终

第①组，两个语素互相说明、补充，使整个词的意义明朗显豁；第②组，两个语素融合，产生新义；第③组，两个语素中只用一个语素的意义，整个词的意义偏于一方。

（2）偏正式

前一个语素修饰、限制后一个语素，后一个语素是中心。例如：

飞机　电灯　京剧　宿舍　燃料
国旗　钢笔　纸烟　菜农　跳棋
前进　重视　朗读　飞跑　笔谈
雪白　漆黑　冰凉　火热　笔直

（3）动宾式

前一个语素表示动作或行为，后一个语素表示这个动作或行为所支配关涉的事物。例如：

司机　主席　顶针　围脖　扶手
带头　示威　报名　建议　放心
留神　接风　失色　出席　动员
吃醋　伤心　害羞　讨厌　有限

（4）后补式

后一个语素补充说明前一个语素，前一个语素是中心。例如：

①说明　改正　提高　减少　记住
②船只　马匹　书本　人口　房间
③晚上　夜里　天上　国外　乡下

第①组词，前一个语素表示动作，后一个语素表示动作的结果或趋向。第②组词，前一个语素表示事物，后一个语素是这一事物的计量单位。第③组词，前一个语素是表示时间或处所的，后一个语素是表示方向或位置的。

（5）主谓式

前一语素表示事物，后一语素陈述说明这一事物。例如：

地震　月终　头痛　性急　眼红

心虚　胆怯　年轻　眼花　自卫

2. 实语素加虚语素构成的合成词

这类合成词，实语素表示主要意义，虚语素表示附加意义。

(1) 前加虚语素＋实语素　例如：

老鹰　老师　阿姨　阿爹

第一　第四　初三　初九

可爱　可怜

(2) 实语素＋后加虚语素　例如：

刀子　桌子　乱子　花儿　盖儿　尖儿

木头　想头　甜头　党员　演员　教员

学者　记者　强者　作家　艺术家

老手　鼓手　国手　突然　显然　巍然

党性　弹性　硬性　绿化　美化　强化

中式　框式　版式　强度　密度　难度

(3) 实语素＋叠音虚语素　例如：

白晃晃　沉甸甸　臭烘烘　脆生生

干巴巴　黑洞洞　红艳艳　活生生

泪汪汪　乱糟糟　美丝丝　暖融融

气冲冲　轻飘飘　热烘烘　水灵灵

酸溜溜　笑盈盈　羞答答　直挺挺

虚语素在合成词中起一定的辅助作用：可以添加某些概括的词汇意义，可以表示某些语法意义，可以使词带上某种感情色彩。有的只有一种作用，有的兼有几种作用。如：“者”表示“……的人”，“家”表示“……方面有专长的人”，它们都是名词的标志。又如：“老”“阿”也是名词的标志。“老”对动物来说，附加可憎或厉害的意思；对人来说，一般附有表示亲昵、尊重的意味。“阿”经常带有亲热的感情色彩。再如：叠音虚语素都表示程度加深的意义，带有这种语素的词都是形容词。

以上讲的是合成词的一般的构成方式。另外，还有一些特殊的构成方式，这里也作些简单说明。

重叠式　由两个相同的语素重叠而成。例如：

爸爸　妈妈　哥哥　妹妹　星星

这些词与单纯词中的叠音词“姥姥”“猩猩”不同。“哥哥”“星星”可以单用一个音节，如“二哥”“一颗星”，“姥姥”“猩猩”不能。

连动式　两个动词性的语素依动作先后组合而成。例如：

撤换　扮演　报销　病故　查封　抽调　割让　退休

这种构词方式与联合式不同。联合式合成词的两个语素是平行并列的关系。

兼语隐含式　两个语素之间隐含一个共用的语素，这个语素同前一个语素构成动宾关系，又跟后一个语素构成主谓关系。例如：

请（某人）教→请教　召（某人）见→召见

逗（某人）笑→逗笑　遣（某人）返→遣返

以上讲的是由两个语素构成的合成词。有的合成词，由三个或四个语素构成。在这样的合成词里，语素和语素的组合是有层次的。例如：“物理学家”这个词，先由“物”和“理”构成“物理”（偏正），再由“物理”和“学”构成“物理学”（偏正），再由“物理学”带后加虚语素构成“物理学家”。它的结构层次可以用下面的图解表示：

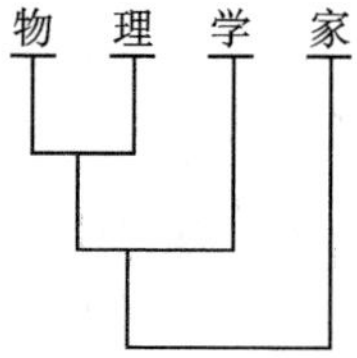

（三）合成词和短语

两个或两个以上的词按一定的方式组合而成的语言单位，叫短语，又叫词组。短语中词和词的组合方式同合成词中语素和语素的组合方式基本上是一致的。这种一致性是汉语的特点之一。

在一般情况下，词和短语是容易区别的，可是一部分双音节合成词和双音节短语却易于混淆。如何区分它们呢？主要从两方面入手。

第一，从意义看，某个语言单位，如果构成成分的意义融合成一个整体，就是词，否则就是短语。例如："大豆"是个词，因为不是所有的大的豆子都能叫"大豆"；相反，"大树"是个短语，因为意思就是大的树。又如："骨肉"不等于骨头和肉，是词；"血肉"却等于血和肉，是短语。

从意义上来区别词和短语，还应该注意一定的语言环境。同一个组合，在不同的上下文中，因表示的意思不同，有时是词，有时是短语。例如："红旗"，在"红旗单位"中是"先进"的意思，它是词；在"红旗飘飘"中是"红色的旗子"的意思，它又是短语。又如："吃饭"，如果是"泛指生活或生存"的意思（如"靠打猎吃饭"），就是词；如果指吃大米饭，就是短语。

第二，从结合紧密程度看，词的各个构成成分结合较紧，不能随意拆离，而短语的各个部分的组合则比较松散，中间可以插入别的成分，甚至可以前后易位。例如，作短语用的"吃饭"，可以说"吃了三碗饭""吃过饭""饭吃完了"；作词用的"吃饭"绝不能这样说。同样，"响应""动员"是词，不能说"响了应""动过员"。

意义的融合与不融合，成分结合的紧与松，可以作为辨别词和短语的标准。这两方面必须联系起来考虑，不能单从一个方面着眼。

词和短语有区别，同时也有联系。它们之间常常可以互相转化：词因拆离可构成短语，短语因简缩可固定为词。

某些动宾式、后补式合成词的两个语素可以拆开，中间插入别的成分，或者变换位置，从而构成短语。例如：

革命→革反动派的命、革过一回命

丢脸→丢了爸爸的脸、脸被他丢尽了

吃惊→大吃了一惊

看见→看得见、看不见、看得见看不见?

记住→记得住、记不住、记得住记不住?

这类词，有人称为"离合词"，合在一起的时候是词，拆开来用的时候是短语。

某些短语可以抽取其中的几个语素使用，由于使用多、使用久，就变成了词。例如：

科学技术→科技　化学工业→化工

增加生产→增产　文化娱乐→文娱

旅行游览→旅游　归国华侨→归侨

这样构成的新词，当然要有一个固定下来的过程。它必须符合意义明确、约定俗成的原则。

思考与练习

一、汉语里的词，为什么会由单音节词占优势向双音节词占优势的方向发展？

二、将下列单纯词分类。

玫瑰　惆怅　嘀咕　哗哗　玛瑙

馄饨　蟾蜍　茉莉　妯娌　苗条

仓促　牡丹　冲冲　哈哈　淋淋

三、分析下列合成词的构成方式。

绑腿　抓紧　木匠　讨论　天蓝

纸张　面熟　月终　注意　学习

游泳　站岗　地下　粉饰　民主

四、请用虚语素“者”“化”“性”各写出三个合成词（须是教材以外的）。

五、分析“无后座力炮”的结构层次。

六、怎样区别词和短语？

第三节　词义和释义

【学习提示】

这一节是本章的学习重点之一。词义是对存在着的事物或现象的客观的反映，释义则是对词的含义作主观的概括。两者是有紧密联系的。

学习这一节，要求了解词义的性质。一般地说，一个词的意义实际包括两部分，一部分是基本意义，即概念意义；另一部分是附加意义，即色彩意义。概念意义是词的本质，也是词义的基本内容。色彩意义是依附在概念意义之上的。

释义是本节的学习重点，也是难点。对释义的原则，即释义的基本要求，应有一定的了解。语文教学中的词语解释，应特别注意概括准确，即科学性这一原则。释词的方法不要死背，要求能在解释具体词语时灵活运用。

一、词 义

（一）词义的性质

词是一定的语音和一定的意义相结合的统一体，语音是词的形式，意义是词的内容。客观存在的或想象出来的事物或现象，是构成词义的决定因素。词义具有三种性质：

1. 概括性

词义所反映的任何一种客观事物或现象都是进行了概括的。概括，就是把同一类事物或现象的共同特点归结在一起，而舍弃许多个别的具体的东西。例如：“书”这个词，它的语音是shū，意义是“装订成册的著作”。“成册的著作”是各式各样的书的共同特点。它舍掉了线装、平装、精装的区别，厚本、薄本的区别，中文、外文的区别……只剩下区别于其他事物的特点。“旗子”这个词，它的语音是qízi，意义是“用绸、布、纸等做成的方形、长方形或三角形的标志，大多挂在杆子上或墙壁上”。这个意义是从国旗、党旗、团旗、红旗、彩旗等各种旗子那里概括出来的，并不是指哪一面具体的旗子。

有些词所表示的客观存在的事物只有一个，而不是一类，如“地球”“太阳”“长江”“北京”。它们的词义也是概括的。“地球”的词义就概括了地球的过去和现在，概括了地球区别于其他事物的各种特点或属性。“太阳”“长江”等的词义也都是这样。

2. 社会性

词义不是由个别人任意规定的，是由使用同一种语言的社会成员共同确定下来的，只有这样，词义才能为社会成员所共同理解。

本来，词的语音和词的意义之间，名称和事物之间，没有必然的联系。比如“江”的意义，现代汉语用 jiāng 的声音表示，“山”的意义，现代汉语用 shān 的声音表示，但英语、俄语却用了另外的语音形式表示。可见语音和意义、名称和事物，它们之间的联系带有一种偶然性。然而，既然使用汉语的社会成员共同确认了用 jiāng 的声音表示“江”的意义，用 shān 的声音表示“山”的意义，那么，声音和意义、名称和事物就结合在一起，成为说汉语的人共同使用的词，这个词表达了共同了解的词义。这就是所谓“约定俗成”。历史上的赵高曾经指鹿为马，但直到今天，鹿还是鹿，马还是马。之所以“鹿”没有变成“马”，是因为赵高一个人故意混淆词义，不可能得到全社会的承认。上古时候，汉族人把鸭子叫“鹜”，当时假使有人说成“鸭子”，大家都不会懂；然而后来“鹜”终于变成了“鸭子”，这也是因为得到了全社会的认可。

词义的社会性，决定了个人用词要受到社会的制约。个人要准确地使用一个词，必须认真理解它被社会成员所公认的意义，不能生造除自己以外谁也不懂的词。

3. 发展性

语言的词汇几乎处在经常变动之中。词汇的变动表现在两方面：一方面表现为新词的产生和旧词的消亡，另一方面表现为词义的发展演变。

词义的发展演变主要有以下几种情况：

(1) 词义的扩大

有的词，其意义所反映的事物的范围比以前扩大了，或在原义的基础上又引申发展出新的意义。例如：

①江：原来只是长江的名称，后来泛指一切江水。

②河：原来只是黄河的名称，后来泛指一切河流。

③嘴：原来只指鸟嘴，后来泛指一切动物的嘴以及形状或作用像嘴的东西。

④琴：原是我国一种古乐器的名称，后来泛指一切以弦为主的乐器以及弹奏、打击或吹奏乐器。

⑤形势：本来只有“地势”这个意义，如“形势险要”；现在又增加了“事物发展的状况”的意义，如“国际形势”。

(2) 词义的缩小

有的词，其意义所反映的事物的范围比以前缩小了，或者原来的某些意义消失了。例如：

⑥瓦：古代指一切用陶土烧成的东西，现在专指铺屋顶用的拱形的、平的或半个圆筒形的建筑材料。

⑦汤：古代泛指热水，这个意义保存在“赴汤蹈火”“汤泉”“汤池”等词语中。现在一般指煮食物后所得的汁水。

⑧爱：古代有两个意义，一个是现在所说的“爱”，一个是“舍不得”。现在只用第一个意义。

⑨问：古代有“询问”“赠送”“音信”三个意义，现在只用第一个意义。

(3) 词义的转移

原来的词义表示某一事物，后来改变为表示另一事物。例如：

⑩闻：本来指“耳朵听见”，这个意义保存在“见闻”“闻名”这些词里。现在，用鼻子辨别气味叫“闻”。

⑪走：古代指“跑”，现在指“步行”。

⑫快：古代指“高兴”，这个意思保存在“亲痛仇快”“愉快”“快乐”等词语里。现在“速度高”“锋利”叫“快”。

⑬权：古代指秤锤，现在指“权力”“权利”。

⑭牺牲：古代指为祭祀宰杀的牲畜，现在指为了正义而舍弃自己的生命。

了解词义的发展演变情况，可以更深刻地理解现代汉语中词语的含义。例如我们懂得了在古代“权”是秤锤的意思，“衡”是秤杆的意思，对“权衡轻重”“权衡利弊”“权衡得失”“衡量”等词语的意义就可以了解得具体一些。懂得了“走”在古代是跑的意思，我们对“走狗”“走卒”“走马观花”的意义就可以了解得形象一些。

（二）词义的色彩

语言中相当多的词语，除了含有概括地反映事物对象的理性意义之外，还具有感性的表达色彩。这种表达色彩是词义中的成分，有感情色彩、语体色彩和形象色彩等类别。

1. 感情色彩

大部分词只表示客观的事物或现象，不带感情色彩，例如“房屋”“树木”“山川”“河流”“工作”“学习”“休息”“制造”“教育”等等。这一类词称为中性词。另一部分词体现出鲜明的感情色彩。带有赞扬、喜爱、亲切、礼貌、敬仰等感情色彩的，叫褒义词；带有贬斥、憎恨、厌恶、轻蔑等感情色彩的，叫贬义词。

表示人的性格品质的词，几乎都带有感情色彩，而且往往是成双成对的——有一个褒义词，就有一个跟它相对的贬义词。例如：“诚实”和“虚伪”、“高尚”和“卑鄙”、“忠诚”和“奸诈”、“聪明”和“愚蠢”、“勤快”和“懒惰”、“敏捷”和“迟钝”、“活泼”和“呆板”、“刚强”和“懦弱”、“简朴”和“奢华”、“节俭”和“奢侈”、“大方”和“小气”、“正直”和“阴险”、“开朗”和“孤僻”。

称呼人的词，好些带有感情色彩。例如：称“老大爷”“老大娘”显得尊敬而亲切；叫“老头儿”“老婆儿”显得亲热；称“老头子”“老婆子”一般含有厌恶的意味，但如果是老两口彼此相称则表示亲昵。“先烈”“英烈”的称呼能激起肃然起敬的感情；“叛徒”“特务”“走狗”“汉奸”能引起深恶痛绝的感情。

表示一般的事物现象、行为动作、性质状态以及表示计量单位的词，有一些带感情色彩。例如：

	事物现象	行为动作	性质状态	计量单位
褒义：	业绩	团结	伟大	这位

	功勋	奋斗	英明	那位
	成果	鼓舞	壮丽	各位
	成就	捍卫	美好	
贬义：	勾当	勾结	庞杂	这号
	阴谋	侵略	冗长	这帮
	诡计	造谣	腐朽	那伙
	旗号	袒护	凌乱	

好些成语也带有感情色彩。例如：

褒义：不同凡响　超群绝伦　深谋远虑　巧夺天工
　　　忠贞不渝　开诚布公

贬义：八面玲珑　陈陈相因　吹毛求疵　翻云覆雨
　　　拾人牙慧　趁火打劫

随着社会的发展，某些词的感情色彩会发生转化。如“清高”过去是褒义词，指人的品德高尚，不同流合污；现在变成了贬义词，指不愿合群，孤芳自赏。“泼辣”过去是贬义词，表凶悍的意思；现在多用于褒义，指胆大、有魄力。“逢迎”古代是中性词，表迎接的意思，例如：

①新妇识马声，蹑履相逢迎。(《孔雀东南飞》)

现在“逢迎”变为阿谀、奉承的意思，有了贬义。

2. 语体色彩

许多词在口头、书面上都通用，不带语体色彩，例如“头”“身材”“办法”“打”“看”“笑”“发抖”等等。有些词通常只用在口头上，带口语色彩，是口语词，例如“脑袋瓜”“法儿（法子）”“个儿(个子)”“揍”“瞧”“乐”“哆嗦”等等。有些词通常只用在书面上，带书面语色彩，是书面语词，例如“头颅”“身躯”“措施”“殴打”“观看”“欢笑”“颤抖”等等。

书面语词包括文言词和现代书面语词。文言词，书面语色彩最浓。现代书面语词大多是现代产生的双音词，大都有口语里常用的单音词与之相应。例如：

阅读—读　挑选—挑　歌唱—唱　疾病—病
睡眠—睡　书写—写　修理—修　修改—改
运输—运　居住—住　偷窃—偷　甜蜜—甜
美好—好　美丽—美　飞翔—飞　关闭—关
请求—求　寒冷—冷　凝结—结　浑浊—浑
安静—静　增添—添　堵塞—堵　等待—等

这些双音词，书面语色彩不如文言词那么浓，但比起口语里常用的相应的单音词来，显得庄重严肃一些，即文雅了一些。

3. 形象色彩

许多词，除了有概念性的抽象意义之外，还同时具有形象感，以生动、具体的形象诉诸人们的视觉、听觉、嗅觉、味觉等。这就是词语的形象色彩。

词的形象色彩，以视觉形象的居多。例如“金钱豹”这个词，使人仿佛看到所指的猛兽有着钱状的黄色花纹。又如，“须眉”“佛手”“吊钟”“鹅黄”“映山红”“鸡冠花”“卷心菜”“四脚蛇”等等都具有视觉形象色彩。

此外，带有听觉形象的，如“笑哈哈”“轰隆”“哗啦”“啧啧”“喔喔”等等；带有嗅觉形象的，如“香喷喷”“臭烘烘”“臊乎乎”等等；带有味觉形象的，如“甜丝丝”“辣丝丝”“淡巴巴”等等；带有动感的，如“抽搭”“哽咽”“呜咽”“颤抖”“蜷伏”“摇曳”“晃荡”等等，这些词都具有很强的形象感。

有的词具有不止一种形象色彩。例如，“扑啦啦”既有鸟类忽然振翅起飞的听觉形象，又可呈现拍翼而起的视觉形象。

词的形象色彩不如词的抽象意义那样稳定，有可能由于词的频繁使用而减弱或消失。例如“鼓吹”“突破口”“煎熬”“琢磨”“矛盾”等，就是在使用中逐渐消失了起初所具有的鲜明的形象色彩。

词的形象色彩具有一定的功能，表现在以下三个方面。

第一，可以使词指明具体对象，从而增强意义的明确性。例如，说“顶峰”就比说“发展的最高点”显豁、鲜明，使人容易懂得它

"最高、最完善的阶段"和"较难达到"的意义。又如红、黄、蓝等颜色，各有色调不同的种类。以红色来说，"大红""深红""浅红""淡红"比较抽象，要说得具体形象一点，就需要用借物状色的"桃红""橘红""胭脂红""玫瑰红""石榴红"等等。不少动植物也是用形象的表达手段来命名的，如"狮头鹅""猫头鹰""丹顶鹤""长颈鹿""眼镜蛇""斑马""剑麻""蛇瓜""发菜"等等。

第二，可以与其他指同样对象的词构成同义关系，从而成为一组同义词。例如"醒悟"和"省悟"、"羞赧"和"羞臊"，每组前一个词带形象色彩，后一个不带形象色彩，它们形成同中有异的同义关系。

第三，可以使语句的意思表达得形象、真切。

①几只野鸭扑楞楞飞起，尖声惊叫，掠着水面飞走了。（孙犁《荷花淀》）

"扑楞楞"不仅形象地表现了野鸭突然飞起的音响和动态，而且把白洋淀几个妇女摆脱敌人追赶的紧张气氛烘托了出来。

二、释　义

（一）释义的原则

1. 观点要正确

解释词义，应注意思想性，要站在无产阶级和人民大众的立场上，从马克思主义的观点出发，阐明词义的本质。词义本身没有阶级性，但释义是人们对词义的解释与描绘，是带有一定的阶级性的。过去的辞书编纂者由于受时代和阶级的局限，往往不能正确解释词义。例如下面一组解释：

①鬼：人所归为鬼。（《说文解字》）

②妇：服也，从女，持帚洒扫也。（同上）

③当铺：押物借钱之铺。（原《国语词典》）

④地主：土地所有者曰地主，地主以土地租与农户耕种，而己却坐收利益。（旧版《辞海》）

"鬼"的释义是迷信思想的表现。"妇"的解释是男尊女卑观念的反映。对"当铺"和"地主"的解释是纯客观的说明，完全掩盖了剥削的本质。下面这组释义则较上一组为好：

①鬼：迷信的人所说的人死后的灵魂。(《现代汉语词典》)

②妇：妇人，已经结婚的女子。(《新华字典》)

③当铺：旧社会专门收取抵押品、放高利贷的店铺。借款多少，按抵押品的估价而定。到期不赎，抵押品就归当铺所有。(《现代汉语词典》)

④地主：占有土地，自己不劳动，或只有附带的劳动，而靠剥削农民为生的人。(新版《辞海》)

释义应有鲜明的无产阶级观点，但也不能对词义硬作阶级分析。例如，在“四人帮”形而上学猖獗时，曾经有人对某词典“抗旱”一词的释文“天旱时，组织力量采取各种措施，使农作物少受或不受损失”大加批判，说是没有宣传党的领导和人民群众的力量，并把释文改成“解放后，人民群众在党的领导下，破除天命观，依靠集体力量，采取各种措施，战胜旱灾，夺取农业丰收”。按照这种解释，“抗旱”这种事物就只有解放后的中国才有，这不符合事实。

2. 概括要准确

解释词义，应注意科学性，要准确地概括出词的特定的含义。每个词都有自己的个性，有自己赖以区别于其他词的本质特征。释义时，就要准确地抽出各个词的区别特征，而舍掉一些非本质的或不属于它特有的内容。如果概括得不恰当，释义就不会准确、贴切。例如：

①牛：大牲也。(《说文解字》)

②县：地方区域之名。(原《国语词典》)

例①以“大牲”释“牛”，就不能区分同是大牲的“马”“骡”等各种牲畜。例②以“地方区域之名”释“县”，就不能区别同是地方区域之名的“省”“市”“乡”等。再比较：

③别致：

a. 跟寻常不同，新奇可喜。(《现代汉语词典》试用本)

b. 新奇，跟寻常不同。(《现代汉语词典》)

④笔意：

a. 书画或诗文所表现的作者的意趣。(《现代汉语词典》试用本)

b. 书画或诗文所表现的作者的意境。(《现代汉语词典》)

在例③中，a的释义欠准确，“别致”并无“可喜”义，b删去正好。在例④中a释文用“意趣”不如b用“意境”贴切。

3. 表达要简明

解释词义，应注意通俗性，要做到言简意明。这就是说，话要讲得简短扼要，意思却要明白完备。

啰嗦累赘就不是“言简”。试比较下面的解释：

①变幻：

a. 事物的形式或内容不固定，经常不规则地改变。(《现代汉语词典》试用本)

b. 不规则地改变。(《现代汉语词典》)

②辩解：

a. 对受人指责的某种见解或行为加以解释，用以消除这种指责，或减少其严重性。(《现代汉语词典》试用本)

b. 对受人指责的某种见解或行为加以解释。(《现代汉语词典》)

上面的例子中，a、b两组相对照，a不简练。

晦涩难懂就不是“意明”。如果用文言词语或专业术语来释词，广大读者就不懂，不能达到解惑释疑的目的。例如“内骨骼”，新编《辞海》初稿的解释是：

脊椎动物的体内，由一定区域的间叶组织，经过膜质期、软骨期和骨化期而形成的骨骼，生骨的区域为水平生骨隔、背生骨隔、腹生骨隔，围绕脊索神经管及中轴血管的区域、脏弓区域及附肢区域，在这样区域中的中胚层间叶组织，经过软骨骨化期后所形成的中轴骨、脏颅、鳃弓及附肢骨等就是内骨骼。(引自《辞书研究》1979年第二辑90页)

这样的解释使一般读者如坠五里雾中。定稿时改得很简明：“一般指人和脊椎动物体内的骨骼。"

（二）释义的方法

解释词义的基本方法，主要有定义法、对释法、描绘法、探源法四种。

1. 定义法

定义法是对词所反映的对象下定义。可分为两类。

(1) 换说释义

把词中的语素换成通俗易懂的说法。例如：

①旭日：刚出来的太阳。

②戒心：戒备的心理。

③凯旋：得胜回来。

④伫立：长时间站着。

⑤谛听：仔细听。

"旭日"由"旭"和"日"两个语素构成；"旭日"的通俗易懂的说法是"刚出来的太阳"。其他各例类推。

用这种方式释义，要注意准确性。例如：

⑥戒尺：书塾里教师用来责罚学生（打手心）的尺子。

⑦视野：视力所及的范围。

⑧原委：事情前后的经过。

这些释义都不准确。例⑥，"戒尺"不是"尺子"，而是"木条"。例⑦，"视野"非泛指"范围"，而是指"空间范围"。例⑧，对"原"的解说过于笼统："前后"不如"从头到尾"具体。

(2) 直接说明

用文字直接具体说明词的含义。例如：

⑨门：房屋、车船或用围墙、篱笆围起来的地方的出入口。

⑩捏：用拇指和别的手指夹。

⑪干枯：草木由于衰老或缺乏营养、水分等而失去生机。

例⑨的释文说明"门"是什么样的事物，例⑩的释文说明"捏"是怎样的动作，例⑪的释文说明"干枯"是怎样的性状。

2. 对释法

就是用同义词或用带有反义词的短语来解释词义。用同义词从肯定的角度解释，可以称之为“正对释”；用带有反义词的短语从否定的角度来解释，可以称之为“反对释”。

(1) 正对释

用今词释古词，例如：

①眩目：耀眼。

②稽首：磕头。

用共同语词释方言词，例如：

③写意：江浙方言，舒服，开心。

④猪猡：就是猪，上海一带的方言。

用通用语词释书面语词，例如：

⑤鄙薄：轻视。

⑥晦暝：昏暗。

用通用语词释口语词，例如：

⑦光溜：光滑。

⑧估摸：估计。

(2) 反对释

⑨坚决：确定不移，不犹豫。

⑩肮脏：不干净。

⑪凌乱：不整齐，没有秩序。

用同义词释义，必要时须将词的感情色彩、语体色彩、使用范围等注出。例如：

⑫逛荡：闲逛；游荡（含贬义）。

⑬打鸣儿：〈口语〉（公鸡）叫。

⑭打量：观察（人的衣着、外貌）。

例⑫表明用于贬义的“逛荡”跟“闲逛”同义。例⑬表明“打鸣儿”是口语，跟“叫”同义，但限于“公鸡”。例⑭表明“打量”在看人的衣着、外貌这一点上跟“观察”同义。

3. 描绘法

用比喻、形容的方式说明词的含义。例如：

①燕雀：比喻见识短浅的人。

②缥缈：形容隐隐约约，若有若无。

③葱茏：形容草木青翠茂盛。

4. 探源法

通过探求词的本义或来源说明词的含义。例如：

①冷门：原指赌博时很少有人下注的一门。现比喻很少有人注意的、不时兴的（工作、事业等）。

②取经：本指佛教徒到印度去求取佛经，今比喻向先进人物、单位或地区吸取经验。

③杜撰：王楙《野客丛书》卷二十："杜默为诗多不合律，故言事不合格者为杜撰……然仆又观俗有杜田、杜园之说，杜之云者，犹言假耳。"后因称凭空编造为"杜撰"。

探求词语的本义和来源，便于读者理解和掌握词的意义。如例③，假若不引用出处，读者就不了解"杜撰"为什么会是"凭空编造"的意思。

（三）释义教学的目的

语文教学和编纂辞书都得解释词语，释义所遵循的原则、所使用的方法是一致的、共同的，但各有特点，因为目的不尽相同。语文教学中，释义有两个目的，一是帮助学生理解课文，二是帮助学生丰富词汇。如果词语释义不准确、不严密，就不能很好地达到这些目的。

比如鲁迅《药》这篇课文中有"蹩进"一词（"他便退了几步，寻到一家关着门的铺子，蹩进檐下，靠门立住了。"），课本原来解释为："斜着身子轻轻走进。"现在改为："躲躲闪闪地走进。"现注比原注准确。"蹩"有"躲躲闪闪地走动"的意思（《辞海》）。现注能够反映华老栓当时恐惧不安的心情、惊慌失措的神态，有助于学生理解课文。

又如朱自清《荷塘月色》这篇课文中有"蓊蓊郁郁"一词（"荷塘四面，长着许多树，蓊蓊郁郁的。"），课本原来注释为："这里指树木茂盛的样子。"现在改为："树木茂盛的样子。"现注删去"这里指"，表明“蓊蓊郁郁”在别的场合也是指“树木茂盛的样子”。当然，如果改成“草木茂盛的样子”，就更准确，因为“蓊郁”一词“形容草木茂盛”（《现代汉语词典》）。这个例子说明，正确释义有助于学生掌握、运用词语，以丰富词汇。

思考与练习

一、举例说明词义的性质。

二、词义的发展演变主要有哪几种情况？

三、在下面一段文章中，为什么毛泽东同志对两个年岁大的人用了不同的称呼？

> 中国古代有个寓言，叫作“愚公移山”。说的是古代有一位老人，住在华北，名叫北山愚公。……愚公下决心率领他的儿子们要用锄头挖去这两座大山。有个老头子名叫智叟的看了发笑，说是你们这样干未免太愚蠢了……（毛泽东《愚公移山》）

四、根据下面的语言材料，考察一下带着重号的词的意义古今有何变化。

> ①婉贞于是率诸少年结束而出，皆玄衣白刃，剽疾如猿猴。（《冯婉贞》）
>
> ②天明登前途，独与老翁别。（杜甫《石壕吏》）
>
> ③先帝不以臣卑鄙，猥自枉屈，三顾臣于草庐之中。（诸葛亮《出师表》）
>
> ④且燕赵处秦革灭殆尽之际，可谓智力孤危，战败而亡，诚不得已。（苏洵《六国论》）

五、根据下面的语言材料，考察词的感情色彩有何变化。

> ①爪牙：
>
> 夫虽无四方之忧，然谋臣与爪牙之士，不可不养而择也。（《国语·越语·勾践栖会稽》）
>
> 将军者，国之爪牙。（《风俗通义》）

你等当竭力为我爪牙。(《五代史平话》)

②勾当:

不做劫掠勾当(《京本通俗小说·冯玉梅团圆》)

当下说了些生意的勾当(同上《错斩崔宁》)

六、改正下列各句中用词不当之处,并说明理由。

①实践告诉我们,任何一项正确的方针政策,在付诸实施时,都会碰到种种不同的态度,因而产生不同的效果。

②我不禁遐想,在旧社会,一个长工的儿子能上大学简直是做梦。

③伯母今年四月才搬到新房子去居住。

④小王想,我是在课后捧读小说,何必惧怕人家批评呢?

七、释义有哪些基本原则?

八、下面各词的释义是否准确?为什么?

①门风:家里世代相传的规矩。

②后裔:后代。

③轻捷:轻快。

④凛冽:寒冷。

第四节　词义的联系

【学习提示】

这一节是本章的学习重点之一。在汉语的词汇系统中,多义词、同音词、同义词、反义词处在一个复杂的词义交叉之中,它们互相联系,互相制约。我们既要看到它们之间的复杂关系,又要弄清它们之间的严格区别,从中考察词的意义、功能和用法。

同义词是本节的学习重点。要求了解同义词在交际中的重要作用,基本掌握辨析同义词的方法。辨析同义词,要做到"求同辨异"。"求同"就是找出同义词的共性,这是确定同义词的根据;"辨异"就是找出同义词的个性,这是辨析同义词的目的。一组同义词,不但要辨别词的概念意义的异同，还要辨别附加意义的差别。

本节还要求了解多义词、同音词、反义词的性质和作用。

一、多义词和同音词

词义发展的结果，一部分词演变成多义词，一部分词分化为同音词。不过，同音词的形成有多种原因，不完全是由于词义的分化。

（一）多义词

1．单义词和多义词

只有一个意义的词，叫单义词。

科学术语，要求意义固定，单义词比较多。例如：

内因　外因　圆周　直角　电子　中子　化合

分馏　卵生　休眠　岁差　环食　内科　外科

草木、鸟兽、器物及其他一些常见事物的名称也多是单义词。例如：

蓖麻　梧桐　葵花　小麦　鹌鹑　百灵　水牛

骆驼　步犁　刀子　大衣　房屋　太阳　飞机

人名、地名之类的专有名称，也多是单义词。例如：

李白　杜甫　武汉　北京　中国　亚洲

这类词要求意义单一、固定，不容混淆。

具有两个以上互有联系的意义的词，叫多义词。例如“学｜文化”两个词都是多义词。

“学”有四个互相有联系的意义：❶学习：学技术。❷模仿：学鸡叫。❸学问、学到的知识：学有专长。❹学校：上了一天学。

“文化”有三个互相联系的意义：❶人类在社会历史发展过程中所创造的物质财富和精神财富的总和，特指精神财富，如文学、艺术、教育、科学等。❷考古学用语，指同一个历史时期的不依分布地点为转移的遗迹、遗物的综合体。如仰韶文化、龙山文化。❸语文、科学等知识：学习文化、提高文化水平。

多义词是为了适应社会的发展和需要而产生的。

2. 多义词的本义和转义

从词义历史发展的角度看，多义词的几个意义可以分为本义和转义两类。

(1) 本义

本义是多义词的最初的意义。例如：

①老：年纪大。

②心：心脏。

③兵：兵器、武器。

④回味：食物吃过后的余味。

⑤浪花：波浪激起的四溅的水。

⑥熔炉：熔炼金属的炉子。

绝大多数多义词本义是一个，但是，由于某些多义词的两个意义难以分出先后主次，这样就可以有两个本义。例如“连天”：

❶接连多天：连天连夜。

❷连续不间断：叫苦连天。

❸形容远望山水、光焰等与天空相接：炮火连天。

因为“连天”既可表示前后的时间相连，又可表示上下的空间相连，所以❶❸都可看作本义。❷显然是由❶派生出来的。

(2) 转义

转义是由本义派生发展出来的意义。例如上述诸例中，“兵”，由本义派生出“战士、战斗员”的意义；“回味”，由本义派生出“从回忆里体会”的意义；“浪花”，由本义派生出“比喻生活中的特殊片断或现象”的意义；“熔炉”，由本义派生出“比喻锻炼思想品质的环境”的意义。

又如“深”的本义是“从表面到底或从外面到里面的距离大”，如说“河很深”“院子深”。下面几个意义都是“深”的转义：❶深度，从表面到底、从外到内的距离：井有两丈深，屋子宽一丈、深一丈四。❷深奥，深刻，深入：内容很深，道理深。❸深厚，深切：友谊深，关系深。❹时间久：年深日久，夜已经深了。❺浓，重：颜色太深。

转义有三种类型：引申义、比喻义和形容义。

a. 引申义

引申义是在本义的基础上推演出来的意义。例如上文讲到“学”有四个意义，第一个意义“学习”是本义，其他三个意义都是在本义的基础上推演发展而来的。由本义推演出“模仿”的意义，因为它们所反映的行为十分相似，只是内容范围大小不同，程度深浅不同；又由本义推演出“学问、学到的知识”的意义，因为这是“学习”的结果；又由本义推演出“学校”的意义，因为这是“学习”的处所。由此可见，本义和引申义之间有密切的联系。

下面的几个例子，第一个意义都是本义，其余的意义都是引申义：

①鸟瞰：❶从高处往下看。❷事物的概括描写：世界大势鸟瞰。

②修饰：❶修整装饰使整齐美观。❷梳妆打扮。❸修改润饰，使语言文字明确生动。

③倾注：❶（水等）由上而下流入。❷（感情、力量、精力等）集中到一个目标上。

④沾染：❶因接触而被不好的东西附着在上面：伤口沾染了细菌。❷因接触而受到不好的影响：沾染上旧习气。

一般说来，本义具体些，引申义抽象些。

b. 比喻义

比喻义是由打比方固定下来的意义。人们长期地经常地利用本义或派生义所指事物现象来打比方，往往会形成词的比喻义。本义和比喻义之间有着极其相似的关系。例如“骨干”，本义是“长管状骨的中央部分”。它能支持身体，使不倒塌。这就跟某些能起支撑作用的东西有着共同特征。于是，“骨干”被用于比喻“在总体中起主导作用的人或事物”。这种意义使用久了、普遍了，就固定下来了，为社会所承认。现在我们用起来并不感到它是一种比喻。

下面几个例子，第一个意义都是本义，其余的意义都是比喻义：

⑤迷雾：❶浓厚的雾：在迷雾中看不清航道。❷比喻叫人迷失方向的事物。

⑥破绽：❶衣物上的裂口。❷比喻说话、做事时显露出来的漏洞。

⑦渗透：❶液体慢慢地透过物体。❷比喻一种事物或势力逐渐进入到其他方面去。

汉语有不少词语本身就是比喻性的，这样第一个比喻义便成了本义，由它再派生出新义。例如：

⑧风尘：❶比喻旅途劳累：风尘仆仆。❷比喻纷乱的社会或漂泊江湖的境况：沦落风尘。❸比喻战乱：风尘之警。

⑨千锤百炼：❶比喻对诗文等反复推敲，多次精细修改。❷比喻在多次斗争中，经受锤炼和考验。

比喻义具有鲜明的形象性。具有比喻义的词，经常使用的是它的比喻义，而它的本义只在特定的情况下出现。

词的比喻用法也会产生带有比喻性的意义，但它跟词的比喻义不同。它是在特定的语言环境中临时用来打比方，带有浓厚的修辞色彩，产生的意义不是固定的。如“母亲”一词，可以说“党——我的母亲”“祖国——我的母亲”“故乡——我的母亲”“武汉——我的母亲”……“母亲”虽然被人们广泛地经常地用来作比喻，但由于所喻对象宽泛，且无内在联系，所以不可能概括成一个固定的比喻义。

c. 形容义

形容义是由形容类似现象而产生的意义。人们经常利用本义或派生义所指事物的性状特点来形容类似事物，往往会形成词的形容义。如下面诸例，第一个意义是本义，其余的是形容义：

⑩苦涩：❶又苦又涩的味道。❷形容内心痛苦：苦涩的表情。

⑪香甜：❶又香又甜。❷形容睡得踏实、舒服。

⑫峭拔：❶（山）高而陡。❷形容文笔雄健：笔锋峭拔。

⑬失神：❶疏忽，不注意。❷形容人的精神萎靡或精神状态不正常。

有的词本身就是形容性的，这样，第一个形容义就成了本义，由它再派生新义。例如：

⑭袅袅：❶形容烟气缭绕上升：炊烟袅袅。❷形容细长柔软的东西随风摆动：垂杨袅袅。❸形容声音延长不绝：余音袅袅。

⑮淋漓：❶形容（液体）湿淋淋往下滴：大汗淋漓。❷形容畅快：淋漓尽致。

⑯澎湃：❶形容波浪互相撞击：澎湃的波涛。❷比喻声势浩大，气势雄伟。

⑰赤裸裸：❶形容光着身子，不穿衣服。❷比喻毫无遮盖掩饰。

形容义跟比喻义一样，比引申义生动、形象。

(3) 转义的产生方式

转义产生的基本方式有两种：连续式和分射式。

a. 连续式

这种方式是由本义派生一个转义，再由这个转义派生出新的转义，一个接一个地连续派生。例如“计算”有下面几个意义：

❶根据已知数目通过数学方法求得未知数。

❷考虑；筹划：做事没计算。

❸暗中谋划损害别人。

先由本义❶派生出引申义❷，再由引申义❷派生出引申义❸。它们的转义关系可以用下图表示：

❶求未知数⟶❷考虑筹划⟶❸谋划害人

b. 分射式

这种方式是由本义分别派生出几个转义，几个转义之间没有联系。例如“运动”有下面几个意义：

❶物理学上指位置继续不断地变易的现象。

❷各种锻炼身体的体育活动。

❸一定的阶级在政治、文化、生产上有组织的群众性社会活动。

❹哲学上指物质存在的形式及其固有的属性。

❷❸❹三个引申义都是由本义❶直接派生出来的。它们的转义关系可以用下图表示：

❶位置变易 →❷体育活动
　　　　　→❸社会活动
　　　　　→❹物质存在形式

转义的产生，也可能是连续、分射两种方式的结合。例如：

①伪装：❶假装：伪装进步。❷假的装扮：剥去伪装。❸军事上采取措施来隐蔽自己、迷惑敌人。❹军事上用来伪装的东西。

②光明：❶亮光：黑暗中的一线光明。❷明亮。❸比喻正义的或有希望的（事物）：光明大道。❹（胸襟）坦白；没有私心：光明正大。

以上两例的转义关系可以用下图表示：

①伪装

❶ →❷
　→❸→❹

②光明

❶→❷ →❸
　　　→❹

3. 多义词的常用义和非常用义

从词义在社会上的运用情况看，多义词的几个意义可以分为常用义和非常用义两类。

常用义是多义词中使用频率高、应用范围广的意义；常用义以外的意义都是非常用义。例如“花”，《现代汉语词典》列了很多项意义：❶种子植物的有性繁殖器官，即花儿（一朵花）。❷可供观赏的植物（种花）。❸形状像花朵的东西（雪花）。❹烟火的一种，在夜间燃放，能喷出许多火花，供人观赏（礼花）。❺花纹（被面花太密）。❻用花或花纹装饰的（花灯）。❼颜色或种类错杂的（花猫）。❽眼睛模糊迷乱（眼花）。❾用来迷惑人的，不真实或不真诚的（花言巧语）。❿比喻事业的精华（文艺之花）。⓫比喻女子（姊妹花）。⓬旧社会指妓女或跟妓女有关的（寻花问柳）。⓭指棉花。⓮痘（出过花了）。⓯作战时受的外伤（挂花）。这十五项意义中，第一项是“花”的常用义，其余的都是非常用义。

又如“包袱”，《现代汉语词典》列了四项意义：❶包衣服等东西用的布。❷用布包起来的包儿。❸比喻思想上的负担。❹指相声、快书等曲艺中的笑料。这四项意义中，第三项意义是常用义，其余的都是非常用义。其中第四项意义虽然在曲艺工作者中使用的频率较高，但是，因为它是专业术语，从整个社会的角度看，使用范围不广，所以也应把它看作是非常用义。

有的多义词的好几个意义都经常广泛地使用，难分主次，这样就可以有几个常用义。例如“经过”的两个意义都是常用义：❶通过。❷过程。又如“两面”的三个意义都是常用义：❶正面和反面（纸的两面都写了字)。❷两边（左右两面都是山)。❸事物相对的两方面（两面派)。

常用义与本义有时是一致的，有时不一致。一致的情况，例如：“花”的常用义也是本义，“老”的常用义和本义都是“年纪大”，“心”的常用义和本义都是“心脏”，“深”的常用义和本义都是“从表面到底或从外面到里面的距离大”。不一致的情况，例如：“包袱”的常用义是“比喻思想上的负担”，本义是“包衣服等用的布”；“兵”的常用义是“士兵”，本义是“兵器”；“机械”的常用义是“比喻拘泥死板的方式”，本义是“利用力学原理组成的各种装置”。

4. 多义词的作用

词由单义发展为多义，能适应社会的发展和需要，也是丰富词汇的最经济的手段。一个词产生了新的意义，就相当于不改变原书写符号和语音形式而增加了新词，这就充实了语言的词汇库。

多义词在进入具体的语言环境中以后，一般情况下意义是单一的；在特殊情况下同时表示两个意思，构成含义丰富、生动风趣的“双关”修辞方式。请看双关的例子：

①卖水果的农民把一筐筐的花红果子抛在空中，喊着要人们吃“胜利果实”……（方纪《挥手之间》）

②“你想，四周围黑洞洞的，还不容易碰壁吗？”（周晔《我的伯父鲁迅先生》）

多义词的比喻义、形容义往往具有鲜明的形象色彩和感情色彩，用得恰当，可以增强语言的表现力和感染力。

（二）同音词

1. 同音词的类型

同音词是指一组声音相同而意义完全不同的词，有同形同音词和异形同音词两类。这里的“形”，指字形。

同音同形的，例如：

xìn：信（一封信）；信（信不信?）

fù：副（副主席）；副（一副象棋）

xīnshēng：新生（获得新生）；新生（招考新生）

kōngdòng：空洞（文章内容空洞）；空洞（肺部有空洞）

异形同音的，例如：

chǎng：厂；场

nán：南；难

bǐ：笔；比

zhànyǒu：战友；占有

yuányīn：元音；原因

chūbǎn：出版；初版

wéixīn：维新；唯心；违心

gānzi：竿子；柑子；杆子

gōngshì：攻势；工事；公事；公式

所谓声音相同是指声、韵、调和轻重音都完全相同，所以哪怕仅有轻重音不同的，也不是同音词，如“地方 dìfāng”和“地方 dìfang”、“端详 duānxiáng”和“端详 duānxiang”等等都不是同音词。

同音字不全是同音词，因为有好些同音的字不能独用，不能称之为词。例如：“意”“义”“邑”“艺”“役”“谊”等等。

多义词和同音词也是有区别的。多义词是同一个词有几个不同的意义，它们之间有一定的联系。而同音词是同一语音形式有几个意义，几个意义之间没有什么联系。例如：“花”，在“鲜花”“种花”“雪花”“礼花”“花灯”“花猫”“眼花”“文艺之花”“挂花”中，表示不同的意义，然而这几个意义互有联系，是多义词。“鲜花”的“花”与“花钱”的“花”在意义上没有联系，是同音词。

2. 同音词的形成

同音词的形成原因，主要有以下几点：

（1）语音的演变

有些词在古代汉语里并不同音，由于语音的变化，后来变成同音的了。例如：

轻　　　　　　清　　　　　　青

古代同调不同声　　　　古代同调不同韵

现代同调同声同韵

又如“河”和“合”，古代不同韵不同调，“河”是“歌”韵平声，“合”是“合”韵入声，后来由于韵母的变化、入声的消失，“河”和“合”就变成同音词了。

（2）外来词的借用

音译外来词很容易造成同音现象。例如：“两斤米”的“米”和“一米七”的“米”，后者是法语 mètre 的音译；“听话”的“听”和“一听罐头”的“听”，后者是英语 tin 的音译；“站起来”的“站”和“车到站了”的“站”，后者是蒙古语 J̌am 的音译。

（3）词义的分化

多义词的分化也是产生同音词的重要原因。一个词的意义经过辗转派生，几个意义之间的联系愈来愈不明显，甚至完全失掉了联系，其性质、特点也互不相同，这个词就不再是多义词而转化为一组同音词了。例如“管”，它有“管理”“管教”“过问”“管辖”等意义。这几个意义之间都有明显的联系，说明这个“管”是多义词。而表示“圆筒形状的东西”的“管”（“无缝钢管”），表示“吹奏的乐器”的“管”（“丝、竹、管、弦”），与“管理”等义的“管”似无联系，只是“管”的两个同音词。但是，从“管”的词义的历史发展上看，它们同“管理”等意义早先也是有联系的。因为古代把像圆筒形状的钥匙叫作“管”（《左传·僖公三十二年》：“郑人使我掌其北门之管。”），它是拨开关键的东西，于是产生出“掌管”的意义。“管理”等义就是这样发展出来的。现在“钥匙”早已不叫“管”了。“管理”意义的“管”同“圆筒形的东西”的“管”之间，同“吹奏的乐器”的“管”之间，都很难看出有什么联系，这就成了两组同音词。

又如“一刻钟”的“刻”和“刻图章”的“刻”，它们的意义完全不同，前者是量词，后者是动词。但是，古代计算时间是以“铜壶刻漏”（详见《辞源》“漏壶”注）来作标准的，因而时刻与刀刻是有联系的。可是到了现在，一般人很难看出它们之间的联系了，于是两个“刻”变成了同音词。

(4) 声音的偶合

世界上任何一种语言所使用的语音总是有限的，而所要表示的事物和概念却是无穷的。用有限的语音去给无限的事物命名，就难免有偶然“同名”的时候。这是任何一种语言都不能避免的现象。

3. 同音词的作用

同音词可以用来构成同音双关的修辞方式，增强语言的表达效果。例如：

①他不能在导弹部门工作，他只能在导弹部门“捣蛋”。（周恩来《在文艺工作座谈会和故事片创作会议上的讲话》）

②人家打下了一架飞机，他倒打下了两架飞鸡，正在锅里炖着哩。（魏巍《东方》）

“导弹”和“捣蛋”、“飞机”和“飞鸡”，构成了同音双关，增加了幽默感和生动性。

好些歇后语也是利用同音条件来表达双关意义的。例如：

孔夫子搬家——净是书（输）

电线杆子绑鸡毛——好大掸子（胆子）

外甥打灯笼——照舅（照旧）

同音词也有消极作用，就是在口头表达时可能造成意义的混淆，妨碍人们顺利地进行交际。例如，在谈到“骄气”和“娇气”时，在谈到“期终考试”和“期中考试”时，往往得多费口舌予以说明。但是，总的来说，这并不是现代汉语中的普遍现象。因为绝大部分同音词的意义可以根据具体语言环境来确定，不致引起误解。对那些容易引起混淆的同音词，可以采取双音化、替换语素、轻重音和儿化等方法区分开来。例如：把“骄气”说成“傲气”，把“期终”说成“期末”；把作“粗心”讲的“大意”的“意”念成轻音，把作“大概意思”讲的“大意”的“意”念成重音；把“油票”儿化，念成“油票儿”，以区别于“邮票”。

二、同义词和反义词

从词与词之间的意义关系看，有些词的意义相同或相近，构成一组组同义词；有些词的意义相反或相对，构成一组组反义词。

（一）同义词

1. 同义词的类型

同义词是指一组意义相同或相近的词，可分为等义词和近义词两类。

等义词的意义几乎完全相同，一般可以互相替代。例如：

衣服——衣裳

气力——力气　演讲——讲演

青霉素——盘尼西林　米——公尺

玉米——包米——包谷——棒子

这一类同义词在词汇中为数极少。它们不能区别意义，也没有什么特殊的表达功能，是词汇规范化工作的对象。

近义词的基本意义相同，但有细微的差别。例如：

天气——气候　误解——曲解

滥用——乱用　勇敢——英勇

坚决——坚定　亲热——亲切

这一类同义词在词汇中大量存在，在语言的表达中起着非常积极的作用，是词汇学研究的重要对象。这类同义词的总的特点是：同中有异，大同小异。例如：“天气”和“气候”都是指大气中发生的各种气象的变化情况，可是也有差异。“天气”是不长的时间内的气象变化情况，“气候”是经过多年观察所得的概括性的气象变化情况。“勇敢”和“英勇”都是指有胆量，不怕困难和危险；但“英勇”在“勇敢”之外还表现出英雄气概。“亲热”和“亲切”都有亲近密切的意思；但“亲热”是指人的态度方面表现出的热烈的感情，“亲切”是指内心流露出来的真挚、关切的感情。

几个不同的词形成一组同义词，是以各词词义之间的“大同”为基础的。例如：“单纯”表示单一、不复杂，“纯粹”表示精粹、不含杂质，“纯洁”表示洁净、没有污点。而这三个词都有“纯一不杂”这个共同的意思作基础，因此形成了一组同义词。又如：“繁华”指市面的兴旺和热闹，“繁荣”指经济或事业欣欣向荣。而这两个词都有形容经济蓬勃发展的“大同”，因此也成为一组同义词。

几个词之间如果不能够归纳出一个主要的共同意义，就不能形成一组同义词。例如：“豪华”指建筑、器物的华丽而名贵，它同“繁华”和“繁荣”没有共同的意义。又如：“工作”指某种劳动、某种职务或某种职业，“义务”指法律上或道义上应尽的职责。这两个词也没有共同的意义。它们都不是同义词。

必须注意：所谓共同的意义，不是指事物在类别上的联系。如“麦”和“小麦”，尽管都有“麦”，但前者反映的是上位概念，后者反映的是下位概念，它们不是同义词；又如“钢笔”、“毛笔”和“铅笔”，“雪白”、“灰白”和“苍白”，反映的是从属于同一上位概念的并列概念，也不是同义词。

2. 同义词的辨析

同义词在语言中的存在价值，在词汇系统中的作用，主要不在于它们的“大同”，而在于“小异”。学会辨别分析这些“小异”，能帮助我们更好地掌握和运用同义词。辨析同义词的细微差别，可以从下面几个方面入手。

(1) 从意义方面辨析

a. 词义的范围不同

有些同义词，词义范围大小不同。这一般是同义的名词表现出来的一种细微差别。例如：在“年代、年月”一组词中，“年代”指比较长的时期，“年月”指比较短的时期。在“事情、事件、事故”一组词中，“事情”泛指一切活动和所发生的现象，意义范围最大；“事件”指已经发生的不平常的事情，范围比较小；“事故”指由于某种原因而发生的不幸的事情，范围最小。在“边疆、边境、边界”一组词中，“边疆”指远离内地靠近国界的大片领土，词义所表示的范围大；“边境”指紧靠国界的地区，范围小；“边界”指国家与国家之间，或地区与地区之间的交界线，也指它们之间接壤的狭长地带，范围最小。类似的例子还有：

时期——期间——时间	房屋——房子——屋子
战争——战役——战斗	气象——气候——天气
局面——场面	机械——机器

有些名词可以指集体，也可以指个体，有些名词只能指集体，不能指个体。这也是意义范围大小不同的一种差别。例如：在“树、树木”一组词中，“树”，可以说“公园里树很多”，也可以说“公园门口有一棵树”；而“树木”只可以说“公园里树木很多”，却不能说“公园门口有一棵树木”。类似的例子还有：

信——信件	书——书籍	灯——灯火
布——布匹	河——河流	船——船只
词——词汇	纸——纸张	花——花卉

b. 词义轻重不同

有些同义词的差别主要表现在词义的轻重有所不同。这一般是同义的动词、形容词表现出来的一种意义上的差别。例如：“损坏、毁坏”一组，“损坏”指程度较轻的破坏、损失；“毁坏”指性质较严重的破坏。又如：“努力、竭力”一组，“努力”是说把力量尽量使出来，“竭力”是说用尽力量。它们都是前一个词义轻，后一个词义重。类似的例子很多，比如：

伤害——损害——危害	劝止——阻止——制止
轻视——鄙视	请求——恳求
知道——了解	失望——绝望
主要——首要	不良——恶劣

c. 词义重点不同

有些同义词的差别主要表现在词义的着重方面不同。例如：“队伍、队列”一组，“队伍”着重在有组织，组成“队伍”的是有一定组织形式的集体；“队列”着重在有形状，排成“队列”的是有一定队形的集体。因此，一个有组织的集体，即使是有的人坐着，有的人站着，杂乱无章，也叫“队伍”；一个有一定队形的集体，即使是临时聚拢的，也叫“队列”。又如“精细、精致、精巧、精美”一组，“精细”着重指细密、细致；“精致”着重指别致、新奇；“精巧”着重指巧妙、玲珑；“精美”着重指美好、漂亮。类似的例子还有：

热爱：着重在爱的感情强烈。
酷爱：着重在爱的程度极深。

宠爱：着重指偏爱，在众多的对象中，只是特别喜爱其中的某一个或某一部分。
溺爱：着重指一味地、无原则地喜爱，甚至对其错误也姑息、袒护。

清脆：着重表示清楚悦耳。
清亮：着重表示清楚响亮。

（2）从色彩方面辨析

a. 感情色彩不同

有些同义词所表示的概念意义是一样的，但是所附加的感情色彩不同。这里主要讲一讲褒贬色彩的不同。例如：“成果、后果、结果”一组，都指事情发展到最后的结局。但“成果”只指好的结局，是褒义词；“后果”只指坏的结局，是贬义词；“结果”兼指好的和坏的，是中性词。又如：“果断、武断”一组，都表示判断和处理问题时坚定、不犹豫。但“果断”指迅速作出决断，是褒义词；“武断”指凭主观作出判断，是贬义词。再如：“顽强、顽固”一组，都有不容易改变或不容易动摇的意思。但“顽强”是一个中性词，既可以用于好的方面，又可以用于坏的方面；“顽固”是一个贬义词，只能用于坏的方面。

下面再举几组感情色彩不同的同义词：

褒义	中性	贬义
理想	幻想	空想

爱护	保护	庇护
荣誉	名誉	
刚强	倔强	
	充满	充斥
	控制	把持
含蓄		含混
团结		勾结

这几组例子还说明，褒贬色彩不同的同义词，并非每一组都是褒义、贬义、中性三种具备的。

同义词除了有褒和贬的感情色彩的区别外，还有其他感情色彩的区别。例如：“寿辰、生日”一组，前者带庄重尊敬的感情；“宰（用于人）、杀”一组，前者带诙谐或讥讽的感情；等等。

b. 语体色彩不同

有些同义词所表示的概念意义相同，但是所附加的语体色彩不同。

有的是口语和书面语的不同。例如：

小气——吝啬　吓唬——恫吓　害怕——畏惧

马上——立即　哆嗦——颤抖　怎样——如何

以上各组，相对地说，前者多用于口头，后者多用于书面。

有的是一般用语和特殊用语的不同。这里讲的“一般用语”指口头和书面都常用的普通用语。例如：

可以——准予　私自——擅自　任用——录用

给——给予　现在——兹　这——此

以上各组，后者多用于公文。又如：

飞——飞翔　好——美好　静——寂静

心——心田　唱——歌唱　脑子——脑海

以上几组，后者多用于文艺作品。再如：

胳膊——臂　氧气——氧　西红柿——番茄

以上各组，后者多用于专业性文章中。

(3) 从用法方面辨析

a. 适用对象不同

有的同义词的差别表现在它们所适用的对象、范围不同。有的用于人，有的用于物；用于人的还有老幼尊卑之分，用于物的还有抽象具体之别。例如“爱护、爱戴”一组：“爱护”可以用于人，也可以用于物，可以用于对上，也可以用于对下。而“爱戴”只用于人，并且不能用于上对下。又如“希望、期望”一组：“希望”可以对自己，也可以对别人。“期望”只用于对别人或别人对自己，不能用于自己对自己。再如“采纳、采用”一组：“采纳”适用的对象较窄，常见的只是某些抽象事物。“采用”适用的对象很广，可以是一些抽象事物，也可以是某些具体事物。

b. 搭配关系不同

词语的搭配，一要合乎事理，二要合乎习惯。同义词中搭配关系的区别同词义和约定俗成的习惯都有关系。

例如“发挥、发扬”一组：“发挥”是指把意思尽量地说出，把力量尽量地使出。“发扬”是指发展和提倡。“发挥”经常同“作用”“威力”“智慧”“力量”“干劲”“创造性”“积极性”“题意”“论点”等搭配。“发扬”经常同“作风”“精神”“传统”“民主”“成绩”“优点”等搭配。

又如“履行、执行”一组：“履行”指实践自己答应做的或应该做的事，常跟“诺言”“合同”“手续”“条约”“义务”等搭配。“执行”指按法律、计划或命令中规定的事项去办，常跟“命令”“任务”“方针”“路线”“政策”等搭配。下面再举几组搭配关系不同的例子：

{交流——思想　经验　文化　物质
{交换——意见　资料　产品　礼品

{侵犯——主权　利益　领海　人权
{侵占——土地　公款　财产　领土

{维持——秩序　生活　状态　治安
{保持——水土　记录　清洁　联系

{担任——工作　任务　课程　职务
{担负——工作　任务　费用　责任

c. 词性和造句功能不同

同义词一般词性相同，但也有词性不同或不完全相同的。

例如“深刻、深入”一组：“深刻”是形容词，既能作定语修饰名词，又能作状语修饰动词，如“深刻的印象”“深刻地批判”。“深入”能作形容词用，但不能修饰名词，只能修饰动词，如“深入地批判”；还能作动词用，后边带宾语，如“扁鹊深入民间”。

又如“充分、充足”一组：它们都是形容词，都可以作定语用在名词前边，如“充分/充足的理由”“充分/充足的证据”。但“充分”还经常作状语用在动词前边，如“充分发挥”“充分利用”。“充足”没有这种造句能力。

再如“根本、基本”一组：它们都兼属名词和形容词。在作名词用，处于主语、宾语的位置时，“根本”含有事物的根源的意思，“基本”含有事物的基础的意思。比如：

①你们夺去了我的养家活命的根本……（莎士比亚《威尼斯商人》）

②人民是国家的基本。

在作形容词用充当定语时，它们往往可以互换，但意思不完全一样。“根本”着重表示“最重要的，起决定作用的”；“基本”着重表示“最主要的，不可缺少的”。比如：

③为什么人的问题，是一个根本的问题，原则的问题。（毛泽东《在延安文艺座谈会上的讲话》）

④这是马克思主义认识论的一个基本原理。（《实践是检验真理的唯一标准》）

“根本”还可以作副词用，充当状语，表示“始终、完全”的意思；“基本”没有这种用法。比如：

⑤他根本不敢说话。

⑥这个根本不成问题。

了解词性和造句功能跟词义的关系，可以帮助我们正确理解词义，也可以帮助我们准确地使用同义词。

3. 同义词的作用

汉语的同义词十分丰富。精心选用同义词，可以增强语言的表达效果。从用词造句的角度看，同义词有下列几种作用。

(1) 同义词用得恰当，可以使表意准确

同义词在意义上的细微差别，有助于我们细致地区分客观事物，从而使思想表达更加精确、严密。例如“支持、支援”一组：

①他用柔和的眼光看着李四光说：“我们支持你。”（徐迟《地质之光》）

②（纪念碑）从一九五二年八月一日动工兴建以来，得到了全国人民的热情支援和关怀。（周定舫《人民英雄永垂不朽》）

“支持”和“支援”都有鼓励、帮助的意思。例①主要指精神上给予鼓励、帮助，所以选用了“支持”；例②主要指物质上给予鼓励、帮助，所以选用了“支援”。

又如“时候、时刻”一组：

③无论是在那枪炮打得最激烈的时刻，或是在那战斗间隙的时候……我们的党总是惦念着战士的进步，关心着战士的成长。（《解放军报》1979 年 4 月 6 日）

这个句子准确地选用了“时刻”和“时候”。比较起来，“枪炮打得最激烈”这个时间短，用“时刻”；“战斗间隙”这个时间长，用“时候”。

描写人物时，如果能恰当地选用同义词，能使人物的性格和形象更鲜明、更生动。例如：

④孔乙己便涨红了脸，额上的青筋条条绽出，争辩道，“窃书不能算偷……窃书！……读书人的事，能算偷么？”（鲁迅《孔乙己》）

鲁迅写孔乙己说话，不用口头习用的“偷”，而用带文言色彩的“窃”，使孔乙己这个迂腐不堪、死要面子的书呆子形象跃然纸上。

(2) 同义词前后换用，可使语句富于变化

在同一句话、同一段上下文或同一段唱词里，使用同义词既可表

达细致的思想感情，又可使词句生动活泼，不致单调重复。例如：

⑤这只是我自己心情的改变罢了，因为我这次回乡，本没有什么好心绪。（鲁迅《故乡》）

“心情”所表示的感情状态，着重在内心的境界；“心绪”也指一种心情，但重在表示安定或紊乱的状况。例⑤使用这组同义词，是因为两个词意义有差别，同时，交错使用也避免了用词重复。

又如叶剑英同志的《攻关》一诗：

⑥攻城不怕坚，攻书莫畏难。
科学有险阻，苦战能过关。

“不”和“莫”同义，“怕”和“畏”同义。在一首诗中，它们前后换用使诗句显得活泼多姿。

（3）同义词并列连用，可使语势加强

两个双音词，意义相近，并列连用，可以使意义更加明朗，增加气势。例如：

⑦要是句子短些，章节短些，文章就生动活泼。（郭沫若《关于文风问题》）

“生动”和“活泼”都可以指从内容到形式是活生生、不死板的；但比较起来，“生动”侧重于内容，“活泼”侧重于形式。这一句“生动活泼”连用，意义上互相补充，同时也增强了语势。类似这样连用的，还有“兴旺发达”“繁荣昌盛”“慷慨激昂”“灵活机动”“上当受骗”“骄傲自满”“犹豫徬徨”等等。又如：

⑧另外一位老人和幽灵一样浮现了出来，那便是反动派的商山四皓之一的吴稚晖。那个庞大、臃肿、肮脏、龌龊的“虚伪”的形象化！（郭沫若《洪波曲》）

作者连用“庞大、臃肿”和“肮脏、龌龊”两组同义词，加强了对国民党极右分子吴稚晖的憎恶之情。

（4）同义词选得精当，可使音韵协调

同义词在用词造句上的作用，还表现在适应汉语音韵的特点方面。同义词可以用来调整平仄。抗美援朝胜利时，何香凝老人画过一幅牡丹和喜鹊的国画，赠给中国人民志愿军。周恩来同志在画上题了两句对语：

⑨鹊报援朝胜利

花贻抗美英雄

“贻”是赠送的意思。跟它同义的还有“赠、送、献、遗（wèi）、给、与、呈”等词。对语是要求平仄相对的，特别讲究“二、四、六分明”。这里上句第二字是仄声，相对应的下句第二字就应是平声。“赠、送、献、遗、给、与”都是仄声，不合要求。“呈”虽然是平声，但带有庄重严肃的感情色彩，不宜用在这里。只有“贻”最好，不仅声调谐和，而且正好表现出中国人民对志愿军亲切、友爱而又崇敬的感情。

在同义词中，还有单音节和双音节同义的现象，例如“树、树木”“林、森林”“花、花朵”“日、太阳”等。单、双音节的同音词如果运用得当，可以增强语言的节律美，使文章读起来顺口，听起来悦耳。例如：

⑩这就叫作片面地看问题。或者叫作只看见局部，不看见全体，只看见树木，不看见森林。（毛泽东《矛盾论》）

有个成语是“见树不见林”。作者在这里改造为“只看见树木，不看见森林”，把单音节词换成双音节词，把一个小句扩展成两个小句，这就是为了使它跟前面的“只看见局部，不看见全体”音节匀称。

（二）反义词

1. 反义词的类型

两个意义相反或相对的词，互为反义词。反义词有绝对反义词和相对反义词两类。

绝对反义词，在两个反义词之间没有表示中间状态意义的词。例如：

生——死　公——私　动——静　对——错

安全——危险　出席——缺席　抽象——具体

非法——合法　正面——背面　部分——整体

以上各组，前后两个词的意义是绝对排斥的。肯定一方就必然否定另一方，否定一方就必然肯定另一方，就是说，非此即彼，两者之间不存在中间状态。

相对反义词，在两个反义词之间存在着表示中间状态意义的词。例如：

白——黑　高——矮　笑——哭　买——卖

南——北　左——右　开头——结尾　朋友——敌人

前进——后退　缩小——扩大　陈旧——新颖

聪明——愚蠢

以上各组，前后两个词的意义是相对排斥的。肯定一方就必然否定另一方，但否定一方不一定是肯定另一方，就是说，非此而不一定是彼，因为两者中间还有第三种、第四种情况存在。例如，是“白”肯定不是“黑”，是“黑”肯定不是“白”；但非“白”不一定是“黑”，非“黑”不一定是“白”，因为非“白”、非“黑”的还有“红”“黄”“蓝”等等。正因为如此，通常“白”“黑”“红”三者可以互为反义词，如下图所示：

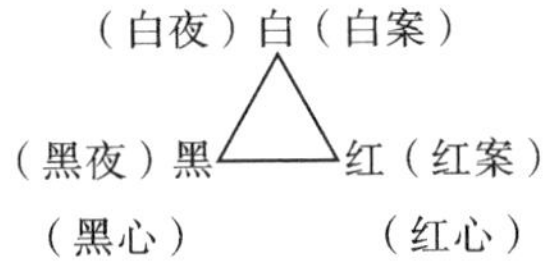

一对反义词在意义上是互相对立的，同时又是互相联系的。它们是客观事物矛盾对立现象在词汇中的反映。正如毛泽东同志所说：“原来矛盾着的各方面，不能孤立地存在。假如没有和它作对的矛盾的一方，它自己这一方就失去了存在的条件。……没有生，死就不见；没有死，生也不见。没有上，无所谓下；没有下，也无所谓上。没有祸，无所谓福；没有福，也无所谓祸。……一切对立的成分都是这样，因一定的条件，一面互相对立，一面又互相联结、互相贯通、互相渗透、互相依赖……”（《矛盾论》）组成反义词的一对词之间的关系，一般也是这样。

有一些词，如“春”和“秋”，它们的意义并没有严格的矛盾对立关系，但在语言中经常对举，构成了反义词。这是语言习惯所决定的。

组成反义词的一对词必须属于同一意义范畴。例如：“深”和“浅”都指深度，“长”和“短”都指长度，“古”和“今”都指时间，“南”和“北”都指方位。反映不同意义范畴的词，不能组成反义词，如“深”和“长”、“古”和“南”。

词汇中的反义词是指词与词意义相反，不是指词与短语的意义相反。因此，“好”和“不好”、“大”和“不大”都不是反义词。

2. 反义词的相配关系

反义词不是简单地一一相对。它们的相配关系是复杂的。

(1) 一个多义词可以有几个不同的反义词

多义词有几个意义，它的每一个意义都可能有反义词。例如“老”的本义是“年岁大”，在这个意义上，它的反义词是“少”和“幼”。“老”的引申义有“很久以前就存在的”，如“老朋友”，在这个意义上，它的反义词是“新”。“老”还有一个引申义是“(蔬菜) 长过了适口的时期”，如“菠菜老了”，在这个意义上，它的反义词是“嫩”。又如“正”也有几个不同的反义词：

正：
❶画挂正了——画挂歪了
❷正对面——斜对面
❸这面是正——那面是反
❹正主任——副主任
❺正整数——负整数

(2) 一组同义词可以有共同的反义词

一组同义词因其有“大同”，所以往往有一个共同的反义词。例如：“俭朴、俭省、节俭、节约”是一组同义词，都有“使用财物很有节制”的意思；它们有一个共同的反义词——“浪费”。又如：

主动、自觉、自动——被动

笨、傻、愚蠢——聪明

(3) 一组同义词可以有不同的反义词

一组同义词因其有“小异”，所以往往有不同的反义词。我们可以利用不同的反义词领会一组同义词之间的细微差别。例如“虚假”和“虚伪”是一组同义词，它们都指与实际不符。但是，“虚假”多指与事实、真相不相符合，它的反义词是“真实”；“虚伪”多指待人处事缺乏诚意，口是心非，它的反义词是“诚实”。

又如“暂时”和“临时”是同义词，它们都能表示时间不长。但是，“暂时”只着眼于时间，指短暂时间之内，它的反义词是“长远、永久”；“临时”不仅着眼于时间，还着眼于变动前后的情况，它的反义词是“经常、固定”。再如：

尊敬——侮慢 尊重——轻蔑	果断——迟疑 武断——审慎
敏锐——迟钝 敏捷——笨拙	特别——普通 特殊——一般

3. 反义词的作用

反义词反映客观事物的矛盾对立关系，因此，要揭露事物的矛盾，说明事物的对立关系，总离不开反义词。反义词在造句上、构词上都有一些作用。

(1) 突出矛盾，增强力量

利用反义词把两件相反的事物放在一起，形成对照，矛盾对立的现象可以表现得更鲜明，使得黑白分明，是非清楚。例如：

①如果我们回想一下，我党在幼年时期，我们对于马克思列宁主义的认识和对于中国革命的认识是何等肤浅，何等贫乏，则现在我们对于这些的认识是深刻得多，丰富得多了。（毛泽东《改造我们的学习》）

②总之，在任何工作中，都要记住：“虚心使人进步，骄傲使人落后。”（吴晗《说谦虚》）

③“四人帮”……以生产力的停滞代替生产力的飞速发展，以专制代替民主，以迷信代替科学，以黑暗的中国代替光明的中国。

例①用“深刻、丰富”跟“肤浅、贫乏”对比，显示了我党的成熟和进步。例②的“虚心”和“骄傲”、“进步”和“落后”两两对照，反对什么、鼓励什么，观点十分鲜明。例③利用“停滞”和“发展”、“专制”和“民主”、“迷信”和“科学”、“黑暗”和“光明”等四对反义词的照应、配合，深刻有力地揭露了“四人帮”祸国殃民的罪行。

(2) 正反连用，含义隽永

利用反义词的照应、配合，将看似矛盾、实则一致的两个概念巧妙地联在一起，构成含义隽永、耐人寻味的语句，使人产生“出乎意料之外，入乎情理之中”的感觉。例如：

④为了忘却的记念（鲁迅一文标题）

⑤平凡的伟大（曹靖华一文标题）

好些熟语也是用这种方式构成的。例如：

失败是成功之母。

尺有所短，寸有所长。

智者千虑，必有一失；愚者千虑，必有一得。

(3) 正反对举，以概其全

有的时候，反义词连用，表示正反对举，含有“举此两端以概其余”的意思，使叙述简练、明确。例如：

⑥可是做工是昼夜无休息的：清早担水晚烧饭，上午跑街夜磨面，晴洗衣裳雨张伞，冬烧汽炉夏打扇。（鲁迅《聪明人和傻子和奴才》）

“清早”和“晚”、“上午”和“夜”、“晴”和“雨”、“冬”和“夏”对举，表示一年四季无时不在忙碌的意思，有强调、渲染的作用。

口语中常有这样的用法，如“不怪天，不怪地，只怪自己不争气”，是不怪任何人的意思；“这也对，那也对”，即都对；“男女老少齐上阵”，是大家都上阵的意思。

许多成语也是这样构成的，有同样的作用。例如：“左右为难”“坐卧不安”“东张西望”等等。

思考与练习

一、举例说明什么是多义词的本义和转义。

二、举例说明多义词的转义的类型。

三、下面的词，哪些是单义词？哪些是多义词？

报道　比拟　岔路　诚心　创伤

地基　风景　挂彩　后台　让位

四、用下列各词的本义和转义各造一个句子。

长短　春风　打算　带动　低级

腐蚀　表现　袭击　平常　气候

五、指出下列各个多义词的常用义和非常用义。

粗　比　冷　会　看　傀儡

六、什么是同音词？同音词在语言表达方面有什么积极作用？

七、什么是同义词？同义词的细微差别表现在哪些方面？

八、辨析下列各组同义词。

①推翻、颠覆　②咆哮、呼啸

③气派、气度　④流露、透露

⑤调集、纠集　⑥忽然、突然、猛然

九、在下列每个词的后边各填上一个表示“叫”的意义的同义词，不得重复。

龙________　虎________　狮________　狼________

马________　猿________　犬________　鸟________

十、在下面句子中的横线上填上一个语素。

这个时候，什么个人得失、安危、荣________、毁________——一句话，一切有关“自我”的概念，仿佛全不存在了。

十一、什么是反义词？举例说明反义词的作用。

十二、写出下列各词的反义词。

昂贵　本质　沉着　粗野

高涨　华丽　紧密　平和
强制　深奥　委靡　忠厚

第五节　词汇的构成

【学习提示】

现代汉语词汇中除了极其发达的基本词汇外，还有各种非基本词汇。基本词汇和非基本词汇是相互依存、相互渗透的。学习时，要注意了解它们之间的相互关系，并重点了解词汇各种组成成分的特点和使用原则。

熟语是词汇构成系统中的特殊成分。熟语中的成语是学习的重点。要求掌握成语的特点和作用，能分辨并改正成语运用中的错误。成语的语素义和读音或多或少保留了一些古汉语的痕迹，学习时应加以注意。

一、基本词汇和非基本词汇

(一) 基本词汇

词汇里，有些是全民族使用得最多的，日常生活中最必需的，意义最明确，为一般人所共同理解，几乎用不着什么解释的。这样的词是词汇中最主要的成分，叫基本词。例如：

有关自然界事物的：水　地　山　天　树　草　天气

有关生产和生活资料的：刀　鞋　衣服　米　菜　油　火　马　牛　汽车　电灯　房子　板凳

有关亲属称谓的：奶奶　父亲　哥哥　姐姐　妻子

有关人体各部分名称的：人　头　口　手　脚　心

有关一般的动作变化的：吃　喝　走　睡　打　飞

有关一般的性质和状态的：好　大　高　轻　和气

有关数量的：一　十　百　千　斤　只　元　次

有关方位、处所和时间的：上　左　前　年　月　春天　秋天　上午　以前

有关指代的：我　你　他　谁　什么　怎样　哪儿

有关语气、关联的：吗　了　啊　因为　所以　但是　然而　就　和　跟

所有基本词的总汇叫基本词汇。基本词汇是词汇中的主要成分，它在整个词汇系统中所占比例不大，可是生命力强。它长期生存，并为构成新词提供基础。

基本词汇的主要特征可以归纳为以下三点：

1. 全民性

基本词汇表示的是生活中最基本、最必要的概念或关系，所以，凡是使用同一种语言的人，不论是哪个阶级或阶层，哪种行业，也不管文化程度高低，都毫无例外地需要用基本词汇进行交际。

2. 稳固性

基本词汇所表示的事物或现象都是生活中极其重要的，长期存在的，所以，基本词汇可以千百年长期存在。例如："火""人""山""牛""羊""水"等词，都是从远古的汉语里传下来的。它的来源虽然古老，可是一般人并不觉得古老，它跟那些在现代汉语中很少用，只在古典作品中才见到的古语词是有区别的。

3. 能产性

基本词汇具有很强的构词能力。随着社会的发展，新的事物、新的现象不断出现，词汇库里也就需要不断地补充新词。新词是不能凭空产生的，它必须在已有的语言材料的基础上才能造出来，而基本词汇就是构成新词的基础。例如，"水"既是独立的基本词，又能作语素用，造出很多新的合成词：

水平　水准　水银　水手　水雷　水塔

水管　水碓　水泥　水道　水源　水位

水车　水晶　水泵　水表　水枪　水龙

水闸　水利　水泡　水红　水彩　水仙

水头　水牛　水鸟　水运　水战　开水

冷水　冰水　盐水　泪水　汽水　死水

泔水 污水 潮水 洪水 墨水 胶水

还可以举出一些。其他基本词，如“人”“地”“土”等等，也都可以构成不少新词。

基本词汇这三个特征，不是每个基本词全都具备的，如一些代词，就只具备前两个特征，不具备第三个特征，即没有构词能力。基本词汇也不是一成不变的，它在缓慢地发展变化着。有些基本词退居非基本词汇甚至消亡，有些非基本词则加入了基本词汇的行列。如“弓”原是基本词，随着社会的发展，“弓”这种器具的地位变得不重要了，“弓”这个词也就不能不退出基本词汇的行列。“党”这个词，原是个非基本词；现在成了我们生活中必不可少的词，具有较强的构词能力，可构成“党员”“党纲”“党章”“党校”“党龄”“党费”“党性”“党委”“党旗”“党中央”“整党”等等新的合成词。毫无疑问，“党”这个词已经成了基本词了。

（二）非基本词汇

非基本词汇也叫一般词汇，是所有非基本词的总汇。基本词汇是丰富词汇的不断源泉，非基本词汇是充实基本词汇的无穷基地。基本词汇和非基本词汇是词汇构成的两大成员。

非基本词汇的构成成分，可以根据不同的来源分出新造词、古语词、方言词、外来词、专业词等。

1. 新造词

新造词是为了反映新事物、新现象而产生的新词。例如：

有关政治思想的：整党、碰硬、拼搏等。

有关工农业的：翻番、个体户、专业户、责任制、责任田等。

有关科学技术的：电视、电脑、导弹、宇航、激光、录像、机器人、液化气等。

有关日常生活的：待业、离休、一次性等。

新造词有的是利用现存的基本词或语素，按汉语的构词法直接构成的，如“拼搏”“机器人”“一次性”等；有的是由一些短语简缩而成的，如“整党（整顿党组织）”“翻番（翻一番）”“离休（离职休息、休养）”等。

创造新词是丰富语言词汇的重要途径。创造新词要根据实际需要，符合构词规律，意义明确，能为人们共同理解。“新造”绝不等于“生造”：如果任意拼凑语素，就是生造词语。例如：

*①最近姚大爷显得格外频忙。[①]

*②经过一场激烈的战斗，敌舰艇被我毙获。

*③他的发言很精绝。

这几个例句都用了生造词，是语言规范化决不允许的。为了语言的纯洁和健康，我们必须按鲁迅所告诫的去做：“不生造除自己以外，谁也不懂的形容词之类。”（《答北斗杂志社问》）

2．古语词

古语词包括文言词和历史词。文言词是古代汉语中使用而现代汉语，特别是口语中很少用的一些词。例如：

君子　晦暝　擢升　俸禄　稽首　鄙夫　矣　亦　乎

历史词是指表示历史上曾经存在过，现在已经消亡了的事物的词。例如：

天子　诸侯　丞相　员外　太守　宗庙　戟　笏　觞　鼎　圭　俑

古语词在表达上的作用主要有下面几点：

（1）可以表示庄重严肃的色彩，同时能使行文言简意赅。例如：

①双方全权代表在本条约上签字盖章，以昭信守。（《中华人民共和国、日本国和平友好条约》）

②惟独共产主义的思想体系和社会制度，正以排山倒海之势，雷霆万钧之力，磅礴于全世界，而葆其美妙之青春。（毛泽东《新民主主义论》）

这两个例子所选用的古语词，都具有庄严色彩，它们同文章的风格是和谐一致的。

---

① 例句前加 * 号的是有语病的句子。下同。

(2) 能增加语言的变化，使文章生动活泼，有时还有幽默、讽刺的作用。例如：

③现在许多人在提倡民族化、科学化、大众化了，这很好。但是“化”者，彻头彻尾彻里彻外之谓也；有些人则连“少许”还没有实行，却在那里提倡“化”呢！（毛泽东《反对党八股》）

④这些朋友们的心是好的，他们也是爱国志士。但是“先生之志则大矣”，先生的看法则不对，照了做去，一定碰壁。（毛泽东《论持久战》）

这里的古语词用得恰当，显得幽默诙谐，风趣横生。

(3) 在牵涉到某些历史事件和历史人物时，使用古语词可以反映时代特点和人物身份。例如：

⑤一直到元帝时由于匈奴呼韩邪单于款塞入朝，才从阴山以北的城堡撤退驻军，但仍然保留着通烽火的哨兵。（翦伯赞《内蒙访古》）

⑥疯子：叫我起，我就起，尊声娘子别生气！……列位大嫂！……娘子差矣！（老舍《龙须沟》）

例⑤，作者用了一些古语词来叙述汉代的史实。例⑥的几个古语词，也是旧时评书常用语，出自艺人出身的程疯子之口，很符合他的身份。

使用古语词，易犯的毛病是滥用和误用。例如：

*⑦上海离兰州路途迢递，而且家里人口众多，目前没有迁移的可能。

*⑧生活关对我来言，亦是一个考验。

*⑨报纸改版，文风一新，是一个大大的改进。于是，一下子都效尤起来了。

例*⑦滥用了相当冷僻的古语词“迢递”。例*⑧滥用古语词“言”和“亦”，显得生硬，不自然。例*⑨，作者不明白“效尤”是“明知不对还照着去做”的意思，因而误用。

3. 方言词

方言词是方言区使用的、带有地方色彩的词。有些方言词，意义上或色彩上有特殊的表达作用，所以被普通话吸收了进来。例如：

①群众就不欢迎他们枯燥无味的宣传，我们也不需要这样蹩脚的不中用的宣传家。（毛泽东《反对党八股》）

②党八股的第四条罪状是：语言无味，像个瘪三。（毛泽东《反对党八股》）

例①中的“蹩脚”虽然是“本领不强”的意思，但带有讽刺的感情色彩。例②中的“瘪三”带有瘦而可恶的形象色彩。

运用方言词应该注意以下几点：

第一，可以使用方言中有特殊意义的词，因为这些词在基础方言中是没有适当的同义词可以代替的。例如：“搞”“名堂”“扯皮”“垃圾”“尴尬”“塌台”“把戏”“别扭”“煞有介事”等等。

第二，舍弃基础方言中过于土俗的词。例如：东北的“非……不解（不行，不能算完）”，山西、陕西一带的“地板（地）”“婆姨（老婆）”，北京的“大拇哥（大拇指）”“老爷儿（太阳）”“步辇儿（步行）”，等等。

第三，同实异名的词，应当根据普遍性的原则，采用在较广的范围内通用的。例如：“玉米”“老玉米”“包谷”“棒子”等，采用“玉米”；“馒头”“馍”“馍馍”“蒸馍”等，采用“馒头”。

第四，同名异实的词，应该以北京话的含义为准。如“爹”，不要用来指“爷爷”。

第五，各方言中词义范围大小不同的词，应当以北方方言习用的含义为准。例如，上海人不仅说“书厚了”“书薄了”，而且说“粥厚了”“粥薄了”，而在北京话里，像“粥”之类的糊状物体，则说“粥稠了”“粥稀了”。显然，在上海话里，“厚”“薄”这两个词的运用范围要比北京话里宽些。又如，河南人不仅说“糖甜”，“菜淡了”也说成“菜甜了”，“甜”的用法也比普通话的宽。再如，广东人不管是人是猪，只要长的肉多都叫“肥”，“肥”的用法也较宽。使用这一类词，都应以北方方言习用的含义为准。

文艺作品为了表现人物的特点和地方特色，可以适当采用方言词，但必须防止滥用，以免因为读者不懂而降低作品的价值。

4. 外来词

外来词是指从外国或国内其他民族语言里吸收来的词，又叫借词。

现代汉语的外来词有以下几种类型：

(1) 音译的外来词

按照外族语言词的语音形式翻译过来叫音译。例如：

坦克（英 tank） 马达（英 motor）

扑克（英 poker） 沙发（英 sofa）

模特儿（法 modèle） 苏维埃（俄 совет）

(2) 音译兼表义的外来词

这又分三种情况。一是音义双关的。例如：

幽默（英 humour） 引擎（英 engine）

维他命（英 vitamin） 乌托邦（新拉丁语 Utopia）

二是在音译词的前面或后面加上汉语语素的。例如："摩托车"是用"摩托"音译英语的 motor，再加汉语的"车"。又如（带点的是音译部分）：

啤酒 芭蕾舞 吉普车 沙丁鱼

卡片 卡宾枪 法兰绒 酒吧

三是半音译半意译的，即一个词由音译的和意译的两部分组成。例如："沙文主义"，"沙文"是音译 chauvin，"主义"是意译-ism。又如（带点的是音译部分）：

马克思主义 新德里

浪漫主义 冰淇淋

(3) 从日文中按汉字形式借来的外来词

这是借用日文中用汉字书写出来的词。例如：

积极 关系 观念 干部 概括 改订 紧张 进化

巨匠 抽象 手续 领土

还有一种意译词，就是根据外语词的意义，用汉语语素造出的新词。这种词不算外来词。

外来词进入汉语词汇系统要经过或多或少的改造，在语音、词汇、语法各方面都要受汉语内部规律的支配。如英语 shock，音译为“休克(xiūkè)”后，由一个没有声调的音节变成两个带有声调的音节。

使用外来词应注意以下几点：

第一，基础方言与其他方言因吸收外来词而产生的等义词，应采用基础方言的。

例如：北方方言叫“汽水”的，上海方言叫“荷兰水”；北方方言叫“冰淇淋”的，广州方言叫“雪糕”。应该采用“汽水”“冰淇淋”。

第二，音译、意译、音兼意译的词并存时，尽可能采用意译或音兼意译的词。

例如：“德莫克拉西”是音译，“民主”是意译；“赛因斯”是音译，“科学”是意译；“麦克风”是音译，“扩音器”是意译。应该采用后者。但是，当音译词已具有普遍性，而意译词又不确切时，就采用音译词。例如“逻辑”是音译，“论理学”是意译，取前者而不取后者。

第三，同一外来词音译不统一时，取现在通用的，不取过去所译而现在不通用的。

例如：“普希金”过去有人译作“普式庚”，“雨果”过去有人译作“嚣俄”。应该取前者。

5. 专业词

专业词指各个行业和科学技术上应用的词语。各种行业所用的专业性词语，又可以叫作行业语；各门学科所用的专业性词语，又可以叫作专门术语。例如：

用于工业的：切削　冷焊　油压　热处理
用于农业的：轮作　中耕　复种　保墒
用于商业的：盘存　销路　回扣　货栈
用于外交的：照会　国书　大使　领事
用于哲学的：物质　精神　唯物　量变
用于数学的：函数　微分　象限　线段
用于物理的：短波　原子　固态　调频

用于化学的：元素　老化　分馏　中和

用于文艺的：典型　特写　素描　旋律

用于语言的：音节　音位　主语　宾语

如此等等，各种行业、各个学科都有很多专门用语。

专业词具有单义性，并且一般只在专业范围内使用。但是，由于社会的迅速发展，科学文化知识的逐步普及，有些专业词也可能产生引申用法，扩大使用范围，成为通用词。例如：医学用语“麻痹”“感染”“瘫痪”“消化”“流产”“消毒”等等，化学用语“腐蚀”“饱和”“分解”“反应”等等，军事用语“进军”“突击”“基地”“看齐”等等。这些词的意义范围扩大，由单义词发展成为多义词，实际上起了丰富词汇的作用。

二、熟　语

熟语是由词或语素构成的现成用语。熟语是一种特殊的词汇构成成分。它是大于词的语言单位，但又具有词的特性，造句功能与词相同。它形式上像短语或句子，但又不同于一般的临时自由组合而成的短语或句子；它是久经沿用基本定型了的，只能整体用来表义，一般不能随意变动组成部分。

熟语包括成语、惯用语、歇后语、谚语等。

（一）成语

1. 成语的特点

成语是长期以来形成的一种定型的语素组合体，形式上像短语或小句。它具有以下两个特点：

（1）结构的定型性

汉语成语由于是相沿已久、约定俗成的，因而在结构上凝固成型了。它的结构成分——语素，如果没有特殊需要，一般不能随意颠倒，不能用意义相同、相近的来替换，也不能任意增加或减少。例如：“胡作非为”“与虎谋皮”，不能说成“非为胡作”“谋皮与虎”。“麻木不仁”“情不自禁”不能说成“麻痹不仁”“神不自禁”。“一孔之见”“不屈不挠”不能说成“一孔之所见”“不屈挠”。

四个语素构成的成语是汉语成语的基本形式。四个语素有四个意义，组合在一起能够容纳下一个掌故。语素过少，容量太小，不能表达深刻复杂的思想；语素过多，又难以记忆，不易流传。所以，很多神话寓言、历史故事都用四个语素概括成为成语。如果超过四个音节，就以四个语素节缩而为成语；如果少于四个语素，则扩充为四个语素。例如："守株待兔"概括了某人守候在树旁，希望得到撞死的兔子，以期坐享其成的故事。"有名无实"由《国语》上的句子"吾有卿之名，而无其实"节缩而成。"穷则思变"由《周易》"穷则变，(变则通，通则久)"扩充而成。

(2) 意义的整体性

成语中的四个语素组合起来，一般都是表示一个概括的、不可分割的完整意义。

在不同的成语中，整个成语的意义与各个语素的意义的关系是不完全相同的。有的成语的意义与语素的意义已经丧失联系，整个成语的意义不能从语素的意义中推断出来。例如"瓜田李下""青出于蓝""守株待兔"等等，尽管每个语素义我们都能理解，但并不一定就懂得由这些语素组成的成语的意义。因此，要了解这些成语的意义就不能直接照字面的意思去理解，而必须了解它们的来源。

有的成语的意义与构成成语的语素义有一定的联系。整个成语的意义虽然不是四个语素义的简单相加，但却是由它们的意义引申出来的。人们根据这些语素的意义，可以大致推测出整个成语的意义。例如："对牛弹琴""混水摸鱼""班门弄斧""万马奔腾"等等。

当然，也有一种成语，它们的意义直接由各个语素义合成，人们一看就能理解。例如："悲喜交集""奇形怪状""粗心大意""欢天喜地"等等。

总之，成语有固定的形式，也有固定的意义。它具有使用上的传统性和语义上的完整性。

2. 成语的来源

(1) 来源于神话寓言

我国古代的很多神话传说、寓言故事含义深刻，富有教育意义，往往被概括成为成语。例如：

女娲补天　精卫填海　开天辟地　夸父追日

愚公移山　守株待兔　刻舟求剑　杞人忧天

叶公好龙　画龙点睛　杯弓蛇影　画蛇添足

望洋兴叹　歧路亡羊　南辕北辙　拔苗助长

鹬蚌相争　滥竽充数　按图索骥　狐假虎威

(2) 来源于历史故事

我国古代有许多著名的历史故事和历史事件，后人把它们凝缩成四个字的成语。例如：

卧薪尝胆　负荆请罪　甚嚣尘上　四面楚歌

草木皆兵　破釜沉舟　完璧归赵　望梅止渴

洛阳纸贵　毛遂自荐　闻鸡起舞　三顾茅庐

退避三舍　图穷匕现　请君入瓮　朝秦暮楚

(3) 来源于古书成句

这又分两种情况：一种是从古书中直接摘引原句；一种是经过加工的，或紧缩，或减字，或增字，或换字。例如：

①一鼓作气——《左传·庄公十年》：“夫战，勇气也。一鼓作气，再而衰，三而竭。”

②摧枯拉朽——《晋书·甘卓传》：“将军之举武昌，若摧枯拉朽。”

③土崩瓦解——《史记·主父偃列传》：“臣闻天下之患在于土崩，不在于瓦解。”

④举一反三——《论语·述而》：“举一隅不以三隅反，则不复也。”

⑤赴汤蹈火——《韩诗外传》卷一：“命入朝廷，如赴汤火。”

⑥晴天霹雳——《王令集·卷九·寄满子权》：“九原黄土英灵活，万古青天霹雳飞。”

(4) 来源于群众口语

有不少成语来源于群众口头习用的通俗而形象的俗语。有的是古时产生的。例如：

⑦狼子野心——《左传·宣公四年》："谚曰：狼子野心。是乃狼也，其可畜乎！"

⑧千夫所指——《汉书·王嘉传》："里谚曰：千夫所指，无病而死。"

⑨水到渠成——《东坡续集·卷十一·与章子厚书》："恐年载间遂有饥寒之忧，不能不少念，然俗所谓水到渠成，至时亦必有处置。"

以上诸例中的"谚曰""里谚曰""俗所谓"等说明这些成语是古已流传于民间的。

有的是后世产生的。例如：

一干二净　一五一十　三长两短　四平八稳
五湖四海　七手八脚　十拿九稳　半斤八两
鼓足干劲　成年累月　排除万难　人山人海
古为今用　百花齐放

3. 成语的运用

(1) 成语言简意赅，有助于说明道理

例如"纲举目张"，纲，就是鱼网上的总绳；目，就是鱼网上的眼子。渔人提起网上的总绳，鱼网上所有的眼子就都张开了。人们把这个道理推广开来，说明抓住了主要环节，就能带动一切。

又如"拔苗助长"，一个人嫌禾苗长得慢，就一棵棵地拔高一点，后来禾苗都枯槁了。这件事说明，如果违反了事物发展的客观规律，就会把事情弄糟。

再如"南辕北辙"，一个想到南方的楚国去却往北面走的人，自认为他的马好、旅费多、马夫本领大，就可以到达楚国。这件事说明，一个人做事，如果方向不对头，即使条件再好，主观再努力，距离目的地也会越来越远。

这些成语都是前人生产生活经验的总结，言词简洁，含义深刻、完备。

(2) 成语形象生动，可以增强感染力

例如“中流砥柱”这个成语，本身就是一个具体的形象。“砥柱”是个山名，在黄河三门峡。它受急流冲击，依然直立不动。人们就用这样的形象来比喻坚强的、能起支柱作用的人或集体，就像屹立在黄河激流中的砥柱山一样。又如：

①对于他们，第一步需要还不是“锦上添花”，而是“雪中送炭”。(毛泽东《在延安文艺座谈会上的讲话》)

这两个成语用在这里十分贴切，既通俗易懂，又形象生动。再比较下列意义相近的成语和一般短语：

同床异梦——各有各的打算

一孔之见——片面的见解

一毛不拔——极端吝啬

千言万语——很多话

万无一失——绝不出差错

白纸黑字——证据确凿

比较而言，成语显得具体、形象，一般短语则显得较为抽象、平实。

(3) 成语可以协调句式，增强节奏感

例如：

②开国之初，生机蓬勃。虽然百废待兴，但已经是万紫千红的局面。(徐迟《地质之光》)

③要做一番英雄事业，就得有一把硬骨头，不怕千辛万苦，不怕千难百险，不怕摔跟头，勇往直前，百折不挠。……真正英雄，越是困难中越显出是真金炼就的好汉。这号人，在困难中不是低头叹气，而是奋发图强，壮志凌云，气吞山河。(姚雪垠《虎吼雷鸣马萧萧》)

以上两例都接连用了几个成语，读来使人觉得音调铿锵，节奏明快，产生声音上的美感。

运用成语要注意以下几点：

第一，弄懂成语的意义。

有些成语古今意义差别很大。例如："落花流水"原来是形容春景衰败，现在用来比喻惨败。"出尔反尔"原意是你怎样对待人家，人家将怎样回报你，后来指人的言行前后矛盾，反复无常。对某些成语，如果我们了解了它的语素义，就可以帮助我们理解整个成语的含义。例如："不速之客"，"速"是"邀请"的意思。"不名一文"，"名"是"占有"的意思。"汗流浃背"，"浃"是"湿透"的意思。

如果不弄懂成语的意义，不求甚解，望文生义，就往往用错。例如：

*④过去年代里，洪水把千万亩良田变成了一毛不拔的沙滩。

*⑤这些稿件都是不刊之论，无法采用。

例*④"一毛不拔"是形容非常吝啬自私，这里应该改为"不毛之地"。例*⑤"不刊之论"指至理名言，无可删改，"刊"是"刊正、修改"的意思。作者可能是把"刊"误解成了"刊载"的意思。

第二，弄清成语的感情色彩。

成语有褒义的，有贬义的，感情色彩非常鲜明。例如：

⑥您为革命事业呕心沥血呵，您办公的明灯，在八亿人民心中永照。（石祥《周总理办公室的灯光》）

⑦这样又要照顾外面的生意，又要挖空心思找出话来对付林大娘不时的追询，寿昌更加没有功夫去探听林先生的下落。（茅盾《林家铺子》）

"呕心沥血"指用尽心血，"挖空心思"指费尽心计。两者意思相近，但感情色彩相反：前一个褒，后一个贬。又如"自食其力"是褒义的，"自食其果"是贬义的；"红光满面"是褒义的，"面红耳赤"是贬义的。

如果不了解成语的感情色彩，就有可能用错。例如：

*⑧刘大姐对我们的关怀真是无所不至。

*⑨今后一定要戒骄戒躁，变本加厉，取得更优良的成绩。

例* ⑧的“无所不至”是贬义的，指什么坏事都做到了。这里应该用褒义的“无微不至”，指没有哪点儿细微的地方没照顾到。例* ⑨的“变本加厉”是指坏的事情变得比本来更加严重，有贬斥的感情色彩。这里可以改为“再接再厉”，它的意思是一次又一次的努力。

第三，注意成语的字形和读音。

成语每个字的写法要合乎规范，不能任意用同音字替换；也不要粗心大意，写成了形近字。例如：

欢欣鼓舞——“欣”不能写作“心”

至理名言——“名”不能写作“明”

川流不息——“川”不能写作“穿”

病入膏肓——“肓”不能写作“盲”

如火如荼——“荼”不能写作“茶”

相形见绌——“绌”不能写作“拙”

成语里有的字音比较特别，注意不要误读。例如：

自怨自艾——“艾”念 yì，不念 ài

气喘吁吁——“吁”念 xū，不念 yù

博闻强识——“识”念 zhì，不念 shí

暴虎冯河——“冯”念 píng，不念 féng

第四，为了适应表达的需要，成语可以活用。

在某些场合灵活地运用成语，这是允许的。例如：“事实胜于雄辩，水落自然石出”，这里在成语“水落石出”中间插入“自然”，一方面是为了与前面的音节对称，另一方面更加重了事实真相必然会显露出来这种肯定的语气。“好大喜功”原来带有不好的感情色彩，如果说成“好社会主义之大，喜四化建设之功”，它的意思就变成积极的了。仿“一举两得”造出“一举数得”，仿“走马观花”造出“下马观花”，仿“知难而退”造出“知难而进”，以表达原来的成语所不能表达的意思。像这样创造性地活用成语，值得肯定。

（二）惯用语、歇后语和谚语

1. 惯用语

惯用语是口语中结构比较定型、意义有所引申的习用性短语。例如：

耍花招 开后门 走后门 走过场 碰钉子 打游击
打棍石 闭门羹 下马威 铁饭碗 墙头草 下坡路
唱对台戏 吃大锅饭 钻牛角尖 打马虎眼 小道消息
空头支票子 抓辫子 钻空子 磨洋工 敲边鼓 挖墙脚
开绿灯 开夜车 开倒车 耳边风 拦路虎 定心丸
半瓶醋 绊脚石 绣花枕头 光杆司令 八九不离十
不管三七二十一

惯用语的结构成分大多数能单独用来造句，但既经构成惯用语后，便通过比喻或引申的方式产生了一个新的整体意义。例如："放空气"，比喻故意制造某种气氛或散布某种消息。"敲边鼓"，比喻从旁帮人说话或帮人助威。"开绿灯"，引申指"可以通过，没有障碍"。"开小差"，引申指"脱离工作岗位的行为，或思想不集中"。

惯用语结构上的凝固性比成语要弱些，而灵活性比成语要大些。好些惯用语的结构成分可以用同义词替换，可以扩展，可以前后颠倒。例如：

泼冷水——泼凉水 浇冷水 泼了一瓢冷水 一瓢冷水泼了过来
翘尾巴——翘什么尾巴 尾巴又翘起来了 尾巴翘得老高老高

惯用语以三个音节为主，四个音节的也有一些，五个音节以上的是个别的。惯用语源于群众口头，通俗、平易，具有鲜明的活生生的口语化风格。同时，惯用语多数是表示贬斥的感情色彩的，如"吹牛皮""唱高调""点鬼火""扯后腿""拍马屁"等等，少量是中性的，如"开夜车""打游击""八九不离十"等。

2. 歇后语

歇后语是由近似谜面、谜底的两个部分组成的形象而俏皮的口头用语。歇后语的表现形式大致可以分为两类：喻义的和谐音的。

(1) 喻义的

前一部分是比喻，后一部分是对前一部分的解释。例如：

盲人骑瞎马——乱闯

泥菩萨过江——自身难保

杀鸡用牛刀——小题大做

千里送鹅毛——礼轻情义重

(2) 谐音的

后一部分借助读音相同或相近的现象产生“言在此而意在彼”的表达效果。例如：

飞机上放鞭炮——响（想）得高

四两棉花——弹（谈）不上

骑自行车下坡——踩（睬）都不踩（睬）

老鼠爬秤钩——自己称自己

歇后语往往很形象生动，幽默风趣，而且富有感情色彩，因此深受人民群众喜爱。但有些歇后语带有封建意味，或者低级庸俗，应当摈弃不用。

3. 谚语

谚语是流传于民间的通俗易懂而含义深刻的口头用语。谚语一般都是完整的句子。它的内容所涉及的范围相当广泛。

有的是反映阶级斗争的。例如：

只许州官放火，不许百姓点灯。

富家一席酒，穷户半年粮。

天下乌鸦一般黑。

血债要用血来还。

有的是总结生产经验的，这主要是农谚。例如：

春送千担粪，秋收万斤粮。

庄稼一枝花，全凭肥当家。

锄头扒得勤，棉花白如银。

谷子生得乖，无水不怀胎。

有的是总结生活经验的。例如：

活到老，学到老，一生一世学不了。

只要功夫深，铁杵磨成针。

吃一堑，长一智。

团结起来力量大，众人拾柴火焰高。

谚语是口头流传，往往同一个谚语有多种说法。例如：

三个臭皮匠，
- 合成一个诸葛亮。
- 凑成一个诸葛亮。
- 凑个诸葛亮。
- 顶个诸葛亮。
- 赛过诸葛亮。

谚语常常是用日常生活中浅显的事情来阐明一个深刻的道理，多富有启发和教育意义。但有些谚语反映剥削阶级的思想意识，应当剔除，切不可正面使用。

思考与练习

一、简述基本词汇的特征。

二、指出下列各句用词不当之处，并试加修改。

①现在，读书风气浓了，教室里，林荫道上，清晨黄昏皆可听到琅琅的读书声。

②他身上着一件大红花衣，看起来非男非女。

③他的民主主义精神，是不能允许他对当时那么残酷地淫掠人民的僧侣阶层予以歌颂的。

④我做完了功课，旋即和小黄到图书馆去借书。

⑤愧感之情一时充满了我的内心。

⑥我忙着整备行李，准备赴校学习。

三、外来词有哪几种类型？

四、当前，由于我国经济建设出现了新的局面，好些专业词都扩大了使用范围，有向一般通用词语转化的趋势。你能举出一两个例子并加以说明吗？

五、举例说明成语和惯用语的异同。

六、解释下列成语的意义。

风驰电掣　粉墨登场　排难解纷　舍本逐末

噤若寒蝉　暴殄天物　人微言轻　怙恶不悛

七、辨析下列各组成语。

①成群结队、三五成群　②大张旗鼓、雷厉风行

③当仁不让、义不容辞　④风流云散、烟消云散

⑤摩拳擦掌、跃跃欲试、蠢蠢欲动

八、改正下列各句中用得不恰当的词语。

①你上吊，你跳河，你卖儿卖女，你冻死饿死，他都不动声色，他只管自己的腰包塞满了没有，哪管你的死活。

②极端自私的西方资产阶级总认为没有谁不为自己。在他们心目中，社会主义国家中大量涌现舍己为人、公而忘私的新人、新事、新风格，是不堪设想的。

③爷爷动脉硬化，两只手会情不自禁地抖动起来，多年不写东西了。

④对于投机倒把分子，我们不能采取自由主义态度，当然更不能随波逐流。

⑤听到岳山水库开始放水的消息，同学们兴致勃勃，齐声欢呼。

⑥上学前，贫农陈大爷苦口婆心地嘱咐我：“上了大学，要为实现四个现代化而加紧学习。”

九、运用成语应注意些什么问题？

十、举例谈谈惯用语、歇后语和谚语在表达中的作用。

第四章　现代汉语语法

第一节　概　说

【学习提示】

本节讨论三个问题：一是语法和语法学，二是语法学习和语法研究，三是语法的规范。这些都是学习以下各节之前必须有明确认识的一般性问题。

本节要求掌握下面几个要点：首先，要正确理解“语法”和“语法学”这两个概念；其次，要明确学习语法怎样才能取得较好的效果，研究语法应注意贯彻什么原则；再次，还要明确什么样的说法是符合语法规范的说法。

一、语法和语法学

（一）语法

语法是语言的结构规则。

人们说话，是一句一句地说的。每句话都有一定的结构，都是按照一定的结构规则组织而成的。具体点说，每句话里，词语怎样搭配，怎样排列，搭配和排列的结果是什么样子，都是遵循一定的规则的。举个例子：

①小红把教室打扫得非常干净。

就词语的搭配说，在这个句子里，“教室”和“把”搭配起来修饰“打扫”，“干净”和“非常”搭配起来补充“打扫”。能够同“把”搭配的，必须是表示人或事物的词语；能够同“非常”搭配的，一般是表示性质状态的词语。比如，可以说“把教室”怎么样，却不能说“非常教室”怎么样；反之，可以说“非常干净”，却不能说“把干净”。可见，词语能否搭配，是有规则的。

就词语的排列说，在这个句子里，“把教室”用在“打扫”的前边，“非常干净”用在“打扫”的后边。“把教室”不能放到“打扫”的后边，比如不能说“打扫得非常干净把教室”；“非常干净”虽然也可以放到“打扫”的前边，比如可以说“非常干净地（把教室）打扫了一遍”，但显然是有条件的，这就是：首先，去掉“得”，并带上“地”；其次，“打扫”后边添加原来没有的“了”和“一遍”，借以填补移走“非常干净”之后剩下来的空位。可见，词语怎样排列，也是有规则的。

就搭配排列的结果说，这个句子符合“甲把乙［动］得怎么样”的句子格式。根据实际需要，我们可以按照这一格式造出千千万万个同类的句子，比如“小会计把活路安排得很合理”“记者把情况了解得十分清楚”“文章的作者把问题提得相当尖锐”“大娘把小赵他们照顾得非常好”等等。可见，按照某一特定的格式，是可以造出某种类型的句子的。

总之，词语能否搭配，怎样排列，它们按什么样的格式构成句子，都必须遵循一定的规则。语法指的就是所有这些方面的规则，概括点说，指的就是语言的结构规则。

（二）语法学

语法学是研究语法的科学。换句话说，语法学是研究语言的结构规则的科学。

作为语言的结构规则，语法是客观存在的，而作为研究成果，语法学则带有一定的主观性。学者们研究语法，由于所运用的方法、所采取的角度、所占有的材料等等方面的不同，对于同样的对象往往会作出很不相同或不很相同的结论，因此，所建立的语法学体系往往会很不相同或不很相同。

“语法”一词，实际上有两个含义。第一，指“语法”规则本身。比如：“说话、写文章要合乎语法。”这里的语法指的是语法规则本身。第二，指“语法学”，相当于语法学知识或者语法学著作。比如：“上学期我们学语音，本学期我们学语法。”这里的语法指的是语法学知识。又如：“上午我买了一本语法。”这里的语法指的是语法学著作，即语法书。

二、语法学习和语法研究

（一）语法学习

语法学习，指的是语法学知识的学习。

语法规则具有高度的概括性。任何一条语法规则，都是同许许多多具体的语句相联系的。人们在交际中所用的语句，如果是正确的，那么它一定体现着某一条语法规则；人们为了传达某种信息，如果有必要，也可以根据某一条语法规则造出新的语句。

语法书中所讲述的语法知识，是对客观存在的语法规则进行研究的成果。这些知识，能够帮助我们有意识地对客观存在的语法规则进行自觉的学习。在学习中，首先必须善于举一反三，能够按照某一条规则造出许许多多正确的语句；其次，必须善于辨识正误，能够运用所掌握的规则判定某个语句是正确的还是错误的。此外，语法学著作中所讲的语法规则既然是从客观存在的语言实际中归纳出来的，那么，就可能有不够准确的地方，因此，在学习中还必须多动脑筋，注意联系实际，看看所讲的规则是不是完全符合语言事实。这样，通过语法学知识的学习，就可以培养和提高语法分析能力和语言运用能力，还可以培养和提高抽象思维能力和研究问题的能力。

（二）语法研究

语法研究，指的是对客观存在的语法规则进行分析和归纳。

任何一条语法规则都包括形式和意义两个方面。举个简单的例子来说：“动词＋着”一般表示动作的进行或持续。“动词＋着”，这是形式；一般表示动作的进行或持续，这是意义。形式和意义的关系往往不是一对一的。一个形式，往往不只表示一种意义，比如“动词＋

着”，并不是在任何时候都表示动作的进行或持续（如“听着!”）；一种意义，往往由不只一种形式来表达，比如动作的进行或持续这种意义，并不是非要用“动词＋着”的形式才能表示出來（如“正在思考”）。

研究语法，要注意贯彻形式和意义相结合的原则。可以着眼于形式，先抓住某种语法格式，然后考察它所表示的种种意义，揭示规律性的东西；也可以着眼于意义，先抓住某种意义，然后探求跟它相应的种种形式，揭示规律性的东西。

在学习语法的过程中，如果能在教材内容的启示下联系自己的工作实际和业务实际研究一些小问题，无论从形式考察意义也好，从意义探寻形式也好，都是大有益处的。

三、语法的规范

（一）什么说法符合语法规范

典范的现代白话文著作里的一般用例，是符合语法规范的说法。它们所代表的语法规则，适用于全国“东、西、南、北、中”各个地方，为现代汉民族全体人民所共同使用。

同别的民族的语言相比较，汉语语法具有民族性。比如英语说“two books”，s 表示 book（书）是多数；汉语里“们”也可以表示多数，但没有“两本书们”的说法。

同古汉语语法相比较，现代汉语语法表明语法的发展具有稳固性。好些语法规则，比如主语在前，动词和宾语在后，在甲骨文中是常见的，在现代汉语里也是常见的。不过，所谓稳固性，是就变化缓慢这个意义说的。任何事物都不会永远固定不变。有的规则，经过逐渐演化，已经消亡；有的规则，经过逐渐演化，却又发展了起来。比如“比之为父”（“把他比作父亲”），这种格式在现代汉语里已经消失；又如“都中学生了，还小孩子呢!”这类“都＋名词＋了”和“还＋名词＋呢”的说法在当代文学作品中已有较高的使用频率了。

跟方言相比较，普通话语法和方言语法有很大的一致性。普通话和方言在语音上区别最大，在词汇上也有较多的不同，而在语法上却是基本一致的。但是，基本一致不等于完全一致。某些说法在方言里有，在普通话里却是没有的。

凡是属于别的民族语言的说法，属于古汉语的已经消亡的说法，属于方言的说法，都不是规范的说法。

当然，有些新的说法，典范的现代白话文著作里可能没有使用或者很少使用，如果它已经为全国各个地方的人民所接受，那么，就不能认为是不合规范的。

（二）关于方言说法和有语法错误的说法

方言说法，反映方言的特点，但不符合普通话的规范说法。例如：

①天每爆土扬尘的，大人能凑合，娃娃家咋呀？（公刘《先有鸡，后有蛋》）

②翠娟更要梁志达每个月给几百元她母亲……（陈浩泉《选美前后》）

例①“天每”就是“每天”。作家公刘用的是山西北路农村的说法。公刘在《陆沉的森林》这篇小说中有解释（见《收获》1984 年第 5 期）。例②陈浩泉是香港作家，“给几百元她母亲”是粤方言的说法，改为普通话的说法应该是：“给她母亲几百元。”

写作中，由于某种特殊的需要，有时可以采用某些方言说法，但是，在一般的场合，都应该采用普通话的规范说法。

有语法错误的说法，违反普通话语法的结构规则，是个人性的偶发性的错误现象，当然是语法规范化的对象，应该注意纠正。例如：

③有一天，他商量着三婶：“妈，我实在馋了，把罐子里的咸鸭蛋给我煮一个吃呗！”

“商量着”如果带宾语，必须是指事物的对象宾语；“三婶”指人，不指事，不符合充当“商量着”的宾语的条件。应改为“催着三婶”“要求三婶”之类。

思考与练习

一、你是怎样理解“语法是语言的结构规则”这个定义的？

二、“语法”通常有哪两个含义？试简述这两个含义的联系和区别。

三、有人说，目前我国语法学界意见分歧，没有一个统一的说法，是由于语法学家的无能，或者是由于语法学家的标新立异。这些说法是否正确？为什么？

四、为什么要学习语法？怎样才能学好语法？

五、语法研究并不神秘，广大语文工作者、中学教师都应学着做点语法研究工作，以增加学习深度和提高研究能力。试举一两例简单说明。

六、什么是语法规范？

七、方言说法同不规范的说法有什么不同？怎样对待？

第二节 词和句

【学习提示】

本节从词出发，讨论词类、单词成句、单词充当句子成分等问题。本节涉及很多重要概念，是学习全部现代汉语语法知识的基础。

关于词类，要着重掌握各类实词和各类虚词的基本特点。此外，对“词类”和“词性”这两个概念，对各类词内部的主要类别，对词的兼类现象，也要了解和认识。

在掌握了各类实词和各类虚词的基础上，一方面，要知道什么是句子，常见的由单词充当的句子是什么样的；另一方面，要知道什么是句子成分，句子成分怎么识别和分析，各类词充当句子成分的能力怎么样。这样，通过学习本节的内容，并解答本节的练习，就能培养起析句的基本能力。

规律与现象有“一般”和“特殊”的区别。比如，形容词一般能受程度副词的修饰，但有的形容词却不能。本节正文所讲的是一般的规律与现象；至于特殊的情况，将通过一些思考题让大家有所了解。

一、词　类

（一）词类和词性

词类是词的语法分类，是根据词的语法特点划分出来的词的类别。

词的语法特点，指词在语法功能上表现出来的特点。主要包括：(1) 词的组合能力。即能跟什么样的词发生组合关系，不能跟什么样的词发生组合关系。(2) 词的造句功用。即能不能充当句子成分，能充当什么样的句子成分。(3) 词的变化形式。即能不能重叠，能按什么方式重叠，重叠以后附加什么意思。

实词和虚词的划分，根据词的造句功用。名词、动词、形容词等具体词类的划分，主要根据词的组合能力，也考虑词的造句功用和变化形式。

“词性”是跟“词类”有联系的一个概念。词类是词的语法类别，着眼于总体，指词性相同的一类一类的词；词性是词的语法特性，着眼于个体，指类别相同的一个一个的词。在判别某个词属于哪个词类的时候，可以问：这个词的词性是什么？

（二）实词

实词表示比较实在的意义，能够充当主语、谓语、宾语，或者能够成为主语、谓语、宾语的中心。实词包括名词、动词、形容词、数词、量词和代词六类。

1. 名词

名词表示人或事物的名称。如“学生、飞机、假日、图书馆”等。

名词有两个突出的特点：

第一，一般能受物量短语的修饰，不能受副词的修饰。如可以说“一个学生、两架飞机、三个假日、四座图书馆”，不能说“不学生、都飞机、很假日、已经图书馆”。

第二，能直接用在介词后边，一起组成介词短语。如“向学生(招手)”“比飞机（快)”“在假日（写作)”“从图书馆（走出来)”。

名词可以分为三类：

(1) 人物名词：表示人或物。如“学生、黑板、课本、成果”等。

(2) 时地名词：表示处所或时间。如“北京、边疆、图书馆、春天、星期五、假日”等。

(3) 方位词：表示方向和关系位置。如“上、下、前、后、东、西、南、北、左、右、里、外、中间、内、旁”和“以上、以下、之前、之后、东边、西边、南面、北面、里头、外头、上下、左右、前后、里外、当中、底下”等。

方位词是一类特殊的名词。凡是方位词，全都可以单独使用，相当于时地名词；又全都可以附着在别的词语后边，一起组成方位短语。如“后”：“后有追兵。”“屋子后有一棵枣树。”又如“以前”：“以前没听说过。”“解放以前这里是一片荒山。”

2. 动词

动词表示行动变化。如“听、看、讨论、进行”等。

动词有三个突出的特点：

第一，许多动词能带上动态助词“着、了、过”。如“听着、听了、听过，讨论着、讨论了、讨论过”。

第二，一般能进入“×不×”的格式，并且大多数能带宾语。如“听不听？讨论不讨论？”“(上午) 听报告，(下午) 讨论问题”。

第三，某些动词可以按 AA 式或 ABAB 式重叠，重叠后表示动量，有“一下”或“反复多次”的意思。如：听→听听，摇→摇摇，讨论→讨论讨论，练习→练习练习。

动词内部情况十分复杂，大体可以分为十类：

(1) 行为他动词：表示以某种事物为对象的动作行为。如“听、看、摇、讨论、练习”等。

(2) 行为自动词：表示不以某种事物为对象的动作行为。如“睡觉、咳嗽、游泳”等。

(3) 心理活动动词：表示心理活动。如“爱、恨、喜欢、厌恶”等。

(4) 行止动词：表示动作开始、进行或停止。如“开始、进行、继续、停止”等。

(5) 使令动词：表示命令或请求。如“使、令、叫、请、教、让、命令、请求”等。

(6) 有无动词：表示事物的有无。包括“有”和“没有（无）”。

(7) 比似动词：表示事物间的比似关系。如“像、似、仿佛、如同”等。

(8) 判断动词：表示对事物的判断或肯定。只有一个“是”。

判断动词的主要用途是表示对事物有所断定。如：“她是张萍。”“我是教师。”“是”后边的成分是“判断宾语”。

“是”有时单独用在动词、形容词前边，表示肯定语气，有强调作用。如：“我懂了！我是懂了！”“这孩子是漂亮！”这样的“是”，性质接近于助词，析句时，算辅助性语法成分，不算句子成分。

(9) 能愿动词：表示行为或状况的可能性、必要性和意愿性。表示可能性的，如“能、能够、会、可以、可能”等；表示必要性的，如“应、应该、应当、要、得（děi）”等；表示意愿性的，如“要、敢、肯、愿、愿意”等。

能愿动词是一类特殊的动词。能愿动词的主要用途是跟动词、形容词等组成能愿短语。能愿动词不仅一般能进入“×不×”的格式，而且能进入“不×不”的格式。如：“能不能去？不能不去！”

(10) 趋向动词：表示动作的趋向。包括表示单纯趋向的“来、去”和“上、下、进、出、回、过、开、起”，以及表示复合趋向的“上来、上去、下来、下去”等等。

趋向动词也是一类特殊的动词。凡是趋向动词，一般可以单独使用，相当于行为动词；又全都可以附着在动词或某些形容词后边，一起组成趋向短语。如“来”：“他来了。”“他跑来了。”又如“上”：“火箭上天。”“火箭冲上蓝天。”再如“下来”：“快下来！”“天黑下来了。”

3. 形容词

形容词表示性质或状态。如“勇敢、正确、红、绿、愉快、快、慢”等。

形容词有两个突出的特点：

第一，一般能受程度副词的修饰，不能带宾语，如“勇敢”可以说成“很勇敢、非常勇敢”，它的后边不能出现宾语。

心理活动动词能受程度副词的修饰，但又能带宾语，因此不同于形容词。如“很喜欢（他）”“很厌恶（这个人）”。

第二，许多形容词能按 AA 或 AABB 的方式重叠，重叠后表明度量，有“很”或“相当”的意思。如：高→高高，长→长长，老实→老老实实，愉快→愉愉快快。

某些表示人们不喜爱的性状的形容词，还可以按 A 里 AB 式重叠，表示“很”的意思，同时表明一种嫌恶的感情。如：马虎→马里马虎，麻烦→麻里麻烦，浪荡→浪里浪荡。

形容词可以分为两类：

（1）一般形容词：符合形容词的一般特点。上面所举的都是一般形容词。

（2）非谓形容词：不能直接充当谓语。如“小型、新式、唯一”，可以说“小型水库、新式服装、唯一缺点”，却不能说“水库小型、服装新式、缺点唯一”。

4. 数词

数词表示数目。如“一、二、十、二十八、十亿”等。

数词的突出特点是：能同量词组合，而且一般跟量词结合使用。如“一盆（花）”“（去了）八次”。

数词可以分为两类：

（1）基数词：表示数目的多少。有的表示确定的数目，如“一、三、八”等；有的表示不确定的数目，如“几、许多、无数”等。

（2）序数词：表示跟数目有关系的先后次序。如“第一、第三”等。序数词往往带“第”；有的不带“第”，但包含有“第”的意思。如“三楼四十号房间”，指第三层楼第四十号房间；又如写文章时把内容分为一、二、三，指第一点（部分）、第二点（部分）、第三点（部分）。

5. 量词

量词表示计算数量时所用的单位。如“寸、斤、公里、个、本、间、次、回、趟”等。

量词有两个突出的特点：

第一，能同数词组合，并且一般跟数词结合使用。如“一寸（布）”“（看了）三回”。

第二，单音的可以重叠，重叠后表示“每”，或者强调多。如“句句都是实话”“门门功课都是满分”，等于说“每句”“每门”；又如“白云朵朵”“春风阵阵”，起着强调“多朵”“多阵”的作用。

量词可以分为两类：

（1）物量词：表示计算人、物数量的单位。如“尺、寸、斤、两、升、斗、公里、立方”等度量衡单位和“个、位、条、本、间、群、批、些、点”等习用单位。习用单位有表示个体和集体、大量和小量等的区别。

（2）动量词：表示计算行为数量的单位。如“次、回、趟、遍、下”等。“拳、脚、刀、棍”等词经常借用为动量词，如“打一拳、踢一脚、砍一刀、打一棍、看一眼、写一笔”。

6．代词

代词指代某种思想对象。如“我、你、这、那、谁、什么”等。

代词的突出特点是：在跟指代对象的联系上具有极大的不定性。世界上所有的人都可以称“我”，世界上所有的事物都可以问“什么”，世界上所有的人或事物都可以用“这、那”去指代。一个代词，或代甲，或指乙，要进入具体的语言环境才能确定下来。

代词可以分为三类：

（1）人称代词：对人物起称代作用。包括“我、咱（第一人称），你、您（第二人称），他、她、它（第三人称），自己（复称），人家（泛称），大家、大伙儿（总称）”等。

人称代词一般称代人，只有“它”称代事物。表示第一、二、三人称的代词都可以加“们”表多数，如“我们、咱们、你们、您们、他们、她们、它们”。

（2）指示代词：对人物或情况起指示区别的作用。包括“这、那”和由它们构成的“这里、那里、这儿、那儿、这会儿、那会儿、这么些、那么些、这么、那么、这样、那样、这么样、那么样”等一般指示代词，还包括“每、各、某、另、一切”等特殊指示代词。

指示代词可以指人和事物，也可以指处所、时间、数量、行为、性状、方式等等。

在指示代词里，“这”和用“这”构成的指示代词往往表近指或有近指意味；“那”和用“那”构成的指示代词往往表远指或有远指意味。

(3) 疑问代词：对人物或情况起询问求代的作用。包括“谁、什么、哪儿、哪里、几时、多会儿、多少、几、怎么、怎样、怎么样、什么样”等。

疑问代词可以问人，可以问物，也可以问处所、时间、数量、行为、性状、方式等等。

代词可以活用：

可以表示任指。疑问代词不用来表示疑问，而用来强调任何人、任何事物。如：“他对谁都客气。”“他什么都不知道。”

可以表示虚指。疑问代词不用来表示疑问，而用来指代说不出来的若有若无的事物。如：“连柳树都惊疑不定地等着点什么。”

可以表示不定指。不定指就是不确定的指代，有特定的指代范围，但指代的对象不确定。三类代词都可以这么活用。如：“他们你看看我，我看看你，都不作声。”“家具买回来了，她一会儿摸摸这，一会儿摸摸那，高兴得说不出话来。”“他们从教室一直吵到宿舍，谁也没有说服谁。”

(三) 虚词

虚词意义比较虚灵，不能充当主语、谓语、宾语，不能成为主语、谓语、宾语的中心。虚词的主要作用是在句子里配合实词造句，协助实词表达意义，帮助句子成分或分句表达关系。虚词包括副词、介词、连词、助词和独用词五类。

1. 副词

副词经常修饰动词、形容词，表示程度、范围、时间等意义。如“很、非常、都、正在、不、也许”等。

副词的突出特点是：能修饰动词或形容词，一般不能修饰名词。如“观看”是动词，可以说“不观看、都观看”；“美观”是形容词，可以说“不美观、都美观”，还可以说“很美观、非常美观”；“观众”是名词，不能说“不观众、都观众、很观众、非常观众”。

副词可以分为七类：

(1) 程度副词。如“最、很、非常、十分、极、特别、格外、太、更、越发、稍、略、稍微、较”等。

(2) 范围副词。如“都、全都、统统、一齐、一概、总共、只、仅仅”等。

(3) 时间副词。如“正在、立刻、立即、马上、刚、已经、曾经、向来、一直、渐渐、往往、常常、始终、终于、忽然、偶而”等。

(4) 频率副词。如“再、又、还、屡次、一再、再三”等。

(5) 否定副词。如“不、没、未、别、勿、莫、未必、不用（甭 béng)”等。

(6) 语气副词。如“必、必定、当然、准、的确、也许、大概、简直、几乎、偏偏、反倒、果然、居然、竟然、幸亏、其实、索性、难道”等。

(7) 关联副词。如“却、就、又、才、也、还”等。这是一类性质比较特殊的副词，用来联结词语或分句，表明某种关系。

某些副词有多种作用。如：“我就去。”“我就有这点钱。”“没有共产党就没有新中国。”第一个“就”相当于“马上”，是时间副词；第二个“就”相当于“只”，是范围副词；第三个“就”起关联作用，是关联副词。

2. 介词

介词用在名词或别的词语前边，一起组成介词短语，表示时间、处所、方向、对象等意义。如“他在‘文革’前毕业于北京师范大学”，“在、于”都是介词。

介词的突出特点是：

第一，能用在名词前边，组成介词短语。尽管介词不一定跟名词组合（如“为了实现共产主义”——“实现共产主义”是动宾短语），但所有的介词都能够跟名词组合（如“为了理想”——“理想”是名词）。这是介词区别于副词、连词等的重要特点。

第二，介词短语不能充当谓语，介词不能成为谓语中心。如“他从北京来”，“从北京来”是谓语，动词“来”是谓语中心。让介词短语“从北京”充当谓语，说成“他从北京”，则不成句。这是介词区别于动词的重要特点。

介词可以分为两类：

（1）主要指向动词的：所构成的介词短语主要跟动作行为发生联系。这类介词占介词的大多数，包括表示时间处所方向的“自、从、自从、在、到、当、于、往、朝、向、顺着、沿着”，表示状态方式的“按照、依照、以”，表示目的的“为、为着、为了”，表示对象或范围的“把、对、对于、向、同、跟、给、关于”，表示排除的“除、除了”，表示被动的“被”，等等。

（2）主要指向形容词的：所构成的介词短语主要跟性质状态发生联系。最典型的是“比”。如：“她比宝香温顺，又比玉梅美丽。”用来表示比较的“跟、同、和”等，也属于这一类。如：“他的答卷怎么跟小松的完全一样？”

3. 连词

连词用来连接词语或分句，帮助表达某种关系。如“教师和学生”“教师或学生”，用“和”，表示二者并列；用“或”，表示二者择一。又如：“不但教师参加了，而且所有的学生都参加了。”“因为教师参加了，所以所有的学生都参加了。”用“不但……而且……”，表示在范围上进了一层；用“因为……所以……”，表示二者之间有因果关系。“和”“或”“不但”“而且”“因为”“所以”等都是连词。

连词的突出特点是：

第一，只有连接作用，没有修饰作用。凡是有修饰作用的词，都不是连词。如：“她写完教案，又写课外辅导计划。”这里的“又”尽管有关联作用，但又有修饰作用，它是关联副词，而不是连词。

第二，具有双向性或多向性。凡是连词，都关涉到两个或两个以上的单位或方面，只要有连词出现，不管是单个儿使用还是配对儿使用，都一定有它所关涉到的两个或两个以上的单位或方面出现。

凡是可以不在两个单位之间起作用，只有单向性的词，不是连词。比如介词，总是跟后边的名词等组成介词短语，具有单向性，不同于连词。比较：

①我和他都是共青团员。

②我刚刚和他谈话，他很不耐烦。

例①的“和”平等地关涉“我”“他”两个对象，具有双向性，是连词；例②的“和”跟“他”关系密切，共同组成一个运用单位——介词短语，是介词。

第三，联结分句时，连词可以出现在主语的前边。如：“不但他应该去，而且你也应该去。”连词“不但”“而且”分别出现在主语“他”“你”的前边。

凡是联结分句时不能用在主语前边的词，不是连词。例如：

③无论他让不让我去，我都要去。

④只有他不让我去，我才不去。

⑤虽然他不让我去，但是我却偏要去。

⑥如果他不让你去，那么你就不应该去。

⑦因为他不去，所以我也不去。

加点的词都有关联作用。但其中的“都、才、却、就、也”只能用在谓前、主后，不能用在主语前边，它们是关联副词，而不是连词。

连词可以分为两类：

(1) 词语连词：在词语之间起连接作用。如“和、与、同、跟、及、以及、并且、或、或者、而”等。

(2) 分句连词：在分句之间起连接作用。如“不但……而且、或者……或者、要么……要么、与其……不如、虽然……但是、因为……所以、因此、如果、即使、只有、只要、无论、不管、以便、以免、那么、而”等。有的分句连词，如“但是、因此、所以”等，有时也可以用来连接句子或句群。

4. 助词

助词附着在词语或句子上面，表示附加意义。如“的、得、了、着、吗、呢”等等。

助词的突出特点是：只表示附加意义，附着性特别强，独立性特别差。如：“办培训班的计划昨晚通过了吧?”“的”附着在“办培训班”后边，表明定语和中心语之间的结构关系；“了”附着在“通过”后边，表明完成的时态；“吧”附着在句子后边，表示疑中有信的语气。

主要的助词有四类：

(1) 结构助词：用来标明词语之间的结构关系。包括“的”和“得”。它们都读 de。“的”用在定语和中心语或状语和中心语之间，标明前边的词语是定语或状语；“得”用在中心语和补语之间，标明后边的词语是补语。如：“他的画渐渐的画得传神了。”

书面上，状语后边的“的”也可以写作“地”。如：“他的画渐渐地画得传神了。”

(2) 动态助词：用来表示动作变化的时态。典型的有“着、了、过”三个。“着”念 zhe，一般表示动作的进行或持续，如“看着、打扫着”；“了”念 le，表示动作已经完成，如“看了、打扫了”；“过”念 guo，表示动作曾经进行过，即表示有过某种经验，如“看过、去过”。

“着、了、过”经常附着在单词后边，近似词尾，但它们也可以附着在短语后边，如：“发展和演变着、讨论并通过了、慰问并帮助过”。

(3) 复数助词：附着在表人名词、人称代词等后边表示多数。只有一个“们”。这个助词也近似词尾，但它既可以用在词的后边，也可以用在短语后边。如：“乡亲们、老师和同学们、他们”。事物名词后边，一般不能用“们”。有时带上“们”，如“猫们”，这是“拟人”用法。专用的表人名词后边一般也不用“们”。有时带上“们”，如“艾奇逊们”(见毛泽东《丢掉幻想，准备斗争》)，这是为了强调以某人为代表的一类人。一般的表人名词后边用了“们”，前边不能再用表示确定数目的定语。如不能说“三个学生们、四个客人们”。不过，如果表人名词前边用的是表示不定多数的定语，后边有时也可以再加“们”，如呼语中常有“诸位代表们、各位先生们”的说法，正文中也常有“一群……们”的说法。例如：

①诸位朋友们：今天让我来说个新故事。（赵树理《登记》）

②他笼络着一群他所认为可以做喽啰的大夫们。（曹禺《明朗的天》）

（4）语气助词：附着在句子末尾表示某种语气。包括“吧、吗、啊、嘛、呢、罢了”等等。如：“你们走吧！”“吧”表示祈使语气。又如：“你们走吗？”“吗”表示疑问语气。

凡是具有附着性、缺乏独立性、归不进其他各类虚词的词，都可以归入助词。除了以上所说的四类，现代汉语里还有一些助词，如“所”（“为群众所欢迎［的产品］”）、“来着”（“刚刚还在这里来着”）、“看”（“再动动脑筋看”）、“等”（“北京、上海等地”）、“似的”（“像尖刀似的”）等等。为了分析句法结构的方便，“似的”和作用相同的“一样、一般”等可以叫作“比况助词”。

5. 独用词

独用词独立使用，表示感叹声、呼应声或者某种音响。如：“唉！又有人敲门了。”“喂！又有人敲门了。”“咚咚咚！又有人敲门了。”这里的“唉、喂、咚咚咚”都是独用词。

独用词的突出特点是经常独立使用，不跟别的词发生结构关系。有时，独用词也可以进入句子，跟别的词发生结构关系，临时用作名词、动词或形容词，但全都可以加上引号，这说明它们仍然具有特殊性。如：打几个“哈哈”（用作名词）｜“咦”了一声（用作动词）｜“咚”了一下（用作动词）｜“哎哟哎哟”地喊（用作形容词）｜“哗啦哗啦”的音响（用作形容词）。

独用词可以分为两类：

（1）叹词：表示感叹或呼应的声音。如“唉、啊、咦、哼、哎哟、喂、哎、嗯”等等。

(2) 象声词：表示物体的音响或动物的叫声。如“砰、叮咄、哗啦、唧唧、咚咚咚、汪汪汪、吱吱喳喳”等等。象声词往往是不定型的。

(四) 词的兼类现象

词的兼类现象，指的是词的形式相同，但实际上属于不同的词类：在甲语法环境中，是甲类；在乙语法环境中，是乙类。例如：

锁 { 买了一把锁。 / 锁了门了！ }

科学 { 语法学是一门科学。 / 这种工作方法很不科学。 }

麻烦 { 这件事很麻烦。 / 麻烦您了！ }

“锁”，有的是名词，有的是动词。“科学”，有的是名同，有的是形容词。“麻烦”，有的是形容词，有的是动词。

一个词属于哪一类，在进入具体的语言环境以后就确定了下来。就是说，在某个句子中，一个词要么属甲类，要么属乙类，不可能是兼类的。因此，要善于结合具体的语法环境来判定词的归属。例如：

①今天观众很多。

②怎么多了一个人？

③他通晓多种科学。

例①的“多”受程度副词“很”修饰，不能带宾语，是形容词；例②的“多”带“了”，并且带宾语，是动词；例③的“多”跟量词“种”组合，是数词。

二、单词成句

(一) 句子

句子是能够表达一个完整意思的言语单位。

说话是为了表达思想，传达感情，进行交际。“言语”就是“说话”。每一句话，或者说每一个句子，都是言语的一个基本单位。不管是告诉别人一件事，问别人一个问题，要求别人做什么，还是对某种事实抒发自己的感慨，每个句子都得体现说话人的某个意图，能够表达一个完整的意思。与此相配合，说话时每个句子都带有特定的语调，表示某种语气，句子和句子之间都有个较大的停顿。例如：

①小张来了。

②他有什么事？

③你请他进来吧！

④这个同志多么勤快啊！

这些都是句子。它们都独立地表达了一个完整的意思，体现了一个特定的意图。例①告诉对方一个事实，语调平匀，句尾稍微下降；例②向对方提一个问题，句尾语调上升；例③向对方提一个要求，语调逐渐下降；例④就事实抒发内心的感触，语调先上升后下降。这四个句子分别带有陈述、疑问、祈使和感叹的语气，它们分别是陈述句、疑问句、祈使句和感叹句。

有的句子可以很长，长到包含一两百个音节；有的句子可以很短，短到只有一两个音节。不管是长句还是短句，都是表达一个完整意思的言语单位。如果不能表达一个完整的意思，那么，不管多长，都不能算是句子，或者只能算是残缺不全的病句。

在书面上，句末通常用句号。由于表达疑问、祈使、感叹等语气的需要，也可以用问号或感叹号。

（二）由单词充当的非主谓句

有的句子不包含主语和谓语两个部分，也不是主谓句的省略形式。这样的句子是非主谓句。

有的非主谓句只由一个单词充当。这是一种单词句。

实词中，名词、代词、动词、形容词有时可以成为单词句。例如：

秋天。（名）

谁？——我！（代）

劳驾！（动）

好！（就照你的意思办吧！）（形）

虚词中，独用词经常可以成为单词句。例如：

唉！（叹）

嗯。（叹）

轰隆！（象声）

在由实词充当的单词句中，名词单词句较常见，情况较多样。

从句子的语气看，名词单词句可以是陈述句、疑问句、祈使句或者感叹句。比如，剧本开头交代：“北京。”这是陈述句。看到跑过来一群人，甲问乙：“运动员？”这是疑问句。军区大院的警卫员要求进门的人：“证件！”这是祈使句。看见地上的血迹，惊叫起来：“血！”这是感叹句。

从句子的具体作用看，常见的名词单词句有下面几种情况：

（1）交代故事发生的时间、地点。如：

初春。

拉萨。

夜。校园。

（2）述说、询问或咏叹存现的事物。如：

牦牛！

野人！

雷声！

警报？

（3）指明要求对方特别注意的事物。如：

钱包！

（=“钱包要保管好”“别让人偷走钱包”等意思）

帽子！

（=“帽子要戴正”“把帽子戴正”等意思）

（4）称呼人物的名号。如：

周凤莲！

小周！

凤莲！

胖子！

称呼人物的名号，一般有明确的呼喊对象。有时，只是情绪紧张时的一种惊呼，没有明确的对象。比如，发现有蛇，惊恐地呼喊："妈呀!""天呀!"

三、单词充当句子成分

（一）句子成分

句子成分是句子的组成部分。具体点说，句子成分是在句子里分别担任不同的职务、起不同的结构作用的成分。以房屋来作比，一个句子就像一间房子，句子成分就像构成房子的屋顶、墙壁、门窗、地板等等部分。

句子成分包括：主语和谓语；宾语；定语；状语；补语。（宾语、定语、状语、补语都有相对待的成分，但不必设立专用术语。）此外，还有外位语和独立语。

1. 主语和谓语

主语表示陈述的对象，能回答"谁""什么"之类的问题；谓语表示陈述的内容，能回答"怎么样""是什么"之类的问题。主语和谓语是彼此相对的两个成分。对谓语说，有的主语是"施事"，指动作的施行者；有的主语是"受事"，指动作的承受者；有的主语是中性的，跟施、受无关。表示主语的符号是═══；表示谓语的符号是───；隔开主语和谓语的符号是‖。例如：

你‖出来！（"你"是施事主语）

敌人‖消灭了！（"敌人"是受事主语）

我‖是教师。（"我"是中性主语）

主语一般在前，谓语一般在后。有时，改变这一次序，把主语倒装在谓语后边，使谓语地位突出，这便成为主谓倒装的句式。例如：

出来，‖你！

怎么啦，‖他？

这种主谓倒装的句式，"谓‖主"之间有比较明显的停顿，书面上一般用逗号隔开；可以无条件地还原为"主‖谓"，还原以后主谓之间可以不用逗号。

2. 宾语

宾语是动词性成分后边表示人物、事件的成分，能够回答“谁”“什么”之类的问题。宾语跟动词性成分相对待。典型的动词性成分是动词，可称为带宾动词，但也可以是比词大的单位。表示宾语的符号是～～～；表示带宾动词的符号是。。。例如：

下雪了。

来客了。

一个包含主语和谓语的句子，谓语又可以包含动词和宾语。这时，带宾动词是这个句子的“谓语中心”。例如：

我们‖热爱祖国。

动词和宾语之间的关系复杂多样，不要以为任何宾语都表示动作的对象。例如：

我买烟斗。（表示对象。——对象宾语）

你做烟斗。（表示结果。——结果宾语）

他抽烟斗。（表示工具。——工具宾语）

这是烟斗。（表示判断。——判断宾语）

天空飞过大雁。（表示动作的施事。——施事宾语）

3. 定语

定语是名词性成分前边起修饰作用的成分，表示“谁（的）”“什么样（的）”“多少”等意思，常带“的”。定语跟名词性成分相对待。受定语修饰的名词性成分叫作中心语，最典型的是名词。表示定语的符号是（　）；表示中心语的符号是。。。例如：

这样的婆婆！

好香的干菜！

一个包含主语或宾语的句子，主语或宾语本身又可以包含定语和中心语。这时，作为中心语的名词处于“主语中心”或“宾语中心”的地位。例如：

意外的喜讯‖传来了。

伟大的人民‖创造了伟大的业绩。

牺牲了几位同志？

一般次序是定语在前，中心语在后。改变这一次序，把定语移到中心语后边，这便成为定语后置的句式。例如：

我们消灭了敌人几百个。

苹果，八角钱一斤的，给我称十斤！

前一例，“几百个”是后置定语，补说和突出事物的数量；后一例，“八角钱一斤的”是后置定语，补说和强调事物的类型。总的说来，后置定语既有补充说明的作用，又有强调突出的作用。

凡是后置的定语都可以无条件还原，不需添字，不需减字。如：我们消灭了几百个敌人。｜八角钱一斤的苹果，给我称十斤！

4. 状语

状语是动形性成分前边起修饰作用的成分，表示“怎么样（的）”“几时”“哪里”“多么”等意思，或者表示肯定或否定，也常带“的”（书面上可以写作“地”）。状语跟动形性成分相对待。受状语修饰的动形性成分也叫作中心语，最典型的是动词或形容词。表示状语的符号是［　］；表示中心语的符号是。。。例如：

好说！（兄弟一定帮忙！）

这是非主谓句，只包含状语和作为中心语的动词。

主谓句里，谓语有时又包含状语和中心语。这时，作为中心语的动词或形容词处于“谓语中心”的地位。例如：

春雨‖刷刷地下着。

我们的祖国‖多么可爱！

状语有时用在主语前边，实际上起着修饰全句的作用，但在具体关系上，还是跟谓语更直接、更密切。例如：

下午我值班。

状语“下午”用在主语前边，实际上对“我值班”起修饰作用，表明时间；但从具体关系上说，它跟谓语“值班”的关系更直接、更密切，因而可以说成：“我下午值班。”

状语有时被移到中心语的后边，成为状语后置的句式。例如：

我们尊敬您，永远永远！

祝福吧，为那些平凡的妻子和母亲！

状语后置，可以强调突出状语所表达的意思，并且往往可以使所说的话富于感情。后置的状语，前边一定有停顿，书面上一般用逗号表示出来。凡是后置的状语都可以无条件地还原，如：我们永远永远尊敬您！｜为那些平凡的妻子和母亲祝福吧！

5. 补语

补语是动形性成分后边起补充作用的成分，表示“怎么样”“多久”“多少次”等意思，或者表示程度，常常由“得”引出。补语跟动形性成分相对待。带补语的动形性成分也叫中心语，一般是动词或形容词。表示补语的符号是＜　＞；表示中心语的符号是。。。例如：

痛得他直打滚。

这是非主谓句，只包含中心语和补语。

主谓句里，谓语有时又包含中心语和补语。这时，作为中心语的动词或形容词处于“谓语中心”的地位。例如：

煤油灯‖照得通亮。

这小家伙‖精得很哪！

母亲‖去世三十七年了。

补语有时用在宾语后边，实际上起着补充前边整个动宾短语的作用，但在具体关系上，还是跟动词最直接、最密切。例如：

唐黎砚‖打量了他一眼。

“一眼”补充整个“打量了他”，但跟“打量”的关系最密切。

6. 成分的套合和成分的分析

句子里，成分与成分是分层套合的。比如，如果由主语和谓语这一套成分构成第一个层次，那么，其他各套成分就构成第二、第三层次；同样，如果由补语和中心语构成第一个层次，那么，其他各套成分就构成第二、第三层次。例如：

他买了十几本书。

累得他直喘气。

前一例，“他”和“买了十几本书”是主语和谓语，构成第一个层次；谓语中，“买了”和“十几本书”是动词性成分和宾语，构成第二个层次；宾语中，“十几本”和“书”是定语和中心语，构成第三个层次。后一例，“累”和“他直喘气”是中心语和补语，构成第一个层次；补语是主谓短语，“他”和“直喘气”构成第二个层次；“直喘气”又包含状语和中心语，它们构成第三个层次。

成分套合所形成的层次有时是很清楚的，每一层从哪里划开都是很明确的。如上面两例，可以用层次图解法清楚地表示出来：

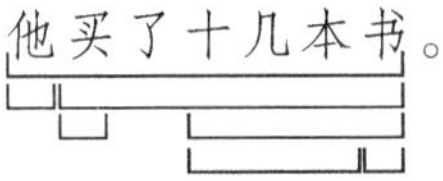

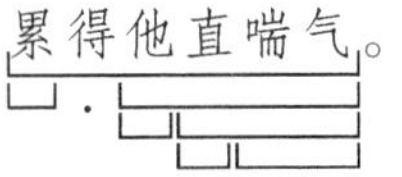

成分套合所形成的层次有时在划分上具有两可性，即既可以首先从这里划开，也可以首先从那里划开。比如“状·动·宾”，往往既可以划成“状｜动·宾”，也可以划成“状·动｜宾”。为了反映这种两可性，如果用层次图解法来表示，就可以同时画出两个图解。例如：认真地学习马列主义。

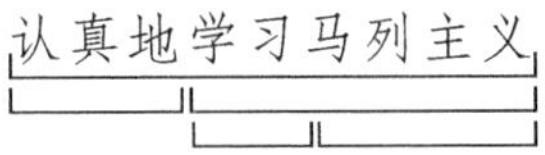

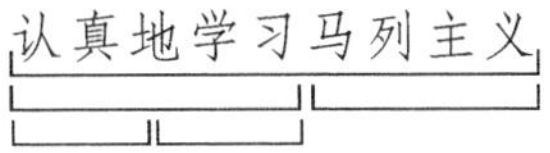

对句子进行成分分析，是为了更好地了解句子内部的基本结构关系。进行成分分析时要注意以下三点。

第一，对成分的分析不要过于细碎。以主谓句来说，首先要划分主语和谓语。主语里，需要分出定语和中心语，而定语内部不必再加分析。谓语里，需要分出动词性成分和宾语，或者中心语和补语，或者状语和中心语；状语、补语内部不必再加分析，宾语内部还需要分出定语和中心语，但定语内部不必再加分析。总之，作为修饰成分和补充成分，各个定语、状语或补语都是不必作深入的分析的。

第二，对两可性的成分套合现象的分析，不要作硬性的规定。谓语里可以包含多种成分，各成分之间层次关系的划分可以只有一种可能，也可以有两种可能。重要的，是要抓住“谓语中心”，注意观察各成分跟“谓语中心”之间的关系。只要这样，就能弄清谓语在结构关系上的基本脉络。

第三，成分分析，固然可以采用层次图解法，但为了简便，一般只要采用符号标示法就行。例如：

我的弟弟‖已经看得懂高深的论文。

符号标示法，对于主语和谓语、主语中的定语和中心语、宾语中的定语和中心语，可以表示出层次关系；对于谓语中包含的各个成分，则只着重揭示它们同“谓语中心”的语义联系。

7. 成分间搭配关系的检查

主语和谓语，动词和宾语，定语、状语、补语和它们的中心语，在语义上要配搭恰当，或者搭配起来要符合“约定俗成”的要求，否则，便会成为病句。

检查成分间在搭配上是否有毛病，主要有两个步骤：

第一步，抓住主语中心、谓语中心和宾语中心，看看它们在搭配上是否恰当。如果主语中心和谓语中心不能配搭，那么主语和谓语在搭配上就有毛病；如果谓语中心和宾语中心不能配搭，那么动词性成分和宾语在搭配上就有毛病。例如：

*她的脸色阴沉沉地绷着。

*机床厂正在展开劳动竞赛的高潮。

前一例，“脸”才能“绷”，“脸色”是不具有“绷”的属性的。由于“脸色”和“绷”不能搭配，这个句子的主语和谓语在搭配上就有问题。应把“她的脸色”改为“她的脸”。后一例，“高潮”不能“展开”，因此这个句子的动词和宾语在搭配上有毛病。应把“展开”改为“掀起”。

第二步，分析出定语、状语和补语，看看它们和中心语是否配搭相宜，看看它们相互之间是否有失照应。如果和中心语配搭不当，或者彼此间有失照应，句子就有毛病。例如：

*大家正在热火朝天地学习着。

*两天两夜没停的牛毛细雨又下起来了。

前一例，状语“热火朝天”和中心语“学习”配搭不拢。“热火朝天”应改为“认真刻苦”“孜孜不倦”之类。后一例，主语里的定语“两天两夜没停（的）”和谓语里的状语“又”、补语“起来”有失照应。既然是“又下起来”，怎么可能是“两天两夜没停”呢？应把“两天两夜没停的”改为“断断续续地下了两天两夜的”。

8. 特殊成分及其他

独立语和外位语是句子的特殊成分。

独立语的特点是不跟别的成分发生结构关系，位置灵活。独立语起提醒、按注等作用，或者表示感叹、呼应和物体的音响。例如：

①你看，我的身体不是很好吗！（张锲《祖国之恋》）

②这小子，嘿嘿，真聪明！（乔雪竹《“杰出”人物》）

例①“你看”是独立语，起提醒注意的作用，这里用在句子前边，也可以用到句子中间或句子后边：“我的身体，你看，不是很好吗！”“我的身体不是很好吗，你看！”例②“嘿嘿”是独立语，表示感叹声，这里用在句子中间，也可以用到句子前边或句子后边：“嘿嘿，这小子真聪明！”“这小子真聪明，嘿嘿！”

外位语的特点是用于句外，不跟一般的成分发生结构关系，但所指的事物为句中的一个词语（一般是代词）所指称。有的外位语用于句子前边，有的外位语用于句子后边。例如：

③这碗酒，你把它喝下去！

④我们这里什么人没有啊：科学家、艺术家，还有劳动模范。（乔雪竹《“杰出”人物》）

例③的“这碗酒”是前外位语，为句中的“它”所指代；例④的“科学家、艺术家，还有劳动模范”是后补外位语，为句中的“什么人”所指代。

除了两种特殊成分，句子里还有一些纯粹起语法作用的词语，如"的""得""着""了""过""因为""所以""呢""吗""也罢"等等。当它们明显地附着在某个句子成分上面时，可以划入那个句子成分。如"你的责任很重"，"你的"可以一起算定语。当它们不能划归某个句子成分的时候，便只是纯粹的辅助性材料，只能算是辅助性语法成分。如"这孩子聪明得很"，"得"既不能划归补语，也不能划归中心语，它是辅助性语法成分；又如"因为他不去，所以我也不去"，"因为"和"所以"不能划归任何一种句子成分，它们也是辅助性语法成分。

（二）各类词的造句功用

1. 名词充当成分

人物名词的基本功用是充当主语或宾语。如："学生尊敬老师，老师爱护学生。""科学需要社会主义，社会主义更需要科学。"这里，"学生""老师""科学""社会主义"既充当了主语，又充当了宾语。

人物名词也经常充当定语。充当定语时，主要表示物主或属性。如："我们常常阅读鲁迅的作品。""我们常常阅读文学作品。""鲁迅""文学"都是定语，分别表示物主和属性。

少数人物名词也可以充当状语。有两种情况：（1）某些能够表示事情性质的名词作状语。如："社会的发展已经到了今天的时代，正确地认识世界和改造世界的责任，已经历史地落在无产阶级及其政党的肩上。"（毛泽东《实践论》）作状语的"历史"是名词，表示事情的性质。像"逻辑""教条主义"等，也常带"的（地）"作状语。（2）某些能够表明人的出身、学历等的名词作状语。如："他工人出身，我小学毕业。""工人""小学"表明人的出身、学历，它们直接作状语，不带"的"。

时地名词的基本功用是充当定语或状语。如："北京的古迹特别多。""今天的听众特别多。""北京"和"今天"都是定语。又如："咱们北京见！""我们今天走。""北京"和"今天"都是状语。

时地名词也可以充当主语，但有条件。主要的条件是：（1）处所、时间本身是变化的主体。如:“校园变了样了。”“假日快到了。”(2)处所、时间本身是接受动作的对象。如:“校园打扫干净了。”“假日都充分利用了。”(3)处所时间是判断的对象。如:“校园是我们早晚活动的场所。”“假日是我们搞业余创作的时间。”(4)处所时间是描写的对象。如:“在假日里,校园特别清静。”“在校园里,假日特别清静。”(5)时地名词表示事物存现的处所或时间。如:“校园有棵大雪松。”“唐代有个柳宗元。”

在谈日子或谈天气的句子里,少数时间名词也可以单独充当谓语。如:“今天星期日,明天中秋。”“昨天阴天,今天晴天。”这是一种习用格式,是由“今天是星期日”之类变来的。由于“是”字隐而不现,“星期日”之类可以分析为谓语。

2. 动词充当成分

动词的基本功用是充当谓语,或者构成谓语中心。如:“她笑了。”“笑”充当谓语。又如:“她在思考问题。”“思考”构成谓语中心。

动词也可以充当定语、状语和补语。作定语的,除了“学习计划、研究方法”等凝固性说法之外,要求带“的”。如“讨论的问题很重要”,“讨论”是定语,如果不带“的”,说成“讨论问题很重要”,意思就变了。作状语的,主要是跟表示说话的口气或行动时的表情有关的一些动词,如“同情地说、关心地问道、赞赏地看着”。作补语的,主要表示结果,如“打死”“吓得发抖”。

动词有时也充当主语或宾语,或者成为“主语中心”或“宾语中心”。如:“学习不是容易的事情,使用更加不容易。”(毛泽东《中国革命战争的战略问题》)“这确是人的喊叫。”(管桦《暴风雨之夜》)这里,“学习”和“使用”充当主语,“喊叫”处于宾语中心的地位。这样使用的动词,往往对行为具有指称性,可以回答“什么”的问题。

“看、瞧、听”之类动词,也可以用来充当独立语,起提醒对方注意的作用。如:“看,那边有灯光!”“听,有人在哭!”

能愿动词是一类特殊的动词,常跟动词、形容词等组成能愿短语。在能愿短语充当谓语的时候,能愿动词可以分析为能愿状语;如果能愿动词后边的动词、形容词等不出现，能愿动词就可以分析为谓语。如：“我能参加这次会议吗？”“你应该坚强些！”这里的“能”“应该”都是能愿状语。又如：“你能不能完成这个任务？——我能！”前面的“能不能”是能愿状语，后面的“能”是谓语。

趋向动词也是一类特殊的动词，既可以单独充当谓语或者成为谓语中心，也常常跟动词或形容词组成趋向短语，在趋向短语里充当补语。如：“你过来！”“他回北京了。”“过来”是谓语，“回”是谓语中心。又如：“他跑过来了。”“天黑下来了。”“过来”“下来”都是补语。

3. 形容词充当成分

形容词的基本造句功用是充当定语、谓语，或者构成谓语中心。如：“路上留下了清楚的脚印。”“思路（很）清楚。”这里的“清楚”分别充当定语和谓语。

形容词也可以充当状语和补语。如：“他清楚地说明了情况。”“情况一定调查得清楚。”这里的“清楚”分别充当状语和补语。

形容词有时也充当主语、宾语，或者成为主语中心或宾语中心。如：“骄傲不好。”“首长一直关心大家的安全。”这里，“骄傲”充当主语，“安全”充当宾语中心。这么使用的形容词，往往对性状具有指称性，可以回答“什么”的问题。

非谓形容词，如“真正、小型、唯一、首要、上好、新式、慢性”等等，在造句功用上跟一般形容词有所不同。非谓形容词经常充当定语，不能充当谓语或成为谓语中心。它们有时用在“是……的”之间一起充当句子的谓语。如：“这个水库是小型的。”“这种衣料是上好的。”“是小型的”“是上好的”都是谓语，但是，在谓语内部，“是”是谓语中心，“小型的”和“上好的”都是宾语。这就是说，非谓形容词“小型”和“上好”尽管被包含在谓语里面，但它们本身不是谓语，也没有成为谓语中心。

4. 数词和量词充当成分

数词有时单独充当句子成分。主要有三种情况：

（1）数词表示大数目，后边常常不用量词。在这种情况下，数词可以充当定语或谓语。如："十亿人民紧跟党""百万雄师过大江"，"十亿"和"百万"充当定语；如果"人民十亿""雄师百万"作句子使用，"十亿"和"百万"便成为谓语。

(2) 继承古汉语用法，数词直接附加于名词或动词，充当定语或状语。如"一工人上（场）"，"一"作定语；"三进山城"，"三"作状语。

(3) 数词在一定的语言环境中指称事物，充当"是"字句的主语或宾语。如："任务有两个，一是造船，二是修桥。""一、二"是主语。又如："……这是一，……这是二。""一、二"是宾语。

量词也能单独充当句子成分。主要有两种情况：

(1) 单音量词的重叠形式可以充当主语、定语或谓语。如："句句都是实话。""个个都是英雄好汉。""句句、个个"是主语。又如："条条江河归大海。""门门功课都是满分。""条条、门门"是定语。再如，如果"白云朵朵""春风阵阵"作句子使用，"朵朵、阵阵"都是谓语。

(2) 量词单独用在动词和宾语之间，前边实际上隐含着"一"。如：写信→写封信，借书→借本书。在"写封信、借本书"之类结构中，"信、书"等成了中心语，即宾语中心，"封、本"等是定语。

动词和补语之间有时用"个"强调结果，如"吃个饱、喝个足、打个落花流水"。这是"个"的特殊用法，从性质上说，已经用作了助词，只能算是辅助性语法成分。

5. 代词充当成分

代词可以充当各类一般的句子成分。比如"他"指代人，可以充当主语、宾语和定语："他走了吗?""同学们都很喜欢他。""他的成绩好极了!"又如"怎样"指代行动、性状、方式等等，可以充当谓语(或谓语中心)、定语、状语和补语："小张怎样，小李也应该怎样。""他到底是怎样的人?""这件事怎样处理?""他的字写得怎样?"

6. 副词和独用词充当成分

副词的基本造句功用是充当状语。如："他们［的确］［未必］［一直］［都］［很］热爱这门专业。"这里出现了语气副词"的确"、否定副词“未必”、时间副词“一直”、范围副词“都”和程度副词“很”，它们可以分别单独成为状语，也可以一起都成为状语。

副词中，“很”和“极”以及作用跟“极”相当的“万分”，也可以作补语。如：“这小家伙精得很!”“我惊奇极了。”“他焦急万分。”“很”作补语，前边要求用“得”；“极”作补语，后边常有语气助词“了”；“万分”作补语，“得”“了”都不用。

独用词总是充当独立语这种特殊的成分。凡是用在一个句子的前边、后边或者插入在主谓之间的独用词，都是独立语。如：“哟！你怎么能这么说!”“快走吧，啊!”“他，哼，连尽义务也不知道!”

思考与练习

一、什么是词类？划分词类应根据什么标准？

二、实词有哪几类？试举例说明。

三、试说明名词、动词、形容词、数词、量词和代词的特点及其小类，并画成一个表。

四、把下面这段话里的实词挑出来，并分别说明它们的词性。

我是头一次坐三叉戟飞机。我的眼睛盯着窗外，飞机碰着云了，钻进云层了。不，我们高高地在云层之上了。真有意思：原来我们经常看到的都是较低的，尤其是乌云。当飞机越过一万公尺的高空以后，一幅真正瑰丽的彩云图出现了。

五、名词一般能受物量结构的修饰，但也有例外。在下列例词里，哪些能受物量结构的修饰，哪些不能？不能受物量修饰的名词是一些什么样的名词？

北京　汽车　饭前　桌子　傍晚　鲁迅　花朵　布匹　空中

地下　剪刀　案件　家乡　家里　瓦片　车辆　巴黎　钢笔

六、形容词也能受物量结构修饰。例如：

一丈多高　八尺来远　五尺半长

半公尺厚　六七尺宽　八斤重

考虑一下：是不是所有的形容词都能受物量结构的修饰？什么样的形容词能受什么样的物量结构的修饰？这种“数量·形”结构，能不能看作是“数量·名”结构？

七、形容词一般能受到副词修饰，但下面这些不能。试再补充几个这样的词，并说明这些形容词的特点。

A. 通红　雪白　漆黑　笔直　______　______　______

B. 唯一　无限　相对　共同　______　______　______

C. 红通通　香喷喷　光灿灿　______　______　______

八、在语言事实中，“是”的作用是十分复杂的。试举几个用“是”字的句子，说明“是”字的作用。

九、指出下列句子里的代词，并说明它们在句中的作用。

①你叫什么名字？

②村里没有谁不认识李向南。

③你爱怎么样就怎么样是不行的。

④大家你看看我，我看看你，谁也没有说什么。

十、疑问代词有时可以叠用。考虑一下，说说下面代词重叠表示什么意思。

①她们没事时，总爱在一起说谁又买了一台彩电，谁谁穿连衣裙不合适……

②刘承业也常在小说上看到古来什么什么员外家的孩子上学要用个书童……

③王梅梅问他还要买哪些书。他可高兴了，把他想买的书，什么《人类进化史》呀，《西方哲学史》呀，《亚洲大陆的崛起》呀，什么什么呀，统统说了一遍。最后还告诉她哪里哪里有这些书卖，怎么样怎么样才能把书早些带回来。

十一、虚词有哪些特点？可分为哪几类？

十二、“他所看到的东西”中的“所”和“碗被他给打破了”中的“给”是什么词？在结构中的作用是什么？

十三、副词一般不能修饰名词，但在特殊情况下可以。例如：

A　今天才星期六　明天就中秋节（，你们放假不?）

今天已经星期天（，没日子推了!）

B　最前面　最底层　最上头

试从上面例子中归纳出副词修饰名词的两条特殊规律。

十四、简单说明介词和连词的区别。下面加点的词，哪些是介词，哪些是连词？为什么？

①小王跟小张都去过上海，谁有钱谁跟他们去。

②糟糕的癞痢头和小捣乱这两位大哥，每天总要弄出一点花头来，不是把小和尚打哭了，就是和别人吵架。

十五、什么是独用词？它的主要语法特点是什么？

十六、什么是助词？它的主要语法特点是什么？

十七、下面加点的“的”是结构助词，还是语气助词？为什么？

①你从哪儿来的？

②今天，他就是用这样的含义，来理解党的主义，来理解共产党这个称号的。

③请相信，我不会骗你的。

十八、指出下面词的词性，并用这些词各造一个句子。是兼类的词，有几种词性就造几个句子。

突然　给　自由　最近　一起　刚刚　总共　精神　几乎　在

十九、句子最突出的特点是什么？

二十、什么是非主谓句？举几个由单词充当的非主谓句的例子。

二十一、什么是句子成分？主语、谓语、宾语、定语、状语、补语这些成分的基本特点是什么？特殊成分有哪些？它们跟一般成分有什么区别？

二十二、施事、受事是不是句子成分？为什么？

二十三、指出下列句子里的宾语，并说明它们属于哪一种：对象、结果、施事、处所、工具、原因……

①火车站的月台上挤满了人。

②天冷了，窗户的玻璃上已糊上了一层纸。

③许云峰渐渐舒开眉头。

④这一锅饭可以吃三十个人。

⑤上星期，黄玉娟住进了医院。

⑥梅雨潭是一个瀑布潭。

⑦你在看什么？

⑧你一个人在屋里哭什么？

⑨女人们在场里院里编着席。

⑩两件旧家具一共卖了九十多元钱。

二十四、分析下列句子的结构层次。

①我赞美白杨树！

②蚕丝是一种高级纤维。

③我们要认真地学习科学文化。

④多么幸运啊，我们家乡的小河！

二十五、用符号标示法分析下列句子，并注明每个成分词的词性。

①蜜蜂最爱劳动。

②一只蜜蜂能活多久？

③夜里很冷。

④杨各庄叫鬼子给糟蹋啦。

⑤矿山的唐矿长先简单地讲了一下全国的工业生产形势。

⑥方婉之突然“啪”地打了女儿一个耳光。

⑦今天上午你关照一下挖土方的民工。

⑧阳光已经把佛光殿的琉璃瓦照耀得一派辉煌。

二十六、指出下列句子中的错误，并改正过来。

①人们亲切地注视着这位老人的谈话。

②为了提高各级各类学校的教育质量，我们必须不断地充实和提高师资水平。

③我们小组的出勤率也有很大增加。

④对不起，这次我们对你们照顾得太不周全了。

⑤在社会主义“四化”建设中，要发挥知识分子的充分作用。

第三节 语和句

【学习提示】

本节着眼于短语，讨论短语的类别和短语成句、短语充当句子成分等问题。在现代汉语句法结构中，短语占有特别重要的地位。绝大多数的句子，是由短语充当的；各种句子成分，也往往是由短语构成的。

学习本节，首先要着重掌握短语在结构上的类别和在功能上的类别；进一步，要掌握由不同结构的短语充当的主谓句和非主谓句；再进一步，要分别了解各类短语充当句子成分的情况。

本节涉及的现象比上节复杂。在上节的基础上学好本节的内容，就可以学到现代汉语语法的最基本的知识；通过学习本节的内容，并解答本节的练习，就可以具备分析比较复杂的句子的能力。

分析复杂句子的时候，往往会遇到多层次短语。本节正文中，多层次短语讲得不多，但在练习里，有意地安排了一些题目，以便引导大家通过分析的实践去理解和掌握。

一、语　类

（一）短语种类的划分

短语也叫词组，是由词和词组合而成的语言单位。短语的种类一般从两个角度划分：一个角度是短语的结构，一个角度是短语的功能。

从结构上看，短语内部有一定的结构关系，有的虽然内部关系不明显，但在结构形式上有一定的区别性特征。如“槐树和梧桐树”，这是联合短语，两个组合部分之间有明显的联合关系；“梧桐树上”，这是方位短语，两个组成部分之间的关系不大明显，像是“偏・正”，又像是“正・偏”，但这类短语有方位词作为它的区别性特征。“联合短语”“方位短语”等等都是短语的结构类。

从功能上看，每个短语都具有整体性，造句中都显现出一定的语法功能。比如“槐树和梧桐树”，这是名词性短语，可以充当主语、宾语，不能充当谓语；又如“高大而美丽”，这是形容词性短语，可以充当谓语、定语或补语，一般不充当主语、宾语。“名词性短语”“形容词性短语”等等，都是短语的功能类。

（二）短语的结构类

一般的结构类短语，按照结构关系的不同来分类。包括联合短语、偏正短语、正补短语、动宾短语、主谓短语、复指短语、连动短语、兼语短语等。

1. 联合短语：组成部分之间有联合关系。如：

政治、经济、军事　团结、紧张、严肃、活泼　爱国主义和国际主义　讨论并通过　美丽而大方　又大又甜

联合短语由两个或几个部分组成，各部分一般词性相同，它们之间可以用“和、或、并、而、又……又”等连词或关联副词连接起来。

2. 偏正短语：组成部分之间有偏正关系。如：

我们学校　伟大的祖国　更加繁荣　迅速的（地）　发展

偏正短语由两个部分组成，前一部分是“偏”，后一部分是“正”，两个部分之间往往用结构助词“的”。

3. 正补短语：组成部分之间有正补关系。如：

看一下　写得好　激烈极（了）　勇敢得很

正补短语由两个部分组成，前一部分是“正”，后一部分是“补”，两个部分之间往往用结构助词“得”。

4. 动宾短语：组成部分之间有动宾关系。如：

讨论问题　写小说　晒太阳　有计划　睡地板

动宾短语由两个部分组成，前一部分是“动”，后一部分是“宾”。

5. 主谓短语：组成部分之间有主谓关系。如：

意志坚定　大家努力　辩论开始　谦虚可贵

主谓短语由两个部分组成，前一部分是“主”，后一部分是“谓”。

6. 复指短语：组成部分之间有同位复指的关系。如：

司机老王　故乡绍兴　黎竹荪大夫　大夫黎竹荪

复指短语由两个部分组成，前后两部分指同一事物，有的可以互

换位置。

7. 连动短语：组成部分之间有连动关系。如：

去游泳　进来坐　躺下睡觉　去鞠躬讨饶

上商场买礼物送小朋友

连动短语由两个或几个部分组成，一般是每个部分都用动词，或者以动词为中心，表示同一人物连发性或并发性的不同行为动作。

8. 兼语短语：组成部分之间有连环套合形成兼语的关系。如：

请他进来　派我干活　有儿子照顾　没人注意

兼语短语由一个动宾短语和一个主谓短语套合而成，前者的宾语和后者的主语套合成为“兼语”。如：“请他”＋“他进来”→“请他进来”。“他”是兼语。

特殊的结构类短语，结构关系很不明显或者不大明显，它们按照结构形式上的区别性特征来命名。数量短语、方位短语、能愿短语、趋向短语、介词短语、“的”字短语、比况短语等等都是特殊的结构类短语。

1. 数量短语：由数词和量词组合而成的短语。数词和量词之间有时插入“大、小”等词。如：

三堆　　三大堆

两包　　两小包

一块　　一整块

一碗　　一满碗

二十三次

九百六十万平方公里

数量短语“两个”和“三个”在口语里有时融合成了“俩（liǎ）”和“仨（sā）”这两个词。作为词，“俩、仨”可以归入数词，但后边不能再用量词。“俩人”就是“两个人”，不能说成“俩个人”。“仨”类推。

数量短语有的表物量，简称“物量短语”；有的表动量，简称“动量短语”。

指示代词“这、那”修饰数量短语，就成为偏正短语，如：“这一个、那一个、这两堆、那两堆”。但数词是“一”时，“这、那”可以直接同量词组合，“一”字隐去，如“这个、那个、这次、那次”。这种由指示代词和量词组合而成的短语，叫作“指量短语”。

2. 方位短语：后一组成部分是方位名词的短语。如：

井冈山上　天安门前　解放以后

方位短语一般表示处所或者时间。少数方位短语用来表示人或事物，如“领导上、组织上”；或者用来表示概数，如“五十以上、三十左右”。

3. 能愿短语：前一组成部分是能愿动词的短语。如：

可以答应　能够解决　应当坚强　愿意帮忙

能愿短语的后一组成部分是一般动词或形容词，能愿动词可以分析为能愿状语；但能愿短语可以说成“X 不 XY”“不 X 不 Y”，如“可以不可以答应”“不可以不答应”，这又是跟一般的偏正短语很不相同的地方。

4. 趋向短语：后一组成部分是趋向动词的短语。如：

跑过去　提上来　说下去　射击起来

趋向短语的前一部分是表意重心，趋向动词是补语。带趋向补语的动词有时可以带上“了”，如“跑了过来”“提了上去”。趋向短语实际上还是一种正补短语，但又有一定的特殊性，这就是：趋向动词有时特别虚，有的只表示时态，近似“着、了、过”之类。如“干起来吧”，就是“开始干吧”，“起来”只表示动作的开始；又如“请你说下去”，就是“请你继续说”，“下去”只表示动作的往下持续。

5. 介词短语：前一组成部分是介词的短语。如：

在二中（学习）　从学校（出发）　按规定（办理）

把大门（推开）

介词短语近似动宾短语，因此也可以叫作介宾短语。介词短语的后一组成部分可以叫作介词后置成分，也可以叫作介词的宾语。

6. “的”字短语：后一组成部分是结构助词“的”的短语。如：

吃的　塑料的　耍狮子的　看热闹的

“的”字短语是带“的”的定语后边隐去中心语形成的。如：吃的东西→吃的，塑料的家具→塑料的。隐去的中心语是名词，表示事物，它隐去以后，“的”字短语就起着指称事物的作用。

7. 比况短语：后一组成部分是比况助词“似的、一般”之类。如：

鲜花似的　飞也似的　像闪电似的　像芦柴棒一样
像钢铁一般

比况短语一定得以比况助词作为一个结构成分。尽管比况短语总是表示比况意义，但有比况意义的短语不一定是比况短语。如“像棉花”，尽管有比况意义，但不是比况短语，而是动宾短语；如果带上“似的、一样”之类，说成“像棉花一样”，这才成为比况短语。

（三）短语的功能类

基本的短语功能类有三种：名词性短语、动词性短语和形容词性短语。某些短语在功能上有不同于基本功能类的地方，但它们可以附属于基本功能类。

1. 名词性短语：由名词和名词构成，或者以名词为中心。简称“名同短语”。如：

教师和学生（联合短语）
重要的任务（偏正短语）
校长张纪风（复指短语）
火车站东头（方位短语）

“的”字短语是由隐去名词中心语形成的。这种短语也是名词性短语。

由跟名词相当的代词构成的短语，如“你和他”“我自己”之类，自然也是名词性短语。

数量短语近似名词短语，因为其中的量词是一种表示单位的词。特别是中间插入“大、小”等的数词短语，如“一大碗、两小块”之类，更像名词短语。因此，数量短语可以附属于名词短语。

2. 动词性短语：由动词和动词构成，或者以动词为中心。简称“动词短语”。如：

发展和演变（联合短语）
急匆匆的走（偏正短语）
分析得深刻（正补短语）
购买电视机（动宾短语）
去鞠躬讨饶（连动短语）
请客人进来（兼语短语）
应当休息　（能愿短语）
开动起来　（趋向短语）

由动词充当谓语或谓语中心的主谓短语，如“大家研究”“手拉着手”等等，表示人物的行为变化，可划归动词性短语。

介词短语也叫介宾短语，近似动宾短语。现代汉语的介词是由动词演变成的，有的有时还多少带点动性，如“在床上（睡觉）”“对他(眨眼)”。因此，介词短语可以附属于动词短语。

3. 形容词性短语：由形容词和形容词构成，或者以形容词为中心。简称“形容词短语”。如：

庄严而美丽（联合短语）
十分生动　（偏正短语）
干净得很　（正补短语）
应当谦虚　（能愿短语）

由形容词充当谓语或谓语中心的主谓短语，如“意志坚强”“身体灵活”等等，表示人物的性质状态，可划归为形容词性短语。在主谓短语里，主语和谓语相比较，谓语是表意的重心，比主语更重要，因此，根据充当谓语或谓语中心的是动词还是形容词，把主谓短语分别归入动词性短语和形容词性短语，这是可以的。

比况短语，不管是由什么词语和比况助词构成的，都起形容描写的作用，都相当于一个形容词性短语。如“鲜花似的”相当于“很美丽”，“飞也似的”相当于“很快”。因此，比况短语可以附属于形容词短语。

（四）多层次短语和固定短语

根据短语所包含的层次的多少，短语还可以分为单层次短语和多层次短语。多层次短语是包含两个或两个以上层次的短语。这种短语，大短语包含小短语，小短语往往又包含更小的短语。比如，“水果和蔬菜”“新鲜的水果和新鲜的蔬菜”“很新鲜的水果和很新鲜的蔬菜”都是联合短语，但第一个只包含一个层次，是单层次短语，第二、第三个分别包含两个和三个层次，是多层次短语，即：

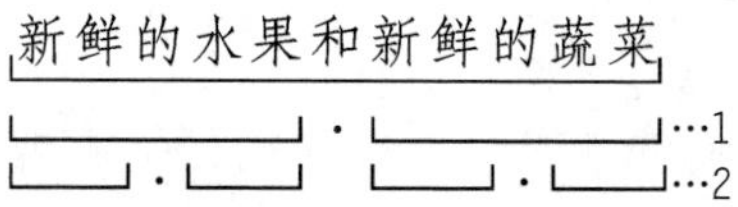

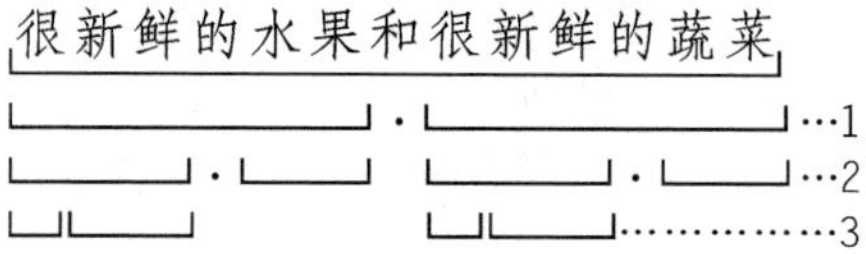

多层次短语的结构类名称，根据第一个层次来确定。比方，第一个层次是联合关系的，便是联合短语；第一个层次是动宾关系的，便是动宾短语；第一个层次是某个短语和方位名词构成的，便是方位短语。在需要跟单层次短语相区别的场合，才有必要特别指出是多层次联合短语、多层次动宾短语、多层次方位短语等。如“了解这个地方的人和事”，这是个多层次动宾词组，“参加赴京观光代表团之前”，这是个多层次方位短语，但在一般场合，只要分别指出它们是动宾短语和方位短语就行了。

根据短语组成部分的结合是否定型化，短语又可以分为自由短语和固定短语。固定短语是组合成分和组合情况都比较定型的短语。比如专用名称“人民日报”“高等教育出版社”是固定短语；成语“天涯海角”“傲然屹立”等也是固定短语。常见的短语是跟固定短语相对的自由短语。自由短语是从交际和交流思想的需要出发临时组合而成的。

从结构看，固定短语也有联合、偏正等区别。例如：

天涯海角（联合短语）

傲然屹立（偏正短语）

明察秋毫（动宾短语）

万马奔腾（主谓短语）

探囊取物（连动短语）

从功能看，固定短语也有名词性、动词性和形容词性的不同。例如：

天涯海角（名词性短语）

傲然屹立（动词性短语）

小巧玲珑（形容词性短语）

二、短语成句

（一）短语和句子的关系

短语可以充当句子。一个短语，如果在交际和交流思想时能体现一个特定的意图，就会带上一定的语调、语气，就会成为句子。

短语和词都是造句材料，句子则是运用造句材料表达特定意图的成品。短语和词有量的大小的关系，作为造句材料，短语是比词大的语言单位；短语和句子没有量的大小的关系，这两个概念的着眼点不同，它们之间的关系是“材料”和“成品”的关系。当我们分析一个语言片段，说它是由××短语充当的句子的时候，短语和句子只有着眼点的不同，并不存在量的区别。

“短语”有时不“短”。“短语”是个术语，不能望文生义，以为短语总是短的，而且总比句子短。构成一个句子的短语里可以包含两三个小短语，这时被包含的短语自然比句子“短”；但是，有的句子只由一个词构成，这样的句子就不能说比短语“长”。

（二）由短语充当的主谓句和非主谓句

1. 主谓句

主谓句是包含主语和谓语两个部分的句子。这类句子由主谓短语充当。例如：

①蜜蜂最爱劳动。

②它们从来不计较什么。

在一定的语言环境中，主谓句的主语、谓语或宾语可以有所省略，这就成为省略句。省略句是主谓句的变式，有“承前省”“蒙后省”“对话省”三种情况。

“承前省”，指的是后面分句的主语、谓语或宾语因前面分句有相同的词语而省略。如：

③蜜蜂最爱劳动，从来不计较什么。

④北京都下雪了，何况哈尔滨！

⑤大家都在写发言稿，你为什么不写呀？

例③后面分句的主语承前面分句的主语而省略。例④后面分句的谓语承前面分句的谓语而省略。（等于说：“北京都下雪了，哈尔滨当然也下雪了！”）例⑤后面分句的宾语承前面分句的宾语而省略。

如果意思明确，不会引起误解，后面分句的主语可以承前面分句的定语或宾语而省略，后面分句的宾语也可以承前面分句的主语而省略。如：

⑥道静的心突然被这种崇高而真挚的友谊激动了，以致不能自抑地流下了眼泪。（杨沫《坚强的战士》）

⑦党派来了两个好儿女，同井冈山人一起来开发这座万宝山。（袁鹰《井冈翠竹》）

⑧这小家伙精得很，老师们都很喜欢。

例⑥，前分句里“道静”是定语，后分句的主语承它而省略。例⑦，前分句里“两个好儿女”是宾语，后分句的主语承它而省略。例⑧，前分句里“这小家伙”是主语，后分句的宾语承它而省略。

“蒙后省”，指的是前面分句的主语、谓语或宾语因后面分句有相同的词语而省略。如：

⑨听了亲家母这些话，玉春娘急忙走到闺女的新房里来。（刘真《春大姐》）

⑩不仅妇女，就连铁柱他们也都感动得掉了眼泪。

⑪马万保慌忙拦住，扯住张老五的胳膊。（西戎《纠纷》）

例⑨，前分句省略了主语“玉春娘”，因为后分句的主语用了“玉春娘”；例⑩，前分句省略了谓语“感动得掉了眼泪”，因为后分句的谓语里用了“感动得掉了眼泪”；例⑪，前分句省略了宾语“张老五的胳膊”，因为后分句的宾语用了“张老五的胳膊”。

“对话省”，指的是主语、谓语或宾语在人物当面说话时有所省略。如：

⑫“书记他们哪？”

“都上堤啦！”（管桦《暴风雨之夜》）

⑬屈：……你懂得我的话么？

宋：我懂得了，先生。（郭沫若《屈原》）

例⑫，“书记他们哪”等于“书记他们到哪儿去了”，省略了谓语；“都上堤哪”等于“书记他们都上堤啦”，省略了主语。例⑬，“我懂得了”等于“我懂得您的话了”，省略了宾语。

省略了宾语，省略句本身仍然包含主语和谓语；省略了主语或谓语，省略句本身就只有谓语或主语了。但是，不管是省略主语、谓语或宾语，在一定的语言环境中都可以明确地补出，并且都以不致引起误解为前提。如果会引起误解，就不能随便省略某个成分。例如：

*⑭一天，小红放羊，大羊生小羊，走不动路。（……小红只好抱着小羊走回家去。）

按原意，“走不动路”的是“小羊”，但容易让读者以为是“大羊”。“小羊走不动路”的主语“小羊”不能省。

如果不具备“承前”“蒙后”等省略条件，也不能随便省略某个成分。如：

*⑮这一大型冶炼企业，在决议精神鼓舞下，数以万计的工程建设者正在日以继夜地紧张劳动着。

*⑯只要我们树立为祖国为人民而学，就能为“四化”做出贡献。

例⑮，“这一大型冶炼企业，在决议精神鼓舞下”怎么样？需要有个能成为谓语中心的动词，构成一个分句；后面的“数以万计的工程建设者……劳动着”是另一个分句。应在“……鼓舞下”后边添上“即将胜利投产”这样的词语。例⑯，“树立”什么，应该有个能成为宾语中心的名词，如说成“树立为祖国为人民而学的思想”。

2. 非主谓句

非主谓句是不包含主语和谓语两个部分的句子。非主谓句可以是由一个单词充当的单词句，但更常见的是由短语充当的短语非主谓句。

有时，一个偏正式名词短语独自表达一个完整的意思，体现一个特定的意图，成为一个非主谓句。这种名词短语非主谓句，可以和名词单词句合起来简称为“名词句”。在具体作用上，名词短语非主谓句跟名词单词句大致相同。例如：

多么迷人的秋色！（咏叹事物的属性）

前场次日。春来茶馆。（交代故事发生的时间、地点）

一阵铃声。（述说存现的事物）

小胖子！（呼喊人物的名字）

有时，一个非主谓式的动词短语或形容词短语独自表达一个完整的意思，体现一个特定的意图，成为一个非主谓句。这种非主谓句，或者用来说明自然现象，或者用来述说生活中的某种事实，或者用来表示泛指性的要求或禁止，或者是一些格言性的话。如：

刮风了。下雨了。（说明自然现象）

开学了。上课了。（述说生活中的事实）

不准吸烟！安静点！（表示要求或禁止）

活到老，学到老。（格言性的话）

这种非主谓句看起来像是谓语，但补不上主语或者不需要补上主语。为了称说的方便，可以叫作“无主句”。由动词或形容词充当的单词句情况相似，也可以叫作“无主句”。

三、短语充当句子成分

（一）短语和句子成分的关系

短语可以充当句子成分。一个短语，如果在句子里担任一定的职务，起一定的结构作用，便成为句子的一个成分。

跟短语和句子的关系一样，短语和句子成分这两个概念有不同的着眼点，它们之间没有量的大小的关系。请看下面的图示：

一个词，可以充当一个成分，也可以构成一个句子；一个短语，可以构成一个句子，也可以充当一个成分。由一个词充当的成分，不会比短语“大”；由一个包含小短语的大短语充当的成分，当然不会比被包含的短语“小”。句子里，短语在什么时候、什么层次上充当句子的什么成分，要根据具体的句子作具体的分析。

（二）各类短语的造句功用

就短语的功能类论，典型的名词短语、动词短语和形容词短语造句功用分别跟名词、动词和形容词相当。从短语的结构类看，各类短语充当句子成分的情况需要分别说明。

1．联合短语充当成分

联合短语有名词性的，也有动词性或形容词性的。因此，联合短语可以充当句子的任何一种成分。如名词性联合短语：

现代汉语和古代汉语都是基础课程。（作主语）

我们本学期学习现代汉语和古代汉语。（作宾语）

大家都应该掌握现代汉语和古代汉语的基本内容。（作定语）

又如动词性联合短语：

小苔洗着感叹着。（作谓语）

每个人都咀嚼、回味报告里的警辟语句。（充当谓语中心）

再如形容词性联合短语：

小明的复述清楚而准确。（作谓语）

小明对《故乡》的内容作了清楚而准确的复述。（作定语）

他能够清楚而准确地表明自己的见解。（作状语）

这张图表绘制得清楚而准确。（作补语）

联合短语的组成部分不管有多少个，整个联合短语都只算句子的一个成分。如“我买了钢笔、墨水、笔记本、活页纸和几条毛巾”，“钢笔、墨水、笔记本、活页纸和几条毛巾”是联合短语，充当宾语。

运用联合短语充当句子成分，要注意各组成部分同相关成分之间的搭配，避免顾此失彼的毛病。例如：

*①实现合作医疗和预防之后，我们的健康和疾病有了保障了。

*②像潮水般涌来的赤卫队员包围和截断敌人的退路。

*③我们把房间打扫得干干净净、整整齐齐了。

例①，“健康”有了保障，这是可以说的；“疾病”有了保障，这就不对了，应删去“和疾病”。例②，“退路”可以“截断”，却无法“包围”，应改为“……赤卫队员包围敌人并截断敌人的退路”。例③，“打扫”和“整整齐齐”配搭不拢，可改为“……打扫得干干净净，布置得整整齐齐”。

2. 偏正短语充当成分

偏正词组也有名词性的和动词性、形容词性的，因此也能充当句子的任何一种成分。如名词性偏正短语和动词性偏正短语：

①我的朋友已经回来了。（冰心《小橘灯》）

②陶珂为自己辩解。（徐怀中《西线轶事》）

③我爱我母亲。（朱德《母亲的回忆》）

例①，“我的朋友”是名词性偏正短语，“已经回来”是动词性偏正短语，它们分别充当主语和谓语。例②，“为自己辩解”是动词性偏正短语，充当谓语。例③，“我母亲”是名词性偏正短语，充当宾语。又如形容词性偏正短语：

任务非常具体。（作谓语）

交给大家的，全都是非常具体的任务。（作定语）

任务非常具体地提到了日程上。（作状语）

各项任务都提得非常具体。（作补语）

关于偏正短语充当成分，析句时要注意以下四点：

第一，名词性偏正短语充当主语或宾语，可以进一步分析为定语和中心语，这时中心语处于主语中心或宾语中心的地位；动词性或形容词性偏正短语充当谓语，可以进一步分析为状语和中心语，这时中心语处于谓语中心的地位。

第二，任何偏正短语充当定语、状语和补语，都可以看作一个整体，不必作进一步的分析。

第三，动词性或形容词性偏正短语有时充当主语或宾语，整个儿起指称行为状况的作用，不必作进一步的分析；名词性偏正短语有时充当谓语，整个儿起描写说明的作用，也不必作进一步的分析。如：

不去是对的。

不老实不好。

我们表示热烈欢迎。

这篇说明书的最大毛病是不具体。

这是动词性、形容词性偏正短语充当主语和宾语。又如：

金桥朝鲜人。

杜甫唐朝人。

这个人黄头发。

牧场一片水。

这是名词性偏正短语充当谓语。

第四，有的偏正短语，包含递加的定语或递加的状语。如：

大伯买了一辆很好看的凤凰牌自行车。

他正在沿着堤岸缓缓地走着。

前一例，“一辆”“很好看的”“凤凰牌”这三个递加的定语分别表示数量、形态和牌号；后一例，“正在”“沿着堤岸”“缓缓地”这三个递加的状语分别表示时间、处所和状态。

析句时，可以指出递加的定语或状语有几个，各起什么作用，但从层次关系上说，应该明确：紧靠中心语的定语或状语修饰中心语，距离远一点的定语或状语实际上一起修饰中心语和靠近中心语的定语或状语。即：

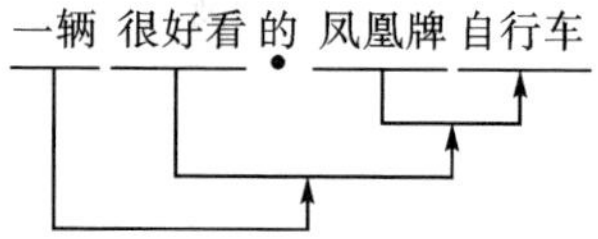

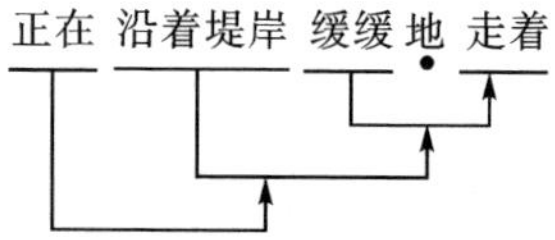

3. 正补短语充当成分

正补短语是动词性的或者形容词性的短语，经常充当谓语，可以进一步分析为中心语和补语。如：

煤油灯照得通亮。

这个学生勤奋得很。

“照得通亮”充当谓语，“照”是中心语，处于谓语中心的地位，“通亮”是补语；“勤奋得很”充当谓语，“勤奋”是中心语，处于谓语中心的地位，“很”是补语。

正补结构也可以充当定语、状语和补语，析句时不必作进一步的分析。如：

我来到了向往已久的桑耳庄。（作定语）

他穿戴得整整齐齐地出去了。（作状语）

这篇文章，写得好极了。（作补语）

4. 动宾短语充当成分

动宾短语经常充当谓语。析句时，要求指出宾语和带宾语的动词。如：

宾客们围着新娘。

青骡马下了崽。

“围着新娘”充当谓语，“新娘”是宾语，“围（着）”是带宾语的动词，处于谓语中心的地位；“下了崽”充当谓语，“崽”是宾语，“下（了）”是带宾语的动词，处于谓语中心的地位。

动宾短语也可以充当定语、状语和补语。如：

对面是布满枯树的小山。（作定语）

工作正在有计划地进行。（作状语）

她笑得弯了腰。（作补语）

动宾短语还可以充当主语和宾语。如：

丢了奖旗不要紧，丢了革命的志气可不行！（作主语）

军队负责保卫矿山。（作宾语）

5. 主谓短语充当成分

主谓短语可以充当主语、谓语、宾语、定语、状语、补语等等成分。如：

大家努力才对。（作主语）

这个人胆子小。（作谓语）

我没有看到过父亲掉眼泪。（作宾语）

我终于看到了风景如画的七星岩。（作定语）

他步伐坚定地朝前走去。（作状语）

我急得手都发痒。（作补语）

主谓短语充当谓语，情况比较复杂。主要有四种情况：

(1) 主语是受事，谓语用主谓短语表示施事者及其动作。如：

这件事我知道了。

这个道理谁不懂？

(2) 主语是施事，谓语用主谓短语表示受动者及所承受的动作。如：

我什么东西都不想吃。

张师傅川菜做得特别好。

(3) 主语表“物主”，谓语用主谓短语从所属的某一方面加以描写。如：

我头昏。

凌云山和乌尤山，林木葱茏。

(4) 主语表“整体”，谓语用主宾同形的主谓短语作分解性的说明。如：

咱们各管各!

这一带的麦子，一块胜过一块。

6. 复指短语充当成分

复指短语大都表示人或事物，相当于人物名词，在句子里经常充当主语、宾语、定语。如：

人家小顺可用功啦!(作主语)

他看了看我们几个人。(作宾语)

院里响起了检验员小叶的歌声。(作定语)

有的复指短语表示时间或处所，相当于时地名词。表示时间的，可以直接作状语；表示处所的，可以同"在、从、到"等组成介词短语作状语。如：

我夏秋两季看守庄稼。(作状语)

他从湛江、海口那些地方买来了不少南方特产。(作状语)

运用复指短语可以增强语言的明确性，并且往往还可以突出地强调思想对象。如"人家小顺可用功啦"，单说"人家"，听者可能不知道指的是谁；单说"小顺"，又不如加上个"人家"能够使所要强调的人物显得突出。又如：

蜜蜂这东西，最爱劳动。(杨朔《荔枝蜜》)

跟单用"这东西"相比，"蜜蜂这东西"更明确；跟单用"蜜蜂"相比，"蜜蜂这东西"更能强调突出思想对象。

复指短语必须是同位的。就是说，具有复指关系的两个词语必须组合在一起，共同充当某个成分。如："她是检验员小叶。""检验员小叶"是复指短语，作宾语。要是说成"检验员是小叶"，"检验员"和"小叶"就分别充当主语和宾语，它们就不再组成复指短语了。

复指短语的两个组成部分之间必须真正具有复指的关系。如果包含非复指因素，句子就会成为病句。如：

*现在遗存的仅是墓前的一些石刻，其中有神道石柱、石麒麟、石天禄、石辟邪等奇禽异兽。

这里，"神道石柱、石麒麟、石天禄、石辟邪等"和"奇禽异兽"组成复指短语。但是，“神道石柱”既不是“禽”，也不是“兽”；“麒麟、天禄、辟邪”是“兽”，却不是“禽”。这样组织复指短语是不恰当的。可把“奇禽异兽”改为“奇异东西”，或者干脆去掉。

7. 连动短语和兼语短语充当成分

连动短语和兼语短语经常充当谓语，构成特定句式“连动句”和“兼语句”。

连动短语除了经常充当谓语之外，还可以充当主语、宾语、定语和补语。如：

我抓住树枝爬上去。（作谓语）

躺下休息可以恢复体力。（作主语）

他已经决定回来接我。（作宾语）

进城买东西的人很多。（作定语）

他气得站起来拍桌子。（作补语）

兼语短语除了经常充当谓语之外，还可以充当主语、宾语、定语、状语和补语。如：

恶奴命士兵抢人。（作谓语）

邀请他参加大会是正确的。（作主语）

我打算托小李买点药材。（作宾语）

领导上已经通过了派部队上山的决定。（作定语）

情况在令人不可捉摸地变化着。（作状语）

他的行动反常得让大家担忧。（作补语）

8. 介词短语充当成分

介词短语的基本功用是充当状语。如：

我们在战术上必须重视一切困难。

泉水从哪里来？

妈妈经常为您担心。

介词短语充当的状语有时用在主语前边。如：

沿着山村小道，我找到了大队部。

当我发现了中国革命的正确道路时，我便加入了中国共产党。

介词短语也可以充当定语，表示对象或范围。如：

他通过各种途径表示对我们的关心。

张局长做了关于绿化城市的报告。

介词短语也可以用在“是”字后边，充当判断宾语。如：

演习是为了保卫祖国，而不是为了比输赢。

析句时，要明确下面两个问题：

第一，介词短语不能充当谓语，介词不能成为谓语中心。在“这间屋子朝南”“你到底为了什么”这样的句子里，“朝南”和“为了什么”是动宾短语，其中“朝”和“为了”算动词，“南”和“什么”是它们的宾语。

第二，介词短语有时用在动词后边，但一般都不要分析为介词短语作补语。原因是：在现代汉语里，动词后边的介词有黏附于动词的倾向。例如：

①昨天，他从北京回到（了）武汉。

②他把一本新出的书送给（了）我。

③他衰弱地靠在（了）一根电线杆上。

④战士们猛虎般扑向（了）敌人。

例①，“到”黏附于“回”，“回到（了）”带宾语“武汉”。例②，“给”黏附于“送”，“送给（了）”带宾语“我”。例③，“在”黏附于“靠”，“靠在（了）”带宾语“一根电线杆上”。例④，“向”黏附于“扑”，“扑向（了）”带宾语“敌人”。

只有在下面两种情况下，介词短语才可以分析为补语：

第一，动词部分结构复杂，念起来，停顿在动词和介词短语之间。如：

⑤那些年，我们摸爬滚打在一起。

⑥这帮人，还能胡作非为到何时？

例⑤，只能念成“摸爬滚打/在一起”，不能念成“摸爬滚打在/一起”。“在一起”是补语。例⑥，只能念成“胡作非为/到何时”，不能念成“胡作非为到/何时”。“到何时”是补语。

第二，介词短语一共只有两个音节，念起来，停顿在动词和介词短语之间。如：

⑦婆婆病倒在床，我要尽心照顾。

⑧我们要血战到底！

例⑦，只能念成“病倒/在床”，不能念成“病倒在/床”。“在床”是补语。例⑧，只能念成“血战/到底”，不能念成“血战到/底”。“到底”是补语。

9. 能愿短语和趋向短语充当成分

能愿短语的基本功用是充当谓语。在充当谓语时，可以作进一步的分析：用能愿动词的部分是能愿状语，受能愿状语修饰的动词或形容词是中心语，处于谓语中心的地位。如：

①这件事可以商量。

②你不要骄傲！

例①，能愿短语“可以商量”充当谓语。进一步分析：“可以”是能愿状语，“商量”是中心语。例②，能愿短语“不要骄傲”充当谓语。进一步分析：“不要”是能愿状语，“骄傲”是中心语。

能愿短语也可以充当主语、宾语、定语和补语。如：

③能升学当然好！（作主语）

④他表示愿意参加。（作宾语）

⑤这些都是该带的东西。（作定语）

⑥这个碗，大得可以当脸盆！（作补语）

趋向短语的基本功用也是充当谓语。充当谓语时可以进一步分析为中心语和趋向补语。如：

⑦车子开过来了。

⑧天黑下来了。

例⑦，趋向短语“开过来”充当谓语，“开”是中心语，“过来”是趋向补语。例⑧，趋向短语“黑下来”充当谓语，“黑”是中心语，“下来”是趋向补语。

趋向短语还经常充当补语。如：

⑨大家都高兴得跳了起来。

趋向短语也可以充当主语、宾语或定语。如：

⑩开过来不行！（作主语）

⑪我想站起来！（作宾语）

⑫妈妈含笑地看着走进来的玉梅。（作定语）

有几个趋向短语，如“想来、看来”，一般只用来充当独立语，表示对情况的推测。如：

⑬想来风向有变化，否则张胖子会重用他的。

⑭你看来还很嫩。头一回抛头露面吧？

10. 数量短语和方位短语充当成分

数量短语包括物量短语和动量短语。

物量短语的基本功用是充当定语，动量短语的基本功用是充当补语。如：

①我们砍了一万多根毛竹。（作定语）

②这本书我读过两遍。（作补语）

动量短语可以充当状语，物量短语则必须是重叠式才能充当状语。如：

③所有的作业要一次交上来！

④大家一个个地往里走！

物量短语还可以充当谓语或主语、宾语。充当谓语的，具有说明性或描写性；充当主语、宾语的，具有对事物的指称性。如：

⑤白菜五分，冬瓜一角！（作谓语）

⑥晨曦绚丽，彩霞万朵。（作谓语）

⑦两个姑娘向河边走来，一个穿浅黄短袖衫，一个穿湖绿汗衫。（作主语）

⑧井冈山的毛竹有一千多万根。（作宾语）

方位短语主要表示处所和时间。

表示时间的方位短语经常充当状语，表示处所的方位短语有时也可以充当状语。如：

⑨抗战以后，我才能和家里通信。

⑩体育馆里，一场乒乓球冠军赛正在激烈进行。

表示处所和时间的方位短语都可以充当定语。如：

⑪屯子里的人都不愿登周长安家的门。

⑫我已经不是两年前的海霞了。

有时，表示处所和时间的方位短语也可以充当主语或宾语。如：

⑬山坡边是望不尽的苹果园。（作主语）

⑭激战前，静极了！（作主语）

⑮周扒皮一头钻进了鸡窝里。（作宾语）

⑯那是解放前，现在情况不同了！（作宾语）

少数方位短语表示人物或概数，如“领导上、五十左右”，它们的造句功用分别跟人物名词和物量短语相同。

11. “的”字短语和比况短语充当成分

“的”字短语表示人或事物，相当于人物名词。在句子里，“的”字短语充当主语或宾语。如：

①要狮子的过来了，看热闹的挤得人山人海。（作主语）

②我要买吃的。（作宾语）

“的”字短语有时用作判断宾语，形成“是……的”的形式。如：

③这是那个特务逃跑时扔掉的。

“是……的”的形式有时不是“是＋‘的’字短语”。即前边的“是”只表示肯定强调的语气，可分析为辅助性语法成分，句末的“的”是表示确信的语气词，也可以分析为辅助性语法成分。如：“红旗，是砍不倒的！”“红旗”是主语，“砍不倒”是谓语。这种不是“是＋‘的’字短语”的形式，有下列特点：（1）“是”的作用不在给事物分类，而在表示强调，可以替换为“确实”“的确”之类；（2）作为语气词的“的”字可以去掉；（3）“的”字后边不能添加可以成为中心语的名词。

比况短语有形容描写作用，接近于形容词，在句子里经常充当谓语、定语、状语和补语。如：

④街上的柳树像病了似的。（作谓语）

⑤它有着缎子似的毛皮。（作定语）

⑥小艇箭出弦一般窜到淀里。（作状语）

⑦她们的手脚瘦得像芦柴棒一样。（作补语）

“似的”之类有时附在“像＋宾语”的后边。应该分析为“像・宾语”＋“似的”呢，还是应该分析为“像”＋“宾语・似的”呢？看这两个例子：

像只小老虎似的

像根芦柴棒一样

显然，只能分析为：“像只小老虎”＋“似的”，“像根芦柴棒”＋“一样”；不能分析为：“像”＋“只小老虎似的”，“像”＋“根芦柴棒一样”。这就是说，这类现象是由动宾短语和“似的”之类构成的多层次比况短语，不管在句子里的哪个部位出现，它们都是作为一个比况短语充当句子的一个成分的。

思考与练习

一、什么是短语？短语一般怎样分类？

二、从结构角度，短语可分为哪几类？举例说明。

三、从功能角度，短语可分为哪几类？有的一个结构短语类只属一个功能类，有的则兼属几个功能类，试列表说明。

四、什么是自由短语和固定短语？

五、从意义关系和结构特点说明联合短语和复指短语的区别。

六、参照下面的例句分析下列多层短语的结构层次，并根据第一层次指出结构类型。

例如：学习和生活用品　（偏正短语）

└──────┘└──┘　…1

└──┘　└──┘　…………2

①一派欣欣向荣的景象

②多少工地，多少工厂矿山，多少高楼大厦，多少城市和农村

③研究这个运动的全面及其发展

④人民群众有无限的创造力

⑤当年最繁华的一条大街上

⑥女儿和孙子最爱看的

⑦像满天的星星眨巴着眼睛似的

⑧派三连和五连绕到敌人背后佯攻

⑨每次下地都不高兴

七、试说明词、短语和句子、句子成分的关系。

八、什么是主谓句？主谓句与省略句是什么关系？

九、省略有哪几种基本形式？

十、什么是非主谓句？非主谓句和省略句有什么区别？

十一、结合上一节“单词成句”部分的内容，试列举常见的非主谓句的结构类型。

十二、造几个联合短语充当句子成分的句子。

十三、偏正短语充当成分，析句时要注意哪几点？

十四、介词短语用在动词后边，一般不分析为介词结构作补语，但在两种情况下例外。举例说明这两种情况。

十五、用符号标示法分析下列句子。

如：丁志山教授‖今天做学术报告。

①交通员和老李忙把墙角的缸搬开。

②小张和小李分别获得了金质奖章和银质奖章。

③赵州桥高度的艺术水平和不朽的艺术价值，充分显示了我国劳动人民的智慧和力量。

④桑叶含有水、蛋白质、糖类、脂肪等成分。

⑤培育出来的抗病品种，在原地种植几年后，也会出现能力退化的现象。

⑥据研究，从外界进入人脑的信息，有百分之九十以上来自眼睛。

⑦这件事，中国人的经验太多了。

⑧为什么我国的石拱桥会有这样光辉的成就呢?

第四节 特定句式和句子的歧义现象

【学习提示】

本节讨论的都是具有某种特殊性的句子。

本节的第一部分，主要着眼于形式上的某种特殊性，讨论了“把”字句、“被”字句、连动句、兼语句、双宾句和存现句这六种特定的句式。学习这一部分，最重要的是必须掌握特定句式的基本特点。这样，遇到有关的现象才能分析，遇到有毛病的说法才能识别。

本节的第二部分，主要着眼于意义上的特殊性，对有歧义的句子略加讨论，让大家对一句多义现象有所认识。学习这一部分，首先要正确理解“歧义句”这个概念的含义；其次，要知道可能造成歧义的几种主要情况；最后，还要知道歧义可以消除。在具体的交际场合，特别是在书面语中，为了清楚表明意思，必须注意消除歧义。

兼语句和主谓短语作宾语的句子有时容易相混。为了提高辨别它们的能力，本节的思考与练习里安排了一些有关的题目。

一、一些特定句式

(一)“把”字句和“被”字句

1.“把”字句

“把”字句是包含介词“把”的句子。

“把”字句有下列特点:

(1)“把”的后边一般是名词，表示有定的、被处置或受影响的人或事物。例如:

把猪宰了!

你把衣服整理整理!

他把嗓子喊哑了。

我把鞋走破了！

“把”后边的“猪、衣服、嗓子、鞋”都是名词，所指事物是有定的、已知的，其中，“猪”和“衣服”是被处置的事物，“嗓子”和“鞋”是受影响的事物。

“把”的后边有时也可以是动宾短语或主谓短语，但可以用“这件事”去复指，表示的是有定的、被处置或受影响的事情。例如：

我们一定要把落实政策当作首要工作来抓。

大婶把春生是怎么走的详细说了一遍。

前一例，“把”的后边是动宾短语“落实政策”，可以说成“（把）落实政策这件事”；后一例，“把”的后边是主谓短语“春生是怎么走的”，可以说成“（把）春生是怎么走的这件事”。

（2）“把”和后边的词语一起组成介词短语，作状语；“把”字介词短语后边一般用动词性词语，但不能用简单形式的一个动词，特别是不能用一个单音动词。例如：

我把信一看，简直气坏了。

你把信交给领导！

你把信复印一下！

你把信寄走！

你把信撕了！

你把信看看！

这里，“把信”后边的动词性词语或者是一个短语，或者是动词带“了”，或者是动词的重叠形式。只有在特殊的场合，比方在唱词里才会有“把信看”“把信撕”之类的用法。

有时，“把”字介词短语后边也可以用形容词短语。在这种情况下，“把”后边的词语仍然表示受影响的事物，但“把”带有“致使”的意义。例如：

看看，把枣红马累得浑身大汗！

这一针，把我痛得直咬牙！

“累得浑身大汗”中的“累”，“痛得直咬牙”中的“痛”，都是形容词。

“枣红马”和“我”，受“累”和“痛”的影响。“把”有“使”的意思。

(3) 否定词“不、没”一般用在“把”的前边。例如：

你怎么不把申请书交上去？

我没把衣服弄脏。

不过，在某些熟语性例子里，“不”可前可后。如：

{不把我当人
{把我不当人

{不把它当一回事儿
{把它不当一回事儿

2. “被”字句

“被”字句是包含介词“被”的句子。

“被”字句有下列特点：

(1)“被”的后边用名词，表示施行动作的人或事物。例如：

房子被敌人烧了。

书被老鼠咬破了。

夜空被焰火照得光彩夺目。

“被”后边的“敌人”“老鼠”明显地是动作的施行者。“焰火”本身没有生命，但用在“被”字后边以后，也被当作动作的施行者。

作为介词，“被”的作用是引出动作的施行者。有时，由于动作的施行者不可知或者不必说出来，“被”直接用在动词前边。这样的“被”析句时算辅助性语法成分。例如：

庄子被笼罩在浓雾里。

敌人的油库被炸毁了。

他被调走了。

这里的“被”都是助词。

(2)“被”和后边的名词一起组成介词短语，作状语；“被”字介词短语后边一般直接用包含有完结意义的动词性词语。例如：

他被公安部门逮捕了。

他被老师批评了一顿。

他被对方抓住了把柄。

“被”字介词短语后边有时也可以用不包含完结意义的双音动词，但要求“被”字前边用“可能”“必将”等表示可能或表示时间的词语。例如：

这句话可能被人误解。

这一点必将被历史证明。

你的意见已经被党委采纳。

“被”字介词短语和后边的动词性词语之间有时用助词“给”或“所”。用“给”时，后边的动词性词语仍然要求包含完结意义；用“所”时，后边只用一个动词，这个动词不带其他成分。例如：

杯子被他给打破了。

我被歌声所吸引，不由自主地朝前走去。

这里的“给”“所”都是助词，析句时算辅助性语法成分。

(3)“被”字句的主语一定是受事主语，但主语是受事的句子不一定是“被”字句。在不必强调被动关系的时候，不要用“被”字句。例如：

校门打开了。

饭吃完了。

衣服洗干净了。

(二) 连动句和兼语句

1. 连动句

连动句是谓语部分用连动短语的句子，或者是由连动短语直接构成的句子。

连动句的突出特点是：不同的连动项联系同一个主语，表示同一人物连发性或并发性的不同行为动作，中间不停顿。

从构造看，各连动项在结构上有种种情况。但是，每个连动项都可以连着主语单说。例如：

①他‖上街买菜。(动宾＋动宾)

（他上街｜他买菜）

②我‖进去看画展。（动＋动宾）

（我进去｜我看画展）

③我‖倒茶喝。（动宾＋动）

（我倒茶｜我喝）

④我‖抓住树枝爬上去。（动宾＋动补）

（我抓住树枝｜我爬上去）

⑤我‖去游泳。（动＋动）

（我去｜我游泳）

⑥他‖笑着说（动［着］＋动）

（他笑着｜他说）

从关系看，各连动项在意义上有种种联系。但是，每个连动项都可以单独跟主语构成主谓关系。例如：

⑦我‖站在门口 看热闹。（既有先后关系，又表“方式·目的”）

（我站在门口｜我看热闹）

⑧他｜站起来 看了我一眼。（偏重于表示先后关系）

（他站起来｜他看了我一眼）

⑨她‖流着眼泪 上了车。（偏重于前项表方式）

（她流着眼泪｜她上了车）

⑩我‖买份报 看。（偏重于后项表目的）

（我买份报｜我看）

从数量看，连动项可以是两个，也可以是三个、四个或更多。但是，不管连动项有多少，它们都可以分别连着主语说出来。例如：

⑪张水生‖扛了把扫帚 去打谷场上 扫雪。

（张水生扛了把扫帚｜张水生去打谷场上｜张水生扫雪）

⑫妈妈‖坐汽车 上街 买回了江生喜欢的各种食品。

（妈妈坐汽车｜妈妈上街｜妈妈买回了江生喜欢的各种食品）

⑬贵宾们‖乘飞机　离开北京　去西安　参观。

（贵宾们乘飞机｜贵宾们离开北京｜贵宾们去西安｜贵宾们参观）

从停顿看，各连动部分之间没有语音停顿，书面上不用顿号隔开。比较：

他眯起眼打量着这间办公室。

他眯起两眼，打量着这间湿淋淋的办公室。

前一例是连动句。后一例不是连动句，而是连贯复句，它包含两个分句。

连动句有的是由连动短语直接构成的。例如：

上车买票！

下车示票！

2. 兼语句

兼语句是谓语部分用兼语短语的句子，或者是由兼语短语直接构成的句子。

兼语句的突出特点是：包含“兼语”成分，“兼语”成分对前边的动词来说是宾语，对后边的词语来说是主语。凡是兼语句，都可以分化出“动宾”和“主谓”两种结构。

最常用的兼语句，“兼语”前边的动词是使令动词。例如：

⑭她的伤处‖使她痛苦。（使她｜她痛苦）

⑮一种好奇心‖促使我仔细地观察着我的领路人。

（促使我｜我仔细地观察着我的领路人）

⑯党支部‖派出青壮劳力参加修渠。

（派出青壮劳力｜青壮劳力参加修渠）

⑰我们‖请求上级领导重视我们的建议。

（请求上级领导｜上级领导重视我们的建议）

⑱张老师‖今天上午要求全体班干部在各方面起带头作用。

（要求全体班干部｜全体班干部在各方面起带头作用）

有些兼语句，“兼语”前边不用使令动词。但是，不管用什么动词，都可以分化出“动宾+主谓”。例如：

⑲谢谢你提醒了我。

（谢谢你｜你提醒了我）

⑳有几个人没哭。

（有几个人｜几个人没哭）

㉑是谁做出了这样的决定？

（是谁｜谁做出了这样的决定）

有时，兼语句里包含两个或两个以上的“兼语”。例如：

㉒吴老太爷‖特嘱荪甫安插他到这戴生昌轮船局。

（特嘱荪甫｜荪甫安插他｜他到这戴生昌轮船局）

㉓我‖要求首长让我到班里去。

（要求首长｜首长让我｜我到班里去）

㉔我‖请他叫一个人送这个孩子回家。

（请他｜他叫一个人｜一个人送这个孩子｜这个孩子回家）

兼语句和由主谓短语充当宾语的句子有些相似，但二者有区别。兼语句大都能分化成为有着某种逻辑联系的两个分句，由主谓短语充当宾语的句子则不能这么分化。比较：

我们要求他唱了一段京戏。

我们听见他唱了一段京戏。

前一例是兼语句，可以分化为：“我们要求他，（结果）他唱了一段京戏。”后一例是由主谓短语充当宾语的句子，“他唱了一段京戏”是“听见”的宾语，不能分化为：“我们听见他，（结果）他唱了一段京戏。”

兼语句和连动句都包含两个或几个动词，但二者有不同的特点。兼语句所包含的两个或几个动词不会跟同一个主语发生联系，而连动句所包含的两个或几个动词则总是跟同一个主语发生联系。比较：

我催着他干活。

我瞒着他干活。

前一例是兼语句，可以分化为“我催着他｜他干活”。后一例是连动句，可以分化为“我瞒着他｜我干活”。

有些句子，既不是单纯的连动句，也不是单纯的兼语句。这有两种情况：

（1）谓语里连动短语和兼语短语交错使用。这是连动兼语交错式。例如：

㉕玉生‖站起来腾出一把椅子让他坐下。

（先连动，后兼语。）

㉖父亲‖鼓励邵华去江陵农村参加“四清”。

（先兼语，后连动。）

㉗卫兵‖来提郑瑾去过堂。

（先连动，后兼语，再连动。）

㉘我‖要求总理代我请毛主席给少石写几个字。

（先兼语，后连动，再兼语。）

㉙她‖又吩咐坤宁宫管事太监明日一早派人骑马去西郊玉泉山取新鲜泉水。

（先兼语，再兼语，后连动。）

（2）谓语里用一个既有连动关系又有兼语关系的动词短语。这是连动兼语混合式。例如：“我陪着他看戏”，等于“我陪着他，我和他一起看戏”。一方面，就“我陪着他，我看戏”说，是连动；另一方面，就“我陪着他，他看戏”说，又是兼语。又如：

冯有梅引着徐国梁走出村东。

泽覃叔叔率领赣南独立师转战在武夷山。

这两例也是连动兼语混合式。这种特殊的句式是由于使用“陪、引、领”之类动词而造成的。

（三）双宾句和存现句

1. 双宾句

双宾句是一个动词后边连用两个宾语的句子。靠近动词的一个宾语，叫近宾语；不紧靠动词的一个宾语，叫远宾语。近宾语和远宾语合称“双宾语”。例如：

小张送我一支笔。

我还小张十块钱。

你喂孩子牛奶。

我问他一个问题。

母亲教给我许多生产知识。

这些都是双宾句。

双宾句的主要特点有两个：

(1) 动词一般表示“给予”的意义，两个宾语都能单独跟动词构成动宾关系。如“送”这个动词有“给予”意义，分开来说“送我”和“送一支笔”都站得住。

如果把带“给予”意义的动词换成带“获取”意义的动词，句子的结构关系就会起变化，双宾语句式就不再成立。比较：

我赔了他一袋黄豆。

我收了他一袋黄豆。

前一句是双宾句。“赔了”带“给予”意义，可以分开来说“赔了他”和“赔了一袋黄豆”。后一句不是双宾句。“收了”带“获取”意义，如果分开来说，“收了他”站不住。孤立地看，“收了他”不是不能说，但已跟原意完全不符。“收了他一袋黄豆”等于“收了他的一袋黄豆”，“他一袋黄豆”是偏正短语作宾语，其中“他”是定语。

有时，带双宾语的动词本身不表示“给予”的意义，但是，整个句子有“给某人某个称号”的意思，所带的双宾语仍然具有可分说的特点。例如：

同学们都叫他铁公鸡。

同学们都骂他铁公鸡。

这两句都有“给他铁公鸡称号”的意思。“他”和“铁公鸡”构成双宾语，可分说：“（这么）叫他”，“叫铁公鸡”；“（这么）骂他”，“骂铁公鸡”。

(2) 双宾语一般一个指人，一个指物。指人宾语一般在前，回答

“谁”的问题；指物宾语一般在后，回答什么的问题。例如：

我送小王一个日记本。(你送谁一个日记本?)

我送小王一本语法书。(你送小王什么?)

有时，前边的近宾语指人，后边的远宾语也指人。但是，指人的远宾语不用“谁”提问，只用“什么、什么人、多少人”等提问。例如：

他给我一个孩子。

他给我三名大学生。

他给我五十个人。

有时，前边的近宾语指物，后边的远宾语也指物。但是，指物的近宾语不能用“什么”提问，有的只能用“谁、什么单位、什么部门”之类去提问。例如：

我给小猫一块鱼。

我送教研室一套书。

我送黄鹤楼一副对联。

有时，典型的指人宾语用在典型的指物宾语后边。即近宾语指物，回答“什么”的问题；远宾语指人，回答“谁”的问题。比方，“复某某人一封信”可以说成“复信某某人”。这种用法，多见于报纸标题，显得凝炼庄重。动词限于“复、致”，指物宾语限于“信、函、电”。例如：

邓小平同志致电南斯拉夫党政领导人

我驻联合国代表致函安理会主席

×××总统复信×××主席

2. 存现句

存现句是说明人或事物的存在、出现或消失的句子。存现句的基本格式是：“某处（某时）存在着（出现了/消失了）某人某物”。例如：

车旁蹲着许多战士。

村子里出了一件新闻。

早晨走了一批旅客。

这三个都是存现句。

存现句的主要特点有三个：

(1) 主语具有处所时间性。

充当主语的词语一般表示处所，有时表示时间。如“车旁蹲着许多战士”，“车旁”是主语，表示处所；又如“早晨走了一批旅客”，“早晨”是主语，表示时间。

处所词语和时间词语有时同时出现。比较地说，处所的实感性比时间强，因此，在两种词语同时出现的场合，处所词语分析为主语，时间词语分析为状语。例如：

我们班上昨天走了一位同学。

昨天我们班上走了一位同学。

“我们班上”是主语，“昨天”是状语。

处所词语和时间词语的前边有时出现“在、从”之类介词。这时，介词和表示处所时间的词语组成介词短语，充当状语。在这种情况下，存现句由主谓句转变成为非主谓句。例如：

从对面山上下来一群羊。

在半夜里忽然起了大风。

介词短语“从对面山上”“在半夜里”都是状语。这两句都是非主谓句，通常也称之为“无主句”。

(2) 动词具有存现性。

带宾语的动词，有的表示存在的意义。有三种情况：a. 用“有”或“是”直接表示存在；b. 动词带“着”，既叙述存在，又说出怎样存在；c. 动词带“满”再带“了”，表明已经普遍存在。例如：

张家庄有个张木匠。

满街都是泥。

床上躺着一个人。

大海里闪烁着一片鱼鳞似的银波。

屋子里坐满了人。

书架上堆满了书。

带宾语的动词，有的表示出现或消失的意义。有三种情况：a. “出现、发生、走、跑、死”等动词带“了”，表示出现或消失。其中，“出现、发生”带不带“了”比较自由。b. 趋向动词带“了”，表示出现。其中，双音的趋向动词带不带“了”比较自由。c. 动词带趋向动词，表示出现，通常不带“了”。例如：

汽车道上出现（了）一部甲虫似的卡车。

庄子里死了几个人。

忽然，大门进来（了）一个五十上下的老汉。

这时，门口来了个卖西瓜的。

会场上响起一片热烈的掌声。

楼上扔下来一个皮球。

（3）宾语往往是施事，但大都具有不确指性。宾语里常带“一个、几个”之类数量定语，不能带“这个、那个”这样的指量定语。例如：

黑影里站着四五个人。

炕头上并排躺着十来个年轻的人民军。

“四五个人”和“十来个年轻的人民军”都是施事宾语，它们指的都不是已知的确定的人。

有时，宾语指确定的人。这实际上是一种凝缩的说法。例如：

在斜对门的豆腐店里确乎终日坐着一个杨二嫂。（鲁迅《故乡》）

车上跳下周恩来同志和王若飞同志……（方纪《挥手之间》）

前一例，实际上是由“……终日坐着一个人，这个人就是杨二嫂”凝缩而成的；后一例，实际上是由“车上跳下两个人，这两个人就是周恩来同志和王若飞同志”凝缩而成的。

二、句子的歧义现象

（一）什么是句子的歧义现象

句子的歧义现象，指一个句子有两个或几个意思的现象。有歧义的句子，叫歧义句。例如：

①这篮苹果重五斤。

②我们三个人一组。

③他的针打得不疼!

例①有两个意思：一个是这篮苹果有五斤重，另一个是这篮苹果比那篮苹果重五斤。例②也有两个意思：一个是我们这三个人组成一组，另一个是我们每三个人一组。例③有三个意思：一个是他给人打针打得不疼，另一个是别人给他打针打得不疼，再一个意思是用他的针打得不疼。这三例都是一句多义，即歧义句。

不要把句子的歧义现象和析句时的意见分歧混为一谈。由于观点和方法的不同，对于同一句子的分析往往会得出不同的结果。这跟歧义现象无关。比如“台上坐着主席团”，我们把“台上”分析为主语，但好些语法书把“台上”分析为状语。这只反映析句方法和析句结果的不同，不能说这个句子是歧义句。

（二）常见的歧义句

1. 不同组合层次造成的歧义句

有的歧义句是由于构成成分的组合层次不同而含有不同的意思。如例②当组合层次是“我们三个人/一组”时，句子表达的是一个意思，当组合层次是“我们/三个人一组”时，句子表达的是另一个意思。

例②的两个意思代表两种不同的组合层次，但不管是哪个意思，整个句子都是主谓关系。最常见的情况是，层次不同，意思不同，关系也不同。如：

（哎呀，）忘了喂孩子的奶了！

（哎呀，）忘了喂孩子的奶了！

前一句“忘”的是一种行为，“喂”和“孩子的奶”之间是动宾关系；后一句“忘”的是一种事物，“喂孩子（的)”和“奶”之间是偏正关系。

2. 不同结构关系造成的歧义句

有的歧义句是由于构成成分之间具有不同的结构关系而含有不同

的意思。例如：

④学习文件？

（a＝学习文件吗？＝是不是学习文件？）

（b＝学习文件呢？＝学习文件在哪里？）

在a义上"学习文件"是动宾关系，在b义上"学习文件"是偏正关系。又如：

⑤鸡不吃了。

（a＝鸡不吃（东西）了）

（b＝鸡（我/他）不吃了）

在a义上"鸡"和"吃"之间是施动关系，在b义上"鸡"和"吃"是受动关系。

3. 不同词类造成的歧义句

有的歧义句是由于某个词属于不同的词类而含有不同的意思。例如：

⑥他原来住在这里！

（a＝他以前曾经住在这里）

（b＝真没想到，他就住在这里）

例⑥在a义上，"原来"是时间名词；在b义上，"原来"是副词。又如：

⑦昨天没有学习文件。

（a＝昨天未学习文件）

（b＝昨天无学习文件）

在a义上，"没有"是副词，相当于"未"；在b义上，"没有"是动词，相当于"无"。

4. 不同词语含义造成的歧义句

有些歧义句的结构关系、层次关系、词类都相同，只是由于某个词语有不同的含义，句子因而也有不同的意思。比如前举例③有三个意思，就是因为"他的针"隐含有三种意义："他给别人打针""（别人）给他打针"和"用他的针"。又如：

⑧贸易部已向华北东北调拨货物。

(a=……从华北东北调拨……)

(b=……给华北东北调拨……)

在a的意义上，“向”近似“从”，“华北东北”是货物的输出地；在b的意义上，“向”近似“给”，“华北东北”是货物的接受地。

5. 轻重音造成的歧义句

一个词可以重读也可以轻读，不同的读法也可导致句子的意思不一样。例如：

⑨他一个早晨就写了三封信。

(a=他一个早晨能写完三封信)

(b=他一个早晨只写了三封信)

a“就”轻读，句子是说“他”效率高；b“就”重读，意思是说“他”效率低。有的轻读重读不仅影响意思，还影响结构关系。如：

⑩妈妈我想起来了。

(a=我想起床了)

(b=我想到了)

a“起来”重读，句子的谓语部分是动词带宾语；b“起来”轻读，谓语部分是动词带补语。轻重音歧义是写下来有歧义，说起来是没有歧义的。

6. 不同联想造成的歧义句

这类歧义句和上面讲的那些不同，它的歧义不在于已说出来的部分，而在于没有说出来的部分，是人们将已说出来的部分和没有说出来的意思连起来理解造成的。如：

⑪今天吃饭，大家一律不准用筷子！

(a=什么都不用，扑在碗里吃)

(b=用手或刀、叉什么的)

人们产生哪种联想，这与他头脑中考虑的问题、掌握的材料有关。这种歧义句的使用往往能造成戏剧性的效果。例如：

⑫周朴园：我听人说你现在做了一件很对不起你自己的事

情。(A)

周萍:(惊)什——什么?

周朴园:(走到周萍的面前)你知道你现在做的事是对不起你的父亲么?并且——(停)——对不起你的母亲的么?(B)

周萍:(失措)爸爸。

周朴园:(仁慈地)你是我的长子,我不愿当着人谈这件事。(稍停,严厉地)我听说我在外边的时候,你这两年来在家里很不规矩。(C)

周萍:(更惊恐)爸,没有的事,没有。

周朴园:一个人敢做,就要敢当。(D)

周萍:(失色)爸!

周朴园:公司的人说你总是在跳舞场里鬼混,尤其是这两三个月,喝酒,赌钱,整夜地不回家。(E)

周萍:哦(放下心)您说的是——(曹禺《雷雨》)

上面对话中,周朴园讲出(A)(B)(C)(D)这些话时,他都是把它们与(E)连起来考虑的。而周萍呢,他却是把这些话与他同后母繁漪有丧失人伦的不正当关系连起来理解的,以为父亲知道了他们之间的秘密,所以惊惶失色,不知所措。直到(E)出现时,他才知道是误解了父亲的意思,"哦"的一声放了心。

(三)歧义句的消除

在口头上,歧义句往往由于使用了停顿或其他手段而分化为语义单一的句子。如"我们三个人一组"可以用停顿把句义分化开来。句中停顿放在"我们"之后,句子是一个意思;如果放在"三个人"之后,句子就是另一个意思。

在书面上,人们由于没有认真推敲也会不自觉地留下一些在上下文中仍有歧义的句子,影响意思的表达。这时,我们就需要对句子进行修改,或者更换句子,或者在原句上对标点、词语等作些增删或更改。例如:

⑬他知道这件事情不要紧。

改为：他知道，这件事情不要紧。(a)

他知道这件事情，不要紧。(b)

⑭请于星期六或星期日下午来舍一谈。

改为：请于星期六这一天或者星期日下午来舍一谈。(a)

请于星期六下午或星期日下午来舍一谈。(b)

应该指出，歧义现象并不都是消极的。有时，有意识地使用歧义句，还可以收到特殊的表达效果。例如：

⑮(白茹……在崇敬的眼光里射出了探问的神色:)“王团长！生了吗?”

战士们出神地静等着王团长答复这句摸不清头脑的问话。王团长心里明白，嘴上却有趣地反问着白茹：“哎！你这个小白鸽，我和你这么亲热，你还说我生了！真不讲理!”

“不!”白茹急切地加重语气，“我问你我们指导员生了宝宝没有!”(曲波《林海雪原》)

“生了（吗?)”就有两种意思，一是指“同志感情生疏了（吗)”，一是说“指导员（王团长的爱人）生了宝宝（吗)”。王团长就是故意利用句子的歧义显示出自己对下级平易近人的性格和说话诙谐的风度的。

思考与练习

一、“把”字句的基本特点是什么？为什么可以说“把嗓子喊坏了”“把鞋走烂了”，但不能说“把嗓子喊”和“把鞋走”？

二、“被”字句的基本特点是什么？被动句是否就是“被”字句？为什么？

三、试述兼语句和连动句、主谓短语作宾语的句子的区别。

四、什么是双宾句？双宾句的基本特点是什么？“我买了他三斤白菜”“他叫我绰号”是不是双宾句？为什么？

五、存现句的主要特点是什么？

六、什么是歧义句？举例说明。

七、有人认为“鲁迅的书真多”“他们的汽车真快”是歧义句。你认为是不是？为什么？

八、分析下列句子的歧义情况，并把它们改为只含有某一种意义的句子。

①桌子上放着许多朋友送来的礼物。

②小王没有找到。

③她的奶奶演得真好。

④张三租李四一间房。

九、试举出几个有意使用歧义句以达到某种目的的例子。

十、用符号标示法分析下列句子。

①昨天来了三位记者。

②在上星期这里走了两个干部。

③花园里栽着几棵大松树。

④教室挤满了学生。

⑤现在班上又来了两个学生。

⑥半空撑开了几把五颜六色的伞。

⑦你会忘记了汽车是在高原上行驶。

⑧周总理笑着和我们握手。

⑨小青抱怨他走得太慢了。

⑩她不相信万里长城就能压着她丈夫的身体。

⑪现在你有条件学习。

⑫他买票请张生看电影。

⑬万里、胡启立深入铁路现场办公。

第五节 复句和复句的关系类

【学习提示】

前三节所涉及的“句”，一般都是单句。从本节开始，讨论复句。

学习本节，首先要理解和掌握“复句”和“关系词语”这两个概念。在此基础上，要掌握好复句从分句间的关系上划分出来的类别，换句话说，要掌握好“复句的关系类”。

复句的关系类有十个，本节分三组进行讨论。第一组讲并列句、连贯句、递进句和选择句。这组复句，一般地说，特定关系词语所标示的关系都是非因果的和非转折的。第二组讲因果句、目的句、假设句和条件句。这组复句，如果排除现实的、假设的等方面的区别，特定关系词语所标示的关系都具有因果性。第三组讲单纯转折句和让步转折句。这组复句，特定关系词语所标示的关系都具有转折性。

关系词语是复句关系的形式标志。不管学习哪类复句，都要注意掌握形式标志，特别是代表性的标志。

一、复句和关系词语

（一）什么是复句

复句是包含两个或两个以上分句的句子。

首先，一个复句是一个句子。任何句子，包括复句，都有一个统一全句的语调，句末有较大的停顿，书面上用句号或者问号、感叹号。如：

①这个问题如果不解决，我们这些人就交不了账。

②钱已收了，我们怎么能不讲信用呢？

③时间不多了，你快走吧！

以上三例都是复句。它们分别用句号、问号、感叹号。

其次，每个复句，都包含两个或两个以上的分句。复句里的分句，可以由主谓句充当，也可以由非主谓句充当。从这个意义上说，复句是由两个或两个以上主谓句或非主谓句组成的句子。如上面三例，各分句都是主谓句。又如：

④起风了，门前那棵古树在“扑簌簌”作响。

⑤一场暴雨，大河涨水了。

⑥一阵铃声，上课了。

⑦多么熟悉的山路，多么难忘的生活！

例④是“非主谓句（无主句）＋主谓句”，例⑤是“非主谓句（名词句）＋主谓句”，例⑥是“非主谓句（名词句）＋非主谓句（无主句）”，例⑦是“非主谓句（名词句）＋非主谓句（名词句）”。

再次，复句里的各个分句，是相对独立的，同时又是互相依存的。

所谓相对独立，是说：每个分句都有“句”的性质和地位，甲分句不是乙分句里的一个成分，乙分句也不是甲分句里的一个成分。比较：

⑧宋师父病了的消息，很快就传遍了全村。

⑨村里人都说宋师父病了。

⑩宋师父病了是事实。

⑪宋师父病了，我们都要去看看他。

例⑧，“宋师父”作“消息”的定语，它被包含在“什么消息很快就传遍了全村”这个句子里。例⑨，“宋师父病了”是宾语，它被包含在“村里人都说什么”这个句子里。例⑩，“宋师父病了”是主语，它被包含在“什么是事实”这个句子里。这三例都是单句。例⑪，“宋师父病了”和“我们都要去看看他”之间没有这种包含与被包含的关系，它们都是分句，组成一个复句。

所谓互相依存，有三个方面的意思：（1）甲分句和乙分句产生一定的关系，这就是说，它们处在一定的关系之中。（2）甲分句和乙分句往往由特定的关系词语联结起来，特定的关系词语往往形成特定的句式。这就是说，它们往往出现在特定的句式之中。（3）甲分句可以依赖于乙分句而省略某个成分，成为“蒙后省”的分句；乙分句可以依赖于甲分句而省略某个成分，成为“承前省”的分句。这就是说，它们可以互相依赖而有所省略。看这个例子：

⑫贫农，因为最革命，所以他们取得了农会的领导权。（毛泽东《湖南农民运动考察报告》）

这个复句有两个分句，分句间有因果关系。这个复句的两个分句用“因为”和“所以”联结起来，形成了“因为……所以……”的句式。这个复句的后分句用主语“他们”，指贫农，这个主语可以省略：“贫农，因为最革命，所以取得了农会的领导权。”

最后，分句和分句之间，有比较明显的停顿，书面上用逗号、分号等表示这种停顿。前面所举的例子，分句与分句之间都用逗号。又如：

⑬一方面，尽可能地保存自己的力量；另一方面，尽可能地消灭敌人的力量。（毛泽东《抗日游击战争的战略问题》）

⑭这本来是件小事：训练班的学员多一个少一个有什么关系？（孙谦《南山的灯》）

⑮全村人都这么叫他——我妈妈也叫他老队长！（同上）

例⑬，分句与分句之间用分号；例⑭，分句与分句之间用冒号；例⑮，分句与分句之间用破折号。

复句同单句的界限有时不够清楚。为了教学的方便，对于某些现象不得不采取硬性的规定：两个单位之间用了逗号表示停顿的，是复句；否则，就是单句。例如：

⑯我们想吃想喝！

⑰我们想吃，想喝！

例⑯是单句，“想吃想喝”是联合短语充当谓语。例⑰算复句，后分句的主语承前省略。

根据复句里分句与分句之间的关系，可以把复句分为并列句、连贯句、递进句、选择句、因果句、目的句、假设句、条件句、单纯转折句和让步转折句。它们都是复句的关系类。

（二）什么是关系词语

关系词语是可以用来联结分句与分句，标明分句与分句之间的关系的词语。

首先，作为联结分句、标明关系的词语，关系词语总是标明抽象的关系，可以成为某类复句的特定的形式标志。例如：

①孟人霞虽然已经作了体检，但还不是最后决定。既然情况有出入，还需要调查。如果属实，可以纠正。（曹玉林《祠堂里的学校》）

这里有三个复句。“虽然……但……”标明第一个复句有让步转折关系，是让步转折句的形式标志；“既然……（就）……”标明第二个复句有推论因果的关系，是推断性因果句的形式标志；　“如果……（就）……”标明第三个复句有假设与结论的关系，是假设句的形式标志。让步转折关系、因果推论关系和假设推断关系都是抽象的关系，而不是具体句子的含义。

其次，作为“词语”，关系词语性质复杂，可大可小，职能多样。

在词类系统中，关系词语不是固定的类。可以是连词，也可以是副词，还可以是连词、副词以外的别类的词。比如：

因为 A，所以 B。

无论 B，都 B。

不是 A，而是 B。

“因为”和“所以”都是连词；“无论”是连词，“都”是副词；“不是”是“副词＋判断动词”，“而是”是“连词＋判断动词”。

在语法单位中，关系词语不是固定的级。可以是词，也可以是语，还可以是跨语法单位的非完整形式。比如：

要么 A，否则的话 B。

如果说 A，那么 B。

不但不 A，反而 B。

“要么”“那么”“反而”是词。“否则的话”“如果说”比词大，是语。“不但不”也比词大，但只是跨单位的非完整形式，因为按层次关系，“不但不 A”是“不但/不 A”，而不是“不但不/A”。如“不但不哭，反而笑了起来”，是“不但/不哭”，而不是“不但不/哭”。

在造句功用上，关系词语不具有划一性。可以是纯粹标明复句关系的语法成分，也可以既标明复句关系又充当句子里的某个成分。比如：

无论干什么，我都以你为榜样。

“无论……都……”标明无条件让步的关系。但“无论”是连词，专门起表明关系的语法作用，“都”是副词，兼作句子的状语。又如：

你是找熟人呢，还是有公事？

你是干部呢，还是群众？

"是……还是……"标明选择关系。但在前一句里，"是……还是……"专门起标明关系的语法作用；在后一句里，"是……还是……"兼作句子成分："是"带宾语，"还"是它的状语。

总之，关系词语是根据联结分句、标明复句关系、形成复句句式的共同点组合拢来的一些词语，它们词性上可此可彼，单位上可大可小，职能上可专可兼。

现代汉语复句的各个关系类都由于关系词语的运用而往往带有特定的形式标志。有的复句不用关系词语，分句与分句直接组合，但它们究竟属于哪类复句，一般都可以结合语境通过添加关系词语去确定。

二、并列、连贯、递进和选择

（一）并列句

并列句是表示平列、对照、解注等关系的复句。并列句的代表形式是"既……又……""不是……而是……""……这就是说……"。例如：

①既要让他去，又要让你去。

②不是让他去，而是让你去。

③他不宜去，就是说，他去不合适。

表示平列关系的并列句，分句间常用"既……又……""既……也……""又……又……""也……也……""一边……一边……""一面……一面……""一方面……另一方面……""也""又"等关系词语，也可以不用关系词语。例如：

④赵汉中既是严师，又是慈母。（姜滇《蔚蓝的海峡》）

⑤顾丝丝呢，既饱尝过苦，也倍受过甜。（姜滇《清水湾，淡水湾》）

⑥你呀！又想吃，又怕烫。（从维熙《北国草》）

⑦鸡也飞了，蛋也打了。（张贤亮《河的子孙》）

⑧我和两个客人，一边饮酒，一边吸烟，一边畅谈。（肖为

《不能改正的错误》)

⑨老熊一面走，一面用前掌拨开一路的树叶。(张曼菱《有一个美丽的地方》)

⑩党一方面必须对于错误思想进行严肃的斗争，另方面又必须充分地给犯错误的同志留有自己觉悟的机会。(毛泽东《矛盾论》)

⑪我是学哲学的，又是教哲学的。(宋学智《前面是太阳岛》)

⑫听不见傣寨的狗咬，也看不见区委会的灯光。(张曼菱《有一个美丽的地方》)

⑬桃花开了，杏花开了，柳毛子到处飞。(浩然《金光大道》)

这些都是表示平列关系的并列句。

表示对照关系的并列句，分句间常用“不是……而是……”之类词语表示肯定、否定两个方面的对照，也可以不用关系词语，而通过反义词语的运用形成对照关系。例如：

⑭我不是幸灾乐祸，而是觉得那三部锅驼机更有可能拨给我们了。(马烽《太阳刚刚出山》)

⑮太和不是去抓蝴蝶，他是去抓电话机。(刘澍德《拔旗》)

⑯敌人一天天烂下去，我们一天天好起来。

这些都是表示对照关系的并列句。

表示解注关系的并列句，分句间常用“这就是说、换句话说”之类关联性插说，也可以不用关系词语。例如：

⑰“三个臭皮匠，合成一个诸葛亮”，这就是说，群众有伟大的创造力。(毛泽东《组织起来》)

⑱生铁百炼成好钢，军队百战无敌挡。(周扬《工农兵群众的文艺活动》)

⑲兰田抱定决心，要做一名冶炼钢铁的女工程师。(冯敬兰《黑洞》)

这些都是表示解注关系的并列复句。

(二) 连贯句

连贯句是分句间具有先后相继关系的复句。连贯句的代表形式是

"……接着……"。例如：

①他先去，我接着也去了。

表示连贯关系的最典型的关系词语是"接着""然后""这才"。例如：

②邹丽梅眼睛湿润了，接着，两滴硕大的泪珠涌出眼帘。（从维熙《北国草》）

③隔壁传来倒茶的响声，接着是警卫员喊首长接电话。（黄天明《爱的波涛》）

④我们隔着山谷挥手，然后各奔前程。（张曼菱《有一个美丽的地方》）

⑤卫伟愣了一小会儿，然后，悄悄地把资料夹回了乐谱里。（黄蓓佳《这一瞬间如此辉煌》）

⑥山虎如梦初醒，这才明白父女俩的心意。（罗旋《红线记》）

⑦亚女红了脸，勇敢地跨出了矮墙，我这才鼓足了勇气，朝她家走去。（叶文玲《心香》）

这些都是连贯复句。

"就""便""又""才""于是"等有时也用在连贯句的分句与分句之间。如：

⑧卢建坤胡乱地喝了汤，就进了堂屋。（金连《新月》）

⑨猫头跳上那个用几根木头钉起来的干木工活的台子，又从台子跳上荆华的后背。（张洁《方舟》）

⑩支好车子，谭谟才忽然记起这个功夫到朋友家串门，实在是来讨饭的。（薛勇《红灯和绿灯》）

⑪她吃好饭，碗筷一推，就坐到摇袜机前去"喳喳"地摇起来，于是针筒下面就慢慢吐出红一截、蓝一截的袜统。（茹志鹃《她从那条路上来》）

⑫过了那林，船便弯进了叉港，于是赵庄便真在眼前了。（鲁迅《社戏》）

这些也是连贯句。

“一……就……”有时也表示连贯关系。例如：

⑬一进门，他就看见了陈天寿。（萧马《钢锉将军》）

⑭今早，岩木戛一出寨子，岩龙就跟上他了。（张昆华《天鹅》）

这两个也是连贯句。

有时，连贯句的分句间不用关系词语，但可以很自然地添加上“接着、然后”之类。如：

⑮我下了楼，在门口买了几个大红橘子，塞在手提袋里，顺着歪斜不平的石板路，走到那小屋的门口。（冰心《小橘灯》）

这个连贯句包含五个分句。可以说成：“我下了楼，接着在门口买了几个大红橘子，塞在手提袋里，然后顺着歪斜不平的石板路，走到那小屋的门口。”

（三）递进句

递进句是分句间有更进一层的关系的复句。递进句的代表形式是“不但……而且……”“不但不……反而……”“尚且……何况……”。例如：

①不但让他去，而且让你去。

②不但不让他去，反而让他干最苦最累的活。

③他尚且不能去，何况你呢？

“不但……而且……”是最典型的递进句式。它表示以一层意思为基点，向另一层意思承递推进。“不但”和作用相同的“不仅、不只、不单、不光、非但”等是预递词，“而且”和作用相同的“并且、且、甚至、就连”等是承递词。预递词和承递词不管是出现一对还是出现一个，都可以保证递进句式的成立。如果句子里预递词和承递词都不出现，那么，就不能认为是递进句。比较：

他不仅能作曲，而且能演唱。（递进句）

他不仅能作曲，也能演唱。（递进句）

他能作曲，而且能演唱。（递进句）

他能作曲，也能演唱。（并列句）

第一句既有预递词，又有承递词。第二句虽无承递词，但有预递词。

第三句虽无预递词，但有承递词。它们都是递进句。第四句既无预递词，又无承递词，它是并列句。又如：

④不但应该使每个车间主任、生产队长对生产负责任、想办法，而且一定要使每个工人农民都对生产负责任、想办法。(《邓小平选集》)

⑤不单是尖端武器、常规武器有科研问题，就是减轻战士身上带的东西的重量，同样有科研问题。(同上)

⑥群众不只是盼望电气化，而且有力量自己搞电气化！(孙谦《南山的灯》)

⑦这个问题不光是铁道部门存在，其他地方和部门也同样存在。(《邓小平文选》)

⑧邮局离得很远，而且不通公共汽车。(李陀《魔界》)

⑨楼里楼外的一切，都那么新奇，甚至带有一点神秘色彩。(《千秋功罪》)

⑩这样，每年她就有三个月可以离开乡村，并且拿到一百来块钱。(同上)

这些都是递进句。

“不但不……反而……”是反转性递进句。它表示以一个否定意思为基点，向一个肯定意思反递推进。前分句用预递词“不但”等，预递词后边用否定词“不”或“没”，前后分句之间用“反而、反倒、相反、偏偏”等，也可以用“却”。如：

⑪我不但不嫉妒，反而更高兴。(张扬《第二次握手》)

⑫自从办起大社，他不但不烧香，反倒要拆庙。(刘绍棠《野丫头谷玉桃》)

⑬这样捱到第二天，不仅不见好转，相反病得更沉重了。(孙健忠《醉乡》)

⑭不料，围堰工区有一个民工中队在年终评比的红榜发布时，不但没能乘上火箭和飞机，偏偏骑上小毛驴——当了下游……(边震遐《峡谷回声》)

⑮谁知道，三梆子非但不闹，却花钱买下这桌酒菜，反过来谢谢他。（冯骥才《神鞭》）

⑯（朝鲜战场的战火）不但不使她感到恐惧，相反却有着使她马上投身战斗的巨大吸引力。（沈仁康《在小桥边》）

这些都是反转性递进句。

“尚且……何况……”是反逼性递进句。它表示以一层意思为基点向相比之下不值一提的另一层意思反逼推进。前分句用“尚且”，后分句用“何况”。有时“尚且”和“何况”出现一对，有时只出现其中一个。如：

⑰爹去世已经整整十年了，当年的县劳模尚且被人遗忘，何况他撇下的孤儿呢？（王钢《野瓣花儿》）

⑱这浑浊的空气，好人都受不了，何况肺病患者。（燕平《小镇旧痕》）

⑲对梁倩尚且如此这般，对别人又该如何呢？（张洁《方舟》）

⑳现在黄花闺女还嫁不出去，何况她这离婚的四十岁的女人，更何况她还有一个儿子。（同上）

这些都是反逼性递进句。

“不但……而且……”是以层递方式表示“由浅入深”，“尚且……何况……”是以层递方式表示“以深证浅”。“别说”有时用作关系词语，表示递进关系。它出现在前分句时，大体相当于“不仅”，整个复句表示“由浅入深”；它出现在后分句时，大体相当于“何况”，整个复句表示“以深证浅”。比较：

㉑别说是水，连片雪都找不到。（杨尚武《追匪记》）

㉒连片雪都找不到，别说是水！

例㉑相当于“不仅……而且……”，例㉒相当于“尚且……何况……”。

（四）选择句

选择句是分句间有选择关系的复句。选择句的代表形式是“或者……或者……”“不是……就是……”和“与其……不如……”。

例如：

①或者你去，或者他去，或者你和他一起去。

②不是你去，就是他去。

③与其让他去，不如让你去。

“或者……或者……”表示“或此或彼”，一般带有任凭选择的意味，口气比较灵活，可以称为“任选”。有的，前后分句都用“或者”；有的，只在后分句用“或者”。“或者”可以说成“或则、或是”，也可以只说“或”。如果把“（或者）……或者……”变成问句，就要说成“（是）……还是……”。例如：

④（她渴望立即参加到他的生活中去，）或者主宰他的生活，或者依附于他的生活，或者两样都有……（陈冲《无反馈快速跟踪》）

⑤至今还有一些干部，所到之处，或则迎送吃喝，或则封锁交通，或则大肆宣扬，很不妥当。（《邓小平文选》）

⑥我就认识几个这样的，或是为了进大学抱铁饭碗，或是为了出国一去不回，或是满脑子个人的功名利禄。（陈冲《无反馈快速跟踪》）

⑦那些来自全球各个角落的新闻、轶事，常使他激动不已，或愤慨，或讪笑，或惊讶，或焦虑。（陆星儿《啊，青鸟》）

⑧有些人从地方上拿东西，或者低价购买。（《邓小平文选》）

⑨通宝，你是卖茧子呢，还是自家做丝？（茅盾《春蚕》）

这些都是表示“或此或彼”的选择句。

“不是……就是……”表示“非此即彼”，限定在两项之中选择一项，强调“二者必居其一”，口气肯定，没有商量余地，可称为“限选”。作用相同的还有“要么……要么……”“要不……要不……”“要就是……要就是……”。“或者……或者……”有时也有同样的作用。例如：

⑩（怎么……二十多年军龄，官儿却越当越小呢？）不是没本事，就是犯了错误，二者必居其一。（《因为我爱……》）

⑪那些不了解他的人，要么对他产生误解，要么被他的才华惊倒。(郑效农《花鸟鱼市》)

⑫怎么办？要不认栽赔人家，要不找管理处去，交税就得受保护！(同上)

⑬处在今天的国际环境中，殖民地半殖民地的任何英雄好汉们，要就是站在帝国主义战线方面，变成世界反革命力量的一部分；要就是站在反帝国主义战线方面，变成世界革命力量的一部分。(毛泽东《新民主主义论》)

⑭或者把老虎打死，或者被老虎吃掉，二者必居其一。(毛泽东《论人民民主专政》)

这些都是表示“非此即彼”的选择句。

“与其……不如……”表示“舍此取彼”，强调在“二者不得兼”的情况下，经过衡量得失，作出决定，选择其一，口气更加肯定，可称为“决选”。后分句的“不如”可以说成“倒不如、还不如”，有时也说成“宁可、毋宁”等。后分句如果是反问，就不用“不如”之类。例如：

⑮与其分散让敌人抓去杀戮，不如在这里跟敌人拼。(罗旋《红线记》)

⑯与其造那么多炼不出铁的小高炉，还不如给老百姓盖一点房，改善居住条件呢！(李国文《花园街五号》)

⑰我怎么会呢？与其吃它们，宁肯咬掉我身上的肉！(宇心《雾中鼓声》)

⑱这责任与其让李自成来负，毋宁是应该让卖友的丞相牛金星来负。(郭沫若《甲申三百年祭》)

⑲与其让我活着做一具僵尸，为什么不让我躺在这儿，用我仅有的短暂生命做一点贡献呢？(顾笑言《洪峰通过峡谷》)

这些都是表示“舍此取彼”的选择句。

表示“舍此取彼”的选择句，“与其”和“不如”都可以带上“说”字，形成“与其说……不如说……”的格式。如：

⑳这次他报名去北大荒，与其说是为了开垦“北大仓”，不如说为了追踪俞秋兰更为确切。（从维熙《黄金岁月》）

㉑与其说是受累，还不如说是受骗！（李国文《花园街五号》）

这种格式用来比较两个判断，从中决定取舍：舍弃较差较劣的判断，择取较好较优的判断。

三、因果、目的、假设和条件

（一）因果句

因果句是分句间具有原因和结果的关系的复句。因果句的代表形式是“因为……所以……”和“既然……就……”。例如：

①因为你不让他去，所以他没去。

②既然你不让他去，他就不会去。

“因为……所以……”用来说明两事之间的因果关系。这是一种最典型的一般因果句。“因为”是原因词，跟它作用相同的是“由于”；“所以”是结果词，跟它作用相同或相近的是“因此、因而、故、以致”等。一般因果句里，原因词和结果词可以成对出现，也可以只出现一个。有时原因词和结果词都不出现，但可以自然地补加上去。例如：

③因为他想跟苦三儿说说话的心情越来越急切，所以送饭的间隔也越来越缩短了。（常庚西《深山新喜》）

④由于不了解武装斗争在中国革命中的重要性，因而犯了不重视军队工作，不学习军事知识的错误。（《刘少奇选集》上卷）

⑤因为饿，她已经没有力气跑跑跳跳。（老舍《四世同堂·饥荒》）

⑥已经开始上山了，因而端坐的姿势使人感到有些后倾。（袁和平《沼泽地带》）

⑦王海珍靠久了，想活动一下身体。（罗继长《天，还是蓝蓝的》）

例③和例④都同时出现原因词和结果词。例⑤只出现原因词，不出现结果词。例⑥只出现结果词，不出现原因词。例⑦原因词和结果词都不出现，但可以说成“因为……所以……”。这些都是一般因果句。

一般因果句大都是“由因到果”，即前分句表示原因，后分句表示结果。有时是“由果溯因”，即前分句表示结果，后分句表示原因。这有两种情况：

(1) 断定结果产生的原因。常用“之所以……是因为……”表示。有时用“所以……因为……”，但可以说成“之所以……是因为……”；有时前分句不出现“之所以”，但后分句用“是因为”。例如：

⑧她之所以没有当时揭发这件事，完全是因为她有些怜悯他。(江奇涛《人鸟岛》)

⑨这条河里所以有那么多的“傻大姐”生存，因为河的上游，经过一温泉地带……(从维熙《北国草》)

⑩小伙子说出这话，是因为远远看见，老支书忙人阿爷在山脚下放羊哩！(轩锡明《赶马车的小伙子》)

例⑧用“之所以……完全是因为……”，加“完全”是为了强调断定的准确性。例⑨用“所以……因为……”，可以分别加上“之”和“是”。例⑩只用“是因为”，可以加上“之所以”。“之所以”总是出现在前分句的谓语前边、主语后边。

(2) 补说结果产生的原因。形式上只在补说原因的分句前头用“因为”。例如：

⑪你该明白我是多么惦念她，因为我深知她前途的泥泞。(张承志《黑骏马》)

⑫几个人的笑谈没能继续下去，因为又开来了一辆引人注目的汽车。(王蒙《青龙潭》)

这类例子表明：人们在叙述中顺着上文先说出某种结果，接着感到有必要，于是又补说一个原因。

“之所以……是因为……”和“……因为……”都是因果倒置的句法，但前者重在分析断定事实，正意在原因分句，后者重在补充解释事实，正意在结果分句。

一般因果句里，结果词有时用“以致”“致使”“弄得”。它们所表示的结果大都指不好的事情或不正常的情况。例如：

⑬由于他脖子弯得太低了，以致使别人无法看见他脸上的表情。(从维熙《北国草》)

⑭他是这样地全神贯注，以致额上渗出一粒一粒的汗珠。(吴天、荃默《拍案颂》)

⑮次数太多了，致使游行队伍完全失掉了"游行"二字应有的威仪。(韦君宜《洗礼》)

⑯任依群突然进来，弄得春芳非常为难。(陈登科《风雷》)

一般因果句里，结果词有时用"于是"。"于是"表明两事连贯，因果相承。例如：

⑰他解除劳改以后，因为无家可归，于是被留在农场放马，成了一名放牧员。(张贤亮《灵与肉》)

⑱她觉得自己好像有必要去跟他说明一下情况，于是亲自去了一趟。(韦君宜《洗礼》)

"既然……就……"用来推论事物间的因果关系。这是一种因果推断句，一般简称为"推断句"。前分句用"既然"，也可以说成"既"。后分句用"就"，"就"前可以用"那么"。为了加强推断语气，后分句可以用"准、一定、当然"之类。后分句如果是反问，可以不用"就"。例如：

⑲既然把我当工程师用，就要给我工程师的条件。(萧马《钢锉将军》)

⑳既拿来，我就不再拿回去。(常庚西《深山新喜》)

㉑她既然爱好音乐，那末就从音乐方面去打动她的心。(张英《她，怎么办？》)

㉒既然有了血痕了，当然不觉要扩大。(鲁迅《纪念刘和珍君》)

㉓你既然不愿意工作，国家为什么还要照发工资呢？(《邓小平文选》)

这些都是因果推断句。

因果推断句有的是“据因断果”，即以“因”为据，推断结果。上面的例子都属于这一情况。有的是“据果断因”，即以“果”为据，推断原因。例如：

㉔他既然晌午就赶到工地，准是天亮前就从家里动身的。

㉕(但是他又想，)既然党组织叫他联系，一定没有问题。(罗广斌等《挺进报》)

“据果断因”，有时不用“既然……就……”，而用“可见”和“可知”。例如：

㉖玉山上石头块子都炼成铁水了，可见人的本事大着呢。(李准《耕云记》)

㉗周围的黑暗只是浓，可知已经到了深夜。(鲁迅《社戏》)

(二) 目的句

目的句是分句间具有行动和目的的关系的复句。目的句的代表形式是“……以便……”和“……以免……”。例如：

①你快让他去，以便他早点发挥作用。

②你快让他去，以免她闹情绪。

“……以便……”用来表示采取某种行动的目的是要得到什么，这是一种获取性目的句。“以便”有时说成“以、借以、用以、好让、好”等。例如：

③老赵尽力使车子跑得平稳，以便总指挥睡得安宁。(杜鹏程《工地之夜》)

④不可不注意团结我们的真正的朋友，以攻击我们的真正的敌人。(毛泽东《中国社会各阶级的分析》)

⑤她把一名男华侨请到家中作客，事后在小镇街上闲逛，借以增辉。(毛志成《小镇风情》)

⑥有时候，这闺女还装作在院里找什么东西，拿着灯出来，好让小明看清楚一点。(王笠耘《春儿姑娘》)

⑦你要不忙就去找找会计，好领我去看看房子。(铁凝《东山下的风景》)

这些都是获取性目的句。

获取性目的句有时采用“之所以……是为了……”的形式，一般都可以改说成“……以便……”。如：

⑧他的瓜之所以切开论牙卖，在很大程度上是为了控制瓜粒的外流。(张武《瓜王轶事》)

上例也是获取性目的句。可以改说成：“他的瓜总是切开论牙卖，以便控制瓜粒的外流。”

“……以免……”表示采取某种行动的目的是要避免什么。这是一种免除性目的句。“以免”有时说成“以防”或“免得、省得”。例如：

⑨今晚务必准备好收割工具，以免浪费时间。(刘澍德《拔旗》)

⑩棋力占优势的人，落子更要小心谨慎，以防在疏忽大意中受到挫折……(苏策《臭棋》)

⑪那也得快些走，免得挨雨浇啊！(王汶石《新结识的伙伴》)

⑫把这次宴会取消了也使得，省得你太忙了。(冰心《第一次宴会》)

这些都是免除性目的句。

带“省得”的目的分句，有时可以放到行动分句的前边。这是一种特殊的说法，可以起强调突出的作用。例如：

⑬(你看，我怕把水缸冰裂了，围上了一圈茅草；)省得你去挑水，我在缸里存上一缸雪块。(从维熙《北国草》)

这个也是免除性目的句。可以改说成：“我在缸里存上一缸雪块，省得你去挑水。”

应该注意：由介词“为了、为着”构成的介词短语，经常用在句子的主语前边，充当状语，表示目的。例如：

⑭为了培养社会主义建设需要的合格的人才，我们必须认真研究在新的条件下，如何更好地贯彻教育与生产劳动相结合的方针。(《邓小平文选》)

“为了培养……人才”尽管表示目的，但它是介词短语，充当状语，不成为分句，因而整个句子不成为复句。

（三）假设句

假设句是分句间具有假设和结果的关系的复句。假设句的代表形式是“如果……就……”。例如：

①如果你不让他去，他就不去。

假设句的前分句用“如果”或者“要是、假使、假如、如、倘若、倘或、倘、设使、设若、如若、若”等等；假设句的后分句用“就”或“那么就”。有时，只在前分句或后分句用关系词语；有时，前后分句都不用关系词语。例如：

②如果生活失去了令人向往的前景和理想，那么就不会召唤人们紧张地全力以赴地去工作。（赵丹涯《蓝天，也是属于你的》）

③要是姥姥能和我一起来送你，你就该高兴了。（徐怀中《西线轶事》）

④假使你一个人害怕，我送你回去。（鄢国培《巴山月》）

⑤倘若是从外地来，那感觉就大不同了。（姜滇《清水湾，淡水湾》）

⑥农民若不用极大的力量，决不能推翻几千年根深蒂固的地主权力。（毛泽东《湖南农民运动考察报告》）

⑦我死了，就埋在八斗立，行啵？（熊尚志《古老的紫铜锣》）

⑧你不答应，我会难过一辈子的。（罗继长《天，还是蓝蓝的》）

这些都是假设句。前五例都用了“如果”之类假设词；后两例没出现假设词，但可以补上去：“如果我死了，就埋在八斗立。”“如果你不答应，我就会难过一辈子。”

“的话”是表示假设语气的助词，经常用在假设句前一分句的末尾。如：

⑨假使真有能力把供销干下去的话，他肝胆涂地也要报知遇之恩。（高晓声《陈奂生包产》）

⑩辛姨，你不讨厌我的话，我会常来的。（阿耀《序奏》）

假设句一般假设分句在前，结果分句在后。有时，假设分句出现在结果分句的后边。这样的假设句，假设分句有补充说明的作用，同时，由于次序特殊，假设分句也有引人注意的作用。如：

⑪她原是可以救活的，如果及时送到医院的话。（向明《一曲遥寄》）

⑫他戴太太一定是一名导演家，如果是生活在现在这个二十世纪五十年代的话。（巴人《莽秀才造反》）

假设句有时采用“要不是……就……”和“如果说……那么……”的形式。这两种假设句有些特殊。

“要不是……就……”这种假设句，表示反事实的假设与结果，具有反证性，能够突出地强调甲事对乙事的决定性影响。它从“假设不是这样”出发，经过推断，回转来指明正是因为“这样”。例如：

⑬那晚上要不是老娘下了他的蒙心药，那北京姑娘就莫想活命了。（谢璞《寻找》）

事实是“那晚上老娘下了他的蒙心药”。句子从假设不是出发，合乎逻辑地引出“那北京姑娘就莫想活命了”的推断；然而，事实上那北京姑娘是活下来了，这样，又必然合乎逻辑地回转来否定假设的“不是”，证明了所要强调的意思：正是因为“那晚上老娘下了他的蒙心药”。

“如果说……那么……”这种假设句，表示说法上的假设与结论，分句间具有比较性或解注性，能够加深人们对事情的印象。它总是以某种说法为假定的前提，引出具有相关性的某个结论。例如：

⑭如果说我在泰山路上是翻着什么历史稿本，那么现在我才算翻到我们民族的真正宏伟的创业史。（杨朔《泰山极顶》）

⑮对于我，如果说也有幸福的时代，那就是在农村度过的童年岁月。（孙犁《澹定集·答吴泰昌同志》）

例⑭以“我在泰山路上翻着什么历史稿本”的说法为假定前提，引出“现在我才算翻到……创业史”的结论，前后两个意思之间具有比较性。例⑮以“也有幸福的时代”的说法为假定前提，引出“那是在农村度过的童年岁月”的结论，前后两个意思之间具有解注性。

在“如果说……那么……”假设句中，相比较的两个意思可以是非对立的，也可以是对立的。如果是对立的，“如果……那么……”假设句中就可以加上“却”。例如：

⑯如果说，一向讲究“哥儿们义气”的庞喜在那次审判事件中没有表现出“为朋友两肋插刀”的勇气的话，那么，在他当了“官”之后，却表现出了一种“苟富贵，毋相忘”的大度。（杨东明《人生的不等式》）

⑰如果说香妹对银庄的指使和专断一直使我不悦的话，她这次的言行举止却令我大为满意了。（陶正《女子们》）

（四）条件句

条件句是分句间具有条件和结果的关系的复句。条件句的代表形式是“只有……才……”和“只要……就……”。例如：

①只有你不让他去，他才不去。

②只要你不让他去，他就不去。

“只有……才……”表示必备条件。它所提的条件是必不可少的不满足不行的条件，语气坚决，反映说话人对条件的要求很严。“唯有……才……”“除非……才……”“必须……才……”也有同样的作用。例如：

③只有勤奋耐苦，才能在社会里站稳脚跟。（雁宁《回答》）

④唯有让年轻的儿子主动出去寻找杨凤高的下落，他才有出路。

⑤除非大山崩塌，它才会随之毁灭。（张抗抗《在丘陵和湖畔，有一个人……》）

⑥必须战胜这些敌人，才能完成我国的资产阶级民主革命。（《刘少奇选集》上卷）

这些都是必备条件句。

必备条件，有时是唯一条件，有时也可以不是唯一条件。比较：

⑦只有坦白交代，才能考虑从宽处理。

⑧只有呼吸到空气，人才能活着。

例⑦，“坦白交代”是唯一必备条件，缺它不行；除了它，再没有别的条件。例⑧，“呼吸到空气”是非唯一必备条件，缺它不行；但对“人能活着”来说，除了“呼吸到空气”之外，还有别的条件。

有时，“只有……才……”句式不是复句。即是说，“只有……”和“才……”两部分之间不是分句与分句的关系。例如：

⑨只有杨新，才对代销店与施工队的关系感兴趣。（贺星寒《高空跳板》）

⑩这些话只有在文件上、开会时才用。（同上）

例⑨，“只有……才……”用来联结主语和谓语，“只有”起强调主语的作用。例⑩，“只有……才……”用来联结状语和动词，“只有”起强调状语的作用。

“只要……就……”表示足够条件。它所提的条件是有了就够的有假设意味的条件，口气比较灵活，反映说话人认为条件不难满足。“一……就……”“越……越……”有时也有同样的作用。例如：

⑪只要有志气，没有办不到的事。（刘真《春大姐》）

⑫一想到小米的事，我便感到分外的亲切和温暖。（曹靖华《小米的回忆》）

⑬我越往下读，越深切地感到马克思的书是浓缩了的人类智慧。（张贤亮《绿化树》）

这些都是足够条件句。

“只要……就……”和“只有……才……”都表示条件，但二者强调的重点有所不同。比较：

⑭只要乘1路电车，就可以从武昌到汉口。

⑮只有认真备课，才能把课讲得生动深刻。

例⑭，“乘1路电车”是足够条件。满足了这个条件，就可以出现从武昌到汉口的结果。但是，人们乘4路电车、10路汽车或轮渡也可以从武昌到汉口，所以“乘1路电车”这一条件并不是缺少不得的。这个例子，不能改说成：“只有乘1路电车，才能从武昌到汉口。”例⑮，“认真备课”是必备条件。若缺少“认真备课”这一点，必定不能把课讲得生动深刻；但“认真备课”这一点并不是有了就够，如果业务基础不好或者表达能力较差，光做到“认真备课”这一点不见得就能把课讲得生动深刻。这个例子，不能改说成：“只要认真备课，就能把课讲得生动深刻。”再比较：

⑯只要坦白交代，就有出路！

⑰只有坦白交代，才有出路！

例⑯，着重强调“足够”的一面，口气灵活宽容，意味着不隐瞒就会有好的结果，是劝告性的说法。例⑰，着重强调“必备”的一面，口气坚定而严厉，意味着不坦白交代就只有死路一条，是警告性的说法。

“只要……就……”有一定的假设性，跟“如果……就……”有相通之处，但二者在语义表达上有不同的重点。采用“如果……就……”这种句式，重在表明所说的情况仅仅是假设；采用“只要……就……”这种句式，重在表明提出了某个特定的条件。因此，在“纯粹假设”的场合，只能用“如果”，不能用“只要”；在以事实作为假定性条件时，只能用“只要”，不能用“如果”。例如：

⑱如果我牺牲了，请把这份材料转交给党组织。

⑲只要我还有嘴巴，我就要说话！

例⑱是纯假设句，用“如果”。例⑲是足够条件句，用“只要”。

“只要……”分句有时后置。后置以后，既有补充说明的作用，也有强调突出的作用。例如：

⑳到哪里都行，只要是给党办事。（陶承《我的一家》）

㉑（我们还是比较乐观的。）拖那么一两年大概可以，只要平时调理得好。（程乃珊《蓝屋》）

四、单纯转折和让步转折

（一）单纯转折句

单纯转折句是分句间直接发生转折关系的复句。跟让步转折句相比较，单纯转折句是没有转折预示的转折句。单纯转折句的代表形式是“……但是……”和“……否则……”。例如：

①他不让我去，但是我还是去了。

②他不让我去，否则我已经去了。

“……但是……”表示直截了当的转折，是最典型的转折句。跟“但是”作用相同的还有“然而、可是、却”等。例如：

③他想笑，但是笑不出。(鲁彦周《春前草》)

④她曾经是个柔弱的女孩子，可是岁月的风刀雕刻了她性格的刚毅。(汤吉夫《晚恋》)

⑤女儿话里的辛辣味儿令她反感，然而不能说这些话没有一点道理。(朱崇山《生活的轨迹》)

⑥她眼里含着泪花，却勉强笑着。(王火《夜的悲歌》)

这些都是单纯转折句。

“不过、只是、就是”也常常用于单纯转折句，表示轻微的转折，有修补的意味。例如：

⑦小孟也来了，不过她来得迟得多。（曹玉林《祠堂里的学校》)

⑧两个人依旧来往，只是贴心话比以前少了。（单学鹏《啊，“美人鱼”号》)

⑨你这人，啥都好，就是脾气赖坏了事。(西戎《纠纷》)

这三个也是单纯转折句。

“反而、反倒”之类也常常用于单纯转折句，重在表明情况相反。有时跟“却”结合使用，表示既有“反”又有“转”。例如：

⑩他不因何伏兴的尖刻和发泄般的话语而生气，反而充满了对陈春梅夫妇的同情。(彭天翼《梅花坪》)

⑪在台上不一定什么都看得清，在台下反而看得清。(柯云路《新星》)

⑫一个市委书记的千金小姐，怎么会看中一个下贱的罪犯，却反而看不上省委书记的儿子？(黄继树《女贞》)

这三个也是单纯转折句。

“但、却”之类有时跟别的句式合用，构成混合句式。如递进句中的反递句式“不但不……却反而……”，这实际上是递进句和转折句的混合句式；又如假设句中的“如果说……那么却……”，这实际上是假设句和转折句的混合句式。此外，“既……又……”“一面……一面……”等并列句式，有时可以加上“但、却”之类，构成并列句和转折句的混合句式。如：

⑬我既感到摆脱了一种负担的轻松，却又有一种相形见绌的沉重。（陆星儿《啊，青鸟》）

⑭老孟一面用了十分敬畏的神情朝老太太看，一面却悄悄地跑到派出所去找户籍警老刘同志作了秘密报告。（张延竹《五十四号墙门》）

⑮一方面，他们不能禁止自己不犯已经知道的错误，他们明知故犯；但另一方面，他们又要禁止别的党员向上级报告及在会议上批评他们。（《刘少奇选集》上卷）

“……否则……”表示假言否定性的转折。“否则”这个转折词含有“如果不这样就”的意思，具有假言否定性。为了方便，由“否则”构成的单纯转折句可以叫作“假转句”。跟“否则”作用相同的有“不然、要不然、要不”等。例如：

⑯这话该说了，否则会让莹莹太难堪。（马未都《生命》）

⑰幸亏河水是污浊的，不然，映出她的脸一定很难看。（姜滇《清水湾，淡水湾》）

⑱可惜我手上无权，我自己的帽子也还没有摘掉，要不然，我一定要做了这件好事。（莫应丰《心囚》）

⑲准是鬼点灯，要不，就是你的眼花了。（申文钟《山翠菊香》）

这些都是假转句。

假转句有的是逆条件假转。前分句提出一个条件，后分句表示逆着这个条件产生的结果。前分句可以用“除非”，形成“除非……否则……”的形式。如例⑯可以说成“除非把这话说出来，否则……”。又如：

⑳（于书记还说，）除非你到克山病区去，否则不会放你。（张

抗抗《在丘陵和湖畔，有一个人……》)

㉑报告会上除非被逼得没有办法，否则，还是隐讳一点为好吧。(曾德厚、木杉《有意无意之间》)

假转句有的是逆原因假转。前分句说出一个原因，后分句表示逆着这个原因产生的结果。前分句可以用“因为”之类，形成“只因……否则……”的形式。如例⑰可以说成“只因河水是污浊的，不然……”，例⑱可以说成“只因我手上无权，我自己的帽子也还没有摘掉，要不然……”。

又如：

㉒她和沙马耳虎因为化了装，不然，进城难出城也难。(字心《雾中鼓声》)

㉓只因（几个年轻人）还不了解昨晚黑发生在松毛林子中的事，不然他会挨一顿好打。(字心《冷子司棋》)

假转句有的是选择性假转。前分句说出一个选择项，后分句逆着这个选择项说出另一个选择项。前分句可以用“要么”，形成“要么……否则……”的形式。如例⑲可以说成“要么是鬼点灯，要不就是你的眼花了”。又如：

㉔要么是十六结婚，不然就——拉倒！(王钢《野花瓣儿》)

㉕要么照我的意思办，不然，就照你三哥的意思办！

(二) 让步转折句

让步转折句是先让步后转折的复句。前分句用让步词，预示后面将有转折。为了简便，让步转折句可以简称为“让步句”；跟“让步句”相对，单纯转折句可以简称为“转折句”。让步句的代表形式是“虽然……但是……”“即使……也……”“无论……都……”“宁可……也……”。例如：

①虽然可能得罪他，但是不能让他去。

②即使得罪他，也不能让他去。

③无论得罪不得罪他，都不能让他去。

④宁可得罪他，也不能让他去。

"虽然……但是……"是容认性让步句。先让步，容认甲事；然后，转过来指出乙事的成立不受甲事的影响。前分句用让步词"虽然"或"虽说、尽管、固然"等，后分句经常用"但、却"之类转折词。例如：

⑤虽然过去我们已经进行了多年的社会主义建设，但是我们仍然有足够的理由说，这是一个新的历史发展阶段的开端。(《邓小平文选》)

⑥李晖虽说是高干子女，干起活来却没有那种自视清高的娇气劲儿。(郑万隆《红灯 黄灯 绿灯》)

⑦尽管彭德怀同志也有缺点，但对彭德怀同志的处理是完全错误的。(《邓小平文选》)

⑧日尔曼人固然一般比较庄重严肃，不过倒也很热情好客。(向明《一曲遥寄》)

"虽然、尽管"等既表让步，又预示后分句将有转折，因此，只要前分句用了这类让步词，后分句即使不出现转折词，整个复句仍然是明显的让步句。例如：

⑨他虽然笨，也晓得共产党历来主张集体化。(高晓声《陈奂生包产》)

⑩尽管有些人在科学成就上超过了老师，他们老师的功劳还是不可磨灭的。(《邓小平文选》)

让步分句"虽然……"有时后置，既有补充说明的作用，又有引人注意的作用。例如：

⑪她中文说得很好，虽然她从未上过哪个学校的中文系。(黄蓓佳《秋色宜人》)

⑫在这些产品面前，路云的额角上沁出了细细的汗珠，尽管他蹬车来这里之前，已有充分的思想准备。(谭谈《风雨山中路》)

"即使……也……"是虚拟性让步句。先让步，姑且承认某种虚拟的情况；然后，转过来指出某事的成立不受虚拟情况的影响。前分句用让步词"即使"或"即便、哪怕、就算、纵然、纵使"等；后分句经常用“也”或“还”，也可以不用。例如：

⑬即使若干年后人口不再增加，人口多的问题在一段时间里也仍然存在。(《邓小平文选》)

⑭我求周嫂把春儿找来，哪怕说上一两句宽心话，也算尽了我一份心呀。(王笠耘《春儿姑娘》)

⑮就算我刚才的看法不对，也不能给我戴自私的帽子呵。(马烽《太阳刚刚出山》)

⑯纵然不是栋梁之材，做一棵小草，总是可以的吧！(冯敬兰《路，这样走过》)

“即使……”分句有时指事实，但这是实事虚说，让步意味比“虽然……”要重。例如：

⑰其实，牛福对儿子管教极为严格，即使在三年经济困难时期，市场上买不到煤油，牛福也不惜高价弄几斤，不让儿子闲着。(程贤章、廖红球《彩色的大地》)

⑱杨老是奋斗发家的，因此即使他后来家财万贯，也始终保留着节俭的本色。(陈祖德《超越自我》)

“即使……也……”的前后分句之间有转折性。为了强调这种转折性，可以用“但、却”之类转折词。例如：

⑲如果她承袭了这笔财产，即使是合法的，但也不光彩。(姜滇《清水湾，淡水湾》)

⑳即使自己有很多对的意见，但是还要听别人的意见，把人家的好意见吸取过来……(《周恩来选集》上卷)

㉑海市蜃楼纵然美丽，却永远是虚幻的景象。(冯敬兰《黑洞》)

“即使……”分句有时后置，既有补充说明的作用，又有强调突出的作用。如：

㉒“文革”中为了怕让人误解他这是在“翻变天账”，他对此是闭口不谈的，即使是走到××路上的那幢蓝屋。(程乃珊《蓝屋》)

㉓你确实伤了大哥的心——即使他从来没有埋怨一句。（母国政《少女头像》）

“无论……都……”是无条件让步句。先让步，无条件地对各种情况统统认可；然后，指出在任何情况下都会产生的某种结果。前分句用让步词“无论”或“不论、不管”等，后分句经常用“都、总”之类副词。例如：

㉔大婶，你无论说什么，我都不会生你的气。（顾笑言《洪峰通过峡谷》）

㉕不管姐姐怎么数落、怨恨，小伙子只是低着头，不敢还腔。（常庚西《深山新喜》）

㉖不论整顿领导班子，整顿作风，整顿政治机关，没有一股子劲头不行。（《邓小平文选》）

无条件让步句的前分句有任指性和选择性。有时用“谁、什么、怎么、多少”等疑问代词表示任指，这时隐含着选择性；有时用“A（还是、或者）B”的形式表示可供选择，这时隐含着任指性。无条件让步句的前后分句之间具有程度不同或情况不同的转折性。为了强调分句间的转折性，有时可以加上“但、却”之类转折词。例如：

㉗敌人无论怎样对党进行恶毒攻击，造谣中伤，但铁一般的事实是怎样诬蔑也改变不了的。（沈醉《我这三十年》）

㉘不管怎么宠女儿，纪师傅却有一个铁定的章程——不许女儿在衣着行止上有半步的越轨。（陈草《船跑香港》）

“无论……”分句有时后置，既有补充说明的作用，又有强调突出的作用。例如：

㉙每天，珠珠都起这么早，到二路车终点站去乘车上班，无论天气好坏。（严婷婷《从雨到雪，一双棕色的皮鞋》）

㉚反正我是老老实实地报，不管将来碰到什么问题。（李准《耕云记》）

“宁可……也……”是忍让性让步句。先让步，表示有所抉择并有所忍让；然后，转过来表明决心达到的目的。前分句用让步词“宁可”

或“宁、宁肯、宁愿”等；后分句一般通过“也”引出肯定形式“要……”或否定形式“不……”。例如：

㉛宁可自己进地狱，也要成全她上天堂！（肖为《不能改正的错误》）

㉜宁肯不吃饭，也得满满小酒壶。（浩然《能人楚世主》）

㉝为了滋补他，我宁愿自己平时吃饭再节省一些，也要尽量把星期日全天的野餐准备得丰富可口。（德兰《求》）

㉞宁可自己一个人担风险，也不能让王主任有个三长两短。（杨志杰《选拔》）

㉟我宁愿打一辈子光棍，也决不办这桩事！（刘文忠《姐姐》）

㊱宁叫人说他不义，不叫人说我不贤。（王宝成《海中金》）

“宁可”之类总是表示忍让。所作的抉择，不是乐意为之，而是出于不得已。忍让也是一种让步。先忍让，也就意味着后面将有转折。有时，为了强调前后分句之间的转折性，可以加上“但、却”之类转折词。例如：

㊲宁可慢些，但要好些！（李国文《花园街五号》）

㊳芬酷爱花，她宁可几年不添一件新衣服，可房里决不能断了花卉。（程乃珊《蓝屋》）

㊴他宁愿承担舆论和道德的谴责，但不能眼睁睁地葬送自己和莲莲未来的幸福。（张弦《银杏树》）

㊵宁肯让工期一拖再拖，经济效益受到损害，他的权威和尊严却不能有丝毫动摇。（《应是龙腾虎跃时》）

四类让步句往往是相通的。比较：

㊶他们虽然自己挨饿，也要把口粮省下来。

㊷他们即使自己挨饿，也要把口粮省下来。

㊸他们无论自己怎么挨饿，也要把口粮省下来。

㊹他们宁可自己挨饿，也要把口粮省下来。

例㊶是对事实的让步，例㊷是带虚拟语气的让步，例㊸是对任何情况的无条件让步，例㊹是对需要忍让的事情的让步。它们都是先让步后转折的复句，但由于所用的让步词不同，让步义也有所不同。它们分别是容认性让步句、虚拟性让步句、无条件让步句和忍让性让步句。

思考与练习

一、什么是复句？你是怎样理解“复句里的各个分句，是相对独立，同时又是相互依存的”这句话的？

二、下面的句子哪些是单句？哪些是复句？

①延安的歌声，是革命的歌声，战斗的歌声，极为广泛的群众歌声。

②老田说完，一扭身看到了我们，连忙亲热地和我们打招呼。

③无论姥姥、母亲、父亲和我，都没有反对女孩子的这个正义要求。

④车子出了村，上了大路。

⑤这挺立在风雪中的青松，正是陈毅同志一生的真实写照。

三、按下面列举的结构形式造四个复句：

①主谓句＋主谓句

②主谓句＋非主谓句

③非主谓句＋主谓句

④非主谓句＋非主谓句

四、并列句、连贯句、递进句、选择句、因果句、目的句、假设句、条件句、单纯转折句和让步转折句是根据什么划出的复句类别？为什么？

五、什么是关系语词？它在复句构造中的作用怎样？

六、什么是并列复句？最常见的并列复句有哪几种？各举一例。

七、什么是连贯复句？用“接着”“然后”各造一个连贯复句。

八、判定递进复句的充足条件是什么？根据什么把递进复句和并列复句区别开来？

九、从形式标志、分句关系和表意特点三个方面，说明顺递句、反转性递进句和反逼性递进句的异同。

十、选择复句可分为哪三类？试述这三类之间的异同。

十一、因果复句可分为哪两类？分别举例说明。

十二、原因分句在结果分句前边和原因分句在结果分句后边的复句在表意上有什么不同？

十三、什么是目的复句？表行为和目的的句子都是目的复句吗？为什么？

十四、什么是假设复句？前一分句不表示事实的复句一定是假设复句吗？

十五、“要是……就……”和“要不是……就……”有什么不同？举例说明。

十六、“如果说……那么……”两分句之间有各种各样的关系。试造3—4个句子，每个句子各表一种关系。

十七、条件分句可以分为哪两类？“只有……才……”只表唯一条件吗？为什么？

十八、下面两个句子，哪种说法合理些？为什么？

只要锻炼，身体就会好。
只有锻炼，身体才会好。

十九、下面句子的括号里可以填上“只要”和“如果”，可是句子意思有细微差别。这种差别正是“只要”和“如果”的语法差异，试结合句子说明它们的这种差异。

（ ）刮风，你就关上窗户。

（ ）他调走了，要完成这项任务问题就大了。

二十、单纯转折和让步转折的区别是什么？试举例说明。

二十一、在下面的后一分句前分别添上“但是”“不过”和“反倒”。比较一下，添上不同的转折词，句子在表意上有什么不同。

两人依旧来往，贴心话比以前少了。

二十二、假言转折句有的是逆条件假转，有的是逆原因假转，有的是选择性假转。试指出下面的句子各属哪一种。(提示：用替换或添上各类关联词的方法确定。)

①你非给我指出人来不可，要不跟你没完！

②有空就到街上溜溜，要不，花两毛钱看场电影。

③都是海棠那个死丫头插一杠子，要不俺妹子和长锁是多么好的一对呀！

④我不知道您病了，否则我早就来看您了。

二十三、让步转折句可分为哪四类？举例说明。

二十四、“虽然……但……”的配对使用受到一些限制。如：

①去了两次了，但还记不住路线。

②欧阳海牺牲了，但人民的生命财产得救了。

①②都是单纯转折句。①可以加上“虽然”变成让步转折句；②不能加上“虽然”。考虑考虑，试说明“虽然”和“但”配对使用的语义要求。

二十五、复习本节内容，画一张复句类型表。如：

类别		关系词语的典型形式	举例
并列	平列	既……又……	既要让他去，又要让你去
	对照		
	解注		
连贯			

第六节 复句的紧缩与扩展和句群的特点与组造

【学习提示】

本节继续讨论复句，并且讨论跟复句有相通之处的句群。

本节的第一部分讨论复句的紧缩与扩展。复句的紧缩形式是紧缩句。应掌握“紧缩句”的概念，并对一些常见的现象有所了解。复句的扩展形式是多重复句。这是本节的学习重点。要掌握“多重复句”的概念，掌握分析多重复句的要领，并且要注意通过解答有关的练习题来提高分析多重复句的实际能力。

本节的第二部分讨论句群的特点与组造。讲语法，一般讲到复句为止，但是，句子和句子组合成为句群也有语法问题，在掌握复句的基础上学会分析句群是很有必要的。学习这一部分，首先要掌握“句群”的概念；进一步，要对句群的组造情况有所了解；再进一步，要能够像分析多重复句那样分析一些句群。

一、复句的紧缩与扩展

（一）紧缩句

分句与分句紧缩在一起的句子，叫作紧缩句。紧缩句是复句的紧缩形式，是一类由复句紧缩而成的特殊的句子。在划分复句层次、明确分句间的关系时，紧缩句可以看作一个单句或分句，不必分析；但在分析单句或分句的内部结构关系时，又应指出这是紧缩句，跟一般的单句在构造上有所不同。

有的紧缩句是分句与分句的直接紧缩。这种紧缩句，两个主谓式分句紧紧相连，粘在一起，中间没有明显的语音停顿，书面上不用逗号隔开。例如：

山在欢呼人在笑。（并列）

雨过天晴。（连贯）

明天你去呀我去？（选择）

闺女大了咱管不了。（因果）

你不害羞我害羞。（转折）

有的紧缩句采用了成套的关联格式。这种紧缩句，不汉没有明显的语音停顿，而且往往缩掉某些词语，整体性更强。常见的成套关联格式有下列几种：

1. “不……不……”。相当于“如果……就……”。例如：

这个人不问不开口。

钟不敲不响。

我不说不痛快。

番茄不红不熟。

2.“非……不……”。相当于“除非……否则……”。例如：

我非做完练习不休息。

他非京戏不看。

我们非走这条道路不可。

我非亲手逮住他不可。

3.“不……也……”。相当于“即使……也……”。例如：

这个道理不说也懂。

科技书不便宜也要买。

这种小毛病不医也会好。

冬天，风不大也冷。

4.“再……也……”。相当于“即使……也……”。例如：

你再说得好听也不给你。

工作再难也不怕。

我们再穷也别学他。

声音再大也解决不了问题！

5. “一……就……”。相当于“……接着……”或“只要……就……”。例如：

他一进门就叫大叔。

我一放下书包就去挑水。

这种绳子一拉就断。(有什么用!)

树叶一黄就落。

6.“越……越……”。大都相当于“只要……就……”。例如：

这孩子越夸越骄傲！

语言越精炼越好。

生姜越老越辣。

我们越干越欢。

有的紧缩句，句中只用一个关系词语。这是介于上述两种情况之间的一种紧缩句。例如：

无私才能无畏。（相当于“只有……才……”）

我从来想什么就说什么！（相当于“只要……就……”）

怕看又不能不看。（相当于“……但是……”）

剥了皮我也认得你的骨头！（相当于“即使……也……”）

有事没事总想跟小芹说句话。（相当于“无论……都……”）

紧缩句简短精炼，语气紧凑，口语里经常运用。有些成语，如“人多口杂”（因果）、“藕断丝连”（转折）等等，实际上也是紧缩句。

（二）多重复句

包含两个或几个层次的复句，叫作多重复句。多重复句是复句的扩展形式，是由小复句充当组成部分的复句。例如：

①即使下大雨，我们也要干。

这是个单层次的让步句。它的两个组成部分，只要有一个是由小复句充当的，那么它就包含两个层次，它就成为二重复句。如：

②即使下大雨，施工有困难，我们也要干。

这个复句，前一组成部分“下大雨，施工有困难”又是一个小复句。这样，这个复句就包含两个层次：第一个层次在“即使……”和“我们也……”之间，第二个层次在“下大雨”和“施工有困难”之间。这是个二重复句。又如：

③即使下大雨，我们也要干，而且要提前完成任务。

这个复句，后一组成部分“我们要干，而且要提前完成任务”又是一个小复句。这样，这个复句也包含两个层次：第一个层次在“即使……”和“我们也……”之间，第二个层次在“要干”和“而且要……”之间，这也是个二重复句。再如：

④即使下大雨，施工有困难，我们也要干，而且要提前完成任务。

这个复句，前后两个组成部分都是小复句，它也包含两个层次：第一个层次在“即使……”和“我们也……”之间，第二个层次分别在“下大雨”和“施工有困难”、“要干”和“而且要……”之间，它也是二重复句。

如果一个复句的某个组成部分由小复句充当，而小复句又包含更小的复句，那么，这个复句就具有三个或更多的层次。具有三个层次的，是三重复句；具有四个、五个层次的，是四重、五重复句。例如：

⑤即使下大雨，刮大风，施工有困难，我们也要干，而且要提前完成任务。

这个复句，前后两个组成部分都是小复句。充当前一组成部分的小复句是“下大雨，刮大风，施工有困难”，其中，“下大雨，刮大风”又是更小的复句。这样，这个复句就包含三个层次：第一个层次在“即使……”和“我们也……”之间，第二个层次分别在“下大雨，刮大风”和“施工有困难”、“要干”和“而且要……”之间，第三个层次在“下大雨”和“刮大风”之间。这是个三重复句。

分析多重复句的层次和关系，可以采取“句中标明”和“图表表示”两种表示法：

“句中标明”的方法，也叫“划线法”。要点有二：(1) 看看这个多重复句包含几个可以成为分句的单位，在每个单位的末尾用数字标明其顺序。(2) 用 | 线划出第一层次，并注明关系；用 || 线划出第二层次，并注明关系；用 ||| 线划出第三层次，并注明关系。余可类推。如例⑤：

即使下大雨，① |||(并列) 刮大风，② ||(因果) 施工有困难，③ |(让步) 我们也要干，④ ||(递进) 而且要提前完成任务。⑤

“图表表示”的方法，也叫“图解法”。要点有二：(1) 用顺序号代表各可以成为分句的单位。(2) 用切分的办法加以图解。如例⑤：

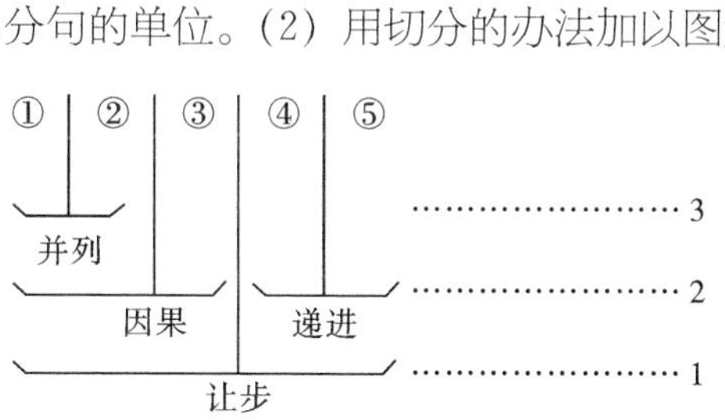

分析多重复句，确定其层次和关系，有三个要领：一是善于逐层剖析；二是善于抓住标志；三是善于化繁为简。

所谓逐层剖析，是指从大到小地划清层次。首先，总观全局，划出第一个层次；接着，按先后顺序层层深入地划分清楚第二个、第三个等层次。

所谓抓住标志，是指根据关系词语来审定层次关系。如果复句本身未用关系词语，这就要看看可以把什么样的关系词语添加上去。如例⑤，抓住“即使……也……”可以断定①②③和④⑤之间是第一层次，表示让步关系。这个复句的前一部分，①②和③之间未用关系词语，但可以添加“因为……所以……”（“因为下大雨，刮大风，所以施工有困难”），据此可以断定是第二层次，表示因果关系；①和②之间也未用关系词语，但可以添加“又……又……”（“又下大雨，又刮大风”），据此可以断定是第三层次，表示并列关系。这个复句的后一部分，④和⑤之间本来用了“而且”，据此可以断定是第二层次，表示递进关系。

所谓化繁为简，是指把繁的部分化为简单形式，以便看清部分与部分之间的关系。比如例⑤，可以简化为：“即使这样（＝下大雨，刮大风，施工有困难），也要这样（＝要干，而且要提前完成任务）”。这样，这个复句就可以明确地断定是让步关系。又如例⑤的“①②③”，可以简化为：“因为这样（＝下大雨，刮大风），所以施工有困难”。这样，这个被包含的小复句就可以明确地断定是因果关系。

下面举几个多重复句，用划线法和图解法进行分析：

⑥因为我们是为人民服务的①，|（因果）所以，我们如果有缺点②，||（假设）就不怕别人批评指出③。（毛泽东《为人民服务》）

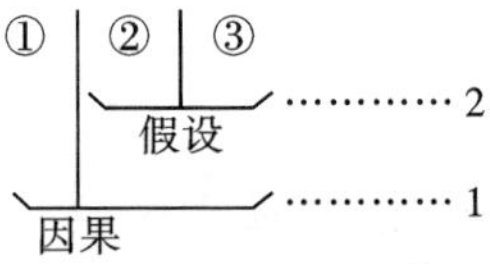

这是个二重复句。从第一个层次的关系看，是个因果复句。

⑦如果不去①，|(假设)请你明天告诉我们②，||(目的)以便我们在第二名或第三名中继续选择③。（廖静文《往事依依》）

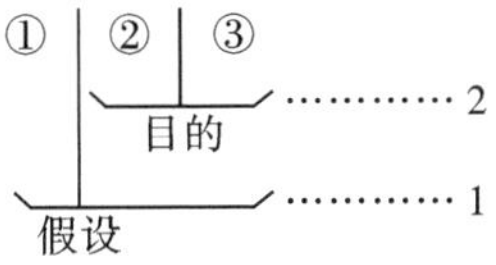

这是个二重复句。从第一个层次的关系看，是假设复句。

⑧任何人只要没有勾结敌寇和汉奸的行为①，||(并列)没有破坏与反对抗日军队的行动②，||(并列)没有违犯政府法令的行为③，|(条件)不论他是属于何党何派④|||(并列)属于哪一阶级、阶层⑤，||(让步(无条件))政府一律保护⑥。（《刘少奇选集》上卷）

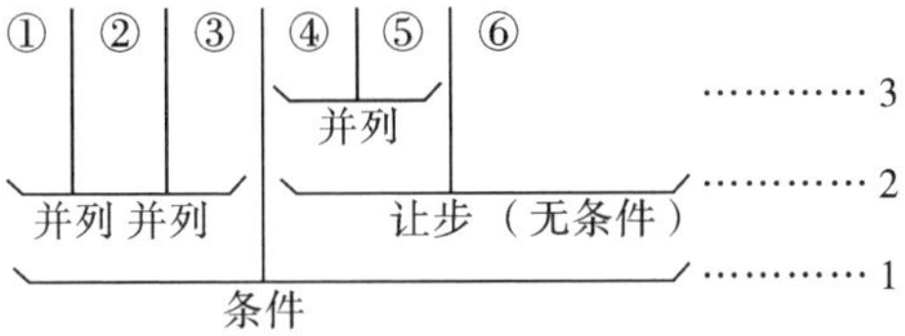

这是个三重复句。从第一个层次看，是条件复句。

⑨草地上没有人烟，①|(并列(平列))气候时常变化②，||(并列(解注))时而下雪③，|||(并列(平列))时而下雹④。（巴金《杨林同志》）

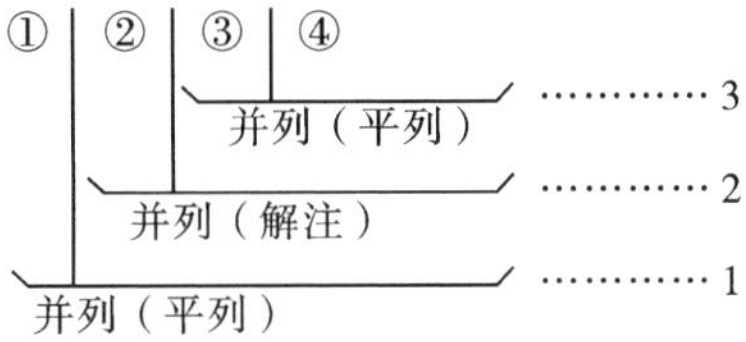

这是个三重复句。从第一个层次看，是并列复句。

⑩这个阿多高兴起来时，什么事都肯做①，||(并列(解注))碰到同村的女人们叫他帮忙拿什么重家伙②，||||(选择)或是下溪去捞什么③，|||(让步(无条件))他都肯④；|(转折)可是今天他大概有点不高兴⑤，||(因果)所以只顶

了五六只“团扇”去⑥，|||（转折）却空着一双手⑦。（茅盾《春蚕》）

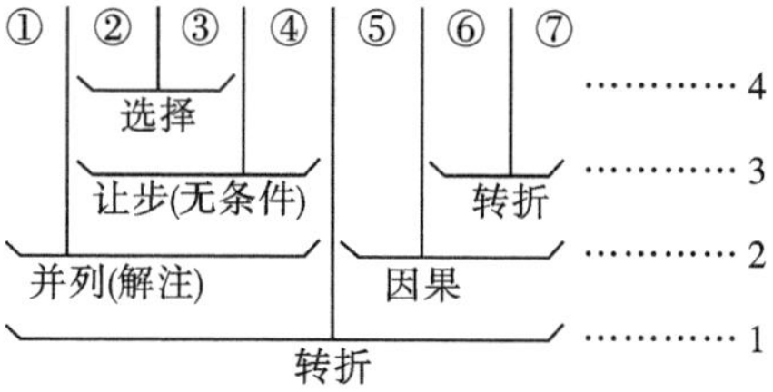

这是个四重复句。从第一个层次看，是转折复句。

⑪我们不需要死记硬背①，|（转折）但是我们需要用基本事实的知识来发展和增进每个学习者的思考力②，||（因果）因为不把学到的全部知识融会贯通③，|||（假设）共产主义就会变成空中楼阁④，|||||（并列（解注））就会成为一块空招牌⑤，||||（并列（平列））共产主义者也只会是一些吹牛家⑥。（列宁《青年团的任务》）

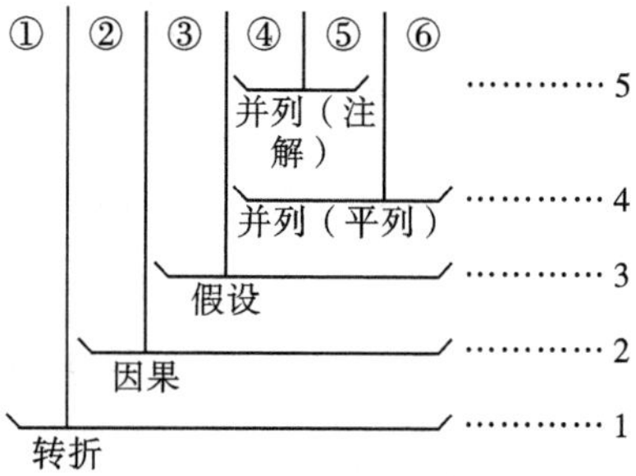

这是个五重复句。从第一个层次看，是转折复句。

多重复句层次多，组织严密。学会正确分析多重复句，不仅可以准确地理解句子本身的意思，而且可以提高分析语言结构和分析文章结构的能力。

二、句群的特点与组造

（一）句群的特点

句群也叫句组，是由句子和句子组合而成的表示一层意思的言语单位。

首先，句群是由句子和句子组合而成的，它包含两个或两个以上的句子。句群所包含的句子，每一个都有作为句子的语调和语气，书面上句末都用句号或者问号、感叹号。因此，句群既不同于单纯的复句，也不同于多重复句。例如：

①江青本人是打着毛主席的旗帜干坏事的。但毛主席和江青已分居多年。(《邓小平文选》)

②大礼堂的造型如此完美，色调如此新鲜，我们不能不赞叹建设者杰出的创造和智慧。但是，在这样大的空间里，音响问题是怎样处理的呢？能保证在任何角落的人都听清主席台上的发言吗？(孙世恺《雄伟的人民大会堂》)

例①包含两个单句，每个单句末尾都用句号。例②包含一个复句和两个单句，复句末尾用句号，两个单句末尾都用问号。这两个例子都是句群。

其次，在语流中一个句群表示一层意思，它所包含的两个或几个句子相互间有着紧密的联系。句群不同于段落。有时，一个段落是一个句群；有时，一个段落只有一个句子，比句群小；有时，一个段落包含两个或几个句群，比句群大。举个段落比句群大的例子：

③一九四二年，第五专署有个工作员去西峡口协助工作，要选个妇救会主任，村里人提出孟祥英能当，都说：“人家能说话！说话把得住理。”可是谁也不敢去向她婆婆商量。∨工作员说：“我亲自去！”他一去就碰了个软钉子。孟祥英的婆婆说：“她不行！她是个半吊子，干不了！”左说左不应，右说右不应，一个“干不了”顶到底。∨这位老太婆为什么这样抵死不让媳妇干呢？这与村里的牛差差有些关系。(赵树理《孟祥英翻身》)

这个段落包含三个句群，各表示一层意思。第一个句群是说村里人要选孟祥英当妇救会主任，可是谁也不敢去跟她婆婆商量。第二个句群是说工作员一去就碰了孟祥英的婆婆的软钉子。第三个句群是说老太婆不让媳妇干，这跟牛差差有关系。

既然一个句群表示一层意思，那么，这层意思主要说明什么问题，总会有个中心意思。有时，中心意思需要从整个句群中归纳，如例③中的三个句群。有时，中心意思在句群中由某个语句直接点明。例如：

④四个现代化，关键是科学技术的现代化。没有现代科学技术，就不可能建设现代农业、现代工业、现代国防。没有科学技术的高速度发展，也就不可能有国民经济的高速度发展。（《邓小平文选》）

这个句群的中心意思是科学技术的现代化是四个现代化的关键。构成这个句群的第一个句子（“四个现代化，关键是科学技术的现代化。”），直接点明了这个句群的中心意思。

最后，句子与句子的组合有时借助于“因此、但是”等等关系词语，但是也有不同于复句的一些特点。这就是：句群中较少使用成对的关系词语；关系词语一般出现在句群中间；某些复句中常用的关系词语，如“以便、不但”等等，句群中不可能或不大可能出现；某些句群中常用的关系词语，如“总之、总而言之、比如、比如说、再比如”等等，复句中不可能或不大可能出现。例如：

⑤会议根据毛泽东思想，针对部队的实际，提出问题，分析问题，解决问题，很好，很必要。这次会议，中心突出，主题明确，精力集中，越开越好。会议的风气正，发扬民主，畅所欲言，对原则问题又不含糊，给下边作了好样子。总之，会议开得很圆满，很成功。（《邓小平文选》）

⑥思想一僵化，条条、框框就多起来了。比如说，加强党的领导，变成了党去包办一切、干预一切；实行一元化领导，变成了党政不分、以党代政；坚持中央的统一领导，变成了一切“统一口径”。（《邓小平文选》）

例⑤用“总之”表示后边的句子对前边的句子作归总性解注，例⑥用“比如说”表示后边的句子对前边的句子作举例性解注。这两个关系词语一般都不会出现在复句里面。

（二）句群的组造

句群里，句子和句子组合起来表示一定的关系。所表示的关系跟复句里的关系大体相通。

有的句群表示平列关系。句与句之间有时用“同时、同样、此外、另一方面”等关系词语。例如：

①别的动物都吃生的，只有人类会烧熟了吃。别的动物走路都是让身体跟地面平行，只有人类直起身子来用两条腿走路，把另外两条腿解放出来干别的、更重要的活儿。同样，别的动物的嘴只会吃东西，人类的嘴除了吃东西还会说话。（吕叔湘《语文常谈》）

有的句群表示对照关系。从上句和下句之中往往可以找到有对照意义的词语。例如：

②所以问题的中心，不在于党内有无不同的思想意识，有无意见上的分歧，这是一定有的。问题的中心，是在于如何解决党内的矛盾，如何解决这些分歧，如何克服党内各种不正确的非无产阶级的思想意识。（《刘少奇选集》上卷）

有的句群表示解注关系。句与句之间有时用“这就是说、用大家的话来说、比如说、总之、总的说来”等关系词语。例如：

③为什么人服务的问题解决了，接着的问题就是如何去服务。用同志们的话来说，就是努力于提高呢，还是努力于普及呢？（毛泽东《在延安文艺座谈会上的讲话》）

④理论工作者、宣传工作者、新闻工作者、教育工作者、文艺工作者同党的各级干部一起，在这几年的富有成效的工作中，共同做出了重要的贡献，应该给予充分的肯定。总的说来，思想战线上各方面的工作，成绩是主要的。（《邓小平文选》）

有的句群表示连贯关系。句与句之间有时用“接着、然后、于是”等关系词语。例如：

⑤我的第一个反应是无法掩饰的欣慰。啊，我那顽皮的小弟弟，那个整天赖在父亲的汽车里不肯下来的淘气包，竟然考上了北京大学！接着，忧虑又开始袭上心头，弟弟走了，父亲和母亲身边再没有亲人了。（程家政《青春的纪念》）

有的句群表示递进关系。句与句之间用“而且、并且、甚至、何况、况且”等关系词语。例如：

⑥我这时突然感到一种异样的感觉，觉得他满身灰尘的后影，刹时高大了，而且愈走愈大，须仰视才见。而且他对于我，渐渐的又几乎变成一种威压，甚而至于要榨出皮袍下面藏着的“小”来。（鲁迅《一件小事》）

⑦我不是这里的人，然而只要生活在这里并且永远不离开这块土地，就不能不考虑这块土地上的习俗。何况，景瑞守了我两年了，村里人早就说我们在一起了。（程家政《青春的纪念》）

有的句群表示选择关系。句与句之间用“或者、要么”之类关系词语。例如：

⑧要是再生个孩子多好啊！或者，现在有身孕也行啊！（程家政《青春的纪念》）

有的句群表示因果关系。句与句之间有时用“所以、因此、正因为如此、由此看来”和“因为、这是因为”等关系词语。例如：

⑨文章也是一种重要的革命工具，发表出来是要对群众负责的。因此，从写以前到写完以后，从内容到形式，凡属可能做到的，反复研究，认真修改，都大有必要。（何其芳《谈修改文章》）

有的句群表示目的关系。句与句之间有时用“为此、为的是、这是为了”等关系词语。例如：

⑩在全面开创新局面的各项任务中，首要的任务是把社会主义现代化经济建设继续推向前进。为此，党实事求是地确定了我国经济建设的战略目标、战略重点、战略步骤和一系列正确方针。（胡耀邦《全面开创社会主义现代化建设的新局面》）

有的句群表示假设关系。句与句之间用“这样（就）、那样（就）”等关系词语。例如：

⑪如果离开四项基本原则，抽象地空谈民主，那就必然会造成极端民主化和无政府主义的严重泛滥，造成安定团结政治局面的彻底破坏，造成四个现代化的彻底失败。那样，我们同林彪、“四人帮”的十年斗争就等于白费，中国就将重新陷于混乱、分

裂、倒退和黑暗，中国人民就将失去一切希望。(《邓小平文选》)

有的句群表示条件关系，句与句之间用“这样（才）、那样（才）”等关系词语。例如：

⑫这次会议赋予我们的任务很重，时间紧迫，要加强领导，做好规划，狠抓落实。首先要抓紧把各级领导班子调整配备好。这样，才能保证全军各项任务的胜利完成。(《邓小平文选》)

⑬无论准确也好，鲜明、生动也好，就语言方面讲，字眼总要用得恰如其分。这样，表现的概念才会准确，也才能使人感到鲜明。(郭沫若《关于文风问题》)

有的句群表示转折关系。句与句之间用“但是、然而、可是”等关系词语或者“否则、不然、要不”等关系词语。例如：

⑭诚然，生产力、实践、经济基础，一般地表现为主要的决定的作用，谁不承认这一点，谁就不是唯物论者。然而，生产关系、理论、上层建筑这些方面，在一定条件下，又转过来表现为主要的决定的作用，这也是必须承认的。(毛泽东《矛盾论》)

⑮有了退休制度，人人都知道自己到哪年该怎么样，这就比较好办。否则一个人一个人地处理问题，处理不下去。(《邓小平文选》)

跟复句包括单纯复句和多重复句一样，句群也包括单纯句群和多重句群。多重句群具有两个或两个以上的结构层次，每个层次都表示某种关系。例如：

⑯党内如果发生某些无原则纠纷，在某些原则斗争中，如果夹杂着许多无原则纠纷的时候，又怎样办呢？①‖(选择)或者这些无原则的纠纷特别来光顾我，把我牵涉在内，又怎样办呢？②|(假设)那末，我们还只有着重原则问题，而不要去着重无原则问题。③(《刘少奇选集》上卷)

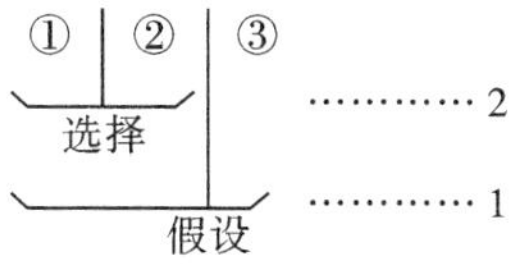

这个句群包含三个句子，具有两个层次。这是个二重句群。从第一个层次的关系看，是个表示假设关系的句群。

⑰党内无原则的纠纷，我们是在根本上反对的。① || 因果 因为它“无原则”，对党有害无益。② ||| 平列 因为它“无原则”，在一般情况下没有多大的“是、非、善、恶”可分。③ | 因果 所以，我们对于那些无原则的斗争，不要去评判谁是谁非，去计较谁好谁歹，这是弄不清楚的。④ ||| 对照 我们只有在根本上反对这种斗争，要求进行这种斗争的同志，无条件地停止这种斗争，回到原则问题上来。⑤ || 解注 这是我们对无原则纠纷和无原则斗争所应该采取的方针。⑥（《刘少奇选集》上卷）

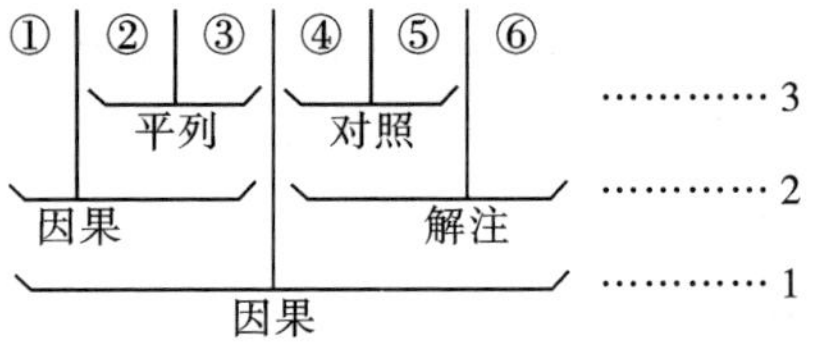

这个句群包含六个句子，具有三个层次。这是个三重句群。从第一个层次的关系看，这是个表示因果关系的句群。

句群表意丰富，表现力强。在掌握复句的基础上学会正确分析句群，可以更好地培养思维的条理性，更好地提高阅读能力和写作能力。

思考与练习

一、什么是紧缩句？紧缩句析句时怎样处理？

二、试指出下列紧缩句分句之间的关系。

①困难再多也不怕！

②你受了伤为什么不治？

③年轻有为嘛！

④努力才能学好。

⑤明天你去呀我去?

⑥夏才去冬又开始了。

⑦谁不想干谁就走。

⑧我越想越感到不安。

三、什么是多重复句?确定多重复句的层次和关系要掌握哪几个要领?

四、用“划线法”和“图解法”分析下列复句(划出层次,注明关系)。

①我赞美白杨树,就因为它不但象征了北方的农民,尤其象征了今天我们民族解放斗争中所不可缺少的质朴,坚强,以及力求上进的精神。

②那时天高气爽,凉风扑面,他不知不觉地就睡熟了。

③空洞干燥的教条模式是要破坏创作情绪的,但是它不但破坏创作情绪,而且首先破坏了马克思主义。

④细妹她娘,我不能不走,要不,我对不住你,也对不住春牛。

⑤三味书屋后面也有一个园,虽然小,但在那里也可以爬上花坛折腊梅花,在地上或菊花树上寻蝉蜕。

⑥如果我们既放下了包袱,又开动了机器,既是轻装,又会思索,那我们就会胜利。

⑦内容有分量,尽管文章短小,也是有分量的;如果内容没有分量,不管写得多么长,愈长愈没有分量。

⑧我们的国家还很落后,工人的福利不可能在短期间有很大的增长,而只能在生产增长特别是劳动生产率增长的基础上逐步增长,但是这决不能成为企业领导不关心工人福利的借口,尤其不能成为工会组织不关心工人福利的借口。

五、什么是句群?句群有哪些基本特点?

六、句群和复句、段落的关系怎样?

七、用“划线法”分析下列句群。(注明句间关系，指出句群的中心意思；两个以上句子构成的句群，标明构造层次。)

①现代自然科学，不是单单研究一个个事物，一个个现象，而是研究事物、现象的变化发展过程，研究事物相互之间的关系。这就使自然科学发展成为严密的综合起来的体系。

②现在，已经有人发现了这条野苹果沟，开始在沟里开辟猪场，用野苹果来喂养成群的乌克兰大白猪，而且已经有人计划在沟里建立酿酒厂，把野苹果酿造成大量芬芳的美酒，让这大自然的珍品化成人们的营养，增进人们的健康。

③在大青山脚下，只有一个古迹是永远不会废弃的，那就是被称为青冢的昭君墓。因为在内蒙人民的心中，王昭君已经不是一个人物，而是一个象征，一个民族友好的象征；昭君墓也不是一个坟墓，而是一座民族友好的历史纪念塔。

④从开始有人类社会以来，没有哪一个社会能与共产主义社会相比。什么理想也不能同共产主义这一更崇高的理想相比。我希望每一个同学都要有这个崇高的理想，把自己最好的年华贡献给这个崇高的伟大的共产主义事业。

⑤文章最好是用最经济的方法，把你想说的东西说出来，所谓“要言不烦”。把可有可无的字去掉，当然，更不用说可有可无的句、章、节了。这样的文章才会受欢迎，才有可能成为好文章。

第七节　句末助词和句末标点

【学习提示】

本节讨论句末助词和句末标点。

句末助词指的是语气助词。陈述句、疑问句、祈使句和感叹句的末尾都可以用语气助词。要求掌握：什么样的句子末尾经常用什么样的语气助词，有时也可以用什么样的语气助词，所用的语气助词起什么样的作用。

句末标点指的是句号、问号和感叹号。要明确这三种标点符号主要用在什么样的句子的末尾，也要知道它们在什么样的情况下可以灵活使用。

语气助词有时不在句子的末尾出现，问号和感叹号有时也不用在句子的末尾。要了解和掌握有关的现象及其规律，这样，才不至于机械地根据语气助词和标点符号来判别句子。

一、句末助词

（一）陈述句末的语气助词

陈述句是告诉别人一件事的句子。语调平匀，句尾一般稍微下降。

陈述句有的是肯定形式的，有的是否定形式的，有的是双重否定形式的。凡是双重否定形式的陈述句都表示一个肯定的意思。例如：

我依靠他。（肯定形式）

我不依靠他。（否定形式）

我不得不依靠他。（双重否定形式）（＝我必须依靠他。）

可以在陈述句末出现的语气助词有以下几个：

1.“的”和“了”

这两个词都用来加强肯定的语气，但作用不完全相同。“的”表示事情的本来情况，是确信地陈述事实；“了”表示事情的变化情况，是客观地陈述事实。这是陈述句末最常用的两个语气助词。比较：

{我依靠他的。
这么一来，我只好依靠他了。

{我不依靠他的。
这么一来，我不再依靠他了。

{我不得不依靠他的。
这么一来，我不得不依靠他了。

用“的”，肯定事情本来如此、的确如此；用“了”，肯定情况有了变化，不再是原来的样子。再如：

①我爸爸不久就会回来的，那时我妈妈就会好了。（冰心《小橘灯》）

②她爸爸也一定早回家了，因为现在我们大家都好了。（同上）

例①用“的”，表示确信地陈述事实，强调本来会那样、的确会那样；例①②用三个“了”，都表示对情况变化的陈述，强调现在不这样、将来会这样，或以前不这样，现在已这样。

语气助词“的”用于句末，可以去掉。去掉它，除了失去它所表达的语气之外，并不影响句子的基本结构。这是它区别于结构助词“的”的地方。

语气助词“了”用于句末，它的前边可以不是动词，而是名词、数量短语等。如：“他上大学了。”“我已经吃完两碗了。”这是语气助词“了”区别于动态助词“了”的地方。有时，“了”既用在句末又出现在动词后边，这样的“了”往往兼有动态助词和语气助词的两种属性。如“他把杯子打破了”，相当于“他打破了杯子了”。

2. “呢”和“罢了”

“呢”表示确认事实，带夸张口气。如：

人家依靠你呢！

人家不依靠你呢！

人家不得不依靠你呢！

跟用“的”或“了”相比较，用“呢”显得口气夸张。又如：

③喝着这样的好蜜，你会觉得生活都是甜的呢。（杨朔《荔枝蜜》）

④路很远，有好几十里呢。

这里的“呢”都表示对事实的确认，同时带有夸张口气。

有时用“呢”还表示情况仍在持续，而说话人对这种情况的持续带有一定的情绪（赞美、着急、不同意等）。例如：

⑤说不定蜜蜂也在赶着建设什么新生活呢。（杨朔《荔枝蜜》）

⑥已经过午了，雨还在下呢。

例⑤，表示情况还在持续，同时带有赞美的情味；例⑥，表示情况还在持续，同时表达了着急的心情。

“罢了”表示如此而已，常跟句中的“不过、只是、无非”之类呼应使用。如：

人家只是口头上依靠你罢了。（你以为事实上也依靠你？）

人家只是不依靠你罢了。（你以为也不依靠他们？）

人家只是不得不依靠你罢了。（你以为你就那么有本事？）

这三句里“罢了”都同句中的“只是”呼应使用，表示如此而已。又如：

⑦别说了，我不过做了我应该做的事罢了。

⑧月亮对着陈士成注下寒冷的光波来，当初也不过像是一面新磨的铁镜罢了。（鲁迅《白光》）

这两例里“罢了”都同句中的“不过”呼应使用，表示如此而已。

“罢了”和“呢”的作用是不相同的：“罢了”是把事情往小里说，重在“抑”；而“呢”则往往是把事情往大处说，重在“扬”。例如：

甲：哎呀，你的脸烫得很呢！

乙：没关系，有点发烧罢了。

用“呢”重在“扬”，强调非同小可，必须重视；用“罢了”重在“抑”，强调仅此而已，不必重视。

3. “嘛（么）”和“啊”

“嘛（么）”表示一种申明的口气，强调事情显而易见，或者表示无可奈何。例如：

我能不干？人家依靠我嘛！

我怎么会尽力？他根本不依靠我嘛！

你表现好一点，他不会不依靠你嘛！

这里的“嘛”都表示申明口气，强调事情显而易见。又如：

⑨这也不能怪他，头一回做嘛。

⑩人多力量大嘛！

⑪军民一家嘛！

⑫我有什么办法？他不相信嘛！

前三例的“嘛”强调显而易见，后一例的“嘛”表示无可奈何。

“啊”用在陈述句末，通常带点提醒的意味。例如：

你应该积极一点。你是依靠的对象啊！

你这么积极做什么？人家没依靠你啊！

他技术过硬，我们不得不依靠他啊。

用了“啊”，所说的话都带有提醒意味。又如：

⑬我不是故意的啊。

⑭走以前，我得跟家里说一声啊。

这两例，跟不用“啊”相比较，用了“啊”以后在说话的口气上明显地增加了提醒的意味。

（二）疑问句末的语气助词

疑问句是用来提出问题的句子。句尾语调一般升高。

疑问句可以分为“是非问”“选择问”“特指问”三种。提出一个问题，要求作出肯定或否定的回答的，叫“是非问”；并列几个问题或并列正反两方面的情况，要求选择其中一个问题或一个方面作出回答的，叫“选择问”；用疑问代词代替未知部分，要求就疑问代词所问的内容作出回答的，叫“特指问”。例如：

{你喜欢物理吗？
{你不喜欢物理吗？

{你喜欢物理还是喜欢文学呢？
{你喜欢不喜欢文学呢？

{谁喜欢文学呢？
{你喜欢什么呢？

第一组是“是非问”；第二组是“选择问”；第三组是“特指问”。

“特指问”跟“选择问”有相通之处。因为，构成特指问的疑问代词在求代的对象上具有可选择性。如问“谁”，等于问是甲，还是乙，还是丙；问“哪里”，等于问是甲地方，还是乙地方，还是丙地方。因此，从句末助词出现的情况看，“特指问”和“选择问”是一大类，它们跟“是非问”有所不同。

可以在疑问句末出现的语气助词有以下几个：

1. “吗（么)”和“吧”

“吗”是疑问句末最常用的一个语气助词。它只能用在是非问句的末尾，而不能用在选择问句、特指问句的末尾。再看两例：

①喂！你是有线连连长吗？（徐怀中《西线轶事》）

②伊汝，你打算终身做一个喇嘛吗？（李国文《月食》）

这两例都是是非问。

是非问句的末尾有时也用“吧”，表示信疑之间的语气，或者表示商量的语气。“吧”也不能用在选择问句、特指问句的末尾。例如：

③你看来还很嫩，头一回抛头露面吧？（王汶石《新结识的伙伴》）

④婵娟，你口渴吧？（郭沫若《屈原》）

⑤我给你倒一杯开水吧？

⑥我去把医生请来吧？

例③④表示介乎信疑之间，例⑤⑥带有商量口气。这些用“吧”的问句，都用下降的语调。

2. “呢”

“呢”是疑问句末最常用的另一个语气助词。它只能用在选择问句、特指问句的末尾，而不能用在是非问句的末尾。再看两例：

⑦你看我这个见解是不是可以成立呢？（郭沫若《屈原》）

⑧现在我对小雨该怎么办呢？（韩少功《西望茅草地》）

例⑦是选择问，例⑧是特指问，都用“呢”不用“吗”，也不能用“吧”。

有时，一句问话里包含疑问代词，但如果句末不是用“呢“，而是用“吗”或“吧”，那么，便成为是非问句。比较：

⑨他讲过什么不适当的话呢？

⑩他讲过什么不适当的话吗？

⑪他讲过什么不适当的话吧？

例⑨用“呢”，是特指问句，要求回答“什么”的问题。例⑩⑪用

“吗”“吧”，是是非问句，等于说“他讲过不适当的话吗?”“他讲过不适当的话吧?”这是对整个事情的疑问，要求回答“是”“是的”或“不是”“没有”。又如：

⑫你认识我们班谁吗?（徐怀中《西线轶事》）

⑬莫非同我有什么关系吗?（张抗抗《夏》）

⑭老大爷，有凉茶吗?这附近有汽水卖吗?有什么水果吗?（韩少功《西望茅草地》）

这些都是是非问句。

3. “啊”

疑问句末有时用“啊”。这个语气助词可以出现在是非问句的末尾，也可以出现在选择问句、特指问句的末尾。用了“啊”，整个问句的语气显得比较活泼。例如：

⑮小孩子也能去啊?

⑯是买苹果还是买橘子啊?

⑰你到底去不去啊?

⑱你找谁啊?

例⑮是是非问，例⑯⑰是选择问，例⑱是特指问。用“啊”，不用“吗”或“呢”，可以使句子的语气活泼一些。

疑问句的形式，有时可以用来表示反问。反问是明知故问，问句本身表示肯定什么或否定什么，不要求对方回答。一般是从肯定方面问意在否定，从否定方面问意在肯定。用来反问的句式，一般是是非问或特指问，也可以是选择问。在用是非问的形式来反问时，句末用“吗”不用“呢”；在用特指问或选择问的形式来反问时，句末用“呢”不用“吗”。例如：

⑲譬如我们刚才讲到的那些橘子树，不是很好的老师吗?（郭沫若《屈原》）

⑳（雨淅淅沥沥下着……）谁能睡得着呢?（徐怀中《西线轶事》）

㉑（它们生长在这南方，也就爱这南方，你要迁移它们，不是

很容易的事。这是一种多么独立难犯的精神!)你看这是不是一种很好的榜样呢?(郭沫若《屈原》)

例⑲是是非问。用否定形式问,意在肯定,即"是很好的老师"。句末用"吗"。例⑳是特指问。用肯定形式问,意在否定,即"谁都睡不着"。句末用"呢"。例㉑是选择问。尽管同时列出"是"和"不是"两个方面,但意在强调"这是一种很好的榜样"。句末用"呢"。

(三)祈使句末的语气助词

祈使句是表示命令或请求的句子。语调逐渐下降。

祈使句在结构上有独特的地方。一方面,祈使句的主语在词面上往往是第二人称的,但是实际上隐含着"我命令(你)" "我要求(你)"等意思。假若用VP代表祈使对象"你、你们"等后边的谓语,祈使句的结构的代表形式实际上是:"(我要)你VP!"通常只说"你VP!"(如"你别太任性了!"),这时主语是第二人称的;有时把隐含的内容全都说了出来,成为"我要你VP!" (如"我求你别太任性了!"),这时主语便是第一人称的了。另一方面,祈使句常用"请、千万(要)、别"等带祈使性质的词语,其中"别"专用于否定式祈使句。祈使句有时不用这些词语;用与不用,在情味上有区别(比较:"您先走!" "您请先走!")。但是,只要是祈使句,都可以带上这类词语。

可以在祈使句末出现的语气助词有以下几个:

1. "吧"和"了"

"吧"和"了"是祈使句末最常用的语气助词。

在请求、催促、命令别人做什么的时候,用"吧"。例如:

①(不不,这不就谁也进不去谁也出不来吗?)您先请吧!(高行健《模仿者》)

②你还是关心自己吧。(至于我,不劳费心。)(焦祖尧《跋涉者》)

③您还是早点走吧!

④回去吧!(童养媳没处养,就算你的闺女!)(赵树理《小二

黑结婚》）

例①表请求，例②表规劝，例③表催促，例④表命令，它们都是肯定式祈使句。

在要求别人不做什么的时候，也就是表示禁止、劝阻的时候，用“了”。例如：

⑤别闹了！

⑥这些事情你也不必说了。（曹禺《雷雨》）

例⑤表示禁止，例⑥表示劝阻，它们都是否定式祈使句。

有时“吧”和“了”在前后分句同时并见，一个用于肯定式祈使句，一个用于否定式祈使句。例如：

⑦走吧，别说了。（同上）

⑧别写了，看球赛去吧！

“吧”有时也可以用于否定式祈使句。这有两种情况：一种是用“了”之后再用“吧”，一种是直接用“吧”。前一种情况偏重于表示对已经发生或正在发生的行为的劝阻，后一种情况偏重于表示对即将发生或可能发生的行为的劝阻，但不管是哪一种情况，都加强了不赞成或不耐烦的语气。例如：

⑨我看过去的事不必再提了吧。（曹禺《雷雨》）

⑩且莫说这些了吧！（公刘《车轮颂》）

⑪还是别冒这风险吧！

2. “啊”

“啊”也可以用在祈使句末，表示敦促或叮嘱的语气。肯定式祈使句和否定式祈使句的末尾都可以带“啊”。例如：

⑫有话就说吧。说啊！

⑬你要小心啊！

⑭别那么想啊！

⑮别紧张啊！

祈使句里面如果用了“千万”一词，句末就很容易带上“啊”。例如：

⑯你千万要沉住气啊！
⑰奶奶走了。你千万按时服药啊！
⑱你千万别生小妮的气啊！
⑲大哥，你在这节骨眼上千万不能感情用事啊！

（四）感叹句末的语气助词

感叹句是抒发某种强烈感情的句子。语调先上升后下降。

感叹句在结构上也有独特的地方。主要表现在：感叹句里面常常包含“多么、多、好、真”等具有感叹作用的词语。

感叹句末尾，常用语气助词“啊”。例如：

①蜜蜂是渺小的，蜜蜂却又多么高尚啊！（杨朔《荔枝蜜》）

②啊呀，天，你长得多秀气啊！（王汶石《新结识的伙伴》）

③那江心有几只小船在浮动，一忽儿小船被推在浪尖上，一忽儿小船又埋在浪头下，好大的风浪啊！（李心田《闪闪的红星》）

④跟党断了联系，就跟断了线的风筝似的，真不是味儿啊！（王愿坚《党费》）

（五）语气助词不用在句末的现象

语气助词有时不出现在句子的末尾，而出现在句子中间。这有三种情况。

1. 语气助词出现在复句中间。

有时，假设复句的前分句末尾用语气助词。例如：

①要不是看见这牌子呀，可能把大事忘了！

②要是他肯帮忙么，情况就不一样了。

③去吧，实在不想去；不去吧，又解决不了问题。

④这件事，办呢，就得办好，不办呢，索性搁下来。

这里，假设复句中的前分句是表示假设的分句，后分句是表示结果的分句。“呀、么、吧、呢”等用在假设分句末尾，既使假设分句显得突出，又表明语意未尽，后边将出现结果分句。它们也有不同之处：用“呀”语气活泼，用“么”语气沉稳，用“吧”往往表示迟疑不决，用

“呢”往往着重引出必须采取的行动。

“的话”这个语气助词比较特殊。它用在假设分句末尾，加强假设语气。假设分句如果后置，它就出现在整个复句的末尾。例如：

⑤如果及时送到医院的话，她还是可以救活的。

⑥她还是可以救活的，如果及时送到医院的话。

有时，让步复句的前分句末尾也可以用语气助词。例如：

⑦就算你的是“阳春白雪”吧，这暂时既然是少数人享用的东西，群众还是在那里唱“下里巴人”，那末，你不去提高它，只顾骂人，那就怎样骂也是空的。（毛泽东《在延安文艺座谈会上的讲话》）

⑧不管怎么着吧，麦子总算收的不错，比往年，一亩多收了一百二十斤。（西戎《宋老定进城》）

这里用“吧”，分别加强了虚拟性让步和无条件让步的语气。

2. 语气助词用在句子开头的一个成分后边。例如：

⑨你呀，应该懂得订制度的精神。（吉学霈《两个队长》）

⑩从前呀，男儿志在四方，五湖四海交朋友；如今，咱们女人也志在四方啦，也是朋友遍天下。（王汶石《新结识的伙伴》）

⑪原因么，说主要是练得不勤了。（任斌武《开顶风船的角色》）

⑫李镇平呢，他天天下田……（王杏元《“铁笔御史”》）

⑬以检验工作质量来说吧，镇平是从不马虎的。（同上）

这些句子，开头的一个成分后边用了“呀、么、呢、吧”等语气助词。一方面，这些语气助词强调突出了前边的成分；另一方面，它们又表示语意未尽，后边将有述说。在具体作用上，它们也略有不同：用“呀”，让人特别注意后面将说的话；用“么”，有“论到”的意思；用“呢”，重在提引出某人某事，以便进一步叙说有关的情况；用“吧”，表明是举例性质。

3. 语气助词用在列举的各个联合项之间。例如：

⑭昨天晚上，她俩挤在一个炕上，亲亲热热地说东道西：男人啊，女人啊，社里的小工厂啊，缝纫部啊，互相交流经验互相

学习啊，各自的计划啊，目标啊……一直到鸡叫二遍还不想睡。（王汶石《新结识的伙伴》）

⑮他一开手，就认认真真，什么工作定额呀，定勤到人呀，工分上墙呀，项项做得整齐。（王杏元《“铁笔御史”》）

这里的“啊（呀）”，可以加强列举的语气。

有时，并列部分是两个。如果用语气助词，可以用两个“啊”，也可以分别用“啊”和“的”。如：“猫啊狗啊，猫啊狗的；你啊我啊，你啊我的；跳啊唱啊，跳啊唱的”。

二、句末标点

（一）句号

句号一般用在陈述句的末尾。例如：

①我调到这个县来时间不长，和武艾英打交道不多。不过看来这是个非常能干的妇女干部。我觉得对她们热情的工作应当支持。同时也想顺便到西岭大队看看。当天吃过午饭，我们就一同坐车出发了。（马烽《结婚现场会》）

这段话里有五个句号，它们全都用在陈述句的末尾。

句号也可以用在祈使句的末尾。这是为了表明，句子虽然是祈使句，但不带明显的命令口气。例如：

②周朴园：好，你先下去吧。（曹禺《雷雨》）

③婆婆在厨房唤道：“不要耽搁太久了。早些回来吃饭。”（王汶石《新结识的伙伴》）

例②是一个肯定式祈使句。例③里有两个祈使句，前一个是否定式，后一个是肯定式。它们不带明显的命令口气，因此都用句号。

句号还可以用在感叹句的末尾。这是为了表明，句子虽然是感叹句，但说话时并不带上强烈的感叹语气。例如：

④雪下得真大。（今夜，敌机不会来光顾吧！）（王群生《彩色的夜》）

⑤（问完这句话，心里一个劲儿后悔。）这样问，太失礼啦。（陈建功《丹凤眼》）

这两个都是感叹句。句中用了“真、太”这类带感叹语气的词。但使用这两个感叹句时感情并不特别激动，因而感叹语气并不特别强烈。在这样的情况下，句末用句号就可以了。

（二）问号

问号一般用在疑问句的末尾。例如：

①“爸爸，北京在啥子地方？”
“北京在县城的东北边。”
“北京有好多好多县城大吗？”
“有好多好多县城大。”
“有马兰花吗？”
“没有。”
“有沙枣子吗？”
“没有。”（张贤亮《灵与肉》）

这里有四个问号，它们全都用在疑问句的末尾。

反问是无疑而问、明知故问，但反问句在形式上也是问句，因此反问句后边也常用问号。例如：

②可是运动正紧哩，哪个血迷心窍的敢上山？纵使能够请下假来，砍下的柴，敢拿去卖吗？（锦云、王毅《笨人王老大》）

这里有两个反问句：“哪个……敢上山”，就是“没有哪个……敢上山”；“砍下的柴，敢拿去卖吗”，就是“砍下的柴，不敢拿去卖”。这两个反问号的后边都用了问号。

有的句子，用征询意见的方式表示祈使，它有祈使的内容，但在结构特点上属于疑问句。因此，句末也常用问号。例如：

③同志，您是不是把身子向后靠一靠？（苏叔阳《旅途》）

④哎，你轻点不行吗？（肖为《不能改正的错误》）

必须注意，如果一个“问句”充当宾语，不要求回答，句末应用句号。因为就整个句子说，是个陈述句。例如：

⑤我听不清他们在说些什么。

（三）感叹号

感叹号一般用在感叹句和祈使句的末尾。例如：

①他太狂了！太看不起女同志了！（陈建功《丹凤眼》）

②饭在锅里，你自己热着吃吧！要回来得晚，你到妈坟上来吧！（李国文《月食》）

例①里有两个感叹号，它们都用在感叹句的末尾。例②里也有两个感叹号，它们都用在祈使句的末尾。

感叹号有时也可以用在陈述句的末尾。这是为了表明，句子虽然是陈述句，但说话时带上了一定的情绪。例如：

③周朴园：你知道她现在在哪儿？

鲁侍萍：我前几天还见着她！（曹禺《雷雨》）

④徐国梁迷惑地问："你家也住这院里？"

"这院里就住我们一家。"

"那冯在山……"

"他是我爸爸！"（孙谦《南山的灯》）

例③，"我前几天还见着她"是陈述句，加感叹号表明鲁侍萍说话时心情极不平静。例④，"他是我爸爸"是陈述句，加感叹号表明说话时冯有梅带有一种得意、自豪的心情。

感叹号有时也可以用在反问句的末尾。这是因为反问句本来不要求回答，为了表明情绪，可以用感叹号，而不用问号。例如：

⑤你上班是干活来的，看人家脸色干什么！（蒋子龙《一个工厂秘书的日记》）

⑥在那黑暗的岁月里，哪里有科学的地位，又哪里有科学家的出路！（郭沫若《科学的春天》）

这两例都是反问句。用感叹号，突出了反问中的感叹语气。

感叹号和问号有时在一起连用，表明问中有叹或叹中有问。例如：

⑦千古奇冤，江南一叶；

同室操戈，相煎何急!?

这是周恩来同志1941年亲笔为《新华日报》写的题词。用"!?"，表明了极大的义愤和沉痛，表示了最强烈的抗议和责问。再如：

⑧徐国梁又吃惊了："准备了两年啦?!"（孙谦《南山的灯》）

⑨徐国梁吃惊地放下茶杯，急着问道："你说什么!?"（同上）

这里用"?!""!?"，都表达了徐国梁不敢十分相信的"吃惊"心理和十分喜悦、兴奋的心情。

（四）问号和感叹号不用在句末的现象

问号是典型的句末标点，只能用在句末。

问号有时可以用在选择问句的分句与分句之间。这时，分句和分句之间和整个复句末尾都用问号，构成"（是）……呢？还是……呢？"的形式。例如：

①（不过，当他在售票窗口付那八角钱的时候，心里还是在斗争着，）去呢？还是不去？（李国文《月食》）

②站在他们的前头领导他们呢？还是站在他们的后头指手画脚地批评他们呢？还是站在他们的对面反对他们呢？（毛泽东《湖南农民运动考察报告》）

例①用了两个问号。后一个问号用在句末，作为句子的书面符号标志，兼表疑问语气；前一个问号用在第一分句后边，强调有疑问语气。例②用了三个问号。后一个问号用在句末，作为句子的书面符号标志，兼表疑问语气；前两个问号分别用在第一、第二分句后边，强调有疑问语气。这么使用问号，是因为说话人感到各个选择项的疑问语气都需要特别强调。在一般情况下，分句与分句之间只要用逗号就行。

问号有时还可以用在独立语的后边。比较：

③哦，很远了，提起来大家都忘了。（曹禺《雷雨》）

④哦？你说说看。（同上）

这里的"哦"都是独立语。后一个"哦"加问号，带上了疑问的语气。再比较：

⑤呃，别看他上了年纪，干劲可大呢。（孙谦《南山的灯》）

⑥呃？不信？来试试吧！（王汶石《新结识的伙伴》）

这里的"呃"都是独立语。后一个"呃"加问号，带上了疑问的语气。就例⑥说，共用了两个问号，前一个用在独立语的后边，后一个才是用在疑问句的末尾。

感叹号有时也用在独立语的后边。例如：

⑦哟！你怎么能不入党！（王汶石《新结识的伙伴》）

⑧就在这一刹那，砰！砰！又是两枪。（任斌武《开顶风船的角色》）

例⑦是个反问句，句末用感叹号。“哟”是用在句子前边的独立语，它的后边也用了感叹号。例⑧是个陈述句，句末用句号。“砰”“砰”是插在句子中间的独立语，它们的后边都用了感叹号。再比较：

⑨老耿，这优种高粱“特别好吃”，你咋不吃就走？（张石山《镢柄韩宝山》）

⑩老耿！这优种高粱“维生素含量大”，你咋才吃半碗？（同上）

这两例都是疑问句，基本构造相同。它们的前头都用独立语“老耿”，但前一个后边是逗号，后一个后边是感叹号。

思考与练习

一、比较下面每组句子a、b的差异，说明句末“的”“了”的作用。

他不去的。（a）
他不去了。（b）

他同意的。（a）
他同意了。（b）

二、举两个例子，说明“呢”和“罢了”的语气差异。

三、陈述句末用“啊”“嘛”有什么区别？

四、陈述句有肯定式、否定式和双重否定式。双重否定式陈述句，有的意思等于抽掉否定词后的句子意思。如：

他不是不去＝他是去

花不是不香＝花是香

考虑一下，能不能说，凡是双重否定式的句了意思都等于抽走否定词后句子的意思？为什么？

五、疑问句中是根据什么把句子分为特指问句、是非问句和选择问句的?

六、为什么选择问句和特指问句的句尾都能用语气词“呢”,而是非问句不能?

七、“啊”用在疑问句末的作用是什么?

八、什么是祈使句?祈使句的主要特点是什么?

九、祈使句的主语只能是第二人称的吗?为什么?

十、什么是感叹句?感叹句的主要特点是什么?

十一、语气助词不用在句末有哪几种情况?举例说明。

十二、为什么有的感叹句尾可以用句号?

十三、是不是只要见了肯否相叠和带疑问代词的句子都用问号?为什么?

十四、反问句为什么可以用感叹号?

十五、问号和感叹号连用“?!”“!?”表示什么意思?试举例说明。

十六、问号不用在句末有哪两种情况?举例说明。

十七、书面上使用逗号的地方很多,试从下面例子中归纳出逗号的使用情况。

①这个山区呀,矿产就是丰富。

②北京,是我们伟大祖国的首都。

③这传说中的英雄人物大禹,不就是人民的智慧和希望的化身吗?

④出来呀,你们!

⑤这孩子,浑身是泥。

⑥原来,他又到外婆家去了。

⑦我们清醒地认识到,这个问题必须慎重解决。

⑧党啊,我们永远跟着你前进!

⑨他走过来了,慢慢地,一步一歪地。

⑩桐木岭,黄洋界,朱砂冲,八面山及双马石,是井冈山五大哨口。

⑪然而，问题就出在这里。

⑫你们先走，我这就来。

十八、试说明下面冒号的用法有什么不同。

①下午他拣好了几件东西：两条长桌，四个椅子，一副香炉烛台，一杆抬秤。

②行动，要靠思想来指导；思想，要靠行动来证明：思想和行动是紧密联系的。

第五章 现代汉语修辞

第一节 概 说

【学习提示】

本节是学习本章以下各节的基础。学习中要掌握“修辞”这个概念，了解修辞的基本原则和要求；要明确为什么学习修辞和怎样学习修辞；同时，要知道修辞同语法、逻辑的区别和联系。

一、修辞和修辞学习

(一) 什么是修辞

要把话说好，把文章写好，就得精心地选择语言材料。根据题旨情境对语言材料进行选择，以便取得最佳表达效果，这就是修辞。研究提高语言表达效果的规律的科学，就是修辞学。

在语言中，一个基本意思可以用不同的材料来表达。比如形容“不出声的笑”，可供选择的词语就有“微笑、含笑、淡笑、媚笑、笑眯眯、笑盈盈、掩口而笑、嫣然一笑”等等，它们在情态或色彩方面有差别。表达某一个意思，也可以有不同的说法。比如“他认识这个叔叔”，可以说成“这个叔叔，他是认识的”；也可以说成“他不是不认识这个叔叔”；还可以说成“他怎会不认识这个叔叔呢”，等等。它们表达的基本意思虽然相同，但在侧重点或语气方面却不一样。我们进行修辞，就是要从在表达思想感情方面有一些差别的语言材料中进行选择。有时候，选择一些平实的说法就可以了；有时候则需要选用一些生动有力的修辞方式。例如：

①莫夸财主家豪富，财主心肠比蛇毒，

塘边洗手鱼也死，路过青山树也枯。（歌剧《刘三姐》）

这段歌词通过比喻、夸张的方式，把财主的贪婪、狠毒生动形象地表现出来了，给人以鲜明深刻的印象。修辞方式和语言材料的关系是很密切的，许多修辞方式都是在语言材料的基础上产生的。语言材料极其丰富，我们在表情达意的时候，有很大的选择余地。

对语言材料进行选择，要根据题旨情境。所谓题旨情境，简要地说，是指交际目的、交际对象、交际环境。我们说话、写文章，目的是为了表达思想感情。思想感情是内容，语言是形式，形式是依附于内容并为内容服务的。因此，材料的选择必须服从语言所表达的思想感情的需要，而不是脱离特定的思想感情去追求什么词句的华丽。这一点是首先应该明确的。第二，语言材料的选择，必须考虑到听众和读者：是知识分子还是工农群众，是学生还是实际工作者，是老人还是小孩等等；交际的对象不同，选用的材料就应该有所区别。如果不看对象，就必然是无的放矢。第三，要注意交际环境。交际环境包括现实环境和语言环境。现实环境指社会政治环境以至日常生活环境，语言环境指前言后语或上下文。选择的语言材料必须与交际环境协调，否则就不得体，就不可能有好的表达效果。

适应题旨情境的需要，这是修辞的基本原则。某个语言材料选择得好不好，这要看它对题旨情境的适应程度。例如，魏巍的小说《东方》中，写了大妈和小契这样一段对话：

②大妈把头一扭，没好气地说："你出了这么大的事，都不告诉我一声儿！"

"没有什么大事呀！"他眨巴眨巴眼。

气得大妈用烟袋锅冲他一指：

"我问你又卖地了没有？"

"哦，是这事儿呀！"他像儿童一般羞赧地笑了一下，然后又厚着脸皮满不在乎地说，"是，又去了他娘的二亩。"

这段对话中，有一个词是后来改换的——“又去了他娘的二亩”，原来写作“又卖了他娘的二亩”。“卖”和“去”，用在这里都讲得通，作者之所以要将“卖”改为“去”，是因为小契的话是在一种特定的场合，即在第四次卖地后大妈追问的情况下讲的，而讲这番话的时候，小契的心情是复杂的——既痛苦又满不在乎。“去”字用在这里，除了有“卖”的意义之外，还微妙地表现了小契多次卖地后的复杂心情。“去”虽然是一个很平常的字，但和特定的题旨情境相联系，便具有了很强的表现力。

选择语言材料，首先要求我们说的话、写的文章具有准确性，能够把反映在我们头脑里的客观事物准确地表达出来。其次，在准确性的基础上，还要求富有表现力，用最经济的语言材料，传递尽可能大的信息量，收到尽可能好的表达效果。这是现代化社会对于语言运用的要求，是修辞学追求的目标。

（二）关于修辞学习

学习修辞，可以提高我们的语言修养和语言表达能力；学习修辞，可以帮助我们分析优秀文学作品的语言特色，提高我们鉴赏语言的能力；对于语文教师来说，学习修辞，还可帮助我们更好地讲解课文，指导写作，批改作文，提高语文教学能力。

学习修辞一般从以下几个方面着手。

第一，要经常向人民群众学习。人民群众的语汇和句法是丰富多样、生动活泼的。我们要随时注意学习人民群众表现实际生活的修辞技巧。

第二，要从优秀作品中学习。优秀作品，为我们树立了修辞的样板，给我们提供了修辞的经验，我们应该好好学习和借鉴。特别是对作家的修改稿，如能好好研究，那更是学习修辞的一个有效方法。

第三，要学好语音、词汇、语法。修辞是语言各方面知识的综合运用，因此它同语音、词汇、语法密切相关。我们只有把语音、词汇、语法学好，学习修辞才有基础。此外，修辞学与逻辑学、文章学、心理学、美学等邻界学科都有联系，学点这些学科的知识，对于学好修辞也是有帮助的。

第四，要多进行修辞的实践。我们学习修辞，除了应该懂得一些修辞的理论知识，更重要的是把这些理论知识跟日常听读说写的实践结合起来，通过实践提高理解语言和运用语言的能力。

二、修辞和语法、逻辑

（一）修辞和语法、逻辑的区别

逻辑、语法、修辞这三门学科研究的对象是不同的。逻辑研究的是思维形式和思维规律，它管的是语言内容对不对的问题；语法研究的是语言的结构规律，它管的是组词造句通不通的问题；修辞研究的是提高语言表达效果的规律，它管的是语言材料选择得好不好的问题。三者各有各的任务，不能把它们混同起来。

为了提高语言的表达效果，有时可以特意改变语言材料常规的内容和形式。因此，不能机械地用逻辑和语法的尺度去衡量某些修辞现象。例如，著名诗人臧克家写的诗《有的人》中有这么两句：

①有的人活着，
他已经死了。
有的人死了，
他还活着。

说“活着”的人“死了”，说“死了”的人“活着”，这看似矛盾，不过，这种矛盾仅仅是形式上的。实际上，这里的“活着”和“死了”是分别从“肉体”和“精神”这两种不同的角度来说的，所以是可以统一的。这种表达方式，能准确反映出事物间既矛盾又统一的辩证关系，能引导人们去思索语句中丰富而深刻的含义。

（二）修辞和语法、逻辑的联系

修辞和语法、逻辑又有紧密的联系。一般说来，修辞要在合乎逻辑、语法的基础上进行。逻辑存在于语言材料中，因此修辞也要和逻辑相适应。至于语法，那是修辞所必须具备的初步条件。如果不能掌握句子的结构，就难以正确地表达语意，那必然就达不到好的修辞效果。例如：

*①我们说不尽对党的无限恩情。

这句话的原意是要表达我们对党的感激之情，由于用词造句上有毛病，意思表达错了。句中“我们”是主体，“党”是客体。“我们”对“党”有的只是“感激之情”，只有“党”对“我们”才可以说有“无限恩情”。这句话犯了主客颠倒的错误，意思表达不通，当然就谈不上是美的语言了。

思考与练习

一、有人说，修辞是“咬文嚼字”“雕辞琢句”“文字游戏”，请谈谈你的看法。

二、修辞为什么要看交际对象？请结合实例谈谈体会。

三、修辞为什么要与交际环境相协调？请结合实例谈谈体会。

四、修辞与语法、逻辑的关系怎样？为什么说修辞要在语法、逻辑的基础上进行，又不能机械地用语法、逻辑的尺度去衡量某些修辞现象？

第二节　词语的选择

【学习提示】

修辞对语言材料的选择，首先是词语的选择。学习本节时，应注意以下几点：第一，词语选择的一般要求是准确、鲜明、生动、精炼，但不同语体有不同的侧重；第二，词语的意义、色彩、声音是互相联系的、统一的，分开讲，只是为了教学的方便；第三，词语的选择也跟比喻等修辞手法的运用有关，但为了避免重复，本节不涉及比喻等具体的修辞方式。

一、词语的意义

确切地了解词语的含义，是选用词语的基础。从修辞的角度来说，词语的意义有两种：一种是词汇意义；一种是在特定的题旨情境中产生的意义，叫作修辞意义。词汇意义是词语固有的意义，一般是列入词典的；修辞意义是表达中临时赋予的意义，不见于词典。比如“药”这个词，鲁迅用来作一篇小说的标题。结合小说的内容看，这个“药”是指“人血馒头”。这个意义，不是词汇意义，而是修辞意义。

词语选择的一般要求是：准确、鲜明、生动、简练。所谓准确，是词语的意义切合人物的思想感情，切合被描述的客观实际。这是最基本的要求，它是鲜明、生动、简练的基础。所谓鲜明，就是词语能明确地表现人物的立场、观点和态度，意思毫不含糊。所谓生动，就是词语具体形象、新鲜活泼，能够吸引人、打动人。所谓简练，就是用少量的词句表达丰富的内容，做到“言简意赅”。

（一）同义词语的选择

同义词语中，大多数是近义词语。这类词语在表达中是最值得注意的。

同义词语选用得好，可以准确地表现客观事物的特征，反映事物之间的细微差别。例如：

> ①还有斑蝥，倘若用手指按住它的脊梁，便会拍的一声，从后窍喷出一阵烟雾。（鲁迅《从百草园到三味书屋》）

例中，“后窍”原来写作“后身”。“后窍”是斑蝥后身的一部分，比“后身”的范围小；且“窍”字有“洞”“孔”的意思，斑蝥发出的响声和随之喷出的烟雾，是从“后窍”这一孔眼中出来的。这一改动，使表意更为准确。又如：

> ②他身材很高大；青白脸色，皱纹间时常夹些伤痕；……有的叫道，“孔乙己，你脸上又添上新伤疤了！”（鲁迅《孔乙己》）

“伤痕”指伤疤脱落后留下的痕迹，表明以前受过较重的伤；“伤疤”指伤口愈合所结的疤，疤未脱落，表明受伤不久。这两个词非常准确地描述出孔乙己的形象，反映了他生活的艰难。

同义词语配合使用，可以更好地抒发人物的感情，还可以使语言富于变化。例如：

③这并非为了别的，只因为两年以来，悲愤总时时来袭击我的心，至今没有停止，我很想借此算是竦身一摇，将悲哀摆脱，给自己轻松一下，照直说，就是我倒要将他们忘却了。（鲁迅《为了忘却的纪念》）

④我们以我们的祖国有这样的英雄而骄傲，我们以生在这个英雄的国度而自豪。（魏巍《谁是最可爱的人》）

例③的“悲愤”是说由悲痛而产生对反动派的愤怒，“悲哀”则是对革命者牺牲的悲伤和哀痛，爱憎分明、感情强烈。例④“骄傲”“自豪”配合使用，充分抒发了对祖国及其英雄儿女的赞颂之情，充满了民族自豪感。又如：

⑤屋子里，院子里，全是湿的，全是脏水，教我往哪儿藏，哪儿躲呢！（老舍《龙须沟》）

⑥宗法封建性的土豪劣绅，不法地主阶级，是几千年专制政治的基础，帝国主义、军阀、贪官污吏的墙脚。（毛泽东《湖南农民运动考察报告》）

例⑤的“藏”和“躲”，例⑥的“基础”和“墙脚”，在这里都是同义词，在句中变换使用，使语言显得错综有变化，活泼而有生气。

同义词语连用，可以加重语势，达到强调的目的。例如：

⑦对同志对人民不是满腔热忱，而是冷冷清清，漠不关心，麻木不仁。（毛泽东《纪念白求恩》）

⑧要让那天下工农全解放，怎能够光凭这一家仇恨，个人勇敢，孤舟独桨，匹马单枪？（《红色娘子军》）

例⑦“冷冷清清”“漠不关心”“麻木不仁”这三个同义词语连用，突出了某些人对同志对人民极端冷漠的态度，加重了批评的语气。例⑧“孤舟独桨”“匹马单枪”同义连用，两者又各自同义相叠，反复强调要让“天下工农全解放”，光凭“个人勇敢”是不行的，突出了语意重点。

（二）动词的选择

汉语的动词很丰富，各种动作行为的细微差别都可以用适当的动词区别开来。在句子中，动词常常用作谓语的中心，起着关键性作用。

选用贴切、传神的动词，可以表现人物的突出特征，揭示人物的性格和内心世界。例如：

①老栓还踌躇着；黑的人便抢过灯笼，一把扯下纸罩，裹了馒头，塞与老栓；一手抓过洋钱，捏一捏，转身去了。（鲁迅《药》）

②闰土说着，又叫水生上来打拱，那孩子却害羞，紧紧的只贴在他背后。（鲁迅《故乡》）

例①“抢、扯、裹、塞、抓、捏”这六个动词，十分准确地表现了“黑的人”康大叔在特定场合下的动作特征，淋漓尽致地刻画出了这个刽子手凶狠、粗暴、贪婪的性格。例②一个“贴”字，就把闰土的儿子水生初到“我”家时那种害羞、胆怯的情态惟妙惟肖地描绘出来了。

用表示动作行为的动词去描写静态的事物，可以化静为动，使静态事物栩栩如生。例如：

③这原来是一条里外全新的新花被子，被面是假洋缎的，枣红底，上面撒满了白色百合花。（茹志娟《百合花》）

④在那山径上，碧水边，姑娘们飘着彩色长裙，顶着竹篮、水罐，走回开满波斯菊的家园。（魏巍《依依惜别的深情》）

例③被面上的“花”是印染上去的，是静态事物，说它是“撒”上去的，就使静态事物动态化了，使人感到被面上的花就像真的一样，很有生气。例④不说“穿着”而说“飘着”，表示了动作的持续性，表现了朝鲜姑娘顶水时步履迅速而生风的情景。

用表明具体行为的动词去表现比较抽象的事物，可以加强形象感，使人产生丰富的联想。例如：

⑤王利发：我呢，作了一辈子顺民，见谁都请安、鞠躬、作揖。（老舍《茶馆》）

⑥我们一定要打破陈规，披荆斩棘，开拓我国科学发展的道路。（郭沫若《科学的春天》）

例⑤“请安、鞠躬、作揖”，形象、生动地表现了茶馆老板王利发小心翼翼、和气生财的处世态度，给人留下深刻的印象。例⑥“披荆斩棘”这个成语，形象地说明了开拓我国科学发展道路所需要的那种不怕困难、不畏艰险、勇往直前的革命精神。

动词选用得好，可以起到“画龙点睛”的作用，大大地增强语言的表现力和感染力。其他实词，如形容词、名词、数词、量词、代词等也有重要的修辞作用，同样需要认真选用。

（三）虚词的选择

虚词也是语言材料的一部分。恰当地选用，也能增强语言表情达意的效果。

虚词一般没有词汇意义，但在一定的语言环境中，虚词对于内容的表达作用往往是实词代替不了的。例如：

①“好了，好了！”看的人们说，大约是解劝的。

“好，好！”看的人们说，不知道是解劝，是颂扬，还是煽动。（鲁迅《阿Q正传》）

阿Q和小D打架，“看的人们”中，有的喊“好了，好了”；有的喊“好，好”。“好”后面有“了”，表示劝解；“好”后面没有“了”，表示煽动。虚词“了”在这里起了奇妙的作用，收到了极好的表达效果。

②船越驶越近。渐渐看清有一高峰亭亭笔立于红雾之中，渐渐看清那红雾原来是千万道强烈的日光。（刘白羽《长江三日》）

虚词“越”“渐渐”配合实词描绘动态，把轮船与“红雾”的距离由远及近、岸上的景物由模糊到清晰的变化情况活灵活现地描绘出来了。

虚词不仅可以配合实词更好地表达意义，还可以配合实词更好地表达感情。例如：

③……成绩早已发表了，同学一百余人之中，我在中间，不过是没有落第。（鲁迅《藤野先生》）

这里的“不过是”，原文写作“总算”，带有庆幸的意思，后来改为“不过是”，表示并没有什么了不起。这样改换，与下文配合更紧密。下文写本年级一些怀有偏见的日本学生，怀疑藤野先生故意向鲁迅漏了题，怀疑中国人的能力。所以将“总算”改为“不过是”，含有对流言的蔑视以及一个中国人的自信。

虚词还可以表明各种结构关系和语气，使语句流畅，气势贯通。例如：

④聪明的牲口确乎知道人意，刚刚望见宅门，那马便立刻放缓脚步了……（鲁迅《奔月》）

例中的“确乎”原文用“的确”。这两个虚词虽然都表示肯定的语气，但二者同中有异：“确乎”一词表示的肯定语气比“的确”稍微弱一些。此例是说明牲口的心理的，故用“确乎”来表示人对牲口心理的揣测比较合适。又如：

⑤他大约未必姓赵，即使真姓赵，有赵太爷在这里，也不该如此胡说的。（鲁迅《阿Q正传》）

例中，“大约”“未必”“即使”“也”这几个虚词前后呼应，分句间的关系更为明确，语言更流畅了。

（四）成语活用

有时由于表达上的需要，不拘泥于成语的原有意义和格式，而对成语“变通”使用。这就是“成语活用”。

成语活用，最常见的有以下五种情况：

（1）更换语素：改变成语中的一两个语素以表达新的意思。例如：

①凡自以为识路者，总过了“而立”之年，灰色可掬了，老态可掬了，圆稳而已，自己却误以为识路。（鲁迅《华盖集·导师》）

②我想叫自己的一辈子有始有终，虎头豹尾更好，至少要虎头虎尾，我们这一拨的虎头蛇尾的太多了。（蒋子龙《乔厂长上任记》）

例①将成语“笑容可掬”中的“笑容”予以更换，分别说成“灰色”“老态”，含有强烈的嘲讽意味。例②更换成语“虎头蛇尾”中的“蛇”，说成“豹”“虎”，生动有力地表达了乔厂长为“四化”建设奋斗终身的决心和愿望。

（2）语素易位：由于表达的需要，临时变易语素先后次序。例如：

③无论从旧道德，从新道德，只要是损己利人的，他就挑选上，自己背起来。（鲁迅《为了忘却的纪念》）

“损己利人”是“损人利己”的活用。鲁迅先生用“损己利人”来赞扬革命作家柔石，很好地概括了一个无产阶级革命战士的高尚情操和高贵品质。

（3）成语扩展：把成语拆开，在成语语素间插进一些别的词语，使成语意义更为显豁、丰富。例如：

④惩前意在毖后，治病为了救人。（《人民日报》）

将“惩前毖后”“治病救人”这两个成语扩展，插入“意在”“为了”。“惩前”跟“毖后”之间，“治病”跟“救人”之间行为与目的的关系相当明确。

（4）成语节缩：把原来四字式的成语节缩成两个（或三个）字。例如：

⑤此文所谈，中外古今，包罗既广，错误自必更多，不揣浅陋拿出来见人，聊以引玉而已。（茅盾《夜读偶记》）

“引玉”是成语“抛砖引玉”的节缩。“抛砖引玉”比喻自己先发表粗浅的意见或文章，目的在于引出别人的高见或佳作，表示谦虚。“引玉”虽然只表示目的，但能使人产生对整个成语意义的联想，言简意赅。

（5）语义活用：成语的字面形式没有改变，但表达的意义与原来的不同。例如：

⑥“对牛弹琴”这句话，含有讥笑对象的意思。如果我们除去这个意思，放进尊重对象的意思去，那就只剩下讥笑弹琴者这个意思了。（毛泽东《反对党八股》）

“对牛弹琴”这个成语，原来的含义，是讥笑牛不能欣赏琴声。实际上，牛不懂琴，弹琴者应该明白。不看对象而“乱弹琴”，责任在于弹琴者而不在牛，所以，应该受到讥笑的不是牛而是弹琴者。毛泽东同志饶有风趣地活用了这个成语，目的是教育人们做宣传工作一定要看对象。

二、词语的色彩

选择词语时，除了要把握词语的意义之外，还得注意词语的色彩。词语的色彩，一般是指词语的感情色彩和语体色彩。

（一）词语的感情色彩

词语的感情色彩，即词语的褒贬色彩，反映说话人对所陈述事物的立场和态度。在褒贬词语的选择上一定要精心推敲。例如：

①这正是那长着胡子的，今天黎明时分自动带了六只木船来的老水手，现在他牺牲了。（刘白羽《火光在前》）

②终于这流言消灭了，干事却又竭力运动，要收那一封匿名信去。（鲁迅《藤野先生》）

例①“牺牲”原来写作“死”。“死”不带感情色彩，“牺牲”带褒美的感情色彩，常用于对革命事业有较大贡献的人。这里将“死”改为“牺牲”，赞颂了“老水手”为革命奋不顾身的精神，寄托了作者的哀思。例②“流言”原来写作“事情”。“事情”不带感情色彩，“流言”带贬斥的感情色彩。改“事情”为“流言”，表达出作者对日本同学造谣生事的气愤。

褒贬词语选用不当，容易引起误解，甚至会使人感到爱憎颠倒，立场模糊。例如：

*③帝国主义称霸世界的狰狞面貌早已被世界人民所识破了。

*④文成公主是一个胸怀大略，聪明而智慧的女子，当她一离开长安，就处心积虑地要把唐代比较先进的经验、文化带到藏民中去广为传播。

例③“面貌”不带感情色彩，与它同义的“面目”常作贬义词用。应将“面貌”改为“面目”。“面目”和贬义词“狰狞”搭配，感情色彩协调，可以更好地表达出对帝国主义的憎恨感情。例④成语“处心积虑”是个贬义词，用于“文成公主”，爱憎感情就颠倒了，可改为“决心”或“一心一意”。

有时，词义本身的褒贬和某种感情的表达不完全是统一的。比方，在特定的语言环境中，作者故意用褒义词表示贬义，或用贬义词表示褒义，也能收到很好的修辞效果。如毛泽东《渔家傲·反第一次大“围剿”》中有“不周山下红旗乱”一句，其中的“乱”，并不是指杂乱无章、没有秩序、没有条理，而是具体地描绘了红军战士和千百万工农群众热烈欢呼第一次反“围剿”胜利的生动壮观的场面和他们所具有的无敌的力量，带上了强烈的褒义色彩。再比方，汉语中，有很大一部分词语不带感情色彩，是中性词语，运用恰当也能充分表达作者的情感。如副词“简直”，本身无褒贬含义。鲁迅在《中国人失掉自信力了吗》一文中说：“说中国人失掉了自信力，用以指一部分人则可，倘若加于全体，那简直是诬蔑。”从鲁迅手稿中可以看到，原来没有“简直”，后来加上“简直”，突出地表达了作者气愤的感情。

（二）词语的语体色彩

口头语的词语通俗活泼，书面语的词语庄重典雅，两者各有各的风格。一般说来，文艺作品使用带有口语语体色彩的词语要多一些，理论文章、公文使用带有书面语语体色彩的词语要多一些。例如：

> ①邻家有个老婆替她请了一个神婆子，在她家下了一回神，说是三仙姑跟上她了，她也哼哼唧唧自称吾神长吾神短，从此以后每月初一、十五就下起神来，别人也给她烧起香来求财问病，三仙姑的香案便从此设起来了。（赵树理《小二黑结婚》）
>
> ②执着的真理探求者，既不应为可能遭到的非议、责难而却步，也不应畏惧可能的失误而退缩，需要的是无私无畏的理论勇气和实事求是的科学态度，为改革和两个文明建设，为追求真理，孜孜不倦、百折不挠地探求再探求。（《光明日报》）

例①是小说中特定情节的描写，用的大多是带口头语色彩的词语。例②是严肃的说理，用的大多是带书面语色彩的词语。这两类词语都适应了各自表达的需要，造成了一个和内容相适应的言语气氛，增加了语言的感染力。

有时候，为了取得某种修辞效果，特意在口语语体作品中，插入书面语语体色彩很强的词语，或者在书面语语体作品中，插入口语语体色彩很强的词语。例如：

③疯子：四嫂言之有理！如此，大妈、四嫂、娘子，我就暂且失陪了！（老舍《龙须沟》）

④但他们往往遭农会严厉拒绝，所以他们总是悬心吊胆地过日子；摈在农会的门外，好像无家可归的样子，乡里话叫作“打零”。（毛泽东《湖南农民运动考察报告》）

例③在人物口语中插入“言之有理”“暂且失陪”等书面语色彩很强的词语，就把读过几句古书、当过曲艺艺人的程疯子的特点逼真地表现出来了，给人以鲜明、深刻的印象。例④“乡里话叫作‘打零’”是口语语体色彩很强的词语，用在“考察报告”中，把那些中小地主、富农等在农会面前威风扫地、提心吊胆的样子生动形象地表现出来了，很有说服力。

如果不是表达的需要，没有特别的表达效果，不要在一种语体作品中用上另一种语体色彩的词语，不然就会产生语体不协调的毛病，显得不伦不类。例如：

*⑤正当她和我谈话之际，其他的人都忙着把我的行李搬到报到处。

*⑥我走进商店，没有人，回首一看，还是没有人。

“之际”“回首”都是书面语语体色彩很强的词语，它们同其他带口语语体色彩的词语混在一起，显得很不协调，应分别改为“的时候”“回头”等词语。

三、词语的声音

一篇作品的语言如果声音优美，念起来朗朗上口，听起来和谐悦耳，表达效果自然会相应提高。所以，选择词语的时候，除了要注意词语的意义和色彩，还应考虑词语的声音。

（一）音节匀称

用词造句要讲究音节的匀称。词与词之间，往往需要单音节与单音节搭配，双音节与双音节搭配。例如，说“钢、铁、煤”，不说“钢、铁、煤炭”；说“工人、农民、士兵”，不说“工人、农民、兵”。

句子与句子之间也需要音节对应。一般是奇数音节与奇数音节相对，偶数音节与偶数音节相对，或奇数音节与偶数音节交替使用，两两相对。例如：

①如今哪，青狮山绿如翡翠，青狮水清似琼浆。（《漓江深情》）

前后两句，音节配合非常工整，都是单音节对单音节，双音节对双音节，三音节对三音节。由于音节整齐匀称，语言具有节奏美，增强了文章的抒情色彩和感人力量。

音节整齐的对应，常见于诗歌及抒情散文。其他体裁的句式，一般说来是不要求整齐的。不过，在写作中如果能适当运用一些整句，于参差中显示匀称的美，对提高表达效果也是有帮助的。例如：

②对自己，“学而不厌”，对人家，“诲人不倦”，我们应取这种态度。（毛泽东《中国共产党在民族战争中的地位》）

在词语排比时，一般是把音节少的放在前面，把音节多的放在后面，这样由少而多的排列，读来通顺流畅。例如：

③将士们在鄂西大山中不论是行军或宿营，常听见老虎叫声、狼的叫声、野猪和猿猴的叫声以及其他各种大小野兽的叫声……（姚雪垠《虎吼雷鸣马萧萧》）

优秀作家是很重视音节的配搭的，叶圣陶在修改自己的作品的时候，就很注意调整语句的音节。例如：

④我们有预算，学生缴的费恰抵平时的开支。（《城中》）

“缴”原为“缴纳”。“缴”和“费”都是单音节，把“缴纳”改为“缴”可以增强语言的节奏感、和谐感。

（二）平仄相调

一般地说，平声语调长而平缓，是扬；仄声语调短而曲折多变，是抑。平仄有规律地交替、对应，可以构成汉语的音律美。平仄抑扬是汉语修辞的常用手法。旧体诗词是很讲究平仄的。格律诗的对句中要求一句之内平仄交错，上下两句平仄相反。以毛泽东《长征》诗的第五、六两句为例：

金沙水拍云崖暖　　　平平仄仄平平仄

大渡桥横铁索寒　　　仄仄平平仄仄平

现代的韵文不取旧体诗词那样严格的平仄形式，但也注意平仄相配，特别是句末音节的平仄。例如：

①灵车队，万众心相随。哭别总理心欲碎，八亿神州泪纷飞。（《敬爱的周恩来总理永垂不朽》解说词）

此例句中适当注意了词语的平仄交错。如“万众心相随”，声调是“仄仄平平平”，有抑有扬；如果换成“人民心相随”，那就成了全平声的句子，单调乏味。句末注意了平仄对应：“队”与“随”、“碎”与“飞”，都是一个仄声对一个平声，读来抑扬起伏，和谐动听。

散文，适当地讲究平仄也是必要的。老舍说过：“即使是散文，平仄的排列也还应该考究。‘张三李四’好听。‘张三王八’就不好听。前者是二平二仄，有起有落；后者是四字皆平，缺乏抑扬。四字尚且如此，那么连说几句就该好好安排一下。”（老舍《出口成章》）再看这个例子：

②不逢北国之秋，已将近十余年了。在南方每年到了秋天，总要想起陶然亭的芦花，钓鱼台的柳影，西山的虫唱，玉泉的夜月，潭柘寺的钟声。（郁达夫《故都的秋》）

“陶然亭”以下五句句末的双音词分别是平平、仄仄、平仄、仄仄、平平，声调高低相间，读起来，听起来，都有一种抑扬顿挫之美。

（三）韵脚和谐

韵文里，为了易于上口，把韵母或韵尾相同或相近的字放在某些句子的末尾，这叫作押韵。因为位置在句尾，所以又叫“韵脚”。

押韵利用同类的乐音有规则的重复，构成一种声音的旋转回环。例如：

①云中的神啊，雾中的仙，（xiān）
神姿仙态桂林的山！（shān）

情一样深啊，梦一样美，（měi）
如情似梦漓江的水！（shuǐ）（贺敬之《桂林山水歌》）

“仙”和“山”押韵，是平声韵；“美”和“水”押韵，是仄声韵。这四行诗，既有语音的回环，又有声调的抑扬，加上音节匀称，所以节奏鲜明，旋律优美。

（四）叠音自然

叠音，就是音节的重叠。用音节重叠的方式构成的词叫叠音词。如“呼呼”“朗朗”“光灿灿”“扑楞楞”“悉悉索索”“叽叽喳喳”等等。

叠音词念起来和谐悦耳，有很强的音乐性。在写作中，组合一系列的叠音词，可以使语言具有音律美。例如：

①绿幽幽的竹园，
绿生生的瓜，
绿油油的菜畦，
绿翠翠的豆荚……（张宣强《农家》）

叠音词不仅可以有音乐美，还可以有绘画美。例如：

②森林啊，森林……陈年的腐叶在它的脚下沙沙地响着；风儿在树叶间飒飒地吹着，蝴蝶飞着，甲虫和蜂子嘤嘤地哼着；啄木鸟笃笃地敲着，悠远而辽阔，森林里，一片乐声。（张洁《从森林里来的孩子》）

③没有月光的晚上，这路上是阴森森的……（朱自清《荷塘月色》）

例②连用四个叠音词来描摹森林里的各种声音，给人以音响的形象感，读后仿佛听到了森林里那一片乐声。例③用“阴森森”来描绘夜色的浓重，不仅漆黑一片，而且构成一幅恐怖的画面。

思考与练习

一、为什么要重视词语的选择？请结合实例谈谈体会。

二、选择词语应该从哪些方面入手？应该达到什么样的要求？

三、比较下列例子中的“原句”和“改句”，谈谈为什么要这样改。

［原句］洞庭啊洞庭，你天上、地面、水底，处处闪耀着珍珠的异彩……

［改句］洞庭啊洞庭！在你这里，天上、地面、水底，处处都闪耀着珍珠的异彩……（《珍珠赋》）

［原句］电闪，雷鸣，雨吼，充满了书房，说话几乎听不到。

［改句］电闪，雷鸣，雨吼，充满了空间，说话几乎听不到。（《子夜》）

［原句］原来她的房子被炸毁了，又在山里搭了个窝棚，但窝棚又被炸毁了。

［改句］原来她的房子被炸毁了，她在山里搭了个窝棚，窝棚又被炸毁了。（《谁是最可爱的人》）

［原句］武震一到桥头，先听见一片人声，鬼哭狼嚎地从桥南头滚过来，转眼就有无数朝鲜人从烟火里涌出来……

［改句］武震一到桥头，先听见一片人声，连哭带叫地从桥南头滚过来，转眼就有无数朝鲜人从烟火里涌出来……（《三千里江山》）

四、下列句子中，加黑点的词语有的用得好，有的用得不好，请加以分辨并说明理由。

①蚕的灰白色的身体完全露出来，连成一个平面，在那里波动。

②粉碎“四人帮”以后，一支庞大的向四个现代化进军的科学技术队伍正在迅速形成和壮大。

③在广州一下火车，就接着去找民航班次的时刻表，策划返京的归程。

④赵劲脸色严峻，那由心里涌上来的难过爬上了嘴角。

五、下面这些句子在声音配合上各有什么特色？

①时间的无情的手，掀起了一次次的潮汐，撕去了一页页的日历，揭示了一次次的月缺花飞和花好月圆，带来了一次次的春华秋实和生生死死。

②陕北高原山连着山，
一层层枣林红上了天。

一阵阵秋风过山梁，
一阵阵甜来一阵阵香。

③这个枪法实在惊人，落时如乌龙摆尾，举时像鸾凤朝阳，枪风阵阵，冷气飕飕……

④于是，我的倦意消失了。久久地心潮澎湃，思绪纷飞，精神振奋，在烛光下和她并肩共读《实践论》，一起迎来了朝霞。

第三节 句式的选择

【学习提示】

不同的句式有着不同的表达效果，不同的表达要求需要不同的句式。句式的选择，要注意适合题旨情境。本节讲述六组句式：长句和短句；设问句和反问句；常式句和变式句；主动句和被动句；肯定句和否定句；口语句式和书面语句式。学习本节，应着重掌握各种句式的特点和作用。

一、长句和短句

（一）什么是长句和短句

长句，是指形体长、词儿多、结构复杂的句子，包括复杂的复句和单句。短句，是指形体短、词儿少、结构简单的句子，包括简短的单句和包含简短分句的复句。如：

①美国白皮书和艾奇逊信件的发表是值得庆祝的，因为它给了中国怀有旧民主主义思想亦即民主个人主义思想，而对人民民主主义，或民主集体主义，或民主集中主义，或集体英雄主义，或国际主义的爱国主义，不赞成，或不甚赞成，不满，或有某些不满，甚至抱有反感，但是还有爱国心，并非国民党反动派的人们，

浇了一瓢冷水，丢了他们的脸。（毛泽东《丢掉幻想，准备斗争》）

②这是一个克里米亚的老牧人，一个高个子、白头发、给南方的太阳晒得黑黑的、干瘪的、智慧的老人。（高尔基《那伏尔·拉吉姆·奥格雷》）

这两例都是长句。例①是长复句，例②是长单句。

③有个农村叫张家庄。张家庄有个张木匠。（赵树理《登记》）

④人民不欢喜你们，人民斥责你们，人民起来了，你们孤立了，因此你们打败了。（《毛泽东选集》合订本 1286 页）

这两例都是短句。例③是两个短单句，例④是包含五个简短分句的复句。

（二）长句和短句的表达效果

长句结构严谨，表意细腻，有利于精确地论述情况，说明事实。例如：

①在追悼总理的大会上，当邓小平同志致悼词时，那弥漫全场的由于强自压抑而显得格外沉痛的悲泣之声，更加使人肝肠欲裂！（罗瑞卿《党的三大作风的楷模》）

“悲泣之声”的前边用了两个较长的定语，细腻、准确地把作者所要表达的思想和感情表达出来了。

长句多用于说理、议论的文章。

短句简明干脆，生动活泼，有利于抒发感情。例如：

②今天，这里有没有特务？你站出来！是好汉的站出来！你出来讲！凭什么要杀死李先生？（闻一多《最后一次的讲演》）

这里全用短句，有力地表现了闻一多先生对国民党反动派无耻行为的满腔愤怒。

人们平时说话多用短句；演讲、报告、文艺作品中一般多用短句；口号更要用短句。

有时候，一个意思，可以用一个长句来表达，也可以用几个短句来表达。就一般情况说，能用几个短句说清楚的话，最好不要用长句。将长句化短的常用方法是：

(1) 把联合成分拆开，化成若干分句。例如：

③这出戏一开始就给观众展现了社会主义草原上欣欣向荣的大好风光和牧民们为开辟草原牧场、架设桥梁而战斗的动人场面。

这个句子可改为：

④这出戏一开始就给观众展现了社会主义草原上欣欣向荣的大好风光，展现了牧民们为开辟草原牧场、架设桥梁而战斗的动人场面。

(2) 把长句中较长的修饰成分抽出来，化成若干分句。例如：

⑤影片《大河奔流》通过中华民族文化的摇篮——黄河解放前后二十年变化的强烈对比，揭示了中国共产党的领导下，才能改造黄河的面貌和性格，才能使两岸人民摆脱苦难的命运，才能使贫穷落后的中国走向繁荣和富强这样一条真理。

这个句子可改为：

⑥影片《大河奔流》通过中华民族文化的摇篮——黄河解放前后二十年变化的强烈对比，揭示了这样一条真理：只有在中国共产党的领导下，才能改造黄河的面貌和性格，才能使两岸人民摆脱苦难的命运，才能使贫穷落后的中国走向繁荣和富强。

二、设问句和反问句

设问句和反问句是两种特殊的疑问句，它们都是无疑而问，明知故问。

(一) 设问句

在阐明观点之前，有意先提出问题，以引起人们注意和思索，这是设问。用来设问的问句，就是设问句。例如：

①真正的铜墙铁壁是什么？是群众，是千百万真心实意地拥护革命的群众。(毛泽东《关心群众生活，注意工作方法》)

②什么是路？就是从没有路的地方踏出来的，从只有荆棘的地方开辟出来的。(鲁迅《生命的路》)

设问，最常见的是“一问一答”，也有“多问一答”的。例如：

③为什么鸡蛋能够转化为鸡子，而石头不能转化为鸡子呢？

为什么战争与和平有同一性，而战争与石头却没有同一性呢？为什么人能生人，不能生出其他的东西呢？没有别的，就是因为矛盾的同一性要在一定的必要的条件之下。缺乏一定的必要的条件，就没有任何的同一性。（毛泽东《矛盾论》）

连问几句，最后才对这些问题总起来作出扼要的回答，说明这些问题之间有内在的联系，也说明这个答案具有普遍意义。

如果一篇文章的开头用设问句，或者标题用设问句，就能够启发读者思索，便于读者更好地领会文章的中心思想。如果各段都用设问开头，这些设问句就像“向导”一样，能引导读者领会各段的内容；这些设问句又如同一条条“线索”、一根根“脉络”，横贯全篇，使得文章层次分明，条理井然。论证中间插入设问句，可以使论证深入，形成波澜；在一段或一节的末尾设问，甚至直接让设问句单独构成一段，可以起承上启下的作用。

（二）反问句

用疑问的形式表示确定的意思，以加重语气，这是反问。用来反问的问句就是反问句。例如：

①是的，一篮咸菜是可以用数字来计算的，一个共产党员爱党的心怎么能够计算呢？（王愿坚《党费》）

②历史上没有一个反人民的势力不被人民毁灭的！希特勒、墨索里尼不都在人民之前倒下去了吗？（闻一多《最后一次的讲演》）

这两例都是用疑问的形式来表示确定的意思。它们可以变换成相应的陈述句，但反问句的语气要比陈述句强。反问句可以用来加强语言的力量，把本来确定的意思表达得更鲜明。它经常用在论述之后，因为这时结论已很明显，再用反问句来加以强调，就显得更突出有力。

反问句也可以连用。例如：

③像蛇一样的恶人为什么要怜惜呢？究竟是哪一个工人、哪一个农民、哪一个兵士主张怜惜这类恶人呢？（毛泽东《将革命进行到底》）

连续反问，语气更重，具有不容置辩的力量。

设问和反问虽然都是无疑而问，但两者的特点和作用是不相同的。设问一般是自问自答，答在问外，作用主要是引起人们的注意和思索；反问是只问不答，寓答于问，作用主要是加重语气。

三、常式句和变式句

句子成分或分句按照一般次序排列的句子，叫作常式句；在一定的语言环境里，由于修辞的需要，改变常规排列次序的句子，叫作变式句。

（一）句子成分的次序

常式句句子成分的次序是先说主语，后说谓语；先说定语、状语，后说中心语。变式句句子成分的次序和上述次序相反，这种句子是通常所说的“倒装句”。例如：

①多美啊！北京的初冬！（杨朔《埃及灯》）

②“上哪儿啦？你！”她一边去盛白菜，一边问。（老舍《骆驼祥子》）

③他生下来的时候，并没有玫瑰花，他反而取得成绩。而现在呢？应有所警惕了吧，当美丽的玫瑰花微笑时。（徐迟《哥德巴赫猜想》）

例①为了强调谓语“多美啊”，将它置于主语“北京的初冬”之前，这样便于抒发强烈的感情，增强赞叹的语气。例②也是主谓倒装句。说话时，由于心情急迫，先说出要问的主要部分，接着再补上主语。例③将状语“当美丽的玫瑰花微笑时”倒装在句末，不仅突出了状语，而且使文章情意深长，耐人寻味。

改变句子成分的正常次序，可以给人一种特别的感觉，从而达到突出语意的目的。

（二）分句的次序

表示原因、假设、条件等等意思的分句，一般用在别的分句前边；有时，由于表达上的需要，也可以把它们移后。例如：

①他忍受着，不管是怎样的疼痛。（老舍《骆驼祥子》）

②而且又证明着这不但是杀害，简直是虐杀，因为身体上还有棍棒的伤痕。（鲁迅《记念刘和珍君》）

③他的性格，在我的眼里和心里是伟大的，虽然他的姓名并不为许多人所知道。（鲁迅《藤野先生》）

例①将条件让步分句“不管是怎样的疼痛”放到后边，起补充说明的作用，突出地强调了结果分句“他忍受着”。例②将原因分句“因为身体上还有棍棒的伤痕”放在“而且又证明着这不但是杀害，简直是虐杀”之后，是为了强调突出表示结果的分句，更有力地揭露反动当局对革命青年的“虐杀”。例③将结果分句“他……是伟大的”提到让步分句“虽然……”的前边，强调突出了藤野先生的伟大，并与上文连接紧密。

四、主动句和被动句

（一）什么是主动句和被动句

在主谓句里，如果主语是动作的发出者，这种句子叫主动句；如果主语是动作的承受者，这种句子叫被动句。一个意思可以用主动句表达，也可以用被动句表达。用主动句表达是为了突出主动者，用被动句表达是为了突出被动者。例如：

①我们打败了敌人。

②敌人被我们打败了。

例①是主动句，突出了动作的发出者“我们”；例②是被动句，突出了动作的承受者“敌人”。

（二）主动句和被动句的选用

选用主动句还是选用被动句，要根据作者所强调的对象而定。

一般说来，主动句比被动句明确有力，所以平时用主动句的时候较多，但是在某些情况下，用被动句倒比用主动句更为合适。通常有以下几种情况：

1. 为了突出被动者，而主动者不需要说出，或不愿说出，或无从说出，就要使用被动句。例如：

①中国共产党和中国人民并没有被吓倒，被征服，被杀绝。

(毛泽东《论联合政府》)

这个被动句是为了突出表现“中国共产党和中国人民”。又如:

②辽沈、淮海、平津三战役以后,国民党军队的主力已被消灭。(毛泽东《在中国共产党第七届中央委员会第二次全体会议上的报告》)

这里强调的是“国民党军队的主力”被消灭。

2. 为了使前后分句叙述角度一致,语义连贯,重点突出,也需要用被动句。例如:

③老栓也向那边看,却只见一堆人的后背;颈项都伸得很长,仿佛许多鸭,被无形的手捏住了的,向上提着。(鲁迅《药》)

这是从“老栓”的角度来叙述的,所以后面用了被动句。

3. 为了强调不如意或者不希望发生的事情,有时运用被动句。比较:

④他看到我们在一起了!

⑤我们在一起被他看到了!(真糟糕!)

例④用主动句一般地叙说情况,例⑤用被动句表示不希望被看到。

五、肯定句和否定句

(一) 肯定句和否定句的作用

肯定句是对事物作出肯定判断的句子;否定句是对事物作出否定判断的句子。

在语言表达中,同一个意思可以用肯定句表达,也可以用否定句表达,但语意的轻重强弱有差别。一般说来,肯定句比否定句语意要强一些、重一些。例如:

①你这种看法是错误的。

②你这种看法是不对的。

例①是肯定句,肯定“看法”是错误的。例②是否定句,虽然也表达了例①的意思,但语气显得委婉、缓和得多。

文学作品中,如果肯定句和否定句并用,肯定、否定互相衬托,那么作者所要肯定的意思就会表现得十分鲜明。例如:

③山樱和吉野樱不像桃花那样白中透红，也不像梨花那样白中透绿，它是莲灰色的。（冰心《樱花赞》）

④这三千里江山已不再是孤零零的半岛，而是保卫人类和平的前哨。（杨朔《三千里江山》）

（二）双重否定句

否定是双重的，就表达了肯定的意思。包含双重否定的句子叫双重否定句。一般说来，双重否定句的语意要比肯定句强。例如：

①你这种看法没有一个人不说是错误的。

这是双重否定句，比肯定句“你这种看法是错误的”在语气上更强更重。

值得注意的是，有些双重否定句语气却又比单纯肯定句要委婉一些。例如：

②人家都说你是个厚道人，你不会不帮忙的。

跟“你会帮忙的”相比较，“你不会不帮忙的”显得委婉，能避免给人口气过直、过硬的感觉。

运用双重否定句，如不注意推敲，有时容易出错。例如：

*③他考上了邮电学院，谁还能否认他不是一个名副其实的大学生呢？

“谁还能否认……呢？”这是反问，强调谁都否认不了。句子的本意是要表示“谁也否认不了他是一个名副其实的大学生”，却变成了“谁也否认不了他不是一个名副其实的大学生”。

六、口语句式和书面语句式

（一）什么是口语句式和书面语句式

经常在口语里出现而在书面语中较少使用的句式，叫口语句式；经常在书面语里使用而在口语里较少使用的句式，叫作书面语句式。一个基本意思可以用口语句式来表达，也可以用书面语句式来表达，但表达效果有所不同。例如：

①这件事要赶快办。

②这件事要即刻着手办理。

例①是口语句式，显得自然；例②是书面语句式，显得庄重。

（二）口语句式和书面语句式的区别

口语句式和书面语句式的区别主要表现在三个方面：

1. 口语句式结构较松散，短句较多；书面语句式结构较严谨，长句较多。例如：

> ①天气愈冷了，我不知道柔石在那里有被褥不？我们是有的。洋铁碗可曾收到了没有？（鲁迅《为了忘却的纪念》）
>
> ②母亲沉痛的三言两语的诉说以及我亲眼见到的许多不平事实，启发了我幼年时期反抗压迫追求光明的理想。（朱德《母亲的回忆》）

例①是口语句式，明白如话。例②是书面语句式，由联合短语充当主语，并有较多较长的修饰语，使表意严谨、周密。

2. 口语句式灵活多变，通俗流畅，关联词语用得较少；书面语句式因为要求严密的逻辑性，关联词语用得较多。例如：

> ③不懂就是不懂，不要装懂。不要摆架子，钻进去，几个月，一年两年，三年五年，总可以学会的。（毛泽东《论人民民主专政》）
>
> ④如果要直接地认识某种或某些事物，便只有亲身参加于变革现实、变革某种或某些事物的实践的斗争中，才能触到那种或那些事物的现象，也只有在亲身参加变革现实的实践的斗争中，才能暴露那种或那些事物的本质而理解它们。（毛泽东《实践论》）

例③是口语句式，全是短句，不用关联词语；例④是书面语句式，是由五个分句组成的包含三层关系的复句，用了许多关联词语来表明分句之间的关系。

3. 书面语句式比较注意加工润色，讲究句子的锤炼，因而有时沿用一些文言句式。例如：

> ⑤过礼那一天，小芹跟她娘闹起来，把吴先生送来的首饰绸缎扔了一地。媒人走后，小芹跟她娘说："我不管！谁收了人家东西谁跟人家去！"（赵树理《小二黑结婚》）

⑥划清反动派和革命派的界限，揭露反动派的阴谋诡计，引起革命派内部的警觉和注意，长自己的志气，灭敌人的威风，才能孤立反动派，战而胜之，或取而代之。（毛泽东《论人民民主专政》）

例⑤完全是口语化的词语，是口语句式；例⑥中有文言词语，是书面语句式。

总起来说，口语句式接近口语，大都由通俗的口语词语组成，生动活泼，明快自然，多用于日常谈话和文艺作品中；书面语句式大部分由文雅的书面语词语组成，结构严谨，层次分明，比较重视逻辑关系，多用于政论文、科学论文以及公文之中。

思考与练习

一、把下面的短句按组改成长单句或复句。重复的词语可以删掉，但句子的原意不能改变。

一组：

①马克思列宁主义是真理。

②马克思列宁主义是客观实际中产生出来又在客观实际中获得了证明的真理。

③马克思列宁主义是最正确、最科学、最革命的真理。

二组：

①芭蕾舞艺术萌芽于意大利。

②芭蕾舞形成一种完整的艺术形式却是在法国。

③人们把法国称作“芭蕾舞的故乡”。

三组：

①“大草”渊源于东汉的张芝。

②“大草”创派于唐代的张旭。

③“大草”驰名于怀素。

二、把下面的长句改成几个短句（或分句）。必要的词语可以增加，但句子的原意不能改变。

①我们要向先进工作者学习那种对党无限忠诚、全心全意为人民服务、劳动不计报酬、工作不讲条件的高贵品质，那种不断破除迷信、解放思想、敢想敢说敢做的共产主义风格，那种永不满足既有成绩、勇于克服困难、创造奇迹的不断革命精神，那种密切联系群众、见先进就学、见后进就帮、方便让给别人、困难留给自己的集体主义精神。

②哪里要开山，哪里要架桥，山坡陡的要设法铲平，弯度大的要设法改小，在勘测的时候都要有周密的打算。

三、按下列要求变动句式，并说明变动前后句子在表意上的细微差别。

1. 不改变原意，把下面两个句子里加点的词语改换一下，使肯定句变为否定句（或双重否定句），否定句变为肯定句：

①《海燕》写得真不错，同学们个个爱读。

②他用那样的态度对待同志是不对的，你知道了就应该严肃地批评他一下。

2. 把主动句改为被动句：

哗哗哗的雨水劈头盖脸地泼下来，把战士们淋得浑身湿透了。

第四节　修辞方式

【学习提示】

修辞方式，是为了提高语言表达效果而采用的具有明显特点的表达方式。本节分四组介绍十四种常用修辞方式。学习本节，首先要掌握各种修辞方式的特点，了解它们的作用；其次，要弄清某些修辞方式之间的区别；此外，要注意多种修辞方式的综合运用。

一、比喻、借代、比拟和夸张

（一）比喻

1. 比喻及其作用

比喻就是“打比方”。例如：

①人多主意好，柴多火焰高。（谚语）

②人没立场，好比树不扎根。（柳青《创业史》）

例①用“柴多火焰高”来比方“人多主意好”。例②用“树不扎根”来比方“人没立场”。

比喻有下列作用：

（1）用熟悉的事物去说明还不熟悉的事物，使人们易于理解。如例①用日常生活现象“柴多火焰高”去说明集思广益的道理。

（2）用具体事物去描绘比较抽象的事物，增加语言的形象性，使读者产生联想。如例②，“人没立场”比较抽象，用“树不扎根”来作比，就很具体、形象，使人联想到一个人在大是大非面前左右摇摆的情景。

（3）还能突出事物某一方面的特性，加深读者的印象。例如：

③“喂！一手交钱，一手交货！”一个浑身黑色的人站在老栓面前，眼光像两把刀，刺得老栓缩小了一半。（鲁迅《药》）

用“两把刀”来比喻“眼光”，突出了这个刽子手眼光中凶狠、残暴、贪婪的特性。

2. 比喻的种类

比喻一般由本体、喻体和比喻词语三个部分组成。本体指所要说明的事物；喻体指用来作比的事物；比喻词语指“像、似、如同、一样”等表示比喻关系的词语。由于本体、喻体、比喻词语隐现情况的不同，比喻又可以分为明喻、隐喻和借喻三类。

（1）明喻

明喻是本体、喻体和比喻词语都出现的比喻。例如：

④左翼文艺仍在滋长。但自然是好像压于大石之下的萌芽一样，在曲折地滋长。（鲁迅《黑暗中国的文艺界的现状》）

不能把有“像、好像、好似”这类词语的结构都当成明喻。是不是明喻，要看有没有比喻关系。下边这个例子就不是比喻：

⑤说完，把他（周扒皮）抬到屋里，大家一看，好像骨头也打坏了……（高玉宝《高玉宝》）

(2) 隐喻

隐喻是只出现本体和喻体而不用比喻词语的比喻。例如：

⑥泪是动力，
泪是火焰！

⑦北京——祖国的心脏

⑧路遥知马力，日久见人心。

⑨我的思想感情的潮水，在放纵奔流着。

加·的是本体，加△的是喻体。本体和喻体，有的用判断词“是”（或者用和“是”有类似作用的词“成、成为、变成、叫、化”等）来联接，有的用破折号（或逗号）来联接，有的用平列的句子表示，有的用限定和被限定的关系来表示。总之，都不用比喻词语。

隐喻的比喻关系融合到一般句子结构里，表面似乎不是比喻关系，实际上比明喻更强调了喻体同本体的相似点。譬如“他像个小老虎”同“他是个小老虎”，后者比前者更强调“他”同“小老虎”的相似性。

(3) 借喻

借喻就是本体和比喻词语都不出现、直接把喻体当本体来说的比喻。例如：

⑩我似乎打了一个寒噤；我就知道，我们之间已经隔了一层可悲的厚障壁了。（鲁迅《故乡》）

⑪小丁说：“离开这个阎王殿，回去就是饿死也比在这里强！”（高玉宝《高玉宝》）

例⑩借喻体“厚障壁”代替了本体“我”和“闰土”之间的隔阂。例⑪借喻体“阎王殿”代替了本体地主周扒皮的家。

3. 比喻的多样化用法

(1) 反面设喻

比喻多从正面设喻，有时也可以从反面设喻。例如：“困难不是铁，不是钢，困难是弹簧，你强它就弱，你弱它就强。”“困难不是铁，不是钢”是从反面设喻，“困难是弹簧”是从正面设喻。

(2) 反复设喻

对同一个本体事物，可以从不同的角度反复设喻，即用不止一个喻体去说明本体。例如：

⑫射箭要看靶子，弹琴要看听众，写文章做演说倒可以不看读者，不看听众吗？（毛泽东《反对党八股》）

这里连用“射箭要看靶子”“弹琴要看听众”两个喻体来说明本体。

(3) 迂回设喻

迂回设喻是先提出喻体，接着对喻体加以“否定”，最后引出本体。否定喻体是假，更巧妙地把喻体同本体联系起来是真。例如：

⑬站在高山向西看，
一条白带绕丛山，
不是带，
原是新开公路上岭来。（青海民歌《站在高山上》）

表面上是否定“新开公路”如“带”，实际上是更巧妙地强调了它们之间的比喻关系。

(4) 喻中有比

喻中有比是进一步把本体同喻体进行比较，为的是更强调事物的特性。例如：“南霸天比豺狼还凶狠。”

4. 运用比喻应注意的问题

(1) 喻体和本体必须是两个不同类别的事物，但是又有相似点，这是构成比喻的基本条件。比如，说“这把刀很像那把刀”，这是一般的比较，不是比喻。又如：

*⑭他对队里每一个人的脾气都背得烂熟，好像肚里有一把尺。

“尺”同“烂熟”之间毫无相似之点，不能构成比喻。应该改为：“肚里有一本账”。

(2) 比喻要贴切。如果对客观事物缺乏正确的认识，抓不住事物的本质，就会出现比喻不当的毛病。例如：

*⑮我们在凯歌中旋风般地前进。

用“旋风”来比喻“前进”，很不恰当。像“旋风”一样转着圈子，怎么前进呢?

(3) 要注意比喻的感情色彩。例如：

⑯阎王保长周长安……把三角眼一瞪，像个吊死鬼一样……(高玉宝《高玉宝》)

⑰保长、大烟囱、英子、淘气和王红眼……他们高兴得像一群回巢的老鸦一样，呱哒不完。(同上)

对保长、大烟囱那类人，发怒时，用“阎王”“吊死鬼”作比，兴高采烈时用“回巢的老鸦”作比，很好地表达了憎恶的感情。

(二) 借代

1. 借代及其作用

借代就是换个名称，换个说法。被代的事物是“本体”，借来代替本体事物的名称或说法是“借体”。例如：

①“老栓，你有些不舒服么？——你生病么?”一个花白胡子的人说。……花白胡子便取消了自己的话。(鲁迅《药》)

用“花白胡子”代替那个有花白胡子的人，这就是借代。

借代，总是用同本体事物相关的另一事物来代替本体事物。常见的是：(1) 借本体事物的突出特征代替本体事物。如用“花白胡子”代有花白胡子的人。(2) 借同本体事物有密切关系的具体事物代替本体事物。如“他觉得自己是白费唇舌”，用“唇舌”代替“话”。(3) 借本体事物有代表性的部分代替本体事物。如常用“帆”代替“船”。

借代是语言运用上的巧妙的艺术换名，可以引人联想，使表达的特点突出、形象鲜明、语句活泼。

2. 借代与借喻的区别

借代容易同借喻相混，要注意它们的区别。第一，构成的基础不同：借代构成的基础是相关性，即要求借体同本体有关系；借喻构成的基础是相似点，即要求喻体同本体有相似之处。第二，作用不同：借代的作用在“代”，就是用借体去代替本体；借喻的作用在“喻”，可以改说成明喻或隐喻。比较：

②翻身的农民愤怒批斗那个寄生虫。

③翻身的农民愤怒批斗那个歪嘴巴。

“寄生虫”是借喻，它和所代替的人之间有相似关系，可以说成“像寄生虫一样的家伙”；“歪嘴巴”是借代，它和所代替的人之间的关系是相关而不是相似，不能说成“像歪嘴巴一样的家伙”。

3. 运用借代应注意的问题

运用借代最重要的是借体必须有代替性，有时需要对被代替的事物有所交代。如例①的“花白胡子”，上文已有交代；如果上文根本没有说明，下文的“花白胡子”就会使人不知所云。

运用借代还要注意思想性。特别是用事物的特征代替事物本身的这一种借代，选择什么特征，是反映选择者的思想感情的。如《高玉宝》选择“扒皮”“红眼”“大烟囱”这些丑恶的形象去代替那帮子剥削阶级，就反映了作者鲜明的无产阶级立场。

（三）比拟

比拟把物拟作人，叫“拟人”；或者把甲物拟作乙物、把人拟作物，叫“拟物”。

1. 拟人

拟人就是把人的特征赋予事物，让事物像人一样活动，有思想，有感情，能说话。拟人有两种类型：

（1）把事物当作人来描写。例如：

①杜甫川唱来柳林铺笑，
红旗飘飘把手招。（贺敬之《回延安》）

②鸟儿将巢安在繁花嫩叶当中，高兴起来了，叫朋引伴地卖弄清脆的喉咙，唱出宛转的曲子，跟轻风流水应和着。（朱自清《春》）

（2）人直接同事物说话。例如：

③啊！遵义，光荣的山城，
我要尽情把你赞颂——
当年，革命面临历史的岔路口，

是你，目送党奔向新的路程……（《遵义，光荣的山城》）

运用拟人，可以增添语言的形象性、生动性，同时，便于抒发感情，加强语言的感染力。

2. 拟物

(1) 把甲事物当作乙事物来写。例如：

④楼房在夜里呈现出银灰色，静静地蜷伏在雾气沼沼的地平线上。(李英儒《野火春风斗古城》)

(2) 把人当作物来写。例如：

⑤咱们老实才有恶霸，咱们敢动刀，恶霸就夹着尾巴跑。(老舍《龙须沟》)

拟物同样可以增加语言的形象性、生动性。它可以唤起人们的联想，使读者或听者展开想象的翅膀，捕捉它的意境，体味它的深意。

3. 比拟和比喻的区别

比喻和比拟都是两事物相比，但它们有区别：

(1) 从意义上看，比喻重在“喻”，它十分注意并着重突出事物的相似点；比拟的重点在“拟”，它干脆把甲当乙来描述，对于事物的相似点已不着重突出了。

(2) 从形式上看，比喻的喻体往往以名词性词语的身份出现，表示一种实体；而比拟中起比拟作用的成分则一般是描述性的，往往由动词性词语充当，如“柳林铺笑”“楼房蜷伏”“恶霸夹着尾巴跑”。

4. 运用比拟应注意的问题

(1) 要跟当时的环境气氛、人物的思想感情相吻合。看这个例子：

*⑥昨天晚上，月色皎洁，我们在月光下愉快地劳动着，月亮也板着面孔看着我们。

既然是愉快地劳动着，就不应该说月亮“板着面孔”。这样的拟人不符合当时的环境气氛和人物心情。

(2) 要切合事物固有的特点。比如，可以说“星星眨眼”，因为切合星光闪烁的特点；但不能说“星星在振臂欢呼”，因为“星星”与“手臂”没有任何联系。又如：

*⑦几只蜜蜂在花园里飞来飞去，大声地叫喊着。

用“大声地叫喊”来描述蜜蜂，同样不符合被拟者的特点。

（四）夸张

1. 夸张及其作用

夸张是故意“言过其实”，以突出事物某些特征。例如：

①不夸船身挤满江，
不夸船头碰白云；
咱给浪花猛喝彩，
看它托起莽昆仑。（《祖国，您好》）

②千万条腿来千万只眼，
也不够我走来也不够我看。（贺敬之《回延安》）

夸张是在表现对事物有突出的异乎寻常的感觉时运用的。它能增强语意的力量，使好的显得更好，坏的显得更坏，大的显得更大，小的显得更小，从而启发读者或听者的想象力。夸张的客观基础是真实的，它表现的是感情的真实，而不是数字般的真实，所以，用得好，反而使人感到非常真实。夸张与“夸大其辞”“浮夸”是完全不同的概念，不要把它们混为一谈。后者是违背客观现实的，没有真实性。譬如这样一首诗：“一朵棉花打个包，压得卡车头儿翘；头儿翘，三尺高，好像一门高射炮。”棉花再重也不会压得卡车翘，卡车再翘也不会像高射炮，这是闭着眼睛说瞎话，完全违背了生活的真实。

2. 夸张的方式

（1）一般的夸张

不借助其他修辞方式，直接突出、夸大事物的某些特征，这就是一般的夸张。如“船身挤满江”“船头碰白云”。

（2）用其他修辞方式表现的夸张

夸张常常用比喻、比拟、借代的形式来表现。

用比喻的夸张，例如：

③几个青年妇女把掉在水里又捞出来的小包裹，丢给了他们，战士们的三只小船就奔着东南方向，箭一样飞去了。（孙犁《荷花淀》）

小船“箭一样飞去了”，这是比喻，又是夸张，突出地表现了小船前进速度之快。

用比拟的夸张，例如：

④枪刺挑落了晨星，
哨所迎来了黎明，
披着满天的朝霞，
我们的海防战士和民兵，
挎枪巡逻在祖国边境。（《枪杆子里面出政权》）

挑落晨星、披着朝霞这两个句子有夸张的效果，又是拟物的写法。

用借代的夸张，例如：

⑤红军战士、赤卫队员并肩奋战，打得敌人魂飞胆丧。（舞剧《红色娘子军》）

这是夸张的写法，突现了敌人惊恐万状、仓皇逃命的丑态。用“魂”“胆”代精神意志，这又是借代的手法。

3. 运用夸张应注意的问题

（1）要以客观实际为基础，从真情实感出发，用得合乎情理，合乎分寸。这是运用夸张的一条重要原则，不遵守这条原则，就会导致浮夸。

（2）要明确、显豁，不要使人误认为是事实。比如，“听你一席话，胜读十年书”，这是明显的夸张；如果说“听你一席话，胜读一天书”，这就很难说是夸张还是事实。

（3）要注意文体的要求，不能什么时候、什么场合都用夸张。在说明情况、描述事实的科学性文章里，是不宜用夸张的。比如唐代诗人李白的诗句“黄河之水天上来”，这是很好的夸张，表达了诗人对事物的感受，但讲地理课时就不能这样说，一定要准确地说明黄河是从什么地方发源的。

二、双关和反语

（一）双关

1. 双关及其作用

双关是借助语音或语义的联系，使语句同时关涉两种事物。它在表面上说的是这件事，实际上指的是另一件事，即言在此而意在彼。

双关一般分为谐音双关和语义双关两种。

(1) 谐音双关

谐音双关是利用同音（或音近）的条件构成的双关。例如：

①我失骄杨君失柳，
杨柳轻飏直上重霄九。(毛泽东《蝶恋花·答李淑一》)

“杨柳”表面看指“杨花柳絮”，实际上是指杨开慧、柳直荀二位烈士。

(2) 语义双关

语义双关是利用词义的转换构成的双关。例如：

②我刚打算往下跳，只见她扭回头来，两眼直盯着被惊呆了的孩子，拉长了声音说：“孩子，好好地听妈妈的话啊!”(王愿坚《党费》)

“好好地听妈妈的话”，表面上是叮嘱孩子，实际上是要“我”好好听党的话。

运用双关往往能含蓄曲折地表达思想，适应特定环境的需要。如例②，当匪徒们来抓黄新时，“我”打算从藏身的地方跳下来和敌人拼命。黄新为了不让党的事业遭受更多的损失，要制止“我”这种鲁莽行为，但又不能让敌人察觉，于是就用了双关语，充分表现了一个女共产党员的机智。

2. 运用双关应注意的问题

双关不能有歧义，意思要明朗。

双关虽然言在此而意在彼，但“言”的是什么，“意”指的是什么，却是很清楚、确定的。如果双关所影射的事情，读者猜不着，或者捉摸不定，那就失去了双关的效用。双关是一种修辞手法，它跟语句使用不准确造成的歧义有本质的区别。

(二) 反语

1. 反语及其作用

反语就是说反话，即表面所说的话同自己所要表达的意思正好相反。例如：

①中国军人的屠戮妇婴的伟绩，八国联军的惩创学生的武功，不幸全被这几缕血痕抹杀了。（鲁迅《记念刘和珍君》）

反语多用于讽刺。如例①将“屠戮妇婴”“惩创学生”的滔天罪行称为“伟绩”“武功”，这是对敌人的辛辣讽刺和嘲弄，比正面述说更能表现作者的满腔愤怒，更能引导人们去思索词语的深刻含义。

2. 运用反语应注意的问题

(1) 运用反语进行讽刺，一定要认清对象，区别对待。对敌人，可以冷嘲热讽，狠狠打击；对同志和朋友，则要与人为善，治病救人。毛泽东同志说，“党八股”“也算一个创作”，就是运用反语进行善意的讽刺，目的是促使大家注意，尽快改变“党八股”这种坏文风。

(2) 反语应当明朗。

运用反语，要让人一看就知道是反语。要做到这一点可以采取以下几个办法：

第一，在上文或下文点明正意。例如：

②有几个“慈祥’的老板到菜场去收集一些菜叶，用盐一浸，这就是她们难得的佳肴。（夏衍《包身工》）

上文用反语说老板“慈祥”，下文便接着从正面揭露“佳肴”的炮制。不但反语明朗，而且讽刺性更强。

第二，把正面意思同反语连在一起说出来。这样写，不仅可以使反语的意思明确，还有对比的效果。如例①把“屠戮妇婴”与“伟绩”联系起来，“惩创学生”与“武功”联系起来，读者一看便知道哪是反语。

第三，用引号或一些词语来暗示反语。

有的把反语加引号，暗示这是反语，如例②的“慈祥”。有的加上“所谓”之类表明反语的词语。例如：

③还有一种小缘故，先前也曾屡次声明，就是偏要使所谓正人君子也者之流多不舒服几天。（鲁迅《写在〈坟〉后面》）

这里的“所谓”标明“正人君子”是反语。

三、对偶、对比、衬托、排比和反复

(一) 对偶

对偶就是“对对子”。例如：

①祖国兴旺发达，
民族昌盛富强。

对偶要求两个句子相对。所谓“相对”，有严式和宽式的分别。严式对偶要求两句字数相等，结构相同，词性同类相对，平仄互相对立，没有重复的字。例如：

②横眉冷对千夫指，
俯首甘为孺子牛。(鲁迅《自嘲》)

前句是“平平仄仄平平仄”，后句是“仄仄平平仄仄平”。没有重复的字。这是最严格的对偶。

宽式对偶的基本条件是：两句成对，结构相同或大体相同，字数相等。例如：

③四化宏图锦添花，
长征大道马加鞭。

④武汉关前红旗飘，
扬子江边齐欢笑。

相对的两部分，一般都是分句，也有的是句子成分。例如：

⑤然而我的坏处，是在论时事不留面子，砭锢弊常取类型，而后者尤与时宜不合。(鲁迅《伪自由书〈前记〉》)

对偶的两部分，在意义上有的相近似，叫“正对”，如例①；有的相对立，叫“反对”，如例②；有的相关联（承接、连贯、递进、因果、假设、条件等），叫“串对”。例如：

⑥不因鹏翼展，
哪得鸟途通。(陈毅《西行》)

总括起来看，对偶就是用结构相同或相似、字数相等的两个语句来表达相似、相反或相关的意思的一种修辞手法。

对偶由于字数相等，结构相同，句子成对，所以，看起来整齐醒目，读起来朗朗上口，听起来铿锵悦耳，便于记忆，便于传诵。看这个例子：

⑦我公司自创业以来，上有远大之宗旨，下有坚韧之毅力，同人齐心，众志成城，名扬四海，声震八方！（京剧《红色娘子军》）

标着重点的是对偶句。六句三对，节奏整齐，声调铿锵。如果把其中任何一句稍加改动，不用对偶句式，效果就差远了。

许多成语、俗语、谚语都是对偶的结构，如“铜墙铁壁”“根深蒂固”“水深火热”“前不着村，后不着店”“要打当面鼓，莫敲背后锣”等等。诗歌讲究语言形式工整醒目，声音和谐动听，因此常用对偶句。散文里适当用一些对偶句式，也能增添语言的韵律美。但是，无论是诗歌，还是散文，运用对偶，一定要服从内容的需要，不可生拼硬凑。

（二）对比

把两种相反相对的事物或同一事物相反相对的两个方面并举出来，相互比较，这种修辞手法叫作对比。前者叫两体对比，后者叫一体两面对比。

两体对比，例如：

①你是革命第一，工作第一，他人第一；而在有些人却是出风头第一，休息第一，自己第一。（毛泽东《给徐特立同志的一封信》）

一体两面对比，例如：

②这些人，马克思主义是有的，自由主义也是有的：说的是马克思主义，行的是自由主义；对人是马克思主义，对己是自由主义。（毛泽东《反对自由主义》）

对比是客观事物的对立统一在修辞上的一种表现。它的修辞作用，主要在于能使语言色彩鲜明。两体对比，把好同坏、善同恶、美同丑这样的对立揭示出来，鲜明地显示出两种矛盾对立事物的差别，让人们在比较中得到鉴别。一体两面对比，对一个事物或问题同时从正反两方面说，或者同时从肯定和否定两个角度说，反映事物内部既矛盾又统一的辩证关系，把事物说得更透彻、更全面、更鲜明。

对比和对偶有联系，又有区别。对比和对偶都要求成“对”。但是，对偶着重看结构形式，要求字数相等、结构相同或相似；对比不管结构形式，只看内容。有的对比不是对偶；有的对比同时也是对偶（即“反对”）：就内容说是对比；从形式看，是对偶。

（三）衬托

利用某些事物来陪衬突出另一事物，这种修辞手法叫作衬托。衬托是一种“烘云托月”的表达法，它的主要作用在于突出被陪衬的主体，表达强烈的思想感情，使语意深化。

衬托可分两种：

1. 正衬：利用同主要事物相似或相关的事物来作陪衬。例如：

> ①时候既然是深冬，渐近故乡时，天气又阴晦了，冷风吹进船舱中，呜呜的响，从篷隙向外一望，苍黄的天底下，远近横着几个萧索的荒村，没有一些活气。我的心禁不住悲凉起来了。（鲁迅《故乡》）

例①用深冬、阴天、冷风、荒村等一系列凄凉的景象来衬托“我”的悲凉心情。

2. 反衬：从反面衬托。它是利用同主要事物相异或相反的事物作陪衬。例如：

> ②呵！太阳有升又有落呀，
> 周总理日夜操劳不知累；
> 月亮有圆又有缺呵，
> 周总理战斗不息力充沛。（《悲痛化作惊天雷》）

例②用“太阳”有升落、“月亮”有圆缺来反衬周总理无休无止地为民操劳，歌颂了周总理为革命呕心沥血、鞠躬尽瘁的共产主义精神。

运用衬托要爱憎分明，深刻、鲜明地表达强烈的思想感情；陪衬的事物与被陪衬的事物必须主次分明，让人一看就清楚。

衬托和对比都是由两个方面构成的。它们的区别是：衬托的双方有主次之分，不论正衬或反衬，陪衬事物都是为被陪衬事物服务的，都是为了突出被陪衬事物；对比重在表明对立关系，对比的双方是平行并列的，没有主次之分。

（四）排比

排列三个或三个以上结构相似、字数大体相等的语句来表达相似或相关的意思，这种修辞手法叫作排比。例如：

①赶超，关键是时间。时间就是生命，时间就是速度，时间就是力量。（郭沫若《科学的春天》）

②行了几年白话，弄古文的人们讨厌了；做了一点新诗，吟古诗的人们憎恶了；做了几首小诗，做长诗的人们生气了；出了几种定期刊物，连别的出定期刊物的人们也来诅咒了：太多，太坏，只好做将来被淘汰的资料。（鲁迅《并非闲话（二）》）

构成排比的大都是句子，也有充当句子成分的。例如：

③鲁迅是在文化战线上，代表全民族的大多数，向着敌人冲锋陷阵的最正确、最勇敢、最坚决、最忠实、最热忱的空前的民族英雄。（毛泽东《新民主主义论》）

例③中的排比结构作定语。

排比与对偶的主要区别是：对偶只限于两句，排比不止两句；在形式方面的要求对偶比排比严格，对偶中忌用相同的词语，排比中往往运用相同词语联结一组句子。

排比是能增强语言表达效果的一种常用的修辞方式。政论文和讲演中恰当地运用排比，可以增添语言的气势，加强鼓动性；文艺作品，特别是诗歌中恰当地运用排比，可以增添语言的节奏感、旋律美，有力渲染艺术形象，充分抒发思想感情。但是必须注意，形式是由内容决定的，不能不顾内容的要求，牵强地拼凑排比句式。

（五）反复

为了突出某个意思，强调某种感情，有意重复某些词语或句子，这种修辞手法叫作反复。

反复有两种格式：

1. 连续反复：连续说出相同的词语或句子，中间没有其他词语隔开。例如：

①……腹地里也是炸，炸，炸。虽然一面是别人炸，一面是自己炸，炸手不同，而被炸则一。（鲁迅《中国人的生命圈》）

②社会主义好，
社会主义好！
社会主义国家人民地位高，
反动派，被打倒，
帝国主义夹着尾巴逃跑了！（希扬《社会主义好》）

2. 隔离反复：有其他词语或句子把反复出现的词语或句子隔开。例如：

③我们如果把教条主义克服了，就可以使有书本知识的干部，愿意和有经验的干部相结合，愿意从事实际事物的研究，可以产生许多理论和经验结合的良好的工作者，可以产生一些真正的理论家。我们如果把教条主义克服了，就可以使有经验的同志得着良好的先生，使他们的经验上升为理论，而避免经验主义的错误。（毛泽东《整顿党的作风》）

④野草，根本不深，花叶不美，然而吸取露，吸取水，吸取陈死人的血和肉，各各夺取它的生存。当生存时，还是将遭践踏，将遭删刈，直至于死亡而朽腐。

但我坦然，欣然。我将大笑，我将歌唱。

…………

地火在地下运行、奔突；熔岩一旦喷出，将烧尽一切野草，以及乔木，于是并且无可朽腐。

但我坦然，欣然。我将大笑，我将歌唱。（鲁迅《野草·题辞》）

运用反复可以突出思想，强调感情。运用隔离反复，还可以分清层次，整理脉络。

反复和排比这两种修辞手法相似。特别是隔离反复，常常同排比“合流”。如“时间就是生命，时间就是速度，时间就是力量”，是排比兼反复。但是，反复与排比毕竟是不同的修辞手法。反复着眼于词语或句子字面的重复，排比则是对结构和字数方面提出要求；反复的修辞作用主要是强调突出，排比的修辞作用主要是加强气势。很多运用反复修辞的句子不形成排比句式；很多排比句并没有反复的词语，是单纯的排比句。

反复是积极的表达手法，跟不必要的重复不同。不必要的重复是语病，只能使人感到意思雷同，啰嗦累赘。

四、拈连、仿词和移觉

（一）拈连

利用上下文的联系，巧妙地把适用于甲事物的词用于乙事物，这种修辞手法叫作拈连。例如：

①哼！你别看我耳朵聋——可我的心并不“聋”啊！（郭澄清《大刀记》）

②线儿缝在军衣上，
情意缝进我心里。（歌谣《情意缝进我心里》）

拈连把甲、乙两个事物巧妙地联系起来，甲事物一般都是具体的，在前；乙事物一般都是抽象的，在后。这种修辞手法凭借上下文的联系，把本来配不拢的词语配拢，给人的感觉是生动活泼、新鲜别致。如例①把“耳朵聋”的“聋”拈来，连在“心”上，使两个事物互相映衬，提高了语言的表现力，并使语言显得简洁明快。例②后句顺连一个“缝”，就把全诗的思想境界升华到相当的高度——表现了无产阶级的情感紧紧相连。

（二）仿词

比照现成词语，临时仿造出新的词语，这种修辞方法叫仿词。

仿词分为两种：

1. 反仿：根据上下文出现的某词语，临时仿造出意义相反的词语。例如：

①一个阔人说要读经，嗡的一阵一群狭人也说要读经。岂但“读”而已矣哉，据说还可以“救国”哩。（鲁迅《这个与那个》）

②我跟爸爸非常像，又非常不像；非常像的是外貌，非常不

像的是内貌。（夏雨田《无限青春》）

“狭人”是根据“阔人”仿造出来的，“内貌”是根据“外貌”仿造出来的。

2. 类仿：根据上下文出现的某词语，临时仿造意义相近的词语。例如：

③汪精卫、李精卫们尽管起劲地干什么反俄、反共、反农工的伪三民主义，自会有一班有良心的有正义感的人们继续拥护孙中山的真三民主义。（毛泽东《新民主主义论》）

④过去，不识字的叫文盲。搞四个现代化，不懂科学技术，就要成为科盲。

“李精卫”是根据“汪精卫”仿造出来的，“科盲”是根据“文盲”仿造出来的。

仿词别致新鲜，精炼生动，大都表现讽刺或幽默的风格，能深刻有力地突出事物的本质。

（三）移觉

叙事状物时，用形象的词语使感觉转移，把某种感官上的感觉移到另一种感官上，这种修辞手法叫作移觉。例如：

①一早起，李先生在账房的柜台上看见昨天的报，第一道消息就是长沙烧成白地，吓得声音都遗失了，一分钟后才找回来，说不出话。（钱钟书《围城》）

“声音”是听觉感受到的事物，这里却转移到视觉的感受上可以“遗失”，可以“找回来”。又如：

②微风过处，送来缕缕清香，仿佛远处高楼上渺茫的歌声似的。（朱自清《荷塘月色》）

这是将嗅觉器官上的感受转移到听觉器官上来。将能嗅到的“清香”转移为可以听见的歌声，使人对淡淡荷香的体味更为真切。

人的感觉是多方面的，各种感觉息息相关。“移觉”凭借感受相通来转移感觉，渲染并深化诗文意境，可以启发读者联想，体味余韵，给人以新鲜的异乎寻常的感觉。

五、修辞方式的综合运用

在语言实践中，有时候是某种修辞方式单独使用，有时候是几种修辞方式综合使用。修辞方式的综合运用，有连用、兼用和套用。

(一) 连用

所谓“连用”，是指在一句话或一段话中，有两种或两种以上的修辞方式，一个接一个地运用。例如：

> ①在我遭遇坎坷的漫长岁月中，家乡的农民不但对我不加白眼，而且尽心尽力地给我以爱护和救助；人人在劫难逃的十年，我独逍遥网外，并且写出了作品。(刘绍棠《乡土与创作》)

“不加白眼”是借“白眼”代“歧视”；“逍遥网外”是仿词，仿“逍遥法外”。这是借代和仿词的连用。

(二) 兼用

所谓兼用，是指一句话里兼有两种以上的修辞方式，从这个角度看是甲修辞方式，从那个角度看是乙修辞方式。例如：

> ②这时，春风送来沁鼻的花香，满天的星星都在眨眼欢笑，仿佛对张老师那美好的设想给予着肯定和鼓励。(刘心武《班主任》)

“满天星星都在眨眼欢笑”，既是拟人，又是夸张。这是拟人兼夸张。

(三) 套用

所谓套用，是指一句话或一段话总的看来是用了甲修辞方式，但其中又包含着乙修辞方式。例如：

> ③看吧，狂风紧紧抱起一层层巨浪，恶狠狠地将它们甩到悬崖上，把这些大块的翡翠摔成尘雾和碎末。(高尔基《海燕》)

整个句子是拟人。“这些大块的翡翠”是借喻，比喻“一层层巨浪”。这是拟人中包含着比喻。

必须注意：修辞方式的连用、兼用和套用往往是交织在一起的。例如：

> ④人生有限，知识无穷。当你用汗水敬献她的时候，她和你携手前进；当你用游荡讨好她的时候，她和你分道扬镳。(《人民日报》)

"人生有限，知识无穷"是对偶。"当你用汗水敬献她的时候……她和你分道扬镳"是拟人。这是修辞手法的连用。用"拟人"手法的两个并列句又构成对比，这是修辞方式的兼用。其中"汗水""游荡"是明显的借代，这是修辞方式的套用。

思考与练习

一、下列例子，哪些是比喻，哪些不是比喻？为什么？

①玉盘似的月亮出现在白云间。

②散文这枝花，现在自然也和"文学树"上各个枝丫的花一样，都在盛开。

③她那双眼睛，还是像从前那样黑，那样亮，像两朵碗豆花一样！

④儿童是祖国的花朵，青年是祖国的未来。

⑤像雷锋精神一样，海迪精神就是共产主义精神。

⑥周围是死一般的寂静。

⑦我想：希望是本无所谓有，无所谓无的。这正如地上的路；其实地上本没有路，走的人多了，也便成了路。

⑧像一块石子投进湖水里，将军那平静而专注的心情被这突如其来的消息搅乱了。

二、分析下面这首诗中的修辞方式及其作用。

（战士们夜间练习瞄准，把星星当作灯靶。）

枪口对准星星，
星星大吃一惊！
看它呀，躲躲闪闪，
看它呀，跳跳蹦蹦。
星星，不要害怕，
战士的眼睛最清！
我们揍的是空中强盗，

瞄你，只是练功。

星星笑了，

笑着跳上准星。

眼睛——星星，一条线，

牵来了多少黎明！

三、就下面两例说明借代和借喻的区别。

①一切腐朽的意识形态和上层建筑的其他不适用的部分，一天天地土崩瓦解了。彻底扫除这些垃圾，仍然需要时间；这些东西崩溃之势已成，则是确定无疑的了。

②拿中国的情形来说，我们所依靠的不过是小米加步枪，但是历史最后将证明，这小米加步枪比蒋介石的飞机加坦克还要强些。

四、就下面两例说明对偶与对比的区别。

①劈风斩浪拖双排，

　穿礁过滩出三峡。

②另一个已送到后方医院治疗的受重伤俘虏，在战斗中脑部受伤，摔倒时神志还清醒。敌军军官下令撤退的对候，不但抛弃了他，还叫人向他身上打了两枪，想最后致他死命。我边防部队赶到时发现了他，立即进行抢救。

五、就下面的例子谈谈衬托的表达作用。

①往日，这里一片葱绿，鸟儿歌唱，今天却只见遍地落叶，满目凄凉。我扶着一棵参天大树哭了起来，就像在周总理身边一样；我多么想用眼泪把他哭醒啊！

②八月的千阳江畔，山上一抹艳，江上一层清，风嫩嫩的，日头绵绵的。前头是儿子，后边跟着俊生生的媳妇，还有比这更使上了年纪的乡间妇女醉人的图景吗？但金婶却是满腹难言的滋味。

六、下面的排比，有的用得好，有的用得不好。用得好的，请分析它的修辞作用；用得不好的，请指出它的毛病。

①为了严防敌人进犯，我们要坚决保卫好海防线！我们的海是人民的海；我们的防是人民的防；我们的线是人民的线！

②大家知道，在过去几个世纪里，殖民主义和帝国主义对亚非拉人民进行了肆无忌惮的奴役和掠夺。它们利用当地人民的廉价劳动力和丰富的自然资源，推行畸形的单一经济，攫取廉价的农矿产品，倾销自己的工业产品，扼杀民族工业，进行不等价交换，榨取超额利润。发达国家的富和发展中国家的穷，是殖民主义、帝国主义掠夺政策造成的结果。

七、把下面的反问句改为陈述句，比较两者的表达效果。

对外贸易是国际间的商品交换。要进口，就必须有相应的物资出口，这是常识。我们根据平等互利的原则对外进行商品交换，既不涉及一寸领土，也不涉及一分主权，怎么谈得上卖国呢？

八、下列例子中各用了什么样的修辞方式？谈谈各种修辞方式的表达作用。

①精兵简政，是我们党的一贯政策。现在，还要提倡“精官简政”。

②顿时，大家不约而同地欢呼起来：“韶山！韶山！”一股幸福的暖流涌向心头。

③天黑鸟飞高，老奶奶手拄拐杖上民校，路上碰见青年小阿苗，把他吓了一大跳：“老奶奶还是回去吧，这样黑的天，你怎能看得到？”“傻瓜！老奶奶因为看不到，所以才去上民校。”

九、从综合运用的角度分析下面两个例子中所用的修辞方式。

①我常常呆站在海边，

大海呀，你是啥样特点？
有时你滚滚翻翻，
像水烧到了沸点；
有时你又平平静静，
我低下头，能把自己的影儿瞧见。
有时你哗哗啦啦，
像一支合奏的乐曲似的动人心弦；
有时你又轰轰隆隆，

像排炮似的把人心震撼。
你使我想到奔腾的黄河，
你使我想到安闲温静的水湾，
你使我想到那许多有名的无名的小河大川，
也许正因为你和千江万水相连，
才有着这有动有静的丰富情感？

②四周笼罩着渐次加深的暮色，使人仿佛置身于巨大的宝蓝色的玻璃器皿之中；河中景物仍可一一辨认。低头看水，绿波白浪，抬头望岸，黛树紫苇；鸥鸟双翅如灰白的飞剪，迅捷上下，仿佛要用锐剪剪破夜色；塘鹅鸣声自隐处传来，似惊喜交加，为多瑙河下游的自然风光增添着情趣。

第五节 语 体

【学习提示】

本节简要讲述有关语体的知识。学习本节，要掌握各个基本概念，着重认识事务语体、政论语体、科技语体、文艺语体的语言特点。

一、口头语体和书面语体

（一）什么是语体

交际的目的、内容、对象和条件等因素对语言材料和修辞方式的选择有着极大的制约作用。当这些因素相同时，在选择材料和修辞方式方面就会出现一些共同的特点，表现出比较一致的语言风格。这种风格就叫作语体风格。根据语体风格的异同划分出来的类别，就叫作语体。

我们在选择语言材料和修辞方式的时候，应当遵守某种语体的一般要求。比如说，我们写一个会议通知，就不能用诗的形象化的词句，就不能用比拟、夸张等修辞方式，否则，就会显得不伦不类。

语体和文体是两个不同的概念。语体是运用不同的语言材料形成的言语特点的综合，而文体指的则是文章的体裁。

不同语体具有不同的特点，因而具有相对的独立性，但它们相互间也存在着一定的交叉现象。

（二）口头语体和书面语体的特点

现代汉语的语体首先可以分为“口头语体”和“书面语体”两大类。

口头语体是适应“面谈”的交际需要而形成的，其运用语言的主要特点是：平易，自然，不事雕琢，有跳跃性。

书面语体是适应书面交际的需要，在口头语的基础上经过加工而形成的，其运用语言的主要特点是：结构完整，讲究条理性，具有规范性。

比较下面两个例子，可以清楚地看到口头语体和书面语体的不同：

> ①后来我就挨家等着呢，一直等到三点吧，我何不自己上厂里看我母亲来没来，可是厂里不让，非得接我来，等到三点吧，来了两辆小汽车。（陈建民《汉语口语》用例）

> ②科技和教育，各行各业都要抓。大的企业都要有科学技术研究机构，有科学技术研究人员。每个部门都要进行科学研究。（邓小平《尊重知识，尊重人才》）

例①是口头语体，如果写到书面上，得进行加工；例②是典型的书面语体。

需要说明的是：口语语体和口头表达并不是一回事，书面语体和书面表达也不是一回事。各种语体既可以用口头形式来表达，如在大会上宣读贺信；也可以用书面形式来表达，如小说话剧中的人物对话。下面两个例子，见于小说和剧本，但它们实际上都属于口头语体：

> ③献忠用鼻孔哼了一声，说：“像你这样芝麻大的官儿，凭你这顶乌纱帽，能够担保朝廷不收拾我张献忠？你保个屁！你是吹糖人儿的出身，口气怪大。蚂蚁戴眼镜，自觉着脸面不小。你以为你是一县父母官，朝廷会看重你的担保？哈哈，你真是不认识自己，快去尿泡尿照照你的影子。”（姚雪垠《李自成》）

④我可没有做过伤天害理的事，为什么就不叫我活着呢？我得罪了谁？谁？皇上？娘娘？那些狗男女都活得有滋有味的，单不许我吃窝窝头，谁出的主意？（老舍《茶馆》）

例③是农民起义领袖张献忠对前来诱降的朝廷“知县”阮子钿说的一段话，用的大都是俗言俚语，富有表情色彩和描绘色彩，表现出对封建统治者的极度蔑视。例④是茶馆老板王利发说的一段话，其中用了主谓句、省略句、独语句，句式都很简短，灵活多变，恰切地反映出说话人对黑暗现实的愤懑情绪。

二、书面语体的类型

书面语体包括事务语体、政论语体、科技语体和文艺语体。

（一）事务语体

事务语体是适应于国家机关、社会团体、人民群众相互间处理事务的一种语体。

事务语体的特点主要表现在以下几个方面：

1. 有比较固定的程式。例如公文文件，往往包括标题、编号、收文单位、正文、附件、发文单位、发文日期、保密等级、缓急程度等。又如，规章制度方面的文件，有的分为总则、分则、附则等。其他如合同、启事、条据、书信等都有一定的格式。

2. 有一套固定的习惯用语。这些习惯用语还保留了一些古语成分。如“特此函达”“要否”“请批示”“是否有当，请核示”“希即贯彻执行”“值此……之际”“欣悉”“此致”“为荷”“顺颂”“恭祝”等等。

3. 同词力求明晰准确，避免发生歧义和误解。在时间、数量、范围等方面都要求写得十分明确。少用或不用具有描绘性、感情性的词语，不刻意追求词语运用时的声调、节律的配合协调。

4. 句式周密、谨严和简练，句子结构一般都较完整。

从下面这个例子，可以看到事务语体的一些特点。

国务院办公厅公告

1986年5月4日至9月14日，全国实行夏时制，即把钟表拨快一小时。在此期间，广播电台等报时单位报时，应将“北京时间”改称“北京夏令时”；国际间公务往来活动的时间记录，一律使用夏令时间；夜班岗位上的全体职工，应在5月4日凌晨二时把表针拨到三时，其他所有不在夜班岗位的，可在5月3日就寝前把表拨快一小时；各公共场所包括建筑物上的钟表，应由各有关单位责成专人在5月4日凌晨二时把针拨到三时。

特此公告。

一九八六年四月二十九日

这个公告，由四部分组成：一、标题；二、正文；三、习惯用语（“特此公告”）；四、公告日期。正文部分，阐明公告的内容，首先极简要地点出全文的中心，明确规定何时至何时全国实行夏时制；然后，从四个方面来具体说明如何实行夏时制。文字简洁精练，朴实无华。这正好体现了事务语体在语言上的特点。

（二）科技语体

科技语体是跟总结、描述事物的规律性相适应的一种文体。基本的要求是：准确、简洁。语言的艺术美，不是它所追求的目标。

同其他语体相比较，科技语体有三个明显的特点：

1. 大量运用术语。运用术语，并且在严格的单义上来使用，这是科技语体的一大特点。值得注意的是，同一术语在不同的学科中含义又大不一样，如“形态”“功能”“结构”等，在生物学和语言学中就有完全不同的含义。

2. 句式严整、变化少。在科技语体中，不完全句少，变式句少，句子格式的变化少；完全句式多，长句多，附加成分多，各种类型的复句多，用关系词语的复句多。

3. 大量运用符号、公式和图表。在科技语体中，往往用符号、公式、图表等来代替语言的叙述。

从下面这个例子，可以看到科技语体的一些特点：

①由于人类拥有了火箭和卫星，就可以对X和UV区间的大气吸收问题进行研究。X和UV区间的物质是密集的，它们在磁弧、高度弧、温度弧和不同的密度弧上变化着。但在光球层的静

区上方，人们不会看到辐射，因为那里是日冕洞。日冕洞的扩展是随着太阳活动性的变化而变化的：在太阳活动极大期，日冕洞会被限制在太阳的两极地区。在这些区域中，磁场是垂直的，因此磁力线在太阳上是不会卷曲的，正因为如此，太阳风是很容易摆脱太阳而吹向太空的。（宋世文编译《神秘的日冕》）

这里没有非主谓句，句中含有单义术语或单义符号，没有使用一种修辞方式，分句与分句、复句与复句靠关联词语或意合法组合起来，形成一个严密的整体，表达丰富而复杂的内容。

（三）政论语体

政论语体是适应于阐述政治问题的一种语体，又叫宣传鼓动语体。在选择语言材料和修辞方式方面，政论语体几乎不受什么限制。它可以使用各种风格色彩的语言材料和各种修辞方式，也可以运用各种术语。由于政论语体旨在阐明道理，使人信服，并且要以情感人，使人受到鼓舞。因此，它在语言运用上有如下特点：

1. 语言准确、严密，具有很强的逻辑性。这一点和科技语体的特点相近似，但政论语体由于阐述严肃的政治课题的需要，普遍使用的是政治术语（当然也可以根据论述对象的不同使用不同的专门术语）；科技语体为了阐述精确的科学课题的需要，普遍使用的是科技术语。

2. 语言具有一定的形象性和表情性。政论语体对各种不同性质的词语、句式的适应能力比较强，为了更好地影响读者，它常常运用一些形象化的词语和富有表现力的修辞方式。这一点和文艺语体相近似。但它的目的不是为了塑造艺术形象，而是为了深入浅出、形象生动地说明问题，所以它又不同于文艺语体。看一个例子：

①但我所说的中国革命高潮快要到来，决不是如有些人所谓“有到来之可能”那样完全没有行动意义的、可望而不可即的一种空的东西。它是站在海岸遥望海中已经看得见桅杆尖头了的一只航船，它是立于高山之巅远看东方已见光芒四射喷薄欲出的一轮朝日，它是躁动于母腹中的快要成熟了的一个婴儿。（毛泽东《星星之火，可以燎原》）

这里，在论述“中国革命高潮快要到来”这层意思的时候，不是从抽象到抽象的说理，而是连用三个比喻把这层意思具体化、形象化，并用排比句式来加强语势，用词语反复来突出叙述的重点，这就更容易为人们所理解、所接受，并给人以莫大的鼓舞。从这段政论中，我们可以看到政论语体语言的一般特点，它把科学的论证和形象的描绘交织在一起了。

（四）文艺语体

文艺语体是适应于文艺作品反映现实的一种语体。

在思维形式上，文艺语体主要跟形象思维相联系。在语言运用上，准确性是它的基础，鲜明性和生动性是它的基本要求，语言的艺术化则是它努力追求的目标。文艺语体的语言具有三个突出的特点：

1. 讲究语言的形象性。语言的形象性是文艺语体区别于其他语体的最重要的特征。

2. 追求平常词语的艺术化。所谓平常词语的艺术化，就是把平常词语运用到某个特定的语言环境中，使之产生不平常的艺术效果。

3. 寻求人物语言的个性化。所谓人物语言的个性化，就是通过人物自己的语言来表现其思想、身份、教养、经历和个性。

从下面两个例子，可以看到文艺语体的一些特点：

①今年二月，我从海外回来，一脚踏进昆明，心都醉了。我是北方人，论季节，北方也许正是搅天风雪，水瘦山寒，云南的春天却脚步儿勤，来得快，到处早像催生婆似的在催动花事。（杨朔《茶花赋》）

②看
五千年的
白发，
几万里的
皱纹，
一夜东风
全吹尽！（贺敬之《东风万里》）

例①描绘云南春早的情景，写得多么生机勃勃，春意盎然。例②用“五千年的白发”“几万里的皱纹”来表现古老中国历尽沧桑，用“一夜东风全吹尽”来表现中国的新生和巨大的变化，给人的印象十分鲜明、深刻，富有感人的艺术力量。这两例都是用形象化的语言来代替抽象的论述，充分显示了文艺语体在语言运用上的突出特点。

文艺语体所运用的词汇是极其广泛的，它以全民通用的词汇为主，适当采用方言词、古语词、外来词，各种科技术语往往作为一种修辞手法而被采用，并常以比喻义、转义的形式出现。文艺语体对各种句式有很大的适应性，但又以短句为主，各种变式句、不完全句较多。各种修辞方式在文艺语体中都得到广泛的运用。

文艺语体是一种比较特殊的语体，和事务语体、科技语体、政论语体有一系列的差异。它借助语言描绘的形象向交际对象揭示作品所蕴含的意思，其他几种语体却完全是或主要是直接用语言表述，以达到向交际对象传递信息、说明道理等目的；它主要是用形象思维，其他几种语体主要用的是逻辑思维；它具有美学功能，其他几种语体不具备这种功能。此外，文艺语体中写景抒情的语言多半和书面语比较接近，人物对话的语言则与口语接近。

上面简要介绍了几种典型语体。这些语体都是在人们长期运用语言的过程中形成的。由于人们交际范围的扩大，交际任务的增多，各个语体之间也在互相渗透，互相影响，互相融合，形成了许多语体交叉的现象。如杂文就是文艺语体和政论语体融合的结果，科技文艺就是科技语体与文艺语体融合的结果，等等。对于语体交叉的现象，我们在运用语言时，也是应该注意的。

思考与练习

一、什么是语体？研究语体跟语言实践有何关系？

二、简要说明事务语体、科技语体、政论语体、文艺语体在语言运用上的特点。

三、请从语体的角度说明下列各例在语言运用上的不同特点：

①这樱花，一堆堆，一层层，好像云海似的，在朝阳下绯红万顷，溢彩流光。当曲折的山路被这无边的花云遮盖了的时候，我们就像坐在一只首尾相接的轻舟之中，凌驾着骀荡的东风，两舷溅起哗哗的花浪，迅捷地向着初升的太阳前进。

②利用回波重合测声速方法，比较好地测定了熔石英的 2，3 价弹性模量。由系数包含有 4 价弹性模量在内的超声状态方程，很好地描述了熔石英在状态改变前的高压 p—v 的关系。

③听说，官面上正加紧捉拿黑旋风，一拿住他，晓市就全太平了。他不是土匪吗？哼，等拿到他跟那个冯狗子，我要去报报仇，能打就打，能骂就骂，至不济也要对准他们的脸，啐几口，呸、呸、呸，偷我的东西，还打我的爷们，狗杂种们！我说，我的那口子在家哪！

四、从不同语体互相影响、互相渗透的角度，谈谈下面这个例子的语言特点。

我的这三位小英雄，科学家已经给它们起了传染病的罪名了。

第一名，他们说它是猩红热的正凶，叫它作溶血链球菌。

第二名，他们说它是肺炎的主犯，称它作肺炎双球菌。

第三名，他们说它是流行性感冒的祸首，唤它作流行性感冒杆菌。